HANDBUCH DER STADT WIEN
1982/83

97. JAHRGANG

HANDBUCH
DER
STADT WIEN

1982/83

97. JAHRGANG
(AMTLICH REDIGIERT)

JUGEND UND VOLK WIEN MÜNCHEN

ISBN 3-224-1-6402-6, Jugend und Volk Wien

Redaktion: Magistratsdirektion der Stadt Wien. Eigentümer, Herausgeber und Verleger: Jugend und Volk, Verlagsgesellschaft m. b. H., Tiefer Graben 7, 1014 Wien. 4898-83/1/25. Alleinige Inseratenwerbung: Jugend und Volk, Telefon 63 04 93.
Hersteller: Druck- und Verlagsanstalt Gutenberg, Wiener Straße 66, 2700 Wiener Neustadt.

Leopold Gratz
Bürgermeister und Landeshauptmann

Gertrude Fröhlich-Sandner
Vizebürgermeister und Landeshauptmann-Stellvertreter
Amtsführender Stadtrat
für Bildung, Jugend und Familie

Dr. Erhard Busek
Vizebürgermeister und Landeshauptmann-Stellvertreter
Stadtrat

Friederike Seidl
Amtsführender Stadtrat
für Personal, Rechtsangelegenheiten und
Konsumentenschutz

Hans Mayr
Amtsführender Stadtrat
für Finanzen und Wirtschaftspolitik

Franz Mrkvicka
Amtsführender Stadtrat
für Kultur und Sport

a. o. Univ.-Prof. Dr. Alois Stacher
Amtsführender Stadtrat
für Gesundheit und Soziales

Ing. Fritz Hofmann
Amtsführender Stadtrat
für Stadtentwicklung
und Stadterneuerung

Peter Schieder
Amtsführender Stadtrat
für Umwelt und Bürgerdienst

Roman Rautner
Amtsführender Stadtrat für Bauten

Johann Hatzl
Amtsführender Stadtrat
für Verkehr und Energie

Anton Fürst
Stadtrat

Maria Hampel-Fuchs
Stadtrat

Dr. Jörg Mauthe
Stadtrat

Kommerzialrat Wilhelm Neusser
Stadtrat

Hans Matzenauer
Amtsführender Präsident
des Stadtschulrates für Wien

Hubert Pfoch
Erster Präsident
des Wiener Landtages

Fritz Hahn
Zweiter Präsident
des Wiener Landtages

Erika Krenn
Dritter Präsident
des Wiener Landtages

Dr. Peter Satrapa
Kontrollamtsdirektor

Dr. Karl Reisinger
Generaldirektor der Wiener Stadtwerke

Dr. Josef Bandion
Magistratsdirektor

Dr. Alfred Peischl
Ständiger Stellvertreter des Magistratsdirektors

Dipl.-Ing. Ernst Filz
Stadtbaudirektor

BÜRGERMEISTER
DER·STADT·WIEN

Zum Geleit!

Nach der Gemeinderatswahl vom 24. April 1983 wurde ein neuer Stadtsenat gewählt und eine neue Geschäftseinteilung des Magistrats beschlossen. Dieses Buch informiert Sie über die neue Gliederung der Stadtverwaltung, über die Kompetenzen und Aufgaben der einzelnen Geschäftsgruppen, Abteilungen, Unternehmungen und Referate.
Aus der neuen Geschäftseinteilung ergeben sich eindeutig die Schwerpunkte der künftigen Stadtpolitik. Stadterneuerung und Umweltpolitik werden besonders betont, außerdem gehören weiterhin die Bemühungen um die Verbesserung der Wohnungsverhältnisse, um den Ausbau des Sozial- und Gesundheitswesens sowie um die Forcierung des öffentlichen Verkehrs zu den Aufgaben, die im Vordergrund stehen.
Grundlage aller Arbeit bleibt die Wirtschaftspolitik. Nur eine funktionierende Wirtschaft mit einem hohen Beschäftigungsniveau kann das nötige Geld für alle anderen Aufgaben erbringen. Dieses Handbuch berichtet deshalb ausführlich über einige Aspekte der wirtschaftlichen Entwicklung und der Wirtschaftspolitik. Die Informationen über diesen wichtigen Bereich sind eine wertvolle Ergänzung des traditionellen Handbuchteiles, der ein unentbehrlicher Behelf für jeden ist, der öfter mit der Stadtverwaltung zu tun hat oder in ihr tätig ist.

Leopold Gratz

Leopold Gratz
Bürgermeister und Landeshauptmann

INHALTSVERZEICHNIS

II. TEIL
WIEN – AKTUELL

WIENER LANDTAG

Erster Präsident:
Hubert Pfoch

Zweiter Präsident:
Fritz Hahn

Dritter Präsident:
Erika Krenn,
Ob.-Schul-Rat

Schriftführer:

Andrlik Eveline
Brosch Hans
Flemming, Dr. Marilies
Holub Albert
Kreiner, Ing. Otto
Kuhn Maria
Petrik, Dr. Wolfgang, Prof.
Rosenberger Franz
Schindler Elisabeth

GEMEINDERAT DER STADT WIEN

Vorsitzende:

Mayrhofer Leopold
Arthold Josef
Hofstetter, Ing. Walter
Tischler Margarete
Schneider Leopold
Wiesinger Leopold, Prof.,
Ob.-Schul-Rat

Schriftführer:

Andrlik Eveline
Brosch Hans
Flemming, Dr. Marilies
Holub Albert
Kreiner, Ing. Otto
Kuhn Maria
Petrik, Dr. Wolfgang, Prof.
Rosenberger Franz
Schindler Elisabeth

MITGLIEDER DES GEMEINDERATES (LANDTAGES)

Aigner, Dkfm. Dr. Adolf (SPÖ)
Andrlik Eveline (SPÖ)
Arthold Josef (ÖVP)
Brosch Hans (SPÖ)
Cvetkovic Jovan (ÖVP)
Czerny Rudolf (ÖVP)
Daller Karl (ÖVP)
Dinhof Herbert (SPÖ)
Dittrich Elisabeth (SPÖ)
Eder Kurt (SPÖ)
Edlinger Rudolf (SPÖ)
Engelmayer, Ing. Günther (ÖVP)
Flemming, Dr. Marilies (ÖVP)
Forster Ilse (SPÖ)
Freinberger Rudolf (SPÖ)
Freitag Robert (SPÖ)
Glück Hermann (ÖVP)
Goller, Dr. Günther (ÖVP)
Haas Franz (SPÖ)
Hahn Fritz (ÖVP)
Hanke Erik (SPÖ)
Haubenburger Werner, Komm.-Rat (ÖVP)
Häupl, Dr. Michael (SPÖ)
Hawlik, Dr. Johannes (ÖVP)
Heinz Rosa (SPÖ)
Helmer Richard (ÖVP)
Hengelmüller Karl (SPÖ)
Hirnschall, Dr. Erwin (FPÖ)
Hirsch Otto (SPÖ)
Hofstetter, Ing. Walter (SPÖ)
Holub Albert (SPÖ)
Hotter, Dkfm. Robert (ÖVP)
Huber Erich (SPÖ)
Jank Werner (SPÖ)
Jedletzberger Josef, Komm.-Rat, Ök.-Rat (ÖVP)
Kauer, Mag. Robert (ÖVP)
Kneidinger Johann (SPÖ)
Kneisler Wilhelm (SPÖ)
König Hans (SPÖ)
Kopfensteiner Raimund (SPÖ)
Korosec Ingrid (ÖVP)
Krasser, Dr. Hannes (ÖVP)
Kreiner, Ing. Otto (ÖVP)
Kremnitzer Ferdinand (SPÖ)
Krenn Erika, Ob.-Schul-Rat (SPÖ)
Kuhn Maria (SPÖ)
Lacina Karl (SPÖ)
Ludwig Hans (SPÖ)
Lustig Gerhard (SPÖ)
Maier, Mag. Dr. Ferdinand (ÖVP)
Mandahus, Ing. Konrad (ÖVP)
Mayr, Dr. Peter (ÖVP)
Mayrhofer Leopold (SPÖ)
Nekula Franz (SPÖ)
Neubert, Dr. Ernst (ÖVP)
Neumann Peter (ÖVP)
Nußbaum Ernst (SPÖ)
Oblasser Gerhard (SPÖ)
Outolny Ernst (SPÖ)
Paul Maria (SPÖ)
Pawkowicz, Dipl.-Ing. Dr. Rainer (FPÖ)
Pelzelmayer Otto, Komm.-Rat (ÖVP)
Peska Franz (SPÖ)
Petrik, Mag. Eva (ÖVP)
Petrik, Dr. Wolfgang, Prof. (ÖVP)
Pfauser Leopoldine (SPÖ)
Pfoch Hubert (SPÖ)
Pramel Otto (SPÖ)
Prochaska Johannes (ÖVP)

Putz Erich (ÖVP)
Regler, Dipl.-Ing. Mag. Roderich Maria (ÖVP)
Riedler, Ing. Horst Georg (SPÖ)
Rosenberger Franz (SPÖ)
Sallaberger Günther Ewald (SPÖ)
Schiel Hans (SPÖ)
Schindler Elisabeth (SPÖ)
Schirmer Christine (SPÖ)
Schlick, Dkfm. Dr. Sigrun (ÖVP)
Schmidtmeier Herbert, Komm.-Rat (SPÖ)
Schneider Leopold, Komm.-Rat (ÖVP)
Sevcik Johann (SPÖ)
Steinbach Ernst (SPÖ)
Stiehl Gertrude (SPÖ)
Strangl Oswald (SPÖ)
Stratil Robert (ÖVP)
Stubenvoll Erika (SPÖ)
Svoboda, Ing. Karl (SPÖ)
Swoboda, Dr. Johannes (SPÖ)
Tischler Margarete (SPÖ)
Traindl Leopold (ÖVP)
Vejtisek Ernst (SPÖ)
Wagner, Dr. Otto, a. o. Univ.-Prof. (ÖVP)
Welan, Dr. Manfried, o. Univ.-Prof. (ÖVP)
Wiesinger Leopold, Prof., Ob.-Schul-Rat (SPÖ)
Wimmer Johann (SPÖ)
Windhab Anton (SPÖ)
Wöber, Dkfm. Dr. Heinz (ÖVP)
Wondratsch Hildegard (SPÖ)
Worm, Ing. Alfred (ÖVP)
Zima, Mag. Herbert (SPÖ)

MITGLIEDER DES GEMEINDERATES (LANDTAGES) NACH DER PARTEIZUGEHÖRIGKEIT

(R = Restmandat)

Sozialistische Partei Österreichs

(61 Mandate)

Aigner, Dkfm. Dr. Adolf
Andrlik Eveline
Brosch Hans
Dinhof Herbert
Dittrich Elisabeth (R)
Eder Kurt
Edlinger Rudolf
Forster Ilse
Freinberger Rudolf
Freitag Robert
Haas Franz
Hanke Erik
Häupl, Dr. Michael
Heinz Rosa
Hengelmüller Karl
Hirsch Otto
Hofstetter, Ing. Walter
Holub Albert
Huber Erich
Jank Werner
Kneidinger Johann
Kneisler Wilhelm
König Hans
Kopfensteiner Raimund
Kremnitzer Ferdinand
Krenn Erika, Ob.-Schul-Rat
Kuhn Maria
Lacina Karl
Ludwig Hans
Lustig Gerhard
Mayrhofer Leopold
Nekula Franz
Nußbaum Ernst
Oblasser Gerhard
Outolny Ernst
Paul Maria
Peska Franz
Pfauser Leopoldine
Pfoch Hubert
Pramel Otto
Riedler, Ing. Horst Georg
Rosenberger Franz
Sallaberger Günther Ewald
Schiel Hans
Schindler Elisabeth
Schirmer Christine
Schmidtmeier Herbert, Komm.-Rat (R)
Sevcik Johann
Steinbach Ernst
Stiehl Gertrude
Strangl Oswald
Stubenvoll Erika
Svoboda, Ing. Karl
Swoboda, Dr. Johannes
Tischler Margarete
Vejtisek Ernst
Wiesinger Leopold, Prof., Ob.-Schul-Rat
Wimmer Johann
Windhab Anton
Wondratsch Hildegard
Zima, Mag. Herbert (R)

Österreichische Volkspartei

(37 Mandate)

Arthold Josef
Cvetkovic Jovan
Czerny Rudolf
Daller Karl
Engelmayer, Ing. Günther
Flemming, Dr. Marilies
Glück Hermann
Goller, Dr. Günther
Hahn Fritz
Haubenburger Werner, Komm.-Rat
Hawlik, Dr. Johannes
Helmer Richard
Hotter, Dkfm. Robert
Jedletzberger Josef, Komm.-Rat, Ök.-Rat
Kauer, Mag. Robert (R)
Korosec Ingrid
Krasser, Dr. Hannes
Kreiner, Ing. Otto
Maier, Mag. Dr. Ferdinand (R)
Mandahus, Ing. Konrad
Mayr, Dr. Peter
Neubert, Dr. Ernst
Neumann Peter
Pelzelmayer Otto, Komm.-Rat
Petrik, Mag. Eva (R)
Petrik, Dr. Wolfgang, Prof.
Prochaska Johannes
Putz Erich
Regler, Dipl.-Ing. Mag. Roderich Maria
Schlick, Dkfm. Dr. Sigrun
Schneider Leopold, Komm.-Rat
Stratil Robert
Traindl Leopold
Wagner, Dr. Otto, a. o. Univ.-Prof.
Welan, Dr. Manfried, o. Univ.-Prof.
Wöber, Dkfm. Dr. Heinz
Worm, Ing. Alfred

Freiheitliche Partei Österreichs

(2 Mandate)

Hirnschall, Dr. Erwin (R)
Pawkowicz, Dipl.-Ing. Dr. Rainer (R)

MITGLIEDER DES GEMEINDERATES (LANDTAGES) NACH WAHLKREISEN

Wahlkreis Zentrum (Innere Stadt, Wieden, Margareten und Mariahilf)

Flemming, Dr. Marilies (ÖVP)
Hirsch Otto (SPÖ)
Jank Werner (SPÖ)
Krasser, Dr. Hannes (ÖVP)
Neumann Peter (ÖVP)
Riedler Ing. Horst Georg (SPÖ)
Schlick, Dkfm. Dr. Sigrun (ÖVP)
Windhab Anton (SPÖ)

Wahlkreis Innen-West (Neubau, Josefstadt und Alsergrund)

Brosch Hans (SPÖ)
Czerny Rudolf (ÖVP)
Hawlik, Dr. Johannes (ÖVP)
Lustig Gerhard (SPÖ)
Wagner, Dr. Otto, a. o. Univ.-Prof. (ÖVP)

Wahlkreis Leopoldstadt

Andrlik Eveline (SPÖ)
Cvetkovic Jovan (ÖVP)
Hahn Fritz (ÖVP)
Hengelmüller Karl (SPÖ)
König Hans (SPÖ)

Wahlkreis Landstraße

Goller, Dr. Günther (ÖVP)
Sallaberger Günther Ewald (SPÖ)
Schneider Leopold, Komm.-Rat (ÖVP)
Sevcik Johann (SPÖ)
Tischler Margarete (SPÖ)

Wahlkreis Favoriten

Aigner, Dkfm. Dr. Adolf (SPÖ)
Arthold Josef (ÖVP)
Kreiner, Ing. Otto (ÖVP)
Krenn Erika, Ob.-Schul-Rat (SPÖ)
Kuhn Maria (SPÖ)
Ludwig Hans (SPÖ)
Mayrhofer Leopold (SPÖ)
Strangl Oswald (SPÖ)
Svoboda, Ing. Karl (SPÖ)

Wahlkreis Simmering

Haas Franz (SPÖ)
Jedletzberger Josef, Komm.-Rat, Ök.-Rat (ÖVP)
Paul Maria (SPÖ)
Peska Franz (SPÖ)

Wahlkreis Meidling

Glück Hermann (ÖVP)
Nekula Franz (SPÖ)
Schindler Elisabeth (SPÖ)
Swoboda, Dr. Johannes (SPÖ)

Wahlkreis Hietzing

Prochaska Johannes (ÖVP)
Regler, Dipl.-Ing. Mag. Roderich Maria (ÖVP)
Rosenberger Franz (SPÖ)

Wahlkreis Penzing

Dinhof Herbert (SPÖ)
Haubenburger Werner, Komm.-Rat (ÖVP)
Pramel Otto (SPÖ)
Schirmer Christine (SPÖ)
Welan, Dr. Manfried, o. Univ.-Prof. (ÖVP)

Wahlkreis Rudolfsheim-Fünfhaus

Kneisler Wilhelm (SPÖ)
Outolny Ernst (SPÖ)
Steinbach Ernst (SPÖ)
Wöber, Dkfm. Dr. Heinz (ÖVP)

Wahlkreis Ottakring

Forster Ilse (SPÖ)
Häupl, Dr. Michael (SPÖ)
Korosec Ingrid (ÖVP)
Oblasser Gerhard (SPÖ)
Pfoch Hubert (SPÖ)
Stratil Robert (ÖVP)

Wahlkreis Hernals

Heinz Rosa (SPÖ)
Nußbaum Ernst (SPÖ)
Petrik, Dr. Wolfgang, Prof. (ÖVP)

Wahlkreis Währing

Edlinger Rudolf (SPÖ)
Pelzelmayer Otto, Komm.-Rat (ÖVP)
Traindl Leopold (ÖVP)

Wahlkreis Döbling

Helmer Richard (ÖVP)
Hofstetter, Ing. Walter (SPÖ)
Holub Albert (SPÖ)
Mandahus, Ing. Konrad (ÖVP)

Wahlkreis Brigittenau

Kneidinger Johann (SPÖ)
Lacina Karl (SPÖ)
Neubert, Dr. Ernst (ÖVP)
Vejtisek Ernst (SPÖ)
Wondratsch Hildegard (SPÖ)

Wahlkreis Floridsdorf

Eder Kurt (SPÖ)
Engelmayer, Ing. Günther (ÖVP)
Freitag Robert (SPÖ)
Putz Erich (ÖVP)
Schiel Hans (SPÖ)
Stubenvoll Erika (SPÖ)
Wiesinger Leopold, Prof., Ob.-Schul-Rat (SPÖ)

Wahlkreis Donaustadt

Daller Karl (ÖVP)
Freinberger Rudolf (SPÖ)
Hanke Erik (SPÖ)
Hotter, Dkfm. Robert (ÖVP)
Huber Erich (SPÖ)
Kremnitzer Ferdinand (SPÖ)
Stiehl Gertrude (SPÖ)

Wahlkreis Liesing

Kopfersteiner Raimund (SPÖ)
Mayr, Dr. Peter (ÖVP)
Pfauser Leopoldine (SPÖ)
Wimmer Johann (SPÖ)
Worm, Ing. Alfred (ÖVP)

Restmandate

Dittrich Elisabeth (SPÖ)
Hirnschall, Dr. Erwin (FPÖ)
Kauer, Mag. Robert (ÖVP)
Maier, Mag. Dr. Ferdinand (ÖVP)
Pawkowicz, Dipl.-Ing. Dr Rainer (FPÖ)
Petrik, Mag. Eva (ÖVP)
Schmidtmeier Herbert, Komm.-Rat (SPÖ)
Zima, Mag. Herbert (SPÖ)

WIENER LANDESREGIERUNG

Vorsitzender:
Landeshauptmann Mag. iur. Leopold Gratz

Vorsitzender-Stellvertreter:

1. Landeshauptmann-Stellvertreter
Gertrude Fröhlich-Sandner
2. Landeshauptmann-Stellvertreter
Dr. Erhard Busek

Übrige Mitglieder:

Fürst Anton
Hampel-Fuchs Maria
Hatzl Johann
Hofmann, Ing. Fritz
Mauthe, Dr. Jörg
Mayr Hans
Mrkvicka Franz
Neusser Wilhelm, Komm.-Rat
Rautner Roman
Schieder Peter
Seidl Friederike
Stacher, Dr. Alois, a. o. Univ.-Prof.

Landesamtsdirektor:
Dr. Josef Bandion

WIENER STADTSENAT

Vorsitzender:
Bürgermeister Mag. iur. Leopold Gratz

Vorsitzender-Stellvertreter:

Vizebürgermeister
Gertrude Fröhlich-Sandner

Vizebürgermeister
Dr. Erhard Busek

Übrige Mitglieder:

Fürst Anton
Hampel-Fuchs Maria
Hatzl Johann
Hofmann, Ing. Fritz
Mauthe, Dr. Jörg
Mayr Hans
Mrkvicka Franz
Neusser Wilhelm, Komm.-Rat
Rautner Roman
Schieder Peter
Seidl Friederike
Stacher, Dr. Alois, a. o. Univ.-Prof.

Magistratsdirektor:
Dr. Josef Bandion

VERTRETER WIENS IM BUNDESRAT

Suttner Reinhold (SPÖ)
Pisec, Dkfm. Dr. Karl, Komm.-Rat (ÖVP)
Heller Kurt (SPÖ)
Schmölz Johann (SPÖ)
Sommer Rudolf, Reg.-Rat (ÖVP)
Hintschig, Dkfm. Alfred, Komm.-Rat (SPÖ)
Danzinger, Dr. Erika (ÖVP)
Tmej Norbert (SPÖ)
Strutzenberger Walter (SPÖ)
Mautner-Markhof, Dr. h. c. Manfred, Prof. (ÖVP)
Ogris, Dipl.-Ing. Dr. techn. Harald, Prof. (SPÖ)
Nürnberger Rudolf (SPÖ)

GEMEINDERATSAUSSCHÜSSE

Personal, Rechtsangelegenheiten und Konsumentenschutz

Amtsführender Stadtrat: *Friederike Seidl* (SPÖ)

Engelmayer, Ing. Günther (ÖVP)
Freinberger Rudolf (SPÖ)
Hirsch Otto (SPÖ)
Holub Albert (SPÖ)
Jank Werner (SPÖ)
Kneisler Wilhelm (SPÖ)
Kopfensteiner Raimund, Vors. (SPÖ)
Korosec Ingrid (ÖVP)
Krasser, Dr. Hannes, Vors.-Stellv. (ÖVP)
Peska Franz (SPÖ)
Schindler Elisabeth, Vors.-Stellv. (SPÖ)
Schneider Leopold (ÖVP)
Welan, Dr. Manfried, o. Univ.-Prof. (ÖVP)
Zima, Mag. Herbert (SPÖ)

Gesundheit und Soziales

Amtsführender Stadtrat: *a. o. Univ.-Prof. Dr. Alois Stacher* (SPÖ)

Andrlik Eveline, Vors.-Stellv. (SPÖ)
Dinhof Herbert, Vors. (SPÖ)
Flemming, Dr. Marilies (ÖVP)
Forster Ilse (SPÖ)
Hawlik, Dr. Johannes (ÖVP)
Huber Erich (SPÖ)
König Hans (SPÖ)
Krenn Erika, Ob.-Schul-Rat (SPÖ)
Lacina Karl (SPÖ)
Schlick, Dkfm. Dr. Sigrun, Vors.-Stellv. (ÖVP)
Swoboda, Dr. Johannes (SPÖ)
Traindl Leopold (ÖVP)
Wagner, Dr. Otto, a. o. Univ.-Prof. (ÖVP)
Windhab Anton (SPÖ)

Finanzen und Wirtschaftspolitik

Amtsführender Stadtrat: *Hans Mayr* (SPÖ)

Dinhof Herbert (SPÖ)
Edlinger Rudolf (SPÖ)
Goller, Dr. Günther (ÖVP)
Hahn Fritz, Vors.-Stellv. (ÖVP)
Haubenburger Werner, Komm.-Rat (ÖVP)
Hofstetter, Ing. Walter (SPÖ)
Kneidinger Johann, Vors. (SPÖ)
Mayrhofer Leopold (SPÖ)
Pelzelmayer Otto, Komm.-Rat (ÖVP)
Sallaberger Günther Ewald (SPÖ)
Schirmer Christine, Vors.-Stellv. (SPÖ)
Schmidtmeier Herbert, Komm.-Rat (SPÖ)
Wiesinger Leopold, Prof., Ob.-Schul-Rat, (SPÖ)
Wöber, Dkfm. Dr. Heinz (ÖVP)

Stadtentwicklung und Stadterneuerung

Amtsführender Stadtrat: *Ing. Fritz Hofmann* (SPÖ)

Freitag Robert (SPÖ)
Haas Franz (SPÖ)
Hawlik, Dr. Johannes (ÖVP)
Heinz Rosa (SPÖ)
Hofstetter, Ing. Walter (SPÖ)
Lustig Gerhard, Vors. (SPÖ)
Maier, Mag. Dr. Ferdinand (ÖVP)
Mayr, Dr. Peter (ÖVP)
Neumann Peter (ÖVP)
Oblasser Gerhard, Vors.-Stellv. (SPÖ)
Petrik, Dr. Wolfgang, Prof., Vors.-Stellv. (ÖVP)
Svoboda, Ing. Karl (SPÖ)
Swoboda, Dr. Johannes (SPÖ)
Tischler Margarete (SPÖ)

Bildung, Jugend und Familie

Amtsführender Stadtrat: *Gertrude Fröhlich-Sandner*, Vizebürgermeister (SPÖ)

Hanke Erik, Vors. (SPÖ)
Häupl, Dr. Michael (SPÖ)
Helmer Richard (ÖVP)
Kremnitzer Ferdinand (SPÖ)
Petrik, Mag. Eva (ÖVP)
Pfauser Leopoldine, Vors.-Stellv. (SPÖ)
Prochaska Johannes, Vors.-Stellv. (ÖVP)
Putz Erich (ÖVP)
Steinbach Ernst (SPÖ)
Stiehl Gertrude (SPÖ)
Strangl Oswald (SPÖ)
Stubenvoll Erika (SPÖ)
Traindl Leopold (ÖVP)
Wondratsch Hildegard (SPÖ)

Umwelt und Bürgerdienst

Amtsführender Stadtrat: *Peter Schieder* (SPÖ)

Arthold Josef, Vors.-Stellv. (ÖVP)
Dittrich Elisabeth (SPÖ)
Engelmayer, Ing. Günther (ÖVP)
Freinberger Rudolf (SPÖ)
Häupl, Dr. Michael (SPÖ)
Hotter, Dkfm. Robert (ÖVP)
Jedletzberger Josef, Komm.-Rat, Ök.-Rat (ÖVP)
Ludwig Hans, Vors.-Stellv. (SPÖ)
Nußbaum Ernst (SPÖ)
Outolny Ernst, Vors. (SPÖ)
Paul Maria (SPÖ)
Riedler, Ing. Horst Georg (SPÖ)
Vejtisek Ernst (SPÖ)
Welan, Dr. Manfried, o. Univ.-Prof. (ÖVP)

Kultur und Sport

Amtsführender Stadtrat: *Franz Mrkvicka* (SPÖ)

Aigner, Dkfm. Dr. Adolf (SPÖ)
Arthold Josef (ÖVP)
Brosch Hans (SPÖ)
Czerny Rudolf (ÖVP)
Hanke Erik (SPÖ)
Kauer, Mag. Robert, Vors.-Stellv. (ÖVP)
Ludwig Hans (SPÖ)
Nekula Franz (SPÖ)
Neubert, Dr. Ernst (ÖVP)
Prochaska Johannes (ÖVP)
Stiehl Gertrude, Vors. (SPÖ)
Wimmer Johann (SPÖ)
Windhab Anton, Vors.-Stellv. (SPÖ)
Wondratsch Hildegard (SPÖ)

Bauten

Amtsführender Stadtrat: *Roman Rautner* (SPÖ)

Brosch Hans, Vors.-Stellv. (SPÖ)
Cvetkovic Jovan (ÖVP)
Daller Karl (ÖVP)
Hengelmüller Karl (SPÖ)
Kremnitzer Ferdinand (SPÖ)
Mandahus, Ing. Konrad (ÖVP)
Mayr, Dr. Peter, Vors.-Stellv. (ÖVP)
Pramel Otto (SPÖ)
Rosenberger Franz, Vors. (SPÖ)
Schiel Hans (SPÖ)
Sevcik Johann (SPÖ)
Svoboda, Ing. Karl (SPÖ)
Vejtisek Ernst (SPÖ)
Worm, Ing. Alfred (ÖVP)

Verkehr und Energie

Amtsführender Stadtrat: *Johann Hatzl* (SPÖ)

Eder Kurt (SPÖ)
Glück Hermann (ÖVP)
Haubenburger Werner, Komm.-Rat (ÖVP)
Hengelmüller Karl (SPÖ)
Hirsch Otto, Vors. (SPÖ)
Kopfensteiner Raimund (SPÖ)
Kreiner, Ing. Otto, Vors.-Stellv. (ÖVP)
Kuhn Maria (SPÖ)
Oblasser Gerhard (SPÖ)
Peska Franz, Vors.-Stellv. (SPÖ)
Regler, Dipl.-Ing. Mag. Roderich Maria (ÖVP)
Riedler, Ing. Horst Georg (SPÖ)
Strangl Oswald (SPÖ)
Stratil Robert (ÖVP)

KONTROLLAUSSCHUSS

Aigner, Dkfm. Dr. Adolf (SPÖ)
Brosch Hans (SPÖ)
Edlinger Rudolf (SPÖ)
Hahn Fritz (ÖVP)
Hirnschall, Dr. Erwin, Vors. (FPÖ)
Hirsch Otto (SPÖ)
Kauer, Mag. Robert (ÖVP)
Kneidinger Johann (SPÖ)
Krasser, Dr. Hannes, Vors.-Stellv. (ÖVP)
Kreiner, Ing. Otto (ÖVP)
Lacina Karl (SPÖ)
Mayrhofer Leopold (SPÖ)
Outolny Ernst (SPÖ)
Wiesinger Leopold, Prof., Ob.-Schul-Rat, Vors.-Stellv. (SPÖ)
Worm, Ing. Alfred (ÖVP)

IMMUNITÄTSKOLLEGIUM

Dinhof Herbert (SPÖ)
Hofstetter, Ing. Walter (SPÖ)
Krasser, Dr. Hannes (ÖVP)
Nekula Franz (SPÖ)
Pelzelmayer Otto, Komm.-Rat (ÖVP)
Peska Franz (SPÖ)
Rosenberger Franz (SPÖ)
Tischler Margarete (SPÖ)
Welan, Dr. Manfried, o. Univ.-Prof. (ÖVP)

UNVEREINBARKEITSAUSSCHUSS

Flemming, Dr. Marilies (ÖVP)
Kneisler Wilhelm (SPÖ)
Krasser, Dr. Hannes (ÖVP)
Ludwig Hans (SPÖ)
Mayr, Dr. Peter (ÖVP)
Outolny Ernst (SPÖ)
Schindler Elisabeth (SPÖ)
Wondratsch Hildegard (SPÖ)
Zima, Mag. Herbert (SPÖ)

GEMEINDERÄTLICHE PERSONALKOMMISSION

Amtsführender Stadtrat: *Friederike Seidl* (SPÖ)

Engelmayer, Ing. Günther (ÖVP)
Freinberger Rudolf (SPÖ)
Helmer Richard (ÖVP)
Holub Albert (SPÖ)
Jank Werner (SPÖ)
Kneisler Wilhelm (SPÖ)
Kopfensteiner Raimund (SPÖ)
Korosec Ingrid (ÖVP)
Peska Franz (SPÖ)
Schindler Elisabeth (SPÖ)
Zima, Mag. Herbert (SPÖ)

BEZIRKSVORSTEHER UND BEZIRKSVERTRETUNGEN

(* = Durchwahl)

1. Bezirk – Innere Stadt

1, Wipplingerstraße 8, Tel. 701*, 708*, 63 07 31*

Bezirksvorsteher:
Heinz, Ing. Heinrich Anton, Techn. Rat (ÖVP) 214

Bezirksvorsteher-Stellvertreter:
Schachinger Margit (ÖVP) 214
Steier Anton (SPÖ) 218

Büroleiter:
Hütt Eva, Amtsrat 216

Büro 214, 215

Bezirksvertretung: 30 Bezirksräte (ÖVP 21, SPÖ 7, FPÖ 1, ALW 1)

Aust Adolf (ÖVP)
Bauer Erhard (ÖVP)
Bollmann, Dkfm. Harald (ÖVP)
Fallmann Friedrich (ÖVP)
Förster, Dr. Christian (ÖVP)
Holzer Rudolf (SPÖ)
Jakubowicz Dan (ALW)
Korn Siegfried (ÖVP)
Kühnel, Dr. Eduard Franz (ÖVP)
Kunz Alois, Komm.-Rat (ÖVP)
Lang Franz, Komm.-Rat (ÖVP)
Moser, Dr. Jonny, Prof. (SPÖ)
Mühlegger Johann (ÖVP)
Nachtnebel Josef (ÖVP)
Pickl Anton (ÖVP)
Pribitzer, Dipl.-Ing. Michael (SPÖ)
Rabenseifner Johann (SPÖ)
Ragas, Dr. Kurt, w. Hofrat (ÖVP)
Rossol Irmgard (ÖVP)
Schachinger Margit (ÖVP)
Schlögl Johannes Heinrich (FPÖ)
Schneider, Dr. Kurt (ÖVP)
Schossmann Hedwig (SPÖ)
Staudacher Walther, Prof. (ÖVP)
Steier Anton (SPÖ)
Stoiber, Dr. Wilhelm (ÖVP)
Stuböck Erwin (SPÖ)
Wiesel Friedrich (ÖVP)
Wiesinger, Dr. Otto (ÖVP)
Wölfle, Dipl.-Ing. Walter (ÖVP)

2. Bezirk – Leopoldstadt

2, Karmelitergasse 9, Tel. 702*, 33 16 11*

Bezirksvorsteher:
Bednar Rudolf (SPÖ) 220

Bezirksvorsteher-Stellvertreter:
Weißmann Heinz (SPÖ) 221
Stabler, Mag. Franz (ÖVP) 217

Büroleiter:
Kumhala Franz, Amtsrat 222

Büro 223, 224, 225, 226

Bezirksvertretung: 44 Bezirksräte (SPÖ 27, ÖVP 14, FPÖ 2, ALW 1)

Ahorner Rupert (SPÖ)
Bachinger Ludwig (ÖVP)
Baumann Karl (SPÖ)
Bednar Rudolf (SPÖ)
Besenböck Raimund (SPÖ)
Bohle Eduard (SPÖ)
Brinek Gertrude (ÖVP)
Cejka Josef (SPÖ)
Coufalik Erna (SPÖ)
Darmstädter Walter (SPÖ)
Ernsthofer Leopold (SPÖ)
Feige, Ing. Anton (SPÖ)
Gall Josef, Reg.-Rat (ÖVP)
Gorski Kurt (SPÖ)
Guth Johann (SPÖ)
Haider Ludwig (ÖVP)
Horniak Heinrich (SPÖ)
Kadnar Johann (SPÖ)
Kaffarek, Dipl.-Ing. Werner (ÖVP)
Kammerer Karl (SPÖ)
Karger Adolf (ÖVP)
Keller Hans (SPÖ)
Kollar Franz (SPÖ)
Kubik Stefanie (SPÖ)
Kulmann Margaretha (SPÖ)
Mickel, Dr. Franz (ÖVP)
Mold, Dr. Gottfried (SPÖ)
Nagl Norbert (ÖVP)
Oberst Gerhard (ÖVP)
Plasser Fritz (ÖVP)
Prager Richard (SPÖ)
Puchinger Helmut (ÖVP)
Rath Werner (SPÖ)
Römer Johann (FPÖ)
Schaabl Cornelia (SPÖ)
Schober Horst (SPÖ)
Stabler, Mag. Franz (ÖVP)
Stangl Leopold (SPÖ)
Straka Thomas (ALW)

Wagner Josef (FPÖ)
Wallisch Franz (SPÖ)
Wally Wolfgang (ÖVP)
Walter Norbert (ÖVP)
Weißmann Heinz (SPÖ)

3. Bezirk – Landstraße

3, Karl-Borromäus-Platz 3, Tel. 703*, 72 51 71*

Bezirksvorsteher:
Bergen Rudolf (SPÖ) 201

Bezirksvorsteher-Stellvertreter:
Schmid Anton (SPÖ) 202
Schindler Horst (ÖVP) 206

Büroleiter:
Neuhauser Herbert, Amtsrat 203
Büro 204, 205

Bezirksvertretung: 40 Bezirksräte (SPÖ 20, ÖVP 17, FPÖ 2, ALW 1)

Bauer Anton (SPÖ)
Baumgartlinger Horst (SPÖ)
Beier Charlotte (SPÖ)
Beinhofer, Dr. Ernst (ÖVP)
Bergen Rudolf (SPÖ)
Berger Christine (SPÖ)
Branowitzer Edith (ALW)
Braun Hermine (ÖVP)
Dolinek Kurt (SPÖ)
Eisert Peter Wolfgang (ÖVP)
Fabrizii Michael (ÖVP)
Fijala Viktor, Reg.-Rat (FPÖ)
Haas Adolf (ÖVP)
Hohenberger Erich (SPÖ)
Horn Otto-Michael (FPÖ)
Kaiser Helmut (ÖVP)
Kantor Edith (SPÖ)
Kiendl Ernst (ÖVP)
Kowal Annemarie (ÖVP)
Lippert Karl, Komm.-Rat (ÖVP)
Massnovits Robert (SPÖ)
Mauritz Hilde (SPÖ)
Paiha Irmtraud (ÖVP)
Paschinger Rudolf (SPÖ)
Puchebner Helmut (ÖVP)
Rasocha Ernst (SPÖ)
Römer Christoph (ÖVP)
Schicker, Dipl.-Ing. Rudolf (SPÖ)
Schindler Horst (ÖVP)
Schmid Anton (SPÖ)
Schmid Johannes (ÖVP)
Schmidt, Dr. Hans (SPÖ)
Schnürer Eva-Maria (ÖVP)
Tischler Werner (SPÖ)
Tschirf, Dr. Matthias (ÖVP)
Weisbier Erich (SPÖ)
Wolfik Mathias (SPÖ)
Woller Ernst (SPÖ)
Zajic, Ing. Erich (SPÖ)
Zwettler Felicitas (ÖVP)

4. Bezirk – Wieden

4, Favoritenstraße 18, Tel. 724*, 65 47 34*

Bezirksvorsteher:
Haider Herta (ÖVP) 220

Bezirksvorsteher-Stellvertreter:
Lengheimer, DDr. Karl (ÖVP) 225
Hummel Alfred (SPÖ) 221

Büroleiter:
Schrampf Rudolf 222
Büro 223

Bezirksvertretung: 30 Bezirksräte (ÖVP 16, SPÖ 12, FPÖ 1, ALW 1)

Bernhart, Dkfm. Ralf (ÖVP)
Besau Johannes (ÖVP)
Dippelreiter Roland (ÖVP)
Dytrich Stefanie (SPÖ)
Emmerling Susanne (ÖVP)
Gamperl Gerhard (ÖVP)
Glanzer, Dr. Siegfried (ÖVP)
Grasserbauer Walter (SPÖ)
Haider Herta (ÖVP)
Hehn Josef (ÖVP)
Hummel Alfred (SPÖ)
Kartusch Franz (ÖVP)
Kasper Johann (SPÖ)
Lacina Monika (SPÖ)
Langer, Dkfm. Werner (ÖVP)
Leeb Josef (SPÖ)
Lengheimer, DDr. Karl (ÖVP)
Leposa Bernd (ÖVP)
Mareiner Willibald (SPÖ)
Nußbaum Rudolf, Reg.-Rat (SPÖ)
Nußgruber, Ing. Alfred, Amtsrat (ÖVP)
Potetz Erich (SPÖ)
Praschl-Bichler Karl, Komm.-Rat (ÖVP)
Rieder Brigitte (ALW)
Rod Eduard (ÖVP)
Scharner, Ing. Adolf (SPÖ)
Tobola Harald (SPÖ)
Unterreiner, Mag. Heidemarie (FPÖ)
Wagesreiter Othmar (ÖVP)
Wagner Kurt (SPÖ)

5. Bezirk – Margareten

5, Schönbrunner Straße 54, Tel. 704*, 725*, 55 45 85*

Bezirksvorsteher:
Walter Johann (SPÖ) 221

Bezirksvorsteher-Stellvertreter:
Sailer Ludwig (SPÖ) 222
Felder, Mag. Walter, Hofrat (ÖVP) 227

Büroleiter:
Steinwender Wolfgang, Verwaltungsoberkommissär . . 223
Büro 224, 225, 226

Bezirksvertretung: 30 Bezirksräte (SPÖ 17, ÖVP 11, FPÖ 1, ALW 1)

Brauner, Mag. Renate (SPÖ)
Bühner Alfons (ÖVP)
Danzer Erich, Komm.-Rat (ÖVP)
Denk, Dr. Willibald (ÖVP)
Engl, Dipl.-Ing. Erich (FPÖ)
Felder, Mag. Walter, Hofrat (ÖVP)
Frank Jürgen (ÖVP)
Hajos Franz (SPÖ)
Heil Sylvia (ÖVP)
Heinrich Kurt (SPÖ)
Hipsag Helene (SPÖ)
Jerabek Heinz (SPÖ)
Konecny Hermine (SPÖ)
Lackner Franz (ALW)
Lahl Edith (SPÖ)
Möller Gisela, Komm.-Rat (SPÖ)
Murmann Franz (SPÖ)
Obermann Leopold, Prof., Sekt.-Chef i. R. (SPÖ)
Pittner Alfred (SPÖ)
Pucher Martina (ÖVP)
Rzepa Hermine (ÖVP)
Sailer Ludwig (SPÖ)
Schramm Helmut (ÖVP)
Siegl Walter (SPÖ)
Tomschitz Inge (ÖVP)
Ullmann Heinz (SPÖ)
Vrzal Hannelore (SPÖ)
Walter Johann (SPÖ)
Weichesmiller Susanne (ÖVP)
Zangerle Richard (SPÖ)

6. Bezirk – Mariahilf

6, Amerlingstraße 11, Tel. 726*, 57 95 21*

Bezirksvorsteher:
Blauensteiner Franz, Komm.-Rat (ÖVP) 38

Bezirksvorsteher-Stellvertreter:
Seidl Walter (ÖVP) 42
Greilinger Karl (SPÖ) 43

Büroleiter:
Doleschel Herbert, Amtsrat 41
Büro 39

Bezirksvertretung: 30 Bezirksräte (ÖVP 16, SPÖ 12, FPÖ 1, ALW 1)

Achleitner Erich (ÖVP)
Arie, Dr. Michael (FPÖ)
Blauensteiner Franz, Komm.-Rat (ÖVP)
Fehringer Friedrich, Prof. (ÖVP)
Fiedler, Dr. Johannes (ÖVP)
Greilinger Karl (SPÖ)
Grünwald Oscar (SPÖ)
Huttar Alfred (ÖVP)
Kann Richard (SPÖ)
Kaufmann Renate (SPÖ)
Kleiner Hubert (ÖVP)
Kleiner Karl (SPÖ)
Knebel Kurt, Komm.-Rat (ÖVP)
Kordik Egon (ÖVP)
Krecek Gerhard (SPÖ)
Lehrer Walter (SPÖ)
Pawera Hardo (SPÖ)
Pint, Mag. Kurt (ÖVP)
Riener Johann (ÖVP)
Schrenk Bruno (SPÖ)
Schwartz Franz (SPÖ)

Seidl Walter (ÖVP)
Spannagl Gerhard (SPÖ)
Strojil Friedrich (SPÖ)
Tremmel, Dr. Edda-Maria (ÖVP)
Weber, Dr. Walter, Hofrat (ÖVP)
Weihs Richard (ALW)
Weiler Erwin (ÖVP)
Wendler Friedrich (SPÖ)
Zeger, Dr. Norbert (ÖVP)

7. Bezirk – Neubau

7, Hermanngasse 24–26, Tel. 706*, 93 76 46*

Bezirksvorsteher:
Karrer Josef, Komm.-Rat (ÖVP) 220

Bezirksvorsteher-Stellvertreter:
Menhart Elisabeth, Prof. (ÖVP) 227
Wana Walter (SPÖ) 221

Büroleiter:
Strobl Paul, Amtsrat 222

Büro 223, 224

Bezirksvertretung: 30 Bezirksräte (ÖVP 16, SPÖ 12, FPÖ 1, ALW 1)

Adamecz Maria (ÖVP)
Bammer Christa (SPÖ)
Bauer Heinrich (ÖVP)
Exler Ingeborg (ÖVP)
Faber, Ing. Hans (ÖVP)
Festa, Dkfm. Dr. Christian (ÖVP)
Herzog Franz (SPÖ)
Jäger Franz (ÖVP)
Karrer Josef, Komm.-Rat (ÖVP)
Kiefer Harry (SPÖ)
Menhart Elisabeth, Prof. (ÖVP)
Niederdorfer Anna, Reg.-Rat, Amtsdirektor (SPÖ)
Pascher, Dr. Franz (SPÖ)
Petje, Ing. Heinrich (ÖVP)
Popelka Heinz (SPÖ)
Popelka Katharina (SPÖ)
Raunigg, Ing. Harald (ÖVP)
Rudolf Leopold, Komm.-Rat (SPÖ)
Sax Raimund (ÖVP)
Schalk Brigitta (FPÖ)
Schüller Franz (ÖVP)
Sefcik Walter (SPÖ)
Sittler, Ing. Ernst (ÖVP)
Soucek Franz (ÖVP)
Tamchina Herbert (SPÖ)
Taubek Karl, Direktor (ÖVP)
Toifelhardt, Mag. Anton, Prof., Oberstudienrat, Direktor (ÖVP)
Töltl Hans (SPÖ)
Tran, Dipl.-Ing. Dung (ALW)
Wana Walter (SPÖ)

8. Bezirk – Josefstadt

8, Schlesingerplatz 4, Tel. 727*, 42 75 41*

Bezirksvorsteher:
Kasparek Walter (ÖVP) 222

Bezirksvorsteher-Stellvertreter:
Zerzan Ludwig (ÖVP) 223
Blümel Kurt (SPÖ) 221

Büroleiter:
Sugar, Mag. Gertrude, Oberamtsrat 224

Büro 225

Bezirksvertretung: 30 Bezirksräte (ÖVP 17, SPÖ 11, FPÖ 1, ALW 1)

Blümel Kurt (SPÖ)
Eilmer Günter (SPÖ)
Emmerling Josef (ÖVP)
Endlicher Edmund, Direktor (SPÖ)
Figl Johann (ÖVP)
Haas Heide-Liese (ÖVP)
Hacker Eduard (ÖVP)
Hacker Johann (ÖVP)
Hannreich Helga (SPÖ)
Hanusch, Dipl.-Ing. Karl (ÖVP)
Hemza Michael (ÖVP)
Hinterwirth, Ing. Georg (ÖVP)
Holy Anton (SPÖ)
Hutterer Wolfgang (SPÖ)
Jenisch Roswitha (ÖVP)
Kaisler Rudolf (ÖVP)
Kasparek Walter (ÖVP)
Ludwig, Dkfm. Johann, Komm.-Rat (ÖVP)
Moser, Ing. Viktor, Techn. Amtsrat (SPÖ)
Mychalewicz, Mag. Paul (ÖVP)
Neubauer Franz (ÖVP)
Paul Johanna (ÖVP)
Pfeiler, Dr. Max, Prof. (ÖVP)
Prohaska, Dr. Rainer (ALW)
Quin Rainer (FPÖ)
Robotka Miroslav, Komm.-Rat (SPÖ)
Schätzel Hedwig (SPÖ)
Söllner Erna (SPÖ)
Zerzan Ludwig (ÖVP)
Zima Hannes (SPÖ)

9. Bezirk – Alsergrund

9, Währinger Straße 43, Tel. 709*, 42 35 75*

Bezirksvorsteher:
Schmied Wolfgang (ÖVP) 220

Bezirksvorsteher-Stellvertreter:
Hondl Ilse (ÖVP) 224
Schmiedbauer Karl (SPÖ) 221

Büroleiter:
Doppler Siegfried, Verwaltungsoberkommissär 223

Büro 222

Bezirksvertretung: 30 Bezirksräte (ÖVP 15, SPÖ 13, FPÖ 1, ALW 1)

Benke Johann (SPÖ)
Bitzinger, Ing. Josef (ÖVP)
Freisinger Ernst (SPÖ)
Gass Bernd (ÖVP)
Grosse Karl (FPÖ)
Hondl Ilse (ÖVP)
Ichmann Rudolf (ÖVP)
Jersabek, Mag. Gerhard (SPÖ)
Kalab, Dipl.-Ing. Walter (ÖVP)
Kastner Eduard, Komm.-Rat (ÖVP)
Kinzl Reinhard (ÖVP)
Lamich Friedrich (SPÖ)
Leichtfried, Mag. Adolf (ÖVP)
Liska Johann (ÖVP)
Madl Walter (SPÖ)
Maierhofer Richard (SPÖ)
Pilar Alfred (SPÖ)
Pubek Agnes (SPÖ)
Pudschedl, Ing. Kurt (SPÖ)
Salzer Hermann (SPÖ)
Sandner Jutta (ALW)
Schmidt Margarete (ÖVP)
Schmied Wolfgang (ÖVP)
Schmiedbauer Karl (SPÖ)
Schnedl Jakob (ÖVP)
Seiler Gerhard (ÖVP)
Smejkal Hans (SPÖ)
Studener Eduard (SPÖ)
Tuppa Leopold (ÖVP)
Wolf Hans (ÖVP)

10. Bezirk – Favoriten

10, Keplerplatz 5, Tel. 710*, 64 36 31*

Bezirksvorsteher:
Deutsch Josef (SPÖ) 202

Bezirksvorsteher-Stellvertreter:
Prucha Leopold (SPÖ) 207
Kuhn Walter (ÖVP) 203

Büroleiter:
Wosolsobe Hans Peter, Amtsrat 205

Büro 204, 206, 317

Bezirksvertretung: 50 Bezirksräte (SPÖ 35, ÖVP 12, FPÖ 2, ALW 1)

Bauer Rudolf (SPÖ)
Bauer Stefanie (SPÖ)
Belovsky, Ing. Leo, Komm.-Rat (SPÖ)
Benda Alfred (ÖVP)
Bitiste Gottfried (ÖVP)
Blamauer, Mag. Hubert (ÖVP)
Bock Herbert (ÖVP)
Brandstetter Johann (SPÖ)
Deutsch Josef (SPÖ)
Feltein Brigitta (ÖVP)
Frank Walter (FPÖ)
Friedl Josef (SPÖ)
Fuchs Brunhilde (SPÖ)
Fuchs Georg (ÖVP)

Gaal Anton (SPÖ)
Gerbasits Josef (SPÖ)
Gmoser Johann (SPÖ)
Habermann Ernestine (SPÖ)
Hainz Friedrich (SPÖ)
Harwanegg Volkmar (SPÖ)
Höllesberger Franz (SPÖ)
Kancz Johann (SPÖ)
Krejci Karl (ÖVP)
Kuhn Walter (ÖVP)
Lenzen Helmut (FPÖ)
Leopold Franz (SPÖ)
Maierhofer Anna (SPÖ)
Margulies Ursula (ALW)
Maurer, Dkfm. Dr. Ernst (SPÖ)
Melichar Hubert (SPÖ)
Muck Franz (ÖVP)
Muzyczyn Edith (SPÖ)
Nekola Franz (SPÖ)
Perner, Dr. Rotraud (SPÖ)
Poledrik Kurt (SPÖ)
Prucha Leopold (SPÖ)
Reichhardt Erwin (SPÖ)
Reitmeier Maria (SPÖ)
Slabina Herta (SPÖ)
Slavik Erich (SPÖ)
Strangl Romana (SPÖ)
Strobl Walter (ÖVP)
Titz Günther (SPÖ)
Ulrich Klemens (ÖVP)
Utrap Karl (SPÖ)
Vogt Rudolf (ÖVP)
Wawerka Ernst (SPÖ)
Wiche Roman (SPÖ)
Wieser Maria (SPÖ)
Worliczek Karl (SPÖ)

11. Bezirk – Simmering

11, Enkplatz 2, Tel. 711*, 74 35 86*

Bezirksvorsteher:
Mraz Otto (SPÖ) 220

Bezirksvorsteher-Stellvertreter:
Grondinger Franz (SPÖ) 227
Mertal, Dr. Walter, Prof. (ÖVP) 221

Büroleiter:
Sevcik Robert, Amtsrat 223

Büro 222, 224, 229

Bezirksvertretung: 34 Bezirksräte (SPÖ 25, ÖVP 8, FPÖ 1)

Achatz Ernst (SPÖ)
Auer Franz (ÖVP)
Bacher Johann, Ök.-Rat (SPÖ)
Bandel, Dr. Hannelore (SPÖ)
Brix Otmar (SPÖ)
Bruckner Johanna (SPÖ)
Garber Herbert (SPÖ)
Gasselich Günter (ÖVP)
Grondinger Franz (SPÖ)
Gurdet Willibald (ÖVP)
Heumesser Walter (ÖVP)
Janoch Hugo (ÖVP)
Klackl Franz, Direktor (SPÖ)
Krieger Anita (SPÖ)
Leitenmaier, Ing. Eduard (SPÖ)
Meidl Friedrich (SPÖ)
Mertal, Dr. Walter, Prof. (ÖVP)
Mraz Otto (SPÖ)
Müller Karl (ÖVP)
Neuhauser Herbert (SPÖ)
Oppenberger Alfred (SPÖ)
Paul Walter (SPÖ)
Peichel Herta (SPÖ)
Prasch Ida (SPÖ)
Reutterer Karl (SPÖ)
Schwarz Gisela (SPÖ)
Siczkowsky Leopold (SPÖ)
Theusinger Franz (ÖVP)
Vogler Stefan (SPÖ)
Wiesinger Herbert (SPÖ)
Wittmann Rudolf (SPÖ)
Zabinsky Heinrich (SPÖ)
Zeihsel Gerhard (FPÖ)
Zirkl Walter (SPÖ)

12. Bezirk – Meidling

12, Schönbrunner Straße 259, Tel. 712*, 83 16 01*

Bezirksvorsteher:
Neiger, Ing. Kurt (SPÖ) 201

Bezirksvorsteher-Stellvertreter:
Kral Ferdinand (SPÖ) 203
Karl, Mag. Franz (ÖVP) 202

Büroleiter:
Schlesinger Ernst, Verwaltungsoberoffizial 204

Büro 205, 206

Bezirksvertretung: 38 Bezirksräte (SPÖ 25, ÖVP 12, FPÖ 1)

Amler Edith (SPÖ)
Bednar Josef (SPÖ)
Beer, Ing. Walter (SPÖ)
Buchinger Walter (ÖVP)
Dietrich Karl Peter (ÖVP)
Fleischmann Elisabeth (SPÖ)
Frühbauer, Dkfm. Milan (ÖVP)
Graff Maria (ÖVP)
Grillenhofer Herbert (SPÖ)
Hink, Dr. Robert (ÖVP)
Hofmann Silvia, Prof. (ÖVP)
Hufnagl Heinz (SPÖ)
Karl, Mag. Franz (ÖVP)
Kral Ferdinand (SPÖ)
Kratochvila Ernst (SPÖ)
Kunes Rudolf (SPÖ)
Kurzmann Klaus (SPÖ)
Machold Gerhard (SPÖ)
Madejski, Dr. Herbert (FPÖ)
Mareiner Leopold, Komm.-Rat (ÖVP)
Neiger, Ing. Kurt (SPÖ)
Novy Walter (SPÖ)
Nuc Ernst (ÖVP)
Oehler Walter (SPÖ)
Pittermann, Dr. Elisabeth (SPÖ)
Prenosil Günter (SPÖ)
Puhm Alfred (ÖVP)
Reinelt Heinrich-Peter (SPÖ)
Rudorfer Karl (SPÖ)
Rupaner Franz (SPÖ)
Schodl Fritz (SPÖ)
Tobola Ernst (SPÖ)
Vorlaufer Michael (ÖVP)
Vyhnalek Gertrude (SPÖ)
Wasinger Lorenz (SPÖ)
Zankl Inge (SPÖ)
Zechner, Mag. Franz (ÖVP)
Zehetmayer Erich (SPÖ)

13. Bezirk – Hietzing

13, Hietzinger Kai 1–3, Tel. 713*, 82 26 51*

Bezirksvorsteher:
Bischof Elfi (ÖVP) 220

Bezirksvorsteher-Stellvertreter:
Steinwandtner Felix (ÖVP) 221
Gutmannsbauer Eugen, Komm.-Rat (SPÖ) 222

Büroleiter:
Christoph Rudolf, Verwaltungsoberkommissär 223

Büro 224, 225

Bezirksvertretung: 30 Bezirksräte (ÖVP 16, SPÖ 13, FPÖ 1)

Apeltauer Walter (ÖVP)
Bauer Heinz (SPÖ)
Bischof Elfi (ÖVP)
Dworak, Ing. Mag. Bernhard (ÖVP)
Eigner, Ing. Eduard (ÖVP)
Fichtner Margarete (ÖVP)
Fischperer Othmar (SPÖ)
Gerstbach, Dipl.-Ing. Heinrich (ÖVP)
Gutmannsbauer Eugen, Komm.-Rat (SPÖ)
Hies Heinrich (SPÖ)
Horvath Elfriede (SPÖ)
Koppa Horst (ÖVP)
Moser Hermine (SPÖ)
Nell Wolfgang (SPÖ)
Ofner Brigitte (FPÖ)
Sagmeister Rudolf (SPÖ)
Schattner, Dr. Bernhard (ÖVP)
Schilling, Dkfm. Hilde (ÖVP)
Schlager Walter (ÖVP)
Schneider Kurt (ÖVP)
Schütz Marianne (ÖVP)
Seifert Heinrich (SPÖ)
Sieberth, Mag. Dr. Franz (ÖVP)
Steiner Josef (SPÖ)
Steinwandtner Felix (ÖVP)
Stuc Heinz (SPÖ)
Sturminger, Dkfm. Maritta (ÖVP)
Svatek Franz (SPÖ)
Sveda Hilde (SPÖ)
Wawra, Dr. Oskar (ÖVP)

14. Bezirk – Penzing

13, Hietzinger Kai 1–3, Tel. 713*, 82 26 51*

Bezirksvorsteher:
Bauer Otto (SPÖ) 320

Bezirksvorsteher-Stellvertreter:
Eremias Peter (SPÖ) 321
Gundacker Johann (ÖVP) 322

Büroleiter:
Dikovits Franz, Verwaltungsoffizial 323

Büro 324, 325, 326

Bezirksvertretung: 38 Bezirksräte (SPÖ 22, ÖVP 14, FPÖ 2)

Achitz Karl (SPÖ)
Bauer Otto (SPÖ)
Berger Markus (ÖVP)
Braun Kurt (SPÖ)
Brixler Paul (SPÖ)
Bründl Kurt (ÖVP)
Eremias Peter (SPÖ)
Ertl Walfried (SPÖ)
Feichtinger Karl (SPÖ)
Gaschler Gerald (FPÖ)
Grosman Harry (SPÖ)
Grossmann Franz (ÖVP)
Gundacker Johann (ÖVP)
Haslinger Hermine (SPÖ)
Hiller Ferdinand (SPÖ)
Höfinger Alois (SPÖ)
Hofmann Adolfine (ÖVP)
Jaksch Willi (SPÖ)
Kress Gertrude (ÖVP)
Kress Michael (ÖVP)
Ladics Anton (SPÖ)
Liendlbauer, Ing. Helmut (ÖVP)
Moritz, Dr. Michaela (SPÖ)
Nowotny Alexander (ÖVP)
Rainer Eduard (ÖVP)
Satzinger, Dr. Franz (SPÖ)
Schaukowitsch, Dr. Elisabeth (SPÖ)
Sedlacek Johann (SPÖ)
Seiser Franz (ÖVP)
Spitz, Dr. Rainer (ÖVP)
Stark Rudolf (FPÖ)
Steier Jutta (SPÖ)
Steinmetz Alfred (ÖVP)
Stiller Ernst (SPÖ)
Trautenberger Sabine (SPÖ)
Widor Waltraud (SPÖ)
Windisch, Mag. Paul (ÖVP)
Zawiacic Robert (SPÖ)

15. Bezirk – Rudolfsheim-Fünfhaus

15, Gasgasse 8–10, Tel. 715*, 83 36 11*

Bezirksvorsteher:
Eder Maximilian (SPÖ) 201

Bezirksvorsteher-Stellvertreter:
Krammer Friedrich (SPÖ) 202
Strobl, Dkfm. Dr. Hans (ÖVP) 216

Büroleiter:
Mottl Josef, Oberamtsrat 203

Büro 205, 206, 207

Bezirksvertretung: 34 Bezirksräte (SPÖ 23, ÖVP 10, FPÖ 1)

Bria Franz (SPÖ)
Eder Maximilian (SPÖ)
Forster Anton (SPÖ)
Frasl Erna (SPÖ)
Haider Gernot (FPÖ)
Hartenthaler Wilhelm (SPÖ)
Hübel Karl (SPÖ)
Jaros Josef (SPÖ)
Joichl Friedrich (SPÖ)
Katzbeck Gustav (SPÖ)
Krammer Friedrich (SPÖ)
Krbeczek Helmut (SPÖ)
Lippert Wilhelm (SPÖ)
Menger Kurt (SPÖ)
Misof Andreas (ÖVP)
Neumann Manfred (ÖVP)
Pospisil Walter (ÖVP)
Ralis Ursula (SPÖ)
Reichel Martha (ÖVP)
Ring Josef (ÖVP)
Schinogl Franz (SPÖ)
Schleifer Christine (SPÖ)
Serini Alois (SPÖ)
Stanek Willibald (SPÖ)
Strobl, Dkfm. Dr. Hans (ÖVP)
Thron, Dr. Rudolf (ÖVP)
Tomek Helmut (SPÖ)
Tronner Leopold (ÖVP)
Vosatka Heinrich (ÖVP)
Votter Waltraud (SPÖ)
Wasl Erich (SPÖ)
Willensdorfer Kurt (ÖVP)
Winter Friederike (SPÖ)
Zatlokal Gerhard (SPÖ)

16. Bezirk – Ottakring

16, Richard-Wagner-Platz 19, Tel. 716*, 92 26 96*

Bezirksvorsteher:
Barton Alfred (SPÖ) 201

Bezirksvorsteher-Stellvertreter:
Graßberger Ernestine (SPÖ) 209
Hasibar Karl Heinz (ÖVP) 202

Büroleiter:
Forster Hans, Amtsrat 203

Büro 205, 207

Bezirksvertretung: 40 Bezirksräte (SPÖ 27, ÖVP 12, FPÖ 1)

Barton Alfred (SPÖ)
Conrad Manfred (SPÖ)
Ehm, Ing. Fritz (SPÖ)
Ehm Kurt, Komm.-Rat (SPÖ)
Ehrlich Karl (SPÖ)
Engel, Dkfm. Peter (ÖVP)
Fischer Ernst (ÖVP)
Gaugusch, Mag. Karl (SPÖ)
Graßberger Ernestine (SPÖ)
Hart Hans (SPÖ)
Hart Walter (SPÖ)
Hasibar Karl Heinz (ÖVP)
Helly Elisabeth (SPÖ)
Honay Fritz (SPÖ)
Karafiat Hermine (ÖVP)
Kinn Gertrude (ÖVP)
Koch Peter (ÖVP)
Kovarik Ferdinand (SPÖ)
Michalek Rudolf (SPÖ)
Nemeth, Dr. Stefan (ÖVP)
Papez Heinz (ÖVP)
Pilz Heinrich (SPÖ)
Rinder Anton (SPÖ)
Sandner Ferdinand (SPÖ)
Schimanek Hannelore (SPÖ)
Schnetz, Dr. Elisabeth (SPÖ)
Schuster Otto (SPÖ)
Stahlhofer, Ing. Gerhard (ÖVP)
Supalek Ferdinand (SPÖ)
Süsz Franz (SPÖ)
Tatzber Raimund (SPÖ)
Weber Ernst (SPÖ)
Wiedermann Rudolf (SPÖ)
Wippenhammer Richard (SPÖ)
Wolfram Gert (FPÖ)
Wolfsberger Alexander (SPÖ)
Wurstbauer Alfred (ÖVP)
Zavoral Josef (ÖVP)
Zigmund Walter (ÖVP)
Zimmel Frieda (SPÖ)

17. Bezirk – Hernals

17, Elterleinplatz 14, Tel. 717*, 43 61 01*

Bezirksvorsteher:
Pfleger Robert (SPÖ) 220

Bezirksvorsteher-Stellvertreter:
Reinold Ernst (SPÖ) 222
Erasmus Johann (ÖVP) 221

Büroleiter:
Fortelny Elisabeth, Oberamtsrat 223

Büro 224

Bezirksvertretung: 30 Bezirksräte (SPÖ 17, ÖVP 12, FPÖ 1)

Benedek Adolf (SPÖ)
Bogner Gustav (ÖVP)
Bohdal Margarete (SPÖ)
Brenner Josef (SPÖ)
Buxbaum Herbert (SPÖ)
Erasmus Johann (ÖVP)
Galli Walter (ÖVP)
Gintersdorfer Lothar (FPÖ)
Grüner, Ing. Manfred (ÖVP)
Gstaltmeyr Josef (ÖVP)
Hoppel Oskar (SPÖ)
Hoyda Wilhelm (SPÖ)
Juraczka Franz (ÖVP)
Knap, Dr. Michael (ÖVP)
Kristen Peter (SPÖ)
Lambor Rudolf (SPÖ)
Langer Johanna (SPÖ)
Lindl Elisabeth (ÖVP)
Menczik Wilhelm, Komm.-Rat (SPÖ)
Mentschik Hans (SPÖ)
Mittlbach Franz (ÖVP)
Münzner Leopold (SPÖ)
Ossinger, Dr. Raimund (ÖVP)
Pfleger Robert (SPÖ)
Reinold Ernst (SPÖ)
Sotona Christine (SPÖ)
Spörck Karl (SPÖ)
Weisz Otto (SPÖ)
Wesely Josef (ÖVP)
Zawodsky, Dr. Ludwig, Prim. (ÖVP)

18. Bezirk – Währing

18, Martinstraße 100, Tel. 718*, 34 25 20*

Bezirksvorsteher:
Hemmelmayer, Dkfm. Hans (ÖVP) 220

Bezirksvorsteher-Stellvertreter:
Frad, Dr. Herwig (ÖVP) 224
Janecek Rudolf (SPÖ) 222

Büroleiter:
Eisert Peter Wolfgang, Verwaltungsoberkommissär . . 223

Büro 225

Bezirksvertretung: 30 Bezirksräte (ÖVP 17, SPÖ 12, FPÖ 1)

Becska, Dkfm. Rudolf (ÖVP)
Beran Gerhard (FPÖ)
Böhm Anton (ÖVP)
Cechota Kurt (ÖVP)
Feldbacher Maria (SPÖ)
Figl Anna (ÖVP)
Frad, Dr. Herwig (ÖVP)
Frank Johann (ÖVP)
Fürhauser Ingeborg (ÖVP)
Glatzl Ferdinand (SPÖ)
Hemmelmayer, Dkfm. Hans (ÖVP)
Herkner Caroline (ÖVP)
Janecek Rudolf (SPÖ)
Lodner Franz (ÖVP)
Modler Raimund (SPÖ)
Much Gertrude (SPÖ)
Mühleder, Dr. Ferdinand (ÖVP)
Obermayer Bruno (ÖVP)
Ohsburg Robert (SPÖ)
Pfannenstiel Herbert (SPÖ)
Robel Marion (ÖVP)
Scheuch, Ing. Hubert (ÖVP)
Schöllenbauer Josef (SPÖ)
Schreiber, Dr. Manfred (ÖVP)
Strauß Johann, Komm.-Rat (ÖVP)
Strobl Josef (SPÖ)
Wagner Herbert (ÖVP)
Weinke, Dr. Fritz (SPÖ)
Welzl Melitta (SPÖ)
Winter Walter (SPÖ)

19. Bezirk – Döbling

19, Gatterburggasse 14, Tel. 719*, 36 42 50*

Bezirksvorsteher:
Tiller Adolf (ÖVP) 221

Bezirksvorsteher-Stellvertreter:
Müller Ludwig (ÖVP) 222
Stockinger Richard (SPÖ) 220

Büroleiter:
Pohle Friedrich, Oberamtsrat 223

Büro 224

Bezirksvertretung: 34 Bezirksräte (ÖVP 18, SPÖ 15, FPÖ 1)

Böck Johanna (SPÖ)
Brachtel, Dr. Walter (SPÖ)
Buchelt Leopold (SPÖ)
Dobersberger Margaretha, Direktor (ÖVP)
Eder Hubert (ÖVP)
Garzuly-Machinek Johanna (ÖVP)
Gump Aloisia (ÖVP)
Gurtner Josef (ÖVP)
Haider, Ing. Harald (ÖVP)
Hlavac, Dr. Elisabeth (SPÖ)
Hofmann Leo (SPÖ)
Howorka, Ing. Rudolf (ÖVP)
Kainz, Dr. Wolfgang (ÖVP)
Koppatz Leopold (FPÖ)
Loidolt Ingeborg (SPÖ)
Marchfeld Gertraud (SPÖ)
Müller Ludwig (ÖVP)
Neuzil Astrid (ÖVP)
Nußbichler, Mag. Dr. Bruno, Hofrat, Direktor (SPÖ)
Pelka, Ing. Gertrude (ÖVP)
Pfeiffer Gerhard (ÖVP)
Plamberger Friedrich (SPÖ)
Pollak Rupert (SPÖ)
Redl Karl (ÖVP)
Rudas Andreas (SPÖ)
Schmid Arthur, Komm.-Rat (ÖVP)
Schwarz Egon (SPÖ)
Sinor Erich (ÖVP)
Steiner Walter (SPÖ)
Stockinger Richard (SPÖ)
Veigl Inge (ÖVP)
Vyslouzil, Ing. Leopold (SPÖ)
Zatorski, Mag. Werner (ÖVP)
Zenger Wilhelm, Reg.-Rat (ÖVP)

20. Bezirk – Brigittenau

20, Brigittaplatz 10, Tel. 720*, 33 35 11*

Bezirksvorsteher:
Deistler Anton (SPÖ) 220

Bezirksvorsteher-Stellvertreter:
Müller Otto (SPÖ) 221
Weißenbäck Helmut (ÖVP) 222

Büroleiter:
Hrischny Helga, Kanzleikommissär 223

Büro 224, 225, 226, 227

Bezirksvertretung: 36 Bezirksräte (SPÖ 26, ÖVP 9, FPÖ 1)

Babion Peter (SPÖ)
Baumgartner Sebastian (SPÖ)
Brey Gerhard (ÖVP)
Büchler Josef (ÖVP)
Deistler Anton (SPÖ)
Focke Franz (SPÖ)
Gmoser Edeltraut (SPÖ)
Grausam Herbert (FPÖ)
Haselbach Anna Elisabeth (SPÖ)
Holzer Franz (SPÖ)
Inführ Helga (SPÖ)
Jobst Peter (SPÖ)
Klaban Wilhelm (ÖVP)
Kloser Hans (ÖVP)
Lechner Horst (SPÖ)
Lehner Adolf (SPÖ)
Marschall Alfred (SPÖ)
Müller Otto (SPÖ)
Musik Erna, Komm.-Rat (SPÖ)
Paky Friedrich (ÖVP)
Pelz Wolfgang (ÖVP)
Redl Gerda (SPÖ)
Scharm Josef (SPÖ)
Schönauer Maria (ÖVP)
Schwab Rudolf (SPÖ)
Schwarz Johann (SPÖ)
Simanek Alois (SPÖ)
Sotosek Otto (SPÖ)
Sramek Gernot (SPÖ)
Sramek Heinz (SPÖ)
Tomsik Josefa (SPÖ)
Valentin Alfred, Reg.-Rat (SPÖ)
Valentin Erich (SPÖ)
Vrana Erhard (SPÖ)
Weiland Otto, Komm.-Rat (ÖVP)
Weißenbäck Helmut (ÖVP)

21. Bezirk – Floridsdorf

21, Am Spitz 1, Tel. 721*, 38 15 04*

Bezirksvorsteher:
Landsmann Kurt (SPÖ) 220

Bezirksvorsteher-Stellvertreter:
Petritsch Franz (SPÖ) 221
Poppenwimmer, Ing. Helmut (ÖVP) 222

Büroleiter:
Starkbaum Gertraude, Amtsrat 223

Büro 224, 225, 226, 227, 228

Bezirksvertretung: 50 Bezirksräte (SPÖ 35, ÖVP 12, FPÖ 2, KPÖ 1)

Antl Josef (ÖVP)
Arnhold Herta (SPÖ)
Berger Hedwig (SPÖ)
Bergolth Walter (ÖVP)
Bizjak Georg (KPÖ)
Bluma Helmut (SPÖ)
Brunnhuber Anton (ÖVP)
Einicher, Dkfm. Walburga (FPÖ)
Fitzbauer Karl (SPÖ)
Fohringer Johann (SPÖ)
Fücsök Josef (SPÖ)
Gmachl Adolf (SPÖ)
Graf Anna (SPÖ)
Gschiel Josef (SPÖ)
Haller Josef (ÖVP)
Kandl Fritz (SPÖ)
Kirchner Johann (FPÖ)
Knödler Walter (SPÖ)
Kopietz Harry (SPÖ)
Krbusek Karl (SPÖ)
Landsmann Kurt (SPÖ)
Lehner, Ing. Heinz (SPÖ)
Lifka Erich (SPÖ)
Maier Friedrich (SPÖ)
Maier Karl (SPÖ)
Mohnl Johann (SPÖ)
Pavlis Josef (SPÖ)
Pellet Erwin (ÖVP)
Petritsch Franz (SPÖ)
Plansky Franz (ÖVP)
Poppenwimmer, Ing. Helmut (ÖVP)
Porta Herta (SPÖ)
Reidlinger Heinz (SPÖ)
Reiter Günther (SPÖ)
Schatzl Karl (SPÖ)
Schnierer, Dr. Walter (SPÖ)
Sebek Josef (SPÖ)
Seidenglanz Karl (SPÖ)
Stambera Friedrich (ÖVP)
Steurer Anna (ÖVP)
Trappl Margarete (SPÖ)
Trenner Hans (SPÖ)
Vandor Franz (SPÖ)
Vlach Anton (ÖVP)
Wagenhofer Christa (SPÖ)
Walzhofer Franz (SPÖ)
Wimmer Friedrich (SPÖ)
Wurschy Karl (ÖVP)
Ziehaus Herbert (SPÖ)
Zimmermann Hedwig (ÖVP)

22. Bezirk – Donaustadt

22, Kagran, Schrödingerplatz 1, Tel. 722*, 23 65 29*

Bezirksvorsteher:
Schultz Albert (SPÖ) 220

Bezirksvorsteher-Stellvertreter:
Wedel Leopold (SPÖ) 299
Regner Karl (ÖVP) 296

Büroleiter:
Effenberg Franz-Karl, Verwaltungsoberkommissär . . 222

Büro 223, 224, 226, 253

Bezirksvertretung: 48 Bezirksräte (SPÖ 33, ÖVP 12, FPÖ 2, KPÖ 1)

Artner Josef (SPÖ)
Balogh Johann (KPÖ)
Biller Hilde (ÖVP)
Brandstätter Franz sen. (ÖVP)
Brandstätter Franz jun. (ÖVP)
Bräuer Gerhard (ÖVP)
Dampier Karl (SPÖ)
Edler Josef (SPÖ)
Eisl Franz (ÖVP)
Flum Heinz (SPÖ)
Führer Karl (SPÖ)
Graf Rudolf (SPÖ)
Gschweicher Wilhelm (SPÖ)
Hadinec Johann (SPÖ)
Hintermeier Gerhard (ÖVP)
Horvath Franz (SPÖ)
Irsigler Herbert (ÖVP)
Jakisch Johann (ÖVP)
Kainz Johann (ÖVP)
Königstätter Anna (SPÖ)
Krippel Helmut (SPÖ)
Mahr, Ing. Hans (FPÖ)
Nebel, Dipl.-Ing. Michael (SPÖ)
Pesek Leopold (SPÖ)
Peter Klaus (SPÖ)
Prinz Walter (FPÖ)
Psota, Dr. Alfred (SPÖ)
Regner Karl (ÖVP)
Riegler Elisabeth (ÖVP)
Ruschitzka Erika (ÖVP)
Schabbauer, Ing. Gottfried (ÖVP)
Schultes Peter (SPÖ)
Schultz Albert (SPÖ)
Schuster Alois (SPÖ)
Schwab Gertrude (SPÖ)
Simsa Kurt (SPÖ)
Stummer Anton (SPÖ)
Szerelem Rosemarie (SPÖ)
Tröbinger Rudolf (ÖVP)
Trost Johann (ÖVP)
Ungar Peter (SPÖ)
Unger Mathias (SPÖ)
Weber Günter (SPÖ)
Wedel Leopold (SPÖ)
Wirkner Elsa (SPÖ)
Wosyka Alfred (SPÖ)
Zimmel Franz (SPÖ)
Zimper Ernst (SPÖ)

23. Bezirk – Liesing

23, Liesing, Perchtoldsdorfer Straße 2, Tel. 723*, 86 96 17*

Bezirksvorsteher:
Haberl Heinrich (SPÖ) 21

Bezirksvorsteher-Stellvertreter:
Morawec Ernst (SPÖ) 26
Diem Erwin (ÖVP) 22

Büroleiter:
Weber Karl, Verwaltungsoberkommissär 24

Büro 23

Bezirksvertretung: 36 Bezirksräte (SPÖ 22, ÖVP 12, FPÖ 2)

Baar Anton (SPÖ)
Bauer Walter (SPÖ)
Benda Richard (ÖVP)
Diem Erwin (ÖVP)
Fritz Edmund (ÖVP)
Gerobl Herbert (SPÖ)
Gromer Manfred (SPÖ)
Haberl Heinrich (SPÖ)
Jerabek Gerda (SPÖ)
Kampfer Rudolf (SPÖ)
Knauer Christian (ÖVP)
Köberl Erwin (SPÖ)
Köhler Reinhold (SPÖ)
Kollarz Franz (ÖVP)
Lehner Wolfgang (FPÖ)
Lenzenhofer Josef (ÖVP)
Lohmann Josef (ÖVP)
Löschl Maria (ÖVP)
Lümbacher, Ing. Josef (SPÖ)
Marx Richard (SPÖ)
Modritzky Walter (SPÖ)
Morawec Ernst (SPÖ)
Mück, Ing. Peter (ÖVP)
Mum Sonja (SPÖ)
Neusiedler Walter (SPÖ)
Popp, Ing. Franz (SPÖ)
Preininger Manfred (SPÖ)
Reisenberger Harald (SPÖ)
Schmelzer Leopold (FPÖ)
Schmidt Peter (SPÖ)
Schmiedmayer, Dipl.-Ing. Heinz-Bodo (ÖVP)
Seibert Elisabeth (ÖVP)
Steinbach Erich (SPÖ)
Steinklammer Hans, Ök.-Rat (ÖVP)
Strappler Anna (SPÖ)
Wurm Alfred (SPÖ)

Postleitzahlen

1. Bezirk – 1010
   Ausnahmen:
   Rathaus einschließlich der umliegenden Amtshäuser – 1082
   Amtshaus, 1, Volksgartenstraße 3 – 1016
   Amtshaus, 1, Wipplingerstraße 8 – 1011
   MA 15, 1, Gonzagagasse 23 – 1013
   GD, Ringturm, 1, Schottenring 30 – 1011
2. Bezirk – 1020
3. Bezirk – 1030
   Ausnahmen:
   Amtshaus, 3, Am Modenapark 1–2 – 1031
   Landwirtschaftsbetrieb der Stadt Wien, 3, Vordere Zollamtsstraße 11 – 1031
4. Bezirk – 1040
   Ausnahmen:
   WStW-VB, 4, Favoritenstraße 9–11 – 1041
   WStW-BEST, 4, Goldeggasse 19 – 1041
5. Bezirk – 1050
6. Bezirk – 1060
   Ausnahme: Amtshaus, 6, Grabnergasse 4–6 – 1061
7. Bezirk – 1070
8. Bezirk – 1080
   Ausnahmen:
   Amtshaus, 8, Friedrich-Schmidt-Platz 5 – 1082
   Amtshaus, 8, Lange Gasse 30 – 1082
   Amtshaus, 8, Schlesingerplatz 4 – 1081
   WStW-GW, 8, Josefstädter Straße 10–12 – 1081
   KFA, 8, Schlesingerplatz 5 – 1081
9. Bezirk – 1090
   Ausnahmen:
   Allgemeines Krankenhaus – 1097
   WStW-EW, 9, Mariannengasse 4 – 1095
   Fremdenverkehrsverband, 9, Kinderspitalgasse 5 – 1095
10. Bezirk – 1100
   Ausnahme: Betriebskrankenkasse der WStW-VB, 10, Leebgasse 17 – 1101
11. Bezirk – 1110
12. Bezirk – 1120
   Ausnahmen:
   Amtshaus, 12, Niederhofstraße 23 – 1121
   Amtshaus, 12, Schönbrunner Straße 259 – 1121 (nicht MA 6 – Kollaudierungsabteilung)
13. Bezirk – 1130
14. Bezirk – 1140
   Ausnahmen:
   Pulmologisches Zentrum – 1145
   Sämtliche Dienststellen in Hadersdorf-Weidlingau – 1147
15. Bezirk – 1150
   Ausnahme: Elisabeth-Spital – 1152

16. Bezirk – 1160
Ausnahmen:
Amtshaus, 16, Richard-Wagner-Platz 19 – 1164
Wilhelminenspital – 1171

17. Bezirk – 1170
Ausnahmen:
Amtshaus, 17, Lienfeldergasse 96 – 1171
MA 49, Revier Neuwaldegg-Sievering – 1173

18. Bezirk – 1180
Ausnahme: Amtshaus, 18, Martinstraße 100 – 1181

19. Bezirk – 1190

20. Bezirk – 1200
Ausnahme: Kundendienst der WStW-GW, 20, Denisgasse 39–41 – 1203

21. Bezirk – 1210
Ausnahme: Amtshaus, 21, Am Spitz 1 – 1211

22. Bezirk – 1220
Ausnahmen:
Sämtliche Dienststellen in Aspern – 1224
Sämtliche Dienststellen in Eßling – 1228
Sämtliche Dienststellen in Hirschstetten – 1225
Sämtliche Dienststellen in Kagran – 1222
Ausnahme:
Stadtkasse für den 22. Bezirk,
22, Donaustadtstraße 1 – 1229
Sämtliche Dienststellen in Kaisermühlen – 1223

23. Bezirk – 1230
Ausnahmen:
Sämtliche Dienststellen in Erlaa – 1233
Sämtliche Dienststellen in Inzersdorf – 1232
Sämtliche Dienststellen in Liesing – 1235
Sämtliche Dienststellen in Mauer – 1238
Sämtliche Dienststellen in Rodaun – 1236
Sämtliche Dienststellen in Siebenhirten – 1234

Dienststellen in:
Baden – 2500
Bad Vöslau – 2540
Biedermannsdorf – 2362
Brunn a. G. – 2345
Ebenfurth – 2490
Ebreichsdorf – 2483
Eggenburg – 3730
Eisenstadt – 7000
Enzesfeld – 2551
Fischamend – 2401
Gaming – 3292
Gmünd – 3950
Gols – 7122
Göstling – 3345
Gresten – 3264
Großenzersdorf – 2301
Gumpoldskirchen – 2352
Guntramsdorf – 2353
Hinterbrühl – 2371
Hirschwang – 2652
Innsbruck – 6020
Klosterneuburg – 3400
Kufstein – 6330
Laxenburg – 2361
Linz – 4020
Marchegg – 2294
Maria Enzersdorf – 2344
Maria Lanzendorf – 2326
Mauerbach – 3001
Mödling – 2340
Ausnahme:
Betriebsstelle der WStW-EW,
Achsenaugasse 8 – 2342
Naßwald – 2661
Opponitz – 3342
Orth – 2304
Perchtoldsdorf – 2380
Preßbaum – 3021
Purkersdorf – 3002
Rannersdorf – 2324
Salzburg – 5010
Sauerbrunn – 7202
Schrems – 3943
Schwadorf – 2432
Schwechat – 2320
Stixenstein – 2631
St. Andrä an der Traisen – 3130
Traiskirchen – 2514
Vösendorf – 2331
Wiener Neudorf – 2351
Wildalpen – 8924
Ybbs an der Donau – 3370
Zwölfaxing – 2324

Wir arbeiten für Österreich

Wir lösen Kommunalprobleme

▲ Müllbehälter 35–1100 l

▲ Rückstrahlende u. emaillierte Schilder

▲ innenbeleuchtete Verkehrszeichen u. Schilder

▲ Straßen-, Tunnel- u. Architekturleuchten

Unser Austria email Kommunal-Programm bildet, auf Grund unserer langjährigen Erfahrung, der konsequenten Entwicklung und der Marktforschung, die Garantie zur hervorragenden Anpassung an alle Bedürfnisse und alle speziellen Gegebenheiten der Umwelt.
Austria email hat auch für jedes Kommunal-Problem die richtige Lösung. – Rufen Sie uns einfach an, oder verlangen Sie unseren Kundenberater!

◀ Fußgängerzonen-, Park- u. Altstadtleuchten

1140 Wien Breitenseer Straße 76–80 Tel. 95 65 85∆-0

GEPRÜFTE ÖSTERREICHISCHE QUALITÄT · AUSTRIA · 10.118 · AUSTRIAN QUALITY

...die absolute Nr. 1 auf dem Kommunalsektor

Austria email

MAGISTRAT DER STADT WIEN

Die Rathausgruppe ist unter **42 8 00** mit Durchwahl erreichbar; * bedeutet Durchwahl. Die im Text vorkommenden dreistelligen Kurznummern, die mit der Ziffer 7 oder 8 beginnen (z. B. 701, 720, 801, 820), können nur von Dienststellen in den Gebäuden der Rathausgruppe angerufen werden.

BÜRGERMEISTER UND LANDESHAUPTMANN

Gratz, Mag. iur. Leopold,
1, Rathaus, 5. Stiege, 1. Stock, Tür 306b 42 8 01/2111
Sekretariat 2120

VIZEBÜRGERMEISTER UND LANDESHAUPTMANN-STELLVERTRETER

Fröhlich-Sandner Gertrude,
1, Rathaus, 5. Stiege, 1. Stock, Tür 308i . 42 8 01/2115
Sekretariat 2751, 2761
Busek, Dr. Erhard,
1, Rathaus, 5. Stiege, 1. Stock,
Tür 308m 42 8 01/2674, 4290
Sekretariat 2675, 2676

LANDTAGSPRÄSIDENTEN

Pfoch Hubert,
1, Rathaus, 5. Stiege, 1. Stock,
Tür 308e 42 8 01/2119, 2905
Hahn Fritz,
1, Rathaus, 5. Stiege, 1. Stock,
Tür 308m 42 8 01/2269, 2013
Krenn Erika, Ob.-Schul-Rat,
1, Rathaus, 5. Stiege, 1. Stock,
Tür 308o 42 8 01/2251

AMTSFÜHRENDE STADTRÄTE

(nach Geschäftsgruppen)

Personal, Rechtsangelegenheiten und Konsumentenschutz

Personalangelegenheiten der Bediensteten der Stadt Wien; Betreuung jugendlicher Bediensteter; rechtliche Angelegenheiten der Landeskultur, des Wasser- und Schiffahrtswesens; Angelegenheiten des Ernährungs- und Gewerbewesens, Konsumentenschutz, Preiskontrolle; Staatsbürgerschafts- und Personenstandswesen; Wahlen und verschiedene Rechtsangelegenheiten; rechtliche Bau-, Energie-, Eisenbahn- und Luftfahrtangelegenheiten; Statistik; rechtliche Verkehrsangelegenheiten.

Zugehörige Magistratsabteilungen:
Magistratsabteilung 1 – Allgemeine Personalangelegenheiten
Magistratsabteilung 2 – Personalamt
Magistratsabteilung 3 – Besoldungsamt
Magistratsabteilung 58 – Rechtliche Angelegenheiten der Landeskultur und des Wasser- und Schiffahrtswesens
Magistratsabteilung 59 – Marktamt
Magistratsabteilung 60 – Veterinäramt, Lebensmitteluntersuchungsanstalt, Markt- und Schlachtbetrieb St. Marx
Magistratsabteilung 61 – Staatsbürgerschafts- und Personenstandsangelegenheiten
Magistratsabteilung 62 – Wahlen und verschiedene Rechtsangelegenheiten
Magistratsabteilung 63 – Gewerbewesen und rechtliche Angelegenheiten des Ernährungswesens
Magistratsabteilung 64 – Rechtliche Bau-, Energie-, Eisenbahn- und Luftfahrtangelegenheiten
Magistratsabteilung 66 – Statistisches Amt der Stadt Wien
Magistratsabteilung 70 – Rechtliche Verkehrsangelegenheiten

Seidl Friederike, amtsführender Stadtrat für Personal, Rechtsangelegenheiten und Konsumentenschutz,
1, Rathaus, 4. Stiege, 2. Stock, Tür 451 42 8 01/2117,
42 8 02/2911
Eschner Otto, Oberamtsrat 4281
Pfeffer Otto, Oberamtsrat 2980
Sekretariat 2960
Kanzlei 2333
Jugendbetreuung 2312
Leitenbauer Hildegard, Pressereferent 42 8 05/2979

Finanzen und Wirtschaftspolitik

Beteiligungen der Stadt Wien an privatwirtschaftlichen Unternehmungen, Abgabewesen, Erstellung des Voranschlages und Rechnungsabschlusses der Stadt Wien, Mitwirkung bei der Erstellung des Wirtschaftsplanes der Unternehmungen, Finanzplanung und finanzielle Projektskoordinierung, Wirtschaftspolitik, Wirtschaftsförderung, Rechnungswesen, zentraler Einkauf.

Zugehörige Magistratsabteilungen:
Magistratsabteilung 4 – Allgemeine Finanz- und Wirtschaftsangelegenheiten; Abgaben
Magistratsabteilung 5 – Finanzwirtschaft und Haushaltswesen
Magistratsabteilung 6 – Rechnungsamt
Magistratsabteilung 54 – Zentraler Einkauf

Mayr Hans, amtsführender Stadtrat für Finanzen und Wirtschaftspolitik,
1, Rathaus, 5. Stiege, 1. Stock, Tür 306f 42 8 01/2113,
42 8 02/2310
Pfeffer Johann, Oberamtsrat 2413
Gangl Heimo, Amtsrat 4227
Sekretariat 2113
Seitlinger, Mag. Karl Pressereferent 42 8 05/2311

Wiener Zuwandererfonds (Fonds zur Beratung und Betreuung von Zuwanderern nach Wien):
2, Schiffamtsgasse 14 . . . . 35 65 08*

Wiener Wirtschaftsförderungsfonds:
1, Ebendorferstraße 2 . . . . 742*, 43 50*, 460

Bildung, Jugend und Familie

Bildungspolitik, Jugend, Schulfragen, außerschulische Jugendbetreuung, Koordination sämtlicher Fragen der Familienpolitik, Fremdenverkehrspolitik.

Zugehörige Magistratsabteilungen:
Magistratsabteilung 11 – Jugendamt
Magistratsabteilung 13 – Bildung und außerschulische Jugendbetreuung
Magistratsabteilung 56 – Städtische Schulverwaltung

Fröhlich-Sandner Gertrude, Vizebürgermeister, Landeshauptmann-Stellvertreter, amtsführender Stadtrat für Bildung, Jugend und Familie,
1, Rathaus, 5. Stiege, 1. Stock, Tür 308i . 42 8 01/2115,
42 8 04/2711
Kühtreiber Werner, Amtsrat 2751
Sekretariat 4272, 2761
Martinez-Weinberger Elga, Pressereferent . . 42 8 05/2114

Kultur und Sport

Kulturpolitik, kulturelle Auslandsbeziehungen, Kunst- und Wissenschaftsförderung, Pflege der Kontakte mit den Wiener Universitäten (Hochschuljubiläumsstiftung), Stadt- und Ortsbildpflege, Archiv- und Bibliothekswesen, Museen der Stadt Wien, Sportpolitik, inbesondere Förderung des Breiten-, Leistungs- und Spitzensportes.
Zugehörige Magistratsabteilungen:
Magistratsabteilung 7 – Kulturamt
Magistratsabteilung 8 – Wiener Stadt- und Landesarchiv
Magistratsabteilung 9 – Wiener Stadt- und Landesbibliothek
Magistratsabteilung 10 – Museen der Stadt Wien
Magistratsabteilung 51 – Sportangelegenheiten

Mrkvicka Franz, amtsführender Stadtrat für Kultur und Sport,
8, Friedrich-Schmidt-Platz 5, 2. Stock,
Tür 216 . . . . 42 8 01/2121, 42 8 04/2749
Haider Adolf, Amtsrat 2740
Sekretariat 4236
Kanzlei 4267
Gabriel, Dr. Martin, Pressereferent
für Kultur 42 8 05/2889
Hofstätter Hans, Pressereferent für Sport . . 95 49*, 319

Verein Wiener Festwochen,
8, Friedrich-Schmidt-Platz 4 . . . . 42 8 04
Waißenberger Hildegarde, Oberamtsrat, Regierungsrat, Generalsekretär 4257
Trilety, Ing. Hans, Techn. Direktor 4256

Gesundheit und Soziales

Gesundheitsvorsorge, Gesundheitsüberwachung, Gesundheitsschutz; Koordination aller Belange der Krankenanstalten und Pflegeheime sowie des Rettungs- und Krankenbeförderungsdienstes, Planung und Organisation der für den Bedarf der vorgenannten Anstalten tätigen eigenen Wäschereien; soziale Dienstleistungen, Betreuung der älteren Generation, Koordination der Behindertenhilfe.
Zugehörige Magistratsabteilungen:
Magistratsabteilung 12 – Sozialamt
Magistratsabteilung 14 – Sanitätsrechtsangelegenheiten und Sozialversicherung
Magistratsabteilung 15 – Gesundheitsamt
Magistratsabteilung 17 – Anstaltenamt

Stacher, Dr. Alois, a. o. Univ.-Prof., amtsführender Stadtrat für Gesundheit und Soziales,
1, Schottenring 24, 3. Stock, Tür 310 . . . 65 14*, 501, 42 8 01/2116
Greiner Leopold, Oberamtsrat 504
Sekretariat 503, 505
Zima Hannes, Pressereferent 502, 42 8 05/2948

Kuratorium Wiener Pensionistenheime:
9, Seegasse 9 . . . . 31 25 49*

Kuratorium für Psychosoziale Dienste in Wien:
1, Gonzagagasse 15 . . . . 63 37 71

Medizinisch-Wissenschaftlicher Fonds des Bürgermeisters der Bundeshauptstadt Wien:
1, Schottenring 24, 3. Stock, Tür 311 . . . . . 66 14*
Sekretariat 504, 508

Stadtentwicklung und Stadterneuerung

Stadtforschung, Stadtplanung, Stadterneuerung, städtebauliche und architektonische Gestaltung, generelle Verkehrsplanung, Flächenwidmungs- und Bebauungsplan, allgemeine baubehördliche Angelegenheiten, Wohnungspolitik, Wohnbauförderung, Wohnungsverbesserung, Verwaltung und Erhaltung städtischer Wohn- und Amtshäuser, Liegenschaftswesen und Bodenbeschaffungspolitik.
Zugehörige Magistratsabteilungen:
Magistratsabteilung 18 – Stadtstrukturplanung
Magistratsabteilung 19 – Stadtgestaltung
Magistratsabteilung 20 – Druckerei und technische Dokumentation
Magistratsabteilung 21 – Flächenwidmungs- und Bebauungsplan
Magistratsabteilung 24 – Städtischer Wohnhausbau
Magistratsabteilung 25 – Technisch-wirtschaftliche Prüfstelle für Wohnhäuser, besondere Angelegenheiten der Stadterneuerung
Magistratsabteilung 27 – Erhaltung städtischer Wohnhäuser
Magistratsabteilung 35 – Allgemeine baubehördliche Angelegenheiten
Magistratsabteilung 36 – Technische Gewerbeangelegenheiten und Feuerpolizei
Magistratsabteilung 37 – Baupolizei
Magistratsabteilung 40 – Technische Grundstücksangelegenheiten
Magistratsabteilung 41 – Stadtvermessung
Magistratsabteilung 50 – Allgemeine und rechtliche Angelegenheiten des Wohnungswesens sowie der Wohnbauförderung und der Wohnungsverbesserung
Magistratsabteilung 52 – Verwaltung der städtischen Wohn- und Amtsgebäude
Magistratsabteilung 69 – Rechtliche und administrative Grundstücksangelegenheiten

Hofmann, Ing. Fritz, amtsführender Stadtrat für Stadtentwicklung und Stadterneuerung,
1, Rathaus, 6. Stiege, Halbstock, Tür 230 42 8 01/4200, 42 8 08/4209
Merc Eva, Amtsrat 4181
Sekretariat 4179
Kanzlei 4163
Windisch, Ing. Kurt, Techn. Oberamtsrat 4103
Gerlich, Dr. Rudolf, Pressereferent 42 8 05/2058

Umwelt und Bürgerdienst

Umweltpolitik, Landschaftspflege und Grünflächensicherung; Ver- und Entsorgungswesen, Recycling; Direktinformation der Bevölkerung, Bürgerdienst; Medienpolitik, Meinungsforschung, Presseförderung; internationaler Informationsaustausch.
Zugehörige Magistratsabteilungen:
Magistratsabteilung 22 – Umweltschutz
Magistratsabteilung 30 – Kanalisation und Entsorgungsbetrieb
Magistratsabteilung 31 – Wasserwerke
Magistratsabteilung 42 – Stadtgartenamt
Magistratsabteilung 44 – Bäder
Magistratsabteilung 45 – Wasserbau
Magistratsabteilung 48 – Stadtreinigung und Fuhrpark
Magistratsabteilung 49 – Forstamt und Landwirtschaftsbetrieb der Stadt Wien
Magistratsabteilung 53 – Presse- und Informationsdienst
Magistratsabteilung 68 – Feuerwehr und Katastrophenschutz

Schieder Peter, amtsführender Stadtrat für Umwelt und Bürgerdienst,
1, Rathaus, 4. Stiege, Halbstock, Tür 243 42 8 01/2118, 42 8 05/2901
Czepl Hans, Amtsrat 4295
Horak Franz, Amtsrat 4294
Sekretariat 4262
Stanzel Helga, Pressereferent 2059
Perner Reinhold 2965

Sitzungszimmer 244 3231
Sitzungszimmer 245 3233

Bauten

Hochbau für die Bereiche des Sozial-, Gesundheits-, Kultur-, Schul- und Sportwesens, für Amtsgebäude und verschiedene Nutzbauten; Verwaltung und Bau der Bundes- und Gemeindestraßen, Brückenbau; Maschinenbau und Haustechnik in städtischen Objekten; öffentliche Beleuchtung; technische Verkehrsangelegenheiten, Verkehrskoordination.
Zugehörige Magistratsabteilungen:
Magistratsabteilung 23 – Gebäude des Sozial- und Gesundheitswesens und verschiedene Nutzbauten
Magistratsabteilung 26 – Gebäude des Kultur-, Schul- und Sportwesens, Amtsgebäude und verschiedene Nutzbauten

Magistratsabteilung 28 – Straßenverwaltung und Straßenbau
Magistratsabteilung 29 – Brückenbau und Grundbau
Magistratsabteilung 32 – Maschinentechnik, Wärme-, Kälte- und Energiewirtschaft
Magistratsabteilung 33 – Öffentliche Beleuchtung
Magistratsabteilung 34 – Elektro-, Gas- und Wasseranlagen für städtische Objekte
Magistratsabteilung 39 – Versuchs- und Forschungsanstalt der Stadt Wien
Magistratsabteilung 46 – Verkehrsorganisation und technische Verkehrsangelegenheiten

Rautner Roman, amtsführender Stadtrat für Bauten,
1, Rathaus, 4. Stiege, Halbstock, Tür 238 . . . 42 8 01/2126, 42 8 07/4161
Wotanek Robert, Oberamtsrat 4165
Sekretariat 4277, 4284, 4289
Schwarz, Ing. Kurt, Techn. Oberamtsrat 3215
Fellner, Ing. Hans, Techn. Amtsrat 3112
Sico, Dr. Heinz, Pressereferent 42 8 05/4169

Verkehr und Energie

Energieplanung und Koordinierung der Energiepolitik (Strom-, Gas- und Fernwärmeversorgung); öffentlicher Nahverkehr, U-Bahn-Bau; Städtische Bestattung, Friedhofsverwaltung.
Zugehörige Dienststellen:
Magistratsabteilung 38 – U-Bahn-Bau
Magistratsabteilung 43 – Städtische Friedhöfe
Wiener Stadtwerke
mit den Teilunternehmungen
Elektrizitätswerke
Gaswerke
Verkehrsbetriebe
Städtische Bestattung
unter der Leitung der Generaldirektion der Wiener Stadtwerke und der Direktionen der Teilunternehmungen

Hatzl Johann, amtsführender Stadtrat für Verkehr und Energie,
1, Rathaus, 5. Stiege, 2. Stock, Tür 401 . . . 42 8 01/2110, 42 8 06/3311
Kosik Karl-Heinz, Amtsrat 3212
Sekretariat 4167
Kralofsky, Ing. Alois, Techn. Oberamtsrat 3115
Kanzlei 3232, 2984, 4185
Rohrhofer Manfred, Pressereferent 42 8 05/3641
Bandel, Dr. Hannelore 4186

Koordination der Angelegenheiten des U-Bahn-Baues:
Hondl, Dipl.-Ing. Dr. techn. Albert,
Senatsrat 42 8 05/2991

STADTRÄTE

Busek, Dr. Erhard, Vizebürgermeister, Landeshauptmann-Stellvertreter,
1, Rathaus, 5. Stiege, 1. Stock, Tür 308m 42 8 01/4290
Fürst Anton,
1, Rathaus, 8. Stiege, Halbstock, Tür 222 42 8 01/4226
Hampel-Fuchs Maria,
1, Rathaus, 8. Stiege, Halbstock, Tür 222 42 8 01/4203
Mauthe, Dr. Jörg,
1, Rathaus, 8. Stiege, Halbstock, Tür 222 42 8 01/4244
Neusser Wilhelm, Komm.-Rat,
1, Rathaus, 8. Stiege, Halbstock, Tür 222 42 8 01/4202
Sekretariat 42 8 01/3131, 4204, 4205, 4206, 4207, 4259

KLUBS

Klub der SPÖ-Abgeordneten:
1, Rathaus, 7. Stiege, 2. Stock, Tür 423 . . . 42 8 01
Edlinger Rudolf, Klubobmann 2135
Rauchenberger Josef, Klubsekretär 2400
Sekretariat 2091, 4208, 2099, 2672
Mayrhofer Leopold, 1. Vorsitzender des Gemeinderates 2257

Klub der ÖVP-Abgeordneten:
1, Rathaus, 8. Stiege, Halbstock, Tür 222 . . 42 8 01
Goller, Dr. Günther, Klubobmann. 4201
Wawra, Dr. Oskar, Klubsekretär 4259
Sekretariat 4206
Pressereferent 2094

Klub der FPÖ-Abgeordneten:
1, Rathaus, 6. Stiege, Halbstock, Tür 234 . . 42 8 01
Hirnschall, Dr. Erwin, Klubobmann. 4298
Glaubauf, Dr. Karl, Klubsekretär 4299
Sekretariat 4298
Abgeordnetenzimmer 3688

MAGISTRATSDIREKTION

MAGISTRATSDIREKTOR

1, Rathaus, 5. Stiege, 1. Stock, Tür 310, Tel. 42 8 01

Leitung des gesamten inneren Dienstes des Magistrats der Stadt Wien. Oberste Aufsicht über seine Ämter, Anstalten und sonstigen Dienststellen und deren oberste Leitung in Vertretung des Bürgermeisters als Vorstand des Magistrats gemäß § 94 Abs. 4 der Verfassung der Bundeshauptstadt Wien; Unterstützung des Bürgermeisters als Landeshauptmann in den Angelegenheiten der mittelbaren Bundesverwaltung gemäß § 136 der Verfassung der Bundeshauptstadt Wien.

Bandion, Dr. Josef, Prof.,
Ehrensenator der Universität Wien 2141
Sekretariat 2140
Peischl, Dr. Alfred, Obersenatsrat,
ständiger Stellvertreter
des Magistratsdirektors 2142
Smola Alfred, Pressereferent 2977

Präsidialbüro

1, Rathaus, 5. Stiege, 1. Stock, Tel. 42 8 01

Dienst um die Person des Bürgermeisters, Erledigung der laufenden Bürogeschäfte und persönlichen Aufträge des Bürgermeisters.
Individuelle Personalangelegenheiten der gewählten Funktionäre des Bundeslandes (der Stadt) Wien, ausgenommen die Anweisung von Gebühren.
Durchführung von Empfängen und Feierlichkeiten.
Betreuung der Gäste der Stadt Wien und Vorbereitung der offiziellen Reisen des Bürgermeisters.
Verkehr mit ausländischen Stellen sowie mit den in Wien ansässigen diplomatischen Vertretungen und Internationalen Organisationen.
Vergabe der Säle im Rathaus.
Veranlassung der Beflaggung von öffentlichen Verkehrsflächen und städtischen Gebäuden.
Übersetzungs- und Dolmetschdienst.
Führung der Bürogeschäfte des Landtages, des Gemeinderates, der Landesregierung und des Stadtsenates; Weiterleitung der in der Bezirksvertretungen gestellten Anträge.
Anträge auf Ehrungen durch Verleihung von Ehrenzeichen nach dem Landesehrenzeichengesetz und dem Gesetz über die Verleihung einer Rettungsmedaille des Landes Wien, des Ehrenzeichens für Verdienste im Feuerwehr- und Rettungswesen, des Ehrenringes der Stadt Wien, der Ehrenmedaille der Bundeshauptstadt Wien.
Anträge auf Ehrungen in Form von Ernennungen zu Bürgern oder Ehrenbürgern und auf alle sonstigen Ehrungen durch die Stadt oder durch das Land Wien, soweit solche Anträge nicht einer Magistratsabteilung vorbehalten sind.
Antragstellung für Bundesauszeichnungen.
Stenografendienst.

Skyba, Dr. Karl, Senatsrat 2160
Stepan, Dr. Günther, Obermagistratsrat 2281
Dolejs Herbert, Oberamtsrat, Regierungsrat 2173
Rendl Albert, Amtsrat 2224
Svoboda Robert, Amtsrat 2136
Köhler Reinhold, Amtsrat 4180
Röttinger, Dr. Christian, Redakteur 2293

Sekretariat:
Winkler Georgine 2120, 3847, 3138

Landtag, Gemeinderat, Landesregierung, Stadtsenat:
Solt Wolfgang, Oberamtsrat, Regierungsrat . . 2162, 2159
Kanzlei 2171

Ehrenzeichen (5. Stiege, Halbstock, Tür 203):
Hant Christian, Amtsrat 4159
Kanzlei 4158, 4269

Goldene Hochzeiten, Geburtstagsehrungen:
Peterzelka Elisabeth, Kanzleikommissär 2166

Stenografenbüro:
1, Rathaus, 8. Stiege, 1. Stock, Tür 320
Rothensteiner Franz, Oberamtsrat 2241
Kanzlei 2242

Übersetzungsdienst:
Siebenbrunner, Mag. Maria 2163
Loskot Angelika 2164
Sokolowski, Dr. Alfred, Obersenatsrat 2195

Kanzlei:
Ladmann Otto, Kanzleioberkommissär 2168
Gestrab Franz, Kanzleikommissär 2229
Protokoll 2129

Büro des Magistratsdirektors

1, Rathaus, 5. und 7. Stiege, 1. Stock, Tür 310, 312, 313, 315, Feststiege I, Halbstock, Tür 249d, Tel. 42 8 01

Mitwirkung an der Gesetzgebung und Vollziehung des Landes in den in der Verfassung der Bundeshauptstadt Wien vorgesehenen Fällen.
Verfassungsrechtliche Angelegenheiten (Verfassungsdienst); rechtliche Angelegenheiten der Grenzen des Stadtgebietes und der Bezirke; Bewilligung zur Führung des Wappens der Stadt Wien.
Überprüfung der Vorlagen von Landesgesetzen, Verordnungen und sonstigen allgemeinen Anordnungen des Magistrats, insbesondere auch hinsichtlich Gesetzestechnik, Verfassungsmäßigkeit und Einklang mit dem Bundes- und Wiener Landes- und Ortsrecht; Stellungnahme zu Entwürfen von Gesetzen, Verordnungen und sonstigen allgemeinen Anordnungen des Bundes oder anderer Gebietskörperschaften (Legistischer Dienst).
Anträge an den Bürgermeister und an den Gemeinderat über die Erlassung und Abänderung der Geschäftsordnung für den Magistrat.
Verlautbarung von Gesetzen, Verordnungen und Kundmachungen im Landesgesetzblatt.
Grundsätzliche Beziehungen zu den Bundesländern und den anderen Gebietskörperschaften auf dem Gebiet der Verfassung und Verwaltung; Vertretung der Interessen der Stadt Wien, soweit sie nicht anderen Dienststellen übertragen ist.
Abschluß von Vereinbarungen mit anderen Bundesländern nach Art. 15a B-VG und nach dem Gebietsänderungsgesetz; gemeinsame Angelegenheiten von Wien und Niederösterreich nach dem Trennungsgesetz mit Ausnahme finanzieller Angelegenheiten.
Grundsätzliche Angelegenheiten der Verbindungsstelle der Bundesländer.
Verkehr mit Dienststellen des Bundes und anderen Gebietskörperschaften, sofern es sich um die Erledigung von wichtigeren oder grundsätzlichen oder solchen Angelegenheiten handelt, die nicht in den regelmäßigen Geschäftsumfang einer Dienststelle oder einer Unternehmung der Stadt Wien fallen.
Generelle Personalangelegenheiten der gewählten Funktionäre des Bundeslandes (der Stadt) Wien.
Personalangelegenheiten und Amtsraumangelegenheiten der Büros der Stadträte und sonstigen gewählten Funktionäre des Bundeslandes (der Stadt) Wien sowie der Klubs der politischen Parteien.
Mitwirkung bei der Verwaltungs- und Betriebsreform und damit zusammenhängenden grundsätzlichen Personalangelegenheiten.
Dienstaufsicht über
- Rechtskundige Bedienstete,
- die Leiter von Magistratsabteilungen und der magistratischen Bezirksämter,
- Bedienstete der Magistratsdirektion, soweit sie dem höheren Dienst angehören, als Sondervertragsbedienstete im höheren Dienst oder als Referatsleiter der Magistratsdirektion – Automatische Datenverarbeitung tätig sind,
- Bedienstete mit Sonderaufgaben gemäß § 11a der Geschäftsordnung für den Magistrat der Stadt Wien,
- Redakteure der Stadt Wien.

Zuteilung und Versetzung der vorgenannten Bediensteten sowie Stellenbesetzungen.
Versetzung des Personals zwischen den städtischen Unternehmungen und dem übrigen Magistrat sowie zwischen Dienstaufsichtsstellen; Zuteilung des Personals an das Kontrollamt auf Grund der Genehmigung des Bürgermeisters.
Prüfung für den rechtskundigen Dienst.
Vorbearbeitung und Evidenthaltung der Delegierung von Funktionären und Bediensteten der Stadt Wien in Kollegialorgane, Organe von wirtschaftlichen Unternehmungen, Vereine u. dgl.
Nominierung von rechtskundigen Bediensteten als Sachverständige nach den kraftfahrrechtlichen Vorschriften und als Sozial- oder Eheberater.
Festlegung von Beförderungsrichtlinien, Globalzahlen für Beförderungen in eine höhere Dienstklasse und ad personam-Beförderungen.
Auszeichnungen (Beförderungen, außerordentliche Stufenvorrückungen), Titelverleihungen und Anerkennungsgaben an städtische Bedienstete mit Ausnahme der Jubiläumsgaben.
Mitwirkung bei Stellensystemisierungen und allen wichtigeren Personalangelegenheiten der städtischen Unternehmungen gemäß § 21 des Statuts für die Unternehmungen der Stadt Wien.
Ausschreibung von Dienstposten.
Festlegung des wesentlichsten Inhaltes von Sonderverträgen.
Anträge an den Bürgermeister auf Bestellung von Bediensteten mit Sonderaufgaben gemäß § 11a der Geschäftsordnung für den Magistrat.
Herausgabe von Erlässen, soweit sie nicht nur im Bereich einer Abteilung oder durch den Stadtbaudirektor für den Bereich der technischen Dienststellen ergehen.
Organisation von Bezirksamtsleiterbesprechungen.
Fachaufsicht über Schlichtungsstellen.
Redaktion des Handbuches der Stadt Wien und des Dienststellen- und Telefonverzeichnisses.

Entsendung von Funktionären und Bediensteten als Vertreter des Bundeslandes (der Stadt) Wien zu Tagungen, Kongressen u. dgl.
Führung der Bürogeschäfte des Landessanitätsrates für Wien.
Führung der Bürogeschäfte des Betrieblichen Vorschlagswesens.
Führung der Bürogeschäfte der Disziplinarkommission, der Berufungskommission in Disziplinarsachen und der Beschreibungskommission.
Koordination der Angelegenheiten des Zivilschutzes, Katastrophenschutzes und Katastropheneinsatzes.
Angelegenheiten, die dem Magistratsdirektor durch besondere Rechtsvorschriften zugewiesen sind.
Angelegenheiten, die nach der Geschäftseinteilung für den Magistrat nicht ausdrücklich einer anderen Dienststelle zugewiesen sind, sofern nicht eine Dienststelle vom Magistratsdirektor mit der Behandlung der Angelegenheit betraut wird.

Peischl, Dr. Alfred, Obersenatsrat 2142, 2150
Sekretariat 4273
Ponzer, Dr. Josef, Senatsrat 2143
Pillmeier, Dr. Peter, Obermagistratsrat 2144
Lavicky, Dr. Otto, Obermagistratsrat 2139
Samek, Dr. Peter, Obermagistratsrat 4229
Hofer Ernst, Oberamtsrat, Regierungsrat 2280
Leibl Werner, Oberamtsrat. 2285
Stibranyi Felix, Kanzleikommissär, Kanzleileiter . . 2147
Protokoll 2148, 2152
Disziplinarleitstelle 2146

Auszeichnungen und Remunerationen:
1, Rathaus, 5. Stiege, Halbstock, Tür 207
Hofer Ernst, Oberamtsrat, Regierungsrat 2280, 2288, 4274

Bürogeschäfte des Betrieblichen Vorschlagswesens:
1, Rathaus, 5. Stiege, 2. Stock, Tür 412
Leibl Werner, Oberamtsrat 2285, 3846, 4249

Beratende EDV-Kommission:
Vorsitzender:
Peischl, Dr. Alfred, Obersenatsrat 2142, 2150
Schriftführer:
Leibl Werner, Oberamtsrat 2285, 4249

Koordinationsbüro

1, Rathaus, 4. Stiege, Halbstock, Tür 247, Tel. 42 8 01

Grundsätzliche Angelegenheiten der Kooperation, Information und Koordination im Bereich der Stadt Wien.
Entscheidungsvorbereitung der Stadtentwicklungspolitik im Zusammenwirken mit der für die Stadtplanung zuständigen Geschäftsgruppe des Magistrats.
Evidenthaltung von mit Bundesdienststellen in Verhandlung stehenden grundsätzlichen Angelegenheiten.

Skopalik, Dr. Walter, Obersenatsrat, Bereichsleiter für Verwaltungsorganisation einschließlich der Organisation der automatischen Datenverarbeitung im Rahmen der Magistratsdirektion. 3221
Pramböck, Dkfm. Dr. Erich, Obermagistratsrat . . 3222
Wanka, Dr. Wendelin, Senatsrat. 3220
Erasin, Dipl.-Ing. Wilfried, Obermagistratsrat . . . 3217
Schussmann, Dr. Elisabeth, Obermagistratsrat . . . 3226
Kainrath, Dipl.-Ing. Wilhelm, Stadtbaurat 3219
Roth Ernst, Oberamtsrat. 3367, 3809
Valentin Alfred, Oberamtsrat, Regierungsrat 3225
Henesch Hans, Amtsrat 3216
Müller, Ing. Heinz, Techn. Amtsrat 3214
Göller Getrud, Verwaltungskommissär 3290
Rauscher Erwin 4261, 3809
Kanzlei 3223, 3224, 3265

Koordinationsstelle Donaubereich Wien:
1, Doblhoffgasse 9, 4. Stock, Tür 17
Domany, Dipl.-Ing. Bruno, Oberstadtbaurat 42 8 05/3199
Schwetz, Mag. iur. Otto 3111
Kanzlei 3100
Sitzungszimmer 3110

Arbeitskreis Energie:
1, Doblhoffgasse 9, 2. Stock, Tür 9
Swaty, Dipl.-Ing. Franz, Obersenatsrat i. R. 3707
Kanzlei 3981

Verwaltungsakademie

1, Rathausstraße 1, 7. Stock, Tel. 733*, 48 15 51*

Geschäftsführung der Verwaltungsakademie der Stadt Wien.
Ausarbeitung der Vorschriften für die Ausbildung und Prüfung der städtischen Bediensteten (auch Erstellung von Programmen für die Schulung von Führungskräften).
Ausbildung und Prüfung der städtischen Bediensteten, soweit keine andere Dienststelle zuständig ist, sowie Ausbildung und Prüfung der Bürokaufmannslehrlinge, Lehrlinge des technischen Dienstes und jugendlichen Stenotypisten.
Auflage und Verwaltung von Skripten.
Organisation und Betreuung des Unterrichtes in Sprachen.
Zuerkennung von Entschädigungen für die Aus- und Weiterbildung der städtischen Bediensteten.
Bereinigung der Wiener Rechtsvorschriften.

Theuer, Dr. Karl, Obersenatsrat 400, 42 8 01/2191
Sekretariat 405
Vetiska, Dr. Herbert, Obermagistratsrat 402, 42 8 01/4252
Breyer Ernst, Oberamtsrat 407
Rajchl Heinz, Amtsrat 408, 42 8 01/2194
Kanzlei 409, 411, 42 8 01/4253

Verwaltungsrevision

1, Rathaus, 8. Stiege, Halbstock, Tür 217, Tel. 42 8 01

Inspizierung des Dienstbetriebes der städtischen Ämter und Anstalten in sachlicher und personeller Hinsicht (Revisionen).
Genehmigung der Erteilung der Zeichnungsberechtigung an mehr als vier unterstellte Bedienstete.
Prüfung und Veranlassung von Sofortmaßnahmen auf Grund von Wahrnehmungen, die die Wiener Stadtverwaltung betreffen.
Behandlung von Dienstaufsichtsbeschwerden.
Verkehr mit der Volksanwaltschaft; Kontaktnahme in allen von der Volksanwaltschaft an das Bundesland (die Stadt) Wien herangetragenen Fällen und Vorbearbeitung der an die Volksanwaltschaft gerichteten und die Verwaltung des Bundeslandes (der Stadt) Wien betreffenden Erledigungen.
Mitwirkung bei der Verwaltungs- und Betriebsreform und damit zusammenhängenden grundsätzlichen Personalangelegenheiten, insbesondere Erstattung von Vorschlägen für die Organisation von Verwaltungsvorgängen.
Schaffung, Streichung und Bewertung von Dienstposten im Einvernehmen mit der Verwaltungsorganisation
Führung der Personalausgleichsstelle.
Dienstaufsicht – soweit sie nicht dem Büro des Magistratsdirektors obliegt – über
- Bedienstete des höheren Verwaltungsdienstes mit Ausnahme der Chemiker und Physiker im Bereich der MA 17,
- Ärzte, soweit sie nicht im Bereich der MA 11, 15 und 17 verwendet werden,
- den Leiter der Lebensmitteluntersuchungsanstalt der Stadt Wien und dessen Stellvertreter,
- Psychologen der MA 11,
- Bedienstete der MA 8, 9, 10, 12, 51 und 53,
- Fachbeamte des Verwaltungs-, Bücherei-, Erziehungs- und Fürsorgedienstes,
- Kanzleibedienstete, Büchereibedienstete, Erzieher und Fürsorgerinnen,
- Kanzleipraktikanten,
- Amtsgehilfen;
- Bürokaufmannslehrlinge und Lehrlinge des technischen Dienstes, jugendliche Stenotypisten,
- Bedienstete der Wiener Hafen Lager- und Umschlagsbetriebsgesellschaft m. b. H.,
- Bedienstete der Magistratsdirektion, soweit sie nicht dem höheren Dienst angehören und auch nicht als Sondervertragsbedienstete im höheren Dienst tätig sind,
- Bedienstete der automatischen Datenverarbeitung.

Zuteilung und Versetzung der vorgenannten Bediensteten sowie Stellenbesetzungen
Eignungsprüfungen im Rahmen der Dienstaufsicht.
Zuerkennung von Nebengebühren (Personal-, Bau-, Sonder-, Außendienst-, Kassierzulagen, Stenografengebühren, Überstundenvergütungen).
Zuerkennung von Entschädigungen gemäß § 10 Abs. 2 der Reisegebührenvorschrift (Kilometergeld).
Genehmigung von Diensttelefonanschlüssen in Wohnungen.
Genehmigung von Dienst- und Studienreisen.
Maßnahmen auf Grund des Arbeitnehmerschutz- sowie des Wiener Bedienstetenschutzgesetzes.
Koordinierende Maßnahmen auf Grund des Zivildienstgesetzes.

Vorrath, Dr. Hans, Obersenatsrat, Bereichsleiter für Verwaltungsrevision und Sofortmaßnahmen im Rahmen der Magistratsdirektion 2131
Sekretariat 2185
Salomon, Dr. Gerhard, Senatsrat 2169
Zörner, Dr. Franz, Obermagistratsrat 4270

Bedienstetenschutz:
Fritsch Albert, Amtsrat 2182

Dienstaufsichten:
Baumgartner Friedrich, Oberamtsrat. 2215
Rupaner Franz, Oberamsrat 2234
Fehringer Wolf-Dieter, Amtsrat 2212
Haller Elfriede, Amtsrat 2109

Dienstreisen – Kilometergeld:
Hoffmann Helmut, Amtsrat 2175

Lehrlingsreferat:
Gruber Franz, Oberamtsrat 2100

Nebengebühren:
Pieb Peter, Amtsrat 2231

Personalausgleichstelle – Evidenz 2219

Personalbeistellung für Wahlen u. dgl. 2175

Revisionen:
Steininger Josef, Oberamtsrat 2327
Tauer Franz, Amtsrat 3870

Sofortmaßnahmen – Mobiler Bürgerdienst:
Saulich Harald, Amtsrat 3860
Referenten 3861, 3862, 3863
Protokoll-Sofortmaßnahmen 3867
Dziwinsky Gertrude, Kanzleikommissär,
Kanzleileiter 2217
Kanzlei 2218

Verwaltungsorganisation

1, Rathaus 7. Stiege, Halbstock, Tür 212,
Tel. 42 8 01

Verwaltungs- und Betriebsreform und damit zusammenhängende grundsätzliche Personalangelegenheiten.
Organisation von Verwaltungsvorgängen.
Vergebung und Betreuung von Aufträgen an private Betriebsberatungen.
Genehmigung der Anschaffung von Drucksorten.
Führung der Drucksortenkommission.
Mitwirkung bei der Organisation der Textverarbeitung.
Prüfung von Vorschlägen städtischer Bediensteter zur Vereinfachung und Reform der Verwaltung (Betriebliches Vorschlagswesen).
Genehmigung von Dienst- und Organisationsvorschriften, soweit sie den Wirkungsbereich einer Dienststelle überschreiten.
Anträge an den Bürgermeister und an den Gemeinderat über die Organisation, Auflassung und Errichtung von städtischen Ämtern, Anstalten und sonstigen Dienststellen des Magistrats sowie über die Erlassung und Abänderung der Geschäftseinteilung für den Magistrat.
Mitwirkung bei der Schaffung, Streichung und Bewertung von Dienstposten.
Führung des Registers über die privaten Adressen und Telefonnummern der Dienststellenleiter und ihrer Stellvertreter.
Beschaffung von Räumlichkeiten für Zwecke des Magistrats oder für sonstige Einrichtungen der Stadt Wien.
Vergabe der Amtsräume.
Organisation und Kontrolle der Instandsetzung von Amtsgebäuden und Amtsräumen.
Erteilung von Einfahrtgenehmigungen in die Höfe städtischer Amtshäuser.
Genehmigung der Anschaffung von Telefonanlagen und anderen fernmeldetechnischen Einrichtungen (Funkanlagen usw.).
Genehmigung der Anschaffung von bestimmten technischen Geräten, wie Kühlschränke, Fernsehgeräte u. dgl., sowie von elektronischen Laborgeräten und elektronischen Meßgeräten (soweit deren Anschaffung nicht durch die Magistratsabteilung 17 erfolgt).
Genehmigung der Anschaffung von Personen- und Kombinationskraftwagen.
Führung des Systemisierungsplanes für Kraftfahrzeuge.
Führung des Dienstkraftwagenbetriebes mit Ausnahme der technischen Angelegenheiten.
Entgegennahme von Meldungen über Schäden an Gemeindevermögen.
Ausarbeitung und Weiterführung des Katastrophenschutzplanes und des Katastrophenalarmplanes, einschließlich der Auswahl und Heranziehung von Einrichtungen sowie Zuteilung von Aufgaben an diese; Anordnung der Durchführung von Einsatzübungen gemäß § 3 Abs. 3 des Wiener Katastrophenhilfegesetzes.
Führung der Bürogeschäfte des Beirates für den Katastropheneinsatz.
Regelung des Postverkehrs und der Aktenübermittlung, zentrale Expedition von Briefen und Akten (Zentralexpedit).

Brunner, Ing. Dr. Friedrich, Senatsrat, Bereichsleiter für den Praxisversuch einer weitergehenden Dezentralisierung der Verwaltung der Stadt Wien im 21. und 22. Wiener Gemeindebezirk im Rahmen der Magistratsdirektion 2198
(Bereichsleiter für Verwaltungsorganisation:
Skopalik, Dr. Walter, Obersenatsrat. . . . . 3221)
Seiz, Dr. Michael, Obermagistratsrat 3098
Dezentralisierungsangelegenheiten:
Fischer Erich, Verwaltungsoberkommissär 2322

Dezernat 1: Organisation der Rechts-, Kultur- und Verwaltungsabteilungen, Drucksortenangelegenheiten
Seiz, Dr. Michael, Obermagistratsrat 3098
Fikar Alois, Amtsrat 3821

Dezernat 2: Organisation der technischen Dienststellen
Forster, Dipl.-Ing. Dr. Hans-Peter, Stadtbaurat . . . 2183

Dezernat 3: Organisation der Betriebe und der mit Wirtschafts - und Sozialaufgaben befaßten Dienststellen, Kraftfahrzeugangelegenheiten
Pohl Cornelius, Amtsrat 2161

Dezernat 4: Amtsraumlenkung
Brunner Johann, Techn. Amtsrat 2193
Nezval Günter, Verwaltungsoberkommissär 3096

Dezernat 5: Genehmigung der Anschaffung von Organisationshilfsmitteln, organisatorische Angelegenheiten des Katastrophen- und Zivilschutzes
Breiner, Dr. Georg, Obermagistratsrat 3134
Wallner Brigitte, Kanzleioffizial, Kanzleileiter 3099
Kanzlei 3135, 4232

Zentralexpedit:
1, Rathausplatz 2
Jambor Heinz, Kanzleikommissär 2151, 742*, 43 50*, 502

Dienstkraftwagenbetrieb:
1, Rathausstraße 8, Parterre, Tür 3b
Kanzlei 2243, 2244
Garage, 1, Friedrich-Schmidt-Platz 2245

Automatische Datenverarbeitung

1, Rathausstraße 1, 1.–4. und 6.–8. Stock
1. Untergeschoß, Tel. 733*, 48 15 51*

Automationsunterstützter Datenverkehr (Informationsverarbeitung und -kommunikation) und dessen Organisation.
Vorbereitung der erforderlichen technischen Maßnahmen für die Übertragung von Verwaltungsvorgängen auf automationsunterstützten Datenverkehr; Durchführung der Programmierung.
Vorbereitung des Abschlusses von den automationsunterstützten Datenverkehr betreffenden Verträgen und Erstellung von Gutachten über die Auflage von ADV-Drucksorten.
Vergebung von Aufträgen in allen Angelegenheiten des automationsunterstützten Datenverkehrs an Gewerbetreibende, wissenschaftliche Einrichtungen und an fachkundige, freiberuflich tätige Personen; Genehmigung der Anschaffung der Hardware (einschließlich der Genehmigung der Inbetriebnahme) und Software für den automationsunterstützten Datenverkehr.
Koordination der internen organisatorischen und technischen Maßnahmen des Magistrats sowie zwischen dem Magistrat und Einrichtungen außerhalb des Magistrats auf dem Gebiet des automationsunterstützten Datenverkehrs.
Maßnahmen auf Grund des Datenschutzgesetzes, und zwar:
Meldung der Verarbeitung an das Datenverarbeitungsregister gemäß § 8 und § 47 Abs. 6,
Übermittlung von Datenschutzverträgen und -vereinbarungen nach § 13 Abs. 2 an die Datenschutzkommission,
Information der Betroffenen bei Verarbeitung für eigene Zwecke gemäß § 22,
Beantragung der Registrierung gemäß § 23.

Koloseus, Dipl.-Ing. Lucian, Obersenatsrat . 200, 42 8 01/2020

(Bereichsleiter:
Skopalik, Dr. Walter, Obersenatsrat . . . . 3221)

Interne Revision
Kutina, Ing. Adolf 277

Referent für Datenschutz
Zogelmann, Dr. Herbert, Obermagistratsrat. 493

Schulung/ADV-Information
Mantl Ernst, Amtsrat 434

Interne Organisation/Verwaltung
Obermaier Siegfried, Oberamtsrat 276
Zillinger Kurt, Oberamtsrat 271
Budin Paul, Amtsrat 269
Bistricky Ilse, Kanzleikommissär, Kanzleileiter . . . 289
Kanzlei 42 8 01/2292

Dezernat Entwicklung
Sack, Dipl.-Ing. Heinz, Oberstadtbaurat 304
Machacek, Dipl.-Ing. Otto, Oberstadtbaurat 206
Zekl, Dipl.-Ing. Franz, Oberstadtbaurat 246
Novak, Dkfm. Mag. Reinhard, Magistratsrat 299
Oesterle, Mag. Gerlinde, Magistratsrat 230
Kaller, Dipl.-Ing. Jürgen, Stadtbaurat 211
Mittheisz, Dipl.-Ing. Johann, Stadtbaurat 250
Stadlmayr, Dipl.-Ing. Ernst, Stadtbaurat 340
Weber, Dipl.-Ing. Peter, Stadtbaurat 339
Langner, Dipl.-Ing. Christine, Stadtbaukommissär . 324
Sischka, Dipl.-Ing. Christian, Stadtbaukommissär. . 241
Wiespointner, Dipl.-Ing. Carole, Stadtbaukommissär 316
Kramer, Dipl.-Ing. Dietmar 327
Langmeier, Dipl.-Ing. Alois 380
Rinzner, Dipl.-Ing. Peter. 354
Robl, Dipl.-Ing. Helmut 314
Swoboda, Dipl.-Ing. Herlinde 372
Vogler, Mag. Wilhelm 219
Wenninger, Mag. Dipl.-Ing. Winfried 374
Astleitner-Kaiser Sieglinde, Amtsrat 281
Borgon Franz-Joachim, Amtsrat 229
Musil Friedrich, Amtsrat 255

Dezernat Produktion
Brodesser, Dipl.-Ing. Peter, Oberstadtbaurat 201
Binder, Dipl.-Ing. Eberhard, Oberstadtbaurat . . . 301
Wilmersdorf, Dipl.-Ing. Erich, Oberstadtbaurat. . . 395
Pudschedl Wilhelm, Amtsrat. 455
Ters Johann, Amtsrat 417

Rechtsmittelbüro

1, Rathaus, 8. Stiege, 1. Stock, Tür 322, 323 und 326a, Tel. 42 8 01

Überprüfung aller vom Magistrat zu erlassenden Rechtsmittelentscheidungen, Überprüfung aller Rechtsmittelakten, die von einer anderen Behörde zu entscheiden sind, vor deren Vorlage.
Überprüfung aller Verfassungs- und Verwaltungsgerichtshofbeschwerden vor deren Einbringung sowie Überprüfung aller den Gerichtshöfen des öffentlichen Rechts vorzulegenden Dienststücke und von Gegenschriften.
Bearbeitung von Berufungen gegen Bescheide und Straferkenntnisse des Magistrats, sofern keine andere Dienststelle zuständig ist.
Bearbeitung der Rechtsmittel an die Abgabenberufungskommission und die Bauoberbehörde.
Führung der Bürogeschäfte der Abgabenberufungskommission, der Bauoberbehörde und des Berufungssenates.
Bearbeitung der Rechtsmittel in Angelegenheiten der Bodenreform und Führung der Bürogeschäfte der Agrarbehörde 2. Instanz.
Ausstellung von Bescheinigungen über das Vorliegen des öffentlichen Interesses für die Begründung von Baurechten auf Grundstücken von Kirchen, Pfründen, kirchlichen Anstalten oder Gemeinschaften und gemeinnützigen Anstalten oder Vereinigungen.

Miksch, Dr. Alois, Obersenatsrat 2101
König, Dr. Ulrich, Senatsrat. 2102
Hrasko, Dr. Helmut, Senatsrat 2177
Jankowitsch, Dr. Wolfgang, Obermagistratsrat . . . 2178
Macho, Dr. Werner, Obermagistratsrat 2176
Teynor, Dr. Friedrich, Obermagistratsrat 2289
Giendl, Dr. Ilona, Magistratsrat 2103
Kanzlei. 2190, 2199, 2287, 3120

Abgabenberufungskommission:

Vorsitzender:
Bandion, Dr. Josef, Magistratsdirektor
(Vertreter: *Miksch, Dr. Alois,* Obersenatsrat)
Beisitzer:
Hofstetter, Ing. Walter, Gemeinderat
Sallaberger Günther Ewald, Gemeinderat
Kreiner, Ing. Otto, Gemeinderat
Hrasko, Dr. Helmut, Senatsrat
König, Dr. Ulrich, Senatsrat
Jankowitsch, Dr. Wolfgang, Obermagistratsrat
Stellvertreter der Beisitzer:
Kneidinger Johann, Gemeinderat
Kuhn Maria, Gemeinderat
Bartholner, Dr. Wilfried
Teynor, Dr. Friedrich, Obermagistratsrat
Macho, Dr. Werner, Obermagistratsrat
Giendl, Dr. Ilona, Magistratsrat

Bauoberbehörde für Wien:

Vorsitzender:
Gratz, Mag. iur. Leopold, Landeshauptmann
Ständiger Vertreter des Landeshauptmannes:
Seidl Friederike, amtsführender Stadtrat
Mitglieder:
Bandion, Dr. Josef, Magistratsdirektor
(ständiger Vertreter: *Miksch, Dr. Alois,* Obersenatsrat)
Filz, Dipl.-Ing. Ernst, Stadtbaudirektor
Junker, Dr. Ermar, Oberstadtphysikus, Hofrat, Landessanitätsdirektor
(ständiger Vertreter: *Zimmermann, Dr. Rudolf,* Physikatsrat)
Durst, Dipl.-Ing. Hugo, Zivilingenieur für Bauwesen, Baurat h. c.
Rollwagen, Dipl.-Ing. Friedrich, Architekt, Baurat h. c.
Strohmaier, Ing. Claus, Baumeister
Ersatzmitglieder:
Fellinger, Dipl.-Ing. Raimund, Ingenieurkonsulent für Vermessungswesen
Strohmaier Alois, Baumeister, Komm.-Rat, Zimmermeister
Zwettler, Ing. Franz, Baumeister

Berufungssenat:

Vorsitzender:
Bandion, Dr. Josef, Magistratsdirektor
(Vertreter: *Miksch, Dr. Alois,* Obersenatsrat)
Beisitzer:
Holub Albert, Gemeinderat
Zima, Mag. Herbert, Gemeinderat
Matza Heinrich, Komm.-Rat, Gemeinderat a. D.
König, Dr. Ulrich, Senatsrat
Hrasko, Dr. Helmut, Senatsrat
Beneš, Dr. Hermann, Senatsrat
Stellvertreter der Beisitzer:
Jank Werner, Gemeinderat
Schindler Elisabeth, Gemeinderat
Beinhofer, Dr. Ernst
Schubert, Dr. Walther, Senatsrat, Hofrat
Kö, Dr. Manfred, Obermagistratsrat
Macho, Dr. Werner, Obermagistratsrat

Verwaltungstechnik

1, Rathaus, Feststiege I, Halbstock, Tür 247m, Tel. 42 8 01

Vermittlung moderner Managementmethoden.
Erarbeitung von Grundlagen, Richtlinien und Verfahren für die Leistungsbewertung des Personals sowie Vorbereitung der analytischen Dienstpostenbewertung.
Personalforschung, auch im Wege interner Meinungsumfragen.
Festlegung von grundsätzlichen Richtlinien für die Personalwerbung und die Personalauslese.
Mitwirkung bei der Verwaltungs- und Betriebsreform und damit zusammenhängenden grundsätzlichen Personalangelegenheiten, insbesondere Erstattung von Vorschlägen für die Organisation von Verwaltungsvorgängen.
Führung des Dienstpostenplanes.
Entscheidung über die Inanspruchnahme von Diensterfindungen.
Mitwirkung bei der Inspizierung des Dienstbetriebes der städtischen Ämter und Anstalten in sachlicher Hinsicht (Revisionen).
Genehmigung der Anschaffung von Büromaschinen (ausgenommen Schreib- und Rechenmaschinen), Kartothekeinrichtungen, Langstampiglien mit Adressenangaben, Siegeln, Zeitschriften, Gesetzblättern und Amtsliteratur.
Genehmigung der Anschaffung von Gegenständen der Büro- und Arbeitstechnik (Kopiergeräte, Schreibautomaten usw.).
Organisation der Textverarbeitung.

Helmreich, Dr. Harald, Obersenatsrat, Bereichsleiter für moderne Arbeits- und Managementmethoden sowie für Zivil- und Strafrechtsangelegenheiten im Rahmen der Magistratsdirektion 4293
Sekretariat 2145
Moser, Dr. Wilfried, Obermagistratsrat 2211
Eichinger Kurt, Oberamtsrat. 2328
Pikal Franz, Amtsrat 3137
Kanzlei 2145
Dienstpostenplanevidenz. 2329, 4231
Dienstpostenplankartei. 2222, 2232, 2324
Automatische Textverarbeitung 2295

Zivil- und Strafrechtsangelegenheiten

1, Rathaus, 4. Stiege, Hochparterre, Tür 109 und 113, Tel. 42 8 08

Rechtsberatung der städtischen Dienststellen, insbesondere Mitwirkung beim Abschluß wichtiger oder schwieriger Rechtsgeschäfte, Erstattung von Rechtsgutachten in wichtigen Zivil- und Strafrechtsangelegenheiten.
Vertretung der Interessen der Stadt Wien bei behördlichen Verfahren.
Begutachtung strafrechtlicher Tatbestände zur Wahrung der Stadtinteressen.
Enthebung von der Amtsverschwiegenheit.
Genehmigung der Übermittlung von Akten an Gerichte und Verwaltungsbehörden.
Ausstellung von Vollmachten für die Stadt Wien, ihre Anstalten, Stiftungen und Fonds sowie Bestellung von Rechtsanwälten.
Genehmigung der Beistellung eines Rechtsanwaltes für städtische Bedienstete.
Vergleichsweise Bereinigung privatrechtlicher Ansprüche und Führung der Aktiv- und Passivprozesse der Stadt Wien, ihrer Stiftungen und Fonds, einschließlich der Zwangsvollstreckung, soweit diese Angelegenheiten nicht im Rahmen der Vertretung der Stadt Wien vor dem Arbeitsgericht, den Einigungs- und Landesinvalidenämtern, der Magistratsabteilung 2 bzw. der Magistratsabteilung 52 oder im Zuge der Amtsvormundschaft der Magistratsabteilung 11 oder zur Hereinbringung von Sozialhilfe- bzw. Verpflegskosten der Magistratsabteilung 12 bzw. der Magistratsabteilung 17 oder im Rahmen der Verwaltung städtischer Wohnhäuser der Magistratsabteilung 52 zugewiesen sind; Geltendmachung von Ansprüchen in Strafprozessen.
Behandlung der Ansprüche nach dem Amtshaftungsgesetz.
Grundverkehrsgeschäfte der Stadt Wien, ihren Anstalten, Stiftungen, Fonds und Unternehmungen, soweit ihre Durchführung nicht anderen Dienststellen übertragen ist, insbesondere Abfassung von Verträgen und Ausfertigungen von Vertragsurkunden, grundbücherliche Durchführung, Veranlassung der Zahlung und Einbringung von Kaufschillingen und sonstigen Leistungen; Vergebührung und Versteuerung von Grundbuchsurkunden; Liegenschaftsübernahmen.
Abfassung von Grundbuchseingaben und Vertretung der Stadt Wien bei den Grundbuchsgerichten, soweit nicht die Magistratsabteilung 64 zuständig ist; grundbücherliche Ersichtlichmachung, Herstellung der Grundbuchsordnung; Durchführung von Grundabteilungen bei städtischen Liegenschaften und deren Überwachung bei fremden Liegenschaften.
Ordnung der Rechtsverhältnisse am öffentlichen Gut.
Behandlung von Verlassenschaften zugunsten der Stadt Wien, ihrer Anstalten, Stiftungen und Fonds.
Überprüfung der Angemessenheit von Anwalts-, Notar- und Sachverständigenkosten.
Prüfung der Gerichtsbeschlüsse bei gerichtlichen Zwangsvollstreckungen in fremde Liegenschaften mit Ausnahme jener für Abgabenforderungen und Vertretung der Stadt Wien in Exekutions-, Konkurs- und Ausgleichsverfahren.
Auskunftserteilung hinsichtlich Gerichtsgebühren und Grundverkehrsabgaben, sofern dies nicht anderen Dienststellen vorbehalten ist.
Gewährung von Hilfen durch die Gemeinde Wien gemeinsam mit der Kammer der gewerblichen Wirtschaft für Wien an die durch den U-Bahn-Bau in ihrer Existenz bedrohten Gewerbeberechtigten.
Beglaubigung von Urkunden.
Rechtliche Angelegenheiten des U-Bahn-Baues, soweit nicht die Magistratsabteilung 64 und Magistratsabteilung 69 zuständig sind.
Entgegennahme der Anmeldung von Ansprüchen gemäß § 14 Abs. 1 und Abschluß von Vereinbarungen über Entschädigungen gemäß § 14 Abs. 2 des Wiener Katastrophenhilfegesetzes.
Genehmigung von Verträgen, in denen die Befugnis eingeräumt wird, Namen, Embleme oder Symbole städtischer Dienststellen zu verwenden.

Sehnal, Dr. Richard, Obersenatsrat 3671, 3678
(Bereichsleiter: *Helmreich, Dr. Harald,* Obersenatsrat . . . . 4293)
Pokorny, Dr. Wilhelm, Senatsrat 3682
Bertani, Dr. Hugo, Senatsrat 3684
Eggenhofer, Dr. Walter, Senatsrat. 4240
Cerny, Dr. Richard, Obermagistratsrat 3683
Kirchbaumer, Dr. Michael, Obermagistratsrat . . . 4241
Kummer, Dr. Gerhard, Obermagistratsrat 3677
Jungmann, Dr. Wolfgang, Magistratsrat. 2267
Giegerl Kurt 2268
Hofbauer Edeltrude, Amtsrat 3672
Sidak Renate, Amtsrat 3670
Prause Gerhard, Verwaltungskommissär 3681
Kurka Karl, Verwaltungsoberoffizial 3680
Wilhelm Claudia, Verwaltungsoberoffizial. 3680
Kotrasch Christine, Kanzleikommissär, Kanzleileiter 3685
Einlaufstelle und Protokoll 3674
Schreibstelle 3679
Beratung und Interessensvertretung der Magistratsdirektion – Präsidialbüro und Büro des Magistratsdirektors, Büros der Stadträte:
Sehnal, Dr. Richard, Obersenatsrat 3671, 3678

Dezernat 1:

Beratung und Interessenvertretung der Magistratsdirektion, soweit nicht dem Leiter vorbehalten, Bezirksvorstehungen und magistratischen Bezirksämter sowie der MA 23, 24, 26, 32, 33, 34, 35, 36, 37, 39; Begutachtung von Gesetzesentwürfen
Pokorny, Dr. Wilhelm, Senatsrat 3682

Dezernat 2:

Beratung und Interessenvertretung der MA 1, 2, 3, 4, 5, 6, 15, 17, 53, 54
Bertani, Dr. Hugo, Senatsrat 3684

Beratung und Interessenvertretung der MA 7, 8, 9, 10, 11, 12, 13, 14, 51, 56 sowie Beratung und Interessenvertretung der MA 50, 52 und 69 (einschließlich der Abwicklung von Liegenschaftserwerbungen)
Jungmann, Dr. Wolfgang, Magistratsrat, für den 2., 12., 22. Bezirk 2267

Dezernat 3:

Beratung und Interessenvertretung der MA 22, 28, 29, 30, 31, 38, 42, 43, 44, 45, 46, 48, 49, 58, 70 und der städtischen Unternehmungen
Kirchbaumer, Dr. Michael, Obermagistratsrat . . . 4241

Dezernat 4:

Beratung und Interessenvertretung der MA 18, 19, 20, 21, 25, 27, 40, 41, 59, 60, 61, 62, 63, 64, 66, 68
Eggenhofer, Dr. Walter, Senatsrat. 4240

Beratung und Interessenvertretung der MA 50, 52 und 69 (einschließlich der Abwicklung von Liegenschaftserwerbungen):
Cerny, Dr. Richard, Obermagistratsrat, für den 1., 9., 10., 11., 13., 14., 16., 17. Bezirk und für außerhalb Wiens (ohne Wasserbauanlagen) 3683
Eggenhofer, Dr. Walter, Senatsrat, für den 4., 5., 23. Bezirk 4240
Kummer, Dr. Gerhard, Obermagistratsrat, für den 3., 6., 7., 8., 15., 18., 19., 20., 21. Bezirk 3677

Dezernat 5:
Entbindungen von der Amtsverschwiegenheit, Rechtshilfen, Mahnklagen, Besitzstörungen, Kuratorsbestellungen. Exekutionen und Insolvenzen, Hilfen an Gewerbetreibende im Zusammenhang mit dem U-Bahn-Bau, Budget und Rechnungsabschluß
Giegerl Kurt 2268
Sidak Renate, Amtsrat 3670

Dezernat 6:
Schuldscheine
Hofbauer Edeltraude, Amtsrat 3672
Grundbuchssachen, Liegenschaftsverkäufe und Baurechtsbestellungen – Abwicklungen, Zustimmungserklärungen
Hofbauer Edeltraude, Amtsrat, für den 15., 23. Bezirk 3672
Kurka Karl, Verwaltungsoberoffizial, für den 2., 3., 9., 10., 13., 14. Bezirk und außerhalb Wiens, Grunderwerbungen für Wasserbauanlagen 3680
Prause Gerhard, Verwaltungskommissär, für den 6., 21., 22. Bezirk 3681
Wilhelm Claudia, Verwaltungsoberoffizial, für den 4., 5., 6., 7., 8., 11., 12., 16., 17., 18., 19., 20. Bezirk 3680

Urkunden – Ausfolgungen und Beglaubigungen . . 3685
Abgabenerklärungen 4243

Stadtbaudirektion

1, Rathaus, 7. Stiege, Halbstock, Tür 206, Tel. 42 8 05

Grundsätzliche Angelegenheiten der Kooperation und Koordination im technischen Bereich.
Koordination der Bauvorbereitung, Bauführung und Baubeaufsichtigung, soweit sie sich über mehrere Geschäftsgruppen erstreckt.
Zustimmung zu Neu-, Zu- oder Umbauten (ausgenommen bei gleichbleibendem Lagervolumen) von städtischen Treibstoffanlagen bzw. bei Änderung der gelagerten Treibstoffart.
Mitwirkung bei der Erstellung des Finanz- und Investitionsplanes sowie bei der Aufstellung von geschäftsgruppenübergreifenden Zeitplänen und Kosten-Nutzen-Berechnungen.
Mitwirkung bei der Erstellung von Ablaufplänen, insbesondere der Verfassung und Bewirtschaftung von Netzplänen.
Zusammenstellung der erforderlichen Budgetmittel bei Dienststellen des technischen Bereichs für geschäftsgruppenübergreifende Projekte.
Abstimmung der Grundlagen für den Voranschlag und den Rechnungsabschluß der Dienststellen des technischen Bereichs.
Koordination der Mitarbeit technischer Bediensteter in Instituten, Gremien Kongressen usw.
Beratung der Dienststellen des technischen Bereichs und der Wiener Stadtwerke in Ausschreibungs-, Vergebungs- und Verdingungsfragen.
Festlegung der allgemeinen Vertragsunterlagen und Ausschreibungsbedingungen für die Vergebung von Bauarbeiten.
Überprüfung von durch Dienststellen des technischen Bereichs vorbehandelten Ausschreibungsergebnissen, von freihändigen Vergebungen und von Kostenvoranschlägen auf Preisangemessenheit sowie Evidenthaltung aller Veränderungen der Arbeitslöhne für Bauarbeiten und der Baustoffpreise; Herausgabe von Richtlinien für die Berücksichtigung von Kostenänderungen bei laufenden Verträgen.
Evidenthaltung der von den Dienststellen des technischen Bereichs beschäftigten Auftragnehmer.
Angelegenheiten der Ziviltechniker.
Dienstaufsicht – soweit sie nicht dem Büro des Magistratsdirektors obliegt – über das den Dienststellen des technischen Bereichs zugewiesene technische Personal sowie das den anderen Dienststellen zugewiesene technische Personal der Schemata II und IV.
Zuteilung und Versetzung der vorgenannten Bediensteten sowie Stellenbesetzungen.
Eignungsprüfungen im Rahmen der Dienstaufsicht.
Ausbildung der technischen Bediensteten und folgende Befähigungs- und Dienstprüfungen:
- Bundes-(Staats-)Baudienst,
- Höherer technischer Dienst,
- Technischer Fachdienst und Fachdienst des Stadtgartenamtes,
- sonstiger technischer Dienst,
- Ziviltechniker,
- konzessionierte Baugewerbe,
- konzessionierte Installationsgewerbe.

Ausbilderprüfung in Verbindung mit den vorgenannten Konzessionsprüfungen.
Einteilung des technischen Aufsichtsdienstes in Theatern, Zirkussen usw. und des technischen Permanenzdienstes, soweit dies nicht schon Dienststellen des technischen Bereichs zugewiesen ist.
Dampfkesselprüfungswesen; Dampfkesselbescheinigungsevidenz, Antragstellung an den Landeshauptmann auf Bestellung der Dampfkesselprüfungskommissäre und Dampfkesselinspektoren.
Antragstellung an das zuständige Bundesministerium auf Bestellung von Prüfungskommissären für Betriebswärter nach der Dampfkesselverordnung.
Antragstellung an den Landeshauptmann auf Bestellung der technischen Sachverständigen nach den kraftfahrrechtlichen Vorschriften.
Bestellung von Überprüfungsorganen gemäß § 15 Abs. 10 Wiener Feuerpolizeigesetz.
Stellungnahme zu Anträgen auf Verleihung von Berufstiteln durch den Bundespräsidenten, soweit nicht die Magistratsabteilung 7 zuständig ist, und auf Verleihung der Berechtigung zur Führung der Standesbezeichnung „Ingenieur".

Filz, Dipl.-Ing. Ernst, Stadtbaudirektor 2912
Sekretariat 2914, 2947
Maras, Ing. Heinz, Techn. Amtsrat 2913
Kanzlei (8. Stiege, Halbstock, Tür 220):
Gilly Ingrid, Kanzleikommissär, Kanzleileiter 2915
Einlaufstelle, Protokoll 2916

Gruppe Hochbau:
1, Rathaus, 4. Stiege, Hochparterre, Tür 108b
Fürnkranz, Dipl.-Ing. Johann, Obersenatsrat 2919
Erlinger, Dipl.-Ing. Johann, Oberstadtbaurat 2967
Auweck, Ing. Herbert, Techn. Oberkommissär . . . 2954
Kanzlei 2910

Gruppe Tiefbau und Verkehr:
1, Rathaus, 4. Stiege, Hochparterre, Tür 115
Gassner, Dipl.-Ing. Franz, Obersenatsrat 2925
Demel, Ing. Josef, Techn. Oberamtsrat, Projektleiter für die Aufschließung von Betriebsbaugebieten . 2990
Woditsch, Ing. Wolfgang, Techn. Oberkommissär . 4129
Kanzlei 2953, 2926

Gruppe Planung:
1, Bartensteingasse 9, 2. Stock, Tür 208
Braun, Dipl.-Ing. Walter, Senatsrat 2273
Kastl, Dipl.-Ing. Josef, Stadtbauoberkommissär. . . 4157
Kanzlei 2274

Gruppe Baupolizei:
20, Dresdner Straße 75 . . . . 835*, 35 66 11*
Bechyna, Dipl.-Ing. Herbert, Obersenatsrat 200
Wolf, Dipl.-Ing. Ernst, Stadtbaurat 202
Gruber, Ing. Alexander, Techn. Oberamtsrat 201
Kanzlei 204, 205

Gruppe Umwelttechnik:

1, Rathaus, 5. Stiege, Halbstock, Tür 202
Schwaller, Dipl.-Ing. Kurt, Senatsrat 2108
Hejda, Ing. Gerhard, Techn. Oberkommissär 3198
Kanzlei 2127, 4248

Dezernat 1: Technischer Personaleinsatz, Technisches Ausbildungs- und Prüfungswesen, Angelegenheiten der Ziviltechniker
8, Auerspergstraße 15, 1., 2. und 3. Stock
Mayer, Dipl.-Ing. Hubert, Senatsrat 2922
Kanzlei 2951
Technische Personalangelegenheiten:
Zeiner Herbert, Oberamtsrat 2929
Zdychynec, Ing. Karl, Techn. Amtsrat 2673
Kanzlei 2952
Technisches Ausbildungs- und Prüfungswesen, Angelegenheiten der Ziviltechniker:
Groll, Ing. Franz, Techn. Amtsrat 2944
Kanzlei 2935

Dezernat 2: Bauvorbereitung, Baukoordinierung und Budgetangelegenheiten
1, Auerspergstraße 4, 3. Stock
Braun, Dipl.-Ing. Walter, Senatsrat 2921
Reiter, Dipl.-Ing. Norbert, Oberstadtbaurat 2964
Scheidl, Dipl.-Ing. Roman, Senatsrat 2918
Ostheim-Dzerowycz, Ing. Miron, Techn. Amtsrat . 2908
Winklhofer Hans, Techn. Amtsrat 2932
Technischer Zeichner 2238
Kanzlei 2917

Dezernat 3: Bauablaufinspektion
8, Auerspergstraße 17, 5. Stock
Filz, Dipl.-Ing. Ernst, Stadtbaudirektor 2912
Zöllner, Dipl.-Ing. Dr. techn. Hubert R., Obersenatsrat 4131
Tröstl, Ing. Heinrich, Techn. Oberkommissär 2683
Gilnreiner Gerhard, Amtsrat 3969
Kanzlei 2940

Dezernat 4: Baupreisprüfung, Verdingungswesen und Auftragnehmerkataster
1, Rathaus, 5. Stiege, Halbstock, Tür 202
Steinbauer, Dipl.-Ing. Wolfgang, Oberstadtbaurat . 2942
Graf, Ing. Wilhelm, Techn. Oberamtsrat (Maschinenbau) 2956
Ruso, Ing. Erich, Techn. Oberamtsrat (Tiefbau) . . 2087
Kraupa, Ing. Rudolf, Techn. Amtsrat (Hochbau) . . 2955
Taborsky Walter, Verwaltungsoberkommissär 2943
Eberl Christa 2936
Kanzlei 2062, 2937

Dezernat 5: Allgemeine Angelegenheiten
1, Rathaus, 5. Stiege, Halbstock, Tür 202
Schwaller, Dipl.-Ing. Kurt, Senatsrat 2108
Lukesch, Dipl.-Ing. Heinz, Stadtbaurat 2981
Widmann, Ing. Heinz, Techn. Amtsrat 2949
Depauly, Ing. Peter, Techn. Oberkommissär 3945
Bernhuber Ludwig, Verwaltungsoffizial 3944
Kanzlei 2127, 4248

Dampfkesselprüfungswesen:
Sachbearbeiter:
Lukesch, Dipl.-Ing. Heinz, Stadtbaurat 2981
Dampfkesselprüfungskommissäre des Landes Wien:
Segall, Dipl.-Ing. Herbert, Senatsrat,
21., 22. Bezirk 3743
Rath, Dipl.-Ing. Alfred, Oberstadtbaurat,
2., 8., 11., 16., 23. Bezirk 3772
Zabloudil, Dipl.-Ing. Dr. techn. Otto, Oberstadtbaurat, 1., 6., 9., 14., 15., 19.,
20. Bezirk 3750
Bulasikis, Dipl.-Ing. Apostolos, Stadtbaurat,
4., 7. Bezirk und alle gemeindeeigenen Dampfkessel 3706
Lukesch, Dipl.-Ing. Heinz, Stadtbaurat,
3., 10., 17., 18. Bezirk 2981
Würger, Dipl.-Ing. Johann, Senatsrat i. R.,
5., 12., 13. Bezirk 3714
Kanzlei der Dampfkesselprüfungskommissäre, Dampfkesselbescheinigungsevidenz:
1, Rathaus, 5. Stiege, Halbstock, Tür 202 . 3714, 3746

Permanenzingenieur:
1, Am Hof 9, 5. Stock, Tür 511 2941
oder 868*, 63 66 71*, 388

Redaktion „der aufbau":
9, Kinderspitalgasse 5 . . . . 43 16 08, 42 8 05
Krebs, Dr. Helmut, Senatsrat, geschäftsführender Redakteur 14, 2920
Schiebel, Ing. Elisabeth, technische Redaktion . 45, 2924

Prüfungskommissionen:

Baumeister-, Steinmetzmeister-, Zimmermeister- und Brunnenmeisterprüfungen
Vorsitzender:
Filz, Dipl.-Ing. Ernst, Stadtbaudirektor
Stellvertreter:
Gassner, Dipl.-Ing. Franz, Obersenatsrat
Fürnkranz, Dipl.-Ing. Johann, Obersenatsrat

Elektrokonzessionsprüfungen
Vorsitzender:
Neipp, Dipl.-Ing. Leo, Senatsrat
Stellvertreter:
dzt. unbesetzt

Konzessionsprüfungen für Gas- und Wasserleitungsinstallationen
Vorsitzender:
dzt. unbesetzt
Stellvertreter:
Neipp, Dipl.-Ing. Leo, Senatsrat

Ziviltechnikerprüfungen
Vorsitzender:
Filz, Dipl.-Ing. Ernst, Stadtbaudirektor
Stellvertreter:
Gassner, Dipl.-Ing. Franz, Obersenatsrat

Bundes-(Staats-)Baudienstprüfungen und Prüfungen für den Höheren Technischen Dienst
Vorsitzender:
Filz, Dipl.-Ing. Ernst, Stadtbaudirektor

Technische Dienstprüfungen
Vorsitzender:
Filz, Dipl.-Ing. Ernst, Stadtbaudirektor

MAGISTRATSABTEILUNG 1

Allgemeine Personalangelegenheiten

(Geschäftsgruppe Personal, Rechtsangelegenheiten und Konsumentenschutz)

1, Rathaus, 4. Stiege, 2. Stock, Tür 452, Tel. 42 8 02

Ausarbeitung der die Bediensteten der Gemeinde (des Landes) Wien – ausgenommen Hausbesorger – betreffenden Rechtsvorschriften in folgenden Angelegenheiten:
Dienstrecht;
Besoldungsrecht, einschließlich Nebengebühren und Naturalbezüge;
Pensionsrecht;
Unfallfürsorgerecht;
Arbeitnehmerschutzrecht;
Personalvertretungsrecht.
Ausarbeitung von Kollektivverträgen, Betriebsvereinbarungen und Sondervertragsmustern für Bedienstetengruppen.
Begutachtung solcher Verträge, die von selbständigen Anstalten, Stiftungen oder Fonds der Gemeinde Wien abgeschlossen werden, über Ersuchen der Organe dieser Einrichtungen.
Mitwirkung bei der Verwaltungs- und Betriebsreform.
Grundsätzliche Angelegenheiten der Krankenfürsorgeanstalt der Bediensteten der Stadt Wien und der Sozialversicherung, soweit sie sich auf Gemeindebedienstete auswirken.
Handhabung des Invalideneinstellungsgesetzes 1969 und des § 6 Z. 4 und 5 des Opferfürsorgegesetzes, soweit die Gemeinde (das Land) Wien als Dienstgeber betroffen ist und es sich nicht um Einzelpersonalangelegenheiten handelt.
Grundsätzliche Angelegenheiten betreffend die Beschäftigung ausländischer Arbeitskräfte durch die Gemeinde Wien.
Entscheidung über den Anspruch auf Nebengebühren in grundsätzlichen Fällen, sofern die Zuerkennung nicht durch den Magistratsdirektor erfolgt.
Einzelpersonalangelegenheiten von grundsätzlicher Bedeutung.
Festsetzung der Vergütung für die vom Dienstgeber in Anspruch genommenen Diensterfindungen.
Dienstfreistellung von gewählten Dienstnehmervertretern und Festsetzung der fortzuzahlenden Bezüge.
Kulturelle Betreuung (Veranstaltungen, Schulungskurse, Exkursionen und dergleichen) für Gemeindebedienstete, die das 21. Lebensjahr noch nicht vollendet haben.
Anträge zur Bestellung der im Disziplinar- oder Beschreibungsverfahren tätigen Funktionäre.
Führung der Bürogeschäfte der gemeinderätlichen Personalkommission.

Prochaska, Dr. Peter, Senatsrat 2321
Vesely, Dr. Herbert, Obermagistratsrat 2320
Grimling Helmut, Oberamtsrat 2298
Wenzel Rudolf, Oberamtsrat 2323
Bereza-Kudrycki Gertrude, Kanzleirat, Kanzleileiter . 801
Kanzlei 2325

MAGISTRATSABTEILUNG 2

Personalamt

(Geschäftsgruppe Personal, Rechtsangelegenheiten und Konsumentenschutz)

1, Rathaus, 8. Stiege, 2. Stock, Tür 438, Tel. 42 8 02

Individuelle dienstrechtliche Angelegenheiten der Bediensteten (ihrer Hinterbliebenen und Angehörigen) der Gemeinde Wien, ausgenommen die Bediensteten (ihre Hinterbliebenen und Angehörigen) der Wiener Stadtwerke und jene Bediensteten, deren Dienstverhältnis sich nach den Bestimmungen des Hausbesorgergesetzes richtet, soweit im folgenden nichts anderes bestimmt ist, insbesondere:
Standesführung.
Aufnahmen in das öffentlich-rechtliche oder privatrechtliche Dienst-(Lehr-) Verhältnis, soweit sie nicht durch Entschließung des Bürgermeisters einer anderen Dienststelle übertragen sind.
Mitwirkung bei der Begutachtung von Dienstverträgen, die von selbständigen Anstalten, Stiftungen oder Fonds der Gemeinde Wien abgeschlossen werden, sofern diese Verträge von vorgegebenen Richtlinien oder Kollektivverträgen wesentlich abweichen.
Verkehr mit den für die Beschäftigung von Ausländern zuständigen Stellen.
Personalwerbung, auch für die Wiener Stadtwerke.
Werbung von Schülern für Schulen nach dem Krankenpflegegesetz, für die Kindergärtnerinnenbildungsanstalt und für ähnliche Einrichtungen; Beratung für Aufnahmebewerber.
An- bzw. Zurechnung von Zeiten, Geltendmachung der Überweisungsbeträge und Überwachung ihres Einganges, Vorschreibung von (besonderen) Pensionsbeiträgen.
Ernennung von Beamten (Pragmatisierung, Überstellung, Überreihung und dergleichen), Vertragsänderung bei Vertragsbediensteten; Ausfertigung der Intimierungsurkunden, wenn dem Magistratsdirektor die Antragstellung an das zuständige Organ zukommt.
Feststellung des Zusatzurlaubes für Versehrte, Feststellung der Tage, die wegen Dienstunfähigkeit nicht auf das Ausmaß des Erholungsurlaubes anzurechnen sind.
Bearbeitung von Ansuchen um Sonderurlaub mit Bezügen, Gewährung von Urlauben ohne Bezüge.
Bearbeitung von Ruhestandsversetzungen.
Durchführung des Verfahrens bei ungenügender Beschreibung.
Disziplinarangelegenheiten, einschließlich der Agenden der in den §§ 58 und 78 der DO. 1966 bezeichneten Dienststellen.
Widmung sowie Änderung und Aufhebung der Widmung von Dienst- und Werkswohnungen, deren Zuweisung sowie Entzug des Benützungsrechtes an denselben, Räumungsaufträge und Feststellung der einmaligen Entschädigung.
Festsetzung der Remunerationen anläßlich von Dienstjubiläen und der Treueentschädigungen, Ausfertigung der Ehrungsurkunden auch für Bedienstete der Wiener Stadtwerke.
Gewährung der Aushilfen für Bedienstete des Dienststandes.
Gleichstellung des ruhegenußfähigen Monatsbezuges mit der Ruhegenußbemessungsgrundlage.
Verweigerung von Begünstigungen und Festsetzung des Kostenersatzes nach §§ 35 und 36 PO. 1966.
Erlassung der Bescheide nach § 63 PO. 1966.
Festsetzung der Versorgung bei Abgängigkeit sowie der Unterhaltsbezüge bei Entlassung des Beamten und der Zuwendungen für Angehörige, Hinterbliebene und andere Personen.
Erlassung abweisender Bescheide nach der PO. 1966 in besonderen Fällen.
Mitwirkung bei der Gewährung von außerordentlichen Zuwendungen.
Festsetzung der Abfertigungen, Abfindungen und Sterbekostenbeiträge bei Ausscheiden des Bediensteten aus dem Dienststand.
Handhabung des Unfallfürsorgegesetzes 1967, auch für die gewählten Funktionäre des Landes (der Stadt) Wien und für die Beamten der Wiener Stadtwerke, ausgenommen die Gewährung von Sachleistungen und die Anwendung des § 30.
Geltendmachung von Ansprüchen nach dem Amtshaftungs-, Dienstnehmerhaft- und Organhaftpflichtgesetz gegenüber Bediensteten der Gemeinde Wien, Erklärung des Verzichtes auf Ansprüche nach dem Landesgesetz vom 25. Februar 1972, LGBl. für Wien Nr. 8/1972, oder Antragstellung an die zuständigen Organe.
Dienstfreistellung gemäß § 45 Abs. 1 bis 3 DO. 1966 und ähnlicher Bestimmungen.
Festsetzung der Gebühren der gewählten Funktionäre des Landes (der Stadt) Wien, Feststellung der ihnen oder ihren Hinterbliebenen (Angehörigen) anläßlich ihres Ausscheidens aus der Funktion gebührenden einmaligen und laufenden Bezüge, Festsetzung der an andere Gebietskörperschaften zu überweisenden Pensionsbeiträge, Mitwirkung bei der Überwachung des Einlangens von anderen Gebietskörperschaften überwiesenen Pensionsbeiträgen.
Vertretung der Stadt Wien vor dem Arbeitsgericht sowie im Verfahren vor den Einigungsämtern und Landesinvalidenämtern in Angelegenheit bestehender oder bestandener Dienstverhältnisse zur Stadt Wien, ausgenommen jene Dienstverhältnisse, auf die das Hausbesorgergesetz Anwendung findet, in erster Instanz und soweit keine Rechtsanwaltbeistellung erfolgt.
Wahrnehmung der Aufgaben des Amtes der Landesregierung in Personalangelegenheiten der Landeslehrer, ihrer Hinterbliebenen und Angehörigen sowie Angelegenheiten im Sinne des § 42 lit. d des Bundes-Personalvertretungsgesetzes, ausgenommen Antragstellung für Bundesauszeichnungen der Landeslehrer.
Antragstellung auf Befreiung vom Präsenzdienst oder Zivildienst.
Ausfertigung von Dienstlegitimationen.
Ausarbeitung und Bearbeitung von Rechtsmitteln (Gegenschriften) in Personalangelegenheiten.

Schubert, Dr. Walther, Senatsrat, Hofrat 2341
Michelitsch, Dr. Karl, Senatsrat 2342
Jilek, Dr. Susanne, Magistratskommissär 2345
Hutterer Herbert, Oberamtsrat 2347

Schönhofer Helmut, Oberamtsrat 2351
Hodac Alois, Amtsrat 2364
Opatrny Alexander, Amtsrat 2349
Kanzleileiter dzt. unbesetzt 802, 2348
Kanzlei 2365
Aufnahmedienst:
Bewerbungen 2316, 2317
Anstellungen A bis L 2352
Anstellungen M bis Z 2353
Vordienstzeiten 2202
Disziplinarangelegenheiten A bis L 2342
Disziplinarangelegenheiten M bis Z 2345

Ruhegenußvordienstzeiten 2364
Unfallfürsorge 2349
Standesführungen:
A bis C 2354
D bis Gh 2355
Gi bis Hue 2356
Huf bis Kro 2357
Krp bis Mor 2358
Mos bis Prof 2350
Prog bis Scht 2361
Schu bis Trau 2362
Trav bis Z 2363

MAGISTRATSABTEILUNG 3

Besoldungsamt

(Geschäftsgruppe Personal, Rechtsangelegenheiten und Konsumentenschutz)

1, Rathaus, 4. Stiege, 2. Stock, Tür 447, Tel. 42 8 02

Bezugsverrechnung für die Bediensteten und die gewählten Funktionäre (ihre Hinterbliebenen) der Stadt (des Landes) Wien, ausgenommen die Bediensteten (ihre Hinterbliebenen) der städtischen Unternehmungen und jene Bedienstete, deren Dienstverhältnis sich nach den Bestimmungen des Hausbesorgergesetzes richtet, insbesondere Flüssigmachung
der Aktivbezüge und der Pensionen,
der Nebengebühren und der Gebühren nach der Reisegebührenvorschrift nach Überprüfung,
der Ersatzleistungen,
der einmaligen Entschädigungen bei Räumung einer Dienst- oder Werkswohnung,
der Remunerationen aus Anlaß eines Dienstjubiläums,
der Treueentschädigungen,
der Geldleistungen nach dem Unfallfürsorgegesetz 1967,
der Abfertigungen,
der Todesfall-, Bestattungskosten- und Pflegekostenbeiträge und
der Beihilfen zur Familienförderung und der Wohnungsbeihilfe.
Individuelle Behandlung pensionsrechtlicher Angelegenheiten der Beamten (ihrer Hinterbliebenen und Angehörigen) der Gemeinde Wien, soweit hiefür nicht die Magistratsabteilung 2 zuständig ist und es sich nicht um Beamte (Hinterbliebene und Angehörige) der Wiener Stadtwerke handelt.
Feststellung des Anspruches auf:
Fortzahlung der Bezüge und Nebengebühren bei Dienstverhinderung,
Haushaltszulage,
Ausgleichszulage bei Verwendung auf einem höherwertigen Dienstposten,
Fahrtkostenzuschuß, Dienstzeitkarte und Fahrtkostenpauschale sowie Wohnungsbeihilfe.
Gewährung von Bezugsvorschüssen an Bedienstete (ihre Hinterbliebenen) der Gemeinde (des Landes) Wien.
Gewährung von Geldaushilfen an Personen, die Anspruch auf Ruhe- oder Versorgungsgenuß haben.
Berechnung der Bezüge der nach § 3 Abs. 1 lit. b des Religionsunterrichtsgesetzes bestellten Religionslehrer.
Berechnung und Abrechnung der gesetzlichen Abzüge, der Beiträge zur Krankenfürsorgeanstalt und der Dienstgeberbeiträge.
Angelegenheiten des Einkommensteuer- und Sozialversicherungsrechtes, soweit es die Bezugsverrechnung betrifft.
Angelegenheiten der bargeldlosen Bezugsauszahlung.
Fachliche Aufsicht über die Bezugsverrechnung (ausgenommen Hausbesorger), wenn diese aus organisatorischen Gründen durch andere Dienststellen erfolgt.
Geltendmachung der Ansprüche des Dienstgebers nach dem Epidemiegesetz und dem Tierseuchengesetz.
Vormerkung, Berechnung und Abrechnung der Pfändungen und Zessionen.
Erfassung der Nebengebühren und Berechnung der Ruhe-(Versorgungs-) Genußzulage nach dem Ruhe- und Versorgungsgenußzulagegesetz 1966.
Erfassung der Nebengebühren (Nebengebührenwerte) nach dem Nebengebührenzulagengesetz des Bundes (Landeslehrer); Berechnung und jährliche Bekanntgabe der Nebengebührenwerte und Mitwirkung bei der Berechnung der Nebengebührenzulage.
An- und Abmeldung der zur Pensionsversicherung der Angestellten zugehörigen Vertragsbediensteten zur gesetzlichen Sozialversicherung.
Berechnung und Gewährung der Überweisungsbeträge nach dem ASVG sowie Mitwirkung bei der Überwachung der Eingänge an Überweisungsbeträgen und Überweisungsrenten.
Bewertung der Naturalbezüge sowie der Dienst- und Werkswohnungen für Zwecke der Lohnsteuer und der Sozialversicherung.
Durchführung von Nachversicherungen in der Pensionsversicherung.
Anmeldung von unbehobenen Beträgen und Forderungen beim Verlassenschaftsgericht.
Abschreibung von Übergenüssen bis zur Höhe von 10 v. H. des Gehaltsansatzes der zweiten Gehaltsstufe der Dienstklasse V des Schemas II.
Prüfung der Anordnungsbefugnis und der Zeichnungsberechtigung hinsichtlich der Anweisung der angeführten Zahlungen.
Verfügungen (Zugriff, Veränderung, Löschung, Verknüpfung, Weitergabe usw.) über personenbezogene Daten, soweit sie für Zwecke der Magistratsabteilung 3 in der automatischen Datenverarbeitung gespeichert werden sowie die Aufsicht bei der Ausscheidung von Magnetbändern, auf denen derartige Daten abgespeichert wurden.
Fachaufsicht über jene Tätigkeiten der städtischen Dienststellen, die zur Erfüllung der der Magistratsabteilung 3 übertragenen Aufgaben erforderlich sind.

Rauscher Franz, Direktor des Besoldungsamtes,
Hofrat 2371
Vranek Ernst, Oberamtsrat, Regierungsrat 3814
Witzmann Karl, Kanzleioberkommissär,
Kanzleileiter 2373
Kanzlei und Einlaufstelle 803

Zentralkataster 2374

Referatsleiter:

Referat I: Organisation, Datenverarbeitung
Thorwartl Friedrich, Oberamtsrat 2414, 2482

Referat II: Haushaltszulage
Mattes Susanne, Amtsrat,
Regierungsrat 2208, 2209, 3880

Referat III: Sozialversicherung
Avanzini Viktor, Amtsrat 2304

Referat IV: Reisekosten und Nebengebühren
(8. Stiege, 2. Stock, Tür 428)
Hajek Karl, Oberamtsrat 2375

Referat V: Bezugsvorschüsse, Verbote (Verpfändungen, Abtretungen und Pfändungen) (8. Stiege, 2. Stock, Tür 428)
Kassar Roland, Verwaltungsoberkommissär 4108

Gruppenleiter:
Beamte (7. Stiege, 2. Stock, Tür 422):
Klein Georg, Oberamtsrat 2376

Vertragsangestellte (8. Stiege, 2. Stock, Tür 428):
Bruckner Karl, Oberamtsrat 2388

Vertragsarbeiter (4. Stiege, 2. Stock, Tür 447):
Weisgram Franz, Oberamtsrat 2372

Landeslehrer (7. Stiege, 2. Stock, Tür 425):
Kukral Walter, Oberamtsrat 2477

Pensionen (4. Stiege, 2. Stock, Tür 442):
Schuster Peter, Amtsrat 2384

MAGISTRATSABTEILUNG 4

Allgemeine Finanz- und Wirtschaftsangelegenheiten; Abgaben

(Geschäftsgruppe Finanzen und Wirtschaftspolitik)

1, Ebendorfer Straße 2, 6. Stock, Tür 625, Tel. 742*, 43 50*

Finanzangelegenheiten allgemeiner Art und einzelne Finanzangelegenheiten von besonderer und grundsätzlicher Bedeutung.
Vertretung der Stadt Wien in Fragen der Finanzverfassung und des Finanzausgleichs.
Angelegenheiten der Finanz-, Wirtschafts-, Konjunktur- und Arbeitsmarktpolitik.
Grundlagenforschung auf wirtschaftlichem Gebiet.
Maßnahmen zur Förderung der Wirtschaft.
Führung der Bürogeschäfte des Wirtschaftsbeirates.
Erstellung des Voranschlages und der Finanzpläne.
Wahrnehmung der finanziellen Interessen der Stadt Wien unbeschadet der budgetären Verantwortlichkeit der im Einzelfall zuständigen kreditverwaltenden Dienststelle.
Finanzielle Koordination von Projekten.
Angelegenheiten der Landes- und Gemeindeabgaben, und zwar insbesondere
Abgabe auf unvermietete Wohnungen, soweit hiefür nicht die Magistratsabteilung 6 zuständig ist,
Abwassergebühren,
Ankündigungsabgabe,
Anzeigenabgabe, soweit hiefür nicht die Magistratsabteilung 6 zuständig ist,
Ausgleichsabgabe auf Lebendvieh, soweit hiefür nicht die Magistratsabteilung 60 zuständig ist,
Ausgleichsabgabe nach dem Wiener Garagengesetz,
Ausgleichsabgabe nach dem Wiener Baumschutzgesetz,
Dienstgeberabgabe, soweit hiefür nicht die Magistratsabteilung 6 zuständig ist,
Feuerschutzsteuer,
Gebrauchsabgabe, soweit hiefür nicht andere Dienststellen zuständig sind,
Gefrorenessteuer, soweit hiefür nicht die Magistratsabteilung 6 zuständig ist,
Getränkesteuer, soweit hiefür nicht die Magistratsabteilung 6 zuständig ist,
Gewerbesteuer nach dem Gewerbeertrag und nach dem Gewerbekapital,
Grundsteuer, soweit hiefür nicht die Magistratsabteilung 6 zuständig ist,
Hundeabgabe, Berufung und Berufungsvorentscheidungen, Abschreibung von Rückständen,
Kanaleinmündungsgebühren, soweit hiefür nicht andere Dienststellen zuständig sind,
Kulturschilling,
Lizitations-Armenprozente,
Lohnsummensteuer, soweit hiefür nicht die Magistratsabteilung 6 zuständig ist,
Müllabfuhrabgabe, soweit hiefür nicht die Magistratsabteilung 6 zuständig ist,
Ortstaxe,
Parkometerabgabe,
Sportgroschen,
Vergnügungssteuer,
Verwaltungsabgaben, Kommissionsgebühren, soweit hiefür nicht andere Dienststellen zuständig sind,
Wassergebühren,
Zuschläge zu den Wettgebühren.
Angelegenheiten aufgehobener Landes- und Gemeindeabgaben.
Vornahme der Steueraußenprüfung (Revisionsstelle, Überprüfung der ordnungsgemäßen Entrichtung von Landes- und Gemeindeabgaben an Ort und Stelle).
Strafamtshandlungen nach den Abgabengesetzen mit Ausnahme des Hundeabgabegesetzes.
Allgemeine und organisatorische Angelegenheiten der Personenstands- und Betriebsaufnahme.
Mitwirkung bei der Gewährung von Hilfen durch die Gemeinde Wien gemeinsam mit der Kammer der gewerblichen Wirtschaft für Wien an die durch den U-Bahn-Bau in ihrer Existenz bedrohten Gewerbeberechtigten.
Abschluß von Verträgen über Pflegegebühren und Transportkosten mit Sozialversicherungsträgern und anderen Institutionen.
Festsetzung der Pflegegebührensätze für die städtischen Kranken- und Pflegeanstalten und der Transportkosten des Rettungs- und Krankenbeförderungsdienstes.
Administrative Betreuung und wirtschaftliche Verwertung von Diensterfindungen einschließlich des Abschlusses von Lizenzverträgen, soweit hiefür nicht andere Dienststellen zuständig sind.

Horny, Dr. Heinrich, Obersenatsrat, Gruppenleiter hinsichtlich der MA 4, 5, 6 und 54 260, 42 8 02/2411
Scharitzer, Dr. Gerhard, Senatsrat 261
Messeritsch, Dr. Johann, Senatsrat 210
Gschwindl, Dr. Werner, Obermagistratsrat 265
Nussgruber, Dr. Kurt, Obermagistratsrat 280
Pelikan, Dr. Herbert, Obermagistratsrat 350
Rois, Dr. Susanne, Obermagistratsrat 400
Kamhuber, Dr. Karl, Magistratsrat 272
Kramhöller, Dr. Josef, Magistratsrat 273
Theimer, Dr. Ernst, Magistratsrat 330
Spacek, Mag. Robert, Magistratsoberkommissär . . 288
Windisch, Ing. Mag. Christine, Magistratsoberkommissär 289
Hölzl, Mag. Werner, Magistratskommissär 287
Rienesl, Dkfm. Ingeborg 281
Grulich Aloisia, Oberamtsrat 416
Kansky Karl, Oberamtsrat 427
Kuhles Gustav, Oberamtsrat 220
Kuna Emil, Oberamtsrat 211
Mehwald Wilhelm, Oberamtsrat 331
Mittermayer Rudolf, Oberamtsrat . . 831*, 57 75 75*, 232
Unger Erich, Oberamtsrat 236
Bartsch Karl, Amtsrat 248
Cerni Johann, Amtsrat 240
Eschelmüller Erwin 233
Grimm Erich, Amtsrat 368
Grünwald Oskar, Amtsrat 278
Haberle Karl, Amtsrat 226
Hüttner Bertram, Amtsrat 266
Kamaryt Kurt, Amtsrat 248
Köpf Leopold, Amtsrat 238
Kubu Karl, Amtsrat 234
Lewisch Georg, Amtsrat 232
Marsik Heinz, Amtsrat 231
Paulisch Wilhelm, Amtsrat 233
Pestendorfer Gerhard, Amtsrat 401
Proksch Theodor, Amtsrat 229
Randa Ernst, Amtsrat 226
Sirucek Alfred, Amtsrat 227
Stejskal Franz, Amtsrat 246
Stepanek Peter, Amtsrat 228
Stern Kurt, Amtsrat 229
Strohmaier Josef, Amtsrat 373
Voplakal Heinrich, Amtsrat 239
Vosatka Anton, Amtsrat 351
Wahl Günter, Amtsrat 831*, 57 75 75*, 555
Wenger Elfriede, Amtsrat 380
Wobrowsky Werner, Amtsrat 42 8 02/2465
Karall Johann, Kanzleirat, Kanzleileiter . 262, 42 8 02/804

Referat 1: Allgemeine Finanzangelegenheiten, Ausgleichsabgabe nach dem Wiener Garagengesetz, Gebrauchsabgabe, Hundeabgabe, Lizitations-Armenprozente, Ortstaxe, Kanaleinmündungsgebühren, Verwaltungsabgaben, Kommissionsgebühren, Stempelgebühren, Abwicklung aufgehobener Abgaben, Personenstands- und Betriebsaufnahme, Mitwirkung bei der Aufstellung von Zeitplänen und Kosten-Nutzen-Rechnungen
(6. Stock, Tür 625)
Scharitzer, Dr. Gerhard, Senatsrat 261
Gschwindl, Dr. Werner, Obermagistratsrat 265
Sachbearbeiter . 265, 266, 257, 272, 273, 427, 428, 429, 430
Karall Johann, Kanzleirat, Kanzleileiter 262

Referat 2: Revisionsstelle
(7. Stock, Tür 725)
Messeritsch, Dr. Johann, Senatsrat 210
Kuna Emil, Oberamtsrat 211
Sachbearbeiter 220, 235, 236, 238, 239, 246
Fröhlich Elfriede, Kanzleioberoffizial, Kanzleileiter . 223

Referat 3: Finanzplanung und Wirtschaftsangelegenheiten
(6. Stock, Tür 609)
Nussgruber, Dr. Kurt, Obermagistratsrat 280
Rienesl, Dkfm. Ingeborg 281
Sachbearbeiter 275, 278, 279, 282, 286, 287, 288, 289, 290, 291
Kern Renate, Kanzleioberoffizial, Kanzleileiter . . . 283

Referat 4: Lohnsummensteuer, Gewerbesteuer, Dienstgeberabgabe, Anzeigenabgabe, Ankündigungsabgabe, Abgabe auf unvermietete Wohnungen, Strafverfahren nach dem Anzeigenabgabe-, Ankündigungsabgabe-, Dienstgeberabgabe- und Gebrauchsabgabegesetz sowie nach dem Gesetz über die Einhebung einer Abgabe auf unvermietete Wohnungen
(3. Stock, Tür 305–334)
Rois, Dr. Susanna, Obermagistratsrat 400
Pestendorfer Gerhard, Amtsrat 401
Sachbearbeiter . . . 404, 405, 406, 407, 408, 409, 416, 417, 418, 419, 420, 421, 422, 423, 424, 433, 434, 435
Lehner Emma, Kanzleikommissär, Kanzleileiter 402

Referat 5: Parkometerabgabe, Grundsteuer, Müllabfuhrabgabe, zeitliche Grundsteuerbefreiungen, Ausgleichsabgabe nach dem Wiener Baumschutzgesetz
(5. Stock, Tür 508)
Theimer, Dr. Ernst, Magistratsrat 330
Mehwald Wilhelm, Oberamtsrat 331
Sachbearbeiter 335, 336, 338, 339, 375, 376
Roithner Gisela, Kanzleileiter 332

Referat 6: Wasser- und Abwassergebühren
(5. Stock, Tür 508 und 6, Grabnergasse 4–6)
Theimer, Dr. Ernst, Magistratsrat 330
Mittermayer Rudolf, Oberamtsrat 831*, 57 75 75*, 232
Sachbearbeiter . . 831*, 57 75 75*, 206, 223, 224, 225, 226, 227, 228, 229, 230, 238, 239, 553, 555
Einlaufstelle, Protokoll 831*, 57 75 75*. 231

Referat 7: Getränkesteuer, Gefrorenessteuer, Vergnügungssteuer, Sportgroschen
(4. Stock, Tür 424)
Pelikan, Dr. Herbert, Obermagistratsrat 350
Vosatka Anton, Amtsrat 351
Sachbearbeiter 358, 359, 361, 364, 365, 366, 367, 369, 370, 371, 372, 374
Mitterbauer Eva, Kanzleikommissär, Kanzleileiter 352
Vergnügungssteuer (Einzelveranstaltungen):
1, Volksgartenstraße 3, 3. Stock, Tür 402 . . . . 42 8 02
Sachbearbeiter 2449, 2455

MAGISTRATSABTEILUNG 5

Finanzwirtschaft und Haushaltswesen

(Geschäftsgruppe Finanzen und Wirtschaftspolitik)

1, Ebendorferstraße 2, 5. Stock, Tür 523, Tel. 742*, 43 50*

Angelegenheiten der Finanzwirtschaft und des Haushaltswesens, insbesondere:
Vorbereitung und Durchführung des Voranschlages, Erstellung des Rechnungsabschlusses, Beistellung der Grundlagen für die Finanzstatistik.
Angelegenheiten des Geld- und Kreditwesens, Währungsangelegenheiten, Banken- und Zahlungsverkehr, auch soweit es sich um ausländische Zahlungsmittel handelt.
Angelegenheiten der Anlage und Verwaltung des Geld- und Wertpapiervermögens.
Wahrung der Interessen der Stadt Wien bei der Begründung, Verwaltung und dem Verkauf von Anteilsrechten an Gesellschaften und Genossenschaften des Privatrechtes, die im Eigentum der Stadt Wien oder einer ihr gehörenden Eigentumsgesellschaft stehen, insbesondere auch die Bestellung bzw. Nominierung der Aufsichtsorgane in diese.
Angelegenheiten der Aufnahme, Verzinsung und Tilgung von Anleihen und Darlehen.
Zustimmung zur Belastung des städtischen Vermögens.
Gewährung von Darlehen, ausgenommen auf dem Gebiete der Wohnbauförderung und der Wohnungsverbesserung.
Verwaltung der Kreditaktionen einschließlich der Beteiligung an Kreditmaßnahmen anderer Institutionen.
Angelegenheiten der Bürgschaften und Haftungen der Gemeinde (des Landes).
Angelegenheiten der Steuerpflicht der Gemeinde einschließlich der Bestellung und Heranziehung von Wirtschaftstreuhändern.
Angelegenheiten der Subventionen und Beiträge (Mitgliedsbeiträge) mit Ausnahme solcher für kulturelle Zwecke und solcher aus dem Sportgroschen.
Verwaltung der Zuschläge zu den Bundessteuern.
Angelegenheiten der privatrechtlichen Versicherungen der Gemeinde, soweit hiefür nicht die Magistratsdirektion oder die Magistratsabteilung 48 zuständig ist.
Mitwirkung an grundsätzlichen finanziellen Angelegenheiten der Wohnbauförderung und der Wohnungsverbesserung, insbesondere Festsetzung des Gesamtrahmens der Wohnbauförderung.
Finanzielle Angelegenheiten, die Wien und andere Gebietskörperschaften betreffen.
Durchführung des Finanzausgleiches.
Behandlung von Anträgen der Stadt Wien als Rechtsträger öffentlicher Krankenanstalten um Gewährung eines Zweckzuschusses des Bundes und von Kostenersätzen für den klinischen Mehraufwand (einschließlich der Bundes-Hebammenlehranstalt) nach dem Krankenanstaltengesetz – KAG.
Rechtliche Angelegenheiten des Kassenwesens und der Gebarung mit Verwahrnissen (Depositen) und Sicherstellungen (Kautionen).
Wirtschaftliche Aufsicht nach dem Wiener Krankenanstaltengesetz über öffentliche und private Krankenanstalten.
Entgegennahme von Anträgen auf Gewährung von Zuschüssen aus dem Krankenanstalten-Zusammenarbeitsfonds, Prüfung derselben mit Berichterstattung an die Landesregierung.
Vollziehung der Bestimmungen der Vereinbarung gemäß Art. 15a B-VG über die Krankenanstaltenfinanzierung und die Dotierung des Wasserwirtschaftsfonds zwischen Bund und Ländern.
Wahrnehmung des Aufsichtsrechtes hinsichtlich des Jahresvoranschlages und des Rechnungsabschlusses der Ärztekammer für Wien, der Tierärztekammer für Wien und der Landwirtschaftskammer für Wien.
Angelegenheiten der Wiener Landes-Hypothekenbank.
Angelegenheiten gemäß § 7 lit. b und § 23 Zi. 3 der Satzung der Wiener Städtischen Wechselseitigen Versicherungsanstalt.
Sparkassenaufsicht einschließlich der Führung des Sparkassenregisters.
Ausübung des Aufsichtsrechtes über jene Einrichtungen, bei denen die Stadt Wien mit ihrem Vermögen haftet.
Handhabung des Gebührengesetzes.
Wahrnehmung der wirtschaftlichen Belange der Hafen- und Lagereinrichtungen der Stadt Wien.

Krendlesberger, Dr. Helmut, Senatsrat 300
Höller, Dr. Gerhard, Obermagistratsrat 301
Lischka, Dr. Wolfgang, Obermagistratsrat 307
Chylik, Dr. Kurt-Peter, Magistratskommissär 314
Krsek Josef, Oberamtsrat 425
Spiewak Helmuth, Oberamtsrat 309
Pecka Erich, Amtsrat 320
Pichler Erwin, Amtsrat 310
Tusch Christine, Kanzleikommissär,
Kanzleileiter 302
Kanzlei und Einlaufstelle, Sparkassenregister . 303, 304, 42 8 03/805

Subventionen:
Lischka, Dr. Wolfgang, Obermagistratsrat 307
Sachbearbeiter 305, 306

Sparkassenaufsicht:
Chylik, Dr. Kurt-Peter, Magistratskommissär 314

Haushaltswesen:
Spiewak Helmuth, Oberamtsrat 309
Pichler Erwin, Amtsrat 310
Sachbearbeiter 311, 312, 313

Anleihen, Banken- und Zahlungsverkehr, Darlehen, Haftbriefe, Beteiligungen:
Pecka Erich, Amtsrat 320
Sachbearbeiter 315, 316, 317, 318, 342, 343, 344

Versicherungen:
Krsek Josef, Oberamtsrat 425, 426

MAGISTRATSABTEILUNG 6

Rechnungsamt

(Geschäftsgruppe Finanzen und Wirtschaftspolitik)

1, Rathaus, 5. Stiege, Hochparterre, Tür 101, Tel. 42 8 03

Mitwirkung bei Erlassung von Vorschriften für Rechnungs- und Kassenstellen außerhalb des Rechnungsamtes.
Genehmigung von Bar-, Wertmarken- und Drucksortenverlägen.

I. Buchhaltungsdienst
Buchführung hinsichtlich der voranschlagswirksamen und voranschlagsunwirksamen Gebarung sowie der Vermögensnachweisung (Geld- und Mengeninventar).
Verrechnung von übertragenen Bundesgebarungen (gemäß Art. 104 Abs. 2 B-VG) nach den Richtlinien des Bundes.
Führung der Verrechnungs- und Kontokorrentkonten, auch für städtische Unternehmungen und gemischtwirtschaftliche Betriebe.
Mitwirkung bei der Erstellung der Teilvoranschläge und Verfassung der Teilrechnungsabschlüsse.
Mitwirkung bei der Budgetkontrolle und Aufstellung der Jahresrechnung.
Kreditüberwachung und Abgabe von Bedeckungsäußerungen für alle beabsichtigten Ausgaben.
Prüfung aller Zahlungsanordnungen, Rechnungen und Zahlungsverpflichtungen sowie der Geld-, Wertpapier- und Sachgebarungen grundsätzlich vor dem Vollzug, nötigenfalls nach dem Vollzug hinsichtlich der Anordnungsbefugnis, der formellen, sachlichen und rechnerischen Richtigkeit, der Einhaltung des Voranschlages und der geltenden Vorschriften.
Ausfertigung von Rechnungen und Kassenanweisungen, Rückstandsbetreuung.
Aufstellung von Statistiken, Kalkulationen, Rentabilitätsberechnungen und sonstigen Berechnungen im Zusammenhang mit der Buchführung.
Mitwirkung bei Inventuren, Skontrierungen und Skartierungen.
Mitwirkung bei Kollaudierungen, Anbotsverhandlungen und Preisvereinbarungen, Überprüfung sämtlicher Abrechnungen kollaudierter Bauführungen.

II. Abgabenrechnungs- und Kassendienst
Prüfung der formellen, sachlichen und rechnerischen Richtigkeit der Vorschreibungen von Landes- und Gemeindeabgaben.

Datenersterfassung und Datenpflege für die elektronische Abgabenverrechnung.
Bemessungsagenden der Grundbesitzabgaben (Grundsteuer, Unratsgebühren, Müllabfuhrabgaben) und der Hundeabgabe, soweit nicht die Magistratsabteilung 4 zuständig ist.
Gebührstellung, Liquidierung, Verrechnung und Vollzug der Einnahmen und Ausgaben von Landes- und Gemeindeabgaben, Nebengebühren und Strafen sowie sonstiger ordnungsgemäß angeordneter Einnahmen und Ausgaben.
Kontrolle der Datenverarbeitungsergebnisse zum Zweck der Gebarungssicherheit.
Liquidierung, Verrechnung und Vollzug von Einnahmen und Ausgaben in Auftragsangelegenheiten.
Überwachung des rechtzeitigen Einlangens der Steuererklärungen, Ausfertigung von Aufforderungen und Strafanträgen zur Erzwingung der Vorlage.
Maßnahmen, die der Überwachung der ordnungsgemäßen Erklärung und Entrichtung der Anzeigenabgabe, der Getränkesteuer, der Gefrorenessteuer, der Lohnsummensteuer, der Dienstgeberabgabe und der Abgabe auf unvermietete Wohnungen dienen, ausgenommen die Steueraußenprüfung; weiters Erlassung von Zwangsstrafen.
Behandlung von Ansuchen um Zahlungserleichterungen und um Nachsicht von Nebenansprüchen betreffend Anzeigenabgabe, Grundbesitzabgabe, Wassergebühren, einmalige Kanalräumungsgebühr, Hundeabgabe, Getränkesteuer, Gefrorenessteuer, Lohnsummensteuer, Dienstgeberabgabe und Abgabe auf unvermietete Wohnungen.
Rückstandsüberwachung, Mahnwesen, Einleitung des verwaltungsbehördlichen und gerichtlichen Vollstreckungs- und Sicherungsverfahrens.
Vertretung der Stadt Wien bei Meistbots- und Verkaufserlösverteilungen.

Kirchmeyer Hans, Direktor des Rechnungsamtes . . 2511
Mozelt Helmut, Amtsrat 2621
Veit Ingeborg, Kanzleikommissär,
Kanzleileiter 2513
Kanzlei 806
Datenerfassung 2000, 2634
Personalreferat:
Masin Gerhard, Amtsrat 2515
Sachbearbeiter 2516

Dienstgruppe I: Buchhaltungsdienst

Döller Franz, Amtsrat 2512

Buchhaltungsabteilungen:

Zentralbuchhaltung:
Henzl Peter, Amtsrat 2518
Heider Franz, Verwaltungsoberkommissär 2510

I Personalbezüge und Gehaltsvorschüsse,
1, Rathausstraße 9, 1. Stock 42 8 03
Wiedersich-Graf Elisabeth, Oberamtsrat . . . 2601
Waclawowiz Trautlinde, Verwaltungsoberkommissär 2605

II Finanzwesen und Wohnbauförderung,
8, Lerchenfelder Straße 4, 2. Stock,
Tür 201 . . . . 731*, 42 76 11*
Heller Gerlinde, Amtsrat 380
Kreuzer Johann, Verwaltungsoberkommissär . 381

III Kultur, Sport und Bürgerservice,
8, Friedrich-Schmidt-Platz 5, 3. Stock,
Tür 315 . . . . 42 8 03
Rakohl Herbert, Oberamtsrat 2537
Schmid Verena, Amtsrat 2536
Kucera Fritz, Amtsrat 2543

IV Sozialwesen, Jugendamt,
1, Neutorgasse 18, 2. Stock, Tür 296 . . . . 66 14*
Vimetal Helmut, Amtsrat 601
Hollergschwandtner Herbert, Amtsrat 602
Palme Eduard, Amtsrat 591
Zimmermann Margareta, Amtsrat 592

V Planung, Wohnhaus-, Verkehrs- und Wasserbau, baubehördliche Angelegenheiten und Heizwerkstätte,
12, Niederhofstraße 23, 3. Stock,
Tür 336 . . . . 738*, 83 15 01*
Ferstl Maria, Oberamtsrat 20
Hruby Heinz, Amtsrat 22
Bittner Wilfried, Amtsrat 53

Durchführung des zentralen Zahlungsverkehrs in der Stadthauptkasse.
Führung des Verbotsbuches.
Verwahrung und Evidenthaltung der Zahlungsmittel, Wertpapiere und Depositen.
Anleihenskassendienst.
Evidenz der bei städtischen Dienststellen in Verwendung stehenden Kassen und Kassetten, Veranlassung der Versicherung derselben.
Bestandsführung und Ausgabe der Wertmarken sowie der verrechenbaren und allgemeinen Drucksorten.

III. Erhebungs- und Vollstreckungsdienst
Durchführung verwaltungsbehördlicher Zwangsvollstreckungen.
Bescheidvollstreckung.
Beteiligung an gerichtlichen Zwangsvollstreckungen.
Erhebungen im Zusammenhang mit zwangsweisen Einbringungen.
Versuchsweise Einbringung von privatrechtlichen Forderungen der Stadt Wien.
Mitwirkung bei der Einbringung von Heimsendungskostendarlehen der Bundesministerien für Inneres und für Auswärtige Angelegenheiten.
Erhebungen in Pflegegebühren-, Krankentransportkosten- und Sozialhilfeangelegenheiten.
Mitwirkung beim Strafvollzug über Ersuchen von Verwaltungsbehörden.
Erhebungen im Zusammenhang mit Ansuchen um Befreiung oder Aufschub vom Präsenzdienst.
Einbringung der Kosten für die Ersatzvornahme bei baupolizeilichen Aufträgen.
Erlassung von Vollstreckungsverfügungen und Kostenersatzbescheiden in I. Instanz bei Räumungen.

VI Stadtreinigung und Fuhrpark
5, Einsiedlergasse 2, 5. Stock . . . 348*, 55 16 11*
Votava Leopold, Oberamtsrat 231
Maindl Ernst, Amtsrat 232

VIII Kanalisation und Wasserwerke,
6, Grabnergasse 4–6, 1. Stock . . . 831*, 57 75 75*
List Leopold, Oberamtsrat 361
Zach Ernst, Amtsrat 339

IX Friedhöfe,
1, Werdertorgasse 6, 4. Stock,
Tür 22 . . . . 843, 63 66 76*
Flaschner Peter, Amtsrat 24
Schöberl Franz 25

XI Wohn- und Amtsgebäudeverwaltung,
1, Rathausstraße 1, 5. Stock 733*, 48 15 51*
Salamon Gertraude, Oberamtsrat 530
Chory Anton, Oberamtsrat 554
Pösch Lucia, Amtsrat 557
Semerad Günther Amtsrat 570
Streit Karin, Amtsrat 574

XII Zentraler Einkauf, Markt- und Veterinärwesen, Schlachthöfe,
3, Am Modenapark 1–2, 3. Stock . 740*, 72 36 41*
Neugebauer Willibald, Oberamtsrat 270
Schneider Hermine 271
Schlöss, Dkfm. Wolfgang, Amtsrat 271
Tkadlec Henriette, Amtsrat 280

XIII Schulverwaltung,
6, Mollardgasse 87, Hochparterre,
Tür 30 . . . . 856*, 56 16 01*
Fabijan Gertraud, Amtsrat 262
Cichra Josef, Verwaltungsoberkommissär . . 265

XIV Gesundheitswesen,
3, Am Modenapark 1–2, 5. Stock,
Tür 552 . . . . 740*, 72 36 31*
Linhart Josef, Oberamtsrat 440
Hofbauer Eduard, Verwaltungsoberkommissär . 441

XV Garten- und Forstwesen, Landwirtschaftsbetrieb, Liegenschaftsverwaltung und Umweltschutz,
1, Rathausstraße 8, 3. und 4. Stock, Tür 16 . 42 8 03
Wunderlich Karlheinz, Amtsrat 2664
Wieser Christl, Verwaltungsoberkommissär . . 2663

XVI Bäder,
10, Reumannplatz 9, 2. Stock,
Tür 211 . . . . 844*, 64 91 76*
Hufnagel Heinz, Amtsrat 220
Denk Norbert, Verwaltungsoberkommissär . . 221

Kollaudierungsabteilung:
12, Schönbrunner Straße 213–215 . . . 712*, 83 16 01*
Streichsbier Walter, Oberamtsrat 235
Kiesswetter Walter, Oberamtsrat 237
Scheck-Wiesent Erich, Amtsrat 239
Baukal Ewald, Amtsrat 239
Dudeschek Karl, Amtsrat 239
Fröhlich Johann, Amtsrat 329
Hlavicka Franz, Amtsrat 334
Houska Gerhard, Amtsrat 239
Nakowitz Gottfried, Amtsrat 329
Neuwirth Fritz, Amtsrat 334
Ondracek Herbert, Amtsrat 329
Polt Hans, Amtsrat 239
Simanek Alois, Amtsrat 334
Stoklasek Robert, Amtsrat 328
Tuschl Fritz, Amtsrat 328
Zontsich Anton, Amtsrat 329

Dienstgruppe II: Abgabenrechnungs- und Kassendienst
Mozelt Helmut, Amtsrat 2621
Bürchler Johann, Amtsrat 2622, 2681

Stadtkassen:

1., 8., 9. Bezirk:
1, Wipplingerstraße 8 . . . . . . 701*, 708*, 63 07 31*
Neuwirth Friedrich, Oberamtsrat 241
Hauk Richard, Amtsrat 242
2., 20. Bezirk:
2, Karmelitergasse 9 . . . . 702*, 33 16 11*
Preisel Karl, Amtsrat 255
Hösch Herbert, Amtsrat 256
3., 11. Bezirk:
3, Karl-Borromäus-Platz 3 . . . . . . 703*, 72 51 71*
Maier Gerda, Amtsrat 240
Minelli Ingrid, Amtsrat 241
4., 10. Bezirk:
10, Laxenburger Straße 43–47 . . . . . 710*, 64 36 31*
Zeschek Helene, Amtsrat 275
Altrichter Michael, Verwaltungsoberkommissär . . 276
5., 6., 7. Bezirk:
7, Hermanngasse 24–26 . . . . 706*, 93 76 46*
Link Hanna, Oberamtsrat 257
Handsur Rudolf, Amtsrat 269
12., 15. Bezirk:
15, Gasgasse 8–10 . . . . 715*, 83 36 11*
Hanzl Fritz, Oberamtsrat 282
Kirschner Sylvia, Verwaltungsoberkommissär . . 283
13., 14. Bezirk:
13, Hietzinger Kai 1–3 . . . . 713*, 82 26 51*
Krutisch Rudolf, Oberamtsrat 200
Horvath Erika, Amtsrat 201
16., 17. Bezirk:
16, Richard-Wagner-Platz 19 . . . . . 716*, 92 26 96*
Albustin Ludwig, Amtsrat 282
Doschek Josef, Verwaltungsoberkommissär 283
18., 19. Bezirk:
19, Gatterburggasse 14 . . . . 719*, 36 42 50*
Kainrath Wilhelm, Amtsrat 260
Foller Helga, Amtsrat 261
21. Bezirk:
21, Prager Straße 9 . . . . 30 26 48*
Vrchota Heinrich, Amtsrat 20
Merz Gerda, Amtsrat 21
22. Bezirk:
22, Kagran, Donaustadtstraße 1 . . . . 23 65 85*
Kainz Gertrude, Amtsrat 30
Eisenstecken Robert, Amtsrat 31
23. Bezirk:
23, Liesing, Lehmanngasse 3 . . . . . 723*, 86 96 17*
Montel Alois, Amtsrat 61
Repa Christine, Amtsrat 64

Abgabenhauptverrechnung:
1, Volksgartenstraße 3, 3. Stock
Knezek Albert, Oberamtsrat 2641
Reiskopf Leopold, Amtsrat 2642
Valente Gertrude, Amtsrat 2643
Hörhager Walter, Amtsrat 2645
Vrubel Richard, Amtsrat 2640

Stadthauptkasse:
1, Rathaus, 5. Stiege, Hochparterre, Tür 104
Weis Konrad, Oberamtsrat 2628

Liquidatur und Verbotsbuch
Ernst Walter, Amtsrat 2623

Girostelle
Höllebrand Franz, Verwaltungsoberkommissär . . . 2620

Verteilerstelle
Sachbearbeiter 2625

Kassenstelle, Hauptkassier
Brunovszky Kurt, Verwaltungsoberkommissär . . . 2626
Kassiere 2626, 2627

Drucksortenstelle, verrechenbare Drucksorten
Neubauer Kurt, Kanzleioberkommissär 2636
Drucksortenstelle, allgemeine Drucksorten . . 2637, 2638

Dienstgruppe III: Erhebungs- und Vollstreckungsdienst
8, Lerchenfelder Straße 4 . . . . 731*, 42 76 11*
Bejol Adolf, Oberamtsrat 331
Zavrel Manfred, Amtsrat 335, 336
Gerichtserhebungsgruppe 352, 353, 354
Verwertungsgruppe 355, 356, 357
Bescheidvollstreckung 361, 362, 363
Rych Ernst 363

Dezernenten, Abgabenvollstreckung:
Bucher Rudolf, Amtsrat 337, 338
Nowacek Helmut, Amtsrat 339, 340
Linhart Theodor, Amtsrat 341, 342
Außendienstbeamte (Montag und Donnerstag von
7.30 bis 9 Uhr) 337, 339, 341
Kanzlei 332, 333
Pfändungskataster 359

MAGISTRATSABTEILUNG 7

Kulturamt

(Geschäftsgruppe Kultur und Sport)

8, Friedrich-Schmidt-Platz 5, 2., 3. und 4. Stock, Tel. 42 8 04

Rechtliche Angelegenheiten der Geschäftsgruppe Kultur und Sport, ausgenommen die der MA 51.
Rechtliche und behördliche Angelegenheiten des Veranstaltungswesens (insbesondere Theater, Kinos, Ausstellungen) sowie der Tanzlehranstalten einschließlich des Verwaltungsstrafverfahrens und des Prüfungswesens.
Fremdenführerprüfungen.
Stadt- und Ortsbilderhaltung aus kulturhistorischer Sicht, insbesondere Gutachten für städtebauliche und baubehördliche Maßnahmen in Schutzzonen, einschlägige Förderungsmaßnahmen einschließlich Verwaltung des Wiener Altstadterhaltungsfonds, Führung der Altstadterhaltungsevidenz, denkmalpflegerische Obhut über Freiplastiken und Gedenktafeln, Planung und finanzielle Vorsorge für Festbeleuchtungen.
Vorbereitung der Benennung von Verkehrsflächen, städtischen Gebäuden und Anlagen.
Förderung der Wissenschaft, der Volksbildung (Volksbildungswerk), der bildenden Künste, der Musik, der Literatur, des Theaters und des Films (Wiener Filmförderungsfonds).
Organisation von kulturellen Veranstaltungen auch in Zusammenarbeit mit anderen Bundesländern, insbesondere Ausstellungen, Konzerte, Feiern, internationale Wettbewerbe und Gespräche.
Angelegenheiten der Dr.-Karl-Renner-Stiftung, Preise der Stadt Wien, Förderungspreise, Kleinkinder-, Kinder- und Jugendbuchpreise.
Angelegenheiten der Begabtenförderung und des Stipendienwerkes der Stadt Wien.
Angelegenheiten der Josef-Kainz-Medaille und des Johann-Nestroy-Ringes, der Ehrenpensionen und der außerordentlichen Zuwendungen, Ehrenpreise, Ehrengräber und Grabwidmungen, Stellungnahme zu Anträgen auf Verleihung des Berufstitels „Professor".
Mitwirkung bei der Verwaltung und Tätigkeit von Stiftungen für kulturelle Zwecke.
Geschäftsführung des Wiener Festwochenausschusses.
Verwaltung der abteilungseigenen Gebäude und Liegenschaften.
Dienstaufsicht über das zugeteilte Personal, soweit es nicht der Dienstaufsicht des Magistratsdirektors untersteht.

Leiter derzeit unbesetzt 2721, 2722
Sejka, Dr. Werner, Obermagistratsrat 2724
Lovecek, Dr. Josef, Senatsrat 2718
Tünkl, Dr. Heinz, Senatsrat 2762
Knecht, Dr. Gertrud, Obermagistratsrat 2730
Forster, Dr. Michael, Magistratsrat 2872
Freisling, Dipl.-Ing. Josef, Arch., Magistratsrat . . . 2726
Terl, Dr. Annemarie, Magistratsrat 2714
Schmid, Dr. Renate, Magistratskommissär 2724
Rapf Kurt, Prof. 2753
Schachel, Dipl.-Ing. Dr. Roland 2720
Schmitt Robert, Prof. 2710
Varga, Dr. Jozsef, Prof. 2719
Weishappel Rudolf, Prof. 4146
Philipp Wolf-Rüdiger, Amtsrat 2738
Beheim Edith, Kanzleioffizial, Kanzleileiter 807
Kanzlei 2716

Budget-, Wirtschafts- und Personalangelegenheiten 2738, 2739
Veranstaltungen und Verkehrsflächenbenennungen . 2718
Förderung der Wissenschaft und Hochschulfragen . 2719
Literatur 2730
Bildende Kunst, künstlerische Angelegenheiten . . 2710
Bildende Kunst, Großausstellungen, organisatorische Angelegenheiten 2712
Bildende Kunst, administrative Angelegenheiten . . 2756
Aufseher 2754
Musik, künstlerische Angelegenheiten 2753
Musik, administrative Angelegenheiten (Veranstaltungen) 2713, 2741
Theater, Film, künstlerische und administrative Angelegenheiten 2723, 2762, 4146
Tanzlehrbewilligungen 2714
Theater-, Kino-, Zirkus- und Tierschaukonzessionen, Beleuchter- und Filmvorführerprüfungen, Filmvorführungen und anmeldepflichtige Veranstaltungen 2732
Filmvorführungsstelle 807
Anmeldestelle für Veranstaltungen:
1, Volksgartenstraße 1–3 2735
Spielautomatenkonzessionen . . . 2734, 2736, 2750, 2838
Strafsachen 2732, 2734, 2736, 2750
Publikumstanz, Schausteller, Filmkonzessionen, Varieté- und Boxkonzessionen 2750
Lärmbelästigung 2768
Grundsätzliche Angelegenheiten der Stadtbild- und Denkmalpflege 2720
Gutachten 4145
Denkmalpflege 2725
Restaurierungen 2726, 2872
Förderungen – Altstadterhaltungsfonds 2873
Fremdenführerprüfungen, kulturelle Gruppenbetreuung 2718

Jugendgästehaus der Stadt Wien:
13, Schloßberggasse 8 . . . . 82 15 01
Städt. Campingplatz Wien-West I:
14, Hüttelbergstraße 40 . . . . 94 14 49
Städt. Campingplatz Wien-West II:
14, Hüttelbergstraße 80 . . . . 94 23 14
Städt. Campingplatz Wien-Süd:
23, Atzgersdorf, Gerbergasse 2 . . . . 86 92 18

Internationales Studentenheim der Stadt Wien:
19, Gymnasiumstraße 85,
Zufahrt Vegagasse 20 . . . . 34 76 31*

Zuwendungen, Ehrenpreise, Grabwidmungen . . . 2731
Stipendienwerk der Stadt Wien,
Gedenktagepublizistik 2768
Preise der Stadt Wien,
Dr.-Karl-Renner-Stiftung 2719
Bezirksmuseen 2725

Filmbeirat der Stadt Wien:
7, Zieglergasse 49, Tel. 93 15 61

Vertreter des Gemeinderates:
Pluskal, Dipl.-Vw. Karoline, Prof., Gemeinderat a. D.
Windhab Anton, Gemeinderat
Mauthe, Dr. Jörg, Stadtrat

Vertreter des Stadtschulrates für Wien:
Egghard, Dr. Julius, Obersenatsrat, Stadtschulratsdirektor

Vertreter der Bundespolizeidirektion Wien:
Tatzler, Dr. Franz, Hofrat

Fachmann auf dem Gebiet der Erziehung:
Hartmann Felix, Schulrat, Regierungsrat

Fachmann auf dem Gebiet der Jugendfürsorge:
Prohaska, Dr. Walter, Obersenatsrat

Fachmann auf dem Gebiet der Volksbildung:
Kozeluh, Dr. Alfons, Prof.

Vertreter aus dem Kreis der Elternschaft:
Blazsovsky Peter

Vertreter aus dem Kreis der Jugendorganisation:
Drizhal Brigitte

Vertreter der Filmwirtschaft:
Kille Maria
Bespalez, Dr. Hermine

Prüfungskommission für Filmvorführer:

Vorsitzender:
Sejka, Dr. Werner, Obermagistratsrat
Stellvertreter:
Haschke, Dipl.-Ing. Harald, Stadtbaurat

Prüfer für Rechtsvorschriften betreffend die Filmvorführertätigkeit:
Raninger Gerhard, Verwaltungsoberkommissär
Stellvertreter:
Däubl Alfred, Verwaltungsoffizial

Prüfer für Elektroanlagen sowie für deren Anwendung in Kinobetrieben:
Lorenz, Dipl.-Ing. Paul, Stadtbaurat
Stellvertreter:
Schöberl, Ing. Herbert, Techn. Oberkommissär

Prüfer für Handhabung der Vorführungsapparate und sonstigen Einrichtungen des Bildwerferraumes:
Langhammer Christian
Stellvertreter:
Krenn Rudolf, Filmvorführer

Theaterkommission für Wien:

Vorsitzender:
Schaffer, Dipl.-Ing. Alfred, Obersenatsrat
Stellvertreter:
Sejka, Dr. Werner, Obermagistratsrat

Rechtskundiger Beamter:
Sejka, Dr. Werner, Obermagistratsrat
Stellvertreter:
Terl, Dr. Annemarie, Magistratsrat

Beamter des höheren technischen Dienstes:
Schaffer, Dipl.-Ing. Alfred, Obersenatsrat
Stellvertreter:
Haschke, Dipl.-Ing. Harald, Stadtbaurat

Physikatsarzt:
Junker, Dr. Ermar, Oberstadtphysikus, Hofrat, Landessanitätsdirektor
Stellvertreter:
Czermak, Dr. Erwin, Stadtphysikus

Beamter der Feuerwehr im höheren Dienst des Magistrats:
Abulesz, Dipl.-Ing. Karl, Branddirektor
Stellvertreter:
Bilina, Dr. Heinrich, Senatsrat

Beamter der Bundespolizeidirektion Wien:
Tatzler, Dr. Franz, Hofrat
Stellvertreter:
Spanblöchl, Dr. Rudolf, Rat

Beamter des Arbeitsinspektorates:
Durst, Dr. August, Baurat
Stellvertreter:
Maser, Dipl.-Ing. Sonja, Oberbaurat

Fachmänner auf dem Gebiet des Bauwesens, der Heiz- und Lüftungstechnik und der Elektrotechnik sowie Bühnenfachmänner:
Kops, Dipl.-Ing. Hans-Peter
Stengel, Dipl.-Ing. Walter
Scherrer, Dipl.-Ing. Wilhelm
Offner, Dipl.-Ing. Alfred
Müller, Dipl.-Ing. Horst
Freitter, Dipl.-Ing. Ernst
Winter Hermann, Präsident
Häußler Franz, Direktor

Prüfungskommission für Beleuchter:

Vorsitzender und Prüfer für den Prüfungsstoff für das richtige Verhalten eines verantwortlichen Beleuchters im Gefahrenfall:
Schaffer, Dipl.-Ing. Alfred, Obersenatsrat
Stellvertreter:
Haschke, Dipl.-Ing. Harald, Stadtbaurat

Prüfer für den Prüfungsstoff Elektrotechnik und die richtige Handhabung der beleuchtungstechnischen Einrichtungen:
Lorenz, Dipl.-Ing. Paul, Stadtbaurat
Stellvertreter:
Schöberl, Ing. Herbert, Techn. Oberkommissär

Prüfer, der den Prüfungsstoff der für die Tätigkeit eines verantwortlichen Beleuchters in Frage kommenden gesetzlichen Bestimmungen zu betreuen hat:
Raninger Gerhard, Verwaltungsoberkommissär
Stellvertreter:
Däubl Alfred, Verwaltungsoffizial

MAGISTRATSABTEILUNG 8

Wiener Stadt- und Landesarchiv

(Geschäftsgruppe Kultur und Sport)

1, Rathaus, 6. Stiege, 1. Stock, Tür 327, Tel. 42 8 04

Allgemeine und spezielle Angelegenheiten des Archivwesens einschließlich des Archivschutzes.
Verwahrung der rechtsverbindlichen Urkunden, der Originale der Sitzungsprotokolle der Vertretungskörper der Stadt und des Landes Wien, der beurkundeten Landesgesetze sowie der behördlich genehmigten Stiftungsbriefe.
Erstellung von Richtlinien für die Vorarchivierung im Bereich des Magistrats und Begutachtung der Durchführung; Mitwirkung bei der Begutachtung von Räumlichkeiten, die für Registraturen vorgesehen sind.
Entscheidung über vollständige oder teilweise Vernichtung von Registraturbeständen (auch im Falle erfolgter Mikroverfilmung oder Speicherung in EDV-Anlagen).
Übernahme, Verwaltung, Erhaltung und wissenschaftlich fachgemäße Bearbeitung des archivreifen Registratur- und Plangutes und sonstiger historisch bedeutsamer Materialien physischer und juristischer Personen.
Sammlung von Materialien allgemeinhistorischer und stadtgeschichtlicher Art aus dem Bereich der Stadt Wien.
Führung der Archivbibliothek.
Evidenthaltung der Ehrungen und Verkehrsflächenbenennungen.
Betreuung bzw. Durchführung wissenschaftlicher Forschungen auf dem Gebiet der allgemeinen, vergleichenden und Wiener Stadtgeschichte.
Durchführung von historisch-archivalischen Ausstellungen.
Führung der Nomenklaturkommission des Landes Wien.
Kundmachung von Staatsverträgen durch Auflage zur öffentlichen Einsicht anstelle der Kundmachung im Bundesgesetzblatt.

Czeike, Dr. Felix, Direktor des Wiener Stadt- und Landesarchivs, a. o. Univ.-Prof. 2701
Csendes, Dr. Peter, Oberarchivrat, Univ.-Doz. . . . 2702
Wohlrab, Dr. Hertha, Senatsrat 2700
Banik-Schweitzer, Dipl.-Ing. Dr. techn. Renate, Magistratsrat 3899
Kretschmer, Dr. Helmut, Archivrat 2709
Mayer, Dr. Wolfgang, Archivrat 2789
Meißl, Dr. Gerhard, Magistratsrat 3898
Neugebauer, Mag. Dr. Wolfgang, Magistratsrat. 701*, 708*, 63 07 31*, 344
Seliger, Dipl.-Pol. Dr. Maren, Magistratsrat 3889
Tschulk, Dr. Herbert, Archivrat 2790
Kahl, Dr. Geert, Archivoberkommissär 2708
Lohrmann, Dr. Klaus, Archivoberkommissär 2788
Opll, Dr. Ferdinand, Archivoberkommissär 3898
Psarakis, Dr. Brigitta, Bibliotheksoberkommissär . . 2780
Altfahrt, Dr. Margit, Archivkommissär 3840
Liepold, Dr. Konrad 42 04 86
Koch Herbert, Verwaltungsoberkommissär 2704
Kopecky Erich 3890
Schirmer Gerhard, Kanzleikommissär, Kanzleileiter (6. Stiege, Hochparterre, Tür 106) 808
Kanzlei 808, 3081
Sekretariat 2703, 2705

Gruppe A: Stadt- und Landesarchiv
Csendes, Dr. Peter, Oberarchivrat, Univ.-Doz. . . . 2702

Referat Landesarchiv:
Kretschmer, Dr. Helmut, Archivrat 2709

Referat Stadtarchiv:
Tschulk, Dr. Herbert, Archivrat 2790

Referat Sammlungen:
Mayer, Dr. Wolfgang, Archivrat. 2789
Kahl, Dr. Geert, Archivoberkommissär 2708

Referat Historische Archivkörper:
Lohrmann, Dr. Klaus, Archivoberkommissär 2788

Referat Meldearchiv:
Koch Herbert, Verwaltungsoberkommissär 2704

Gruppe B: Archivbibliothek und Dokumentation
Referat Archivbibliothek:
Wohlrab, Dr. Hertha, Senatsrat 2700, 4135
Büchereinlauf und Protokoll 4133

Referat Dokumentation des 20. Jahrhunderts, 8, Auerspergstraße 17, 6. Stock:
Seliger, Dipl.-Pol. Dr. Maren, Magistratsrat 3889

Referat Ausstellungen 2708

Gruppe C: Städteatlanten
8, Auerspergstraße 15, 5. Stock
Banik-Schweitzer, Dipl.-Ing. Dr. techn. Renate, Magistratsrat 3899
Referat Historischer Atlas von Wien:
Banik-Schweitzer, Dipl.-Ing. Dr. techn. Renate, Magistratsrat 3899
Meißl, Dr. Gerhard, Magistratsrat 3898
Referat Österreichischer Städteatlas:
Opll, Dr. Ferdinand, Archivoberkommissär 3898
Referat Kartographie:
Kopecky Erich 3890
Landtags- und Gemeinderatsprotokolle 2702
Rechtsverbindliche Urkunden 2790
Kataster der Ehrungen und Verkehrsflächenbenennungen 2790
Verwaltungsangelegenheiten 2704
Wiener Nomenklaturkommission 2702

Ludwig-Boltzmann-Institut für Stadtgeschichtsforschung, Zweigstelle Wien, 6. Stiege, 1. Stock, Tür 327 2701

Benützerraum, Auskünfte:
6. Stiege, 1. Stock, Tür 328 2707
Aufseher und Amtsgehilfen 3011, 3048

Zentraldepot:
7, Kandlgasse 30 8721–8724
Hauswart 8721
Depotaufsicht 8722

Depot:
8, Buchfeldgasse 6 . . . . . 43 89 61*
Meldearchiv 45
Zentrales Planarchiv 41, 42
Buchbinderei 8725
Restaurierwerkstätte 8725

MAGISTRATSABTEILUNG 9

Wiener Stadt- und Landesbibliothek

(Geschäftsgruppe Kultur und Sport)

1, Rathaus, 4. Stiege, 1. Stock, Tür 333, Tel. 42 8 04

Allgemeine und spezielle Angelegenheiten des Bibliothekswesens.
Sammlung von Druckwerken, die für Wien in geschichtlicher, kultureller, kultur- und kunstgeschichtlicher, literarischer sowie rechts- und verwaltungswissenschaftlicher Hinsicht Bedeutung haben.
Sammlung von Autographen und Nachlässen bedeutender Persönlichkeiten.
Sammlung von Musikhandschriften und Notendrucken.
Sammlung von Materialien über Wiener Veranstaltungen und Ereignisse, insbesondere Plakate, Theaterzettel, Konzertprogramme, Flugschriften und Materialien jeder Art bei Wahlen in Gebiets- und Personalkörperschaften.
Sammlung von Wiener Zeitungen und Zeitschriften.
Sammlung von Publikationen des Magistrats.
Sammlung von Schallträgern unter besonderer Berücksichtigung des österreichischen Geistes- und Kulturlebens.
Führung der Amtsbibliothek und der wissenschaftlichen Bibliothek der Stadt und des Landes Wien; Bereitstellung des gesammelten Materials und wissenschaftliche Beratung der Bibliotheksbenützer.
Teilnahme am internationalen Leihverkehr.
Führung der Stadtchronik, des Zeitungsindex und des Gedenktagekatasters.
Abfassung von Biographien; Stellungnahme zu Ehrungen, Titelverleihungen, Verkehrsflächenbenennungen, Ehrenpensionen, a. o. Zuwendungen, Grabwidmungen und dgl.
Veranstaltung von Wechselausstellungen aus den Beständen der Bibliothek; Durchführung von Ausstellungen anläßlich von Gedenktagen bedeutender Wiener Persönlichkeiten; Mitwirkung und Beteiligung an Ausstellungen durch Beratung und Bereitstellung von Leihgaben.
Wissenschaftliche Bearbeitung des gesammelten Materials.
Verwaltung der Kamilla und Wolfgang Waniek-Stiftung.

Patzer, Mag. Dr. Franz, Direktor der Wiener Stadt- und Landesbibliothek, Hofrat 2771
Würtz, Mag. iur. Herwig, Oberbibliotheksrat 2787
Hilmar, Dr. Ernst, Oberbibliotheksrat 2779
Arndorfer, Dr. Manfred, Bibliotheksrat 2776
Barth, Dr. Gerda, Bibliotheksrat 2775
Kalwoda, Dr. Michael, Bibliotheksrat 4170
Koll, Dr. Edith, Bibliotheksrat 2888
Neunlinger, Dr. Ludwig, Bibliotheksrat 2684
Obermaier, Dr. Walter, Bibliotheksrat 2772

Brussatti, Dr. Otto, Bibliotheksoberkommissär . . . 4246
Denscher, Mag. Dr. Bernhard, Bibliothekskommissär 2888
Luger, Dr. Johann 3871
Harmer Helga, Kanzleikommissär,
Kanzleileiter 809, 2773
Kanzlei (Tür 334) 4247
Budget- und Wirtschaftsreferat
(Tür 333f) 2774, 2060
Druckschriftensammlung (Tür 333f, 333g):
Würtz, Mag. iur. Herwig, Oberbibliotheksrat 2787
Referenten 2684, 2685, 2775, 2776, 2787, 4170, 2888
Katalog und Buchbestellung (Tür 333) 2777
Buchausgabe 2782
Handschriftensammlung (Tür 325, 325d, 325e):
Obermaier, Dr. Walter, Bibliotheksrat 2772
Referenten 3871
Katalog und Beratung 2778
Leseraum und Vorraum 2778
Musiksammlung 1, Rathausstraße 11, Parterre:
Hilmar, Dr. Ernst, Oberbibliotheksrat 2779
Referenten 4246, 2781
Vorraum 3015
Zeitungsindex (Tür 444):
Kalwoda, Dr. Michael, Bibliotheksrat 4170, 2685
Karl-Kraus-Archiv (Tür 325):
Luger, Dr. Johann 3871

Rechtswissenschaftliche und Secreta-Sammlung (Tür 333e):
Würtz, Mag. iur. Herwig, Oberbibliotheksrat 2787
Gedenktagekataster, Ehrungen, Biographiensammlung (Tür 333g):
Arndorfer, Dr. Manfred, Bibliotheksrat 2776
Zeitungen, Plakatsammlung, Portheim-Katalog (Tür 444):
Barth, Dr. Gerda, Bibliotheksrat 2775
Einblattdrucke, Plakatsammlung (Tür 444):
Denscher, Mag. Dr. Bernhard, Bibliothekskommissär 2888
Theaterzettel-Sammlung (Tür 444):
Koll, Dr. Edith, Bibliotheksrat 2888

Weltkriegssammlung (Tür 444):
Neunlinger, Dr. Ludwig, Bibliotheksrat 2684
Depotaufsicht (Dachboden, Tür 537, Depot III) . . 2770
Bücherdepot (Dachboden, Tür 537, Depot I) 2784
Musikdepot (Dachboden, Tür 546) 3049
Xeroxkopien (Dachboden, Tür 537, Depot I) 2784
Mikrofilmlabor, Tonbandarchiv und -studio (Dachboden, Tür 530) 2783
Plakat- und Nachlaßdepot (Dachboden) 3024
Buchbinderei und Restaurierwerkstätte (2. Hof, Tür 34) 2785

MAGISTRATSABTEILUNG 10

Museen der Stadt Wien

(Geschäftsgruppe Kultur und Sport)

4, Karlsplatz (Maderstraße 2), Tel. 741*, 42 8 04 (Rathausvermittlung)

Erwerb und restauratorische Betreuung von Sammlungsobjekten zur Geschichte Wiens, insbesondere der Topographie, der Porträtkunde, der Volkskunde, der bildenden Kunst, der Archäologie, des Kunstgewerbes, der Mode, des Theaters und dgl.
Errichtung, Verwaltung, Erhaltung und wissenschaftliche Betreuung von Museen und Gedenkstätten der Stadt Wien.
Archäologische Erforschung des Wiener Stadtgebietes.
Führungen durch die Museen der Stadt Wien.
Erteilung von Reproduktionsgenehmigungen.
Fachliche Aufsicht über die Bezirksmuseen.
Erstattung von Fachgutachten, insbesondere im Bereich der bildenden Künste.

Waißenberger, Dr. Robert, Direktor der Museen der Stadt Wien, Hofrat 48
Düriegl, Dr. Günter, Obermuseumsrat 44
Bisanz, Dr. Hans, Obermuseumsrat 43
Deutschmann, Dr. Wilhelm, Obermuseumsrat . . . 42
Harl, Dr. Ortolf, Museumsrat 29
Kassal-Mikula, Dr. Renata, Museumsrat 30
Scharinger Franz 63 22 65
Schusser, Dr. Adelbert, Museumsrat 41
Walther, Dr. Susanne, Museumsrat 40
Witzmann, Dr. Reingard, Museumsoberkommissär . 39
Forstner, Dr. Regina, Museumskommissär . . . 84 27 95
Weinberger, Dr. Karl, Museumskommissär 31
Schertler Josef, Oberamtsrat 35
Sostek Monika, Kanzleikommissär, Kanzleileiter . . 49
Kanzlei 46
Verwaltung 35

Museen und Gedenkstätten:

Historisches Museum der Stadt Wien,
4, Karlsplatz 42 8 04
Dienstag bis Freitag von 10 bis 16 Uhr, Donnerstag von 10 bis 19 Uhr, Samstag von 14 bis 18 Uhr, Sonn- und Feiertag von 9 bis 17 Uhr, Montag – auch an Feiertagen – geschlossen

Uhrenmuseum der Stadt Wien,
1, Schulhof 2 . . . . 63 22 65
Dienstag bis Freitag von 10 bis 16 Uhr, Samstag von 14 bis 18 Uhr, Sonn- und Feiertag von 9 bis 13 Uhr, Montag – auch an Feiertagen – geschlossen

Mozart-Wohnung (Figaro-Haus),
1, Domgasse 5 . . . . 52 40 772
Dienstag bis Freitag von 10 bis 16 Uhr, Samstag von 14 bis 18 Uhr, Sonn- und Feiertag von 9 bis 13 Uhr, Montag – auch an Feiertagen – geschlossen

Beethoven-Wohnung (Pascualati-Haus),
1, Mölker Bastei 8 . . . . 63 70 665
Dienstag bis Freitag von 10 bis 16 Uhr, Samstag von 14 bis 18 Uhr, Sonn- und Feiertag von 9 bis 13 Uhr, Montag – auch an Feiertagen – geschlossen

Neidhart-Fresken,
1, Tuchlauben 19 . . . . 63 80 452
Dienstag bis Freitag von 10 bis 16 Uhr, Samstag von 14 bis 18 Uhr, Sonntag von 9 bis 13 Uhr

Virgilkapelle und Sammlung historischer Keramik aus Wien,
1, Stephansplatz, U-Bahn-Station 52 20 943
Dienstag bis Freitag von 10 bis 16 Uhr, Samstag von 14 bis 18 Uhr, Sonn- und Feiertag von 9 bis 13 Uhr, Montag – auch an Feiertagen – geschlossen

Römische Ruinen unter dem Hohen Markt,
1, Hoher Markt 3
Dienstag bis Freitag von 10 bis 16 Uhr, Samstag von 14 bis 18 Uhr, Sonn- und Feiertag von 9 bis 13 Uhr, Montag – auch an Feiertagen – geschlossen

Römische Baureste Am Hof,
1, Am Hof 9
Sonntag von 10 bis 12 Uhr

Otto-Wagner-Pavillon,
1, Karlsplatz
geöffnet vom 1. April bis 1. Oktober

Johann-Strauß-Wohnung,
2, Praterstraße 54 . . . . 24 01 21
Dienstag bis Freitag von 10 bis 16 Uhr, Samstag von 14 bis 18 Uhr, Sonn- und Feiertag von 9 bis 13 Uhr, Montag – auch an Feiertagen – geschlossen

Pratermuseum,
2, Oswald-Thomas-Platz 1
Samstag, Sonn- und Feiertag von 14 bis 19 Uhr

Schuberts Sterbezimmer,
4, Kettenbrückengasse 6 . . . . 57 39 072
Dienstag bis Freitag von 10 bis 16 Uhr, Samstag von 14 bis 18 Uhr, Sonn- und Feiertag von 9 bis 13 Uhr, Montag – auch an Feiertagen – geschlossen
Haydn-Wohnhaus,
6, Haydngasse 19 . . . . 56 13 07
Dienstag bis Freitag von 10 bis 16 Uhr, Samstag von 14 bis 18 Uhr, Sonn- und Feiertag von 9 bis 13 Uhr, Montag – auch an Feiertagen – geschlossen
Schubert-Museum,
9, Nußdorfer Straße 54 . . . . 34 59 924
Dienstag bis Freitag von 10 bis 16 Uhr, Samstag von 14 bis 18 Uhr, Sonn- und Feiertag von 9 bis 13 Uhr, Montag – auch an Feiertagen – geschlossen
Modesammlungen des Historischen Museums der Stadt Wien, Schloß Hetzendorf,
12, Hetzendorfer Straße 79 . . . . 84 27 95*, 26
Hermesvilla,
13, Lainzer Tiergarten 84 13 24
Mittwoch bis Sonntag von 10 bis 17 Uhr während der Sommermonate, Mittwoch bis Sonntag von 10 bis 16 Uhr während der Wintermonate
Beethoven-Wohnungen
19, Probusgasse 6 (Heiligenstädter Testament)
19, Döblinger Hauptstraße 92 (Eroica-Haus)
Dienstag bis Freitag von 10 bis 16 Uhr, Samstag von 14 bis 18 Uhr, Sonn- und Feiertag von 9 bis 13 Uhr, Montag – auch an Feiertagen – geschlossen

Bezirksmuseen:

Bezirksmuseum Innere Stadt,
1, Wipplingerstraße 8 . . . . 701*, 708*, 63 07 31*, 345
Freitag von 15 bis 17 Uhr
Museum „Alte Schmiede",
1, Schönlaterngasse 9 . . . . 52 34 29
täglich von 10 bis 20 Uhr
Bezirksmuseum Leopoldstadt und Österreichisches Circus- und Clownmuseum,
2, Karmelitergasse 9 . . . . 702*, 33 16 11*, 229
Mittwoch von 17 bis 19 Uhr, Samstag von 14 bis 17 Uhr, Sonntag von 9 bis 12 Uhr
Bezirksmuseum Landstraße,
3, Sechskrügelgasse 11 . . . . . 703*, 72 51 71*, 215
Mittwoch von 18 bis 20 Uhr, Sonntag von 10 bis 12 Uhr
Bezirksmuseum Margareten,
5, Schönbrunner Straße 54
Donnerstag von 17 bis 19 Uhr, Samstag von 10 bis 12 Uhr
Bezirksmuseum Mariahilf,
6, Mollardgasse 8
Sonntag von 9.30 bis 12 Uhr
Bezirksmuseum Neubau,
7, Stiftgasse 8
Donnerstag von 18 bis 20 Uhr, Samstag von 15 bis 17 Uhr
Bezirksmuseum Josefstadt,
8, Schmidgasse 18
Sonntag von 10 bis 12 Uhr
Bezirksmuseum Alsergrund,
9, Währinger Straße 43 . . . . . 709*, 42 35 75*, 229
Mittwoch und Sonntag von 10 bis 12 Uhr
Bezirksmuseum Favoriten,
10, Per-Albin-Hansson-Siedlung Ost, Ada-Christen-Gasse 2/C,
Donnerstag von 17 bis 19 Uhr, Sonntag von 9 bis 12 Uhr
Bezirksmuseum Simmering,
11, Enkplatz 2 . . . . 711*, 74 35 86*, 226
Freitag von 9 bis 12 Uhr und von 15 bis 18 Uhr, Sonntag von 9 bis 12 Uhr
Bezirksmuseum Meidling,
12, Kobingergasse 7
Sonntag von 10 bis 12 Uhr
Bezirksmuseum Hietzing,
13, Am Platz 2 . . . . 82 30 855
Samstag von 14.30 bis 17 Uhr, Sonntag von 10 bis 12 Uhr
Bezirksmuseum Penzing,
14, Penzinger Straße 59
Mittwoch von 17 bis 19 Uhr, Sonntag von 10 bis 12 Uhr
„Wiener Ziegelmuseum",
14, Hickelgasse 5
jeden ersten und dritten Sonntag im Monat von 10 bis 12 Uhr
Bezirksmuseum Rudolfsheim-Fünfhaus,
15, Rosinagasse 4
Dienstag von 16 bis 18 Uhr
Bezirksmuseum Ottakring,
16, Richard-Wagner-Platz 19 . . . 716*, 92 26 96*, 206
Sonntag von 10 bis 12 Uhr
Bezirksmuseum Hernals,
17, Elterleinplatz 14
Montag von 16 bis 20 Uhr
Bezirksmuseum Währing,
18, Martinstraße 100
Donnerstag von 18 bis 20 Uhr, Sonntag von 10 bis 12 Uhr
Bezirksmuseum Döbling mit dem Salon der Villa Wertheimstein, dem Saar- und Bauernfeld-Gedenkraum,
19, Döblinger Hauptstraße 96 . . . . 36 10 042
Samstag von 15.30 bis 18 Uhr, Sonntag von 9.30 bis 12 Uhr
Bezirksmuseum Brigittenau,
20, Raffaelgasse 13 . . . . 720*, 33 35 11*, 204
Sonntag von 10 bis 11 Uhr
Bezirksmuseum Floridsdorf,
21, Prager Straße 33 . . . . 30 51 94
Dienstag und Samstag von 16 bis 18 Uhr, Sonntag von 9.30 bis 12 Uhr
Bezirksmuseum Donaustadt,
22, Kagran, Kagraner Platz 53–54
(im Aufbau)
Museum „Aspern 1809",
22, Asperner Heldenplatz 9 . . . . 22 82 654
April bis Oktober Sonn- und Feiertag von 9.30 bis 12 Uhr und Dienstag von 17 bis 18 Uhr
Lobaumuseum,
22, Aspern, Lobau 256
Sonn- und Feiertag von 13 Uhr bis Einbruch der Dunkelheit
Bezirksmuseum Liesing,
23, Liesing, Perchtoldsdorfer Straße 2 . . . . 723*, 86 96 17*, 23
Mittwoch und Samstag von 9 bis 12 Uhr

MAGISTRATSABTEILUNG 11

Jugendamt

(Geschäftsgruppe Bildung, Jugend und Familie)

1, Schottenring 24, 4. Stock, Tür 454, Tel. 66 14*

Angelegenheiten der öffentlichen Jugendwohlfahrtspflege, des Jugendschutzes und des Kindertagesheimwesens, insbesondere Vollziehung des Jugendwohlfahrtsgesetzes des Bundes und des Landes Wien sowie des Wiener Kindertagesheimgesetzes; Wahrnehmung der Aufgaben des Landes Wien als Sozialhilfeträger, soweit sie die Jugendwohlfahrt betreffen.
Mitwirkung bei der Planung von Kindertagesheimen und Jugendwohlfahrtseinrichtungen.
Verwaltung der Einrichtungen der öffentlichen Jugendwohlfahrtspflege und der Kindertagesheime der Stadt Wien, insbesondere Führung der Kinderübernahmsstelle, Elternschulen, Mutterberatungsstellen, Kinder- und Jugendpsychologischen Beratungsstellen, der Jugendinformationszentren, der Institute für Sozialtherapie, der Sonderpädagogischen Ambulanzen und der Sozialpädagogischen Beratungsstellen.
Führung der Ehe- und Familienberatungsstellen sowie der Familienplanungsstellen der Stadt Wien.
Verwaltung der Akademie für Sozialarbeit der Stadt Wien, der Bildungsanstalt für Kindergärtnerinnen der Stadt Wien, des Instituts für Heimerziehung der Stadt Wien und der Kinderpflegerinnenschule der Stadt Wien.
Führung der Sachwalterschaften nach § 198 des Allgemeinen Bürgerlichen Gesetzbuches und nach § 9 des Unterhaltsvorschußgesetzes.
Mitwirkung bei der Jugendgerichts- und Jugendpolizeihilfe sowie bei der Ausübung des Jugendschutzes.
Veranlassung von Verbreitungsbeschränkungen nach dem Bundesgesetz über die Bekämpfung unzüchtiger Veröffentlichungen und den Schutz der Jugend gegen sittliche Gefährdung.
Mitwirkung im Filmbeirat.
Verbindungsdienst zu den Entbindungsanstalten, zur Universitäts-Kinderklinik, zur Universitätsklinik für Neuropsychiatrie des Kindes- und Jugendalters sowie zu den anderen Kinderkrankenhäusern, zum Institut für Tiefenpsychologie und Psychotherapie der Universität Wien, zu den Instituten für Erziehungshilfe, zum Jugendgerichtshof Wien und zu den Magistratsabteilungen 50 und 52.
Aufgaben der Jugendberufshilfe, insbesondere Gewährung von Lehrlingsbeihilfen, Verbindungsdienst zu den Berufsschulen.
Erteilung von Ausnahmegenehmigungen hinsichtlich der Beschäftigung von Kindern und Jugendlichen.
Psychologischer Dienst.
Betreuung von Familien mit Kindern unter 18 Jahren auch durch Maßnahmen der Sozialhilfe in Zusammenarbeit mit der Magistratsabteilung 12.
Ausgabe von Jugendfahrscheinen; Bereitstellung von Kinder- und Schüleressen.
Abschluß von Verträgen mit nicht-städtischen Heimen für Kinder und Jugendliche über die Unterbringung städtischer Pflegekinder, einschließlich der Überprüfung der finanziellen Gebarung dieser Heime hinsichtlich der ordnungsgemäßen Verwendung der städtischen Gelder und Festsetzung der Pflegegebühren.
Heimholung und Heimbeförderung Minderjähriger, Einleitung der Repatriierung ausländischer Minderjähriger.
Bearbeitung von Berufungen in Jugendwohlfahrts- und Jugendschutzangelegenheiten sowie in Strafsachen nach dem Wiener Kindertagesheimgesetz.
Führung der Bürogeschäfte des Fonds „Wiener Jugendhilfswerk".
Dienstaufsicht über das zugeteilte Personal, soweit es nicht der Dienstaufsicht des Magistratsdirektors untersteht

Prohaska, Dr. Walter, Obersenatsrat, Bereichsleiter hinsichtlich der MA 7, 11, 12, 13, 15, 17, 18, 19, 23, 24, 42, 44, 49, 50, 51, 52 und 56 zur Koordinierung der Bereiche „Jugend und Familie" 411
Graf, Dr. Karl, Senatsrat 440
Cerny, Dr. Gerd, Obermagistratsrat 415
Koller, Dr. Hermine, Obermagistratsrat 447
Pinsker-Schindele, Dr. Franziska, Obermagistratsrat 450
Tschinkel, Dr. Ingeborg, Obermagistratsrat 450
Haselbacher, Dr. Lieselotte, Magistratsrat 450
Karlusch, Dr. Heinz, Magistratsrat 450
Kroisenbacher, Dr. Ilse, Magistratsrat 450
Muchitsch, Dr. Elvira, Magistratsrat 450
Raffelsberger, Dr. Christa, Magistratsrat 477
Uhrmann, Dr. Siegfried, Magistratsrat 450
Fiebinger, Dr. Wolfgang, Magistratsoberkommissär . 450
Friedrich, Dr. Irene, Magistratsoberkommissär . . . 450
Stöckl-Lacina, Dr. Eva, Magistratsoberkommissär . . 450
Friedlmayer, Dr. Stephanie, Magistratskommissär . . 450
Klima, Dr. Wolfgang, Magistratskommissär 450
Priglinger, Dr. Eleonore, Magistratskommissär . . . 450
Sladecek, Dr. Eva, Magistratskommissär 450
Weikert, Dr. Felicitas, Magistratskommissär 450
Blaschko, Dr. Gertraut 74 49 802
Hold, Dr. Charlotte 450
Hollmann, Dr. Claus 450
Jestl, Dr. Edda 450
Kastner, Dr. Gerald 450
Klein, Dr. Astrid 450
Löffler-Hämmerle, Dr. Birgit 450
Rössler, Dr. Erwin 450
Sachs, Dr. Renate 450
Schmitz, Dr. Ursula 450
Seiter, Dr. Ilse 83 92 03
Wagner, Dr. Siegmund 64 33 22
Acs Gertrude, Oberamtsrat 462
Grestenberger Josef, Oberamtsrat 449
Kovalovsky Stefan, Oberamtsrat 430
Starecek Karl, Oberamtsrat 414
Birbach Erhard, Amtsrat 416
Brückler Werner, Amtsrat 495
Fränkel Konrad, Amtsrat 471
Grünn Gertrude, Amtsrat 478
Hennrich Marianne, Amtsrat 454
Moser Eveline, Amtsrat 72 36 66
Reichel Inge, Amtsrat 452
Reznicek Erika, Amtsrat 461
Soukup Josef, Amtsrat 420
Tatzer Otto, Amtsrat 481
Usaty Anton 422
Zenisek Edith, Amtsrat 467
Dögl Anna, Kanzleioberkommissär, Kanzleileiter . 424
Kanzlei 425, 427
Personalstelle 428, 430, 441, 443, 471, 484, 486, 487

Dezernat I: Rechtsangelegenheiten, Vormundschaftswesen
Cerny, Dr. Gerd, Obermagistratsrat 415
Sachbearbeiter 413, 414

Dezernat II: Jugendwohlfahrt, 1, Neutorgasse 15
Graf, Dr. Karl, Senatsrat 440
Sachbearbeiter . . . 444, 466, 451–459, 461, 467, 470, 478

Dezernat III: Kindertagesheime
Raffelsberger, Dr. Christa, Magistratsrat 477
Sachbearbeiter 422, 423, 436, 437, 448, 460

Dezernat IV: Finanz-, Wirtschafts- und Allgemeine Verwaltung
Birbach Erhard, Amtsrat 416
Sachbearbeiter 410, 417, 421, 435, 445, 446, 463, 465, 473, 474, 475

Dezernat V: Geschäftsstelle des Fonds Wiener Jugendhilfswerk und des Vereins Wiener Jugenderholung, 1, Neutorgasse 15
Tatzer Otto, Amtsrat 481
Sachbearbeiter 420, 429, 431, 432, 433, 434, 438, 482, 483

Dezernat VI: Heime für Kinder und Jugendliche
Heime für Kinder
Acs Gertrude, Oberamtsrat 462
Heime für Jugendliche:
Grestenberger Josef, Oberamtsrat 449
Sachbearbeiter 419

Dezernat VII: Psychologischer Dienst
Koller, Dr. Hermine, Obermagistratsrat 447
Sachbearbeiter 450
Kinderpsychologische Station:
9, Lustkandlgasse 50 . . . . 34 65 35*, 260, 261, 262, 263, 264, 265

Kinderübernahmsstelle:
9, Lustkandlgasse 50. . . . . 34 65 35*
Neubauer Franz, Oberamtsrat 200
Sachbearbeiter 231, 232, 233

Wiener Kindertelefon:
9, Lustkandlgasse 50. . . . . 31 66 66

Ausbildungseinrichtungen:
Bildungsanstalt für Kindergärtnerinnen der Stadt Wien:
21, Patrizigasse 2 . . . . 30 13 28*
Akademie für Sozialarbeit der Stadt Wien:
21, Freytaggasse 32 . . . . 38 72 51*
Institut für Heimerziehung der Stadt Wien:
21, Freytaggasse 32 . . . . 38 71 66*
Kinderpflegerschule der Stadt Wien:
18, Bastiengasse 36–38 . . . . 47 15 15*
Sozialpädagogische Grundlagenforschung:
2, Obere Augartenstraße 26–28 . . . . 35 68 772

Bezirksjugendämter:

1., 8., 9. Bezirk:
9, Währinger Straße 39 . . . . 709*, 42 35 75*
Ondreicska Julius, Amtsrat 288
2. Bezirk:
2, Karmelitergasse 9 . . . . 702*, 33 16 11*
Frühwirt Martha, Oberamtsrat 270
3. Bezirk:
3, Sechskrügelgasse 11. . . . . 703*, 72 51 71*
Brosch Otmar, Amtsrat 270
4., 5. Bezirk:
4, Favoritenstraße 18 . . . . 724*, 65 47 34*
Radlecker, Dr. Kurt, Amtsrat 251
6., 7. Bezirk:
6, Amerlingstraße 11 . . . . 726*, 57 95 21*
Dvoracek Heinz, Verwaltungsoberkommissär . 31
10. Bezirk:
10, Van-der-Nüll-Gasse 20 . . . . 64 45 86*
Obendrauf Kurt, Oberamtsrat 39
11. Bezirk:
11, Enkplatz 2 . . . . 711*, 74 35 86*
Scheck Franz, Oberamtsrat 240
12. Bezirk:
12, Hufelandgasse 2 . . . . 712*, 83 16 01*
Porits Stefan, Oberamtsrat 261
13., 14. Bezirk:
13, Hietzinger Kai 1–3 . . . . 713*, 82 26 51*
Forster Ilse, Amtsrat. 260
15. Bezirk:
15, Gasgasse 8–10 . . . . 715*, 83 36 11*
Tetenka Franz, Oberamtsrat. 265
16. Bezirk:
16, Arnethgasse 84 . . . . 46 12 38*
Spitzer Friedrich, Oberamtsrat 32
17., 18. Bezirk:
17, Rötzergasse 6 . . . . 48 35 10*
Scheinost Karl, Oberamtsrat 32
19. Bezirk:
19, Gatterburggasse 14 . . . . 719*, 36 42 50*
Papageorgopoulos Gertrud, Amtsrat 270
20. Bezirk:
20, Brigittaplatz 10 . . . . 720*, 33 35 11*
Peterka Ernst, Amtsrat 260
21. Bezirk:
21, Am Spitz 1. . . . . 721*, 38 15 04*
Wendlinger Frédérique, Amtsrat 260
22. Bezirk:
22, Kagran,
Schrödingerplatz 1 . . . . 722*, 23 65 29*
Cermak Johanna, Amtsrat. 270
23. Bezirk:
23, Liesing,
Haeckelstraße 4 . . . . 723*, 86 96 17*
Rogen Eva, Amtsrat. 71

Mutterberatung:
(Die jeweiligen Beratungszeiten sind in den zuständigen Bezirksjugendämtern zu erfahren)

2, Engerthstraße 249–253 . . . . 26 12 10
2, Obere Augartenstraße 14/4 . . . . .33 47 245
2, Obere Donaustraße 97
2, Vorgartenstraße 213
3, Barthgasse 17/4
3, Gänsbachergasse 3 (Herberge für Obdachlose)
3, Sechskrügelgasse 11 . . . . 703*, 72 51 71*, 278
4, Favoritenstraße 18 . . . . 724*, 65 47 34*, 244
5, Reinprechtsdorfer Straße 1c
5, Ziegelofengasse 24–26 . . . . 57 14 99
6, Amerlingstraße 11 . . . . 726*, 57 95 21*, 34
7, Westbahnstraße 25
8, Schlesingerplatz 4 . . . . 727*, 42 75 41*, 260
9, Sobieskigasse 28–30 . . . . 34 89 365
10, Gellertgasse 42–48 . . . . 64 35 84
10, Gudrunstraße 128 . . . . 710*, 64 36 31*, 251
10, Oberlaaer Straße 87
10, Per-Albin-Hansson-Siedlung Ost,
Ada-Christen-Gasse 2/E 68 50 295
10, Schrankenberggasse 31, Ambulanz . . 64 55 91*, 239
10, Triester Straße 52
10, Wienerfeld-West, Franz-Schreker-Gasse 20–22
11, Enkplatz 2/103 . . . . 711*, 74 35 86*, 269
11, Kaiserebersdorfer Straße 10–18 . . . . 76 71 69
11, Muhrhoferweg 17/4 . . . . 76 19 795
12, Kastanienallee 2 (Herberge für Obdachlose)
12, Sagedergasse 7/10
12, Tivoligasse 4–6 . . . . .85 44 703
12, Vierthalergasse 11–17/10
13, Hietzinger Kai 1–3 . . . . 713*, 82 26 51*, 269
13, Speisinger Straße 49–53/1
14, Hauptstraße 72. . . . . 97 11 00
14, Linzer Straße 253–255
15, Rosinagasse 4 . . . . 715*, 83 36 11*, 281
15, Wurmsergasse 36
16, Lindauergasse 14. . . . . 43 79 253
16, Ottakringer Straße 217. . . . . 46 81 252
17, Rhigasgasse 4
18, Antonigasse 102
18, Scherfenberggasse 5
19, Billrothstraße 42–48
19, Heiligenstädter Straße 82/14
19, Krottenbachstraße 106

20, Pappenheimgasse 27–31 . . . . 33 47 943
20, Wehlistraße 32–38/2
21, Berlagasse 40/6
21, Freytaggasse 32 . . . . 38 62 05
21, Großfeldsiedlung, Pastorstraße 20/2
21, Josef-Flandorfer-Straße 64
21, Mitterhofergasse 2/22 . . . . 39 53 06
22, Hirschstetten, Ziegelhofstraße 32–34/9 . . . 22 24 27
22, Kagran, Lenkgasse 5–7 . . . . 23 39 554
22, Kagran, Lieblgasse 2/33 . . . . 23 30 002
22, Kaisermühlen, Schüttaustraße 12–14/9 . . 23 58 804
22, Stadlau, Hans-Steger-Gasse 13/1
23, Alt-Erlaa, Anton-Baumgartner-Straße 44
23, Atzgersdorf, Reklewskigasse 36
23, Inzersdorf, Draschestraße 96
23, Liesing, Färbermühlgasse 5
23, Mauer, Dr.-Barilits-Gasse 4
23, Siebenhirten, Basler Gasse 21/19

Mutterberatung für serbokroatische Gastarbeiter:

(Die jeweiligen Beratungszeiten sind in den zuständigen Bezirksjugendämtern zu erfahren)

9, Sobieskigasse 28–30 . . . . 34 89 365
10, Gudrunstraße 128 . . . . 710*, 64 36 31*, 251
17, Rhigasgasse 4

Mutterberatung für türkische Gastarbeiter:

(Die Beratungszeiten sind im Bezirksjugendamt für den 10. Bezirk zu erfahren)

10, Gudrunstraße 128 . . . . 710*, 64 36 31*, 251

Elternschulen:

(Die jeweiligen Kurszeiten sind in den zuständigen Bezirksjugendämtern zu erfahren)

2, Obere Augartenstraße 14/4
3, Sechskrügelgasse 11 . . . . . . 703*, 72 51 71*, 278
5, Ziegelofengasse 24–26 . . . . 57 14 99
6, Amerlingstraße 11/3 . . . . . . 726*, 57 95 21*, 45
8, Schlesingerplatz 4 . . . . 727*, 42 75 41*, 260
10, Van-der-Nüll-Gasse 20 . . . . 64 45 86*, 20
11, Enkplatz 2/103 . . . . 711*, 74 35 86*, 269
12, Schönbrunner Straße 259/1/109 . 712*, 83 16 01*, 208
13, Hietzinger Kai 1–3 . . . . 713*, 82 26 51*, 278
14, Linzer Straße 253–255
15, Gasgasse 8–10/3 . . . . 715*, 83 36 11*, 281
16, Richard-Wagner-Platz 19/1/110 . . . . 716*, 92 26 96*, 239
17, Rötzergasse 6 . . . . 48 35 10
19, Billrothstraße 42–48
20, Pappenheimgasse 27–31 . . . . 33 47 943
21, Freytaggasse 32 . . . . 38 62 05
21, Mitterhofergasse 2/22/1 . . . . 39 53 06
22, Kagran, Schrödingerplatz 1 . . . 722*, 23 65 29*, 275
23, Liesing, Haeckelstraße 4 . . . . . .723*, 86 96 17*, 58
23, Siebenhirten, Porschestraße 17–19/22 . . . 67 60 425

Beratungsstelle für Adoptiveltern:

3, Baumgasse 12 . . . . 73 63 38
Montag von 16.30 bis 19.30 Uhr

Beratungsstelle für Pflegeeltern:

9, Lustkandlgasse 50 . . . . 34 65 35*
Donnerstag von 15.30 bis 18.30 Uhr

Kinder- und Jugendpsychologische Beratungsstellen:

2, Engerthstraße 249–253/9 . . . . 26 31 51
2, Karmelitergasse 9 . . . . 702*, 33 16 11*, 284
Montag von 16.30 bis 19.30 Uhr,
Donnerstag von 13 bis 15.30 Uhr
3, Baumgasse 12 . . . . 73 63 38
Montag von 16.30 bis 19.30 Uhr
3, Sechskrügelgasse 11 . . . . 703*, 72 51 71*, 274
Freitag von 13 bis 15.30 Uhr
5, Ziegelofengasse 24–26 . . . . 57 14 99
Mittwoch von 13 bis 15.30 Uhr
7, Westbahnstraße 25 . . . . 96 31 28
Donnerstag von 13 bis 15.30 Uhr
9, Währinger Straße 39 . . . . . . 709*, 42 35 75*, 272
Dienstag von 13 bis 15.30 Uhr,
Donnerstag von 16.30 bis 19.30 Uhr
10, Per-Albin-Hansson-Siedlung Ost, Ada-Christen-Gasse 2/H 68 55 88
Dienstag von 13 bis 19.30 Uhr
10, Van-der-Nüll-Gasse 20 . . . . .64 45 86*, 34
Montag von 13 bis 15.30 Uhr,
Mittwoch von 16.30 bis 19.30 Uhr
11, Enkplatz 2 . . . . 711*, 74 35 86*, 249
Montag von 13 bis 15.30 Uhr,
Mittwoch von 16.30 bis 19.30 Uhr
12, Hufelandgasse 2 . . . . 712*, 83 16 01*, 325
Mittwoch von 13 bis 19 Uhr
14, Linzer Straße 251 . . . . 94 22 38*
Dienstag von 16.30 bis 19.30 Uhr,
Freitag von 13 bis 15.30 Uhr
15, Gasgasse 8–10 . . . . 715*, 83 36 11*, 273
Dienstag von 13 bis 15.30 Uhr
16, Arnethgasse 84 . . . . 46 12 38*, 22
Montag von 13 bis 19.30 Uhr
17, Leopold-Ernst-Gasse 22 . . . . 42 44 49
Mittwoch von 13 bis 15.30 Uhr
19, Billrothstraße 42–48 . . . . 36 41 37
Donnerstag von 13 bis 15.30 Uhr
20, Brigittaplatz 10 . . . . 720*, 33 35 11*, 295
Mittwoch von 13 bis 15.30 Uhr
21, Großfeldsiedlung, Kürschnergasse 9 . . . . . 38 61 06
Montag von 13 bis 19 Uhr
21, Mitterhofergasse 2/22/1 . . . . 39 53 06
Mittwoch von 13 bis 15.30 Uhr
22, Kagran, Schrödingerplatz 1 . . . 722*, 23 65 29*, 283
Dienstag von 13 bis 19.30 Uhr
23, Liesing, Haeckelstraße 4 . . . . . .723*, 86 96 17*, 78
Montag von 13 bis 19 30 Uhr

Psychologische Beratungsstelle für Scheidungsfragen:

17, Leopold-Ernst-Gasse 22 . . . . 42 44 49
Donnerstag von 16 bis 19 Uhr

Jugendinformationszentren:

6, Damböckgasse 1 . . 57 72 21, 726*, 57 95 21*, 22, 23
Montag bis Freitag von 12 bis 19 Uhr
21, Prager Straße 20 . . . . 30 33 89
Montag bis Freitag von 12 bis 19 Uhr

Sozialpädagogische Beratungsstellen der Stadt Wien:

3, Rochusgasse 8 . . . . 73 54 98
Montag bis Freitag von 8 bis 17 Uhr
10, Leebgasse 85a/6/1 . . . . 62 62 02
Montag bis Freitag von 8 bis 17 Uhr
12, Zanaschkagasse 14/43 . . . . 67 04 40
Montag bis Freitag von 8 bis 17 Uhr
14, Mühlbergstraße 7 . . . . 97 15 06/65
Montag bis Freitag von 8 bis 17 Uhr

17, Rötzergasse 29 . . . . 46 86 69
Montag bis Freitag von 8 bis 17 Uhr
20, Wasnergasse 33. . . . . 35 55 30
Montag bis Freitag von 8 bis 17 Uhr
21, Großfeldsiedlung, Walter-Schwarzacher-Gasse
Nr. 5/68/5 . . . . 30 66 51
Montag bis Freitag von 8 bis 17 Uhr
22, Kagran, Rennbahnweg 27/24/1. . . . . 23 43 31
Montag bis Freitag von 8 bis 17 Uhr
22, Leopoldau, Kurt-Ohnsorg-Weg 1/28/1 . . . . 23 95 37
Montag bis Freitag von 8 bis 17 Uhr
23, Erlaa, Erlaaer Straße 131 . . . . 67 21 61
Montag bis Freitag von 8 bis 17 Uhr

Institute für Sozialtherapie der Stadt Wien:

2, Im Werd 19 . . . . 33 42 66, 35 63 71
Montag bis Freitag von 10 bis 19 Uhr
für Schulkinder
9, Lustkandlgasse 50 . . . . 34 65 35*, 276
Montag bis Freitag von 10 bis 19 Uhr
für Schulkinder
10, Puchsbaumgasse 30–36 . . . . 62 83 245
Montag von 10 bis 19 Uhr für
Jugendliche

Beratungsstellen für Eheberatung und Familienplanung der Stadt Wien:

(Telefonische Voranmeldung und Auskünfte Montag und Donnerstag von 16 bis 18 Uhr, Tel. 63 89 96)

1, Neutorgasse 15/2 . . . . 63 89 96, 66 14*, 453
Montag und Donnerstag von 16 bis 18.30 Uhr
12, Schönbrunner Straße 259 . . . . 712*, 83 16 01*, 264
Mittwoch von 16 bis 18.30 Uhr
ausschließlich Familienplanung:
15, Huglgasse 1–3 (Elisabeth-Spital) 95 65 51*, 265
Montag von 13 bis 15.30 Uhr
16, Montleartstraße 37 (Wilhelminen-
spital) 95 25 11*, 2207
Dienstag und Donnerstag von 13.30 bis 15.30 Uhr
18, Währinger Gürtel 141 . . . . 34 65 61
Montag, Mittwoch, Freitag von 8 bis 12 Uhr
Jugendberatung Dienstag von 17.30 bis 19.30 Uhr
21, Hinaysgasse 1
(Krankenhaus Floridsdorf) 38 16 14*, 280
Dienstag von 16 bis 18 Uhr,
Mittwoch von 13 bis 15 Uhr

Institut für Familientherapie:

2, Praterstraße 40 . . . . 24 74 33, 26 87 05

Kindertagesheime der Stadt Wien:
(Krippen, Kindergärten, Horte)

1, Fischerstiege 4 . . . . 63 70 304
1, Rudolfsplatz 5b 63 62 78
1, Schottenring 28. . . . . 63 20 425
1, Zedlitzgasse 9 . . . . 52 20 544
2, Aspernallee 2 . . . . 74 21 61
2, Engerthstraße 237 . . . . 24 04 753
2, Engerthstraße 249–253/16 . . . . 26 13 51
2, Fruchtgasse 2. . . . . 24 96 072
2, Handelskai 214/bei Stiege 15. . . . . 26 58 282
2, Jungstraße 1 . . . . 24 24 34
2, Kleine Sperlgasse 2a 24 69 772
2, Lassallestraße 40 . . . . 24 20 362
2, Marinelligasse 1 . . . . 24 48 562
2, Obere Augartenstraße 68 . . . . 33 93 30
2, Obere Donaustraße 97–99 . . . . 24 69 482
2, Pazmanitengasse 17 . . . . 24 67 214
2, Rosenpark, Mexikoplatz 28 . . . . 24 25 21
2, Venediger Au 10 . . . . 24 28 115
2, Vereinsgasse 29 . . . . 24 47 262
2, Vivariumstraße 8 . . . . 24 56 663
2, Vorgartenstraße 140 . . . . 26 40 205
2, Vorgartenstraße 191 . . . . 24 29 442
2, Vorgartenstraße 212 . . . . 26 30 804
2, Zirkusgasse 5. . . . . 24 09 812
3, Boerhaavegasse 13 . . . . 73 43 80
3, Dr.-Bohr-Gasse 8 . . . . 78 87 87
3, Drorygasse 8/III 72 18 895
3, Erdberger Lände 54 . . . . .73 29 065
3, Erdbergstraße 22 . . . . 73 90 412
3, Erdbergstraße 76 . . . . 72 27 224
3, Eslarngasse 23 . . . . 73 72 54
3, Klopsteinplatz 6 . . . . 72 20 293
3, Kölblgasse 23 . . . . 78 69 003
3, Landstraßer Hauptstraße 94 . . . . 72 54 67
3, Leonhardgasse 7 . . . . 73 97 364
3, Lustgasse 13–15 . . . . 72 18 255
3, Marxergasse 12 . . . . 73 01 352
3, Stadtpark, Am Heumarkt 73 61 47
4, Favoritenstraße 18 . . . . 724*, 65 47 34*, 271
4, Graf-Starhemberg-Gasse 10 . . . . 65 94 482
4, Mühlgasse 23–25 . . . . 57 49 982
4, Rainergasse 23–25 . . . . 65 52 472
4, Schelleingasse 13–15 . . . . 65 02 213
4, Waltergasse 5 . . . . 65 94 463
5, Bacherplatz 4. . . . . 55 27 49
5, Einsiedlergasse 7 . . . . 55 37 143
5, Ferdigasse 38 . . . . 55 19 353
5, Margaretengürtel 104. . . . . 55 10 474
5, Pilgramgasse 3 . . . . 55 89 632
5, Reinprechtsdorfer Straße 1c,
Heu- und Strohmarkt 54 24 122
5, Stöbergasse 8. . . . . 55 34 152
5, Stöbergasse 14 . . . . 55 59 465
5, Ziegelofengasse 24–26 . . . . 57 17 30
6, Corneliusgasse 6 . . . . 57 70 242
6, Grabnergasse 7–9 . . . . 57 50 733
6, Wallgasse 22 . . . . 56 46 765
7, Ahornergasse 9. . . . . 96 32 164
7, Faßziehergasse 3 . . . . 93 39 403
7, Lindengasse 57 . . . . 93 19 882
8, Josefstädter Straße 93–97/I 43 17 152
8, Josefstädter Straße 93–97/II 43 17 153
8, Lange Gasse 36 . . . . 43 78 874
9, Dreihackengasse 5 . . . . 34 10 112
9, Glasergasse 8. . . . . 34 70 834
9, Grünentorgasse 11 . . . . 34 57 175
9, Gussenbauergasse 5–7 . . . . 34 08 893
9, Latschkagasse 5 . . . . 34 50 143
9, Marktgasse 5 . . . . 34 27 383
9, Marktgasse 44–46 . . . . 34 67 894
9, Währinger Gürtel 74–76,
Allgemeines Krankenhaus 48 00*, 1481
9, Währinger Straße 43 . . . . 48 38 54
10, Friesenplatz 1–2 . . . . 64 56 055
10, Herschelgasse 1 . . . . 67 47 602
10, Herzgasse 89 . . . . 64 64 602
10, Inzersdorfer Straße 111 . . . . 64 00 675
10, Keplerplatz 7. . . . . 64 18 652
10, Klausenburger Straße 23 . . . . 62 52 30
10, Kornauthgasse 4 . . . . 61 15 96
10, Laimäckergasse 18 . . . . 64 15 32
10, Laxenburger Straße 51–53 . . . . 64 20 842
10, Laxenburger Straße 90a 64 12 47
10, Lippmanngasse 3. . . . . 68 14 164

10, Migerkastraße 16	64 57 812
10, Neilreichgasse 105	64 86 095
10, Oberlaa, Franzosenweg 23	68 56 915
10, Per-Albin-Hansson-Siedlung Nord, Holeyplatz 3	68 26 223
10, Per-Albin-Hansson-Siedlung Ost (1), Bergtaidingweg 11	68 32 042
10, Per-Albin-Hansson-Siedlung Ost (2), Bergtaidingweg 19	68 34 852
10, Per-Albin-Hansson-Siedlung Ost (3), Wendstattgasse 4a	68 20 485
10, Per-Albin-Hansson-Siedlung West, Bernadottegasse 59	68 27 554
10, Quaringasse 13	64 66 785
10, Quaringasse 16	64 28 864
10, Troststraße 68	64 84 094
10, Waldmüllerpark 1	64 33 22
10, Wienerfeld-West, Gimniggasse 1	67 41 18
10, Wirerstraße 18	64 64 715
11, Delsenbachgasse 12	74 49 802
11, Dreherstraße 8	76 40 642
11, Ehamgasse 8	74 27 653
11, Hasenleitengasse 9/I	76 51 70
11, Hasenleitengasse 9/II	76 51 74
11, Kaiserebersdorfer Straße 94	76 66 77
11, Lorystraße 42	74 54 395
11, Lorystraße 126	76 40 365
11, Rinnböckstraße 47	74 10 893
11, Sedlitzkygasse 26	74 32 37
11, Thürnlhofstraße 19	76 21 94
11, Wilhelm-Kreß-Platz 33	76 37 004
12, Am Schöpfwerk, Andersengasse 6	67 10 224
12, Am Schöpfwerk 29/10 (I)	67 69 662
12, Am Schöpfwerk 29/12 (II)	67 79 845
12, Haebergasse 1	83 37 953
12, Hetzendorfer Straße 57	84 18 482
12, Karl-Löwe-Gasse 15	85 44 434
12, Ruckergasse 21	83 47 825
12, Stranitzkygasse 4	83 40 842
12, Ulmenhof 25	62 98 175
12, Untermeidlinger Straße 67	64 39 115
12, Wienerbergstraße 16	83 98 003
12, Zanaschkagasse 14/43	67 50 802
13, Anton-Langer-Gasse 39	84 58 353
13, Hietzinger Hauptstraße 166	82 48 785
13, Hügel-Park, Stoesslgasse 8a, „Andersen"-Kindergarten	82 10 252
13, Klitschgasse 31/16	84 56 112
13, Lainzer Straße 148	84 79 943
14, Cumberlandstraße 91	82 48 745
14, Hägelingasse 11	92 27 775
14, Hauptstraße 82	97 14 893
14, Heinrich-Collin-Straße 13	94 62 17
14, Lautensackgasse 20, Hugo-Breitner-Hof	94 52 61
14, Linzer Straße 128	94 54 042
14, Linzer Straße 417	94 36 703
14, Meiselstraße 67–69	95 67 343
14, Moßbachergasse 20–24	94 48 175
14, Penzinger Straße 33	82 67 794
14, Richard-Kuhn-Weg 1	97 16 54
15, Beingasse 19	92 22 01
15, Dadlergasse 16	83 50 444
15, Fünfhausgasse 16–18	83 67 792
15, Johnstraße 54	92 27 385
15, Künstlergasse 10	83 09 735
15, Siebeneichengasse 15	85 61 69
15, Wurmsergasse 10	92 79 642
16, Arnethgasse 30	46 35 702
16, Brüßlgasse 31	92 52 76
16, Gaullachergasse 51	42 49 973
16, Haberlgasse 76	43 33 77
16, Liebhartsgasse 54–56	48 10 055
16, Ludo-Hartmann-Platz 1	95 16 095
16, Maderspergerstraße 1	95 52 985
16, Montleartstraße 36	92 80 532
16, Odoakergasse 48	46 32 03
16, Ottakringer Straße 202	45 46 73
16, Possingergasse 65	92 19 913
16, Rosa-Luxemburg-Gasse 5	46 47 102
16, Rosenackerstraße 5	46 36 56
16, Seeböckgasse 18	46 27 485
17, Dornbacher Straße 53	46 36 87
17, Kindermanngasse 1	43 20 515
17, Roggendorfgasse 6	46 34 73
17, Rötzergasse 47	46 67 815
17, Wattgasse 96	46 38 864
17, Wichtelgasse 67	46 45 205
18, Bastiengasse 36–38	47 15 15*, 221
18, Ferrogasse 28	47 37 425
18, Gersthofer Straße 125–129	47 45 502
18, Klettenhofergasse 3	42 59 274
18, Paulinengasse 9	47 17 265, 47 27 834
18, Staudgasse 78	47 40 115
18, Waldeckgasse 5/2	47 72 042
19, Bauernfeldgasse 5	36 55 203
19, Gatterburggasse 2b	36 65 962
19, Heiligenstädter Straße 82	36 38 032
19, Heiligenstädter Straße 86	37 38 832
19, Obkirchergasse 8	36 67 572
19, Osterleitengasse 14	36 29 372
19, Paradisgasse 65a	32 38 362
19, Philippovichgasse 2–4	34 86 423
19, Probusgasse 9	37 19 684
19, Raimund-Zoder-Gasse 2	32 27 223
19, Schulsteig 1a	32 10 022
20, Dammstraße 7	33 28 523
20, Denisgasse 39–41	33 52 753
20, Dietmayrgasse 10/33	33 19 575
20, Donaueschingenstraße 20	33 47 892
20, Gerhardusgasse 7	33 48 595
20, Hartlgasse 8	33 79 514
20, Kapaunplatz (Fröbel-Kindergarten)	33 86 332
20, Leipziger Straße 33a	35 56 672
20, Leystraße 36	35 41 54
20, Pappenheimgasse 16	33 77 954
20, Spielmanngasse 3	35 18 735
20, Vorgartenstraße 71/I	33 62 722
20, Vorgartenstraße 71/II	33 42 99
20, Winarskystraße 18	33 57 142
21, Aistgasse 38	39 47 935
21, Ampèregasse 8	38 37 962
21, Arnoldgasse 2	30 59 855
21, Baumergasse 24	39 28 272
21, Berzeliusgasse 14	39 15 52
21, Bunsengasse 8	38 10 452
21, Dunantgasse 13	38 59 952
21, Floridsdorfer Markt 5	30 34 692
21, Fultonstraße 5–11	38 38 304
21, Großfeldsiedlung, Dominik-Wölfel-Gasse 15	38 63 01
21, Großfeldsiedlung, Kürschnergasse 3	38 53 31
21, Großfeldsiedlung, Marco-Polo-Platz	39 65 55
21, Großfeldsiedlung, Meistergasse 1	38 21 28
21, Großfeldsiedlung, Oswald-Redlich-Gasse 48	38 22 61
21, Großfeldsiedlung, Walter-Schwarzacher-Gasse 5/68	30 64 55
21, Jedlersdorfer Straße 96	39 53 69
21, Josef-Baumann-Gasse 65	38 25 482
21, Kugelfanggasse 8a	38 17 012

21, Luckenschwemmgasse 6 . . . . 39 18 003
21, Mengergasse 35. . . . . 38 15 75
21, Mitterhofergasse 2 . . . . 39 51 98
21, Mitterhofergasse 2/26. . . . . 39 56 303
21, Osergasse 1. . . . . 39 27 225
21, Prager Straße 92 . . . . –
21, Roda-Roda-Gasse 9 . . . . 39 22 052
21, Roggegasse 35 . . . . 39 11 95
21, Schloßhofer Straße 33 . . . . 38 62 34
21, Schöpfleuthnergasse 4a. 38 54 162
21, Schwanngasse 11 . . . . 39 16 66
21, Scottgasse 8. . . . . 39 37 315
21, Tomaschekstraße 42 . . . . 38 72 10
22, Aspern, Benjowskygasse 2–6. . . . . 22 29 092
22, Aspern, Langobardenstraße 207 . . . . . . 22 19 564
22, Breitenlee, Pirquetgasse 8 . . . . 22 52 61
22, Hirschstetten, Kalmusweg 22 79 864
22, Hirschstetten, Quadenstraße 8/20 . . . . . 22 50 602
22, Hirschstetten, Quadenstraße 13 . . . . . . 22 18 994
22, Kagran, Bernoullistraße 4 . . . . 23 25 82
22, Kagran, Lieblgasse 2/28 . . . . 25 14 582
22, Kagran, Lieblgasse 2/32 . . . . 25 17 922
22, Kagran, Portnergasse 42 . . . . 23 68 405
22, Kagran, Rennbahnweg 29 . . . . 25 11 81
22, Kagran, Rugierstraße 1 . . . . 22 12 00
22, Kagran, Thonetgasse 42 . . . . 23 36 75
22, Kaisermühlen, Am Kaisermühlendamm 7 . 23 54 665
22, Kaisermühlen, Schüttaustraße 1 . . . . . . 23 58 252
22, Leopoldau, Brioschiweg 4 . . . . 23 77 992
22, Leopoldau, Eipeldauer Straße 23 . . . . . 23 76 642
22, Leopoldau, Melangasse 5/76/B. 23 67 59
22, Stadlau, Erzherzog-Karl-Straße 65. . . . . 22 17 994
22, Stadlau, Langobardenstraße 53 . . . . 22 14 75
22, Stadlau, Wurmbrandgasse 22 . . . . 22 19 542
22, Weißau II, Schödlbergergasse 7 . . . . . . 23 97 652
23, Alt-Erlaa, Wohnpark Ost,
Anton-Baumgartner-Straße 44 . . . . 67 79 332
23, Alt-Erlaa, Wohnpark West,
Anton-Baumgartner-Straße 44 . . . . 67 79 362
23, Atzgersdorf, Canavesegasse 24 . . . . . . 86 40 413
23, Atzgersdorf, Kirchenplatz 2 . . . . 86 20 472
23, Atzgersdorf, Lastenstraße 15 . . . . 86 20 054
23, Erlaa, Calvigasse 2. . . . . 67 24 112
23, Erlaa, Erlaaer Straße 120 . . . . 67 34 454
23, Inzersdorf, Draschestraße 96 . . . . 67 77 60
23, Inzersdorf, Putzendoplergasse 10 . . . . . 67 23 955
23, Inzersdorf, Triester Straße 199 . . . . . . 67 19 184
23, Liesing, Dirmhirngasse 138 . . . . 86 20 062
23, Liesing, Pülslgasse 28 . . . . 86 30 103
23, Mauer, Dr.-Barilits-Gasse 3 . . . . 88 23 912
23, Mauer, Johann-Hörbiger-Gasse 43 . . . . 88 18 614
23, Mauer, Kanitzgasse 8 . . . . 88 73 34
23, Mauer, Peterlinigasse 7 . . . . 88 23 165
23, Rodaun, Breitenfurter Straße 455 . . . . . 88 43 692
23, Siebenhirten, Akaziengasse 44–50 . . . . . 67 03 41
23, Siebenhirten, Bernhard-Billes-Gasse 8 . . 67 10 133
23, Siebenhirten, Porschestraße 17/22 . . . . . 67 74 572

Sonderkindergärten:

3, Gänsbachergasse 3 . . . . 78 22 453
3, Klopsteinplatz 5 . . . . 72 17 795
9, Borschkegasse 10 . . . . 43 56 635
9, Sobieskigasse 31 . . . . 34 65 35*
12, Endergasse 1 . . . . 84 33 46
13, Riedelgasse 5 (Neurologisches Krankenhaus
Rosenhügel) 88 25 15*, 345
14, Auer-Welsbach-Park 83 92 03
14, Baumgartner Höhe 1 (Psychiatrisches
Krankenhaus, Pavillon 15) 94 31 51*, 2322
21, Franklinstraße 28 . . . . 38 41 10

Sonderhorte:

2, Wolfgang-Schmälzl-Gasse 15. . . . . 24 40 665
6, Spalovskygasse 5 . . . . 56 46 763
11, Herderplatz 1. . . . . 74 57 795
15, Selzergasse 19 . . . . 92 95 185
16, Lorenz-Mandl-Gasse 56 . . . . 92 84 263
18, Anastasius-Grün-Gasse 10 . . . . 34 57 574
20, Pöchlarnstraße 20 . . . . 35 69 945
22, Kagran, Lorenz-Kellner-Gasse 15 . . . . . 23 76 533

Sommerkindergärten:

2, Freudenau, Aspernallee 2 . . . . 74 21 61
10, Laaer-Berg-Straße 145 . . . . 68 14 033
13, Girzenberg, Angermayergasse 82 14 26
14, Paradies, Hüttelbergstraße 22 . . . . 94 21 93
17, Dornbacher Straße 53 . . . . 46 36 87
18, Pötzleinsdorfer Straße 230 . . . . 44 11 67
19, Himmelstraße 113 . . . . 32 37 094
22, Weißau, Schödlbergergasse 7 . . . . 23 57 87

Tagesheimschulhorte:

2, Vereinsgasse 29 . . . . 24 47 262
2, Vorgartenstraße 191 . . . . 24 29 442
3, Erdbergstraße 76 . . . . 72 27 224
8, Josefstädter Straße 93–97 . . . . 43 17 152
9, Währinger Straße 43 . . . . 48 38 54
10, Herzgasse 89 . . . . 64 64 602
16, Odoakergasse 48 . . . . 46 32 03
16, Rosenackerstraße 5 . . . . 46 36 56
17, Wichtelgasse 67 . . . . 46 45 205
18, Klettenhofergasse 3 . . . . 42 59 274
20, Gerhardusgasse 7. . . . . 33 48 595
21, Baumergasse 24 . . . . 39 28 272

Heime für Kinder und Jugendliche:

Therapieheim „Im Werd“:
2, Im Werd 19 . . . . 33 55 91

Lehrlingsheim Leopoldstadt:
2, Obere Augartenstraße 26–28 . . 33 51 66*, 35 36 78*
Heimdirektor: *Pratschke Gottfried*

Julius-Tandler-Heim:
9, Lustkandlgasse 50 . . . . 34 65 35*
Heimleiter: *Neubauer Franz,* Oberamtsrat

Gesellenheim:
10, Zohmanngasse 28 . . . . 64 52 81
Heimdirektorin: *Bock Ute*

Mutter-und-Kind-Heim:
11, Pleischlgasse 2 . . . . 76 51 71
Heimdirektorin: *Spindler Valerie*

Gesellinnenheim:
12, Aichhorngasse 11 . . . . 83 54 65
Heimdirektorin: *Paumgartten Friedlinde*

Stadt des Kindes:
14, Mühlbergstraße 7 . . . . 97 15 06
Heimleiterin: *Schmid-Schoebel, Dr. Christa,* Magistratsrat

Zentralkinderheim:
18, Bastiengasse 36–38 . . . . 47 15 15*
Heimleiterin: *Bründl, Dr. Margarete,* Obermagistratsrat
(Frauenmilchsammelstelle)

Haus Pötzleinsdorf:
18, Pötzleinsdorfer Straße 46 . . . . 47 41 33
Heimdirektor: *Feigelfeld Johann*

Lehrmädchenheim Nußdorf:
19, Hammerschmidtgasse 22 . . . . 37 12 11*

Heimdirektorin: *Ratic Ingeborg*

Heim für Kinder und Jugendliche Döbling:
19, Hartäckerstraße 26 . . . . 36 42 85*
Heimdirektor: *Hauenschild Erwin*

Kinderheim Hohe Warte:
19, Hohe Warte 3–5 . . . . 36 31 80*, 36 36 80*
Heimdirektor: *Muchl Robert*

Lehrlingsheim „Am Augarten":
20, Wasnergasse 33 . . . . 33 43 03
Heimdirektor: *Eder Georg*

Dr.-Adolf-Lorenz-Heim:
23, Mauer, Kanitzgasse 8 . . . . 88 11 46*
Heimleiter: *Handler, Dr. Peter*

Kinderheim Biedermannsdorf:
Biedermannsdorf, NÖ, Ortsstraße 56 . . . . 902, 0 22 36/71 1 16*
Heimdirektor: *Hartl Fritz*

„Lindenhof", Heim für Kinder und Jugendliche:
Eggenburg, NÖ 0 29 84/35 22, 22 28
Heimdirektor: *Stolfa Roland*

Heim für Kinder und Jugendliche Klosterneuburg:
Klosterneuburg, NÖ,
Martinstraße 56–58 . . . . 904, 0 22 43/22 25
Heimdirektor: *Gramelhofer Johann*

–

Wohngemeinschaften für Kinder und Jugendliche:

2, Handelskai 214/15/1–2 . . . . 26 61 58
2, Obere Donaustraße 17/9a–10 . . . . 35 65 60
10, Leebgasse 85a/6/2 . . . . 64 25 89
18, Scheibenbergstraße 71 . . . . 47 64 73
22, Leopoldau, Eipeldauer Straße 25/55/23 . 23 87 805
22, Leopoldau, Melangasse 1/86/2–3 . . . . –

MAGISTRATSABTEILUNG 12

Sozialamt

(Geschäftsgruppe Gesundheit und Soziales)

1, Schottenring 24, 1. Stock, Tür 116, Tel. 66 14*

Allgemeine und grundsätzliche Angelegenheiten der Sozialhilfe und der Behindertenhilfe.
Handhabung des Sozialhilfegesetzes (Hilfe zur Sicherung des Lebensbedarfes, Hilfe in besonderen Lebenslagen, Einrichtung und Durchführung von Sozialdiensten) einschließlich der Vorbearbeitung von Berufungen.
Wirtschaftliche Sozialhilfe für Familien mit Kindern unter 18 Jahren in Zusammenarbeit mit der Magistratsabteilung 11.
Spezielle Individualhilfe und Erwachsenenbetreuung.
Verbindungsdienst zu Krankenanstalten und Pflegeheimen, soweit nicht die Magistratsabteilung 11 oder die Magistratsabteilung 15 zuständig ist.
Führung des Wiener Bahnhofs-Sozialdienstes.
Vertretung des Landes Wien in Sozialhilfekostenangelegenheiten vor Gericht und Verwaltungsbehörden, ausgenommen die der Magistratsabteilung 17 obliegenden Geschäfte.
Begutachtung von Einreiseansuchen von Ausländern vom Standpunkt der Sozialhilfe.
Aufsicht über öffentliche und private Pflegeheime und Wohnheime.
Geltendmachung von Ersatzansprüchen der Sozialhilfe gegenüber anderen Sozialhilfeträgern aufgrund der bestehenden Vereinbarungen.
Vorbereitung der Richtlinien für die den Bezirksvorstehern übertragenen sozialen Dienste.
Entscheidung über die Aufnahme in Pflegeheime der Stadt Wien.
Mitwirkung bei der Errichtung von Pflegeheimen der Stadt Wien; Mitwirkung bei der sozialen Betreuung der Pfleglinge.
Festsetzung des Taschengeldes für in Krankenanstalten und Pflegeheimen untergebrachte Hilfesuchende.
Handhabung des Behindertengesetzes.
Gewährung von Fahrbegünstigungen für Behinderte.
Zusammenarbeit mit den Selbsthilfeverbänden für Behinderte.
Abschluß von Vereinbarungen gemäß Art. 15a Abs. 2 B-VG in Angelegenheiten der Sozialhilfe und Behindertenhilfe.
Mitwirkung bei der Gewährung von Subventionen an Organisationen der freien Wohlfahrtspflege in Angelegenheiten der Sozialhilfe und Behindertenhilfe.
Handhabung des Blindenbeihilfegesetzes.
Entscheidung über wirtschaftliche Tuberkulosehilfe nach dem Tbc-Gesetz; Verrechnung der Kosten der Tbc-Hilfe mit dem Bund und anderen Kostenträgern.
Handhabung des Opferfürsorgegesetzes.
Gewährung von Mietbeihilfen im Rahmen der Sozialhilfe.
Mitwirkung bei der Feststellung des Anspruches auf Ausgleichszulagen in der Pensionsversicherung nach dem Allgemeinen Sozialversicherungsgesetz, Gewerblichen Sozialversicherungsgesetz und Bauern-Sozialversicherungsgesetz.
Ausstellung von Nachweisen über die Familien- und Einkommensverhältnisse zur Erlangung von Begünstigungen.
Stellung von Entmündigungsanträgen.
Verwaltung von Stiftungen mit sozialen Zwecken, ausgenommen die den Magistratsabteilungen 14, 49, 52 und 69 obliegenden Geschäfte.
Handhabung des Schülerbeihilfengesetzes hinsichtlich der Schüler der Bundeshebammenlehranstalten und der Schulen für den medizinisch-technischen Fachdienst.
Mitwirkung bei der Katastrophenhilfe.
Anforderung geeigneter Baulichkeiten und Liegenschaften samt Einrichtungen bzw. Teilen hievon zur vorübergehenden Unterbringung im Katastrophenfall und Versorgung der Katastrophenopfer gemäß § 13 Abs. 1 sowie Entgegennahme der Anmeldung und Bearbeitung von Ansprüchen auf Entschädigung bzw. Schadenersatz gemäß § 15 Abs. 2 und Abs. 3 des Wiener Katastrophenhilfegesetzes.

Drapalik, Dr. Herbert, Obersenatsrat, Bereichsleiter hinsichtlich der MA 11, 12, 15, 17, 18, 19, 23, 24, 28, 50, 52 und 56 zur Koordinierung der Behindertenhilfe 211, 210
Pröbsting, Dr. Werner, Obermagistratsrat 230, 226
Bretterbauer, Dr. Adelheid, Magistratsrat 212, 242
Leitner, Dr. Friedrich, Magistratsoberkommissär 633, 620
Reitschmid, Mag. Friederike 223
Lager, Dr. Otto 239
Böhm Helmut, Oberamtsrat 641
Fenzl Rudolfine, Oberamtsrat 642
Mehwald Alfred, Oberamtsrat 227
Weber Anton, Oberamtsrat 246
Eichberger Leopoldine, Amtsrat . . . 702*, 33 16 11*, 293
Englmayer Helga, Amtsrat 712*, 83 16 01*, 246
Fuchs Gottfried, Amtsrat 244
Gruber Otto, Amtsrat 247
Grundwald Elfriede, Amtsrat 709*, 42 35 75*, 237
Herbsthofer Elisabeth, Amtsrat 645
Herzan Hildegard, Amtsrat 250
Höberth Gertrude, Amtsrat 648
Jarolim Otto, Amtsrat 703*, 72 51 71*, 251
Riemer Elisabeth, Amtsrat 291
Schwanzer Anneliese, Amtsrat 256
Slezak Otto, Amtsrat 253
Spannring Fritz, Amtsrat 46 52 44*, 276
Stoiber Robert, Amtsrat 274
Wenda Edith, Amtsrat 716*, 92 26 96*, 240
Kletzander Amalia 236
Sitek Hilde, Kanzleirat 233
Huber Theodora, Kanzleioberkommissär,
Kanzleileiter 213
Kanzlei 214, 215, 216, 217, 218, 229, 265, 289, 623, 630

Finanz- und Amtswirtschaft, Statistik:
Kletzander Amalia 236, 231, 269

Personalreferat:
Sitek Hilde, Kanzleirat 233

Dezernat I:

Behindertenhilfe, Berufseingliederungs- und Beschäftigungstherapiekurse, Blindenbeihilfen, Fahrbegünstigungen
Mehwald Alfred, Oberamtsrat 227, 221, 222, 224, 232, 285, 296, 622

Behindertenzentrum der Stadt Wien:
16, Seeböckgasse 12–14 . . . . 46 52 44*
Spannring Fritz, Amtsrat 276, 260, 262

Spezielle Individualhilfe und Erwachsenenbetreuung
Herzan Hildegard, Amtsrat 250
Höberth Gertrude, Amtsrat 648, 239, 287, 647

Außenstelle I (1., 2., 6., 7., 8., 9. Bezirk),
8, Lerchenfelder Straße 4 731*, 42 76 11*, 323, 317, 318

Außenstelle II (12., 13., 23. Bezirk),
12, Ruckergasse 40 . . . . 87 23 14

Außenstelle III (14., 15., 16., 17., 18., 19. Bezirk),
15, Camillo-Sitte-Gasse 6–8/2/6 . . . . 95 69 71

Außenstelle IV (20., 21., 22. Bezirk),
21, Holzmeistergasse 14 . . . . 38 15 11*, 41

Außenstelle V (10. Bezirk),
10, Per-Albin-Hansson-Siedlung Ost,
Ada-Christen-Gasse 2/D/E 3/2 . . . . 68 55 71

Außenstelle VI (3., 4., 5., 11. Bezirk),
3, Am Modenapark 1–2 . . 740*, 72 36 31*, 411, 417

Dezernat II:

Allgemeine Sozialhilfe – Dauerleistungen, Aushilfen, Krankenhilfe, Kosteneinziehung und -erstattung, Fachaufsicht, Umschuldung
Böhm Helmut,
Oberamtsrat 641, 220, 228, 625, 635, 642, 646

Aufsicht über Wohn- und Pflegeheime
Bretterbauer, Dr. Adelheid, Magistratsrat 212

Wirtschaftliche Tuberkulosenhilfe, Aufnahme in Pflegeheime
Gruber Otto, Amtsrat 247, 235, 248, 249, 260, 262

Dezernat III:

Soziale Dienste; Pensionistenklubs, Landaufenthalts- und Ausflugsaktion, Essen auf Rädern u. a.
Weber Anton, Oberamtsrat 246, 238, 241, 243, 251, 252, 254, 255, 261, 274, 277, 294, 621

Heim- und Familienhilfe, Wäschepflegedienst, Wohnungsreinigung, Besuchsdienst . 747*, 31 16 16*, 63, 64

Soziale Stützpunkte:

1, Schottenring 25 . . . . 747*, 31 16 16*, 60, 62
2, Engerthstraße 150/13 (2., 22. Bezirk) 26 73 72
3, Würtzlerstraße 25/1 (3., 11. Bezirk) 78 86 43, 78 87 57
4, Rainergasse 6–8 (4., 5., 6. Bezirk) 65 72 09, 65 06 10
10, Laxenburger Straße 90/13/P 62 62 84
12, Am Schöpfwerk 29/6 (12., 13., 23. Bezirk 67 93 31, 67 93 32
14, Dreyhausenstraße 29/15 (14., 15. Bezirk) 94 31 38, 94 55 97
16, Roterdstraße 12–14 (16. Bezirk) . . . . –
18, Türkenschanzplatz 2 (17., 18., 19. Bezirk) 47 74 72, 47 74 46
21, Brünner Straße 140/62 (20., 21. Bezirk) . . . . –

Dezernat IV:

Mietzinsbeihilfen
Fuchs Gottfried, Amtsrat 244, 275, 295

Kostenersatz
Herbsthofer Elisabeth, Amtsrat 645, 631, 640, 643, 644, 658

Opferfürsorge: Anspruchsberechtigungen, Renten, Haftentschädigungen
Schwanzer Anneliese, Amtsrat 256, 225, 263, 273, 291, 610

Hereinbringung von Sozialhilfekosten im Zivilrechtsweg und gegen Sozialversicherungsträger
Reitschmied, Mag. Friederike 223, 286

Stiftungen
Reitschmied, Mag. Friederike 223, 286

Sozialreferate:

1., 8., 9. Bezirk:
9, Währinger Straße 39 . . . . . 709*, 42 35 75*, 236
2. Bezirk:
2, Karmelitergasse 9 . . . . 702*, 33 16 11*, 297
3. Bezirk:
3, Karl-Borromäus-Platz 3 . . . . 703*, 72 51 71*, 256
4. Bezirk:
4, Favoritenstraße 18 . . . . . . 724*, 65 47 34*, 236
5. Bezirk:
5, Schönbrunner Straße 54 . . . . 704*, 55 45 85*, 291
6. Bezirk:
6, Amerlingstraße 11 . . . . . . 726*, 57 95 21*, 63
7. Bezirk:
7, Hermanngasse 24–26 . . . . . 706*, 93 76 46*, 245
10. Bezirk:
10, Gudrunstraße 128 . . . . . . 710*, 64 36 31*, 267
11. Bezirk:
11, Enkplatz 2 . . . . 711*, 74 35 86*, 263
12. Bezirk:
12, Meidlinger Hauptstraße 2 . . 712*, 83 16 01*, 246
13., 14. Bezirk:
13, Hietzinger Kai 1–3 . . . . . 713*, 82 26 51*, 284
15. Bezirk:
15, Gasgasse 8–10 . . . . 715*, 83 36 11*, 241
16. Bezirk:
16, Richard-Wagner-Platz 19 . . 716*, 92 26 96*, 247
17. Bezirk:
17, Elterleinplatz 14 . . . . 717*, 43 61 01*, 256
18. Bezirk:
18, Martinstraße 100 . . . . . . 718*, 34 25 20*, 296
19. Bezirk:
19, Gatterburggasse 14 . . . . . 719*, 36 42 50*, 248
20. Bezirk:
20, Brigittaplatz 10 . . . . 720*, 33 35 11*, 366
21. Bezirk:
21, Am Spitz 1 . . . . 721*, 38 15 04*, 262
22. Bezirk:
22, Kagran, Schrödingerplatz 1 . 722*, 23 65 29*, 203
23. Bezirk:
23, Liesing, Perchtoldsdorfer Straße 2 . . . . 723*, 86 96 17*, 53

Sozialreferat für Nichtseßhafte:

8, Stadtbahnbogen Josefstädter Straße 42 33 35, 42 33 36

Sozialberatungsstellen:

1, Gonzagagasse 23, Donnerstag von 15 bis 18.30 Uhr
2, Karmelitergasse 9, Dienstag von 15 bis 18.30 Uhr
3, Landstraßer Hauptstraße 137, Donnerstag von 15 bis 18.30 Uhr
4, Favoritenstraße 18, Donnerstag von 15 bis 18.30 Uhr

5, Schönbrunner Straße 54, Donnerstag von 15 bis 18.30 Uhr
6, Amerlingstraße 11, Donnerstag von 15 bis 18.30 Uhr
7, Hermanngasse 26, Mittwoch von 15 bis 18.30 Uhr
8, Schlesingerplatz 4, Mittwoch von 15 bis 18.30 Uhr
9, Galileigasse 8 (Volkshochschule), Montag von 15 bis 18.30 Uhr
10, Arthaberplatz 18 (Volkshochschule), Mittwoch von 15 bis 18.30 Uhr
11, Enkplatz 2, Donnerstag von 15 bis 18.30 Uhr
12, Meidlinger Hauptstraße 2, Donnerstag von 16 bis 18.30 Uhr
13, Hietzinger Kai 1–3, Montag von 15 bis 18.30 Uhr
14, Dreyhausenstraße 29 (Pensionistenheim), Dienstag von 15 bis 18.30 Uhr
15, Schwendergasse 41/2 (Haus der Begegnung), Donnerstag von 15 bis 18.30 Uhr
16, Richard-Wagner-Platz 19, Dienstag von 15 bis 18.30 Uhr
17, Elterleinplatz 14, Donnerstag von 15 bis 18.30 Uhr
18, Martinstraße 100, Donnerstag von 15 bis 18.30 Uhr
19, Gatterburggasse 14, Donnerstag von 15 bis 18.30 Uhr
20, Brigittaplatz 10, Donnerstag von 15 bis 18.30 Uhr
21, Holzmeistergasse 14, Donnerstag von 15 bis 18.30 Uhr
22, Kagran, Schrödingerplatz 1, Donnerstag von 15 bis 18.30 Uhr
23, Liesing, Perchtoldsdorfer Straße 2, Donnerstag von 15 bis 18.30 Uhr

Sozialer Notruf:

Telefon 63 77 77 durchgehend in Betrieb (von 20 bis 7.30 Uhr Tonbanddienst)

MAGISTRATSABTEILUNG 13

Bildung und außerschulische Jugendbetreuung

(Geschäftsgruppe Bildung, Jugend und Familie)

8, Friedrich-Schmidt-Platz 5, 4. Stock, Tel. 42 8 04

Planung, Betreuung und Durchführung von Aktionen und Veranstaltungen der Erwachsenenbildung.
Förderung und Koordinierung von Einrichtungen der Erwachsenenbildung (Verband Wiener Volksbildung, sonstige Vereinigungen u. a.).
Planung und Förderung der Errichtung von Gemeinschaftsbauten für die Erwachsenen- und Jugendbildung.
Aktionen bildungsbetonter Familienarbeit.
Fachliche Mitwirkung bei der Ausarbeitung von Rechtsvorschriften im Bereich der Erwachsenenbildung.
Beratung über Einrichtungen und Möglichkeiten der Erwachsenenbildung für Veranstalter und Einzelpersonen (Bildungsservicestelle); Angelegenheiten des Fremdenverkehrs.
Planung, Betreuung und Durchführung von Aktionen und Veranstaltungen für Kinder und Jugendliche im außerschulischen Bereich.
Führung eines Zentrums als audio-visuelle Basis der Erwachsenenbildung und außerschulischen Jugendbetreuung (Medienbus, Filmdiskussionen usw.)
Förderung der Jugendorganisationen (Wiener Jugendkreis, Verein Jugendzentren der Stadt Wien, Wiener Landesorganisationen des Bundesjugendringes, Jugendklubs u. ä.) und Durchführung von Veranstaltungen.
Organisation der Mittagsaufsicht in den Polytechnischen Lehrgängen.
Führung des Landesjugendreferates; Zusammenarbeit mit den Bundesländer-Landesjugendreferaten sowie fachlich einschlägigen Einrichtungen des In- und Auslandes.
Führung der städtischen Büchereien, der Musiklehranstalten, der Modeschule der Stadt Wien und der Landesbildstelle.
Dienstaufsicht über das zugeteilte Personal, soweit es nicht der Dienstaufsicht des Magistratsdirektors untersteht.

Foltinek, Mag. Dr. Karl, Senatsrat, Hofrat 2900
Titz, Dr. Hans Heinz, Obermagistratsrat 2729
Grundei Friedrich 2744
Filla, Mag. Dr. Wilhelm 3386
Koschler, Mag. Hans 2907
Ernst Kurt, Amtsrat 2737
Morawec Anna, Kanzleioberkommissär,
Kanzleileiter 2904
Kanzlei 813

Gruppe A: Allgemeines
Budget- und Personalangelegenheiten 2737
Personalevidenz 2742
Wirtschaftsangelegenheiten 3705

Gruppe B: Erwachsenenbildung
Volkshochschulen und sonstige Einrichtungen der Erwachsenenbildung 2907
Projekte im Bildungsbereich 2729

Gruppe C: Landesjugendreferat
Leitung, Planung und Überwachung der Aktionen der außerschulischen Jugenderziehung, Redewettbewerbe, Jungbürgerfeiern
Grundei Friedrich, Landesjugendreferent 2744
Filla, Mag. Dr. Wilhelm 3386
Organisation und Disposition der außerschulischen Medienerziehung 2745
Veranstaltungen 2746, 2747, 2763, 4137, 4268
Verein Wiener Jugendkreis:
8, Friedrich-Schmidt-Platz 5 . . . . 42 8 04
Geschäftsführender Obmann:
Grundei Friedrich 2744
Buchhaltung 4237
Kasse 4239
Medienerziehung, 7, Zieglergasse 49 . . . . . . 93 37 49
Medienzentrum, 7, Zieglergasse 49 . . . . 93 02 09
Jugendleiterschule, 7, Zieglergasse 49 . . . . . . 93 37 22

Verein Jugendzentren der Stadt Wien:
21, Prager Straße 10 . . . . 38 76 45
Geschäftsführender Obmann:
Reinelt Peter

Gruppe D: Schulen
Musiklehranstalten der Stadt Wien
(Konservatorium der Stadt Wien,
Musikschulen der Stadt Wien,
Kindersingschulen der Stadt Wien):
1, Johannesgasse 4a . . 52 73 81*, 52 77 47*, 52 42 86*
Müller Josef M., Prof., Senatsrat,
Direktor 58
Titz, Dr. Heidrun, Magistratsrat,
Bibliothek und Archiv 55, 27
Fischer Dietmar, Verwaltungsoffizial,
Administrative Budget- und Wirtschaftsangelegenheiten 25
Städtische Musikschulen:
2, Czerninplatz 3 . . . . 24 50 824
3, Strohgasse 15 . . . . 73 86 962
5, Bräuhausgasse 50 . . . . 55 49 03
9, D'Orsay-Gasse 8 . . . . 34 89 595
10, Bernhardtstalgasse 19 . . . . –
10, Per-Albin-Hansson-Siedlung Ost,
Ada-Christen-Gasse 2 . . . . 68 50 555

11, Herderplatz 1a 74 57 793
12, Rosasgasse 8 . . . . 83 29 822
15, Schwendergasse 41. . . . . 85 16 464
16, Thaliastraße 44 . . . . 43 07 68
17, Kindermanngasse 1 . . . . –
19, Pantzergasse 25 . . . . –
19, Peter-Jordan-Straße 70, Internationale Musikschule . . . . –
20, Raffaelgasse 13 . . . . 33 63 652
21, Angerer Straße 14 . . . . 38 24 283
22, Kagran, Natorpgasse 1 . . . . –
23, Inzersdorf, Anton-Baumgartner-Straße 119 . . . . . 67 23 263
23, Liesing, Perchtoldsdorfer Straße 1 . . . . 86 93 71

Modeschule der Stadt Wien:
12, Hetzendorfer Straße 79 . . . . 84 27 95*
Baumgartner, Dkfm. Ing. Günter, Obermagistratsrat, Direktor 22
Sabathiel Ernst, Verwaltungsoberkommissär 21

Gruppe E: Institute
Landesbildstelle Wien:
7, Zieglergasse 49 . . . . .93 32 24*
Zelinka Franz, Oberamtsrat, Leiter 93 73 11
Vogelmann Ernst, Verwaltungsoberoffizial . 93 32 24*, 3
Innerschulische Filmerziehung 94

Außenstellen:
Mitte, 7, Zieglergasse 49. . . . . 93 32 24*, 5
Nordost, 21, Angerer Straße 14 . . . . 38 11 48
Südost, 3, Reisnerstraße 43 . . . . 72 53 96
Südwest, 12, Hufelandgasse 2 . . . . 712*, 83 16 01*, 340

Städtische Büchereien:
8, Skodagasse 20 . . . . 42 91 01, 42 61 63*
Pascher, Dr. Franz, Obermagistratsrat, Leiter . . . 10
Deckardt, Dr. Waltraud, Magistratsrat 16
Pfoser, Mag. Dr. Alfred 15
Einlaufstelle 22
Kanzlei 20, 21
Fachreferenten:
Buchankauf. 33
Buchbestand, Mitteilungen der Zentrale 14, 33
Buchanlieferung 41
Büchereiverwaltung 13
Personal 16
Kinder- und Jugendbüchereien 17
Zentralkataster 19
Statistik, Katalogisierung 18
Wirtschaftsreferat 31
Druckerei. 43
Lektorat, Veranstaltungen 15
Pensionistenklub-Büchereien 17
Hausbesuchsdienst 27

Hauptbücherei:
Horvath Stefan, Amtsrat 40
Bibliothekare 36, 37, 38, 39
Ausleiheraum, Erwachsenenabteilung 35, 44
Kinderabteilung 34
Musikabteilung, Leitung 24
Musikabteilung, Ausleihe 25
Musikabteilung, Arbeitsraum 29
Büchermagazin 42

Zweigstellen:
2, Engerthstraße 197 . . . . 24 86 072
2, Zirkusgasse 1–3 . . . . 26 54 532
3, Fasangasse 35–37. . . . . 78 36 614
3, Kundmanngasse 30. . . . . 73 00 512
3, Rabengasse 6. . . . . 72 19 254
4, Favoritenstraße 8. . . . . 65 23 03
5, Pilgramgasse 17. . . . . 55 76 064
5, Siebenbrunnenfeldgasse 13. . . . . 55 12 215
6, Stumpergasse 60 . . . . 56 47 292
7, Neustiftgasse 89–91. . . . . 93 57 503
9, Simon-Denk-Gasse 4–6. . . . . 34 57 223
10, Hasengasse 38 . . . . 64 73 122
10, Per-Albin-Hansson-Siedlung Ost, Ada-Christen-Gasse 2 . . . . 68 59 475
10, Raxstraße 15 . . . . 64 30 592
11, Kaiserebersdorfer Straße 332 . . . . . . 76 59 512
11, Lorystraße 35–37. . . . . 74 29 795
11, Zippererstraße 14 . . . . 74 65 943
12, Am Schöpfwerk 29/7. . . . . 67 68 954
12, Egger-Lienz-Gasse 3 . . . . 83 60 585
12, Karl-Löwe-Gasse 17 . . . . 83 60 613
13, Faistauergasse 61. . . . . 84 69 103
14, Flötzersteig 115 . . . . 94 24 462
14, Hickelgasse 4–6 . . . . 92 68 135
14, Linzer Straße 309, Hugo-Breitner-Hof. . . 94 26 344
14, Penzinger Straße 150–166 . . . . 82 00 154
15, Felberstraße 42–46 . . . . 92 59 824
15, Hütteldorfer Straße 81a 92 74 353
15, Schwendergasse 39–43 . . . . 85 16 462
16, Grundsteingasse 48–56 . . . . 42 08 793
16, Rosa-Luxemburg-Gasse 4 . . . . 46 75 034
16, Schumeierplatz 17 . . . . 95 39 402
17, Elterleinplatz 14 . . . . 717*, 43 61 01*, 252
18, Paulinengasse 13 . . . . 47 30 725
18, Weimarer Straße 8–10 . . . . 43 30 942
19, Billrothstraße 32 . . . . 36 67 114
19, Heiligenstädter Straße 155 . . . . 37 38 473
19, Hutweidengasse 24. . . . . 36 27 224
20, Brigittaplatz 1 . . . . 33 70 252
20, Leystraße 53 . . . . 33 53 723
21, Brünner Straße 36 . . . . 38 13 45
21, Großfeldsiedlung, Kürschnergasse 32–34 . . 30 41 62
22, Aspern, Siegesplatz 7 . . . . 22 17 382
22, Kagran, Bernoullistraße 1 . . . . 23 32 37
22, Kaisermühlen, Schüttaustraße 39 . . . . . 23 58 333
22, Stadlau, Erzherzog-Karl-Straße 169 . . . . 22 19 294
23, Alt-Erlaa, Wohnpark, Anton-Baumgartner-Straße 44 . . . . 67 89 03
23, Atzgersdorf, Breitenfurter Straße 292 . . . 86 28 272
23, Liesing, Perchtoldsdorfer Straße 2 .723*, 86 96 17*, 94
23, Mauer, Speisinger Straße 256 . . . . 88 14 972
23, Rodaun, Willergasse 10 . . . . 88 43 413

Lehrlingsbüchereien:
6, Castelligasse 9 . . . . 55 61 57
6, Mollardgasse 87 . . . . 856*, 56 16 01*, 284
12, Längenfeldgasse 13–15 . . . . .83 16 44*, 30
15, Hütteldorfer Straße 7–17. . . . . 92 64 382

Autobusbüchereien:
22, Kagran, Wagramer Straße 1 . . . . 23 54 963

Ausleihzeiten:
Alle Büchereien: Montag von 10 bis 12 Uhr und von 14 bis 19 Uhr, Donnerstag von 10 bis 12 Uhr und von 14 bis 18 Uhr, Dienstag und Freitag von 14 bis 18 Uhr, Mittwoch und Samstag geschlossen.

Ausnahmen:
Hauptbücherei 8, Skodagasse 20: Montag und Donnerstag von 10 bis 19.30 Uhr, Dienstag und Freitag von 14 bis 19.30 Uhr, Mittwoch und Samstag geschlossen.
14, Flötzersteig 113: Dienstag von 14 bis 18 Uhr.

Lehrlingsbüchereien:
Montag bis Donnerstag von 9.30 bis 17 Uhr und Freitag von 9.30 bis 15.30 Uhr, Samstag geschlossen.

Autobusbüchereien:
Montag bis Freitag von 14 bis 18 Uhr.

MAGISTRATSABTEILUNG 14

Sanitätsrechtsangelegenheiten und Sozialversicherung

(Geschäftsgruppe Gesundheit und Soziales)

3, Am Modenapark 1–2, 2. Stock, Tür 202–232B, Tel. 740*, 72 36 31*

Grundsätzliche und individuelle Rechtsangelegenheiten des Gesundheitswesens, soweit sie nicht den Magistratsabteilungen 15 und 17 zugewiesen sind.
Handhabung des Krankenanstaltengesetzes mit Ausnahme der Pflegegebührenangelegenheiten und der wirtschaftlichen Aufsicht über Krankenanstalten.
Erteilung von Betriebsbewilligungen für und von Aufträgen an öffentliche und private Krankenanstalten gemäß § 27 des Arbeitnehmerschutzgesetzes, BGBl. Nr. 234/1972; Zulassung von Abweichungen von den Vorschriften der ADSchVO gemäß § 110 Abs. 2 der ADSchVO für öffentliche und private Krankenanstalten, Apotheken, Kuranstalten, Plasmapheresestellen, Friedhöfe und Bezirksleichenkammern.
Vorbearbeitung von Ansuchen um Bewilligung von medizinischen Untersuchungsanstalten.
Ausübung der Aufsicht über den öffentlichen und privaten Rettungs- und Krankenbeförderungsdienst in sanitärer und technischer Hinsicht, ausgenommen die Gebührenangelegenheiten des öffentlichen Rettungs- und Krankenbeförderungsdienstes; Erteilung der Bewilligungen für den privaten Rettungs- und Krankenbeförderungsdienst.
Rechtsangelegenheiten des Heilvorkommen- und Kurortewesens.
Handhabung des Strahlenschutzgesetzes hinsichtlich der medizinischen Heilbehandlung.
Vollziehung von Vorschriften, die zum Schutz der Arbeitnehmer erlassen wurden, im Zusammenhang mit der Handhabung des Strahlenschutzgesetzes hinsichtlich der medizinischen Heilbehandlung, ausgenommen Strafverfahren.
Rekurserhebung gegen Beschlüsse des Bezirksgerichtes im Anhalteverfahren in bezug auf Geisteskranke nach der Entmündigungsordnung.
Bearbeitung von Berufungen in Verwaltungsstrafsachen auf dem Gebiet des Gesundheitswesens und auf dem Gebiet des Arbeitnehmerschutzes, soweit die Magistratsabteilung 14 für die diesbezüglichen Administrativangelegenheiten zuständig ist.
Allgemeine und individuelle Rechtsangelegenheiten einschließlich der Berufungen betreffend die Sanitätspersonen (Ärzte, Apotheker, Dentisten, Hebammen und Krankenpflegepersonen), ausgenommen die Zuerkennung von Entschädigungen für Hebammen während der Teilnahme am Fortbildungskurs für Hebammen.
Bearbeitung von Berufungen gegen sanitätsrechtliche Bescheide in den Fällen, in denen die Magistratsabteilung 14 nicht in erster Instanz entschieden hat.
Vorbereitung der Wahlen in die Ärztekammer für Wien, die Österreichische Dentistenkammer und die Österreichische Apothekerkammer (Pharmazeutische Gehaltskasse).
Angelegenheiten der Standesvertretungen der Ärzte (Ärztekammer für Wien) und der Hebammen, insbesondere Ausübung der staatlichen Aufsicht, Genehmigung ihrer Satzungen, Geschäftsordnungen, Dienst-, Bezugs- und Pensionsordnungen sowie der Umlagen- und Beitragsordnungen mit Ausnahme der Jahresvoranschläge und der Rechnungsabschlüsse.
Periodische Berichterstattung an das Bundesministerium für Gesundheit und Umweltschutz über die öffentlichen Apotheken, die als Witwen- und Deszendentenfortbetriebe geführt werden.
Erteilung der Erlaubnis für Betriebe zur Schädlingsbekämpfung mit hochgiftigen Stoffen; Evidenthaltung dieser Betriebe und ihres Personals, Genehmigung der Durchgasungskammern.
Anordnung allgemeiner Rattenbekämpfungsmaßnahmen.
Entscheidung über Berufungen gegen administrative Aufträge zur Beseitigung von Übelständen nach dem Bundesgesetz betreffend die Verhütung und Verbreitung übertragbarer Krankheiten durch das Überhandnehmen von Ratten, gegen Bescheide nach dem Bäderhygienegesetz, gegen Bescheide nach § 8 des Bazillenausscheidergesetzes und gegen Bescheide nach den §§ 7 oder 17 des Epidemiegesetzes.
Verwaltung der Stiftung zur Förderung der Tuberkulosebekämpfung.
Rekurserhebung gegen Beschlüsse des Bezirksgerichtes im Anhalteverfahren in bezug auf uneinsichtige Tuberkulöse nach dem Tuberkulosegesetz einschließlich der Beschlagnahme von Gegenständen.
Bestellung der Impfärzte zur Durchführung öffentlicher Schutzimpfungen gegen Tuberkulose.
Entscheidung über Ansprüche, die im Zusammenhang mit sanitätspolizeilichen individuellen Verfügungen nach dem Tuberkulosegesetz und nach dem Epidemiegesetz entstanden sind.
Allgemeine und grundsätzliche Angelegenheiten des Leichen- und Bestattungswesens.
Bestellung der Obduktionskommissäre.
Entgegennahme von Anzeigen nach der Magistratskundmachung betreffend die Beisetzung in Leichenkammern und die Aufbahrung von Leichen im Stadtgebiet von Wien.
Entscheidung über die Zuerkennung von Prämien für die Bergung von Wasserleichen; Gewährung von Beiträgen zu den Kosten der über sanitätsbehördliche Anordnung im Gerichtsmedizinischen Institut durchgeführten Obduktionen.
Allgemeine Angelegenheiten der Sozialversicherung.
Entscheidung über Anträge und über Rechtsmittel in Angelegenheiten der Allgemeinen Sozialversicherung und sämtlicher Sonderversicherungen sowie der Arbeitslosenversicherung.
Entscheidung über Einsprüche nach dem Entgeltfortzahlungsgesetz.
Entscheidung über Rechtsmittel gegen Verwaltungsstrafen und administrative Maßnahmen in der Sozialversicherung.
Entscheidung über Rechtsmittel gegen die Vorschreibung von Ausgleichstaxen, die Zulässigkeit von Kündigungen und die Feststellung der Zugehörigkeit zum geschützten Personenkreis nach dem Invalideneinstellungsgesetz.
Entscheidung über Berufungen gegen Bescheide der Bezirksverwaltungsbehörde über Einwendungen gegen Zahlungsaufforderungen nach dem Wiener Krankenanstaltengesetz.
Entscheidung über Rechtsmittel betreffend die Pflicht zur Entrichtung des Wohnbauförderungsbeitrages.
Wahrnehmung der dem Landeshauptmann zukommenden Aufsicht über Krankenkassen.
Vorbereitung der Bestellung der Beisitzer beim Schiedsgericht der Sozialversicherung für Wien.
Mitwirkung bei der Bestellung der in die Verwaltungskörper der Sozialversicherungsträger zu entsendender Versicherungsvertreter.
Führung der Bürogeschäfte der Obereinigungskommission nach der Wiener Landarbeitsordnung.
Angelegenheiten des Arbeitsrechtes, soweit hiefür nicht eine andere Dienststelle zuständig ist.

Hawla, Dr. Franz, Senatsrat, Bereichsleiter hinsichtlich der MA 14, 15, 17 und 64 200
Anibas, Dr. Karl, Obermagistratsrat 230
Lauer, Dr. Otto, Obermagistratsrat 203
Pichler, Dr. Gilbert, Obermagistratsrat 221
Groyer, Dr. Eva, Magistratsrat 207
Scherzer, Dr. Kurt, Magistratsoberkommissär . . . 259
Dürr, Dr. Elisabeth, Magistratskommissär 207
Gliederer, Dr. Monika, Magistratskommissär 227
Wallner, Mag. Elisabeth, Magistratskommissär . . . 206
Heisinger Rudolf, Amtsrat 224
Held Johann, Amtsrat 222
Kampfl Eva, Kanzleioffizial, Kanzleileiter 223
Kanzlei 223
Einlaufstelle, Protokoll 204
Schreibstelle 201, 226

MAGISTRATSABTEILUNG 15

Gesundheitsamt

(Geschäftsgruppe Gesundheit und Soziales)

1, Gonzagagasse 23, 2. Stock, Tür 212, Tel. 66 14*

Angelegenheiten des Gesundheitswesens, soweit nicht die Magistratsabteilung 14 oder die Magistratsabteilung 17 zuständig ist.
Aufgaben des Landessanitätsdirektors einschließlich der Direktion der Bundeshebammenlehranstalt für Wien, Niederösterreich und das Burgenland.
Aufgaben des leitenden Sanitätsbeamten bei der Handhabung des Krankenpflegegesetzes.
Allgemeine Angelegenheiten der Medizinalstatistik und Führung eigener medizinischer Statistiken; Erstellung von periodischen Sanitätsberichten.
Verhütung, Früherfassung und Bekämpfung von Krankheiten des Menschen, insbesondere der übertragbaren Krankheiten; Gesundheitsvorsorge, Gesundheitserziehung, Impfwesen, Desinfektionswesen.
Beistellung von Sachverständigen sowie Mitwirkung bei der Stadtplanung in Gesundheitsfragen.
Angelegenheiten der Bau-, Arbeits-, Ernährungs-, Wasser-, Verkehrs-, Wohn- und Sporthygiene, Umwelthygiene.
Führung der Hygienisch-bakteriologischen Untersuchungsanstalt der Stadt Wien; Begutachtung und Überwachung der Wasserversorgung, der Gewässer, der öffentlichen Bäder und der Abwässer in hygienischer Hinsicht, Erstattung von Gutachten nach dem Bäderhygienegesetz.
Mitwirkung bei Angelegenheiten des Strahlenschutzes, des Zivilschutzes und des Katastrophenschutzes.
Führung der Desinfektionsanstalt der Stadt Wien.
Vollziehung in erster Instanz: des Tuberkulosegesetzes, soweit nicht die Magistratsabteilung 12 oder die Magistratsabteilung 14 zuständig ist, des Bundesgesetzes über Schutzimpfungen gegen Tuberkulose, soweit nicht die Magistratsabteilung 14 zuständig ist, und des Gesetzes zur Bekämpfung der Geschlechtskrankheiten.
Führung der Gesundenuntersuchungsstellen (einschließlich der Raucher- und Ernährungsberatungsstellen und des Vorsorgezentrums „Herz – Kreislauf"), der Schwangerenberatungsstellen, der Tuberkulosefürsorgestellen und der Geschlechtskrankenberatungsstelle der Stadt Wien; ärztlicher Dienst in den Mutterberatungsstellen, Ehe- und Familienberatungsstellen sowie in den Familienplanungsstellen der Stadt Wien.
Ärztliche Säuglings-, Kinder- und Jugendfürsorge; ärztliche Betreuung in den städtischen Kindergärten und Horten.
Ärztliche Körperbehindertenbetreuung; orthopädisch-fachärztliche Betreuung der Körperbehindertenschulen, Durchführung von Sonderturnkursen für haltungsgefährdete Kinder, Früherfassung körperbehinderter Kinder und Jugendlicher, Führung der Untersuchungsstelle für Körperbehinderte.
Evidenthaltung und Überwachung der Pflege und der medizinischen Rehabilitation von nicht in bettenführenden Anstalten untergebrachten Geisteskranken und Schwachsinnigen; Bekämpfung des Alkoholismus und des Drogenmißbrauches; Vertretung der Stadt Wien bei den Tagsatzungen im Anhaltungsverfahren, Antragstellung auf Entmündigung.
Angelegenheiten der Schulhygiene; schulärztlicher Dienst in den städtischen Pflichtschulen, Führung der augen- und ohrenärztlichen Untersuchungsstelle für Schulkinder.
Jugendzahnpflege; Führung der Jugendzahnkliniken.
Medizinische Beratung für Tropenreisende; Untersuchung auf Tropentauglichkeit, Führung der Impfstelle.
Sanitäre Überwachung der öffentlichen und privaten Krankenanstalten, der Heilquellen und Kuranstalten sowie der medizinisch-diagnostischen Untersuchungsanstalten; ärztliche Mitwirkung bei der Überwachung der Pflegeheime.
Sanitäre Überwachung der Campingplätze und der Herbergen für Obdachlose.
Evidenthaltung und Überwachung der Berufsausübung der Sanitätspersonen (Ärzte, Dentisten, Apotheker, Krankenpflegepersonal, Personal der medizinisch-technischen Dienste und der Sanitätshilfsdienste sowie Hebammen) und grundsätzliche Angelegenheiten ihrer Ausbildung und Fortbildung aufgrund der einschlägigen gesetzlichen Bestimmungen. Angelegenheiten des Hebammenwesens mit Ausnahme der der Magistratsabteilung 14 zustehenden Rechtsangelegenheiten.
Stellungnahme zu Anträgen auf Verleihung von Auszeichnungen und medizinischen Berufstiteln.
Maßnahmen zur Sicherung der ärztlichen und pflegerischen Versorgung der Bevölkerung; Führung und Einsatz von mobilen Krankenschwestern.
Angelegenheiten der Amtsärzteausbildung (Physikatskurs, Physikatsprüfung).
Überwachung des Apothekenbetriebes, der Drogerien, Drogengroßhandlungen und chemisch-pharmazeutischen Erzeugungsstätten; Überwachung des Gift- und Suchtgiftverkehrs, soweit nicht die magistratischen Bezirksämter zuständig sind, Bekämpfung des Suchtgiftmißbrauches, Außerverkehrsetzung von Arzneimitteln durch individuelle Verwaltungsakte, Versagung von Hausspezialitäten, Überwachung des Heilmittelverkehrs im allgemeinen.
Angelegenheiten des Blutspendewesens; Überwachung der Plasmapheresestellen, Erteilung von Aufträgen nach dem Plasmapheresegesetz zur Beseitigung von Mißständen sowie Führung der Evidenz der Plasmaspender.
Überwachung der Ungeziefer- und Rattenbekämpfung.
Ärztliche Angelegenheiten und sanitäre Überwachung des Leichen- und Bestattungswesens einschließlich der Bewilligung der Enterdigung sowie der Überführung von Leichen, ausgenommen innerhalb von Friedhöfen.
Amtsärztlicher Dienst; ärztliche Untersuchung der Gastarbeiter für das Landesarbeitsamt.
Erstellung ärztlicher Gutachten nach dem Opferfürsorgegesetz.
Vertrauensärztlicher Dienst hinsichtlich der Bediensteten des Magistrats der Stadt Wien (soweit eine besondere Regelung getroffen ist, einschließlich der Bediensteten der städtischen Unternehmungen), der Lehrpersonen einschließlich der Lehrer an allgemeinbildenden höheren Schulen und Hochschulen sowie in Angelegenheiten der Sozialhilfe.
Dienstaufsicht über das zugeteilte Personal, soweit es nicht der Dienstaufsicht des Magistratsdirektors untersteht.

Junker, Dr. Ermar, Oberstadtphysikus, Hofrat . . . 511
Krafek, Dr. Anton, Stadtphysikus 527
Hawle, Dr. Gertrude, Stadtphysikus 521
Kapaun, Dr. Helene, Stadtphysikus 549
Ortel, Dr. Norbert, Stadtphysikus 532
Vondracek, Dr. Emil, Stadtphysikus, Hofrat 537
Biron, Dr. Franz, Oberphysikatsrat 686, 687
Kopp, Dr. Wolfgang, Oberphysikatsrat 566
Bruns, Dr. Christine, Physikatsrat 525
Kremeier, Dr. Elisabeth, Physikatsrat 524
Picker, Dr. Greta, Physikatsrat 544
Schön, Dr. Robert, Physikatsrat 536
Zimmermann, Dr. Rudolf, Physikatsrat 530

Seyer, Dr. Christa, Physikatskommissär 540
Binder, Dr. Kurt, Med.-Rat, Univ.-Doz., Primarius, Facharzt 31 53 34*, 21
Burggasser, Dr. Edith, Facharzt 62 48 435
Jorthan, Dr. Silvia, Facharzt 562
Klima, Dr. Hans, Med.-Rat, Facharzt 551
Müller, Dr. Maria, Facharzt 31 53 34*, 41
Schindler, Dr. Raoul, Univ.-Doz., Primarius, tlb. Facharzt 543
Schnack, Dr. Herbert, Univ.-Prof., Primarius, tlb. Facharzt 573
Krause, Dr. Rita, Stadtphysikus i. R., Hofrat, tlb. Ärztin 675
Bergmayr, Dr. Walter, vtm. Physikatsarzt 542
Chraska, Dr. Olga, vtm. Physikatsarzt 554
Jungegger, DDr. Erich, vtm. Physikatsarzt 536
Lindner, Dr. Reinhard, vtm. Physikatsarzt 547
Ryvarden, Dr. Gunnar, Univ.-Doz., vtm. Physikatsarzt 42 54 49*, 35
Heintschel, Dr. Hans Günther, Obermagistratsrat 42 54 49*, 42
Bolzer, Dipl.-Ing. Wolfgang, Magistratsrat 42 54 49*, 30
Jaksch, Dr. Gertrude, Magistratsrat 42 54 49*, 54
Groß, Dr. Franz, Magistratsoberkommissär 42 54 49*, 43
Getreuer, Dr. Herbert, vtm. Biologe 42 54 49*, 27
Schnattinger, Mag. Andrea, vtm. Biologin . 42 54 49*, 51
Janisiw Antonia, Verwaltungsoberkommissär 518
Wesely Gottfried, Amtsrat 520
Janisiv Antonia, Verwaltungsoberkommissär 518
Ullmann Hans, Verwaltungsoberoffizial . . . 31 53 34*, 34
Pronay, Gertrude, Kanzleirat, Kanzleileiter 512
Einlaufstelle 513

Referat 1: Verwaltungs- und Wirtschaftsangelegenheiten
Janisiw Antonia, Verwaltungsoberkommissär 518, 538, 652

Referat 2: Personalangelegenheiten
Wesely Gottfried, Amtsrat 520, 581, 510, 519

Referat 3: Seuchenbekämpfung, Infektionskrankheiten, Schutzimpfungen
Bruns, Dr. Christine, Physikatsrat 525, 526

Referat 4: Hygienisch-bakteriologische Untersuchungsanstalt, Wasserhygiene:
8, Feldgasse 9 . . . . 42 54 49*
Ryvarden, Dr. Gunnar, Univ.-Doz. 35

Referat 5: Allgemeine Hygiene, Umwelthygiene, Umweltschutz
Jungegger, DDr. Erich, vtm. Physikatsarzt . . . 536, 523

Referat 5a: Allgemeine Sanitätsangelegenheiten, Sozialhygiene, Gesundheitsstatistik
Kremeier, Dr. Elisabeth, Physikatsrat 524, 523

Referat 6: Krankenanstalten, Leichen- und Bestattungswesen
Zimmermann, Dr. Rudolf, Physikatsrat . . . 530, 529, 531

Referat 7: Sanitätspersonen, Apotheken- und Arzneimittelwesen
Krafek, Dr. Anton, Stadtphysikus 527, 528, 579

Referat 8: Krankenpflege, med.-techn. und Sanitätshilfsdienste, Hebammenwesen
Hawle, Dr. Gertrude, Stadtphysikus 521, 522

Referat 8a: Mobile Krankenschwestern
Hawle, Dr. Gertrude, Stadtphysikus 521, 522

Referat 9: Amtsärztliche Untersuchungsstelle
Vondracek, Dr. Emil, Stadtphysikus, Hofrat . . 537, 545

Referat 10: Impfungen für Ausreisende, Tropenmedizinische Beratungsstelle, Rezeptprüfungsstelle
Krause, Dr. Rita, Stadtphysikus i. R., Hofrat, tlb. Ärztin 675, 548

Referat 11: Gesundheitsvorsorge, Gesundenuntersuchungsstellen
Schnack, Dr. Herbert, Univ.-Prof., Primarius, tlb. Facharzt 573, 574, 661

Referat 12: Psychohygiene
Schindler, Dr. Raoul, Univ.-Doz., Primarius, tlb. Facharzt 543
Außenstelle: 1, Neutorgasse 18/2/264 690, 695, 543, 692, 694, 696, 697, 698, 699

Referat 13: Schulärztlicher Dienst
Ortel, Dr. Norbert, Stadtphysikus 532, 517
Augenärztliche Untersuchungsstelle 533
Ohrenärztliche Untersuchungsstelle 575

Referat 14: Jugendzahnkliniken:
9, Salzergasse 28 . . . . 31 53 34*
Binder, Dr. Kurt, Med.-Rat, Univ.-Doz., Primarius, Facharzt 21

Referat 15: Gesundheitsvorsorge für Mutter und Kind
Kapaun, Dr. Helene, Stadtphysikus 549, 582

Referat 16: Tuberkulosebekämpfung, Gastarbeiteruntersuchungen:
1, Neutorgasse 18, 2. Stock, Tür 261
Klima, Dr. Hans, Med.-Rat, Facharzt 551, 552, 555, 556
Schirmbildstelle des Tuberkulosereferates:
1, Zelinkagasse 9, Parterre 576, 558
Röntgenstelle des Tuberkulosereferates:
1, Neutorgasse 18, Parterre 559, 561, 562
Calmette-Impfstelle des Tuberkulosereferates:
1, Zelinkagasse 5, 2. Stock, Tür 249 553

Referat 17: Körperbehindertenbetreuung, orthopädische Angelegenheiten:
1, Zelinkagasse 5, Parterre
Biron, Dr. Franz, Oberphysikatsrat 686, 687, 657, 688, 680

Referat 18: Geschlechtskrankenberatung:
1, Neutorgasse 20, Parterre:
Kopp, Dr. Wolfgang, Oberphysikatsrat . . . 566, 539, 567

Desinfektionsanstalt:
3, Arsenalstraße 7 . . . . 78 21 08, 78 21 07
Kohlhauser Hermann, Desinfektionsleiter

Hygienisch-bakteriologische Untersuchungsanstalt, Wasserhygiene:
8, Feldgasse 9 . . . . 42 54 49*
Ryvarden, Dr. Gunnar, Univ.-Doz. 35

Hauskrankenpflege durch mobile Krankenschwestern:

Zentrale:
1, Neutorgasse 15 . . . . 66 14*, 677, 678
Stützpunkte:
1, Neutorgasse 15 (1., 6., 7., 8., 9. Bezirk) 66 14*, 676
2, Karmelitergasse 9 (2., 20. Bezirk) 702*, 33 16 11*, 239
4, Favoritenstraße 18 (3., 4., 5. Bezirk) 724*, 65 47 34*, 227
10, Laxenburger Straße 43–47 (10., 11., 12. Bezirk) 710*, 64 36 31*, 262
15, Gasgasse 8–10 (14., 15., 16. Bezirk) 715*, 83 36 11*, 245
19, Gatterburggasse 14 (17., 18., 19. Bezirk) 719*, 36 42 50*, 285
22, Kagran, Schrödingerplatz 1 (21., 22. Bezirk) . . 722*, 23 65 29*, 294
23, Liesing, Perchtoldsdorfer Straße 2 (13., 23. Bezirk) 723*, 86 96 17*, 47

Gesundenuntersuchungsstellen:

(Vorherige Anmeldung im Gesundheitsamt der Stadt Wien, Referat 11, 1, Schottenring 24 . . . . 66 14*, 574, 661)
3, Hainburger Straße 57–63. . . . . 72 24 57
9, Lazarettgasse 14 (I. Medizinische Universitätsklinik, Ambulanz) 48 00*, 2105
10, Per-Albin-Hansson-Siedlung Ost, Ada-Christen-Gasse 2/C. 68 21 60
13, Hietzinger Kai 1–3 . . . . 713*, 82 26 51*, 358
15, Sorbaitgasse 3 (Vorsorge Herz-Kreislauf) . . 92 44 39
16, Montleartstraße 37 (Wilhelminenspital, 1. Medizinische Abteilung). 95 25 11*, 2554

Raucherberatungsstellen:

1, Zelinkagasse 9, Parterre, Tür E 25 . 66 14*, 574, 661
Anmeldung Montag bis Freitag von 8 bis 11 Uhr persönlich
1, Zelinkagasse 3 . . . . 66 14*, 563, 564
Ambulanzzeiten Montag und Donnerstag von 16 bis 18 Uhr
5, Margaretengürtel 96 . . . . 55 11 07
Mittwoch von 15 bis 18 Uhr
11, Simmeringer Hauptstraße 93–95 . . . . 74 17 85
Mittwoch von 15.30 bis 18 Uhr
16, Kreitnergasse 43 . . . . 92 56 83
Dienstag von 16 bis 18 Uhr
20, Pappenheimgasse 48–52 . . . . 33 93 26
Montag von 15 bis 18 Uhr
21, Am Spitz 1 . . . . . 721*, 38 15 04*, 390, 391, 392, 393
Donnerstag von 15 bis 18 Uhr

Ernährungsberatungsstelle:

(Telefonische Auskunft und Anmeldung
1, Schottenring 24 . . . . 66 14*, 574)
1, Zelinkagasse 3 . . . . 66 14*, 563, 564
Montag, Dienstag, Donnerstag von 16 bis 18 Uhr

Brustambulanz:

(Telefonische Anmeldung
1, Schottenring 24 . . . . 66 14*, 574)
15, Sorbaitgasse 3 . . . . 92 44 39

Herz-Kreislauf-Zentrum:

15, Sorbaitgasse 3 . . . . 92 44 39
(Zuweisung nur nach vorheriger Gesundenuntersuchung)

Jugendzahnkliniken:

Leitung und Depot der Jugendzahnkliniken,
9, Salzergasse 28 . . . . 31 53 34*
Dienststunden Montag bis Freitag von 7.30 bis 15.30 Uhr, Donnerstag von 7.30 bis 18 Uhr
10, Erlachgasse 100. . . . . 62 48 435
Ordination Montag, Mittwoch, Donnerstag, Freitag von 8 bis 15.30 Uhr, Dienstag von 13 bis 15.30 Uhr, Dienststunden von 7.30 bis 15.30 Uhr
15, Geyschlägergasse 2–12 . . . . 92 79 183
Ordination Montag bis Freitag von 12.30 bis 15.30 Uhr, Dienststunden von 7.30 bis 15.30 Uhr
21, Franz-Jonas-Platz 8. . . . . 721*, 38 15 04*, 395
Ordination Montag, Freitag von 8 bis 15.30 Uhr, Dienstag, Mittwoch, Donnerstag von 12.30 bis 15.30 Uhr, Dienststunden von 7.30 bis 15.30 Uhr
Expósituren:
18, Währinger Straße 173–181 . . . . . 47 11 76, 47 12 84
Ordination nur für Schüler der Sonderschule Mittwoch und Freitag von 8 bis 13 Uhr
23, Mauer, Kanitzgasse 8 . . . . 88 11 46*
Ordination nur für Zöglinge des Dr.-Adolf-Lorenz-Heimes und der Körperbehindertenschule Rodaun Dienstag von 8 bis 12 Uhr
(Änderungen der Ordinationsstunden werden durch Anschlag am Eingangstor zur jeweiligen Jugendzahnklinik bekanntgegeben)

Schwangerenberatung:

10, Kundratstraße 3 (Franz-Josef-Spital) . . . 64 16 91*
Montag und Mittwoch von 14 bis 16 Uhr
13, Wolkersbergenstraße 1 (Krankenhaus Lainz) 84 16 16*
Montag und Donnerstag von 13 bis 15 Uhr

15, Huglgasse 1–3 (Elisabeth-Spital) 95 65 51*
Donnerstag von 15 bis 17 Uhr, Freitag von 8 bis 10 Uhr
16, Montleartstraße 37 (Wilhelminenspital) . . 95 25 11*
Montag und Mittwoch von 13 bis 15 Uhr

Entwicklungsdiagnostik und Sondermutterberatung:

18, Währinger Gürtel 141 . . . . 34 42 70

Spezialambulanz für Entwicklungsdiagnostik und cerebrale Bewegungsstörungen:

10, Gellertgasse 42–48 . . . . 64 35 84

Pädiatrische Kardiologie – Herzambulanz:

9, Währinger Gürtel 74–76 . . . . 48 00*, 3199

Seh- und Hörtestungen:

1, Gonzagagasse 23 . . . . 66 14*, 582
Montag von 8 bis 11 Uhr
18, Währinger Gürtel 141 . . . . 34 42 70
Montag von 8 bis 11 Uhr
Sehprüfungen für Kinder ab dem vollendeten dritten Lebensjahr
Hörtestungen für Kinder ab fünf Jahren

Tuberkulosefürsorgestellen:

1., 8., 9., 18., 19. Bezirk:
9, Lazarettgasse 13b 43 33 49, 43 35 76
Ordination Montag von 8 bis 11 Uhr (nur Schirmbild) und von 13 bis 16 Uhr, Dienstag von 14 bis 16 Uhr, Mittwoch und Donnerstag von 13 bis 16 Uhr, Sprechstunden Donnerstag von 8 bis 11 Uhr
2., 20. Bezirk:
20, Pappenheimgasse 48–52 . . . 33 93 26, 33 71 68
Ordination Montag von 14 bis 17 Uhr, Mittwoch von 13 bis 15 Uhr, Donnerstag von 13 bis 17.30 Uhr, Sprechstunden Dienstag und Freitag von 8 bis 11 Uhr
3., 11. Bezirk:
11, Simmeringer Hauptstraße 93–95. . . . . 74 17 85
Ordination Montag und Mittwoch von 14 bis 16.30 Uhr, Sprechstunden Dienstag von 8 bis 12 Uhr
4., 5., 6., 7., 12. Bezirk:
5, Margaretengürtel 96 . . . . 55 11 07
Ordination Montag und Mittwoch von 13 bis 16.30 Uhr, Donnerstag von 8 bis 11 Uhr (nur Schirmbild) und von 14 bis 17 Uhr, Sprechstunden Mittwoch von 8 bis 12 Uhr
10. Bezirk:
10, Columbusgasse 32–34 . . . . 64 37 17
Ordination Dienstag und Donnerstag von 13 bis 16.30 Uhr, Sprechstunden Mittwoch von 8 bis 11 Uhr
13., 14. Bezirk:
14, Gusenleithnergasse 27–29 . . . . 94 21 43
Ordination Montag von 14 bis 16 Uhr, Donnerstag von 13 bis 16.30 Uhr, Sprechstunden Mittwoch von 9 bis 12 Uhr
15., 16., 17. Bezirk:
16, Kreitnergasse 43 . . . . 92 56 83
Ordination Montag von 13 bis 15.30 Uhr, Mittwoch von 13 bis 15 Uhr, Donnerstag von 13.30 bis 16.30 Uhr, Sprechstunden Dienstag von 8 bis 12 Uhr
21., 22. Bezirk:
21, Am Spitz 1. . . . . 721*, 38 15 04*, 390, 391, 392, 393
Ordination Montag von 13 bis 17 Uhr, Dienstag von 13 bis 15 Uhr (nur Schirmbild), Donnerstag von 14 bis 16 Uhr, Sprechstunden Montag von 8 bis 12 Uhr
23. Bezirk:
23, Liesing, Breitenfurter Straße 360–368 . . 86 34 26
Ordination Montag von 14 bis 16 Uhr, Donnerstag von 14 bis 17 Uhr, Sprechstunden Dienstag von 8 bis 12 Uhr
Sputum-Untersuchungsstelle, 8, Feldgasse 9. . 42 54 49*

Bezirksgesundheitsämter:

1., 8. Bezirk:
1, Wipplingerstraße 8 . . . . . 701*, 708*, 63 07 31*
Kaindl, Dr. Eva Maria, Oberphysikatsrat . . . 267
2. Bezirk:
2, Karmelitergasse 9 . . . . 702*, 33 16 11*
Luch, Dr. Alfred, Stadtphysikus 288
3. Bezirk:
3, Karl-Borromäus-Platz 3. . . . . . 703*, 72 51 71*
Mraz, Dr. Kurt, Stadtphysikus 267
4., 5. Bezirk:
4, Favoritenstraße 18 . . . . 724*, 65 47 34*
Wager, Dr. Heinrich, vtm. Physikatsarzt, Med.-Rat 231
6., 7. Bezirk:
6, Amerlingstraße 11 . . . . 726*, 57 95 21*
Bartunek, Dr. Hans, Oberphysikatsrat 59
9. Bezirk:
9, Währinger Straße 29 . . . . 709*, 42 35 75*
Schweeger, Dr. Herbert, Oberphysikatsrat . . . 261
10. Bezirk:
10, Laxenburger Straße 43–47 . . . . 710*, 64 36 31*
Brucha, Dr. Erwin, Oberphysikatsrat 242
11. Bezirk:
11, Enkplatz 2 . . . . 711*, 74 35 86*
Blechinger, Dr. Franz, Physikatsrat 270
12. Bezirk:
12, Hufelandgasse 2 . . . . 712*, 83 16 01*
Kohnen-Zülzer, Dr. Eugen, vtm. Physikatsarzt . 241
13., 14. Bezirk:
13, Hietzinger Kai 1–3. . . . . 713*, 82 26 51*
Scheitz, Dr. Werner, Oberphysikatsrat 290
15. Bezirk:
15, Gasgasse 8–10 . . . . 715*, 83 36 11*
Nurrer, Dr. Elisabeth, Stadtphysikus, Med.-Rat . 260
16. Bezirk:
16, Richard-Wagner-Platz 19 . . . . 716*, 92 26 96*
Heinrich, DDr. Walter, Physikatsrat 260
Gottwald, Dr. Erika, vtm. Physikatsarzt 269
17. Bezirk:
17, Kalvarienberggasse 29 . . . . . . 717*, 43 61 01*
Greutter, Dr. Bruno, Physikatsrat 285
18. Bezirk:
18, Währinger Straße 124 . . . . . . 718*, 34 25 20*
Lindner, Dr. Reinhard, vtm. Physikatsarzt . . . 215
19. Bezirk:
19, Gatterburggasse 14 . . . . 719*, 36 42 50*
Totter, Dr. Anina, Oberphysikatsrat 280
20. Bezirk:
20, Brigittaplatz 10 . . . . 720*, 33 35 11*
Kreiner, Dr. Heinrich, Oberphysikatsrat 290
21. Bezirk:
21, Am Spitz 1. . . . . 721*, 38 15 04*
Hein, Dr. Ulrike, Oberphysikatsrat 290
22. Bezirk:
22, Kagran, Schrödingerplatz 1 . . . 722*, 23 65 29*
Zupnik, Dr. Alexander, Physikatsrat 290
23. Bezirk:
23, Liesing, Perchtoldsdorfer Straße 2 . . . . 723*, 86 96 17*
Malis, Dr. Konstantin, vtm. Physikatsarzt. . . . 56

Landessanitätsrat für Wien:

1, Rathaus, Tel. 42 8 01/2143

Vorsitzender:
Junker, Dr. Ermar, Oberstadtphysikus, Hofrat, Landessanitätsdirektor
Stellvertreter:
Swoboda, Dr. Walter, a. o. Univ.-Prof.

Ordentliche Mitglieder:
Deutsch, Dr. Dr. h. c. Erwin, o. Univ.-Prof.
Luger, Dr. Anton, a. o. Univ.-Prof., Hofrat, Primarius
Rockenschaub, Dr. Alfred, Univ.-Doz., Primarius
Sighart, Dr. Herbert, Univ.-Doz., Primarius
Wagner, Dr. Otto, a. o. Univ.-Prof.
Zeman, Dr. Kurt, Med.-Rat, Stadtphysikus i. R.
1 Stelle unbesetzt

Außerordentliche Mitglieder:
Belohlavy, Dr. et Mag. pharm. Paul
Eberl, Dr. Rudolf, a. o. Univ.-Prof., Primarius
Fritsch, Dr. Arnulf, o. Univ.-Prof.
Geyer, Dr. Georg, o. Univ.-Prof.
Glück, Dr. Otto, Med.-Rat
Neugebauer, Dr. Hermann, Univ.-Doz., Primarius, Präsident der Ärztekammer für Wien
Neumayr, Dr. Anton, a. o. Univ.-Prof., Primarius

MAGISTRATSABTEILUNG 16

(derzeit nicht eingerichtet, siehe MA 14)

MAGISTRATSABTEILUNG 17

Anstaltenamt

(Geschäftsgruppe Gesundheit und Soziales)

1, Schottenring 24, 3. Stock, Tür 350, Tel. 66 14*

Führung und Verwaltung der städtischen Krankenanstalten und Pflegeheime.
Führung der Krankenpflegeschulen, der Hebammenlehranstalt, der Schulen der medizinisch-technischen Dienste, der physikalisch-technischen Prüfanstalt für Radiologie und Elektromedizin der Stadt Wien, des Wiener städtischen Rettungs- und Krankenbeförderungsdienstes sowie der Zentralwäscherei.
Vorschreibung und Einhebung der Pflegegebühren und der Transportkosten in den städtischen Krankenanstalten sowie der Pfleglingsentgelte in den Pflegeheimen der Stadt Wien mit Ausnahme des Streitverfahrens in Sozialhilfeangelegenheiten.
Vorschreibung und Einhebung der Transportkosten des Rettungs- und Krankenbeförderungsdienstes.
Vertretung der Stadt Wien als Rechtsträger der Anstalten bzw. als Träger der Sozialhilfe zur Hereinbringung der Pflegegebühren, der Pfleglingsentgelte und der Transportkosten vor Gerichten und Verwaltungsbehörden.
Stellung von Entmündigungsanträgen.
Erwerb und Verwaltung von Gastgewerbeberechtigungen in den städtischen Krankenanstalten und Pflegeheimen im Einvernehmen mit der Magistratsabteilung 69.
Bestätigung der Vollstreckbarkeit von Rückstandsausweisen für Pflege- und Sondergebühren einer öffentlichen Krankenanstalt.
Führung der Anstaltsapotheken.
Planung, Errichtung, Betriebsführung und Erhaltung von Wäschereianlagen im Bereich der Magistratsabteilung 17.
Planung, Errichtung, Betriebsführung und Erhaltung von Förderanlagen in Krankenanstalten und Pflegeheimen, soweit diese über den Behandlungs-, Untersuchungs- oder Laborbereich nicht hinausgehen.
Dienstaufsicht über das zugeteilte Personal, soweit es nicht der Dienstaufsicht des Magistratsdirektors untersteht.
Medizinspezifische Fort- und Weiterbildung einschließlich der Herausgabe von Skripten.

Siebensohn, Dr. Hans, Obersenatsrat, Projektleiter für den Neubau des Allgemeinen Krankenhauses der Stadt Wien (einschließlich der Universitätskliniken) sowie dessen Inbetriebnahme bzw. Teilinbetriebnahme 340
Kölblinger, Dipl.-Ing. Gerhart, Senatsrat 615
Walchhütter, Dkfm. Alfred 377
Strausz, Mag. pharm. Marianne, vtm. Apotheker . . 319
Gödel, Dr. Friedrich, Obermagistratsrat 656
Kneusel-Herdliczka, Dr. Oskar, Obermagistratsrat . 375
Zwins, Dr. Wolfgang, Obermagistratsrat 342
Frosch, Dipl.-Ing. Eduard, Stadtbaurat 374
Fuchs, Dr. Peter, Magistratsrat 320
Kreidl, Dkfm. Friedrich 381
Olensky, Dipl.-Ing. Erwin 385
Penewa-Petrow, Dr. Zenka, Physikatsrat 373
Aumayr, Dipl.-Ing. Josef, Stadtbaukommissär . . . 374
Bilek, Mag. Dr. Anton 326
Hladik Josef, Oberamtsrat 334
Molnar Erich, Oberamtsrat 330
Slaby Wilhelm, Oberamtsrat 357
Bauer Gerhard, Amtsrat 314
Fally Helmut, Amtsrat 619
Herzog Karl, Amtsrat 305
Kocher Helga, Amtsrat. 66 37 64/31
Loidl Wilhelmine, Amtsrat. 307
Mocnik Edith, Amtsrat. 391
Pass Anna, Amtsrat 364
Payer Bernd, Amtsrat 359
Switil Gertrude, Amtsrat 378
Thenner Franz, Amtsrat 313
Wansch Friedrich, Amtsrat. 339
Wittek Edith, Amtsrat 343
Keindl Willmar, Verwaltungskommissär 337
Kempel Helmuth, Verwaltungskommissär 344
Lehner-Hartl Hermine, Oberin. 328
Herz Ilse, Oberassistentin 655
Hutterer Erich, Kanzleioberoffizial, Kanzleileiter . . 347
Kanzlei 348

Dezernat I: Allgemeine Rechts-, Personal- und Gebührenangelegenheiten
Zwins, Dr. Wolfgang, Obermagistratsrat 342
Fuchs, Dr. Peter, Magistratsrat 320
Loidl Wilhelmine, Amtsrat. 307
Fally Helmut, Amtsrat 619

Referat für Personalangelegenheiten:
Molnar Erich, Oberamtsrat 330

Allgemeine Personalangelegenheiten:
Hladik Josef, Oberamtsrat 334
Ärztliches Personal und Apotheker, Physiker, Psychologen, Chemiker:
Payer Bernd, Amtsrat 359
Kanzlei- und Verwaltungsbeamte:
Wansch Friedrich, Amtsrat. 339
Krankenpflegepersonal:
Kempel Helmuth, Verwaltungskommissär 344
Arbeiterpersonal:
Keindl Willmar, Verwaltungskommissär 337

Referat für Gebührenangelegenheiten:
Kneusel-Herdliczka, Dr. Oskar, Obermagistratsrat . 375
Referat Schulen und Pflegeaufsicht:
Lehner-Hartl Hermine, Oberin 328
Herz Ilse, Oberassistentin 655

Dezernat II: Budget- und Wirtschaftsangelegenheiten
Kölblinger, Dipl.-Ing. Gerhart, Senatsrat 615
Walchhütter, Dkfm. Alfred 377
Referat für Budgetangelegenheiten:
Pass Anna, Amtsrat 364
Referat für Wirtschaftsangelegenheiten:
Bilek, Mag. Dr. Anton 326
Referat Kostenrechnung:
Kreidl, Dkfm. Friedrich 381
Olensky, Dipl.-Ing. Erwin 385

Dezernat III: Planungs- und Sicherheitsangelegenheiten
Frosch, Dipl.-Ing. Eduard, Stadtbaurat 374
Referat Sicherheitstechnik:
Aumayr, Dipl.-Ing. Josef, Stadtbaukommissär . . . 374
Referat Planung, Organisation und Dokumentation:
Slaby Wilhelm, Oberamtsrat 357

Dezernat IV: Medizinische Angelegenheiten
dzt. unbesetzt 315
Referat für medizinische Angelegenheiten:
dzt. unbesetzt 315
Penewa-Petrow, Dr. Zenka, Physikatsrat 373
Referat für pharmazeutische Angelegenheiten:
Strausz, Mag. pharm. Marianne, vtm. Apotheker . . 319

Gruppendirektionen:
Gruppendirektion I/II – Nord/Ost:
9, Sobieskigasse 31 . . . . 34 65 35*
Verwaltungsdirektor:
Hradsky Josef, Amtsrat 421
Gruppendirektion III – Süd:
13, Riedelgasse 5 . . . . 88 25 15*
Verwaltungsdirektor:
Engelhardt Wilhelm, Oberamtsrat,
Regierungsrat 307
Gruppendirektion IV – West:
14, Sanatoriumstraße 2 . . . . 94 31 51*
Verwaltungsdirektor:
Denk Hans, Oberamtsrat, Regierungsrat 2400

K r a n k e n a n s t a l t e n :

Allgemeines Krankenhaus der Stadt Wien
9, Alser Straße 4, Tel. 48 00*

(Besuchszeiten: Dienstag, Donnerstag, Samstag, Sonn- und Feiertag von 13.30 bis 15 Uhr, Mittwoch von 18 bis 19 Uhr; Kinderklinik täglich von 14 bis 18 Uhr, Abteilung für Neonatologie täglich von 10 bis 18 Uhr)

Direktor: *Rode, Dr. Heinrich,* Hofrat
Verwalter: *Thaller Franz,* Oberamtsrat
Leiter des Pflegedienstes: *Bachofner Waltraude,* Oberin
Materialkanzlei: *Tomaschek Franz,* Verwaltungsoberkommissär
Küchenregie: *Blazek Alfred,* Amtsrat
Personalstelle: *Meisel Liselotte,* Verwaltungsoberkommissär
Pflegegebührenstelle: *Schwabl Hertha,* Verwaltungsoberkommissär
Oberschwester: *Knitel Maria*
Schuloberin: *Höfinger-Kiss Herta*
Schuloberin: *Filsmair Eva*

I. Medizinische Universitätsklinik: *Deutsch, Dr. Dr. h. c. Erwin,* Univ.-Prof.; *Schuender Gertrude,* Oberschwester
Abteilung für Nuklearmedizin: *Frischauf, Dr. Johannes,* Univ.-Prof.
Institut für Klinische Chemie und Laboratoriumsdiagnostik: *Gabl, Dr. Franz,* Univ.-Prof.; *Schuender Gertrude,* Oberschwester
Universitätsklinik für Chemotherapie: *Spitzy, Dr. Karl-Hermann,* Univ.-Prof.
I. Universitätsklinik für Gastroenterologie und Hepatologie: *Gangl, Dr. Alfred,* Univ.-Prof.; *Pötzi, Dr. Regina,* Oberarzt
II. Medizinische Universitätsklinik: *Geyer, Dr. Georg,* Univ.-Prof.; *Auinger Elfriede,* Oberschwester
Abteilung für Nuklearmedizin: *Höfer, Dr. Rudolf,* Univ.-Prof.
Röntgenstation: *Kotscher, Dr. Ernst,* Univ.-Prof.
II. Universitätsklinik für Gastroenterologie und Hepatologie und Institut für Medizinische Computerwissenschaften: *Grabner, Dr. Georg,* Univ.-Prof.
Kardiologische Universitätsklinik: *Kaindl, Dr. Friedrich,* Univ.-Prof.; *Hafenscher Karoline,* Oberschwester
Universitätsklinik für Arbeitsmedizin: *Lachnit, Dr. Vinzenz,* Univ.-Prof.
I. Chirurgische Universitätsklinik: *Fritsch, Dr. Arnulf,* Univ.-Prof.; *Stutz Eva,* Oberschwester
Abteilung für plastische Chirurgie: *Millesi, Dr. Hanno,* Univ.-Prof.
II. Chirurgische Universitätsklinik: *Wolner, Dr. Ernst,* Univ.-Prof.; *Schneeweis Gertrude,* Oberschwester
Abteilung für Kinderchirurgie: *Helmer, Dr. Friedrich,* Univ.-Prof.
Abteilung für plastische und rekonstruktive Chirurgie: *Freilinger, Dr. Gerhard,* Univ.-Prof.
I. Universitätsklinik für Unfallchirurgie: *Trojan, Dr. Emanuel,* Univ.-Prof.
II. Universitätsklinik für Unfallchirurgie: *Spängler, Dr. Hans,* Univ.-Prof.
Neurochirurgische Universitätsklinik: *Koos, Dr. Wolfgang,* Univ.-Prof.; *Knippel Gertrude,* Oberschwester
Universitätsklinik für Kiefer- und Gesichtschirurgie: *Wunderer, Dr. Siegfried,* Univ.-Prof.; *Papez Hilde,* Oberschwester
Orthopädische Universitätsklinik: suppl. Leiter: *Meznik, Dr. Fritz,* Univ.-Prof.; *Trummer Karoline,* Oberschwester
Urologische Universitätsklinik: *Rummelhardt, Dr. Josef,* Univ.-Prof.; *Kratzig Stefanie,* Oberschwester

I. Universitäts-Hautklinik: *Wolff, Dr. Klaus,* Univ.-Prof.; *Dejmek Maria,* Oberschwester
Abteilung für Verbrennungskrankheiten: *Holubar, Dr. Karl,* Univ.-Prof.

II. Universitäts-Hautklinik: *Niebauer, Dr. Gustav,* Univ.-Prof.; *Jahn Auguste,* Oberschwester

I. Universitäts-Augenklinik: *Freyler, Dr. Heinrich,* Univ.-Prof.; *Englisch Alice,* Oberschwester

II. Universitäts-Augenklinik: *Slezak, Dr. Hans,* Univ.-Prof.; *Schwarz Martha,* Oberschwester

I. Universitätsklinik für Hals-, Nasen- und Ohrenkrankheiten: suppl. Leiter: *Schwetz, Dr. Friedrich,* Univ.-Prof.; *Morawek Herta,* Oberschwester

II. Universitätsklinik für Hals-, Nasen- und Ohrenkrankheiten: *Burian, Dr. Kurt,* o. Univ.-Prof.

I. Universitäts-Frauenklinik: *Gitsch, Dr. Eduard,* Univ.-Prof.; *Buczolich Christine,* Oberschwester

II. Universitäts-Frauenklinik: *Janisch, Dr. Herberth,* Univ.-Prof.; *Wetzstein Hermine,* Oberschwester
Ultraschalldiagnostik-Zentrum: *Beraschek, Dr. Gerhard,* Oberarzt
Strahlenabteilung an der I. und II. Universitäts-Frauenklinik: *Weghaupt, Dr. Karl,* Univ.-Prof.

Universitäts-Kinderklinik: *Zweymüller, Dr. Ernst,* Univ.-Prof.; *Gotthart Edith,* Oberschwester
Abteilung für Neonatologie und angeborene Störungen: *Thalhammer, Dr. Otto,* Univ.-Prof.

Psychiatrische Universitätsklinik: *Berner, Dr. Peter,* o. Univ.-Prof.; *Binder Heinz,* Oberpfleger
Abteilung für Psychosomatische Medizin: *Ringel, Dr. Erwin,* Univ.-Prof.

Universitätsklinik für Neuropsychiatrie des Kindes- und Jugendalters: *Spiel, Dr. Walter,* Univ.-Prof.; *Jirschik Ingrid,* Oberschwester

Neurologische Universitätsklinik: suppl. Leiter: *Pateisky, Dr. Kurt,* Univ.-Prof.; *Rathner Gertraud,* Oberschwester
Abteilung für Elektro- und Neurodiagnostik: *Pateisky, Dr. Kurt,* Univ.-Prof.

Institut für Tiefenpsychologie und Psychotherapie: *Strotzka, Dr. Hans,* Univ.-Prof.

Universitätsklinik für Anästhesie und Allgemeine Intensivmedizin: *Mayrhofer-Krammel, Dr. Otto,* Univ.-Prof.
Abteilung für experimentelle Anästhesiologie: *Steinbereithner, Dr. Karl,* Univ.-Prof.
Forschungsstelle für Intensivtherapie: *Benzer, Dr. Herbert,* Univ.-Prof.

Universitätsklinik für Strahlentherapie und Strahlenbiologie: *Kärcher, Dr. Karl-Heinz,* Univ.-Prof.; *Mrass Herta,* Oberassistentin

Zentrales Institut für Radiodiagnostik: *Pokieser, Dr. Herbert,* Univ.-Prof.; *Scherner Annemarie,* Oberassistentin

Institut für Physikalische Medizin: *Jantsch, Dr. Hans,* Univ.-Prof.

Institut für Blutgruppenserologie: *Speiser, Dr. Paul,* Univ.-Prof.

Institut für Pathologische Anatomie: *Holzner, Dr. Heinrich,* Univ.-Prof.

Intensivblutbank: *Höcker, Dr. Paul,* Primarius

Apotheke I: *Dadak, Mag. pharm. Irene,* Oberpharmazierat

Apotheke II: *Höss, Mag. pharm. Alfred,* Pharmazierat

Institut für gerichtliche Medizin: *Holczabek, Dr. Wilhelm,* o. Univ.-Prof.

Universitätsklinik für Zahn-, Mund- und Kieferheilkunde: *Keresztesi, Dr. Koloman,* Univ.-Prof., Primarius

Krankenpflegeschule: *Rode, Dr. Heinrich,* Hofrat, Direktor; *Höfinger-Kiss Herta,* Schuloberin

Kinderkrankenpflegeschule: *Rode, Dr. Heinrich,* Hofrat, Direktor; *Filsmair Eva,* Schuloberin

Schule für den physikotherapeutischen Dienst: *Rode, Dr. Heinrich,* Hofrat, Direktor; *Jantsch, Dr. Hans,* Univ.-Prof., wissenschaftl. Leiter; *Brenner Christa,* leit. Lehrassistentin

Schule für den medizinisch-technischen Laboratoriumsdienst: *Rode, Dr. Heinrich,* Hofrat, Direktor; *Portele, Dr. Karl,* Hofrat, wissenschaftl. Leiter; *Kugler Ingeborg,* leit. Lehrassistentin

Schule für den radiologisch-technischen Dienst: *Rode, Dr. Heinrich,* Hofrat, Direktor; wissenschaftl. Leiter dzt. unbesetzt; *Kotrc Elfriede,* leit. Lehrassistentin

Schule für den Diätdienst: *Rode, Dr. Heinrich,* Hofrat, Direktor; wissenschaftl. Leiter dzt. unbesetzt; *Antonius Michaela,* leit. Lehrassistentin

Schule für den logopädisch-phoniatrisch audiometrischen Dienst: *Rode, Dr. Heinrich,* Hofrat, Direktor; *Schwetz, Dr. Friedrich,* Univ.-Prof., wissenschaftl. Leiter; *Schachenhofer Eveline,* leit. Lehrassistentin

Schule für den orthoptischen Dienst: *Rode, Dr. Heinrich,* Hofrat, Direktor; *Aichmayr, Dr. Hermann,* Univ.-Prof., wissenschaftl. Leiter; *Hirmann Elisabeth,* leit. Lehrassistentin

Schule für den beschäftigungs- und arbeitstherapeutischen Dienst: *Rode, Dr. Heinrich,* Hofrat, Direktor; *Soucek Max,* leit. Lehrassistent

Schule für den medizinisch-technischen Fachdienst: *Rode, Dr. Heinrich,* Hofrat, Direktor; *Portele, Dr. Karl,* Hofrat, wissenschaftl. Leiter; *Kober Sonja,* leit. Lehrassistentin

Kurs für die Ausbildung zum Stationsgehilfen: *Rode, Dr. Heinrich,* Hofrat, Direktor, Kursleiter

Kurs für die Ausbildung zum Prosekturgehilfen: *Portele, Dr. Karl,* Hofrat, Kursleiter

Kurs für die Ausbildung zum Ordinationsgehilfen: *Portele, Dr. Karl,* Hofrat, Kursleiter

Sonderausbildungskurs zur Heranbildung von leitenden Krankenpflegepersonen und leitenden Angehörigen der med.-techn. Dienste: *Rode, Dr. Heinrich,* Hofrat, Direktor, Kursleiter

Sonderausbildungskurs zur Heranbildung von lehrenden Krankenpflegepersonen und lehrenden Angehörigen der medizinisch-technischen Dienste: *Rode, Dr. Heinrich,* Hofrat, Direktor, Kursleiter

Sonderausbildungskurs für Pflegepersonen für den Dienst auf Intensivpflege- und Dialysestationen: *Mayrhofer-Krammel, Dr. Otto,* Univ.-Prof., Kursleiter

Sonderausbildungskurs für Pflegepersonen im Anästhesiedienst: *Mayrhofer-Krammel, Dr. Otto,* Univ.-Prof., Kursleiter

Sonderausbildungskurs für Operationsschwestern und -pfleger: *Rode, Dr. Heinrich,* Hofrat, Direktor, Kursleiter

Sonderausbildungskurs für dipl. medizinisch-technische Assistenten und Assistentinnen auf dem Gebiet der Zytologie: *Rode, Dr. Heinrich,* Hofrat, Direktor, Kursleiter

Krankenhaus der Stadt Wien – Lainz

13, Wolkersbergenstraße 1, Tel. 84 16 16*
(Besuchszeiten: Dienstag, Donnerstag, Samstag, Sonn- und Feiertag von 13.30 bis 15 Uhr, Mittwoch von 18 bis 19 Uhr)

Direktor: *Luger, Dr. Anton,* a. o. Univ.-Prof., Hofrat, Primarius
Verwalter: *Vögerle Rainer,* Amtsrat
Leiter des Pflegedienstes: *Holubek Johanna,* Oberin
Materialkanzlei: *Hell Roland,* Amtsrat
Küchenregie: *Bruck Friedegund,* Verwaltungsoberkommissär
Personalstelle: *Huber Frieda,* Amtsrat

1. Medizinische Abteilung: *Pesendorfer, Dr. Franz,* Univ.-Doz., Primarius; *Spina, Dr. Karl,* Oberarzt; *Bergmann, Dr. Isabella,* Oberarzt; *Walcher, Dr. Gerhard,* Oberarzt; *Salocher, Dr. Christiane,* Oberarzt; *Krasa Helene,* Oberschwester
2. Medizinische Abteilung mit klinischer Überwachungsstation: *Eberl, Dr Rudolf,* a. o. Univ.-Prof., Primarius; *Dunky, Dr. Attila,* Oberarzt; *Fasching, Dr. Ulrike,* Oberarzt; *Tausch, Dr. Gerhard,* Oberarzt; *Petera, Dr. Peter,* Oberarzt; *Ebner, Dr. Wolfgang,* Oberarzt; *Ginthör Friederike,* Oberschwester
3. Medizinische Abteilung mit Stoffwechselerkrankungen: *Irsigler, Dr. Karl,* a. o. Univ.-Prof., Primarius; *Lalouschek, Dr. Luise,* Oberarzt; *Kreindl Marianne,* Oberschwester
4. Medizinische Abteilung mit Kardiologie: *Enenkel, Dr. Wolfgang,* a. o. Univ.-Prof., Primarius; *Nobis, Dr. Hans,* Oberarzt; *Kiss, Dr. Elisabeth,* Oberarzt; *Prachar, Dr. Herbert,* Oberarzt; *Spiel, Dr. Ronny,* Oberarzt; *Stadler Rosina,* Oberschwester

Abteilung für Lungenerkrankungen: *Zwick, Dr. Hartmut,* Primarius; *Hatzenberger, Dr. Herbert,* Oberarzt; *Seiler, Dr. Petrus,* Oberarzt; *Hatzenberger, Dr. Anna,* Oberarzt

1. Chirurgische Abteilung: *Denck, Dr. Helmuth,* a. o. Univ.-Prof., Primarius; *Moussong, Dr. Sonja,* Oberarzt; *Bischof, Dr. Martin,* Oberarzt; *Kubiena, Dr. Klaus,* Oberarzt; *Zwintz, Dr. Edgar,* Oberarzt; *Hagmüller, Dr. Georg,* Oberarzt; *Jonas, Dr. Martin,* Oberarzt; *Himmelbauer Rosalia,* Oberschwester
2. Chirurgische Abteilung: *Priesching, Dr. Alfred,* a. o. Univ.-Prof., Primarius; *Schartel, Dr. Paul,* Oberarzt; *Klöckler, Dr. Klaus,* Oberarzt; *Hugeneck, Dr. Jörg,* Oberarzt; *Sponer, Dr. Heinz,* Oberarzt; *Danek Anna,* Oberschwester

Urologische Abteilung: *Gasser, Dr. Georg,* Univ.-Prof., Primarius; *Dienelt, Dr. Karl,* Oberarzt; *Mossig, Dr. Heinrich,* Oberarzt; *Rankl Oswaldine,* Oberschwester

Dermatologische Abteilung: *Luger, Dr. Anton,* a. o. Univ.-Prof., Hofrat, Primarius; *Gschnait, Dr. Friedrich,* Univ.-Doz., Oberarzt; *Mayer, Dr. Felix,* Oberarzt; *Spendlingwimmer, Dr. Ingomar,* Oberarzt; *Kerbler Martha,* Oberschwester

Gynäkologisch-geburtshilfliche Abteilung: *Leodolter, Dr. Sepp,* Univ.-Doz., Primarius; *Zeibekis, Dr. Nikolaus,* Oberarzt; *Fuchs, Dr. Georg,* Oberarzt; *Dobrovits, Dr. Heinz,* Oberarzt; *Bonifaci Marianne,* Oberschwester

Augenabteilung: *Stepanik, Dr. Josef,* a. o. Univ.-Prof., Primarius; *Osinger, Dr. Kurt,* Oberarzt; *Pronai, Dr. Ingrid,* Oberarzt; *Herzog, Dr. Friedrich,* Oberarzt; *Schwifz, Dr. Ingeborg,* Oberarzt; *Blauensteiner Stephanie,* Oberschwester

Hals-, Nasen- und Ohrenabteilung: *Zechner, Dr. Gerd,* Univ.-Prof., Primarius; *Kittinger, Dr. Gunnar,* Oberarzt; *Balluch, Dr. Helmuth,* Oberarzt; *Willminger, Dr. Rudolf,* Oberarzt; *Erlach Dr. Adolf,* Oberarzt; *Zeilinger Josefa,* Oberschwester

Sonderabteilung für Strahlentherapie: *Alth, Dr. Gerhart,* Univ.-Doz., Primarius; *Kolbabeck, Dr. Heinrich,* Oberarzt; *Koren, Dr. Johann* Oberarzt; *Müller, Dr. Gerhard,* Anstalts-Oberarzt; *Wickenhauser, Dr. Irmgard,* Anstalts-Oberarzt; *Lassan Ludmilla,* Oberschwester

Neurologische Abteilung: *Jellinger, Dr. Kurt,* Univ.-Prof., Primarius; *Flament, Dr. Herbert,* Oberarzt; *Vollmer, Dr. Rembert,* Oberarzt; *Schmid, Dr. Hans,* Oberarzt; *Paver Berta,* Oberschwester

Zentrallaboratorium: *Fischer, Dr. Michael,* Univ.-Prof., Primarius; *Hopmeier, Dr. Pierre,* Anstalts-Oberarzt

Zentralröntgeninstitut: *Fochem, Dr. Kurt,* a. o. Univ.-Prof., Primarius, Vorstand; *Klumair, Dr. Johann,* Anstalts-Oberarzt; *Fockler, Dr. Gertrude,* Oberarzt; *Stenzel, Dr. Ingrid,* Oberarzt; *Wolf, Dr. Wolfgang,* Oberarzt; *Kleedorfer, Dr. Dietrich,* Oberarzt; *Kiprov, Dr. Sava,* Oberarzt; *Selinger Katharina,* Oberassistentin

Institut für Nuklearmedizin: *Ogris, Dr. Emil,* Univ.-Doz., Primarius; *Pirko, Dr. Dorothea,* Anstalts-Oberarzt

Institut für physikalische Medizin: *Dorcsi, Dr. Mathias,* Med.-Rat, Primarius; *Tscholl, Dr. Julia,* Oberarzt

Pathologisch-bakteriologisches Institut: *Wuketich, Dr. Stefan,* Univ.-Doz., Primarius; *Böck, Dr. Dorothea,* Anstalts-Oberarzt; *Zimmerl, Dr. Helga,* Oberarzt

Institut für Zahn-, Mund- und Kieferheilkunde: *Rothbauer, Dr. Gerhard,* Primarius; *Abbruzzese, Dr. Gertraud,* Anstalts-Oberarzt; *Rowhani-Sadonouzdah, Dr. Behrouz,* Oberarzt

Institut für Anästhesiologie: *Chowanetz, Dr. Enne,* Primaria

Apotheke: *Teuchmann, Mag. pharm. Charlotte,* Oberpharmazierat

Krankenpflegeschule: *Luger, Dr. Anton,* a. o. Univ.-Prof., Hofrat, Primarius, Schulleiter; *Popowicz Viktoria,* Schuloberin

Schule für den radiologisch-technischen Dienst: *Fochem, Dr. Kurt,* Univ.-Prof., Primarius, Schulleiter; *Gem Margarete,* leit. Lehrassistentin

Kurs für die Ausbildung zum Operationsgehilfen: *Denck, Dr. Helmuth,* a. o. Univ.-Prof., Primarius, Kursleiter

Wilhelminenspital der Stadt Wien

16, Montleartstraße 37, Tel. 95 25 11*
(Besuchszeiten: Dienstag, Donnerstag, Samstag, Sonn- und Feiertag von 13.30 bis 15 Uhr, Mittwoch von 18 bis 19 Uhr; Interne Kinderabteilung: täglich von 14.30 bis 17 Uhr; Neugeborene: täglich von 9 bis 10 Uhr, 12 bis 13 Uhr und 15 bis 16 Uhr; Kinderinfektionsabteilung: täglich von 14.30 bis 17 Uhr; Interne Kinderabteilung mit Psychosomatik: täglich von 14.30 bis 17 Uhr oder mit Einzelgenehmigung)

Direktor: *Stastny, Dr. Rudolf*
Verwalter: *Albrecht Friedrich,* Oberamtsrat
Leiter des Pflegedienstes: *Schubert Irene,* Oberin
Materialkanzlei: *Scherlofsky Walter,* Verwaltungsoberkommissär
Küchenregie: *Groh Ernst,* Amtsrat
Personalstelle: *Springer Erich,* Amtsrat

1. Medizinische Abteilung: *Schnack, Dr. Herbert,* a. o. Univ.-Prof., Primarius; *Stadler, Dr. Walter,* Oberarzt; *Döpke, Dr. Georg,* Oberarzt; *Kandel, Dr. Paul,* Oberarzt; *Kronberger, Dr. Othmar,* Oberarzt; *Than, Dr. Edith,* Oberarzt
2. Medizinische Abteilung: *Kummer, Dr. Friedrich,* a. o. Univ.-Prof., Primarius; *Moravetz, Dr. Ferdinand,* Univ.-Prof., Oberarzt; *Schnetz, Dr. Erich,* Oberarzt; *Hienerth, Dr. Helmuth,* Oberarzt; *Klech, Dr. Heinrich,* Oberarzt; *Dorrer Maria,* Oberschwester
3. Medizinische Abteilung: *Steinbach, Dr. Konrad,* a. o. Univ.-Prof., Primarius; *Lind, Dr. Hubert,* Oberarzt; *Zimmermann, Dr. Erich,* Oberarzt; *Trauneck, Dr. Walther,* Oberarzt; *Fuchs, Dr. Gerhard,* Oberarzt; *Heiling Hedwig,* Oberschwester
4. Medizinische Abteilung: *Thaler, Dr. Heribert,* a. o. Univ.-Prof., Primarius; *Hauswirth, Dr. Karl,* Oberarzt; *Hrabal, Dr. Isabella,* Oberarzt; *Kerstan, Dr. Ernst,* Oberarzt; *Reichel, Dr. Wolfgang,* Oberarzt; *Schmid Leopoldine,* Oberschwester
5. Medizinische Abteilung: *Gruber, Dr. Franz,* Prof., Med.-Rat, Primarius; *Pichler, Dr. Otto,* Oberarzt; *Henk, Dr. Werner,* Anstalts-Oberarzt; *Studlar, Dr. Maximilian,* Oberarzt; *Nebosis, Dr. Gottfried,* Oberarzt; *Griebl Maria,* Oberschwester
1. Chirurgische Abteilung mit Unfallabteilung: *Vecsei, Dr. Vilmos,* Univ.-Doz., Primarius; *Lahninger, Dr. Josef,* Oberarzt; *Neugebauer, Dr. Gerhard,* Oberarzt; *Barnas, Dr. Hans,* Oberarzt; *Sonnenschein, Dr. Gerhard,* Oberarzt; *Ott, Dr. Wilhelm,* Oberarzt; *Gisel, Dr. Gerhard,* Oberarzt; *Götz Daria,* Oberschwester
2. Chirurgische Abteilung: *Holub, Dr. Karl,* a. o. Univ.-Prof., Primarius; *Hackl, Dr. Josef,* Oberarzt; *Wißgott, Dr. Inga,* Oberarzt; *Thalmann, Dr. Peter,* Oberarzt; *Parkash, DDr. Om,* Oberarzt; *Nepl Ernestine,* Oberschwester

Gynäkologisch-geburtshilfliche Abteilung: *Baumgarten, Dr. Kurt,* Univ.-Prof., Primarius; *Schröck, Dr. Alexander,* Oberarzt; *Schmidt, Dr. Jutta,* Oberarzt; *Tatschl, Dr. Sylvester,* Oberarzt; *Endl, Dr. Julius,* Oberarzt; *Pauli Ingeborg,* Oberschwester

Dermatologische Abteilung: *Lindemayr, Dr. Walter,* a. o. Univ.-Prof., Primarius; *Lofferer, Dr. Otto,* Univ.-Prof., Anstalts-Oberarzt; *Henk, Dr. Alfhit,* Oberarzt; *Gisel, Dr. Ingrid,* Oberarzt; *Kremser, Dr. Manfred,* Oberarzt; *Amort Erika,* Oberschwester

Neurologische Abteilung: *Sluga, Dr. Elfriede,* Univ.-Prof., Primaria

Interne Kinderabteilung: *Stur, Dr. Otto,* Univ.-Doz., Primarius; *Rassl, Dr. Helga,* Oberarzt; *Wallner, Dr. Herta,* Oberarzt; *Morawec, Dr. Edith,* Oberarzt; *Zabransky, Dr. Ulrike,* Oberarzt; *Horvath Henriette,* Oberschwester

Interne Kinderabteilung mit Psychosomatik: *Zimprich, Dr. Hans,* Primarius; *Holzer, Dr. Hiltraud,* Oberarzt; *Kraigher, Dr. Helga,* Oberarzt; *Weber, Dr. Claudio,* Oberarzt

Abteilung für interne Kinderkrankheiten und Kinderinfektionskrankheiten: *Weippl, Dr. Gerald,* a. o. Univ.-Prof., Primarius; *Harasek, Dr. Gottfried,* Oberarzt; *Exner, Dr. Heltraut,* Oberarzt; *Kucera, Dr. Helmut,* Oberarzt; *Unger, Dr. Frank,* Oberarzt; *Harasek, Dr. Monika,* Oberarzt

Urologische Abteilung: *Esch, Dr. Wolfgang,* Univ.-Doz., Primarius; *Kiesswetter, Dr. Heinz,* Oberarzt; *Flamm, Dr. Johannes,* Oberarzt; *Hennrich, Dr. Fritz,* Oberarzt; *Oberreither Hedwig,* Oberschwester

Abteilung für Plastische und Wiederherstellungs-Chirurgie: *Bruck, Dr. Hans,* Primarius; *Dirnberger, Dr. Franz,* Oberarzt; *Borde, Dr. Christa-Monika,* Oberarzt; *Zischinsky, Dr. Wolfgang,* Oberarzt

Institut für Anästhesiologie: *Neubauer, Dr. Theodora,* Primaria

Röntgeninstitut: *Garbsch, Dr. Heribert,* a. o. Univ.-Prof., Primarius; *Schlager, Dr. Kurt,* Oberarzt; *Harasta, Dr. Alfred,* Oberarzt; *Schnetz, Dr. Elisabeth,* Oberarzt; *Sapik, Dr. Johann,* Anstalts-Oberarzt; *Grünwald, Dr. Hubert,* Anstalts-Oberarzt; *Swetly, Dr. Christa,* Oberarzt; *Utz Elisabeth,* Oberassistentin

Institut für Nuklearmedizin: *Mostbeck, Dr. Adolf,* a. o. Univ.-Prof., Primarius; *Köhn, Dr. Horst-Dieter,* Oberarzt

Institut für physikalische Medizin: *Chitil, Dr. Wolfgang,* Med.-Rat, Primarius; *Ortner, Dr. Hildegard,* Med.-Rat, Oberarzt; *Guggi, Dr. Ursula,* Oberarzt; *Aigner Erna,* Oberassistentin

Pathologisch-bakteriologisches Institut: *Kofler, Dr. Klaus,* Primarius

Zentrallaboratorium: *Bayer, Dr. Peter,* Univ.-Doz., Primarius; *Baumgartner, Dr. Edith,* Anstalts-Oberarzt; *Maronitsch, Dr. Gerda,* Anstalts-Oberarzt

Apotheke: *Strauss, Mag. pharm. Gertrude,* Oberpharmazierat

Krankenpflegeschule: *Stastny, Dr. Rudolf,* Direktor, Schulleiter; *Dankovsky Liselotte,* Schuloberin; *Bischof Gertrude,* Schuloberin

Schule für den physikotherapeutischen Dienst: *Stastny, Dr. Rudolf,* Direktor, Schulleiter; *Morvay Erika,* leit. Lehrassistentin
Kurs für die Ausbildung zum Stationsgehilfen: *Stastny, Dr. Rudolf,* Direktor, Kursleiter
Kurs für die Ausbildung zum Heilbademeister und Heilmasseur: *Chitil, Dr. Wolfgang,* Med.-Rat, Primarius, Kursleiter

Franz-Josef-Spital der Stadt Wien

10, Kundratstraße 3, Tel. 64 16 91*

(Besuchszeiten: Dienstag, Donnerstag, Samstag, Sonn- und Feiertag von 13.30 bis 15 Uhr, Mittwoch von 18 bis 19 Uhr)

Direktor: *Müllner, Dr. Theodora,* Hofrat
Verwalter: *Kandler Johann,* Oberamtsrat
Leiter des Pflegedienstes: *Weninger Gisela,* Oberin
Materialkanzlei: *Schneider Wilhelm,* Verwaltungsoberkommissär
Küchenregie: *Zechner Günter,* Amtsrat
Personalstelle: *Weitzel Elisabeth,* Verwaltungsoffizial

1. Medizinische Abteilung: *Tragl, Dr. Karl,* a. o. Univ.-Prof., Primarius; *Kern, Dr. Helmut,* Anstalts-Oberarzt; *Obrowsky, Dr. Louis,* Oberarzt; *Quitzow, Dr. Gerhard,* Oberarzt; *Sokopp, Dr. Brunhilde,* Oberarzt; *Udvardi, Dr. Gerald,* Oberarzt; *Pöschek, Dr. Maria,* Anstalts-Oberarzt; *Hippmann Margareta,* Oberschwester
2. Medizinische Abteilung: *Bröll, Dr. Johann,* Primarius; *Raimund, Dr. Karl,* Oberarzt; *Bresnik, Dr. Walter,* Oberarzt; *Chlud, Dr. Karl,* Oberarzt; *Wandner, Dr. Georg,* Oberarzt; *Prokesch, Dr. Herta,* Oberarzt; *Schmidt Hildegard,* Oberschwester
3. Medizinische Abteilung: *Honetz, Dr. Norbert,* a. o. Univ.-Prof., Primarius; *Brichta, Dr. Georg,* Oberarzt; *Pont, Dr. Jörg,* Anstalts-Oberarzt; *Prohaska, Dr. Harald,* Oberarzt; *Glasberg, Dr. Rafael,* Oberarzt

Chirurgische Abteilung: *Jelinek, Dr. Robert,* Primarius; *Gruber, Dr. Peter,* Oberarzt; *Schwinger, Dr. Oswald,* Oberarzt; *Behawetz, Dr. Johann,* Oberarzt; *Schwarz, Dr. Gotthard,* Oberarzt; *Schmidt, Dr. Maximilian,* Oberarzt; *Renner Helga,* Oberschwester
Gynäkologisch-geburtshilfliche Abteilung: *Kahn, Dr. Karoline,* Primaria; *Hinterberger, Dr. Kurt,* Oberarzt; *Waidecker, Dr. Franz,* Oberarzt; *Korlath, Dr. Karla-Maria,* Oberarzt; *Stark, Dr. Ami,* Oberarzt; *Kugler Rita,* Oberschwester

Hals-, Nasen- und Ohrenabteilung: *Weichselbaumer, Dr. Walter,* Univ.-Doz., Primarius; *Mokosch, Dr. Leopold,* Oberarzt; *Karmel, Dr. Johann,* Oberarzt; *Alram, Dr. Doris,* Oberarzt; *Czadilek, Dr. Adalbert,* Oberarzt; *Hauffe Rosa,* Oberschwester
Urologische Abteilung: *Figdor, Dr. Peter,* Univ.-Doz., Primarius; *Überall, Dr. Rudolf,* Oberarzt; *Swoboda, Dr. Gottfried,* Oberarzt; *Julcher, Dr. Hans,* Oberarzt; *Tomschi, Dr. Werner,* Oberarzt; *Krug Josefine,* Oberschwester
Infektionsabteilung: *Pichler, Dr. Hannes,* Univ.-Doz., Primarius; *Valasek, Dr. Walter,* Oberarzt; *Halla, Dr. Rudolf,* Oberarzt; *Schindler, Dr. Gerhard,* Oberarzt; *Schiebel Hertha,* Oberschwester
Zentralröntgeninstitut: *Brezina, Dr. Konrad,* a. o. Univ.-Prof., Primarius; *Hofbauer, Dr. Josef,* Anstalts-Oberarzt; *Neubauer, Dr. Stefan,* Oberarzt; *Langthaler, Dr. Bernhard,* Oberarzt; *Schützner, Dr. Judith,* Oberarzt; *Kainz, Dr. Leopold,* Oberarzt; *Peloschek, Dr. Peter,* Oberarzt; Oberassistentin dzt. unbesetzt
Institut für physikalische Medizin: *Müller, Dr. Michael,* Primarius; *Ramach, Dr. Eva,* Oberarzt
Pathologisch-bakteriologisches Institut: *Machacek, Dr. Ernst,* Primarius; *Wolf, Dr. Dietmar,* Anstalts-Oberarzt
Zentrallaboratorium: *Reinhardt, Dr. Ferdinand,* a. o. Univ.-Prof., Primarius
Institut für Anästhesiologie: *Lechner, Dr. Ludwig,* Primarius
Apotheke: *Altenberg, Mag. pharm. Hildegarde,* Oberpharmazierat

Krankenpflegeschule: *Müllner Dr. Theodora,* Hofrat, Direktor, Schulleiter; *Engelbrechtsmüller Elfriede,* Schuloberin
Kurs für die Ausbildung zum Laborgehilfen: *Müllner, Dr. Theodora,* Hofrat, Direktor, Kursleiter

Krankenanstalt Rudolfstiftung der Stadt Wien

3, Juchgasse 25, Tel. 75 75 11*

(Besuchszeiten: Dienstag, Donnerstag, Samstag, Sonn- und Feiertag von 13.30 bis 15 Uhr, Mittwoch von 18 bis 19 Uhr)

Ärztlicher Leiter: *Huber, Dr. Alfred,* Hofrat, Primarius
Verwalter: *Dollesch Alfred,* Oberamtsrat
Leiter des Pflegedienstes: *Mayer Helga,* Oberin
Materialkanzlei: *Komzak Franz,* Amtsrat
Küchenregie: *Fritz Anton,* Verwaltungsoffizial
Personalstelle: *Leeb Michaela,* Verwaltungsoffizial

1. Medizinische Abteilung: *Neumayr, Dr. Anton,* a. o. Univ.-Prof., Primarius; *Schüller, Dr. Johann,* Oberarzt; *Benko, Dr. Helga,* Oberarzt; *Streubel, Dr. Anton,* Oberarzt; *Weiß, Dr. Werner,* Oberarzt; *Gulz, Dr. Wilhelm,* Oberarzt; *Woschnagg, Dr. Herbert,* Oberarzt; *Heinrich Monika,* Oberschwester

2. Medizinische Abteilung: *Slany, Dr. Jörg,* Univ.-Doz., Primarius; *Ziegler, Dr. Bert,* Oberarzt; *Enzenhofer, Dr. Volker,* Oberarzt; *Wittmann Maria,* Oberschwester

1. Chirurgische Abteilung: *Dinstl, Dr. Karl,* a. o. Univ.-Prof., Primarius; *Härb, Dr. Hansjörg,* Oberarzt; *Tscholakoff, Dr. Parusch,* Oberarzt; *Platthy, Dr. Georg,* Oberarzt; *Günter, Dr. Heinz,* Oberarzt; *Tuchmann, Dr. Albert,* Oberarzt; *Dexelberger Margarete,* Oberschwester

2. Chirurgische Abteilung: *Huber, Dr. Alfred,* Hofrat, Primarius; *Spängler, Dr. Walter,* Oberarzt; *Klose, Dr. Wolfgang,* Oberarzt; *März, Dr. Robert,* Oberarzt; *Ernst-*

brunner, Dr. Hagen, Oberarzt; *Müller, Dr. Michael,* Oberarzt; *Pafla Leopoldine,* Oberschwester
Dermatologische Abteilung: *Söltz-Szöts, Dr. Josef,* Univ.-Prof., Primarius; *Syre, Dr. Brigitte,* Oberarzt; *Kruspl, Dr. Wolfgang,* Oberarzt; *Rauscher, Dr. Erika,* Oberarzt; *Harrer, Dr. Gertrude,* Oberarzt; *Jaksch, Dr. Judit,* Oberarzt; *Molari Leopoldine,* Oberschwester
Gynäkologisch-geburtshilfliche Abteilung: *Loew, Dr. Karlheinz,* Primarius; *Schulz, Dr. Wolfgang,* Oberarzt; *Reiter, Dr. Rudolf,* Oberarzt; *Müller, Dr. Gerda,* Oberarzt; *Weinberger, Dr. Wolfgang,* Oberarzt; *Welzel Hildegard,* Oberschwester
Urologische Abteilung: *Marberger, Dr. Michael,* Univ.-Doz., Primarius; *Floth, Dr. Herbert,* Oberarzt; *Zinner, Dr. Gerhard,* Oberarzt, Med.-Rat; *Mayer, Dr. Johann,* Oberarzt; *Höltl, Dr. Wolfgang,* Oberarzt; *Sockel Elisabeth,* Oberschwester
Augenabteilung: *Zehetbauer, Dr. Georg,* Univ.-Prof., Primarius; *Zotti, Dr. Anneliese,* Oberarzt; *Ortner, Dr. Helmut,* Oberarzt; *Mauritz, Dr. Nora,* Oberarzt; *Thon, Dr. Bruno,* Oberarzt; *Weber Hildegard,* Oberschwester
Hals-, Nasen- und Ohrenabteilung: *Glaninger, Dr. Josef,* a. o. Univ.-Prof., Primarius; *Yppen, Dr. Emma,* Oberarzt; *Schak, Dr. Erich,* Oberarzt; *Roithner, Dr. Hans,* Oberarzt; *Kehlendorfer, Dr. Herbert,* Oberarzt
Neurochirurgische Abteilung: *Brenner, Dr. Heinrich,* Univ.-Prof., Primarius; *Böck, Dr. Friedrich,* Oberarzt; *Wöber, Dr. Gernot,* Oberarzt; *Horcajaya, Dr. José,* Oberarzt; *Ammerer, Dr. Hans,* Oberarzt; *Allinger Therese,* Oberschwester
Neurologische Abteilung: *Summer, Dr. Kurt,* Univ.-Doz., Primarius; *Harrer, Dr. Gudrun,* Oberarzt; *Genee, Dr. Pierre,* Oberarzt; *Kosicek, Dr. Erwin,* Oberarzt
Nephrologische Abteilung und Dialyse: *Mengele, Dr. Kurt,* Primarius
Institut für Anästhesiologie: *Benke, Dr. Alexander,* Univ.-Prof., Primarius
Röntgeninstitut: *Stellamor, Dr. Kurt,* Primarius; *Brunnbauer, Dr. Herbert,* Oberarzt; *Hochberger, Dr. Othmar,* Oberarzt; *Rohrmoser, Dr. Michael,* Oberarzt; *Stelzer, Dr. Peter,* Oberarzt; *Hruby, Dr. Walter,* Oberarzt; *Stowasser Anna,* Oberassistentin
Institut für physikalische Medizin: *Heckermann, Dr. Christiane,* Primaria; *Kronik, Dr. Gertraude,* Oberarzt
Pathologisch-bakteriologisches Institut: *Bibus, Dr. Brigitte,* Primaria; *Kosak, Dr. Dieter,* Anstalts-Oberarzt; *Laschtowiczka, Dr. Anna,* Anstalts-Oberarzt
Zentrallaboratorium: *Bostjancic, Dr. Wilhelm,* Primarius
Apotheke: *Rimmer, Mag. pharm. Dora,* Oberpharmazierat

Krankenpflegeschule: *Huber, Dr. Alfred,* Hofrat, Primarius, Schulleiter; *Magenbauer Irma,* Schuloberin
Kurs für die Ausbildung zum Sanitätsgehilfen: *Beran, Dr. Ottokar,* Chefarzt, Med.-Rat, Kursleiter
Kurs für die Ausbildung zum Stationsgehilfen: *Huber, Dr. Alfred,* Hofrat, Primarius, Kursleiter

Elisabeth-Spital der Stadt Wien

15, Huglgasse 1–3, Tel. 95 65 51*
(Besuchszeiten: Dienstag, Donnerstag, Samstag, Sonn- und Feiertag von 13.30 bis 15 Uhr, Mittwoch von 18 bis 19 Uhr)

Direktor: *Kubicek, Dr. Friedrich,* Univ.-Doz., Primarius
Verwalter: *Danek Franz,* Oberamtsrat
Leiter des Pflegedienstes: *Obermaier Irmgard,* Oberin
Materialkanzlei: *Kain Franz,* Verwaltungsoberkommissär
Küchenregie: *Pani Karin,* Verwaltungsoffizial
Personalstelle: *Fröschl Brigitte,* Verwaltungsoberoffizial

Medizinische Abteilung: *Kubicek, Dr. Friedrich,* Univ.-Doz., Primarius; *Rasch, Dr. Hermine,* Oberarzt; *Rieder, Dr. Herbert,* Oberarzt; *Pexa, Dr. Herbert,* Oberarzt; *Mayer, Dr. Gertraud,* Oberarzt; *Pfleger, Dr. Herwig,* Anstalts-Oberarzt; *Herzog Anna,* Oberschwester
Chirurgische Abteilung: *Keminger, Dr. Kurt,* Univ.-Prof., Primarius; *Kokoschka, Dr. Roman,* Oberarzt; *Turcic, Dr. Gerhart,* Oberarzt; *Dworschak, Dr. Huberta,* Oberarzt; *Radlspöck, Dr. Karl,* Oberarzt; *Prohaska Elfriede,* Oberschwester
Gynäkologisch-geburtshilfliche Abteilung: *Elbau, Dr. Hans,* Primarius; *Benisch, Dr. Richard,* Oberarzt; *Fuxa, Dr. Johann,* Oberarzt; *Hermann, Dr. Harald,* Oberarzt; *Prockl, Dr. Karl,* Oberarzt; *Frantes Christine,* Oberschwester
Röntgeninstitut: *Merlitschek, Dr. Gerhard,* Primarius; *Neumann, Dr. Johann,* Anstalts-Oberarzt; *Wallner, Dr. Gustav,* Oberarzt; *Ackermann, Dr. Christa,* Oberarzt
Pathologisch-bakteriologisches Institut und Zentrallaboratorium: *Schmalzer, Dr. Edith,* Primaria; *Presslich, Dr. Johanna,* Oberarzt
Institut für Anästhesiologie: *Krenn, Dr. Josef,* Univ.-Doz., Primarius
Institut für Nuklearmedizin: dzt. unbesetzt
Apotheke: *Seitel, Mag. pharm. Gertrude,* Oberpharmazierat

Krankenpflegeschule: *Merlitschek, Dr. Gerhard,* Primarius, Schulleiter; *Soja Marianne,* Schuloberin

Allgemeine Poliklinik der Stadt Wien

9, Mariannengasse 10, Tel. 42 55 71*

(Besuchszeiten: Dienstag, Donnerstag, Samstag, Sonn- und Feiertag von 13.30 bis 15 Uhr, Mittwoch von 18 bis 19 Uhr)

Ärztlicher Leiter: *Haschek, Dr. Hans-Horst,* a. o. Univ.-Prof., Primarius
Verwalter: *Katzinger Otto,* Oberamtsrat
Leiter des Pflegedienstes: *Stösser Anna,* Oberin
Materialkanzlei: *Schnaidt Ilse,* Verwaltungsoberoffizial
Küchenregie: *Wirth Andrea,* Verwaltungskommissär
Personalstelle: *Bauer Helga*

1. Medizinische Abteilung: *Czitober, Dr. Herbert,* Univ.-Prof., Primarius; *Publig, Dr. Werner,* Oberarzt; *Reite-*

rer, Dr. Wolfram, Univ.-Doz., Oberarzt; *Zandl, Dr. Christa,* Oberarzt; *Zavadil Erika,* Oberschwester

2\. Medizinische Abteilung, 9, Pelikangasse 16–18: *Tiso, Dr. Bruno,* Univ.-Doz., Primarius; *Treml, Dr. Karl,* Oberarzt; *Feldner-Busztin, Dr. Helga,* Oberarzt; *Anderle, Dr. Klaus,* Oberarzt; *Fitscha, Dr. Peter,* Oberarzt; *Meisner, Dr. Wolfgang,* Oberarzt

Chirurgische Abteilung: *Kühlmayer, Dr. Robert,* a. o. Univ.-Prof., Primarius; *Schmidt, Dr. Günther,* Oberarzt; *Thaler, Dr. Hubert,* Oberarzt; *Bartalsky, Dr. Alfred,* Oberarzt; *Kloess, Dr. Heinz-Jürgen,* Oberarzt; *Doberauer, Dr. Beate,* Oberarzt

Urologische Abteilung: *Haschek, Dr. Hans-Horst,* a. o. Univ.-Prof., Primarius; *Reichelt, Dr. Harald,* Oberarzt; *Dworzak, Dr. Walter,* Oberarzt; *Porpaczy, Dr. Peter,* Oberarzt; *Schmidbauer, Dr. Christian,* Oberarzt

Hals-, Nasen- und Ohrenabteilung: *Moritsch, Dr. Ernst,* a. o. Univ.-Prof., Primarius; *Auinger, Dr. Josef,* Oberarzt; *Hofmann, Dr. Wilhelm,* Oberarzt; *Wolken-Kamieniecki, Dr. Andreas,* Oberarzt; *Kroiss, Dr. Friedrich,* Oberarzt

Röntgeninstitut: *Umek, Dr. Helmut,* Univ.-Doz., Primarius; *Mladek, Dr. Milos,* Oberarzt; *Kloess, Dr. Brigitte,* Oberarzt; *Skriwanek-Sobek, Dr. Elisabeth,* Oberarzt

Pathologisch-bakteriologisches Institut: *Feigl, Dr. Walter,* Univ.-Doz., Primarius; *Brechelmacher, Dr. Gerald,* Anstalts-Oberarzt

Institut für Anästhesiologie: *Trauschke, Dr. Walter,* Primarius

Zahnärztliches Institut: *Gampl, Dr. Othmar,* Primarius

Apotheke: *Stransky, Mag. pharm. Margaretha*

Krankenhaus der Stadt Wien – Floridsdorf

21, Hinaysgasse 1, Tel. 38 16 14*

(Besuchszeiten: Dienstag, Donnerstag, Samstag, Sonn- und Feiertag von 13.30 bis 15 Uhr, Mittwoch von 18 bis 19 Uhr)

Ärztlicher Leiter: *Armbruster, Dr. Christian,* Primarius

Verwalter: *Hecht Erhard,* Amtsrat

Leiter des Pflegedienstes: *Praschek Margarethe,* Oberin

Materialkanzlei: *Horacek Friedrich,* Verwaltungsoberoffizial

Küchenregie: *Kunz Ingrid,* Verwaltungsoffizial

Personalstelle: *Cervenka Waltraud,* Kanzleioffizial

Chirurgische Abteilung: *Armbruster, Dr. Christian,* Primarius; *Hruby, Dr. Edgar,* Oberarzt; *Gorz, Dr. Karl,* Oberarzt; *Skacel, Dr. Herbert,* Oberarzt; *März Gertrud,* Oberschwester

Medizinische Abteilung: *Peschl, Dr. Leopold,* Univ.-Doz., Primarius; *Klösel, Dr. Wolfgang,* Oberarzt; *Näglein, Dr. Elsa,* Oberarzt; *Zenz, Dr. Wolfgang,* Oberarzt; *Nemec, Dr. Heiner,* Oberarzt; *Gabriel, Dr. Gerhard,* Oberarzt; *Loitsch Rosa,* Oberschwester

Röntgeninstitut: *Dossi, Dr. Walter,* Primarius; *Schlosser, Dr. Peter,* Oberarzt

Sophien-Spital der Stadt Wien

7, Apollogasse 19, Tel. 93 85 31*

(Besuchszeiten: Dienstag, Donnerstag, Samstag, Sonn- und Feiertag von 13.30 bis 15 Uhr, Mittwoch von 18 bis 19 Uhr)

Ärztlicher Leiter: *Leodolter, Dr. Ingrid,* Primaria

Verwalter: *Pojar Erich,* Amtsrat

Leiter des Pflegedienstes: *Takacs Lucie,* Oberin

Materialkanzlei: *Tomanek Franz,* Amtsrat

Küchenregie: *Spachinger Hedda,* Verwaltungsoberkommissär

Personalstelle: *Weber Rudolf,* Kanzleioffizial

Medizinische Abteilung: *Leodolter, Dr. Ingrid,* Primaria; *Heil, Dr. Wilhelm,* Oberarzt; *Frank, Dr. Herbert,* Oberarzt; *Ranftler, Dr. Johann,* Oberarzt; *Pfaffenberger, Dr. Dieter,* Oberarzt

Chirurgische Abteilung: *Wenzl, Dr. Marcel,* Univ.-Prof., Primarius; *Wolf, Dr. Kurt,* Oberarzt; *Kalman, Dr. Thomas,* Oberarzt; *Petrag, Dr. Herbert,* Oberarzt; *Schneeweis Margarethe,* Oberschwester

Röntgeninstitut: *Deimer, Dr. Emerich,* Univ.-Prof., Primarius; *Boller, Dr. Brigitte,* Oberarzt

Apotheke: *Malcher, Mag. pharm. Melanie,* Oberpharmazierat

Pulmologisches Zentrum der Stadt Wien

14, Sanatoriumstraße 2, Tel. 94 31 51*

(Besuchszeiten: Dienstag, Donnerstag, Samstag, Sonn- und Feiertag von 14 bis 16 Uhr, Mittwoch von 18 bis 19 Uhr)

Ärztlicher Leiter: *Sighart, Dr. Herbert,* Univ.-Doz., Primarius

Verwalter: *Graf Leo,* Amtsrat

Leiter des Pflegedienstes: *Novacek Henriette,* Oberin

Materialkanzlei: *Holzer Franz,* Verwaltungsoberkommissär

Küchenregie: *Rieder Gertrude,* Verwaltungsoberkommissär

Personalstelle: *Veith Hermine,* Verwaltungsoffizial

Pflegegebührenstelle: *Weinlich Herbert,* Amtsrat

1\. Interne Lungenabteilung: *Sighart, Dr. Herbert,* Univ.-Doz., Primarius; *Opl, Dr. Gerhard,* Anstalts-Oberarzt; *Schwarz, Dr. Gertrude,* Anstalts-Oberarzt; *Muhr, Dr. Renate,* Oberarzt; *Wrbka, Dr. Edith,* Anstalts-Oberarzt

2\. Interne Lungenabteilung: *Muhar, Dr. Franz,* Univ.-Prof., Primarius; *Denk, Dr. Gerhard,* Anstalts-Oberarzt; *Freisleben, Dr. Rudolf,* Anstalts-Oberarzt; *Törzsök, Dr. Laszlo,* Oberarzt; *Feist, Dr. Helfried,* Oberarzt; *Schanda, Dr. Hanna,* Oberarzt; *Mutschlechner, Dr. Robert,* Anstalts-Oberarzt

Lungenchirurgische Station: *Denck, Dr. Helmuth,* a. o. Univ.-Prof., Primarius; *Pridoun, Dr. Nestor,* Oberarzt; *Heinal, Dr. Werner,* Oberarzt

Orthopädische Abteilung (spezifische Knochenerkrankungen und Rehabilitation): *Schwägerl, Dr. Wolfgang,* a. o. Univ.-Prof., Primarius; *Klare, Dr. Grete,* Anstalts-Oberarzt; *Feßl, Dr. Otto,* Anstalts-Oberarzt; *Bohmann, Dr. Friedrich,* Anstalts-Oberarzt

Pflegeabteilung: *Hahn, Dr. Otto,* Primarius; *Stummer, Dr. Gerda,* Anstalts-Oberarzt; *Zins, Dr. Charlotte,* Anstalts-Oberarzt

Oberschwestern: *Handschuh Maria,* Karlhaus, Rosenvilla, Wienerwald; *Winter Hildegard,* Kurhaus Marienhaus, Annenheim; *Karpischek Martha,* Austria; *Renner Theresia,* Pav. XVII und Severin

Zentrallaboratorium: *Fischnaller, Dr. Margaretha,* Primaria; *Schwarzenberg, Dr. Edeltraud,* Anstalts-Oberarzt

Röntgeninstitut: *Formanek, Dr. René Herbert,* Primarius; *Korn, Dr. Peter,* Oberarzt

Krankenpflegeschule disloziert vom Wilhelminenspital: *Stastny, Dr. Rudolf,* Direktor, Schulleiter; *Palka Elisabeth,* Schuloberin

Orthopädisches Krankenhaus der Stadt Wien – Gersthof

18, Wielemansgasse 28, Tel. 47 15 01*

(Besuchszeiten: Dienstag, Donnerstag, Samstag, Sonn- und Feiertag von 13.30 bis 15 Uhr, Mittwoch von 18 bis 19 Uhr)

Ärztlicher Leiter: *Neugebauer, Dr. Hermann,* Univ.-Doz., Primarius

Verwalter: *Schörg Josef,* Amtsrat

Leiter des Pflegedienstes: *Bahr Margarethe,* Oberin

Materialkanzlei: *Pfandler Gerhard,* Verwaltungsoffizial

Küchenregie: *Leitner Hedwig,* Kanzleioffizial

Personalstelle: *Fischer Rudolf,* Kanzleioffizial

Abteilung für Wirbelsäulenerkrankungen und Haltungsschäden: *Neugebauer, Dr. Hermann,* Univ.-Doz., Primarius; *Machacek, Dr. Felix,* Oberarzt; *Sluga-Gloger, Dr. Christiane,* Oberarzt; *Wolner, Dr. Christine,* Oberarzt; *Drnek, Dr. Theodor,* Oberarzt

Allgemeine orthopädische Abteilung: *Salzer, Dr. Martin,* Univ.-Prof., Primarius; *Zhuber, Dr. Klaus,* Oberarzt; *Metzenroth, Dr. Heinz,* Oberarzt; *Arbes, Dr. Heinz,* Oberarzt; *Knahr, Dr. Karl,* Oberarzt

Ignaz-Semmelweis-Frauenklinik der Stadt Wien

18, Bastiengasse 36–38, Tel. 47 15 15*

(Besuchszeiten: Dienstag, Donnerstag, Samstag, Sonn- und Feiertag von 13.30 bis 15 Uhr, Mittwoch von 18 bis 19 Uhr)

Ärztlicher Leiter: *Rockenschaub, Dr. Alfred,* Univ.-Doz., Primarius

Verwalter: *Nowacek Alfred,* Oberamtsrat

Leiter des Pflegedienstes: *Kettler Margarete,* Oberin

Gynäkologisch-geburtshilfliche Abteilung: *Rockenschaub, Dr. Alfred,* Univ.-Doz., Primarius; *Hauser, Dr. Gernot,* Oberarzt; *Pollak, Dr. Johannes,* Oberarzt; *Müller-Tyl, Dr. Erich,* Oberarzt; *Nebenführ-Peter Margarete,* Oberhebamme

Neurologisches Krankenhaus der Stadt Wien – Rosenhügel

13, Riedelgasse 5, Tel. 88 25 15*

(Besuchszeiten: Dienstag, Donnerstag, Samstag, Sonn- und Feiertag von 13.30 bis 15 Uhr, Mittwoch von 18 bis 19 Uhr, Abteilung für entwicklungsgestörte Kinder: Montag bis Freitag von 10 bis 11.30 Uhr und von 14 bis 16 Uhr, Samstag, Sonn- und Feiertag von 9 bis 11 Uhr)

Ärztlicher Leiter: *Tschabitscher, Dr. Hellmut,* a. o. Univ.-Prof., Primarius

Verwalter: *Lichtenegger August,* Oberamtsrat

Leiter des Pflegedienstes: *Antos Margarete,* Oberin

Materialkanzlei: *Anderle Ingeborg,* Verwaltungsoberoffizial

Küchenregie: *Mitterhofer Michael,* Amtsrat

Personalstelle: *Hasslinger Gabriele,* Verwaltungsoffizial

1. Neurologische Abteilung: *Tschabitscher, Dr. Hellmut,* a. o. Univ.-Prof., Primarius; *Czerwenka-Wenkstetten, Dr. Heribert,* Oberarzt; *Rupprecht, DDr. Anton,* Oberarzt; *Bruck, Dr. Johannes,* Oberarzt; *Siakos, Dr. Georg,* Oberarzt; Oberschwester dzt. unbesetzt
2. Neurologische Abteilung: *Spunda, Dr. Christoph,* Med.-Rat, Primarius; *Roth, Dr. Gottfried,* Oberarzt; *Werner, Dr. Erika,* Oberarzt; *Pusch, Dr. Stephan,* Oberarzt

Abteilung für entwicklungsgestörte Kinder: *Rett, Dr. Andreas,* a. o. Univ.-Prof., Primarius; *Krisper, Dr. Heinz,* Anstalts-Oberarzt; *Renner, Dr. Hedwig,* Anstalts-Oberarzt; *Sprengnagel Maria,* Oberschwester

Röntgeninstitut: *Lustig, Dr. Herbert,* Primarius

Neurologisches Krankenhaus der Stadt Wien – Maria-Theresien-Schlössel

19, Hofzeile 18–20, Tel. 36 34 55*
(Besuchszeiten: Dienstag, Donnerstag, Samstag, Sonn- und Feiertag von 13.30 bis 15 Uhr, Mittwoch von 18 bis 19 Uhr)

Ärztlicher Leiter: *Suchanek-Fröhlich, Dr. Herbert,* Primarius
Verwalter: *Prusa Werner,* Amtsrat
Leiter des Pflegedienstes: *Adam Olga,* Oberschwester
Materialkanzlei: *Lukas, Ing. Herbert,* Verwaltungsoberkommissär
Küchenregie: *Thaller Elisabeth*
Personalstelle: *Hruska Frieda,* Kanzleioffizial
Oberschwester: *Adam Olga*
Abteilung für Neurologie und Grenz-Fälle: *Suchanek-Fröhlich, Dr. Herbert,* Primarius; *Vass, Dr. Karl,* Oberarzt; *Szlemkewicz, Dr. Myroslawa-Anna,* Oberarzt; *Wunderlich, Dr. Elfriede,* Oberarzt; *Schigutt, Dr. Robert,* Oberarzt; *Balazs, Dr. Susanne,* Oberarzt

Gottfried von Preyer'sches Kinderspital der Stadt Wien

10, Schrankenberggasse 31, Tel. 64 55 91*
(Besuchszeiten: Interne Abteilung, Säuglingsabteilung, Isolierabteilung: Montag bis Samstag von 15 bis 18 Uhr, Sonn- und Feiertag von 15 bis 16.30 Uhr
Frühgeborenenabteilung: Montag bis Samstag von 11 bis 18 Uhr, Sonn- und Feiertag von 15 bis 16.30 Uhr
Chirurgische Abteilung: täglich von 15 bis 16.30 Uhr)

Ärztlicher Leiter: *Stögmann, Dr. Walter,* a. o. Univ.-Prof., Primarius
Verwalter: *Gidl Karl,* Amtsrat
Leiter des Pflegedienstes: *Steinböck Henriette,* Oberin
Materialkanzlei: *Pfeiffer Norbert,* Verwaltungsoffizial
Küchenregie: *Polaschek Brigitte,* Verwaltungsoberkommissär
Personalstelle: *Tögel Ilse,* Kanzleioberoffizial
Interne Abteilung: *Stögmann, Dr. Walter,* a. o. Univ.-Prof., Primarius; *Bzoch, Dr. Elfriede,* Oberarzt; *May, Dr. Luise,* Oberarzt; *Sacher, Dr. Michael,* Oberarzt; *Wiedenhofer Rosina,* Oberschwester
Frühgeborenenabteilung: *Blaschek, Dr. Edith,* Oberarzt; *Karalis, Dr. Erika,* Oberarzt
Chirurgische Abteilung: *Preier, Dr. Leopold,* Primarius; *Krause, Dr. Alfred,* Oberarzt; *Rappert, Dr. Peter,* Oberarzt; *Rittmannsberger, Dr. Elfriede,* Oberarzt; *Barousch, Dr. Gernot,* Oberarzt
Kinderkrankenpflegeschule: *Stögmann, Dr. Walter,* a. o. Univ.-Doz., Primarius, Schulleiter; *Wicke Maria,* Schuloberin

Mautner-Markhof'sches Kinderspital der Stadt Wien

3, Baumgasse 75, Tel. 72 16 01*
(Besuchszeiten: täglich von 14 bis 16 Uhr)

Interim. Ärztlicher Leiter: *Wurnig, Dr. Peter,* a. o. Univ.-Prof., Primarius
Verwalter: *Polaschek Franz,* Amtsrat
Leiter des Pflegedienstes: derzeit unbesetzt
Materialkanzlei: *Zoubek Christine,* Verwaltungsoberoffizial
Küchenregie: *Staudinger Giselinde,* Kanzleioberkommissär
Personalstelle: *Atzmillner Erich,* Kanzleioffizial
Interne Abteilung: *Potacs, Dr. Walter,* Primarius; *Czermak, Dr. Johann,* Oberarzt; *Weihs, Dr. Melanie,* Oberarzt; *Hellwig, Dr. Ellen,* Oberarzt; *Königswieser, Dr. Herbert,* Oberarzt; *Horvath Elfriede,* Oberschwester
Chirurgische Abteilung: *Wurnig, Dr. Peter,* a. o. Univ.-Prof., Primarius; *Hopfgartner, Dr. Leopold,* Oberarzt; *Körner, Dr. Karl,* Oberarzt; *Kees, Dr. Andreas,* Oberarzt; *Klos, Dr. Ingrid,* Oberarzt; *Mayer Helga,* Oberschwester

Kinderklinik der Stadt Wien – Glanzing

19, Glanzinggasse 35–39, Tel. 47 42 66*, 47 15 76*
(Besuchszeiten: täglich von 14.30 bis 16.30 Uhr)

Ärztlicher Leiter: *Rosenkranz, Dr. Alfred,* a. o. Univ.-Prof., Primarius
Verwalter: *Schönwald Peter,* Amtsrat
Leiter des Pflegedienstes: *Führing Elfriede,* Oberin
Materialkanzlei: *Cvik Karl* Verwaltungsoberkommissär
Küchenregie: *Feyerl Rudolf,* Kanzleioffizial
Personalstelle *Jonak Susanne,* Kanzleioffizial
Interne Abteilung: *Rosenkranz, Dr. Alfred,* a. o. Univ.-Prof., Primarius; *Krejci, Dr. Annemarie,* Oberarzt; *Pollauf, Dr. Friederike,* Oberarzt; *Felsenreich, Dr. Georg,* Oberarzt; *Moser, Dr. Elisabeth-Gerda,* Oberarzt

Kinderkrankenpflegeschule: *Rosenkranz, Dr. Alfred,* a. o. Univ.-Prof., Primarius, Schulleiter; *Gotschlich Hilde,* Schuloberin

Psychiatrisches Krankenhaus der Stadt Wien – Baumgartner Höhe

14, Baumgartner Höhe 1, Tel. 94 31 51*
(Besuchszeiten: Bei Erwachsenen: Dienstag, Donnerstag, Samstag, Sonn- und Feiertag von 13.30 bis 15.30 Uhr, Montag und Freitag von 17 bis 18 Uhr. Bei Kindern: Dienstag, Donnerstag, Samstag, Sonn- und Feiertag von 13.30 bis 15.30 Uhr, Montag, Freitag von 14 bis 15 Uhr, Mittwoch von 18 bis 19 Uhr)

Direktor: *Gabriel, Dr. Heinz,* Univ.-Doz.
Verwalter: *Idinger Michael,* Oberamtsrat
Leiter des Pflegedienstes: *Biebel Hildegard,* Pflegevorsteherin
Materialkanzlei: *Keiblinger Paul,* Verwaltungsoberkommissär
Küchenregie: *Bäumer Gerhard,* Amtsrat
Personalstelle: *Racek Evelyn,* Verwaltungsoberoffizial
Pflegegebührenstelle: *Weiß Renate,* Verwaltungsoberkommissär
Pflegevorsteher: *Wawrausek Alfred*
Pflegevorsteher: *Füllsack Heinrich*

1. Psychiatrische Abteilung: *Plavec, Dr. Josef,* Primarius; *Steininger, Dr. Eva,* Anstalts-Oberarzt; *Oberthaler, Dr. Ingeborg,* Oberarzt

Oberschwestern: *Forster Margarete,* Heilanstalt Pav. 9; *Tanzenberger Elfriede,* Heilanstalt Pav. 5; *Czech Edith,* Heilanstalt Pav. 7 F; *Kellner Herta,* Heilanstalt Pav. 3

2. Psychiatrische Abteilung: *Friedl, Dr. Ernst-Jörg,* Primarius; *Kaltenbäck, Dr. Elfriede,* Anstalts-Oberarzt; *Pfolz, Dr. Heinz,* Anstalts-Oberarzt; *Simanyi, DDr. Margarethe,* Oberarzt

Oberpfleger: *Moser Josef,* Heilanstalt Pav. 6; *Böhm Erwin,* Aufnahme Pav. 7 M; *Plazek Karl,* Heilanstalt Pav. 13 *Hubmer Herbert,* Heilanstalt Pav. 4; *Friedlmayer Karl* Heilanstalt Pav. 13 A

3. Psychiatrische Abteilung: *Langner, Dr. Erich,* Primarius; *Stössl, Dr. Johann,* Anstalts-Oberarzt; *Leeuwen, Dr. Renate,* Anstalts-Oberarzt; *Alpi, Dr. Ingrid,* Anstalts-Oberarzt; *Vogel, Dr. Dieter,* Anstalts-Oberarzt

Oberschwestern: *Mixa Maria,* Pflegeanstalt Pav. 14; *Eder Stefanie,* Heilanstalt Pav. 12; *Schell Christine,* Heilanstalt Pav. 10

Oberschwestern: *Mixa Maria,* Pflegeanstalt Pav. 14; *Eder Stefanie,* Heilanstalt Pav. 12; *Schell Christine,* Heilanstalt Pav. 10

4. Psychiatrische Abteilung: *Felger, Dr. Gerhard,* Primarius; *Sigmund, Dr. Charlotte,* Anstalts-Oberarzt; *Mott, Dr. Ulrike,* Oberarzt; *Lagler, Dr. Karoline,* Oberarzt

Oberpfleger: *Almer Othmar,* Infektion Pav. 22; *Artner Ernst,* Pflegeanstalt Pav. 16; *Schmidt Koloman,* Pflegeanstalt Pav. 20

5. Psychiatrische Abteilung: *Boysen, Dr. Karlheinz,* Med.-Rat, Primarius; *Kaupeny, Dr. Friedrich,* Anstalts-Oberarzt; *Svrcek-Seiler, Dr. Gerhard,* Anstalts-Oberarzt; *Blaschnegg, Dr. Marianne,* Oberarzt

Oberschwestern: *Ankerl Elfriede,* Pflegeanstalt Pav. 11; *Machacek Elfriede,* Kinderabteilung Pav. 15; *Schönauer Gertrude,* Pflegeanstalt Pav. 21; *Wallner Herta,* Infektionsabteilung Pav. 19

6. Psychiatrische Abteilung: *Schinko, Dr. Hellmuth,* Primarius; *Cumburoglu, Dr. Maria,* Anstalts-Oberarzt

Oberpfleger: *Zeiner Wilhelm,* Pflegeanstalt Pav. 18; *Schönauer Friedrich,* Heilanstalt Pav. 8

7. Psychiatrische Abteilung: *Schindler, Dr. Raoul,* Univ.-Doz., Primarius; *Heves, Dr. Hans Peter,* Anstalts-Oberarzt

Oberschwestern: *Artner Aurelie,* Pav. 24; *Rameis Erika,* Pav. 25;

Oberpfleger: *Eisendle Eduard,* Pav. 26

8. Psychiatrische Abteilung: *Haberler, Dr. Herbert,* Primarius; *Gratz-Erbler, Dr. Anna,* Anstalts-Oberarzt

Oberpfleger: *Kühberger Stefan,* Heilanstalt Pav. 23

Rehabilitationszentrum: *Hartmann, Dr. Otto,* Primarius; *Ratzka, Dr. Günther,* Anstalts-Oberarzt; *Donat, Dr. Heinrich,* Anstalts-Oberarzt; *Hörl, Dr. Liselotte,* Anstalts-Oberarzt

Drogeninstitut: *Hermann, Dr. Peter,* Primarius

Pathologisch-bakteriologisches Institut: *Hackl, DDr. Hans,* Primarius; *Otupal, Dr. Ingeborg,* Anstalts-Oberarzt; *Godzinski, Dr. Maria,* Anstalts-Oberarzt

Apotheke: *Maciejovsky, Mag. pharm. Gertrud,* Oberpharmazierat

Ausbildungsstätte für die psychiatrische Krankenpflege: *Gabriel, Dr. Heinz,* Univ.-Doz., Kursleiter; *Grünberger Josef,* Lehrvorsteher

Kurs für die Ausbildung zum Stationsgehilfen: *Gabriel, Dr. Heinz,* Univ.-Doz., Kursleiter

Psychiatrisches Krankenhaus der Stadt Wien – Ybbs an der Donau

Ybbs, Persenbeuger Straße 1–3, NÖ, Tel. 0 74 12/25 21*

(Besuchszeiten: täglich von 9 bis 11 Uhr und von 13 bis 17 Uhr, weiters auf Vereinbarung)

Direktor: *Müller, Dr. Hans,* Primarius

Verwalter: *Weigl Leopold,* Oberamtsrat

Leiter des Pflegedienstes: *Mayer Johann,* Pflegevorsteher

Materialkanzlei: *Lausecker Kurt,* Amtsrat

Küchenregie: *Steinberger Siegmund,* Amtsrat

Personalstelle: *Eberl Elisabeth,* Kanzleioffizial

Pflegevorsteherin: *Mayer Gabriele*

Pflegevorsteherin: *Mayer Gabriele*

Abteilungsvorstände: *Müller, Dr. Hans,* Primarius; *Wellart, Dr. Karl,* Primarius; *Birnbaum, Dr. Otto,* Primarius; *Leidemann, Dr. Adolf,* Anstalts-Oberarzt; *Brix, Dr. Franz,* Anstalts-Oberarzt; *Schmiedl, Dr. Hermann,* Anstalts-Oberarzt

Oberpfleger: *Kapsberger Heinrich,* Werkstätte; *Bachtrod Friedrich,* Krankenabteilung XI; *Bichler Josef,* Belagsabteilung VII; *Hofbauer Franz,* Alkoholikerabteilung XIX; *Krammer Stefan,* Belagsabteilung XV; *Pils Franz,* I. Arbeitstherapie; *Pils Franz,* Krankenabteilung XVII; *Hintersteiner Josef,* Korridor Abteilung V; *Haselmayer Franz,* Abteilung IX

Oberschwestern: *Haslauer Leopoldine,* Korridor Abteilung X; *Lang Maria,* Krankenabteilung XVI; *Widmann Josefa,* Belagsabteilung VIII; *Mottl Hildegard,* Arbeitstherapie; *Kerndler Aloisia,* Korridor Abteilung XVIII; *Schadenhofer Maria,* Korridor Abteilung VI; *Stöger Wilhelmine,* Belagsabteilung XIV; *Graf Hedwig,* Korridor Abteilung XII; *Schmutz Margarete,* Siechenabteilung IV

Ausbildungsstätte für die psychiatrische Krankenpflege: *Müller, Dr. Hans,* Primarius, Direktor, ärztlicher Leiter; *Erhart Ernst,* Lehrvorsteher

Pflegeheime:

Pflegeheim der Stadt Wien – Lainz

13, Versorgungsheimplatz 1, Tel. 84 16 16*

(Besuchszeiten: täglich von 11 bis 19 Uhr)

Direktor: *Samec, Dr. Viktor,* Primarius

Verwalter: *Roj Walter,* Oberamtsrat

Leiter des Pflegedienstes: *Plescher Adele,* Oberin

Materialkanzlei: *Götzl Gerd,* Amtsrat

Küchenregie: *Steiner Luise,* Amtsrat

Personalstelle: *Seeling Maria,* Verwaltungsoberoffizial

Pflegegebührenstelle: *Danzberger Karl,* Amtsrat

I. medizinische Abteilung (Pav. VII): *Sieberth, Dr. Ernst,* Primarius; *Pirker, Dr. Susanne,* Anstalts-Oberarzt; *Till, Dr. Richard,* Anstalts-Oberarzt; *Wagener Margarete,* Oberschwester

II. medizinische Abteilung (Pav. VIII): *Samec, Dr. Viktor,* Primarius; *Wurst, Dr. Karl,* Anstalts-Oberarzt; *Körner, Dr. Renate,* Anstalts-Oberarzt; *Puschacher, Dr. Ernestine,* Anstalts-Oberarzt; *Rezak Elisabeth,* Oberschwester

III. medizinische Abteilung (Pav. I): *Pietschmann, Dr. Helmut,* Univ.-Prof., Primarius; *Hirn, Dr. Sophie,* Oberarzt; *Scheyer Maria,* Oberschwester

IV. medizinische Abteilung (Pav. X): *Lachnit, Dr. Karl,* Primarius; *Soecknick, Dr. Hilde,* Oberarzt; *Rieder, Dr. Lore,* Anstalts-Oberarzt; *Platzer Rosina,* Oberschwester

V. medizinische Abteilung (Pav. IX): *Markes, Dr. Gertrude,* Primaria; *Kaukal, Dr. Herbert,* Anstalts-Oberarzt; *Plohovich, Dr. Hermine,* Oberarzt; Oberschwester derzeit unbesetzt

VI. medizinische Abteilung (Pav. VI): *Lhotka, Dr. Erich,* Primarius; *Lautsch, Dr. Rudolf,* Oberarzt; *Briewasser, Dr. Ignaz,* Oberarzt; *Pirkfellner Maria,* Oberschwester

VII. medizinische Abteilung (Pav. V): *Pfeiler, Dr. Ferdinand,* Primarius; *Neuwirth, Dr. Herta,* Oberarzt; *Mohl, Dr. Johann,* Anstalts-Oberarzt; *Peyerl Erna,* Oberschwester

VIII. medizinische Abteilung (Pav. I): *Beier, Dr. Alfred,* Primarius; *Maurer, Dr. Rudolf,* Anstalts-Oberarzt; *Berger, Dr. Ernst,* Oberarzt; *Kurzmeyer Johanna,* Oberschwester

IX. medizinische Abteilung (Pav. XII): *Barousch, Dr. Reinhard,* Primarius; *Oberegger, Dr. Klara,* Oberarzt; *Tröger Franziska,* Oberschwester

X. medizinische Abteilung (Pav. IV): *Lorenz, Dr. Helmut,* Primarius; *Jilek, Dr. Gustav,* Oberarzt; Oberschwester derzeit unbesetzt

Neurologische Abteilung (Pav. XI): *Seemann, Dr. Demeter,* Primarius; *Danielczyk, Dr. Walter,* Oberarzt; *Mentasti, Dr. Maria,* Oberarzt; *Stift Margareta,* Oberschwester

Dermatologische Abteilung (Pav. XIII): *Zips, Dr. Artur,* Primarius; *Grusch, Dr. Norbert,* Anstalts-Oberarzt; *Baumgartner Erna,* Oberschwester

Abteilung für Lungenerkrankungen (Pav. XV): *Ebner, Dr. Hans,* Primarius; *Danilewicz, Dr. Ariadne,* Anstalts-Oberarzt; *Hanzl, Dr. Erich,* Oberarzt; Oberschwester derzeit unbesetzt

Orthopädische Abteilung (Pav. XVII): *Erhart, Dr. Otto,* Primarius; *Wagner, Dr. Wolfgang,* Anstalts-Oberarzt

Chirurgische Abteilung (Pav. XVI): *Priesching, Dr. Alfred,* a. o. Univ.-Prof., Primarius; *Malcher, Dr. Herwig,* Oberarzt; *Anderle Adele,* Oberschwester

Belagsabteilungen (Pav. IV, XIV): *Artzberger, Dr. Ernst,* Primarius; *Potschka, Dr. Walter,* Oberarzt

Zentralröntgen (Pav. XIII): *Rezabek, Dr. Walter,* Med.-Rat, Primarius; *Proszowski, Dr. Peter,* Anstalts-Oberarzt

Dislozierter Kurs für die Ausbildung zum Stationsgehilfen: *Luger, Dr. Anton,* a. o. Univ.-Prof., Primarius, Kursleiter

Pflegeheim der Stadt Wien – Baumgarten

14, Hütteldorfer Straße 188, Tel. 94 76 01*

(Besuchszeiten: täglich von 11 bis 19 Uhr)

Ärztlicher Leiter: *Twrdy, Dr. Edwin,* Primarius
Verwalter: *Bauer Otto,* Oberamtsrat
Leiter des Pflegedienstes: *Freywald Karl,* Pflegevorsteher
Materialkanzlei: *Jaksch Gerhard,* Verwaltungskommissär
Küchenregie: *Kath Rudolf,* Verwaltungsoberkommissär
Personalstelle: *Rohrböck Raimund,* Verwaltungsoffizial

Krankenabteilungen: *Twrdy, Dr. Edwin,* Primarius; *Hertling, Dr. Isolde,* Primaria; *Klein, Dr. Karlheinz,* a. o. Univ.-Prof., Primarius; *Sburny, Dr. Ingeborg,* Primaria; *Jeschek, Dr. Ingeborg,* Anstalts-Oberarzt; *Skacel, Dr. Annemarie,* Anstalts-Oberarzt; *Scheberle, Dr. Hildegard,* Anstalts-Oberarzt; *Meuser, Dr. Heribert,* Anstalts-Oberarzt; *Schembera, Dr. Reinhard,* Anstalts-Oberarzt; *Zgaga, Dr. Norbert,* Anstalts-Oberarzt; *Linhart Margarete,* Oberschwester; *Renner Johanna,* Oberschwester; *Widermann Henriette,* Oberschwester, Rochusheim; *Emerschitz Anna,* Oberschwester

Dislozierter Kurs für die Ausbildung zum Stationsgehilfen: *Stastny, Dr. Rudolf,* Direktor, Kursleiter

St.-Rochus-Heim

14, Cumberlandstraße 53, Tel. 94 76 01*

verwaltungsmäßig dem Pflegeheim der Stadt Wien – Baumgarten angegliedert

Pflegeheim der Stadt Wien – Liesing

23, Liesing, Perchtoldsdorfer Straße 6, Tel. 86 92 41*

(Besuchszeiten: täglich von 11 bis 19 Uhr)

Ärztlicher Leiter: *Moritz, Dr. Margarethe,* Med.-Rat, Primaria
Verwalter: *Kabelka Ernst,* Oberamtsrat
Leiter des Pflegedienstes: *Musil Gertrude,* Oberin
Materialkanzlei: *Schäfer Gustav,* Verwaltungsoberkommissär
Küchenregie: *Polasek Erich,* Verwaltungsoberkommissär
Personalstelle: *Riedl Brigitta,* Kanzleioffizial

Sozialmedizinisches Zentrum – Ost – Pflegeheim

22, Stadlau, Langobardenstraße 122, Tel. 22 75 64*

(Besuchszeiten: täglich von 11 bis 19 Uhr)

Ärztlicher Leiter: *Wlk, Dr. Viktor Wolfgang,* Primarius
Verwalter: *Reinagl Walter,* Amtsrat
Leiter des Pflegedienstes: *Bruha Wolfgang,* Pflegevorsteher
Materialkanzlei: *Vejchoda, Dr. Walter,* Verwaltungsoberkommissär
Küchenregie: *Flick Martina,* Verwaltungsoffizial
Personalstelle: *Weiss Helga,* Verwaltungsoffizial

Krankenpflegeschule disloziert von der Krankenanstalt Rudolfstiftung: *Müllner, Dr. Theodora,* Hofrat, Direktor, Schulleiter; *Götz Helga,* Schuloberin

Pflegeheim der Stadt Wien – Klosterneuburg

Klosterneuburg, NÖ, Martinstraße 28–30, Tel. 904, 0 22 43/21 25

(Besuchszeiten: täglich von 11 bis 19 Uhr)

Ärztlicher Leiter: *Muzik, Dr. Hedwig,* Primaria
Verwalter: *Friedrich Reinhard,* Amtsrat
Leiter des Pflegedienstes: *Bedlivy Elfriede,* Oberschwester
Materialkanzlei: *Tima Karl,* Verwaltungsoffizial
Küchenregie: *Bozeczki Erwin,* Kanzleioffizial
Personalstelle: *Kuschei Maria,* Kanzleioffizial

Dislozierter Kurs für die Ausbildung zum Stationsgehilfen: *Muzik, Dr. Hedwig,* Primaria, Kursleiter

Pflegeheim der Stadt Wien – St. Andrä an der Traisen

Herzogenburg, Marienplatz 1, NÖ, Tel. 0 27 82/22 27*, 22 23*

(Besuchszeiten: täglich von 11 bis 19 Uhr)

Ärztlicher Leiter: *Proszowski, Dr. Erich,* Primarius
Verwalter: *Svab Otto,* Amtsrat
Leiter des Pflegedienstes: *Rauscher Theresia,* Oberin
Materialkanzlei: *Zauner, Ing. Franz,* Verwaltungsoberoffizial
Küchenregie: *Zehetner Maria,* Verwaltungsoffizial
Personalstelle: *Wintersberger Elfriede*
Jarosch, Dr. Peter, Anstalts-Oberarzt

Rettungs- und Krankenbeförderungsdienst der Stadt Wien:
3, Radetzkystraße 1, Tel. 72 41 35*, Notruf 144

Ärztlicher Leiter: *Beran, Dr. Ottokar,* Med.-Rat
Administrativer Leiter: *Lederer Wilhelm,* Oberamtsrat
Materialkanzlei: *Hartberger Gertrud,* Amtsrat
Personalstelle: *Ehrenberger Alfred,* Kanzleioffizial

Filialen:
Arsenal, 3, Arsenalstraße 7 . . . . 78 23 95*
Mariahilf, 6, Mariahilfer Gürtel 20 . . . . . . 57 62 44*
Penzing, 14, Baumgartner Straße 11 . . . . 94 21 11
Hernals, 17, Lidlgasse 7 . . . . 46 31 11
Floridsdorf, 21, Schöpfleuthnergasse 14–16/1 . . 38 53 48
Aspern, 22, Wimpffengasse 8 . . . . 22 22 12
Atzgersdorf, 23, Brunner Straße 3–5 . . . . . . 86 03 24

Nur für Krankentransporte:
Sanitätsstationen:
Arsenal, 3, Hüttenbrennergasse 4 . . 78 27 30*, 78 27 42*
Wienerberg, 12, Pirkebnerstraße 2–4 . . . . . . 83 32 55
Hernals, 17, Gilmgasse 18 . . . . 46 21 11
Brigittenau, 20, Gerhardusgasse 3 . . . . 33 41 01

Bettenzentrale:
3, Radetzkystraße 1
verwaltungsmäßig dem Rettungs- und Krankenbeförderungsdienst der Stadt Wien angegliedert

Anstaltenhauptlager:
14, Baumgartner Höhe 1, Tel. 94 31 51*
Materialverwaltung: *Simak Heinrich,* Amtsrat

Zentralwäscherei:
14, Steinbruchstraße 35–37, Tel. 94 62 03*
Straka, Ing. Herbert, Techn. Oberamtsrat

MAGISTRATSABTEILUNG 18

Stadtstrukturplanung

(Geschäftsgruppe Stadtentwicklung und Stadterneuerung)
1, Rathausstraße 14–16, 3. Stock, Tel. 42 8 05

Stadtforschung und Erarbeitung von Grundlagen für die räumliche Stadtentwicklungsplanung unter Berücksichtigung des Umlandes.
Ausarbeitung und Fortschreibung des Stadtentwicklungsplanes und von Bezirksentwicklungsplänen in Zusammenarbeit mit den jeweils zuständigen Dienststellen.
Mitwirkung bei der Erstellung von Entwürfen zu Stadtteilplanungen und von Entwürfen zur Abänderung, Aufhebung und Neufestsetzung des Flächenwidmungs- und Bebauungsplanes.
Erstellung von Planungsrichtlinien für die räumliche Verteilung von Wohn- und Erholungsgebieten, Betriebsflächen und Einrichtungen der sozialen und technischen Infrastruktur.
Generelle Verkehrsplanung in Zusammenarbeit mit den zuständigen Dienststellen des Magistrats, insbesondere mit den Wiener Stadtwerken.
Generelle Grünraum- und Erholungsplanung im Einvernehmen mit den zuständigen Dienststellen.
Verkehr mit den Trägern der Planungshoheit von anderen Körperschaften.
Standortplanung für Bauland einschließlich der öffentlichen Einrichtungen, für Verkehrsflächen, für Verkehrsanlagen sowie für Grünland im Einvernehmen mit den jeweils zuständigen Dienststellen.
Ausarbeitung von Studien und generellen Projekten im Rahmen der Stadtstrukturplanung.
Vergebung und Betreuung von Aufträgen im Rahmen der Stadtstrukturplanung.
Vorbereitung und Durchführung von Wettbewerben, Fachausstellungen und Fachveröffentlichungen im Rahmen der Stadtstrukturplanung.
Teilbesorgung der Geschäfte der Auftragsverwaltung des Bundes hinsichtlich der Bundesstraßenverwaltung, nämlich die Erstellung genereller Projekte von Bundesstraßen einschließlich der Erwirkung von Verordnungen gemäß § 4 BStG 1971 im Einvernehmen mit den jeweils zuständigen Dienststellen.

Jawecki, Dipl.-Ing. Dr. techn. Peter, Senatsrat . . . 3197
Kotyza, Dipl.-Ing. Georg, Oberstadtbaurat 3196
Kazda, Dipl.-Ing. Gertrude, Senatsrat 3164
Danner, Dipl.-Ing. Wilhelm, Oberstadtbaurat 3184
Oliwa, Dr. phil. Eva, Oberstadtbaurat 3182
Schmid, Dipl.-Ing. Dr. techn. Friedrich, Oberstadtbaurat 3185
Wünschmann, Dipl.-Ing. Peter, Oberstadtbaurat . . 3178
Binder, Dipl.-Ing. Herbert, Stadtbaurat 2045
Fauland, Dipl.-Ing. Adolf, Stadtbaurat 3183
Gehringer, Dipl.-Ing. Rolf, Stadtbaurat 3993
Kalss, Dipl.-Ing. Winfried, Stadtbaurat 3143
Köberl, Dipl.-Ing. Siegfried, Stadtbaurat 3124
Leodolter, Mag. Silvia, Stadtbaurat 3163
Mayerl, Dipl.-Ing. Walter, Stadtbaurat 3145
Schopper, Dr. phil. Manfred, Stadtbaurat 3121
Schulz, Dipl.-Ing. Hannes, Stadtbaurat 63 44 30
Stöckl, Dipl.-Ing. Walther, Stadtbauoberkommissär . 4196
Dorner, Dipl.-Ing. Alfred, Stadtbaukommissär . . . 3903
Glotter, Dipl.-Ing. Karl, Stadtbaukommissär 3992
Klopf, Mag. Peter 3851
Lesniewski, Dipl.-Ing. Dr. techn. Janusz 3186
Werdigier, Dipl.-Ing. Wolf 3901
Nawratil, Ing. Ursula, Techn. Amtsrat 2023
Schild Hermine, Kanzleioberkommissär,
Kanzleileiter 818
Kanzlei und Einlaufstelle 2028, 4198
Koordinationsgruppe:
Leiter 3196
Referenten 3101, 3902
Preisprüfung, Personal 3164
Stadtentwicklungsplan 3196

ÖROK, Angelegenheiten der Bundesraumordnung
und Regionalplanung 3901
Planungsgemeinschaft Ost 63 44 30
Generelle Grünraumplanung 3992
Generelle Verkehrskonzeption 3178, 3185

Gruppe I: Grundlagen
Leiter 3164
Referat Stadtforschung:
Leiter 3121
Referenten 3992, 3169, 3994, 4164
Referat Fachliche Öffentlichkeitsarbeit:
Leiter 3182
Referenten, Graphiker 3993, 2029, 4134
Referat Facharchiv:
Leiter 3109
Referenten 3195, 3188, 3181

Gruppe II: Stadt- und Bezirksentwicklung
Leiter 3196
Referat Gebiet Süd-Nordost:
Leiter 2045
Referenten 4196, 3186, 2023, 3991, 4190, 3187
Referat Gebiet Mitte-West:
Leiter 3901
Referenten 3163, 3851, 3179, 3162, 3189, 3123

Gruppe III: Öffentlicher Verkehr
Leiter 3178
Referenten 3184, 3183, 3124, 3106, 3119

Gruppe IV: Individualverkehr
Leiter 3185
Referenten 3145, 3903, 3143, 3995, 3194, 3160, 3142

MAGISTRATSABTEILUNG 19

Stadtgestaltung

(Geschäftsgruppe Stadtentwicklung und Stadterneuerung)
12, Niederhofstraße 23, 5. Stock, Tür 534, Tel. 746*, 83 66 16*

Mitwirkung bei der Erstellung von Entwürfen zu Stadtteilplanungen und von Entwürfen zur Abänderung, Aufhebung und Neufestsetzung des Flächenwidmungs- und Bebauungsplanes.
Vergebung und Betreuung von Aufträgen im Rahmen der Stadtgestaltung.
Erstellung von Entwürfen und Projekten für die Gestaltung öffentlicher Räume.
Verfassung von Entwurfs- und Ausführungsplänen für Neu-, Zu- und Umbauten städtischer Hochbauten, auch fallweise durch Beauftragung von Ziviltechnikern im Einvernehmen mit den jeweils zuständigen Dienststellen.
Architektonische Begutachtung und Beratung im Zuge des Baugenehmigungsverfahrens.
Beratung der städtischen Dienststellen in architektonischen und städtebaulichen Gestaltungsfragen.
Vorbereitung und Durchführung von Architekturwettbewerben.
Prüfung der Preisangemessenheit von Anboten der mit Planungsarbeiten zu beauftragenden Architekten und Zivilingenieure für Hochbauten.

Kolowrath, Mag. Dr. techn. Rudolf, Arch., Senatsrat . 271
Marchart, Dipl.-Ing. Dr. techn. Peter, Stadtbaurat . 342
Rameder, Dipl.-Ing. Heinrich, Senatsrat 263
Neubauer, Ing. Mag. Johann, Oberstadtbaurat . . . 284
Pal, Dipl.-Ing. Dieter, Oberstadtbaurat 338
Scasny, Mag. Anna, Oberstadtbaurat 289
Schidla, Dipl.-Ing. Gottfried, Oberstadtbaurat . . . 281
Torre, Dipl.-Ing. Irina C., Arch., Oberstadtbaurat . 283
Foltin, Mag. Klaudius, Stadtbaurat 259
Hälbig, Dipl.-Ing. Rüdiger, Stadtbaurat 261
Matousek, Dipl.-Ing. Josef, Stadtbaurat 359
Muthsam, Dipl.-Ing. Gerhard, Stadtbaurat 288
Pelikan, Dipl.-Ing. Peter, Stadtbaurat 274
Pruymann, Dipl.-Ing. Christiane, Stadtbaurat 276
Schimka, Dipl.-Ing. Rainer, Stadtbaurat 282
Schraml, Dipl.-Ing. Anton, Stadtbaurat 268
Stiegholzer, Mag. Hermann, Stadtbaurat 278
Vatter, Dipl.-Ing. Klaus, Stadtbauoberkommissär . . 456
Foltin, Dipl.-Ing. Rudolf, Stadtbaukommissär 442
Kollmann Karl, Techn. Amtsrat 265
Viehtauer Ernst, Techn. Amtsrat 285
Leitgeb Herbert 287
Heine Helga, Kanzleikommissär, Kanzleileiter . . . 272
Kanzlei 267
Protokoll, Einlaufstelle 273
Rechnungsprotokoll 260

Architektonische Begutachtung und Beratung im Baugenehmigungsverfahren für die Bezirke:
1, 3, 4, 5, 6, 7, 8, 9, 13, 19 und Schutzzonen 338
2, 14, 15, 16, 17, 18, 20, 21, 22 281
10, 11, 12 268
23 261
Portale, Werbeanlagen 289, 260

Abgasstutzen und Fensteränderungen für die Bezirke:
1, 2, 3, 4, 5, 6, 7, 8, 9, 10 285
11, 12, 13, 14, 15, 16, 17, 18, 19, 23 284
20, 21, 22 281

MAGISTRATSABTEILUNG 20

Druckerei und technische Dokumentation

(Geschäftsgruppe Stadtentwicklung und Stadterneuerung)
1, Rathaus, 7. Stiege, Halbstock, Tür 216, Tel. 42 8 06

Führung eines Planarchives.
Führung der technisch-wissenschaftlichen Bibliothek.
Dokumentation und Verbreitung des Inhaltes von Fachzeitschriften.
Führung des Druckereibetriebes der Stadt Wien.
Technische Fachdienststelle für Vervielfältigung, Reprographie und Mikroverfilmung.
Beistellung des Vermessungshilfspersonals für andere Dienststellen, ausgenommen die Magistratsabteilung 41.
Dienstaufsicht über das Personal des Druckereibetriebes der Stadt Wien, soweit dies nicht dem Magistratsdirektor vorbehalten ist.

Bodner, Ing. Karl, Senatsrat 3241
Pohl Konrad, Techn. Amtsrat 3243
Havel, Ing. Franz Rainer, Techn. Kommissär 3245
Hergöth, Ing. Fritz, Techn. Oberoffizial 3234
Tiller Erwin, Techn. Kanzleioberkommissär 4210
Schwartling Alfred, Betriebsoberinspektor 740*, 72 36 41*, 351
Stoifl-Lankes Helene, Kanzleioffizial,
Kanzleileiter 320
Kanzlei 3236
Normen 3234
Zeitschriftenrundlauf 3246
Sondererfordernisse 3243
Handlager für Kanzlei- und Zeichenerfordernisse, Stadtkarten, Planarchiv 3237
Lichtpausen und Plandrucke 3244
Vermessungspersonal, Zeugkammer
1, Ebendorferstraße 1 . . . . 820, 3238

Repro-Anlage, Leiter 4210, 3249
Adressieranlage 3139

Druckerei:
3, Am Modenapark 1–2, Parterre . . . 740*, 72 36 41*
Schwartling Alfred, Betriebsoberinspektor, Druckereileiter 351
Faktor 352
Buchbinderei 354
Setzerei 353

Druckerei Allgemeines Krankenhaus:
9, Alser Straße 4. . . . . 48 00*, 1443

MAGISTRATSABTEILUNG 21

Flächenwidmungs- und Bebauungsplan

(Geschäftsgruppe Stadtentwicklung und Stadterneuerung)

1, Rathaus, 5. Stiege, 2. Stock, Tür 406, Tel. 42 8 05

Erstellung von Entwürfen zu Stadtteilplanungen in Abstimmung mit den für den Stadtentwicklungsplan und für die Bezirksentwicklungspläne zuständigen Dienststellen.
Verwaltungs- und plantechnische Ausarbeitung des Flächenwidmungs- und Bebauungsplanes; Prüfung und Erstellung von Bebauungsvorschlägen; Erstellung von Entwürfen zur Verhängung einer zeitlich begrenzten Bausperre sowie zur Festsetzung, zur Abänderung und zur Ergänzung des Flächenwidmungs- und Bebauungsplanes; Verfassung von Anträgen auf Verhängung einer zeitlich begrenzten Bausperre sowie auf Festsetzung, auf Abänderung und auf Ergänzung des Flächenwidmungs- und Bebauungsplanes an den Gemeinderat; Verfassung von Anträgen auf unwesentliche Abänderung und Ergänzung des Flächenwidmungs- und Bebauungsplanes an die örtlich zuständige Bezirksvertretung.
Kundmachung der den Flächenwidmungs- und Bebauungsplan betreffenden Beschlüsse in Schriftform und in Form von Plandokumenten.
Evidenthaltung und Archivierung des Flächenwidmungs- und Bebauungsplanes.
Mitwirkung bei der Information der Öffentlichkeit und Auskunfterteilung über den Flächenwidmungs- und Bebauungsplan.
Mitwirkung bei der Ausarbeitung und Fortschreibung des Stadtentwicklungsplanes und der Bezirksentwicklungspläne.
Entgegennahme von Stellungnahmen zu den zur öffentlichen Einsicht aufgelegten Entwürfen für den Flächenwidmungs- und Bebauungsplan.
Durchführung von Vorarbeiten auf dem Gebiet der Stadterneuerung, insbesondere zur Festsetzung von Assanierungsgebieten in Zusammenarbeit mit den jeweils zuständigen Dienststellen.
Durchführung der Vorarbeiten zur Auswahl und Festsetzung von Bodenbeschaffungsgebieten in Zusammenarbeit mit den jeweils zuständigen Dienststellen.
Vorbereitung und Durchführung von Wettbewerben, die sich aus dem eigenen Geschäftsbereich ableiten lassen.
Vergebung und Betreuung von Aufträgen, die sich aus dem eigenen Geschäftsbereich ableiten lassen.
Mitwirkung bei der Festlegung der Landes- und Bezirksgrenzen.
Führung der Bürogeschäfte des Fachbeirates für Stadtplanung.
Führung der zentralen Adreßdatei einschließlich Vergabe der Code-Nummern für öffentliche Flächen, der Blocknummern und der Netzknoten.
Vorbereitung und Durchführung der räumlichen Abgrenzung der statistischen Zähleinheiten (Zählbezirke, Zählgebiete).

Pohl, Ing. Mag. Friedrich, Arch., Senatsrat 3107
Parzer, Dipl.-Ing. Josef, Senatsrat 3105
Vokaun, Dipl.-Ing. Walter, Oberstadtbaurat 3171
Wagentristl, Mag. Ernst, Oberstadtbaurat 3173
Bauer, Dipl.-Ing. Gerhard, Stadtbaurat 3869
Berger, Dipl.-Ing. Horst, Stadtbaurat 3878
Kauzner, Dipl.-Ing. Franz, Stadtbaurat 2247
Koukal, Dipl.-Ing. Helmut, Stadtbaurat 3168
Kreutz, Dipl.-Ing. Elke, Stadtbaurat 3841
Mackerle, Dipl.-Ing. Bernhard, Stadtbaurat 3834
Mertl, Dipl.-Ing. Manfred, Stadtbaurat 3172
Steiner, Dipl.-Ing. Klaus, Stadtbaurat 3842
Urban, Dipl.-Ing. Ingrid, Stadtbaurat 3177
Vitzthum, Dipl.-Ing. Georg, Stadtbaurat 3817
Montanari, Dipl.-Ing. Eva, Stadtbauoberkommissär 3834
Bimaßl, Dipl.-Ing. Helmut, Stadtbaukommissär . . . 2081
Buchner, Dipl.-Ing. Herbert, Stadtbaukommissär . . 3175
Mittringer, Dipl.-Ing. Kurt, Stadtbaukommissär . . . 3884
Sengelin, Mag. Dipl.-Ing. Dr. phil. Wolfgang, Stadtbaukommissär 3172
Staudinger Rosa, Kanzleikommissär, Kanzleileiter . 3150
Kanzlei 821, 3190

Referenten für die Bezirke:
1, 9, 17, 18, 19 3154
2, 3, 20 3156
4, 5, 10, 11 3158
6, 7, 8, 14, 15, 16. 3155
12, 13, 23 3159
21, 22 3157
Evidenz und Archiv 3130

Fachbeirat für Stadtplanung:

Vorsitzender:
Gieselmann, Dipl.-Ing. Dr. techn. Reinhard, Arch., Univ.-Prof.

Mitglieder:
Eckharter, Dipl.-Ing. Manfred
Hala, Dipl.-Ing. Bernd
Kunze, Dr. Michael, Univ.-Prof.
Machatschek, Dipl.-Ing. Dr. techn. Alois, Arch., Univ.-Prof.
Obermann, Dipl.-Ing. Dr. Werner
Rosinak, Dipl.-Ing. Dr. Werner
Rothauer, Dipl.-Ing. Dr. Herlinde
Veit, Dipl.-Ing. Wolfgang
Werner, Dipl.-Ing. Helmut
Wöss, Dr. rer. nat. Friedrich, Univ.-Prof.

MAGISTRATSABTEILUNG 22

Umweltschutz

(Geschäftsgruppe Umwelt und Bürgerdienst)

1, Ebendorferstraße 4, 5. Stock, Tel. 42 8 05

Allgemeine und grundsätzliche Angelegenheiten des Umweltschutzes.
Koordinierung der Aktivitäten auf dem Gebiet des Umweltschutzes.
Ausführung von Entwicklungs- und Forschungsarbeiten sowie Vergebung und Betreuung von Forschungs- und Untersuchungsaufträgen auf dem Gebiet des Umwelt- und Naturschutzes.
Mitwirkung an Untersuchungen und Maßnahmen anderer Dienststellen auf dem Gebiet des Umweltschutzes.
Abgabe von Stellungnahmen auf dem Gebiet des Umweltschutzes.
Förderungsmaßnahmen auf dem Gebiet des Umwelt- und Naturschutzes einschließlich der Vergebung von Subventionen.
Angelegenheiten des Naturschutzes und der Erhaltung des Landschaftsbildes; Handhabung einschlägiger Rechtsvorschriften auf diesen Gebieten, insbesondere des Bundes- sowie des Landesgesetzes zur Durchführung des Übereinkommens über den internationalen Handel mit gefährdeten Arten freilebender Tiere und Pflanzen.
Erteilung von Haltungsbewilligungen für Greifvögel sowie Entgegennahme von Meldungen und Beringung von Greifvögeln nach dem Jagdgesetz.
Durchführung von Administrativverfahren in erster Instanz nach der Verordnung über die Bekämpfung der Straßenglätte, ausgenommen die Aufhebung des Verbotes hinsichtlich der Anwendung von Auftausalzen bei der Glatteisbekämpfung auf Gehsteigen, Zufahrten, Abstellplätzen und dgl. für die Dauer von höchstens drei Tagen und Bekanntgabe dieser Aufhebung im Österreichischen Rundfunk.
Angelegenheiten des Baumschutzes, ausgenommen die rechtlichen Angelegenheiten in erster Instanz.
Führung der Bürogeschäfte des Beirates für Fragen des Umweltschutzes in Wien und des Naturschutzbeirates; Bestellung der Naturschutzorgane und Organisation von Maßnahmen für die Durchführung des Dienstes dieser Organe.
Handhabung des Altöl- und des Sonderabfallgesetzes, soweit der Landeshauptmann zuständig ist.
Berichterstattung an den Gemeinderat über das Ergebnis der Messungen und die getroffenen Veranlassungen im Sinne des Wiener Feuerpolizeigesetzes.
Erstellung eines Umweltalarmplanes und Erlassung von Anordnungen aufgrund dieses Planes.
Probenahmen und Untersuchungen von Boden- und Grundwasserproben, soweit sie den Umwelt- und Naturschutz betreffen.
Messungen von Luftverunreinigungen, Lärmbelästigungen, Wasserverunreinigungen und der Wirkungsweise physikalisch-chemischer Abwasserbehandlungsanlagen; Untersuchung von Trinkwasser auf Phenole, Kohlenwasserstoffe mit Ausnahme der Chlorkohlenwasserstoffe und auf Schwermetalle; Beratung bei der Vernichtung gefährlicher Sonderabfälle und Gifte.
Durchführung biologischer Untersuchungen, insbesondere auf dem Sektor der Landwirtschaft.
Betrieb von Labors sowie eines stationären Luftmeßnetzes.
Dienstaufsicht über das zugeteilte Personal, soweit es nicht der Dienstaufsicht des Magistratsdirektors untersteht.

Schorsch, Mag. Johann, Obermagistratsrat 2002
Merth-Schober, Dr. Maria, Magistratsrat 2006
Gassner, Dipl.-Ing. Walter, Oberstadtbaurat 2003
Löffler, Dipl.-Ing. Helmut, Stadtbaurat 2096
Ricica, Dipl.-Ing. Kurt, Stadtbaurat 2007
Goldschmid, Dr. Ulrike, Magistratsoberkommissär . 2016
Engel Johanna, Kanzleioffizial,
Kanzleileiter 822
Kanzlei 2046
Allgemeine Angelegenheiten....... 2006, 2005, 2047

Technischer Umweltschutz..... 2003, 2004, 2092, 2096
Naturschutz............. 2007, 2016, 2018, 2063

Umweltlabor:
Reuschel, Dipl.-Ing. Dr. techn. Arnulf-Georg, Stadtbaurat 2046
Hassan, Dipl.-Ing. Salah El Din 2046

Biologisches Labor:
Maurer, Dr. Ludwig, Magistratsrat 2046
Slad, Dr. Herbert................... 2046

MAGISTRATSABTEILUNG 23

Gebäude des Sozial- und Gesundheitswesens und verschiedene Nutzbauten

(Geschäftsgruppe Bauten)

1, Schottenring 25, 3. und 4. Stock, Tür 301–317, 401–417a, Tel. 747*, 31 16 16*

Errichtung von Neu- und Zubauten, Durchführung von Umbauten, baulichen Abänderungen und Abbrüchen sowie Erhaltung jener Bauobjekte, deren Baukosten auf den Ansätzen der Magistratsabteilungen 4, 5, 6, 11, 12, 14, 15, 17, 44, 52 hinsichtlich der Herbergen für Obdachlose, 54, 59 oder 60 veranschlagt sind, wenn solche Bauführungen nach dieser Geschäftseinteilung nicht ausdrücklich diesen Dienststellen übertragen sind.
Technische Begutachtung von privaten Kindergärten, Horten, Jugendfürsorgeanstalten, Krankenanstalten und Pflegeheimen.
Bestellung der ständigen Kontrahenten für alle Hochbauarbeiten der Stadt Wien.

Foltin, Dipl.-Ing. Rudolf, Senatsrat 21
Chlup, Dipl.-Ing. Kurt, Senatsrat 25

Plodek, Ing. Franz, Arch., Senatsrat 23
Hannappi, Dipl.-Ing. Gerhard, Oberstadtbaurat 22 23 35
Lhotzky, Dipl.-Ing. Ralf, Stadtbaurat 24
Brock Leopold, Techn. Oberamtsrat,
Baumeister............... 95 25 11*, 2329
Fiala, Ing. Robert, Techn. Oberamtsrat . 84 16 16*, 3251
Pitsch, Ing. Walter, Techn. Oberamtsrat. . 48 00*, 1701
Puchinger, Ing. Leopold, Techn.
Oberamtsrat 94 31 51*, 2301
Schwicker, Ing. Hubert, Techn.
Oberamtsrat 34 65 35*, 249
Zoubek, Ing. Paul, Techn. Oberamtsrat..... 72 35 18
Baumgartner, Ing. Karl, Techn. Amtsrat . 78 76 46*, 227
Chytil, Ing. Gustav, Techn. Amtsrat.... 48 00*, 1708
Dominkovits, Ing. Anton, Techn. Amtsrat 64 16 91*, 284
Furtner, Ing. Walter, Techn. Amtsrat ... 22 22 15*, 43
Geiger, Ing. Karl, Techn. Amtsrat,
Baumeister............... 94 76 01*, 333
Kleinhampl, Ing. Anton, Tech. Amtsrat. . 78 76 46*, 225
Pospisil Rudolf, Techn. Amtsrat 44

Sellmeister, Ing. Friedrich, Techn. Amtsrat . 48 00*, 1747
Wagner, Ing. Otto, Techn. Amtsrat 48 00*, 1702
Witzko Josef, Techn. Amtsrat, Baumeister . 48 00*, 1703
Kansky Anna, Kanzleioberkommissär,
Kanzleileiter 31, 30
Kanzlei, Aktenprotokoll 32

Kranken- und Wohlfahrtsanstalten:
Versorgungsgruppen I/II 21
Versorgungsgruppe III 24
Versorgungsgruppe IV 25
Objekte des Sozialwesens und sonstige des Gesundheitswesens, der Herbergen für Obdachlose, des Zentralen Einkaufes, des Jugendamtes, Bäderneubauten sowie Objekte des Marktamtes, des Veterinäramtes und des Markt- und Schlachtbetriebes . 23

Technische Betriebsleitungen:
Allgemeines Krankenhaus 48 00*, 1717
Krankenhaus und Pflegeheim Lainz . . . 84 16 16*, 3251
Franz-Josef-Spital, Gottfried von Preyer'sches Kinderspital, Neurologisches Krankenhaus Rosenhügel 64 16 91*, 234
Krankenanstalt Rudolfstiftung, Sozialmedizinisches Zentrum-Ost, Mautner-Markhof'sches Kinderspital 75 75 11*, 370
Wilhelminenspital, Elisabeth-Spital, Orthopädisches Krankenhaus Gersthof, Ignaz-Semmelweis-Frauenklinik, Neurologisches Krankenhaus Maria-Theresien-Schlössel, Kinderklinik Glanzing 95 25 11*, 2329
Psychiatrisches Krankenhaus Baumgartner Höhe, Pulmologisches Zentrum, Psychiatrisches Krankenhaus Ybbs a. d. Donau 94 31 51*, 2301
Allgemeine Poliklinik, Sophien-Spital, Krankenhaus Floridsdorf 34 65 35*, 249
Pflegeheim Baumgarten, St.-Rochus-Heim, Pflegeheim Liesing, Pflegeheim St. Andrä a. d. Traisen, Pflegeheim Klosterneuburg 94 76 01*, 333

MAGISTRATSABTEILUNG 24

Städtischer Wohnhausbau

(Geschäftsgruppe Stadtentwicklung und Stadterneuerung)

8, Lange Gasse 30, 4. und 5. Stock, Tür 406–414, 506–520, Tel. 737*, 43 89 11*

Errichtung von städtischen Wohnhausbauten einschließlich der zugehörigen Bauten der sozialen Infrastruktur unter besonderer Berücksichtigung der Bedürfnisse der Stadterneuerung; Erwirken der Förderungsbeiträge aus den Mitteln der Wohnbauförderung und Sicherstellen deren ordnungsgemäßer Verwendung.

Vertretung der Stadt Wien in Angelegenheiten der Wohnbauforschung. Vergebung und Betreuung von Forschungsaufträgen aus städtischen Mitteln auf dem Gebiet der Wohnbauforschung.

Cekal, Dipl.-Ing. Dr. techn. Ernst, Senatsrat 341
Willinger, Dipl.-Ing. Rudolf, Senatsrat 347
Halama, Dipl.-Ing. Dr. techn. Rudolf, Senatsrat . . 346
Schneider, Dipl.-Ing. Leopold, Senatsrat 344
Stanzel, Ing. Mag. Arthur, Senatsrat. 348
Hofbauer, Dipl.-Ing. Erwin, Oberstadtbaurat 349
Schrom, Dipl.-Ing. Alexander, Oberstadtbaurat. . . 345
Chatzioannidis, Dipl.-Ing. Panagiotis
Hößl, Dipl.-Ing. Alfred, Stadtbaurat
Jandak, Dipl.-Ing. Hermann, Stadtbaurat
Kaufmann, Dipl.-Ing. Herbert, Stadtbaurat
Anderschitzky, Dipl.-Ing. Paul, Stadtbauoberkommissär
Ehart, Ing. Hubert, Techn. Oberamtsrat
Ehn, Ing. Albert, Techn. Oberamtsrat 351
Pommer, Ing. Erich, Techn. Oberamtsrat
Popovics, Ing. Johann, Techn. Oberamtsrat
Kraus, Ing. Heinrich, Techn. Amtsrat
Matzi, Ing. Franz, Techn. Amtsrat
Perner, Ing. Ernst, Techn. Amtsrat
Putz, Ing. Raimund, Techn. Amtsrat
Putzgruber Adelheid, Kanzleioffizial,
Kanzleileiter 361
Kanzlei, Einlaufstelle 365

Budget 351
Wohnbauförderung 353

Forschung 345
Verdingungswesen 351
Bauvorbereitung 359
Statistik 342
Material, Fuhrwerk, Dokumentation 357
Winterreferat 349

MAGISTRATSABTEILUNG 25

Technisch-wirtschaftliche Prüfstelle für Wohnhäuser, besondere Angelegenheiten der Stadterneuerung

(Geschäftsgruppe Stadtentwicklung und Stadterneuerung)
1, Rathausstraße 4, 1. und 2. Stock, Tel. 42 8 03

Technisch-wirtschaftliche Prüfung der Förderungswürdigkeit bei der Wohnbauförderung.

Erstellung technisch-wirtschaftlicher Gutachten und Abgabe von Stellungnahmen aufgrund mietrechtlicher Bestimmungen und zur Beurteilung denkmalpflegerischer Mehrleistungen aufgrund der einschlägigen Rechtsvorschriften.

Technisch-wirtschaftliche Prüfung der Förderungswürdigkeit nach dem Wohnbauförderungsgesetz und dem Wohnungsverbesserungsgesetz und Tätigkeit als Bauaufsichtsorgan bei Wohnungsverbesserungen nach den Grundsätzen der Wohnbauförderung.

Überprüfung der Rechnungen als Voraussetzung für die Freigabe von Förderungsmitteln nach dem Wohnbauförderungsgesetz sowie aus dem Wiener Altstadterhaltungsfonds.

Technisch-wirtschaftliche Prüfung der Förderungswürdigkeit bei Sonderaktionen (wie nachträglicher Aufzugseinbau, nachträgliche Kanalanschlüsse, Dachbodenausbau für Mieter, Hotelaktion, Komfortzimmer, „Jederzeit warme Küche") sowie Überwachung der ordnungsgemäßen Ausführung.

Durchführung von Ersatzvornahmen an Bauwerken nach dem Verwaltungsvollstreckungsgesetz.

Durchführung notstandspolizeilicher Maßnahmen gemäß § 129 Abs. 6 der Bauordnung für Wien.

Antragstellung für Erfordernisse der Stadterneuerung.

Rindt, Dipl.-Ing. Wolfgang, Senatsrat 2501
Holzinger, Dipl.-Ing. Johann, Senatsrat 2502
Jungwirth, Dipl.-Ing. Walter, Oberstadtbaurat . . . 2507
Stockinger, Ing. Hermann, Techn. Oberamtsrat . . . 2532
Tomaschek, Ing. Johann, Techn. Oberamtsrat . . . 2550
Ahner, Ing. Othmar 2561
Hajek, Ing. Otto, Techn. Amtsrat 2560
Kletzer, Ing. Franz, Techn. Amtsrat. 2509
Schön, Ing. Johann, Techn. Amtsrat 2570
Tuma, Ing. Josef 2508
Wolf Franz, Kanzleioberkommissär, Kanzleileiter. . 2503
Kanzlei 825, 2504, 2505
Karteiführung 2504, 2505
Sachgebiet: Ersatzvornahmen, notstandspolizeiliche Maßnahmen 2530
Sachgebiet: Wohnbauförderung 2532
Sachgebiet: Altstadterhaltung 2502
Sachgebiet: Preisprüfung 2580
Sachgebiet: Erfordernisse der Stadterneuerung . . . 2589
Sachgebiet: Technische Gutachten über private Wohnbauten für Schlichtungsstellen und Gerichte im Rahmen der mietrechtlichen Bestimmungen und nach dem Wohnungsverbesserungsgesetz einschließlich Dachbodenaktion:
Referatsleiter 2502
Leiter der Gruppe Nordost (1., 2., 3., 4., 5., 8., 10., 11., 22. Bezirk) 2550
Leiter der Gruppe Nordwest (9., 16., 17., 18., 19., 20., 21. Bezirk) 2560
Leiter der Gruppe Südwest (6., 7., 12. 13., 14., 15., 23. Bezirk) 2570
Sachgebiet: Aufzüge nach dem Wohnungsverbesserungsgesetz. 2560, 2570
Zentrale Informationsstelle für Wohnungsverbesserung 3397

MAGISTRATSABTEILUNG 26

Gebäude des Kultur-, Schul- und Sportwesens, Amtsgebäude und verschiedene Nutzbauten

(Geschäftsgruppe Bauten)

12, Niederhofstraße 23, 4. Stock, Tür 421, Tel. 746*, 83 66 16*

Errichtung von Neu- und Zubauten, Durchführung von Umbauten, baulichen Abänderungen und Abbrüchen sowie Erhaltung von Gebäuden und sonstigen baulichen Anlagen der Stadt Wien, soweit nicht die Magistratsabteilung 23, 24 oder 27 zuständig oder diese Bauführung nach dieser Geschäftseinteilung nicht ausdrücklich anderen Dienststellen übertragen ist.

Führung der Rathausverwaltung.
Technische Begutachtung von privaten Schulen.
Beistellung von Sachverständigen zur Begutachtung von baulichen Herstellungen, die subventioniert werden.
Technische Beratung der Wiener Stadthalle – Kiba Betriebs- und Veranstaltungs-Gesellschaft m. b. H.

Schlenz, Dipl.-Ing. Rudolf, Oberstadtbaurat 211
Prochazka, Dipl.-Ing. Erich, Oberstadtbaurat. . . . 222
Friedl, Ing. Rudolf, Prof., Senatsrat, akad. Bildhauer . 203
Prchal, Dipl.-Ing. Franz, Senatsrat 201
Staufer, Dipl.-Ing. Rudolf, Senatsrat. 210
Sisel, Dipl.-Ing. Dieter, Stadtbaurat 202
Dangl, Ing. Josef, Techn. Oberamtsrat 246
Hölzl, Ing. Konrad, Techn. Oberamtsrat . 42 8 05/2051
Pawlik, Ing. Rudolf, Techn. Oberamtsrat 233
Gruber, Ing. Karl, Techn. Amtsrat 227
Moser, Ing. Viktor, Techn. Amtsrat 205
Pajan Johann, Techn. Amtsrat, Baumeister 239
Sturmann Josef, Techn. Amtsrat, Baumeister 245
Zeiner, Ing. Franz, Techn. Amtsrat 238
Kanzleileiter dzt. unbesetzt 213
Kanzlei, Schreibstelle 217
Einlaufstelle 216
Kreditevidenz. 214
Angebote, Aus- und Abgabe, Rechnungseinlauf . . 337

Sachgebiet I: Gebäude des Kulturamtes und der Stadtforste, Sportstätten, Objekte der MA 28, 30, 31, 38, 45 und 48, Sonderaufgaben, Statistik, Preisprüfung
Sisel, Dipl.-Ing. Dieter, Stadtbaurat 202

Sachgebiet II: Erhaltung und Neubau von Schulen und Amtshäusern, Pensionistenklubs im 1., 6., 7., 8., 10., 12., 13., 14., 15., 16., 17., 21., 22. Bezirk, Mobile Schulklassen, diverse Neubauten
Prochazka, Dipl.-Ing. Erich, Oberstadtbaurat . . . 222

Sachgebiet III: Erhaltung und Neubau von Schulen und Amtshäusern, Pensionistenklubs im 2., 3., 4., 5., 9., 11., 18., 19., 20., 23. Bezirk
Prchal, Dipl.-Ing. Franz, Senatsrat 201

Sachgebiet IV: Erhaltung und Neubau von Berufsschulen, Objekten der Feuerwehr und Objekten auf Friedhöfen; Erhaltung der Objekte der MA 11, 42 und 69, Museen, städtischen Gastwirtschaften, Fußgeherzonen, Abbrüche
Staufer, Dipl.-Ing. Rudolf, Senatsrat. 210

Sonderreferat – Denkmäler, Denkmalbrunnen, Gedenkstätten, Gutachten – Theatersubventionen
Friedl, Ing. Rudolf, Prof., Senatsrat, akad. Bildhauer 203

Sachgebiet V: Rathausverwaltung:
1, Rathaus, 6. Stiege, Hochparterre, Tür 106
Hölzl, Ing. Konrad, Techn. Oberamtsrat . . 42 8 05/2051
Kanzlei- und Personalangelegenheiten 2050
Hausinspektor Rathaus 2055
Portiere:
1, Rathaus, Lichtenfelsgasse 2 2801
1, Rathaus, Felderstraße 2802
1, Rathausstraße 1 . . . . 733*, 48 15 51*, 387
1, Rathausstraße 2 2806
1, Rathausstraße 4 2807
1, Rathausstraße 9 2808
1, Rathausstraße 14–16 2803
1, Ebendorferstraße 1 2800
1, Bartensteingasse 9. 2809
1, Ebendorferstraße 2 . . . . .742*, 43 50*, 501
1, Doblhoffgasse 6 2804
1, Volksgartenstraße 3 2894
8, Friedrich-Schmidt-Platz 5 2805
8, Lerchenfelder Straße 4 . . . . . . 731*, 42 76 11*, 250

MAGISTRATSABTEILUNG 27

Erhaltung städtischer Wohnhäuser

(Geschäftsgruppe Stadtentwicklung und Stadterneuerung)
1, Doblhoffgasse 6, 4. Stock, Tür 436, Tel. 42 8 08

Erhaltung der im Eigentum der Stadt Wien stehenden Wohnhäuser und von Stiftungshäusern sowie deren technischer Einrichtungen und Vornahme von Umgestaltungen und Verbesserungen dieser Objekte.
Erstellung technischer Gutachten für die städtische Wohnhäuserverwaltung.
Beistellung von Sachverständigen für die Sanierung von Wohnvierteln.
Abbruch von im Eigentum der Stadt Wien stehenden Wohnhäusern und von Stiftungshäusern.

Thaller, Dipl.-Ing. Fritz, Senatsrat	3501
Danzmayr, Dipl.-Ing. Fritz, Oberstadtbaurat	3502
Schmidt, Dipl.-Ing. Dr. techn. Ludwig, Oberstadtbaurat	3590
Böhm, Ing. Kurt, Techn. Oberamtsrat	3545
Kailich, Ing. Johann, Techn. Oberamtsrat	3520
Lipp, Ing. Erich, Techn. Oberamtsrat	3566
Müllner, Ing. Egon, Techn. Oberamtsrat	3504
Pauli, Ing. Werner, Techn. Oberamtsrat	3403
Wind, Ing. Walter, Techn. Oberamtsrat	3536
Bareder, Ing. Robert, Techn. Amtsrat	3507
Bilinski, Ing. Karl-Heinz, Techn. Amtsrat	3518
Hartmann, Ing. Anton, Techn. Amtsrat	3093
Hawlik, Ing. Helmut	3506
Hochwarter, Ing. Peter, Techn. Amtsrat	3524
Jelinek, Ing. Erich, Techn. Amtsrat	3546
Kaizler, Ing. Rudolf, Techn. Amtsrat	3525
Mayerweck, Ing. Otto Techn. Amtsrat	3532
Popović, Ing. Johann, Techn. Amtsrat	3548
Spuller Franz, Techn. Amtsrat	3564
Steger, Ing. Josef, Techn. Amtsrat	3544
Muzik Hermine, Kanzleikommissär, Kanzleileiter	827
Sekretariat	3305
Einlaufstelle, Aktenprotokoll	3505
Angebote	3312
Schreibstelle	827, 3305, 3094
Sitzungszimmer	4254

Referat Denkmalschutz:

Referatsleiter	3590

Allgemeines Referat:

Referatsleiter, Budgetreferent	3504
WVG-, WBF-Angelegenheiten	3524
Zentrale Aufgaben, EDV-Angelegenheiten	3526
Rechnungsprotokoll, Kreditevidenz	3533
Aufzüge, nachträglicher Einbau	3503, 3494, 3495, 3594

Referat Stadterneuerung:

Referatsleiter	3502
Baukoordinierung, Revitalisierungen	3093
Haftschäden, Gewährleistung, Fachreferat	3507
Baureferate	3529, 3540, 3593, 3491
Zeichenstelle, Althauskartei	3508

Wohnhäusererhaltung:

Gruppe Nord	
Gruppenleiter	3518, 3536
16. Bezirk	3547, 3549, 3551
17. Bezirk	3551
18. Bezirk	3537
19. Bezirk	3517, 3537, 3555
20. Bezirk	3519, 3591, 3555
Gruppe Ost	
Gruppenleiter	3525, 3566
1. Bezirk	3509
2. Bezirk	3527, 3561
3. Bezirk	3513, 3541, 3559
4. Bezirk	3559
9. Bezirk	3509
11. Bezirk	3541, 3528, 3534
Gruppe Süd	
Gruppenleiter	3520
10. Bezirk	3334, 3490, 3511, 3512, 3530, 3553
12. Bezirk	3490, 3497, 3514
Gruppe West	
Gruppenleiter	3548, 3545
5. Bezirk	3506
6. Bezirk	3556
7. Bezirk	3556
8. Bezirk	3556
13. Bezirk	3516
14. Bezirk	3515, 3558
15. Bezirk	3531, 3563
23. Bezirk	3499, 3546
Objekte außerhalb Wiens	3499, 3515
Gruppe Lido	
Gruppenleiter	3564, 3403
21. Bezirk	3510, 3532, 3539, 3542, 3554
22. Bezirk	3092, 3522, 3523, 3552

Gruppe Elektromechanik:

Gruppenleiter	2432, 3544
Aufzüge	2431, 3538, 3597, 3598
Waschmaschinen, Pumpen, sonstige Anlagen	2432, 3496, 3543
Fernsehantennen	3521
Schadens- und Störungsmeldungen	3500, 3596

MAGISTRATSABTEILUNG 28

Straßenverwaltung und Straßenbau

(Geschäftsgruppe Bauten)

17, Lienfeldergasse 96, Tel. 828*, 46 16 91*

Verwaltung der für den öffentlichen Verkehr bestimmten Grundflächen, soweit diese Flächen nicht von anderen Rechtsträgern herzustellen und zu erhalten sind.
Detailplanung und Errichtung der Straßenneu- und -umbauten einschließlich der Kunstbauten und Nebenanlagen, soweit nicht eine andere Dienststelle zuständig ist.
Straßenerhaltung; auf Autobahnen auch Reinigung, Winterdienst und Grünflächenpflege.
Mitwirkung an generellen Planungen der Magistratsabteilungen 18, 19, 21 und 46, soferne Auswirkungen auf den Straßenbau zu erwarten sind.
Fachtechnische Beratung für Straßenbauvorhaben der Stadt Wien und des Bundes auf nichtöffentlichen Verkehrsflächen bzw. deren Durchführung.
Mitwirkung bei Straßengrundtransaktionen und Dienstbarkeitsbestellungen hinsichtlich der Gemeindestraßen; Abschluß von Grundbenützungsübereinkommen mit Privaten für Zwecke des Straßenbaues, soweit nicht besondere rechtliche Fragen vorliegen; Vorbereitung der und Antragstellung auf Straßengrundtransaktionen und Dienstbarkeitsbestellungen sowie Antragstellung auf Enteignung hinsichtlich der Bundesstraßen.
Wahrnehmung der Interessen der Stadt Wien bei noch nicht in den physischen Besitz der Stadt Wien übernommenen Straßenflächen des öffentlichen Gutes und hinsichtlich nichtöffentlicher Straßen.
Handhabung der einschlägigen Bestimmungen des Bundesstraßengesetzes, der Straßenverkehrsordnung, der Bauordnung für Wien und der Gehsteigverordnung, soweit diese Geschäfte nicht anderen Dienststellen zugewiesen sind.
Federführende Dienststelle hinsichtlich der Geschäfte der Auftragsverwaltung des Bundes im Bereich der Bundesstraßenverwaltung, nämlich die Ausarbeitung des baureifen Straßendetailprojektes auf der Grundlage des ministeriell genehmigten generellen Projektes, Erwirken der entsprechenden Genehmigungen, Abschluß von Verträgen über Kostenteilung gemäß § 9 des Bundesstraßengesetzes unter Mitwirkung der Magistratsdirektion (MD-Zivil- und -Strafrechtsangelegenheiten) und der Magistratsabteilung 4.
Detailprojektierung, Errichtung, Erhaltung und Verwaltung der Anlagen zur Regelung und Sicherung des Verkehrs auf Autobahnen, wie Verkehrslichtsignalanlagen und Verkehrsleiteinrichtungen, mit Ausnahme der Bodenmarkierungen, im Einvernehmen mit den zuständigen Fachdienststellen.
Mitwirkung bei der Bekanntgabe und Aussteckung der Gehsteige.
Mitwirkung bei der Festlegung von Straßenhöhenkoten und Höhenbestimmungen für Baulinien, Straßen- und Verkehrsfluchtlinien aufgrund der generellen Höhen des Bebauungsplanes in besonderen Fällen.
Mitwirkung bei der Festlegung von Anliegerbeiträgen.
Trassenfestlegung für Straßeneinbauten
Koordination von Maßnahmen, die eine Inanspruchnahme der öffentlichen Verkehrsflächen zur Folge haben, insbesondere solcher der Einbautendienststellen; Handhabung der Aufgrabungskundmachung; Evidenthaltung der Aufgrabungen.
Erteilung der Gebrauchserlaubnis für jene Arten des Gebrauches von Straßengrund, welche im Tarif des Gebrauchsabgabegesetzes nicht ausdrücklich angeführt sind.
Mitwirkung bei der Bestellung von Dienstbarkeiten und Baurechten für unter- und oberirdische Bauanlagen im Straßenbereich.
Ausschreibung und Antragstellung auf Genehmigung der Kontrahententarife; Bestellung der Kontrahenten für Straßenbauarbeiten.
Errichtung, Erhaltung und Verwaltung von Autobahnmeistereien und Stützpunkten, Werkstätten und Lagerplätzen.
Führung der Straßenstatistik.
Vermessungstechnische Arbeiten für Ergänzungsmaßnahmen und zur Leistungsfeststellung bei Straßenbauten sowie zur Bestandsaufnahme bei der Straßenerhaltung.

Jeschke, Dipl.-Ing. Dr. techn. Josef, Senatsrat . . . 220
Kment, Dipl.-Ing. Wilhelm, Senatsrat 272
Gleissner, Dipl.-Ing. Wilhelm, Senatsrat. 218
Groz, Dipl.-Ing. Franz, Senatsrat 280
Agneter, Dipl.-Ing. Ernst, Oberstadtbaurat 313
Bottig, Dipl.-Ing. Peter, Oberstadtbaurat 267
Hoyer, Dipl.-Ing. Ernest, Oberstadtbaurat 254
Körber, Dipl.-Ing. Heinz, Oberstadtbaurat 285
Mager, Dipl.-Ing. Gerhard, Oberstadtbaurat 230
Manhart, Dipl.-Ing. Karl, Oberstadtbaurat 294
Melicher, Dipl.-Ing. Klemens, Oberstadtbaurat . . . 257
Melzer, Dipl.-Ing. Gustav, Oberstadtbaurat. 278
Schreitl, Dipl.-Ing. Alfred, Oberstadtbaurat. 243
Ellermann, Dipl.-Ing. Wolfgang, Stadtbaurat 341
Engstberger, Dipl.-Ing. Walter, Stadtbaurat 316
Gruber, Dipl.-Ing. Günther, Stadtbaurat 277
Hoffmann, Dipl.-Ing. Friedrich, Stadtbaurat 276
Koller, Dipl.-Ing. Johann, Stadtbaurat 279
Langenberger, Dipl.-Ing. Ludwig, Stadtbaurat . . . 217
Petrag, Dipl.-Ing. Herbert, Stadtbaurat 265
Prochazka, Dipl.-Ing. Anton, Stadtbaurat. 284
Graf, Dipl.-Ing. Karl, Stadtbauoberkommissär . . . 337
Krzizek, Dipl.-Ing. Rudolf, Stadtbauoberkommissär 304
Pein, Dipl.-Ing. Friedrich, Stadtbauoberkommissär . 286
Raunigg, Dipl.-Ing. Johann 289
Wurzenberger, Dipl.-Ing. Milada 297
Chalupsky, Ing. Hans, Techn. Oberamtsrat 245
Friedl, Ing. Gerhart, Techn. Oberamtsrat 241
Pribyl, Ing. Erich, Techn. Oberamtsrat 246
Riha, Ing. Norbert, Techn. Oberamtsrat 222
Sauer, Ing. Anton, Techn. Oberamtsrat 255

Wiesböck, Ing. Gerhard, Techn. Oberamtsrat . . . 205
Horejsi Walter, Amtsrat 221
Hufnagl, Ing. Bruno, Techn. Amtsrat 240
Quehenberger, Ing. Petrus, Techn. Amtsrat 342
Teufelsbauer, Ing. Johann, Techn. Amtsrat 210
Weihs, Ing. Erich, Techn. Amtsrat
Wunderbaldinger, Ing. Peter, Techn. Amtsrat 295
Heinrich, Ing. Josef, Techn. Oberkommissär 264
Beutel, Ing. Otto 341
Hecht, Ing. Harald 201
Vidiz Irene, Kanzleioberoffizial,
Kanzleileiter 224
Kanzlei 223

Ausschreibungs- und Personalreferat 219, 221
Gruppe Bundesstraßen –
Autobahnen 272, 278, 280, 313
Gruppe Sonderbauten 294
Gruppe Straßengrundverwaltung 267
Gruppe Projektierung, Aufschließungs-
straßen 222, 295, 285
Gruppe Aufgrabungen und Statistik 205
Straßenerhaltung und Gehsteige für die Bezirke:
1, 9, 17, 18, 19 217
2, 3, 4, 5, 11, 20 230
6, 7, 8, 14, 15, 16 257
10, 12, 13, 23 243
21, 22 254
Straßenwalzenbetrieb, Maschinenmeister 241, 207
Straßenwalzenbetrieb:
14, Heinrich-Collin-Straße 9 . . . . 94 14 17
Lagerplätze für die Bezirke:
1, 17:
16, Heigerleinstraße 56 . . . . 46 42 31
2, 20:
20, Wehlistraße 66, bei Durchlaufstraße . . 35 79 075
3:
3, Im Erdberger Mais 78 61 57
4, 5:
10, Gudrunstraße 192 . . . . 64 65 272
6, 7, 14, 15:
14, Kefergasse bei Hadikgasse 94 13 49
8, 16:
16, Kendlerstraße 47 . . . . 95 47 55
9, 18, 19:
19, Heiligenstädter Lände 7 (Gürtelbrücke –
Spittelauer Lände) 36 62 31

10:
10, Neilreichgasse, unter Autobahnbrücke . . 67 31 06
11:
11, Lindenbauergasse 21 . . . . 76 19 115
12:
10, Eibesbrunnergasse, Zufahrt Wienerberger
Straße 62 15 58
13:
13, Schönbachstraße – Stranzenberggasse . . . 84 75 74
21:
21, Siemensstraße 109 . . . . 38 63 77
22:
22, Autobahnbrücke Kaisermühlen,
Espenmais 22 14 49
23:
23, Liesing, An den Steinfeldern 2 . . . . . . 86 02 64

Stützpunkt Nordknoten:
19, Grinzinger Straße 153–155 . . . . 37 47 38

Autobahnmeisterei Inzersdorf:
23, Inzersdorf, Sterngasse 67 71 73

MAGISTRATSABTEILUNG 29

Brückenbau und Grundbau

(Geschäftsgruppe Bauten)

12, Niederhofstraße 23, 2. Stock, Tür 201–210, 235–253, 5. Stock, Tür 501–503, 543–545, Tel. 746*, 83 66 16*

Planung, Neu- und Umbau, laufende Überprüfung und Erhaltung von Brücken, Verkehrsbauwerken und Durchlässen der Stadt Wien und des Bundes.
Führung der Brückenkartei und des Brückenarchives.
Verwaltung der abteilungseigenen Betriebsgebäude, Unterkünfte, Depots und Lagerplätze.
Teilbesorgung der Auftragsverwaltung des Bundes hinsichtlich der Bundesstraßenverwaltung, nämlich die Erstellung von Vorprojekten und Detailplanung von Verkehrsbauwerken, Tunnelanlagen und Brückenbauvorhaben aufgrund des ministeriell genehmigten Straßendetailprojektes.
Beistellung von technischen Amtssachverständigen in Brücken- und Grundbauangelegenheiten.
Führung des Baugrundkatasters.
Geologisch-geotechnische und hydrogeologische Kartierung.
Technische Fachdienststelle in Fragen des Grundbaues, der Bodenmechanik und der Geologie; Ermittlung und Feststellung der Gründungsart und der zulässigen Bodenbeanspruchung für Bauvorhaben der Stadt Wien und des Bundes; Veranlassung oder Durchführung der erforderlichen Bohrungen, Bodenuntersuchungen und bodenmechanischen Berechnungen; Führung des Probenlagers.
Technische Fachdienststelle für Tiefbohrungen zur Erschließung von Wässern für Heil- und Nutzzwecke.
Planung, Überwachung und Begutachtung von Sanierungsmaßnahmen zur Behebung von durch Setzungen verursachten Gebrechen an städtischen Baulichkeiten und zur Stabilisierung von Rutschböden.

Gloss, Dipl.-Ing. Herbert, Senatsrat 370
Proksch, Dipl.-Ing. Erwin, Senatsrat 395
Hufnagel, Dipl.-Ing. Walter, Oberstadtbaurat 355
Plachy, Dr. Heribert, Oberstadtbaurat 379
Radl, Dipl.-Ing. Fritz, Oberstadtbaurat 396
Suchanek, Dipl.-Ing. Hans 318
Bresslauer, Dipl.-Ing. Gert, Stadtbaurat 367
Deninger, Dipl.-Ing. Horst, Stadtbaurat 413
Friedrich, Dipl.-Ing. Walter, Stadtbaurat 392
Gstöttner, Dipl.-Ing. Hans, Stadtbaurat 396
Ivenz, Dipl.-Ing. Eduard, Stadtbaurat 479
Martak, Dipl.-Ing. Lothar, Stadtbaurat 377
Melzer, Dipl.-Ing. Hans, Stadtbaurat 480
Morpurgo, Dipl.-Ing. Helmut, Stadtbaurat 476
Simacek, Dipl.-Ing. Franz, Stadtbaurat 367
Sochatzky, Dipl.-Ing. Gerhard, Stadtbaurat 483
Vogl, Dipl.-Ing. Heinz, Stadtbaurat 479
Wechtl, Dipl.-Ing. Günther, Stadtbaurat 381
Winter, Dipl.-Ing. Eduard, Stadtbauoberkommissär 368
Patzer, Dipl.-Ing. Harald, Stadtbaukommissär . . . 483
Foller, Ing. Robert, Techn. Amtsrat 372
Stangl, Ing. Erwin, Techn. Amtsrat 414
Schramel Brunhilde, Amtsrat 356
Eberhardt Gisela, Kanzleioberkommissär,
Kanzleileiter 353
Kanzlei 353

Rechnungsprotokoll 362

Gruppe Brückenbau:

Hufnagel, Dipl.-Ing. Walter, Oberstadtbaurat 355
Friedrich, Dipl.-Ing. Walter, Stadtbaurat 392
Referenten 318, 366, 372, 373, 374, 388, 413, 414, 416, 417, 465, 476, 479, 480, 482, 489
Planarchiv 418
Außenstelle für die Brückenerhaltung:
19, Grinzinger Straße 151a 37 33 92, 37 33 96

Gruppe Grundbau:

Proksch, Dipl.-Ing. Erwin, Senatsrat 395
Referenten 341, 377, 379, 381, 382, 396, 483
Baugrundkataster 397, 398, 460
Archiv 487

Bodenprobenlager Gürtelbrücke im 20. Bezirk (unter der Auffahrtsrampe) und 5, Margaretenstraße 105/ Pannaschgasse

Gruppe Allgemeines, Brückenprüfung und Sonderbauten:

Hufnagel, Dipl.-Ing. Walter, Oberstadtbaurat 355
Referenten 356, 357, 367, 368, 466, 482
Zeichenbüro 419
Kopieranlage 364
Preisprüfung 392
Außenstelle für die Brückenprüfung:
19, Grinzinger Straße 151a 37 33 92, 37 33 96

MAGISTRATSABTEILUNG 30

Kanalisation und Entsorgungsbetrieb

(Geschäftsgruppe Umwelt und Bürgerdienst)

6, Grabnergasse 4–6, 2. Stock, Tür 473–475, Tel. 830*, 57 75 75*

Planung, Errichtung, Verwaltung, Betrieb und Erhaltung der öffentlichen Schmutz- und Mischwasserkanäle sowie von öffentlichen Regenwasserkanälen von Sonderbauwerken der öffentlichen Abwasserbeseitigung, aller öffentlichen Abwasserreinigungsanlagen sowie aller abteilungseigenen Objekte und maschinentechnischen Einrichtungen und Ausrüstungen.
Mitwirkung bei Planung, Beschaffung, Errichtung und Erhaltung der abteilungsspezifischen elektrotechnischen Einrichtungen und Ausrüstungen für öffentliche Abwasserbeseitigungseinrichtungen.
Betrieb und Erhaltung des abteilungseigenen Fuhrparkes.
Technische Fachdienststelle für alle Abwasserbeseitigungsfragen.
Führung und Erhaltung von Entsorgungsbetrieben.
Beistellung von Amtssachverständigen, Erstellung von Kanal- und Senkgrubenbefunden.
Begutachtende Dienststelle des Landes Wien in Angelegenheiten des Wasserwirtschaftsfonds.
Überwachung des in die Kanäle einzuleitenden Abwassers ausgenommen in hygienischer Hinsicht, einschließlich amtlicher Probeentnahmen.
Räumung von Hauskanälen, Senk- und Sickergruben, von Abscheidern aller Art sowie von Hauskläranlagen.
Bewilligung zur Selbsträumung von Senkgruben, Hauskläranlagen und Abscheidern sowie Festsetzung der Anzahl der durchzuführenden jährlichen Selbsträumungen der Abscheideranlagen.
Räumung der Wasserlaufkanäle mit Ausnahme der Straßenwassereinlaufschächte.
Bestellung der ständigen Kontrahenten für Aufgaben der Abwasserbeseitigung.
Verwaltung der abteilungseigenen Liegenschaften.
Führung des abteilungseigenen Planbestandes.
Maßnahmen auf Grund des Kanalräumungs- und Kanalgebührengesetzes 1978.

Stich, Dipl.-Ing. Karl, Senatsrat 421
Mehl, Dipl.-Ing. Rüdiger, Senatsrat 437
Regner, Dipl.-Ing. Erich, Senatsrat 427
Szvetits, Dipl.-Ing. Karl, Senatsrat 435
Adam, Dipl.-Ing. Gerhard, Oberstadtbaurat 444
Jäger, Dipl.-Ing. Wilhelm 428
Bortenschlager, Dipl.-Ing. Peter, Stadtbaurat 422
Petroulakis, Dipl.-Ing. Marinos, Stadtbaurat 446
Smetaczek, Dipl.-Ing. Alois, Stadtbaurat 435
Kadrnoska, Dipl.-Ing. Helmut, Stadtbaukommissär . 430
Kelnhofer, Ing. Franz, Techn. Oberamtsrat 447
Pilz, Ing. Richard, Techn. Oberamtsrat 449
Friedrich, Ing. Erich-Uwe, Techn. Amtsrat 412
Olscher, Ing. Peter, Techn. Amtsrat 472
Toth, Ing. Herbert, Techn. Amtsrat 67 83 51
Wagner Rudolf, Techn. Amtsrat 450
Waitz, Ing. Josef, Techn. Amtsrat 468
Planitzer Hedwig, Kanzleikommissär,
Kanzleileiter 423
Kanzlei 424, 425, 426, 456
Planungsbüro:
Bortenschlager, Dipl.-Ing. Peter, Stadtbaurat 422
Planung 412, 446, 497, 430
Plankammer 432, 433, 465, 482,
Baugruppe I:
Mehl, Dipl.-Ing. Rüdiger, Senatsrat 437

Baugruppe II:
Adam, Dipl.-Ing. Gerhard, Oberstadtbaurat 444
Bauinspizienten: 443, 472, 477, 484, 491, 493
Baupolizeiliche Angelegenheiten:
Regner, Dipl.-Ing. Erich, Senatsrat 427
Referenten 428, 429
Hauptkläranlage – Entsorgungsbetriebe Simmering:
Szvetits, Dipl.-Ing. Karl, Senatsrat 76 16 10*, 68
Hauptkläranlage, 11, 11. Haidequerstraße 7 . 76 16 35*
Entsorgungsbetriebe Simmering, 11, 11. Haidequerstraße 6 . . . . 76 16 10*, 76 16 21*
Kanalbetrieb:
Kelnhofer, Ing. Franz, Techn. Oberamtsrat 447
Kanzlei 459, 474
Pumpwerke:
Linker Donausammler, 22, Donauinsel über Steinspornbrücke 76 16 35*
Kaiserebersdorf, 11, Zinnergasse K.-Nr. 530 . . . . 76 21 36
Inzersdorf-Blumental, 23, Inzersdorf, Großmarktstraße 5 . . . . 67 31 81*, 67 15 57*
Industrie- und Gewerbe-Abwasserüberprüfung, Referat Chemie 67 83 51*
Hauptsammelkanalbetrieb I:
19, Eduard-Pötzl-Gasse 4 . . . . 36 46 68
Hauptsammelkanalbetrieb II:
22, Stadlau, Waldrebengasse 3 . . . . 22 16 97*
Bezirksbetriebslokale (Anmeldung für Hauskanalgebrechen) für die Bezirke:
1, 2, 3, 11:
3, Nottendorfer Gasse 15–17 . . . . 78 81 03*
4, 5, 6, 10, 12:
10, Windtenstraße 1 . . . . 62 02 24*, 64 32 59*
7, 8, 15, 16, 17
16, Brüßlgasse 4 . . . . 92 13 35, 92 56 18
9, 18, 19, 20:
19, Boschstraße 40–44 . . . . 37 43 00*
13, 14:
14, Hackinger Straße 3 . . . . . . 94 41 81*, 94 32 62*
21:
21, Floridsdorfer Hauptstraße 1a 38 13 18*, 38 14 96*
22:
22, Stadlau, Waldrebengasse 3 . . . . 22 16 97*

23:
23, Atzgersdorf, Brunner Straße 3–5 . . . . 86 93 12, 86 93 72

Bereitschaftsdienst (Montag bis Freitag von 7 bis 17 Uhr). 455
übrige Zeit: 6, Grabnergasse 2 . . . . . . 462, 473, 485

Betriebslokale für den Senkgrubenräumungsbetrieb für die Bezirke:

1, 2, 3, 11:
3, Nottendorfer Gasse 15–17 . . . . 78 81 03*

4, 5, 6, 10, 12, 23:
10, Windtenstraße 1 . . . . 62 02 24*

7, 13, 14, 15, 16:
14, Hackinger Straße 3 . . . . 94 32 62*

8, 9, 17, 18, 19, 20:
19, Boschstraße 40–44 . . . . 37 43 01*

21:
21, Floridsdorfer Hauptstraße 1a 38 14 96*

22:
22, Stadlau, Waldrebengasse 3 . . . . 22 16 97*

MAGISTRATSABTEILUNG 31

Wasserwerke

(Geschäftsgruppe Umwelt und Bürgerdienst)
6, Grabnergasse 4–6, Tel. 831*, 57 75 75*

Versorgung der Stadt Wien mit Trinkwasser mittels öffentlicher Wasserversorgungsanlagen.
Planung, Errichtung, Betrieb, Erweiterung, Erhaltung und Verwaltung der öffentlichen Wasserversorgungsanlagen bis zur Übergabestelle sowie Verwaltung der der öffentlichen Wasserversorgung unmittelbar dienenden Grundstücke und der abteilungseigenen Objekte.
Trinkwasserversorgung in Not- und Katastrophenfällen.
Handhabung des Wasserversorgungsgesetzes und der aufgrund dieses Gesetzes erlassenen Verordnungen mit Ausnahme der Wassergebühren und der Strafamtshandlungen.
Vertretung der Interessen der Stadt Wien in den Schutz- und Schongebieten gemäß den Verordnungen zum Schutz der Wasservorkommen.
Mitwirkung bei der Bewirtschaftung der stadteigenen Wasserschutz- und Schongebiete und bei der Durchführung von Maßnahmen im Hinblick auf einen optimalen Boden- und Waldzustand zur Gewährleistung eines nachhaltigen Wasserdargebotes.
Mitwirkung bei Grundtransaktionen für Wasserversorgungszwecke.
Beistellung von Amtssachverständigen in behördlichen, die Wasserversorgung berührenden Verfahren.
Vertretung der Interessen der Stadt Wien auf dem Gebiet der Wasserversorgung in Interessengemeinschaften und Verbänden.
Erwerb von Dienstbarkeitsrechten für Wasserversorgungsanlagen.
Planung, Errichtung, Betrieb, Erhaltung und Verwaltung der Wasserleitungskraftwerke und der damit in Zusammenhang stehenden Hochspannungsanlagen bis zu den Übergabestellen.
Überwachung und Untersuchung des Trinkwassers aus den öffentlichen Wasserversorgungsanlagen, ausgenommen in hygienischer und bakteriologischer Hinsicht.
Aufstellung und Instandhaltung von Feuerhydranten, unter Mitwirkung der Magistratsabteilung 68.
Definitive Straßeninstandsetzung nach Aufgrabungen der Wasserwerke.
Fischereiangelegenheiten im Einzugsgebiet der Wientalwasserleitung.
Führung des Lagerbuches für den Wasserleitungsbetrieb.
Betrieb der Wasserleitungsmuseen.
Maßnahmen auf Grund des Kanalräumungs- und Kanalgebührengesetzes 1978.

Kling, Dipl.-Ing. Alfred, Senatsrat	259
Joachimsthaler, Dipl.-Ing. Max, Senatsrat	345
Maschek, Dipl.-Ing. Herbert, Senatsrat	316
Steinwender, Dipl.-Ing. Peter, Senatsrat	348
Auracher, Dipl.-Ing. Siegfried, Oberstadtbaurat	317
Hofbauer, Dipl.-Ing. Peter, Oberstadtbaurat	401
Hruza, Dipl.-Ing. Peter, Oberstadtbaurat	312
Laaha, Dipl.-Ing. Franz, Oberstadtbaurat	321
Leiner, Dipl.-Ing. Roland, Oberstadtbaurat	371
Stingl, Dipl.-Ing. Wolfgang, Oberstadtbaurat	382
Suchomel, Dipl.-Ing. Peter, Oberstadtbaurat	350
Haas, Dipl.-Ing. Herbert, Stadtbaurat	347
Pleyer, Dipl.-Ing. Hans, Stadtbaurat	252
Till, Dipl.-Ing. Erich, Stadtbaurat	402
Sailer, Dipl.-Ing. Hans, Stadtbauoberkommissär	359
Donner Josef, Oberamtsrat, Regierungsrat	279
Kozian, Ing. Kurt, Techn. Oberamtsrat	269
Schrems, Ing. Emil, Techn. Oberamtsrat	354
Adamek, Ing. Franz, Techn. Amtsrat	332
Benesch, Ing. Wolfgang, Techn. Amtsrat	284
Gaisbauer, Ing. Rudolf, Techn. Amtsrat	356
Kirchmeyer Herbert, Amtsrat	277
Kolar, Ing. Franz, Techn. Amtsrat	360
Rosendorf, Ing. Erich, Techn. Amtsrat	329
Uresch, Ing. Ewald, Techn. Amtsrat	0 36 36/20 20
Vejmelka, Ing. Walter, Techn. Amtsrat	333
Walter, Ing. Helmut, Techn. Amtsrat	0 26 66/548
Welhartizki Viktor, Techn. Amtsrat	385
Schuender Hedwig, Kanzleikommissär, Kanzleileiter	326
Kanzlei, Protokoll	299

Betriebsvorstand:

Kling, Dipl.-Ing. Alfred, Senatsrat	259
Sekretariat	326

A 1 – Rechtsangelegenheiten: Wasser-, bau-, berg-, energie-, eisenbahn-, naturschutz-, zivil- und andere rechtliche Verfahren, Erwirkung behördlicher Konsense, Grundverwaltung, Versicherungsfälle, Schadenersatzansprüche, Servitute, alle Rechtsangelegenheiten der Verbundwirtschaft, Wasserabgabe außer Wien, Handhabung des Wasserversorgungsgesetzes, des Quellenschutzes, der Wassertarife und die rechtlichen Projektionsvorbereitungen, Abschluß aller Verträge, Prozesse, Fischereilizenzen, Zahlungserleichterungen, Mitgliedschaften bei Organisationen, Vereinen und Konkurrenzverbänden, fremde Projekte und Führung des Lagerbuches

Donner Josef, Oberamtsrat, Regierungsrat	279
Sachbearbeiter	277, 275, 272
Schreibstelle	276, 274

A 2 – Allgemeine und Personalangelegenheiten:

Stingl, Dipl.-Ing. Wolfgang, Oberstadtbaurat	382
Gruppe 1: Kanzlei	262, 556
Protokoll	299
Expedit, Registratur	383
Schreibstelle	404
Handverlag	404
Gruppe 2: Personalangelegenheiten	280

Lohn- und Gebührenverrechnung 281, 282, 283
Gruppe 3: Hausverwaltung 385
Gruppe 4: Kfz-Park, Fahrdienstleitung 260, 263
Gruppe 5: Materialeinkauf und Rohrlager: Beurteilung, Beschaffung und Prüfung von Leitungsbaustoffen und Rohrleitungsbestandteilen, Armaturen und Spezialerfordernissen des Wasserversorgungsbetriebes
Rohrlager:
14, Guldengasse 2 . . . . 94 14 42
Preisprüfungskommission:
Vorsitz:
Stingl, Dipl.-Ing. Wolfgang, Oberstadtbaurat 382

B 1 – Planungs- und Bauabteilung: Grundlagenforschung; hydrogeologische und wasserwirtschaftliche Untersuchungen; Erschließung neuer Wasservorkommen; Vorbereitung, Projektierung und Durchführung von Großbauvorhaben; amtstechnische und wasserwirtschaftliche Angelegenheiten der Wasserversorgung; Begutachtung fremder Wasserversorgungsentwürfe; Planarchiv
Joachimsthaler, Dipl.-Ing. Max, Senatsrat 345
Leiner, Dipl.-Ing. Roland, Oberstadtbaurat 371
Bau- und Projektierungsgruppen:
Till, Dipl.-Ing. Erich, Stadtbaurat 402
Gaisbauer, Ing. Rudolf, Techn. Amtsrat 356
Technisch-administrative Gruppe 357, 370
Konstruktions-, Zeichen- und Kartographisches Büro, Planarchiv 351
Zeichensaal I 374
Zeichensaal II 323
Planarchiv 379

B 2 – Wasserwirtschaft: Zentrale für Fernregistrierung und Fernsteuerung, kurz- und langfristige Disposition Betrieb der Behälter, Kraft- und Hebewerke, Grundwasserwerke, Drucksteigerungswerke, Trinkwasserdesinfektion, Starkstrom-Maschinenbau, Informationstechnik und Kabelnetz, Betriebsstatistik
Suchomel, Dipl.-Ing. Peter, Oberstadtbaurat 350
Pleyer, Dipl.-Ing. Hans, Stadtbaurat 252
Gruppe Wasserwirtschaft:
Apparatenzentrale 215, 216, 265
Gruppe Maschinenanlagen, Starkstromtechnik und Desinfektionsanlagen:
Schrems, Ing. Emil, Techn. Oberamtsrat 354
Gruppe Informationstechnik, Fernmelde- und Fernsteuerungsanlagen, Elektronik, Kabelnetz:
Kozian, Ing. Kurt, Techn. Oberamtsrat 269
Bau- und Anlagenerhaltung 240, 212, 213, 214
Kabeldienst 255, 295
Elektrolager 207, 208
Betriebsstatistik und Finanzgebarung 244

B 3 – Rohrnetz: Betrieb, Erhaltung und Ausbau des Rohrnetzes, Störungsdienst, Gebrechenfahndungsdienst, Notstandseinsatz; Aufgrabungsevidenz
Maschek, Dipl.-Ing. Herbert, Senatsrat 316
Hruza, Dipl.-Ing. Peter, Oberstadtbaurat 312
Bau- und Bezirksgruppenleiter für die Bezirke:
1, 2, 3, 6, 7, 10, 11, 15, 20, 21, 22:
Hruza, Dipl.-Ing. Peter, Oberstadtbaurat 312
4, 5, 8, 9, 12, 13, 14, 16, 17, 18, 19, 23:
Auracher, Dipl.-Ing. Siegfried, Oberstadtbaurat . . 317
Betriebs- und Bauinspizienten für die Bezirke:
1, 2, 6, 7, 15, 20 330
3, 10, 11 333
4, 5, 12, 23 (ohne Mauer) 358
8, 9, 17, 18, 19 372
13, 14, 16, 23 (nur Mauer) 313
21, 22 329
Betriebsoberinspektoren für die Bezirke:
1, 2, 6, 7, 15, 20, 21, 22 406
3, 4, 5, 10, 11, 12, 23 (ohne Mauer) 314
8, 9, 13, 14, 16, 17, 18, 19, 23 (nur Mauer) 406
U-Bahn-Bau, Aufschließung von Betriebsbaugebieten:
Adamek, Ing. Franz, Techn. Amtsrat 332
Störungsdienst: Bereitschaftsingenieur (außerhalb der Amtsstunden) 200
Einsatzgruppen 201, 202
Aufgrabungsevidenz, Auskunft, Materialgebarung 388, 389
Gebrechenfahndungsdienst 315

C – Quellengebiete und Fernleitungen: Betrieb, Erhaltung und Ausbau der Wassergewinnungsanlagen, Kraft- und Hebewerke und sonstiger Objekte in den Quellengebieten der I. und II. Wiener Hochquellenleitung sowie des Wientalwasserwerkes und der zugehörigen Fernleitungen; Wahrnehmung der Interessen und des Quellenschutzes außerhalb Wiens
Steinwender, Dipl.-Ing. Peter, Senatsrat 348
Laaha, Dipl.-Ing. Franz, Oberstadtbaurat 321
Betriebsleitungen:
I. Hochquellenleitung:
Laaha, Dipl.-Ing. Franz, Oberstadtbaurat 321
II. Hochquellenleitung:
Hofbauer, Dipl.-Ing. Peter, Oberstadtbaurat 401
I. Quellengebiet – Hirschwang 0 26 66/548
II. Quellengebiet – Wildalpen 0 36 36/20 20
Wientalwasserwerk 0 22 33/22 23
Hofbauer, Dipl.-Ing. Peter, Oberstadtbaurat 401

D – Anschlußleitungen und Verbrauchsanlagen, Wasserzählung:
1. Herstellung, Erhaltung und Betrieb von Anschlußleitungen
2. Überwachungsbehörde für Verbrauchsleitungen (Inneninstallationen)
3. Baupolizeiliche Anzeige- und Genehmigungsstelle für Verbrauchsleitungen (Inneninstallationen)
4. Zulassungsstelle für Installationsmaterialien und für wasserverbrauchende Geräte aller Art
5. Referat für die Wiederinstandsetzung von öffentlichen Verkehrsflächen nach Aufgrabungen
6. Fachstelle für Erdungsfragen im Zusammenhang mit Wasserleitungsanlagen
7. Gebrechensuchdienst
8. Wasserzähler

Benesch, Ing. Wolfgang, Techn. Amtsrat 284
Bezirksreferenten (Ref. 1 bis 3) für die Bezirke:
1, 6, 7, 15, 18, 19 . . . . 365, 218, 245
2, 20, 21, 22 . . . . 288, 294
3, 4, 5, 11, 12 . . . . 291, 293
8, 9, 14, 16, 17 . . . . 289, 292
10, 13, 23 . . . . 285, 278
Referat 4 und 6: Zulassung von Geräten und Werkstoffen, Erdungsprobleme 284
Referat 5: Straßeninstandsetzung 273, 290
Referat 7: Gebrechensuchdienst 237, 266, 241
Referat 8: Wasserzähler 233
Sachbearbeiter 234, 235, 236
Wasserzählerwerkstätte, Prüfanstalt:
5, Spengergasse 45 . . . . 55 81 24

F – Bezirksdienststellen der Betriebsabteilungen B 3 und D:

Für die Bezirke:

1, 6, 7, 15:
7, Lindengasse 61–63 . . . . 93 54 41, 93 54 19

2, 20:
2, Große Pfarrgasse 16–20 . . . . 33 75 42, 33 75 39

3, 11:
3, Leonhardgasse 9/2 . . . . 73 61 69, 72 15 97

4, 5, 12:
12, Arndtstraße 30/3 . . . . 83 26 95, 83 75 48

8, 9, 17:
8, Albertplatz 7 . . . . 42 91 51, 43 44 20

10:
10, Sahulkastraße 3–5/35 . . . . . . 61 25 98, 61 25 97
Hochwassergasse 60/1 . . . . 67 26 99, 67 21 50

13, 23 (nur Mauer):
23, Mauer, Dr.-Barilits-Gasse 2–4/6 . . . . 88 21 78, 88 21 79

14, 16:
14, Hütteldorfer Straße 142 . . . . 94 31 29, 94 43 76

18, 19:
19, Hardtgasse 16–30/23 . . . . . . 34 53 34, 34 62 64

21:
21, Schöpfleuthnergasse 8–16/11/1. 38 15 67, 38 13 10

22:
22, Stadlau, Tietzestraße 2/11 . . . 22 22 13, 22 22 08

23 (ohne Mauer):
23, Liesing, Färbermühlgasse 15 . 86 06 85, 86 03 66

G – Bereitschaftsdienst (Störungsanmeldung):
6, Grabnergasse 6 . . . . . . 831*, 57 75 75*, 215, 216

Magistratsabteilung 6, Buchhaltungsabteilung VIII (Kanalisation und Wasserwerke):

List Leopold, Oberamtsrat 361
Einnahmeverrechnung 335, 336, 338, 363, 366, 489
Rechnungsprüfung, Rechnungsprotokoll, Zahlungsaufträge und Ausgangsfakturen . . . 337, 341, 342, 363
Buchungsmaschine 364
Einlaufstelle 362

MAGISTRATSABTEILUNG 32

Maschinentechnik, Wärme-, Kälte- und Energiewirtschaft

(Geschäftsgruppe Bauten)

8, Friedrich-Schmidt-Platz 5, 1. Stock, Tel. 42 8 06

Planung, Errichtung, Installation, Betriebsführung, Erhaltung und Begutachtung von wärme-, kälte-, lüftungs-, klima- und sonstigen maschinentechnischen Anlagen aller Art, insbesondere
Feuerungsanlagen für alle Brennstoffe,
Kesselanlagen samt Brennstofflagern,
Wärmekraftmaschinen (mit Ausnahme solcher in Kraftfahrzeugen),
Kompressoren und Gebläsen,
Brückenwaagen,
Kränen,
Förderanlagen, soweit nicht die Magistratsabteilung 17 oder die Magistratsabteilung 34 zuständig sind,
Aufzügen ohne direkten elektrischen Antrieb,
Pumpen,
Steuer-, Regel- und Meßeinheiten sowie Elektromotoren bei kompletten Maschinensätzen für alle vorangeführten Fachgebiete,
Wäschereianlagen und -geräte,
jedoch mit Ausnahme der
Anlagen für die elektrische Raumheizung,
gasbefeuerten und elektrischen Warmwassererzeugungsanlagen bis 25 l/min bzw. 1.000 l Speicherung und Leitungsanlagen für Gebrauchswarmwasserversorgung,
gasbefeuerten Zusatzheizanlagen,
Küchen- und Geschirreinigungsanlagen in städtischen Krankenanstalten und Pflegeheimen,
Wäschereianlagen im Bereich der Magistratsabteilung 17,
Waschmaschinen, Wäschezentrifugen und -trockner in städtischen Wohnhausanlagen,
Betriebsführung der in Verwaltung der Magistratsabteilung 44 stehenden Anlagen.

Mitwirkung bei der Planung von wärme-, kälte-, lüftungs-, klima- und sonstigen maschinentechnischen Anlagen, sofern deren Planung, Errichtung, Betriebsführung und Erhaltung vom Geschäftsbereich der Magistratsabteilung 32 ausgenommen ist.

Studien- und Planungsbüro für Anlagen der Energiewirtschaft; statistische Erfassung und ökonomische Auswertung von Daten betreffend die Effizienz dieser Anlagen.

Heizkontrolle und Rauchfangkehrerangelegenheiten in städtischen Objekten, ausgenommen in jenen der Wiener Stadtwerke.

Beistellung von Sachverständigen, soweit nicht die Magistratsabteilung 35 oder die Magistratsabteilung 36 oder die Magistratsabteilung 37 zuständig ist.

Führung der Maschinenevidenz.

Betrieb und Erhaltung der Werkstätte für die Instandhaltung maschineller und heiztechnischer Einrichtungen in städtischen Objekten (Heizwerkstätte).

Wartung der heizungs-, lüftungs- und klimatechnischen sowie Warmwasserbereitungsanlagen in städtischen Objekten; Führung eines Bereitschaftsdienstes zur Behebung von Störungen bei solchen Anlagen.

Nebel, Dipl.-Ing. Michael, Senatsrat 3710
Drachsler, Dipl.-Ing. Johann, Oberstadtbaurat . . . 3711
Hold, Dipl.-Ing. Hubert, Senatsrat 3723
Segall, Dipl.-Ing. Herbert, Senatsrat 3743
Krügler, Dipl.-Ing. Wilfried, Oberstadtbaurat 3770
Rath, Dipl.-Ing. Alfred, Oberstadtbaurat . . . 3749, 3772
Bulasikis, Dipl.-Ing. Apostolos, Stadtbaurat 3706
Leutner, Dipl.-Ing. Hanns, Stadtbaurat 3715, 48 00*, 1716
Stanke, Dipl.-Ing. Herbert, Stadtbaurat 3767
Kleindel, Dr. Franz, Stadtbauoberkommissär 3769
Beer, Ing. Walter, Techn. Oberamtsrat 3724
Peters-Engl, Ing. Franz, Techn. Oberamtsrat 3733
Ring, Ing. Roman, Techn. Oberamtsrat 3718
Smetana, Ing. Oskar, Techn. Oberamtsrat 3732
Wagner, Ing. Franz, Techn. Oberamtsrat . . 68 11 52*, 2
Hysek, Ing. Peter, Techn. Amtsrat 3780

Klug, Ing. Günter, Techn. Amtsrat 3796
Kury, Ing. Erwin, Techn. Amtsrat 3700
Mayer, Ing. Johann, Techn. Amtsrat 3778
Rainer, Ing. Bernhart, Techn. Amtsrat 3717
Rajkowitsch, Ing. Anton, Techn. Amtsrat . 22 22 15*, 45
Reinhardt, Ing. Gerhard, Techn. Amtsrat 3925
Wabnegg, Ing. Alfred 3729
Wegl, Ing. Hubert, Techn. Amtsrat 3784
Weinhofer, Ing. Konrad, Techn. Amtsrat 3708
Skoutajan Edith, Kanzleileiter 3713
Kanzlei 832, 3719, 3753, 3754
Rechnungsreferat 3720, 3768
Preisprüfung 3729
Energieeinsparung:
Leiter 3724, 3923
Werkmeister 3726, 3881
Meßgruppe 3982, 3976

Servicegruppe, Sondergeräte, Herbergen, Objekte der KFA und MA 42, Kurzentrum Oberlaa, Rechenzentrum und Außenstellen, Kulturbauten, Volksbildungshäuser:
Leiter 3725
Zentrale 3760
Werkmeister 3748, 3881, 3726, 3788
Einsatzdienst 3704, 3791
Tonband 43 81 10*, 1
Sondergeräte 3976

Öffentliche Bauten:
Leiter 3733
Permanenzdienst 3741
Schulen, Kulturbauten, Sportstätten, Büchereien, Friedhöfe, Forsthäuser, Referatsleiter 3717

Amtshäuser, Wohlfahrtswesen, Kindertagesheime, Lehrlingsheime, Bezirksjugendämter, Mutterberatungsstellen, Gesundheitsämter, Gesundheitsfürsorge, Schulzahnkliniken, Objekte der MA 28, 30, 31 und 48:
Referatsleiter 3784
Referenten 3003, 3126, 3717, 3728, 3729, 3730, 3731, 3733, 3734, 3758, 3794, 3924
Werkmeister 3735, 3738, 3739, 3740, 3752, 3761, 3762, 3763, 3926, 3996

Heizkontrolle, Brennstoffgebarung:
Leiter 3763

Rauchfangkehrerangelegenheiten, Rettungs- und Sanitätsstationen, Desinfektionsanstalt und Feuerwehren:
Referatsleiter 3729
Referent 3924
Werkmeister 2595, 3752, 3761
Heizanlage Rathaus:
Leiter 3925
Werkmeister 3926
Kesselhaus 3928, 3929

Neubau und Erhaltung von Wohnhausanlagen, Bädern, Hochwasserpumpwerken, Großkläranlagen:
Leiter 3770
Referenten 3002, 3721, 3756, 3765, 3778, 3780, 3786
Werkmeister . . . 3002, 3703, 3742, 3771, 3777, 3789, 3790

Krankenanstalten und Pflegeheime:
Leiter 3772

Gruppe I (AKH):
Leiter 3715, 48 00*, 1716

Allgemeines Krankenhaus, Allgemeine Poliklinik:
Referenten 3751, 3997, 48 00*, 1711, 1712, 1715
Werkmeister 3997, 48 00*, 1712, 1713

Technische Betriebsführung Neues AKH:
Referenten . . . 3230, 3751, 48 00*, 1711, 1715, 1745, 1749
Werkmeister 3997, 48 00*, 1712, 1714, 1753

Gruppe II (Nord/Ost):
Leiter 3772

Krankenanstalt Rudolfstiftung, Mautner-Markhof'sches Kinderspital:
Referent 3796, 75 75 11*, 375
Werkmeister 3744, 75 75 11*, 376

Gruppe III (Süd):
Leiter 3743

Krankenhaus Lainz, Pflegeheim Lainz, Neurologisches Krankenhaus Rosenhügel, Pflegeheim Liesing:
Referent und Werkmeister 3799, 84 16 16*, 3245, 2238

Franz-Josef-Spital, Gottfried von Preyer'sches Kinderspital:
Referent und Werkmeister 3922, 3797, 64 16 91*, 235

Psychiatrisches Krankenhaus Ybbs an der Donau, Pflegeheime St. Andrä an der Traisen und Klosterneuburg:
Referent 3796, 75 75 11*, 375
Werkmeister 3755, 75 75 11*, 379

Gruppe IV (West):
Leiter 3772

Psychiatrisches Krankenhaus Baumgartner Höhe, Pulmologisches Zentrum, Elisabeth-Spital, Pflegeheim Baumgarten und St.-Rochus-Heim:
Referent und Werkmeister 3749, 3795

Ignaz-Semmelweis-Frauenklinik, Zentralkinderheim, Frauenmilch-Sammelstelle, Orthopädisches Krankenhaus Gersthof, Kinderklinik Glanzing:
Referent und Werkmeister 3922, 3727

Wilhelminenspital, Neurologisches Krankenhaus Maria-Theresien-Schlössel, Krankenhaus Floridsdorf, Sophienspital:
Referent und Werkmeister 3700, 3701

U-Bahn-Bau, Verkehrsbauwerke, Sonderbauten, Neubauten, Erhaltung und Betriebsführung:
Leiter 3732
Referenten 3708, 3757, 3792, 3793
Werkmeister 3709, 3716, 3747
Technische Zeichner 3783

Allgemeine Planung, Neubauten und Sonderaufgaben:
Leiter 3711
Referenten 3767, 3736, 3750, 3755, 3769
Werkmeister 3750, 3755
Sozialmedizinisches Zentrum-Ost:
Baubüro 22 12 84, 22 22 15*, 27, 32, 39, 44, 45, 46
Technische Zeichner 3764, 3702

Kühlanlagen, Großküchen, Friedhöfe, Verbrennungsanlagen, Markteinrichtungen, Wäschereien (MA 11 und 12), Lebensmitteluntersuchungsanstalt, Sanitätszentrum:
Leiter 3718
Referenten 3097, 3774, 3759
Werkmeister 3264

Heizwerkstätte:
10, Theodor-Sickel-Gasse 4–6 . . . . 68 11 52*
Betriebsleiter 2
Technisches Büro 4
Kanzlei 3

MAGISTRATSABTEILUNG 33

Öffentliche Beleuchtung

(Geschäftsgruppe Bauten)

3, Senngasse 2, Tel. 833*, 78 26 29*

Planung, Errichtung, Betriebsführung und Erhaltung der öffentlichen Beleuchtung, der öffentlichen Uhren und der Anstrahlungsanlagen für Baudenkmäler.
Teilbesorgung der Geschäfte der Auftragsverwaltung des Bundes hinsichtlich der Bundesstraßenverwaltung, nämlich die Erstellung des Beleuchtungsprojektes.

Führung eines elektro- und lichttechnischen Versuchsraumes für Entwicklung und Qualitätskontrolle.
Bevorratung des Materials für provisorische Verkehrslichtsignalanlagen.

Neipp, Dipl.-Ing. Leo, Senatsrat 21
Gabler, Dipl.-Ing. Hubert, Oberstadtbaurat 33
Springs, Dipl.-Ing. Walter, Stadtbaurat 30
Meyer, Ing. Franz, Techn. Oberamtsrat 42
Schaffer, Ing. Felix, Techn. Amtsrat 54
Schober, Ing. Harald, Techn. Amtsrat. 41
Hafner, Ing. Heinrich, Techn. Oberkommissär . . . 61
Heraut Gertrude, Kanzleikommissär, Kanzleileiter . 24
Kanzlei 22, 23

Lichttechnik, Versuchsraum:
Gabler, Dipl.-Ing. Hubert, Oberstadtbaurat 33
Werkmeister 62

Öffentliche Beleuchtung:
Gruppenleiter Bau-Eigenbudget 41
Referenten und Werkmeister . . 27, 28, 37, 38, 43, 45, 46
Zeichensaal 26, 58
Schaltgerüstbau 70

Gruppenleiter Bau-Fremdkredite 61
Referenten und Werkmeister 35, 36, 47, 48, 49, 51, 52, 53
Passagen, Notstromanlagen 59
Sonderanlagen 36
EDV-Erfassung, Anlagenevidenz,
Zentralschaltung 63, 69
Gruppenleiter Material, Vergabe 30
Materialeinkauf 54
Materialgebarung 55
Materiallager 56, 57
Verträge, Preise und Verdingungswesen 42
Anstrich 32, 34, 68
Werkstättenleiter 50
Uhren und Anstrahlungen 33, 39
Lichttechnik, Versuchsraum 33, 62, 64
Störungsdienst Öffentliche Beleuchtung
WStW-E-Werke, Abt. B/5 . . . . . . 751, 43 80*, 737
oder 33 35 73*

MAGISTRATSABTEILUNG 34

Elektro-, Gas- und Wasseranlagen für städtische Objekte

(Geschäftsgruppe Bauten)

8, Lange Gasse 30, 1.–4. Stock, Tel. 737*, 43 89 11*

Planung, Errichtung, Installation, Betriebsführung, Erhaltung und Begutachtung von:

- Elektroanlagen aller Art für Stark- und Schwachstrom (einschließlich der elektrischen Heizungen) samt den zugehörigen Geräten und Maschinen und dem Installationsmaterial, soweit keine andere Dienststelle zuständig ist,
- Aufzügen mit elektrischem Antrieb, Fahrtreppen, Fahrsteigen, Rohrpostanlagen, Kleinbahnen und Elektrokarren,
- Blitzschutzanlagen,
- Gebäudeautomations- und Zeitnehmungsanlagen,
- Prozeßrechnern sowie Meß- und Übertragungseinrichtungen, ausgenommen jene für medizinische Anlagen und Geräte,
- Gasanlagen aller Art (einschließlich der medizinischen Gasanlagen) samt den zugehörigen Geräten und dem Installationsmaterial, soweit keine andere Dienststelle zuständig ist.
- Kaltwasser-, Druckwarmwasserleitungs- und Abflußanlagen ab der Übergabestelle, Rohrbrunnen-, Beregnungs- und Pumpenanlagen samt den zugehörigen Geräten, Einrichtungsgegenständen und dem Installationsmaterial,
- städtischen fernmeldetechnischen Anlagen aller Art wie Fernsprech-, Funk-, Personenruf-, Fernseh-, Rundfunkübertragungs-, Verstärker-, Nebenuhren-, Gemeinschaftsantennen-, Kabelfernseh-, Rauchgasmelde- und Einbruchssicherungsanlagen, audiovisuellen Einrichtungen und Anlagen samt den zugehörigen Geräten sowie von städtischen Fernmeldekabelnetzen mit Ausnahme jener der Magistratsabteilung 31 und der Magistratsabteilung 68.

Vertretung der Stadt Wien im fernmeldebehördlichen Genehmigungsverfahren.

Überwachung des Strom-, Gas- und Wasserverbrauches und der laufenden Kosten für die fernmeldetechnischen Anlagen.

Betrieb der privateigenen Elektroanlagen der Stadt Wien mit Ausnahme jener im Bereich der Wiener Stadtwerke.

Betrieb des Hochstrahlbrunnens.

Betrieb der Elektro-, Gas- und Wasseranlagen sowie fernmeldetechnischen Anlagen im Rathaus.

Periodische Überprüfung der nichtmedizinischen Elektrogeräte in den städtischen Krankenanstalten und Pflegeheimen.

Durchführung von Funktionsproben an Alarmeinrichtungen im Einvernehmen mit der Magistratsabteilung 68 gemäß § 3 Abs. 2 des Wiener Katastrophenhilfegesetzes.

Grundschober, Dipl.-Ing. Gerhard, Stadtbaurat . . . 211
Steindl, Dipl.-Ing. Gerald, Oberstadtbaurat 201
Blach, Dipl.-Ing. Bruno, Senatsrat 271
Fliegenschnee, Dipl.-Ing. Peter, Stadtbaurat . 48 00*, 1700
Hlinka, Dipl.-Ing. Stefan, Stadtbaurat 241
Hopfgartner, Dipl.-Ing. Josef, Stadtbaurat 221
Selos, Dipl.-Ing. Peter, Stadtbaurat 258
Sporna, Dipl.-Ing. Dr. Johann, Stadtbaurat 320
Thomas, Dipl.-Ing. Walter, Stadtbaurat 285
Winzer, Dipl.-Ing. Johannes, Stadtbaurat 295
Auner, Dipl.-Ing. Andreas, Stadtbauoberkommissär 317
Dorn, Dipl.-Ing. Robert, Stadtbauoberkommissär . . 278
Huemer, Dipl.-Ing. Meinrad, Stadtbauober-
kommissär 48 00*, 1750
Appelt, Ing. Kurt, Techn. Oberamtsrat 301
Kitzberger, Ing. Walter, Techn. Oberamtsrat 302
Lampl, Ing. Kurt, Techn. Oberamtsrat 202
Lester, Ing. Eduard, Techn. Oberamtsrat 243
Osterberger, Ing. Alfred, Techn. Oberamtsrat 261
Eisenberg, Ing. Heinrich, Techn. Amtsrat 292
Fabijan, Ing. Otto, Techn. Amtsrat 281
Haller, Ing. Ludwig, Techn. Amtsrat 224
Haunold, Ing. Peter, Techn. Amtsrat 48 00*, 1721
Hüttl, Ing. Wolfgang, Techn. Amtsrat 249
Klaghofer, Ing. Gerhard, Techn. Amtsrat 222
Klausbruckner, Ing. Bruno, Techn. Amtsrat 381
Mrazek, Ing. Ernst, Techn. Amtsrat 268
Nitsch, Ing. Helmut, Techn. Amtsrat 293
Stich, Ing. Walter, Techn. Amtsrat 286
Tesar, Ing. Franz, Techn. Amtsrat 282

Waidner, Ing. Norbert, Techn. Amtsrat 313
Schertler Hildegard, Kanzleirat
Kanzleileiter 212
Kanzlei 214
Baugruppe Fernmeldewesen:
Steindl, Dipl.-Ing. Gerald, Oberstadtbaurat 201
Allgemeine Planungs- und Verwaltungsangelegenheiten, Gebührenverrechnung 201
Fernmeldeanlagen (ohne MA 17), Rathausgruppe, 1., 2., 3., 8. Bezirk:
Sachbearbeiter und Werkmeister 202, 209
Rathaus 42 8 06/877
Sachbearbeiter 4., 5., 10., 11., 12., 13., 20., 21., 22., 23. Bezirk 320, 206
Sachbearbeiter 6 , 7., 9., 14., 15., 16., 17., 18., 19. Bezirk 205, 207
Funkangelegenheiten und Allgemeines:
Sachbearbeiter und Werkmeister 258, 322
Verrechnung der Fernmeldegebühren (ohne MA 17) 204
Dienstaufsicht der Telefonisten 42 8 06/3808
Fernschreibstelle 42 8 06/895
Fernschreibanschluß Wien . . . . Telex 11 4735
Störungen an Fernmeldeanlagen (ohne MA 17) 42 8 06/3800, 42 52 14
Betriebsgruppe, 1, Hansengasse 3
Klausbruckner, Ing. Bruno, Techn. Amtsrat 381
Journaldienst: Aufnahme von Störungsmeldungen an Elektroeinrichtungen . . 380, 42 8 07/3456, 93 37 15
Sachbearbeiter 382, 383, 384

Werkmeister 385
Werkstätte 386

Außenstellen:
Pflegeheim Lainz 84 16 16*, 3265
Psychiatrisches Krankenhaus
Baumgartner Höhe 94 31 51*, 2643

Baugruppe Nutzbauten und Sonderaufgaben:
Blach, Dipl.-Ing. Bruno, Senatsrat 271
Objekte der MA 30 . . . . 272, 273
Baukanzlei WABAS 80 . . . . 74 36 31*, 263
Objekte der MA 7, 13, 22, 28, 29, 54
und Hafen 285, 284
Objekte der MA 45 und 60 . . . . 274, 275, 230
Störungsanzeige und Auskunftsstelle 300

Baugruppe Allgemeines:
Grundschober, Dipl.-Ing. Gerhard, Stadtbaurat . . . 279
Zentralreferat 230
Kontrahenten und Lieferfirmen (Vertragsunternehmerangelegenheiten), Überwachung der Lohn- und Preisänderungen 230
Pauschalien für Strom- und Gasverrechnung . . 298, 299
Materialbeistellungen 230, 232
Neubau Sozialmedizinisches Zentrum – Ost
Baubüro, 22, Stadlau, Langobardenstraße 122 . . . . 22 11 97, 22 22 15*, 22, 30, 31, 33, 34, 35, 36, 37, 38, 46, 22 75 64*, 330, 333, 334, 335

Baugruppe Amts- und Schulhäuser:
Hlinka, Dipl.-Ing. Stefan, Stadtbaurat 241
Sachbearbeiter und Werkmeister 240, 242, 243, 244, 245, 246, 247, 248, 249, 252, 253, 254, 255

Installationen im Rathaus und den zur Rathausgruppe gehörenden Amtshäusern, Festbeleuchtung:
Lester, Ing. Eduard, Techn. Oberamtsrat . . . 243, 244, 42 8 06/3843, 3844

Stromstörungen, Gas- und Wassergebrechen in der Rathausgruppe 243, 244, 42 8 06/3843, 3844
Auskunftstelle 250

Baugruppe Kulturbauten:
Osterberger, Ing. Alfred, Techn. Oberamtsrat 261
Gartenanlagen, Brunnen, Hallenbadneubauten . 262, 263
Sportanlagen, Museen, Gedenkstätten, Gehölzbeleuchtungen, Fußgängerzonen, Kinderfreibäder 268, 269
Sommerbäder 14., 15., 16., 17., 18., 19., 23. Bezirk, Weihnachtsbaumbeleuchtung 268, 269
Friedhöfe, Forste, Landwirtschaftsbetriebe, Sommerbäder 21., 22. Bezirk 266, 267
Sonstige Bäder 264, 265
Störungsanzeige und Auskunftsstelle 260

Baugruppe Wohnhausbauten:
Hopfgartner, Dipl.-Ing. Josef, Stadtbaurat 221
Projektierungen 222, 224

Sachbearbeiter 222, 223, 224, 225, 226, 227, 228, 229, 232
Werkmeister 231, 233, 234, 235, 236, 237, 238, 239
Auskunftsstelle 220, 300

Baugruppe Wohlfahrtsanstalten und Feuerwehrgebäude, Objekte der MA 7, 11 (Wijug), 12, 15, 48, 52 – Herbergen, 59, 68 sowie teilweise MA 7 und 13:
Fabijan, Ing. Otto, Techn. Amtsrat 281
Sachbearbeiter 282, 286, 288, 295
Werkmeister 283, 287, 289, 296
Störungsanzeige und Auskunftsstelle 280

Baugruppe U-Bahn-Bau:
Brenner, Ing. Josef, Techn. Oberamtsrat 291
Sachbearbeiter und Werkmeister 292, 293, 294
Baukanzleien Auskunftsstelle 290

Baugruppe Krankenanstalten:
Appelt, Ing. Kurt, Techn. Oberamtsrat 301
Versorgungsbereich I/II der MA 17
Sachbearbeiter und Werkmeister . . . 304, 48 00*, 1721
Allgemeines Krankenhaus (alt) 304, 48 00*, 1722, 1723, 1724
Krankenanstalt Rudolfstiftung 311, 312, 75 75 11*, 371, 373
Technische Betriebsführung
Allgemeines Krankenhaus (neu) 302, 304 48 00*, 1700, 1718, 1719, 1740, 1743, 1746, 1750
Versorgungsbereich III der MA 17
Sachbearbeiter und Werkmeister . . 303, 84 16 16*, 3264
Krankenhaus Lainz 84 16 16*, 3261, 3262, 3263
Franz-Josef-Spital 309, 310, 64 16 91*, 530, 546
Versorgungsbereich IV der MA 17
Sachbearbeiter und Werkmeister 307
Wilhelminenspital 313, 314, 95 25 11*, 2261, 2370
Elisabeth-Spital 314, 308, 95 65 51*, 378, 399
Psychiatrisches Krankenhaus
Baumgartner Höhe . . 305, 306, 94 31 51*, 2479, 2430
Rettungs- und Sanitätsstationen 305, 306, 94 31 51*, 2479, 2430

Nachrichtentechnische Angelegenheiten (MA 17) 203, 208, 315, 323
Verrechnung der Fernmeldegebühren (MA 17) . . . 200
Auskunftsstelle, Störungsanzeigen 300
Störungen an fernmeldetechnischen Anlagen (MA 17) 200
Journaldienst 330

MAGISTRATSABTEILUNG 35

Allgemeine baubehördliche Angelegenheiten

(Geschäftsgruppe Stadtentwicklung und Stadterneuerung)

20, Dresdner Straße 75, 4. Stock, Tür 444, Tel. 835*, 35 66 11*

Technische Angelegenheiten grundsätzlicher Art der Bau- und Feuerpolizei.
Genehmigung und Überwachung von Veranstaltungsstätten, Kinos und Messen hinsichtlich der Sicherheitseinrichtungen; Angelegenheiten des technischen Aufsichtsdienstes in Vergnügungsstätten mit Ausnahme der Bestellung und Einteilung der technischen Aufsichtsbeamten.
Mitwirkung im baubehördlichen Genehmigungsverfahren für Bauten mit Räumen, in denen Menschenansammlungen von mehr als 100 Personen zu erwarten sind.
Mitwirkung im Genehmigungsverfahren bei Grundabteilungen, Grenzberichtigungen und Umlegungen.
Durchführung des baubehördlichen Genehmigungsverfahrens für Bauten der Gebietskörperschaften und anderer öffentlich-rechtlicher Körperschaften, für Bauten auf Eisenbahngrund, für Ausstellungs- und Kultbauten sowie für Bauführungen besonderer Art, soweit nicht die Magistratsabteilung 64 zuständig ist.
Baubehördliche Angelegenheiten der Aufzüge, Kräne, Lager brennbarer Flüssigkeiten, Tanklager aller Art, Tankstellen, Ölfeuerungen sowie der Dampfkessel, Dampfgefäße und Druckbehälter im Sinne der Dampfkesselverordnung.
Handhabung des Dampfkessel-Emissionsgesetzes, soweit zur Errichtung und Inbetriebnahme oder Änderung von Dampfkesselanlagen keine gewerbe-, berg-, energie- oder eisenbahnrechtliche Bewilligung (Genehmigung) erforderlich ist und soweit nicht die Magistratsabteilung 36 zuständig ist.
Vornahme von Revisionen und Überprüfungen bei öffentlichen Tankstellen einschließlich deren Nebenanlagen.
Durchführung von Genehmigungsverfahren nach dem Wiener Gasgesetz für ortsfeste Flüssiggasbehälter und die damit verbundenen Flüssiggasanlagen.
Mitwirkung bei der Bestellung von Aufzugssachverständigen und deren Evidenthaltung.
Mitwirkung bei der Handhabung des Baumschutzgesetzes.
Zulassung von Baustoffen, Bauteilen, Bauarten (Bauweisen), Brandschutzmitteln, Rückschlagsicherungen und dgl.
Grundsätzliche Angelegenheiten der Statik sowie des Wärme- und Schallschutzes; Überprüfung von Bauansuchen in bezug auf Statik sowie Wärme- und Schallschutz; behördliche Überprüfungen gemäß 127 der Bauordnung für Wien einschließlich der Durchführung oder Überwachung der technischen Beschau von U-Bahn-Bauten.
Beistellung von Amtssachverständigen in behördlichen Verfahren anderer Magistratsdienststellen.
Koordination der Tätigkeit der Amtssachverständigen für die eisenbahnbehördlichen Verfahren bei U-Bahn-Bauten.
Begutachtung des Befähigungsnachweises und des Berechtigungsumfanges von Baugewerbetreibenden sowie Überprüfung der Ansuchen um Zulassung zur Baugewerbeprüfung.
Erteilung von Gebrauchserlaubnissen nach dem Gebrauchsabgabegesetz, soweit nicht die Magistratsabteilung 37, 59 oder 64 zuständig ist; Bemessung der Abgabe; Vorschreibung der Abgabe in jenen Fällen, in denen die Magistratsabteilung 35 für die Erteilung der Gebrauchserlaubnis zuständig ist.
Erteilung von Bewilligungen nach § 82 Abs. 1 Straßenverkehrsordnung, soweit nicht die Magistratsabteilung 37, 46, 59 oder 64 zuständig ist, und ausgenommen die Bewilligung von Bauten vor der Baulinie im Zusammenhang mit genehmigungspflichtigen Bauführungen; Bewilligung nach der Straßenverkehrsordnung von Anlagen zu Werbezwecken und Ankündigungstafeln auf Privatgrund neben Verkehrsflächen.
Erteilung von Bewilligungen für den Kanalanschluß bei Bauwerken, für die von der Stadt Wien keine Baubewilligung zu erteilen ist; Bemessung und Vorschreibung von Kanaleinmündungsgebühren und Anliegerbeiträgen.
Angelegenheiten des § 31a Abs. 1 Wasserrechtsgesetz, die in die Zuständigkeit des Bürgermeisters als Wasserrechtsbehörde fallen.

Schaffer, Dipl.-Ing. Alfred, Obersenatsrat 400
Lenz, Dipl.-Ing. Friedrich, Senatsrat 401
Haas, Dipl.-Ing. Franz, Senatsrat 420
Spandl, Dipl.-Ing. Johann, Senatsrat 480
Bek, Dipl.-Ing. Dr. techn. Johann, Oberstadtbaurat 473
Bock, Dipl.-Ing. Georg, Oberstadtbaurat 465
Haschke, Dipl.-Ing. Harald, Oberstadtbaurat 490
Kaindl, Dipl.-Ing. Edwin, Oberstadtbaurat 481
Runser, Dipl.-Ing. Ladislaus, Oberstadtbaurat . . . 428
Schmid, Dipl.-Ing. Ferdinand, Oberstadtbaurat . . . 470
Burkart, Dipl.-Ing. Wolfgang, Stadtbaurat 475
Gallistel, Dipl.-Ing. Hans, Stadtbaurat 461
Geiger, Dipl.-Ing. Karl, Stadtbaurat 423
Henschling, Dipl.-Ing. Wolfgang, Stadtbaurat 498
Hohn, Dipl.-Ing. Heinz, Stadtbaurat 474
Johannides, Dipl.-Ing. Helmut, Stadtbaurat 496
Krieghofer, Dipl.-Ing. Kurt, Stadtbaurat 478
Liebermann, Dipl.-Ing. Franz, Stadtbaurat 491
Molin, Dipl.-Ing. Gerhard, Stadtbaurat 432
Pilat, Dipl.-Ing. Milan, Stadtbaurat 476
Prochaska, Dipl.-Ing. Walter, Stadtbaurat 460
Warnicki, Dipl.-Ing. Felix, Stadtbaurat 433
Zisser, Dipl.-Ing. Georg, Stadtbaurat 467
Aigner, Dipl.-Ing. Roman, Stadtbauoberkommissär. 477
Urban, Dipl.-Ing. Herbert, Stadtbaukommissär . . . 479
Eitel, Dipl.-Ing. Bruno 478
Klein, Dipl.-Ing. Gustav 478
Polacek, Dipl.-Ing. Anton 476
Prisching, Dipl.-Ing. Ludwig 472
Salzer, Dipl.-Ing. Karl 421
Vorwahlner, Dipl.-Ing. Ernst 471
Weininger, Dipl.-Ing. Kurt 497
Banovits, Ing. Gustav, Techn. Amtsrat 466
Gödel Eva, Techn. Amtsrat 441
Jindra, Ing. Helmut, Techn. Amtsrat 440
Reiter Ernst, Techn. Amtsrat 482
Hausner, Ing. Bruno 429
Hrauda Gisela, Kanzleioberoffizial, Kanzleileiter . . 410
Kanzlei 402, 411

Aufzüge, Dampfkessel, Tankanlagen, Ölfeuerungen
– technische Angelegenheiten (A) . 420, 421, 422, 423, 424, 425, 426, 427, 428, 429, 432, 433

Gebrauchserlaubnisse für Verkehrsflächen (G) . 440, 441
Bezirke:
1, 4, 5, 6, 7 . . . 443, 444
2, 9, 11, 19 . . . 457, 458
3, 10, 23 . . . 446, 447
8, 16, 17, 18 . . . 453, 454, 455, 456
12, 13, 20, 21, 22 . . . 449, 451, 452
14, 15 . . . 418
Straßenreklame . . . 457
Neubemessung der Gebrauchsabgabe . 485, 486, 487, 488

Grundabteilungen – technische Überprüfung (Ga) . . . 460, 461
Öffentliche Bauten, Bauten auf Eisenbahngrund und Kultbauten (öB) . . . 401, 445, 465, 466, 467, 468
Statik, Baustoffzulassungen (S) . 470, 471, 472, 473, 474, 475, 476, 477, 478, 479
U-Bahn (U) . . . 480, 481, 482
Theater- und Kinopolizei, technische Sicherheitseinrichtungen bei Menschenansammlungen (V) . . . 490, 491, 492, 493, 494, 495, 496, 497, 498, 499

MAGISTRATSABTEILUNG 36

Technische Gewerbeangelegenheiten und Feuerpolizei

(Geschäftsgruppe Stadtentwicklung und Stadterneuerung)

20, Dresdner Straße 75, 3. Stock, Tür 302, Tel. 835*, 35 66 11*

Selbständige Vornahme von Revisionen und Überprüfungen nach den einschlägigen gesetzlichen Vorschriften von solchen Betriebsanlagen, Bauwerken, Einrichtungen und Anlagen, hinsichtlich derer der Magistratsdirektor periodische Überprüfungen verfügt oder bei denen auf Grund besonderer, bei diesen Anlagen bestehender oder bekanntgewordener Gefahren schwerpunktsmäßige Überprüfungen angeordnet werden.
Beistellung von Amtssachverständigen in gewerbebehördlichen Betriebsanlageverfahren sowie in Verfahren gemäß § 61 der Bauordnung für Wien.
Beistellung von Sachverständigen auf dem Gebiet der Elektrotechnik, der Chemie und der Gifte, auch in behördlichen Verfahren sowie in den Fällen, in denen eine diesbezügliche Anordnung des Magistratsdirektors ergeht.
Handhabung des Wiener Feuerpolizeigesetzes und der nach diesem Gesetz ergangenen Verordnungen, mit Ausnahme der Zwangsmaßnahmen gemäß § 17 Wiener Feuerpolizeigesetz, soweit sie feuerpolizeiliche Übelstände betreffen.
Handhabung des § 11 Dampfkessel-Emissionsgesetz in gewerblichen Betriebsanlagen.
Handhabung des Baulärmgesetzes.
Technische Angelegenheiten des Sprengmittelwesens, der pyrotechnischen und sonstiger sprengmittelähnlicher Artikel sowie Genehmigung von Sprengungen.
Sicherheitstechnisch-behördliche Angelegenheiten nach dem Elektrotechnikgesetz und den nach diesem Gesetz ergangenen Verordnungen, soweit nicht die Magistratsabteilung 64 zuständig ist.
Sicherheitstechnisch-behördliche Angelegenheiten betreffend brennbare Gase nach dem Wiener Gasgesetz, soweit nicht die Magistratsabteilung 35 zuständig ist, sowie dem Gasregulativ und der Flüssiggasverordnung.
Beistellung von Amtssachverständigen für wärme-, kälte-, lüftungs-, klima- und sonstige maschinentechnische Angelegenheiten in behördlichen Verfahren.
Überprüfung der für Lehrzwecke bestimmten Anlagen in Schulen, soweit diese nicht unter die Bestimmungen des Art. 15 Abs. 5 B-VG fallen, auf die Betriebssicherheit.

Fragner, Dipl.-Ing. Rudolf, Senatsrat . . . 300
Kotzian, Dipl.-Ing. Dr. techn. Hermann, Oberstadtbaurat . . . 301
Doleschal, Dipl.-Ing. Manfred, Oberstadtbaurat . . 351
Kaiserreiner, Dipl.-Ing. Karl, Oberstadtbaurat . . . 393
Mock, Dipl.-Ing. Franz, Oberstadtbaurat . . . 320
Sanitzer, Dipl.-Ing. Johann, Oberstadtbaurat . . . 360
Zabloudil, Dipl.-Ing. Dr. techn. Otto, Oberstadtbaurat . . . 366
Beier, Dipl.-Ing. Rudolf, Stadtbaurat . . . 330
Gerhartl, Dipl.-Ing. Peter, Stadtbaurat . . . 346
Lorenz, Dipl.-Ing. Paul, Stadtbaurat . . . 370
Pimpi, Dipl.-Ing. Heinz, Stadtbaurat . . . 350
Schneeweiß, Dipl.-Ing. Christiane, Stadtbaurat . . . 365
Weigert, Dipl.-Ing. Dr. techn. Wolfgang, Stadtbaurat 353
Zwilling, Dr. techn. Gunter, Stadtbaurat . . . 352
Bachl, Dipl.-Ing. Hans, Stadtbauoberkommissär . . 364
Böhm, Dr. techn. Gustav, Stadtbauoberkommissär . 335
Götz, Dipl.-Ing. Dr. techn. Heinz, Stadtbauoberkommissär . . . 327
Lavaulx-Vrecourt, Dr. techn. Roland, Stadtbauoberkommissär . . . 335
Muchitsch, Dipl.-Ing. Wilhelm, Stadtbauoberkommissär . . . 361
Rami, Dipl.-Ing. Ewald, Stadtbauoberkommissär . . . 341
Rentsch, Dipl.-Ing. Karl, Stadtbauoberkommissär. . 331
Neunteufel, Dipl.-Ing. Erich, Stadtbaukommissär . . 362
Strohmaier, Mag. Eva-Maria, Stadtbaukommissär. . 322
Tewagner, Dr. techn. Günther, Stadtbaukommissär . 336
Tomek, Dipl.-Ing. Sabine, Stadtbaukommissär . . . 342
Deimböck, Mag. Wolfgang . . . 324
Eder, Dipl.-Ing. Gunther . . . 321
Hochberger, Dr. Heinz . . . 343
Polesnig, Dipl.-Ing. Valentin . . . 340
Puffer, Dipl.-Ing. Willibald . . . 325
Struckl, Dipl.-Ing. Michael . . . 328
Wallner, Dipl.-Ing. Bruno . . . 391
Wedl, Dipl.-Ing. Hellmuth . . . 372
Werner, Dipl.-Ing. Karlheinz . . . 345
Zepke, Ing. Mag. Karl, Architekt . . . 332
Heine, Ing. Edmund, Techn. Amtsrat . . . 397
Mang, Ing. Franz, Techn. Amtsrat . . . 326
Meihsl, Ing. Paul, Techn. Amtsrat . . . 398
Rogenhofer, Ing. Bernd, Techn. Amtsrat . . . 394
Schöberl, Ing. Herbert, Techn. Amtsrat . . . 371
Bösze Helga, Kanzleikommissär, Kanzleileiter . . . 310
Kanzlei . . . 311, 312

Dezernat A: Gewerbetechnische und feuerpolizeiliche Angelegenheiten . . . 320

Gebiet I (1., 8., 21., 22. Bezirk) . . . 321, 322, 323, 324, 326, 327, 328, 329
Gebiet II (2., 3., 11., 20. Bezirk) . . . 330, 331, 332, 333, 334, 335, 336, 337
Gebiet III (4., 5., 10., 23. Bezirk) . . . 340, 341, 342, 343, 344, 345, 346
Gebiet IV (6., 7., 12., 13., 14., 15. Bezirk) . . . 350, 351, 352, 353, 354, 355
Gebiet V (9., 16., 17., 18., 19. Bezirk) . . 360, 361, 362, 363, 364, 365, 366, 393
Sachverständige (Maschinenkunde) . . . 325, 326, 345, 352, 360, 366

Dezernat B: Behörde und Sachverständige für elektro- und gastechnische Angelegenheiten . . . 370, 371, 372, 373, 374, 375, 376, 377, 378, 379

Dezernat C: Baulärm, Sprengmittel, Kommissionen für Überprüfungen . . . 391, 390, 392, 393, 394, 395, 396, 397, 398, 353

MAGISTRATSABTEILUNG 37

Baupolizei

(Geschäftsgruppe Stadtentwicklung und Stadterneuerung)

20, Dresdner Straße 75, 2. Stock, Tür 201–219, 225–234, Tel. 835*, 35 66 11*

Alle baubehördlichen Angelegenheiten, soweit nicht die Magistratsabteilung 35, die Magistratsabteilung 36 oder die Magistratsabteilung 64 zuständig ist, einschließlich der:

Beantragung von Löschungen und Erteilung der Zustimmung zur Freilassung öffentlich-rechtlicher Verpflichtungen im Grundbuch; Überprüfung von Gerichtsbeschlüssen im Hinblick auf die Bestimmungen der Bauordnung für Wien.

Führung der Liegenschaftsverzeichnisse.

Erteilung der Gebrauchserlaubnis nach dem Gebrauchsabgabegesetz hinsichtlich der Bauteile vor der Baulinie im Zusammenhang mit Baubewilligungen auf der angrenzenden Liegenschaft; Vorschreibung der Abgabe.

Bemessung und Vorschreibung von Kanaleinmündungsgebühren und Anliegerbeiträgen.

Feststellung des Ausmaßes der Nutz- und Gehsteigflächen zum Zwecke der Berechnung des Hausbesorgerentgeltes.

Ausstellung von Bescheinigungen gemäß § 5 oder § 12 des Wohnungseigentumsgesetzes 1975.

Mitwirkung bei der Handhabung des Wiener Baumschutzgesetzes.

Mitwirkung bei der Erstellung der Wohnbaustatistik.

Erteilung von Bewilligungen nach § 82 Abs. 1 Straßenverkehrsordnung bei Bauten vor der Baulinie im Zusammenhang mit genehmigungspflichtigen Bauführungen, sofern die Magistratsabteilung 37 für die Baubewilligung zuständig ist.

Führung der Baueinlagen.

Vermessungstechnische Arbeiten im Zusammenhang mit der Aussteckung der Fluchtlinien und Höhenlagen.

Ehrlich, Dipl.-Ing. Herbert, Senatsrat 237
Gerlinger, Dipl.-Ing. Helmut, Oberstadtbaurat . . . 240
Kaider, Dipl.-Ing. Karl, Oberstadtbaurat 257
Naderer, Dipl.-Ing. Helmut, Oberstadtbaurat 241
Schandl, Dipl.-Ing. Reinhold, Oberstadtbaurat . . . 244
Hernstorfer, Dipl.-Ing. Wilhelm, Stadtbauoberkommissär 254
Opravil, Ing. Max, Techn. Oberamtsrat 242
Wernisch, Ing. Franz, Techn. Amtsrat. 260
Summer Anna, Kanzleirat, Kanzleileiter 230
Kanzlei 231
Vermessungsdezernat 240

Außenstellen:

1., 8., 9. Bezirk:
8, Lerchenfelder Straße 4 . . . . . . 731*, 42 76 11*
Brazdovics, Dipl.-Ing. Kurt, Oberstadtbaurat. . 385
Helwich, Mag. arch. Ing. Reinhold, Stadtbaurat 330
Wimmer, Dipl.-Ing. Herbert, Stadtbaurat 328
Krenn, Dipl.-Ing. Otto, Stadtbauoberkommissär . 393
Thomas, Ing. Kurt, Techn. Amtsrat 391

2., 20. Bezirk:
20, Dresdner Straße 75 . . . . 835*, 35 66 11*
Weinrother, Dipl.-Ing. Robert, Oberstadtbaurat 220
Bacher, Dipl.-Ing. Albert, Stadtbaurat 221
Dedek, Dipl.-Ing. Friederike 214
Marek, Dipl.-Ing. Fritz, Stadtbaukommissär . . 213

3., 4., 5. Bezirk:
3, Am Modenapark 1–2 . . . . 740*, 72 36 31*
Klom, Dipl.-Ing. Manfred, Oberstadtbaurat . . 489
Czermak, Dipl.-Ing. Robert, Stadtbaurat 476
David-Labor, Dipl.-Ing. Manfred, Stadtbaurat . 477

6., 7. Bezirk:
17, Kalvarienberggasse 33 . . . . 43 16 51*
Neckar, Dipl.-Ing. Heinz, Oberstadtbaurat . . . 240
Jordis, Dipl.-Ing. Gerhard 253
Peroutka, Dipl.-Ing. Karl, Oberstadtbaurat. . . 314

10. Bezirk:
10, Laxenburger Straße 43–47. . . . 710*, 64 36 31*
Engelke, Dipl.-Ing. Karl, Senatsrat 235
Dirmhirn, Ing. Mag. arch. Harald, Oberstadtbaurat 238
Hatzinger, Dipl.-Ing. Ferdinand 257
Frasz, Ing. Josef, Techn. Oberamtsrat 239

11. Bezirk:
11, Enkplatz 2 . . . . 711*, 74 35 86*
Mosser, Dipl.-Ing. Albert, Oberstadtbaurat . . . 280
Valentin, Dipl.-Ing. Peter, Oberstadtbaurat . . . 281
Bietak, Dipl.-Ing. Horst, Stadtbaurat 283
Windl, Ing. Mag. Franz, Stadtbaurat 284

12. Bezirk:
12, Schönbrunner Straße 259 . . . . 712*, 83 16 01*
Zilka, Dipl.-Ing. Heinz, Stadtbaurat 251
Widl, Dipl.-Ing. Erich, Stadtbaurat 253

13., 14. Bezirk:
13, Hietzinger Kai 1–3 . . . . 713*, 82 26 51*
Filas, Dipl.-Ing. Johann, Senatsrat 310
Ressel, Dipl.-Ing. Günter, Stadtbaurat 311
Bletas, Dipl.-Ing. Thanos 318
Eder, Dipl.-Ing. Helmut, Stadtbaurat 319
Lubich, Dipl.-Ing. Götz, Stadtbaurat 316

15. Bezirk:
15, Gasgasse 8–10 . . . . 715*, 83 36 11*
Leitgeb, Dipl.-Ing. Franz 251
Schindler, Dipl.-Ing. Josef, Stadtbaurat 253

16. Bezirk:
16, Richard-Wagner-Platz 19 . . . . 716*, 92 26 96*
Messinger, Dipl.-Ing. Helmut, Oberstadtbaurat . 251
Pazicky, Dipl.-Ing. Tibor 258
Kosik, Ing. Waltraud, Techn. Amtsrat 253

17. Bezirk:
17, Elterleinplatz 14 . . . . 717*, 43 61 01*
Hofmeister, Dipl.-Ing. Liselotte, Oberstadtbaurat 270
Wonka, Dipl.-Ing. Herbert, Stadtbaukommissär 263
Volkmann, Ing. Gottfried, Techn. Amtsrat . . . 264

18. Bezirk:
18, Martinstraße 100 . . . . 718*, 34 25 20*
Leopold, Dipl.-Ing. Gerhard, Oberstadtbaurat . 280
Witschka, Dipl.-Ing. Johann, Stadtbaurat 281
Altunbozar, Dipl.-Ing. Helga 282

19. Bezirk:
19, Gatterburggasse 14 . . . . 719*, 36 42 50*
Richter, Dipl.-Ing. Herbert, Stadtbaurat 240
Diebitsch, Mag. arch. Karl-Heinz, Stadtbaurat . 242
Kirschner, Dipl.-Ing. Hannes 245

21. Bezirk:
21, Am Spitz 1 . . . . 721*, 38 15 04*
Fuchs, Dipl.-Ing. Heinz, Oberstadtbaurat . . . 310
Hahn, Dipl.-Ing. Georg, Stadtbaurat 318
Hansal, Dipl.-Ing. Ilse 316

22. Bezirk:
22, Kagran, Schrödingerplatz 1 . . . 722*, 23 65 29*
Kummernecker, Dipl.-Ing. Erwin, Oberstadtbaurat 240
Hauser, Dipl.-Ing. Erhard, Oberstadtbaurat . . 242
Körperth, Dipl.-Ing. Helmut, Stadtbaurat . . . 243
Reiter, Dipl.-Ing. Friedrich, Stadtbaurat 244

23. Bezirk:
23, Liesing, Perchtoldsdorfer Straße 2 . . . . 723*, 86 96 17*
Prosser, Dipl.-Ing. Alfred, Oberstadtbaurat . . 40
Breiter, Dipl.-Ing. Johann, Stadtbauoberkommissär 42
Schröpfer, Dipl.-Ing. Johann 42
Semmler, Dipl.-Ing. Carmen 42
Chlada, Ing. Herbert, Techn Amtsrat 43

MAGISTRATSABTEILUNG 38

U-Bahn-Bau

(Geschäftsgruppe Verkehr und Energie)

12, Niederhofstraße 23, 3. Stock, Tür 301–305, 337–345, Tel. 738*, 83 15 01*, 746*, 83 66 16*

Detailplanung, Neu-, Zu- und Umbau von U-Bahn-Bauwerken und von im Zusammenhang mit U-Bahn-Anlagen stehenden Verkehrsbauwerken einschließlich der Veranlassung der Herstellung und Umlegung von Einbauten im Einvernehmen mit den Wiener Stadtwerken – Verkehrsbetriebe und den zuständigen Fachdienststellen.
Ausarbeitung der Unterlagen für die erforderlichen Grundfreimachungen. Erstellung der Unterlagen für die eisenbahnbehördlichen, die wasserrechtlichen, die verkehrsbehördlichen und baubehördlichen Genehmigungsverfahren im Zuge des U-Bahn-Baues.
Koordination aller bei den Vorarbeiten für den U-Bahn-Bau und bei den Rohbauarbeiten des U-Bahn-Baues tätigen städtischen Dienststellen, ausgenommen die generelle Planung.
Federführung in der Arbeitsgruppe „U-Bahn-Ausbau".
Führung der Kreditübersicht für den gesamten U-Bahn-Planungs- und U-Bahn-Baubereich einschließlich Beschaffung der Betriebsmittel.

Pelz, Dipl.-Ing. Dr. techn. Josef, Oberstadtbaurat 746*, 83 66 16*, 351
Hinkel, Dipl.-Ing. Walter, Senatsrat . . . 738*, 83 15 01*, 60, 23 45 64
Blab, Dipl.-Ing. Dr. nat. techn. Wilhelm, Oberstadtbaurat 738*, 83 15 01*, 72, 87 15 30
Deix, Dipl.-Ing. Franz, Oberstadtbaurat 738*, 83 15 01*, 72, 87 15 30
Stelzl, Dipl.-Ing. Helmut, Oberstadtbaurat 738*, 83 15 01*, 74, 75 76 15
Köck, Dipl.-Ing. Michel, Stadtbaurat . . 738*, 83 15 01*, 73, 23 36 61
Lieb, Dipl.-Ing. Wolf-Dieter, Stadtbaurat 23 36 62

Liebsch, Dipl.-Ing. Helmut, Stadtbaurat 56 75 40
Martin, Dipl.-Ing. Harald, Stadtbaurat 23 45 64
Morawetz, Dipl.-Ing. Reinhard, Stadtbaurat . . 75 76 15
Muchsel, Dipl.-Ing. Herbert, Stadtbaurat 87 15 30
Philipp, Dipl.-Ing. Ekkehard, Stadtbaurat . . . 75 76 15
Scharf, Dipl.-Ing. Alfred, Stadtbaurat 87 15 30
Treiber, Dipl.-Ing. Karl, Stadtbaurat 23 45 64
Wenhardt, Dipl.-Ing. Josef, Stadtbaurat 75 76 15
Winkler, Dipl.-Ing. Ferdinand, Stadtbaurat . . . 87 15 30
Wölzl, Dipl.-Ing. Friedrich, Stadtbaukommissär 87 15 30
Stollwerck, Dipl.-Ing. Felix 738*, 83 15 01*, 71, 23 45 64
Rekker, Ing. Walter, Techn. Oberamtsrat 23 45 64
Felber Heinz-Peter, Techn. Oberkommissär . . . 87 15 30
Divis Stefanie, Kanzleioberkommissär,
Kanzleileiter . 746*, 83 66 16*, 363, 738*, 83 15 01*, 76
Kanzlei 738*, 83 15 01*, 66, 67
Rechnungsprotokoll 738*, 83 15 01*, 70
Sekretariat 738*, 83 15 01*, 69, 70
Bauabschnitt XI „Hubertusdamm – Arbeiterstrandbadstraße“:
Stollwerck, Dipl.-Ing. Felix 23 45 64
Bauabschnitt XII „Alte Donau – Zentrum Kagran“:
Hinkel, Dipl.-Ing. Walter, Senatsrat 23 45 64
Bauabschnitt XIII „Abstellhalle Kagran“:
Köck, Dipl.-Ing. Michel, Stadtbaurat 23 36 61
Bauabschnitt U3/4 „Rochusgasse“:
Stelzl, Dipl.-Ing. Helmut, Oberstadtbaurat . . . 75 76 15
Bauabschnitt U3/5 „Landstraße“:
Hondl, Dipl.-Ing. Dr. techn. Albert, Oberstadtbaurat 75 76 15
Bauabschnitt U3/10 „Volkstheater“ 23 45 64
Bauabschnitt U6/1 „Pottendorfer Straße“:
Deix, Dipl.-Ing. Franz, Oberstadtbaurat 87 15 30
Bauabschnitt U6/2 „Philadelphiabrücke“:
Blab, Dipl.-Ing. Dr. nat. techn. Wilhelm, Oberstadtbaurat 87 15 41
Bauabschnitt U6/3 „Vivenotgasse“. 87 15 30
Bauabschnitt U6/5 „Gaudenzdorf“:
Liebsch, Dipl.-Ing. Helmut, Stadtbaurat 56 75 40
Bauabschnitt KEP „Fußgängerunterführung Keplerplatz“ 23 45 64

MAGISTRATSABTEILUNG 39

Versuchs- und Forschungsanstalt der Stadt Wien

(Geschäftsgruppe Bauten)

11, Rinnböckstraße 15, Tel. 839*, 74 36 31*

Staatlich autorisierte Versuchs- und Forschungsanstalt.
Durchführung mechanischer, chemischer und physikalischer Untersuchungen und Materialprüfungen, amtliche Probenahme, Schiedsanalysen.
Vornahme von Brandversuchen, Schall-, Wärmefluß- und Erschütterungsmessungen, Belastungsversuche an Bauteilen und am Bauwerk.
Begutachtungen von Bau-, Brenn-, Hilfs-, Roh-, Schutz-, Treib- und Werkstoffen, Betriebsmitteln und Bauteilen.
Erprobung und Begutachtung von Bauweisen, Baukonstruktionen und Baumethoden; Berechnung und Ermittlung von bauphysikalischen Kennwerten; Beratung bezüglich der konstruktiven Ausgestaltung von Bauteilen; Werks- und Produktionsüberwachungen.
Untersuchungen von Boden- und Grundwasserproben, soweit sie im Zusammenhang mit der Errichtung und Erhaltung von Bauwerken stehen.
Begutachtung von Schadensfällen.
Ausführung von Entwicklungs- und Forschungsarbeiten.

Schütz, Dipl.-Ing. Dr. techn. Paul, Prof., Senatsrat . . . 21
Puchinger, Dipl.-Ing. Otto, Senatsrat 61
Schramm Friederike, Kanzleioffizial, Kanzleileiter . 23
Kanzlei 24, 25, 26

Mechanisch-technisches Laboratorium:
Miedler, Dipl.-Ing. Karl, Oberstadtbaurat 31
Fleck, Dipl.-Ing. Werner, Stadtbaurat 32
Cipek, Dipl.-Ing. Lambert, Stadtbauoberkommissär . 34
Braun, Ing. Helmut, Techn. Amtsrat 35
Sachbearbeiter 33
Laboratorien 36, 37, 42, 43
Großbaulabor 39

Chemisches Laboratorium:
Hirhager, Dipl.-Ing. Dr. techn. Robert, Oberstadtbaurat 51
Proßegger, Dr. Peter, Stadtbauoberkommissär . . . 52
Sachbearbeiter 46, 50, 55, 59
Physikalisch-technisches Laboratorium:
Puchinger, Dipl.-Ing. Otto, Senatsrat 61
Pfeifer, Dipl.-Ing. Helmut, Stadtbaurat 63
Limp, Ing. Egfried, Techn. Amtsrat 65
Sachbearbeiter 64, 69
Brandversuchshalle 68
Datenverarbeitung:
Schembor, Dr. Friedrich, Magistratsrat 60
Lärm 74 53 93

MAGISTRATSABTEILUNG 40

Technische Grundstücksangelegenheiten

(Geschäftsgruppe Stadtentwicklung und Stadterneuerung)

8, Lerchenfelder Straße 4, 5. Stock, Tür 503, Tel. 731*, 42 76 11*

Technische Mitwirkung bei Grundstücksangelegenheiten allgemeiner und grundsätzlicher Art.
Begutachtung und Bewertung bebauter und unbebauter Grundstücke.
Begutachtung der Zweckmäßigkeit des An- und Verkaufes, der Nutzung und Verwertung von Liegenschaften für die Stadt Wien.
Prüfung der Preisangemessenheit von Grundstücken, insbesondere gemäß dem Wohnbauförderungs-, dem Wohnungsverbesserungs-, dem Stadterneuerungs-, dem Bodenbeschaffungs- und dem Ausländergrunderwerbsgesetz.
Ausarbeitung von Stellungnahmen zu Abänderungen der Flächenwidmungs- und Bebauungspläne in den Gemeinden des Wiener Umlandes hinsichtlich des dort befindlichen Grundbesitzes der Stadt Wien.
Feststellung fiktiver Neubaukosten für Versicherungszwecke (Brandschaden usw.).
Führung der Zentralen Liegenschaftsevidenz.
Festlegung der Verwaltungszuständigkeit für städtische Grundstücke im Einzelfall.
Technische Mitwirkung bei der Einheitsbewertung städtischer Grundstücke.
Technische Mitwirkung und Veranlassung bei der Herstellung der Grundbuchordnung, insbesondere Antragstellung bei Eigenparzellierungen.
Durchführung von Miet- und Nutzwertberechnungen.
Vermessungstechnische Arbeiten zur Festlegung von Teilpachtflächen und der Verwaltungszuständigkeit für Teilflächen städtischer Grundstücke.

Podirsky, Dipl.-Ing. Heinrich, Senatsrat 401
Mayer, Dipl.-Ing. Dr. iur. Heinz, Senatsrat 402
Ent, Dipl.-Ing. Ilse, Oberstadtbaurat 409
Kainz, Dipl.-Ing. Erich, Oberstadtbaurat 414
Krassel, Dipl.-Ing. Peter, Oberstadtbaurat 424
Schober, Dipl.-Ing. Elfriede, Oberstadtbaurat 418
Drabek, Dipl.-Ing. Stefan, Stadtbaurat 425
Fleischinger, Dipl.-Ing. Eva, Stadtbaurat 436

Satke, Dipl.-Ing. Martin, Stadtbauoberkommissär . . 434
Loskot, Ing. Willibald, Techn. Oberamtsrat 406
Weber, Ing. Friedrich, Techn. Oberamtsrat 428
Rompolt Elfriede, Kanzleikommissär, Kanzleileiter . 404
Kanzlei 403, 405
Liegenschaftstransaktionen, Liegenschaftsbewertungen und Pachtangelegenheiten . . . 402, 406, 407, 408, 409, 412, 414, 415, 418, 419, 434, 435, 436, 437
U-Bahn 406

Zentrale Liegenschaftsevidenz (ZLE):
ZLE-Datenkoordinierung 420, 421, 422, 423, 424, 425, 426, 427
ZLE-Schriftoperat 443, 444, 445
Datenendstation 445
ZLE-Planoperat 438, 439, 448
ZLE-Flächenaufteilung 440, 441, 442
Miet- und Nutzwertberechnung . 417, 428, 429, 430, 431, 432, 433

MAGISTRATSABTEILUNG 41

Stadtvermessung

(Geschäftsgruppe Stadtentwicklung und Stadterneuerung)
1, Rathausstraße 14–16, 4., 5. und 6. Stock, Tel. 42 8 06

Durchführung aller vermessungstechnischen Arbeiten, soweit nicht eine andere Dienststelle zuständig ist.
Vergebung und Betreuung von vermessungstechnischen und kartographischen Arbeiten für die Stadt Wien.
Mitwirkung bei Arbeiten oder bei der Vergabe von Aufträgen mit kartographischem Gehalt.
Feststellung, Vermarkung und planliche Evidenthaltung der Landes- und Bezirksgrenzen; Mitwirkung bei deren Festlegung.
Erd-, Luftbild- und Fernerkundungsmessung.
Herstellung, Fortführung und Neuauflage der vermessungstechnischen Pläne und der städtischen Kartenwerke, letztere einschließlich ihrer kartographischen Bearbeitung.
Herstellung und Ergänzung der städtischen Festpunktnetze und Führen der betreffenden Verzeichnisse.
Führung des Archives der vermessungstechnischen Pläne und Kartenoriginale.
Antragstellung auf Genehmigung von Grundabteilungen bei städtischen Grundtransaktionen.
Zentrale Beschaffung geodätischer Instrumente.

Reischauer, Dipl.-Ing. Rudolf, Senatsrat 3282
Hirn, Dipl.-Ing. Dr. techn. Albert, Senatsrat 3275
Hüll, Dipl.-Ing. Hellmuth, Senatsrat 3283
Hynst, Dipl.-Ing. Erwin, Oberstadtbaurat 3855
Ranftel, Dipl.-Ing. Hans, Oberstadtbaurat 3228
Ernst, Dipl.-Ing. Peter, Stadtbaurat 3874
Kratky, Dipl.-Ing. Karl, Stadtbaurat 3838
Belada, Dipl.-Ing. Peter-Christian, Stadtbaukommissär 3859
Rohsmann Margit, Kanzleileiter 841
Kanzlei 841, 3272
Allgemeine Vermessungen, Ingenieurgeodäsie (Projektsgrundlagen, Absteckungen usw.) 3228, 3283, 3838
Baumessungen auf Großbaustellen . . 3228, 24 75 97/31

Vermessungen im Liegenschaftswesen (Bodenordnung, Teilungspläne, Grenzen u. dgl.) . 3855, 3859
Liegenschaftsvermessungen außerhalb Wiens 3254
Präzisionsnivellement, Höhenfestpunktnetz 3276
Luftbildmessung 3258, 3275, 3281, 3285, 3873, 3876
Sondermessungen (Deformationsmessungen, automatische Kartierung u. a.) 3874
Architekturvermessung 3257
Kartographie 3287
Geodätisches Zeichnen 3278
Plan- und Kartenarchiv, Auskünfte über Festpunkte 3274
Vermessungstechniker . . . 3113, 3130, 3254, 3255, 3271, 3276, 3277, 3279, 3286, 3289, 3298, 3299, 3877, 3857
Vermessungszeichner 3128, 3129, 3253, 3286, 3853
Kartographen 3259, 3266, 3288, 3297, 3835, 3836
Ausmesser, Geräte und Inventar 3018, 3837

MAGISTRATSABTEILUNG 42

Stadtgartenamt

(Geschäftsgruppe Umwelt und Bürgerdienst)

3, Am Heumarkt 2b, Tel. 842*, 72 21 71*

Planung, Errichtung und Erhaltung der öffentlichen städtischen Gartenanlagen, des Grünen Praters, der Baumpflanzungen, der sonstigen gärtnerischen Anlagen auf öffentlichen Verkehrsflächen sowie der Grünanlagen der städtischen Wohn- und Amtshäuser (ausgenommen der MA 17), der städtischen Schulen, von städtischen Bädern und von städtischen Spiel- und Sportanlagen.

Teilbesorgung der Geschäfte der Auftragsverwaltung des Bundes hinsichtlich der Bundesstraßenverwaltung, nämlich die Ausarbeitung des Grünflächendetailprojektes sowie die Erhaltung der Baumpflanzungen und der sonstigen gärtnerischen Anlagen auf Bundesstraßen, ausgenommen auf Autobahnen.

Beistellung von Sachverständigen auf dem Gebiet des Gartenwesens.

Ausführung von gärtnerischen Ausschmückungen.

Verwaltung der abteilungseigenen Betriebsgebäude und Objekte des Schulgartens Kagran sowie der gärtnerisch ausgestalteten Flächen, die als Epk oder Sww gewidmet sind.

Herstellung und Erhaltung von Parkeinrichtungen.

Betrieb der städtischen Gärtnereien mit Ausnahme der städtischen Friedhofsgärtnerei sowie Führung einer Werkstätte für die Instandsetzung abteilungseigener Maschinen, Werkzeuge und Parkeinrichtungen.

Handhabung des Kulturpflanzenschutzgesetzes (amtlicher Pflanzenschutzdienst) mit Ausnahme der Strafamtshandlungen; phytosanitäre Kontrolle von gärtnerischen und landwirtschaftlichen Produkten bei der Ein- und Ausfuhr und Qualitätskontrolle bei der Einfuhr.

Beratung von Siedlern und Kleingärtnern in gartenfachlichen Angelegenheiten und Ausarbeitung von Mustergestaltungs- und Bepflanzungsplänen für Siedlungs- und Kleingartenanlagen.

Förderung der Kleintierzucht und Prämiierung von Siedlern und Kleingärtnern.

Seidl, Ing. Karl, Stadtgartendirektor 20
Schierleitner, Ing. Herbert, Stadtgartenoberamtsrat . 62
Husczawa Franz, Oberamtsrat 21
Floth Heinrich, Amtsrat 49
Kabesch, Ing. Erich, Stadtgartenamtsrat 29
Konlechner, Ing. Erich, Stadtgartenamtsrat 47
Marx, Ing. Franz, Stadtgartenoffizial 37
Krätschmer Margarete, Kanzleioberkommissär,
Kanzleileiter 22
Kanzlei 23

Amtlicher Pflanzenschutzdienst:
Marx, Ing. Franz, Stadtgartenoffizial 37

Amtlicher Pflanzenschutzdienst, Expositur Großmarkt Wien-Inzersdorf 67 51 54

Städtischer Reservegarten Hirschstetten:
22, Hirschstetten, Quadenstraße 15 . . . . . . 22 12 02
Podsednik, Ing. Leopold, Stadtgartenamtsrat

Städtische Baumschule Eßling:
22, Eßling, Hänischgasse 16 . . . . 22 12 36
Zederbauer, Ing. Wolfram, Stadtgartenoberkommissär

Berufsschulgarten Kagran:
22, Kagran, Siebeckstraße 14 . . . . 23 21 13
Membier, Ing. Nikolaus, Stadtgartenamtsrat

Gartenbezirk I (1., 3., 4., 5., 6., 7., 8., 9. Bezirk):
1, Stadtpark 72 65 92
Blazek, Ing. Alfred, Stadtgartenoberamtsrat

Gartenbezirk II (2., 20. Bezirk und Prater):
2, Hauptallee 2 . . . . 24 02 66
Riedel, Ing. Peter, Stadtgartenoffizial

Gartenbezirk III (10. – teilweise, 11., 23. – teilweise Bezirk):
10, Laaer-Berg-Straße 211 . . . . 68 11 70
Mandl, Ing. Johann, Stadtgartenamtsrat

Gartenbezirk IV (10. – teilweise, 12., 13., 23. – teilweise Bezirk):
12, Längenfeldgasse 64 . . . . 83 71 81
Ruthofer, Ing. Ernst, Stadtgartenkommissär

Gartenbezirk V (14., 15., 16., 17. Bezirk):
16, Kongreßpark 45 45 49
Kreiner, Ing. Anton, Stadtgartenamtsrat

Gartenbezirk VI (18., 19. Bezirk):
18, Währinger Park 34 92 57
Lesel, Ing. Alfred, Stadtgartenamtsrat

Gartenbezirk VII (21., 22. Bezirk):
22, Kaisermühlen, Donauturmstraße 2 . . . . 23 85 20, 23 53 45
Vrbancic, Ing. Monika, Stadtgartenamtsrat

MAGISTRATSABTEILUNG 43

Städtische Friedhöfe

(Geschäftsgruppe Verkehr und Energie)

1, Werdertorgasse 6, Tel. 843, 63 66 76*

Planung, Errichtung, Erhaltung, Verwaltung und Betrieb der städtischen Friedhöfe, Urnenhaine, Friedhofsgebäude, Feuerhallen, Leichenkammern und der sonstigen Gebäude und Liegenschaften der Friedhofsverwaltung.
Anlage, Zuweisung und Evidenthaltung der Grabstellen (Erd- und Feuerbestattung).
Evidenthaltung der in städtischen Friedhöfen und Urnenhainen Bestatteten.
Ermittlung und Einhebung von Entgelten für die Grabstellen.
Durchführung von Beerdigungen, Enterdigungen und Einäscherungen.
Beistellung und Anlage der Ehrengräber der Stadt Wien sowie Durchführung der Ausschmückung und Pflege der von der Stadt Wien in Obhut übernommenen Grabstellen.
Ausschmückung und Pflege der Kriegs- und Opfergräber in den städtischen Friedhöfen und Urnenhainen sowie der Gräber von Soldaten, Kriegsgefangenen und zwangsweise nach Österreich gebrachten Staatsangehörigen im gesamten Stadtgebiet.
Ausführung noch bestehender Graberhaltungswidmungen.
Erstellung des Entwurfes und Handhabung der Friedhofsordnung für die Friedhöfe und Urnenhaine sowie des Tarifes für die Bestattungsanlagen der Stadt Wien.
Erlassung und Handhabung von Kundmachungen über die Benützung der städtischen Friedhöfe und Urnenhaine sowie über die Auflassung und Umwandlung von Grabstellen.
Bestellung von ständigen Unternehmern für Friedhofsarbeiten (Friedhofskontrahenten).
Bestellung von Wärterinnen der Bezirksleichenkammern.
Betriebsführung der Städtischen Friedhofsgärtnerei und der Städtischen Steinmetzwerkstätte.

Lang, Dipl.-Ing. Augustin, Senatsrat 20
Bukovnik, Dipl.-Ing. Viktor, Senatsrat 21
Dworak, Dipl.-Ing. Daland, Oberstadtbaurat 30
Muhrhofer, Dipl.-Ing. Gisela, Stadtbaurat 31
Kolar Johann, Oberamtsrat 76 55 44*, 22
Kollmann Walter, Oberamtsrat 51
Bauer, Dr. Johann, Amtsrat 62
Fahsl Alois, Amtsrat 82 31 07
Marchtrenker, Ing. Walter, Techn. Amtsrat 40
Petter Erich, Amtsrat 32
Saller, Ing. Josef, Techn. Amtsrat 41
Schulz Roland, Amtsrat 65
Zink Johann, Amtsrat 47
Grausam Elfriede, Kanzleikommissär, Kanzleileiter. 22
Kanzlei 23, 59

Technisches Referat:
Dworak, Dipl.-Ing. Daland,
Oberstadtbaurat 30, 31, 32, 33, 34, 35

Gartenreferat:
Marchtrenker, Ing. Walter, Techn. Amtsrat 40, 42
Tarif- und Grabrechtsstelle:
Kollmann Walter, Oberamtsrat 46, 47, 48, 49, 51, 52, 53, 54, 55, 56, 57
Kasse 49
Wirtschaftsangelegenheiten 37, 38
Personalangelegenheiten:
Schulz Roland, Amtsrat 64, 65, 66

Städtische Friedhöfe:

(Besuchszeiten: Jänner, Februar, November und Dezember von 8 bis 17 Uhr; März, April, September und Oktober von 7 bis 18 Uhr; Mai, Juni, Juli und August von 7 bis 19 Uhr)

Altmannsdorf, 12, Stüber-Gunther-Gasse K.-Nr. 206 . . . . 67 27 413
Aspern, 22, Langobardenstraße K.-Nr. 253 . . . 22 13 17
Atzgersdorf, 23, Reklewskigasse 25 . . . . 86 93 80
Baumgarten, 14, Waidhausenstraße 52 . . . . . 94 14 16
Breitenlee, 22, Breitenleer Straße P. 1
Döbling, 19, Hartäckerstraße 65 . . . . 47 51 94
Dornbach, 17, Alszeile 28 . . . . 46 75 632
Erlaa, 23, Erlaaer Straße 86 . . . . 67 29 793
Eßling, 22, Schafflerhofstraße 368 . . . . 22 59 633
Gersthof, 18, Möhnergasse 1 . . . . 47 14 78
Grinzing, 19, An den langen Lüssen 33 . . . . . 32 31 92
Großjedlersdorf, 21, Strebersdorfer Straße 4 . . 39 12 33
Hadersdorf-Weidlingau, 14, Friedhofstraße Nr. 12–14 . . . . 97 13 735
Heiligenstadt, 19, Wildgrubgasse 20 . . . . . . 32 28 144
Hernals, 17, Leopold-Kunschak-Platz 7 . . . . . 46 33 62
Hetzendorf, 12, Elisabethallee 2 . . . . 83 29 453
Hietzing, 13, Maxingstraße 15 . . . . 82 31 07
Hirschstetten, 22, Quadenstraße K.-Nr. 135 . . 22 13 46
Hütteldorf, 14, Samptwandnergasse 6 . . . . . . 97 32 29
Inzersdorf, 23, Kolbegasse 264 . . . . 67 22 69
Jedlesee, 21, Liesneckgasse 246 . . . . 38 51 61
Kagran, 22, Goldemundweg 134 . . . . 23 41 445
Kaiserebersdorf, 11, Thürnlhofstraße 350 . . . . 76 65 54
Kalksburg, 23, Zemlinskygasse 26
Lainz, 13, Würzburggasse 28 . . . . 84 84 215
Leopoldau, 21, Leopoldauer Platz P. 263/2
Liesing, 23, Siebenhirtenstraße K.-Nr. 402 . . . 86 01 75
Mauer, 23, Friedensstraße 16 . . . . 88 51 54
Meidling, 12, Haidackergasse 154 . . . . 83 34 86
Neustift, 18, Pötzleinsdorfer Höhe 44 14 44
Oberlaa, 10, Friedhofstraße 68 57 754
Ober-St.-Veit, 13, Gemeindeberggasse K.-Nr. 344 . . . . 84 12 953
Ottakring, 16, Gallitzinstraße 5 . . . . 92 14 44
Pötzleinsdorf, 18, Starkfriedgasse 59–61 . . . . 47 27 192
Rodaun, 23, Leinmüllergasse 20 . . . . 88 42 23
Siebenhirten, 23, Pollakgasse P. 208
Sievering, 19, Nottebohmstraße 51 . . . . 44 13 97
Simmering, 11, Unter der Kirche K.-Nr. 597 . . . . 76 31 70
Stadlau, 22, Gemeindeaugasse 22 23 14
Stammersdorf-Ort, 21, Clessgasse bei Nr. 70 . 39 76 343
Stammersdorfer Zentralfriedhof, 21, Stammersdorfer Straße 244–260 . . . . . 39 13 61
Strebersdorf, 21, Anton-Haberzeth-Gasse
Südwestfriedhof, 12, Hervicusgasse 44 – Wundtgasse 1a 84 33 96, 84 26 67
Süßenbrunn, 22, Friedhofweg
Zentralfriedhof, 11, Simmeringer Hauptstraße 234 . . . . 76 55 44*
Simmeringer Feuerhalle, 11, Simmeringer Hauptstraße 337 . . . . 76 62 51*

Städtische Bezirksleichenkammern:

10, Gudrunstraße 199 . . . . 64 48 273
21, Stammersdorfer Straße 244–260 . . . . 39 13 61

Städtische Friedhofsgärtnereien:

Hernalser Friedhof, 17, Leopold-Kunschak-Platz 7 . . . . 46 33 62
Hietzinger Friedhof, 13, Maxingstraße 15 . . . . 82 31 07
Neustifter Friedhof, 18, Pötzleinsdorfer Höhe . 44 14 44
Ottakringer Friedhof, 16, Gallitzinstraße 5 . . . 92 14 44
Stammersdorfer Zentralfriedhof, 21, Stammersdorfer Straße 244–260 . . . . . 39 13 61
Südwestfriedhof, 12, Hervicusgasse 44 . . . . . 84 33 96
Zentralfriedhof, 11, Simmeringer Hauptstraße Nr. 234 . . . . 76 55 44*
Simmeringer Feuerhalle, 11, Simmeringer Hauptstraße 337 . . . . 76 62 51*

Städtische Steinmetzwerkstätte:

11, Simmeringer Hauptstraße 339 . . . . 76 62 59

MAGISTRATSABTEILUNG 44

Bäder

(Geschäftsgruppe Umwelt und Bürgerdienst)
10, Reumannplatz 9, 3. Stock, Tür 122, Tel. 844*, 64 91 76*

Betrieb, Erhaltung und Verwaltung von städtischen Bädern.
Errichtung von Bädern, sofern eine städtische Bauleitung nicht erforderlich ist (Generalleistungsvertrag).
Bauabänderungen und Erweiterungen städtischer Bäder sowie die Errichtung von Zubauten an diese Anlagen, sofern dadurch die Art und der Umfang der Anlage nicht grundlegend verändert wird; Erneuerungen von heiz- und bädertechnischen Anlagen; Mitwirkung in bädertechnischer Hinsicht bei Neubauten und größeren Erweiterungen von bestehenden Anlagen.
Antragstellung für und Verwaltung von gemeindeeigenen Gastgewerbeberechtigungen in städtischen Bädern.
Beistellung von Sachverständigen in Bäderangelegenheiten.

Lauscha, Dipl.-Ing. Herbert, Senatsrat 250
Haunzwickl, Dipl.-Ing. Gerd, Stadtbaurat 249
Giehser, Dipl.-Ing. Viktor, Senatsrat 232
Kratz, Dipl.-Ing. Gerhard, Stadtbaurat 248
Lorenz, Ing. Leopold, Techn. Oberamtsrat 238
Weickert, Ing. Erich, Techn. Oberamtsrat 233
Marchl, Ing. Kurt, Techn. Amtsrat 231
Linzer Lucia, Kanzleikommissär, Kanzleileiter . . . 240
Kanzlei 241

Warmbäder:

(Sh = Schwimmhalle
Sa mit Da = Sauna mit Dampfbad
Sa = Sauna
Wa = Wannenbad
Br = Brause
So = Sonnenbad)
(Betriebszeiten siehe Abschnitt „Der Amtsschimmel hilft!“ Bäder der Stadt Wien)

Dianabad (Sh, Sa mit Da, Physikalisches Ambulatorium), 2, Lilienbrunngasse 7–9 . . . . 26 25 16*

Amalienbad (Sh, Sa mit Da, Wa, Br, So, Physikalisches Ambulatorium), 10, Reumannplatz 9 . . . . 64 21 12

Hallenbad Simmering (Sh, Sa),
11, Florian-Hedorfer-Straße 5 . . . . 76 25 68*
Theresienbad (Sh, Sa mit Da, Wa, Br),
12, Hufelandgasse 3 . . . . 83 44 35*
Hallenbad Hietzing (Sh, Sa),
13, Atzgersdorfer Straße 14 . . . . 84 53 19
Ottakringer Bad (Sh, Sa),
16, Johann-Staud-Straße 11 . . . . 94 81 06*
Jörgerbad (Sh, Sa mit Da, Wa, Br, So),
17, Jörgerstraße 42–44 . . . . 43 43 05*
Hallenbad Döbling (Sh, Sa),
19, Geweygasse 6 . . . . 37 22 18
Hallenbad Brigittenau (Sh, Sa, Br),
20, Klosterneuburger Straße 93–97 . . . . . . 35 89 83
Hallenbad Floridsdorf (Sh, Sa mit Da, Wa),
21, Franklinstraße 22 . . . . 38 13 47*
Hallenbad Großfeldsiedlung, 21, Kürschnergasse . . . . –
Hallenbad Donaustadt (Sh, Sa),
22, Kagran, Portnergasse 38 . . . . 23 43 21
Apostelbad (Sa, Wa, Br),
3, Apostelgasse 18 . . . . 73 11 71
Einsiedlerbad (Sa, Br),
5, Einsiedlerplatz 18 . . . . 55 71 37
Hermannbad (Sa, Wa, Br),
7, Hermanngasse 28 . . . . 93 45 79
Geiselbergbad (Sa, Wa, Br),
11, Geiselbergstraße 54 . . . . 74 17 97
Ratschkybad (Sa, Br),
12, Ratschkygasse 26 . . . . 83 45 58
Penzinger Bad (Sa, Wa, Br),
14, Hütteldorfer Straße 136 . . . . 94 61 50
Thaliabad (Da, Wa, Br),
16, Friedrich-Kaiser-Gasse 11 . . . . 46 42 36
Währinger Bad (Sa, Br),
18, Klostergasse 27 . . . . 47 53 61
Weisselbad (Sa mit Da, Wa, Br),
21, Weisselgasse 5 . . . . 38 22 63
Liesinger Bad (Sa, Br),
23, Liesing, Perchtoldsdorfer Straße 14–16 . . 86 95 53

Volksbäder:

2, Vereinsgasse 31 (Wa, Br) 24 52 31
4, Rainergasse 6–8 (Br) 65 84 37
8, Florianigasse 24 (Br) 42 17 794
9, Wiesengasse 17 (Br) 34 08 734
10, Gudrunstraße 163a (Br) 64 10 873
15, Reithofferplatz 4 (Br) 92 47 055

Sommerbäder:

Laaerbergbad,
10, Ludwig-von-Höhnel-Gasse 2 . . . . . . 68 23 35*
Theresienbad,
12, Hufelandgasse 3 . . . . 83 44 35*
Hietzinger Bad,
13, Atzgersdorfer Straße 14 . . . . 84 53 19
Baumgartner Bad,
14, Hackinger Straße 22–28 . . . . 94 32 65
Hadersdorf-Weidlingau-Bad,
14, Hauptstraße 41 . . . . 97 11 45
Ottakringer Bad,
16, Johann-Staud-Straße 11 . . . . 94 81 06*
Kongreßbad,
16, Julius-Meinl-Gasse 7a 46 11 63
Schafbergbad,
17, Josef-Redl-Gasse 2 . . . . 47 15 93*
Hohe-Warte-Bad,
19, Hohe Warte 8 . . . . 36 35 28
Krapfenwaldlbad,
19, Krapfenwaldgasse 73 . . . . 32 15 01*
Angelibad (Strandbad),
21, An der oberen Alten Donau 38 12 71
Großfeldsiedlung, 21, Kürschnergasse . . . . –
Alte Donau (Strandbad),
22, Kaisermühlen, Arbeiter-
strandbadstraße 91 . . . . 23 53 64
Donaustadt, 22, Kagran, Portnergasse 38 . . . . 23 43 21
Gänsehäufel (Strandbad),
22, Kaisermühlen, Moissigasse 21 . . . . 23 53 92
Stadlau (Strandbad),
22, Aspern, Am Mühlwasser 22 32 11
Höpflerbad,
23, Atzgersdorf, Endresstraße 24–26 . . . . 88 69 66*
Liesinger Bad,
23, Liesing, Perchtoldsdorfer Straße 14–16 . . 86 95 53

Kinderfreibäder:

2, Augarten 33 42 58
2, Max-Winter-Platz
3, Kardinal-Nagl-Platz 72 52 97
3, Schweizer Garten
5, Margaretengürtel 54 25 88
10, Arthaberplatz
10, Gudrunstraße, Ecke Absberggasse
10, Raxstraße
11, Herderplatz
12, Ruckergasse
14, Auer-Welsbach-Park
14, Reinlgasse
15, Loeschenkohlgasse 8a (Zentralwerkstätte) . . 92 36 89
16, Hofferplatz 92 53 27
16, Kongreßpark 45 44 77
17, Pezzlpark
18, Türkenschanzpark
18, Währinger Park 34 15 51
19, Hintergärtengasse 37 46 33
19, Hugo-Wolf-Park
21, Luckenschwemmgasse 39 61 69
21, Roda-Roda-Gasse 39 61 68
22, Hirschstetten, Emichgasse 22 63 72
22, Kaisermühlen, Gänsehäufel 23 53 92
23, Inzersdorf, Kinskygasse (Schubertpark) . . . 67 97 70
23, Rodaun, Ambrosweg 88 61 84

MAGISTRATSABTEILUNG 45

Wasserbau

(Geschäftsgruppe Umwelt und Bürgerdienst)

12, Niederhofstraße 23, 2. Stock, Tür 211–234, 5. Stock, Tür 551–553,
Tel. 746*, 83 66 16*

Planung, Neu- und Umbau, laufende Überprüfung und Erhaltung von Wasserbauten der Stadt Wien und des Bundes.
Verwaltung des öffentlichen Wassergutes und der Grundstücke der Stadt Wien und des Bundes im Bereich von Gerinnen.
Technische Fachdienststelle in Fragen der Gewässer mit freier Oberfläche und des Grundwassers.
Angelegenheiten des technischen Gewässerschutzes.
Wasserbautechnische Angelegenheiten von Wasserkraftanlagen.
Errichtung und Erhaltung von Löschwasserbrunnen.
Angelegenheiten des technischen Hochwasserschutzes.
Planung, Neu- und Umbau, laufende Überprüfung und Erhaltung von Verkehrswasserbauten und Hafenbahnanlagen.
Erhaltung von Anlagen des Donauhochwasserschutzes.
Typisierung und technische Überprüfung von Schiffen, Landungsanlagen und Überfuhren.
Technische Überprüfung sämtlicher im Eigentum bzw. in Verwaltung der Wiener Hafengesellschaft stehenden Hafenanlagen.
Kennzeichnung der Schiffahrtsrinne bei Brücken der Stadt Wien und des Bundes über schiffbaren Gewässern, Überwachung der Brückensignale.
Angelegenheiten der Gewässerzustandsaufsicht, Gewässergüteaufsicht, Gewässerpolizei, insbesondere Kontrolle der wasserrechtlich genehmigungspflichtigen Abwasserreinigungsanlagen.
Wasserwirtschaftliches Planungsorgan des Landes Wien gemäß § 55 des Wasserrechtsgesetzes 1959.
Technische Aufsicht über Vereinigungen von Wasserinteressenten.
Wahrnehmung der Interessen der Stadt Wien in technischen Belangen bei Wasserbauten.
Hydrographischer Dienst.
Zentrale Einsatzstelle zur Durchführung von Maßnahmen vor, während und nach einem Hochwasser sowie Wartung von Hochwasser-Einsatzgeräten.
Vertretung der Stadt Wien in der Donauhochwasserschutz-Konkurrenz als Kurie Wien.
Mitwirkung bei der hydrogeologischen Kartierung.
Verwaltung der abteilungseigenen Betriebsgebäude, Unterkünfte, Depots und Lagerplätze.
Beistellung von technischen Amtssachverständigen für die Schiffahrtsbehörde und die Wasserrechtsbehörde.
Erhaltung und Überwachung von Rettungsbooten.

Grösser, Dipl.-Ing. Oskar, Senatsrat 390
Weber, Dipl.-Ing. Gerhard, Oberstadtbaurat 393
Minich, Dipl.-Ing. Walter, Senatsrat 371
Bauer, Dipl.-Ing. Siegfried, Oberstadtbaurat 384
Sonntag, Dipl.-Ing. Friedrich, Oberstadtbaurat . . . 380
Friedl, Dipl.-Ing. Viktor, Stadtbaurat 421
Gilge, Dipl.-Ing. Reinhold, Stadtbaurat 426
György, Dipl.-Ing. Ladislaus, Stadtbaurat 426
Kier, Dipl.-Ing. Franz, Stadtbaurat 369
Langthaler, Dipl.-Ing. Christoph, Stadtbaurat 474
Lebeth, Dipl.-Ing. Franz, Stadtbaurat 365
Michlmayr, Dipl.-Ing. Franz, Stadtbaurat 385
Puhrer, Dipl.-Ing. Günther, Stadtbaurat 391
Redl, Dipl.-Ing. Walter, Stadtbaurat 448
Schiel, Dipl.-Ing. Werner, Stadtbaurat 386
Schulz, Dipl.-Ing. Karl, Stadtbaurat 391
Stündl, Dipl.-Ing. Walter, Stadtbaurat 422
Sukup, Dipl.-Ing. Kurt, Stadtbaurat 474
Unger, Dipl.-Ing. Gerhard, Stadtbaurat 383
Kiefl, Ing. Manfred, Techn. Amtsrat 387
Weiler, Ing. Erwin, Techn. Amtsrat 383
Wirth, Ing. Johann, Techn. Amtsrat 394
Wilusz Hedy, Kanzleioffizial, Kanzleileiter 350
Kanzlei 484
Rechnungsprotokoll 349, 429
Preisprüfung 393

Gruppe Donauhochwasserschutz:
Leiter 371
Referat Neubau 385

Rechtes Donauufer, Referenten . . 421, 426, 448, 474, 488
Linkes Donauufer, Referenten 474, 488
Referat Erhaltung 385
Referenten 448

Gruppe Wasserwirtschaftliche Planung und Hydrologie:
Leiter 386
Referenten 365, 424, 425, 488

Gruppe Gewässeraufsicht und Hochwasserdienst:
Leiter 380
Referat Gewässeraufsicht 391
Referenten 426, 474
Werkmeister 389, 423, 445
Referat Hochwasserdienst 426
Hochwasserbereitschaftsdienst 380
oder 83 02 72 oder 42 8 06/3782

Gruppe Schutz- und Verkehrswasserbau und Allgemeines:
Leiter 393
Referat Neubau 422

Referenten 387, 421
Referat Erhaltung 384
Referenten 369, 383
Referat Schiffahrt und Eisenbahn 394
Referat Allgemeines 387
Referent für Personalangelegenheiten 354
Grundstücksverwaltung, Lagerplätze 468
Zeichner 486

Lagerhof für Überschwemmungsgeräte:
2, Obere Augartenstraße 4 . . . . 33 55 78

Wienflußaufsichtsstelle:
14, Hauptstraße 3
Innengebiet 97 22 36
Außengebiet 97 11 82

Lagerplatz:
19, Grinzinger Straße 151a 37 22 94

Lagerplatz für die Erhaltung der Neuen Donau:
22, Aspern, Schierlinggrund, Kierischitzstraße 22 13 35

Liesingbachaufsichtsstelle:
23, Atzgersdorf, Auer-Welsbach-Straße 44 . . 84 25 60

MAGISTRATSABTEILUNG 46

Verkehrsorganisation und technische Verkehrsangelegenheiten

(Geschäftsgruppe Bauten)

12, Niederhofstraße 23, 1. Stock, Tür 101–149, 3. Stock, Tür 347–353, Tel. 746*, 83 66 16*

Ausarbeitung von Plänen zur Organisation und Regelung des Straßenverkehrs unter Berücksichtigung des bestehenden Straßennetzes und der generellen Verkehrsplanung.
Projektierung von Verkehrsmaßnahmen als Grundlage für die Tätigkeit der Straßenverkehrsbehörde einschließlich der dazu erforderlichen Verkehrserhebungen und -zählungen.
Detailprojektierung, Errichtung, Erhaltung und Verwaltung der Anlagen zur Regelung und Sicherung des Verkehrs, wie Verkehrslichtsignalanlagen und Verkehrsleiteinrichtungen im Straßenraum, einschließlich der Bundesstraßen mit Ausnahme der Autobahnen, im Einvernehmen mit den einschlägigen Fachdienststellen, hinsichtlich der Bodenmarkierung auch auf Autobahnen.
Führung und Aktualisierung des Kataloges über das „Straßennetz mit erhöhter Verkehrsbedeutung" im Einvernehmen mit der Magistratsabteilung 28.
Erlassung von verkehrsregelnden Verordnungen und Durchführung sonstiger Verkehrsmaßnahmen.
Handhabung des Bundesgesetzes über die Beförderung gefährlicher Güter auf der Straße, soweit nicht die Magistratsabteilung 70 zuständig ist.
Einzelgenehmigung von Kraftfahrzeugen und Anhängern sowie von Änderungen an genehmigten Kraftfahrzeugen und Anhängern.
Wiederkehrende und besondere Überprüfung von Kraftfahrzeugen.
Eingeschränkte Zulassung von Kraftfahrzeugen und Anhängern sowie Bewilligung von Transporten mit Übermaßen und Übergewichten sowie Bewilligung zum Ziehen nicht zugelassener Fahrzeuge.
Genehmigung von einzelnen und Typen von Kraftfahrzeugen mit 10 km/h Höchstgeschwindigkeit.
Erteilung von Ausnahmegenehmigungen für Kraftfahrzeuge und Anhänger aufgrund einer Ermächtigung des zuständigen Bundesministers.
Erteilung der Genehmigung zur Führung von Blaulicht und Folgetonhorn.
Ermächtigung von Vereinen und Gewerbetreibenden zur Abgabe von Gutachten für die wiederkehrende und besondere Überprüfung sowie zur wiederkehrenden Begutachtung von Kraftfahrzeugen und Durchführung von Revisionen bei diesen Einrichtungen.
Mitwirkung in technischer Hinsicht bei der Fahrschulaufsicht.
Führung der Bürogeschäfte des Beirates für Verkehr.
Antragstellung an den Landeshauptmann auf Bestellung von rechtskundigen Sachverständigen nach den kraftfahrrechtlichen Vorschriften.
Geschäftsstelle für technische Sachverständige nach dem KFG 1967.
Beistellung von Amtssachverständigen für die Begutachtung von Kraftfahrzeugen für körperbehinderte Lenkerberechtigungsanwärter; Ausstellung von Ausnahmegenehmigungen für Invalide betreffend Parkerleichterungen gemäß StVO.
Beistellung von Amtssachverständigen im Verfahren betreffend eisenbahnrechtliche Baubewilligungen und Betriebsbewilligungen für Eisenbahnen und Eisenbahnkreuzungen mit Straßen.
Erteilung von Ausnahmebewilligungen für Fahrzeuge oder Ladungen mit Übermaßen oder Übergewichten, von Verkehrsgeboten und -verboten, für Ladetätigkeiten sowie vom Wochenendfahrverbot.
Erteilung der Ausnahmebewilligung von der winterlichen Gehsteigbetreuungspflicht.
Vorbereitung der Erteilung der Bewilligung sportlicher, auf Straßen durchzuführender Veranstaltungen, die in Wien beginnen und sich auf zwei oder mehrere Bundesländer erstrecken; Bewilligung von Filmaufnahmen auf Straßen.
Erteilung der Bewilligung von Arbeiten auf oder neben der Straße mit Festlegung der damit verbundenen befristeten Verkehrsmaßnahmen und -koordination unter Berücksichtigung des Gesamtverkehrs.
Mitwirkung bei der Festlegung von Verkehrsmaßnahmen im Verfahren zur Erteilung von Gebrauchserlaubnissen auf Straßen.
Festlegung von Standplätzen des Platzfuhrwerksgewerbes (Taxigewerbes) und des Ausflugwagen-(Stadtrundfahrten-)Gewerbes und Mitwirkung in Angelegenheiten von Haltestellen des Linienverkehrs.
Verkehrstechnische Begutachtung von Projekten des Straßen- und Brückenbaues.
Beistellung von Amtssachverständigen in Verkehrsfragen in bau- und gewerbebehördlichen Angelegenheiten.
Beistellung von Sachverständigen in Luftfahrtangelegenheiten und in Angelegenheiten der Verkehrssicherheit.
Teilbesorgung der Geschäfte der Auftragsverwaltung des Bundes hinsichtlich der Bundesstraßenverwaltung, nämlich die Projektierung von Einrichtungen zur Regelung und Sicherung des Verkehrs aufgrund des Straßendetailprojektes.
Entscheidung über die Erteilung behördlicher Bewilligungen nach dem Wiener Feuerpolizeigesetz zum Transport von leicht brennbaren, explosiven oder solchen Stoffen, die beim Verbrennen Stichflammen entwickeln oder geeignet sind, bei Brandeinwirkung eine Gefährdung einer weiteren Umgebung herbeizuführen.
Überwachung und Prüfung des Unfallgeschehens mit Erfassung und Analyse von Unfallhäufungsstellen und Durchführung von Nachuntersuchungen.
Erteilung der Bewilligung zum Radfahren für Kinder unter zwölf Jahren auf öffentlichen Verkehrsflächen.

Schmidl, Dipl.-Ing. Hans, Senatsrat 301
Burian, Dipl.-Ing. Helmut, Oberstadtbaurat 335
Kalab, Dipl.-Ing. Walter, Senatsrat 300
Kirste, Dipl.-Ing. Daniel, Senatsrat 473
Glaser, Dipl.-Ing. Ernst, Stadtbaurat 433
Kaucky, Dipl.-Ing. Heinz, Stadtbaurat 333
Pejrimovsky, Dipl.-Ing. Franz, Stadtbaurat 439
Pfleger, Dipl.-Ing. Dr. techn. Ernst,
Stadtbaurat 291
Hermann, Dipl.-Ing. Erich, Stadtbaukommissär . . 376
Berger, Ing. Rudolf, Techn. Amtsrat 314
Ertl, Ing. Günther, Techn. Amtsrat 327
Gruber, Ing. Herbert, Techn. Amtsrat 400
Kornfeld, Ing. Alfred 296
Lerch, Ing. Erhard, Techn. Amtsrat 295
Lorenz, Ing. Friedrich, Techn. Amtsrat 315

Neunteufel, Ing. Josef, Techn. Amtsrat 322
Silovsky, Ing. Wilhelm, Techn. Amtsrat 320
Tucek, Ing. Otto, Techn. Amtsrat 307
Wieser, Ing. Manfred, Techn. Amtsrat 324
Dorfleutner Hildegard, Kanzleirat,
Kanzleileiter 313

Landesfahrzeugprüfstelle:
3, Schlechtastraße 4 . . . . 78 56 47*
Pecinovsky, Dipl.-Ing. Wolfgang, Stadtbaurat . . . 17
Hofmann, Dipl.-Ing. Heinz, Stadtbaurat 31
Schelberger, Ing. Friedhelm 25
Selzer, Ing. Paul, Techn. Amtsrat 31
Liemert Anna, Kanzleikommissär 14

MAGISTRATSABTEILUNG 47

(derzeit nicht eingerichtet, siehe MA 49)

MAGISTRATSABTEILUNG 48

Stadtreinigung und Fuhrpark

(Geschäftsgruppe Umwelt und Bürgerdienst)

5, Einsiedlergasse 2, Tel. 848*, 55 16 11*

Reinigung der Fahrbahn, mit Ausnahme der Autobahnen und der Marktflächen, Abfuhr des Straßen- und Marktkehrichts, Staub- und Unkrautbekämpfung, Reinigung der Denkmalbrunnen, Wassereinlaufschächte und Straßengräben (auch im Rahmen der Teilbesorgung der Geschäfte der Auftragsverwaltung des Bundes hinsichtlich der Bundesstraßenverwaltung).
Schneebeseitigung auf Fahrbahnen, Schneeabfuhr, Bestreuung der Fußgängerübergänge und Fahrbahnen (mit Ausnahme der Autobahnen) bei Glätte, auch im Rahmen der Teilbesorgung der Geschäfte der Auftragsverwaltung des Bundes hinsichtlich der Bundesstraßenverwaltung.
Durchführung der Administrativmaßnahmen auf Grund der Verordnung betreffend die Freihaltung des Stadtbildes von störenden Werbeständern.
Absicherung von Gefahrenstellen auf öffentlichen Verkehrsflächen und provisorische Behebung kleiner Straßenschäden, ausgenommen auf Autobahnen (notstandspolizeiliche Maßnahmen).
Einsammeln und Abfuhr von Müll.
Planung, Betrieb und Erhaltung der städtischen Mülldeponien und von Müllverbrennungsanlagen.
Beistellung von Amtsachverständigen für Müllbeseitigungseinrichtungen.
Technische Fachdienststelle für städtische Kraftfahrzeuge mit Ausnahme der Erteilung von Einzelgenehmigungen.
Aufhebung des Verbotes hinsichtlich der Anwendung von Auftausalzen bei der Glatteisbekämpfung auf Gehsteigen, Zufahrten Abstellplätzen und dgl. für die Dauer von höchstens drei Tagen; Bekanntgabe dieser Aufhebung im Österreichischen Rundfunk.
An- und Verkauf, Betreuung, Erwirkung der Zulassung und Besorgung der Steuer- und Versicherungsangelegenheiten (einschließlich der Schadensabwicklung nach Unfällen) der städtischen Kraftfahrzeuge, wobei Fahrzeuge der Wiener Stadtwerke und Feuerwehrfahrzeuge, letztere jedoch nicht hinsichtlich des Verkaufs, ausgenommen sind.
Wiederkehrende Überprüfung aller Kraftfahrzeuge der Stadt Wien mit Ausnahme der Fahrzeuge der Magistratsabteilung 68 und der Wiener Stadtwerke.
Erbringung von Fahrleistungen für Dienststellen des Magistrates mit Ausnahme der Wiener Stadtwerke und Vergebung von Fuhrwerksarbeiten und Überprüfung der Rechnungen von Fuhrwerksleistungen.
Verwertung der Kraftfahrzeugreifen und -akkumulatoren.
Verwaltung und Erhaltung der abteilungseigenen Betriebseinrichtungen, Gebäude und Liegenschaften.
Planung und Errichtung öffentlicher Bedürfnisanstalten sowie Betriebsaufsicht über diese.
Anbringung und Erhaltung von Tafeln zur Bezeichnung von Verkehrsflächen.
Entfernung von Verkehrshindernissen, Fahrzeugwracks und von auf öffentlichen Verkehrsflächen verkehrsbeeinträchtigend abgestellten Fahrzeugen, ausgenommen technische Hilfeleistung bei Verkehrsstörungen; Durchführung der in diesem Zusammenhang stehenden behördlichen Verfahren in erster Instanz.
Mitwirkung in Fragen der Straßenpolizei und des Verkehrswesens, soweit sie Angelegenheiten der Stadtreinigung betreffen.
Vorschreibung der Kosten für die Reinigung von öffentlichen Verkehrsflächen.

Prosser, Dipl.-Ing. Otto, Senatsrat 241, 242
Arnfelser, Dipl.-Ing. Franz, Oberstadtbaurat . . 251, 252
Zika, Dipl.-Ing. Adalbert, Oberstadtbaurat . . . 271, 272
Joham, Dipl.-Ing. Johann, Stadtbaukommissär . 261, 262
Nemetz, Ing. Kurt, Techn. Oberamtsrat 278
Ehm, Ing. Friedrich, Techn. Oberkommissär 206
Zalud Robert, Verwaltungsoberkommissär . . . 221, 222
Bienenfeld Johann, Betriebsinspektor 248
Kirchsteiger Elfriede, Kanzleikommissär,
Kanzleileiter 268
Kanzlei 264
Journaldienst, Funkstelle . . 55 13 87, 848*, 55 16 11*, 314
Zapletal, Ing. Hubert, Techn. Oberamtsrat . 94 85 01*, 5
Zeschek Heinrich, Amtsrat 62 45 41*, 21

Straßenreinigung:

Betriebsstelle 55 13 87, 848*, 55 16 11*, 220, 348
Bereitschaftsdienst
(Abschrankungen) 848*, 55 16 11*, 330
Lagerplätze:
2, Dresdner Straße 119 . . . . 24 14 97
2, Stoffellagasse 7a 24 31 57
10, Sonnleithnergasse 30 . . . . 62 72 29
11, Simmeringer Hauptstraße 32 . . . . 74 13 92
14, Zehetnergasse 7–9 . . . . 94 33 72
16, Kendlerstraße 47 . . . . 95 41 93
17, Richthausenstraße 4 . . . . 46 13 93
19, Grinzinger Straße 151 . . . . 37 26 06
21, Fultonstraße 10 . . . . 38 52 49
22, Breitenlee, Breitenleer Straße 268 . . . . 22 69 522
23, Inzersdorf, Blumental 67 87 61

Müllbeseitigung:

Betriebsstelle 244, 270
Müllableerplätze 315
Entrümpelung 288
Bemessungsreferat 247, 256
Müllgefäß-Reparaturwerkstätte:
20, Traisengasse 8 . . . . 33 25 27
Müllverbrennungsanlage:
16, Flötzersteig 94 85 01*

Fuhrpark:

Betriebsstelle 275
Kfz-Technische Betreuung anderer Dienststellen . . 293
Fahrzeugleitstelle 245, 217, 239
Garagen:
1, Friedrich-Schmidt-Platz 42 8 01/2245, 42 27 07
5, Einsiedlergasse 2 . . . . 848*, 55 16 11*, 321, 55 13 74
17, Richthausenstraße 2 . . . . 46 32 02
20, Leystraße 87 . . . . 33 11 61*, 33 11 62*
Hauptwerkstätte:
17, Lidlgasse 5 . . . . 46 26 28*
Abschleppgruppe:
Einsatzstelle 214
Verwahrstelle:
10, Eibesbrunnergasse 9 . . . . 62 45 41, 64 23 92

MAGISTRATSABTEILUNG 49

Forstamt und Landwirtschaftsbetrieb der Stadt Wien

(Geschäftsgruppe Umwelt und Bürgerdienst)

1, Volksgartenstraße 3, 4. Stock, Tür 514, Tel. 42 8 08

Planung, Errichtung und Erhaltung von Erholungswaldeinrichtungen; Aufforstungen zur Erweiterung des Wald- und Wiesengürtels und von Windschutzanlagen.
Erstellung des Teilplanes für den Waldentwicklungsplan (Forstliche Raumplanung).
Verwaltung der Quellenschutz- und Wienerwaldforste der Stadt Wien.
Forstliche Betreuung der in Verwaltung städtischer Dienststellen stehenden Wälder.
Bewirtschaftung der stadteigenen Quellenschutz-, Wasserschutz- und Schongebiete; Durchführung von Maßnahmen im Hinblick auf einen optimalen Boden- und Waldzustand zur Gewährleistung eines nachhaltigen Wasserdargebotes.
Bewirtschaftung der Wienerwaldforste im Hinblick auf die Erzielung optimaler Wohlfahrts- und Erholungswirkungen.
Führung von forstlichen Nebenbetrieben (z. B. Sägewerke).
Verwaltung und wirtschaftliche Nutzung der städtischen Eigen- und Gemeindejagden sowie der Fischereieigen- und Fischereipachtreviere mit Ausnahme der Fischereiangelegenheiten im Einzugsgebiet der Wientalwasserleitung.
Lohnverrechnung für Forstarbeiter.
Forstliche vermessungstechnische Arbeiten, soweit sie nicht Eigentumsgrenzen berühren.
Errichtung, Verwaltung und Erhaltung von forsttechnischen Bauwerken und Einrichtungen, Materialanlagen, Straßen, Wegen, Brücken und Steigen, soweit nicht andere Dienststellen zuständig sind; Mitwirkung bei der Vertretung der Interessen der Stadt Wien in den Schutz- und Schongebieten gemäß den Verordnungen zum Schutze der Wasservorkommen.
Weideangelegenheiten.
Erwerb und Verwaltung von Gastgewerbeberechtigungen in städtischen Forsten im Einvernehmen mit der Magistratsabteilung 69.
Forst- und Jagdschutzdienst in den Wienerwald- und Quellenschutzforsten der Stadt Wien.
Beistellung von Sachverständigen in Angelegenheiten der Landesforstinspektion, der Forstwirtschaft, der Jagd und Fischerei sowie des Baumschutzes.
Verwaltung und Bewirtschaftung der stadteigenen Ökonomien und gepachteten Flächen sowie Betrieb von Buschenschenken.
Bewirtschaftung von städtischen Grundstücken, auch in Streulage, sofern eine landwirtschaftliche Nutzung vertretbar oder zweckmäßig ist.
Anwerbung und Aufnahme von in- und ausländischen landwirtschaftlichen Saisonarbeitern.
Gehalts- und Lohnverrechnung für Gutsangestellte und Landarbeiter.
Führung von Werkstätten für die Instandhaltung landwirtschaftlicher Maschinen, Geräte und Fahrzeuge.

Hans, Dipl.-Ing. Wilhelm, Forstdirektor 4111
Prossinagg, Dipl.-Ing. Hermann, Senatsrat 4123
Klug, Dipl.-Ing. Walter, Senatsrat 0 26 66/250
Zupnyk, Dipl.-Ing. Johann, Senatsrat 84 13 15
Ballik, Dipl.-Ing. Dr. Karlheinz, Oberforstrat . . . 4126
Hanreich, Dipl.-Ing. Irmfried, Oberforstrat 0 26 67/294-1
Schnaubelt, Dipl.-Ing. Johann, Oberforstrat 0 36 36/202-13
Schreckeneder, Dipl.-Ing. Roland, Oberforstrat 0 22 49/23 53
Tobola, Dipl.-Ing. Herbert, Oberforstrat 4121
Haubenberger, Dipl.-Ing. Gottfried, Forstrat 2617
Janda, Dipl.-Ing. Gerrit, Forstrat 2616
Prinz, Dipl.-Ing. Karl, Forstrat 4125
Redl, Dipl.-Ing. Siegfried, Forstrat. 4118
Schlesinger, Dipl.-Ing. Wolfdieter, Forstrat . 0 26 66/250
Gulas, Dipl.-Ing. Peter, Forstkommissär . . 0 36 36/202
Strasser, Ing. Walter, Techn. Oberamtsrat 4119
Arrer, Ing. Otto, Techn. Amtsrat 0 36 36/202
Bäck, Ing. Franz, Techn. Amtsrat 84 66 18
Goldberg, Ing. Artur, Techn. Amtsrat . . 0 22 39/23 77
Holy, Ing. Leopold, Techn. Amtsrat 0 26 67/296
Kiess Heinz, Amtsrat. 4122
Langer, Ing. Josef, Techn. Amtsrat 4120
Leeb, Ing. Kurt, Techn. Amtsrat 0 26 30/89 42
Neubauer, Ing. Alois, Techn. Amtsrat. 22 10 022
Schrempf, Ing. Reinhold 0 36 36/228
Spanblöchl, Ing. Josef, Techn. Amtsrat 97 11 88
Stummer, Ing. Karl, Techn. Amtsrat 0 26 66/250
Wendt, Ing. Johann, Techn. Amtsrat 84 13 15
Zecha, Ing. Ernst, Techn. Amtsrat 0 22 49/33 96
Rinzner Emilie, Kanzleioberkommissär,
Kanzleileiter 849
Kanzlei 4112

Allgemeine Angelegenheiten, Forstarbeiterangelegenheiten, Holzverkäufe, Jagd, Fischerei 4123
Bezirksforstinspektion Wien-Nord, forstliche Raumplanung, Wohlfahrtsaufforstungen; Erholungswaldeinrichtungen, Waldbau, Forstschutz, Naturschutz 4126, 2617
Forsteinrichtung, Grundstücksverwaltung, Steuerwesen, forstliche Einheitsbewertung, Grundtransaktionen 4121
Personalangelegenheiten, Miet- und Pachtangelegenheiten, Lagerbuch 4122

Bezirksforstinspektion Wien-Süd, Forstaufsicht, forstliche Sachverständigentätigkeit, Gedingewesen, Ausschreibungen, Gestattungen, Versicherungen 4118

Städtische Forstverwaltungen:

Lainz, 13, Hermesvilla, Lainzer Tiergarten . . 84 13 15-2
Wirtschaftsführer: *Zupnyk, Dipl.-Ing. Johann*, Senatsrat

Lobau, Großenzersdorf, NÖ, Elisabethstraße 17 . . . . 0 22 49/23 53
Wirtschaftsführer: *Schreckeneder, Dipl.-Ing. Roland*, Oberforstrat

Hirschwang, NÖ 0 26 66/250
Wirtschaftsführer: *Klug, Dipl.-Ing. Walter*, Senatsrat

Naßwald, NÖ 0 26 67/294-1
Wirtschaftsführer: *Hanreich, Dipl.-Ing. Irmfried*, Oberforstrat

Stixenstein, NÖ 0 26 30/89 42
Wirtschaftsführer: *Klug, Dipl.-Ing. Walter*, Senatsrat

Wildalpen, Stmk 0 36 36/202, 13
Wirtschaftsführer: *Schnaubelt, Dipl.-Ing. Johann*, Oberforstrat

Landwirtschaftsbetrieb:

3, Vordere Zollamtsstraße 11, Tel. 72 24 99, 73 22 87
Vincze, Dipl.-Ing. Herfried, Direktor des Landwirtschaftsbetriebes der Stadt Wien
Janac, Dipl.-Ing. Karl
Wirth Herbert

Gutsdomäne Eßling:
22, Eßling, Schafflerhofstraße 200 . . . . . 22 55 914
Labus, Ing. Boris, Oberverwalter

Stadtgut Lobau:
Großenzersdorf, Lobaustraße 53, NÖ . 0 22 49/23 00
Mayer Karl, Oberverwalter

Stadtgut Wallhof:
Rannersdorf, Brauhausstraße 51, NÖ 77 62 23
Kaindl Franz, Oberverwalter

Stadtgut Cobenzl:
19, Am Cobenzl 96 . . . . 32 58 05
Duhan Johannes, Verwalter
Buschenschenke Cobenzl 32 14 88

Stadtgut Magdalenenhof:
21, Stammersdorf 39 42 00
Cerny, Ing. Herbert, Oberverwalter
Buschenschenke Magdalenenhof 39 73 30

Stadtgut Laxenburg:
Schloßplatz 16, NÖ 0 22 36/71 1 14
Lüftenegger Anton, Oberverwalter

Stadtgut Vösendorf:
Schloßplatz 1, NÖ 67 16 83
Lüftenegger Anton, Oberverwalter

Stadtgut Lindenhof:
Eggenburg, Grafenberger Straße 2, NÖ 0 29 84/35 22
Ziegler, Ing. Franz, Verwalter

MAGISTRATSABTEILUNG 50

Allgemeine und rechtliche Angelegenheiten des Wohnungswesens sowie der Wohnbauförderung und der Wohnungsverbesserung

(Geschäftsgruppe Stadtentwicklung und Stadterneuerung)
1, Rathausstraße 2, 1. Stock, Tür 161, Tel. 42 8 07

Allgemeine und rechtliche Angelegenheiten des Wohnungswesens und des Mietrechtes.
Angelegenheiten der Wohnbauförderung (Bundesförderungen und Wiener Aktionen) und der Wohnungsverbesserung unter besonderer Berücksichtigung der Stadterneuerung sowie Angelegenheiten des Rückzahlungsbegünstigungsgesetzes.
Angelegenheiten des Bundesgesetzes zur Förderung der Erhaltung und Verbesserung von Wohnhäusern sowie der Stadterneuerung und Angelegenheiten des Bundes-Sonderwohnbaugesetzes 1982, in beiden Fällen jedoch mit Ausnahme der Landesbürgschaft.
Mitwirkung an der Erfassung und Evidenthaltung von Startwohnungen und Mietern gemäß § 12 Abs. 1 des Startwohnungsgesetzes sowie Information über den Aufgabenbereich dieses Bundesgesetzes.
Bearbeitung von Berufungen gegen Strafbescheide der magistratischen Bezirksämter hinsichtlich der im § 27 Mietrechtsgesetz genannten Angelegenheiten.
Durchführung des Verfahrens gemäß § 4 lit. i des Gesetzes über die Einhebung einer Abgabe auf unvermietete Wohnungen.
Vormerkung von Wohnungssuchenden.
Vergebung von gemeindeeigenen Wohnungen und Geschäftsräumen.
Vorbereitung der Herausgabe des „Amtlichen Wohnungstausch-Anzeigers“.
Bewilligung von Wohnbeihilfen sowie von Stundungen und von Ratenzahlungen für Baukostenbeiträge.
Anerkennung und Entziehung der Gemeinnützigkeit von Bauvereinigungen und Aufsicht über diese nach den Bestimmungen des Wohnungsgemeinnützigkeitsgesetzes 1979.
Aufsicht über das Wohnungsberatungszentrum.
Wahrnehmung des Vorschlagsrechtes der Stadt Wien gegenüber Wohnungsunternehmen für geförderte Wohnungen; Vergabe dieser Wohnungen, soweit der Stadt Wien ein solches Recht zusteht.
Aufgaben als Zentrale Schlichtungsstelle:

a) Nutzwertfestsetzung nach den Bestimmungen des Wohnungseigentumsgesetzes 1975 und des Wohnungseigentumsgesetzes 1948.
b) Entscheidungen über Anträge auf Mietzinserhöhung gemäß dem Zinsstoppgesetz.
c) Entscheidungen über die Mietzinsbildung nach den Bestimmungen des Wohnbauförderungsgesetzes 1968.
d) Entscheidungen über Mietzinserhöhungen bei Durchführung von Arbeiten nach dem Wohnungsverbesserungsgesetz.
e) Feststellung der Zulässigkeit des von der Bauvereinigung nach § 14 des Wohnungsgemeinnützigkeitsgesetzes begehrten Entgelts.
f) Entscheidung über die Durchführung von Erhaltungs- und Verbesserungsarbeiten nach § 14 c des Wohnungsgemeinnützigkeitsgesetzes – WGG, BGBl. Nr. 139/1979, in der Fassung des § 55 MRG.
g) Entscheidung über Anträge nach § 14 Abs. 2 Wohnungsgemeinnützigkeitsgesetz.
h) Feststellung der Zulässigkeit des von der Bauvereinigung nach § 15 Wohnungsgemeinnützigkeitsgesetz begehrten Preises.
i) Entscheidung über Anträge nach § 19 Wohnungsgemeinnützigkeitsgesetz.
j) Feststellung des nach § 17 Wohnungsgemeinnützigkeitsgesetz zurückzuzahlenden Betrages.
k) Entscheidung nach § 37 Abs. 1 Z. 1 MRG über die Anerkennung als Hauptmiete (§ 2 Abs. 3), soweit es sich um Häuser handelt, für welche die Baubewilligung nach dem 27. Jänner 1917 erteilt wurde.
l) Entscheidung nach § 37 Abs. 1 Z. 2 MRG über die Durchführung von Erhaltungs- oder Verbesserungsarbeiten (§§ 3, 4 und 6), soweit es sich um Häuser handelt, für welche die Baubewilligung nach dem 27. Jänner 1917 erteilt wurde.
m) Entscheidung nach § 37 Abs. 1 Z. 4 MRG über die Durchsetzung des Anspruchs auf Wiederherstellung (§ 7).
n) Entscheidung nach § 37 Abs. 1 Z. 5 MRG über die Duldung von Eingriffen in das Mietrecht zur Durchführung von Erhaltungs-, Verbesserungs- und Änderungsarbeiten einschließlich des Anspruchs auf angemessene Entschädigung (§ 8 Abs. 2 und 3), soweit es sich um Häuser handelt, für welche die Baubewilligung nach dem 27. Jänner 1917 erteilt wurde.

o) Entscheidung nach § 37 Abs. 1 Z. 7 MRG über die Ersetzung der Zustimmung des Vermieters zum Wohnungstausch (§ 13).
p) Entscheidung nach § 37 Abs. 1 Z. 8 MRG über die Angemessenheit des vereinbarten oder begehrten Hauptmietzinses (§§ 16, 43, 44, 46) oder Untermietzinses (§ 26), soweit es sich um Häuser handelt, für welche die Baubewilligung nach dem 27. Jänner 1917 erteilt wurde, des Hauptmietzinses bei Veräußerung von Unternehmen (§ 12 Abs. 3) und über die Anrechnung von Dienstleistungen auf den Hauptmietzins (§ 28).
q) Entscheidung nach § 37 Abs. 1 Z. 10 MRG über die Erhöhung der Hauptmietzinse (§§ 18, 19), soweit es sich um Häuser handelt, für welche die Baubewilligung nach dem 27. Jänner 1917 erteilt wurde.
r) Entscheidung nach § 37 Abs. 1 Z. 13 MRG über die Angemessenheit des Erhaltungsbeitrages und der Rückzahlung (§ 45), soweit es sich um Häuser handelt, für welche die Baubewilligung nach dem 27. Jänner 1917 erteilt wurde.
s) Ausstellung von Bescheinigungen für Anträge auf Mietzinsbeihilfe, soweit es sich um Häuser handelt, für welche die Baubewilligung nach dem 27. Jänner 1917 erteilt wurde.
t) Erteilung von Rechtsauskünften in den unter lit. a–s genannten Angelegenheiten.

Abgabe von Gutachten über die zulässige Höhe des Mietzinses bei Mietobjekten, die dem Mietrechtsgesetz nur hinsichtlich der Kündigungsbeschränkungen unterliegen.

Vergebung von bewirtschafteten Wohnungen, die unter Zuhilfenahme von Mitteln des Wohnhaus-Wiederaufbaufonds wiederhergestellt worden sind, nach den Bestimmungen des Neuvermietungsgesetzes.

Vorbereitung der Erlassung der Reinigungs- und der Sperrgeldverordnung.

Maisel, Dr. Otto, Senatsrat 3321
Leinweber, Dr. Erich, Obermagistratsrat 3322
Heindl, Dr. Peter, Magistratsrat 43 89 61*, 22
Gröchenig Anna, Oberamtsrat 3339
Grohmann Richard, Amtsrat 3365
Stich Franz, Amtsrat 3351
Plodek Wolfgang, Verwaltungsoberkommissär . . . 3390
Tscherwenka Josef, Verwaltungsoberkommissär . . . 3365
Bures Eva, Kanzleikommissär,
Kanzleileiter 3323
Kanzlei 850

Gruppe R – Rechtsangelegenheiten:
8, Buchfeldgasse 6, 2. Stock 43 89 61*
Heindl, Dr. Peter, Magistratsrat 22
Zentrale Schlichtungsstelle:
Heindl, Dr. Peter, Magistratsrat 22
Referenten 29, 30, 31
Kanzlei der Schlichtungsstelle 21

Gruppe V – Wohnungsvormerkung:
1, Rathausstraße 2
Stich Franz, Amtsrat 3351
Referent 3350
Kanzlei 3353

Außenstellen:
1., 9. Bezirk:
9, Währinger Straße 43 . . . . . 709*, 42 35 75*, 233
2. Bezirk:
2, Karmelitergasse 9 . . . . 702*, 33 16 11*, 267
3. Bezirk:
3, Karl-Borromäus-Platz 3 . . . . 703*, 72 51 71*, 290
4., 5. Bezirk:
5, Schönbrunner Straße 54 . . . . 704*, 725*, 55 45 85*, 278
6., 7., 8. Bezirk:
7, Hermanngasse 24–26 . . . . . 706*, 93 76 46*, 255
10. Bezirk:
10, Laxenburger Straße 43–47 . . . 710*, 64 36 31*, 273
11. Bezirk:
11, Enkplatz 2 . . . . 711*, 74 35 86*, 278
12. Bezirk:
12, Schönbrunner Straße 259 . . 712*, 83 16 01*, 288
13., 14. Bezirk:
13, Hietzinger Kai 1–3 . . . . . . 713*, 82 26 51*, 352
15. Bezirk:
15, Gasgasse 8–10 . . . . 715*, 83 36 11*, 248
16. Bezirk:
16, Richard-Wagner-Platz 19 . . 716*, 92 26 96*, 248
17. Bezirk:
17, Elterleinplatz 14 . . . . 717*, 43 61 01*, 352
18. Bezirk:
18, Martinstraße 100 . . . . . . 718*, 34 25 20*, 292
19. Bezirk:
19, Gatterburggasse 14 . . . . . 719*, 36 42 50*, 253
20. Bezirk:
20, Brigittaplatz 10 . . . . 720*, 33 35 11*, 352
21. Bezirk:
21, Am Spitz 1 . . . . 721*, 38 15 04*, 352
22. Bezirk:
22, Kagran, Schrödingerplatz 1 . 722*, 23 65 29*, 208
23. Bezirk:
23, Liesing, Lehmanngasse 1 . . 723*, 86 96 17*, 48

Gruppe Z – Zuweisung:
1, Doblhoffgasse 6
Grohmann Richard, Amtsrat 3362, 3363, 3368
Tscherwenka Josef, Verwaltungsoberkommissär . 3365, 3360, 3364
Referenten 3317, 3336, 3337, 3366, 3369, 3370, 3371, 3374, 3375, 3376, 3381

Gruppe S – Stundung und Ratenzahlung von Baukostenbeiträgen, Wohnbeihilfen:
1, Doblhoffgasse 6
Gröchenig Anna, Oberamtsrat 3339
Referenten 3303, 3382, 3383
Informationsstelle für Wohnbeihilfen:
1, Doblhoffgasse 6 . . . . 3301, 3302, 3304, 3307, 3335, 3338, 3385, 3389
Schreibstelle 3331, 3332

Gruppe W – Wohnbauförderung:
1, Rathausstraße 2
Leinweber, Dr. Erich, Obermagistratsrat 3322
Plodek Wolfgang, Verwaltungsoberkommissär . . . 3390
Referenten
(Wohnbauförderung) 3319, 3387, 3392, 3395, 3396, 3398, 3399
Referenten
(Wohnungsverbesserung) 3359, 3391, 3394, 3397
Protokoll und Schreibstelle 3308, 3309, 3328

Gruppe G – Aufsicht über die gemeinnützigen Bauvereinigungen:
8, Buchfeldgasse 6, 2. Stock 43 89 61*
Heindl, Dr. Peter, Magistratsrat 22

Wohnungsberatungszentrum:
1, Doblhoffgasse 6
Wohnungsverbesserung 3394, 3397
Wohnbeihilfen 3301, 3302, 3389
Genossenschafts- und
Eigentumswohnungen 3327, 4175, 4176
Finanzierungsberatung 3380, 4171, 4172, 4173
Gemeindewohnungen 3346, 3347, 3348, 3349, 3355
Außenstellen:
12, Am Schöpfwerk 31/4 . . . 67 76 50, 67 99 21, 67 99 22
16, Ottakringer Straße 194–196 . . . . 45 23 45, 45 63 52, 45 63 51
21, Am Spitz 1 . . . . 721*, 38 15 04*, 355, 356
22, Kagran, Schrödingerplatz 1 . . . . . 722*, 23 65 29*, 264, 265

MAGISTRATSABTEILUNG 51

Sportangelegenheiten

(Geschäftsgruppe Kultur und Sport)

1, Ebendorferstraße 4, Parterre, 1.–3. Stock, Tel. 42 8 04

Allgemeine und individuelle Sportangelegenheiten.
Angelegenheiten der Sportförderung.
Verwaltung des Wiener Sportfonds nach dem Sportgroschengesetz.
Mitwirkung bei der Festsetzung der Widmung Esp.
Verwaltung von Sport- und Spielplätzen sowie Sporthallen, soweit keine andere Magistratsdienststelle zuständig ist.
Handhabung des Wiener Sportstättenschutzgesetzes einschließlich der Durchführung von Verwaltungsstrafverfahren in erster Instanz.
Erhaltung von Turn- und Sportgeräten.
Antragstellung auf außerschulische Turnsaalvergabe.
Trainingseinteilung für städtische Schwimmhallen und Kontrolle des Trainingsbetriebes.
Vorbereitung der Ehrung von Sportlern und Sportfunktionären.
Führung der Bürogeschäfte der Landessportorganisation Wien.

Matzke, Dr. Heinrich, Senatsrat 2793
Polaschek Herbert, Oberamtsrat 2791
Danzinger Helmut, Amtsrat 2795
Rana Agnes, Kanzleileiter, Einlaufstelle 851
Kanzlei, Auskunft, Turnsaalvergabe, Ehrenpreise 2792
Einlaufstelle 851
Personalangelegenheiten, Verwaltung der Skipisten Hohe-Wand-Wiese und Himmelhof-Wiese 2795
Budget- und Wirtschaftsangelegenheiten, Verwaltung städtischer Sportplätze 2797
Subventionsabrechnungen 2689
Grundangelegenheiten, Verwaltung der verpachteten Anlagen 4182
Verwaltung städtischer Sporthallen, Sportstättenleitplan 4183
Turnaktion 4187
Planung und Kollaudierung von Spielplätzen, Sportanlagen und Sporthallen, Bauangelegenheiten . . 2748
Sport- und Spielplatzinventar, Vergabe von Trainingshallen, Statistik 2796
Turnsaalinventar, Turngeräteeinstellung 2798
Fahrt zum Schnee, Skiverleih an Schulen 2799
Lehrlingssportaktion 2733
Sportplatz der offenen Tür, Jugendeislaufaktion . . 4188
WISTA-Leistungsbestätigung, Schwimmaktion . . . 4189
Betreuung der maschinellen Einrichtungen 2691
Sportplatzrevisor 2692
Amtsgehilfen 3027, 3029
Magazin 2758
Skimagazin 4177
Sitzungszimmer 2794

Außenstellen:

Skipiste, 14, Hohe-Wand-Wiese (November bis Februar) 97 11 57
Skilift, 13, Himmelhof-Wiese (November bis Februar) 82 39 603
Fit-Parcours, 19, Am Cobenzl 96a 32 45 182
Jugendsportanlagen:
2, Venediger Au 24 81 77
15, Loeschenkohlgasse 8b 92 89 963
16, Gallitzinstraße 4 . . . . 46 84 534
18, Währinger Park 34 11 40
19, Osterleitengasse 14 . . . . 31 72 81
21, Ringelseeplatz 30 31 95
22, Hirschstetten, Plankenmaisstraße 22 32 04
Sportanlagen:
10, Laxenburger Straße – Heubergstättenstraße 67 61 16
10, Triester Straße 106 . . . . 67 68 292
16, Kendlerstraße 38 . . . . 95 45 11
20, Lorenz-Müller-Gasse (Spielmanngasse 8) 33 60 722
Sporthallen:
10, Per-Albin-Hansson-Siedlung Ost, Jura-Soyfer-Gasse 3 . . . . 68 36 50
11, Florian-Hedorfer-Straße 24 . . . . 76 33 37
11, Großfeldsiedlung, Pastorstraße 29 . . . . . . 38 21 36
22, Kagran, Lieblgasse 4–6 . . . . 25 14 115
22, Kagran, Steigenteschgasse 1 . . . . 23 61 09
23, Alt-Erlaa, Wohnpark 67 85 54
23, Atzgersdorf, Steinergasse 25 . . . . 86 92 09
23, Liesing, Perchtoldsdorfer Straße 1 . . . . . . 86 45 58

Wiener Landessportrat:

Vorsitzender:
Mrkvicka Franz, amtsführender Stadtrat

Stellvertretender Vorsitzender:
Ludwig Hans, Landtagsabgeordneter

Wiener Landtag:
Freinberger Rudolf, Landtagsabgeordneter
Vejtisek Ernst, Landtagsabgeordneter
Arthold Josef, Landtagsabgeordneter
Ersatz:
Brosch Hans, Landtagsabgeordneter
Wimmer Johann, Landtagsabgeordneter
Neubert, Dr. Ernst, Landtagsabgeordneter

ASKÖ Landesverband Wien:
Simecek, Dr. Josef, Ministerialrat, Vizepräsident
Skopec Rudolf

Ersatz:
Kodon Erich
Grammanitsch Helmut

Allgemeiner Sportverband Österreichs (ASVÖ):
Hanauska Hans, Präsident
Lesek Walter

Ersatz:
Zwettler, Ing. Johann
Wimmer, Dipl.-Ing. Hans

Österreichische Turn- und Sport-Union, Landesverband Wien:
Plaschka Viktor
Vrchoticky Felix

Ersatz:
Lindl Wilhelm, Amtsdirektor
Pribik, Dr. Alfred, Landesobmann

Wiener Fußballverband:
Alexa Wilhelm, Vizepräsident

Ersatz:
Ehrenberger Kurt, Vizepräsident

Magistrat der Stadt Wien:
Matzke, Dr. Heinrich, Senatsrat

Ersatz:
Polaschek Herbert, Oberamtsrat

Stadtschulrat für Wien:
Föhrmann, Mag. Heinrich, Prof., Hofrat, Fachinspektor
Ersatz:
Egger Traude, Bezirksschulinspektor

Vorsitzender des Landessportfachrates:
Grassinger, Dipl.-Ing. Friedrich, Obersenatsrat i. R.

Ersatz:
Mautner-Markhof, Dkfm. Dr. Marius

MAGISTRATSABTEILUNG 52

Verwaltung der städtischen Wohn- und Amtsgebäude

(Geschäftsgruppe Stadtentwicklung und Stadterneuerung)

1, Doblhoffgasse 6, 3. Stock, Tür 335, Tel. 42 8 07

Verwaltung der im Eigentum der Stadt Wien stehenden Wohnhäuser, mit Ausnahme der von der Stadt Wien neu erworbenen, bestandfreien, unbewohnten und für den Abbruch bestimmten Objekte und mit Ausnahme der Personalwohnhäuser, ausgenommen die Führung sämtlicher Kündigungsprozesse gemäß § 30 Abs. 2 Z. 14, 15 und 16 Mietrechtsgesetz, der Kündigungs- und Räumungsprozesse in erster Instanz, bei denen eine Rechtsanwaltbeistellung erfolgt, der Kündigungs- und Räumungsprozesse im Rechtsmittelverfahren sowie der Vertretung der Stadt Wien in zweiter Instanz hinsichtlich der Interessenbescheinigungen.
Verwaltung der Stiftungshäuser.
Verwaltung und Betrieb der Herbergen für Obdachlose.
Personal- und Sozialversicherungsangelegenheiten der Bediensteten, auf deren Dienstverhältnis das Hausbesorgergesetz Anwendung findet.
Vertretung der Stadt Wien vor dem Arbeitsgericht sowie im Verfahren vor den Einigungs- und Landesinvalidenämtern hinsichtlich jener Dienstverhältnisse, auf die das Hausbesorgergesetz Anwendung findet, in erster Instanz und soweit keine Rechtsanwaltbeistellung erfolgt.
Verwaltung der Hausbadeanlagen in städtischen Wohnhäusern.
Verwaltung der städtischen Amtshäuser, der städtischen Häuser für verschiedene Zwecke sowie der für Amtszwecke gemieteten Objekte.
Verwaltung der gemeindeeigenen Pfarrhöfe, Gotteshäuser, Kapellen und der städtischen Patronate ausgenommen die Gotteshäuser und Kapellen in Friedhöfen sowie in Krankenanstalten und Pflegeheimen.
Dienstaufsicht über das zugeteilte Personal, soweit es nicht der Dienstaufsicht des Magistratsdirektors untersteht.

Kroll, Dr. Olga, Senatsrat 3411
Kahler, Dr. Elisabeth, Obermagistratsrat 3412
Gaber, Mag. Bernhard, Magistratsoberkommissär . 3426
Plametzberger, Dr. Henriette, Magistratsoberkommissär 3573
Payr, Dr. Gabriele, Magistratskommissär 3453
Caha Alice, Oberamtsrat 3488
Reiterer Hermann, Oberamtsrat 3416
Arthofer Elisabeth, Amtsrat 3315
Falzberger Josef, Amtsrat 3430
Haas, Dr. Helmuth, Amtsrat 3409
Holzapfel Karl, Amtsrat 3435
Mödinger Andreas, Amtsrat 3468
Netousek Christine, Amtsrat 3442
Neumüller Rudolf, Amtsrat 3445
Prenner Hildegard, Amtsrat 3417
Becker Franz, Verwaltungsoberkommissär 3466
Miedler Friedrich, Verwaltungsoberkommissär 64 13 31/21
Neswadba Herta, Verwaltungsoberkommissär 3451
Haeger Erna, Kanzleioberkommissär,
Kanzleileiter 3413
Kanzlei 852, 3415

Allgemeines Referat I:
Reiterer Hermann, Oberamtsrat 3416, 3401, 3484
Allgemeines Referat II:
Caha Alice, Oberamtsrat 3488, 3480

Verwaltung der städtischen Wohnhäuser:

Gruppe A:
Prenner Hildegard, Amtsrat 3417
10. Bezirk 2590, 3427, 3428, 3429, 3449, 3463, 3471, 3481
12. Bezirk 2591, 3471, 3481, 3483

Gruppe B:
Arthofer Elisabeth, Amtsrat 3315
17. Bezirk 3418, 3461
18. Bezirk 3410, 3418
19. Bezirk 3410, 3418, 3431
20. Bezirk 3418, 3461, 3470
23. Bezirk 3418, 3421, 3479

Gruppe C:
Netousek Christine, Amtsrat 3442
2. Bezirk 3419, 3425, 3498
3. Bezirk 3465, 3472, 3477
4. Bezirk 3477
9. Bezirk 3472, 3477
11. Bezirk 3419, 3420, 3454, 3498

Gruppe D:
Becker Franz, Verwaltungsoberkommissär 3466
21. Bezirk 3400, 3474, 3476, 3482, 3487, 3493
22. Bezirk 3424, 3459, 3487, 3493

Gruppe E:
Mödinger Andreas, Amtsrat 3468
1. Bezirk 3469
5. und 6. Bezirk 3408, 3475, 3486
7. und 8. Bezirk 3422, 3436
13. Bezirk 3422, 3436
14. Bezirk 3422, 3432, 3469, 3485
15. Bezirk 3462, 3475, 3486
16. Bezirk 3408, 3422, 3568

Referat Lohnverrechnung für Hausbesorger 3407, 3414, 3423, 3435, 3437, 3438, 3464
Kasse 3439

Wirtschaftsreferat:
1, Rathausstraße 2
3409, 3430, 3441, 3443, 3450, 3473, 3492

Zentralreferat Hausbesorger und Wohnungstausche 2592, 3393, 3409, 3445, 3446, 3447, 3455, 3458, 3460

Verwaltung der städtischen Amtshäuser:
1, Rathausstraße 2
Neswadba Herta, Verwaltungsoberkommissär 3451
Bezirksreferenten 2466, 3433, 3448, 4234
Referent für Hauspersonal (Hausbesorger, Hausarbeiter, Bedienerinnen usw.) 3452
Arbeits- und sozialrechtliche Betreuung, Materialbeschaffung 3440, 3467

Herbergen:
Miedler Friedrich, Verwaltungsoberkommissär 64 13 31/21
Herbergen für Obdachlose:
12, Kastanienallee 2 . . . . 64 13 31
Herbergen für Familien:
3, Gänsbachergasse 3 . . . . 78 21 29
12, Kastanienallee 2 . . . . 64 13 31
Herberge für Männer:
20, Meldemannstraße 25–27 . . . . 33 24 18
Herberge für Frauen:
12, Kastanienallee 2 . . . . 64 13 31/36

MAGISTRATSABTEILUNG 53

Presse- und Informationsdienst

(Geschäftsgruppe Umwelt und Bürgerdienst)

1, Rathaus, 3. Stiege, Hochparterre, Tel. 42 8 05, Fernschreiber Nr. 13-3240,

Telefonnachrichtendienst der Rathaus-Korrespondenz Tel. 1540

Verkehr und Vermittlung des Verkehrs mit Vertretern der Publikationseinrichtungen.
Durchführung von Presseförderungsmaßnahmen.
Vergebung von Forschungsaufträgen auf dem Gebiet des Presse- und Informationswesens.
Herausgabe von Druckwerken für die Öffentlichkeit.
Herstellung und Verleih von Filmen, Tonbildschauen und anderen audiovisuellen Produkten.
Durchführung von Rundfahrten und Führungen zur Information der Wiener Bevölkerung und der Besucher Wiens.
Direktinformationen der Stadt Wien.
Herausgabe von Publikationen auf dem Gebiet des Selbstschutzes und der Haushaltsbevorratung gemäß § 4 Abs. 1 sowie Veranlassung der Information der Bevölkerung gemäß § 5 Abs. 2 des Wiener Katastrophenhilfegesetzes.
Herausgabe der „Rathaus-Korrespondenz", des „Amtsblattes der Stadt Wien", des „Landesgesetzblattes für Wien", des „Amtlichen Wohnungstausch-Anzeigers", der Zeitschrift „wien aktuell" sowie sonstiger Zeitschriften.
Durchführung von Informationsausstellungen.
Durchführung von Informationsveranstaltungen, soweit nicht der Magistratsdirektor dafür zuständig ist.

Prosel Robert, Senatsrat 2970
Vavrousek Alfred, Redakteur 2978
Wohl Franziska, Kanzleioberoffizial, Kanzleileiter 2973
Sekretariat 2939, 2069, 2987, 2993
Kanzlei 853
Budget- und Wirtschaftsreferat 4178, 2969
Amtsgehilfen, Expedit, Druckerei 3090

Rathaus-Korrespondenz:
Stammredaktion, diensthabender Redakteur 2971
Andraschko Richard 3999
Jelinek, Dr. Gabriele 2963
Kucirek Fritz 2902
Hutterer Robert (Fotoreporter) 2962
Fernschreiber Nr. 13-3240 . . . . 2986, 3091

Pressereferenten:
Gabriel, Dr. Martin (Kultur) 2889
Gerlich, Dr. Rudolf (Stadtentwicklung und Stadterneuerung) 2058
Hofstätter Hans (Sport) 95 49*, 319
Leitenbauer Hildegard (Personal, Rechtsangelegenheiten und Konsumentenschutz) 2979
Martinez-Weinberger Elga (Bildung, Jugend und Familie) 2114
Rohrhofer Manfred (Verkehr und Energie) 3641
Röttinger, Dr. Christian (Bürgermeister) 2293
Scio, Dr. Heinz (Bauten) 4169
Seitlinger, Mag. Karl (Finanzen und Wirtschaftspolitik) 2311
Smola Alfred (Magistratsdirektor) 2977
Stanzel Helga (Umwelt und Bürgerdienst) 2059
Zima Hannes (Gesundheit und Soziales) 2948
Redaktion „wien aktuell-Wochenblatt":
Stimmer Kurt, Prof., Chefredakteur 2977
Smola Alfred, Stellvertretender Chefredakteur . . . 2977

Sekretariat 2974
Enderle, Dr. Peter, Redakteur 4291
Ullmann Peter, Redakteur 2983
Redaktion „wien aktuell-Magazin“:
Burczik Günther, Chefredakteur 2972
Sekretariat 2961, 2989
Redaktion Amtsblatt der Stadt Wien, Landesgesetzblatt für Wien:
Holzer Ilona, Kanzleikommissär, *Wohl Franziska,* Kanzleioberoffizial 2939, 2973
Verwaltung „wien aktuell“, Amtsblatt der Stadt Wien, Landesgesetzblatt für Wien 2975

Dokumentation:
Feichtinger Alfred 2985
Kommunalpolitisches Archiv 2931
Adam Walter (Foto- und Filmarchiv) 2968
Braun Veronika, Redakteur (Insertionen, Wandzeitungen, Film, Funk, TV) 3833
Dabsch Gerhard (Broschüren, Werbemittel) 2938
Mathias Rudolf (Ausstellungen, Sonderaufgaben) . . 2957
Pache Peter, Redakteur (Schlußredaktion) 2982
Schmidl Leo (Veranstaltungen, Organisation) 2966

Auslandspresse:
Bauer, Dr. Ingeborg, Redakteur 2992

Rundfahrtenbüro:
Andexlinger Renate 2950

Rathausführungen 2038

Bürgerdienst:
Komek Heinrich, Verwaltungsoberkommissär . 4260, 4266

Außenstellen (Montag bis Mittwoch und Freitag von 7.30 bis 15.30 Uhr, Donnerstag von 7.30 bis 18 Uhr):

3, Karl-Borromäus-Platz 3 (2., 3. Bezirk) 75 31 25, 703*, 72 51 71*, 287
10, Laxenburger Straße 43–47 (4., 10. Bezirk) . 64 42 41, 710*, 64 36 31*, 320
11, Enkplatz 2 (11. Bezirk) 74 52 34, 711*, 74 35 86*, 268
12, Hufelandgasse 2 (5., 12. Bezirk). . . .83 75 64, 712*, 83 16 01*, 337
13, Hietzinger Kai 1–3 (13., 14. Bezirk) . .82 24 92, 713*, 82 26 51*, 357
15, Gasgasse 8–10 (6., 7., 15. Bezirk) . . .83 11 48, 715*, 83 36 11*, 299
16, Richard-Wagner-Platz 19 (16., 17. Bezirk) . 92 53 77, 716*, 92 26 96*, 217
18, Martinstraße 100 (8., 9., 18. Bezirk). .34 13 39, 718*, 34 25 20*, 275
20, Brigittaplatz 10 (19., 20. Bezirk). . . .35 42 97, 720*, 33 35 11*, 255
21, Am Spitz 1 (21. Bezirk) 38 34 92, 721*, 38 15 04*, 255
22, Kagran, Schrödingerplatz 1 (22. Bezirk) . 23 85 65, 722*, 23 65 29*, 269
23, Liesing, Perchtoldsdorfer Straße 2 (23. Bezirk) 86 35 40, 723*, 86 96 17*, 49

Stadtinformation, 1, Rathaus, Schmidt-Halle (Außenstelle für den 1. Bezirk, Tag und Nacht) 43 89 89
Montag bis Freitag von 7.30 bis 18 Uhr . .42 8 05/2760, 2930, 4191, 4192, 4193

MAGISTRATSABTEILUNG 54

Zentraler Einkauf

(Geschäftsgruppe Finanzen und Wirtschaftspolitik)

3, Am Modenapark 1–2, 1. und 4. Stock, Tel. 740*, 72 36 41*

Beschaffung, Zuweisung und Instandhaltung der sachlichen Erfordernisse für die städtischen Dienststellen und Schulen, ausgenommen die Beschaffung von Spezialerfordernissen, die der Magistratsdirektor einzelnen Dienststellen übertragen hat; Bedarfsprüfung und Verbrauchsüberwachung hinsichtlich der sachlichen Erfordernisse, soweit erstere nicht im Zuge des Genehmigungsverfahrens vom Magistratsdirektor durchgeführt wurde.
Ankauf und Lagerung von Bau- und Werkstoffen und Abgabe derselben an städtische Dienststellen.
Begutachtung der Wiederverwendungsmöglichkeit von Altbaustoffen, ihre Vermittlung an städtische Dienststellen und Veräußerung oder Antragstellung auf Veräußerung von Altbaustoffen.
Einrichtung, Erhaltung und Verwaltung abteilungseigener Betriebsgebäude, Lagerplätze und Förderanlagen.
Verwertung ausgeschiedener gemeindeeigener Sachgüter.
Durchführung der Übersiedlung von Dienststellen und Durchführung von sonstigen Transporten.
Führung der zur Instandhaltung von Sacherfordernissen notwendigen Werkstätten.
Führung der städtischen Bäckerei.
Dienstaufsicht über das zugeteilte Personal, soweit es nicht der Dienstaufsicht des Magistratsdirektors untersteht.

Wezulek, Dr. Johann, Senatsrat 300
Novak, Dr. Hans, Obermagistratsrat 301
Edlinger Eleonore, Oberamtsrat 308
Kasika Alexander, Oberamtsrat 337
Otwald Kurt, Amtsrat 324
Mayer Johann 331

Schoiswohl, Ing. Josef 370
Gutmann Rudolf, Verwaltungsober-
kommissär 92 26 44*, 20
Kratochvil Gottlieb, Verwaltungsoberkommissär . . 325
Österreicher, Ing. Christine, Verwaltungsober-
kommissär 311
Buczolits Martin, Verwaltungsoberoffizial 316
Kratochwil Alfred, Bäckereileiter 92 26 44*, 28
Anderka Gertrude, Kanzleioberkommissär,
Kanzleileiter 303
Kanzlei 302, 304, 305, 306, 307

Warengruppe 1: Lebensmittel 309, 310
Edlinger Eleonore, Oberamtsrat 308

Warengruppe 2: Textilien, Leder,
Schuhe 312, 313, 314, 315
Österreicher, Ing. Christine, Verwaltungsoberkommissär 311

Warengruppe 3: Wirtschaftswaren,
Eisenwaren, chemische und Elektro-
waren 317, 318, 320, 321, 322, 323, 324
Buczolits Martin, Verwaltungsoberoffizial 316

Warengruppe 4: Papier, Druckaufträge,
Kanzleierfordernisse,
Büromaschinen 326, 327, 328, 329, 330, 356
Kratochvil Gottlieb, Verwaltungsoberkommissär . . 325

Warengruppe 5: Brennstoffe 333, 334, 335, 336
Mayer Johann 331

Warengruppe 6: Amtsmöbel, Schulbedarf und
Sachgüterverwertung 338, 339, 340, 341,
342, 343, 344, 345, 359, 361
Kasika Alexander, Oberamtsrat 337

Warengruppe 7: Baustoffe 373, 375, 376,
380, 381, 382, 383, 384,
385, 389, 390, 391, 392, 393
Schoiswohl, Ing. Josef 370

Zentrallager:
16, Hasnerstraße 123–125 . . . . 92 26 44*
Gutmann Rudolf, Verwaltungsoberkommissär. . . . 20

Bäckerei:
16, Hasnerstraße 123–125 . . . . 92 26 44*
Kratochwil Alfred, Bäckereileiter 28

Baustofflagerplatz:
3, Erdberger Lände 90 . . . . 78 93 51, 78 93 52

MAGISTRATSABTEILUNG 55

(derzeit nicht eingerichtet, siehe MA 60)

MAGISTRATSABTEILUNG 56

Städtische Schulverwaltung

(Geschäftsgruppe Bildung, Jugend und Familie)

6, Mollardgasse 87, Hochparterre, Tür 19, Tel. 856*, 56 16 01*

Angelegenheiten des Schulwesens, soweit diese in die Vollziehung des Landes Wien fallen, mit Ausnahme jener auf dem Gebiet des Lehrerdienstrechtes.
Angelegenheiten des land- und forstwirtschaftlichen Schulwesens.
Verwaltung der öffentlichen allgemeinbildenden und berufsbildenden Pflichtschulen einschließlich der Besorgung der Aufgaben, die der Gemeinde Wien als Schulerhalter nach dem Wiener Schulgesetz zustehen.
Verwaltung der Fachschulen für wirtschaftliche Frauenberufe, der Fachschule für Damenkleidermacher, des Pädagogischen Instituts, der Pädagogischen Zentralbücherei und der Uhrmacherlehrwerkstätte der Stadt Wien.
Verwaltung der auf Schulliegenschaften befindlichen Sport- und Spielplätze.
Verwaltung und Erhaltung der Lehrmittel, der Schulmöbel und der erforderlichen Maschinen und Geräte für Lehrzwecke.
Führung des Schulmöbel- und Lehrmittellagers.
Mitwirkung bei der Planung und Durchführung bei baulichen Maßnahmen auf dem Gebiet des Schulwesens.
Führung der Geschäfte der Lehrmittelprüfstelle des Stadtschulrates.
Erwerb und Verwaltung von Gastgewerbeberechtigungen in städtischen Schulen im Einvernehmen mit der Magistratsabteilung 69.
Dienstaufsicht über das zugeteilte Personal, soweit es nicht der Dienstaufsicht des Magistratsdirektors untersteht.

Schink, Dr. Wilhelm, Obersenatsrat 269
Göller, Dr. Klaus, Obermagistratsrat 274
Alexander, Ing. Karl, Oberamtsrat 260
Baukal Werner, Amtsrat 206
Glaser Werner, Amtsrat 280
Raith Johann, Amtsrat 201
Janda Ulrike, Kanzleioffizial, Kanzleileiter 273
Kanzlei 272

Lager:
20, Dresdner Straße 75 . . . . . . 835*, 35 66 11*, 560
20, Vorgartenstraße 50 . . . . 33 82 62

Uhrmacherlehrwerkstätte der Stadt Wien:
6, Mollardgasse 87 . . . . 856*, 56 16 01*
Wesely Johann, Direktor 225

Pädagogisches Institut der Stadt Wien:
7, Burggasse 14–16 . . . . 93 62 23
Sretenovic, Dr. Karl, Direktor, Hofrat

Morbeck Gertrude, Amtsrat

Pädagogische Zentralbücherei der Stadt Wien:
7, Burggasse 14–16 . . . . 93 50 363
Sretenovic, Dr. Karl, Direktor, Hofrat
Schalk Helmut, Amtsrat

Fachschule der Stadt Wien für wirtschaftliche Frauenberufe:
9, Hahngasse 35 . . . . 34 92 96
Probst Maria, Direktor

Fachschule der Stadt Wien für wirtschaftliche Frauenberufe:
12, Dörfelstraße 1 . . . . 83 62 52
Wohlmuth Gertrude, Direktor

Fachschule der Stadt Wien für Mode und Bekleidungstechnik:
15, Siebeneichengasse 17 . . . . 83 54 30
Trimmel Elisabeth, Direktor

MAGISTRATSABTEILUNG 57

(derzeit nicht eingerichtet, siehe MA 69)

MAGISTRATSABTEILUNG 58

Rechtliche Angelegenheiten der Landeskultur und des Wasser- und Schiffahrtswesens

(Geschäftsgruppe Personal, Rechtsangelegenheiten und Konsumentenschutz)

1, Volksgartenstraße 3, 2. Stock, Tel. 42 8 08

Rechtliche Angelegenheiten der Landeskultur allgemeiner, grundsätzlicher und besonderer Art:
Agrarbehörde erster Instanz,
Agrarwesen und Bodenreform,
Grundverkehrswesen,
Angelegenheiten der land- und forstwirtschaftlichen Berufsvertretungen, der land- und forstwirtschaftlichen Berufsausbildung, des land- und forstwirtschaftlichen Arbeits- und Sozialrechts, ausgenommen des Sozialversicherungswesens,
Führung der Geschäfte der Einigungskommission nach der Wiener Landarbeitsordnung,
Angelegenheiten des Feldschutzes, des Pflanzen- und Saatgutschutzes, des Verkehrs mit Futter- und Düngemitteln,
Angelegenheiten des Buschenschanks mit Ausnahme der den magistratischen Bezirksämtern zugewiesenen Angelegenheiten,
Angelegenheiten der Börse für landwirtschaftliche Produkte,
Angelegenheiten des Forstwesens, mit Ausnahme jener in erster Instanz, Ausgabe von Plomben für aus dem Ausland eingeführte Tannenchristbäume,
Bestellung der Forstschutzorgane,
Angelegenheiten des Schutzes von Gartenanlagen.
Angelegenheiten des Jagdwesens, ausgenommen die den magistratischen Bezirksämtern und der Magistratsabteilung 49 zugewiesenen Aufgaben.
Angelegenheiten des Fischereiwesens, ausgenommen die den magistratischen Bezirksämtern zugewiesenen Agenden.
Rechtliche Angelegenheiten des Tierschutzes, ausgenommen die den magistratischen Bezirksämtern zugewiesenen Aufgaben.
Land- und Forstwirtschaftsinspektion.
Beistellung von Sachverständigen auf dem Gebiet der Landwirtschaft.
Rechtliche Angelegenheiten der Tierhaltung und Tierzuchtförderung.

Rechtliche Angelegenheiten des Veterinärwesens, insbesondere der Tiermärkte, Schlachthöfe und Kühlhäuser, Vieh- und Fleischuntersuchung, Freibank, Tierkörperverwertung,
Festsetzung der Gebühren und Entgelte auf diesem Gebiet sowie für Leistungen im Rahmen des Schlachthofes,
des Schlachthauszwanges,
der Tierspitäler,
der Landeskammer der Tierärzte und
des Gütezeichens für Fleischwaren.
Rechtliche Angelegenheiten des Wasserrechts, mit Ausnahme der der Magistratsabteilung 35 zugewiesenen Angelegenheiten gemäß 31a Abs. 1 WRG.
Führung des Wasserbuches.
Rechtliche Angelegenheiten des Hochwasserschutzes.
Mitwirkung in Wasserrechtsangelegenheiten in jenen Fällen, in denen die Stadt Wien als Beteiligte auftritt.

Rechtliche Angelegenheiten des Schiffahrtswesens.
Ausnahmebewilligungen vom Verbot des Befahrens der linksufrigen Donauregulierungsanlagen.
Bearbeitung von Berufungen gegen Straferkenntnisse und -verfügungen sowie von Berufungen gegen Bescheide der Magistratsabteilung 4 und der Magistratsabteilung 31 nach dem Wasserversorgungsgesetz sowie gegen sonstige Bescheide der Dienststellen des Magistrates in allen vorstehend angeführten Angelegenheiten, soweit nicht andere Behörden zuständig sind, und von Berufungen gegen Bescheide in Angelegenheiten der Verordnung betreffend das Verbot von Auftausalzen.
Bearbeitung von Berufungen gegen Straferkenntnisse und -verfügungen der magistratischen Bezirksämter und von Berufungen gegen Bescheide der Magistratsabteilung 30 nach dem Kanalräumungs- und Kanalgebührengesetz 1978.
Bearbeitung von Berufungen gegen Bescheide der Magistratsabteilung 59 betreffend Vergabe und Entziehung von ständigen Straßenständen.

Merth, Dr. Roman, Senatsrat 4211
Voigt, Dr. Hans, Obermagistratsrat 4212
Goldbacher, Dipl.-Ing. Werner, Magistratsrat 4216
Dysmas, Dr. Alfred, Magistratsoberkommissär . . . 4220
Zweibrod, Mag. Friedrich, Magistratskommissär . . 4219
Hofer Heide, Kanzleikommissär, Kanzleileiter . . . 4213
Kanzlei 858

Wasserrecht 4212, 4219, 4220, 4221, 4222
Ölalarm, Gewässeraufsicht, Forstwesen, Jagd 4212
Wasserbuch 4222, 4223
Schiffahrtswesen 4212, 4220
Schiffspatente, Motorbootkennzeichen, Schiffsführerpatente 4215, 4221

Rechtliche Angelegenheiten des Veterinärwesens, Tierschutz 4219
Fischerei, Buschenschank, Feldschutz 4220
Fischerei- und Jagdstatistik 4213
Landwirtschaftliches Arbeits- und Sozialrecht 4219
Land- und Forstwirtschaftsinspektion 4216, 4217
Schutz von Gartenanlagen 4219, 4220
Agrarbehörde 4220
Agrartechnisches Referat 4216, 4217
Einigungskommission 4219
Wiener Fischereiausschuß:
3, Am Modenapark 1–2, 3. Stock,
Tür 323 . . . . 740*, 72 36 41*, 434

MAGISTRATSABTEILUNG 59

Marktamt

(Geschäftsgruppe Personal, Rechtsangelegenheiten und Konsumentenschutz)
3, Am Modenapark 1–2, 2. Stock, Tel. 740*, 72 36 31*

Aufsichtsdienst auf dem Gebiet des Konsumentenschutzes, insbesondere bezüglich der folgenden Gesetze und der aufgrund dieser Gesetze erlassenen Verordnungen:
Lebensmittelgesetz 1975, Gewerbeordnung 1973, Maß- und Eichgesetz 1950, Preisgesetz, Qualitätsklassengesetz, Gesetz gegen den unlauteren Wettbewerb, Weingesetz, Bazillenausscheidergesetz und Wiener Buschenschankgesetz.
Verwaltung der Märkte der Stadt Wien, insbesondere Errichtung, Erhaltung, Zuweisung und Entziehung von Marktstandplätzen und Markteinrichtungen, Einhebung der Gebühren und Entgelte, Verwaltung der Erweiterungsfläche und der Anschlußbahnanlage für den Großmarkt Wien-Inzersdorf; Verwaltung der abteilungseigenen Gastgewerbekonzessionen.
Einrichtung und Betrieb von städtischen Brückenwaagen und Einhebung der Entgelte.

Erhebungen für den Verbraucherpreisindex sowie über Preise und Zufuhren, Marktbeobachtungsdienst einschließlich der Überwachung der Lebensmittelversorgung und Marktnachrichtendienst.
Allgemeiner Erhebungsdienst, insbesondere solcher wirtschaftlicher Art.
Konsumentenberatung für Waren, die dem Lebensmittelgesetz unterliegen.
Zulassung, Widerruf der Zulassung und Überwachung der Markthelfer.
Vergebung, Entziehung und Überwachung von beweglichen Verkaufsständen auf Grundstücken mit öffentlichem Verkehr einschließlich der Erteilung der Gebrauchserlaubnis mit Ausnahme von Zeitungsständen.
Die vorstehenden Aufgaben sind nur insoweit wahrzunehmen, als sie nicht in die Zuständigkeit des Markt- und Schlachtbetriebes der Magistratsabteilung 60 fallen.
Dienstaufsicht über das zugeteilte Personal, soweit es nicht der Dienstaufsicht des Magistratsdirektors untersteht.

Samsinger, Dr. Otmar, Direktor des Marktamtes . . 241
Graf Walter, Oberamtsrat 242
Berger Paul, Oberamtsrat 247
Neuber Johann, Oberamtsrat 251
Lembacher Werner, Amtsrat 248
Novak Ernst, Amtsrat 246
Vyskocil Hubert, Amtsrat 252
Weinzettel Robert, Amtsrat 250
Eichinger Silvia, Kanzleioffizial, Kanzleileiter 254
Kanzlei 254

Lebensmittelpolizei 246, 247, 248
Ernährungstechnische Fragen 245
Laboratorium 245
Verwaltung der Märkte, Eichpolizei 249
Gewerbeangelegenheiten, Landeskultur, Naturschutz, Preis- und Versorgungsangelegenheiten, Statistik, Straßenstände 251, 252, 257
Betriebswirtschaftliche und Verrechnungsangelegenheiten, Budget 250

Marktamtsabteilungen:

1. Bezirk:
1, Ebendorferstraße 4 . . . . 42 8 03
Scholz Karl, Amtsrat 2520
Müller Herbert, Amtsrat 2528

2. Bezirk:
2, Karmelitermarkt,
Amtsgebäude 33 31 91*, 35 16 83*
Honomann Hannes, Amtsrat 57
Marktaufsicht Vorgartenmarkt:
2, Ennsgasse 8 . . . . 24 57 685

3. Bezirk:
3, Karl-Borromäus-Platz 3 . . . . . . 703*, 72 51 71*
Pardy Gottfried, Amtsrat 261
Marktaufsicht Augustiner Markt 73 90 775
Landstraßer Markt:
3, Invalidenstraße 2 . . . . 73 17 51

4., 5., 6., 7. Bezirk:
4, verlängerte Kettenbrückengasse,
Amtsgebäude Naschmarkt 57 73 31*, 57 73 65*
Schön Heinrich, Oberamtsrat 20

8., 9. Bezirk:
9, Nußdorfer Straße 22, Markthalle 34 32 48*
Altmann Eduard, Oberamtsrat 31 25 76
Klettler Franz, Verwaltungsoberkommissär 2

10. Bezirk:
10, Viktor-Adler-Markt, Amtsgebäude . . . 64 27 77
Lorenz Franz, Prof., Oberamtsrat 64 27 63

11. Bezirk:
11, Lorystraße, Simmeringer Markt,
Amtsgebäude, Brückenwaage 74 33 01
Felke Karl Ernst, Amtsrat

12. Bezirk:
12, Hufelandgasse 2 . . . . 712*, 83 16 01*
Mildner Herbert, Amtsrat 231
Schnabel, Ing. Wilhelm, Amtsrat 232
Marktaufsicht Meidlinger Markt, Brückenwaage:
12, Niederhofstraße 83 31 81

13., 14. Bezirk:
13, Hietzinger Kai 1–3. . . . . 713*, 82 26 51*
Wirth Wilhelm, Verwaltungsoberkommissär . . 340
Heindl Kurt, Amtsrat 341

15. Bezirk:
15, Dadlergasse 1–3 . . . . 83 43 13, 83 54 31
Kampfmüller Oskar, Amtsrat
Marktaufsicht Meiselmarkt, Brückenwaage:
15, Meiselmarkt 92 33 51

16. Bezirk:
16, Yppenplatz, Amtsgebäude 42 61 74
Plsek Karl, Oberamtsrat 42 49 655
Gnadlinger Franz, Amtsrat

17. Bezirk:
17, Elterleinplatz 14 . . . . 717*, 43 61 01*
Rigler Wolfgang, Verwaltungsoberkommissär . . 216

18. Bezirk:
18, Martinstraße 100 . . . . 718*, 34 25 20*
Schulla Rudolf, Verwaltungsoberkommissär . . 270

19. Bezirk:
19, Gatterburggasse 14 . . . . 719*, 36 42 50*
Riegelmaier Johann, Amtsrat 251

20. Bezirk:
20, Brigittaplatz 10 . . . . 720*, 33 35 11*
Enslein Walter, Amtsrat 340
Marktaufsicht Hannovermarkt, Brückenwaage:
20, Hannovermarkt 33 22 45

21. Bezirk:
21, Schlingerhof, Floridsdorfer
Markt 38 15 80*, 38 15 89*
Panzirsch Karl, Amtsrat. 1

22. Bezirk:
22, Kagran, Schrödingerplatz 1 . . . 722*, 23 65 29*
Sklenar Wilhelm, Verwaltungsoberkommissär . 250

23. Bezirk:
23, Liesing, Lehmanngasse 3 . . . . 723*, 86 96 17*
Tomas, Ing. Werner, Amtsrat 79
Großmarkt Wien-Inzersdorf:
23, Inzersdorf, Laxenburger Straße 365 . . 67 35 31*
Fingl Walter, Oberamtsrat 21
Hafenscher Herbert, Amtsrat 22
Brückenwaage 32
Blumengroßmarkt 31

MAGISTRATSABTEILUNG 60

Veterinäramt, Lebensmitteluntersuchungsanstalt, Markt- und Schlachtbetrieb St. Marx

(Geschäftsgruppe Personal, Rechtsangelegenheiten und Konsumentenschutz)

3, Viehmarktgasse 5–7, Tel. 78 76 46*

Allgemeine Angelegenheiten des Veterinärwesens mit Ausnahme der der Magistratsabteilung 58 vorbehaltenen rechtlichen Angelegenheiten und der den magistratischen Bezirksämtern zukommenden veterinärbehördlichen Aufgaben.

Allgemeine Angelegenheiten des Tierschutzes, ausgenommen die der Magistratsabteilung 58 und den magistratischen Bezirksämtern vorbehaltenen rechtlichen Angelegenheiten.

Verhütung und Bekämpfung von Tierseuchen.

Beistellung von tierärztlichen Amtssachverständigen.

Veterinärbehördliche Überwachung der Tiermärkte, Tierauktionen, Tierschauen und Tierausstellungen, der Kühlhäuser, der Freibank, der Tierkörperverwertungsanstalt, der Tierspitäler und der Tierschutzhäuser; tierärztliche Überwachung von Tierhaltungsbetrieben und von einschlägigen Gewerbebetrieben, in welchen tierische Rohstoffe verarbeitet werden; Abgabe von Gutachten und fachliche Mitwirkung bei der Genehmigung solcher Anstalten, Betriebe, Einrichtungen und Veranstaltungen.

Ausbildung und Prüfung der Laienfleischbeschauer (Trichinenschauer) sowie Abnahme der Hufbeschlagsprüfung.

Amtstierärztlicher Dienst, unter anderem Evidenthaltung und Überwachung der Berufsausübung der Tierärzte, Überwachung der tierärztlichen Hausapotheken, der Gebarung mit Suchtgiften durch Tierärzte, des Verkehrs mit Tierimpfstoffen und Arzneimitteln, Überwachung des Huf- und Klauenbeschlages und des Viehschnittes.

Vieh- und Fleischbeschau, Überbeschau, tierärztliche Grenzkontrolle mit Nachkontrolle im Inlandsbestimmungsort, Trichinenschau und Befundüberprüfung; Zulassung und Überwachung von Exportbetrieben.

Überwachung des Verkehrs mit Lebensmitteln tierischer Herkunft im Rahmen des amtstierärztlichen Dienstes; Hygienekontrolle in Schlachtbetrieben, Fleischindustriebetrieben, Fleischhauerbetrieben größeren Umfangs, Geflügelschlachtbetrieben und Geflügelzerlegebetrieben, Wildsammelstellen und Wildzerlegebetrieben, öffentlichen und privaten Kühlhäusern, Darmputzereien, Darmhandlungen, Verbrauchermärkten mit eigenen Frischfleischabteilungen und Großküchen.

Überwachung des Kuhmilchverkehrs (Meiereibetriebe und Sammelmolkereien) und der Babymilcherzeugung einschließlich der entsprechenden Untersuchungen der Milch und der periodischen klinischen Untersuchung der eingestellten Rinder.

Beistellung von Sachverständigen im Rahmen der Tierzuchtförderung; veterinärmedizinische Begutachtung von Statuten für Züchtervereine.

Mitwirkung bei der Festsetzung der Entgelte, der Gebühren für die tierärztlichen Untersuchungen, der Kosten für die Untersuchungen im Inlandsbestimmungsort und der Ausgleichsabgabe; Bemessung und Einhebung dieser Entgelte und Kosten sowie der Gebühren und Ausgleichsabgabe.

Handhabung des Mastkreditgesetzes.

Führung der Veterinärstatistik.

Instruktion von Studierenden an der veterinärmedizinischen Universität und Abhaltung von Kursen für die Ausbildung von Tierärzten zur Vornahme der bakteriologischen Fleischuntersuchung sowie zur Fortbildung der Amtstierärzte und Lebensmittelpolizeiorgane.

Begutachtung der Anträge auf Verleihung des Berufstitels „Veterinärrat“.

Führung der Lebensmitteluntersuchungsanstalt der Stadt Wien.

Untersuchungen und Kontrollen der Voraussetzungen des „Gütesiegels der Stadt Wien für Fleisch und Fleischwaren“.

Führung und Erhaltung des Markt- und Schlachtbetriebes St. Marx und seiner Einrichtungen.

Besorgung folgender Aufgaben im Markt- und Schlachtbetrieb St. Marx: Führung der Markt- und Lebensmittelstatistik; Ausübung der Markt- und Lebensmittelpolizei; Zulassung, Widerruf der Zulassung und Überwachung der Markthelfer; Vollziehung der Richtmärkteverordnung.

Dienstaufsicht über das zugeteilte Personal, soweit es nicht der Dienstaufsicht des Magistratsdirektors untersteht.

Jurcik, Dr. Walter, Veterinärdirektor 241
Jakisch, Dr. Herwig, Senatsrat 232
Sekretariat 228
Personalangelegenheiten:
Mader Erwin, Amtsrat 374
Wirtschaftsangelegenheiten:
Luza Wilhelm, Verwaltungsoberkommissär 268
Betriebskasse:
Loser Helga, Amtsrat 273
Zimmermann Margareta, Kanzleikommissär, Kanzleileiter 275

Veterinäramt:

Veterinärangelegenheiten der Bezirke:
Jakisch, Dr. Herwig, Senatsrat 232
Tierschutz, Tierzucht, Tbc- und Brucellosebekämpfung, Veterinärstatistik:
Pfaffel, Dr. Alfred, Senatsrat 233

Veterinäramtsabteilungen:

1., 8. Bezirk:
1, Salvatorgasse 7 . . . . 701*, 708*, 63 07 31*
Heinzel, Dr. Hans Günther, Oberveterinärrat . 232

2., 20. Bezirk:
2, Rotensterngasse 27 . . . . . . 24 21 45, 24 28 765
Sehn, Dr. Karl, Oberveterinärrat
Duda, Dr. Ernst, Tierarzt
Ferber, Dr. Josef, Veterinärkommissär

3., 10., 11. Bezirk:
10, Laxenburger Straße 43–47 . . . . 710*, 64 36 31*
Jeitler, Dr. Alfred, Senatsrat 292
Kolinko, Dr. Artur, Oberveterinärrat 292
Grestenberger, Dr. Erwin, Veterinäroberkommissär 292
Expositur: 11, Enkplatz 2 . . . . . . 711*, 74 35 86*
Geigenmüller, Dr. Hermann, Oberveterinärrat . 265

4., 5., 6., 7., 12. Bezirk:
5, Schönbrunner Straße 54 . . 704*, 725*, 55 45 85*
Gratze, Dr. Helmut, Senatsrat 289
Adam, Dr. Hubert, Oberveterinärrat 287
Horvatic, Dr. Peter, Oberveterinärrat 288
Schuller, Dr. Kurt, Oberveterinärrat 286

9., 18., 19. Bezirk:
18, Martinstraße 100 . . . . 718*, 34 25 20*
Vater, Dr. Maximilian, Oberveterinärrat 290
Hanna, Dr. Abdul-Ahad, Veterinärrat 291

13., 14., 15. Bezirk:
13, Hietzinger Kai 1–3 . . . . 713*, 82 26 51*
Schiel, Dr. Otto, Senatsrat 350
Hückel, Dr. Robert, Oberveterinärrat 351

16., 17. Bezirk:
16, Richard-Wagner-Platz 19 . . . . 716*, 92 26 96*
dzt. unbesetzt 280
Dostal, Dr. Johannes, Oberveterinärrat 237

21. Bezirk:
21, Am Spitz 1 . . . . 721*, 38 15 04*
Binder, Dr. Otto, Oberveterinärrat 350
Reisinger, Dr. Günter, Veterinärrat 350

22. Bezirk:
22, Kagran, Schrödingerplatz 1 . . . 722*, 23 65 29*
Maresch, Dr. Johann, Senatsrat 297
Hansy, Dr. Helmut, Veterinärrat 298

23. Bezirk:
23, Liesing, Lehmanngasse 1 . . . . 723*, 86 96 17*
Kopf, Dr. Norbert, Senatsrat 30
Schörner, Dr. Gustav, Veterinärrat 30

Tierkörperverwertungsanstalt:
11, Simmeringer Lände 208 . . . . 76 61 76
Hartmann, Dr. Friedrich, Senatsrat i. R.

Lebensmitteluntersuchungsanstalt der Stadt Wien:
3, Henneberggasse 3 . . . . 78 89 92, 78 76 46*
Psota, Dr. Alfred, Senatsrat, Direktor 221
Nowotny, Dr. Friedrich, Senatsrat 218
Brandl, Dr. Bruno, Oberveterinärrat 373
Gyimothi, Dr. Johann, Oberveterinärrat 284
Trost, Dr. Walter, Oberveterinärrat 222
Außerlechner, Dr. Georg, Veterinärrat 352
Frühling, Dr. Raimund, Magistratsrat 223
Hasitschka, Dr. Peter, Veterinärrat 222
Nowak, Dipl.-Ing. Herbert, Magistratsoberkommissär 353
Heimbucher, Dr. Johann, Tierarzt 372
Merkl, Dr. Herta, Tierarzt 372
Bakteriologisches Laboratorium, Auskünfte 222
Chemisches Laboratorium 350, 351
Organoleptik 352
Serologisches Laboratorium 372
Histologisches Laboratorium 354, 355
Fischlaboratorium 353
Hygienekontrolle 373
Probeneinbringung 222, 352
Kanzlei 281

Markt- und Schlachtbetrieb St. Marx:

Betriebsangelegenheiten, Betriebsansiedlung:
Kallab, Dr. Kurt, Senatsrat 361

Viehmärkte und Direkteinbringung von Schlachttieren:
Walli, Dr. Alfred, Oberveterinärrat 242
Gsandtner, Tierarzt Hermann 242
Haberler, Dr. Werner, Tierarzt 243
Kirchmayer, Dr. Walter, Veterinärkommissär 244

Schlachthof, Trichinenschau:
Bartha, Dr. Friedl, Senatsrat 215
Nader, Dr. Oswin, Oberveterinärrat 261
Stix, Dr. Hans, Veterinäroberkommissär 264
Jakisch, Tierarzt Gerhard, Veterinärkommissär . . . 264
Posch, Tierarzt Helga, Veterinärkommissär 264
Schindler, Dr. Klaus, Veterinärkommissär 260

Fleischgroßmarkt, Direkte Überbeschau:
Leszczuk, Dr. Herbert, Senatsrat 368
Freiler, Dr. Robert, Oberveterinärrat 362
Ramsauer, Dr. Alfred, Oberveterinärrat 231
Hannan, Dr. Hannan, Veterinärrat 364
Gratze, Dr. Walter, Veterinärkommissär 364
Dreier, Tierarzt Friedrich 364
Kanis, Dr. Alois, Tierarzt 364
Reisenauer, Tierarzt Johann 364
Sarafidis, Dr. Panagiotis, Tierarzt 364
Szkiba, Dr. Andreas, Tierarzt 364

Technische Angelegenheiten:
Fellner, Ing. Oswald, Techn. Amtsrat 341
Betriebskasse 273

MAGISTRATSABTEILUNG 61

Staatsbürgerschafts- und Personenstandsangelegenheiten

(Geschäftsgruppe Personal, Rechtsangelegenheiten und Konsumentenschutz)

1, Rathaus, 8. Stiege, Parterre, Tür 19, und Hochparterre, Tür 105, Tel. 42 8 08

Allgemeine und grundsätzliche Angelegenheiten des Staatsbürgerschaftsrechts, individuelle Angelegenheiten des Staatsbürgerschaftsrechts, soweit ihr Vollziehung der Landesregierung zukommt, ausgenommen die Durchführung der Verwaltungsstrafverfahren in erster Instanz, einschließlich der Bearbeitung von Berufungen gegen Straferkenntnisse der magistratischen Bezirksämter und Vorbearbeitung von Berufungen, die sich gegen administrative Bescheide der Gemeinde sowie von österreichischen Berufskonsulaten bzw. österreichischen diplomatischen Vertretungen im Ausland (Zuständigkeit nach Evidenzstellen) richten.

Individuelle Angelegenheiten des Staatsbürgerschaftsrechtes, soweit ihre Vollziehung in den übertragenen Wirkungsbereich der Gemeinde fällt.

Allgemeine, grundsätzliche und individuelle Angelegenheiten des Ehe-, Namens- und Matrikenrechts.

Entscheidung über Berufungen gegen Bescheide der Bundespolizeidirektion Wien betreffend Änderung von Vornamen.

Führung der Standesämter einschließlich der Wahrnehmung der Aufgaben der Aufsichtsbehörden.

Aufsicht über die Führung konfessioneller Altmatriken und Berichtigung von Eintragungen in diesen Matriken.

Beglaubigung der Unterschrift des Standesbeamten und des beigefügten Amtssiegels auf Personenstandsurkunden, auf Abschriften aus den Personenstandsbüchern und auf Ehefähigkeitszeugnissen, einschließlich der Legalisierung von Unterschriften auf Personenstandsurkunden aus den konfessionellen Altmatriken.

Fuhs, Mag. Roland, Obersenatsrat 3601
Bräutigam, Dr. Robert, Obermagistratsrat 3602
Aulehla, Dr. Elisabeth 3634
Landgraf Engelbert, Oberamtsrat 3603
Müller Gerhard, Oberamtsrat 3610
Hieblinger Rudolf, Amtsrat 3620
Huemer Herbert, Amtsrat 3633
Willinger Peter Oswald, Amtsrat 3621
Wozelka Peter, Amtsrat 3624
Zänger Robert, Amtsrat 3622
Scheuer Rudolf, Verwaltungsoberkommissär 3604
Wagl Erika, Kanzleikommissär, Kanzleileiter 861
Personalreferat 3610
Kanzlei und Einlaufstelle 861, 3635
Schreibstelle 3635
Verlagsführer 3609
Kanzlei Staatsbürgerschaftsangelegenheiten 861
Kanzlei Staatsbürgerschaftsevidenz 3616, 3623
Kanzlei Personenstandsangelegenheiten 3608
Staatsbürgerschaftsangelegenheiten,
Referenten 3310, 3600, 3618, 3621, 3625, 3638, 3656, 3986
Staatsbürgerschaftsevidenzstelle,
Revisoren 3615, 3620, 3622, 3624, 3633
Referenten . . . 3612, 3613, 3614, 3619, 3624, 3628, 3629
Personenstandsangelegenheiten,
Aufsicht über die Standesämter 3604, 3605
Andere Personenstandsangelegenheiten (insbesondere Namensänderungen) 3606
Zentralkartothek der Standesämter:
Geburtenbuch 3617
Familienbuch 3608
Sterbebuch 3607
Altmatriken des Magistrats bis 1938 3608
Aktenlager 3055

Wiener Standesämter:

Innere Stadt:
8, Schlesingerplatz 4
(1., 6., 7., 8., 9. Bezirk) 727*, 42 75 41*
Blank Walter, Oberamtsrat 230

Brigittenau:
20, Brigittaplatz 10
(2., 20. Bezirk) 720*, 33 35 11*
Mitterbauer Josef, Verwaltungsoberkommissär . . . 330

Landstraße:
3, Karl-Borromäus-Platz 3 . . . . 703*, 72 51 71*
Bauer Erich, Verwaltungsoberkommissär 291

Margareten:
5, Schönbrunner Straße 54
(4., 5., 12. Bezirk, vom 23. Bezirk die Katastralgemeinden Atzgersdorf und Liesing) 704*, 725*, 55 45 85*
Eis Leopold, Oberamtsrat 260

Favoriten:
10, Keplerplatz 5
(10., 11. Bezirk, vom 23. Bezirk die Katastralgemeinden Erlaa, Inzersdorf und Siebenhirten) 710*, 64 36 31*
Teschner Wolfgang, Amtsrat 284

Hietzing:
13, Hietzinger Kai 1–3
(13., 14., 15. Bezirk, vom 23. Bezirk die Katastralgemeinden Mauer, Rodaun und Kalksburg) 713*, 82 26 51*
Müller Helmuth, Amtsrat 330

Ottakring:
16, Richard-Wagner-Platz 19
(16., 17. Bezirk) 716*, 92 26 96*
Walek Heinrich, Oberamtsrat 270

Währing:
18, Martinstraße 100
(18., 19. Bezirk) 718*, 34 25 20*
Fischer Bruno, Amtsrat 260

Floridsdorf:
21, Am Spitz 1
(21., 22. Bezirk) 721*, 38 15 04*
Hilbert Erich, Amtsrat 330

MAGISTRATSABTEILUNG 62

Wahlen und verschiedene Rechtsangelegenheiten

(Geschäftsgruppe Personal, Rechtsangelegenheiten und Konsumentenschutz)

8, Lerchenfelder Straße 4, 3. Stock, Tel. 731*, 42 76 11*

Führung der Wählerevidenz, Organisation und Durchführung von Wahlen sowie von Volksbegehren, Volksabstimmungen und Volksbefragungen; Vorbereitung der Berufung von Ersatzmännern gemäß der GWO und von Entscheidungen der Wahlbehörden.
Evidenthaltung der Funktionsdauer der gewählten Funktionäre der Gemeinde, soweit nicht eine andere Dienststelle zuständig ist.
Rechtsmittelentscheidungen gegen Verfügungen und Entscheidungen, die sich auf ortspolizeiliche Verordnungen gemäß § 108 WStV. gründen.
Angelegenheiten des Zivildienstes, Angelegenheiten nach dem Wehrgesetz, dem Militärleistungsgesetz sowie die Bearbeitung von Berufungen in Familienunterhalts- und Wohnkostenbeihilfeangelegenheiten für Wehrpflichtige und Zivildienstleistende.
Vorbereitung von Berufungsentscheidungen gegen Straferkenntnisse der magistratischen Bezirksämter sowie gegen Straferkenntnisse der Bundespolizeidirektion Wien, sofern keine andere Dienststelle dafür zuständig ist.
Handhabung des Ausländergrunderwerbsgesetzes.
Behördliche Angelegenheiten der Stiftungen und Fonds.
Handhabung des Glücksspielgesetzes und des Wiener Sammlungsgesetzes.
Preisangelegenheiten mit Ausnahme von Mietzinsen und Lebensmittelpreisen.
Kultusangelegenheiten mit Ausnahme der Angelegenheiten der konfessionellen Altmatriken und der Entgegennahme der Erklärungen über den Austritt aus staatlich anerkannten Religionsgesellschaften.
Mitwirkung der Gemeinde bei der Bildung der Geschwornen- und Schöffenlisten, allgemeine und grundsätzliche Angelegenheiten der Gemeindevermittlungsämter.
Angelegenheiten nach dem NS-Gesetz (VG 1947).
Handhabung des Datenschutzgesetzes, soweit nicht der Magistratsdirektor zuständig ist und soweit es sich nicht um Maßnahmen handelt, die durch Erlaß des Magistratsdirektors der jeweiligen Dienststelle im Sinne des § 5 Abs. 1 der Geschäftsordnung für den Magistrat der Stadt Wien zugewiesen sind oder werden.
Abfassung von Gegenschriften zu Beschwerden an den Verfassungs- oder Verwaltungsgerichtshof gegen Maßnahmen der Magistratsabteilung 48 auf Grund der Verordnung betreffend die Freihaltung des Stadtbildes von störenden Werbeständern.

Stolba, Dr. Walter, Senatsrat 201
Sokop, Dr. Hans Werner, Obermagistratsrat 204
Müller, Dr. Tillmann, Magistratsrat 205
Schwarzberger, Dr. Johann, Magistratsrat 299
Fabro Heinz, Amtsrat 220
Dobrowa Gertrude, Kanzleioberkommissär,
Kanzleileiter 208
Kanzlei 209
Einlaufstelle und Auskünfte 210
Datenschutzangelegenheiten 201
Berufungen, Stiftungen und Fonds, Ausländergrunderwerb 204, 205
Kultusangelegenheiten, Preisangelegenheiten 204
Sammlungsangelegenheiten 205
Geschwornen- und Schöffenlisten 230
Gemeindevermittlungsämter 204, 230
Angelegenheiten nach dem Wehr- und Zivildienstgesetz 205
Glücksspiele 220, 218
Angelegenheiten, die nicht besonders genannt sind . 205

Wählerevidenz:

Aufsicht 220
1., 2., 3., 8. Bezirk 211, 221
4., 5., 6., 7. Bezirk 212, 222
9., 10., 11. Bezirk 213, 223
12., 13., 14. Bezirk 214, 224
15., 16., 17. Bezirk 215, 225
18., 19., 20. Bezirk 216, 226
21., 22., 23. Bezirk 217, 227

MAGISTRATSABTEILUNG 63

Gewerbewesen und rechtliche Angelegenheiten des Ernährungswesens

(Geschäftsgruppe Personal, Rechtsangelegenheiten und Konsumentenschutz)

1, Wipplingerstraße 8, 1. Stiege, 1. Stock, Tür 137, Tel. 701*, 708*, 63 07 31*

Allgemeine und grundsätzliche Rechtsangelegenheiten auf den Gebieten des Gewerberechtes (einschließlich des gewerblichen Marktwesens), des Ernährungswesens und des Preisrechtes (Abschöpfung von Mehrerlösen bei Brotgetreide und Mahlprodukten, Preisangelegenheiten der Lebensmittel).
Angelegenheiten, zu deren Besorgung nach den in der Folge aufgezählten Gesetzen und den dazu ergangenen Verordnungen der Landeshauptmann zuständig ist, einschließlich der Bearbeitung von Rechtsmitteln im Administrativ- und Strafverfahren, soweit diese Geschäfte nicht anderen städtischen Dienststellen zugewiesen sind:
Arbeitnehmerschutzgesetz,
Arbeitsinspektionsgesetz,
Arbeitszeitgesetz,
Ausverkaufsordnung,
Bäckereiarbeitergesetz,
Bauarbeiter-Urlaubsgesetz,
Berufsausbildungsgesetz,
Börsensensalegesetz,
Gelegenheitsverkehrsgesetz,
Gewerbeordnung 1973,
Güterbeförderungsgesetz,
Heimarbeitsgesetz,
Gesetz über die Beschäftigung von Kindern und Jugendlichen,
Konsumentenschutzgesetz,
Ladenschlußgesetz,
Lebensmittelgesetz,
Markenschutzgesetz,
Marktordnungsgesetze,
Maß- und Eichgesetz,
Musterschutzgesetz,
Mutterschutzgesetz,
Bundesgesetz über die Nachtarbeit der Frauen,
Patentgesetz,
Preisgesetz,
Qualitätsklassengesetz,
Ratengesetz,
Rohrleitungsgesetz hinsichtlich des Konzessionsverfahrens sowie der einschlägigen Strafbestimmungen,
Sicherheitsfilmgesetz,
Gesetze betreffend die Sonn- und Feiertagsruhe,
Strahlenschutzgesetz, soweit sich seine Anwendung auf gewerbliche Betriebsanlagen bezieht,
Gesetz gegen den unlauteren Wettbewerb,
Weingesetz,
Wirtschaftstreuhänder-Berufsordnung.
Bearbeitung von Rechtsmitteln an den Berufungssenat auf dem Gebiet des Gewerberechtes.
Angelegenheiten des Betriebsaktionen-Verbotsgesetzes und des Buchmacher- und Totalisateurwesens, soweit nicht die Magistratsabteilung 4 zuständig ist.
Ausarbeitung von Marktgebührentarifen.
Führung des Zentralgewerberegisters und des Verwaltungsstrafkatasters.

Leitner, Dr. Franz, Obersenatsrat 271
Stroblberger, Dr. Erwin, Obermagistratsrat 272
Celar, Dr. Peter, Obermagistratsrat 275
Frank, Dr. Werner, Obermagistratsrat 335
Hanausek, Dr. Eleonore, Obermagistratsrat 274
Schwaiger, Dr. Gerhard, Obermagistratsrat 336
Thumb, Dr. Gertrud, Obermagistratsrat. 253
Buchinger, Dr. Dieter, Magistratsrat 291
Maukner, Dr. Roman, Magistratsrat 273
Obermaier, Dr. Gertraud, Magistratskommissär . . 265
Lurf, Mag. Udo 264
Kovarik Johann, Oberamtsrat 321
Holzer Georg, Amtsrat 322
Blosel Alfred, Kanzleirat, Kanzleileiter 270
Kanzlei 280, 281

Allgemeine Angelegenheiten des Gewerbe-, Preis- und Lebensmittelrechtes 273
Betriebsanlagen 264, 275, 336
Berufungen in Gewerbeangelegenheiten . 253, 265, 272, 274, 275, 335
Individuelle Angelegenheiten des Lebensmittelrechtes 253, 335
Konzessionierte Gewerbe, Gleichstellungen, Nachsichten 262, 276, 277, 278, 285

Zentralgewerberegister:

3. Stock, Tür 305
Kovarik Johann, Oberamtsrat 321
Holzer Georg, Amtsrat 322

MAGISTRATSABTEILUNG 64

Rechtliche Bau-, Energie-, Eisenbahn- und Luftfahrtangelegenheiten

(Geschäftsgruppe Personal, Rechtsangelegenheiten und Konsumentenschutz)
20, Dresdner Straße 75, 2. Stock, Tel. 835*, 35 66 11*

Allgemeine und grundsätzliche Angelegenheiten des Bau-, Energie-, Straßen-, Luftfahrt- und Eisenbahnrechts.
Administrativbehördliche Angelegenheiten des Eisenbahnrechts.
Rechtliche Angelegenheiten der Feuerpolizei, soweit nicht andere Dienststellen zuständig sind, und des Energiewesens, soweit nicht andere Dienststellen zuständig sind oder soweit es sich nicht um gewerbebehördliche Angelegenheiten handelt.
Bearbeitung von Berufungen gegen Strafbescheide, soweit es sich nicht um Abgabenstrafen handelt, in Bau-, Energie-, Straßen-, Luftfahrt-, Eisenbahn-, Feuerwehr-, Feuerpolizei-, Katastrophenhilfe- und Strahlenschutzangelegenheiten, soweit nicht Angelegenheiten der medizinischen Heilbehandlung oder gewerbliche Angelegenheiten berührt werden, ferner bei Übertretung der Aufgrabungskundmachung, in Angelegenheiten des Atomhaftpflicht-, des Stadterneuerungs-, des Ziviltechniker- und des Ingenieurgesetzes.
Rechtliche Verfügungen bei Ersatzvornahmen nach dem Verwaltungsvollstreckungsgesetz, soweit nicht die Magistratsabteilung 6 oder die Magistratsabteilung 25 zuständig ist.
Genehmigung von Grundabteilungen.
Abfassung von Grundbuchseingaben, soweit die Magistratsabteilung 64 als Behörde tätig wird, ausgenommen Einverleibungen im Vollstreckungsverfahren, sowie Antragstellung auf Löschung baurechtlicher Verpflichtungen, die von einer anderen Behörde ausgesprochen wurden, auf Antrag dieser Behörde.
Durchführung von Enteignungsverfahren, Einlösungen, Umlegungen und Grenzberichtigungen, soweit nicht die Magistratsabteilung 58 zuständig ist.
Behördliche Festsetzung von Entschädigungen, soweit nicht eine andere Dienststelle zuständig ist.
Entscheidung über Beiträge gemäß § 11 Bundesstraßengesetz 1971, soweit keine privatrechtliche Vereinbarung zustandekommt.
Erteilung von Bewilligungen nach § 82 Abs. 1 Straßenverkehrsordnung bei Bauten vor der Baulinie im Zusammenhang mit genehmigungspflichtigen Bauführungen, sofern die Magistratsabteilung 64 für die Baubewilligung zuständig ist.
Behördliche Angelegenheiten des Stadterneuerungsgesetzes.
Behördliche Angelegenheiten des Bodenbeschaffungsgesetzes.
Durchführung des baubehördlichen Genehmigungsverfahrens für Bauten des Bundes, ausgenommen Wohnbauten.
Vorbereitung von Berufungsentscheidungen in Administrativangelegenheiten nach dem Wiener Feuerwehrgesetz.
Bemessung und Vorschreibung von Kanaleinmündungsgebühren und von Anliegerbeiträgen.
Erteilung der Gebrauchserlaubnis im Zusammenhang mit Baubewilligungen.
Bearbeitung von Berufungen hinsichtlich administrativer Bescheide nach dem Gebrauchsabgabegesetz, soweit die Berufung nicht die Abgabe betrifft.
Handhabung des Elektrotechnikgesetzes bei der Errichtung, Abänderung und Abtragung von Elektrizitätserzeugungs- und -leitungsanlagen; Bewilligung der Festbeleuchtung von Straßenzügen zu besonderen Anlässen.
Administrative Angelegenheiten des Zivilschutzes einschließlich der umfassenden Landesverteidigung, sofern keine andere Dienststelle zuständig ist.
Vermittlung von Kenntnissen an die Bevölkerung auf dem Gebiete des Selbstschutzes und der Haushaltsbevorratung im Einvernehmen mit dem Magistratsdirektor gemäß § 4 Abs. 1 des Wiener Katastrophenhilfegesetzes; Herstellung, Ausgabe und Evidenthaltung der Abzeichen gemäß § 9 Abs. 1 sowie Bearbeitung von Kostenersatzforderungen gemäß § 15 Abs. 4 des Wiener Katastrophenhilfegesetzes.
Rechtliche Angelegenheiten des Strahlenschutzes, soweit nicht die Magistratsabteilung 14 (medizinische Heilbehandlung), die Magistratsabteilung 63 (gewerbliche Angelegenheiten) oder die magistratischen Bezirksämter zuständig sind.
Erlassung von Bescheiden durch die Bezirksverwaltungsbehörde nach dem Mietrechtsgesetz, ausgenommen Strafamtshandlungen.
Rechtliche Angelegenheiten des Ingenieurkammer- und Ziviltechnikerwesens, insbesondere die Erstattung von Gutachten; Bearbeitung von Berufungen in Ingenieurkammer- und Ziviltechnikerangelegenheiten.
Erstellung von Zweckdienlichkeitsbescheinigungen nach dem Grunderwerbssteuergesetz.

Geuder, Dr. Heinrich, Senatsrat 264
Schiller, Dr. Karl, Obermagistratsrat 265
Marksteiner, Dr. Klaus, Obermagistratsrat 290
Slovak, Dr. Friedrich, Obermagistratsrat 293
Mlczoch, Mag. Norbert, Magistratsoberkommissär . 292
Kirchmayer, Dr. Wolfgang, Magistratskommissär . 295
Obransky, Dr. Alexander, Magistratskommissär . . 296
Herndl, Mag. Klaus-Peter 292
Reinagl Christine, Amtsrat 280
Bobak Eva-Maria, Kanzleikommissär, Kanzleileiter 270
Kanzlei 271, 272, 273, 274, 275, 276

Grundabteilungen 280, 281, 282, 283, 284
Elektrizitätsangelegenheiten 281, 282
Eisenbahnangelegenheiten . . . 281, 282, 283, 284, 292
U-Bahn-Angelegenheiten 290
Luftfahrtangelegenheiten 291, 293, 296
Angelegenheiten der umfassenden Landesverteidigung 291, 293
Öffentliche Bauten 291, 292, 293, 294, 295, 296
Ersatzvornahmen 266, 285, 286
Enteignungen 290, 291, 292, 294, 295, 296
Verwaltungsverfahren nach dem Stadterneuerungs- und dem Bodenbeschaffungsgesetz 266, 285, 286

MAGISTRATSABTEILUNG 65

(derzeit nicht eingerichtet, siehe MDZ)

MAGISTRATSABTEILUNG 66

Statistisches Amt der Stadt Wien

(Geschäftsgruppe Personal, Rechtsangelegenheiten und Konsumentenschutz)

1, Volksgartenstraße 3, 2. Stock, Tür 343, Tel. 42 8 06

Durchführung der Volkszählung und der aufgrund des Bundesstatistikgesetzes vorzunehmenden statistischen Erhebungen (Häuser- und Wohnungszählung, Wohnbaustatistik, Fremdenverkehrsstatistik, landwirtschaftliche Zählungen, Viehzählung u. a.).
Durchführung von besonders angeordneten Zählungen und Stichprobenerhebungen (Mikrozensus).
Statistische Erfassung von Daten, die Wiener Bevölkerung betreffend (Eheschließungen, Geburten, Sterbefälle, Religionsaustritte, Wanderungs-, Staatsbürgerschafts-, Krankenanstaltenstatistik).
Durchführung von Arbeiten auf dem Gebiet der Wirtschaft-, Sozial- und Kulturstatistik.
Beschaffung und Verarbeitung statistischer Unterlagen, die für die städtische Verwaltung benötigt werden, insbesondere Datenbeschaffung und -analyse für Zwecke der Stadt- und Regionalforschung.
Statistische Beratung der städtischen Dienststellen.
Auskunfterteilung in statistischen Angelegenheiten an Behörden und für wissenschaftliche Zwecke.
Herausgabe statistischer Veröffentlichungen (Statistisches Jahrbuch der Stadt Wien, Mitteilungen aus Statistik und Verwaltung der Stadt Wien, Statistisches Taschenbuch der Stadt Wien, Sonderveröffentlichungen).
Herausgabe des Verwaltungsberichtes der Stadt Wien.
Führung eines statistischen Archives.
Führung einer statistischen Bibliothek.

Horak, Mag. rer. nat. Wilhelm, Senatsrat 3201
Satzinger, Dr. Franz, Magistratsrat 3268
Bayer, Dr. Ingrid, Magistratsrat 3202
Halász, Dr. Ludwig, Magistratsrat 3203
König Gustav, Amtsrat 3291
Schubert Ernst 3206
Schwarz Brigitte, Kanzleioffizial, Kanzleileiter . . . 866
Kanzlei 3204, 3205
Jahrbuch, Mitteilungen aus Statistik und Verwaltung der Stadt Wien 3201, 3203
Volkszählung, Häuser- und Wohnungszählung, Arbeitsstättenzählung 3267, 3268
Strukturuntersuchungen, statistische Sonderveröffentlichungen 3268
Kulturstatistik, Schulstatistik 3260
Preisstatistik, Taschenbuch 3206
Wirtschaftsstatistik, Datenbank 3203, 3205, 3250
Fremdenverkehrsstatistik, Staatsbürgerschaftsstatistik. 3208, 3209
Verwaltungsbericht, statistische Fachbibliothek und statistisches Archiv 3202
Druckereiangelegenheiten 3291
Bevölkerungsstatistik 3295
Statistik der Geburten und Eheschließungen . . . 3292
Statistik der Sterbefälle 3294
Krankenanstaltenstatistik 3293
Baustatistik 3261, 3262
Landwirtschaftsstatistik, Mikrozensus, Sonderzählungen. 3263, 3267

MAGISTRATSABTEILUNG 67

(derzeit nicht eingerichtet, siehe MA 8)

MAGISTRATSABTEILUNG 68

Feuerwehr und Katastrophenschutz

(Geschäftsgruppe Umwelt und Bürgerdienst)

1, Am Hof 9, Tel. 868*, 63 66 71*, Notruf 122

Hilfeleistung bei Bränden und anderen durch Elementarereignisse verursachten Notständen.
Hilfeleistung für Menschen und Tiere in Zwangslagen.
Wahrnehmung des Katastrophenhilfsdienstes in den Belangen Katastrophenschutz, Katastrophenalarm und Katastropheneinsatz im Sinne des Katastrophenhilfegesetzes.
Regelmäßige Prüfung des einsatzbereiten Zustandes von Einrichtungen gemäß § 3 Abs. 2 des Wiener Katastrophenhilfegesetzes im Einvernehmen mit dem Magistratsdirektor; Durchführung von Einsatzübungen gemäß § 3 Abs. 3 sowie von Sofortmaßnahmen gemäß § 13 Abs. 3 des Wiener Katastrophenhilfegesetzes.
Sofortmaßnahmen (technische Hilfe) bei der Beseitigung von Verkehrsbeeinträchtigungen; Durchführung von behördlichen Verfahren in erster Instanz, die mit solchen Sofortmaßnahmen im Zusammenhang stehen; Sofortmaßnahmen bei Bau- und anderen technischen Gebrechen (öffentlicher Notstand).
Bergung von Leichen, soweit hiezu besondere technische Maßnahmen erforderlich sind.
Hilfeleistung auf Anforderung von Behörden oder anderen öffentlichen Dienststellen, soweit hiezu besondere technische Maßnahmen oder Sofortmaßnahmen erforderlich sind und soweit hiefür nicht andere Stellen zuständig sind.
Brandsicherheitswachdienst nach dem Wiener Veranstaltungsstättengesetz oder sonstigen gesetzlichen Bestimmungen.
Feststellung des Heizverbotes und Entgegennahme der Anzeige über die Bestellung von fachkundigen Rauchfangkehrern sowie Erteilung von Aufträgen an Rauchfangkehrer zur Durchführung von Arbeiten im Sinne des Wiener Feuerpolizeigesetzes.
Handhabung der Kehrverordnung mit Ausnahme der Strafamtshandlungen.
Ausbildung und Prüfung von Angehörigen der Wiener Feuerwehren und von Volontären; Ausbildung von Haus- und Betriebsfeuerwehren und von Brandschutzbeauftragten im Rahmen des Wiener Landesfeuerwehrverbandes.
Handhabung des Wiener Feuerwehrgesetzes und der gemäß diesem Gesetz ergangenen Verordnungen in erster Instanz, ausgenommen die Strafamtshandlungen, insbesondere entgeltliche Beistellungen von Personal und Sachmitteln.

Bereitstellung von Sachverständigen für behördliche Verfahren und Brandschutzberatung.
Begutachtung der Löschwasserversorgung nach brandschutztechnischen Gesichtspunkten; Mitwirkung bei der Aufstellung und Instandhaltung von Feuerhydranten.
Führung der historischen Dokumentation; Verwaltung des Feuerwehrmuseums, des Lichtbild- und Filmbestandes sowie der Fachbücherei und der Dokumentationsstelle.
Herstellung von Lichtbildern von Feuerwehreinsätzen.
Herstellung und Instandhaltung der Ausrückepläne der Feuerwehr.
Verwaltung und Erhaltung der abteilungseigenen Liegenschaften und Gebäude sowie deren Einrichtungen, einschließlich der Werks- und Mietwohnungen.
Führung der Rathauswache.
Führung der Werkstättendienste.
Dienstaufsicht über das zugeteilte Personal, soweit es nicht der Dienstaufsicht des Magistratsdirektors untersteht.

Abulesz, Dipl.-Ing. Karl, Branddirektor 250
Geschäftsgruppe A – Feuerwehrdienst:
Palischek, Dr. Friedrich, Oberbrandrat 251
Geschäftsgruppe B – Organisation, Gebäudeerhaltung und Personal:
Meister, Dipl.-Ing. Leopold, Oberbrandrat 252
Geschäftsgruppe C – Feuerwehrtechnik, Finanzplanung:
Bilina, Dr. Heinrich, Senatsrat 253
Geschäftsgruppe D – Brandverhütung, Betriebsbrandschutz:
Peroutka, Dipl.-Ing. Herbert, Oberbrandrat 254
Geschäftsgruppe E – Katastrophenschutz und Informationswesen:
Walzek, Dipl.-Ing. Herbert, Oberbrandrat 255
Eber, Dipl.-Ing. Hans, Brandrat, Nachrichtenwesen 261
Gauf Elisabeth, Kanzleioberkommissär, Kanzleileiter 257
Allgemeine Verwaltung und Wirtschaftsangelegenheiten:
Schwarz Engelbert, Oberamtsrat 258
Wache Rathaus:
1, Rathaus 888, 889, 42 8 08
Holub Raimund, Hauptbrandmeister 3900
Feuerwehr-Museum der Stadt Wien, 1, Am Hof 7 (Sonn- und Feiertag von 9 bis 12 Uhr)

Brandschutzsektion I:

Zentralfeuerwache:
1, Am Hof 7, 9 und 10
Lerch, Dipl.-Ing. Fritz, Brandrat
Allgemeine Angelegenheiten des Feuerwehrdienstes 291
Burger, Ing. Johannes, Brandoberkommissär
Allgemeine Personalangelegenheiten, Innendienst 265
Tschöp, Dipl.-Ing. Franz, Brandoberkommissär
Gebäudeerhaltung 260
Wenninger, Dr. Franz
Nachrichtenwesen 267

Brandschutzsektion II:

Hauptfeuerwache Leopoldstadt:
2, Engerthstraße 216a 392
Schmid, Dipl.-Ing. Karl, Brandrat
Schadstoffdienst 292
Schieler, Ing. Anton, Brandoberkommissär
Wasserdienst 262
Nebenwache:
Donaustadt, 22, Kagran, Erzherzog-Karl-Straße 170 324

Brandschutzsektion III:

Hauptfeuerwache Favoriten:
10, Sonnwendgasse 14 393
Treitner Herbert, Oberbrandrat
Branddienst 293
Pausa, Dipl.-Ing. Eugen, Brandoberkommissär
Allgemeine Angelegenheiten des vorbeugenden Brandschutzes 263
Nebenwachen:
Landstraße, 3, Baumgasse 89 . . . . 314, 315
Rudolfshügel, 10, Stefan-Fadinger-Platz 37 338
Simmering, 11, Florian-Hedorfer-Straße 6 336

Brandschutzsektion IV:

Hauptfeuerwache Mariahilf:
6, Gumpendorfer Gürtel 2 394
Pamlitschka, Dipl.-Ing. Raimund, Brandrat
Feuerstätten und Rauchfänge 294

Tucherl Franz, Brandrat
Stationäre Löscheinrichtungen 264
Pausa, Dipl.-Ing. Wilfried, Brandkommissär
Allgemeine Angelegenheiten des vorbeugenden Brandschutzes, Feuerstätten und Rauchfänge . . . 264

Nebenwachen:
Penzing, 14, Nisselgasse 14 346
Weidlingau, 14, Mühlbergstraße 6 348

Brandschutzsektion V:

Hauptfeuerwache Hernals:
17, Johann-Nepomuk-Berger-Platz 12 395
Smesovsky Karl, Oberbrandrat
Katastrophenschutz 295
Schenz, Ing. Anton, Brandoberkommissär
Technischer Hilfsdienst, Aus- und Fortbildung . . 295

Nebenwachen:
Neubau, 7, Hermanngasse 24 316
Steinhof, 16, Johann-Staud-Straße 75 354

Brandschutzsektion VI:

Hauptfeuerwache Döbling:
19, Würthgasse 5 396
Perner, Dipl.-Ing. Dr. Friedrich, Brandrat
Bekleidungswesen 296
Jenewein Herbert, Brandrat
Fahrzeug- und Maschinenwesen 266

Nebenwachen:
Brigittenau, 20, Brigittaplatz 13 318
Grinzing, 19, Cobenzlgasse 63 366
Kahlenbergerdorf, 19, Wigandgasse 25 368
Neustift, 19, Rathstraße 37 364

Brandschutzsektion VII:

Hauptfeuerwache Floridsdorf:
21, Weisselgasse 3 397
Dietl Paul, Oberbrandrat
Betriebsbrandschutz 297
Steinkellner, Dipl.-Ing. Wolfgang, Brandrat
Allgemeine Organisationsangelegenheiten 297

Nebenwachen:
Leopoldau, 21, Leopoldauer Platz 94 376
Strebersdorf, 21, Strebersdorfer Platz 1 374

Brandschutzsektion VIII:

Hauptfeuerwache Liesing:
23, Liesing, Siebenhirtenstraße 8–10 398
Vesely Ferdinand, Brandrat
Allgemeine Angelegenheiten des Katastrophenschutzes, Wache Rathaus 298
Bouzek Helmut, Brandrat
Gerätewesen und Fahrzeugausrüstung 298

Nebenwachen:
Altmannsdorf, 12, Rothenburgstraße 3 344
Speising, 13, Speisinger Straße 36 340

MAGISTRATSABTEILUNG 69

Rechtliche und administrative Grundstücksangelegenheiten

(Geschäftsgruppe Stadtentwicklung und Stadterneuerung)

8, Lerchenfelder Straße 4, 4. Stock, Tür 404, Tel. 731*, 42 76 11*

Grundsätzliche Angelegenheiten des Grundstückswesens.
Erwerb von Grundstücken für die Stadt Wien durch Kauf (auch im Wege von Versteigerungen), Tausch, Schenkung und sonstige Rechtsgeschäfte sowie Veräußerung städtischer Grundstücke, ausgenommen Transaktionen für die Wiener Stadtwerke und für die Auftragsverwaltung des Bundes.
Mitwirkung beim Erwerb von Grundstücken für die Stadt Wien im Erbwege.
Erwerb und Veräußerung von Grundstücken für Anstalten, Stiftungen und Fonds der Stadt Wien auf Ersuchen der für die Verwaltung dieser Einrichtungen zuständigen Dienststellen.
Bestellung und Auflösung von Baurechten auf städtischen Grundstücken sowie Verwaltung dieser Baurechte; Gewährung von Bauzinsermäßigungen.
Antragstellung auf Enteignung von Grundstücken und dinglichen Rechten für Zwecke der Stadt Wien, ausgenommen für die Wiener Stadtwerke und in der Auftragsverwaltung des Bundes; Antragstellung auf Einleitung von Zwangstausch- und Umlegungsverfahren; Vertretung der Stadt Wien in diesen Angelegenheiten vor Verwaltungsbehörden und Gerichten.
Erwerb von Superädifikaten für die Stadt Wien sowie Veräußerung städtischer Superädifikate, ausgenommen Transaktionen für die Wiener Stadtwerke und in der Auftragsverwaltung des Bundes.
Abschluß von Verwaltungsübereinkommen mit den Wiener Stadtwerken über Grundstücke.
Erwerb von Dienstbarkeitsrechten für die Stadt Wien, soweit dies nicht anderen Dienststellen vorbehalten ist.
Abschluß von Schadloshaltungsverträgen im Rahmen der Baureifmachung.
Wahrnehmung der Interessen der Gemeinde nach dem Bodenbeschaffungs- und nach dem Stadterneuerungsgesetz, soweit nicht die Magistratsabteilung 21 zuständig ist.
Freimachung von Liegenschaften für städtische Aufgaben.
Verwaltung von städtischen Grundstücken, soweit nicht eine Zuordnung der Verwaltungszuständigkeit zu einer fachbezogenen Dienststelle gegeben ist.
Verwaltung von unbebauten Stiftungsliegenschaften, soweit nicht die Vermögenssubstanz betroffen wird.
Koordination aller das städtische Kleingarten- und Erntelandwesen betreffenden Angelegenheiten (Koordinationsstelle für städtische Kleingärten), insbesondere Mitwirkung bei der Festlegung und Auflassung von Flächenwidmungen für Kleingärten und Gartensiedlungen.
Mitwirkung an der Projektierung und Aufschließung von Kleingärten und Gartensiedlungen.
Verwaltung der städtischen Kleingartenanlagen und Gartensiedlungen sowie des städtischen Erntelandes.
Gewährung von Krediten an Siedler, Kleingartenvereine und deren Verbände.
Erwerb und Verwaltung von Gastgewerbeberechtigungen, soweit hiefür keine andere Dienststelle zuständig ist; Mitwirkung bei den in die Zuständigkeit anderer Dienststellen fallenden Gastgewerbeberechtigungen.

Sieb, Dr. Viktor, Senatsrat 251
Klesel, Dr. Herbert, Senatsrat 252
Bruckbauer, Dr. Otto, Obermagistratsrat 275
Globits, Dr. Sebastian, Obermagistratsrat 291
Rytina, Dr. Heinz, Obermagistratsrat 273
Paukner, Dr. Gerhard, Magistratsrat 276
Aigner, Dr. Margarita, Magistratskommissär 292
Iwanowytsch Wladimir, Amtsrat 272
Riedler Josef, Amtsrat 285
Zartl Franz, Amtsrat 282
Wallner Margot, Kanzleioffizial, Kanzleileiter 253
Kanzlei, Einlaufstelle 264, 254, 255
Schreibstelle 256, 257, 263, 289

Gruppe I: Grundtransaktionen inkl. Baureifmachungen und Verwaltung für die Bezirke:

Gruppenleiter 273
Verkäufe an Betriebe 275
Transaktionen und Verwaltung „Außer Wien“, mit Religionsgesellschaften, Verwaltungsübereinkommen mit den Wiener Stadtwerken 276
1, 6, 7, 12 278
2 (ohne Prater), 20, 22 (Kaisermühlen) 277
3, 23 (Inzersdorf, Erlaa) 266
4, 5, 14 279
8, 9, 10 272
11 (Albern, Kaiserebersdorf) 270
11 (Simmering), 13 271
15, 17 267
16, 18 268
19 269
21 (Donaufeld, Floridsdorf), 22 (Kagran) 258
21 (Großjedlersdorf I und II, Jedlesee, Schwarzlakenau) 261
21 (Strebersdorf, Stammersdorf, Leopoldau) 262
22 (Aspern), Hafenverwaltung, Verwaltung städtischer Schankkonzessionen 260
22 (Stadlau, Hirschstetten, Breitenlee, Süßenbrunn, Landesjägermeisteramt, Eßling, Kaiserebersdorf – Herrschaft) 259
23 (außer Inzersdorf, Erlaa) 265
Praterverwaltung, Praterbeirat 261

Gruppe II: Kleingarten-, Baurechts-, Siedlungs- und U-Bahn-Angelegenheiten, Grundfreimachungen:

Leiter der Koordinierungsstelle für städtische Kleingärten, Kontaktperson zum Stadtrat der Geschäftsgruppe Verkehr und Energie in U-Bahn-Angelegenheiten 291
Aufgaben der Kleingartenkoordinierung, Agenden des Kleingartenbeirates und der Bezirkskleingartenkommissionen, Kreditvergabe an den Zentralverband und Landesverband 285
Transaktionen im Zusammenhang mit Kleingartenangelegenheiten und Verwaltung städtischer Kleingärten in den Bezirken
2, 14, 17, 18, 20, 21, 22 287
3, 10, 11, 12, 13, 19, 23 286
16 285
Verwaltung aller zur kleingärtnerischen Nutzung gegen jederzeitigen Widerruf übertragenen Grundflächen, Evidenthaltung aller bei der Koordinierungsstelle anhängigen Angelegenheiten, Grundsteuerangelegenheiten im Bereich der Kleingartenverwaltung 288
Bestellung, Verwaltung und Veräußerung von gewerblichen Baurechten sowie für Pensionisten- und Jugendheime einschließlich der Bauplatzschaffung 282
Bestellung, Verwaltung und Veräußerung von genossenschaftlichen und Einzelbaurechten einschließlich der Bauplatzschaffungen, Bearbeitung von Fertigstellungskrediten für Siedlerstellen und Bauzinsermäßigungen in den Bezirken
21, 22 283
1 bis 20, 23 284
Technische Mitwirkung in Kleingarten-, Baurechts- und Siedlungsangelegenheiten in den Bezirken
1, 2, 4, 20, 21, 22 295
3, 5, 6, 10, 11, 12, 13, 23 294
7, 8, 9, 14, 15, 16, 17, 18, 19 293
Grundfreimachungen für die Bezirke 4, 5, 12, 13, 14, 15, 16, 17, 18, 23, Hochwasserschutz 312
1, 2, 3, 6, 7, 8, 9, 10, 11, 19, 20, 21, 22, U-Bahn-Angelegenheiten 311
Werkmeister 310
Transaktionen mit dem Bund inkl. der ÖBB und der Post 292
Transaktionen im Zusammenhang mit der U-Bahn (ausgenommen Bundestransaktionen) 296, 297

MAGISTRATSABTEILUNG 70

Rechtliche Verkehrsangelegenheiten

(Geschäftsgruppe Personal, Rechtsangelegenheiten und Konsumentenschutz)

20, Dresdner Straße 75, Tel. 835*, 35 66 11*

Allgemeine und grundsätzliche Angelegenheiten des Straßenpolizei-, des Kraftfahr- sowie des Kraftfahrlinienrechtes.
Vorbereitung von Verordnungen gemäß § 35 Abs. 3 des Bundesgesetzes über den Transport gefährlicher Güter auf der Straße und Antragstellung an den Landeshauptmann in den Fällen, in denen die Kundmachung der Verordnung im Landesgesetzblatt für Wien erfolgen soll.
Mitwirkung bei der Ausarbeitung neuer Straßenregulierungsprojekte im Hinblick auf die Führung von Kraftfahrlinien.
Beistellung von Sachverständigen in Verkehrsangelegenheiten.
Administrativ-behördliche Angelegenheiten der Kraftfahrlinien.
Angelegenheiten der Fahrschulen und der Fahrlehrer.
Bearbeitung von Berufungen gegen Bescheide einschließlich Straferkenntnisse und -verfügungen der Bundespolizeidirektion Wien und der Dienststellen des Magistrats in Straßenpolizei-, Kraftfahrrechts- und Kraftfahrlinienangelegenheiten.

Beneš, Dr. Hermann, Senatsrat 570
Kö, Dr. Manfred, Obermagistratsrat 571
Illetschko, Mag. Ludwig, Obermagistratsrat 510
Podkowicz, Dr. Ferdinand, Obermagistratsrat . . . 530
Hruška, Mag. Heinz, Magistratsrat 520
Neumayer, Dr. Walter, Magistratsrat 514
Schönberger, DDr. Katharina, Magistratsoberkommissär 550
Somereder, Mag. Christoph, Magistratskommissär . 512
Kerschbaum, Dr. Franz 540
Messinger, Dr. Heinrich 513
Doppel Kurt, Amtsrat 534
Schiessl Manfred, Amtsrat 515
Heinschink Ingeborg, Kanzleikommissär, Kanzleileiter 501
Kanzlei 502
Schreibstelle 575, 576, 582
Automatische Textverarbeitung 575
Fahrschulen, Fahrlehrer, Kraftfahrlinien 550
Berufungsreferenten . . 512, 513, 514, 515, 526, 527, 528, 529, 532, 533, 534, 535, 538, 539, 542, 543, 544

Wiener Stadtwerke

(Elektrizitätswerke, Gaswerke, Verkehrsbetriebe, Städtische Bestattung)

(Geschäftsgruppe Verkehr und Energie)

GENERALDIREKTION

Ringturm, 1, Schottenring 30, 15.–18. Stock, Tel. 63 66 06

Reisinger, Dr. Karl,
Generaldirektor, Kommerzialrat . . 611, 42 8 01/2128
Widhalm, Dr. Alois, Obersenatsrat,
ständiger Stellvertreter des Generaldirektors 612, 2271
Sekretariat 618
Kanzlei 617

Sektion für Personalangelegenheiten:
Widhalm, Dr. Alois, Obersenatsrat 612, 2271
Wurst, Dr. Alfred, Senatsrat 613, 3023
Hirschl, Dr. Erwin, Obermagistratsrat 614
Schwarz Willibald, Oberamtsrat 625

Referat für Organisation, Revision und Datenverarbeitung:
Obentraut, Ing. Mag. Dr. Michael,
Magistratsrat 620
Chvatal, Mag. Roland, Magistratskommissär 628

Finanz- und Wirtschaftssektion:
Markl, Dkfm. Dr. Alfons, Senatsrat 621, 3022
Podhrasnik, Dr. Peter, Magistratsrat 637
Weiss, Mag. Wolfgang, Magistratsoberkommissär . . 623

Energiewirtschaftliches Referat:
Eisnecker, Ing. Robert, Obermagistratsrat 624
Pfaff, Ing. Rudolf. Techn. Amtsrat 629

Bautechnisches Referat:
15, Zinckgasse 27 . . . . 92 16 56
Hrouda, Dipl.-Ing. Ernst, Senatsrat 31
Harant, Ing. Franz, Techn. Amtsrat 43

Public-Relations-Referat:
Laa, Dr. Harald, Obermagistratsrat 635, 2272

Generaldirektion-Zentralverwaltung:

Rechts- und Verwaltungsabteilung:
6, Rahlgasse 3 . . . . .753, 65 9 30*
Siedle, Dr. Udo, Senatsrat 936
Manhart, Dr. Herbert, Obermagistratsrat 931
Rosenberger, Dr. Adolf, Obermagistratsrat 933
Cenek Karl, Oberamtsrat 925
Soucek Karl, Amtsrat 961
Wözlmayer Josef, Amtsrat 962

9, Mariannengasse 4–6 . . . . 751, 43 80*
Koutny, Dr. Wilhelm, Magistratsrat 3831
Liebhart, Ing. Mag. Gustav, Magistratsrat 3831

8, Josefstädter Straße 10–12 . . . . 752*, 43 09*
Prymas, Dr. Edith, Obermagistratsrat 266

Gebäudeverwaltung:
8, Josefstädter Straße 10–12 . . . . 752*, 43 09*
Holovlasky Oskar, Amtsrat 329

Abteilung für Innenrevision:
8, Josefstädter Straße 10–12 . . . . 752*, 43 09*
Schulz, Dkfm. Dr. Franz, Obermagistratsrat 210
Kraftel, Mag. Karl, Magistratskommissär 358

Jordan, Mag. Manfred 358

Rechenzentrum:
9, Mariannengasse 19 . . . . 751, 43 80*
Streit, Dipl.-Ing. Dr. techn. Siegfried, Oberstadtbaurat 3881
Sitta, Dipl.-Ing. Johann, Stadtbaurat 3805
Porits, Dipl.-Ing. Andreas, Stadtbauoberkommissär. 3890
Zdrahal, Dipl.-Ing. Artur, Stadtbauoberkommissär . 3804
Klinger Franz, Oberamtsrat 3878
König Walter, Oberamtsrat 3801
Waclawek Friedrich, Oberamtsrat 3887
Acquisto Eleonore, Amtsrat 3865
Dosek Georg, Amtsrat 3890
Eminger Franz, Amtsrat 3878
Exler Karl, Amtsrat 3894
Handler Brigitte, Amtsrat 3885
Milosits Karl, Amtsrat 3886
Pockberger Friedrich, Amtsrat 3809
Votruba Ferdinand, Amtsrat 3807
Winter Walter, Amtsrat 3879

Gehaltsverrechnung:
4, Favoritenstraße 9–11 . . . . .753, 65 9 30*
Jarolim Otto, Oberamtsrat 3511
Tomek Franz, Amtsrat 3514
Kleszki Viktor, Amtsrat 3516
Konecny Johanna, Amtsrat 3515
Renner Josef, Amtsrat 3517
Vlasaty Sonja, Amtsrat 3525

Pensionsabteilung:
4, Favoritenstraße 9–11 . . . . .753, 65 9 30*
Zeman Walter, Oberamtsrat 3451
Dollinger Hubert, Amtsrat 3464
Müller Friedrich, Amtsrat 3478

Einkaufsabteilung:
8, Josefstädter Straße 10–12 . . . . 752*, 43 09*
Morbeck, Ing. Erich, Techn. Oberamtsrat 533
Schwerwacher Gottfried, Oberamtsrat 269
Heger, Ing. Rudolf, Techn. Amtsrat 292
Herics, Dr. Ernst 270
Körber Franz, Amtsrat 297
Runtsch Johann, Amtsrat 286
Vodacek Fritz, Amtsrat 503
Wallner, Ing. Alfred, Techn. Amtsrat 256

Abteilung für Materialbewirtschaftung:
8, Josefstädter Straße 10–12 . . . . 752*, 43 09*
Buhr Helmut, Amtsrat 216
Peltz Karl, Amtsrat 581
Broda Horst, Amtsrat 208
Fraihsl Erich, Amtsrat 258

Kollaudierungsabteilung:
8, Josefstädter Straße 10–12 . . . . 752*, 43 09*
Wallner Franz, Oberamtsrat 565
Thoma Franz, Amtsrat 353
Klein Friedrich, Amtsrat 564
Solar Johann, Amtsrat 590

WIENER STADTWERKE – ELEKTRIZITÄTSWERKE

9, Mariannengasse 4–6, Tel. 751, 43 80*

Kastl, Dipl.-Ing. Helmut, Direktor 3111
Lemmerer, Dipl.-Ing. Walter, Techn. Vizedirektor . 3112
Göbel, Dkfm. Walter, Kaufm. Vizedirektor 3113
Pecher, Ing. Helmut, Techn. Amtsrat, Direktionssekretär 3114

Kraftwerksplanung, Sonderaufgaben, Fachbücherei:
Palme, Dipl.-Ing. Thorvik, Oberstadtbaurat 3131
Brugger, Dipl.-Ing. Georg, Stadtbaurat 3136
Minychthaler, Dipl.-Ing. Ernst 3136
Zeuner, Ing. Otto, Techn. Amtsrat 3138

Sicherheitstechnischer Dienst:
Österreicher, Ing. Josef, Techn. Oberamtsrat 3141

Kraftwagenbetrieb:
Pousek, Ing. Norbert, Techn. Oberamtsrat 3151
Zentralgarage:
2, Obere Donaustraße 21–27 . . . . 33 51 50

Projektierung, Ausbau und Betreuung von Prozeßrechneranlagen:
22, Steinspornweg 22 16 81*
Hanzl, Ing. Ludwig, Techn. Amtsrat 303
Schiebel, Dipl.-Ing. Werner, Stadtbaukommissär . . 303
Schäfer, Dipl.-Ing. Hans, Stadtbaukommissär 303

Betrieb und Ausbau der kalorischen Kraftwerke, Umspann- und Unterwerke und der Wasserkraftwerke:

Lemmerer, Dipl.-Ing. Walter, Techn. Vizedirektor, Gruppenleiter 3112

Kraftwerk Simmering:
11, 1. Haidequerstraße 1 . . . . 76 15 01*, 76 31 15*
Knorr, Dipl.-Ing. Robert, Senatsrat 422
Franz, Dipl.-Ing. Erhard, Oberstadtbaurat 411
Wieser, Dipl.-Ing. Rudolf 420
Ott, Dipl.-Ing. Hans 443, 486
Gockner, Dipl.-Ing. Ludwig, Stadtbauoberkommissär. 412
Sonnabend, Ing. Friedrich, Techn. Oberamtsrat . . 426
Potuzak, Dr. techn. Hans 418
Weinmüller Erhard, Amtsrat 413

Kraftwerk Donaustadt:
22, Steinspornweg 22 16 81*
Pöltner, Dipl.-Ing. Richard, Senatsrat 201
Koudelka, Dipl.-Ing. Georg, Oberstadtbaurat . . . 202
Brunner, Dipl.-Ing. Rudolf, Stadtbaurat. 203
Höpfl Werner, Amtsrat. 206

Betrieb, Projektierung und Ausbau von Umspann-, Unter- und Wasserkraftwerken sowie von Netzschaltanlagen:
Hinterecker, Dipl.-Ing. Ernst, Senatsrat 3181
Vogler, Dipl.-Ing. Knuth, Oberstadtbaurat 3183
Schubert, Dipl.-Ing. Josef, Oberstadtbaurat 3107
Zankel, Dipl.-Ing. Franz, Stadtbaurat 3186
Braunsdorfer, Dipl.-Ing. Heinz, Stadtbaurat 3109
Maurer, Dipl.-Ing. Herbert, Stadtbaurat 3184
Reisinger, Dipl.-Ing. Franz, Stadtbaurat 3187
Wolf, Dipl.-Ing. Paul, Stadtbaurat 3189
Brehmer, Dipl.-Ing. Reinhard, Stadtbauoberkommissär. 3108
Hecht, Ing. Josef, Techn. Amtsrat. 3108
Mircescu Erwin, Amtsrat. 3194

Betrieb und Erhaltung von Gleichrichteranlagen und ferngesteuerten Umspann- und Unterwerken:
Preissler Hubert, Betriebsoberinspektor 3100

Fernsteuerung:
Belohlavek Adolf, Betriebsoberinspektor 3199

Umspannwerke:
Aspern: Aspern, Böckingstraße 2 . . . . 22 21 06
Baden: Baden, Waltersdorfer Straße 24, NÖ 905, 0 22 52/80 85 12
Ebenfurth: Ebenfurth, Wiener Neustädter Straße 29, NÖ 0 26 24/22 02, 22 20
Simon Josef, Betriebsoberinspektor
Eisenstadtplatz: 10, Favoritenstraße 189. 711
Enzesfeld: Enzesfeld, Hirtenberger Straße, NÖ 0 22 56/86 3 75
Gaudenzdorf: 12, Schönbrunner Straße 162–168 . . 712
Gresten: Gresten, Wieselburger Straße 20, NÖ 0 74 87/23 77
Allmer Adolf, Betriebsoberkontrollor
Heiligenstadt: 19, Heiligenstädter Straße 70–72 . . . 710
Kagran: 22, Kagran, Breitenleer Straße gegenüber 7 . 734
Kaiserebersdorf: 11, Alberner Straße 8 713
Kendlerstraße: 16, Kendlerstraße 40. 714
Klosterneuburg: Klosterneuburg, Donaustraße 2, NÖ
Leopoldau: 21, Siemensstraße 75 715
Liesing: 23, Liesing, Brunner Straße 52 716
Michelbeuern: 9, Währinger Gürtel 78 . . . . . 42 01 87
Polak Herbert, Betriebsoberinspektor
Neubad: 1, Neubadgasse 6 743
Nord: 21, Jedleseer Straße 45 . . . . 38 14 19
Naider Josef, Betriebsoberinspektor
Stadlau: 22, Aspern, Erzherzog-Karl-Straße 150 . . 717
Süd: 12, Pottendorfer Straße 30 . . . . 83 31 54
Hupp Johann, Betriebsoberinspektor
Südost: 10, Unterlaa, Johannesberg 718
Traiskirchen: Traiskirchen, Steinfeldgasse 19, NÖ. 0 22 52/53 21 12
West: 13, Hofjagdstraße 3 . . . . 97 11 09
Strojil Friedrich, Betriebsoberinspektor
Wiener Neudorf: Wiener Neudorf, Friedrich-Schiller-Straße 43, NÖ 902
0 22 36/84 47 19
Zedlitzhalle: 1, Liebenberggasse 5. 719

Umspann- und Unterwerke:
Favoriten: 10, Humboldtgasse 1–5. . . . . 64 31 17
Tomonko Ernest, Betriebsoberinspektor
Handelskai: 2, Wachaustraße 28. 731
Kaunitzgasse: 6, Kopernikusgasse 5 . . . . 57 22 59
Hayder Herbert, Betriebsoberinspektor
Leopoldstadt: 2, Obere Augartenstraße 14a . . 33 36 66
Nöbauer Karl, Betriebsoberinspektor
Mariahilf: 6, Theobaldgasse 6 721
Ottakring: 16, Arnethgasse 24–26 727
Penzing: 14, Gurkgasse 27–29 722
Schmelz: 15, Hackengasse 32 732
Speising: 13, Feldkellergasse 3. 720
Währing: 18, Schulgasse 81–83 723
Weißgerber: 3, Geusaugasse 16 735

U-Bahn:
Leitstelle, 4, Karlsplatz 3101, 3103
Unterwerke:
19, Heiligenstädter Platz 449
19, Wasserleitungswiese 448
1, Schottenring 447
1, Rathaus 421
3, Hauptzollamt 446
4, Karlsplatz 413
5, Pilgramgasse 445

12, Meidlinger Hauptstraße 444
13, Hietzing 443
13, Ober-St.-Veit 442
14, Hacking 441
10, Reumannplatz 411
4, Südtiroler Platz 412
2, Nestroyplatz 414
2, Vorgartenstraße 415
22, Kaisermühlen 416
22, Zentrum Kagran 417

Unterwerke:
Allgemeines Krankenhaus: 9, Borschkegasse 20 . . 467
Alsergrund: 9, Höfergasse 2–12 724
Döbling: 19, Billrothstraße 7. 725
Floridsdorf: 21, Kahlgasse 7 726
Goldschlagstraße: 15, Goldschlagstraße 1 466
Hütteldorf: 14, Bahnhofstraße 1a 728
Landstraße: 3, Grasbergergasse 5 730
Niernbergergasse: 11, Simmeringer Hauptstraße 162 . 739
Sechshaus: 15, Rauchfangkehrergasse 41 729
Thury: 9, Währinger Gürtel gegenüber 114 468

Netzschaltanlagen:
Ebreichsdorf: Ebreichsdorf, Wiener Straße gegenüber 114, NÖ.
Eßling: 22, Eßling, Raphael-Donner-Allee 733
Fischamend, Markt Fischamend, Hainburger Straße 63a, NÖ.
Gumpoldskirchen: Gumpoldskirchen, Wiener Straße 156, NÖ.
Lobau: 22, Stadlau, Kanalstraße 74 3245
Maria Lanzendorf: Maria Lanzendorf, Himberger Straße, NÖ.
Perchtoldsdorf: Perchtoldsdorf, Herzogbergstraße 4, NÖ.
Rannersdorf: Rannersdorf, Hähergasse 12, NÖ . . 3249
Schwadorf: Schwadorf, Wienerherbergstraße, NÖ
Spittelau: 9, Spittelauer Lände 45 . . . . 31 15 11
Vöslau-Thermalbad: Bad Vöslau, Badner Straße 12, NÖ.

Wasserkraftwerke:
Gaming: Kienberg-Gaming, Pockau 46, NÖ 0 74 85/258
Fadinger Karl, Betriebsoberkontrollor
Göstling (Wehranlage), Ober-Kogelsbach 8, NÖ 0 74 84/22 90
Opponitz: Opponitz, Schwarzenbach 16, NÖ 0 74 44/241
Folger Ludwig, Betriebsoberinspektor

Lastverteiler:
Schafhauser, Ing. Johann, Techn. Oberamtsrat . . . 3171
Schimkowitsch, Dipl.-Ing. Georg, Stadtbaurat . . . 3175
Jerabek, Ing. Ernst, Techn. Amtsrat 3170
Pammer, Ing. Leopold, Techn. Amtsrat 3170
Rypar, Ing. Heinrich, Techn. Amtsrat 3170
Siller, Ing. Heinz, Techn. Amtsrat 3172

Chemisches Laboratorium:
Szoldatics, Dr. phil. Edith, Oberstadtbaurat 3176

Betrieb und Ausbau der Kabel- und Freileitungsnetze:

Proksch, Dipl.-Ing. Anton, Senatsrat 3261

Gruppenkanzlei:
Wokner Franz, Amtsrat 3262

Netzplanung und Sonderaufgaben:
Binder, Dipl.-Ing. Dr. techn. Heinzfriedrich, Oberstadtbaurat 3264
Spitzl, Dipl.-Ing. Werner, Stadtbaurat 3255
Kreuzer, Dipl.-Ing. Gerhard, Stadtbaukommissär . . 3263
Vavra, Dipl.-Ing. Johannes, Stadtbaukommissär . . 3255

Betrieb und Ausbau der Drehstromnetze Ost:
Swoboda, Ing. Fritz, Techn. Oberamtsrat 3271
Venz, Ing. Herbert, Techn. Amtsrat 3277
Bogner, Ing. Franz, Techn. Amtsrat 3278
Tobias, Ing. Otto, Techn. Amtsrat 3275
Kimmel, Ing. Adolf, Techn. Amtsrat 3276
Gartner, Ing. Friedrich, Techn. Amtsrat 3277

Betrieb und Ausbau der Drehstromnetze West, 110 kV- und 380 kV-Kabelnetz:
Jakob, Ing. Kurt, Techn. Oberamtsrat 3281
Zeiller, Dipl.-Ing. Richard, Stadtbaurat 3282
Hofer, Ing. Robert, Techn. Amtsrat 3283
Kielmeyer, Ing. Heinrich, Techn. Amtsrat 3283
Klausbrückner, Ing. Heinz, Techn. Amtsrat 3282
Leinfellner, Ing. Walter, Techn. Amtsrat 3284

Betrieb und Ausbau der Drehstromnetze Mitte, Bahn- und Fernwirknetze:
Mader, Ing. Hubert, Senatsrat, Regierungsrat 3200
Reisinger, Dipl.-Ing. Helmut, Stadtbaurat 3298
Hofmann, Ing. Robert, Techn. Amtsrat 3296
Liebl, Dipl.-Ing. Hans, Stadtbaurat 3299
Eichinger, Ing. Emmerich, Techn. Amtsrat 3297
Schiemer, Ing. Rudolf, Techn. Amtsrat 3299
Sehnalek, Ing. Kurt, Techn. Amtsrat 3297
Ullmann, Ing. Walter, Techn. Amtsrat 3296

Betrieb und Ausbau der Überlandnetze, der Freileitungsnetze in Wien und der Fernleitungen:
Prazma, Ing. Karl, Techn. Oberamtsrat. 3311
Wiesenwasser, Ing. Friedrich, Techn. Amtsrat. 3312, 3316
Mayerhofer, Ing. Franz, Techn. Amtsrat 3313
Vavra, Ing. Johann, Techn. Amtsrat 3313, 3318
Vetters, Ing. Robert, Techn. Amtsrat 3313

Betrieb- und Erhaltung der öffentlichen Beleuchtung:
2, Obere Donaustraße 21–27 . . 751, 43 80*, 33 35 73*
Ryba, Ing. Johann, Techn. Amtsrat 3321

Planung, Errichtung, Ausbau und Erhaltung von Umspanneranlagen, Werkstätte:
Holoubek, Ing. Walter, Techn. Oberamtsrat 3331
Haslinger, Ing. Walter, Techn. Amtsrat 3330
Kainz, Ing. Johann, Techn. Amtsrat 3334

Hausanschlüsse, Planherstellung, Kabelaufsicht, Aufgrabung und Wiederherstellung:
Jordan, Ing. Kurt, Techn. Oberamtsrat 3361
Michtits, Ing. Helmut, Techn. Oberkommissär . . . 3362

Meß- und Relaisstelle, Tonfrequenzrundsteuer-anlagen (TRA):
Kasztler, Dipl.-Ing. Martin, Oberstadtbaurat 3381
Zimmerl, Ing. Ludwig, Techn. Oberamtsrat 3386
Albrecht, Ing. Helmut, Techn. Amtsrat 3388
Loidhold, Dipl.-Ing. Josef, Oberstadtbaurat. 3389
Hafner, Dipl.-Ing. Gerhard, Stadtbaukommissär . . 3385
Reiter, Ing. Dr. Alfred, Techn. Amtsrat 3383
Hruby, Ing. Franz, Techn. Amtsrat 3384
Aron, Ing. Anton, Techn. Amtsrat 3385
Betrieb und Ausbau der Fernsprech-, Signal- und Funkanlagen, Umschaltung:
Hinn, Ing. Friedrich, Techn. Amtsrat 3391

Technischer Kundendienst und Tarifangelegenheiten:

Dressler, Dipl.-Ing. Günther, Senatsrat 3400
Stromlieferungsverträge und Tarife:
Paul, Ing. Otto, Techn. Oberamtsrat 3410
Beutler, Dkfm. Mag. Helmut, Magistratsrat 3467
Nagl, Ing. Herbert, Techn. Amtsrat 3419
Berger, Dipl.-Ing. Wolfgang, Stadtbaukommissär . . 3466
Schwarzböck, Dipl.-Ing. Rudolf, Stadtbaukommissär 3466
Völker, Dipl.-Ing. Heinrich 3465
Parfuss, Ing. Josef, Techn. Amtsrat 3468
Mayer Elisabeth, Amtsrat 3416
Technischer Kundendienst für Tarifabnehmer und Zählerdokumentation:
Lehner, Ing. Rudolf, Techn. Oberamtsrat 3450
Habermann, Ing. Karl, Techn. Amtsrat 3430
Bruckner, Ing. Eduard, Techn. Oberamtsrat 3484
Fousek, Ing. Alfred, Techn. Oberamtsrat 3403
Szmilek, Ing. Emil, Techn. Amtsrat 3414
Hansel, Ing. Gustav, Techn. Amtsrat 3464
Fieber, Ing. Gerhard, Techn. Amtsrat 3474
Lenger, Ing. Hans, Techn. Amtsrat 57 53 50
Prohazka, Ing. Hermann, Techn. Amtsrat 3485
Reinisch, Ing. Matthias, Techn. Amtsrat 3425
Längl, Ing. Anton, Techn. Amtsrat 3408
Pilar Alfred, Oberamtsrat 3440
Beratungsstelle, 6, Mariahilfer Straße 41–43 . . 57 53 50
Technischer Kundendienst für Großabnehmer-anlagen:
Loidolt, Dipl.-Ing. Franz, Oberstadtbaurat 3511
Nowak, Ing. Franz, Techn. Amtsrat 3519
Fedyk, Ing. Adolf, Techn. Amtsrat 3502
Heinzl, Ing. Rudolf, Techn. Amtsrat 3513
Pesan, Ing. Rudolf, Techn. Amtsrat 3517
Schwankhardt, Ing. Erich, Techn. Amtsrat 3518
Betrieb und Ausbau der Ortsnetze im Überlandnetz:
Altnöder, Ing. Karl, Techn. Oberamtsrat 3521
Knezek, Ing. Felix, Techn. Amtsrat 3528
Blaich, Ing. Rudolf, Techn. Amtsrat 3522
Bachmayer, Ing. Rudolf, Techn. Amtsrat 3527
Kranebitter Fritz, Amtsrat 3523
Betriebsstellen:
Baden, Conrad-von-Hötzendorf-Platz 5, NÖ 905, 0 22 52/88 5 50
Reiterer, Ing. Franz, Techn. Amtsrat
Klosterneuburg, Stadtplatz 10, NÖ 904, 0 22 43/21 48*, 24 28*
Wlcek, Ing. Franz, Techn. Amtsrat
Liesing, 23, Liesing, Dirmhirngasse 132 . . . . . 86 95 64
Nitsch, Ing. Maximilian, Techn. Amtsrat
Mödling, Achsenaugasse 8, NÖ 902, 0 22 36/25 26
Bauer, Ing. Franz, Techn. Amtsrat
Purkersdorf, Wienzeile 9, NÖ . . . 0 22 31/33 61, 37 40, 97 12 32

Seebauer, Ing. Walter, Techn. Amtsrat
Schwechat, Sendnergasse 13–15,
NÖ 77 61 01*, 77 61 25*
Stammersdorf, 21, Stammersdorfer
Straße 33. . . . . 39 13 16*, 39 53 12*
Puschacher, Ing. Helmut, Techn. Oberkommissär

Physikalisches Laboratorium:
2, Obere Augartenstraße 14a 33 14 89
Sailer, Dipl.-Ing. Dr. techn. Karl, Hofrat
Maglock, Dipl.-Ing. Helga, Stadtbaurat
Stärker, Dipl.-Ing. Dr. techn. Helmut, Stadtbaurat

Zählerdienst:
9, Mariannengasse 27 . . . . 751, 42 16 56*
Gosch, Ing. Erich, Techn. Oberamtsrat 10
Kulhanek, Ing. Erich, Techn. Oberkommissär . . . 52

Verwaltungsdienst:

Personalangelegenheiten:
Wukovits Walter, Oberamtsrat 3561
Barton Alfred, Oberamtsrat 3822
Schleritzko Hans, Amtsrat 3562
Mayer Rudolf, Amtsrat 3562

Betriebsärztlicher Dienst:
Schnetz, Dr. Elisabeth 3571

Sozialreferat:
Starkbaum Otto, Oberamtsrat 3576

Poststelle, Archiv:
Seiser Paul, Kanzleioberkommissär 3581

Kaufmännischer Dienst:

Höcht, Dkfm. Dr. Helge, Obermagistratsrat 3116

Haupt- und Detailbuchhaltung, Steuerangelegenheiten:
Rockenbauer, Dkfm. Raimund, Magistratsrat 3661
Platzer Gertrude, Oberamtsrat 3662
Soecknik, Mag. Roland, Magistratskommissär. . . . 3663
Lux Johann, Amtsrat 3668
Schmatz Erich, Amtsrat 3664
Sippl Ingried, Amtsrat 3662

Betriebswirtschaftliche Abteilung, Statistik,
Büromaschinenreferat:
Heil Elfriede, Oberamtsrat 3671
Hermann Erwin, Verwaltungsoberkommissär 3672

Energiewirtschaft:
Zeiller Rudolf, Oberamtsrat 3676

Rechnungsprüfung und -liquidatur:
Martinek Ernst, Oberamtsrat. 3691
Slama Helmuth, Verwaltungsoberkommissär 3692

Verrechnungsstelle für sonstige Lieferungen und
Leistungen, Versicherungsangelegenheiten:
Stitzle Johann, Amtsrat 3697
Thür Anna, Verwaltungsoberkommissär. 3689

Bauangelegenheiten:

15, Zinckgasse 27. . . . . 92 16 56
Kuntner, Dipl.-Ing. Walter,
Senatsrat 3771, 92 16 56/15

Hoch-, Tief-, Wasser- und Eisenbahnbau,
Geodäsie:
Schediwy, Dipl.-Ing. Raimund,
Oberstadtbaurat 92 16 56/37
Tongisch, Dipl.-Ing. Erich, Stadtbaurat . . . 92 16 56/52
Werner, Dipl.-Ing. Franz, Stadtbaurat. 3788
Komarek, Ing. Erich, Techn. Amtsrat. . . . 92 16 56/56
Mansky Herbert, Amtsrat 92 16 56/10
Schwartz, Ing. Friedrich, Techn. Amtsrat . . 92 16 56/54
Kerb, Ing. Paul, Techn. Amtsrat 92 16 56/22

Gebäudeerhaltung:
9, Mariannengasse 4–6 . . . . 751, 43 80*
Radowisch, Ing. Otto, Techn. Oberamtsrat 3770

Kaufmännischer Kundendienst:

Göbel, Dkfm. Walter, Kaufm. Vizedirektor 3113

Gas- und Stromverrechnung, Organisation:
Steger Johann, Oberamtsrat 3651
Grill Robert, Amtsrat 3652
Zucker Walter, Oberamtsrat 3654
Benke Johann, Amtsrat 3821
Böhm Ilse, Amtsrat 3759
Christ Gertrude, Amtsrat 3650
Hawel Franz, Amtsrat 3756
Kaltenecker Josef, Amtsrat 3656
Plocek Johann, Amtsrat 3648
Praetorius Ernst, Amtsrat 3753
Schrenk Josef, Amtsrat 3648
Slunecka Sylvester, Amtsrat 3653
Stepanek Hans Peter, Amtsrat 3750

Hauptkasse:
Syrovatka Jaroslav, Oberamtsrat 3746
Mayer Friedrich, Amtsrat 3748

WIENER STADTWERKE – GASWERKE

8, Josefstädter Straße 10–12, Tel. 752*, 43 09*

Schlauer, Dipl.-Ing. Rudolf, Direktor 543
Zidek, Mag. Dr. Bruno, Vizedirektor 541

Geschäftsgruppe I:

Allgemeine Verwaltungsangelegenheiten:
Schlauer, Dipl.-Ing. Rudolf, Direktor 543

Allgemeine Direktionsangelegenheiten
Hueber, Ing. Maximilian, Techn. Amtsrat 351

Sicherheitstechnischer Dienst:
Rauscher, Ing. Helmut, Techn. Amtsrat 592

Rechtsreferat:
Prymas, Dr. Edith, Obermagistratsrat 266

Sonderaufgaben im Rahmen der Geschäftsgruppe II:
Medek, Ing. Robert, Techn. Oberamtsrat 320

Statistik und Betriebskontrolle:
Schmiedbauer Karl, Oberamtsrat 330

Personal- und Verwaltungsangelegenheiten:
Angrosch, Mag. Franz, Obermagistratsrat 535
Zak Helmut, Amtsrat 557

Direktionsärztliche Dienststelle:
Fraundorfer, Dr. Franz, Direktionsarzt 304

Behördlich autorisierte Versuchsanstalt für Gas- und Feuerungstechnik:
11, Eyzinggasse 12 . . . . 74 16 31*, 74 35 11*
Grohmann, Dipl.-Ing. Herbert 610
Deisinger, Dipl.-Ing. Herbert, Stadtbaurat 644

Geschäftsgruppe II:

Gasvertrieb, Technische Beratung, Werbung, Kundendienst, Gebäudeerhaltung, Gebrechenbehebung, Gaszählermontage, Kraftfahrzeuge:
Schlauer, Dipl.-Ing. Rudolf, Direktor 543

Sonderaufgaben im Rahmen der Geschäftsgruppe:
Medek, Ing. Robert, Techn. Oberamtsrat 320

Gaseinrichtung, Gasvertrieb:
Müllner, Ing. Franz, Techn. Oberamtsrat 585
Hiller, Ing. Johann, Techn. Amtsrat 312
Eichinger, Ing. Friedrich, Techn. Amtsrat 313
Gregor, Ing. Horst, Techn. Amtsrat 311

Gebrechenbehebungsdienst, Hausverwaltung außerhalb der Dienststellen Simmering und Leopoldau, Werbung, Beratung:
Kammerhofer, Ing. Franz, Techn. Oberamtsrat . . 200
Kolensky, Ing. Johann, Techn. Amtsrat . . 39 16 11*, 252

Beratungsstelle Mariahilf:
6, Mariahilfer Straße 63 . . . . 57 96 01

Hauptmagazin und Werkstätte:
19, Döblinger Gürtel, Stadtbahnviadukt 354 . 34 75 01

Waiß, Ing. Alfred,
Techn. Oberamtsrat . . . 34 75 01, 74 16 31*, 438, 533

Gaszählerwechseldienst, Lager, Kartei und Werkstätten:
11, Eyzinggasse 12 . . . . 74 16 31*, 74 35 11*

Geschäftsstelle Meidling:
12, Theresienbadgasse 3 . . . . . . 83 02 31, 83 35 41*
Miksch, Ing. Viktor, Techn. Oberamtsrat 44
Kucera, Ing. Peter, Techn. Amtsrat 43

Außenstelle Mödling, Hauptstraße 68,
NÖ 902, 0 22 36/45 65, 42 03

Geschäftsstelle Brigittenau:
20, Denisgasse 39–41 . . . . . . 33 35 21*, 33 13 46*
Cvancara, Ing. Gottlieb, Techn. Oberamtsrat 10
Westermayer, Ing. Viktor, Techn. Amtsrat 24

Geschäftsgruppe III:

Gasverteilung, Gasspeicherung, Regleranlagen, Behälter, Hauptrohrnetz, Bauangelegenheiten:
Rumler, Dipl.-Ing. Gunther, Senatsrat 523

Hauptrohrnetz:
Weichselberger, Ing. Franz, Techn. Amtsrat 277
Dirnberger, Ing. Ludwig, Techn. Amtsrat 386
Koch, Ing. Herbert, Techn. Amtsrat 386
Radda, Ing. Alfred, Techn. Amtsrat 544
Stech, Ing. Franz, Techn. Amtsrat 558
Sucharkiewicz, Dipl.-Ing. Leopold, Stadtbaurat . . . 544

Bauangelegenheiten:
Lebeda, Ing. Erich, Techn. Oberamtsrat 263
Hoeller, Ing. Walter, Techn. Amtsrat 254

Regler- und Behälteranlagen außerhalb der Dienststellen Simmering und Leopoldau:
Getzinger, Ing. Ernst, Techn. Oberamtsrat 549
Gutleber, Ing. Othmar, Techn. Amtsrat 550
Altmann, Ing. Johann, Techn. Amtsrat 319
Hajek, Ing. Thomas, Techn. Amtsrat . 552, 39 16 11/267
Behälter Wienerberg 64 34 92
Behälter Baumgarten 94 11 48
Behälter Brigittenau 33 36 62
Regler-Werkstätte 39 16 11*, 217
Elektrowerkstätte der Regler 39 16 11*, 267

Geschäftsgruppe IV:

Erdgas-Großregler-, Verteiler- und Speicheranlagen
Nedbalek, Dr. phil. Ernst,
Senatsrat 39 16 11*, 39 13 97*, 200

Dienststelle Simmering:
11, Eyzinggasse 12 . . . . 74 16 31*, 74 35 11*
Redl, Ing. Walter, Techn. Oberamtsrat 412

Heger, Ing. Karl, Techn. Oberamtsrat 418
Schmutzer Gerhard, Amtsrat 445

Dienststelle Leopoldau:
21, Pfendlergasse 39 16 11*, 39 13 97*
Kölbl, Ing. Walter, Techn. Oberamtsrat 231
Melzer, Ing. Herbert, Techn. Amtsrat 234
Medosch Erwin, Amtsrat 240

Geschäftsgruppe V:

Betriebswirtschaft, Energiewirtschaft und Sonderabnehmer
Zidek, Mag. Dr. Bruno, Vizedirektor 541

Energiewirtschaft, Betriebswirtschaft und Statistik:
Jurin Franz, Oberamtsrat 273
Lenz Werner, Amtsrat 376

Erdgasabteilung:
Tesarik, Ing. Kurt, Techn. Oberamtsrat 300
Kirchmaier, Ing. Klaus, Techn. Amtsrat 317
Rath, Ing. Johannes, Techn. Amtsrat 371

Geschäftsgruppe VI:

Kaufmännischer Dienst:
Schwaiger, Dkfm. August 559

Buchhaltung:
Grillenhofer Herbert, Amtsrat 262
Lenhart Karl, Oberamtsrat 579
Werbowsky, Dkfm. Theodor, Magistratsrat 575

Abrechnung für Großkonsum, Sonderabnehmer und Gaseinrichtung, Rechnungsprüfung:
Weik Anton, Oberamtsrat 238
Belghofer Bernhard, Amtsrat 236
Mang Erna, Amtsrat 205

Hauptkasse:
Plefka Ernst, Amtsrat 513
Schalling Franz, Amtsrat 283

WIENER STADTWERKE – VERKEHRSBETRIEBE

4, Favoritenstraße 9–11, Tel. 753, 65 9 30*

Maier, Dipl.-Ing. Arnulf, Direktor 2500
Wilhelm, Dr. Friedrich, Kaufm. Vizedirektor . . . 3100
Helscher, Dipl.-Ing. Johann, Techn. Vizedirektor . 2200

Dienststelle für Überprüfungsangelegenheiten:
4, Taubstummengasse 10
Tatzber Raimund, Amtsrat 2512

Sicherheitstechnischer Dienst:
Kaida, Ing. Franz, Techn. Amtsrat 2522

Personalgruppe:

Irlbek, Dr. Alfred, Senatsrat 2100

Abteilung für Personalangelegenheiten:
Irlbek, Dr. Alfred, Senatsrat 2100
Joklik, Dr. Felix, Obermagistratsrat 2114
Kabelka, Dr. Raimund, Magistratsrat 2115
Farthofer Walter, Amtsrat 2131
Höcker Alfred, Amtsrat 2141
Prazsky Franz, Amtsrat 2127
Schwarz Christine, Amtsrat 2142

Direktionskanzlei (Zentrale Posteinlaufstelle):
Potzmann Johann, Kanzleioberkommissär 2162

Direktionsärztliches Büro:
4, Taubstummengasse 10
Pfob, Dr. Edmund, Direktionsarzt 2182
Gröger, Dr. Günter, Direktionsarzt 2187
Rauch, Dr. Rudolf, Direktionsarzt 2185

Betriebskrankenkasse:
10, Leebgasse 17 . . . . 64 11 71*
Neubauer Karl, Oberamtsrat 10
Kopfensteiner Raimund,
Oberamtsrat 753, 65 9 30*, 3412, 3414
Kalcik Ruth, Amtsrat 28
Schmelzer Karl, Amtsrat 12

Kaufmännische Gruppe:

Wilhelm, Dr. Friedrich, Kaufm. Vizedirektor 3100

Betriebswirtschaftliche Abteilung:
Keibl, Mag. Dkfm. Reinhard, Obermagistratsrat . . 3111
Schertler Otto, Amtsrat 3121

Buchhaltung:
Menzel Walter, Oberamtsrat 3141
Samec, Mag. Rudolf, Magistratsoberkommissär . . . 3107
Somek Gottfried, Oberamtsrat 3105
Pall Anna, Amtsrat 3152
Zauner Hans-Peter, Amtsrat 3162

Hauptkasse:
Rosen Ernestine, Oberamtsrat 3171

Abteilung für Tarifangelegenheiten, Kartenausgabe und Fahrbegünstigungen:
6, Rahlgasse 3
Vojtech, Dkfm. Gustav, Oberamtsrat, Regierungsrat . 919
Rehousek Franz, Amtsrat 914
Auskünfte zu Tarifangelegenheiten 57 32 70

Gruppe Betriebs- und Verkehrsangelegenheiten:

Helscher, Dipl.-Ing. Johann, Techn. Vizedirektor. . 2200

Bahnhof- und Garagenleitungen:
Grüner, Dipl.-Ing. Anton, Stadtbaurat 2205
Machala, Dipl.-Ing. Fritz, Stadtbaurat 2205
Maschek, Dipl.-Ing. Hans, Stadtbauoberkommissär. 2205
Rudelstorfer, Dipl.-Ing. Dietrich, Stadtbaurat . . . 2205
Sindelar, Dipl.-Ing. Martin, Stadtbaukommissär. . . 2205
Schuster, Ing. Manfred, Techn. Amtsrat. 2205
Schwarz, Ing. Hellmut 2205

Betriebsabteilung:
Grois, Dipl.-Ing. Günther, Oberstadtbaurat 2211
Dienstl, Dipl.-Ing. Johann, Stadtbaurat 2215
Blaha, Ing. Ernest, Techn. Amtsrat 2217

Betriebsüberwachung:
Hlavacsek, Ing. Wilhelm, Techn. Amtsrat 2252

Verkehrsabteilung:
Gebert, Dipl.-Ing. Josef, Oberstadtbaurat 2411
Mikyska Otto, Amtsrat 2413
Klein Otto, Amtsrat 2413
Kotterer Richard, Amtsrat 2413
Prinz Walter, Amtsrat 2413

Abteilung für Autobusbetrieb:
Göttlicher, Dipl.-Ing. Josef, Senatsrat, Leiter des Betriebsdienstes für den Kraftfahrlinienbetrieb . . 2431
Löffler, Dipl.-Ing. Heinz, Stadtbaurat, Projektleiter für Beschleunigung des öffentlichen Verkehrs . . 2435

Abteilung für Öffentlichkeitsarbeit, Kundendienst, Schulungs- und Unfallangelegenheiten:
Schieferdecker, Ing. Friedrich, Techn. Oberamtsrat . 2271
Dauer Norbert, Amtsrat 2352
Koll, Ing. Friedrich, Techn. Amtsrat 2332
Malek Wilhelm, Amtsrat 2275

Fahrplanbüro:
Mejchar Leopold, Oberamtsrat 2451
Wittek Peter, Amtsrat 2455

Zeichenbüro und Druckerei:
Homolka Rudolf, Amtsrat 2472

Betriebsbahnhöfe:

Breitensee, 14, Hütteldorfer Straße 112 . . . . 92 24 01*
Wagenrevision 92 24 02*
Brigittenau, 20, Wexstraße 13–15 . . . . 33 71 34*
Wagenrevision 33 25 93*
Erdberg, 3, Erdbergstraße 109 . . . . 72 12 01*
Wagenrevision 72 12 02*
Favoriten, 10, Gudrunstraße 153 . . . . 64 12 06*
Wagenrevision 64 12 07*
Floridsdorf, 21, Gerichtsgasse 5 . . . . 38 16 88*
Wagenrevision 30 16 88*
Gürtel, 18, Währinger Gürtel 131 . . . . 34 54 81*
Wagenrevision 34 54 82*
Hernals, 17, Hernalser Hauptstraße 138 . . . 46 13 56*
Wagenrevision 46 13 57*
Kagran, 22, Prandaugasse 11 . . . . 23 51 21*
Wagenrevision 23 51 21*
Ottakring, 16, Maroltingergasse 47–49 . . . . 92 55 30*
Wagenrevision 92 55 39*
Rudolfsheim, 15, Schwendergasse 51 . . . . . 83 53 60*
Wagenrevision 83 53 69*
Simmering, 11, Simmeringer Hauptstraße 156 . . . . 76 33 65*
Wagenrevision 76 33 66*
Speising, 13, Hetzendorfer Straße 188 . . . . 84 61 79*
Währing, 18, Kreuzgasse 72 . . . . 47 23 84*
Wagenrevision 47 32 64*

Wagenabfertigungen:

Dörfelstraße, 12, Dörfelstraße 8	85 83 45
Dresdner Straße, 20, Höchstädtplatz	33 33 57
Elderschplatz, 2, Elderschplatz (Kiosk)	26 22 77
Floridsdorf, 21, Franz-Jonas-Platz	38 16 88
Freudenau, 2, Freudenau	74 23 00
Gersthof, 18, Gersthofer Straße	47 23 84*
Hauptallee, 2, Prater-Hauptallee	24 04 152
Hofwiesengasse, 13, Hofwiesengasse	84 61 79*
Lagerhausschleife, 2, Messegelände	24 22 96
Leberstraße-Landstraßer Hauptstraße, 3, Leberstraße	78 13 63*
Liechtensteinstraße, 9, Liechtensteinstraße 135	34 54 82*
Nußdorfer Straße, 9, Nußdorfer Straße 79	34 54 82*
Reumannplatz, 10, Reumannplatz	65 9 30*, 2615
Schottenhof, 16, Ottakringer Straße	92 55 30*
Sechshauser Gürtel, 15, Stadtbahnstation Gumpendorfer Straße	65 9 30*, 2611
Stadion, 2, Stadionschleife	24 42 30
Stadionbrücke, 3, Fruethstraße 1	72 12 01*
Stefan-Fadinger-Platz, 10, Raxstraße	64 12 06*
Südbahn, 3, Arsenalstraße, gegenüber Südbahn, Ankunft	64 12 06*
Taubergasse, 17, Taubergasse	46 13 56*
Wallensteinplatz, 20, Wallensteinplatz	33 71 34*
Zentrum Kagran	65 9 30*, 2613

Kontrollbezirke:

Dienstraum Praterstern: 2, Praterstern (Revisoren-Kontrollbezirk 1)	24 13 92
Revisoren-Kontrollbezirke 2 und 3: 9, Stadtbahnstation Alser Straße	65 9 30*, 2641
Revisoren-Kontrollbezirk 4: 6, Stadtbahnstation Gumpendorfer Straße	65 9 30*, 2642
Revisoren-Kontrollbezirk 5: 4, U-Bahn-Station Karlsplatz	56 35 14*, 284
Revisoren-Kontrollbezirk 6: 3, U-Bahn-Station Landstraße	52 82 43*, 30
Revisoren-Kontrollbezirk 7: 1, Stephansplatz	52 82 43*, 35
Betriebsüberwachung Mariahilfer Straße U-Bahn	56 14 24*, 29
Betriebsüberwachung Matzleinsdorfer Platz, Ustrab 18	65 9 30*
Betriebsüberwachung Meidling Hauptstraße U-Bahn	85 71 40*, 29
Betriebsüberwachung Praterstern U-Bahn	26 73 00*, 24
Diensthütte Schmerlingplatz: 1, Volksgartenstraße	93 21 97
Betriebsüberwachung Schottenring U-Bahn	63 74 57*, 35
Betriebsüberwachung Schottentor: 1, Schottenpassage bei Rolltreppe 1	42 81 60
Betriebsüberwachung St. Marx: 3, Landstraßer Hauptstraße 173, 2. Stiege	78 87 92
Revisoren-Kontrollbezirk, Funkwagendienst: 4, Favoritenstraße 9–11	65 9 30*, 2266

Wiener elektrische Stadtbahn:

Alser Straße, Wagenabfertigung	42 13 19*, 22
Michelbeuern, „Betrieb“ und „Stellwerk“	42 93 40*
Michelbeuern, „Wagenrevision“	42 72 54*
Signalwerkstätte	36 35 55*
Lichtwerkstätte, Nußdorfer Straße	65 9 30*, 2652

U-Bahn:

Reumannplatz	62 41 16*
Reumannplatz, „Stellwerk“	62 41 15
Taubstummengasse	65 83 54*
Taubstummengasse, „Stellwerk“	65 91 06
Karlsplatz	56 35 14*
Karlsplatz „Zentralstellwerk“ U1	57 81 70
Karlsplatz „Zentralstellwerk“ U2/4	57 81 86
Stephansplatz	52 82 43*
Schottenring	63 74 57*
Schottenring, „Stellwerk“	63 75 78
Friedensbrücke	31 54 81*
Friedensbrücke, „Stellwerk“	34 23 67
Kaisermühlen – UNO-City	23 53 60*
Meidling Hauptstraße	85 71 40
Meidling Hauptstraße „Stellwerk“	83 43 25
Hietzing	82 33 83
Hütteldorf	94 14 28
Hütteldorf „Stellwerk“	94 14 51
Mariahilfer Straße	56 14 24
Praterstern	26 73 00
Praterstern „Stellwerk“	26 71 07
Zentrum Kagran	23 51 21*
Zentrum Kagran „Stellwerk“	23 01 39
Betriebsbahnhof Wasserleitungswiese	36 35 55*
„Verkehrskanzlei“	36 12 15
„Stellwerk“	36 46 76*

Autobusbetrieb:

Betriebsgarage Vorgartenstraße: 2, Vorgartenstraße 152a	24 52 68*, 24 23 54*, 24 71 32
Betriebsgarage Raxstraße: 10, Sahulkastraße 2	64 41 37*
Betriebsgarage Spetterbrücke: 16, Paltaufgasse 2	95 51 85, 92 24 40*
Betriebsgarage Grinzing: 19, Grinzinger Allee 26	32 23 74*

Autobusabfertigungen:

Floridsdorf, 21, Franz-Jonas-Platz	38 71 84
Grinzing, 19, Grinzinger Allee 26	32 23 74*
Grinzing (Endstelle), 19, Straßergasse 5	32 59 30
Gürtel, 18, Währinger Gürtel	31 15 83

Kahlenberg (Endstelle), 19, Höhenstraße 32 31 61
Karlsplatz U-Bahn 56 35 14*, 238
Liesing, 23, Liesinger Platz 86 81 25
Meidling, 12, Meidlinger Hauptstraße . . . 65 9 30*, 2614
Silbergasse, 19, Silbergasse 4 . . . . 36 46 82
Stadlau, 22, Vernholzgasse 22 52 56
Stephansplatz, 1, Stephansplatz 65 9 30*, 2616
Sternwartestraße, 18, Währinger Gürtel, Stadtbahnbogen 145 . . . . 34 54 82*
Zentrum Kagran, 22, Prandaugasse 11 . . . . 65 9 30*, 2612

Bahnmeisterkanzleien der Bahnerhaltung:

Strecke 1: 9, Betriebsbahnhof Wasserleitungswiese 36 35 55*, 75
Strecke 2: 12, Stadtbahn Storchensteg . 65 9 30*, 2638
Strecke 3: 3, Bahnhof Erdberg 72 12 01*
Strecke 4: 11, Bahnhof Simmering 76 33 65*
Strecke 5: 10, Bahnhof Favoriten 64 22 52
Strecke 6: 12, Wolfganggasse 57 . . . . 83 36 63
Strecke 7: 15, Bahnhof Rudolfsheim. 83 53 69*
Strecke 8: 16, Bahnhof Ottakring 92 55 39*
Strecke 9: 18, Bahnhof Währing 47 23 84*
Strecke 10: 21, Bahnhof Floridsdorf 38 16 88*
Strecke 11/12: 2, Bahnhof Vorgarten 24 23 54*

Wagen- und betriebstechnische Gruppe:

Pall, Dipl.-Ing. Herbert, Senatsrat 3200
Abteilung für Wagenrevisionswerkstätten und Wagenverteilung:
Lehotzky, Dipl.-Ing. Peter, Oberstadtbaurat 3211
Martl, Dipl.-Ing. Gerhard, Stadtbaurat 3227
Moser, Dipl.-Ing. Horst, Stadtbaurat 3226
Scheck, Dipl.-Ing. Peter, Stadtbaurat 3226
Richter, Dipl.-Ing. Johann, Stadtbaukommissär . . . 3228
Breit, Ing. Walter, Techn. Amtsrat 3224
Nestler, Ing. Raimund, Techn. Amtsrat 3224
Ramharter Josef, Amtsrat 3215
Abteilung für elektrische Anlagen:
12, Längenfeldgasse 23 . . . . 83 32 29*
Steiner, Dipl.-Ing. Kurt, Oberstadtbaurat 10
Berberov, Dipl.-Ing. Dimtscho, Stadtbaurat 16
Schartel, Dipl.-Ing. Alois, Stadtbaurat 13
Stavjanik, Ing. Kurt, Techn. Oberamtsrat 14
Abteilung für Kraftwagentechnische Angelegenheiten:
Pavlik, Ing. Bruno, Techn. Oberamtsrat 3241
Schödl, Dipl.-Ing. Hans, Stadtbaurat 3252

Gruppe U-Bahn-Anlagen:

19, Heiligenstädter Lände 7–9, Tel. 36 35 55*
Buchsbaum, Dipl.-Ing. Friedrich, Senatsrat 15
Abteilung für bautechnische Angelegenheiten der U-Bahn:
Spitzer, Dipl.-Ing. Alexander, Oberstadtbaurat . . . 17
Valenta, Dipl.-Ing. Gerhard, Oberstadtbaurat. . . . 31
Florian, Dipl.-Ing. Peter, Stadtbaurat 34
Höchtl, Dipl.-Ing. Erich, Stadtbaurat 34
Höfner, Ing. Anton, Techn. Amtsrat 82 32 10
Reichart, Dipl.-Ing. Herbert, Stadtbaurat 36
Stockinger, Dipl.-Ing. Hans, Oberstadtbaurat 37
Wolf, Dipl.-Ing. Werner, Stadtbaurat 17
Abteilung für Betriebsangelegenheiten und elektrische Streckenausrüstung der U-Bahn:
Schorn, Dipl.-Ing. Wolfgang, Oberstadtbaurat . . . 16
Winter, Dipl.-Ing. Erwin, Stadtbaurat 26
Dlouhy, Dipl.-Ing. Gerhard, Stadtbaurat 23
Kabrt, Dipl.-Ing. Franz, Stadtbaukommissär 21
Pescher, Dipl.-Ing. Heinz, Stadtbaurat 18
Pevetz, Dipl.-Ing. Dietmar, Stadtbauoberkommissär . 20
Richter, Dipl.-Ing. Hans, Stadtbaukommissär 26
Schiller, Ing. Hannes, Techn. Amtsrat. 23

Gruppe Zentralwerkstätte:

11, Simmeringer Hauptstraße 252 . . . . 76 16 61*
Zimmerl, Dipl.-Ing. Günther, Senatsrat 300
Detailwerkstätten:
Hoffmann, Dipl.-Ing. Heinz, Oberstadtbaurat . . . 302
Pongracz, Dipl.-Ing. Romanus, Stadtbaukommissär 360
Kaiser, Ing. Karl, Techn. Amtsrat. 350
Montagewerkstätten:
List, Dipl.-Ing. Hans, Oberstadtbaurat 301
Kreisel, Ing. Kurt, Techn. Amtsrat 340
Kubin, Ing. Peter, Techn. Amtsrat 310
Betriebsdienst:
Lazar, Ing. Hans, Techn. Oberkommissär 303
Arbeitsvorbereitung:
Herlitschka, Ing. Karl, Techn. Oberamtsrat. 304
Pawelak Karl, Techn. Amtsrat. 328
Sindelar, Ing. Anton, Techn. Amtsrat 204
Konstruktion:
Nowotny, Dipl.-Ing. Ernst, Oberstadtbaurat 305
Schilhavy, Dipl.-Ing. Horst, Stadtbaurat 353
Solinger, Ing. Herbert 353
Technische Überprüfung:
Michlmayr, Dipl.-Ing. Josef, Oberstadtbaurat . . . 306
Behal, Ing. Helmut, Techn. Amtsrat 206
Wirtschaft:
Tuma Ernst, Oberamtsrat 307
Melkowitsch Hermann, Amtsrat 207
Weber Siegfried, Amtsrat. 370

Bautechnische Gruppe:

Sailler, Dipl.-Ing. Josef, Senatsrat 3300
Abteilung für Gleisbau:
Eder, Dipl.-Ing. Alfred, Oberstadtbaurat 3311
Konvicka, Dipl.-Ing. Stefan, Oberstadtbaurat 3324
Georgiadis, Dipl.-Ing. Charolambos, Stadtbaurat . . 3326
Schnabl, Dipl.-Ing. Walter, Stadtbaurat 3322
Hauenschild, Ing. Josef, Techn. Oberamtsrat 3332
Sögner, Ing. Herbert, Techn. Oberamtsrat 3329
Charvat, Ing. Eduard, Techn. Amtsrat 3327

Plaschka Ferdinand, Amtsrat 3363
Schania, Ing. Erhard, Techn. Amtsrat 3328

Abteilung für Tiefbau und Planung:
Mück, Dipl.-Ing. Friedrich, Oberstadtbaurat 3341
Storm, Dipl.-Ing. Otto, Oberstadtbaurat 3351
Berger, Dipl.-Ing. Paul, Stadtbaurat. 3356
Brandstetter, Dipl.-Ing. Werner, Stadtbaurat 3352
Grabner, Dipl.-Ing. Peter, Stadtbaukommissär . . . 3353
Hangel, Dipl.-Ing. Hans, Stadtbaurat 3347
Steinbauer, Dipl.-Ing. Gunter, Stadtbaukommissär . 3348
Rottal Friedrich, Techn. Amtsrat 3372

Abteilung für Hochbau- und Gebäudeerhaltung:
15, Zinckgasse 27 . . . . 92 16 56
Ulovec, Dipl.-Ing. Alfred, Senatsrat 27
Korosec, Dipl.-Ing. Anton, Oberstadtbaurat 32
Langer, Dipl.-Ing. Benedikt 40
Schultze, Dipl.-Ing. Wilhelm, Oberstadtbaurat . . . 26
Suttner, Dipl.-Ing. Norbert, Stadtbaukommissär . . 40
Matiasek, Dipl.-Ing. Walter, Stadtbaurat 39
Blazek, Ing. Viktor, Techn. Amtsrat 19
Hudecek, Ing. Walter, Techn. Amtsrat 20
Masl, Ing. Werner, Techn. Amtsrat 33
Rovina, Ing. Günther, Techn. Amtsrat 35
Paulis Peter, Techn. Amtsrat 55
Schörg, Ing. Robert, Techn. Amtsrat 57

Oberbauwerkstätte:
12, Aßmayergasse 55 . . . . 83 76 49*
Schreier, Dipl.-Ing. Kurt, Senatsrat 20
Hausleitner Alfred, Techn. Amtsrat 21
Schneider Johann, Amtsrat. 24

WIENER STADTWERKE – STÄDTISCHE BESTATTUNG

4, Goldeggasse 19, Tel. 65 16 31*

Knispel, Dkfm. Franz, Obersenatsrat, Direktor . . . 220
Molinari, Mag. Dkfm. Arno, Obermagistratsrat . . 223
Fertinger, Mag. Dr. Christian, Magistratsoberkommissär 225
Blazek Leopold, Amtsrat 226
Krenn Franz, Verwaltungsoberkommissär. 216

Aufnahmedienst:
Matzi Kurt, Oberamtsrat 230
Eilenberger Walter, Amtsrat 231

Bestattungsdienst:
Kubu Alfred, Oberamtsrat 250
Capek Ludig, Verwaltungsoberkommissär 251

Buchhaltung:
Stefan Herbert, Verwaltungsoberkommissär 240
Weichselbraun Gertrude, Verwaltungsoberkommissär . 241

Wirtschaftsstelle:
Schweitzer Rupert, Amtsrat 260
Schieder Franz, Amtsrat 261

Betriebsstelle Zentralfriedhof:
11, Simmeringer Hauptstraße 234,
2. Tor, Halle I 76 62 50

Betriebsstelle Feuerhalle Simmering:
11, Simmeringer Hauptstraße 337 . . . . 76 62 74

Betriebsstelle Floridsdorf:
21, Prager Straße 33 . . . . 38 13 21

Sargerzeugungsbetrieb
23, Atzgersdorf, Breitenfurter Straße 176. . . 84 21 05
Parisch Johann, Betriebsleiter
Fechs, Ing. Johann, Techn. Amtsrat

Anmeldestellen für Todesfälle:
3, Ungargasse 41 . . . . 72 46 45
4, Goldeggasse 19. . . . . 65 16 31*
5, Schönbrunner Straße 54 . . . . . 55 47 98, 55 71 14, 55 81 15
8, Schlesingerplatz 4 . . . . 42 74 96, 42 81 83, 42 33 17, 42 44 14, 42 13 35
10, Gudrunstraße 128 . . . . 64 14 12, 64 31 60, 64 34 25
13, Hietzinger Kai 1–3 . . . . 82 36 84, 82 34 81, 82 53 96
16, Richard-Wagner-Platz 19. . . . . 92 12 18, 92 34 81, 92 46 04, 92 61 68
18, Martinstraße 100 . . . . 34 12 79, 34 63 83
20, Brigittaplatz 10 . . . . 33 32 91, 33 32 92
21, Prager Straße 33 . . . . 38 13 21, 38 34 15
Schwechat, Rathausplatz 9, NÖ. 77 76 71*

MAGISTRATISCHE BEZIRKSÄMTER

Aufgaben, die den magistratischen Bezirksämtern als Gemeinde- oder Bezirksverwaltungsbehörde zugewiesen sind:

Gewerbeangelegenheiten.

Angelegenheiten des Strahlenschutzes in Gewerbebetrieben.

Beistellung von Sachverständigen auf dem Gebiet des Gewerberechtes bei der Überprüfung pharmazeutischer Erzeugungsbetriebe.

Handhabung des Musterschutzgesetzes.

Handhabung des Berufsausbildungsgesetzes.

Handhabung des Altöl- und des Sonderabfallgesetzes.

Aufgaben nach dem Mietrechtsgesetz:

a) Entscheidung nach § 37 Abs. 1 Z. 1 MRG über die Anerkennung als Hauptmieter (§ 2 Abs. 3), soweit es sich um Häuser handelt, für welche die Baubewilligung bis zum 27. Jänner 1917 erteilt wurde.
b) Entscheidung nach § 37 Abs. 1 Z. 2 MRG über die Durchführung von Erhaltungs- oder Verbesserungsarbeiten (§§ 3, 4 und 6), soweit es sich um Häuser handelt, für welche die Baubewilligung bis zum 27. Jänner 1917 erteilt wurde.
c) Entscheidung nach § 37 Abs. 1 Z. 3 MRG über die Durchsetzung der Anbotspflicht (§ 5 Abs. 2).
d) Entscheidung nach § 37 Abs. 1 Z. 5 MRG über die Duldung von Eingriffen in das Mietrecht zur Durchführung von Erhaltungs-, Verbesserungs- und Änderungsarbeiten einschließlich des Anspruchs auf angemessene Entschädigung (§ 8 Abs. 2 und 3), soweit es sich um Häuser handelt, für welche die Baubewilligung bis zum 27. Jänner 1917 erteilt wurde.
e) Entscheidung nach § 37 Abs. 1 Z. 6 MRG über die Veränderung (Verbesserung) des Mietgegenstandes (§ 9).
f) Entscheidung nach § 37 Abs. 1 Z. 8 MRG über die Angemessenheit des vereinbarten oder begehrten Hauptmietzinses (§§ 15, 43, 44, 46) oder Untermietzinses (§ 26), soweit es sich um Häuser handelt, für welche die Baubewilligung bis zum 27. Jänner 1917 erteilt wurde.
g) Entscheidung nach § 37 Abs. 1 Z. 9 MRG über die Verteilung der Gesamtkosten und den Anteil eines Mietgegenstandes an den Gesamtkosten (§ 17).
h) Entscheidung nach § 37 Abs. 1 Z. 10 MRG über die Erhöhung der Hauptmietzinse (§§ 18, 19), soweit es sich um Häuser handelt, für welche die Baubewilligung bis zum 27. Jänner 1917 erteilt wurde.
i) Entscheidung nach § 37 Abs. 1 Z. 11 MRG über die Legung der Abrechnungen (§ 20 Abs. 3, § 21 Abs. 5, § 24 Abs. 3, § 45 Abs. 2).
j) Entscheidung nach § 37 Abs. 1 Z. 12 MRG über den Anteil an Betriebskosten und laufenden öffentlichen Abgaben, den Anteil an den Auslagen für die Verwaltung, den Beitrag für die Hausbesorgerarbeiten, den Anteil an besonderen Aufwendungen sowie das Entgelt für mitvermietete Einrichtungsgegenstände und sonstige Leistungen (§§ 21 bis 25).
k) Entscheidung nach § 37 Abs. 1 Z. 13 MRG über die Angemessenheit des Erhaltungsbeitrages und der Rückzahlung (§ 45), soweit es sich um Häuser handelt, für welche die Baubewilligung bis zum 27. Jänner 1917 erteilt wurde.
l) Aufgaben nach dem Mietengesetz in anhängigen Verfahren, soweit nicht die Zentrale Schlichtungsstelle der MA 50 zuständig ist.
m) Ausstellung von Bescheinigungen für Anträge auf Mietzinsbeihilfe.
n) Erteilung von Rechtsauskünften in den unter a)–m) genannten Angelegenheiten.

Wahrnehmung des Dienstnehmerschutzes einschließlich der Erteilung von Betriebsbewilligungen nach dem Arbeitnehmerschutzgesetz in nichtgewerblichen Betrieben, soweit keine andere Dienststelle des Magistrats zuständig ist.

Bewilligung von freiwilligen Feilbietungen beweglicher Sachen und Feilbietungen nach dem Verlassenschaftspatent und Entsendung von Lizitationskommissären.

Erteilung der Befugnis für einen Ausrufer nach der Feilbietungsordnung 1786.

Ausstellung von Giftbezugsbewilligungen (Giftbezugsscheinen oder Giftbezugslizenzen) nach dem Giftgesetz.

Handhabung des Schieß- und Sprengmittelgesetzes, soweit nicht die Bundespolizeidirektion Wien zuständig ist.

Handhabung des Bazillenausscheider- und des Epidemiegesetzes, ausgenommen die Festsetzung der Entschädigung für Verdienstentgang.

Bekämpfung sanitärer Übelstände und von Verunreinigungen von Privatgrundstücken einschließlich der individuellen Rechtsangelegenheiten der Rattenbekämpfung sowie Handhabung der Zwangsbefugnisse gemäß § 17 Wiener Feuerpolizeigesetz, soweit es sich um die Beseitigung feuerpolizeilicher Übelstände handelt.

Entscheidung über Einwendungen gegen eine Zahlungsaufforderung nach dem Wiener Krankenanstaltengesetz.

Erlassung von Kostenbescheiden nach straßenpolizeilichen Vorschriften, wenn gegen einen nach § 57 AVG erlassenen Bescheid Vorstellung erhoben wurde.

Genehmigung der Verwendung von Kraftfahrzeugen zur Beförderung von Tieren und bescheidmäßige Sperre einer Betriebsanlage nach dem Tierseuchengesetz.

Handhabung des Bäderhygienegesetzes.

Entgegennahme der Erklärungen über den Austritt aus staatlich anerkannten Religionsgesellschaften.

Handhabung des Buschenschankgesetzes.

Handhabung des Fischerei-, des Tierschutz- und des Jagdgesetzes, einschließlich der Ausstellung von Jagdkarten.

Handhabung des Baumschutzgesetzes.

Rechtliche Angelegenheiten des Forstgesetzes.

Einreichstelle für die Bewilligung des Pflanzenbaues zur Suchtgiftgewinnung nach der Suchtgiftverordnung 1947.

Angelegenheiten des Familienunterhaltes und der Wohnkostenbeihilfe für Wehrpflichtige; Angelegenheiten des Familienunterhaltes, der Wohnkostenbeihilfe sowie der Familienbeihilfe für Zivildienstleistende.

Handhabung des Bauarbeiter-Urlaubsgesetzes.

Erledigung von Rechtshilfeersuchen nach den sozialversicherungsrechtlichen und abgaberechtlichen Vorschriften.

Erlassung von Bescheiden gemäß § 10 Abs. 1 des Wiener Jugendschutzgesetzes.

Sicherstellung von Fahrnissen.

Wahrnehmung der Aufgaben der Ortspolizei nach dem Personenstandsgesetz (§§ 25, 35, 39).

Durchführung der Personenstands- und Betriebsaufnahme.

Ausstellung der Lohnsteuerkarten und Berichtigung von Eintragungen.

Vorbereitungsarbeiten für die Erstellung der Geschwornen- und Schöffenliste.

Ausstellung von Bestätigungen aus den Unterlagen der ehemaligen Kartenstelle.

Mitwirkung bei statistischen Erhebungen.

Durchführung der Verwaltungsstrafverfahren, soweit keine andere Dienststelle des Magistrats zuständig ist, ausgenommen die Erlassung von Organstrafverfügungen

Handhabung des Verwaltungsvollstreckungsgesetzes, soweit keine andere Dienststelle des Magistrats zuständig ist.

Mitwirkung bei der Vorbereitung und Durchführung von Wahlen, Volksbegehren, Volksabstimmungen und Volksbefragungen.

Mitwirkung bei der Verwaltung des Bezirksamtshauses.

1., 8. BEZIRK

1, Wipplingerstraße 8, Tel. 701*, 708*, 63 07 31*

Weinke, Dr. Friedrich, Obermagistratsrat 225
Weber, Dr. Karl, Senatsrat 223
Hogl, Dr. Irmengard, Obermagistratsrat 228
Pardy, Dr. Karin, Magistratskommissär 230
Suchy Werner, Amtsrat 222
Spreitzgrabner Paula, Kanzleikommissär,
Kanzleileiter 227
Kanzlei:
Auskunft 220, 353

Einlaufstelle 220, 353
Expedit 229
Registratur 208
Schlichtungsstelle-Protokoll 204
Schreibstelle 209
Strafprotokoll 220, 353
Strafvollzug 239
Verhandlungszimmer 260

Referate des magistratischen Bezirksamtes:

Baustrafen 205, 206, 207, 217, 219, 222, 224, 226, 230, 238, 290
Betriebsanlagen 223, 228, 234
Bodennutzung 201
Effektensicherstellung 229
Familienunterhalt . . . 205, 206, 207, 217, 219, 222, 224, 226, 230, 238, 290
Fischereiangelegenheiten 239
Gewerbeangelegenheiten 205, 206, 217, 219, 222, 224, 226, 230, 238, 290

Gewerbepolizeiliche Revisionen 223, 228, 234
Giftbezugsbewilligungen 226
Jagdangelegenheiten 239
Lohnsteuerkarten. 201
Religionsaustritte. 201
Sanitäre Übelstände . . 205, 206, 207, 217, 219, 222, 224, 226, 230, 238, 290
Schlichtungsstelle. 218, 234
Verwaltungsverfahren 205, 206, 207, 217, 219, 222, 223, 224, 226, 228, 230, 234, 238, 290
Viehzählung 201

Werkverkehrskarten 2
Zuständigkeit für ganz Wien:
Taxi-, Mietwagen-, Hotelwagen- und Fiaker-gewerbe . . 205, 206, 207, 217, 219, 222, 224, 226, 23 238, 2
Ausgabe von Tafeln für Omnibusse im gewerbsmäßigen Gelegenheitsverkehr 2
Lehrabschlußprüfungen, Nachsicht von den Zulassungsbedingungen 201, 2
Musterschutz 223, 228, 2
Rauchfangkehrergewerbe 222, 2

Baupolizei – Außenstelle für den 1., 8., 9. Bezirk:
8, Lerchenfelder Straße 4 . . . . 731*, 42 76 11*
Brazdovics, Dipl.-Ing. Kurt, Oberstadtbaurat 385
Helwich, Mag. arch. Ing. Reinhold, Stadtbaurat . . 330
Wimmer, Dipl.-Ing. Herbert, Stadtbaurat 328
Krenn, Dipl.-Ing. Otto, Stadtbauoberkommissär . . 393
Thomas, Ing. Kurt, Techn. Amtsrat 391
Kanzlei 386, 365, 387
Werkmeister 329, 389, 390

Bezirksgesundheitsamt für den 1., 8. Bezirk:
Kaindl, Dr. Eva Maria, Oberphysikatsrat 267
Kanzlei 266
Sanitätsrevisor 268

Bezirksjugendamt für den 1., 8. Bezirk → 9. Bezirk

Bürgerdienst (1. Bezirk):
1, Rathaus, Schmidt-Halle, Stadtinformation . 43 89 89

Bürgerdienst (8. Bezirk) → 18. Bezirk

Marktamtsabteilung für den 1. Bezirk:
1, Ebendorferstraße 4 . . . . 42 8 03
Scholz Karl, Amtsrat 2520
Müller Herbert, Amtsrat 2528
Referenten 2529

Marktamtsabteilung für den 8. Bezirk → 9. Bezirk

Mobile Krankenschwestern – Stützpunkt für den 1., 6., 7., 8., 9. Bezirk:
1, Neutorgasse 15 . . . . 66 14*, 676

Sozialer Stützpunkt für den 1., 7., 8., 9. Bezirk:
1, Schottenring 25 . . . . 747*, 31 16 16*, 60, 62, 63, 64

Sozialreferat für den 1., 8. Bezirk → 9. Bezirk

Spezielle Individualhilfe und Erwachsenenbetreuung (1., 2., 6., 7., 8., 9. Bezirk):
8, Lerchenfelder Straße 4 . . . . 731*, 42 76 11*, 323, 317, 318

Stadtkasse für den 1., 8., 9. Bezirk:
Neuwirth Friedrich, Oberamtsrat 24
Hauk Richard, Amtsrat 24
Zwangsvollstreckungen 250, 25
Verrechnungsbuchhalter, Strafen 24
Grundbesitzabgaben, Abgabe auf unvermietete Wohnungen 246, 25
Wassergebühren 246, 25
Abwassergebühren 25
Hundeabgabe. 25
Gebrauchsabgabe. 245, 25
Lohnsummensteuer 244, 248, 249, 257, 25
Dienstgeberabgabe 244, 247, 249, 257, 25
Getränke- und Gefroreness teuer. 243, 28

Standesamt Innere Stadt (1., 6., 7., 8., 9. Bezirk):
8, Schlesingerplatz 4 . . . . 727*, 42 75 41
Blank Walter, Oberamtsrat 23
Kanzlei 23
Aufgebote 231, 23
Ehefähigkeitszeugnisse 23
Eheschließungen 231, 23
Familienbuch 232, 23
Geburtenbuch 237, 23
Sterbebuch 237, 23
Buch für Todeserklärungen 23

Veterinäramtsabteilung für den 1., 8. Bezirk:
1, Salvatorgasse 7
Heinzel, Dr. Hans Günther, Oberveterinärrat. . . . 23

Wohnungsamt-Vormerkstelle für den 1. Bezirk → 9. Bezirk

Wohnungsamt-Vormerkstelle für den 8. Bezirk → 6., 7. Bezirk

2. BEZIRK

2, Karmelitergasse 9, Tel. 702*, 33 16 11*

Wendlinger, Dr. Hermann, Obermagistratsrat. . . . 230
Polacek, Dr. Gerhard, Obermagistratsrat 231
Lang, Dr. Johann 234
Willmann Josef, Amtsrat. 243
Franke Edith, Kanzleioberkommissär, Kanzleileiter. 232
Kanzlei:
Auskunft 233

Einlaufstelle 23
Expedit 23
Registratur 23
Schlichtungsstelle-Protokoll 23
Schreibstelle 24
Strafprotokoll 23
Strafvollzug 23

Referate des magistratischen Bezirksamtes:

Baustrafen 240, 241, 243, 244, 245, 248
Betriebsanlagen 231, 234
Bodennutzung 245
Effektensicherstellung 241

Familienunterhalt 24
Fischereiangelegenheiten 23
Gewerbeangelegenheiten . . 240, 241, 243, 244, 245, 24
Gewerbepolizeiliche Revisionen 231, 234

Giftbezugsbewilligungen . . . 240, 241, 243, 244, 245, 248
Jagdangelegenheiten 235
Lohnsteuerkarten 247
Religionsaustritte 235
Sanitäre Übelstände 245, 248
Schlichtungsstelle 231, 234
Verwaltungsstrafverfahren . . 240, 241, 243, 244, 245, 248
Viehzählung 245
Werkverkehrskarten 240, 241, 243, 244, 245, 248

Baupolizei – Außenstelle für den 2. Bezirk
→ 20. Bezirk

Bezirksgesundheitsamt für den 2. Bezirk:
Luch, Dr. Alfred, Stadtphysikus 288
Kanzlei 290
Sanitätsrevisoren 291, 292

Bezirksjugendamt für den 2. Bezirk:
Frühwirth Martha, Oberamtsrat 270
Kanzlei 272, 275
Auskunft 269
Kinder- und Jugendpsychologische Beratungsstelle . 284
Leitende Sozialarbeiterin 283
Sprengelsozialarbeiter 277, 278, 279, 280,
281, 282, 283, 286, 287, 289
Rechnungsführung 254, 273
Vormünder 271, 274, 276

Bürgerdienst (2. Bezirk) → 3. Bezirk

Marktamtsabteilung für den 2. Bezirk:
2, Karmelitermarkt,
Amtsgebäude 33 31 91*, 35 16 83*
Honomann Hannes, Amtsrat 57
Marktaufsicht Vorgartenmarkt:
2, Ennsgasse 8 . . . . 24 57 685

Mobile Krankenschwestern – Stützpunkt für den 2.,
20. Bezirk 239

Sozialer Stützpunkt für den 2., 20., 21., 22. Bezirk:
2, Engerthstraße 150/13 . . . . 26 73 72, 26 77 52

Sozialreferat für den 2. Bezirk:
Hauptreferent 293
Referenten 249, 294, 295, 296, 298
Kanzlei 297, 299

Spezielle Individualhilfe und Erwachsenenbetreuung
(2. Bezirk) → 1., 8. Bezirk

Stadtkasse für den 2., 20. Bezirk:
Preisel Karl, Amtsrat 255
Hösch Herbert, Amtsrat 256
Zwangsvollstreckungen 263
Verrechnungsbuchhalter, Strafen 258
Grundbesitzabgaben, Abgabe auf
unvermietete Wohnungen 252, 253, 258
Wassergebühren 260, 262
Abwassergebühren 260, 262
Hundeabgabe 260
Gebrauchsabgabe 260, 262
Lohnsummensteuer 257, 261, 264
Dienstgeberabgabe 257, 261, 264
Getränke- und Gefrorenessteuer 257, 261

Standesamt für den 2. Bezirk → 20. Bezirk,
Standesamt Brigittenau

Veterinäramtsabteilung für den 2., 20. Bezirk:
2, Rotensterngasse 27 . . . . 24 21 45, 24 28 765
Sehn, Dr. Karl, Oberveterinärrat
Duda, Dr. Ernst, Tierarzt
Ferber, Dr. Josef, Veterinärkommissär

Wohnungsamt-Vormerkstelle für den 2. Bezirk . 267, 268

3. BEZIRK

3, Karl-Borromäus-Platz 3, Tel. 703*, 72 51 71*

Cermak, Dr. Johann, Obermagistratsrat 220
Schlosser, Dr. Helga, Obermagistratsrat 233
Renner, Dr. Wolfgang 234
Krifter Leopold, Amtsrat 222
Kollmann Edith, Kanzleioberoffizial, Kanzleileiter . 228
Kanzlei:
Auskunft 229
Einlaufstelle 229
Expedit 221
Registratur 231
Schlichtungsstelle-Protokoll 221
Schreibstelle 230
Strafprotokoll 229
Strafvollzug 224
Verhandlungszimmer 236

Referate des magistratischen Bezirksamtes:

Baustrafen 233, 234
Betriebsanlagen 233, 234
Bodennutzung 237
Effektensicherstellung 226
Familienunterhalt 222, 223, 225, 226, 227
Gewerbeangelegenheiten 222, 223, 225, 226, 227
Gewerbepolizeiliche Revisionen 233, 234
Giftbezugsbewilligungen 222, 223, 225, 226, 227
Jagdangelegenheiten 222, 223, 225, 226, 227
Lohnsteuerkarten 237
Religionsaustritte 222, 223, 225, 226, 227
Sanitäre Übelstände 222, 223, 225, 226, 227
Schlichtungsstelle 233, 234
Verwaltungsstrafverfahren 222, 223, 225,
226, 227, 233, 234
Viehzählung 237
Werkverkehrskarten 224

Baupolizei – Außenstelle für den 3., 4., 5. Bezirk:
3, Am Modenapark 1–2 . . . . 740*, 72 36 31*
Klom, Dipl.-Ing. Manfred, Oberstadtbaurat 489
Czermak, Dipl.-Ing. Robert, Stadtbaurat 476
David-Labor, Dipl.-Ing. Manfred, Stadtbaurat . . . 477
Kanzlei 491, 492
Referent 488
Werkmeister 474, 475, 485, 487

Bezirksgesundheitsamt für den 3. Bezirk:
Mraz, Dr. Kurt, Stadtphysikus 267
Kanzlei 269
Sanitätsrevisoren 260

Bezirksjugendamt für den 3. Bezirk:
3, Sechskrügelgasse 11
Brosch Otmar, Amtsrat 270
Kanzlei 281
Auskunft 277
Kinder- und Jugendpsychologische Beratungsstelle . 274
Leitende Sozialarbeiterin 274
Sprengelsozialarbeiter 275, 276, 278, 279, 282, 283, 284, 286
Rechnungsführung 280
Vormünder 271, 272, 273, 285

Bürgerdienst (2., 3. Bezirk) 287, 75 31 25

Marktamtsabteilung für den 3. Bezirk:
Pardy Gottfried, Amtsrat 261
Referenten 262, 263
Marktaufsicht Augustiner Markt 73 90 775
Landstraßer Markt:
3, Invalidenstraße 2 . . . . 73 17 51

Mobile Krankenschwestern – Stützpunkt für den 3. Bezirk → 4., 5. Bezirk

Sozialer Stützpunkt für den 3., 11. Bezirk:
3, Würtzlerstraße 25/1 . . . . 78 86 43, 78 87 57

Sozialreferat für den 3. Bezirk:
Hauptreferent 251
Referenten 252, 253, 254, 255
Kanzlei 256

Spezielle Individualhilfe und Erwachsenenbetreuung (3., 4., 5., 11. Bezirk):
3, Am Modenapark 1–2 . . . 740*, 72 36 31*, 411, 417

Stadtkasse für den 3., 11. Bezirk:
Maier Gerda, Amtsrat 240
Minelli Ingrid, Amtsrat 241
Zwangsvollstreckungen 257
Verrechnungsbuchhalter, Strafen 245
Grundbesitzabgaben, Abgabe auf unvermietete Wohnungen 247, 248
Wassergebühren 243, 288
Abwassergebühren 243, 288
Hundeabgabe 243, 288
Gebrauchsabgabe 243, 288
Lohnsummensteuer 242, 246, 289
Dienstgeberabgabe 242, 244
Getränke- und Gefrorenessteuer 244

Standesamt Landstraße:
Bauer Erich, Verwaltungsoberkommissär 291
Kanzlei 293
Aufgebote 291, 292
Ehefähigkeitszeugnisse 291, 292
Eheschließungen 291, 292
Familienbuch 292
Geburtenbuch 293
Sterbebuch 293

Veterinäramtsabteilung für den 3. Bezirk → 10. Bezirk

Wohnungsamt-Vormerkstelle für den 3. Bezirk . 290, 299

4., 5. BEZIRK

5, Schönbrunner Straße 54, Tel. 704*, 725*, 55 45 85*

Pichl, Dr. Herbert, Senatsrat 230
Hostialek, Dr. Ingrid, Obermagistratsrat 231
Huber, Dr. Eva, Magistratskommissär 247
Moser Charlotte, Amtsrat 242
Mann Johanna, Kanzleioffizial, Kanzleileiter 235
Kanzlei:
Auskunft 233
Einlaufstelle 233
Expedit 236
Registratur 238
Schlichtungsstelle-Protokoll 236
Schreibstelle 237
Strafprotokoll 233
Strafvollzug 234
Verhandlungszimmer 239

Referate des magistratischen Bezirksamtes:

Baustrafen 247
Betriebsanlagen 231, 247
Bodennutzung 255
Effektensicherstellung 235
Familienunterhalt 240, 241, 242, 243
Fischereiangelegenheiten 235
Gewerbeangelegenheiten 240, 241, 242, 243
Gewerbepolizeiliche Revisionen 231, 247
Giftbezugsbewilligungen 240, 241, 242, 243
Jagdangelegenheiten 235
Lohnsteuerkarten 255
Religionsaustritte 234
Sanitäre Übelstände 240, 241, 242, 243
Schlichtungsstelle für den 4. Bezirk 247
Schlichtungsstelle für den 5. Bezirk 231
Verwaltungsstrafverfahren 240, 241, 242, 243, 247
Viehzählung 255
Werkverkehrskarten 235

Baupolizei – Außenstelle für den 4., 5. Bezirk → 3. Bezirk

Bezirksgesundheitsamt für den 4., 5. Bezirk:
4, Favoritenstraße 18 . . . . 724*, 65 47 34*
Wager, Dr. Heinrich, vtm. Physikatsarzt, Med.-Rat. 231
Kanzlei 232
Sanitätsrevisoren 230, 233, 234

Bezirksjugendamt für den 4., 5. Bezirk:
4, Favoritenstraße 18 . . . . 724*, 65 47 34*
Radlecker, Dr. Kurt, Amtsrat 251
Kanzlei 252
Auskunft 266
Kinder- und Jugendpsychologische Beratungsstelle . 241
Leitende Sozialarbeiterin 253

Sprengelsozialarbeiter 254, 256, 257, 258
Rechnungsführung 265
Vormünder 260, 261, 262, 263, 264

Bürgerdienst (4. Bezirk) → 10. Bezirk
Bürgerdienst (5. Bezirk) → 12. Bezirk

Marktamtsabteilung für den 4., 5., 6., 7. Bezirk:
4, verlängerte Kettenbrückengasse,
Amtsgebäude Naschmarkt 57 73 31*, 57 73 65*
Schön Walter, Oberamtsrat 20

Mobile Krankenschwestern – Stützpunkt für den 3., 4., 5. Bezirk:
4, Favoritenstraße 18 . . . . . . 724*, 65 47 34*, 227

Sozialer Stützpunkt für den 4., 5., 6. Bezirk:
4, Rainergasse 6–8 . . . . 65 72 09, 65 06 10

Sozialreferat für den 4. Bezirk:
4, Favoritenstraße 18 . . . . 724*, 65 47 34*
Hauptreferent 237
Referenten 235, 236

Sozialreferat für den 5. Bezirk:
Hauptreferent 290
Referenten 291, 292

Spezielle Individualhilfe und Erwachsenenbetreuung (4., 5. Bezirk) → 3. Bezirk
Stadtkasse für den 4. Bezirk → 10. Bezirk
Stadtkasse für den 5. Bezirk → 6., 7. Bezirk

Standesamt Margareten (4., 5., 12. Bezirk, vom 23. Bezirk die Katastralgemeinden Atzgersdorf und Liesing):
Eis Leopold, Oberamtsrat 260
Kanzlei 263
Aufgebote 260, 261, 264
Ehefähigkeitszeugnisse 261, 264
Eheschließungen 260, 261, 264
Familienbuch 261, 262
Geburtenbuch 264, 265
Sterbebuch 265

Veterinäramtsabteilung für den 4., 5., 6., 7., 12. Bezirk:
Gratze, Dr. Helmut, Senatsrat 289
Adam, Dr. Hubert, Oberveterinärrat 287
Horvatic, Dr. Peter, Oberveterinärrat 288
Schuller, Dr. Kurt, Oberveterinärrat 286

Wohnungsamt-Vormerkstelle für den 4., 5. Bezirk 277, 278

6., 7. BEZIRK

7, Hermanngasse 24–26, Tel. 706*, 93 76 46*

Fuchs, Dr. Joseph, Obermagistratsrat 230
Warlischek, Dr. Kurt, Magistratsrat 231
Büttner, Dr. Georg, Magistratsoberkommissär . . . 237
Kail Ulrike, Amtsrat 246
Kreutzer Karl, Amtsrat 239
Siedl Christa, Kanzleikommissär, Kanzleileiter . . . 232
Kanzlei:
Auskunft 290
Einlaufstelle 233, 290
Registratur 235
Schlichtungsstelle-Protokoll 247
Schreibstelle 234
Strafprotokoll 233
Strafvollzug 242
Verhandlungszimmer 248

Referate des magistratischen Bezirksamtes:

Baustrafen 231, 237
Betriebsanlagen 231, 237
Bodennutzung 239
Effektensicherstellung 246
Familienunterhalt 238, 239, 240, 246, 288
Gewerbeangelegenheiten 238, 239, 240, 246, 288
Gewerbepolizeiliche Revisionen 231, 237
Giftbezugsbewilligungen 238, 239, 240, 246, 288
Jagdangelegenheiten 240
Lohnsteuerkarten 242, 243
Religionsaustritte 242, 243
Sanitäre Übelstände 238, 239, 240, 246, 288
Schlichtungsstelle 231, 237
Verwaltungsstrafverfahren 238, 239, 240, 246, 288
Viehzählung 239
Werkverkehrskarten 242, 243

Baupolizei – Außenstelle für den 6., 7. Bezirk:
17, Kalvarienberggasse 33 . . . . 43 16 51*
Neckar, Dipl.-Ing. Heinz, Oberstadtbaurat 240
Jordis, Dipl.-Ing. Gerhard 253
Peroutka, Dipl.-Ing. Karl, Oberstadtbaurat 314
Kanzlei 336
Werkmeister 232, 264

Bezirksgesundheitsamt für den 6., 7. Bezirk
6, Amerlingstraße 11 . . . . 726*, 57 95 21*
Bartunek, Dr. Hans, Oberphysikatsrat 59
Kanzlei 50
Sanitätsrevisoren 61

Bezirksjugendamt für den 6., 7. Bezirk:
6, Amerlingstraße 11 . . . . 726*, 57 95 21*
Dvoracek Heinz, Verwaltungsoberkommissär 31
Kanzlei 49
Auskunft 53
Kinder- und Jugendpsychologische Beratungsstelle . 35
Leitende Sozialarbeiterin 45, 56
Sprengelsozialarbeiter 54, 55, 57
Rechnungsführung 20
Vormünder 46, 47, 48

Bürgerdienst (6., 7. Bezirk) → 15. Bezirk

Marktamtsabteilung für den 6., 7 Bezirk → 4., 5. Bezirk

Mobile Krankenschwestern – Stützpunkt für den 6., 7. Bezirk → 1., 8. Bezirk

Sozialer Stützpunkt für den 6. Bezirk → 4., 5. Bezirk

Sozialer Stützpunkt für den 7. Bezirk → 1., 8. Bezirk

Sozialreferat für den 6. Bezirk:
6, Amerlingstraße 11 . . . . 726*, 57 95 21*
Hauptreferent 62
Referenten 63, 67

Sozialreferat für den 7. Bezirk:
Hauptreferent 244
Referenten 245, 254

Spezielle Individualhilfe und Erwachsenenbetreuung (6., 7. Bezirk) → 1., 8. Bezirk

Stadtkasse für den 5., 6., 7. Bezirk:
Link Hanna, Oberamtsrat . . . 257
Handsur Rudolf, Amtsrat . . . 269
Zwangsvollstreckungen . . . 261
Verrechnungsbuchhalter, Strafen . . . 263
Grundbesitzabgaben, Abgabe auf unvermietete Wohnungen . . . 258
Wassergebühren . . . 265, 268
Abwassergebühren . . . 265, 268
Hundeabgabe . . . 265, 268
Gebrauchsabgabe . . . 265, 268
Lohnsummensteuer . . . 252, 253, 262, 266, 267
Dienstgeberabgabe . . . 252, 253, 262, 266, 267
Getränke- und Gefrorenessteuer . . . 264

Standesamt für den 6., 7. Bezirk → 1., 8. Bezirk, Standesamt Innere Stadt

Veterinäramtsabteilung für den 6., 7. Bezirk → 4., 5. Bezirk

Wohnungsamt-Vormerkstelle für den 6., 7., 8. Bezirk . . . 255

9. BEZIRK

9, Währinger Straße 39, Tel. 709*, 42 35 75*

Hortig, Dr. Erika, Senatsrat . . . 230
Kornfeld, Dr. Gabriele, Magistratskommissär . . . 231
Kral, Dr. Patrizia, Magistratskommissär . . . 243
Saller Erich, Oberamtsrat . . . 249
Ollinger Elisabeth, Kanzleioberoffizial, Kanzleileiter . . . 245
Kanzlei:
Auskunft . . . 255
Einlaufstelle . . . 255
Expedit . . . 255
Registratur . . . 253
Schlichtungsstelle-Protokoll . . . 247
Schreibstelle . . . 232
Strafprotokoll . . . 255
Strafvollzug . . . 252

Referate des magistratischen Bezirksamtes:

Baustrafen . . . 231, 243
Betriebsanlagen . . . 231, 243
Bodennutzung . . . 251
Effektensicherstellung . . . 240
Familienunterhalt . . . 240
Fischereiangelegenheiten . . . 248
Gewerbeangelegenheiten . . . 240, 246, 248, 249
Gewerbepolizeiliche Revisionen . . . 231, 243
Giftbezugsbewilligungen . . . 240, 246, 248, 249
Jagdangelegenheiten . . . 248
Lohnsteuerkarten . . . 251
Religionsaustritte . . . 249
Sanitäre Übelstände . . . 240
Schlichtungsstelle . . . 231, 243
Verwaltungsstrafverfahren . . . 240, 246, 248
Viehzählung . . . 251
Werkverkehrskarten . . . 252
Zuständigkeit für ganz Wien:
Ortspolizeiliche Aufgaben gemäß § 35 PStG . . . 247

Baupolizei – Außenstelle für den 9. Bezirk → 1., 8. Bezirk
Bezirksgesundheitsamt für den 9. Bezirk:
Schweeger, Dr. Herbert, Oberphysikatsrat . . . 261
Kanzlei . . . 262
Sanitätsrevisoren . . . 263
Bezirksjugendamt für den 1., 8., 9. Bezirk:
Ondreicska Julius, Amtsrat . . . 288
Kanzlei . . . 282
Auskunft . . . 213
Kinder- u. Jugendpsychologische Beratungsstelle 272, 278
Leitende Sozialarbeiterin . . . 273
Sprengelsozialarbeiter . . 270, 272, 278, 279, 280, 283, 285
Rechnungsführung . . . 284
Vormünder . . . 215, 216, 277, 286

Bürgerdienst (9. Bezirk) → 18. Bezirk

Marktamtsabteilung für den 8., 9. Bezirk:
9, Nußdorfer Straße 22, Markthalle . . . 34 32 48*
Altmann Eduard, Oberamtsrat . . . 31 25 76
Klettler Franz, Verwaltungsoberkommissär . . . 2

Mobile Krankenschwestern – Stützpunkt für den 9. Bezirk → 1., 8. Bezirk

Sozialer Stützpunkt für den 9. Bezirk → 1., 8. Bezirk

Sozialreferat für den 1., 8., 9. Bezirk:
Hauptreferent . . . 237
Referenten . . . 234, 235, 238, 239, 266, 269
Kanzlei . . . 236
Spezielle Individualhilfe und Erwachsenenbetreuung (9. Bezirk) → 1., 8. Bezirk
Stadtkasse für den 9. Bezirk → 1., 8. Bezirk
Standesamt für den 9. Bezirk → 1., 8. Bezirk, Standesamt Innere Stadt
Veterinäramtsabteilung für den 9. Bezirk → 18. Bezirk

Wohnungsamt-Vormerkstelle für den 1., 9. Bezirk:
9, Währinger Straße 43 . . . 233

10. BEZIRK

10, Laxenburger Straße 43–47, Tel. 710*, 64 36 31*

Besta, Dr. Elga, Obermagistratsrat . . . 211
Albrecht, Mag. Dr. Peter, Magistratsoberkommissär 219
Kessler, Dr. Sylvia, Magistratskommissär . . . 232
Moritz, Mag. Dr. Reinhold . . . 220
Halwachs Gerhard, Kanzleikommissär, Kanzleileiter . 214
Kanzlei:
Auskunft . . . 221
Einlaufstelle . . . 221
Expedit . . . 221
Registratur . . . 225
Schlichtungsstelle-Protokoll . . . 226
Schreibstelle . . . 222
Strafprotokoll . . . 226
Strafvollzug . . . 223

Referate des magistratischen Bezirksamtes:

Baustrafen 212, 215, 216, 217, 218, 295
Betriebsanlagen 219, 232
Bodennutzung 224, 329
Buschenschank 212, 215, 216, 217, 218, 295
Effektensicherstellung 217
Familienunterhalt 212, 215, 216, 217, 218, 295
Fischereiangelegenheiten 215
Gewerbeangelegenheiten . . 212, 215, 216, 217, 218, 295
Gewerbepolizeiliche Revisionen 219, 232
Giftbezugsbewilligungen . . . 212, 215, 216, 217, 218, 295
Jagdangelegenheiten 215, 223
Lohnsteuerkarten 224, 329
Religionsaustritte 212, 215, 216, 217, 218, 295
Sanitäre Übelstände 217
Schlichtungsstelle 219, 232
Verwaltungsstrafverfahren 212, 215, 216, 217, 218, 219, 232, 295
Viehzählung 224, 329
Werkverkehrskarten 223

Baupolizei – Außenstelle für den 10. Bezirk:
Engelke, Dipl.-Ing. Karl, Senatsrat 235
Dirmhirn, Ing. Mag. arch. Harald, Oberstadtbaurat 238
Hatzinger, Dipl.-Ing. Ferdinand 257
Frasz, Ing. Josef, Techn. Oberamtsrat 239
Kanzlei 236
Archiv 241
Referenten 237, 238, 239, 241
Werkmeister 238, 239, 241

Bezirksgesundheitsamt für den 10. Bezirk:
Brucha, Dr. Erwin, Oberphysikatsrat 242
Kanzlei 243
Sanitätsrevisoren 244

Bezirksjugendamt für den 10. Bezirk:
10, Van-der-Nüll-Gasse 20 . . . . 64 45 86*
Obendrauf Kurt, Oberamtsrat 39
Kanzlei 35, 36, 37, 38
Auskunft 20
Kinder- und Jugendpsychologische Beratungsstelle . 34
Leitende Sozialarbeiterin 40
Sprengelsozialarbeiter 21, 22, 23, 24, 25, 26, 29, 30, 31, 41, 42, 66
Rechnungsführung 54, 55, 56
Vormünder 49, 50, 51, 52, 53, 57, 58, 59, 60

Bürgerdienst (4., 10. Bezirk) 320, 64 42 41

Marktamtsabteilung für den 10. Bezirk:
10, Viktor-Adler-Markt, Amtsgebäude 64 27 77
Lorenz Franz, Prof., Oberamtsrat 64 27 63

Mobile Krankenschwestern – Stützpunkt für den 10., 11., 12. Bezirk 262

Sozialer Stützpunkt für den 10. Bezirk:
10, Laxenburger Straße 90/13 . . . . 62 62 84

Sozialreferat für den 10. Bezirk:
10, Gudrunstraße 128
Hauptreferent 265
Referenten 266, 268, 269, 270

Kanzlei 267, 271

Spezielle Individualhilfe und Erwachsenenbetreuung (10. Bezirk):
10, Per-Albin-Hansson-Siedlung Ost,
Ada-Christen-Gasse 2/D/E 3/2 . . . . 68 55 71

Stadtkasse für den 4., 10. Bezirk:
Zeschek Helene, Amtsrat 275
Altrichter Michael, Verwaltungsoberkommissär . . . 276
Zwangsvollstreckungen 231
Verrechnungsbuchhalter, Strafen 229
Grundbesitzabgaben, Abgabe auf unvermietete Wohnungen 278, 310, 313
Wassergebühren 229
Abwassergebühren 229
Hundeabgabe 279
Gebrauchsabgabe 279
Lohnsummensteuer 233, 282, 310
Dienstgeberabgabe 233, 282, 310
Getränke- und Gefrorenessteuer 280

Standesamt Favoriten (10., 11. Bezirk, vom 23. Bezirk die Katastralgemeinden Erlaa, Inzersdorf und Siebenhirten):
10, Keplerplatz 5
Teschner Wolfgang, Amtsrat 284
Kanzlei 285
Aufgebote 286
Ehefähigkeitszeugnisse 284
Eheschließungen 287
Familienbuch 287
Geburtenbuch 287
Sterbebuch 287

Veterinäramtsabteilung für den 3., 10., 11. Bezirk:
Jeitler, Dr. Alfred, Senatsrat 292
Kolinko, Dr. Artur, Oberveterinärrat 292
Grestenberger, Dr. Erwin, Veterinäroberkommissär 292

Wohnungsamt-Vormerkstelle für den 10. Bezirk 273, 274

11. BEZIRK

11, Enkplatz 2, Tel. 711*, 74 35 86*

Ecker, Dr. Gerhard, Senatsrat 230
Renner, Mag. Dr. Walther 231
Marquant Hildegard, Amtsrat 256
Wagner Erika, Kanzleileiter 232
Kanzlei:
Auskunft 234
Einlaufstelle 234
Expedit 232
Registratur 236
Schlichtungsstelle-Protokoll 234
Schreibstelle 233
Strafprotokoll 235
Strafvollzug 235

Referate des magistratischen Bezirksamtes:

Baustrafen 231
Betriebsanlagen 231
Bodennutzung 258
Effektensicherstellung 256

Familienunterhalt 255, 256, 257
Fischereiangelegenheiten 255
Gewerbeangelegenheiten 255, 256, 257
Gewerbepolizeiliche Revisionen 231
Giftbezugsbewilligungen 255, 256, 257
Jagdangelegenheiten 256, 257
Lohnsteuerkarten 258
Religionsaustritte 235
Sanitäre Übelstände 255, 256, 257
Schlichtungsstelle 231
Verwaltungsstrafverfahren 231, 255, 256, 257
Viehzählung 258
Werkverkehrskarten 255, 256, 257

Baupolizei – Außenstelle für den 11. Bezirk:
Mosser, Dipl.-Ing. Albert, Oberstadtbaurat 280
Valentin, Dipl.-Ing. Peter, Oberstadtbaurat 281
Bietak, Dipl.-Ing. Horst, Stadtbaurat 283
Windl, Ing. Mag. Franz, Stadtbaurat 284
Kanzlei 282
Schreibstelle 286
Werkmeister 285, 286, 287
Referat Wildes Bauen 284

Bezirksgesundheitsamt für den 11. Bezirk:
Blechinger, Dr. Franz, Physikatsrat 270
Kanzlei 272
Sanitätsrevisoren 271

Bezirksjugendamt für den 11. Bezirk:
Scheck Franz, Oberamtsrat 240
Kanzlei 248
Auskunft 241
Kinder- und Jugendpsychologische Beratungsstelle . 249
Leitende Sozialarbeiterin 249
Sprengelsozialarbeiter 242, 246, 247, 252, 253, 259
Rechnungsführung 245
Vormünder 243, 244, 251, 254, 264

Bürgerdienst (11. Bezirk) 268, 74 52 34
Marktamtsabteilung für den 11. Bezirk:
11, Lorystraße, Simmeringer Markt,
Amtsgebäude, Brückenwaage 74 33 01
Felke Karl Ernst, Amtsrat
Mobile Krankenschwestern – Stützpunkt für den 11. Bezirk → 10. Bezirk
Sozialer Stützpunkt für den 11. Bezirk → 3. Bezirk
Sozialreferat für den 11. Bezirk:
Hauptreferent 260
Referenten 261, 262
Kanzlei 263
Spezielle Individualhilfe und Erwachsenenbetreuung (11. Bezirk) → 3. Bezirk
Stadtkasse für den 11. Bezirk → 3. Bezirk
Standesamt für den 11. Bezirk → 10. Bezirk, Standesamt Favoriten
Veterinäramtsabteilung für den 11. Bezirk → 10. Bezirk
Expositur:
Geigenmüller, Dr. Hermann, Oberveterinärrat . . 265
Wohnungsamt-Vormerkstelle für den 11. Bezirk . . 278

12. BEZIRK

12, Schönbrunner Straße 259, Tel. 712*, 83 16 01*

Kuca, Dr. Alois, Obermagistratsrat 211
Fischer, Dr. Hildegard, Magistratsrat 212
Mayer Vera, Oberamtsrat 224
Mantl Franziska, Kanzleikommissär, Kanzleileiter . 213
Kanzlei:
Auskunft 214, 215
Einlaufstelle 214, 215
Expedit 216
Registratur 219, 265
Schlichtungsstelle-Protokoll 214
Schreibstelle 218
Strafprotokoll 214
Strafvollzug 216
Verhandlungszimmer 217

Referate des magistratischen Bezirksamtes:

Baustrafen 212
Betriebsanlagen 212
Bodennutzung 226
Effektensicherstellung 226
Familienunterhalt 221, 223, 225, 228
Fischereiangelegenheiten 216
Gewerbeangelegenheiten 221, 223, 224, 225, 228
Gewerbepolizeiliche Revisionen 212
Giftbezugsbewilligungen 224
Jagdangelegenheiten 226
Lohnsteuerkarten 226
Religionsaustritte 221, 223, 225, 228
Sanitäre Übelstände 221, 223, 225, 228
Schlichtungsstelle 214
Verwaltungsstrafverfahren 212, 221, 223, 225, 228
Viehzählung 226
Werkverkehrskarten 226

Baupolizei – Außenstelle für den 12. Bezirk:
Zilka, Dipl.-Ing. Heinz, Stadtbaurat 251
Widl, Dipl.-Ing. Erich, Stadtbaurat 253
Kanzlei 252, 259
Archiv 258
Referenten 209, 253, 256
Werkmeister 254, 255, 257

Bezirksgesundheitsamt für den 12. Bezirk:
12, Hufelandgasse 2
Kohnen-Zülzer, Dr. Christian, vtm. Physikatsarzt . 241
Kanzlei 242
Sanitätsrevisoren 243, 244

Bezirksjugendamt für den 12. Bezirk:
12, Hufelandgasse 2
Porits Stefan, Oberamtsrat 261
Kanzlei 262
Auskunft 264
Kinder- und Jugendpsychologische Beratungsstelle . 325
Leitende Sozialarbeiterin 326
Sprengelsozialarbeiter 263, 266, 269, 270, 271, 272, 280, 322, 323, 324, 338, 345, 346
Rechnungsführung 267, 268
Vormünder 276, 277, 278, 279, 347

Bürgerdienst (5., 12. Bezirk):
12, Hufelandgasse 2 . . . . 337, 83 75 64

Marktamtsabteilung für den 12. Bezirk:
12, Hufelandgasse 2
Mildner Herbert, Amtsrat 231
Schnabel, Ing. Wilhelm, Amtsrat 232
Referenten 233, 234

Marktaufsicht Meidlinger Markt, Brückenwaage:
12, Niederhofstraße 83 31 81

Mobile Krankenschwestern – Stützpunkt für den 12. Bezirk → 10. Bezirk

Sozialer Stützpunkt für den 12., 13., 23. Bezirk:
12, Am Schöpfwerk 29/6 . . . . . 67 93 31, 67 93 32

Sozialreferat für den 12. Bezirk:
12, Meidlinger Hauptstraße 2
Hauptreferent 245
Referenten 247, 248, 249, 319
Kanzlei 246
Kasse 246

Spezielle Individualhilfe und Erwachsenenbetreuung (12., 13., 23. Bezirk):
12, Ruckergasse 40 . . . . 87 23 14

Stadtkasse für den 12. Bezirk → 15. Bezirk

Standesamt für den 12. Bezirk → 4., 5. Bezirk, Standesamt Margareten

Veterinäramtsabteilung für den 12. Bezirk → 4., 5. Bezirk

Wohnungsamt-Vormerkstelle für den 12. Bezirk 288, 289

Wohnungsberatungszentrum – Außenstelle:
12, Am Schöpfwerk 31/4 . 67 76 50, 67 99 21, 67 99 22

13., 14. BEZIRK

13, Hietzinger Kai 1–3, Tel. 713*, 82 26 51*

Mayer, Dr. Georg, Senatsrat 230
Neugebauer, Dr. Ernst, Obermagistratsrat 231
Bernold, Dr. Erika, Magistratsrat 239
Pogorevc, Mag. Corinna 239
Heindl Theresia, Amtsrat 244
Ofner Norbert, Amtsrat 245
Reiter Ingeborg, Kanzleirat, Kanzleileiter 232
Kanzlei:
Auskunft 233, 234
Einlaufstelle 233, 234
Expedit 233, 234
Registratur 238
Schlichtungsstelle-Protokoll 235
Schreibstelle 237
Strafprotokoll 233
Strafvollzug 234
Verhandlungszimmer 240

Referate des magistratischen Bezirksamtes:

Baustrafen 231, 239
Betriebsanlagen 231, 239
Bodennutzung 246
Effektensicherstellung 232, 253
Familienunterhalt 241, 242, 243, 244, 245
Fischereiangelegenheiten 241, 242, 243, 244, 245
Gewerbeangelegenheiten 241, 242, 243, 244, 245
Gewerbepolizeiliche Revisionen 231, 239
Giftbezugsbewilligungen 241, 242, 243, 244, 245
Jagdangelegenheiten 241, 242, 243, 244, 245
Lohnsteuerkarten 246
Religionsaustritte 241, 242, 243, 244, 245
Sanitäre Übelstände 241, 242, 243, 244, 245
Schlichtungsstelle 231, 239
Verwaltungsstrafverfahren 241, 242, 243, 244, 245
Viehzählung 246
Werkverkehrskarten 241, 242, 243, 244, 245

Baupolizei – Außenstelle für den 13., 14. Bezirk:
Filas, Dipl.-Ing. Johann, Senatsrat 310
Ressel, Dipl.-Ing. Günter, Stadtbaurat 311
Bletas, Dipl.-Ing. Thanos 318
Eder, Dipl.-Ing. Helmut, Stadtbaurat 319
Lubich, Dipl.-Ing. Götz, Stadtbaurat 316
Kanzlei 312
Archiv 359
Referenten 311, 314, 315, 316, 318, 319
Schreibstelle 313
Werkmeister 318, 328, 329, 356

Bezirksgesundheitsamt für den 13., 14. Bezirk:
Scheitz, Dr. Werner, Oberphysikatsrat 290
Kanzlei 292
Sanitätsrevisoren 293, 294, 295

Bezirksjugendamt für den 13., 14. Bezirk:
Forster Ilse, Amtsrat 260
Kanzlei 262
Auskunft 277
Kinder- und Jugendpsychologische Beratungsstelle . 271
Leitende Sozialarbeiterin 271
Sprengelsozialarbeiter 267, 269, 270, 272, 273, 274, 275, 276, 278
Rechnungsführung 268
Vormünder 261, 263, 264, 265, 266

Bürgerdienst (13., 14. Bezirk) 357, 82 24 92

Marktamtsabteilung für den 13., 14. Bezirk:
Wirth Wilhelm, Verwaltungsoberkommissär 340
Heindl Kurt, Amtsrat 341
Referenten 341, 342

Mobile Krankenschwestern – Stützpunkt für den 13. Bezirk → 23. Bezirk

Mobile Krankenschwestern – Stützpunkt für den 14. Bezirk → 15. Bezirk

Sozialer Stützpunkt für den 13. Bezirk → 12. Bezirk

Sozialer Stützpunkt für den 14., 15. Bezirk:
14, Dreyhausenstraße 29/15 . . . . . 94 31 38, 94 55 97

Sozialreferat für den 13., 14. Bezirk:
Hauptreferent 280
Referenten 281, 282, 283, 284
Kanzlei 285

Spezielle Individualhilfe und Erwachsenenbetreuung (13. Bezirk) → 12. Bezirk

Spezielle Individualhilfe und Erwachsenenbetreuung (14. Bezirk) → 15. Bezirk

Stadtkasse für den 13., 14. Bezirk:
Krutisch Rudolf, Oberamtsrat 200
Horvath Erika, Amtsrat 201
Zwangsvollstreckungen 203
Verrechnungsbuchhalter, Strafen 202
Grundbesitzabgaben, Abgabe auf unvermietete Wohnungen 213, 214, 215, 219, 289
Wassergebühren 208, 209, 216, 355
Abwassergebühren 208, 209, 216, 355
Hundeabgabe 208, 209, 216, 355
Gebrauchsabgabe 208, 209, 216, 355
Lohnsummensteuer 204, 205, 206, 207, 218
Dienstgeberabgabe 204, 205, 206, 207, 218
Getränke- und Gefrorenessteuer 204, 205, 206, 207, 218

Standesamt Hietzing (13., 14., 15. Bezirk, vom 23. Bezirk die Katastralgemeinden Mauer, Rodaun und Kalksburg):
Müller Helmuth, Amtsrat 330
Kanzlei 332, 333, 336, 337, 339
Aufgebote 330, 331, 338
Ehefähigkeitszeugnisse 330, 331, 338
Familienbuch 336
Geburtenbuch 335
Sterbebuch 334

Veterinäramtsabteilung für den 13., 14., 15. Bezirk:
Schiel, Dr. Otto, Senatsrat 350
Hückel, Dr. Robert, Oberveterinärrat 351

Wohnungsamt-Vormerkstelle für den 13., 14. Bezirk 352, 353

15. BEZIRK

15, Gasgasse 8–10, Tel. 715*, 83 36 11*

Roth, Dr. Gerhard, Obermagistratsrat 220
Handl, Dr. Waltraud, Magistratsrat 222
Marx, Dr. Rudolf, Magistratsrat 221
Kent Antonis, Amtsrat 235
Nitsche Gertrude, Kanzleirat, Kanzleileiter 223
Kanzlei:
Auskunft 224
Einlaufstelle 224
Expedit 224
Registratur 228
Schlichtungsstelle-Protokoll 236
Schreibstelle 227
Strafprotokoll 224
Strafvollzug 224

Referate des magistratischen Bezirksamtes:

Baustrafen 221, 222
Betriebsanlagen 221, 222
Bodennutzung 226
Buschenschank 232, 233, 234, 235
Effektensicherstellung 235
Familienunterhalt 232, 233, 234, 235
Fischereiangelegenheiten 236
Gewerbeangelegenheiten 232, 233, 234, 235
Gewerbepolizeiliche Revisionen 221, 222
Giftbezugsbewilligungen 222
Jagdangelegenheiten 236
Lohnsteuerkarten 226
Religionsaustritte 226
Sanitäre Übelstände 232, 233, 234, 235
Schlichtungsstelle 221, 222, 236
Verwaltungsstrafverfahren 221, 222, 232, 233, 234, 235
Viehzählung 226
Werkverkehrskarten 226

Baupolizei – Außenstelle für den 15. Bezirk:
Leitgeb, Dipl.-Ing. Franz 251
Schindler, Dipl.-Ing. Josef, Stadtbaurat 253
Kanzlei 257
Archiv 257
Werkmeister 252, 254

Bezirksgesundheitsamt für den 15. Bezirk:
Nurrer, Dr. Elisabeth, Stadtphysikus, Med.-Rat . . 260
Kanzlei 263
Sanitätsrevisoren 262

Bezirksjugendamt für den 15. Bezirk:
Tetenka Franz, Oberamtsrat 265
Kanzlei 277
Auskunft 278

Kinder- und Jugendpsychologische Beratungsstelle . 273
Leitende Sozialarbeiterin 270
Sprengelsozialarbeiter . . 244, 271, 272, 274, 275, 276, 280
Rechnungsführung 279
Vormünder 266, 267, 268, 269

Bürgerdienst (6., 7., 15. Bezirk) 299, 83 11 48

Marktamtsabteilung für den 15. Bezirk:
15, Dadlergasse 1–3 . . . . 83 43 13, 83 54 31
Kampfmüller Oskar, Amtsrat
Marktaufsicht Meiselmarkt, Brückenwaage:
15, Meiselmarkt 92 33 51

Mobile Krankenschwestern – Stützpunkt für den 14., 15., 16. Bezirk 245

Sozialer Stützpunkt für den 15. Bezirk → 14. Bezirk

Sozialreferat für den 15. Bezirk:
Hauptreferent 240
Referenten 217, 242
Kanzlei 241

Spezielle Individualhilfe und Erwachsenenbetreuung (14., 15., 16., 17., 18., 19. Bezirk):
15, Camillo-Sitte-Gasse 6–8/2/6 . . . . 95 69 71

Stadtkasse für den 12., 15. Bezirk:
Hanzl Fritz, Oberamtsrat 282
Kirschner Sylvia, Verwaltungsoberkommissär 283
Zwangsvollstreckungen 284
Verrechnungsbuchhalter, Strafen 294
Grundbesitzabgaben, Abgabe auf unvermietete Wohnungen 292, 293, 295
Wassergebühren 296, 297, 298
Abwassergebühren 296, 297, 298
Hundeabgabe 296, 297, 298
Gebrauchsabgabe 296, 297, 298
Lohnsummensteuer 287, 288, 289, 290
Dienstgeberabgabe 264, 287, 288, 289, 290
Getränke- und Gefrorenessteuer 291

Standesamt für den 15. Bezirk → 13., 14. Bezirk, Standesamt Hietzing

Veterinäramtsabteilung für den 15. Bezirk → 13., 14. Bezirk

Wohnungsamt-Vormerkstelle für den 15. Bezirk 248, 249

16. BEZIRK

16, Richard-Wagner-Platz 19, Tel. 716*, 92 26 96*

Vojik, Dr. Alfred, Senatsrat 220
Sonnenberg, Dr. Karl, Obermagistratsrat 221
Prager, Dr. Margarethe 222
Jeljnek Irene, Kanzleikommissär, Kanzleileiter 223
Kanzlei:
Auskunft 225
Einlaufstelle 225
Expedit 233
Registratur 228
Schlichtungsstelle-Protokoll 236
Schreibstelle 224
Strafprotokoll 225
Strafvollzug 238
Verhandlungszimmer 230

Referate des magistratischen Bezirksamtes:

Baustrafen 221, 222
Betriebsanlagen 221, 222
Bodennutzung 226
Buschenschank 234
Effektensicherstellung 236
Familienunterhalt 229, 231, 232, 235
Fischereiangelegenheiten 235
Gewerbeangelegenheiten 229, 231, 232, 234, 235
Gewerbepolizeiliche Revisionen 221, 222
Giftbezugsbewilligungen 238
Jagdangelegenheiten 238
Lohnsteuerkarten 226
Religionsaustritte 229, 231, 232, 234, 235
Sanitäre Übelstände 229, 232, 234
Schlichtungsstelle 221, 222
Verwaltungsstrafverfahren 229, 231, 232, 234, 235
Viehzählung 226
Werkverkehrskarten 238

Baupolizei – Außenstelle für den 16. Bezirk:
Messinger, Dipl.-Ing. Helmut, Oberstadtbaurat . . . 251
Pazicky, Dipl.-Ing. Tibor 258
Kosik, Ing. Waltraud, Techn. Amtsrat 253
Kanzlei 257, 264
Referenten 253
Werkmeister 252, 255

Bezirksgesundheitsamt für den 16. Bezirk:
Heinrich, DDr. Walter, Physikatsrat 260
Gottwald, Dr. Erika, vtm. Physikatsarzt 269
Kanzlei 263
Sanitätsrevisoren 262

Bezirksjugendamt für den 16. Bezirk:
16, Arnethgasse 84 . . . . 46 12 38*
Spitzer Friedrich, Oberamtsrat 37
Kanzlei 36
Auskunft 20
Kinder- und Jugendpsychologische Beratungsstelle . 22
Leitende Sozialarbeiterin 22
Sprengelsozialarbeiter 24, 25, 26, 27, 29, 30, 32, 33, 34, 35
Rechnungsführung 44
Vormünder 38, 39, 40, 41, 42, 43
Bürgerdienst (16., 17. Bezirk) 217, 92 53 77

Marktamtsabteilung für den 16. Bezirk:
16, Yppenplatz, Amtsgebäude 42 61 74
Plsek Karl, Oberamtsrat 42 49 655
Gnadlinger Franz, Amtsrat

Mobile Krankenschwestern – Stützpunkt für den 16. Bezirk → 15. Bezirk

Sozialer Stützpunkt für den 16. Bezirk:
16, Roterdstraße 12–14 . . . . –

Sozialreferat für den 16. Bezirk:
Hauptreferent 240
Referenten 242, 244, 245, 247
Kanzlei, Kasse 246

Spezielle Individualhilfe und Erwachsenenbetreuung (16. Bezirk) → 15. Bezirk

Stadtkasse für den 16., 17. Bezirk:
Albustin Ludwig, Amtsrat 282
Doschek Josek, Verwaltungsoberkommissär 283
Zwangsvollstreckungen 284
Verrechnungsbuchhalter, Strafen 287
Grundbesitzabgaben, Abgabe auf unvermietete Wohnungen 278, 289, 295
Wassergebühren 286, 294

Abwassergebühren 286, 294
Hundeabgabe 286, 294
Gebrauchsabgabe 286, 294
Lohnsummensteuer 291, 293
Dienstgeberabgabe 291, 293
Getränke- und Gefrorenessteuer 288, 290

Standesamt Ottakring (16., 17. Bezirk):
Walek Heinrich, Oberamtsrat 270
Kanzlei 275
Aufgebote 270, 271
Ehefähigkeitszeugnisse 271
Eheschließungen 270, 271, 272
Familienbuch 275, 276
Geburtenbuch 272, 273, 274
Sterbebuch 272, 273, 274

Veterinäramtsabteilung für den 16., 17. Bezirk:
dzt. unbesetzt 280
Dostal, Dr. Johannes, Oberveterinärrat 237

Wohnungsamt-Vormerkstelle für den
16. Bezirk 248, 249

Wohnungsberatungszentrum – Außenstelle:
16, Ottakringer Straße 194–196 . . . . 45 23 45,
45 63 51, 45 63 52

17. BEZIRK

17, Elterleinplatz 14, Tel. 717*, 43 61 01*

Paulhart, Dr. Günther, Senatsrat 230
Schuller, DDr. Martha, Obermagistratsrat 231
Zangl Rudolf, Amtsrat 238
Weigl Helga, Kanzleioffizial,
Kanzleileiter 232
Kanzlei:
Auskunft 233
Einlaufstelle 233
Expedit 243
Registratur 240
Schlichtungsstelle-Protokoll 235
Schreibstelle 242
Strafprotokoll 233
Strafvollzug 234

Referate des magistratischen Bezirksamtes:

Baustrafen 238
Betriebsanlagen 231
Bodennutzung 236
Buschenschank 238
Effektensicherstellung 238
Familienunterhalt 237, 238, 239
Fischereiangelegenheiten 238
Gewerbeangelegenheiten 237, 238, 239
Gewerbepolizeiliche Revisionen 231
Giftbezugsbewilligungen 231
Jagdangelegenheiten 238
Lohnsteuerkarten 236
Religionsaustritte 234
Sanitäre Übelstände 237
Schlichtungsstelle 231
Verwaltungsstrafverfahren 237, 238, 239
Viehzählung 236
Werkverkehrskarten 237, 238, 239

Baupolizei – Außenstelle für den 17. Bezirk:
Hofmeister, Dipl.-Ing. Liselotte, Oberstadtbaurat . . 270
Wonka, Dipl.-Ing. Herbert, Stadtbaukommissär . . . 263
Volkmann, Ing. Gottfried, Techn. Amtsrat 264
Kanzlei 261
Referenten 265, 268

Bezirksgesundheitsamt für den 17. Bezirk:
17, Kalvarienberggasse 29
Greutter, Dr. Bruno, Physikatsrat 285
Kanzlei 286
Sanitätsrevisoren 287

Bezirksjugendamt für den 17., 18. Bezirk:
17, Rötzergasse 6 . . . . 48 35 10
Scheinost Karl, Oberamtsrat 32
Kanzlei 39
Auskunft 30
Kinder- und Jugendpsychologische Beratungsstelle . 38
Leitende Sozialarbeiterin 20
Sprengelsozialarbeiter 22, 23, 24, 36, 37, 38, 41, 42
Rechnungsführung 31
Vormünder 26, 27, 28, 33, 34, 35

Bürgerdienst (17. Bezirk) → 16. Bezirk

Marktamtsabteilung für den 17. Bezirk:
Rigler Wolfgang, Verwaltungsoberkommissär . . . 216
Referenten 217

Mobile Krankenschwestern – Stützpunkt für den
17. Bezirk → 19. Bezirk

Sozialer Stützpunkt für den 17. Bezirk
→ 18. Bezirk

Sozialreferat für den 17. Bezirk:
Hauptreferent 254
Referenten 255, 256
Kanzlei 256

Spezielle Individualhilfe und Erwachsenenbetreuung
(17. Bezirk) → 15. Bezirk
Stadtkasse für den 17. Bezirk → 16. Bezirk
Standesamt für den 17. Bezirk → 16. Bezirk,
Standesamt Ottakring
Veterinäramtsabteilung für den 17. Bezirk
→ 16. Bezirk

Wohnungsamt-Vormerkstelle für den 17. Bezirk . . 352

18. BEZIRK

18, Martinstraße 100, Tel. 718*, 34 25 20*

Wiltschegg-Binder, Dr. Helmut, Senatsrat 230
Spacsek, Mag. Robert 231
Urban Ulrike, Kanzleioberoffizial, Kanzleileiter . . . 232
Kanzlei:
Auskunft 233, 234
Einlaufstelle 233, 234
Expedit 241
Registratur 241
Schlichtungsstelle-Protokoll 233
Schreibstelle 235
Strafprotokoll 234
Strafvollzug 233

Referate des magistratischen Bezirksamtes:

Baustrafen 228, 238, 239, 240
Betriebsanlagen 231
Bodennutzung 243
Buschenschank 240
Effektensicherstellung 243
Familienunterhalt 228, 238, 239, 240
Fischereiangelegenheiten 243
Gewerbeangelegenheiten 228, 238, 239, 240
Gewerbepolizeiliche Revisionen 231
Giftbezugsbewilligungen 240
Jagdangelegenheiten 240
Lohnsteuerkarten 243
Religionsaustritte 243
Sanitäre Übelstände 228, 238, 239, 240
Schlichtungsstelle 231
Verwaltungsstrafverfahren 228, 238, 239, 240
Viehzählung 243
Werkverkehrskarten 243

Baupolizei – Außenstelle für den 18. Bezirk:
Leopold, Dipl.-Ing. Gerhard, Oberstadtbaurat . . . 280
Witschka, Dipl.-Ing. Johann, Stadtbaurat 281
Altunbozar, Dipl.-Ing. Helga 282
Kanzlei 284
Archiv 286
Referenten 283, 285

Bezirksgesundheitsamt für den 18. Bezirk:
18, Währinger Straße 124
Lindner, Dr. Reinhard, vtm. Physikatsarzt 215
Kanzlei 216
Sanitätsrevisoren 217, 218

Bezirksjugendamt für den 18. Bezirk
→ 17. Bezirk

Bürgerdienst (8., 9., 18. Bezirk) 275, 34 13 39

Marktamtsabteilung für den 18. Bezirk:
Schulla Rudolf, Verwaltungsoberkommissär 270
Referenten 271, 272

Mobile Krankenschwestern – Stützpunkt für den
18. Bezirk → 19. Bezirk

Sozialer Stützpunkt für den 17., 18., 19. Bezirk:
18, Türkenschanzplatz 2 . . . . 47 74 72, 47 74 46

Sozialreferat für den 18. Bezirk:
Hauptreferent 295
Referenten 296, 297, 298

Spezielle Individualhilfe und Erwachsenenbetreuung
(18. Bezirk) → 15. Bezirk

Stadtkasse für den 18. Bezirk → 19. Bezirk

Standesamt Währing (18., 19. Bezirk):
Fischer Bruno, Amtsrat 260
Kanzlei 262
Aufgebote 260, 261
Ehefähigkeitszeugnisse 260, 261
Eheschließungen 260, 261, 262
Familienbuch 262
Geburtenbuch 263
Sterbebuch 263

Veterinäramtsabteilung für den 9., 18., 19. Bezirk:
Vater, Dr. Maximilian, Oberveterinärrat 290
Hanna, Dr. Abdul-Ahad, Veterinärrat 291

Wohnungsamt-Vormerkstelle für den
18. Bezirk 292, 293

19. BEZIRK

19, Gatterburggasse 14, Tel. 719*, 36 42 50*

Siegl, Dr. Franz, Senatsrat 230
Neugebauer, Dr. Elisabeth, Magistratsoberkommissär 231
Merk Helmut, Amtsrat 237
Kadlcik Helga, Kanzleioffizial,
Kanzleileiter 232
Kanzlei:
Auskunft 256
Einlaufstelle 238
Expedit 256
Registratur 256
Schlichtungsstelle-Protokoll 235
Schreibstelle 233
Strafprotokoll 238
Strafvollzug 234

Referate des magistratischen Bezirksamtes:

Baustrafen 231, 237
Betriebsanlagen 231
Bodennutzung 236, 239
Buschenschank 237, 257, 295
Effektensicherstellung 234
Familienunterhalt 237, 257, 295
Fischereiangelegenheiten 237, 257
Gewerbeangelegenheiten 237, 257, 295
Gewerbepolizeiliche Revisionen 231
Giftbezugsbewilligungen 237, 257, 295

Jagdangelegenheiten 234, 237, 295
Lohnsteuerkarten 236, 239
Religionsaustritte 234, 295
Sanitäre Übelstände 237, 257, 295
Schlichtungsstelle 231
Verwaltungsstrafverfahren 237, 257, 295
Viehzählung 236, 239
Werkverkehrskarten 237, 257, 295

Baupolizei – Außenstelle für den 19. Bezirk:
Richter, Dipl.-Ing. Herbert, Stadtbaurat 240
Diebitsch, Mag. arch. Karl-Heinz, Stadtbaurat . . . 242
Kirschner, Dipl.-Ing. Hannes 245
Kanzlei 244
Referenten 243
Werkmeister 241, 243, 249
Bezirksgesundheitsamt für den 19. Bezirk:
Totter, Dr. Anina, Oberphysikatsrat 280
Kanzlei 281
Sanitätsrevisoren 282
Bezirksjugendamt für den 19. Bezirk:
Papageorgopoulos Gertrud, Amtsrat 270
Kanzlei 272
Auskunft 274
Kinder- und Jugendpsychologische Beratungsstelle . 274
Leitende Sozialarbeiterin 271
Sprengelsozialarbeiter 275, 276, 277, 279, 294
Rechnungsführung 258
Vormünder 273, 278
Bürgerdienst (19. Bezirk) siehe 20. Bezirk

Marktamtsabteilung für den 19. Bezirk:
Riegelmaier Johann, Amtsrat 251
Referenten 252

Mobile Krankenschwestern – Stützpunkt für den 17., 18., 19. Bezirk 285

Sozialer Stützpunkt für den 19. Bezirk → 18. Bezirk
Sozialreferat für den 19. Bezirk:
Hauptreferent 246
Referenten 247, 248
Kasse 248
Spezielle Individualhilfe und Erwachsenenbetreuung (19. Bezirk) → 15. Bezirk
Stadtkasse für den 18., 19. Bezirk:
Kainrath Wilhelm, Amtsrat 260
Foller Helga, Amtsrat 261
Zwangsvollstreckungen 284
Verrechnungsbuchhalter, Strafen 263
Grundbesitzabgaben, Abgabe auf unvermietete Wohnungen 262, 269, 286
Wassergebühren 288, 292
Abwassergebühren 292
Hundeabgabe 265
Gebrauchsabgabe 265
Lohnsummensteuer 255, 266, 267, 287, 289
Dienstgeberabgabe 255, 266, 267, 287, 289
Getränke- und Gefrorenessteuer 268
Standesamt für den 19. Bezirk → 18. Bezirk, Standesamt Währing
Veterinäramtsabteilung für den 19. Bezirk → 18. Bezirk
Wohnungsamt-Vormerkstelle für den 19. Bezirk 253, 254

20. BEZIRK

20, Brigittaplatz 10, Tel. 720*, 33 35 11*

Klein, Dr. Helga, Senatsrat 230
Meixner, Dr. Otto 231
Strassl, Dr. Daniela 248
Winkler Ekhard, Oberamtsrat 241
Lenz Elisabeth, Kanzleioberkommissär, Kanzleileiter 232
Kanzlei:
Auskunft 233, 234
Einlaufstelle 233
Registratur 239
Schlichtungsstelle-Protokoll 236
Schreibstelle 237, 238
Strafprotokoll 233
Strafvollzug 235
Verhandlungszimmer 249

Referate des magistratischen Bezirksamtes:

Baustrafen 231, 248
Betriebsanlagen 231
Bodennutzung 246
Effektensicherstellung 245
Familienunterhalt 241, 243, 244, 245
Fischereiangelegenheiten 243
Gewerbeangelegenheiten 241, 243, 244, 245
Gewerbepolizeiliche Revisionen 231, 248
Giftbezugsbewilligungen 241, 243, 244, 245
Jagdangelegenheiten 243
Lohnsteuerkarten 246
Religionsaustritte 235
Sanitäre Übelstände 241, 243, 244, 245
Schlichtungsstelle 231, 248
Verwaltungsstrafverfahren 241, 243, 244, 245
Viehzählung 246
Werkverkehrskarten 241, 243, 244, 245

Baupolizei – Außenstelle für den 2., 20. Bezirk:
20, Dresdner Straße 75 . . . . 835*, 35 66 11*
Weinrother, Dipl.-Ing. Robert, Oberstadtbaurat . . . 220
Bacher, Dipl.-Ing. Albert, Stadtbaurat 221
Dedek, Dipl.-Ing. Friederike 214
Marek, Dipl.-Ing. Fritz, Stadtbaukommissär 213
Kanzlei 210
Referent 215
Werkmeister 216, 217, 223
Bezirksgesundheitsamt für den 20. Bezirk:
Kreiner, Dr. Heinrich, Oberphysikatsrat 290
Kanzlei 292
Sanitätsrevisoren 293, 294
Bezirksjugendamt für den 20. Bezirk:
Peterka Ernst, Amtsrat 260
Kanzlei 262, 263, 285
Auskunft 281
Kinder- und Jugendpsychologische Beratungsstelle . 295

Leitende Sozialarbeiterin 271
Sprengelsozialarbeiter 272, 273, 274, 275, 276, 277, 278, 283, 284, 286, 287, 288
Rechnungsführung 297, 298
Vormünder 264, 265, 266, 267, 268, 269
Bürgerdienst (19., 20. Bezirk) 255, 35 42 97
Marktamtsabteilung für den 20. Bezirk:
Enslein Walter, Amtsrat 340
Referenten 341, 342, 343
Marktaufsicht Hannovermarkt, Brückenwaage:
20, Hannovermarkt 33 22 45
Mobile Krankenschwestern – Stützpunkt für den 20. Bezirk → 2. Bezirk
Sozialer Stützpunkt für den 20. Bezirk → 21. Bezirk
Sozialreferat für den 20. Bezirk:
Hauptreferent 360
Referenten 362, 363, 364, 365
Kanzlei, Kasse 366
Spezielle Individualhilfe und Erwachsenenbetreuung (20. Bezirk) → 21. Bezirk
Stadtkasse für den 20. Bezirk → 2. Bezirk
Standesamt Brigittenau (2., 20. Bezirk):
Mitterbauer Josef, Verwaltungsoberkommissär . . . 330
Kanzlei 333
Aufgebote 332, 335
Ehefähigkeitszeugnisse 332, 335
Eheschließungen 332, 335
Familienbuch 333
Geburtenbuch 336
Sterbebuch 336
Veterinäramtsabteilung für den 20. Bezirk → 2. Bezirk
Wohnungsamt-Vormerkstelle für den 20. Bezirk 352, 353

21. BEZIRK

21, Am Spitz 1, Tel. 721*, 38 15 04*

Schrems, Dr. Otto, Senatsrat 230
Merta, Dr. Brigitta, Obermagistratsrat 231
Essl Adolf, Amtsrat 243
Eder Gertrude, Kanzleileiter 232
Kanzlei:
Auskunft 233, 235
Einlaufstelle 233
Registratur 239
Schlichtungsstelle-Protokoll 237
Schreibstelle 237, 238
Strafprotokoll 233
Strafvollzug 235

Referate des magistratischen Bezirksamtes:

Baustrafen 231
Betriebsanlagen 231
Bodennutzung 246
Buschenschank 243, 244
Effektensicherstellung 243
Familienunterhalt 241, 242, 244, 245
Fischereiangelegenheiten 241, 242, 244, 245
Gewerbeangelegenheiten 241, 242, 243, 244, 245
Gewerbepolizeiliche Revisionen 231
Giftbezugsbewilligungen 241, 242
Jagdangelegenheiten 241, 242, 244, 245
Lohnsteuerkarten 246
Religionsaustritte 241, 242, 244, 245
Sanitäre Übelstände 241, 242, 243, 244, 245
Schlichtungsstelle 231
Verwaltungsstrafverfahren 241, 242, 243, 244, 245
Viehzählung 246
Werkverkehrskarten . . . . 241, 242, 243, 244 ,245

Baupolizei – Außenstelle für den 21. Bezirk:
Fuchs, Dipl.-Ing. Heinz, Oberstadtbaurat 310
Hahn, Dipl.-Ing. Georg, Stadtbaurat 318
Hansal, Dipl.-Ing. Ilse 316
Kanzlei 312, 313
Archiv 309
Werkmeister 304, 317, 319
Gehsteigreferat 305
Bezirksgesundheitsamt für den 21. Bezirk:
Hein, Dr. Ulrike, Oberphysikatsrat 290
Kanzlei 292
Sanitätsrevisoren 293, 294
Bezirksjugendamt für den 21. Bezirk:
Wendlinger Frédérique, Amtsrat 260
Kanzlei 262, 263
Auskunft 281
Kinder- u. Jugendpsychologische Beratungsstelle 271, 295
Leitende Sozialarbeiterin 271
Sprengelsozialarbeiter 272, 273, 274, 275, 276, 277, 278, 282, 283, 285, 286, 287, 288, 289, 296
Rechnungsführung 297, 298
Vormünder 264, 265, 266, 267, 268, 269, 279
Bürgerdienst (21. Bezirk) 255, 38 34 92
Hausinspektoren der MA 52 . . . . 357, 358
Marktamtsabteilung für den 21. Bezirk:
21, Schlingerhof, Floridsdorfer Markt 38 15 80*, 38 15 89*
Panzirsch Karl, Amtsrat 1
Mobile Krankenschwestern – Stützpunkt für den 21. Bezirk → 22. Bezirk
Sozialer Stützpunkt für den 20., 21. Bezirk:
21, Brünner Straße 140/62 . . . . –
Sozialreferat für den 21. Bezirk:
Hauptreferent 360
Referenten 364, 365, 366, 367, 368, 369
Kanzlei 362
Spezielle Individualhilfe und Erwachsenenbetreuung (20., 21., 22. Bezirk):
21, Holzmeistergasse 14 . . . . 38 15 11*, 41
Stadtkasse für den 21. Bezirk:
21, Prager Straße 9 . . . . 30 26 48*
Vrchota Heinrich, Amtsrat 20
Merz Gerda, Amtsrat 21

Zwangsvollstreckungen … 34
Verrechnungsbuchhalter, Strafen … 27
Grundbesitzabgaben, Abgabe auf unvermietete Wohnungen … 30, 31, 32, 33
Wassergebühren … 25, 26, 27
Abwassergebühren … 25, 26, 27
Hundeabgabe … 25, 26, 27
Gebrauchsabgabe … 25, 26, 27
Lohnsummensteuer … 22, 23, 24
Dienstgeberabgabe … 22, 23, 24
Getränke- und Gefrorenessteuer … 22, 23, 24

Standesamt Floridsdorf (21., 22. Bezirk):
Hilbert Erich, Amtsrat … 330
Kanzlei … 332
Aufgebote … 330, 335, 336
Ehefähigkeitszeugnisse … 330, 335, 336
Eheschließungen … 330, 335, 336
Familienbuch … 330, 336
Geburtenbuch … 335
Sterbebuch … 336

Veterinäramtsabteilung für den 21. Bezirk:
Binder, Dr. Otto, Oberveterinärrat … 350
Reisinger, Dr. Günter, Veterinärrat … 350

Wohnungsamt-Vormerkstelle für den 21. Bezirk … 352, 353, 354
Wohnungsberatungszentrum – Außenstelle … 355, 356

22. BEZIRK

22, Kagran, Schrödingerplatz 1, Tel. 722*, 23 65 29*

Knöfler, Dr. Peter, Obermagistratsrat … 230
Hutterer, Mag. Helmut, Magistratsoberkommissär … 231
Schejbal Gustav, Oberamtsrat … 237
Haider Ingeborg, Kanzleioffizial, Kanzleileiter … 232
Kanzlei:
Auskunft … 228
Einlaufstelle … 233
Expedit … 228
Registratur … 260
Schlichtungsstelle-Protokoll … 233
Schreibstelle … 234, 239
Strafprotokoll … 233
Strafvollzug … 233
Verhandlungszimmer … 216

Referate des magistratischen Bezirksamtes:

Baustrafen … 231
Betriebsanlagen … 231
Bodennutzung … 229
Effektensicherstellung … 229
Familienunterhalt … 235, 236, 237, 238
Fischereiangelegenheiten … 235, 236, 237, 238
Gewerbeangelegenheiten … 235, 236, 237, 238
Gewerbepolizeiliche Revisionen … 231
Giftbezugsbewilligungen … 231
Jagdangelegenheiten … 235, 236, 237, 238
Lohnsteuerkarten … 229
Religionsaustritte … 235, 236, 237, 238
Sanitäre Übelstände … 235, 236, 237, 238
Schlichtungsstelle … 231
Vergnügungssteuer … 232
Verwaltungsstrafverfahren … 235, 236, 237, 238
Viehzählung … 229
Werkverkehrskarten … 235, 236, 237, 238

Baupolizei – Außenstelle für den 22. Bezirk:
Kummernecker, Dipl.-Ing. Erwin, Oberstadtbaurat … 240
Hauser, Dipl.-Ing. Erhard, Oberstadtbaurat … 242
Körperth, Dipl.-Ing. Helmut, Stadtbaurat … 243
Reiter, Dipl.-Ing. Friedrich, Stadtbaurat … 244
Kanzlei … 241
Schreibstelle … 254, 255
Werkmeister … 245, 246, 247, 249

Bezirksgesundheitsamt für den 22. Bezirk:
Zupnik, Dr. Alexander, Physikatsrat … 290
Kanzlei … 291
Sanitätsrevisoren … 225, 292

Bezirksjugendamt für den 22. Bezirk:
Cermak Johanna, Amtsrat … 270
Kanzlei … 280
Auskunft … 275
Kinder- und Jugendpsychologische Beratungsstelle … 283
Leitende Sozialarbeiterin … 281
Sprengelsozialarbeiter … 259, 273, 274, 276, 277, 278, 279, 281, 284, 285, 286, 287
Rechnungsführung … 288
Vormünder … 217, 258, 271, 272, 282, 289

Bürgerdienst (22. Bezirk) … 269, 23 85 65

Hausinspektoren der MA 52 … 215, 256, 23 93 08

Marktamtsabteilung für den 22. Bezirk:
Sklenar Wilhelm, Verwaltungsoberkommissär … 250
Referenten … 251, 252

Mobile Krankenschwestern – Stützpunkt für den 21., 22. Bezirk … 294

Sozialer Stützpunkt für den 22. Bezirk → 2. Bezirk

Sozialreferat für den 22. Bezirk:
Hauptreferent … 200
Referenten … 201, 202, 204, 227, 268
Kanzlei … 203

Spezielle Individualhilfe und Erwachsenenbetreuung (22. Bezirk) → 21. Bezirk

Stadtkasse für den 22. Bezirk:
22, Kagran, Donaustadtstraße 1 … 23 65 85*
Kainz Gertrude, Amtsrat … 30
Eisenstecken Robert, Amtsrat … 31
Zwangsvollstreckungen … 25
Verrechnungsbuchhalter, Strafen … 29
Grundbesitzabgaben, Abgabe auf unvermietete Wohnungen … 21, 22, 23, 24
Wassergebühren … 32, 33
Abwassergebühren … 32, 33
Hundeabgabe … 32, 33
Gebrauchsabgabe … 32, 33
Lohnsummensteuer … 26, 27
Dienstgeberabgabe … 26, 27
Getränke- und Gefrorenessteuer … 26, 27

Standesamt für den 22. Bezirk → 21. Bezirk, Standesamt Floridsdorf

Veterinäramtsabteilung für den 22. Bezirk:
Maresch, Dr. Johann, Senatsrat 297
Hansy, Dr. Helmut, Veterinärrat 298

Wohnungsamt-Vormerkstelle für den 22. Bezirk 207, 208
Wohnungsberatungszentrum – Außenstelle . . . 264, 265

23. BEZIRK

23, Liesing, Perchtoldsdorfer Straße 2,
Tel. 723*, 86 96 17*

Schwarz, Dr. Richard, Senatsrat 31
Preisel, Dr. Erika, Obermagistratsrat 33
Puffler, Dr. Eva 92
Hoch Gertrud, Kanzleioberoffizial,
Kanzleileiter 32
Kanzlei:
Auskunft 36

Einlaufstelle 36
Expedit 35
Registratur 99
Schlichtungsstelle-Protokoll 36
Schreibstelle 37
Strafprotokoll 34
Strafvollzug 32

Referate des magistratischen Bezirksamtes:

Baustrafen 33, 92
Betriebsanlagen 33, 92
Bodennutzung 34
Buschenschank 34
Effektensicherstellung 32
Familienunterhalt 27, 38, 39
Fischereiangelegenheiten 27, 38
Gewerbeangelegenheiten 27, 38, 39
Gewerbepolizeiliche Revisionen 33, 92
Giftbezugsbewilligungen 27, 33, 38

Jagdangelegenheiten 27, 32, 38
Lohnsteuerkarten 34
Religionsaustritte 27, 38, 39
Sanitäre Übelstände 27, 38, 39
Schlichtungsstelle 33, 92
Vergnügungssteuer 34
Verwaltungsstrafverfahren 27, 33, 38, 39, 92
Viehzählung 32
Werkverkehrskarten 27, 38, 39

Baupolizei – Außenstelle für den 23. Bezirk:
Prosser, Dipl.-Ing. Alfred, Oberstadtbaurat 40
Breiter, Dipl.-Ing. Johann, Stadtbauober-
kommissär 42
Schröpfer, Dipl.-Ing. Johann 42
Semmler, Dipl.-Ing. Carmen 42
Chlada, Ing. Herbert, Techn. Amtsrat 43
Kanzlei 46
Referenten 41, 42, 43, 54, 95
Werkmeister 28, 44, 45, 55, 93

Bezirksgesundheitsamt für den 23. Bezirk:
Malis, Dr. Konstantin, vtm. Physikatsarzt 56
Kanzlei 29
Sanitätsrevisor 57

Bezirksjugendamt für den 23. Bezirk:
23, Liesing, Haeckelstraße 4
Rogen Eva, Amtsrat 71
Kanzlei 97
Auskunft 58
Kinder- und Jugendpsychologische Beratungsstelle . 78
Leitende Sozialarbeiterin 77
Sprengelsozialarbeiter 59, 74, 75, 76
Rechnungsführung 73
Vormünder 72, 73

Bürgerdienst (23. Bezirk) 49, 86 35 40

Marktamtsabteilung für den 23. Bezirk:
23, Liesing, Lehmanngasse 3
Tomas, Ing. Werner, Amtsrat 79
Referenten 70
Großmarkt Wien-Inzersdorf, Brückenwaage:
23, Inzersdorf, Laxenburger Straße 365 . . . 67 35 31*
Fingl Walter, Oberamtsrat 21
Hafenscher Herbert, Amtsrat 22
Brückenwaage 32
Blumengroßmarkt 31

Mobile Krankenschwestern – Stützpunkt für den
13., 23. Bezirk 47

Sozialer Stützpunkt für den 23. Bezirk
→ 12. Bezirk

Sozialreferat für den 23. Bezirk:
Hauptreferent 52
Referenten 53

Spezielle Individualhilfe und Erwachsenenbetreuung
(23. Bezirk) → 12. Bezirk

Stadtkasse für den 23. Bezirk:
23, Liesing, Lehmanngasse 3
Montel Alois, Amtsrat 61
Repa Christine, Amtsrat 64
Zwangsvollstreckungen 63
Verrechnungsbuchhalter, Strafen 62
Grundbesitzabgaben, Abgabe auf
unvermietete Wohnungen 65, 66
Wassergebühren 69
Abwassergebühren 69
Hundeabgabe 69
Gebrauchsabgabe 69
Lohnsummensteuer 67, 68
Dienstgeberabgabe 67, 68
Getränke- und Gefrorenessteuer 67, 68

Standesamt für die Katastralgemeinden Atzgersdorf
und Liesing
→ 4., 5. Bezirk, Standesamt Margareten

Standesamt für die Katastralgemeinden Erlaa, Inzersdorf und Siebenhirten
→ 10. Bezirk, Standesamt Favoriten

Standesamt für die Katastralgemeinden Mauer, Rodaun und Kalksburg
→ 13., 14. Bezirk, Standesamt Hietzing

Veterinäramtsabteilung für den 23. Bezirk:
23, Liesing, Lehmanngasse 1
Kopf, Dr. Norbert, Senatsrat 30
Schörner, Dr. Gustav, Veterinärrat 30

Wohnungsamt-Vormerkstelle für den 23. Bezirk:
23, Liesing, Lehmanngasse 1 48

KONTROLLAMT

1, Rathausstraße 9, 2. Stiege, 1., 2., 3. und 4. Stock, Tel. 42 8 04

Gebarungskontrolle:
Prüfung der gesamten Gebarung der Gemeinde (mit Ausnahme der für die Gebarung maßgebenden Beschlüsse der zuständigen Kollegialorgane) und der von Organen der Gemeinde verwalteten, mit Rechtspersönlichkeit ausgestatteten Fonds und Stiftungen auf die ziffernmäßige Richtigkeit, Ordnungsmäßigkeit, Sparsamkeit, Wirtschaftlichkeit und Zweckmäßigkeit.
Prüfung der Gebarung von wirtschaftlichen Unternehmen, an denen die Gemeinde mehrheitlich beteiligt ist; ist ein solches wirtschaftliches Unternehmen an einem anderen Unternehmen mehrheitlich beteiligt, so erstreckt sich die Prüfung auch auf dieses andere Unternehmen.
Prüfung der Gebarung von Einrichtungen (wirtschaftliche Unternehmen, Vereine und dgl.), an denen die Gemeinde in anderer Weise als gemäß § 73 Abs. 2 der Verfassung der Bundeshauptstadt Wien beteiligt ist oder in deren Organen die Gemeinde vertreten ist sowie Prüfung der Gebarung von Einrichtungen, die Zuwendungen aus Gemeindemitteln erhalten oder für die die Gemeinde eine Haftung übernimmt, soweit sich die Gemeinde eine Kontrolle vorbehalten hat.
Prüfung der gesamten Haushalts- und Wirtschaftsführung der Gemeinde, der städtischen Unternehmungen und der übrigen angeführten Unternehmen und Einrichtungen in formeller und sachlicher Hinsicht, unter Bedachtnahme auf die Möglichkeit der Verminderung oder Vermeidung von Ausgaben bzw. der Erhöhung oder Schaffung von Einnahmen sowie überhaupt auf die Interessen der Stadt Wien, insbesondere:
Prüfung der Einnahmen und Ausgaben einschließlich der Vermögensgebarung;
Prüfung der buchmäßigen Aufzeichnungen;
Prüfung der Einhaltung des Voranschlages und der Wirtschaftspläne;
Prüfung der Jahresabschlüsse;
Prüfung der Kassenbestände;
Prüfung der Sachbestände;
Prüfung der Maßnahmen der einzelnen Dienststellen (Einrichtungen) zur Gewährleistung der Gebarungssicherheit und der damit im Zusammenhang stehenden Verwaltungssicherheit;
Organisations- und Wirtschaftlichkeitsprüfungen;
gutächtliche Mitwirkung bei Organisationsfragen oder Regelungen des Haushalts-, Rechnungs- und Kassenwesens.
Sicherheitskontrolle:
Prüfung der den Organen der Gemeinde obliegenden Vollziehung der sich auf die Sicherheit des Lebens oder der Gesundheit von Menschen beziehenden behördlichen Aufgaben (mit Ausnahme der für die Sicherheit maßgebenden Beschlüsse der zuständigen Kollegialorgane).
Prüfung, ob bei den von den Organen der Gemeinde verwalteten Einrichtungen und Anlagen, von denen eine Gefahr für die Sicherheit des Lebens oder der Gesundheit von Menschen ausgehen kann, ausreichende, angemessene und ordnungsgemäße Sicherheitsmaßnahmen getroffen wurden.

Satrapa, Dr. Peter, Kontrollamtsdirektor 2831
Vogel, Dr. Martin, Obersenatsrat 2845
Trinbacher, Dipl.-Ing. Dr. techn. Edmund, Obersenatsrat 2849
Bauer, Dr. Wilhelm, Senatsrat 2835
Dienes, Dr. Harald, Senatsrat 2821
Ehn, Dkfm. Mag. Adolf, Senatsrat 2864
Horner, Dipl.-Ing. Otto, Senatsrat 2866
Rieger, Dkfm. Mag. Alfred, Senatsrat 2842
Struger, Dipl.-Ing. Willibald, Senatsrat 2865
Gloß, Dkfm. Dr. Franz, Obermagistratsrat 2836
Groiss, Dipl.-Ing. Gottfried, Oberstadtbaurat 2892
List, Mag. Dr. Alois, Obermagistratsrat 2863
Prohaska, Dr. Ferdinand, Obermagistratsrat 2891
Schnierer, Dr. Walter, Obermagistratsrat 2093
Bartosch, Dr. Josef, Magistratsrat 2867
Filz, Dkfm. Mag. Elisabeth, Magistratsrat 2619
Hauke, Dkfm. Dr. Eugen, Magistratsrat 2819
Puller, Dipl.-Ing. Dr. Ludwig, Stadtbaurat 2810
Römer, Mag. Gottfried, Magistratsrat 2843
Schreidl, Dipl.-Ing. Rudolf, Stadtbaurat 2876
Sonntagbauer, Dkfm. Dr. Hans, Magistratsrat . . . 2862
Biwald, Dr. Rudolf, Magistratsoberkommissär . . . 3803
Bleyer, Dkfm. Dr. Monika, Magistratsoberkommissär 2871
Kruzik, Mag. Monika, Magistratskommissär 2851
Löwy, Mag. Kurt, Magistratskommissär 2826
Marold, Mag. Otto, Magistratskommissär 2870
Windisch, Mag. Heribert, Magistratskommissär . . . 2811
Baumhauer, Dipl.-Ing. Kurt 2813
Heczko, Dipl.-Ing. Kurt 3891
Kraus, Dipl.-Ing. Peter 3118
Steiner, Dkfm. Kurt 3820
Beschta Johann, Oberamtsrat 2820
Chylik Kurt, Oberamtsrat 2846
Cozzarini, Ing. Aurel, Techn. Oberamtsrat 2857
Frey, Ing. Josef, Techn. Oberamtsrat 2828
Hauser Johann, Oberamtsrat 2861
Hild Eduard, Oberamtsrat 3805
Holak Viktor, Oberamtsrat 3827
Koch Otto, Oberamtsrat 2827
König Josef, Oberamtsrat 2848
Kopta, Ing. Anton, Techn. Oberamtsrat 2840
Kratschmer, Ing. Kurt, Techn. Oberamtsrat 2852
Slovak Othmar, Oberamtsrat 2869
Speil Robert, Oberamtsrat 2822
Sündermann Alfred, Oberamtsrat 2844
Süsz Franz, Oberamtsrat 2847
Wenzl, Ing. Walter, Techn. Oberamtsrat 2853
Baksits Peter, Amtsrat 2850
Frcena Gerhard, Amtsrat 2830
Hannig Herbert, Amtsrat 2860
Kirchdorfer Wilhelm, Amtsrat 2856
Kratochvil Herbert, Amtsrat 2817
Kupa Gerhard, Amtsrat 2841
Langer Brigitte, Amtsrat 2879
Sturm Manfred, Amtsrat 2823
Turek Hans, Amtsrat 2884
Enser, Ing. Johann, Baumeister 2854
Forte, Ing. Valentin, Baumeister 2868
Vichta, Ing. Walter, Baumeister 2858
Vögerle Vilma, Amtsrat 2830
Winkler Hans, Amtsrat 2839
Tampermeier Hilde, Kanzleikommissär,
Kanzleileiter 2837
Kanzlei 2833

Gruppe Gebarungskontrolle:

Vogel, Dr. Martin, Obersenatsrat 2845

Abteilung I: Kontrolle der MD und der MA 1, 2, 3, 4, 5, 6, 7, 8, 9, 10, 13, 50, 51, 53, 61, 62, 63, 64, 66, 68, der magistratischen Bezirksämter, der Bezirksvertretungen, der kulturell-wirtschaftlichen Beteiligungen der Stadt Wien, der Stiftung „Genesungsheim" sowie der Wiener Landwirtschaftskammer
Bauer, Dr. Wilhelm, Senatsrat 2835

Abteilung II: Kontrolle der MA 11, 12, 14, 15, 17, Fonds und Vereine für verschiedene Soziale Dienste
Dienes, Dr. Harald, Senatsrat 2821

Abteilung III: Kontrolle der MA 20, 22, 30, 31, 35, 36, 37, 40, 42, 43, 44, 46, 48, 49, 52, 54, 56, 58, 59, 60, 69, 70
Rieger, Dkfm. Mag. Alfred, Senatsrat 2842

Abteilung IV: Kontrolle der städtischen Unternehmungen und wirtschaftlichen Beteiligungen, Anstalten mit eigenem Statut sowie Vereine
Ehn, Dkfm. Mag. Adolf, Senatsrat 2864

Gruppe Sicherheitskontrolle:

Trinbacher, Dipl.-Ing. Dr. techn. Edmund, Obersenatsrat 2849

Abteilung V: Kontrolle der MD-BD und der MA 18, 19, 21, 23, 24, 25, 26, 27, 28, 29, 32, 33, 34, 38, 39, 41, 45, zum Teil einschließlich der Bauwirtschaftskontrolle und Sicherheitskontrolle. Bauwirtschaftskontrolle und Sicherheitskontrolle der städtischen Unternehmungen

Trinbacher, Dipl.-Ing. Dr. techn. Edmund, Obersenatsrat 2849

Abteilung VI: Bauwirtschaftskontrolle und Sicherheitskontrolle aller Dienststellen des Magistrats, die nicht der Kontrolle der Abteilung V unterliegen. Bauwirtschaftskontrolle der wirtschaftlichen Beteiligungen

Horner, Dipl.-Ing. Otto, Senatsrat. 2866

KRANKENFÜRSORGEANSTALT DER BEDIENSTETEN DER STADT WIEN

8, Schlesingerplatz 5, Tel. 42 36 51*

Koling, Dr. iur. Walter, Generaldirektor 20
Kukral Franz, Generaldirektor-Stellvertreter, Regierungsrat 21
Pärtan, Dr. Josef, Medizinalrat, leitender Chefarzt . 60
Frühwirth, Dr. Fritz, Chefarzt 63
Münzberg, Dr. Kurt, Chefarzt 61
Schiesbühl, Dr. phil. Lydia, Abteilungsdirektor, Rechnungsprüfungsstelle 40
Schlüter Lothar, Abteilungsleiter, Personalbüro 25
Wedl Günther, Abteilungsdirektor, Buchhaltung . . 34
Pomper Elisabeth, Abteilungsleiter, Einreichstelle 70
Sachbearbeiter . . . 71, 72, 73, 74, 75, 76, 77, 78, 79, 82
Hartl Wilhelm, Kassier 55

Referat für erweiterte Heilfürsorge 54, 81
Diabetiker-Ambulanz, Elektrokardiogramm, Gesundenuntersuchung 64, 66
Laboratorium 65
Blutabnahme und Materialübergabe: Montag bis Freitag von 7.30 bis 9 Uhr
Wirtschaftsreferat 29

Sanatorium Hera, Löblichgasse 14 . . . . . . 34 55 01*

(Besuchszeiten täglich von 14 bis 16 Uhr und von 18 bis 19 Uhr)
Plepelits, Dr. Herbert, Med.-Rat, Primarius, Ärztlicher Direktor 256
Nimmerrichter Walter, Verwaltungsdirektor 200
Fikis Erika, Direktorin des Pflegedienstes. 232

Fachärzte:
Augenheilkunde, 9, Lustkandlgasse 24
Sprechstunden Montag bis Freitag von 13 bis 16.30 Uhr

Chirurgie, 9, Lustkandlgasse 24
Sprechstunden Montag bis Freitag von 10.30 bis 12.30 Uhr, bei Unfällen jederzeit Löblichgasse 14

Gynäkologie und Geburtshilfe (Schwangerenberatung), 9, Lustkandlgasse 24
Sprechstunden Montag bis Freitag von 8 bis 10 Uhr

Hals-, Nasen- und Ohrenerkrankungen, 9, Lustkandlgasse 24
Sprechstunden Montag bis Donnerstag von 13 bis 16.30 Uhr, Freitag von 8 bis 11.30 Uhr

Innere (Gefäß-) Erkrankungen, 9, Löblichgasse 16, rechte Stiege, 2. Stock (Aufzug)
Sprechstunden Montag bis Freitag von 7.30 bis 12 Uhr und von 13 bis 14.30 Uhr

Neurologie, 9, Lustkandlgasse 24
Sprechstunden Montag, Mittwoch und Donnerstag von 8.30 bis 11.30 Uhr, Dienstag und Freitag von 15 bis 16.30 Uhr

Orthopädie, 9, Lustkandlgasse 24
Sprechstunden Montag, Mittwoch und Freitag von 8 bis 13 Uhr, Dienstag und Donnerstag von 10 bis 13 Uhr

Röntgenologie, 9, Löblichgasse 14
Schalterdienst und Anmeldung Montag bis Freitag von 8 bis 15.30 Uhr

Urologie, 9, Lustkandlgasse 24
Sprechstunden Montag bis Freitag von 8.30 bis 10.30 Uhr

Laboratorium im Sanatorium Hera, 9, Löblichgasse 16, rechte Stiege, 1. Stock (Aufzug)
Blutabnahme und Materialübergabe Montag bis Freitag von 7.30 bis 9.30 Uhr

Mutterberatung, 9, Lustkandlgasse 24
Sprechstunden Dienstag von 11 bis 12 Uhr, Donnerstag von 8.30 bis 9.30 Uhr

Rheumaberatungsstellen – Elektrophysikalische Institute:
9, Löblichgasse 16, rechte Stiege, 1. Stock (Aufzug)
Behandlungen Montag bis Freitag von 7 bis 16 Uhr, ärztliche Untersuchung Montag bis Freitag von 7.30 bis 15.30 Uhr
11, Enkplatz 2 . . . . 74 32 63
Behandlungen Montag und Mittwoch von 7.30 bis 16 Uhr, Dienstag und Donnerstag von 7.30 bis 15 Uhr, Freitag von 7 bis 15 Uhr, ärztliche Untersuchung Montag bis Freitag von 8 bis 9.30 Uhr

Zahnambulatorien:
9, Löblichgasse 10
Behandlungen Montag bis Freitag von 7.15 bis 18 Uhr. Samstag von 7.15 bis 11.30 Uhr
Station für Kieferregulierung, 9, Löblichgasse 10
Sprechstunden Montag, Mittwoch und Freitag von 12.45 bis 18 Uhr
11, Enkplatz 2 . . . . 74 32 63
Behandlungen Montag von 12.45 bis 18.15 Uhr, Dienstag von 7.15 bis 12.45 Uhr (Prothetik von 12.45 bis 18.15 Uhr), Mittwoch und Freitag von 12.45 bis 18.15 Uhr (Prothetik von 7.15 bis 12.45 Uhr), Donnerstag von 7.15 bis 12.45 Uhr
21, Franz-Jonas-Platz 8 . . . . 38 31 59
Behandlungen Montag von 10 bis 18.15 Uhr, Dienstag und Donnerstag von 12.30 bis 18.15 Uhr, Mittwoch von 7.15 bis 14 Uhr, Freitag von 7.15 bis 13.45 Uhr

GEWERKSCHAFT DER GEMEINDEBEDIENSTETEN – LANDESGRUPPE WIEN

9, Maria-Theresien-Straße 11, Tel. 770*, 34 36 00*

Sekretariat der Hauptgruppe I:
1, Rathaus, 6. Stiege, Parterre,
Tür 20 . . . . 42 8 04/2880, 2881, 2882, 2883

Sekretariat der Hauptgruppe II:
9, Maria-Theresien-Straße 11,
6. Stock, Tür 4 . . . . 770*, 34 36 00*, 258

Sekretariat der Hauptgruppe III:
9, Maria-Theresien-Straße 11,
3. Stock, Tür 7 . . . . 770*, 34 36 00*, 283

Sekretariat der Hauptgruppe IV:
4, Favoritenstraße 9–11,
3. Stock, Tür 682 . . . . .753, 65 9 30*, 3421

Sekretariat der Hauptgruppe V:
9, Mariannengasse 4,
2. Stock, Tür 228 . . . . 751*, 43 80*, 3822

Sekretariat der Hauptgruppe VI:
8, Josefstädter Straße 10–12,
2. Stock, Tür 219 . . . . .752*, 43 09*, 248

Sekretariat der Hauptgruppe VII:
9, Maria-Theresien-Straße 11,
1. Stock, Tür 1 . . . . 770*, 34 36 00*, 289

STADTSCHULRAT FÜR WIEN

1, Dr.-Karl-Renner-Ring 1, Tel. 758, 93 46 16

Präsident:
Gratz, Mag. iur. Leopold, Landeshauptmann von Wien
Amtsführender Präsident:
Matzenauer Hans, Abgeordneter zum Nationalrat . . . 213, 320
Vizepräsident:
Bittner, Mag. Markus, Direktor, Hofrat . . . 331

Amt des Stadtschulrates für Wien:
Amtsdirektion:
Egghard, Dr. iur. Julius, Obersenatsrat, Stadtschulratsdirektor . . . 238
Sand, Mag. Eva Maria . . . 341
Präsidialbüro: *Stejskal Fritz,* Amtssekretär . . . 215
a) Sekretariat des Amtsführenden Präsidenten:
Breinschmid Friedrich, Hauptschuloberlehrer . . . 212
Steibel Christine . . . 213
b) Sekretariat des Vizepräsidenten:
Dösinger Edith . . . 227
c) Sekretariat des Kollegiums:
Zivny Ernst, Oberamtsrat, Regierungsrat . . . 259
d) Sekretariat des Präsidiums . . . 253, 220
e) Schulservicestelle, Presse- und Elternvereinsreferat:
Andreas Kurt, Hauptschuldirektor, Oberschulrat . . . 245, 93 47 60
f) Haus- und Materialverwaltungsstelle:
Prinz Rudolf . . . 229
g) Amtsdruckerei:
Traxler Gerhard . . . 208
h) Schulpflichtmatrik:
1, Zedlitzgasse 9
Buzek Friedrich, Volksschuldirektor . . . 52 37 78
Buchhaltung:
Horvath Johann, Amtsdirektor . . . 43 15 61*, 320

Fachinspektorate:
Für Leibeserziehung:
Föhrmann Heinrich, Prof., Hofrat . . . 293
Wurz Hildegard, Prof., Hofrat . . . 204
Für Bildnerische Erziehung:
Otte Gustav, Prof., Oberstudienrat . . . 288
Banner Gertrude, Prof. . . . 288

Für Musikerziehung:
Knaus, Dr. phil. Herwig, Prof. . . . 297
Kabrda Rudolf, Prof. . . . 297
Referat für den pädagogisch-psychologischen Dienst:
Kraft, Dr. phil. Johann, Hofrat . . . 222
Verbindungsstelle zum Magistrat der Stadt Wien:
Reisinger Franz, Hauptschuldirektor, Oberschulrat . . . 257

Abteilung I – Allgemeinbildende Pflichtschulen

Landesschulinspektoren:
Sretenovic, Dr. phil. Karl, Hofrat, Abteilungsleiter . . . 236
Boder, Dr. phil. Leopold, Hofrat . . . 246

Fachinspektorate:
Für Mädchenhandarbeit:
Hansal Gertrud (Insp.-Bez. I, II, III, X, XI, XII, XIII, XV) . . . 224
Enge Frieda (Insp.-Bez. IV, VI, VII, VIII, IX, XIV, XVI) . . . 224

Fachberater:
Für Englisch:
Kafka, Dr. phil. Herta, Prof. . . . 214
Für Knabenhandarbeit:
Tanzer, Dr. Kurt, Hauptschuldirektor . . . 214
Personalangelegenheiten:
Brader Franz, Hauptschuldirektor . . . 244
Lehr- und Lernmittel, Schullandwochen, Schülerschikurse, Schülerstatistik, Schülerunfälle:
Swoboda Friedrich . . . 203
Schulbesuch, Externistenprüfungen, Zeugnisse und Schulbesuchsbestätigungen, Schülerschikurse:
Schimacek Leopold, Oberrevident . . . 249
Prüfungskommission für Volks-, Haupt- und Sonderschulen:
Hofstätter Heinrich, Amtsrat . . . 93 22 31
Dernitzky Brigitte, Kanzleileiter . . . 240
Beratungsstelle des pädagogisch-psychologischen Dienstes für die allgemeinbildenden Pflichtschulen:
8, Strozzigasse 2 . . . 43 16 51*
Speierl, Dr. phil. Hertha, Prof. . . . 330

Bezirksschulinspektoren:
1., 3. Bezirk:
3, Karl-Borromäus-Platz 3 . . . 72 12 33
Soukup Eleonore
2. Bezirk:
2, Karmelitergasse 9 . . . 33 92 96
Pesl Otto, Regierungsrat
4., 5. Bezirk:
5, Schönbrunner Straße 54 . . . 55 81 10
Machinek Walter
6., 12. Bezirk:
12, Schönbrunner Straße 259 . . . 83 72 48
Leitgeb Walther, Regierungsrat
7., 15. Bezirk:
15, Gasgasse 8–10 . . . 83 34 03
Eisinger Franz, Regierungsrat
8., 9., 17. Bezirk:
8, Schlesingerplatz 4 . . . 42 81 72
Egger Traude
10. Bezirk:
10, Laxenburger Straße 43–47 . . . 64 32 40
Prosl Alfred, Regierungsrat
11. Bezirk:
11, Enkplatz 2 . . . 74 23 49
Fussek, Dr. Alexander, Regierungsrat
13., 23. Bezirk:
23, Liesing, Lehmanngasse 1 . . . 86 93 63
Krenn Wilhelm
14. Bezirk:
13, Hietzinger Kai 1–3 . . . 82 15 73
Sommergruber, Dr. phil. Wilhelm, Regierungsrat
16. Bezirk:
16, Richard-Wagner-Platz 19 . . . 92 42 23
Mathauser Hermann
18., 19. Bezirk:
18, Martinstraße 100 . . . 34 72 53
Bannert Herbert, Regierungsrat
20. Bezirk:
20, Brigittaplatz 10 . . . 33 82 93
Heindl Kurt
21. Bezirk:
21, Franz-Jonas-Platz 8 . . . 38 16 50
Löppert Margarete

22. Bezirk:
22, Kagran, Schrödingerplatz 1 . . . . 23 31 45
Navratil Frieda, Regierungsrat
Sonderschulinspektorat:
15, Gasgasse 8–10 . . . . 85 51 70
Waser Johann, Regierungsrat
Vorsitzender der Amtsgemeinschaft der Bezirksschulinspektoren:
Gratzenberger Franz, Regierungsrat 93 46 16/235

Abteilung II – Allgemeinbildende höhere Schulen

Landesschulinspektoren:

Austeda, Dr. phil. Franz, Hofrat, Abteilungsleiter . 267
Guby Edwin, Hofrat 327
Hadamovsky, Dr. phil. Wilhelm, Hofrat 277
Hasenmayer, Dr. phil. Herbert, Hofrat 248
Janisch, Dr. phil. Ernestine, Hofrat 279
Maringer Otto 283
Schuster, Dr. phil. Margarete, Hofrat 262
Schütz, Dr. phil. Alfred 275

Personalreferenten:
Spitaler, Dr. phil. Hermann, Hofrat 272
Worliczek, Dr. phil. Ernst, Prof. 270

Pädagogische Angelegenheiten:
Schneider, Dr. phil. Oskar, Oberrat 206
Wieser, Dr. phil. Alfred, Oberrat 296
Wurm Wolfgang, Prof. 276

Sachaufwand der Schulen und allgemeine Gebäudeangelegenheiten:
Geiser Erich, Prof. 210

Schulärztliche Angelegenheiten:
Hecht, Dr. med. Herbert, Med.-Rat 260
Lauscher Luise, Kanzleileiter 266

Beratungsstelle des Pädagogisch-psychologischen Dienstes für die allgemeinbildenden höheren Schulen:
8, Strozzigasse 2 . . . . 43 15 61*
Brandner, Dr. phil. Viktoria, Rat 351

Abteilung III – Berufsbildende Schulen

15, Hütteldorfer Straße 7–17, Tel. 92 21 78*

Landesschulinspektoren:

Mittlere und höhere kaufmännische Schulen, kaufmännische Berufsschulen:
Vogelsinger, Dr. Ernst, Hofrat,
Abteilungsleiter 92 21 78*, 7

Berufsbildende Pflichtschulen, berufsbildende mittlere und höhere Schulen:
Schön Horst 92 21 78*, 3

Fachschulen für wirtschaftliche Frauenberufe, Höhere Lehranstalt für wirtschaftliche Frauenberufe:
Bellak-Schmid, Dkfm. Wilhelmine 92 21 78*, 5

Höhere technische Bundeslehr- und Versuchsanstalten:
Just, Dipl.-Ing. Robert 92 21 78*, 02

Berufsschulinspektoren:

Inspektion I: 15, Hütteldorfer Straße 7–17 . . .92 21 78*
Wolf, Ing. Rudolf, Oberschulrat 09
Inspektion II: 7, Apollogasse 1 . . . . .93 45 10*
Mayrhofer, Ing. Heinrich, Regierungsrat 18
Inspektion III: 6, Mollardgasse 87 . . . . 856*, 56 16 01*
Steiner, Ing. Josef, Prof. 217
Inspektion IV: 12, Längenfeldgasse 13–15. . . 83 16 44*
Jilg Franz, Oberschulrat 22
Inspektion V: 6, Mollardgasse 87 . . . . 856*, 56 16 01*
Reif, Ing. Kurt, Regierungsrat 211

Fachinspektorate:

Für mittlere und höhere kaufmännische Lehranstalten,
15, Hütteldorfer Straße 7–17 . . . . 92 21 78*
Goldmann, Dr. phil. Heinrich, Prof. 01
Für höhere technische Lehranstalten,
15, Hütteldorfer Straße 7–17 . . . . 92 21 78*
Petricek, Dr. phil. Walter 04
Fachinspektion für den hauswirtschaftlichen Fachunterricht,
15, Hütteldorfer Straße 7–17 . . . . 92 21 78*
Fetzmann Eva, Studienrat 06
Personalreferenten:
Maurer Stefan, Berufsschuldirektor 003
Petrik Josef, Prof. 04
Scheidl, Dr. phil Ernst, Oberstudienrat 05
Pädagogische Angelegenheiten:
Salmhofer, Dkfm. Gertrude, Oberstudienrat 01
Schulstrafen und Privatschulreferat:
Polivka Martin 008
Schulgemeindereferat:
Schmerold, Ing. Heinz 92 31 34
Statistik und Schulbesuchsbefreiungen:
Miggl Erwin, Berufsschullehrer 001
Schulärztliche Angelegenheiten:
Hecht, Dr. med. Herbert, Med.-Rat 93 46 16/260
Plaicher Renate, Kanzleileiter 009
Beratungsstelle des pädagogisch-psychologischen Dienstes für die berufsbildenden Pflichtschulen:
6, Mollardgasse 87 . . . . 856*, 56 16 01*
Waldmüller, Dr. phil. Maria 281
für die berufsbildenden mittleren und höheren Schulen:
8, Strozzigasse 2 . . . . 43 15 61*
Trubatsch-Sowinetz, Dr. phil. Brigitte 341

Abteilung IV – Alle rechtlichen Angelegenheiten der Schulen

Politzer, Dr. iur. Leopold, Senatsrat,
Abteilungsleiter 221
Dezernat I:
Hopf, Dr. iur. Barbara 242
Brunner Elisabeth, Amtsrat 218
Dezernat II:
Reiter, Dr. iur. Wolfgang, Magistratsrat 284
Adler Bruno, Amtsrat 281
Dezernat III:
15, Hütteldorfer Straße 7–17 . . . . 92 21 78*
Schmid, Dr. iur. Adalbert 005
Bock Karl, Oberamtsrat 002

Allgemeinbildende Pflichtschulen

BRG = Bundesrealgymnasium
GTS = Ganztagsschule
GTK = Ganztagsklassen
HS = Hauptschule
HeimS = Heimschule
IGS = Integrierte Gesamtschule
IGGS = Integrierte Gesamt- und Ganztagsschule
KHS = Knabenhauptschule
KVS = Knabenvolksschule
MHS = Mädchenhauptschule
MVS = Mädchenvolksschule
MS = Musikhauptschule
So = Sonderschule
SpS = Sporthauptschule
StS = Standschule
THK = Tagesheimklassen
THS = Tagesheimschule
VS = Volksschule
VbK = Vorbereitungsklassen
VSK = Vorschulklasse
6TW = Sechs-Tage-Woche

1. Öffentliche Volks- und Hauptschulen:

VS 1, Börsegasse 5 . . . . 63 11 51
März Hertha, Oberschulrat
HS 1, Renngasse 20 . . . . 63 11 45
Schermann Roman
VS 1, Zedlitzgasse 9 . . . . 52 74 95
VSK *Wackernell Eva*
VS 2, Aspernallee 5 . . . . 74 23 53
GTS *Rockenbauer Maria*
HS 2, Blumauergasse 21 . . . . 24 73 80
Handl Maria, Oberschulrat
VS 2, Czerninplatz 3 . . . . 26 42 21
VSK *Klimosch Wilhelm,* Oberschulrat
VS 2, Darwingasse 14 . . . . 24 13 94
VSK *Nagl Gertrud*
HS 2, Feuerbachstraße 1 . . . . 26 53 58
Reysach Annemarie
HS 2, Feuerbachstraße 3 . . . . 24 02 15
Dworschak Friedrich
Expositur: 2, Max-Winter-Platz 1 . . 24 40 663
VS 2, Holzhausergasse 7 . . . . 26 51 77
StS derzeit unbesetzt
VSK
VS 2, Kleine Sperlgasse 2a 26 61 83
Grömansperg Margareta
HS 2, Kleine Sperlgasse 2a 26 53 35
Wehlend Kurt
VS 2, Leopoldsgasse 3 . . . . 35 22 18
VSK *Schindl Lieselotte,* Schulrat
VS 2, Novaragasse 30 . . . . 24 72 73
Paltl Anna
HS 2, Obere Augartenstraße 38 . . . . . . 35 63 01
Kammerer Karl
HS 2, Pazmanitengasse 26 . . . . 24 44 20
StS *Schlegel Franz,* Oberschulrat
VS 2, Schönngasse 2 . . . . 24 84 70
6TW *Strahammer Friedrich*
VS 2, Vereinsgasse 29 . . . . 24 32 94
THK *Kadensky Margarete,* Oberschulrat
VS 2, Vorgartenstraße 191 . . . . 26 12 25
THK *Brunner Elfriede*
VS 2, Vorgartenstraße 210 . . . . 26 53 79
VSK *Gutjahr Charlotte,* Oberschulrat
VS 2, Wehlistraße 178 . . . . 26 61 63
Schrems Liane
VS 2, Wittelsbachstraße 6 . . . . 73 46 62
6TW *Evanzin Elisabeth,* Schulrat
HS 2, Wittelsbachstraße 6 . . . . 73 64 43
Haunold Viktor
VS 2, Wolfgang-Schmälzl-Gasse 13 . . . . 24 83 26
VSK *Hofmann Robert*
VS 3, Dietrichgasse 36 . . . . 75 57 03
VSK *Wiedermann Helga*
HS 3, Dietrichgasse 36 . . . . 72 13 35
Windsteig Joachim, Schulrat
VS 3, Erdbergstraße 76 . . . . 75 57 61
VSK *Höllriegl Hermine*
THK
VS 3, Eslarngasse 23 . . . . 73 44 69
VSK *Landt Sylvia,* Schulrat
HS 3, Hainburger Straße 40 . . . . 75 57 50
Balabansky Anna
HS 3, Hegergasse 20 . . . . 78 61 11
Weiß Theodor, Oberschulrat
HS I 3, Hörnesgasse 12 . . . . 75 57 40
Ruzicka, Dr. August
HS II 3, Hörnesgasse 12 . . . . 73 14 69
Schneditz Maria
VS I 3, Kleistgasse 12 . . . . 78 61 31
VSK *Sommerbauer Erika,* Oberschulrat
VS II 3, Kleistgasse 12 . . . . 78 61 04
Nemmert Anna
HS 3, Kölblgasse 23 . . . . 78 61 26
StS *Teuscher Herta,* Oberschulrat
VS 3, Kolonitzgasse 15 . . . . 73 44 51
VSK *Hauer Karl*
StS
VS 3, Löwengasse 12b 73 13 47
Baumgartner Krista

VS	3, Petrusgasse 10	75 57 93
VSK	*Krobot Isabella*	
VS	3, Reisnerstraße 43	75 51 54
6TW	*Schornböck Helga,* Oberschulrat	
VSK		
VS	3, Strohgasse 15	75 51 22
VSK	*Prskawetz Elfriede*	
VS	4, Graf-Starhemberg-Gasse 8	65 74 37
VSK	*Nemec Alfred*	
VS	4, Phorusgasse 10	56 66 39
	Konvicka Georg, Oberschulrat	
VS	4, Sankt-Elisabeth-Platz 8	65 75 86
	Wagesreiter Othmar	
VS	4, Schäffergasse 3	57 62 16
VSK	*Hauk Gertrude*	
HS	4, Schäffergasse 3	57 62 42
	Becker Elfriede, Schulrat	
HS	4, Schaumburgergasse 7	65 74 40
	Strouhal Johann, Oberschulrat	
VS	5, Einsiedlergasse 7	55 57 10
VSK	*Nagelschmid Margareta*	
HS	5, Embelgasse 46–48	55 23 39
	Hödl Franz	
HS	5, Gassergasse 44	55 53 99
	Teufel Franz	
VS	5, Gassergasse 46	55 25 82
VSK	*Hamberger Christine*	
VS	5, Margaretenstraße 103	55 75 54
StS	*Stiepka, Dr. Anton*	
VS	5, Stolberggasse 53	55 49 06
	Gross Gertrude	
HS	5, Viktor-Christ-Gasse 24	55 83 56
StS	*Hany Walter*	
VS	6, Corneliusgasse 6	57 01 23
	Funk Felix	
VS	6, Gumpendorfer Straße 4	56 41 60
	Vones Mathilde	
HS	6, Loquaiplatz 4	57 62 98
	Bahr Alfred	
VS	6, Mittelgasse 24	57 67 21
	Gstettner Othmar	
VS	6, Sonnenuhrgasse 3	57 33 33
VSK	*Mitteregger Auguste*	
HS	7, Neubaugasse 42	96 15 94
	Mautner Erich	
VS	7, Neustiftgasse 100	96 19 77
VSK	*Malina Anna,* Oberschulrat	
HS	7, Neustiftgasse 100	96 19 78
	Syrovy Margareta, Oberschulrat	
VS	7, Stiftgasse 35	96 19 76
	Kerschbaumer Maria, Oberschulrat	
VS	7, Zieglergasse 21	96 15 93
GTK	*Rausch Rosa*	
	Expositur: 7, Zollergasse 41	
VS	8, Lange Gasse 36	43 91 85
VSK	*Lampel Helga*	
VS	8, Pfeilgasse 42b	43 26 42
THK	*Goth Gerlinde*	
HS	8, Pfeilgasse 42b	48 14 24
	Weinand Theresia	
VS	8, Zeltgasse 7	43 88 80
VSK	*John Gertraud*	
VS	9, Galileigasse 3	34 41 39
VSK	*Lebenich Eleonore,* Oberschulrat	
VS	9, Galileigasse 5	34 74 35
	Dörr Liselotte	
VS	9, Gilgegasse 12	42 54 33
VSK	*Seyffertitz Leopoldine*	
HS I	9, Glasergasse 8	34 92 77
	Vogel Franz	
HS II	9, Glasergasse 8	34 74 08
	Hikade Kurt	
VS	9, Grünentorgasse 9	31 53 18
	Loskot Elfriede	
VS	9, Marktgasse 31	31 52 05
VSK	*Schuster Karl*	
StS		
VS	9, Währinger Straße 43	42 24 72
THS	*Caffou Elfriede,* Oberschulrat	
6TW		
VS	10, Alxingergasse 82	64 01 44
	Saleta Viktor, Oberschulrat	
VS	10, Bernhardtstalgasse 19	62 01 94
	Heinisch Margarete	
VS	10, Carl-Prohaska-Platz 1	67 41 22
VSK	*Reisinger Gertrude*	
GTS		
VS	10, Georg-Wilhelm-Papst-Gasse 2	62 35 69
	Binder Elisabeth	
HS	10, Georg-Wilhelm-Papst-Gasse 2a	64 12 96
	Patat Edith	
VS	10, Hebbelplatz 2	64 17 87
	Mrazek Stephanie	
HS I	10, Herzgasse 27	64 32 34
IGS	*Schmetterer Georg,* Oberschulrat	
HS II	10, Herzgasse 27	62 44 83
	Taubek Karl	
VS I	10, Herzgasse 87	62 72 85
THK	*Jirovec Elisabeth*	
VS II	10, Herzgasse 87	62 72 86
VSK	*Leibl Walter,* Oberschulrat	
HS	10, Josef-Enslein-Platz 1–3	67 71 01
	Gammer Alfred, Oberschulrat	
HS	10, Kempelengasse 20	64 42 36
	Schimek Othmar	
VS	10, Keplergasse 11	62 45 86
VSK	*Nemetschke Hilde*	
StS		
VS	10, Keplerplatz 7	64 15 36
	Graf Gertraud	
VS	10, Klausenburger Straße 25	64 42 68
VSK	*Kaltner Alfred*	
VS	10, Knöllgasse 59	64 01 29
VSK	*Patzl Alfred,* Oberschulrat	
HS	10, Knöllgasse 61	64 01 24
	Wawerka Ernst	
VS	10, Laaer-Berg-Straße 170	68 42 89
	Paschinger Horst	
VS	10, Laimäckergasse 17	64 17 41
	Mathauser Leopoldine	
HS I	10, Leibnizgasse 33	64 35 11
	Riedel Gertrude	
HS II	10, Leibnizgasse 33	64 13 45
	Kickinger Karl	
VS	10, Neilreichgasse 111	61 15 60
VSK	*Knall Maria,* Oberschulrat	
VS	10, Oberlaaer Platz 1	68 55 73
6TW	*Jelinek Silvia*	
VS	10, Per-Albin-Hansson-Siedlung Ost,	
	Ada-Christen-Gasse 9	68 31 26
	Endlicher Edmund, Oberschulrat	
VS	10, Per-Albin-Hansson-Siedlung Ost,	
	Wendstattgasse 3	68 16 60
	Titze-Ehr Gertrude	
HS	10, Per-Albin-Hansson-Siedlung Ost,	
StS	Wendstattgasse 3	68 15 61
	Schwerwacher Herta	
HS I	10, Per-Albin-Hansson-Siedlung Ost,	
IGS	Wendstattgasse 5	68 35 65
	Rottenberg Max, Oberschulrat	

HS II	10, Per-Albin-Hansson-Siedlung Ost,	
SpS	Wendstattgasse 5	68 35 64
	Hofmann Walter	
VS	10, Quellenstraße 54	64 24 44
	Schremser Leopold	
VS	10, Schrankenberggasse 32	64 14 65
VSK	*Puza Irmengard*	
VS	10, Selma-Lagerlöf-Gasse 20	68 23 66
VSK	*Hak Anny*	
VS	11, Braunhubergasse 3	74 41 66
VSK	*Koppe Gertrude*	
VS	11, Brehmstraße 9	74 14 46
VSK	*Karwan Ruth*	
HS I	11, Enkplatz 4	74 52 42
IGS	*Krones Elisabeth,* Oberschulrat	
HS II	11, Enkplatz 4	74 17 71
	Roller Walter	
VS	11, Florian-Hedorfer-Straße 20	76 13 62
	Hödl Helga, Oberschulrat	
HS I	11, Florian-Hedorfer-Straße 26	76 13 73
	Haupt Otto, Oberschulrat	
HS II	11, Florian-Hedorfer-Straße 26	76 13 67
	Latzelsberger Gertrude	
HS	11, Hasenleitengasse 7	76 51 73
GTS	*Gross Robert,* Oberschulrat	
VS	11, Herderplatz 1	74 71 18
StS	*Wimmer Charlotte*	
VS	11, Hoefftgasse 7	76 17 47
	Riedl Josefine	
HS	11, Hoefftgasse 7	76 17 07
	Jirovec Alfred	
VS	11, Kaiserebersdorfer Straße 65	76 13 82
VSK	*Böhm Frieda*	
VS I	11, Miltnerweg 14	76 11 60
VSK	*Proksch Herta*	
VS II	11, Miltnerweg 14	76 11 71
	Wiedemann Herta	
VS	11, Molitorgasse 11	74 17 07
6TW	*Schwab Erwin,* Oberschulrat	
VS	11, Münnichplatz 6	76 23 54
VSK	*Peter Erna*	
HS	11, Pachmayergasse 6	74 41 61
	Schwarz Maria	
HS	11, Rzehakgasse 7	76 13 86
	(Haeckelschule)	
	Hofmann Franz, Oberschulrat	
VS	11, Rzehakgasse 9	76 23 65
	Beer Katharina	
VS	11, Simoningplatz 2	74 23 97
	Keck Elfriede	
VS	11, Wilhelm-Kreß-Platz 32	76 11 07
	Starnberger Waltraute	
VS	12, Am Schöpfwerk 27	67 62 73
GTS	*Krista Eva-Maria*	
HS	12, Am Schöpfwerk 27	67 81 78
MS	*Luksch Alois*	
VS	12, Bischoffgasse 10	85 81 83
	Schuller Karl	
VS	12, Deckergasse 1	83 01 81
VSK	*Nowak Edeltrud*	
VS	12, Haebergasse 1a	85 81 55
	Sykora Franz, Oberschulrat	
HS	12, Hermann-Broch-Gasse 2	84 33 47
	Heuberger Franz	
HS	12, Herthergasse 28	83 95 62
	Lechner Hans	
VS	12, Hetzendorfer Straße 138	84 35 98
6TW	*Koblitz Elisabeth*	
	Expositur: 12, Hermann-Broch-Gasse 2	84 44 393
HS	12, Johann-Hoffmann-Platz 19	83 22 66
StS	*Finder Richard*	
VS	12, Johann-Hoffmann-Platz 20	85 81 78
VSK	*Mück, Dr. Elfriede*	
VS	12, Karl-Löwe-Gasse 20	85 14 07
	Rozboud Edith	
VS	12, Nymphengasse 7	85 62 45
	Kreiner Gertrude	
VS	12, Rothenburgstraße 1	84 91 05
	Redl, DDr. Erwin, Oberschulrat	
VS	12, Ruckergasse 42	85 81 79
VSK	*Switil Anton,* Oberschulrat	
HS	12, Ruckergasse 44	85 51 87
	Mrazek Walter	
HS	12, Singrienergasse 23	83 75 63
	Jordan Herta	
HS	12, Steinbauergasse 27	83 75 80
	Behringer, Dr. Gertrude, Oberschulrat	
HS	13, Amalienstraße 31–33	82 32 63
	Heger Johann	
VS	13, Am Platz 2	82 73 68
VSK	*Werderitsch Emma*	
StS		
6TW		
VS	13, Auhofstraße 49	85 97 11
6TW	*Mlejnek Emil*	
VS	13, Dr.-Schober-Straße 1	84 31 50
6TW	*Huber, Dr. Charlotte*	
VS I	13, Hietzinger Hauptstraße 166	85 97 17
6TW	*Kröpl Franz,* Oberschulrat	
VS II	13, Hietzinger Hauptstraße 166	85 97 18
6TW	*Hofer Maria*	
VS	13, Speisinger Straße 44	84 63 77
VSK	*Jandl Hermann*	
6TW		
VS	13, Steinlechnergasse 5–7	84 77 19
6TW	*Breuer, Dr. Josefa,* Oberschulrat	
HS	13, Veitingergasse 9	84 75 89
	(Otto-Glöckel-Schule)	
	Anderle Johann, Oberschulrat	
VS	14, Diesterweggasse 30	85 99 70
VSK	*Engels Dora*	
StS		
VS	14, Felbigergasse 97	94 85 84
VSK	*Hiltgartner Ludmilla*	
VS	14, Hauptstraße 70	97 26 59
VSK	*Morawetz Johanna*	
6TW		
HS	14, Hauptstraße 80	97 25 77
	Bedlan Franz	
HS	14, Hochsatzengasse 22–24	94 42 03
GTS	*Kleppich Wilhelm,* Oberschulrat	
VS	14, Karl-Toldt-Weg 12	94 86 65
VSK	*Zotter Johanna*	
VS	14, Linzer Straße 232	94 85 57
VSK	*Seidl Ella*	
VS	14, Linzer Straße 419	94 85 86
6TW	*Storkan Ingeborg,* Oberschulrat	
VS	14, Lortzinggasse 2	92 35 90
	Lang Walter	
HS	14, Lortzinggasse 2	92 32 79
	Willensdorfer Walter	
HS	14, Märzstraße 178	95 72 79
StS	*Weninger Johann*	
VS	14, Märzstraße 180	95 72 88
	Haselmann Walter	
VS	14, Mondweg 73–83	97 31 94
6TW	*Schuller Maria,* Oberschulrat	
HS	14, Spallartgasse 18	95 45 51
IGS	*Hülbig Alfred*	

VS	14, Zennerstraße 1	95 97 44
VSK	*Stopfer Eduard*	
VS	15, Benedikt-Schellinger-Gasse 1–3	92 34 03
	Guttmann Wilhelm	
HS	15, Friedrichsplatz 4	83 92 10
	Polzer Richarda, Schulrat	
VS	15, Friedrichsplatz 5	85 14 76
StS	*Winter Maria*	
VS	15, Friesgasse 10	85 61 81
	Tichova Karoline	
VS	15, Goldschlagstraße 14–16	92 46 09
VSK	*Müller Anna*	
VS	15, Johnstraße 40	92 24 87
VSK	*Suchtrunk Elfriede*	
VS	15, Kröllgasse 26	92 36 25
	Zalman Ilse	
VS	15, Ortnergasse 4	83 71 63
VSK	*Zehetner Gertrude*	
VS	15, Reichsapfelgasse 30	83 42 16
GTS	*Leeb Elfriede*	
HS	15, Schweglerstraße 2–4	92 61 49
	Ramler Berta	
HS	15, Sechshauser Straße 71	85 75 93
	Helmer Oswald	
HS	15, Selzergasse 25	92 52 93
StS	*Huttarsch Leopold*	
VS	16, Gaullachergasse 49	43 01 03
	Preissler Gertrude	
VS	16, Grubergasse 4	46 11 71
StS	*Hoschtalek Lucia*	
HS	16, Grundsteingasse 48	43 01 80
StS	*Köck Margarete*	
HS	16, Grundsteingasse 56	43 99 86
	Zivny Hubert	
VS	16, Herbststraße 86	95 51 77
VSK	*Zuser Edeltrud*	
HS	16, Herbststraße 86	92 14 30
	Rechberger Alexander	
VS	16, Julius-Meinl-Gasse 1	46 52 36
	Teufelbauer Herbert	
VS	16, Koppstraße 75	92 14 53
	Kühtreiber Anna	
HS	16, Koppstraße 75	95 51 75
	Haug Berta	
VS	16, Landsteinergasse 4	95 85 24
VSK	*Strobl Eveline*	
VS	16, Liebhartsgasse 19–21	92 14 60
VSK	*Ambros Aloisia*	
VS	16, Lorenz-Mandl-Gasse 58	95 85 35
	Smerda Paul, Oberschulrat	
VS	16, Odoakergasse 48	45 37 60
VSK	*Helmreich Edeltraud*	
THS		
HS	16, Roterdstraße 1	46 34 37
GTS	*Boußka Werner,* Oberschulrat	
HS	16, Wiesberggasse 7	95 72 32
	Rosenkranz Gerhard	
	Expositur: 16, Landsteinergasse 4	95 85 24
HS	17, Arzbergergasse 2	46 22 03
	Fingerlos Walter	
HS	17, Geblergasse 29–31	43 01 04
StS	*Weiß Hermann*	
VS	17, Halirschgasse 25	46 12 59
VSK	*Jakl Margarethe*	
VS	17, Kindermanngasse 1	43 99 87
	Spies Edith	
VS	17, Knollgasse 6	46 31 24
6TW	*Stiegler Helene,* Oberschulrat	
HS	17, Redtenbachergasse 79	46 34 26
	Koch Rudolf	
VS	17, Rötzergasse 2–4	43 01 00
VSK	*Kozelauch Hermine,* Oberschulrat	
VS I	17, Wichtelgasse 67	46 23 45
VSK	*Thür Auguste*	
THK		
VS II	17, Wichtelgasse 67	45 15 56
StS	*Neugebauer Reinhilde*	
HS	18, Alsegger Straße 45	47 13 44
	Agudio Margarete	
VS	18, Bischof-Faber-Platz 1	47 62 24
VSK	*Guth Margarete*	
VS	18, Cottagegasse 17	31 57 81
	Stöger Charlotte	
VS	18, Klettenhofergasse 3	43 07 75
THK	*Lust Edith*	
VS	18, Köhlergasse 9	47 63 17
VSK	*Pacak Melitta*	
VS	18, Scheibenbergstraße 63	47 63 69
6TW	*Depisch Erika*	
HS	18, Schopenhauerstraße 79	47 61 18
StS	*Weghuber Elfriede*	
VS	18, Schulgasse 57	43 99 89
VSK	*Laube Walter,* Oberschulrat	
VS	19, Celtesgasse 2	44 29 47
VSK	*Wachtfeidl Hermine*	
VS	19, Flotowgasse 25	32 34 66
	Hafner Hermann	
VS	19, Grinzinger Straße 88	37 11 49
	Keciklig Hildegard, Oberschulrat	
HS	19, In der Krim 6	36 56 41
	Zoubek Eduard	
VS	19, Kreindlgasse 24	36 32 03
6TW	*Radelmacher Maria*	
	Expositur: 19, Pyrkergasse 14–16	36 22 86
VS	19, Krottenbachstraße 108	32 56 05
	Hörner Silvia	
VS	19, Mannagettagasse 1	32 23 57
VSK	*Possler Johanna*	
VS	19, Oskar-Spiel-Gasse 3	37 25 02
6TW	*Schindler Anna Maria*	
HS	19, Oskar-Spiel-Gasse 3	37 36 53
	Witak Willibald	
VS	19, Pantzergasse 25	31 57 83
VSK	*Nagy Margarete,* Oberschulrat	
HS	19, Pyrkergasse 14–16	36 22 86
	Helmer Richard	
VS	19, Windhabergasse 2	32 23 10
6TW	*Wieninger Gertrude*	
VS	20, Allerheiligenplatz 7	33 71 84
VSK	*Huemer Elisabeth*	
VS I	20, Gerhardusgasse 7	35 75 53
VSK	*Herwei Waltraud*	
VS II	20, Gerhardusgasse 7	35 75 56
StS	*Bilik Stefan*	
THK		
VS I	20, Greiseneckergasse 29	33 22 26
VSK	*Hubmann Liselotte*	
VS II	20, Greiseneckergasse 29	35 63 40
	Frühauf Elfriede	
HS	20, Greiseneckergasse 31	35 53 54
	Tomsich Alfred	
HS	20, Leipziger Platz 1	35 53 49
StS	*Schwab Karl,* Oberschulrat	
HS	20, Leipziger Platz 2	35 63 46
	Danek Franz	
VS	20, Leystraße 34	35 65 52
VSK	*Hofmann Helga*	
VS	20, Leystraße 36	33 24 16
	Raderer Hertha	

VS	20, Pöchlarnstraße 12	33 31 52
	Kriegler, Dr. Helga	
HS	20, Pöchlarnstraße 14	35 71 32
	Schratt Heinrich	
VS I	20, Spielmanngasse 1	33 62 552
VSK	*Antosch Gertraud*	
VS II	20, Spielmanngasse 1	33 71 51
GTS	*Mally Irene*	
VS	20, Staudingergasse 6	35 63 49
	Zilla Waltrude	
HS	20, Staudingergasse 6	33 33 12
	Gutjahr Franz	
HS	20, Stromstraße 40	35 51 42
	Mistelbauer Josef	
HS	20, Vorgartenstraße 42	33 16 91
	Hölbl Alfred	
HS	21, Aderklaaer Straße 2	38 11 95
	Tomann Erika	
HS I	21, Adolf-Loos-Gasse 2	38 74 11
	Brußmann Friedrich	
HS II	21, Adolf-Loos-Gasse 2	30 31 70
	Hartmann Selma, Oberschulrat	
VS	21, Berzeliusgasse 2	39 35 62
VSK	*Kerschbaumer Leopold,* Oberschulrat	
StS	Expositur: 21, Marco-Polo-Platz	39 41 80
VS	21, Brünner Straße 139	39 53 61
VSK	*Bräuer Hermann*	
THK		
VS	21, Coulombgasse 9	30 33 71
	Pavlis Helma	
HS	21, Deublergasse 19	38 13 78
	Pischinger Franz, Oberschulrat	
HS	21, Deublergasse 21	30 33 94
	Hirnschall Margarete	
VS	21, Dopschstraße 25	38 62 82
GTS	*Zips Ernestine*	
VS	21, Dr.-Albert-Geßmann-Gasse 32	39 53 59
VSK	*Graf Edith*	
VS	21, Dr.-Skala-Straße 43–45	39 53 50
	Bradl Margarete	
HS	21, Dr.-Skala-Straße 43–45	39 25 63
	Nestler Karl	
VS	21, Dunantgasse 2	38 13 95
	Klomm Margarete	
VS	21, Herzmanovsky-Orlando-Gasse 11	38 71 97
VSK	*Greiner Gertrude,* Oberschulrat	
HS	21, Herzmanovsky-Orlando-Gasse 11	38 73 69
	Hamp Friedrich, Oberschulrat	
VS	21, Irenäusgasse 2	39 35 70
GTS	*Martinetz Helmut*	
HS	21, Jochbergengasse 13	39 35 75
StS	*Trenner Johann,* Oberschulrat	
VS	21, Jochbergengasse 15	39 25 61
	Fessel Haide	
HS	21, Kinzerplatz 9	30 11 80
	Denk Heinrich	
VS	21, Lavantgasse 35	39 71 40
	Klasna Friedrich	
HS	21, Leopold-Ferstl-Gasse 9	38 13 63
	Böck Franziska, Oberschulrat	
HS	21, Mengergasse 33	38 32 84
	Spitaler Johanna, Oberschulrat	
VS	21, Ostmarkgasse 30	30 11 68
	Lenikus Elisabeth	
VS	21, Pastorstraße 29	38 32 88
VSK	*Kaspar Edith*	
HS	21, Pastorstraße 29	30 13 17
IGS	*Schamschula Gottfried,* Oberschulrat	
VS	21, Prießnitzgasse 1	38 22 37
VSK	*Kukula Liselotte*	

HS	21, Reisgasse 1	39 53 57
	Jöchlinger Friedrich	
HS	21, Roda-Roda-Gasse 5	39 41 53
	Winter Heinrich	
VS	21, Schillgasse 31	30 26 94
VSK	*Holzinger Wilhelm*	
VS	21, Theodor-Körner-Gasse 25	38 13 72
VSK	*Hinkel Raimund,* Oberschulrat	
VS	21, Tomaschekstraße 44	38 15 74
	Loder Martha	
VS	21, Wassermanngasse 12	38 63 44
VSK	*Kaufmann Josef,* Oberschulrat	
VS	22, Aspern, Asperner Heldenplatz 3	22 14 99
VSK	*Peyrer Elfriede,* Oberschulrat	
HS	22, Aspern, Oberdorfstraße 2	22 11 65
	Wurz Margarete	
VS	22, Aspern, Schrebergasse 39	22 52 12
	Pfeifer Maria, Oberschulrat	
VS	22, Breitenlee, Breitenleer Straße	
6TW	Nr. 263	22 63 12
	Langer Ingeborg	
VS	22, Breitenlee, Pirquetgasse 10	22 63 16
	Jully Hedwig	
VS	22, Eßling, Hauptstraße 97	22 63 14
	Dobianer Herta	
VS	22, Hirschstetten, Konstanziagasse 24	22 21 49
VSK	*Müllbauer Edith*	
HS	22, Hirschstetten, Konstanziagasse 50	22 13 87
	Bubenik Alfred	
HS	22, Hirschstetten, Plankenmaisstraße 30	22 21 67
IGS	*Schaffer Johann*	
VS	22, Hirschstetten, Prinzgasse 3	22 52 96
VSK	*Horak Helmut*	
HS I	22, Hirschstetten, Prinzgasse 3	22 52 97
	Illnar Johann	
HS II	22, Hirschstetten, Prinzgasse 3	22 14 43
	Janovsky Franz	
HS	22, Kagran, Afritschgasse 56	23 12 39
StS	*Subotitsch Margarete*	
HS	22, Kagran, Anton-Sattler-Gasse 93	23 47 74
IGGS	*Frassl Ernest*	
VS I	22, Kagran, Georg-Bilgeri-Straße 13	23 83 11
	Hajek Sonja	
VS II	22, Kagran, Georg-Bilgeri-Straße 13	23 83 13
VSK	*Hoch Elfriede,* Oberschulrat	
HS	22, Kagran, Georg-Bilgeri-Straße 13	23 83 12
	Eichinger Stefan	
VS	22, Kagran, Klenaugasse 12	23 36 74
	Bedlan Edith	
VS I	22, Kagran, Lieblgasse 4	25 11 94
VSK	*Lehrl Felicitas*	
VS II	22, Kagran, Lieblgasse 4	25 11 98
	Rabl Gertrude	
HS I	22, Kagran, Lieblgasse 4	25 11 97
	Wallisch Franz	
HS II	22, Kagran, Lieblgasse 4	25 11 95
	Huber Gregor	
VS	22, Kagran, Markomannenstraße 9	23 67 32
VSK	*Huber Maria*	
VS	22, Kagran, Meißnergasse 1	23 21 31
StS	*Vesely Maria*	
VS I	22, Kagran, Natorpgasse 1	23 83 14
	Patzl Friederike	
VS II	22, Kagran, Natorpgasse 1	23 83 15
VSK	*Strobl Hanna*	
	Expositur:	
	22, Kagran, Afritschgasse 56	23 12 39
VS	22, Kaisermühlen, Schüttauplatz 18	23 53 30
VSK	*Stangl Lucia*	

HS 22, Kaisermühlen, Schüttaustraße 42 . . 23 53 67
Schrefel Karl

VS 22, Leopoldau, Brioschiweg 1 . . . . . . 23 81 07
VSK *Hans Hertha*

VS 22, Leopoldau, Brioschiweg 3 . . . . . . 23 71 54
Jagenbrein Stefanie

VS 22, Stadlau, Langobardenstraße 56 . . . 22 63 13
VSK *Falgenhauer Margarete*

BRG 22, Kagran, Polgarstraße 22 67 88
IGS *Finsterbusch, Mag. Lore,* Oberstudienrat

VS 23, Alt-Erlaa, Wohnpark, Anton-
GTS Baumgartner-Straße 44 . . . . 67 77 34
Millian Hedwig

VS 23, Atzgersdorf, Kirchenplatz 2–3 . . . . 86 41 33
VSK *Slama Charlotte*
StS

VS I 23, Atzgersdorf, Prückelmayrgasse 6 . . 88 31 13
VSK *Dangl Margaretha,* Oberschulrat
6TW

VS II 23, Atzgersdorf, Prückelmayrgasse 6 . . 88 67 87
6TW *Dobrovolny Rosa,* Oberschulrat

HS 23, Atzgersdorf, Steinergasse 25 . . . . . 86 22 33
IGS *Hickl, Dr. Ernst*

VS 23, Erlaa, Erlaaer Straße 74 . . . . 67 25 78
Schneller Gertrude

VS 23, Inzersdorf, Anton-Baumgartner-
VSK Straße 119 . . . . 67 16 64
6TW *Bodenstein Horst,* Oberschulrat

HS 23, Inzersdorf, Anton-Baumgartner-
IGS Straße 119 . . . . 67 62 51
Garn Herbert

VS 23, Inzersdorf, Draschestraße 96 . . . . . 67 51 93
derzeit unbesetzt

HS 23, Liesing, Dirmhirngasse 29 . . . . . . 86 92 44
IGS *Kirchmayer Oskar*

VS 23, Liesing, Pülslgasse 28 . . . . 86 26 66
Langhammer Johann

VS I 23, Mauer, Bendagasse 1–2 . . . . . . 88 23 162
VSK *Ritter Friedlinde*
6TW

VS II 23, Mauer, Bendagasse 1–2 . . . . . . 88 40 665
Letofsky Herbert

HS 23, Mauer, Bendagasse 1–2 . . . . . . 88 23 163
StS *Mandl Johann,* Oberschulrat

VS 23, Rodaun, Fürst-Liechtenstein-
VSK Straße 17 . . . . 88 69 21
6TW *Urbanek Edith*

VS 23, Siebenhirten, Akaziengasse 52–54 . . 67 91 21
Chalaupka Ernst

VS 23, Siebenhirten, Baslergasse 43 . . . . . 67 32 71
Polak Herta, Schulrat

BRG 23, Mauer, Anton-Krieger-Gasse 25 . . . 88 52 52
IGS *Breiner, Dr. Walter*

2. Öffentliche Sonderschulen:

2, Wittelsbachstraße 5 . . . . 24 92 67
(Bundes-Blindenerziehungsinstitut)
Benesch, Dr. Friedrich

13, Maygasse 25 . . . . 84 63 64
(Bundesinstitut für Gehörlosenbildung in Wien)
Willer Alfred, Prof.
Expositur: 13, Amalienstraße 31–33 . 82 32 63

Sonderschulen für schwerstbehinderte Kinder:

THS 2, Schwarzingergasse 4 . . . . 33 93 27
Schellander Johanna

THS 3, Paulusgasse 9–11 . . . . 72 22 55
Fast Anton

THS 14, Kienmayergasse 41 . . . . 92 62 72
Sillner Helmut
Expositur: 14, Meiselstraße 47 . . . . 92 36 54

Allgemeine Sonderschulen:

2, Holzhausergasse 5 . . . . 26 51 24
Rihs Herbert, Oberschulrat

THS 2, Wolfgang-Schmälzl-Gasse 15 . . . . . 24 13 70
Brandstetter Leopold, Oberschulrat

3, Paulusplatz 4 . . . . 72 68 90
Häusler Edeltraud
Expositur: 3, Eslarngasse 23 . . . . . 72 25 53

3, Petrusgasse 10 . . . . 75 57 59
Schwarzmann Franz

5, Diehlgasse 2 . . . . 55 27 82
Wilfert Helly
Expositur: 5, Embelgasse 46–48 . . . 55 23 29

6, Spalowskygasse 5 . . . . 57 91 76
Rotter Lorenz

10, Quellenstraße 52 . . . . 62 11 48
Kirkovits Ludwig
Expositur: 10, Schrankenberggasse 32 64 14 65

10, Sonnleithnergasse 32 . . . . 62 11 49
Fellner Viktor

11, Florian-Hedorfer-Straße 22 . . . . . 76 33 36
Zimmel Othmar

11, Herderplatz 1a 74 51 34
Stenger Friedrich

StS 12, Rosasgasse 8 . . . . 83 42 73
Enenkel Kurt
Expositur: 12, Bischoffgasse 10 . . . 85 81 83
Expositur: 12, Deckergasse 1 . . . . 83 01 81
Expositur: 12, Karl-Löwe-Gasse 20 . 85 14 07

14, Meiselstraße 47 . . . . 92 36 54
Weitschacher Werner
Expositur: 13, Veitingergasse 9 . . 82 96 405

15, Kröllgasse 20 . . . . 92 32 33
Mayr Heinrich
Expositur: 15, Johnstraße 40 . . . . . 92 24 87

16, Lorenz-Mandl-Gasse 56 . . . . 95 85 30
Hammetter Maria

StS 16, Schinnaglgasse 3–5 . . . . 92 11 62
derzeit unbesetzt

17, Kastnergasse 29 . . . . 45 23 52
Schuster Herbert
18, Anastasius-Grün-Gasse 10 . . . . . . 34 52 92
Lorenz Gertrud, Oberschulrat
Expositur: 19, Pantzergasse 25 . . . 31 29 062
StS 20, Treustraße 9 . . . . 33 25 87
Onz Edith
20, Vorgartenstraße 95–97 . . . . 33 22 46
Missbichler Wilhelm
Expositur: 20, Leystraße 34 . . . . . 33 24 16
21, Adolf-Loos-Gasse 2 . . . . 38 74 36
Schnabel Karl
Expositur: 21, Wassermanngasse 12 . 38 63 44
21, Coulombgasse 9 . . . . 30 33 43
Gabler Alfred
Expositur: 21, Schillgasse 31 . . . . . 30 26 94
21, Franklinstraße 27–33 . . . . 30 31 68
Neurath Johann
Expositur: 21, Prießnitzgasse 1 . . . . 38 22 37
22, Kagran, Lorenz-Kellner-Gasse 15 . . 23 43 11
Kaspar Leonhard, Oberschulrat
22, Kagran, Meißnergasse 1 . . . . 23 81 73
Mansbart Otto
Expositur: 22, Kagran,
Afritschgasse 56 . . . . 23 32 61
StS 22, Stadlau, Steinbrechergasse 6 . . . . . 23 63 92
Hercik Johann
23, Atzgersdorf, Canavesegasse 24 . . . 86 35 94
Bieler Robert, Oberschulrat
HeimS Biedermannsdorf, Ortsstraße
Nr. 56 . . . . 0 22 36/71 72 53
Werni Anna
HeimS Klosterneuburg, Martinstraße
Nr. 58A 902/25 10, 0 22 43/25 10
Emerich Edith

Sonderschulen für körperbehinderte Kinder:

THS 17, Pezzlgasse 29 . . . . 42 23 43
VS *Holub Rudolf,* Schulrat
So
VbK
THS 18, Währinger Straße 173–181 . . . . . . 47 11 76
VS *Aigner Irene*
So
VbK
THS 18, Währinger Straße 173–181 . . . . . . 47 12 84
HS *Kantner Karl,* Oberschulrat
HeimS 23, Mauer, Kanitzgasse 8 . . . . 88 11 46*
VS *Danzinger Franz,* Oberschulrat
HS
So

Heilstättenschule:

HeimS 17, Kindermanngasse 1 . . . . 42 72 77
VS *Mehofer Josef,* Schulrat
HS Expositur: 3, Baumgasse 75 (Mautner-Mark-
So hof'sches Kinderspital)
VbK Expositur: 9, Kinderspitalgasse 6 (St.-Anna-Kinderspital)
Expositur: 9, Lazarettgasse 14 (I. und II. Universitätsklinik für Hals-, Nasen- und Ohrenkrankheiten, II. Chirurgische Universitätsklinik)
Expositur: 9, Spitalgasse 2 (Orthopädische Universitätsklinik, I. und II. Chirurgische Universitätsklinik, Urologische Universitätsklinik, Universitäts-Hautklinik)
Expositur: 9, Währinger Gürtel 74–76 (Neuropsychiatrische Klinik, Universitäts-Kinderklinik)
Expositur: 10, Schrankenberggasse 31 (Gottfried von Preyer'sches Kinderspital)
Expositur: 13, Riedlgasse 5 (Neurologisches Krankenhaus Rosenhügel)
Expositur: 13, Speisinger Straße 109 (Orthopädisches Spital)
Expositur: 14, Baumgartner Höhe 1 (Psychiatrisches Krankenhaus, Pavillon 15)
Expositur: 14, Sanatoriumstraße 2 (Pulmologisches Zentrum)
Expositur: 16, Montleartstraße 37 (Wilhelminenspital)
Expositur: 18, Wielemansgasse 28 (Orthopädisches Krankenhaus Gersthof)

Sondererziehungsschulen:

VS 9, Galileigasse 3 . . . . 34 21 70
HS *Schindl Walter,* Oberschulrat
So
HeimS 13, Hackinger Kai 15 . . . . 82 25 98
VS *Lux Robert*
HS
So
HeimS 19, Hohe Warte 3–5 . . . . 36 53 85
VS *Prakisch Erich*
HS

Sonderschule für schwerhörige Kinder:

THS 4, Waltergasse 16 . . . . 65 75 42
VS *Beer Rudolf*
HS
So
VbK

Sonderschule für sehbehinderte Kinder:

VS 15, Zinckgasse 12–14 . . . . 92 51 91
HS *Zigo, Dr. Edeltraud,* Oberschulrat

Sonderschule für sprachgestörte Kinder:

VS 17, Kindermanngasse 1 . . . . 42 03 28
Hinteregger Friedrich (Sprechstunde: Donnerstag von 10 bis 12 Uhr)

3. Öffentliche Polytechnische Lehrgänge:

2, Max-Winter-Platz 2 . . . . 24 74 41
Fuchs Herbert, Oberschulrat
3, Hainburger Straße 40 . . . . 73 46 34
Doubek Günther
10, Erlachgasse 91 . . . . 62 15 17
Pinter Herbert
Expositur: 10, Josef-Enslein-Platz 1–3 67 76 84
10, Pernerstorfergasse 30–32 . . . . . . 62 44 76
Arenberger Ernst
Expositur: 10, Kempelengasse 20 . . 64 31 36
12, Fockygasse 20 . . . . 85 71 28
Schleicher Margarete
12, Malfattigasse 17 . . . . 85 71 27
Grassler Florian
15, Benedikt-Schellinger-Gasse 1–3 . . . 95 45 68
Trojanek Johann, Oberschulrat
18, Schopenhauerstraße 81 . . . . 47 61 10
Pfaffelmayer Herta, Schulrat
Expositur: 17, Redtenbacher-gasse 79 . . . . 46 78 692
Expositur: 18, Alsegger Straße 45 . . 47 13 44
20, Vorgartenstraße 95–97 . . . . 33 25 13
Prüller Othmar, Oberschulrat
21, Roda-Roda-Gasse 5 . . . . 39 35 95
Kucera Ingeborg
I 22, Kagran, Wintzingerodestraße 1–3 . . 23 73 82
Holzinger Herbert
II 22, Kagran, Wintzingerodestraße 1–3 . . 23 73 81
Herdin Rudolf
Expositur: 22, Kaisermühlen, Schüttaustraße 42 . . . . 23 71 80
23, Alt-Erlaa, Wohnpark, Anton-Baumgartner-Straße 44 . . . . 67 77 35
Ziegler Christine, Oberschulrat

Polytechnische Lehrgänge an Sonderschulen:

2, Wolfgang-Schmälzl-Gasse 15 . . . . . 24 13 70
(Allgemeine Sonderschule)
5, Diehlgasse 2 . . . . 55 27 82
(Allgemeine Sonderschule)
10, Quellenstraße 52 . . . . 62 11 48
(Allgemeine Sonderschule)
16, Schinnaglgasse 3–5 . . . . 92 11 62
(Allgemeine Sonderschule)
17, Kastnergasse 29 . . . . 45 23 52
(Allgemeine Sonderschule)
20, Treustraße 9 . . . . 33 25 87
(Allgemeine Sonderschule)
21, Coulombgasse 9 . . . . 30 33 43
(Allgemeine Sonderschule)
2, Wittelsbachstraße 5 . . . . 24 92 67
(Bundes-Blindenerziehungsinstitut)
13, Maygasse 25 . . . . 84 63 64
(Bundesinstitut für Gehörlosenbildung)

II. Privatschulen:

1. Private Volks- und Hauptschulen:

VS 1, Judenplatz 6 . . . . 63 95 84
Fessl Johann
VS VSK 1, Seitenstettengasse 2 . . . . 63 89 73
Kejda Rosemarie
VS HS 2, Malzgasse 16 . . . . 33 91 27
Paar Franz
VS KVS 2, Obere Augartenstraße 1 . . . . 33 44 51
Ebenbauer Gertrud
VS MHS 6TW 2, Obere Augartenstraße 34 . . . . . . 33 32 02
Schreiber Anna
3, Erdbergstraße 70 . . . . 73 53 31
VS *Friedrich Ingeborg*
MHS *Fraberger Leopoldine,* Oberschulrat
VS 6TW 3, Rennweg 31 . . . . 72 62 46
Szakonyi Andrea
VS HS 3, Sebastianplatz 3 . . . . .75 37 133
Wazek Eva
VS 6TW 4, Karlsplatz 14 . . . . 65 27 53
Heiss Heide
HS 4, Karlsplatz 14 . . . . 65 96 34
Hausensteiner Ernst
KVS 4, Ziegelofengasse 2 . . . . 56 25 193
Hoffmann Otto
VS 6TW VSK 6, Gumpendorfer Straße 129 . . . . . . 57 14 46
Mayer Herwig
MVS MHS 6, Liniengasse 21 . . . . 57 24 46
Wicke Sophie
VS 7, Burggasse 37 . . . . 93 03 93
Reimitz Margarete
MVS 6TW MHS 7, Kenyongasse 4–8 . . . . 93 41 53
Schmid Theresia
VS 6TW 8, Piaristengasse 43 . . . . 43 22 60
Thaler P. Hartmann
VS 6TW MHS 10, Alxingergasse 8. . . . . 64 37 45
Washietl Elisabeth
Steiner Theresia
VS 6TW 10, Ludwig-von-Höhnel-Gasse 17–19 . 68 50 572
Safer Elisabeth
VS 10, Quellenstraße 87 . . . . 64 01 33
Ecker Hildegard
Expositur: 23, Mauer, Lange Gasse 115 . . . . 88 22 19
MV 6TW MHS 13, Schloßberggasse 17 . . . . 82 36 91
Naubauer Aloisia
Löschl Margarete
VS VSK 14, Breitenseer Straße 31 . . . . 92 13 43
Mick Hildegard
VS HS 15, Friesgasse 4–8 . . . . 83 21 76
Vodermayer Adele
KVS KHS 15, Gebrüder-Lang-Gasse 6 . . . . . . 83 16 92
Virag Andreas
VSK VS MHS 18, Antonigasse 72 . . . . 46 24 66
Vormaier Rosa
MVS 18, Lacknergasse 89 . . . . 47 21 80

MHS Blochberger *Ernestine*
KVS 18, Scheidlstraße 2 . . . . 47 23 54
Kerschbaummayr, Dr. Franz
KVS 18, Schopenhauerstraße 44 . . . . 43 11 73
KHS *Reitinger Hubert*
VSK 18, Schumanngasse 17 . . . . 42 65 48
VS *Flack Klaus*
6TW
KVS 18, Semperstraße 45 . . . . 34 56 94
KHS *Schwamberger, Dr. Michael*
Ginner Franz
VS 19, Alfred-Wegener-Gasse 10 . . . . . . 32 21 07
6TW *Artner Helene*
HS *Dohnalek Sonja*
MVS 19, Döblinger Hauptstraße 83 . . . . . . 37 45 21
6TW *Dobersberger Margarete*

VS 21, Anton-Böck-Gasse 20 . . . . 39 25 16
HS *Schönberger Anton*
VS 22, Kaisermühlen, Schödlbergergasse 20 23 53 99
VSK *Heumel Hildegard*
VSK 22, Stadlau, Hardeggasse 65 . . . . 22 14 93
VS *Hirschegger Adda*
6TW
VS 23, Atzgersdorf, Endresstraße 100 . . . . 88 12 75
6TW dzt. unbesetzt
MVS 23, Mauer, Franz-Asenbauer-Gasse 49 . 88 21 25
6TW *Fussek Ingeborg,* Oberschulrat
MHS
VS 23, Rodaun, Willergasse 55 . . . . 88 41 43
MHS *Maschl Martha*
Jarosch Hertha

2. Private Sonderschulen:

HeimS 19, Am Himmel – Gspöttgraben 5 . . . 32 49 312
(Allgemeine Sonderschule und Sonderschule für schwerstbehinderte Kinder)
Pant Anneliese

19, Stefan-Esders-Platz 1 . . . . 32 31 89
(Allgemeine Sonderschule und Sonderschule für schwerstbehinderte Kinder)
Schatz Malvine

III. Schulen mit ausländischem Lehrplan:

VS 9, Liechtensteinstraße 37a 34 22 41
HS (Französisches Lyceum)
VS 19, Grinzinger Straße 95 . . . . 37 12 17
HS (Vienna International School)

VS 19, Salmannsdorfer Straße 45–47 . . . . 44 27 63
HS (American International School)
VS 19, Sieveringer Straße 19 . . . . 32 33 12
HS (Verein Japanische Schule)

IV. Öffentliche und private Bildungsanstalten für Arbeitslehrerinnen und Kindergärtnerinnen, Institut für Heimerziehung, Bundesanstalt für Leibeserziehung:

1. Öffentliche Schulen:

17, Kalvarienberggasse 28 . . . . 43 67 26
(Bundes-Bildungsanstalt für Arbeitslehrerinnen)
Kunz Frieda, Regierungsrat

10, Ettenreichgasse 45c 62 91 92*, 294
(Bundes-Bildungsanstalt für Kindergärtnerinnen)
Zeman, Dr. Herta, Regierungsrat

15, Possingergasse 2 . . . . 92 26 61*, 55
(Bundesanstalt für Leibeserziehung)
Nowak, Mag. Franz

2. Privatschulen:

7, Kenyongasse 4–8 . . . . 93 41 53
(Bildungsanstalt für Arbeitslehrerinnen „Mater Salvatoris“ der Kongregation der Töchter des göttlichen Heilandes)
Brandl, Mag. Christine

7, Kenyongasse 4–8 . . . . 93 41 53
(Bildungsanstalt für Kindergärtnerinnen „Mater Salvatoris“ der Kongregation der Töchter des göttlichen Heilandes)
Brandl, Mag. Christine

19, Döblinger Hauptstraße 83 . . . 37 45 21*, 18
(Bildungsanstalt für Kindergärtnerinnen „Maria Regina“ der Schwestern vom armen Kinde Jesus)
Staniek, Mag. Elisabeth

21, Patrizigasse 2 . . . . 30 13 28
(Bildungsanstalt für Kindergärtnerinnen der Stadt Wien)
Korntheuer Gertrude, Oberschulrat

21, Freytaggasse 32 . . . . 38 71 660
(Institut für Heimerziehung der Stadt Wien)
Petak, Dr. Irmgard

Übungsschulen der Pädagogischen Akademien:

VS VSK 10, Ettenreichgasse 45b 62 91 92*, 276
(Übungsschule der Pädagogischen Akademie des Bundes)
Dostal Karl, Prof., Regierungsrat, Abteilungsvorstand

HS 10, Hebbelplatz 1 . . . . 64 31 18
(Übungsschule der Pädagogischen Akademie des Bundes)
Svolba Erich, Prof., Oberstudienrat, Abteilungsvorstand

21, Mayerweckstraße 1 . . . . 39 25 92
(Übungsschule der Pädagogischen Akademie der Erzdiözese Wien)
VS VSK *Freund, Mag. Josef*, Abteilungsvorstand
HS *Kaufmann Erwin, Prof.*, Abteilungsvorstand

Berufsbildende Schulen

a) Öffentliche Berufsschulen:

Bäcker und Konditoren, Fleischer
Bäcker, Bonbon- und Konfektmacher, Brauer und Mälzer, Destillateur, Getreidemüller, Konditor (Zuckerbäcker), Lebzelter und Wachszieher, Molker und Käser, Obst- und Gemüsekonservierer
6, Mollardgasse 87 . . . . 56 16 01*, 224
Pschera Franz, Schulrat
Expositur: 3, Viehmarktgasse 3 . . . . 72 58 74
Fleischer, Tierpfleger

Baugewerbe
Bautechnischer Zeichner, Betonbauer, Betonwarenerzeuger, Brunnenmacher, Dachdecker, Hafner, Kunststeinerzeuger, Maurer, Pflasterer, Platten- und Fliesenleger, Rauchfangkehrer, Steinholzleger und Spezialestrichhersteller, Steinmetz, Stukkateur, Terrazzomacher, Wärme-, Kälte- und Schallisolierer
22, Kagran, Wagramer Straße 65 . . . . 23 21 11
Eigner Karl

Bekleidungs- und Textilgewerbe
Damenkleidermacher, Dessinateur für Stoffdruck, Fotogravurzeichner, Gold-, Silber- und Perlensticker, Großmaschinensticker, Handschuhmacher, Herrenkleidermacher, Hutmacher, Kappenmacher, Kürschner, Lederbekleidungserzeuger, Maschinsticker, Miedererzeuger, Modisten, Orthopädieschuhmacher, Posamentierer, Präparator, Rauhwarenzurichter, Schuhmacher, Strikkereizeichner, Stoffdrucker, Strickwarenerzeuger, Textilmusterzeichner, Wäschenäher, Wäschewarenerzeuger, Wirkwarenerzeuger
12, Längenfeldgasse 13–15 . . . . 83 16 44*, 25
Blatterer Henrike

Bürokaufleute
Bürokaufleute, ausgenommen Lehrlinge der Hoheitsverwaltungen
15, Kauergasse 3 . . . . 83 25 63
Schwarzinger Franz

Büro- und Industriekaufleute
Industriekaufmann, Bürokaufmann, Bürokaufleute der Gemeinde Wien, der Bundesforste und der Bundestheater, Industriekaufleute der Wiener Verkehrsbetriebe, der E- und Gaswerke und der Städtischen Bestattung
5, Castelligasse 9 . . . . 55 61 57
Ulzer Otto, Oberschulrat

Chemische-, leder- und papierverarbeitende Berufe und Tapezierer
Buchbinder, Bürsten- und Pinselmacher, Chemielaborant, Chemiewerker, Chemischputzer, Etui-Kassettenerzeuger, Fahrzeugtapezierer (Fahrzeugsattler), Kartonagewarenerzeuger, Ledergalanteriewarenerzeuger und Taschner, Leder- und Lederwarenfärber, Papiermacher, Polsterer, Rotgerber, Sattler und Riemer, Schädlingsbekämpfer, Tapezierer und Bettwarenerzeuger, Textilveredler, Weiß- und Sämischgerber
15, Hütteldorfer Straße 7–17 . . . . . . 92 26 91*, 29
Stecher Ottokar, Oberschulrat

Einzelhandel I
Einzelhandelskaufmann (Elektro- und Radiowaren, Fische, Juwelen, Lebens- und Genußmittel, Milch, Obst und Gemüse, Süßwaren, Tabak, Uhren)
5, Viktor-Christ-Gasse 10 . . . . 55 63 99
Hütter Leopoldine

Einzelhandel II
Einzelhandelskaufmann (Textilien und Pelze)
15, Hütteldorfer Straße 7–17 . . . . . . 92 26 91*, 34
Guttenbrunner Maximilian, Oberschulrat

Einzelhandel III
Buchhändler, Musikalienhändler, Drogist, Einzelhandelskaufmann (Chemikalien, Farb-, Papier- und Parfümeriewaren, ärztlicher, zahnärztlicher und Laborbedarf, Zeitungen und Zeitschriften), Fotokaufmann, Großhandelskaufmann (Foto- und Drogenhandel), lehrgangsmäßig: Reisebüroassistent
15, Hütteldorfer Straße 7–17 . . . . . . 92 26 91*, 36
Gieler Robert, Oberschulrat

Einzelhandel IV
Einzelhandelskaufmann (Bijouteriewaren, Büro- und Nähmaschinen, Eisen- und Metallwaren, Fahrräder, Glas, Gummiwaren, Haus- und Küchengeräte, Holz, Keramik, Kohlen, Kraftfahrzeuge, Lederwaren, Maschinen, Möbel, Tierpflegeartikel, Plastik- und Porzellanwaren, Schuhe, Sport-, Spiel- und Korbwaren, Zauber- und Scherzartikel), Waffen- und Munitionshändler
15, Goldschlagstraße 113 . . . . 92 45 40
Brabenetz, Ing. Karl, Schulrat

Einzelhandel und Spediteure
Einzelhandelskaufmann, Heimtextilien (Teppiche, Bodenbeläge, Vorhänge), Kindermoden, Kaufhäuser in Konzernen
12, Längenfeldgasse 13–15 . . . . .83 16 44*, 27
Eberhard Günter

Elektromechanik
Elektromechaniker und -maschinenbauer, Elektromechaniker für Schwachstrom, Elektromechaniker für Starkstrom
6, Mollardgasse 87 . . . . 56 16 01*, 241
Ernst, Ing. Otto, Schulrat

Elektrotechnik I
Betriebselektriker, Starkstrommonteur, Elektroinstallateur
6, Mollardgasse 87 . . . . 56 16 01*, 239
Horner Reinhard

Elektrotechnik II
Betriebselektriker, Starkstrommonteur, Elektroinstallateur
6, Mollardgasse 87 . . . . 56 15 01*, 231
Edelmann Josef

Fertigungstechnik
Bootbauer, Büchsenmacher, Dreher, Formenbauer, Former und Gießer, Fräser, Galvaniseur, Gelbgießer, Metall- und Eisengießer, Metallschleifer und Galvaniseur, Modellschlosser, Präzisionsschleifer, Waffenmechaniker, Werkzeugmacher, lehrgangsmäßig: Kunststoffverarbeiter
7, Apollogasse 1 . . . . 93 45 10*, 24
Watzke, Ing. Kurt, Oberschulrat

Friseure I
Friseur und Perückenmacher
14, Goldschlagstraße 137 . . . . 92 44 24
Grigar Franz, Oberschulrat

Friseure II
Friseur und Perückenmacher, Fußpfleger, Schönheitspfleger (Kosmetiker), Masseur
14, Goldschlagstraße 137 . . . . 92 44 90
Zottl Otto, Oberschulrat

Gärtner und Floristen
Friedhofs- und Ziergärtner, Landschaftsgärtner (Garten- und Grünflächengestalter), Blumenbinder und -händler (Floristen)
22, Kagran, Siebeckstraße 14 . . . . 23 21 14
Milzauschek, Ing. Robert, Oberschulrat

Gastgewerbe
Hotel- und Gastgewerbeassistent, Kellner, Koch
12, Längenfeldgasse 13–15 . . . . 83 16 44*, 72
Költringer Herbert

Goldschmiede, Uhrmacher und verwandte Berufe
Diamantschleifer, Edelsteinschleifer, Emailleur, Gold-, Silber- und Metallschläger, Gold- und Silberschmied und Juwelier, Graveur, Gürtler, Metalldrücker, Uhrmacher, Zinngießer, Ziseleur
6, Sonnenuhrgasse 5 . . . . 57 67 97
Pichler Johann

Grafische Gewerbe
Drucker, Druckformenhersteller, Flachdrucker, Fotograf, Fotolaborant, Hochdrucker, Kartolithograf, Kupferdrucker, Lithograf (Fototonätzer), Notenstecher, Reproduktionsfotograf, Schriftgießer und Stereotypeur, Setzer, Siebdrucker, Stempelerzeuger und Flexograf, Stereotypeur und Galvanoplastiker, Tiefdruckformenhersteller
15, Hütteldorfer Straße 7–17 . . . . . . 92 26 91*, 32
Götzl, Ing. Josef

Großhandel I
Großhandelskaufmann (Baustoffe, Bijouteriewaren, Felle, Gummiwaren, Häute, Holz, Kohle, Kunststoffe, Lederwaren, Linolwaren, Möbel, Öfen, Öle, Papier-, Kurz-, Spiel-, Sport- und Galanteriewaren, Pelze, Plastikwaren, Textilien, Waren aller Art), Großhandel mit Bau- und Brennstoffen, Erdöl, Holzwaren, Bijouterie, Galanteriewaren, Spiel- und Sportwaren, Gummi, Leder, Plastik, Fellen, Textilien, Pelzen, Seilerwaren, Papier und Papierwaren, Büroartikeln und Möbeln, Verlagsanstalten mit Musikalien, Zeitschriften, technischen Artikeln, Waren aller Art, Lehrlinge in Banken
15, Kauergasse 5 . . . . 83 91 24
Schneider Herta

Großhandel II
Großhandelskaufmann (Chemikalien, Eisenwaren, Elektrowaren, Haus- und Küchengeräte, Kraftfahrzeuge, Maschinen, Metalle, Nahrungs- und Genußmittel, Rundfunkgeräte, technische Artikel, Werkzeuge, Uhren), Großhandel mit Chemikalien, Parfüms, Drogen, Farben, Fotoartikeln, Eisenwaren, sanitären Einrichtungen, Ärztebedarf, Waffen, Elektrogeräten, Radios, Haus- und Küchengeräten, Uhren, Juwelen, optischen Artikeln, Fahrzeugen, Maschinen und Werkzeugen, Nahrungs- und Genußmitteln, Samen und Futtermitteln
16, Kreitnergasse 32 . . . . 92 33 66
Kubik Irene, Oberschulrat

Holzbearbeitung und Musikinstrumentenerzeugung
Binder, Korb- und Möbelflechter, Modelltischler (Formentischler), Säger, Segelflugzeugbauer, Skierzeuger, Tischler, Wagner, Zimmerer, lehrgangsmäßig: Blechblasinstrumentenerzeuger, Drechsler, Harmonikamacher, Harmoniumerzeuger und Erzeuger von ähnlichen Musikinstrumenten, Holzblasinstrumentenerzeuger, Klaviermacher, Orgelbauer, Streich- und Saiteninstrumentenerzeuger
15, Hütteldorfer Straße 7–17 . . . . . . 92 26 91*, 24
Meidl Robert

Industriekaufleute
Industriekaufmann, Maschinen, Stahlindustrie, metallverarbeitende Industrie, Bergbau, Elektroindustrie, Gummi- und Kunststoffindustrie, chemische Industrie, Holzindustrie, Papierindustrie, Nahrungs- und Genußmittelindustrie, Leder- und lederverarbeitende Industrie, optische und feinmechanische Geräte, keramische, Glas- und Baustoffindustrie, Fahrzeugindustrie
16, Panikengasse 31 . . . . 92 43 85
Bobik Alfred, Oberschulrat

Kraftfahrzeugtechnik I
Kraftfahrzeugelektriker, Landmaschinenmechaniker, Luftfahrzeugmechaniker, Vulkaniseur
6, Mollardgasse 87 . . . . 56 16 01*, 283
Klampfer, Ing. Alfred

Kraftfahrzeugtechnik II
Kraftfahrzeugelektriker, Kraftfahrzeugmechaniker
6, Mollardgasse 87 . . . . 56 16 01*, 220
Eckstein, Ing. Walter

Maler und Kunstgewerbe
Figurenkeramformer, Geschirrkeramformer, Glasmaler, Keramiker, Kerammaler, Kerammodellabgießer, Lackierer, Maler und Anstreicher, Porzellanmaler, Schilderhersteller, Technokeramformer, Vergolder und Staffierer
15, Hütteldorfer Straße 7–17 . . . . . 92 26 91*, 28
Maxa Josef

Maschinenschlosser
Maschinenschlosser
7, Apollogasse 1 . . . . 93 45 10*, 23
Benedict, Ing. Karl, Oberschulrat

Mechaniker und Optiker
Bandagist, Büromaschinenmechaniker, Chirurgieinstrumentenerzeuger, Feinmechaniker, Feinoptiker, Glasbläser und Glasinstrumentenerzeuger, Glaser, Glasgraveur, Glasschleifer und Glasbeleger, Hohlglasfeinschleifer (Kugler), Kühlmaschinenmechaniker, Mechaniker, Optiker, Orthopädiemechaniker, Physiklaborant, Textilmechaniker, Waagenhersteller, Werkstoffprüfer (Phy-

sik), lehrgangsmäßig: Verpackungsmittelmechaniker
7, Apollogasse 1 . . . . 93 45 10*, 25
Meyer Hermann
Nachrichtentechnik
Fernmeldemonteur, Radio- und Fernsehmechaniker, Meß- und Regelmechaniker, Nachrichtenelektroniker
6, Mollardgasse 87 . . . . 56 16 01*, 226
Kraus, Ing. Erich, Schulrat
Sanitär- und Heizungstechnik
Gasinstallateur, Gas- und Wasserleitungsinstallateur, Rohrleitungsmonteur, Zentralheizungsbauer
6, Mollardgasse 87 . . . . 56 16 01*, 270
Wahserab, Ing. Alfred, Regierungsrat
Schlosser und Glaser
Glasschleifer, Bauschlosser, Bergwerkschlosser-Maschinenhäuer, Betriebsschlosser, Binnenschiffer, Fahrzeugfertiger, Formschmied, Hüttenwerkschlosser, Messerschmied, Schiffbauer, Schlosser, Schmied, Stahlbauschlosser, Universalhärter, Universalschweißer
6, Mollardgasse 87 . . . . 56 16 01*, 229
Krill Edwin, Oberschulrat
Spengler und Karosseure
Blechschlosser, Karosseur, Kupferschmied, Spengler
6, Mollardgasse 87 . . . . 56 16 01*, 227
Schmid Franz
Technische Zeichner und Zahntechniker
Technische Zeichner (Maschinen-, Stahlbau-, Heizungs oder Elektrotechnik), Zahntechniker
12, Längenfeldgasse 13–15 . . . . 83 16 44*, 26
Zierhofer, Ing. Richard

Zentrale Lehrwerkstätte der Berufsschulen für metallverarbeitende Berufe
Metallverarbeitende Lehrberufe
6, Mollardgasse 87 . . . . 56 16 01*, 212
Schneider Leopold

b) Private Berufsschulen:

Brauer, Mälzer und Destillateure an der Versuchsstation für das Gärungsgewerbe
lehrgangsmäßig: Brauer und Mälzer, Destillateur
18, Michaelerstraße 25 . . . . 34 36 74
Püspok, Dipl.-Ing. Dr. Josef, Doz.

Berufsschule der Firma Julius Meinl AG
ganzjährig: Einzelhandelskaufmann (Nahrungsmittelhandel)
13, Hietzinger Hauptstraße 17 . . . . 82 12 56
Fiala Gerd

Mittlere und höhere berufsbildende Frauenschulen, Lehranstalten für Fremdenverkehrsberufe, Akademien und Lehranstalten für Sozialberufe

Höhere Bundeslehranstalt für wirtschaftliche Frauenberufe
Haushaltungsschule (1jährig), Hauswirtschaftsschule (2jährig), Fachschule für wirtschaftliche Frauenberufe (3jährig), Höhere Lehranstalt für wirtschaftliche Frauenberufe (5jährig)
19, Straßergasse 37–39 . . . . 32 21 81*, 212
Wospiel, Dr. Leopoldine

Höhere Bundeslehranstalt für wirtschaftliche Frauenberufe
Fachschule für wirtschaftliche Frauenberufe (3jährig), Höhere Lehranstalt für wirtschaftliche Frauenberufe (5jährig)
4, Wiedner Gürtel 68 . . . . 65 61 65
Proksch, Mag. Gertrude, Prof.

Höhere Lehranstalt für wirtschaftliche Frauenberufe der Schulschwestern
Haushaltungsschule (1jährig), Fachschule für wirtschaftliche Frauenberufe (3jährig), Höhere Lehranstalt für wirtschaftliche Frauenberufe (5jährig)
3, Erdbergstraße 70 . . . . 73 53 31
Eder, Dkfm. Herta, Hofrat

Fachschule der Stadt Wien für wirtschaftliche Frauenberufe
Haushaltungsschule (1jährig), Fachschule für wirtschaftliche Frauenberufe (3jährig)
9, Hahngasse 35 . . . . 34 92 96
Propst Maria
Expositur: Klosterneuburg
Haushaltungsschule (1jährig)

Fachschule der Stadt Wien für wirtschaftliche Frauenberufe
Haushaltungsschule (1jährig), Fachschule für wirtschaftliche Frauenberufe (3jährig)
12, Dörfelstraße 1 . . . . 83 62 52
Wohlmuth Gertrude

Fachschule für wirtschaftliche Frauenberufe der Dominikanerinnen
Fachschule für wirtschaftliche Frauenberufe (3jährig)
13, Auhofstraße 177 . . . . 82 36 92
Boisits Ottilie

Fachschule für wirtschaftliche Frauenberufe des Instituts Sankta Christiana
Haushaltungsschule (1jährig), Fachschule für wirtschaftliche Frauenberufe (3jährig)
23, Rodaun, Willergasse 55 . . . . 88 41 43*, 22
Sucharipa Edith

Bundeslehranstalt für Bekleidungsgewerbe
Fachschule für Wäschewarenerzeuger (3jährig), Fachschule für Kunststicker (3jährig), Fachschule für Damenkleidermacher (4jährig), Meisterklasse für Damenkleidermacher (1jährig), Direktricenlehrgang (1 Semester), Lehrgang für Textilrestauratoren (1jährig), Höhere gewerbliche Lehranstalt, Höhere Abteilung für Mode und Kunstgewerbe (5jährig)
16, Herbststraße 104 . . . . 92 53 93
Rauch, Dr. Gertrude, Hofrat

Bundesfachschule für Bekleidungsgewerbe und wirtschaftliche Frauenberufe
Fachschule für Damenkleidermacher (4jährig), Fachschule für Herrenkleidermacher (4jährig), Bekleidungstechnische Fachschule für Gewerbe und Industrie (4jährig), Meisterklasse für Damenkleidermacher (1jährig), Meisterklasse für Herrenkleidermacher (1jährig), Höhere gewerbliche Lehranstalt, Höhere Abteilung für Bekleidungswirtschaft (5jährig)
9, Michelbeuerngasse 6–8 . . . . 42 04 16
Gnan Gerta
Expositur: 13, Speisinger Straße 105 . . . . . 82 22 76
Fachschule für Damenkleidermacher für taubstumme Mädchen (4jährig)

Fachschule der Stadt Wien für Damenkleidermacher
Fachschule für Damenkleidermacher (4jährig)
15, Siebeneichengasse 17 . . . . 83 54 30
Trimmel Elisabeth

Modeschule der Stadt Wien
Modeentwurf und Damenkleidermachen (5jährig), Modell-Modisterei (5jährig), Strick- und Wirkmode (5jährig), Modell-Lederwaren (5jährig), Textilentwurf und -druck (5jährig)
12, Hetzendorfer Straße 79 . . . . 84 27 95*, 21
Baumgartner, Dkfm. Ing. Günter, Obermagistratsrat

Gastgewerbefachschule des Schul- und Förderungsvereines der Wiener Gastwirte
Gastgewerbefachschule Spezialrichtung Köche (3jährig)
1, Judenplatz 3–4 . . . . 63 37 04*, 30
Mayer Eduard, Studienrat

Fremdenverkehrsschulen der Kammer der gewerblichen Wirtschaft für Wien
Höhere Lehranstalt für die Fremdenverkehrswirtschaft (5jährig), Fachschule für die Fremdenverkehrswirtschaft (3jährig), Fremdenverkehrskolleg (4 Semester)
19, Peter-Jordan-Straße 78–80 . . . . . 47 15 38*, 212
Blohberger, Dkfm. Dr. Günter

Lehranstalt für Jugendleiter des Seminars für Kirchliche Berufe
Jugendleiterschule (2jährig), Pastoral-Katechetischer Lehrgang (1jährig)
13, Wolfrathplatz 2 . . . . 82 53 70
Moritz, Dr. Hans, Prof.

Bundesakademie für Sozialarbeit
(4 Semester)
Vorbereitungslehrgang für Nichtmaturanten (1jährig)
7, Burggasse 14–16 . . . . 93 02 86
Lessing, Dr. Friederike

Akademie für Sozialarbeit der Stadt Wien
(4 Semester)
21, Freytaggasse 32/2 . . . . 38 72 51
Simon, Dr. Maria

Akademie für Sozialarbeit für Berufstätige der Caritas der Erzdiözese Wien (Abendschule)
Abendschule (6 Semester)
9, Seegasse 30 . . . . 34 21 06
Steinhauser, Dr. Werner

Religionspädagogische Akademie der Erzdiözese Wien
Religionspädagogische Akademie (4 Semester), Sonderform für Berufstätige (8 Semester), Religionspädagogische Lehranstalt / Normalform (4 Semester), Sonderform für Berufstätige (8 Semester), Religionspädagogische Akademie / Privatistenlehrgang (4jährig), Religionspädagogische Lehranstalt / Privatistenlehrgang (4jährig)
7, Burggasse 37 . . . . 93 75 68*, 14
Hanel, Dr. Anton, Prof.
Expositur: Salzburg, Kapitelplatz 2 . . 0 62 22/42 5 91
996/42 5 91
Religionspädagogische Akademie / Privatistenlehrgang (4jährig), Religionspädagogische Lehranstalt / Privatistenlehrgang (4jährig)
Expositur: Klagenfurt, Rudolfsbahner Gürtel 2 . . . . 0 42 22/80 9 44, 994/80 9 44
Religionspädagogische Akademie / Privatistenlehrgang (4jährig), Religionspädagogische Lehranstalt / Privatistenlehrgang (4jährig)

Ausbildungszentrum für Ehe- und Familienberater der Erzdiözese Wien
(3jährig)
3, Ungargasse 3/1 . . . . 73 54 19
Polatschek Christa

Kinderpflegerschule der Stadt Wien
Kinderpflegerinnenschule (3jährig)
18, Bastiengasse 36–38 . . . . 47 15 15*, 234
Bründl, Dr. Margarete

Fachschulen für Sozialberufe der Caritas der Erzdiözese Wien
Fachschule für Sozialarbeit (3jährig), Fachschule für Altendienste (1jährig), Familienhelferinnenschule (2jährig), Schule für Sozialdienste (2jährig), Speziallehrgang für Behindertenarbeit für Berufstätige (1jährig)
9, Seegasse 30 . . . . 34 21 06
Teuschl Sr. Hildegard

Evangelische Frauenschule für kirchlichen und sozialen Dienst
(3jährig)
18, Severin-Schreiber-Gasse 1 . . . . 47 13 06
Hladky Maria

Private Lehranstalt für Kosmetik, Massage und Fußpflege
Kosmetik (1jährig), Massage (1jährig), Fußpflege (1jährig)
1, Ebendorferstraße 6/III 43 31 51
Harrer, Dr. Karl

Private Lehranstalt für Kosmetik, Massage und Fußpflege „Hradetzky"
Kosmetik (1jährig)
7, Westbahnstraße 31 . . . . 93 47 64
Jandl Eva

Mittlere und höhere technische Lehranstalten

Höhere technische Bundes-Lehr- und Versuchsanstalt Wien I
Höhere Abteilungen für Maschinenbau, Elektrotechnik, elektrische Nachrichtentechnik und Elektrotechnik, Hochbau, Tiefbau, Flugtechnik (5jährig), Fachschule für Maschinenbau, Fachschule für elektrische Nachrichtentechnik und Elektronik, Baufachschule (4jährig), Bauhandwerkerschule für Maurer, Bauhandwerkerschule für Zimmerer (3jährig, Wintersemester), Kollegs für Maschinenbau (5 Semester), Elektrotechnik (4 Semester), Bautechnik, Fachrichtung Hochbau (4 Semester), Bautechnik, Fachrichtung Tiefbau (4 Semester), Höhere technische Lehranstalt für Berufstätige, Fachrichtungen für Maschinenbau, Hochbau Elektrotechnik, Nachrichtentechnik (4jährig), Abiturientenlehrgang für Vermessungstechnik für Berufstätige (1jährig), Versuchsanstalten für Baustoffe, Erdbau und Bodenmechanik
1, Schellinggasse 13 . . . . 53 16 11
Riedl, Dipl.-Ing. Paul, Oberstudienrat

Höhere technische Bundeslehranstalt Wien IV
Höhere Lehranstalten für Maschinenbau, Elektrotechnik (5jährig), Fachschule für Maschinenbau (4jährig)
4, Argentinierstraße 11 . . . . 65 83 39
Nagl, Dipl.-Ing. Dr. Johann

Höhere technische Bundeslehranstalt Wien X
Höhere Abteilungen für Maschinenbau, Maschinenbau – Gießereitechnik, Elektrotechnik (5jährig), Fachschule für Elektrotechnik (4jährig)
10, Pernerstorfergasse 81 . . . . 64 13 90
Veit, Dipl.-Ing. Hermann, Oberstudienrat

Technisch-gewerbliche Abendschule der Arbeiterkammer Wien
Werkmeisterlehrgänge für Berufstätige für Elektronik, Elektrotechnik, Maschinenbau, Kraftfahrzeugtechnik, Baugewerbe, Kurse für Industrielle Elektronik, Heizer, Betriebsleiter, Maschinen- und Motorenwartung
4, Plößlgasse 13 . . . . 65 35 50
Leitner, Ing. Erwin

Höhere technische Bundeslehranstalt und Bundeshandelsschule Wien V
Höhere Lehranstalt für Maschinenbau – Betriebstechnik (5jährig), Fachschulen für Betriebstechnik und Mechaniker (4jährig), Fachschule für Ledergalanteriewarenerzeuger (3jährig)
5, Geigergasse 5–9 . . . . 55 41 67
Reitmeier, Mag. Dr. Josef

Werkmeisterschule für Berufstätige des Wirtschaftsförderungsinstitutes der Kammer der gewerblichen Wirtschaft für Wien
Werkmeisterschulen für Berufstätige für Bauwesen – Baupoliere, Chemie, Elektrotechnik, Lebensmitteltechnologie, Maschinenbau
18, Währinger Gürtel 97 . . . . 34 66 22*, 21
Deifel, Dr. Peter

Handelsschulen

Handelsschule I
des Fonds der Wiener Kaufmannschaft
1, Akademikerstraße 12 . . . . 65 73 30
Steiner, Dr. Margarete, Oberstudienrat

Handelsschule III
des Fonds der Wiener Kaufmannschaft
8, Hamerlingplatz 5–6 . . . . 43 23 47
Toifelhardt, Mag. Anton, Oberstudienrat

Handelsschule IV
des Fonds der Wiener Kaufmannschaft
8, Schönborngasse 3–5 . . . . 43 45 14
Wagner, Dkfm. Mag. Maria

Handelsschule V
des Fonds der Wiener Kaufmannschaft
2, Untere Augartenstraße 9 . . . . 33 12 41
dzt. unbesetzt

Handelsschule VII
des Fonds der Wiener Kaufmannschaft
21, Franklinstraße 24 . . . . 38 15 76
Puchinger, Mag. Günther, Oberstudienrat

Höhere technische Bundeslehranstalt und Bundeshandelsschule Wien V
Vorbereitungslehrgang für die Handelsschulen (1 Semester), Handelsschule (3 Klassen), Betriebswirtschaftlicher Lehrgang (2 Semester)
5, Geigergasse 5–9 . . . . 55 41 67
Reitmeier, Mag. Dr. Josef

Handelsschule der Töchter der Göttlichen Liebe – Marienanstalt
3, Fasangasse 4 . . . . 72 34 63
Mohl, Dr. Anna, Hofrat

Handelsschule für Mädchen der Kongregation der Armen Schulschwestern von Unserer Lieben Frau
15, Friesgasse 4–8 . . . . 83 21 76
Rotter Friederike

Handelsschule Deutsch
angeschlossen Büroschule (1jährig), Büro- und Verwaltungsschule (2jährig), Schule für den Kredit- und Versicherungskaufmann (3jährig)
9, Hörlgasse 3 . . . . 34 75 58
Eberwein, Dr. Rudolf, Oberstudienrat

Handelsschule des Berufsförderungsinstituts
angeschlossen EDV-Schule (2 Semester)
4, Plößlgasse 13 . . . . 65 11 88
Schmidl, Mag. Dr. Ernst

Handelsschule Weiss
angeschlossen Büroschule (1jährig), Büro- und Verwaltungsschule (2jährig), Handelsschule für Berufstätige (2jährig)
1, Getreidemarkt 16 . . . . 57 65 35
Kühling, Dkfm. Kurt-Hans

Handelsschule Neumann
angeschlossen Büroschule (1jährig), Büro- und Verwaltungsschule (2jährig)
7, Neubaugasse 36 . . . . 93 65 52
Schlesinger, Dkfm. Margarete, Hofrat

Handelsakademien

Bundeshandelsakademie und Bundeshandelsschule Wien X
10, Pernerstorfergasse 79–81 . . . . 62 51 91
Nussbichler, Mag. Dr. Bruno

Bundeshandelsakademie und Bundeshandelsschule Wien XII
12, Hetzendorfer Straße 66 . . . . 85 83 29
Degiorgio, Dkfm. Mag. Dr. Manfred
Expositur:
23, Liesing, Anton-Krieger-Gasse 25 . . . . . 88 52 30
Frank, Dkfm. Thea, Prof.

Bundeshandelsakademie und Bundeshandelsschule Wien XXII
22, Stadlau, Stadlauer Straße 51 . . . . 22 61 91
Ulreich, Dkfm. Mag. Gustav

Handelsakademie I
des Fonds der Wiener Kaufmannschaft
1, Akademiestraße 12 . . . . 65 81 00
Moos, Dkfm. Mag. Hermann, Hofrat

Handelsakademie II
des Fonds der Wiener Kaufmannschaft
8, Hamerlingplatz 5–6 . . . . 43 23 47
Toifelhardt, Mag. Anton, Oberstudienrat

Handelsakademie III
des Fonds der Wiener Kaufmannschaft
8, Schönborngasse 3–5 . . . . 43 45 14
Wagner, Dkfm. Mag. Maria
Handelsakademie V
des Fonds der Wiener Kaufmannschaft
21, Franklinstraße 24 . . . . 38 15 76
Mayer, Mag. Augustine, Hofrat
Handelsakademie der Kongregation der Töchter der Göttlichen Liebe – Marienanstalt
3, Fasangasse 4 . . . . 72 34 63
Mohl, Dr. Anna, Hofrat
Handelsakademie des Berufsförderungsinstituts
4, Plößlgasse 13 . . . . 65 11 88
Schmidl, Dr. Ernst
Abiturientenlehrgang an der Bundeshandelsakademie Wien XII
12, Hetzendorfer Straße 66 . . . . 85 83 29
Degiorgio, Dkfm. Mag. Dr. Manfred

Abiturientenlehrgang an der Handelsakademie I
des Fonds der Wiener Kaufmannschaft
1, Akademiestraße 12 . . . . 65 81 00
Moos, Dkfm. Mag. Hermann, Hofrat
Abiturientenlehrgang an der Handelsakademie II
des Fonds der Wiener Kaufmannschaft
8, Hamerlingplatz 5–6 . . . . 43 23 47
Toifelhardt, Mag. Anton, Oberstudienrat
Abiturientenlehrgang für Berufstätige an der Handelsakademie III des Fonds der Wiener Kaufmannschaft
8, Schönborngasse 3–5 . . . . 43 45 14
Wagner, Dkfm. Maria
Handelsakademie für Berufstätige
des Berufsförderungsinstituts
4, Plößlgasse 13 . . . . 65 11 88
Schmidl, Mag. Dr. Ernst

Krankenpflegeschulen

Erstes Ausbildungsjahr im Krankenpflegefachdienst an der Kranken- und Kinderkrankenpflegeschule der Stadt Wien am Allgemeinen Krankenhaus
9, Alser Straße 4 . . . . 48 00*, 1521
Rode, Dr. Heinrich, Hofrat, Direktor
Erstes Ausbildungsjahr im Krankenpflegefachdienst an der Krankenpflegeschule der Stadt Wien Rudolfstiftung
3, Boerhaavegasse 13 . . . . 72 56 61*, 345
Huber, Dr. Alfred, Primarius
Erstes Ausbildungsjahr im Krankenpflegefachdienst der Stadt Wien Wilhelminenspital
16, Montleartstraße 37 . . . . 95 25 11*, 2351
Stastny, Dr. Rudolf, Direktor
Expositur: 17, Wurlitzergasse 89 . . . . 46 03 92
Bischof Gertrude, Schuloberin

Erstes Ausbildungsjahr im Krankenpflegefachdienst an der Krankenpflegeschule der Stadt Wien Krankenhaus Lainz
13, Jagdschloßgasse 25 . . . . 84 16 16*, 2246
Luger, Dr. Anton, a. o. Univ.-Prof., Primarius, Direktor
Erstes Ausbildungsjahr im Krankenpflegefachdienst an der Krankenpflegeschule der Stadt Wien Rudolfstiftung
22, Stadlau, Langobardenstraße 122 . . . . . 22 14 92
Müllner, Dr. Theodora, Direktor
Erstes Ausbildungsjahr im Krankenpflegedienst an der Krankenpflegeschule der Stadt Wien Elisabeth-Spital
15, Huglgasse 1–3 . . . . 95 65 51*, 398
Merlitschek, Dr. Gerhard, Primarius

Verschiedene private Lehranstalten mit Öffentlichkeitsrecht

Konservatorium der Stadt Wien
1, Johannesgasse 4a 52 73 81
Müller Josef M., Prof., Obermagistratsrat
Konservatorium für Musik und Dramatische Kunst
4, Mühlgasse 28–30 . . . . 57 57 49
Schmid Jaro, Prof.
Horak-Konservatorium für Musik und darstellende Kunst
1, Hegelgasse 3 . . . . 52 34 85
Sedlak Adolf, Prof.
Schauspielschule Helmut Krauss
1, Weihburggasse 9 . . . . 52 43 24
Krauss, Dr. Wolfgang
Wiener Kunstschule des Vereins „Wiener Kunstschule"
9, Lazarettgasse 27 . . . . 42 43 29
Matejka-Felden Gerda, o. Hochschulprofessor

Schule für elektronische Datenverarbeitung
des Berufsförderungsinstituts
4, Plößlgasse 13 . . . . 65 11 88
Schmidl, Dr. Ernst
Schule für Datenverarbeitungskaufleute Peter Dala
3, Salmgasse 6 . . . . 73 16 67
Tikal Josef, Oberstudienrat
Berufspädagogisches Institut des Bundes in Wien
Lehrgänge für Lehrer an gewerblichen und kaufmännischen Berufsschulen, für Lehrer des gewerblichen Fachunterrichtes an mittleren und höheren Lehranstalten, für Lehrer in Stenotypie und Phonotypie
7, Neustiftgasse 95–99 . . . . 93 54 58
Remmel, Mag. Dr. Leo
Religionspädagogisches Institut der Erzdiözese Wien
1, Stephansplatz 3 . . . . 52 64 72*, 34
Anhell, Dr. Ferdinand

ÖSTERREICHISCHER STÄDTEBUND

1, Rathaus, 5. Stiege, 2. Stock, Tür 417, Tel. 42 8 01

Suttner Reinhold, Generalsekretär 2290
Walter, Dr. Herbert, Senatsrat 2253
Sekretariat:
Bucek Friedrich, Amtsrat 2236

Kettner Walter, Amtsrat 2259
Schneider Harald, Amtsrat 2237
Österreichische Gemeindezeitung, Redaktion:
Pelinka Adolf, Amtsrat 2254

FREMDENVERKEHRSVERBAND FÜR WIEN

9, Kinderspitalgasse 5, Tel. 43 16 08

Präsident:
Fröhlich-Sandner Gertrude,
Vizebürgermeister 42 8 01/2115
Vizepräsident:
Scheiner Otto, Generaldirektor, Komm.-Rat . . 26 25 11
Geschäftsführung:
Krebs, Dr. Helmut, Senatsrat, Landesfremdenverkehrsdirektor 14
Sekretariat 43, 44

Fachausschüsse:
Auskunftsdienst 57
Kongreßförderung 21
Kategorisierung Wiener Beherbergungsbetriebe . . . 57
Kategorisierung gastgewerblicher Betriebe 57

Referate:
Administration 29, 30
Auskunftsdienst 26
Information Opernpassage 12, 13
Public-Relations (Presse, Werbung) 18, 37
Verkaufsförderung (Kongreßbüro) 49
Auslandsveranstaltungen 46, 47
Ausstellungsdepot, 2, Vorgartenstraße 96 . . . . 24 55 02

ZENTRALSPARKASSE UND KOMMERZIALBANK, WIEN

3, Vordere Zollamtsstraße 13, Tel. 72 92*, 72 91*

Fernschreiber:
Zahlungsverkehr Inland 13-3521
Zahlungsverkehr Ausland 13-3167, 13-3256
Devisen- und Valutenhandel 13-2476/77
Dokumentengeschäft 13-3615, 13-2104
Wertpapiergeschäft, Auskünfte 13-1251

Sparkassenrat:

Vorsitzender:
Gratz, Mag. iur. Leopold, Bürgermeister der Stadt Wien
Stellvertreter des Vorsitzenden:
Mühlbacher Kurt, Komm.-Rat, Abgeordneter zum Nationalrat
Mitglieder:
Bandion, Dr. Josef, Prof., Magistratsdirektor der Stadt Wien
Busek, Dr. Erhard, Vizebürgermeister der Stadt Wien
Fiedler, Dkfm. Dr. Kurt, Komm.-Rat, Abgeordneter zum Nationalrat a. D.
Hofstetter, Ing. Walter, Gemeinderat
Lackner Hans, Bezirksvorsteher a. D.
Mayr Hans, amtsführender Stadtrat
Mazanek, Dr. Kurt, Direktor
Vom Betriebsrat entsendet:
Rücker Fritz, Betriebsratsobmann
Wimmer Johann, Betriebsratsobmann-Stellvertreter
Beran Susanne, Mitglied des Betriebsrates
Riedl Heinz, Zweigstellendirektor, Mitglied des Betriebsrates
Brandmüller Paul, Betriebsratsobmann der Arbeiter

Staatskommissäre:

Staatskommissär:
Glöckel Rudolf, Oberrat
Staatskommissär-Stellvertreter:
Höller, Dr. Gerhard, Obermagistratsrat

Vorstand:
Vak, Dr. Karl, Generaldirektor, Vorsitzender des Vorstandes
Haiden, Dr. Rene Alfons, Generaldirektor-Stellvertreter, Vorsitzender-Stellvertreter des Vorstandes
Höfinger Paul, Mitglied des Vorstandes
Lugmayr Herbert, Direktor, Mitglied des Vorstandes
Riedl, Dkfm. Dr. Romuald, Direktor, Mitglied des Vorstandes

Prokuristen:
Damisch Karl, Prof., Direktor
Haas Oskar, Direktor
Krieger Franz, Direktor
Kurzweil Friedrich, Direktor
Randa, Dkfm. Gerhard, Direktor
Rödl, Dr. Alfred, Direktor
Stein, Dkfm. Dr. Rudolf, Direktor

Ambrosch, Dkfm. Dr. Heinrich, Direktor-Stellvertreter
Artner, Mag. Hans, Direktor-Stellvertreter
Heinrich Walter, Direktor-Stellvertreter
Rabl Alfred, Direktor-Stellvertreter

Hrnecek Friedrich, Abteilungs-Direktor
Mayerhofer Josef, Abteilungs-Direktor
Pour, Dr. Karl, Abteilungs-Direktor

Hösl Friedrich, Zweigstellendirektor
Jelinek Heinz, Zweigstellendirektor
Koranda Gottfried, Zweigstellendirektor
Repitz Paul, Zweigstellendirektor
Riedl Heinz, Zweigstellendirektor

Baumgartner Albert, Direktionsrat
Gut Rudolf, Direktionsrat
Illigasch Herbert, Direktionsrat
Jell Helmut, Direktionsrat
Koubek Peter, Direktionsrat
Spitzmüller Wilhelm, Direktionsrat
Zsemla Karl, Direktionsrat

Hauptanstalt:
3, Vordere Zollamtsstraße 13
Zweigstellen:

1, Franz-Josefs-Kai 21
1, Operngasse 8
1, Rathausplatz 7
1, Schottenring 1
1, Schottenring 30
1, Stephansplatz 2
1, Wipplingerstraße 4
2, Engerthstraße 152
2, Ennsgasse 5
2, Praterstraße 50
2, Rueppgasse 26
2, Taborstraße 13
3, Erdbergstraße 126–130
3, Landstraßer Hauptstraße 76
3, Modecenterstraße 22
3, Radetzkystraße 14
3, Rennweg 37
3, Rennweg 95
4, Favoritenstraße 70
4, Operngasse 20b
4, Wiedner Hauptstraße 38
5, Margartengürtel 118
5, Margaretenstraße 65
5, Reinprechtsdorfer Straße 8
6, Gumpendorfer Straße 77
6, Mariahilfer Straße 1
7, Burggasse 120
7, Lerchenfelder Straße 45
7, Mariahilfer Straße 70
7, Siebensterngasse 42
8, Josefstädter Straße 64
9, Alserbachstraße 11
9, Alser Straße 16
9, Porzellangasse 39
10, Laxenburger Straße 49–51
10, Quellenstraße 79–83
10, Favoritenstraße 118
10, Favoritenstraße 210
10, Favoritenstraße 239
10, Gudrunstraße 177
10, Quellenplatz 6
10, Sahulkastraße 3–5
10, Troststraße 92
10, Wienerbergstraße 6
11, Kaiserebersdorfer Straße 86–94/Florian-Hedorfer-Straße
11, Simmeringer Hauptstraße 98
12, Am Schöpfwerk 29
12, Meidlinger Hauptstraße 35
12, Niederhofstraße 2
12, Philadelphiabrücke, Koppreitergasse 2
12, Sagedergasse 22
12, Schönbrunner Straße 222–228
13, Hietzinger Hauptstraße 22
13, Lainzer Straße 133
13, Speisinger Straße 42
14, Hadersdorfer Hauptstraße 50
14, Hütteldorfer Straße 161
14, Hütteldorfer Straße 268–274
14, Linzer Straße 28
15, Märzstraße 45
15, Schanzstraße 2–4
15, Sparkassaplatz 4
15, Schwendermarkt, Mariahilfer Straße 182
16, Hofferplatz 8
16, Maroltingergasse 94
16, Richard-Wagner-Platz 16
16, Schuhmeierplatz 13
16, Wilhelminenstraße 70
17, Hernalser Hauptstraße 72–74
17, Hernalser Hauptstraße 127
18, Gersthofer Straße 73
18, Währinger Straße 109–111
19, Cobenzlgasse 4
19, Döblinger Hauptstraße 14
19, Gatterburggasse 23
19, Heiligenstädter Straße 141
19, Krottenbachstraße 36–40
20, Adalbert-Stifter-Straße 33a
20, Allerheiligenplatz 11
20, Wallensteinstraße 14
21, Am Spitz 11
21, Brünner Straße 138
21, Donaufelder Straße 10
21, Großfeldsiedlung, Ekazent
21, Rußbergstraße 12
22, Eßling, Eßlinger Hauptstraße 66
22, Hirschstetten, Emichgasse 4, Ekazent
22, Kagran, Donaustadtstraße 1, Donau-Zentrum
22, Kagran, Rennbahnweg 40
22, Kagran, Siebenbürgerstraße 4
22, Kagran, Wagramer Straße 5 (UNO-City)
22, Kaisermühlen, Schüttaustraße 14
22, Stadlau, Stadlauer Straße 28
23, Atzgersdorf, Levasseurgasse 7–9
23, Inzersdorf, Laxenburger Straße 365
23, Inzersdorf, Triester Straße 138
23, Liesing, Breitenfurter Straße 360–368
23, Mauer, Endresstraße 119
23, Rodaun, Ketzergasse 376–382
23, Siebenhirten, Ketzergasse 105
23, Alt-Erlaa, Wohnpark, Anton-Baumgartner-Straße 44
Baden, NÖ, Josefsplatz 1
Brunn a. G., NÖ, Franz-Anderle-Platz 4
Eisenstadt, Bgld., Hauptstraße 52a
Gmünd, Hauptzweigstelle, Stadtplatz 6
  Gmünd, Schubertplatz 17
  Alt-Nagelberg 123
  Heidenreichstein, Stadtplatz 5
Gols, Bgld., Untere Hauptstraße 10
Gumpoldskirchen, NÖ, Wiener Straße 62
Guntramsdorf, NÖ, Hauptstraße 18
Hinterbrühl, NÖ, Hauptstraße 70b
Innsbruck, Tirol, Südtiroler Platz 3
Klosterneuburg, NÖ, Niedermarkt 21
Klosterneuburg-Weidling, NÖ, Weidlinger Straße 4
Kufstein, Tirol, Am unteren Stadtplatz 18
Linz, OÖ, Hauptplatz 32
Maria Enzersdorf a. G., NÖ, Hauptstraße 2
Mödling, NÖ, Schrannenplatz 6
Mödling, NÖ, Wiener Straße 27
Perchtoldsdorf, NÖ, Marktplatz 14a
Preßbaum, NÖ, Hauptstraße 54
Purkersdorf, NÖ, Hauptplatz 8
Sauerbrunn, Hauptzweigstelle, Wiener Neustädter Straße 2
  Deutschkreuz, Hauptstraße 33
  Mattersburg, Gustav-Degen-Gasse 15
  Neudörfl, Hauptstraße 100
  Oberpullendorf, Hauptplatz 1
Schrems, NÖ, Hauptplatz 1
Schwechat, NÖ, Wiener Straße 15
Vösendorf, NÖ, Ortsstraße 15
Vösendorf, NÖ, Shopping-City Süd Nr. 152 (Untere Verkaufsebene, Eingang 4)
Wiener Neudorf, NÖ, Rathausplatz 4

Servicestellen:
3, Z-Wechselstube Bahnhof Wien-Mitte, Landstraßer Hauptstraße 1a, Kiosk 1
9, Lazarettgasse 15
15, Linke Wienzeile 234 (Eingang Storchengasse 1)
22, Leopoldau, Eipeldauer Straße 25/57/4a
Amaliendorf-Aalfang, NÖ, Amaliendorf 255
Mauerbach, NÖ, Hauptstraße 105
Schwechat, NÖ, Franz-Schubert-Straße 5–7 (LÖWA-Markt)

Kreditverein Wien
4, Operngasse 20b, Tel. 57 35 28

Kreditverein für Niederösterreich und das Burgenland
Mödling, Klostergasse 18, NÖ, Tel. 902/86 6 38, 0 22 36/86 6 38

WIENER STÄDTISCHE WECHSELSEITIGE VERSICHERUNGSANSTALT

Ringturm, 1, Schottenring 30, Tel. 63 39*

Aufsichtsrat:

Vorsitzender:
Gratz, Mag. iur. Leopold, Bürgermeister der Stadt Wien
Vorsitzender-Stellvertreter:
Heller Kurt, Bundesrat

Mitglieder:
Daller Karl, Generaldirektor-Stellvertreter, Gemeinderat
Deistler Anton, Bezirksvorsteher des 20. Bezirkes
Edlinger Rudolf, Gemeinderat
Kadits Manfred, Generaldirektor
Kirchweger, Dr. Richard, Generaldirektor
Pelzelmayer Otto, Komm.-Rat, Gemeinderat
Schaumayer, Dkfm. Dr. Maria, Vorstandsdirektor
Schindler Elisabeth, Gemeinderat
Svoboda, Ing. Karl, Gemeinderat

Vom Zentralbetriebsrat entsandt:
Braun Franz
Buchholzer Johann
Jöller Robert
Russak Kurt
Setnik Johann
Tozzer Elfriede

Generaldirektion:

Göttlicher, Dkfm. Dr. Erich, Generaldirektor, Vorsitzender des Vorstandes
Stadler, Dr. Herbert, Generaldirektor-Stellvertreter, Stellvertreter des Vorsitzenden des Vorstandes
Brantl Johann, Direktor, Mitglied des Vorstandes
Fischer, Dr. Helene, Syndikus, Direktor, Mitglied des Vorstandes
Sellitsch, Dkfm. Dr. Siegfried, Direktor, Mitglied des Vorstandes

GEMISCHTWIRTSCHAFTLICHE GESELLSCHAFTEN

a) unter Beteiligung der Gemeinde Wien (ohne Wiener Holding Gesellschaft m. b. H.)

Aktiengesellschaft der Wiener Lokalbahnen, 12, Eichenstraße 1, Tel. 55 49 10
Austrian Airlines – Österreichische Luftverkehrs-Aktiengesellschaft, 10, Fontanastraße 1, Tel. 68 35 11*
Austria Ferngas Gesellschaft m. b. H., 4, Gußhausstraße Nr. 30, Tel. 65 17 57
Chemosan-Union Aktiengesellschaft, 3, Kölblgasse 10, Tel. 73 25 21
Flughafen Wien Betriebsges. m. b. H., Schwechat, NÖ, Tel. 77 70*
Gaskoks-Vertriebs-Gesellschaft m. b. H., 1, Oppolzergasse Nr. 6, Tel. 63 76 86, 63 07 96
Gemeinnützige Wohnungs- und Siedlungsgesellschaft der Wiener städtischen Unternehmungen, Gesellschaft m. b. H., 1, Schottenring 30, Ringturm, Tel. 63 66 06
Importkohle Gesellschaft m. b. H., 4, Brucknerstraße 8, Tel. 65 15 82
Innova, Wiener Innovationsgesellschaft m. b. H., 3, Beatrixgasse 1, Tel. 75 66 86
Internationales Amtssitz- und Konferenzzentrum Wien-Aktiengesellschaft, 22, Kaisermühlen, Wagramer Straße Nr. 23–29, Tel. 23 45 67*
Kapital-Beteiligungs-Aktiengesellschaft, 3, Am Modenapark 1–2, Tel. 73 26 25
Österreichische Donaukraftwerke Aktiengesellschaft, 1, Parkring 12, Tel. 52 66 71
Payer, Schmutzer & Co. Gesellschaft m. b. H., 12, Migazziplatz 4, Tel. 83 46 70
Tauernkraftwerke Aktiengesellschaft, Salzburg, Rainerstraße 29, Tel. 0 62 22/72 5 01
Teerag-Asdag Aktiengesellschaft, 3, Marxergasse 25, Tel. 72 61 71
Verkehrsverbundorganisationsgesellschaft m. b. H., 7, Neubaugasse 2, Tel. 93 76 70
Wiener Kreditbürgschaftsgesellschaft m. b. H., 3, Am Modenapark 1–2, Tel. 72 52 59
WIST – Standortberatungsgesellschaft m. b. H. (in Liquidation), 9, Berggasse 16, Tel. 31 26 01

b) unter Beteiligung bzw. in Verwaltung der Wiener Holding Gesellschaft m. b. H.*

Biomull Gesellschaft zur Verwertung städtischer Abfallstoffe Gesellschaft m. b. H., 11, Alberner Hafenzufahrtstraße 9, Tel. 76 23 34
Ekazent Bau-, Immobilienmakler- und Werbegesellschaft m. b. H., 9, Nußdorfer Straße 38, Tel. 34 05 47
Ekazent Realitätengesellschaft m. b. H., 9, Nußdorfer Straße 38, Tel. 34 05 47
Entsorgungsbetriebe Simmering Gesellschaft m. b. H., 11, Kapleigasse, Tel. 76 16 10
Entsorgungsbetriebe Simmering Gesellschaft m. b. H. & Co. KG, 11, Kapleigasse, Tel. 76 16 10
Fertigteilbau Wien Gesellschaft m. b. H., 22, Kagran, Polgarstraße 30, Tel. 22 15 74
„Gesiba" Gemeinnützige Siedlungs- und Baugesellschaft m. b. H., 1, Eßlinggasse 8–10, Tel. 63 77 11
GEWISTA Werbegesellschaft m. b. H., 3, Döblerhofstraße Nr. 6, Tel. 78 97 61*
Gustana Menü-Service Gesellschaft m. b. H., 3, Viehmarktgasse 5–7, Tel. 75 56 01
Gustana Menü-Service Gesellschaft m. b. H. & Co. KG, 3, Henneberggasse 2–4, Tel. 75 56 01
Heizbetriebe Wien Gesellschaft m. b. H., 9, Spittelauer Lände 45, Tel. 31 15 11*
Jugend und Volk Verlagsgesellschaft m. b. H., 1, Tiefer Graben 7–9, Tel. 63 07 71*
Kabel-TV-Wien – Studien- und Forschungsgesellschaft für Kabelfernsehen Gesellschaft m. b. H., 19, Gunoldstraße Nr. 14, Tel. 36 34 24
Kahlenberg Gesellschaft m. b. H., 1, Rathausstraße 4, Tel. 42 23 83
Kunststoff-Rückgewinnungsgesellschaft m. b. H., 11, Alberner Hafenzufahrtstraße 9, Tel. 76 64 77
Kurbetrieb Heilquelle (Thermalschwefelquelle) Oberlaa Gesellschaft m. b. H., 10, Kurbadstraße 10, Tel. 68 16 11*
J. Odelga ärztlich-technische Industrie Gesellschaft m. b. H., 16, Koppstraße 103, Tel. 95 25 36
Optimed, medizin.-technische Waren, Vertriebs- und Wartungsgesellschaft m. b. H., 16, Koppstraße 103, Tel. 95 25 36, 92 16 01
Österreichische Viehverwertung „Austrovieh" Gesellschaft m. b. H., 3, St. Marx, Tel. 72 16 41
Schloß Laxenburg Betriebsgesellschaft m. b. H., Laxenburg, Schloßplatz 10, NÖ, Tel. 0 22 36/72 26
Serotherapeutisches Institut Wien Gesellschaft m. b. H., 10, Triester Straße 50, Tel. 64 13 56
Theater an der Wien – Betriebsgesellschaft m. b. H., 6, Lehárgasse 5, Tel. 57 96 32
Tierkörperverwertung und Thermochemische Fabrik Gesellschaft m. b. H., 11, Simmeringer Lände 208, Tel. 76 61 76
Wiener Betriebs- und Baugesellschaft m. b. H., 1, Wallnerstraße 4, Tel. 63 82 50
Wiener Betriebsansiedlung und Wiener Verkehrs-Verein Gesellschaft m. b. H., 1, Johannesgasse 23, Tel. 52 86 71, 52 47 85
Wiener Hafengesellschaft m. b. H., 2, Seitenhafenstraße Nr. 15, Tel. 74 16 61
Wiener Hafen, Lager- und Umschlagsbetriebe Gesellschaft m. b. H. (WHL), 2, Seitenhafenstraße 15, Tel. 74 16 61
Wiener Hafen und Lager; Ausbau- und Vermögensverwaltungsgesellschaft m. b. H. (WHV), 2, Seitenhafenstraße Nr. 15, Tel. 74 16 61
Wiener Kühlhaus – Frigoscandia Gesellschaft m. b. H., 3, Franzosengraben, Tel. 75 56 71
Wiener Messe Aktiengesellschaft, 7, Messeplatz 1, Tel. 93 15 24
Wiener Porzellanmanufaktur Augarten Aktiengesellschaft zur Erneuerung und Fortsetzung der vormaligen Staatlichen (Aerarial-)Porzellanmanufaktur Wien, 2, Schloß Augarten, Tel. 33 45 81
Wiener Stadthalle-Kiba Betriebs- und Veranstaltungsgesellschaft m. b. H., 15, Vogelweidplatz 14, Tel. 95 49*
Wiental-Sammelkanal Gesellschaft m. b. H., Purkersdorf, An der Stadlhütte 29, NÖ, Tel. 57 75 75*, 348, 0 22 36/84 6 01
WIGAST Gaststättenbetriebsgesellschaft m. b. H., 3, Henneberggasse 2–4, Tel. 75 56 01
Z-Bank Gesellschaft m. b. H., 1, Operngasse 6, Tel. 52 65 05

* Wiener Holding Gesellschaft m. b. H., 1, Universitätsstraße 11, Tel. 48 25 69*

II. Teil

WIEN
aktuell

WIENER WIRTSCHAFT UND STADTVERWALTUNG – EINE INTERESSENSGEMEINSCHAFT

Budget und Wirtschaft

Von Obersenatsrat Dr. Heinrich Horny

Allgemeines

Der Franzose *Fourastier* hat für die Epoche nach dem Zweiten Weltkrieg den Ausdruck „les glourieuse trente" geprägt. Er hat damit das Phänomen, daß noch nie in der Geschichte die Lebensumstände einer so großen Anzahl von Menschen so nachdrücklich verbessert wurden, wie in diesem Zeitraum, ausgedrückt. An dieser Entwicklung haben nahezu alle Volkswirtschaften, wenn auch im unterschiedlichen Ausmaß, Anteil gehabt. Das stetige Wachstum des internationalen Güter- und Leistungsaustausches war einer der entscheidenden Auslöser hiefür.

Die beiden Ölpreisschocks 1973 und 1979 führten drastisch vor Augen, wie rasch eine wirtschaftliche Entwicklung stagnieren, ja sich sogar ins Gegenteil verkehren kann. Die Probleme der heutigen Weltwirtschaft – unsere Volkswirtschaft ist ein Teil davon – rühren im wesentlichen aus dieser Energieverteuerung und zeigen gleichzeitig an, daß sie bisher weltweit noch nicht verkraftet werden konnten.

Es war daher nicht weiter wunder zu nehmen, wenn das Thema der Wirtschaftsgespräche 1982 in Alpbach, zu dem sich anerkannte Fachleute aus allen Teilen der Welt eingefunden hatten, die Frage war: „Kommt der große wirtschaftliche Zusammenbruch?". *Die Antwort: Alle Experten, ob aus dem privaten oder politischen Lager, sehen optimistisch in die Zukunft, sie glauben an die Bewältigung der anstehenden Probleme durch die einzelnen Volkswirtschaften, die in ihrer Gesamtheit die Weltwirtschaft bilden.*

Diese Weltwirtschaft wird durch die westlichen Industrienationen dominiert. Vom Weltprodukt des Jahres 1980 produzierten die USA 23%, die EG 27%, der Rest der Industriestaaten 21%, die COMECON-Länder 14%, sodaß auf den Rest der Welt nur 15% entfielen. Anders ausgedrückt heißt das: Die westlichen Industriestaaten, besonders die USA, sind im Weltkonzert der Nationen für die Instrumente, mit denen der Wirtschaftsablauf gesteuert werden soll, maßgebend. Ein Abkoppeln insbesondere

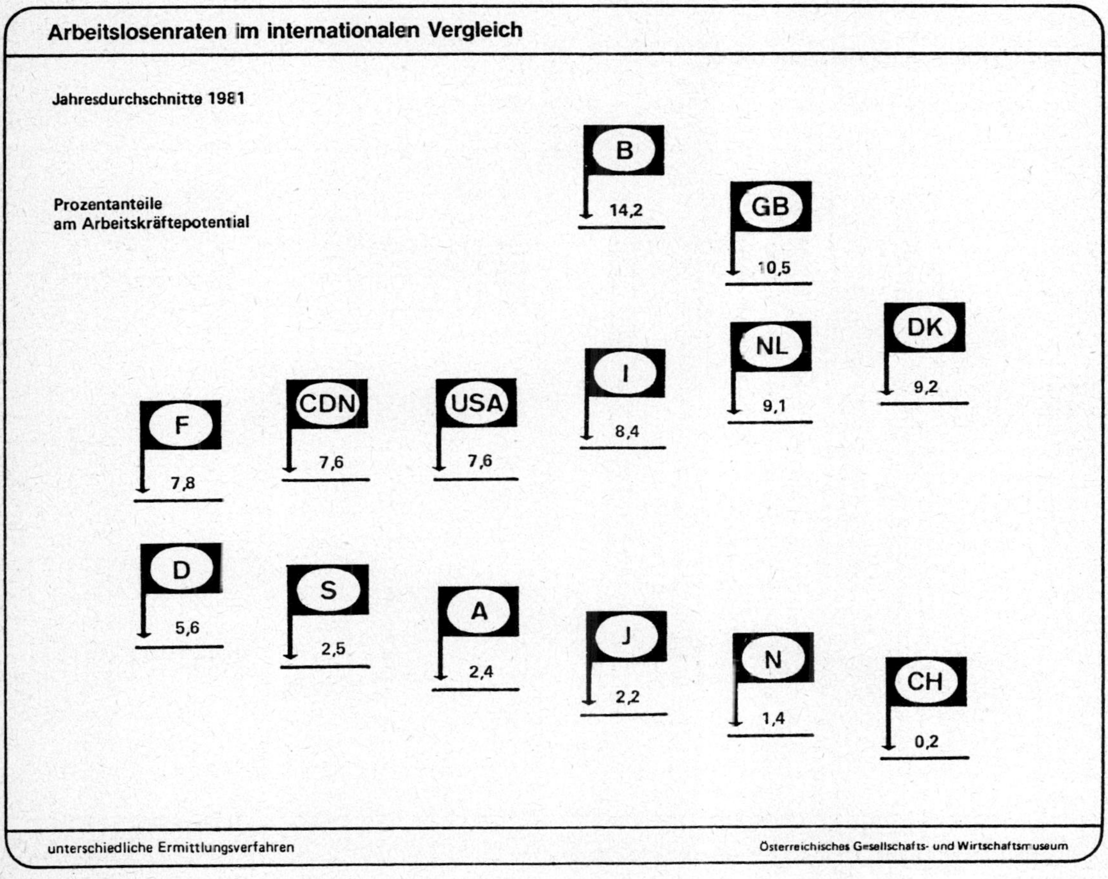

kleiner Volkswirtschaften ist weitgehend unmöglich. Das bedeutet jedoch keineswegs Resignation, sondern eine Bewegungsmöglichkeit innerhalb der von der Weltwirtschaft vorgegebenen Markierungen, die es zu nutzen gilt. Österreich ist dafür beispielgebend.

Wie brennend die Wirtschaftsprobleme sind, zeigt die Tatsache, daß 1983 in Europa voraussichtlich 17 Millionen Menschen arbeitslos sein werden. In einigen Ländern wird jeder sechste Jugendliche keinen Arbeitsplatz finden. Erstmals hat im letzten Winter diese Entwicklung auch auf Österreichs Wirtschaft übergegriffen. Statt 100.000 suchten über 150.000 Österreicher Anfang dieses Jahres Arbeit. Statt der in den letzten Jahren üblichen 2% müssen wir uns auf eine Arbeitslosenrate um 3,6% einstellen. Gemessen an den übrigen Staaten Europas ist diese Quote aber nach wie vor sehr gering. Siehe Graphik auf S. II/1.

Wie sieht die Situation in Wien aus?

Ein Blick in die 70er Jahre zeigt, daß in Wien damals sogar eine unter dem niederen österreichischen Durchschnitt liegende Arbeitslosenrate erreicht werden konnte. Dieser Erfolg war möglich, weil die Haushaltspolitik und Wirtschaftsförderung der Bundeshauptstadt an dem Ziel orientiert war, die Geldmittel so einzusetzen, daß die Wirtschaft floriert und damit Arbeitsplätze geschaffen und gesichert werden. Diese Zielvorgabe gilt für die Bundeshauptstadt gleichermaßen auch heute, wie die nachstehenden Ziffern beweisen:

Arbeitslosenrate:

Jahr	*Wien*	*übriges Österreich*
1979	1,5	2,0
1980	1,5	1,9
1981	2,1	2,4
1. Halbjahr 1982	3,3	3,8

Ein anerkanntes Mittel zur Sicherung eines hohen Beschäftigtenstandes ist der Export. Die nachstehende Graphik zeigt am Beispiel der wichtigsten Auslandspartner Österreichs die Export- und Importbewegungen.

Der Leistungsbilanz wird daher in den heutigen Volkswirtschaften ein hervorragender Stellenwert eingeräumt. Unter Leistungsbilanz versteht man die Gegenüberstellung der Exporte im weiteren Sinn (einschließlich der Deviseneröse aus dem Fremdenverkehr, der Transiteinnahmen der Bundesbahn usw.) und der Importe im weiteren Sinn (einschließlich der Devisenausgaben für Auslandsreisen, der Zinsen für Auslandskapital usw.). Im Falle eines Leistungsbilanzdefizites wird mehr konsumiert und investiert, als produziert wurde. Eine ausgeglichene und noch besser eine positive Leistungsbilanz bedeutet einen Schritt in Richtung auf einen wirtschaftlichen Erfolg.

In Österreich betrug das Leistungsbilanzdefizit 1979 rund 14,1 Mrd. S, 1980 21,376 Mrd. S, 1981 21,408 Mrd. S. Für 1982 wird ein Leistungsbilanzdefizit von lediglich 9 Mrd. S erwartet. Im Jänner 1982 wurden

Österreichs wichtigste Außenhandelspartner

Export-Import zu laufenden Preisen in Mrd. S 1973–1981

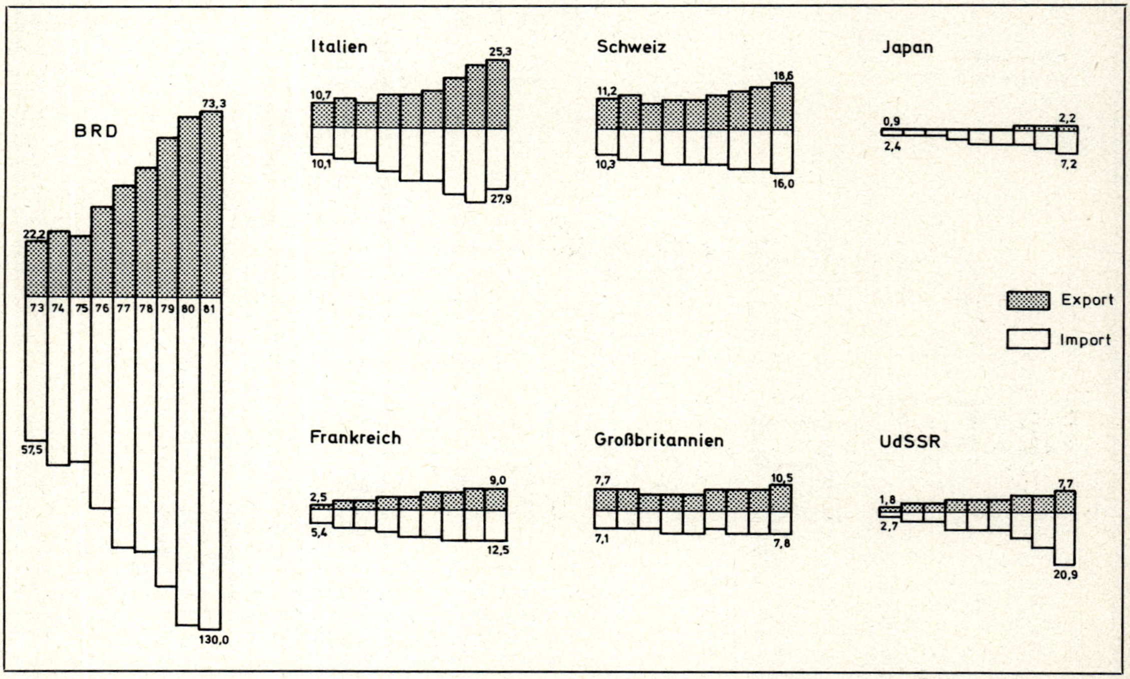

Quelle: Statistische Übersichten – Österr. Statistisches Zentralamt

Graphik MA 4

Wirtschaftsklasse

primärer Sektor	I	Land- und Forstwirtschaft
	II	Energie- und Wasserversorgung
	III	Steine(Erden)gewinnung, Bergbau
sekundärer Sektor	IV	Tabakverarbeitung, Erzeugung von Nahrungsmitteln und Getränken
	V	Erzeugung von Textilien
	VI	Erzeugung von Bekleidung, Bettwaren und Schuhen
	VII	Erzeugung und Verarbeitung von Leder und Ledererersatzstoffen
	VIII	Musikinstrumenten- und Spielwarenerzeugung, Verarbeitung von Holz
	IX	Erzeugung und Verarbeitung von Papier und Pappe
	X	Druckerei und Vervielfältigung, Verlagswesen
	XI	Erzeugung und Verarbeitung von Chemikalien, Gummi und Erdöl
	XII	Erzeugung von Stein- und Glaswaren
	XIII	Erzeugung und Verarbeitung von Metallen
	XIV	Bauwesen
tertiärer Sektor	XV	Handel, Lagerung
	XVI	Beherbergungs- und Gaststättenwesen
	XVII	Verkehr, Nachrichtenübermittlung
	XVIII	Geld- und Kreditwesen, Privatversicherung
	XIX	Realitätenwesen, Rechts- und Wirtschaftsdienste
	XX	Körperpflege, Reinigung, Bestattungswesen
	XXI	Kunst, Unterhaltung, Sport
	XXII	Gesundheits- und Fürsorgewesen
	XXIII	Unterrichts- und Forschungswesen
	XXIV	Soz.-Versich.-Träger, Interessenvertretungen, Einrichtungen der Gebietskörperschaften
	XXV	Haushaltung
	XXVI	Hauswartung

insgesamt 2,719.112 unselbständig Beschäftigte gezählt. Davon entfallen 743.369 auf Wien. Diese Beschäftigten sind im primären, sekundären und tertiären Sektor tätig. Welche Wirtschaftsklassen den einzelnen Sektoren zuzuordnen sind, ist aus der obenstehenden Aufstellung zu entnehmen:

Die perzentuelle Aufteilung der Beschäftigten auf die einzelnen Sektoren zeigt die Graphik auf S. II/4.

Das Wiener Budget als Wirtschaftsfaktor

Vom gesamten Budgetvolumen der Gebietskörperschaften, das sind der Bund, die neun Bundesländer (Wien ist Bundesland und Gemeinde) sowie die 2.300 österreichischen Gemeinden, beträgt der Anteil Wiens 11%, der des Bundes 60%, der der Länder ohne Wien 17% und der der Gemeinden ohne Wien 12%. Von den im Budget der Bundeshauptstadt Wien für das Kalenderjahr 1982 vorgesehenen Ausgaben von 62 Mrd. S werden nach Abzug des Schuldendienstes an Dritte, darunter fällt vor allem die Weitergabe von Fremdmitteln an die Stadtwerke und der „Vergütungen", worunter man die internen Verrechnungen zwischen den einzelnen Verwaltungszweigen der Stadt Wien versteht, 52 Mrd. S nach außen wirksam. Davon entfallen rund 18 Mrd. S auf direkte Aufträge an die Wirtschaft (Investitionen, Beschaffung von Verbrauchsgütern, Energiebezüge) und rund 34 Mrd. S auf Ausgaben, die der Wirtschaft nur indirekt zugute kommen (vor allem Personalaufwand, Darlehensgewährungen, Sozialhilfeleistungen, Subventionen und Beiträge).

Die Wiener Stadtwerke (Elektrizitätswerke, Gaswerke, Verkehrsbetriebe und Städtische Bestattung) als eigener Wirtschaftskörper tätigen Ausgaben von rund 22 Mrd. S.

Besonders starke Impulse gehen von den Aufwendungen für Investitionen und Investitionsförderungen aus. 1982 sind dafür rund 14,8 Mrd. S oder 30% der nach außen wirksamen Ausgaben vorgesehen (8,7 Mrd. S Investitionen, 2,6 Mrd. S Instandhaltungsarbeiten, 1,1 Mrd. S Baukostenbeiträge und sonstige Förderungen, 2,5 Mrd. S investitionsfördernde Darlehen, in erster Linie Wohnbauförderungsdarlehen). Von den Ausgaben der Stadtwerke in der Höhe von 22 Mrd. S entfallen 2,5 Mrd. S auf Investitionen. Die in der Wiener Allgemeinen Beteiligungs- und

Anteile der unselbständig Beschäftigten im primären, sekundären und tertiären Bereich

Anteile von Wien an Österreich in den 3 Sektoren

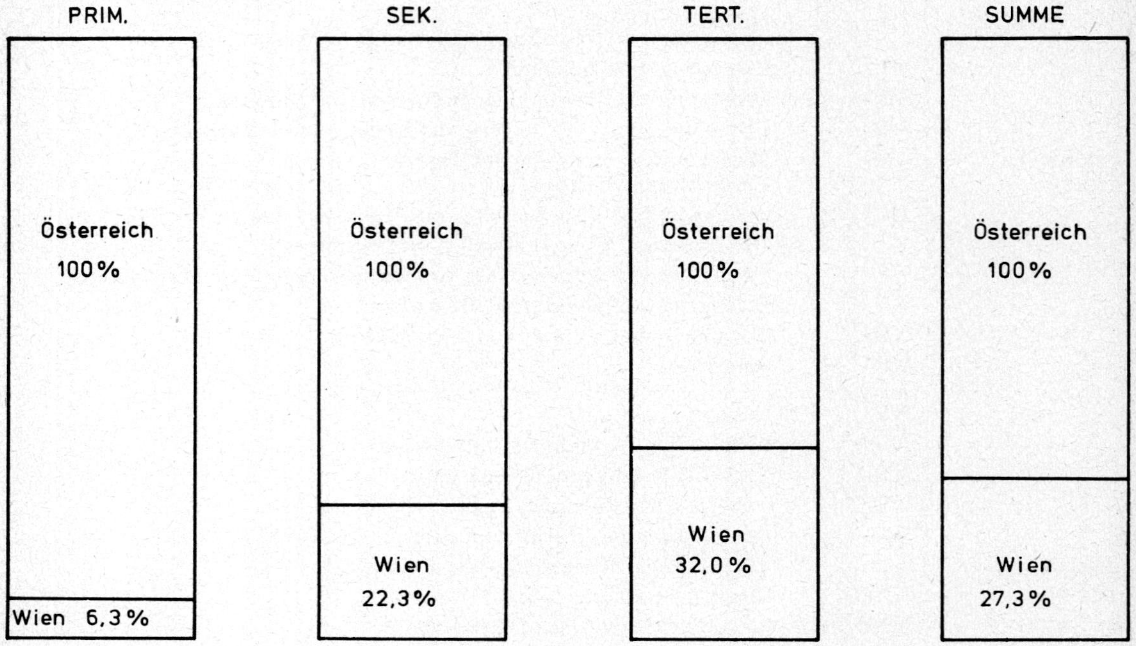

Strukturanteile in den 3 Sektoren Wien – Österreich

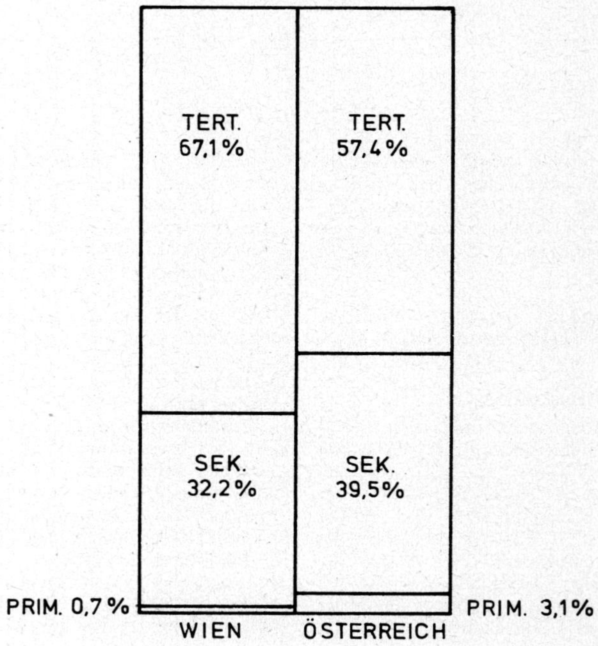

Verwaltungsgesellschaft m. b. H. (Holding-Gesellschaft der Stadt Wien) vereinigten 32 Betriebe und deren weitere Untergliederungen haben 1982 allein für Investitionen 1.350 Mio. S vorgesehen.

Damit bringt die Stadt Wien im Jahr 1982 33,6 Mrd. S auf, mit denen Investitionen finanziert oder gefördert werden.

Für die gezielte Förderung der Wiener Wirtschaft stehen davon im Kalenderjahr 1982 815 Mio. S bereit. Unter anderem werden für fremdenverkehrsfördernde Maßnahmen 97 Mio. S ausgegeben, für wirtschaftspolitische Maßnahmen, wie die Aufschließung von Betriebsbaugebieten, 329 Mio. S und für spezielle Förderungsaktionen 374 Mio. S.

Wie sehr die Investitionen der Stadt Wien zur wirtschaftlichen Stabilität und auch zur Vollbeschäftigung beitragen, zeigt sich schon daran, daß Mitte 1981 von rund 12.500 im Hochbau beschäftigten Arbeitern 10.800 auf Baustellen der Stadt Wien tätig waren.

Durch die starke Investitionstätigkeit wird aber nicht nur die Wiener Wirtschaft belebt, ihre Wirkung strahlt auch in erheblichem Maße auf die anderen Bundesländer aus. Eine im Jahr 1974 durchgeführte Studie über den U-Bahn-Bau hat gezeigt, daß bis zu diesem Zeitpunkt 46% der Zulieferungen aus den Bundesländern, 15% aus dem Ausland und 39% aus Wien erfolgten. Von den 1.350 in Wien beim U-Bahn-Bau Beschäftigten hatten nur 229 oder 17% ihren ordentlichen Wohnsitz in Wien, während jeweils rund 260 aus dem Burgenland, aus Niederösterreich und der Steiermark stammten.

Die Investitionsförderungen zeichnen sich durch einen hohen Multiplikatoreffekt aus. Das heißt, jede Förderung bewirkt – da sie die geförderte Leistung in der Regel nur teilweise finanziert – einen weiteren zusätzlichen Mitteleinsatz. So werden bei Wohnbauförderungsdarlehen in der Höhe von 65%*) der Gesamtkosten durch jeweils 100 S rund 154 S an Bauleistungen ausgelöst. 1982 sind 3,6 Mrd. S für solche Darlehen vorgesehen, das bedeutet also die Auslösung eines Bauvolumens von rund 5,5 Mrd. S. Bei der Wohnungsverbesserung, die in Form eines Annuitätenzuschusses gefördert wird, bewirken jeweils 100 S an Förderung ein Bauvolumen von 1.500 S. Im Rahmen der Wirtschaftsförderung wird bei einem 10%igen Baukostenzuschuß das Zehnfache an Investitionen bewirkt. Bei Nahverkehrsvorhaben der Bundesbahnen, an denen sich Wien mit 20% beteiligt, bedeuten von der Stadt Wien jeweils aufgebrachte 100 S ein Investitionsvolumen von 500 S.

Wichtig ist auch die Bedeutung der Stadt Wien als Dienstgeber. 1982 sind bei der Gemeinde Wien 44.949 Menschen beschäftigt, davon verrichten jedoch nur 5.500 ihre Arbeit am Schreibtisch, die restlichen Beschäftigten sind in Dienstleistungsberufen eingesetzt. Beispielsweise arbeiten rund 20.000 Menschen in Wiens Spitälern, 1.383 bei der Müllabfuhr, 1.539 bei der Feuerwehr, 1.134 in Heimen für Kinder und Jugendliche und 3.215 in Kindergärten und Horten. Das alte Klischee von „Tintenburgen" ist demnach nicht mehr zeitgemäß.

Zählt man zu den Beschäftigten der Gemeinde Wien auch die 15.503 der Wiener Stadtwerke, so ergibt sich eine Gesamtzahl von 60.452. Rund 9.000 Stadtwerke-Bedienstete sind bei den Verkehrsbetrieben, rund 4.100 bei den Elektrizitätswerken und rund 1.550 bei den Gaswerken tätig.

*) Gemäß Beschluß der Landesregierung vom 6. Oktober 1981 beträgt ab 1. Oktober 1981 das Landesdarlehen bei Eigentumswohnungen 60%, bei Miet- und Genossenschaftswohnungen 65% und bei Gemeindewohnungen 70%.

Die Steuerleistungen der Wiener Wirtschaft

Die Finanzkraft der Bundeshauptstadt zeigt sich deutlich an ihrem Steueraufkommen, das wesentlich über dem Bevölkerungsanteil der Bundeshauptstadt liegt. 1981 betrug der Wiener Anteil am gesamtösterreichischen Aufkommen aus den gemeinschaftlichen Bundesabgaben 43,9%. Davon entfielen auf die veranlagte

Einkommensteuer	25,1%
Lohnsteuer	53,0%
Umsatzsteuer	44,3%
Mineralölsteuer	38,2%.

Die beiden bedeutendsten mit der wirtschaftlichen Entwicklung und der Finanzkraft direkt verbundenen Steuern, die Lohnsteuer und die Umsatzsteuer, werden nicht entsprechend dem Aufkommen verteilt, sondern im wesentlichen nach Volkszahlschlüsseln. Das hat zur Folge, daß ein großer Teil des Wiener Steueraufkommens in andere Bundesländer abfließt. 1981 sind 42% des in Wien ohne dem Bundesanteil erzielten Aufkommens an gemeinschaftlichen Bundesabgaben abgeflossen. Wien brachte 44% dieser Abgaben auf, erhielt davon jedoch nur 24,3%.

Nach dem Rechnungsabschluß für das Jahr 1981 ergeben sich folgende Beträge:

Aufkommen an gemeinschaftlichen Bundesabgaben in der Bundeshauptstadt Wien	75.370 Mio. S
abzüglich des auf den Bund entfallenden Anteiles von	47.115 Mio. S
	28.255 Mio. S
davon fließen laut Finanzausgleich in die übrigen Bundesländer ab	11.993 Mio. S
es verbleiben sohin zur Verfügung in Wien	16.262 Mio. S

Umgelegt auf alle Einwohner der Stadt Wien ergibt das einen Betrag je Einwohner und Jahr von 7.913 S, der in andere Bundesländer abfließt.

Wie hoch ist die Stadt Wien verschuldet?

Der Gesamtschuldenstand der Stadt Wien betrug laut Rechnungsabschluß 1981 mit Stichtag 31. Dezember 1981 35.723 Mio. S. Davon entfallen 16.442 Mio. S auf die Wiener Stadtwerke und die übrigen 19.281 Mio. S auf die eigentliche Wiener Stadtverwaltung.

In Prozenten der Steuereinnahmen (Ertragsanteile an gemeinschaftlichen Bundesabgaben sowie Landes- und Gemeindeabgaben) ausgedrückt, zeigt sich folgende Entwicklung:
1973 = 9,5%
1981 = 23,4%

Ohne Stadtwerke ergibt sich folgender Prozentanteil:
1973 = 2,3%
1981 = 7,6%

Aus dieser Entwicklung zeigt sich, daß ein großer Teil der Fremdmittel zur Verbesserung der Infrastruktur in Form der Versorgung mit Strom, Gas und öffentlichen Verkehrsleistungen verwendet wird. Die Wiener Stadtanleihe ist das Instrument, mit dem diese Gelder Jahr für Jahr aufgebracht werden. Ihr verhältnismäßig hoher Kurswert an der Börse zeigt das Vertrauen der Finanzwelt und der Wiener Bevölkerung in die Gebarung der Stadt Wien. Auch auf ausländischen Kapitalmärkten gilt die Stadt Wien infolge ihrer gefestigten Haushaltswirtschaft als begehrter Schuldner.

Grenzen der Verschuldung

Wo liegt das eigentliche Problem der Verschuldung und wo sind deren Grenzen?

Grundsätzlich ist, was die Grenzen betrifft, zu betonen, daß es hiefür keine allgemein gültigen Regeln gibt. Die klassische Auffassung ging davon aus, nur für solche Anschaffungen Fremdmittel aufzunehmen, deren Ertrag den Zinsendienst und die Schuldrückzahlung ermöglicht (rentierliche Investitionen). Dieser Auffassung entsprechend soll der Staat so wenig als möglich in die Wirtschaft eingreifen; die freie Marktwirtschaft allein ist der Regulator.

Der britische Nationalökonom Keynes brachte mit seinen Theorien, in denen die wirtschaftliche Tätigkeit der öffentlichen Hand einen zentralen Platz einnahm, ein Umdenken. Die Finanzpolitik wird zusehends zum Mittel der allgemeinen Wirtschaftspolitik als Steuerungs- und Konjunkturinstrument.

Die auf ihn zurückgehende antizyklische Budgetpolitik, d. h. Fremdmittelaufnahmen in Zeiten eines Konjunkturtiefs und Fremdmittelabstattungen in Zeiten eines konjunkturellen Hochs, funktioniert allerdings nur dann reibungslos, wenn einem „Tief" in absehbarer Zeit auch ein „Hoch" folgt. Wenn dieses nicht kommt, wird die Situation kritischer, da mangels wirtschaftlichen Wachstums nicht nur nichts Zusätzliches verteilt werden kann, sondern auch noch die Schuldrückzahlungen als Lasten zu Buche schlagen.

Damit ist ein Hauptproblem der Verschuldung von heute aufgezeigt. Es liegt in einer Entwicklung, die bei Halten des bisherigen Standards zu einer starken Neuverschuldung und dadurch zu einem sprunghaften Ansteigen des Schuldendienstes führt. Andererseits würde ein Verzicht auf den Einsatz von Fremdmitteln der öffentlichen Hand eine Wirtschaftskrise mit all ihren Folgen auslösen. Es wäre daher sicherlich falsch, monetäre Reserven, d. h. zu günstigen Bedingungen zugängliches Kapital, nicht auszunützen, sondern stillzulegen. Derartige Wirtschaftsthesen haben Österreich in der Ersten Republik voll in den Strudel der Weltwirtschaftskrise 1931 gerissen.

Eine weitere Folgewirkung der Verschuldung liegt darin, daß zusätzliche Zinsen- und Tilgungsleistungen den budgetmäßigen Spielraum einengen. Statt für Investitionen, die Arbeitsplätze sichern, müssen immer mehr Mittel zur Schuldabstattung aufgewendet werden. Es kommt auch immer darauf an, wofür die Gelder verwendet werden. So sind Fremdmittel, die der Strukturverbesserung dienen, wie z. B. die Erzeugung von Investitionsgütern zur Hebung der Wettbewerbsfähigkeit, jedenfalls vorteilhaft. Entschieden abzulehnen ist das Inkaufnehmen von Defiziten der Staatshaushalte, um damit Konsumfinanzierungen einzuleiten.

Damit sind wir bei einem weiteren entscheidenden Punkt angelangt, nämlich dem, wie sich der Einsatz von Fremdmitteln auf die weitere Entwicklung einer Volkswirtschaft auswirkt.

Dieser kurzgehaltene Einblick zeigt, daß die Verschuldungsgrenzen von Volkswirtschaft zu Volkswirtschaft verschieden sind. Als Indikator dafür, daß diese Grenzen erreicht sind und damit das Vertrauen in das Funktionieren der Volkswirtschaft gestört ist, kann man beispielsweise das Absinken der Kreditwürdigkeit (besonders bei ausländischen Kreditgebern) oder das Abberufen größerer Geldmengen durch die Kapitalanleger – sofern die Geldverschiebung nicht bloß durch bessere Konditionen in anderen guten Volkswirtschaften zurückzuführen ist – ansehen.

Für Verschwendungen aber wird in absehbarer Zeit kein Platz sein. Als Beispiel hiefür wurde in jüngster Zeit in einem Vortrag von Fachleuten ausgeführt:

„Zu den Quellen der Verschwendung kostbarer langfristiger Finanzierungsmittel gehört in den Industriestaaten der Aufbau umfassender Sozialversicherungssysteme, die nicht mehr finanziert werden können. Dazu gehören die Einrichtung und der Aufbau von Erziehungs- und Bildungssystemen, die am Bedarf vorbeiproduzieren."

Nach Meinung des Verfassers soll jedoch nicht an den gesetzlichen Sozialversicherungssystemen gerüttelt werden. Die Möglichkeit von Einsparungen ist bei den zahlreichen freiwilligen Sozialleistungen und Förderungen zu suchen, bei denen manchmal der Anschein besteht, ihr Ziel ist es, immer neue Gruppen zu entdecken, die es zu befreien oder zu fördern gilt. So ist beispielsweise die Schaffung von Einrichtungen auf dem Gesundheits- und Freizeitsektor, die über den notwendigen Bedarf hinausgehen, nicht vertretbar. Der mit solchen Einrichtungen naturgemäß verbundene Betriebsabgang ist in vielen Fällen besonders drückend und engt den Spielraum für volkswirtschaftlich wirksame Investitionen weiter ein.

Als Schlußfolgerung dazu ergibt sich:

Auch in Zeiten einer länger andauernden Stagnation der Wirtschaft sollen dieser durch Fremdmittel der öffentlichen Hand Impulse gegeben werden. Der Schwerpunkt des Mitteleinsatzes ist auf die Bereiche zu legen, die der Verbesserung der Volkswirtschaft dienen. Infrastrukturmaßnahmen in den Gas-, Strom- und Fernwärmebereichen, die auch für Industrie und Gewerbe Standortvorteile bringen, zählen ebenso hiezu, wie Hilfeleistungen an Betriebe zur Umstellung ihrer Produktion auf marktgängigere Waren.

Wirtschaftsbeirat für Wien

Von Dkfm. Ingeborg Rienesl

Am 7. April 1975 konstituierte sich der Wirtschaftsbeirat für Wien unter dem Vorsitz von Bürgermeister Gratz. Damit wurde ein neues Gremium innerhalb der Stadt Wien geschaffen, das die Möglichkeit einer intensiven Zusammenarbeit von Stadtverwaltung, Wirtschaft und Wissenschaft bieten und aufgrund seiner Zusammensetzung ein hoch qualifiziertes Diskussionsforum für Wirtschaftsfragen darstellen sollte. In diesem Zusammenhang muß darauf hingewiesen werden, daß es die Wiener Stadtverwaltung auch schon vor Installierung des Wirtschaftsbeirates für Wien für angebracht hielt, anstehende Wirtschaftsprobleme nicht nur im Bereich des Magistrats der Stadt Wien, sondern auch unter Beiziehung der Wissenschaft zu erörtern. So gab es Beiräte, die auf dem Gebiet der Arbeitsmarktpolitik und im Bereich der Bauwirtschaft Fachdiskussionen führten. Der Wiener Wirtschaftsbeirat kann daher als die Institutionalisierung und Erweiterung dieser seit längerem bestehenden Bemühungen im Magistrat angesehen werden, die Behandlung von Wirtschaftsfragen auf eine breitere Basis zu stellen.

Organisation und Zusammensetzung des Wirtschaftsbeirates für Wien

Bereits die erste Plenarsitzung empfahl die Bildung von drei Unterausschüssen:
Allgemeiner Ausschuß
Arbeitsmarktpolitischer Ausschuß
Bauwirtschaftsausschuß

Die entsprechend dieser Empfehlung geschaffenen Unterausschüsse konstituierten sich am 4. Juni 1975.

Im Frühjahr 1977 richtete der Allgemeine Ausschuß sodann zwei Komitees ein, das Liegenschaftskomitee und das Betriebsaufschließungskomitee.

Anläßlich der dritten Plenarsitzung des Wirtschaftsbeirates für Wien am 25. April 1978 wurde die Errichtung des Exekutivausschusses des Wirtschaftsbeirates für Wien beschlossen. Diesem Gremium gehören der Bürgermeister, der amtsführende Stadtrat für Finanzen und Wirtschaftspolitik sowie die Präsidenten der Wiener Handelskammer und der Wiener Arbeiterkammer an. Aufgabe dieser Einrichtung ist es vor allem, aufgrund praxisnaher Berichte aus der Wirtschaft möglichst schnell fördernde Maßnahmen zu setzen. Die Zuständigkeit der gewählten Organe der Stadt Wien wird dadurch nicht berührt.

Um größtmögliche Effizienz zu gewährleisten, war man einerseits bestrebt, die Mitgliederzahl klein zu halten, andererseits sollte der Wirtschaftsbeirat möglichst vielseitig zusammengesetzt und aus Vertretern der wichtigsten mit Wirtschaftsfragen befaßten Institutionen gebildet werden.

Das Plenum des Wirtschaftsbeirates besteht aus 28 Mitgliedern, und zwar dem Bürgermeister der Stadt Wien, dem amtsführenden Stadtrat für Finanzen und Wirtschaftspolitik, dem amtsführenden Stadtrat für Vermögensverwaltung, städtische Dienstleistungen, Konsumentenschutz, dem amtsführenden Stadtrat für Wohnen und Stadterneuerung und dem amtsführenden Stadtrat für Straße, Verkehr und Energie,
drei Vertretern des Gemeinderatsausschusses für Finanzen und Wirtschaftspolitik der Stadt Wien,
vier Vertretern des SPÖ-Klubs,
zwei Vertretern des ÖVP-Klubs,
einem Vertreter des FPÖ-Klubs,
je zwei Vertretern der Kammer der gewerblichen Wirtschaft für Wien, der Kammer für Arbeiter und Angestellte für Wien und des Österreichischen Gewerkschaftsbundes und
je einem Vertreter der Vereinigung österreichischer Industrieller und der Wiener Landwirtschaftskammer,
je einem Vertreter der Universität Wien (Institut für Wirtschaftswissenschaften), der Wirtschaftsuniversität Wien (Interdisziplinäres Institut für Raumplanung) und der Technischen Universität Wien (Institut für Volkswirtschaftslehre und Volkswirtschaftspolitik)
und je einem Vertreter des Wiener Instituts für internationale Wirtschaftsvergleiche und des Österreichischen Instituts für Wirtschaftsforschung.

Wie die Mitgliederliste zeigt, wurden neben acht Vertretern der Stadt Wien acht Vertreter der Interessenvertretungen, sieben Vertreter der politischen Parteien und fünf Vertreter der Wissenschaft in den Wirtschaftsbeirat für Wien aufgenommen.

Die Mitgliedschaft im Beirat, seinen Ausschüssen und Komitees ist ehrenamtlich.

Zur organisatorischen Abwicklung ist bei der MA 4 die Geschäftsstelle des Wirtschaftsbeirates installiert, die insbesondere die Führung und Versendung der Protokolle, die Ausarbeitung von Tagesordnungsvorschlägen und die Koordinierung der Arbeiten der verschiedenen Ausschüsse besorgt.

Die Sitzungen werden vom Bürgermeister der Stadt Wien, vom amtsführenden Stadtrat für Finanzen und Wirtschaftspolitik oder vom amtsführenden Stadtrat für Wohnen und Stadterneuerung einberufen, wobei der Vorschlag zur Einberufung auch von einzelnen Mitgliedern des Plenums oder der Ausschüsse kommen kann.

Die Ausschüsse weisen eine ähnlich gemischte Zusammensetzung der Mitglieder wie das Plenum auf, wobei der Allgemeine Ausschuß insgesamt 13, der Arbeitsmarktpolitische Ausschuß 14 und der Bauwirtschaftsausschuß 20 Mitglieder hat.

Je nach Ausschuß sind fünf bis sechs Vertreter der Stadt Wien vorgesehen, weiters drei Vertreter der politischen Parteien, Vertreter der Kammer für Arbeiter und Angestellte, des Gewerkschaftsbundes, der Kammer der gewerblichen Wirtschaft und der Vereinigung österreichischer Industrieller; im Allgemeinen Ausschuß ist auch die Landwirtschaftskammer vertreten, im Arbeitsmarktpolitischen Ausschuß das Landesarbeitsamt Wien und der Fonds zur Beratung und Betreuung von Zuwanderern nach Wien; dem Bauwirtschaftsausschuß gehören noch Vertreter der Ingenieurkammer für Wien, Niederösterreich und Burgenland sowie der Österreichische Verband gemeinnütziger Bau-, Wohnungs- und Siedlungsvereinigungen an.

Das Plenum tritt in der Regel einmal im Jahr zusammen, die Ausschüsse tagen je nach Bedarf; es können auch ausschußfremde Fachleute, von denen man sich neue Ideen und Anregungen erwartet, zu den Beratungen zugezogen werden.

Die Ausschüsse haben aus dem Kreis ihrer Mitglieder sogenannte Vorbereitungskomitees bestellt.

Das Liegenschaftskomitee besteht aus sechs Mitgliedern, davon werden drei von der Stadt Wien und drei von der Kammer der gewerblichen Wirtschaft für Wien nominiert. Dem Betriebsaufschließungskomitee gehören fünf Mitglieder an, drei schlägt die Stadt Wien vor, je eines die Kammer der gewerblichen Wirtschaft für Wien und die Kammer für Arbeiter und Angestellte für Wien.

Zielsetzungen und Aufgaben des Wirtschaftsbeirates für Wien

Der Wirtschaftsbeirat für Wien verfolgt das Ziel, Wien als erstrangigen Wirtschaftsfaktor zu erhalten, Fehlentwicklungen auf wirtschaftlichem Gebiet rechtzeitig zu erkennen und aufzuzeigen und Grundlagen für ein wirtschaftspolitisches Konzept der Stadt Wien zu erarbeiten. Es gehört daher zu den Aufgaben des Wirtschaftsbeirates, sich mit allen wirtschaftlichen Fragen gründlich zu befassen, Lösungsvorschläge zu Problemen wirtschaftlicher Art zu erarbeiten und Empfehlungen zu wirtschaftspolitischen Fragen abzugeben. Im besonderen werden Strukturprobleme der Wiener Wirtschaft behandelt, Prognosen über die Arbeitsmarktentwicklung angestellt oder die konjunkturelle Lage überprüft und Vorschläge hinsichtlich Konjunkturbelebungsmaßnahmen erarbeitet. Ein wichtiges Aufgabengebiet stellen die Beratungen über die erforderlichen Wirtschaftsförderungsmaßnahmen sowie deren Auswirkungen dar.

Die detaillierte Behandlung einzelner wirtschaftspolitischer Fragen erfolgt zweckmäßigerweise in den dazu eingerichteten Ausschüssen. Diese haben keine im vorhinein festgelegten Aufgabenbereiche, sondern die Themen werden dem Arbeitsmarktpolitischen bzw. Bauwirtschaftsausschuß zugewiesen, wenn Fragen des Arbeitsmarktes bzw. der Bauwirtschaft überwiegen; ist dies nicht der Fall, so erfolgt die Behandlung durch den Allgemeinen Ausschuß.

Die bisherige Tätigkeit des Allgemeinen Ausschusses und der Komitees

Der Allgemeine Ausschuß behandelt sämtliche Aufgaben und Probleme wirtschaftlicher und wirtschaftspolitischer Natur, die nicht in die „Kompetenz“ des Arbeitsmarktpolitischen oder des Bauwirtschaftsausschusses fallen. Seine Tätigkeit war so vielfältig, sodaß sie im folgenden nur schwerpunktmäßig skizziert werden kann.

In der Anfangsphase seines Bestehens befaßte sich der Allgemeine Ausschuß eingehend mit den Richtlinien dreier damals neuer Förderungsaktionen, nämlich der Strukturverbesserungsaktion für Industrie- und Großhandelsbetriebe, der Aktion Baurechtsgründe und der Kleinbetriebezuschußaktion. Zur gleichen Zeit wurde über seine Empfehlung, „geeignete Maßnahmen zu setzen, um den Bekanntheitsgrad der Wirtschaftsförderungsmaßnahmen zu erhöhen“, das Buch „Wirtschaftsstandort Wien“ sowohl in deutscher als auch in englischer Sprache hergestellt und ins In- und Ausland versendet.

In der Folge setzten im Wirtschaftsbeirat die Diskussionen über die Errichtung eines Wirtschaftsberatungszentrums ein. Dies deshalb, da man bei den Bemühungen um Förderung der kleinen und mittleren Betriebe erkannt hat, daß sowohl das Förderungsangebot als auch das Informationsangebot zu unübersichtlich ist, um vom einzelnen Gewerbetreibenden durchschaut zu werden. Es wurde daher empfohlen, eine kleine schlagkräftige Informationsstelle zu bilden, wo alle Unternehmungen, insbesondere solche, die einen neuen Betrieb eröffnen, die notwendige Beratung erhalten können. Am 27. Februar 1978 beschloß der Gemeinderat, mit dem Kreditverein der Zentralsparkasse und Kommerzialbank, Wien das Informationszentrum für die Wiener Wirtschaft (IZW) zu gründen.

Im gleichen Jahr empfahl der Allgemeine Ausschuß, zur Förderung der innovativen Tätigkeit in Wien eine „Wiener Innovationsgesellschaft“ zu gründen. Die neue Gesellschaft sollte vor allem Klein- und Mittelbetrieben, die nicht in der Lage sind, aus eigenem eine Forschungsabteilung zu finanzieren, Vorteile bringen. Der Entwurf eines Gesellschaftsvertrages sowie der Entwurf von Richtlinien, nach denen diese Gesellschaft die Förderungsmittel einzusetzen hat, wurden eingehenden Beratungen unterzogen. Am 24. April 1978 beschloß der Gemeinderat, gemeinsam mit der Zentralsparkasse und Kommerzialbank, Wien die Wiener Innovationsgesellschaft m. b. H. zu gründen. Über diese Gesellschaft soll den Klein- und Mittelbetrieben Risikokapital, das sie selbst für Innovationen nicht aufbringen können, bereitgestellt werden. Finanziert werden neue Produktionsverfahren, neue Produkte, der Ankauf von Patenten und Lizenzen sowie Erzeugnisse zur Erschließung von Exportmärkten. Die Gesellschaft trägt im Umfang der gewährten Förderungsmittel das volle Risiko, wobei eine Risikoteilung zwischen der Stadt Wien und der Zentralsparkasse und Kommerzialbank, Wien heute im Verhältnis 80 : 20 erfolgt.

Breiten Raum nahm in der Folge die Diskussion über die Ausbaukonzepte für den Hafen Wien-Freudenau und Wien-Albern ein, die mit der Empfehlung endete, den Wiener Hafen im Sinne der vorliegenden Konzepte auszubauen, um den künftigen Anforderungen an die Hafenanlagen gerecht zu werden. Dabei sollen Investitionen im Infrastrukturbereich in Abstimmung mit konkreten Verwertungsvorhaben erfolgen. Am 26. Februar 1979 beschloß der Wiener Gemeinderat die Ausbaukonzepte für den Hafen Wien-Freudenau und Wien-Albern.

Im Jahr 1979 befaßte sich der Allgemeine Ausschuß mit Möglichkeiten, kleine und mittlere Betriebe des Handels, Gewerbes und der Industrie in die Lage zu versetzen, österreichische Güter und Dienstleistungen zu exportieren oder ihre Exporttätigkeit zu verstärken. Als Ergebnis wurde eine Exportförderung und Exportberatung Gesellschaft mbH gegründet. Die Förderung durch sie umfaßt sowohl die Beratung und Unterstützung von Unternehmungen in allen Fragen, die sich aus der Exporttätigkeit ergeben, als auch die Gewährung von zinsbegünstigten Krediten, für die von der Stadt Wien die Ausfallshaftung bis zu 90% der Kreditsumme übernommen wird. Im selben Jahr erfolgte auch die Gründung dieser Institution.

Aufgabe des Wiener Wirtschaftsbeirates ist es auch, die Förderungsaktionen der Stadt Wien einer laufenden Beobachtung zu unterziehen und Modifikationen entsprechend den Erfordernissen der Wirtschaft zu empfehlen. So erfolgte im Jahr 1979 die Anregung zur Aufstockung der „Strukturverbesserungsaktion“ sowie zur Abänderung der Richtlinien der „Hotelmodernisierungsaktion“ in der Form, daß nicht nur der Nachweis der Inanspruchnahme eines Kredites im Rahmen der Wiener Fremdenverkehrskreditaktion, sondern auch des Bürges-Fremdenverkehrskredites vorgesehen wurde. Ebenso erfolgten Verbesserungsvorschläge für die Kleinbetriebezuschußaktion (Erweiterung der bestehenden Positivlisten, Anpassung der Abgrenzungskriterien an die Bürgesaktion: Erhöhung der Bilanzsumme von 3 Mio. S auf 4 Mio. S, Erhöhung der Umsatzziffern von 10 Mio. S auf 14 Mio. S; Erhöhung der Altersgrenze von 40 auf 45 Jahre). Auch eine Modifizierung der Wiener Garagenförderungsaktion im Hinblick auf Förderung von Hochgaragen im dichtbebauten Gebiet (Stadterneuerungsgebiet) wurde empfohlen. Aufgrund der „gemeinsamen Existenzgründungsaktion des Bundes und der Länder“ wurde eine teilweise Sistierung der Wiener Kleinbetriebezuschußaktion diskutiert.

Diese vom Allgemeinen Ausschuß des Wirtschaftsbeirates für Wien nach eingehenden Beratungen ausgesprochenen Empfehlungen zur Anpassung oder Erweiterung von Förderungsaktionen der Stadt Wien haben in Anträgen an den Gemeinderat Eingang gefunden und sind effektuiert worden.

Ausgehend von in der Öffentlichkeit vieldiskutierten Auftragsvergaben war im Jahr 1980 auch dieses Thema zu beraten. Dabei wurden das Reziprozitätsprinzip, die Ausschreibung von Planungs- und sonstigen geistigen Leistungen sowie die Eintrittsmöglichkeit auf das Billigstanbot von Unternehmen, an denen die Stadt Wien wesentlich beteiligt ist, besprochen. Die Empfehlung hiezu lautete: Grundsätzlich sind einheitliche Vergaberichtlinien der Länder und Gemeinden anzustreben. Bis zum vollständigen Abbau der Benachteiligung von Wiener Firmen in den übrigen Bundesländern soll das Reziprozitätsprinzip weiterhin beibehalten werden. Weiters soll eine Möglichkeit geschaffen werden, auf die Bevorzugung von ortsansässigen Firmen auf Gemeindeebene zu reagieren. Was die Ausschreibung von Planungs- und sonstigen geistigen Leistungen anbelangt, so konnte keine einheitliche Auffassung erzielt werden. Grundsätzlich sollte man sich um die Ausschreibbarkeit bemühen. Der Wirtschaftsbeirat empfahl, eine einvernehmliche Lösung der Stadt Wien mit den Interessenvertretungen zu suchen. Auf das Recht der städtischen Beteiligungsunternehmen, bei Ausschreibungen in das Billigstanbot anderer Unternehmungen einzutreten, kann nach dem Beratungsergebnis seitens der Stadt Wien nicht verzichtet werden.

Aufgrund eingehender Erörterungen der Wirtschaftssituation, insbesondere über den merklichen Bedeutungsverlust der Ostregion – Wien, Niederösterreich, Burgenland und Steiermark –, empfahl der Allgemeine Ausschuß, Maßnahmen zu setzen, um die wirtschaftliche Lage im Osten Österreichs zu verbessern. Sie müßten insbesondere im Bereich des Arbeitsmarktes (Förderung der in- und ausländischen Zuwanderer), wobei eine differenzierte Beurteilung des Bedarfes nach Regionen (beispielsweise höhere Gastarbeiterbeschäftigung in Wien) denkbar ist, am Verkehrssektor, in einer Verstärkung des Investitionsschwerpunktes auf Ost-Österreich (z. B. verstaatlichte Industrie) sowie in Fortführung und Verstärkung des Flächenaufschließungsprogrammes erfolgen. Empfohlen wurde in diesen Fragen ein gemeinsames Vorgehen der Bundesländer Wien, Niederösterreich und Burgenland im Rahmen der Planungsgemeinschaft Ost. In diesem Zusammenhang fand ein Symposium im Rahmen der Planungsgemeinschaft Ost statt, in welchem die Wirtschaftsentwicklung der Ostregion dargelegt und Maßnahmenvorschläge für eine Verbesserung der Wirtschaftslage der gegenüber den westlichen Bundesländern ins Hintertreffen geratenen östlichen Bundesländer erarbeitet wurden.

Im Folgejahr standen neuerlich Modifikationen von Förderungsaktionen der Stadt Wien, wie zum Beispiel der „Garagenförderungsaktion", zur Diskussion. Die Empfehlung ging dahin, eine effizientere Art der Garagenförderung – etwa in Form einer finanziellen Beteiligung der Stadt Wien – anzustreben, um dem in Wien notwendigen Garagenbau neue Impulse zu geben. Am 1. Juli 1982 beschloß der Wiener Gemeinderat, die bisherige „Garagenförderungsaktion" dahingehend abzulösen, daß die Stadt Wien für die Errichtung gewerblicher Garagen einen Kredit von 30% der Projektskosten zu begünstigten Bedingungen gewährt.

Gegenstand umfassender Erörterungen im Allgemeinen Ausschuß war sodann die Gründung eines Wiener Wirtschaftsförderungsfonds. Sein Ziel sollte es sein, eine einheitliche Stelle zu schaffen, in der alle wirtschaftsfördernden Maßnahmen von der Beratung von Unternehmungen in Wirtschaftsfragen über die Bereitstellung von aufgeschlossenen Betriebsgrundstücken zur Betriebsansiedlung von förderungswürdigen Industrie- und Gewerbebetrieben bis zur administrativen Abwicklung von Wirtschaftsförderungsaktionen zusammengefaßt sind. Am 20. November 1981 faßte der Gemeinderat den Beschluß über die Gründung des Wiener Wirtschaftsförderungsfonds.

Die bisherige Tätigkeit des Liegenschaftskomitees

Das Liegenschaftskomitee wurde zur Behandlung von Anträgen jener Betriebe gegründet, die sich im Rahmen der Aktion Baurecht ansiedeln wollen. Nach Einreichung und Vorprüfung durch die Wiener Betriebsansiedlungsgesellschaft trifft das Komitee darüber die Entscheidung, wobei Einstimmigkeit vorgesehen ist.

In der ersten Sitzung des Liegenschaftskomitees am 31. März 1977 wurde empfohlen, kleine und mittlere Betriebe des produzierenden Bereiches grundsätzlich vorrangig zu behandeln. Bisher wurden in den zehn Sitzungen 143 Baurechtsanträge für die Betriebsbaugebiete Iberisweg und Draschegründe-Ost beraten. Das Liegenschaftskomitee gab Ansiedlungsempfehlungen für 54 Unternehmungen ab. Darüber hinaus wurden im Liegenschaftskomitee über Ersuchen des Allgemeinen Ausschusses regional gestaffelte Grundstückspreise in Wien unter Beachtung des Preisniveaus für Grundstücke im Wiener Umland erörtert. Weiters befaßte sich das Liegenschaftskomitee mit der Richtlinienänderung der Kleinbetriebezuschußaktion, insbesondere mit der Ergänzung der Branchenlisten, aus denen die förderbaren Unternehmen ersichtlich werden.

Die bisherige Tätigkeit des Betriebsaufschließungskomitees

Das Betriebsaufschließungskomitee wurde als Beratungsgremium zu dem Zweck gegründet, die Nutzung vorhandener Flächen als zukünftiges Betriebsansiedlungsgebiet zu beurteilen. In der ersten Sitzung am 22. November 1977 wurde die Empfehlung abgegeben, sich hinsichtlich des Ausmaßes der von der Stadt Wien aufzuschließenden Betriebsflächen an der von der Standort und Marktberatungsgesellschaft mbH vorgelegten Studie „Bedarfsprognose Betriebsbaugebiete" zu orientieren. Weiters sollte versucht werden, den zwei- bis dreifachen Jahresbedarf in Vorrat zu halten. Hinsichtlich der Ansiedlung von Großbetrieben, die unter Umständen den Rahmen der üblichen Ansiedlungen sprengen könnten, sollten Sonderregelungen möglich sein.

In der Folge wurden noch weitere vier Sitzungen des Betriebsaufschließungskomitees abgehalten. Beraten wurden sowohl grundsätzliche Fragen der Aufschließung von Betriebsbaugebieten und der Ansiedlung von Betrieben als auch die Widmung konkreter Betriebsbaugebiete, wie zum Beispiel „Triester Straße-West" (Computerzentrum), „Simmeringer Haide II", „Gelbe Haide", „Hafen Albern", „Östlich Großgrünmarkt", „Allissen", „Aspern", „Erdberger Mais", „Draschegründe West", „Industriepark-Nord", „Autohof Auhof".

Die bisherige Tätigkeit des Arbeitsmarktpolitischen Ausschusses

Der Arbeitsmarktpolitische Ausschuß befaßt sich primär mit den Problemen des Wiener Arbeitsmarktes. In der Regel werden nach einem Bericht über die aktuelle Lage Lösungsmöglichkeiten einzelner Bereiche diskutiert. Zum Beispiel wurde bei der konstituierenden Sitzung am 4. Juni 1975 eingehend über die Erstellung einer Prognose über die Berufsaussichten inländischer Erwerbstätiger beraten. Auch die Situation der Tagespendler war Beratungsgegenstand. Da die Wiener Wirtschaft die Wien-Einpendler braucht, sollten Maßnahmen gesetzt werden, um die besonderen Nachteile der Tagespendler – Länge der Fahrzeit und daraus entstehende Strapazen sowie höhere Fahrtkosten – zu verringern. Allerdings wären laut Empfehlung des Arbeitsmarktpolitischen Ausschusses die im Zusammenhang mit dem Ausbau der öffentlichen Verkehrsmittel und Verkehrswege zur Herabsetzung der Wegzeit für das

Ballungszentrum entstehenden Kosten besser im Finanzausgleich zu berücksichtigen. Nach der in der Folge durchgeführten Untersuchung der gesamten Pendelwanderung einschließlich der Fernpendler kam der Arbeitsmarktpolitische Ausschuß zum Schluß, durch verstärkte Aktivitäten des Wiener Zuwandererfonds und des Landesarbeitsamtes Wien die Fernpendler als potentielle Wien-Zuwanderer zu fördern.

In einer der Sitzungen wurde auch empfohlen, die prognostizierte Abnahme der Arbeitsplätze im sekundären Sektor in Wien durch entsprechende Maßnahmen zu bremsen. Diese Anregung schlug sich in verstärkten Förderungsmaßnahmen für diesen Wirtschaftsbereich sowie in erhöhten Bemühungen um die Inländerzuwanderung nieder. Zur Verbesserung des Arbeitskräfteangebotes in Wien regte der Arbeitsmarktpolitische Ausschuß auch die rasche Schaffung von Wohnmöglichkeiten und die Verstärkung der Wien-Werbung, um „durch gezielte Informationsarbeit das Image Wiens in den Bundesländern zu verbessern", zur Förderung der Zuwanderung nach Wien an. Diese Anregungen werden primär über den Wiener Zuwandererfonds erfüllt.

Als Folge der Wirtschaftsentwicklung diskutierte der Arbeitsmarktpolitische Ausschuß „Vorschläge zur effizienteren Förderung von Forschung und Entwicklung zur langfristigen Arbeitsplatzsicherung". Die in diesem Zusammenhang abgegebene Empfehlung ging dahin, die Innovationsförderung der Stadt Wien und damit auch die Zielsetzungen der Innova, Wiener Innovationsgesellschaft m. b. H., zu überdenken. An einem neuen Unternehmenskonzept für die Gesellschaft wird derzeit gearbeitet.

Die bisherige Tätigkeit des Bauwirtschaftsausschusses

Der Bauwirtschaftsausschuß behandelt Fragen der Bauwirtschaft. Bisher wurden 13 Sitzungen abgehalten, in denen folgende Themen zu erörtern waren: Mittelfristiges Bauprogramm der Stadt Wien, Beeinflussung des Baugeschehens durch Umweltschutz und Altstadterhaltung, das Vergabewesen, Begriff und Funktion des Generalunternehmers in der Bauwirtschaft.

Hinsichtlich des letztgenannten Themas wurde eine Definition für den Begriff Generalunternehmer erarbeitet und eine Abgrenzung gegenüber ähnlichen Tätigkeiten (zum Beispiel Generalplaner, Totalunternehmer) vorgenommen; es wurde empfohlen, Generalunternehmer insbesondere bei einfacheren Bauten ohne aufwendige Installationen oder Konstruktionen, also zum Beispiel beim Wohnungs-, Amtshaus-, Kindergarten- und Schulbau, einzusetzen und hiebei besonders darauf zu achten, daß exakte Detailunterlagen (Leistungsverzeichnisse) vorhanden sind.

In einer Sitzung des Bauwirtschaftsausschusses im Jahr 1978 wurde auch über die Entwicklung im Wohnungsbau diskutiert. Man stellte dabei fest, daß die enorme Wohnbauleistung der vergangenen Jahre nur durch die Ausnützung aller Vorgriffsmöglichkeiten erzielbar war. Die Bauwirtschaft wird sich daher darauf einrichten müssen, daß langfristig jährlich weniger Wohneinheiten (6.000) aus Mitteln der Wohnbauförderung finanziert werden können. Dazu kämen noch Wohnungsverbesserungsfälle. Nicht unbeträchtliche Mittel werden in die Mietbeihilfen für Einzelpersonen fließen.

Anläßlich von Beratungen über die Auslastung in der Wiener Bauwirtschaft wurde folgende Empfehlung ausgesprochen: Um den derzeitigen Beschäftigtenstand zu halten, sollte nach Auslaufen der derzeit in Fertigstellung begriffenen Großprojekte das Schwergewicht von der Stadterweiterung und vom Hoch- und Tiefbau zur Stadterneuerung und somit zum Baunebengewerbe verlagert werden. Damit werden beschäftigungsintensive Bereiche kapitalintensiven vorgezogen.

Nach Behandlung der Themen Wohnbauförderung und Wohnungsverbesserung erfolgte die Anregung, für die „Verländerung der Wohnbauförderungsmittel", also das unbeschränkte Verfügungsrecht der Bundesländer, einzutreten.

Der Bericht über die vielfältigen Aktivitäten des Wirtschaftsbeirates und seiner Ausschüsse und Komitees zeigt, daß die gesetzten Erwartungen erfüllt wurden.

Es bot sich die Gelegenheit, viele Fragen und Probleme der Wiener Wirtschaft auf breiter Basis zu diskutieren und zahlreiche Empfehlungen auszuarbeiten. Aufgrund des besonderen Gewichts, das dem Wirtschaftsbeirat – nicht zuletzt wegen seiner Zusammensetzung – seitens der Stadt Wien beigemessen wird, wurden viele seiner Vorschläge auch realisiert.

Wiener Wirtschaftsförderungsfonds und Informationszentrum für die Wiener Wirtschaft

Von Direktor Ing. Robert Wolfgring

Die konjunkturelle Situation Österreichs während der beiden letzten Jahre war von einer allgemeinen Verlangsamung der wirtschaftlichen Entwicklung gekennzeichnet. Vor allem die angestiegenen Energiepreise und die weitgehend importierte Hochzinspolitik verursachten starke Belastungen für die Wirtschaft. Wenngleich es auch gelungen war, extreme Auswirkungen auf die Konjunkturlage in Österreich abzuwenden, so verlangte eben diese Situation besondere Maßnahmen, um der Wirtschaft neue Impulse zu geben und damit die Investitionstätigkeit anzukurbeln, was nicht nur der Sicherung der Arbeitsplätze dient, sondern in weiterer Folge auch zu einer Belebung des Konsums führt.

Die von der Stadt Wien seit Ende der sechziger Jahre eingeleiteten Förderungsmaßnahmen – und hiebei insbesondere die Bereitstellung von baureifen, erschlossenen Betriebsbauplätzen, das Angebot einer breiten Palette von Förderungsaktionen, wie auch das Angebot eines umfassenden Beratungsdienstes in allen Wirtschaftsangelegenheiten – stellten schon bisher ein geeignetes und wirksames Instrumentarium der Wiener Wirtschaftspolitik dar. In einer Konjunkturlage wie der eingangs skizzierten kommt gerade solchen Förderungsmaßnahmen der öffentlichen Hand eine erhöhte Bedeutung zu. Aus diesem Grund haben sich Ende des vergangenen Jahres die Wiener Stadtverwaltung, die Kammer für Arbeiter und Angestellte für Wien, die Kammer der gewerblichen Wirtschaft für Wien, der Österreichische Gewerkschaftsbund, die Vereinigung Österreichischer Industrieller, die Zentralsparkasse und Kommerzialbank, Wien sowie die Erste österreichische Spar-Casse im Sinne ihres gemeinsamen Anliegens einer möglichst zielführenden und wirkungsvollen Förderung der Wiener Wirtschaft entschlossen, den Wiener Wirtschaftsförderungsfonds zu gründen.

Mit der Schaffung eines solchen gemeinnützigen, mit eigener Rechtspersönlichkeit ausgestatteten Fonds werden die zuvor von verschiedenen öffentlichen Dienststellen sowie von halböffentlichen bzw. privaten Institutionen getrennt abgewickelten Aktivitäten nunmehr in einer Hand vereinigt, können daher enger aufeinander abgestimmt und somit in ihrer Effizienz ganz wesentlich angehoben werden. Nach der vom Wiener Gemeinderat am 20. November 1981 genehmigten Satzung des Wiener Wirtschaftsförderungsfonds fallen diesem konkret folgende Aufgaben zu:

- Der Erwerb von bebauten und unbebauten Grundstücken, die aufgrund ihrer Widmung, Lage und Beschaffenheit für die Ansiedlung von Betrieben geeignet sind,
- die Verwaltung von stadteigenen Betriebsbaugründen und Betriebsobjekten sowie die Erstattung von Verwertungsvorschlägen für diese,
- die Mitwirkung bei der Erschließung von Betriebsbaugründen,
- die Vorfinanzierung von Kosten für Versorgungs- und Gemeinschaftseinrichtungen sowie die Umlegung dieser Kosten auf die anzusiedelnden Betriebe,
- die Bereitstellung von aufgeschlossenen baureifen Betriebsbaugründen für gesamtwirtschaftlich förderungswürdige Industrie-, Gewerbe- und Großhandelsbetriebe,
- die administrative Abwicklung der strukturverbessernden Wirtschaftsförderungsaktionen der Stadt Wien, auf die noch in einem gesonderten Abschnitt eingegangen wird,
- die Betreuung von an- und umgesiedelten Betrieben bei der Realisierung ihrer Betriebsbauprojekte,
- die Beratung von Wirtschaftstreibenden,
- die Werbung für den Wirtschaftsstandort Wien.

Um die ihm übertragenen Aufgaben, von denen in der vorangegangenen Aufzählung nur die wesentlichsten dargestellt wurden, erfüllen zu können, wurde der Wiener Wirtschaftsförderungsfonds bei seiner Gründung mit einer Dotation von über 350 Mio. S ausgestattet. An Barmitteln wurden von der Wiener Stadtverwaltung 50 Mio. S sowie von der Zentralsparkasse und Kommerzialbank, Wien und der Ersten österreichischen Spar-Casse je 10 Mio. S zur Verfügung gestellt. Darüber hinaus hat die Stadt Wien insgesamt 112 kurz- oder mittelfristig für Betriebsansiedlungen geeignete Grundstücke im 3., 10., 11., 15. und 23. Wiener Gemeindebezirk an Sachwerten in das Fondsvermögen eingebracht; das gesamte Flächenausmaß dieser Betriebsbaugründe beträgt rund 700.000 m², der Wert dieser Liegenschaften beläuft sich auf 284,6 Mio. S.

Der Wiener Wirtschaftsförderungsfonds hat in der kurzen Zeit seines Bestehens, d. h. vom 1. Jänner 1982 bis zum 15. September 1982, umfangreiche Flächen der ihm in das Eigentum übertragenen Betriebsbaugründe baureif gestaltet und auf einzelne Bauplätze abgeteilt. In acht bereits abgeschlossenen und vier weiteren, kurz vor dem Abschluß stehenden Transaktionen konnten Betriebsbauplätze im Gesamtausmaß von etwa 82.000 m² an Unternehmungen der verschiedensten Branchen zur Errichtung neuer Betriebsanlagen – und zwar zu einem sehr begünstigten, weit unter dem Verkehrswert dieser Baugründe liegenden Kaufpreis – veräußert werden. Mit diesen Neubauprojekten wird ein Investitionsvolumen von über 130 Mio. S initiiert und in den damit erbauten Betriebsstätten werden mindestens 450 neue, moderne Arbeitsplätze geschaffen.

Eine kontinuierliche Fortführung der Betriebsansiedlungstätigkeit erfordert ihrerseits entsprechende Aktivitäten auf dem privaten Bodenmarkt, um auf diese Weise die für die Betriebsansiedlung späterer Jahre notwendigen Baugründe bereitzustellen. Der Wiener Wirtschaftsförderungsfonds hat daher einen Schwerpunkt seiner Tätigkeit auch in den Ankauf geeigneter Betriebsbaugründe gesetzt. So wurden in den ersten drei Quartalen des Jahres 1982 Grundflächen im Gesamtausmaß von mehr als 195.000 m² erworben und hiefür 45,7 Mio. S aufgewendet. Diese Zahlen zeigen, daß es dem Wiener Wirtschaftsförderungsfonds innerhalb einer nur kurzen Zeit gelungen ist, ein Areal anzukaufen, das flächenmäßig einem Viertel des ihm bei der Gründung übertragenen Grundbesitzes entspricht.

Außer den umfangreichen Grundflächen, welche die Stadt Wien als Sachwertdotation in das Fondsvermögen eingebracht hat, wurden dem Wiener Wirtschaftsförderungsfonds stadteigene Betriebsbaugründe im Ausmaß von rund 1 Mio. m² zur Verwaltung und zur widmungsgemäßen Verwertung übertragen. Auch diese Grundflächen werden vom Wiener Wirtschaftsförderungsfonds, entsprechend ihrem durch den Flächenwidmungsplan entweder als Betriebsbaugebiet oder als Industriegebiet vorgegebenen Bestimmungszweck, baureif gestaltet, wozu nicht nur die Arrondierung des Grundeigentums, sondern auch die Freimachung der Baugründe, die Abtragung bestehender und nicht wiederverwendbarer Baulichkeiten und schließlich

Betriebsansiedlungsgebiete in Wien
Wiener Wirtschaftsförderungsfonds

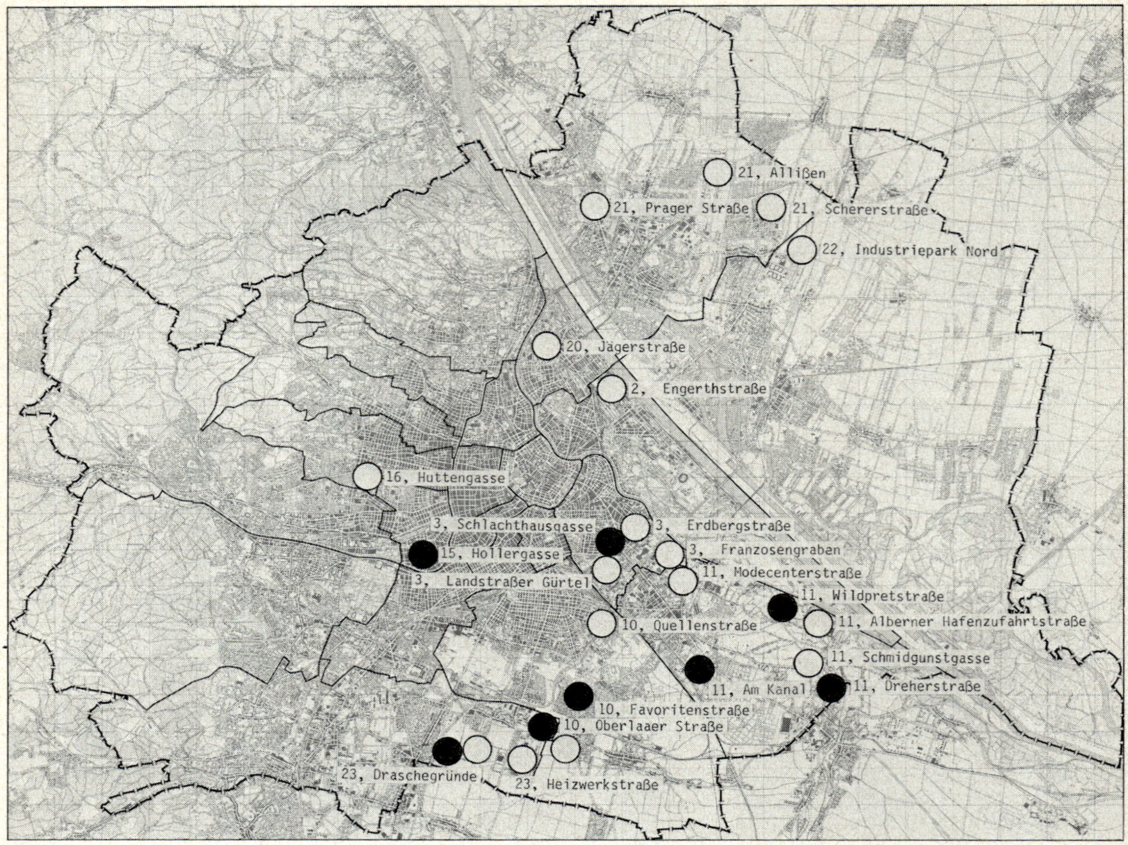

● Betriebsansiedlungsgebiet im Eigentum des Wiener Wirtschaftsförderungsfonds

○ Stadteigene Betriebsansiedlungsgebiete zur Verwertung durch den Wiener Wirtschaftsförderungsfonds

die Abteilung der Betriebsbauflächen auf eigene Bauplätze zählen. Dem Wiener Wirtschaftsförderungsfonds steht somit ein Gesamtareal von beinahe 2 km² – dies entspricht der Fläche des gesamten 5. Wiener Gemeindebezirkes – zur Verfügung, um kurz- oder mittelfristig die Bedürfnisse der Wiener Wirtschaft erfüllen und damit zur Stärkung der Wirtschaftskraft Wiens beitragen zu können.

Abbildung: Betriebsansiedlungsgebiete in Wien (siehe oben).

Wirtschaftsförderung

Durch eine Reihe wirtschaftsfördernder Maßnahmen – d. h. bei insgesamt 32 Förderungsaktionen, an denen die Stadt Wien direkt oder indirekt mitwirkt oder aber mitbeteiligt ist – und einen Mitteleinsatz von rund 3 Mrd. S hat die Stadt Wien im Zeitraum 1971 bis 1981 ein Investitionsvolumen der Wiener Wirtschaft in der Höhe von rund 18 Mrd. S ausgelöst und auf diese Weise auch eines der wichtigsten Ziele, nämlich die Erhaltung und Sicherung sowie die Neuschaffung von Arbeitsplätzen, erreicht.

Als ganz wesentliches Moment muß erwähnt werden, daß das wirtschaftspolitische Instrumentarium der Stadt Wien laufend auf seine Wirksamkeit hin überprüft und nach Möglichkeit den jeweiligen wirtschaftlichen, strukturellen und kommunalen sowie auch speziellen außerordentlichen Erfordernissen angepaßt wird. Hier wären insbesondere die Umstellung der Zinsenzuschußaktionen auf das Prämiensystem, die Zusammenfassung diverser Sonderaktionen zur Kleinbetriebezuschußaktion, die laufende Modifizierung der Richtlinien bestehender Aktionen, die Schaffung neuer Aktionen sowie die kontinuierliche Aufstockung der Förderungsmittel zu erwähnen, Aktivitäten, welche die flexible Handhabung in wohl überzeugender Weise bestätigen.

Nachdem dem Wiener Wirtschaftsförderungsfonds mit dem ihm vorgegebenen Tätigkeitsbereich auch die administrative Abwicklung der strukturverbessernden Wirtschaftsförderungsmaßnahmen übertragen wurde, betreut der Fonds zur Zeit folgende sieben Förderungsaktionen:
- Wiener Strukturverbesserungsaktion,
- Aktion zur Refundierung von Anliegerleistungen,

- Aktion zur Förderung von betrieblichen Infrastrukturinvestitionen in Wiener Beherbergungsbetrieben (Hotelmodernisierungsaktion),
- Garagenförderungsaktion,
- Aktion Baurechtsgründe,
- Aktion zur Förderung von wassersparenden Investitionen,
- Wiener Sonderprogramm zur Förderung zusätzlicher Lehrstellen (Lehrstellenförderung).

Die ersten fünf Aktionen wurden nach der Schaffung des Wiener Wirtschaftsförderungsfonds von der MA 4 übernommen, während die beiden letztgenannten Förderungsaktionen erst im Jahr 1982 ins Leben gerufen wurden. Bei der *Aktion zur Förderung von wassersparenden Investitionen* handelt es sich um die Reaktivierung einer bereits vormals existenten und per 31. Dezember 1980 eingestellten Aktion mit modifizierten Konditionen. Die Lehrstellenförderung ist hingegen eine gänzlich neue, per 1. Juli 1982 geschaffene gemeinsame Aktion, an welcher neben der Stadt Wien auch die Kammer der gewerblichen Wirtschaft für Wien, die Kammer für Arbeiter und Angestellte für Wien sowie das Bundesministerium für soziale Verwaltung – vertreten durch das Landesarbeitsamt Wien und das Arbeitsamt für Jugendliche – beteiligt sind.

Schließlich darf noch auf eine achte Förderungsaktion hingewiesen werden, nämlich die *Geschäftsstraßenaktion,* die bisher von der MA 4 abgewickelt wurde, für die eine Richtlinienänderung vorgesehen ist und die als Aktion „Einkauf in Wien" in der Folge ebenfalls vom Wiener Wirtschaftsförderungsfonds betreut bzw. abgewickelt werden soll.

Zur Veranschaulichung der Entwicklung einzelner Förderungsaktionen mögen die folgenden Ausführungen dienen:

Wiener Strukturverbesserungsaktion

Zur Stärkung des in Wien unterrepräsentierten Produktionssektors sowie zur Anregung der vor allem baulichen Investitionstätigkeit wurde mit Beschluß des Wiener Gemeinderates vom 21. Februar 1969 die Förderungsaktion für Betriebsansiedlungen und strukturverbessernde Betriebsverlagerungen (IAS-Aktion) geschaffen. In ihrem Rahmen wurden zunächst Zinsenzuschüsse zu Krediten für industrielle Investitionen gewährt. Sie fand von Anfang an sehr großen Anklang bei der Wiener Wirtschaft.

Wegen der Bedeutung des Großhandels für Wien, vor allem als „Fenster nach dem Osten", wurde im Dezember 1971 nach dem Vorbild der IAS-Aktion eine eigene Großhandelsaktion – ebenfalls mit Zinsenzuschüssen – geschaffen. Auch diese Aktion erfreute sich einer regen Inanspruchnahme. Eine Nachuntersuchung der beiden Aktionen im Jahr 1975 ergab, daß die Auswirkungen der Maßnahmen sich nicht nur auf die Verbesserung der Wirtschaftsstruktur beschränkten, sondern auch eine Verbesserung der Stadtstruktur mit sich brachten, zumal der Anteil der Betriebsverlagerungen – und zwar fast durchaus vom dichtbebauten Wohngebiet an den Stadtrand – 64%, also fast zwei Drittel aller Förderungsfälle betrug; 22% der Förderungsfälle betrafen Erweiterungen und 14% Neugründungen.

Ein weiterer Punkt der gegenständlichen Studie war die Klärung der Frage, ob nicht durch eine andere Form der Förderung als durch Zinsenzuschüsse eine höhere Effizienz erreicht werden könnte. Unter Berücksichtigung sämtlicher, vor allem steuerlicher Auswirkungen zeigte sich, daß – bei gleicher Höhe – die Förderung in Form eines einmaligen Baukostenzuschusses effektiver wäre, als die Gewährung eines auf mehrere Jahre verteilten Zinsenzuschusses. Als Konsequenz dieser Erkenntnis erfolgte im Mai 1975 die Umstellung der IAS- und der Großhandelsaktion auf Baukostenzuschüsse, und zwar in der Höhe von 10 bzw. 5% für Produktionsobjekte sowie von 7% für Großhandelsobjekte.

Aufgrund der weitgehenden Übereinstimmung der Richtlinien und der Abwicklung der beiden Aktionen erfolgte im November 1976 ihre Zusammenfassung zur *Wiener Strukturverbesserungsaktion* bei gleichzeitiger Präzisierung der Richtlinien und gezielter Schwerpunktsetzung, wie etwa die Schaffung zusätzlicher Arbeitsplätze, die Förderung von Forschung und Entwicklung, die Verbesserung der Umweltbedingungen und dgl. Eine weitere Neuerung war die Einbeziehung der Leasingfinanzierung.

Seit der Neuorganisation im Jahr 1976 erfolgten – in Anpassung an die sich ändernden Erfordernisse und Gegebenheiten – mehrere Modifizierungen, sodaß man die wesentlichsten Konditionen heute folgendermaßen skizzieren kann:

Gefördert werden kann die Neuerrichtung und Erweiterung von Betriebsobjekten sowie der Ankauf und die Adaptierung von Altobjekten für Forschungs-, Produktions- und Großhandelszwecke mit gestaffelten Baukostenzuschüssen, und zwar:

10% für Produktions- und Forschungsobjekte bei Neuerrichtung
7% für Produktions- und Forschungsobjekte bei der Erweiterung oder dem Ankauf und der Adaptierung von Altobjekten
7% für Großhandelsobjekte bei Neuerrichtung
5% für Großhandelsobjekte bei der Erweiterung oder dem Ankauf und der Adaptierung von Altobjekten

Zur Veranschaulichung des Förderungsvolumens einige Zahlen in untenstehender Tabelle.

Hotelmodernisierungsaktion

Im Dezember 1970 wurde zum Zweck der Kapazitätsaufstockung die „Kreditaktion zur Förderung des Hotelneubaues in Wien" ins Leben gerufen. Im Rahmen dieser Aktion wurde bis zum Jahr 1976 die Errichtung von vier Hotelneubauten mit Zinsenzuschüssen von rund 30 Mio. S gefördert.

	Zeitraum	Fälle	Zuschüsse	Baukostenvolumen
IAS-Aktion	1970 bis 1978	137	rund 144,6 Millionen S	rund 1,94 Milliarden S
Großhandelsaktion	1972 bis 1977	33	rund 34,7 Millionen S	rund 0,78 Milliarden S
Wiener Strukturverbesserungsaktion	1977 bis August 1982	224	rund 297,3 Millionen S	rund 4,36 Milliarden S

Als in der Folge das Kapazitätsproblem an Aktualität verlor und die Nachfrage im Fremdenverkehr sich zusehends auf Qualitätsbetriebe verlagerte, wurde die Hotelneubauaktion eingestellt. An ihre Stelle trat die Hotelmodernisierungsaktion, in deren Rahmen durch die Förderung von Infrastrukturinvestitionen – wie etwa für diverse Steigleitungen, Abfallstränge, für den Aufzugseinbau und für Telefon- und Fernsprechanlagen – die Voraussetzung für eine Qualitätsanhebung in den Wiener Beherbergungsbetrieben geschaffen werden sollte. Diese Aktion wurde vom Wiener Gemeinderat am 29. Juni 1978 beschlossen und sieht Investitionszuschüsse – ja nach Art der Investition – in der Höhe von 15 bis 40% vor. Im Februar 1981 wurde die Hotelmodernisierungsaktion dahingehend erweitert, daß nunmehr auch Brandschutzinvestitionen mit einem Zuschuß von 35% gefördert werden können.

Die rege Inanspruchnahme der Aktion – vor allem seit der Einbeziehung von Brandschutzinvestitionen – zeigen die folgenden Zahlen:

Jahre	Fälle	Zuschüsse
1978	5	S 578.200
1979	14	S 2,151.940
1980	9	S 2,245.680
1981	70	S 7,899.950
1982 (bis August)	25	S 3,382.660
Summe	113	S 16,258.430

Garagenförderungsaktion

Als Beitrag zur Lösung des Problems „ruhender Verkehr" darf die Wiener Garagenförderungsaktion angesehen werden, die mit Beschluß des Wiener Gemeinderates vom 28. Februar 1975 als Ersatz für die bereits vorher bestehende Förderung nach der Litrageregelung, nach welcher die Errichtung von Stellplätzen mit der Vergabe von Standorten für Tankstellen verbunden war, geschaffen wurde. Diese ursprünglich nur zur Förderung von Tiefgaragen gedachte Aktion war zwischenzeitlich mehrfach zu adaptieren und sah zuletzt gestaffelte Baukostenzuschüsse in der Höhe von 10, 14 oder 18%, je nach Standort und Ausführung als Hoch- oder Tiefgarage, vor. Im Rahmen dieser Aktion konnte die Errichtung von zwölf Garagen mit über 6.000 Stellplätzen mit Baukostenzuschüssen im Gesamtausmaß von rund 80 Mio. S aus Mitteln der Ausgleichs- und der Parkometerabgabe gefördert werden.

In der letzten Zeit zeigte sich, daß die Konditionen der Aktion offenbar nicht mehr attraktiv genug waren, um die Errichtung weiterer Garagenbauten zu initiieren. Die MA 4 und in der Folge der Wiener Wirtschaftsförderungsfonds bereiteten daher nach längeren Vorarbeiten eine grundlegende Umgestaltung der Garagenförderung vor, die im Juli 1982 vom Wiener Gemeinderat beschlossen wurde. Die neugestaltete Förderung sieht für die Errichtung von gewerblichen Garagen für die Wohnbevölkerung im dichtbebauten Gebiet sowie in zweiter Linie für den Geschäfts- bzw. Kundenverkehr die Gewährung von begünstigten Darlehen der Stadt Wien im Ausmaß vom 30% der Projektskosten – verbunden mit Sonderkonditionen, wie einer Laufzeit bis zu 40 Jahren und einer Verzinsung des Darlehens erst bei Erreichen der Gewinnzone – vor. Es besteht Grund zu der Annahme, daß die neukonzipierte Art dieser Förderung auf größtes Interesse bei potentiellen Investoren stoßen wird, sodaß mit einer regen Inanspruchnahme, die weiterhin aus den Mitteln der Ausgleichsabgabe sowie der Parkometerabgabe finanziert wird, durchaus gerechnet werden kann.

Abschließend noch einige Bemerkungen zu den übrigen vom Wiener Wirtschaftsförderungsfonds betreuten Aktionen:

Zur teilweisen Kompensation der durch die Situierung eines Grundstückes mitunter besonders hohen Anliegerleistungen wurde speziell für die Neuansiedlung von Produktionsbetrieben eine *Aktion zur Refundierung von Anliegerleistungen* geschaffen, in deren Rahmen der Anliegerbeitrag, die Kanaleinmündungsgebühr sowie die Kosten für die Gehsteigherstellung teilweise rückerstattet werden können, sofern diese Kosten eine jeweils festgesetzte fiktive Normbelastung pro m^2 Grundstücksfläche überschreiten.

Um die Doppelbelastung aus der Finanzierung des Grunderwerbes und den in der Folge erforderlichen Investitionen für die Realisierung des Betriebsbauprojektes zu mildern, wurde speziell für Klein- und Mittelbetriebe die *Aktion Baurechtsgründe* geschaffen, in deren Rahmen förderungswürdigen Betrieben zunächst ein 2.000 bis 3.000 m^2 großes Betriebsgrundstück im Wege des Baurechtes zu einem ermäßigten Bauzins zur Verfügung gestellt wird, wobei dem betreffenden Unternehmen mit der Bestellung des Baurechtes gleichzeitig auch eine Option eingeräumt wird, das Grundstück zu einem späteren Zeitpunkt, längstens jedoch bis zum 25. Jahr ab Zustandekommen des Baurechtsvertrages, käuflich zu erwerben.

Als eine Hilfestellung und Begleitmaßnahme im Zuge der kontinuierlichen Anhebung der Wassergebühr kam es zur Reaktivierung der *Aktion zur Förderung von wassersparenden Investitionen* per 1. Juli 1982, nachdem die Aktion bereits in den Jahren 1978 bis 1980, jedoch mit anderen Konditionen, gelaufen war. Mit einem Zuschuß in der Höhe von 30% der förderungswürdigen Investitionen soll mit Hilfe dieser Aktion eine weitere Reduktion des industriellen und gewerblichen Wasserverbrauches bzw. des Abwasseranfalles erreicht werden.

Schließlich wäre noch kurz auf die neue Lehrstellenförderung einzugehen. Da die Anzahl der Lehrplätze in Wien während der letzten Jahre laufend zurückgegangen ist und im Vorjahr bereits rund 700 Jugendliche keine Lehrstelle finden konnten, haben die Stadt Wien, die Kammer der gewerblichen Wirtschaft für Wien, das Landesarbeitsamt Wien und die Kammer für Arbeiter und Angestellte für Wien ein gemeinsames *Sonderprogramm zur Förderung zusätzlicher Lehrstellen in Wien* für die Jahre 1982 bis 1984 ausgearbeitet, das per 1. Juli 1982 in Kraft getreten ist. Es soll dazu beitragen, einen Anreiz für die Errichtung neuer Lehrplätze zu schaffen und damit dieses ernsthafte Problem weitestmöglich zu entschärfen. Im Rahmen dieser Aktion, die jährlich mit 12 Mio. S dotiert ist – wovon die Stadt Wien 6 Mio. S, die Kammer der gewerblichen Wirtschaft für Wien 2,5 Mio. S, das Arbeitsamt Wien 2 Mio. S und die Kammer für Arbeiter und Angestellte für Wien 1,5 Mio. S bereitstellen –, sollen, beginnend mit dem Ausbildungsjahr 1982/83, pro Jahr bis zu 1.000 zusätzliche Lehrstellen des ersten Lehrjahres mit einem monatlichen Zuschuß von 1.000 S auf die Dauer eines Jahres gefördert werden. Stichtag dafür, daß eine Lehrstelle als zusätzlich angeboten gilt, ist der 30. Juni 1981.

Informationszentrum für die Wiener Wirtschaft

Einen weiteren Schwerpunkt in der Tätigkeit des Wiener Wirtschaftsförderungsfonds stellt die Beratung der Wirtschaftstreibenden dar. Seit März 1978 hat das gemeinsam von der Stadt Wien und der Zentralsparkasse und Kommerzialbank, Wien errichtete Informationszentrum für die Wiener Wirtschaft, kurz IZW genannt, im Rahmen dieser Aufgabenstellung über 5.000 Einzelberatungen auf verschiedensten Fachgebieten durchgeführt. Hievon entfielen 1.296 Beratungen (d. s. 25,9%) auf Finanzierungsfragen,

1.048 (20,9%) auf Rechts- und Gewerberechtsfragen, 783 (15,6%) auf die Beschaffung von Betriebsgrundstücken und auf Fragen der Standortauswahl, 779 (15,6%) auf die Beschaffung von Geschäftslokalen und die übrigen auf die Lösung von baubehördlichen Problemen, auf Fragen der Innovation und auf die Betriebsberatung sowie die Beratung in Exportfragen.

Aus dieser kurzen Darstellung ist das breite Tätigkeitsfeld des IZW zu erkennen, das sich als eine echte Servicestelle für die Wiener Wirtschaft versteht, an die jeder Wirtschaftstreibende Wiens seine Probleme herantragen kann und dem schließlich bei der Lösung seiner wirtschaftlichen Fragen auch dann unbürokratisch, praxisorientiert und rasch geholfen werden kann, wenn es den IZW-Mitarbeitern nicht gelingen sollte, Klärung zu bieten. In diesen Fällen werden entweder die erforderlichen Informationen bei den jeweils zuständigen Institutionen eingeholt oder aber direkte Kontakte zu solchen Stellen vermittelt.

Mit der Gründung des Wiener Wirtschaftsförderungsfonds lag es nahe, die bisher vom IZW in ebenso umfassender, wie auch wirkungsvoller Weise vorgenommenen Beratungsdienste in den Fonds einzubinden und dadurch das gesamte Serviceangebot für die Wiener Wirtschaft nicht nur räumlich zu konzentrieren, sondern diese Dienste auch in ihrer Effizienz, letztlich zum Vorteil der Wirtschaftstreibenden selbst, noch anzuheben. Nachdem das IZW ab Juli 1982 seine Tätigkeit am Sitz des Wiener Wirtschaftsförderungsfonds ausübt, konnte damit eine Vorstellung Wirklichkeit werden, daß jeder Betrieb bei der Lösung seiner Wirtschaftsfragen.

- von der Wahl des optimalen Betriebsstandortes,
- über den Ankauf eines Betriebsbauplatzes,
- der Klärung von baubehördlichen und gewerbebehördlichen Problemen,
- der Mithilfe in allen Fragen der Finanzierung eines Betriebsbauprojektes,
- bis zur Inanspruchnahme von Förderungsmitteln aus der breiten Palette der Wirtschaftsförderungsaktionen der Stadt Wien

stets von derselben Institution betreut wird, womit nicht nur jeder dieser Unternehmungen, sondern damit der gesamten Wiener Wirtschaft ein Full-Service in Wirtschaftsfragen durch den Wiener Wirtschaftsförderungsfonds angeboten werden kann.

Betriebsansiedlung in Wien

Von Obermagistratsrat Dr. Kurt Nussgruber

Die Wirtschaftspolitik der Stadt Wien hat sich als oberstes Ziel die Sicherung der Vollbeschäftigung gesetzt. Dieses Ziel kann nur erreicht werden, wenn die Wiener Wirtschaft ihre Konkurrenzfähigkeit in Österreich und auf den Weltmärkten stets von neuem unter Beweis stellt. Der Grad der Anpassungsfähigkeit der Wirtschaft an die sich stets ändernden Rahmenbedingungen ist somit in hohem Ausmaß für ihre Entwicklung und damit für ihre Fähigkeit, dauerhafte Arbeitsplätze anzubieten, ausschlaggebend. Motor dafür ist der sekundäre Sektor, der in Wien im Vergleich zu anderen Stadtwirtschaften mit rund 38% stark vertreten ist. Die besondere Bedeutung dieses Wirtschaftsbereiches wird darin gesehen, daß die Produktivität je Beschäftigten im sekundären Sektor am höchsten liegt, Industriegüter im hohen Maße exportfähig sind und eine ausgeprägte Wechselwirkung zwischen dem sekundären und dem tertiären Sektor besteht. Der sekundäre Sektor weist eine starke Nachfrage nach Dienstleistungen auf, sodaß seine Entwicklung positive Wachstumseffekte auf dem tertiären Sektor auslösen kann. Die Betriebsansiedlung mit Schwerpunkt bei der Ansiedlung von Industriebetrieben und produzierenden Gewerbebetrieben ist wegen der damit verbundenen Möglichkeit, den neuen Betrieb nach den modernsten Erfordernissen zu bauen und einzurichten, ein Mittel, diesen Anpassungsprozeß zu unterstützen.

Im Bereich der Wirtschaftspolitik befindet sich die Stadt Wien wie alle anderen öffentlichen Körperschaften in der besonderen Situation, daß eine als gewünscht und notwendig erkannte Maßnahme nicht von der Entscheidung der Gebietskörperschaft selbst, sondern vom autonomen Willen der Wirtschaft abhängig ist. So kann ein erkannter Bedarf an Verkehrseinrichtungen unmittelbar durch die Schaffung öffentlicher Verkehrsmittel oder den Bau von Straßen, ein Bedarf an medizinischer Versorgung durch entsprechende Maßnahmen im Spitalswesen befriedigt werden. Das Wissen um den Bedarf an ausreichenden, zukunftsorientierten und menschengerechten Arbeitsplätzen kann nicht in gleicher Weise umgesetzt werden.

Maßnahmen im Bereich der Wirtschaft werden daher in Wien vom Gedanken einer engen Kooperation der Stadtverwaltung mit der Privatwirtschaft getragen. Die Stadtverwaltung kann nur Anreize schaffen und Hilfestellung leisten; zur Verwirklichung der Förderung bedarf sie des Konsenses mit der Wirtschaft. Forum dieser Zusammenarbeit ist der Wirtschaftsbeirat, in dem die Kammer der gewerblichen Wirtschaft für Wien, die Arbeiterkammer, der Österreichische Gewerkschaftsbund und die Industriellenvereinigung sowie nicht zuletzt die Vertreter der Wissenschaft mitarbeiten. Bei der Auswahl jener Gebiete, die als Betriebsbaugebiete aufgeschlossen werden sollen, sind Ausschüsse des Wirtschaftsbeirates eingeschaltet. Sie begutachten auch die Ansiedlungswünsche der Firmen, die in den Genuß eines geförderten Baurechtsgrundes kommen wollen.

Betriebsansiedlung kann sowohl vom Interessensstandpunkt der Stadt als auch von jenem des Betriebes nicht losgelöst von den weltwirtschaftlichen Rahmenbedingungen betrachtet werden, die sich im letzten Jahrzehnt grundlegend verändert haben. Es zeichnet sich ein neues Muster der internationalen Arbeitsteilung ab. Preiserhöhungen bei den Energieträgern und anderen Rohstoffen und der Eintritt der Schwellenländer in das Weltwirtschaftsgeschehen lassen nur jene Produktionen als zukunftsweisend erscheinen, die einerseits Rohstoffe so sparsam wie möglich verwenden und andererseits einen Grad an Technologie erreichen, der die Konkurrenzfähigkeit gegenüber den Schwellenländern gewährleistet. Die allgemeine Ansicht in der österreichischen Wirtschaftspolitik, daß die Voraussetzungen für ein derartiges qualitatives Wachstum geschaffen werden müssen, hat eine besondere Bedeutung für die Stadt. Grundlage für diese wirtschaftliche Erneuerung ist die Existenz von Hochschulen, von Forschungsinstituten und anderen Einrichtungen der wissenschaftlich-technischen Infrastruktur. Auf derartige Quellen der Wissenschaft können nur forschungsintensive Unternehmen greifen, die an Produktionsstandorten in Ballungsgebieten das besonders ausgebildete Personal vorfinden, die diese Betriebe auf den relativ neuesten Stand der Technik bringen können. Innovation ist auch ohne qualifizierte Arbeitskräfte, die für die Einführung neuer Produktionen erforderlich sind, kaum denkbar. Diese in Wien vorhandenen Voraussetzungen bieten gerade in dieser Zeit des Strukturwandels Vorteile, die von jenen Unternehmen genützt werden können, denen langfristig Zukunftschancen einzuräumen sind. Solchen Betrieben gilt naturgemäß das besondere Interesse der Stadt. Seinen Niederschlag hat dies in der Gründung der Wiener Innovationsgesellschaft durch die Stadt Wien und die Zentralsparkasse und Kommerzialbank, Wien gefunden, die speziell Vorhaben fördert, die der Entwicklung und Anwendung neuer Technologien, neuer Produkte, neuer Dienstleistungen und Verfahren dienen, mit denen dem Wandel der Nachfragestruktur oder den Anforderungen nach höheren Qualitäten entsprochen oder eine Senkung der Produktionskosten erreicht werden kann. Das sind insbesondere die Entwicklung und Anwendung von Produkten und Verfahren mit hoher Wertschöpfung, technische Neuerungen bei Produkten und Produktionsverfahren, die auf neuen technologischen Erkenntnissen beruhen, wobei besonders die Verbesserung der Arbeitsqualität, die Senkung des Energieverbrauches und die Verringerung der Abhängigkeit von knappen Rohstoffen im Vordergrund stehen. Betrieben, die ihren Sitz in Wien haben oder sich in Wien niederlassen, werden für diese Vorhaben Zuschüsse im Ausmaß bis zu 40% der Gesamtkosten gewährt, die bei Mißerfolg als verlorene Zuschüsse gelten und im Erfolgsfall zuzüglich einer Risikoprämie zurückzuzahlen sind. Auf diese Weise hat die Gesellschaft seit der Gründung bis Ende 1981 51 Projekte gefördert und dadurch zur Entwicklung zukunftsträchtiger Produkte beigetragen.

Wenn sich die Stadt Wien besonders um die Schaffung derartiger Produktionsstätten bemüht, ist darin ökonomisch begründete Strukturpolitik, aber auch ein positiver Beitrag zum Wettbewerb mit anderen Gebietskörperschaften zu erkennen. Nicht die Werbung um einen Betrieb mit möglichst niedrigen Grundpreisen und billigen Arbeitskräften, vor allem in Problemgebieten, soll bei der Wahl des Betriebsstandortes ausschlaggebend sein, sondern eine sinnvolle Arbeitsteilung zwischen Stadt und Umland. Betriebe mit großem Flächenbedarf je Beschäftigten und mit Produktionsverfahren, die sich aufgrund der entstehenden Emissionen nicht für das dichtbebaute Gebiet eignen, erbringen mittelfristig gesehen sowohl volks- als auch betriebswirtschaftlich außerhalb des Stadtgebietes höheren Nutzen.

Strukturwandel und Strukturverbesserung ist durch die Ausnutzung heimischer Kapazitäten allein nicht zu bewerkstelligen. Die Ansiedlung neuer Betriebe mit modernen Verfahren und Fertigungstechniken dient der Belebung der Wiener Wirtschaft und der Beschleunigung des Entwicklungsprozesses. Ohne die Aufschließung neuer Betriebsbaugebiete wäre es nicht möglich gewesen, bei schärfstem internationalen Wettbewerb Projekte, wie die Errichtung des Computerzentrums und des Videorecorderwerkes der Firma Philips oder des Motoren- und Getriebewerkes von General Motors, nach Wien zu bringen. Bei derartigen Vorhaben mit einer hohen Anzahl von Beschäftigten, zukunftsweisender Technologie und hohem Investitionsvolumen sind alle westeuropäischen Industrienationen um die Realisierung auf ihrem Gebiet bemüht. Die Aufschließung von Betriebsbaugebieten trägt aber auch maßgeblich zur Entwicklung der ansässigen Unternehmen bei. Betriebe sind an ihren traditionellen städtischen Standorten in ihrer Entwicklungsfähigkeit behindert und aufgrund der räumlichen Beengtheit in ihrem weiteren Wachstum gehemmt. Bauliche Erweiterungen, die oft Voraussetzung für die Inangriffnahme zukunftsweisender Produktionen sind, würden die Kapazität der vorhandenen Grundstücke überschreiten oder sind aufgrund der Flächenwidmung nicht möglich. Die Produktion in den traditionellen, mehrgeschossigen Fabriksgebäuden beeinträchtigt die Konkurrenzfähigkeit von Unternehmen gegenüber jenen, die in ebenerdigen Hallen kostengünstiger erzeugen können. In den Betriebsbaugebieten wird Betrieben die Möglichkeit geboten, den geänderten wirtschaftlichen Bedingungen entsprechend ihre Produktion neu zu organisieren und sich am Stadtrand zu etablieren. Ohne Bereitstellung aufgeschlossener Betriebsbaugebiete würden entwicklungsfähige Unternehmen entweder in das Umland verdrängt werden oder sie könnten bei Weiterbestehen am alten Standort nicht ihren vollen Beitrag zum Wachstum der Wiener Wirtschaft leisten. Die Verlagerung ermöglicht eine Verbesserung der Wettbewerbsfähigkeit der Unternehmen und damit der Struktur der Wiener Wirtschaft überhaupt. Die Notwendigkeit der Schaffung von Betriebsbaugebieten zeigt das Ergebnis einer Untersuchung, nach dem 80% der Betriebe, welche in den Jahren 1967 bis 1977 Wien verließen, ihren Entschluß auf standortmäßige und ansiedlungstechnische Unzulänglichkeiten zurückführten.

Aufschließung von Betriebsbaugebieten

Die Stadt Wien hat bereits in den 50er und 60er Jahren, in Erfüllung der kommunalen Aufgabe der Bereitstellung von Infrastruktur, die Voraussetzungen für den Bau neuer und die Erweiterung bestehender Betriebe durch den Bau von Straßen, den Anschluß an die öffentliche Wasserversorgung und das Kanalsystem sowie durch den Ausbau des Gas- und Stromnetzes geschaffen. Das in Wien im Vergleich zu Österreich langsamere Wirtschaftswachstum in den Jahren 1956 bis 1965 war mit ein Anlaß, eine Bestandsaufnahme und Analyse der Probleme und Entwicklungstendenzen der Wiener Wirtschaft vornehmen zu lassen. Die Untersuchungen ergaben, daß dieses tendenziell langsamere Wachstum der Wiener Wirtschaft unter anderem auf Engpässe auf dem Wiener Grundstücksmarkt sowie auf kräftige Ansiedlungsbestrebungen der Wiener Umlandgemeinden zurückzuführen war. Nachdem der Flächenmangel als limitierender Produktionsfaktor erkannt worden war, setzte als Maßnahme die gezielte Bereitstellung entsprechender Flächen für unter Raummangel leidende Betriebe ein. Um eine möglichst reibungslose Abwicklung der Aufschließung zu gewährleisten, wurde budgetär vorgesorgt, daß die erforderlichen Ausgaben für die Aufschließung mit Kanal, Wasser, Strom, Gas, öffentlicher Beleuchtung und Verkehrsflächen aus einem gesonderten Budgetansatz bestritten werden konnten. Auf diese Weise wurde im Jahr 1969 vom Gemeinderat die Aufschließung von Betriebsbaugebieten im Ausmaß von 107 ha mit einem Kostenaufwand von 280 Mio. S beschlossen. Diese ersten Betriebsbaugebiete sind im 21. Bezirk, beiderseits der Scheydgasse, im 22. Bezirk auf den ehemaligen Trabrennvereinsgründen, im 23. Bezirk nördlich der Perfektastraße und im 14. Bezirk im Bereich Auhof gelegen. Es wurden dort 52 Betriebe angesiedelt, die am neuen Standort rund 1,3 Mrd. S investierten und 6.000 Arbeitsplätze geschaffen haben.

1970 genehmigte der Gemeinderat die Aufschließung von sechs weiteren Betriebsbaugebieten mit einem Ausmaß von 77,5 ha und Kosten von 128,4 Mio. S. Auf diese Weise wurden die Betriebsbaugebiete Simmeringer Hauptstraße, im 21. Bezirk die Gebiete Schönthalergasse und

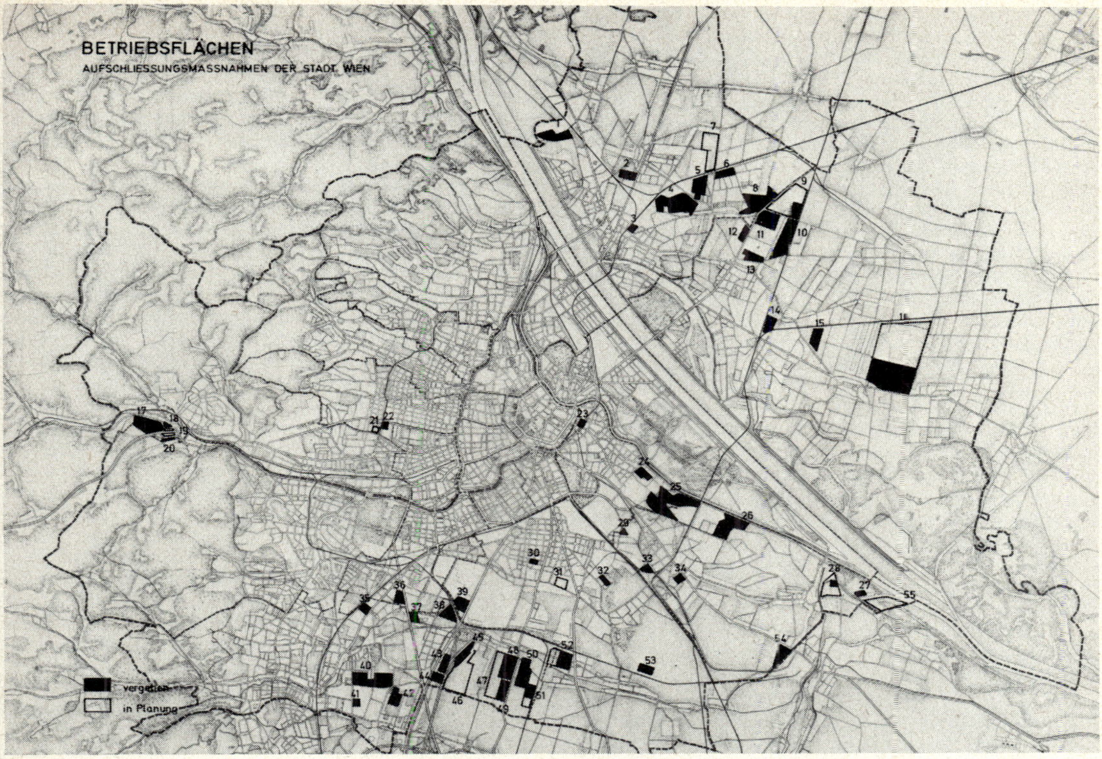

1 Scheydgasse
2 Trillergasse
3 Pilzgasse
4 Siemensareal
5 Schönthalergasse
6 Oswald-Redlich-Straße
7 Allißengasse
8 Julius-Ficker-Straße
9 Industriepark Nord
10 Iberisweg
11 Trabrenngründe
12 westl. Wagramer Straße
13 Am langen Felde
14 Dr.-Otto-Neurath-Gasse
15 Haschagründe
16 Aspern
17 Auhof
18 alte Wientalstraße
19 Autohof
20 Raststätte
21 Huttengasse
22 Kendlerstraße
23 Detailmarkt Landstraße
24 St. Marx, Fleischzentrum
25 Erdberger Mais
26 Simmeringer Haide I
27 Albern I
28 Albern II
29 Brehmstraße
30 Schröttergasse
31 Schleiergasse
32 Moselgasse
33 Grillgasse
34 Simmeringer Hauptstraße II
35 Wiegelestraße
36 Sagedergasse
37 Altmannsdorfer Straße
38 Gelbe Haide
39 Triester Straße West
40 nördl. Perfektastraße
41 Brunner Straße
42 Wiener Flur
43 Zetschegasse
44 erw. Zetschegasse
45 Drasche West I
46 Drasche West II
47 Drasche Ost III
48 Drasche Ost II
49 Drasche Ost I
50 Blumental
51 östl. Großgrünmarkt
52 Aldergründe
53 östl. Kuranlage Oberlaa
54 Simmeringer Hauptstraße
55 Frachtenzentrum

Julius-Ficker-Straße und im 23. Bezirk die Betriebsbaugebiete Blumental, Zetschegasse und Altmannsdorfer Straße geschaffen. Auf den aufgeschlossenen Grundstücken wurden 49 Betriebe angesiedelt, die rund 1 Mrd. S investierten. In diesen neuen Betrieben fanden 4.000 Menschen Arbeit. Die Erfahrungen mit den beiden ersten großen Aufschließungsvorhaben zeigten, daß aus Gründen der besseren Überschaubarkeit die Zerlegung in einzelne Betriebsbaugebiete vorteilhafter ist. In der Folge wurden daher vom Gemeinderat nur mehr Genehmigungen in diesem Sinn eingeholt. Das erste derartige Projekt war die Aufschließung des Betriebsbaugebietes Simmeringer Haide I mit einer Fläche von 41,2 ha und Kosten von 55,9 Mio. S. In diesem Gebiet konnten sechs Betriebe mit einem Investitionsvolumen von 1,2 Mrd. S und rund 2.400 Beschäftigten angesiedelt werden. Zur gleichen Zeit wurden auch die Arbeiten an der Erschließung des Siemensareals im 21. Bezirk und im 3. Bezirk das Betriebsbaugebiet Erdberger Mais in Angriff genommen. Anhand dieser beiden Vorhaben lassen sich die unterschiedlichen Aufgabenstellungen und der daraus resultierende stark differierende Zeitraum für die Verwirklichung dokumentieren.

Bei der Aufschließung des Siemensareals war die Infrastruktur für eine Fläche zu schaffen, die bereits überwiegend im Eigentum eines Betriebes stand, mangels entsprechender Aufschließung aber nicht genutzt werden konnte. Durch die Arrondierung dieser Fläche mit städtischem Besitz waren die räumlichen Voraussetzungen für einen expandierenden Betrieb geschaffen, der nicht nur wegen der unmittelbar folgenden, sondern auch durch die laufenden weiteren Investitionen, die sich bis in die jüngste Zeit fortsetzen, für die Stadt bedeutsam ist.

Bei der Beschlußfassung über das Betriebsbaugebiet Erdberger Mais, das ein Planungsgebiet von 83 ha umfaßt, war demgegenüber von Beginn an aufgrund der komplizierten Bestandsverhältnisse klar, daß eine Aufschließung und Besiedlung nur langsam und schrittweise erfolgen kann. Die Inangriffnahme dieses schwierigen Gebietes hat aber die Möglichkeit eröffnet, in zentraler Lage und bei besten Verkehrsverbindungen Betriebsflächen für Unternehmungen zu schaffen, die entweder dem Schlachthof zugeordnet sind und das räumliche Naheverhältnis auch wirtschaftlich nützen können oder denen die Vorteile der städtischen Agglomeration besonders zugute kommen. Diesen ersten Betriebsbaugebieten folgten bis zum Jahr 1974 aufgrund der großen Nachfrage Betriebsbaugebiete im Ausmaß von insgesamt 147 ha. Dabei war der Ausbau dadurch gekennzeichnet, daß der hiefür erforderliche Grundbesitz bereits vorhanden war oder relativ problemlos erworben werden konnte.

In den Jahren 1974 bis 1976 wurde die Aufschließungstätigkeit durch die fühlbar werdende Grundstücksverknappung und die konjunkturelle Situation in ihrer bisherigen Dynamik deutlich gebremst. 1976 konnte mit der Verwertung der Draschegründe begonnen werden, die bislang das letzte größere Betriebsbaugebiet darstellen, das sich durch zusammenhängenden städtischen Grundbesitz auszeichnet.

Von den Vorhaben der jüngsten Zeit sollen wegen ihrer besonderen Bedeutung die Aufschließungen für das Videorecorderwerk der Firma Philips und für das Motoren- und Getriebewerk von General Motors hervorgehoben werden. Während die Aufschließung für die Firma Philips mit einer Fläche von 15 ha als Betriebsaufschließung im herkömmlichen Sinn verstanden werden kann, aufgrund derer durch Investitionen von 610 Mio. S 2.900 zukunftsorientierte Arbeitsplätze geschaffen wurden, sprengt das Betriebsbaugebiet Flughafen Aspern die bisherigen Dimensionen. Die Bedeutung dieses Vorhabens geht weit über die 7,8 Mrd. S Investitionen von General Motors und die damit verbundenen 3.000 Beschäftigten hinaus. Die durch das Projekt im 22. Bezirk ausgelösten verbesserten Verkehrsbedingungen und die erstmalige Aufschließung von weiten Teilen dieses Bezirkes durch die öffentliche Kanalisation wird ebenso wie die Heranführung von Fernwärme die Entwicklung eines ganzen Bezirksteiles vorantreiben und dessen Bewohnern zu verbesserten Lebensbedingungen verhelfen.

Die Auswahl der Gebiete, welche zu Betriebsbaugebieten aufgeschlossen werden, erfolgte unter dem Gesichtspunkt, daß die Preise für die Betriebsbauflächen möglichst günstig für den ansiedlungswilligen Betrieb gestaltet werden und die neuen Arbeitsplätze für die Beschäftigten leicht erreichbar sein sollten. Es wurde demnach getrachtet, vorrangig jene Gebiete aufzuschließen, bei denen ein hoher Anteil städtischen Grundbesitzes bereits vorhanden war bzw. günstig erworben werden konnte. Ebenso maßgebend waren aber auch die zu erwartenden Kosten für die beizustellende Infrastruktur. Die Betriebsbaugebiete sollten auch an Wohnbaugebiete angrenzen, ohne auf diese störende Einflüsse auszuüben, um möglichst kurze Arbeitswege zu gewährleisten. Um diesen Erfordernissen gerecht zu werden, waren von der Verwaltung umfangreiche Vorarbeiten, teilweise unter Beiziehung externer Sachverständiger, zu bewältigen. Die besonders aufwendige Koordinierung der technischen Dienststellen, denen vorerst bei der Ermittlung der Kosten der erforderlichen Aufschließung und sodann bei der Baudurchführung besondere Bedeutung zukommt, gab Anlaß zur Bestellung eines Projektleiters in der Stadtbaudirektion. Im Zusammenhang mit der gesonderten Beistellung der für die Aufschließung benötigten Finanzierungsmittel war es möglich, entsprechend der von Gutachtern gestellten Forderung jährlich 25 ha Betriebsflächen für die Wiener Wirtschaft zur Verfügung zu stellen.

Serviceleistungen für Betriebe

Aktive Betriebsansiedlungspolitik bedeutet weit mehr als den Verkauf einer aufgeschlossenen Fläche an einen interessierten Betrieb. Um im internationalen, aber auch im innerösterreichischen Wettbewerb bestehen zu können, bedarf es neben der Werbung für den Wirtschaftsstandort Wien einer konsequenten Betreuung der ansiedlungswilligen Firmen. Der Entschluß zur Gründung einer Betriebsstätte stellt die Unternehmensleitung vor allem kleinerer und mittlerer Betriebe aufgrund der Vielzahl und der Tragweite der zu fällenden Entscheidungen vor große Probleme. Die Errichtung der Betriebsstätte erfolgt zumeist unter Zeitdruck, um die Zeitspanne zwischen dem Grundstückserwerb und der Betriebsaufnahme möglichst gering zu halten und dadurch die Finanzierungskosten bis zur Produktionsaufnahme zu drücken. Dem daraus entstehenden Bedürfnis der Wirtschaft nach einem Partner, der in der Lage ist, rasche und unbürokratische Entscheidungen zu treffen und bei den vielfältigen behördlichen Verfahren Hilfestellung zu leisten, wurde im Jahr 1968 durch die Gründung der Wiener Betriebsansiedlungsgesellschaft (WIBAG) Rechnung getragen. Während anderen ausländischen Betriebsansiedlungsgesellschaften vorwiegend die Aufgabe der Beratung und Auskunftserteilung an die interessierten Betriebe übertragen wurde, ist der Aufgabenbereich der Wiener Betriebsansiedlungsgesellschaft wesentlich weiter gezogen. Zielsetzung bei der Gründung der Gesellschaft war neben der Arrondierung der von der Stadt Wien übertragenen Liegenschaften der selbständige Erwerb von Flächen und deren Verkauf an Unternehmen. Die WIBAG unterstützt die Betriebe bei der von ihnen gewünschten raschen Betriebsaufnahme auch dadurch, daß bei den neu aufgeschlossenen Grundstücken die bauordnungsmäßige Höhenlage hergestellt und die Fernmeldever-

Betriebsbaugebiet 23, Draschegründe West I · Fa. IGVA

Betriebsbaugebiet 22, Trabrenngründe · Fa. Kühler und Metallwaren
Foto: Photostudio Miro Sirotek, 1150 Wien, Oeverseestraße 45

Betriebsbaugebiet 22, Iberisweg · Fa. Economos

Betriebsbaugebiet 10, Triester Straße West · Philips Computer-Zentrum · Hintergrund: Wohnpark Alt-Erlaa sorgung bei der Post- und Telegraphendirektion vorfinanziert wurde, um rechtzeitig ein ausreichendes Angebot an Telefon- und Telexanschlüssen zu bieten. Seit ihrer Gründung im Jahr 1968 bis zum Jahr 1981 hat die Gesellschaft 156 Betriebe angesiedelt.

Die Erfahrungen der ersten Jahre der konzentrierten Betriebsansiedlung zeigten, daß für kleine und mittlere Betriebe dadurch besondere Probleme entstehen können, daß das vorhandene Betriebskapital anläßlich einer Betriebsneugründung oder einer Betriebsverlagerung zum Großteil für den Grundankauf aufgewendet werden muß und für die notwendigen Investitionen wenig Spielraum bleibt. Das kann dazu führen, daß Investitionsentscheidungen hinausgeschoben, wenn nicht sogar gänzlich zurückgestellt werden. Der Gemeinderat beschloß daher im Jahr 1976 die „Aktion Baurechtsgründe" mit dem Ziel, kleinen und mittleren Betrieben in hohem Maße Unterstützung zu bieten, um die Kapitalbindung, die durch einen Grundankauf entsteht, an einen für den Betrieb günstigeren Zeitpunkt zu verlegen. Der Erwerb eines Baurechtsgrundes bietet den Vorteil, daß für die erforderlichen Kredite eine grundbuchmäßige Sicherstellung erfolgen kann. Im Rahmen dieser Aktion wird den Betrieben die Möglichkeit eingeräumt, mit der Stadt Wien einen günstigen Baurechtsvertrag abzuschließen und mittels einer Kaufoption den späteren Erwerb offen zu halten. Mit dem Baurechtsvertrag wird dem Betrieb auf Dauer von 35 Jahren das Baurecht an einem unbelasteten Grundstück gegen Bezahlung eines jährlichen Baurechtszinses in Höhe von 10% des Freigrundwertes übergeben. Der Baurechtswerber verpflichtet sich seinerseits, das von ihm eingereichte Projekt zu verwirklichen. Gleichzeitig wird ihm die Option eingeräumt, das Grundstück in einem Zeitraum von fünf bis 25 Jahren zu erwerben, wobei als Kaufpreis der Verkehrswert der Liegenschaft vereinbart wird. Auf die Dauer dieses Baurechtsvertrages gewährt die Stadt Wien einen Bauzinszuschuß, der sich aus der Differenz zwischen dem im Baurechtsvertrag festgelegten Bauzins und einem fiktiven Bauzins, der sich am durchschnittlichen Grundpreis in der Umgebung Wiens orientiert, errechnet. Bei fristgerechter Ausübung der Option wird der Kaufpreis ermäßigt, wobei ebenfalls die Höhe des Grundpreises in der Umgebung maßgeblich ist.

Die Finanzierung der Betriebsansiedlung wird auch durch die nach der Wiener Strukturverbesserungsaktion möglichen Zuschüsse gefördert. Diese in der heutigen Form im Jahr 1976 vom Gemeinderat beschlossene Aktion besteht in der Gewährung von Baukostenzuschüssen an Unternehmungen, die Betriebsobjekte für Forschung, Produktion oder lagerintensiven Großhandel errichten. Um den modernen Finanzierungserfordernissen Rechnung zu tragen, wurde es auch ermöglicht, bei im Leasing-Verfahren errichteten Gebäuden die Förderung dann zu gewähren, wenn sich die Leasing-Firma verpflichtet, den Vorteil an den Vertragspartner weiterzugeben.

Neben den Förderungen durch die Stadt Wien besteht für Betriebe auch häufig die Möglichkeit, Förderungsaktionen des Bundes in Anspruch zu nehmen. Schon seit dem Beginn der konzentrierten Betriebsansiedlung wurden Antragsteller hinsichtlich dieser Förderungsmöglichkeiten und deren optimaler Anwendung beraten. Nach der Gründung des Informationszentrums für die Wiener Wirtschaft (IZW) im Jahr 1978 durch die Stadt Wien und die Zentralsparkasse und Kommerzialbank, Wien wurden umfassende Finanzierungsberatungen als Teil der allgemeinen Information über Fragen der Wirtschaft in Wien auch im Informationszentrum für die Wiener Wirtschaft durchgeführt.

Für die Entscheidung über einen neuen Standort ist oft auch die Frage von großer Bedeutung, daß die erforderlichen Energieträger wie Strom, Gas oder Fernwärme in ausreichendem Maß zur Verfügung stehen, eine hohe Versorgungssicherheit besteht und überdies die Kosten möglichst gering gehalten werden. Um eine sichere Versorgung zu gewährleisten, wird bei der Projektierung und Herstellung von Leitungen darauf Bedacht genommen, geschlossene Systeme zu schaffen. Damit ist eine zweite Versorgungsmöglichkeit gegeben, die bei Störungen im Netz Produktionsunterbrechungen weitgehend hintanhält. Die Mehrkosten dafür werden von der Stadt getragen, den Betrieb treffen lediglich die Kosten für den Anschluß an die unmittelbar vor dem Grundstück liegenden Versorgungseinrichtungen. Beim Stromanschluß sind die Kosten für die notwendigen Transformatoren dadurch reduzierbar, daß sie durch die Bildung von Trafogemeinschaften von mehreren Betrieben getragen werden.

Die Stadt steht ansiedlungswilligen Betrieben hilfreich auch durch die Beschaffung vor für die Entscheidung relevanten Daten aller Art zur Seite, wobei das Informationsbedürfnis bei Ansiedlung ausländischer Unternehmungen besonders groß ist. Für größere Betriebsbaugebiete wurden daher Untersuchungen über die Struktur der im Einzugsbereich wohnhaften Bevölkerung angestellt, um verläßliche Aussagen über das vorhandene Potential an Arbeitskräften machen zu können.

Zur weiteren Verbesserung der Dienstleistungen wurde 1981 vom Gemeinderat die Gründung des Wiener Wirtschaftsförderungsfonds beschlossen, wodurch der Ansiedlungswerber die Möglichkeit bekam, in allen maßgeblichen Fragen, nämlich der Bereitstellung von Grund und Boden, von Förderungsmitteln und einer effizienten Beratung, einen einzigen Partner zu haben, der ihn kompetent betreut. Die Stadt Wien hat durch Übertragung von Grundvermögen und Barwerten die materielle Basis geschaffen, die Betriebsansiedlung in Wien erfolgreich weiterzuführen.

Einkaufserlebnis
Wenn Preis,
Qualität, Auswahl
und Beratung
stimmen, wird der
Einkauf zum Erlebnis.
Zum modischen,
sportlichen, häuslichen,
familien-
freundlichen
Erlebnis!
MITGLIEDERVORTEIL
1%
RÜCKVERGÜTUNG
P
Parkplatz gleich gegenüber
in der Kaiserstraße.
Stafa
Wien 7,
Mariahilfer Straße 120
... gut beraten
... gut gekauft

INDEX

GESETZBLATT DER STADT WIEN UND LANDESGESETZBLATT FÜR WIEN VOM 30. OKTOBER 1945 BIS 31. DEZEMBER 1982

LGBl. Nr.

*) Das Gesetzblatt der Stadt Wien erhielt ab 14. Februar 1946 infolge des Überganges der Verfassung 1920 wieder den Namen Landesgesetzblatt für Wien.

LGBl. Nr.

ORTSPOLIZEILICHE VERORDNUNGEN

Im Jahr 1982 erschienene ortspolizeiliche Verordnungen

Verordnung des Magistrats der Stadt Wien vom 13. Mai 1982, MA 62-I/12/82, betreffend die Reinhaltung von Grundstücken und Baulichkeiten (Reinhalteverordnung 1982), Amtsblatt der Stadt Wien Nr. 21

Auf Grund der §§ 76 und 108 der Wiener Stadtverfassung wird verordnet:

Reinhaltung von öffentlichen Grundstücken und Einrichtungen

§ 1. (1) Das Verunreinigen von im öffentlichen Gut stehenden Grundstücken, insbesondere der Straßen und Plätze, Gehwege, Unterführungen, Brücken, Straßenböschungen, Gräben und Flußufer, sowie von in öffentlichem Eigentum stehenden Einrichtungen (Geländer, Lichtmaste, Schaltkästen usw.) durch Schutt, Erde und Aushubmaterial, Hauskehricht und sonstige Abfälle aller Art, durch Ausgießen von Flüssigkeiten, durch faulende oder fäulniserregende Substanzen sowie durch Stalljauche oder Unrat ist verboten.

(2) Das Verunreinigen von Grundflächen und Einrichtungen im Sinne des Abs. 1 mit Farbe und sonstigen färbenden Stoffen sowie durch unbefugtes Bekleben ist gleichfalls verboten.

(3) Vom Verbot des Abs. 1 ausgenommen ist das Hinauskehren oder Abrinnenlassen des Waschwassers auf den Gehsteig beim Reinigen von Hausfluren oder von sonstigen Gebäudeteilen, wenn dies auf andere Weise nicht bewerkstelligt werden kann; hiebei ist auf die Passanten Rücksicht zu nehmen und das Wasser vom Gehsteig unverzüglich wieder abzukehren und das Rinnsal zu reinigen. Dieses Verbot gilt ferner auch nicht für das Streuen von zur Tierfütterung bestimmten Substanzen, sofern zu erwarten ist, daß diese im Hinblick auf ihre Art und geringe Menge von Vögeln rasch aufgenommen werden.

§ 2. Das Wegwerfen und Fallenlassen von Papier (Zeitungsblättern, Ankündigungszetteln, Fahrscheinen, Papierabfällen und dergleichen) und von aus anderen Stoffen bestehendem Verpackungsmaterial auf öffentlichen Grundstücken ist verboten.

§ 3. Es ist untersagt, in die dem öffentlichen Gebrauch dienenden Abfallsammelbehälter andere als im Freien anfallende kleinere Abfälle, wie Papier und Speiserückstände, zu legen und die für besondere Zwecke (zum Beispiel für auf Märkten anfallende Abfälle oder für Betriebszwecke der öffentlichen Straßenreinigung) aufgestellten Müllsammelgefäße sowie die für bestimmte Altmaterialien (zum Beispiel für Weiß- oder Buntglas) bereitgestellten Sammelgefäße widmungswidrig zu verwenden.

Reinhaltung von im Privateigentum stehenden Gebäuden, Höfen und Grundstücken

§ 4. Das Innere von im Privateigentum stehenden Gebäuden, dessen Benützung auf Grund eines Privatrechtes bestimmten Personen vorbehalten bleibt und das anderen Hausbewohnern oder hausfremden Personen nicht frei zugänglich ist (insbesondere Wohnungen, dazugehörige sanitäre Anlagen und Kellerabteile), muß so reingehalten werden, daß durch die Art und das Ausmaß der Benützung weder ein die Sicherheit oder Gesundheit von Menschen gefährdender Mißstand noch eine unzumutbare Belästigung der Nachbarschaft (zum Beispiel durch üblen Geruch oder Ausbreitung von Ungeziefer) entsteht.

§ 5. Das Verunreinigen von anderen als den im § 4 genannten Teilen (zum Beispiel von Stiegenanlagen, Gängen und Hausfluren sowie von nicht der individuellen Benützung vorbehaltenen Keller- und Dachbodenteilen) der im Privateigentum stehenden Gebäude sowie von im Privateigentum stehenden Höfen und Grundstücken ist verboten. Als Verunreinigen gilt das Wegwerfen und Ausgießen sowie jegliches Ablagern von Abfällen, wie insbesondere Schutt, Aushubmaterial, altem Hausrat, Gerümpel, Fahrzeug-, Maschinen- und Gerätewracks oder Teilen davon, alten Fahrzeugreifen, Haus- und Hofkehricht, Asche und Schlacke, Ruß, Speisen oder Speiserückständen, Lumpen, Scherben, Knochen, Metallen, Blechdosen, Altpapier sowie hauswirtschaftlichen, pflanzlichen und betrieblichen Abfallprodukten und von anderen, für den bestimmungsgemäßen oder einen sonstigen sinnvollen Gebrauch augenscheinlich nicht mehr geeigneten oder solchen Gegenständen, deren sich der Inhaber nach den Umständen des Falles offenbar entledigen wollte, ferner das Verrichten der Notdurft außerhalb von sanitären Anlagen. Das Streuen von zur Tierfütterung bestimmten Substanzen gilt nicht als Verunreinigung, sofern zu erwarten ist, daß diese im Hinblick auf ihre Art und geringe Menge sowie auf den Ort des Streuens von Vögeln rasch aufgenommen werden.

§ 6. Auf Stiegenanlagen, Gängen und Hausfluren sowie in nicht der individuellen Benützung vorbehaltenen Keller- und Dachbodenteilen dürfen Kisten, Kartons, Kübel und sonstige Behältnisse, in denen Abfälle aufbewahrt sind, nicht aufgestellt werden.

§ 7. (1) Übelstände im Sinne der §§ 4 bis 6 hat der Eigentümer (Miteigentümer) des Gebäudes, außerhalb von Gebäuden der Grundeigentümer (Grundmiteigentümer), im Falle einer Verpachtung, Vermietung oder sonstigen Überlassung zur Nutzung jedoch der Pächter, Mieter oder Nutzungsberechtigte, ohne unnötigen Aufschub zu beseitigen.

(2) Dieser Verpflichtung trifft den Stellvertreter (Verwalter des Gebäudes oder Grundstückes) an Stelle des Eigentümers (Miteigentümers), wenn der Übelstand ohne Veranlassung und Vorwissen des Eigentümers besteht. Der Eigentümer (Miteigentümer) ist neben dem Stellvertreter verantwortlich, wenn er es bei dessen Auswahl oder Aufsicht an der nötigen Sorgfalt fehlen ließ.

(3) Verunreinigungen durch tierische Ausscheidungen in Gebäuden und Höfen hat der Tierhalter unverzüglich zu beseitigen. Kommt der Tierhalter dieser Verpflichtung nicht nach oder ist ein solcher nicht vorhanden, finden Abs. 1 und 2 sinngemäß Anwendung.

Reinhaltung von Einrichtungen zur Tierhaltung

§ 8. (1) Einrichtungen zur Tierhaltung (Stallungen usw.) sind in einem solchen Zustand zu halten, daß kein die Sicherheit oder Gesundheit von Menschen gefährdender Mißstand entsteht, das Einnisten von Mäusen und Ungezifer nicht begünstigt und die Nachbarschaft nicht unzumutbar belästigt wird.

(2) Bereits verwendete, übelriechende Stallstreu darf im Freien nicht ausgebreitet und getrocknet werden. Gesammelter Unrat ist zu beseitigen, sofern er nicht in baubehördlich genehmigten Mist- oder Düngergruben aufbewahrt wird.

(3) Für die Pflicht zur Beseitigung von Übelständen im Sinne der Abs. 1 und 2 gelten die Bestimmungen des § 7 Abs. 1 und 2.

Behördliche Aufträge und Anordnungen

§ 9. Wird der Verpflichtung zur Beseitigung eines Übelstandes im Sinne der §§ 4 bis 8 nicht entsprochen, hat der Magistrat aus öffentlichen Rücksichten, unbeschadet zivilrechtlicher Ersatzansprüche und der verwaltungsstrafrechtlichen Verantwortlichkeit, dem Eigentümer (Miteigentümer) des Gebäudes oder der Grundfläche mit Bescheid die Beseitigung des Übelstandes aufzutragen. Im Falle einer Verpachtung, Vermietung oder sonstigen Überlassung von Gebäuden, Gebäudeteilen oder Grundflächen zur Nutzung ist dieser Auftrag auch dem Pächter, Mieter oder Nutzungsberechtigten zu erteilen.

§ 10. Besteht in Wohnungen oder sonstigen Unterkünften durch mangelnde Reinhaltung ein Mißstand im Sinne des § 4 und kommen die zu seiner Beseitigung Verpflichteten einem gemäß § 9 erteilten Auftrag nicht innerhalb der festgesetzten Leistungspflicht nach, hat der Magistrat aus öffentlichen Rücksichten die weitere Benützung der Unterkünfte im erforderlichen Umfang zu untersagen und nötigenfalls die Räumung zu verfügen. Dies gilt sinngemäß auch für Einrichtungen zur Tierhaltung.

§ 11. Die Wirksamkeit der gemäß §§ 9 und 10 erlassenen Bescheide wird durch einen Wechsel in der Person des Eigentümers (Miteigentümers) nicht berührt.

§ 12. Besteht infolge eines Übelstandes im Sinne der §§ 4 bis 8 eine die Sicherheit oder Gesundheit von Menschen unmittelbar bedrohende Gefahr oder führt ein Übelstand zu einer so unzumutbaren Belästigung der Nachbarschaft, daß sie infolge ihrer Intensität aus hygienischen Gründen sofortiger Abhilfe bedarf, kann der Magistrat die in den §§ 9 und 10 vorgesehenen Maßnahmen auch ohne vorangegangenes Verfahren auf Kosten jener Personen anordnen und durchführen, die nach §§ 9 und 10 als Bescheidadressaten in Betracht gekommen wären. Kosten, die nicht sogleich bezahlt werden, sind mit Bescheid vorzuschreiben.

§ 13. Die Eigentümer, deren Stellvertreter sowie die Pächter, Mieter oder Nutzungsberechtigten sind verpflichtet, den mit der Feststellung eines Übelstandes betrauten Organen des Magistrats sowie den mit der Durchführung von Maßnahmen nach § 12 beauftragten Personen den Zutritt zu den vom Übelstand betroffenen Objekten zu ermöglichen.

Abgrenzungsbestimmungen

§ 14. (1) Die Bestimmungen dieser Verordnung sind nicht anwendbar auf:

1. Das Ablagern von produktionsbedingten Abfällen aus Landwirtschafts- und Gärtnereibetrieben sowie von pflanzlichen Abfällen in hiefür vorgesehenen Düngergruben oder zum Zweck der Kompostierung oder Weiterverwendung;
2. Ablagerungen, die auf Grund anderer Rechtsvorschriften zulässig oder genehmigt sind;
3. Handlungen oder Unterlassungen, die nach der Magistratskundmachung vom 28. August 1951, Amtsblatt der Stadt Wien Nr. 76, in der Fassung der Kundmachung vom 19. September 1967, Amtsblatt der Stadt Wien Nr. 78, betreffend den Schutz der Gartenanlagen im Gebiet der Stadt Wien, verboten sind.

(2) Die Gebote und Verbote dieser Verordnung finden keine Anwendung auf Handlungen oder Unterlassungen, die schon nach einer bundes- oder landesgesetzlichen Regelung geboten oder verboten sind.

(3) Aufträge und Anordnungen im Sinne der §§ 9, 10 und 12 dürfen dann nicht erteilt werden, wenn die Beseitigung des Übelstandes auf Grund bundes- oder landesgesetzlicher Vorschriften verfügt oder angeordnet werden kann.

Straf- und Schlußbestimmungen

§ 15. Übertretungen dieser Verordnung werden mit Geldstrafen bis zu 3.000 S oder Arrest bis zu drei Wochen geahndet.

§ 16. (1) Diese Verordnung tritt mit 1. Juni 1982 in Kraft.

(2) Gleichzeitig treten die Verordnungen des Magistrats der Stadt Wien vom 10. Dezember 1975, Amtsblatt der Stadt Wien Nr. 52, betreffend die Reinhaltung von Verkehrsflächen und Privatgrundstücken (MA 62 – I/336/75), beziehungsweise betreffend die Reinhaltung von Gebäuden, Innenhöfen und Einrichtungen zur Tierhaltung sowie die Verwendung von Senk- und Düngergruben (MA 16 – 850/75) außer Kraft.

(3) Die nach den außer Kraft tretenden Verordnungen bereits erteilten Aufträge und Anordnungen gelten als solche nach dieser Verordnung.

Verordnung des Magistrats der Stadt Wien vom 2. Juni 1982, MA 62-I/157/82, betreffend das Verbot der Ausübung des Reitsports auf den linksufrigen Donauregulierungsanlagen und auf der Donauinsel, Amtsblatt der Stadt Wien Nr. 25

Auf Grund der §§ 76 und 108 der Wiener Stadtverfassung wird verordnet:

§ 1. Zur Vermeidung von Belästigungen und Gefährdungen von Erholungssuchenden ist auf dem linksufrigen Donau-Hochwasserschutzdamm, im Inundationsgebiet des Donaustroms sowie auf der zwischen dem Donaustrom und der „Neuen Donau" gelegenen Insel (Donauinsel) im Bereich der Stadt Wien die Ausübung jeglichen Reitsports verboten.

§ 2. Diese Verordnung erstreckt sich nicht auf Straßen mit öffentlichem Verkehr, welche in das im § 1 umschriebene Gebiet hineinreichen.

§ 3. Diese Verordnung findet keine Anwendung auf strafbare Handlungen, die als Verwaltungsübertretungen nach den Bestimmungen des Forstgesetzes 1975, BGBl. Nr. 440, und des Wiener Feldschutzgesetzes, LGBl. für Wien Nr. 38/1969, in der Fassung des Gesetzes LGBl. für Wien Nr. 44/1974, zu ahnden sind.

§ 4. Übertretungen dieser Verordnung werden mit Geldstrafen bis zu 3.000 S oder mit Arrest bis zu drei Wochen geahndet.

§ 5. Diese Verordnung tritt mit 1. Juli 1982 in Kraft.

Verordnung des Magistrats der Stadt Wien vom 12. November 1982, MA 22-1218/82, betreffend die Einschränkung der Verwendung von bestimmten Auftaumitteln zur Vermeidung beziehungsweise Bekämpfung von Eis- und Schneeglätte (Auftaumittelverordnung 1982), Amtsblatt der Stadt Wien Nr. 47

Auf Grund der §§ 76 und 108 der Wiener Stadtverfassung wird verordnet:

§ 1. Auf allen für den öffentlichen Fahrzeug- oder Fußgängerverkehr bestimmten Verkehrsflächen, ausgenommen Autobahnen, Brücken und Stiegenanlagen, dürfen zur Bekämpfung von Eis- und Schneeglätte keine Auftaumittel verwendet werden, die Natrium oder Halogenide enthalten.

§ 2. (1) Für Flächen mit öffentlichem Fußgängerverkehr kann der Magistrat auf Antrag mit Bescheid Ausnahmen vom Verbot des § 1 gewähren, wenn es auf Grund der örtlichen Gegebenheiten (zum Beispiel steile Verkehrsflächen) im Interesse der Sicherheit von Personen oder Sachen erforderlich ist.

(2) Bewilligungen nach Abs. 1 sind nur auf bestimmte Zeit, erforderlichenfalls unter Auflagen, zu erteilen.

(3) Bewilligungen nach Abs. 1 sind zu widerrufen, wenn die Voraussetzungen, unter denen sie gewährt wurden, weggefallen sind.

§ 3. Wenn es die Sicherheit des öffentlichen Verkehrs erfordert, kann der Magistrat dem Straßenerhalter unter Festlegung von Ort und Dauer die Verwendung der im § 1 genannten Auftaumittel im unbedingt erforderlichen Ausmaß gestatten.

§ 4. Das Verbot des § 1 gilt für die Dauer von höchstens drei Tagen dann nicht, wenn der Einsatz von zulässigen Auftaumitteln oder von Streumitteln dadurch wirkungslos wird, daß diese durch Glatteis bildende Niederschläge in kurzer Zeit mit einer Eisschicht überzogen werden, dieser Zustand in weiten Teilen des Stadtgebiets auftritt und der Magistrat diesen Sachverhalt im Österreichischen Rundfunk bekanntgegeben hat.

§ 5. Übertretungen des § 1 sowie der in Bescheiden gemäß § 2 und § 3 vorgeschriebenen Auflagen sind mit einer Geldstrafe bis zu 3.000 S zu bestrafen.

§ 6. (1) Diese Verordnung tritt mit 1. Dezember 1982 in Kraft.

(2) Die Verordnung des Magistrats der Stadt Wien vom 4. Dezember 1975, betreffend das Verbot beziehungsweise die Einschränkung der Verwendung von Auftausalzen zur Vermeidung beziehungsweise Bekämpfung von Eis- und Schneeglätte, Amtsblatt der Stadt Wien Nr. 51/1975, in der Fassung der Verordnung vom 15. Dezember 1978, Amtsblatt der Stadt Wien Nr. 52/1978, tritt mit 1. Dezember 1982 außer Kraft.

Übersicht über die bisher erschienenen ortspolizeilichen Verordnungen

A. Nach Jahrgängen

94. Jahrgang – 1979/80

95. Jahrgang – 1980/81

96. Jahrgang – 1981/82

B. Alphabetisch

DER AMTSSCHIMMEL HILFT!

RAT UND AUSKUNFT

DER AMTSSCHIMMEL HILFT!

In diesem Abschnitt zeigt sich der Amtsschimmel nur von seiner guten Seite. Er galoppiert nicht, er bockt nicht, er ist nicht eigensinnig, hier will er nichts anderes als helfen, raten und führen. Zugleich will er zeigen, daß er besser ist als sein Ruf.

In den vielen Lebenslagen, die den Menschen von heute nötigen, ein Amt, eine Behörde aufzusuchen, bietet er seine hilfreiche Hand, um überflüssige Wege zu ersparen und sofort den richtigen Weg zu finden. Er gibt Anleitung, welche Unterlagen zu beschaffen oder mitzubringen sind, er gibt Aufklärung über die Leistungen der Gemeinde Wien auf den verschiedensten Gebieten.

Der Amtsschimmel ist auch nicht böse darüber, wenn ein eifriger Leser dieses Handbuches Druckfehler und andere Ungereimtheiten feststellt, denn davor ist auch der Amtsschimmel nicht gefeit. Es macht ihm nichts aus, wenn ihm Vorschläge für eine bessere Gestaltung dieses Buches gemacht werden. Auch der Amtsschimmel kann noch lernen! Die Leser werden daher ersucht, Anregungen und Vorschläge zur Gestaltung dieses Buches an die Redaktion des Handbuches der Stadt Wien, Büro des Magistratsdirektors, Rathaus, 1082 Wien, zu senden.

Hier ist der Amtsschimmel nicht das vielgelästerte ungebärdige Vieh, als das er dem einzelnen bisweilen entgegentritt und für das er dann verallgemeinernd gehalten wird, hier gibt er sich, wie er wirklich und normalerweise ist, wie er zehntausendfach täglich und stündlich in treuer Pflichterfüllung seinen Dienst versieht, als Diener am Menschen, als Diener am gemeinsamen Werk. Möge dieser Abschnitt seine Mission erfüllen: den Rat- und Hilfesuchenden nützen! Dann wiehert befriedigt

der Amtsschimmel

PRESSE- UND INFORMATIONSDIENST DER STADT WIEN

(MA 53)

Der Presse- und Informationsdienst (MA 53) hat nach der Geschäftseinteilung für den Magistrat der Stadt Wien den Verkehr und die Vermittlung des Verkehrs mit Vertretern der Publikationseinrichtungen wahrzunehmen.

Dazu gehören u. a.:

Herstellung von Druckwerken für die Öffentlichkeit

Herstellung und Verleih von Filmen, Tonbildschauen und anderen audiovisuellen Produkten

Durchführung von Rundfahrten und Führungen zur Information der Wiener Bevölkerung und der Besucher Wiens

Herausgabe der „Rathaus-Korrespondenz", des „Amtsblattes der Stadt Wien", des „Landesgesetzblattes für Wien", des „Amtlichen Wohnungstausch-Anzeigers", der Zeitschrift „wien aktuell magazin" und des Wochenblattes „Wien aktuell" sowie sonstiger Zeitschriften

Durchführung von Informationsausstellungen

Die täglich erscheinende „Rathaus-Korrespondenz" versorgt die Massenmedien mit Nachrichten aus der Wiener Stadtverwaltung. Eine wöchentliche Zusammenfassung der Meldungen unter dem Titel „RK-intern" gibt einen stichwortartigen Überblick über die Ereignisse der Woche. Die „RK-spezial" erscheint fallweise mit kommunalen Grundinformationen. Der diensthabende Redakteur ist unter Tel. 42 8 00*, 2971, Montag bis Freitag von 7.30 bis 19.30 Uhr (übrige Zeit Tonbanddienst) zu erreichen. Die neuesten Nachrichten aus Wien können überdies über den Telefonnachrichtendienst der Rathaus-Korrespondenz, Tel. 1540, Tag und Nacht gehört werden.

„wien aktuell magazin"

Die kommunale Zeitschrift „wien aktuell magazin" erscheint sechsmal im Jahr. Sie bringt in erster Linie Berichte über Themen aus dem Bereich der Kommunalverwaltung, darüber hinaus über alle übrigen, allgemein interessanten Aspekte des wirtschaftlichen und kulturellen Lebens in der Bundeshauptstadt. Dazu kommen heimatkundliche, kulturgeschichtliche und lokalhistorische Berichte sowie vornehmlich auf Viennensia ausgerichtete Buch- und Zeitschriften-Rezensionen. Ein eigener Dokumentations- und Diskussionsteil umfaßt Berichte, Kommentare und Meinungen über kommunale und kommunalpolitische Themen aller Art. Die Redaktion ist unter Tel. 42 8 00*, 2972 und 2961, zu erreichen.

Als Sonderdruck von „wien aktuell" erschienen 1981 sieben Postwürfe, die allen Wiener Haushalten zugesandt wurden. Die Wandzeitungen „wien aktuell" und „wien informiert" erscheinen monatlich.

„Wien aktuell-Wochenblatt"

Als Betriebszeitung für die Mitarbeiter und Pensionisten der Stadtverwaltung und der Wiener Stadtwerke wird „Wien aktuell-Wochenblatt" herausgegeben. Die Zeitung enthält vor allem Informationen aus dem kommunalen Bereich, berichtet über die Arbeit der Organe der Stadt Wien, der Magistratsabteilungen, der Städtischen Unternehmungen und der Holding-Betriebe, bietet einen Überblick über die Freizeitmöglichkeiten in Wien. Hinweise auf Gesetze, Verordnungen und Erlässe sowie Personalnachrichten. Eine Unterhaltungsrubrik mit Rätseln und Witzen, Darstellungen aus der Vergangenheit Wiens und Buchbesprechungen sind in „Wien aktuell-Wochenblatt" ebenso enthalten wie Berichte aus anderen Städten und Ländern.

Die Betriebszeitung wird den Mitarbeitern und Pensionisten der Stadtverwaltung und der Stadtwerke gratis zugestellt. Die Redaktion ist unter Tel. 42 8 00*, 2974, zu erreichen.

„Amtsblatt der Stadt Wien"

Das „Amtsblatt der Stadt Wien" wird wöchentlich herausgegeben. Darin werden alle amtlichen Verlautbarungen veröffentlicht, soweit sie den Bereich der Wiener Stadtverwaltung betreffen, und zwar im einzelnen: Landtag, Gemeinderat, Landesregierung, Stadtsenat, Gemeinderatsausschüsse (Sitzungsprotokolle), Ehrungen und Personelles, Vergabe von Arbeiten (Ausschreibungen), Kundmachungen der Stadt- und Landesplanung (Auflegungen, Bausperren, Flächenwidmungs- und Bebauungspläne usw.), Gewerbeanmeldungen, Konzessionsverleihungen, Bauansuchen, standesamtliche Aufgebote. Die Redaktion ist unter Tel. 42 8 00*, 2973, zu erreichen.

Prospekte und Broschüren

Der Presse- und Informationsdienst hat im vergangenen Jahr folgende Prospekte und Broschüren herausgegeben:

Budget 1982
Stadtwanderweg Laaer Berg
Stadtwanderweg Zugberg-Maurerwald
Z-Radweg
Stadtradlweg
Wien in Zahlen (Neuauflage)
Jööö schau – Rundfahrten Modernes Wien
Neue Donau (Neuauflage)
Die Stadt Wien hilft (11. Auflage)
Der Wiener Weg
Der Wiener Weg (englische Fassung)
Der Wiener Weg (französische Fassung)
Geriatrisches Tageszentrum
Wien für Baderatten ’82
Wien für Blumenfreunde ’82
Wien für Kaffeehausfreunde ’82
100 Jahre Wiener Rettung
Wir erwarten ein Kind
Unser Kind ist geboren
Gesunde Zähne
Kleiner Ratgeber für Spitalspatienten (Neuauflage)
Mach Urlaub im Süden
Gemüse- und Zierpflanzengewächshaus
Wien für Patienten
Wien für Senioren
Wien für Selbsthilfegruppen
Wien für Pflegefamilien
Wien für Behinderte
Wien für Wohnstraßenfreunde

Rundfahrten „Modernes Wien“

Die von der MA 53 durchgeführten Rundfahrten „Modernes Wien“ geben einen Überblick über die neuen Planungen und Bauvorhaben der Stadt Wien. Der Fahrplan ist im Rundfahrtenbüro in der Schmidt-Halle des Rathauses erhältlich und wird auf Wunsch gern zugesandt.

Für Gruppen werden nach Möglichkeit auch fremdsprachenkundige Rundfahrtenführer beigestellt; die Routen können frei vereinbart werden. Anmeldungen schriftlich oder telefonisch unter 42 8 00*, 2950. Für Schulklassen u. ä. werden diese Fahrten im allgemeinen kostenlos durchgeführt.

BÜRGERDIENST DER STADT WIEN

Der Bürgerdienst ist eine Einrichtung der Wiener Stadtverwaltung, die es sich zur Aufgabe gemacht hat, alle Wünsche, Beschwerden, Anregungen und Fragen der Stadtbewohner unbürokratisch und auf möglichst raschem Wege weiterzuleiten bzw. zu behandeln. Die Hilfestellung des Bürgerdienstes beschränkt sich nicht auf Probleme, die die Stadtverwaltung betreffen, Rat und Hilfe werden vielmehr für alle Lebensbereiche angeboten. Die Arbeitsweise des Bürgerdienstes orientiert sich an den Bedürfnissen des Einzelfalles. Deshalb, und da manche Probleme erfahrungsgemäß an Ort und Stelle besser beurteilt werden können, werden von den Mitarbeitern auch Hausbesuche gemacht.

In jenen Fällen, die eine längere Bearbeitungszeit erfordern, werden die Rat- und Hilfesuchenden laufend über den Stand ihrer Angelegenheit informiert.

Bürgerdienstaußenstellen

Um bürgernäher und effizienter reagieren zu können und den Menschen in den Bezirken lange Anfahrtswege zu ersparen, wurden mehrere Bürgerdienstaußenstellen eingerichtet. Da es für sie keine Abgrenzung der örtlichen Zuständigkeit gibt, kann jeder Stadtbewohner selbst entscheiden, an welche Außenstelle er sich wenden will.

Derzeit gibt es folgende Außenstellen:
3, Karl-Borromäus-Platz 3, Tel. 75 31 25
10, Laxenburger Straße 43–47, Tel. 64 42 41
11, Enkplatz 2, Tel. 74 52 34
12, Hufelandgasse 2, Tel. 83 75 64
13, Hietzinger Kai 1–3, Tel. 82 24 92
15, Gasgasse 8–10, Tel. 83 11 48
16, Richard-Wagner-Platz 19, Tel. 92 53 77
18, Martinstraße 100, Tel. 34 13 39
20, Brigittaplatz 10, Tel. 35 42 97
21, Am Spitz 1, Tel. 38 34 92
22, Kagran, Schrödingerplatz 1, Tel. 23 85 65
23, Liesing, Perchtoldsdorfer Straße 2, Tel. 86 35 40

Die Öffnungszeiten sind Montag bis Mittwoch und Freitag von 7.30 bis 15.30 Uhr; an Donnerstagen ist bis 18 Uhr geöffnet, um auch dem Berufstätigen die Möglichkeit zu geben, seine Bürgerdienststelle aufsuchen zu können.

Stadtinformation

Eine bereits bewährte Einrichtung rundet das Angebot des Bürgerdienstes ab. Die Stadtinformation (Rathaus, Eingang Friedrich-Schmidt-Platz) steht ebenso wie die Bürgerdienstaußenstellen für alle Wünsche, Beschwerden, Anregungen und Fragen zur Verfügung. Persönliche Vorsprachen sind Montag bis Freitag von 7.30 bis 18 Uhr möglich.

Telefonisch ist die Stadtinformation unter der Nummer 43 89 89 Tag und Nacht erreichbar. Außerhalb der Dienststunden nimmt ein Tonband die Anrufe auf.

Sofortmaßnahmen

Bei besonders schwerwiegenden Mißständen, die einer raschen Behebung bedürfen, besteht auch die Möglichkeit, das Referat für Sofortmaßnahmen innerhalb der Magistratsdirektion-Verwaltungsrevision einzuschalten. Dieses Referat ist über die Rufnummer der Stadtinformation (43 89 89) zu erreichen.

VERKEHR MIT BEHÖRDEN DER STADT WIEN

Wo kann ein Ansuchen eingebracht werden?

Ansuchen können mit der Post übermittelt oder in der betreffenden Dienststelle abgegeben werden. Wenn man nicht weiß, welche Dienststelle des Wiener Magistrats für die Erledigung des Ansuchens zuständig ist, wird darüber die Magistratsdirektion mündlich oder telefonisch Auskunft geben. An den Magistrat der Stadt Wien gerichtete Schriftstücke ohne nähere Bezeichnung werden von der Magistratsdirektion an die nach der Geschäftseinteilung zuständige Dienststelle weitergeleitet.

Wann kann man ein Ansuchen einbringen?

Mündliche Anträge können während der für den Parteienverkehr vorgesehenen Zeiten, die bei den einzelnen Dienststellen unterschiedlich sind, gestellt werden. In der Regel sind die Vormittagsstunden dem Parteienverkehr vorbehalten. Schriftliche Eingaben können auch außerhalb des Parteienverkehrs innerhalb der Amtsstunden abgegeben werden. Bei Gefahr im Verzug werden Mitteilungen jederzeit entgegengenommen. In dringenden Fällen können Anträge auch telegrafisch oder mit Fernschreiben eingebracht werden.

Ist eine Eingabe mit Kosten verbunden?

Im allgemeinen sind für Ansuchen Gebühren zu entrichten, die gesetzlich vorgeschrieben sind. Es ist daher zu empfehlen, die Höhe der Gebühren zu erfragen. Der Beamte wird die Partei einladen, die Stempelmarken beizubringen. Wenn dem Ersuchen zur Beibringung der Stempelmarken nicht nachgekommen wird, muß der Beamte eine Meldung an das Finanzamt für Gebühren und Verkehrssteuern erstatten, das den Betrag in mindestens der doppelten Höhe vorschreibt.

In welcher Sprache sind Eingaben abzufasssen?

Da die Amtssprache deutsch ist, sind die Eingaben in dieser Sprache abzufassen. Bei fremdsprachigen Schriftstücken ist die Beibringung einer beglaubigten Übersetzung erforderlich. Eine Ausnahme bilden Urkunden in lateinischer Sprache, bei denen eine beglaubigte Übersetzung nicht notwendig ist.

Kann die Partei eine Eingangsbestätigung verlangen?

Die Behörde ist verpflichtet, auf Verlangen eine Bestätigung auszustellen, daß und wann bei ihr ein Schriftstück eingelangt ist. Dies kann bei der Einhaltung einer Frist wichtig sein.

Was geschieht mit Ansuchen, die bei einer unzuständigen Dienststelle einlangen?

Anträge, die an eine für die Erledigung einer Angelegenheit nicht zuständige Dienststelle gerichtet sind, werden auf Gefahr des Einschreiters (Absenders) der zuständigen Stelle übermittelt und der Einschreiter von der Abtretung (Weiterleitung) der Eingabe verständigt.

Kann Akteneinsicht gewährt werden?

Bei Nachweis eines rechtlichen Interesses kann den Parteien vom Leiter der Dienststelle Akteneinsicht gewährt werden.

Was ist bei der Berechnung von Fristen nach den Bestimmungen des Allgemeinen Verwaltungsverfahrensgesetzes zu beachten?

Bei der Berechnung einer Frist, die nach Tagen bestimmt ist, wird der Tag nicht mitgerechnet, in den der Zeitpunkt oder das Ereignis fällt, wonach sich der Anfang der Frist richten soll.

Nach Wochen, Monaten oder Jahren bestimmte Fristen enden mit dem Ablauf desjenigen Tages der letzten Woche oder des letzten Monates oder Jahres, der durch seine Benennung oder Zahl dem Tag entspricht, an dem die Frist begonnen hat. Fehlt dieser Tag in dem letzten Monat, so endet die Frist mit Ablauf des letzten Tages dieses Monates.

Der Beginn und Lauf einer Frist wird durch Sonn- oder Feiertage nicht behindert.

Der Ablauf einer Frist wird durch einen Samstag, Sonntag, gesetzlichen Feiertag oder durch den Karfreitag gehemmt. In diesem Fall endet die Frist mit Ablauf des nächsten Werktages.

Wie erfolgt die Zustellung einer schriftlichen Ausfertigung an die Partei?

Art der Zustellung

Die schriftlichen Ausfertigungen werden durch die Post oder durch Organe des Magistrats zugestellt.

Ort der Zustellung

Die Zustellung hat in der Wohnung, in der gewerblichen Betriebsstätte, im Geschäftsraum oder am Arbeitsplatz der Person, der zugestellt werden soll (Empfänger), und bei Anwälten und Notaren in deren Kanzlei zu erfolgen; eine außerhalb dieser Räume vorgenommene Zustellung ist nur gültig, wenn die Annahme des Schriftstückes nicht verweigert wurde.

In Ermangelung einer Wohnung (gewerbliche Betriebsstätte, Geschäftsraum, Arbeitsplatz) können Zustellungen vorgenommen werden, wo der Empfänger angetroffen wird.

Ersatzzustellung

Wird der Empfänger nicht angetroffen, so kann an jeden dem Zusteller bekannten erwachsenen Angestellten oder zur Familie gehörigen Hausgenossen des Empfängers zugestellt werden.

Werden auch solche Personen nicht angetroffen, so kann das zuzustellende Schriftstück dem in demselben Haus wohnenden Vermieter oder einer von diesem bestellten, ebenfalls dort wohnenden Aufsichtsperson eingehändigt werden, wenn diese Personen zur Annahme bereit sind.

Ist die Zustellung auf diesem Wege nicht möglich, so wird das zuzustellende Schriftstück, wenn die Zustellung durch die Post zu vollziehen war, bei dem zuständigen Postamt, in allen anderen Fällen aber bei der Bezirksvertretung hinterlegt. Diese Hinterlegung wird durch eine an der Tür der Wohnung (Kanzlei) oder an der Eingangstür der gewerblichen Betriebsstätte (Geschäftsraum) befestigte schriftliche Anzeige und nach Tunlichkeit auch durch mündliche Mitteilung an die Nachbarn bekanntgemacht.

Die vorschriftsmäßige Hinterlegung des zuzustellenden Schriftstückes hat die Wirkung der Zustellung. Die Beschädigung oder das Abreißen der Anzeige hat auf die Gültigkeit der Zustellung keinen Einfluß.

Wenn der Empfänger seinen gewöhnlichen Aufenthaltsort nur vorübergehend verlassen hat und ihm das zuzustellende Schriftstück nicht rechtzeitig nachgesendet werden kann, so wird es der Behörde zurückgestellt.

Wird die Annahme eines Schriftstückes von einer Person, der gültig zugestellt werden kann, verweigert, so wird das Schriftstück am Zustellungsort zurückgelassen oder, falls dies nicht möglich ist, bei dem zuständigen Postamt oder bei der Bezirksvertretung hinterlegt. Die Zurücklassung oder Hinterlegung hat die Wirkung der Zustellung.

Zustellung zu eigenen Handen

Bei Schriftstücken von besonderer Wichtigkeit ist die vorhin erwähnte Ersatzzustellung nicht erlaubt. Diese Schriftstücke dürfen nur dem Empfänger ausgehändigt werden (Zustellung zu eigenen Handen).

Öffentliche Bekanntmachung

Zustellungen an Personen, deren Wohnung unbekannt ist, oder an Personen, die der Behörde nicht bekannt sind, können, wenn kein Vertreter bestellt ist, durch öffentliche Bekanntmachung erfolgen und gelten, sofern in den Verwaltungsvorschriften nichts anderes bestimmt ist, als vollzogen, wenn seit dem Anschlag an der Amtstafel der Behörde zwei Wochen verstrichen sind.

Wohnungswechsel

Eine Partei, die während eines Verfahrens ihren Wohnsitz verlegt, hat dies in ihrem eigenen Interesse der Behörde mitzuteilen.

ARCHIV DER STADT UND DES LANDES WIEN

(MA 8)

Das Stadtarchiv hat eine lange Tradition. Die Nachrichten über seine Existenz reichen ins 15. Jahrhundert zurück, das älteste erhaltene Dokument – eine Babenbergerurkunde – stammt aus dem Jahr 1208. Durch Jahrhunderte hat das Archiv die für die Stadt wichtigen Urkunden, Aktenbestände, Protokolle, Verträge, Grundbücher usw. verwahrt. Mit der Erhebung Wiens zu einem Bundesland übernahm das Stadtarchiv im Jahr 1922 zugleich die Funktionen eines Landesarchivs und wurde damit auch für die Übernahme von bedeutsamen Registraturbeständen aus Teilen der staatlichen Verwaltung zuständig. Daneben wurden schon im vorigen Jahrhundert historische Sammlungen angelegt, die derzeit auch im Bereich der Dokumentation ausgebaut werden.

Wem steht das Archiv zur Verfügung?

Das Archiv steht grundsätzlich jedermann unentgeltlich zur Verfügung. Alle Bestände, soweit sie nicht der Archivsperre oder dem Datenschutz unterliegen, können eingesehen werden. Ein ständiger wissenschaftlicher Auskunftsdienst bietet Besuchern und Forschern fachliche Beratung.

Wer findet im Archiv Unterstützung und Forschungshilfe?

Politiker und Verwaltungsbeamte: Sie finden die Protokolle und Akten der Vertretungskörper (Gemeinderat, Landtag, Ausschüsse), der leitenden und zahlreicher nachgeordneter Dienststellen des Magistrats (besonders im rechtlichen und baupolizeilichen Bereich), die Vertragssammlung (Verträge der Stadt Wien, Schuldscheine), die Stiftbriefe, gerichtliche Unterlagen (Bezirksgerichte, Landesgerichte, Handelsgericht, Jugendgericht), amtliche Veröffentlichungen, von der Stadt vergebene Forschungsaufträge, Spezialkarteien (Ehrungen, Verkehrsflächenbenennungen) sowie in der Archivbibliothek kommunalpolitische und stadthistorische Werke. Eine „Dokumentation des 20. Jahrhunderts" erschließt die Sitzungsprotokolle von Gemeinderat und Landtag; außerdem befaßt sie sich mit Grundsatzerklärungen, Programmen und sonstigen Äußerungen politischer, wirtschaftlicher und kultureller Natur in Wien.

Ratsuchende in persönlichen Angelegenheiten: Viele, die nach einer Scheidung eine neue Ehe schließen, die um ihre Pension oder Rente einkommen, die ein Grundstück erwerben oder veräußern wollen, stellen plötzlich fest, daß alte Originaldokumente und Unterlagen verlorengegangen sind. Die angeführten Fälle sind zwar nicht die einzigen, in welchen das Archiv unter Umständen behilflich sein kann, aber bei weitem die häufigsten. Gerade hier ist das Archiv bemüht, die Anfragenden weitestgehend zu unterstützen, da sie sich zumeist auf dem Gebiet einer ihnen nicht vertrauten Materie bewegen.

Wissenschaftler, Heimatkundler und Bezirksforscher: Die umfangreichen archivalischen Bestände bieten ein reiches Quellenmaterial für geschichtswissenschaftliche und heimatkundliche Arbeiten oder Dissertationen. Es sei hier nur auf die Urkunden, die bis ins 13. Jahrhundert, und die Grundbücher, die bis ins 14. Jahrhundert zurückreichen, verwiesen. Reiche Unterlagen sind zur Verwaltungs- (Alte Registratur, Hauptregistratur, städtische Ämter) und Personengeschichte, aber auch zur Zeitgeschichte (Verwaltungsunterlagen der Jahre 1934 bis 1945!) vorhanden. Den Heimatkundler werden vor allem die Bestände der ehemals selbständigen Gemeinden auf Wiener Boden oder die wertvollen historischen Pläne interessieren, ebenso die reichhaltigen Sammlungen verschiedenster Art. Wichtig sind für ihn auch bezirkskundliche Materialsammlungen, die nur handschriftlich vorliegen. Schließlich ist auf die Archivbibliothek zu verweisen, die neben zahlreichen historischen und archivalischen Fachzeitschriften aus vielen europäischen Ländern auch eine Spezialsammlung zur vergleichenden Städte- und Regionalgeschichte enthält. Das Landesarchiv gibt auch den Historischen Atlas von Wien und den Österreichischen Städteatlas heraus.

Familienforscher und Genealogen: Der spezifische Aufbau der Verwaltung in der Zeit von 1783 bis 1848 hatte zur Folge, daß wertvollstes personengeschichtliches Material (Testamente und Verlassenschaftsabhandlungen) dieser Epoche fast geschlossen ins Archiv gelangt ist, wobei an ältere Bestände (Testamente sind schon aus dem 16., in Einzelstücken aus dem 14. Jahrhundert erhalten) angeknüpft werden kann. Diese Überlieferungstradition wird im Archiv auch für den Folgezeitraum der staatlichen Gerichtsverwaltung durch entsprechende Auswahlmethoden gewahrt. Eine überaus wichtige Quelle – vor allem in Anbetracht der dezentral verwahrten kirchlichen Matriken – sind die Totenbeschauprotokolle der Stadt Wien, die von 1648 bis 1920, in geänderter Form bis 1944, nahezu lückenlos im Archiv vorliegen. Auf wertvolle Unterlagen aus den Registraturen des einstigen Konskriptionsamtes, einen umfangreichen Bestand an Friedhofsbüchern, aber auch auf Innungsunterlagen sei nur hingewiesen, ebenso auf die in ständiger Erweiterung befindliche Biographisch-genealogische Sammlung. Gegen Gebühr werden auch Auskünfte aus den Meldeunterlagen der Bundespolizeidirektion aus den Jahren 1920 bis 1941 erteilt.

Es ist klar, daß eine kurze Skizzierung der Bestandsgruppen keine vollständige Aufzählung enthalten kann. So wäre u. a. noch auf die Gruppe „Persönlichkeiten" hinzuweisen, die so einzigartige Schätze enthält wie das letzte Testament Ludwig van Beethovens oder das Testament von Joseph Haydn, auf illustrierte mittelalterliche Handschriften, das Ehrenbürgerbuch oder auf Nachlässe von Politikern und Wissenschaftlern. Es gibt eben kaum ein Gebiet der Wiener Geschichte, das nicht in irgendeiner Form seinen Niederschlag in den Beständen des Archivs gefunden hätte.

Wann ist das Archiv geöffnet?

Das Wiener Stadt- und Landesarchiv ist von Montag bis Freitag von 8 bis 18 Uhr geöffnet, sodaß auch Berufstätigen die Möglichkeit geboten ist, an den unmittelbaren Quellen der Wiener Geschichte zu forschen. Während der Sommermonate gilt eine Sonderregelung. Zu bestimmten Themen werden auf dem Gang vor dem Archiv im Rathaus Kleinausstellungen gezeigt, zu denen Kataloge herausgegeben werden. Diese Ausstellungen werden zum Teil auch an anderen Orten Wiens präsentiert.

BÄDER DER STADT WIEN

(MA 44)

Was bieten die städtischen Bäder?

Die städtischen Bäder geben die Möglichkeit, Badefreude in den Schwimmhallen, Saunabädern, Sommerbädern, Sonnenbädern, Wannenbädern und Brausebädern zu finden. Rund 30 Kinderfreibäder dienen der Jugend.

Adressen und Telefonnummern der Bäder siehe Magistrat, MA 44.

In der Tabelle „Betriebszeiten in den städtischen Bädern" sind die Öffnungszeiten der einzelnen Abteilungen und die Bezeichnungen für spezielle Veranstaltungen, wie Seniorenschwimmen, Warmbadeabende, Familien- oder gemischte Sauna usw., enthalten. Unter Tel. 15 35 gibt die Bäderinformation Auskunft.

Über Preise informiert die Tabelle „Preise in den städtischen Bädern".

Gibt es Ermäßigungen in den städtischen Bädern?

Bei den städtischen Bädern bestehen folgenden Ermäßigungen:

1. Für alle Sozialhilfebezieher und Empfänger von Ausgleichszulage-Pensionen mit ständigem Wohnsitz in Wien, die einen Sozialpaß (mit rotem P SD 372) besitzen, gibt es für alle Bäder an allen Tagen Ermäßigungskarten. Die gemeinsamen Brausebäder können sogar unentgeltlich benützt werden.
2. Blinde, Schwerkriegsbeschädigte und den Schwerkriegsbeschädigten Gleichgestellte können alle Bäder zu allen Betriebszeiten mit Ermäßigungskarten benützen. Notwendige Ausweise: Für Blinde der Bescheid der MA 12 (rot SD 177) oder Blindenausweis. Für Schwerkriegsbeschädigte und für ihnen Gleichgestellte der Schwerkriegsbeschädigtenausweis (orange, Staatsdruckerei L 63 29910). Je eine Begleitperson der Blinden kann die Sauna, Schwimmhalle bzw. das Sonnen- oder Sommerbad mit einer Ermäßigungskarte, das Wannen- und Einzelbrausebad ohne Eintrittskarte betreten.
3. Präsenzdiener bzw. Zivildiener können mit der Wehrdienstausweiskarte oder dem Wehrdienstbuch bzw. mit dem Zuweisungsbescheid des Bundesministeriums für Inneres alle Bäder zu allen Betriebszeiten mit der Ermäßigungskarte benützen.
4. Hochschüler (bis zum 27. Lebensjahr) mit gültigem Hochschülerausweis (Bestätigung der Inskription) können die Schwimmhallen (Kästchen) und die Sommerbäder (Kästchen) mit der Jugendkarte benützen.
5. Jugendliche von 15 bis 19 Jahren können Kästchen in den Hallen- und Sommerbädern mit der Jugendkarte und die Saunabäder mit der Ermäßigungskarte benützen.
6. Kinder bis 6 Jahre dürfen alle Bäder unter Aufsicht von Begleitpersonen kostenlos benützen. Kinder von 6 bis 15 Jahren können die Hallen-, Sommer- und Brausebäder mit der Kinderkarte, die Sauna mit einer Ermäßigungskarte benützen.
7. Während der Semester-, Oster- und Weihnachtsferien können Kinder (bis 15 Jahre) die Hallenbäder Dienstag bis Freitag von 9 bis 13 Uhr kostenlos besuchen.
8. Während der Sommerschulferien gilt am Mittwoch und am Sonntag für Kinder (bis 15 Jahre) und Jugendliche (bis 19 Jahre) ein Sondertarif. Die Schwimmhallen und Sommerbäder dürfen Kinder kostenlos und Jugendliche mit der Kinderkarte benützen.

Gibt es für die städtischen Bäder eine Jahreskarte?

Für Hallenbäder gibt es eine Jahreskarte (Bäderpaß H), welche zu allen Betriebszeiten ohne Zeiteinschränkung gültig ist. Das Theresienbad, das Hallenbad Hietzing und das Ottakringer Bad kann man mit dieser Jahreskarte vom 1. Mai bis 30. September nicht benützen. Eine kombinierte Jahreskarte (Bäderpaß HS) berechtigt zum Eintritt in alle Hallen- und Sommerbäder (ausgenommen Strandbad Stadlau).

Ab 1. Juli werden beide Arten von Bäderpässen zu reduzierten Preisen verkauft. Die Halb- und Jahreskarten (Ausweis mit Lichtbild) werden erstmalig in der MA 44, 7, Hermanngasse 24–26, Montag bis Freitag von 8 bis 13 Uhr, ausgestellt, in den Folgejahren ist die Wertmarke bei den Kassen der Hallenbäder zu erwerben.

Können Babys und Kleinstkinder die städtischen Hallenbäder besuchen?

Im Dianabad, Hallenbad Simmering, Hallenbad Hietzing, Jörgerbad und im Hallenbad Floridsdorf werden Kurse für Babys und Kleinstkinder durchgeführt. Auskünfte darüber erteilen die obgenannten Bäder.

Gibt es Auswirkungen der Sommerzeit auf die Betriebszeiten der städtischen Bäder?

Die städtischen Strand- und Sommerbäder sind von Mitte Mai bis Ende August statt bis 19 Uhr bis 20 Uhr offen.

Ist in den Kinderfreibädern Eintritt zu zahlen und welche Kinder dürfen dieselben besuchen?

Der Eintritt in ein städtisches Kinderfreibad ist nur Kindern im Alter von sechs bis 15 Jahren gestattet. Kindern im Alter von mehr als 15 Jahren sowie Erwachsenen (Angehörigen der Kinder usw.) ist der Aufenthalt im Bad nicht gestattet. Der Eintritt ist frei.

Die Kinderfreibäder stehen in den Monaten Juni bis August Montag bis Freitag von 10 bis 12 Uhr und von 13 bis 18 Uhr offen. Die Adressen siehe Magistrat, MA 44.

Die Kinderfreibäder 2, Augarten, 2, Max-Winter-Platz, 3, Schweizer Garten, 11, Herderplatz, 14, Reinlgasse, 15, Loeschenkohlgasse 8a, 19, Hintergärtengasse, 21, Roda-Roda-Gasse, 22, Hirschstetten, Emichgasse, und 23, Rodaun, Ambrosweg, sind durchgehend von 10 bis 17 Uhr in Betrieb.

Kann man in einem städtischen Hallenbad oder Sommerbad „textilfrei" baden?

Diese Möglichkeit besteht im Jörgerbad, 17, Jörgerstraße 42–44, Samstag von 18 bis 21.30 Uhr. Gäste der gemischten Sauna können während dieser Zeit die Schwimmhalle ebenfalls textilfrei benützen. Es gelten die normalen Sauna- bzw. Schwimmhallenpreise. In den städtischen Sommerbädern, ausgenommen Theresien-, Kongreß-, Höpflerbad und Strandbad Alte Donau, können Frauen „oben ohne" baden. Im Strandbad Gänsehäufel befindet sich auch ein FKK-Gelände für Anhänger des textilfreien Badens.

Betriebszeiten in den städtischen Bädern

Bad	Abteilung	Montag	Dienstag	Mittwoch	Donnerstag	Freitag	Samstag	Sonntag
Dianabad	Schwimmhalle	S 12–15 F 15–17 V 17–19 W 19–21.30	6.30–21.30	9–21.30	6.30–21.30	9–21.30	7–18	7–18
	Sauna/Dampfbad		13–21.30 Fam.	13–21.30	9–21.30	9–21.30	7–18	7–12
	Ambulatorium	7–19	7–19	7–19	7–19	7–15.30		
Amalienbad	Schwimmhalle		8–18	8–19	8–18	8–20.30	8–18	7–12
	Sauna/Dampfbad		13–21.30 Gem.	9–21.30 F	9–16 F 16–21.30 Fam.	9–21.30 M	7–12 M 13–18 F	7–12 M
	Wanne				13–19	9–19	7–18	7–12
	Brause Einz.			13–19	13–19	9–19	7–18	7–12
	Brause Gem.			13–19	13–19	9–19	7–18	7–12
	Ambulatorium	7–19.30	7–19.30	7–19.30	7–19.30	7–18	7–13	
	Sonnenbad		9–18	9–18	9–13	9–18	9–18	7–12
Hallenbad Simmering	Schwimmhalle	F 12.30–15 S 15–17.30 W 17.30–21.30	9–21.30	6.30–21.30	9–21.30	6.30–21.30	8–18	8–18
	Sauna		12–16 16–21.30 Gem.	9–21.30	9–16 16–21.30 Gem.	9–21.30	8–13 13–18 Fam.	8–13 13–18 Fam.
Theresienbad	Schwimmhalle		9–19	9–19	9–20.30	9–21.30	7–18	7–12
	Sauna/Dampfbad			13–21.30	9–21.30	9–21.30	7–18	7–12
	Wannenbad				9–19	9–19	7–18	7–12
	Brausebad				9–19	9–19	7–18	7–12
Hallenbad Hietzing	Schwimmhalle	S 12.30–15 F 15–17.30 W 17.30–21.30	9–21.30	6.30–21.30	9–21.30	6.30–21.30	8–18	8–18
	Sauna		12–16 F 12–21.30 Gem.	9–21.30	9–16 16–21.30 Gem.	9–21.30	8–13 13–18 Fam.	8–13 13–18 Fam.
Ottakringer Bad	Schwimmhalle	V 12–14.30 S 14.30–17	9–19	9–19	9–21.30	9–21.30	8–18	8–18
	Sauna		15–21.30 Gem.	13–21.30	9–21.30	9–21.30	8–18	8–18
Jörgerbad	Schwimmhalle		9–18	9–20.30	9–19	9–21.30	8–17 N 17–21.30	7–18
	Sauna/Dampfbad		13–21 Gem.	9–16.30 16.30–21.30 Fam.	9–21.30	9–21.30	8–17 17–21.30 Fam.	7–12
	Wanne/Brause			13–19	13–19	9–19	8–18	7–12
	Sonnenbad		9–17 F	9–17 F	9–17 M	9–17 F	9–13 M 13–17 F	9–12 F
Hallenbad Döbling	Schwimmhalle	V 12.30–15 S 15–17.30	9–21.30	6.30–21.30	9–21.30	6.30–21.30	8–18	8–18
	Sauna		12–21.30 Gem.	9–21.30	9–16 16–21.30 Gem.	9–21.30	8–13 13–18 Gem.	8–13 13–18 Gem.
Hallenbad Brigittenau	Schwimmhalle	W 9–21.30	SVF 12–16 16–21.30	9–21.30	6.30–21.30	9–21.30	8–18 W	8–18 W
	Sauna	9–21.30		12–16 16–21.30 Gem.	9–21.30	9–16 16–21.30 Gem	8–13 13–18 Fam.	8–13 13–18 Fam.
	Brause				9–19	9–19	7–18	7–12

Betriebszeiten in den städtischen Bädern

Bad	Abteilung	Montag	Dienstag	Mittwoch	Donnerstag	Freitag	Samstag	Sonntag
Hallenbad Floridsdorf	Schwimmhalle		9–19	9–21.30	9–19	9–19	7–18	7–12
	Sauna/Dampfbad		16–21.30	13–21.30	9–21.30	9–21.30	7–18	7–12
	Wannenbad				13–19	9–19	8–18	8–12
Hallenbad Donaustadt	Schwimmhalle	9–21.30	6.30–21.30	12–16 SV 16–18 Spaß m. Kindern 18–21.30 W	9–21.30	6.30–21.30	8–18	8–18
	Sauna	9–21.30	9–16 16–21.30 Gem.		12–16 16–21.30 Gem.	9–21.30	8–13 13–18 F	8–13 13–18
Apostelbad	Sauna		14–21.30 Gem.	13–17 F 17–21.30 Fam.	9–21.30 F	9–13 M 13–21.30 Gem.	8–20 Gem.	
	Wanne/Brause				12–19	9–19	8–18	
Einsiedlerbad	Sauna		13–21.30 Gem.	13–21.30 F	9–13 M 13–21.30 Gem.	9–15 F 15–21.30 Gem.	8–14 M 14–20 Fam.	8–18 Gem.
	Brause				12–19	9–19	8–18	
Hermannbad	Sauna		13–21.30 Gem.	13–17 F 17–21.30 Fam.	9–21.30 F	9–21.30 M	8–13 M 13–20 Gem.	
	Wanne/Brause				12–19	9–19	8–18	
Geiselbergbad	Sauna			13–18 Gem. 18–21.30 Fam.	9–21.30 F	9–21.30 M	8–20 Gem.	
	Wannenbad					13–19	8–18	
	Brausebad				12–19	9–19	8–18	
Ratschkybad	Sauna		13–17.30 F 17.30–21.30 Gem.	13–17.30 M 17.30–21.30 Fam.	9–21.30 F	9–17.30 M 17.30–21.30 Gem.	8–20 Gem.	
	Brausebad				12–19	9–19	8–18	
Penzinger Bad	Sauna		13–21.30 F	13–21.30 M	9–21.30 Gem.	9–21.30 Gem.	8–20 Gem.	8–18 Gem.
	Wanne/Brause				12–19	9–19	8–18	
Thaliabad	Dampfbad			13–21.30 F	9–14 M 14–21.30 Gem.	9–16.30 F 16.30–21.30 Fam.	8–18 M	
	Wanne/Brause				9–19	9–19	8–18	
Währinger Bad	Sauna			13–17 F 17–21.30 Gem.	9–21.30 F	9–15 M 15–21.30 Gem.	8–15 M 15–20 Gem.	
	Brausebad				12–19	9–19	8–18	
Weisselbad	Sauna		13–21.30 Gem.	13–17 M 17–21.30 Fam.	9–16 F 16–21.30 Fam.	9–21.30 M	8–13 M 13–20 Fam.	
	Wanne/Brause				12–19	9–19	8–18	
Liesinger Bad	Sauna			13–21.30 Gem.	9–21.30 F	9–21.30 Gem.	8–15 M 15–20 Fam.	
	Brausebad				12–19	9–19	8–18	
Sonstige Volksbäder	Wanne/Brause				12–19	9–19	8–18	
Volksbad Rainergasse	Brause				12–19	8–12 13–19	8–12 13–18	
Sommerbäder		9–19	9–19	9–19	9–19	9–19	8–19	8–19
Kinderfreibäder		10–12 13–17	10–12 13–17	10–12 13–17	10–12 13–17	10–12 13–17		

Erläuterungen: M = Männer; F = Frauen; S = Senioren; V = Versehrte; W = Warmbadebetrieb; Fam. = Familiensauna; Gem. = Gemischte Sauna; N = Nacktbaden

WARMBÄDER ab 5. Oktober 1981		SCHWIMMHALLE Badezeit	Kabinen			Kästchen							BRAUSEBAD Badezeit	Einzel Br.				SONNENBAD Badezeit	Kästchen	
					Erm.			Erm. Jugend 15–19 J.	(**) Jugend 15–19 J.	Kinder 6–15 J.	Kinder 6–15 J.	(*)			Erm.	Kinder 6–15 J.	Ge-meins. Br.			Erm.
			1 Stk.	5 Stk.	1 Stk.	1 Stk.	5 Stk.	1 Stk.	5 Stk.	1 Stk.	5 Stk.			1 Stk.	1 Stk.	1 Stk.	1 Stk.		1 Stk.	1 Stk.
Hallenbäder	Dianabad	ohne Zeitbeschränkung	40,–	160,–	25,–	25,–	100,–	15,–	60,–	10,–	40,–	10,–	1 Stunde					4 Stunden		
	Amalienbad		40,–	160,–	25,–	25,–	100,–	15,–	60,–	10,–	40,–			15,–	10,–	5,–	10,–		15,–	10,–
	HB Simmering					25,–	100,–	15,–	60,–	10,–	40,–	10,–								
	Theresienbad		40,–	160,–	25,–	25,–	100,–	15,–	60,–	10,–	40,–			15,–	10,–					
	HB Hietzing					25,–	100,–	15,–	60,–	10,–	40,–	10,–								
	Ottakringer Bad					25,–	100,–	15,–	60,–	10,–	40,–									
	Jörgerbad		40,–	160,–	25,–	25,–	100,–	15,–	60,–	10,–	40,–			15,–	10,–				15,–	10,–
	HB Döbling					25,–	100,–	15,–	60,–	10,–	40,–									
	HB Brigittenau		40,–	160,–	25,–	25,–	100,–	15,–	60,–	10,–	40,–			15,–	10,–	5,–				
	HB Floridsdorf		40,–	160,–	25,–	25,–	100,–	15,–	60,–	10,–	40,–									
	HB Donaustadt		40,–	160,–	25,–	25,–	100,–	15,–	60,–	10,–	40,–			15,–	10,–	5,–				
Warmbäder	Apostelbad													15,–	10,–	5,–	10,–	1 Stunde		
	Einsiedlerbad													15,–	10,–	5,–	10,–			
	Hermannbad													15,–	10,–	5,–	10,–			
	Geiselbergbad													15,–	10,–	5,–	10,–			
	Ratschkybad													15,–	10,–	5,–	10,–			
	Penzinger Bad													15,–	10,–	5,–	10,–			
	Thaliabad													15,–	10,–	5,–	10,–			
	Währinger Bad													15,–	10,–	5,–	10,–			
	Weisselbad													15,–	10,–	5,–	10,–			
	Liesinger Bad													15,–	10,–	5,–				
	Volksbäder													15,–	10,–	5,–	10,–			

WARMBÄDER ab 5. Oktober 1981		SAUNA (DAMPFBÄDER) Badezeit	Kabinen			Kästchen			Nachzahlung je angef. Stunde	Schwimmhalle	WANNENBAD Badezeit			
					Erm.			Erm. Jugend u. Kinder						Erm.
			1 Stk.	5 Stk.	1 Stk.	1 Stk.	5 Stk.	1 Stk.				1 Stk.	5 Stk.	1 Stk.
Hallenbäder	Dianabad	4 Stunden	100,–	400,–	60,–	80,–	320,–	45,–	20,–	Nach Möglichkeit Mitbenützung der Schwimmhalle	1 Stunde			
	Amalienbad		100,–	400,–	60,–	80,–	320,–	45,–	20,–			25,–	100,–	15,–
	HB Simmering					80,–	320,–	45,–	20,–					
	Theresienbad		100,–	400,–	60,	80,–	320,–	45,–	20,–			25,–	100,–	15,–
	HB Hietzing					80,–	320,–	45,–	20,–					
	Ottakringer Bad					80,–	320,–	45,–	20,–					
	Jörgerbad		100,–	400,–	60,–	80,–	320,–	45,–	20,–			25,–	100,–	15,–
	HB Döbling					80,–	320,–	45,–	20,–					
	HB Brigittenau					80,–	320,–	45,–	20,–			25,–	100,–	15,–
	HB Floridsdorf		100,–	400,–	60,–	80,–	320,–	45,–	20,–					
	HB Donaustadt					80,	320,–	45,–	20,–					
Warmbäder	Apostelbad	4 Stunden				70,–	280,–	40,–	20,–		1 Stunde	25,–	100,–	15,–
	Einsiedlerbad					70,–	280,–	40,–	20,–					
	Hermannbad					70,–	280,–	40,–	20,–			25,–	100,–	15,–
	Geiselbergbad					70,–	280,–	40,–	20,–			25,–	100,–	15,–
	Ratschkybad					70,–	280,–	40,–	20,–					
	Penzinger Bad					70,–	280,–	40,–	20,–			25,–	100,–	15,–
	Thaliabad					70,–	280,–	40,–	20,–			25,–	100,–	15,–
	Währinger Bad					70,–	280,–	40,–	20,–					
	Weisselbad					70,–	280,–	40,	20,–			25,–	100,–	15,–
	Liesinger Bad					70,–	280,–	40,–	20,–					
	Volksbäder											25,–	100,–	15,–

*) Aufzahlung an Warmbadebetrieben.

SOMMERBÄDER ab 5. Oktober 1981	KABINEN Tageskarte	KABINEN Tageskarte ermässigt	KABINEN Halbtageskarte	KÄSTCHEN UND MITBENÜTZUNG Tageskarte	KÄSTCHEN UND MITBENÜTZUNG Tageskarte ermäß.	KÄSTCHEN UND MITBENÜTZUNG Halbtageskarte	KÄSTCHEN UND MITBENÜTZUNG (**) Jugendliche 15–19 J.	KÄSTCHEN UND MITBENÜTZUNG Kinder 6–15 J.	KÄSTCHEN UND MITBENÜTZUNG ab 16 Uhr Mo–Fr.
	1 Stk.	1 Stk.	1 Stk.	1 Stk.	1 Stk.	1 Stk.	1 Stk.	1 Stk.	1 Stk.
Laaer-Berg Bad	50,–	30,–	30,–	30,–	20,–	20,–	15,–	10,–	15,–
Theresienbad	50,–	30,–	30,–	30,–	20,–	20,–	15,–	10,–	15,–
HB Hietzing	50,–	30,–	30,–	30,–	20,–	20,–	15,–	10,–	15,–
Baumgarten	45,–	25,–	25,–	25,–	15,–	15,–	15,–	10,–	15,–
Hadersd.-Weidlingau	50,–	30,–	30,–	30,–	20,–	20,–	15,–	10,–	15,–
Ottakringer Bad	50,–	30,–	30,–	30,–	20,–	20,–	15,–	10,–	15,–
Kongreßbad	50,–	30,–	30,–	30,–	20,–	20,–	15,–	10,–	15,–
Schafbergbad	50,–	30,–	30,–	30,–	20,–	20,–	15,–	10,–	15,–
Krapfenwaldlbad	50,–	30,–	30,–	30,–	20,–	20,–	15,–	10,–	15,–
Hohe Warte	45,–	25,–	25,–	25,–	15,–	15,–	15,–	10,–	15,–
Angelibad	45,–	25,–	25,–	25,–	15,–	15,–	15,–	10,–	15,–
Alte Donau	50,–	30,–	30,–	30,–	20,–	20,–	15,–	10,–	15,–
Gänsehäufel	50,–	30,–	30,–	30,–	20,–	20,–	15,–	10,–	15,–
Stadlau (verp.)	45,–		25,–	25,–		15,–	15,–	10,–	
Liesing	45,–	25,–	25,–	25,–	15,–	15,–	15,–	10,–	15,–
Höpflerbad	50,–	30,–	30,–	30,–	20,–	20,–	15,–	10,–	15,–

SAISONKARTEN

SOMMERBÄDER ab 5. Oktober 1981	Kabinen	Kästchen	Mitbenützer Kabinen Erwachs.	Mitbenützer tiefe Kästchen Jugend 15–19 J.	Mitbenützer tiefe Kästchen Kinder 6–15 J.	tiefe Kästchen einfach	Strandkabine	Vorbaukabine	Vorbaukabine ab Baujahr 1971	große Kabine
	1 Stk.	1 Stk.	1 Stk.	1 Stk.	1 Stk.	1 Stk.	1 Stk.	1 Stk.	1 Stk.	
Laaer-Berg Bad	1300,–	650,–	550,–	300,–	200,–					
Theresienbad	1300,–	650,–	550,–	300,–	200,–					
HB Hietzing										
Baumgarten	1000,–	500,–	400,–	300,–	200,–					
Hadersd.-Weidlingau	1000,–	500,–	400,–	300,–	200,–					
Ottakringer Bad	1300,–	650,–	550,–	300,–	200,–	900,–				
Kongreßbad	1300,–	650,–	550,–	300,–	200,–					2900,–
Schafbergbad	1300,–	650,–	550,–	300,–	200,–	900,–				
Krapfenwaldlbad	1300,–	650,–	550,–	300,–	200,–					
Hohe Warte	1000,–	500,–	400,–	300,–	200,–					
Angelibad	1000,–	500,–	400,–	300,–	200,–					
Alte Donau	1300,–	650,–	550,–	300,–	200,–					
Gänsehäufel	1300,–	650,–	550,–	300,–	200,–		2900,–	3500,–	3800,–	
Stadlau (verp.)	800,–	400,–	350,–	200,–	150,–					
Liesing	1000,–	500,–	400,–	300,–	200,–					
Höpflerbad	1300,–	650,–	550,–	300,–	250,–	900,–				2900,–

Ohne Zeiteinschränkung	JAHRESKARTEN		ab 1. Jänner	ab 1. Juli
	HALLENBAD	Erwachsene	800,–	500,–
		Jugendliche 15–19 J.**)	400,–	250,–
		Kinder 6–15 J.	250,–	150,–
	HALLENBAD SOMMERBAD	Erwachsene	1200,–	750,–
		Jugendliche 15–19 J.**)	600,–	350,–
		Kinder 6–15 J.	350,–	200,–

SONSTIGES

Wertsachen-Aufbewahrung	10,–
Schlüsselersatz	100,–
Solarium (Einfachbestrahlung)	25,–
Solarium (Doppelbestrahlung)	50,–
***) Tennisplatz pro Stunde	80,–
Leihgebühren	
Bademantel	15,–
Badeanzug	15,–
Leintuch	15,–
Badehose	10,–
Trockentuch	10,–

SCHWIMMUNTERRICHT

Erwachsene/Kinder 1 Lektion	30,–

Nachzahlung für Badende, die ohne gültige Karte im Badebereich angetroffen werden: 100,– S.

**) Gilt für Jugendliche von 15 bis 19 Jahren (es gilt jeder Lichtbildausweis mit Geburtsdatum) und Hochschüler (bis 27 Jahre) mit gültigem Hochschulausweis.
***) Im Kongreßbad (während des Badebetriebes).

Wo kann gebaut werden?

Im Interesse eines geordneten Ausbaues der Stadt nach modernen städtebaulichen Gesichtspunkten werden vom Gemeinderat für die verschiedenen Teile des Stadtgebietes besondere Widmungen festgesetzt. Der Gemeinderat kann aber auch einzelne Gebiete als Schutzzonen erklären, das sind jene Gebiete, die wegen ihres örtlichen Stadtbildes in ihrem äußeren Erscheinungsbild erhaltungswürdige Gebiete als in sich geschlossenes Ganzes bilden. Diese Widmungen und Schutzzonen sind Inhalt des Flächenwidmungsplanes, der festlegt, welchen Verwendungen die im Gemeindegebiet gelegenen Liegenschaften zugeführt werden können. Die Bauordnung kennt folgende Widmungsarten der Grundstücke, welche Unterscheidung nach der Art der zugelassenen Nutzung getroffen wird:

A. Grünland:
- a) ländliche Gebiete;
- b) Erholungsgebiete, und zwar:
  1. Parkanlagen,
  2. Kleingartengebiete,
  3. Sport- und Spielplätze,
  4. Freibäder,
  5. Zeltplätze,
  6. Grundflächen für Badehütten und
  7. sonstige für die Volksgesundheit und Erholung der Bevölkerung notwendige Grundflächen;
- c) Schutzgebiete, und zwar:
  1. der Wald- und Wiesengürtel,
  2. Parkschutzgebiete;
- d) Friedhöfe.

B. Verkehrsbänder (Straßenzüge und Verkehrswege übergeordneter Bedeutung).

C. Bauland:
- a) Wohngebiete;
- b) Gartensiedlungsgebiete;
- c) gemischte Baugebiete;
- d) Industriegebiete;
- e) Lagerplätze und Ländeflächen.

D. Sondergebiete:
- a) Ausstellungsgelände;
- b) Grundflächen für Klär- und Rückstauanlagen;
- c) Grundflächen für Wasserbehälter;
- d) Freistreifen;
- e) Sonstige Grundflächen.

Grundsätzlich darf nur im Bauland gebaut werden. Der Bebauungsplan, der vom Gemeinderat auf Grund des Flächenwidmungsplanes erstellt wird, enthält jene Bestimmungen, wie in den einzelnen Teilen des Baulandes gebaut werden darf. So dürfen im Wohngebiet nur Wohngebäude und Nebengebäude errichtet werden sowie öffentlichen Zwecken dienende Gebäude, Hotels und Bürohäuser, Werkstätten kleineren Umfanges und Geschäftshäuser dann, wenn keine Umweltbeeinträchtigung eintritt. Der Ausbau der Dachgeschosse ist nunmehr ohne Einschränkung dann zulässig, wenn der Fußboden aller Aufenthaltsräume nicht höher liegt als die für die Beurteilung der zulässigen Gebäudehöhe maßgebende Ebene und die verglichene lichte Raumhöhe mindestens 2,50 m beträgt. Es kann jedoch mit Zustimmung der örtlich zuständigen Bezirksvertretung von der Forderung, daß der Fußboden unterhalb der für die Beurteilung der zulässigen Gebäudehöhe maßgebenden Ebene liegen muß, Abstand genommen werden. Einschränkend dürfen in Schutzzonen als Wohnungen verwendete Aufenthaltsräume nicht als Büro- oder Geschäftsräume verwendet werden, und es ist der Ausbau von Dachgeschossen von in Schutzzonen bestehenden Gebäuden, in denen die Zahl der Wohnungen die der Büro- oder Geschäftsräume überwiegt, nur für Wohnungen, Hauswaschküchen und die dazugehörigen Nebenräume sowie für Triebwerksräume zulässig, und es können Anordnungen getroffen werden, einzelne Baukörper, wie Brunnen, Säulen usw., zu erhalten. Auch die Errichtung von Einstellräumen für Kraftfahrzeuge der Bewohner des Wohngebietes und der dort Beschäftigten ist gestattet. Hingegen dürfen in Industriegebieten nur Gebäude oder Anlagen für Betriebs- oder Geschäftszwecke aller Art mit Ausnahme von Beherbergungsbetrieben errichtet werden. Lediglich im gemischten Baugebiet dürfen Wohnungen und andere Anlagen nebeneinander errichtet werden, sofern letztere beim Betrieb nicht umweltverschmutzend wirken und Gefahren oder unzumutbare Belästigungen für die Nachbarschaft herbeiführen. Außerhalb des Baulandes dürfen nur solche Bauten errichtet werden, die der jeweiligen Widmung entsprechen. So ist im ländlichen Gebiet die Errichtung solcher baulicher Anlagen gestattet, die land- und forstwirtschaftlichen oder berufsgärtnerischen Zwekken dienen; hiezu gehören auch die erforderlichen Wohnbauten. Ebenso können Bauten für öffentliche Zwecke, wie Amtsgebäude, Schulen u. dgl., errichtet werden. Im Kleingartengebiet ist die Errichtung von Kleingartenhäusern im Ausmaß von höchstens 15. v. H. der Fläche des Kleingartens, jedoch keinesfalls mehr als 35 m², und einer Gebäudehöhe von 3,50 m zulässig, wobei die Gebäudehöhe, sofern das Gelände des Kleingartens steiler als 1 : 10 geneigt ist, mehr als 3,50 m betragen kann, aber an keiner Stelle 5 m überschreiten darf; am höchsten Punkt des anschließenden Geländes darf jedoch auch in diesem Fall die Gebäudehöhe von 3,50 m nicht überschritten werden. Der Dachfirst darf nicht höher als 1,50 m über dem für die höchstzulässige Gebäudehöhe maßgeblichen oberen Abschluß der Außenmauer liegen. Die näheren Bestimmungen darüber können dem Wiener Kleingartengesetz vom 12. Dezember 1978, LGBl. für Wien Nr. 3/1979, entnommen werden. Im Gartensiedlungsgebiet dürfen nur Wohngebäude, Sommerhäuser und Gebäude mit Geschäftsräumen für Geschäfte des täglichen Bedarfes, Gaststätten und Gemeinschaftsanlagen, die öffentlichen Zwecken dienen, errichtet werden. Bei Gebäuden in Gartensiedlungsgebieten darf die bebaute Fläche, sofern der Bebauungsplan nichts anderes bestimmt, das Ausmaß von 35 m² nicht überschreiten und die Gebäudehöhe nicht mehr als 3,50 m bzw. bei Geländeneigungen über 10% nicht mehr als 5 m betragen. Im Parkschutzgebiet dürfen Springbrunnen, Wetterhäuschen u. dgl., nicht jedoch z. B. Badeanstalten errichtet werden. In einem Weingartengebiet wird der Bau einer Weinhauerhütte, im Waldgebiet der Bau eines Forsthauses mit den Widmungsbestimmungen im Einklang stehen.

Über die für die einzelnen Teile des Stadtgebietes geltenden Bestimmungen kann sich jedermann bei der MA 21 (1, Rathaus, 5. Stiege, 2. Stock, Tür 406–413) an den für den Parteienverkehr bestimmten Tagen (Dienstag von 8 bis 12.30 Uhr und Donnerstag von 8 bis 12.30 Uhr und von 15.30 bis 17.30 Uhr) durch Einsichtnahme in die Evidenzblätter der Stadtkarten informieren. Geringe Restflächen der äußeren Bezirke der Stadt sind von diesen Plänen noch nicht erfaßt, und es herrscht innerhalb dieser Gebiete generelle Bausperre. In der MA 21 wird auch Auskunft darüber erteilt, ob für ein bestimmtes Gebiet der Stadt Abdrucke der Regulierungsbestimmungen (Plandokumente) vorhanden sind und unter welcher Plannummer diese im städtischen Drucksortenverschleiß in der Stadthauptkasse (1, Rathaus, 7. Stiege, Hochparterre, Tür 103) käuflich erworben werden können.

Der Gemeinderat bzw. bei unwesentlichen Abänderungen und Ergänzungen die örtlich zuständige Bezirksvertretung hat auch die gesetzliche Möglichkeit, die für ein bestimmtes Gebiet geltenden Widmungen und Bebauungsbestimmungen abzuändern. In der Regel wird hiebei eine zeitlich befristete Bausperre in der Dauer von längstens zweimal zwei Jahren verhängt, innerhalb welcher Neu-, Zu- oder Umbauten sowie Grundabteilungen in dem von der Bausperre betroffenen Gebiet nur dann durchgeführt werden dürfen, wenn sie der beabsichtigten Änderung nicht zuwiderlaufen.

Die Festsetzung und Abänderung der Flächenwidmungs- und Bebauungspläne durch den Gemeinderat bzw. die örtlich zuständige Bezirksvertretung sind Verordnungen, die durch kein Rechtsmittel angefochten werden können.

Vor der Vorlage der Anträge an den Gemeinderat werden die Entwürfe für wesentliche Abänderungen oder Neufestsetzungen der Bebauungspläne durch vier Wochen zur öffentlichen Einsicht in der MA 21 aufgelegt. Die Zeit der Auflegung wird durch Veröffentlichung im Amtsblatt „Stadt Wien", im Amtsblatt der Wiener Zeitung und an den Amtstafeln des Rathauses und des Amtshauses des in Betracht kommenden Bezirkes kundgemacht. Innerhalb der Auflagefrist können schriftliche Stellungnahmen zu dem Entwurf bei der MA 21 eingebracht werden, denen jedoch nicht der Charakter von Rechtsmitteln zukommt. Neu beschlossene Abänderungen bzw. Neufestsetzungen des Flächenwidmungs- und Bebauungsplanes werden ebenfalls in den oben erwähnten Plandokumenten festgehalten.

Welche Voraussetzungen muß ein Grundstück aufweisen, damit gebaut werden darf?

Bei der Schaffung oder Veränderung eines Bauplatzes, Bauloses (im Gartensiedlungsgebiet) oder eines Kleingartens sind die Bestimmungen der Bebauungspläne einzuhalten. Ein Bauplatz muß unmittelbar an die vorgesehene öffentliche Verkehrsfläche angrenzen, Kleingartenanlagen oder Einzelkleingärten müssen unmittelbar, die Kleingärten innerhalb einer Kleingartenanlage unmittelbar oder mittelbar über mindestens 4 m breite Aufschließungswege bzw. mindestens 2,50 m breite Nebenwege mit einer öffentlichen Verkehrsfläche in Verbindung stehen und eine solche Gestalt und Größe aufweisen, daß darauf ein Gebäude errichtet werden kann, das den Bestimmungen der Bauordnung und des Wiener Kleingartengesetzes entspricht. Ein Baulos muß unmittelbar oder mittelbar über Aufschließungswege an eine öffentliche Verkehrsfläche angrenzen. Die seitlichen Grenzen des Bauplatzes, des Bauloses oder des Kleingartens sollen möglichst senkrecht zur öffentlichen Verkehrsfläche bzw. zum Aufschließungsweg verlaufen. Durch die Verbauung der Liegenschaft darf auch nicht die Bebaubarkeit der unmittelbar angrenzenden oder benachbarten Liegenschaften beeinträchtigt werden. Die Größe des Bauplatzes soll mindestens 500 m^2, die eines Bauloses muß mindestens 250 m^2 und die eines Kleingartens soll mindestens 250 m^2 und höchstens 400 m^2 betragen. Bei Kleingärten können in Einzelfällen Abweichungen hievon bis zu einer Mindestgröße von 120 m^2 und bis zu einer Höchstgrenze von 650 m^2 bewilligt werden, wenn dies die zweckmäßige Aufteilung der Grundflächen erfordert. Bauplätze müssen durch eine mindestens 3 m breite Zufahrt mit dem öffentlichen Straßennetz verbunden sein. Dieser Verbindungsstreifen muß einen Anschluß an den Straßenkanal ermöglichen. Die Aufschließungswege im Gartensiedlungsgebiet müssen mindestens 4 m, wenn befahrbar 6 m breit sein. Außerdem muß der Bauplatz die entsprechende Anbaureife besitzen, d. h. die vor dem Bauplatz gelegene öffentliche Verkehrsfläche muß befestigt und die unterirdischen Einbauten, wie Kanal und Wasserleitung, hergestellt sein. Allerdings kann von diesem Bauverbot unter gewissen Voraussetzungen Abstand genommen werden.

Kann auch auf einer Grundfläche, die nicht an das öffentliche Straßennetz angrenzt, gebaut werden?

Die Eigentümer derartiger Grundstücke haben dann die Möglichkeit, diese Grundflächen zu bebauen, wenn auf ihren Antrag im Bebauungsplan eine neue Verkehrsfläche festgesetzt wird. Dient diese lediglich der besseren Aufschließung des Grundes, so kann anläßlich der Festsetzung des Bebauungsplanes bestimmt werden, daß diese Verkehrsfläche von den Eigentümern der anliegenden Bauplätze nach Anordnung der Gemeinde hergestellt, erhalten, gereinigt, beleuchtet und mit den notwendigen Einbauten versehen wird. Diese Verpflichtung wird auch grundbücherlich sichergestellt. Im Gartensiedlungsgebiet genügt, wie schon erwähnt, ein an das öffentliche Verkehrsnetz angebundener Aufschließungsweg.

Was ist bei einem Grundkauf zu überlegen?

Vor Erwerb einer Grundfläche muß sich der Käufer über den Verwendungszweck, der seinen Absichten entspricht, im klaren sein. Wegen der Vielfalt der Widmungen und der darauf gegründeten Nutzungsbeschränkungen empfiehlt es sich, vor Abschluß eines Grundkaufes bzw. vor der Realisierung eines Projektes bei der MA 21 und sodann bei der Baubehörde (Vermessungsreferate der MA 37 bzw. wegen Bauplatzgenehmigung bei der MA 35, beide 20, Dresdner Straße 73–79) anzufragen, ob und in welcher Art (im Hinblick auf die Widmung und die Bebaubarkeit) das geplante Vorhaben realisierbar ist. Es ist vor allem zu bedenken, daß anläßlich der Genehmigung einer Grundfläche als Bauplatz oder der Bewilligung zur Errichtung einer Baulichkeit Grundflächen zu den Verkehrsflächen abzutreten sind. Bei erstmaliger Abtretung hat diese im allgemeinen unentgeltlich zu erfolgen. Auf die Straßenbreite ist insofern Bedacht zu nehmen, als bei einer Abtretung von Grundflächen für das öffentliche Straßennetz der verbleibende Rest der Liegenschaft seine selbständige Bebaubarkeit deswegen verlieren kann, weil die in der Bauordnung geforderte Mindestgröße für einen Bauplatz nicht mehr vorliegt. Auch der Höhenlage der Straße kommt deswegen Bedeutung zu, weil für den Projektanten der Umstand wichtig sein kann, ob sein Grundstück die gleiche Höhe wie das Straßenniveau aufweist oder nicht. Die Bestimmungen über die Bauklasse (Gebäudehöhe) und die Bauweise, die mögliche Ausnutzbarkeit des Grundes sowie die besondere Ausgestaltung der zu errichtenden Baulichkeit sind ebenfalls Umstände, die schon vor der Projektierung entsprechend beachtet werden sollen.

Es kann möglich sein, daß bestimmte Grundflächen als Grundflächen für öffentliche Zwecke gewidmet sind. Derartige Grundflächen werden für einen privaten Interessenten in der Regel kein Interesse besitzen, da sie den Zweck haben, Bauland für Versorgungseinrichtungen der Gemeinde und des Bundes (Schulen, Amtsgebäude, Krankenhäuser, Bäder, Kindergärten u. dgl.) sicherzustellen. Für solche Flächen besteht auch ein Enteignungsrecht zugunsten der genannten Gebietskörperschaften ebenso wie für Friedhöfe und öffentliche Erholungsflächen.

Was ist im Zuge einer Bauführung zu erwirken?

Behördliche Bekanntgabe der Bebauungsbestimmungen

Soll nun eine Grundfläche als Bauplatz genehmigt werden oder soll auf einem solchen ein Neu-, Zu- oder Umbau errichtet werden, hat der Abteilungs- bzw. Bauwerber vorher bei der MA 37 um die Bekanntgabe der Bebauungsbestimmungen gemäß dem geltenden Bebauungsplan anzusuchen. Er hat dabei den Nachweis des Eigentums bzw. die Zustimmung des Grundeigentümers (aller Miteigentümer) und einen Lageplan (in zweifacher Ausfertigung), aus dem die Situierung der eigenen und der angrenzenden Liegenschaften samt der darauf befindlichen Baubestände sowie Name und Wohnort der Liegenschaftseigentümer ersichtlich sind, dem Ansuchen anzuschließen. Dabei gelten die Gegenüberliegenden ebenfalls als Anrainer.

Das zuständige Vermessungsreferat der MA 37 befindet sich in 20, Dresdner Straße 73–79.

Die Bekanntgabe der Bebauungsbestimmungen enthält:

1. sämtliche die Grundstücke und deren unmittelbare Umgebung berührenden Angaben des Bebauungsplanes;
2. die Kennzeichnung der nach den Fluchtlinien ins öffentliche Gut abzutretenden oder vom öffentlichen Gut einzubeziehenden Grundflächen;
3. wenn das Grundstück in einer Schutzzone liegt, diese Tatsache und die sich daraus allenfalls ergebenden Beschränkungen;
4. sonstige besondere Bestimmungen, wie Höhen- und Flächenbeschränkungen, Ein- und Ausfahrtenverbot u. a. m.

Bei Gebieten, für die noch kein Flächenwidmungs- und Bebauungsplan besteht, oder über die eine Bausperre verhängt wurde, findet keine Bekanntgabe der Bebauungsbestimmungen und Höhenlagen statt. Die Gültigkeitsdauer der Bekanntgabe der Bebauungsbestimmungen beträgt ein Jahr. Wenn sich jedoch nach Ablauf dieser Frist die Verhältnisse nicht geändert haben, kann die weitere Gültigkeitsdauer ebenfalls wieder für ein Jahr bestätigt werden.

Grundabteilung

Im Fall der Schaffung eines oder mehrerer Bauplätze, Baulose oder Kleingärten oder Teilen von solchen ist eine Grundabteilung durchzuführen. Das gleiche gilt auch für die Veränderung eines Bauplatzes, eines Bauloses, eines Kleingartens, Teilen von solchen oder einer sonstigen bebauten Liegenschaft sowie für die Übertragung von Grundstücken in das öffentliche Gut und die Veränderung von Grundstücken im Wald- und Wiesengürtel. Sonstige Veränderungen des Gutsbestandes eines Grundbuchskörpers sind anzuzeigen. Der Einschreiter, auch Abteilungswerber genannt, hat die auf Grund der Bekanntgabe der Bebauungsbestimmungen erstellten Abteilungspläne in mindestens siebenfacher Ausfertigung bei gleichzeitiger Beibringung der Grundbuchsauszüge der betroffenen Liegenschaften, des Bescheides über die Bekanntgabe der Bebauungsbestimmungen samt zugehörigem Plan sowie der Zustimmung aller unmittelbar betroffenen Grundeigentümer (an die allenfalls Grundstücksflächen abzugeben oder von denen Grundstücksflächen zu übernehmen und in den Bauplatz einzubeziehen sind) bei der MA 64, 20, Dresdner Straße 73–79, zur Genehmigung einzureichen. Zur Herstellung von Grundabteilungsplänen sind grundsätzlich nur die Ingenieurkonsulenten für Vermessungswesen befugt. Ist die Stadt Wien mitbetroffener Grundstückseigentümer, so sind, abgesehen vom Fall der unentgeltlichen Grundabtretung in das öffentliche Gut, die Kaufs- bzw. Verkaufsverhandlungen über abzutretende bzw. einzubeziehende Grundstücksteile mit der MA 69, 8, Lerchenfelder Straße 4, zu führen. Befinden sich zwischen einer Verkehrsfläche und einem Grundstück nicht bebaubare Grundstücksflächen (Ergänzungsflächen) oder liegt ein selbständig nicht bebaubarer Grund zwischen zwei selbständig bebaubaren Bauplätzen (Ergänzungsflächen), so werden diese selbständig nicht bebaubaren Grundstücksteile anläßlich einer Bauplatzschaffung zum Bauplatz einzubeziehen sein. Scheitern Vergleichsverhandlungen mit den Eigentümern derartiger Teilflächen, so kann die Enteignung beantragt werden, vorausgesetzt, daß die Liegenschaft nicht bebaut bzw. die darauf befindlichen Baulichkeiten abbruchsreif sind oder deren Abtragung aus Verkehrsrücksichten notwendig ist. Es kann auch die Enteignung solcher Grundstücksflächen beantragt werden, deren Übertragung in das öffentliche Gut anläßlich des Abteilungs-(Bau-)Falles notwendig ist.

Die Gültigkeitsdauer eines Grundabteilungsbescheides beträgt zwei Jahre vom Tag der Zustellung des Bescheides an gerechnet; der Bescheid tritt außer Kraft, wenn nicht innerhalb dieser Zeit seine grundbücherliche Durchführung erfolgte oder mit der Bebauung noch nicht begonnen wurde.

Baubewilligung

Bei folgenden Bauführungen ist vor Beginn die Bewilligung der Behörde zu erwirken:

1. Neu-, Zu- oder Umbauten;
2. Errichtung aller sonstigen baulichen Anlagen über und unter der Erde, zu deren Herstellung ein wesentliches Maß bautechnischer Kenntnisse erforderlich ist, die mit dem Boden in eine kraftschlüssige Verbindung gebracht werden und wegen ihrer Beschaffenheit geeignet sind, öffentliche Rücksichten zu berühren;
3. Änderungen oder Instandsetzungen von Gebäuden und baulichen Anlagen, wenn diese von Einfluß auf die Festigkeit, die gesundheitlichen Verhältnisse, die Feuersicherheit oder auf die subjektiv öffentlichen Rechte der Nachbarn sind oder durch sie das äußere Ansehen oder die Raumeinteilung geändert wird sowie jede Änderung der bewilligten Raumwidmungen oder des bewilligten Fassungsraumes eines Gebäudes oder einer baulichen Anlage;
4. der Abbruch von Gebäuden oder baulichen Anlagen. Für Gebäude in Schutzzonen darf jedoch nur mit Zustimmung des zuständigen Gemeinderatsausschusses die Abbruchsbewilligung erteilt werden, wenn an der Erhaltung des Gebäudes infolge seiner Wirkung auf das örtliche Stadtbild kein Interesse besteht, ansonsten die Bewilligung zu versagen ist. Zu versagen ist die Abbruchsbewilligung auch dann, wenn sich das Gebäude wohl nicht in einer schon beschlossenen Schutzzone, aber in einem, wegen seines örtlichen Stadtbildes in seinem äußeren Erscheinungsbild erhaltungswürdigen Gebiet befindet;
5. Änderungen an Gebäuden in Schutzzonen, die die äußere Gestaltung, den Charakter oder den Stil eines Gebäudes beeinflussen;
6. Veränderungen oder Beseitigungen von das örtliche Stadtbild oder die äußere Gestaltung, den Charakter

oder den Stil eines Gebäudes beeinflussenden baulichen Ziergegenständen in Schutzzonen;
7. die Veränderung der Höhenlage einer Grundfläche, soweit sie von Einfluß auf bestehende bauliche Anlagen auf eigenen oder benachbarten Grundflächen oder deren widmungsgemäße Verwendung ist;
8. das Anlegen von Steinbrüchen, Schotter-, Sand-, Lehm- und Tongruben sowie anderer Anlagen zur Ausbeutung des Untergrundes, ferner das Anlegen von Schlacken-, Schutt- und Müllhalden;
9. die Aufstellung von Motoren und Maschinen mit motorischem Antrieb, wenn dadurch die Festigkeit des Gebäudes beeinflußt wird.

Für alle nicht genannten baulichen Maßnahmen ist keine Bewilligung der Behörde erforderlich. Jedoch bedürfen Anlagen (Be- und Entlüftungsanlagen, maschinelle Einrichtungen u. dgl.), die geeignet sind, eine Gefahr für das Leben oder die Gesundheit von Menschen herbeizuführen oder die Nachbarschaft in einer das örtlich zumutbare Ausmaß übersteigenden Weise unter Berücksichtigung der Bestimmungen über die Flächenwidmung und der für das entsprechende Widmungsgebiet zulässigen Nutzungen zu belästigen, einer Bewilligung.

Um die Bewilligung ist bei der MA 37 anzusuchen. Dem Gesuch um Baubewilligung hat der Bauwerber einen entsprechenden Grundbuchsauszug über die Liegenschaft, die Zustimmung des Grundeigentümers (auch aller Miteigentümer), sofern dieser eine vom Bauwerber verschiedene Person ist, sowie die amtliche Bekanntgabe der Bebauungsbestimmungen samt dazugehörigem Plan anzuschließen. Ansuchen um Baubewilligungen im Namen dritter Personen müssen mit einer Vollmacht belegt sein. Nicht eigenberechtigte Personen können nur durch ihren gesetzlichen Vertreter einschreiten. Die Baupläne, die gleichfalls anzuschließen sind, müssen im Maßstab 1 : 100 verfaßt sein; sie sind in dreifacher Ausfertigung vorzulegen und haben insbesondere zu enthalten:

1. den Lageplan, der die betroffenen Grundstücke der zu bebauenden Liegenschaften, deren Nummern, die Zahlen der Einlagen und das Flächenausmaß dieser Grundstücke, die Umrisse der darauf bestehenden und geplanten baulichen Anlagen, deren Ausmaße und die Höhenlage des anschließenden Geländes ausweisen muß; ferner sind im Lageplan die Grundstücke der unmittelbar angrenzenden und direkt gegenüberliegenden Liegenschaften, deren Nummern, die Zahlen der Einlagen und Orientierungsnummern, die Namen und Anschriften aller ihrer Eigentümer sowie die Umrisse des Baubestandes auf diesen Liegenschaften, die angrenzenden öffentlichen Verkehrsflächen samt deren Abmessungen und Höhenlagen unter maßgerechter Eintragung von Gleisen, Alleebäumen, Gehsteigen, Banketten und Masten sowie die Nordrichtung einzutragen;
2. die Grundrisse sämtlicher Geschosse, die notwendigen Schnitte und Ansichten;
3. bei Bauführungen, durch die Nutzraum neu geschaffen oder aufgelassen wird, das Ausmaß dieser Flächen;
4. die Spielplätze für Kinder;
5. die Aufstellplätze der Müllgefäße;
6. bei Häusern mit mehr als einer Wohnung oder Betriebseinheit den für die Hausbriefanlagen vorgesehenen Platz.

Sollten aufgrund der zu erteilenden Baubewilligung Bäume im Sinne des Gesetzes LGBl. für Wien Nr. 27 vom 7. Mai 1974 zum Schutze des Baumbestandes in Wien gefällt werden müssen, ist im Sinne des vorangeführten Gesetzes die Bewilligung hiefür beim zuständigen magistratischen Bezirksamt zu erwirken. Die Baubewilligung kann erst nach Vorliegen einer rechtskräftigen Fällungsbewilligung erteilt werden.

Die Baupläne und Beschreibungen müssen vom Bauwerber, vom Eigentümer (allen Miteigentümern) der Liegenschaft, vom Verfasser und vom Bauführer oder deren berechtigten Vertretern unter Beisetzung ihrer Eigenschaft unterfertigt sein. Wird eine mündliche Verhandlung anberaumt, so sind neben dem Bauwerber, dem Grundeigentümer und dem Planverfasser insbesondere auch die Nachbarn (Anrainer) zur Geltendmachung ihrer Rechte und rechtlichen Interessen zu laden, sofern nicht von vornherein feststeht, daß eine Verletzung ihres Anrainerrechtes ausgeschlossen ist. Einem Mieter kommt im Bauverfahren grundsätzlich keine Parteistellung zu; er ist daher auch nicht zur Bauverhandlung einzuladen, es sei denn, er tritt selbst als Bauwerber auf. Nach durchgeführtem Verfahren erkennt die Behörde über die Zulässigkeit der Bauführung durch schriftlichen Bescheid. Gegen den Bescheid kann binnen zwei Wochen nach Zustellung die Berufung an die Bauoberbehörde für Wien eingebracht werden, welche endgültig entscheidet. Die Berufung ist bei der Behörde einzubringen, die den Bescheid erlassen hat.

Die Gültigkeit der erteilten Baubewilligung wird unwirksam, wenn binnen zwei Jahren, vom Tag der Rechtskraft an gerechnet, mit dem Bau nicht begonnen wurde oder wenn die Bauführung nicht innerhalb zweier Jahre nach Baubeginn vollendet ist. Diese Fristen können in begründeten Ausnahmefällen unter Bedachtnahme auf Änderungen des Flächenwidmungs- und Bebauungsplanes vor Ablauf jedoch verlängert werden, wenn öffentliche Rücksichten nicht entgegenstehen; insbesondere zählt als solcher Grund der Mangel finanzieller Mittel, sofern rechtzeitig um die Gewährung eines Kredites angesucht wurde und begründete Aussicht auf Gewährung eines solchen besteht.

Vor Rechtskraft einer Baubewilligung darf jedoch auf keinen Fall mit dem Bau begonnen werden. Die erteilte Baubewilligung kann entweder auf unbestimmte Zeit oder auf bestimmte Zeit bzw. gegen jederzeitigen Widerruf erteilt worden sein. Die letzteren beiden Fälle werden dann in Betracht kommen, wenn ein Bau nur vorübergehenden Zwecken dient oder nicht dauernd bestehen bleiben kann, sei es, weil die Baulichkeit in begründeten Ausnahmefällen den Bestimmungen der Bauordnung nicht voll entspricht, sei es wegen des bestimmungsgemäßen Zweckes des Grundes.

Abweichungen von bewilligten Bauvorhaben

Von dem behördlich genehmigten Bauplan darf nur nach Genehmigung der Änderung abgegangen werden. Es ist vor Durchführung der Änderung unter Vorlage eines neuen Bauplanes um Genehmigung der Änderung anzusuchen. Für das durchzuführende Verfahren siehe „Baubewilligung“.

Benützungsbewilligung

Sofern nicht von der Benützungsbewilligung im Baubewilligungsbescheid Abstand genommen wurde, ist vor Benützung eine Benützungsbewilligung zu erwirken. In einem solchen Fall ist eine Augenscheinsverhandlung zur Feststellung der bauordnungsgemäßen Ausführung durchzuführen. Das Ansuchen um Benützungsbewilligung ist gleichfalls bei der MA 37 nach Fertigstellung der Baulichkeit einzubringen. Der hierüber ausgestellte Bescheid ist deswegen von Bedeutung, weil dadurch erst die Erlaubnis zur Benützung der Wohnung bzw. des Hauses, zum Abschluß von Mietverträgen, zur Aufnahme von Darlehen, Steuererleichterungen, Abschreibungen u. dgl. gegeben ist.

Ist eine Bauführung beabsichtigt, wird es für den Bauwerber zweckmäßig sein, sich schon vor der Erstellung der Pläne von der zuständigen Baudienststelle über die Zulässigkeit des Projektes unverbindlich beraten zu lassen. Insbesondere wird es auch vorteilhaft sein, bei Errichtung von Geschäftsportalen, Werbeanlagen und Gestaltung von Fassaden eine unverbindliche Äußerung der MA 19 im Hinblick auf die Stadtbildpflege einzuholen. Die MA 19 befindet sich in 12, Niederhofstraße 23, 5. Stock, Tür 504 bis 541.

Mit welchen wesentlichen finanziellen Belastungen durch die Behörde anläßlich der Herstellung eines Bauwerkes hat der Bauwerber zu rechnen?

Kanaleinmündungsgebühr

Von Baulichkeiten auf Bauplätzen oder sonstigen bebauten Flächen müssen alle Abwässer unterhalb der Verkehrsfläche in den Kanal geleitet werden, wenn der Bauplatz oder die bebaute Fläche von einem bei der Bauführung bereits bestehenden Straßenkanal ohne Verbindung über eine andere Liegenschaft nicht mehr als 30 m entfernt ist. Ausnahmen von dieser Verpflichtung können zugelassen werden, wenn hiedurch keine Schädigung öffentlicher Interessen und kein Nachteil für die Nachbarschaft entstehen. Bei erstmaligem unmittelbarem oder mittelbarem Anschluß an den Straßenkanal ist eine Kanaleinmündungsgebühr zu entrichten. Für den Fall der Vergrößerung des Bauplatzes, der Errichtung eines weiteren Neubaues oder eines Zubaues in waagrechter Richtung oder bei Umwandlung einer bisherigen Teilkanalisation in eine Vollkanalisation (Regen- und Schmutzwässer) sind Ergänzungsgebühren zu entrichten.

Die Höhe der Gebühr ist in den einzelnen Widmungsgebieten unterschiedlich. Sie wird von der MA 37 festgesetzt, die auch über die Höhe und Einzahlungsart Auskunft erteilt.

Gehsteigherstellung

Jeder Eigentümer eines Neu-, Zu- oder Umbaues ist verpflichtet, entlang der Baulinien seines Bauplatzes einen Gehsteig nach den Anordnungen der Behörde in der vorgeschriebenen Breite herzustellen, wobei es gleichgültig ist, ob an oder hinter der Baulinie gebaut wird (siehe hiezu Abschnitt „Straßenverwaltung und Straßenbeleuchtung").

Vor Ausführung des Gehsteiges ist um die Bekanntgabe der Breite und Bauart und um die Aussteckung der Höhenlage anzusuchen. Diese Ansuchen sind an die MA 37, 20, Dresdner Straße 73–79, zu richten.

Der Beginn der Gehsteigherstellung ist der Behörde rechtzeitig anzuzeigen. Um die dazu erforderliche Aufgrabungsbewilligung ist bei der MA 28, 17, Lienfeldergasse 96, anzusuchen. Nach Fertigstellung des Gehsteiges ist um die Feststellung der ordnungsgemäßen Herstellung bei der MA 28 einzukommen, wobei von der Behörde eine Haftungszeit festgesetzt wird.

Bei Portalentfernungen ist der freiwerdende Teil des Gehsteiges in jenen Zustand zu versetzen, der dem unmittelbar angrenzenden Gehsteig entspricht.

Granitpflaster- und Klinkergehsteige, die vor Ende des Jahres 1929 ordnungsgemäß hergestellt wurden, gelten als generell in die Erhaltung der Stadt Wien übernommen.

Andere Gehsteige, die noch nicht ausdrücklich in die Erhaltung der Stadt Wien übernommen wurden, es wäre denn, daß sie schon vor 1883 hergestellt worden sind, stehen in der Erhaltungspflicht des Liegenschaftseigentümers, der für die Instandhaltung zivil- und strafrechtlich verantwortlich ist. Solche noch nicht übernommene Gehsteige können nach Ablauf der Haftungszeit, im allgemeinen fünf Jahre nach dem Bau, nur dann über ausdrückliches schriftliches Ansuchen in die Erhaltung der Stadt Wien übernommen werden, wenn sie sich in gutem, ordnungsgemäßem, den Vorschriften entsprechendem Zustand befinden. Ansuchen sind an die MA 28 zu richten. Auf schriftliches Ansuchen werden von der MA 28 auch Bestätigungen über solche Übernahmen von Gehsteigen in die Erhaltung der Stadt Wien gegeben.

Gehsteigauf- und -überfahrten zur Ausfahrt aus einer Liegenschaft dürfen nur mit Bewilligung der Behörde hergestellt werden. Um diese Bewilligung ist bei der MA 28 anzusuchen (siehe „Straßenverwaltung und Straßenbeleuchtung").

Beitrag zu den Kosten der Herstellung von Verkehrsflächen

Die Gemeinde ist berechtigt, bei erstmaligem Anbau an Verkehrsflächen einen Beitrag zu den Kosten der Herstellung dieser Flächen von den Anliegern einzuheben. Auch für schon bestehende Verkehrsflächen kann vor erstmaligem Anbau auf bisher unbebauten Bauplätzen dieser Betrag eingehoben werden.

Die Höhe des Betrages ergibt sich aus der anrechenbaren Breite der Fahrbahn, der anrechenbaren Frontlänge des Bauplatzes und den für den Quadratmeter festgesetzten Einheitssatz, der derzeit 260 S beträgt.

Wasseranschluß

Bei jedem Gebäude, das Aufenthaltsräume (Wohn- und Arbeitsräume und Küchen) enthält, muß eine hinreichende Versorgung mit Genußwasser gesichert sein. Wo ein Rohrstrang des städtischen Wasserversorgungsnetzes nicht mehr als 30 m von der Bauplatzgrenze entfernt liegt, ist anläßlich des Baues eine Zuleitung in das Haus herzustellen und für einen Wasserauslauf in jeder Wohnung sowie außerdem für einen allgemein zugänglichen Auslauf im Keller oder Erdgeschoß vorzusorgen. Diese Verpflichtung besteht auch dann, wenn der städtische Rohrstrang gelegt wird, die Baubewilligung für das gegenständliche Haus jedoch erst nach dem 2. Mai 1930 erteilt worden ist.

Wird ein städtischer Wasserrohrstrang auf Antrag von Interessenten verlegt, so haben diese allein, soweit nicht öffentliche Interessen gegeben sind, die gesamten Kosten der Verlegung zu tragen. Handelt es sich dabei um die Versorgung mit Wasser zu Trink- und Haushaltszwecken, so kann der Kostenersatz bis auf 20 v. H. ermäßigt werden.

In jedem Fall sind jedoch die Kosten der Herstellung der Abzweigleitung vom städtischen Rohrstrang bis zum Wasserzähler, die durch die Gemeinde Wien erfolgt, vom Wasserabnehmer zu tragen. Dieser hat vor Beginn der Arbeiten eine Vorauszahlung in der Höhe der voraussichtlichen Kosten zu entrichten.

An dauernd auflaufenden Gebühren sind die Wasserbezugsgebühr für das abgegebene Wasser und die Wasserzählergebühr für die Beistellung und laufende Instandhaltung der Wasserzähler zu erwähnen.

Die Wasserabgabe aus dem städtischen Wasserversorgungsnetz bedarf einer schriftlichen Anmeldung des Wasserabnehmers. Näheres siehe „Wasserversorgung".

Schaffung von Stellplätzen

(Wiener Garagengesetz in der gültigen Fassung)

Bei Neu- und Zubauten sind in Ansehung des künftigen

Bedarfes Anlagen zum Einstellen von Kraftfahrzeugen zu schaffen (Pflichtstellplätze).

Die Anzahl der erforderlichen Stellplätze richtet sich nach der Art bzw. Widmung des Bauvorhabens.

Diese Verpflichtung kann

1. auf dem eigenen Bauplatz oder
2. auf einem anderen Bauplatz, der nicht mehr als 500 m entfernt ist, jedoch mit Ersichtlichmachung der öffentlich-rechtlichen Verpflichtung im Grundbuch,

erfüllt werden. Wenn die Verpflichtung zur Schaffung von Einstellplätzen oder Garagen nach den Varianten 1 oder 2 nicht oder nicht voll erfüllt wird, so kann eine entsprechende Ausgleichsabgabe an die Stadt Wien entrichtet werden.

Die Ausgleichsabgabe beträgt derzeit 50.000 S je Stellplatz.

Für die Errichtung von Garagen bzw. Schaffung von Einstellplätzen für Kraftfahrzeuge ist eine baubehördliche Bewilligung im Sinne der §§ 60 und 70 oder 71 der Bauordnung erforderlich. Davon ausgenommen sind Einstellplätze für höchstens zehn Krafträder oder zwei Kraftwagen mit einem höchstzulässigen Gesamtgewicht von je 3.500 kg auf einer unbebauten Liegenschaft oder in einem nicht allseits durch Gebäudemauern umschlossenen Hof von mindestens 80 m^2 Grundfläche, weiters in der Abstandsfläche gegen Nachbarliegenschaften, wenn diese mindestens 3 m breit ist.

Sollen die im vorigen Absatz genannten Kraftfahrzeuge in Räumen, die für andere Zwecke gewidmet sind, abgestellt werden, ist mindestens eine Woche vorher der Behörde die Anzeige zu erstatten. Das Einstellen in solchen Räumen ist u. a. unzulässig, wenn der Raum den einzigen oder einen durch besondere Vorschriften geforderten Ausgang von Aufenthaltsräumen bildet, eine benützte Feuerstätte enthält oder eine unmittelbare Verbindung zu Räumen mit einer benützten Feuerstätte aufweist. Auch für solche Anlagen gelten die im Garagengesetz enthaltenen Vorschriften.

Welche Folgen bringt unbefugtes Bauen mit sich?

Ohne rechtskräftig erlangte Baubewilligung dürfen keine bewilligungspflichtigen Bauführungen vorgenommen werden. Derartige Baulichkeiten gelten rechtlich als nicht bestehend. Es wird daher, falls eine nachträgliche rechtliche Sanierung infolge Unvereinbarkeit mit den Bestimmungen der Bauordnung nicht möglich erscheint, ihre Abtragung angeordnet und auch zwangsweise von der Behörde durchgeführt. Daneben haben die Personen, die für die Errichtung eines nicht bewilligten Bauwerkes einzustehen haben, mit empfindlicher Bestrafung zu rechnen.

Wo kann eine unzumutbare Belästigung durch Baulärm angezeigt werden?

Unzumutbare Lärmbelästigungen durch Baumaschinen können auf Grund des Gesetzes vom 26. Jänner 1973 zum Schutz gegen Baulärm jederzeit angezeigt werden. Solche Anzeigen nimmt täglich Montag bis Freitag von 7.30 bis 15.30 Uhr ein eigener Baulärm-Ombudsmann, 11, Rinnböckstraße 15, Tel. 74 53 93, und außerhalb der Dienstzeit, also auch nachts und am Wochenende, der Permanenzingenieur, 1, Am Hof 10, 5. Stock, Tür 511, Tel. 42 8 00*, 2941 oder Tel. 63 66 71*, 388, entgegen. Alle Lärmanzeigen werden sofort überprüft.

Welche Verwertungsmöglichkeiten bieten Grundstücke im Wald- und Wiesengürtel?

Im Interesse der gesamten Bevölkerung muß der Wald- und Wiesengürtel als wichtigstes Erholungsgebiet unversehrt erhalten bleiben. Bauführung und Parzellierung für Kleingartenzwecke im Wald- und Wiesengürtel sind daher allgemein verboten. Gegen Zuwiderhandelnde wird unnachsichtig eingeschritten.

Der Eigentümer eines im Wald- und Wiesengürtel gelegenen Grundstückes hat jedoch jederzeit die Möglichkeit, ein derartiges Grundstück der Stadt Wien zum Kauf anzubieten. Die Stadt Wien ist zur Einlösung verpflichtet.

Besteht eine Verpflichtung, Instandhaltungsarbeiten an der Baulichkeit vorzunehmen?

Jeder Eigentümer einer Baulichkeit hat dafür zu sorgen, daß die Baulichkeit und die dazugehörigen Anlagen (Vorgärten, Hofanlagen, Einfriedungen u. dgl.) in gutem, der Baubewilligung und den Vorschriften der Bauordnung entsprechendem Zustand erhalten werden. Für Gebäude in Schutzzonen besteht darüber hinaus die Verpflichtung, das Gebäude und die dazugehörigen Anlagen und baulichen Ziergegenstände in stilgerechtem Zustand und nach den besonderen Bestimmungen im Aufbauplan zu erhalten. Die Behörde hat notwendigenfalls den Hauseigentümer zur Behebung von Baugebrechen unter Gewährung einer angemessenen Frist zu verhalten. Im Zuge der Instandsetzung des Baukörpers eines Gebäudes oder eines baulichen Ziergegenstandes kann die Behörde dessen stilgerechte und nach den besonderen Bestimmungen im Aufbauplan festgesetzte Ausgestaltung oder dessen Angleichung in Stil, Bauform, Dachform u. dgl. an die benachbarten Gebäude in derselben oder gegenüberliegenden Häuserzeile verfügen. Sie ordnet erforderlichenfalls aber auch Sicherungsmaßnahmen, die Räumung oder den Abbruch von Gebäuden oder Gebäudeteilen an.

Der Hauseigentümer ist verpflichtet, den Bauzustand seiner Baulichkeit zu überwachen und es erst gar nicht auf einen derartigen Auftrag der Behörde ankommen zu lassen. Er haftet für Beschädigungen zivil- und strafrechtlich; er kann jedoch auch von Mietern auf Zuhaltung des Mietvertrages geklagt werden. Schließlich kann ihm nach den Vorschriften des § 8 des Mietengesetzes auf Antrag der Mieter die Schlichtungsstelle den Auftrag zur ordnungsgemäßen Erhaltung des Hauses oder zur Durchführung von Verbesserungen am Haus erteilen, wenn eine ausreichend große Hauptmietzinsreserve dafür Deckung bietet.

Die Behörde kann schließlich auf Grund der Bauordnung wegen Vernachlässigung des konsensmäßigen Zustandes der Baulichkeit ein Verwaltungsstrafverfahren durchführen und nach den Bestimmungen des Verwaltungsvollstreckungsgesetzes die Instandsetzung (oder die Abtragung) der Baulichkeit auf Gefahr und Kosten des Eigentümers im Wege der Ersatzvornahme durchführen.

Was sind notstandspolizeiliche Maßnahmen?

Bei unmittelbar drohender Gefahr kann die Behörde auch ohne Anhörung des Eigentümers einer Baulichkeit erforderliche Sicherungsmaßnahmen zur Hintanhaltung einer Gefährdung der Gesundheit von Menschen oder der Schädigung ihres Eigentums auf Gefahr und Kosten des Eigentümers anordnen und sofort vollstrecken lassen.

Wo kann eine unmittelbare, akute Gefährdung durch einen Bauschaden angezeigt werden?

Bei plötzlichem Eintritt der Gefahr und wenn die Durchführung von Sicherungsmaßnahmen keinen Aufschub duldet (auch am Wochenende oder zur Nachtzeit), ist die Anzeige beim Permanenzingenieur (1, Am Hof 10, 5. Stock, Tür 511, Tel. 42 8 00*, 2941 oder Tel. 63 66 71*, 388) zu erstatten, der alles zur Beseitigung der akuten Gefahr Erforderliche durch die Feuerwehr oder einen befugten Gewerbetreibenden oder, wenn das nicht ausreichen würde, die Räumung der gefährdeten Verkehrsflächen veranlaßt, im übrigen aber die notwendige Meldung an die zuständige Baupolizeiabteilung weiterleitet.

Was ist eine Ersatzvornahme?

Wenn der Gebäudeeigentümer einer ihm nach den Bauvorschriften obliegenden Verpflichtung nicht, nicht vollständig oder nicht zur gehörigen Zeit nachgekommen ist, so kann die mangelnde Leistung nach vorheriger Androhung durch die Behörde auf Gefahr und Kosten des Verpflichteten vollstreckt werden. Wenn der Eigentümer einer Baulichkeit nicht zugleich Grundeigentümer ist, so haftet auch letzterer für die Erfüllung aller sich aus dem Bestand der Baulichkeit ergebenden Verpflichtungen.

Wie erfolgt das Verfahren zur Durchführung der Ersatzvornahme?

Zunächst wird dem Verpflichteten die Ersatzdurchführung der notwendigen Maßnahmen angedroht, wobei die Behörde auf den Bescheid verweist, in dem die Verpflichtung ausgesprochen wurde. Wird der Verpflichtete auf Grund dieser Androhung nicht tätig, erläßt die Vollstreckungsbehörde einen Bescheid zur Vorauszahlung der Kosten gegen nachträgliche Verrechnung. Sodann ergeht eine Vollstreckungsverfügung des Inhaltes, daß die durchzuführenden Arbeiten nunmehr im Auftrag der Behörde durch eine von ihr bestellte Privatfirma durchgeführt würden. Nach Durchführung der Arbeiten werden die Kosten im Wege des Kostenersatzbescheides hereingebracht. Gegen die Androhung der Ersatzmaßnahme ist kein Rechtsmittel, gegen den Auftrag zur Vorauszahlung der Kosten und die Vollstreckungsverfügung beschränkte, gegen den Kostenersatzbescheid volle Berufung zulässig.

Für alle Kosten, die der Stadt Wien für eine im Wege der Ersatzvornahme in Vollstreckung des baupolizeilichen Auftrages bewerkstelligte Leistung erwachsen, besteht an der Liegenschaft ein gesetzliches Vorzugspfandrecht für die Stadt Wien. Das gleiche gilt im übrigen auch für die Kosten notstandspolizeilicher Maßnahmen. Eine Zwangsversteigerung auf Grund eines solchen Pfandrechtes kann jedoch erst drei Jahre nach Vorschreibung der Kosten an den Verpflichteten beantragt werden.

Vollstreckungsbehörden der Stadt Wien zur Durchführung der Ersatzvornahme sind die MA 25, 1, Rathausstraße 4, und die MA 64, 20, Dresdner Straße 73–79, welche auch die näheren Auskünfte anläßlich eines anhängigen Verfahrens erteilen.

Wie erfolgt die Instandsetzung von Baulichkeiten, die dem Mietrechtsgesetz unterliegen?

Soweit derartige Baulichkeiten instandsetzungsbedürftig sind, sind die Bestimmungen der §§ 6, 18 und 19 Mietrechtsgesetz anzuwenden; wenn daher die ordnungsgemäßen Erhaltungsauslagen die von den Mietern zu entrichtenden Hauptmietzinse übersteigen, kann der Vermieter oder die Mehrheit der Mieter oder auch die Gemeinde gemäß §§ 18 und 19 Mietrechtsgesetz eine Erhöhung der Hauptmietzinse um den Fehlbetrag bei der Schlichtungsstelle des zuständigen magistratischen Bezirksamtes bzw. der Zentralen Schlichtungsstelle beantragen. Die Erhöhung des Hauptmietzinses ist unter Berücksichtigung einer zehnjährigen Zinsreserve und eines angemessenen Zeitraumes, höchstens jedoch zehn Jahre, für die Deckung der Instandsetzungskosten zu bemessen. Wenn eine Partei sich mit der Entscheidung der Schlichtungsstelle nicht zufrieden gibt oder wenn das Verfahren vor dieser nicht binnen drei Monaten zum Abschluß gebracht ist, kann das zuständige Bezirksgericht zur Entscheidung angerufen werden. Vor Entscheidung über den Antrag ist die Stellungnahme der für Bauangelegenheiten zuständigen Stelle (MA 25) über die erforderlichen Erhaltungsarbeiten, die Angemessenheit der Preise und über die Bestanddauer der Instandsetzung einzuholen.

Die zuständigen Stellen in Wien sind die Schlichtungsstellen bei den magistratischen Bezirksämtern für Gebäude, deren Baubewilligung vor dem 27. Jänner 1917 erteilt worden ist, bzw. die MA 50, Zentrale Schlichtungsstelle, 8, Buchfeldgasse 6, für Gebäude, deren Baubewilligung am 27. Jänner 1917 oder später erteilt worden ist.

Bei Objekten, die dem Mietrechtsgesetz nicht unterliegen, sind Beiträge zum Erhaltungsaufwand nur im ordentlichen Rechtsweg durchzusetzen.

In welchem Umfang ist bei Erhaltungsarbeiten eine Baubewilligung erforderlich?

Bei der Renovierung eines Gebäudes werden in der Regel nicht nur Baumeister-, sondern auch Schlosser-, Tischler-, Maler-, Anstreicher-, Installateurarbeiten u. dgl. notwendig sein. Einer Baubewilligung durch die Baubehörde bedarf es jedoch nur insoweit, als dadurch der Bauzustand an sich betroffen wird. Zur Erlangung einer Baubewilligung ist jedoch, wie schon oben angeführt, ein normales Bauverfahren durchzuführen. Oftmals werden sich für den Liegenschaftseigentümer Schwierigkeiten ergeben, wenn er das Grundstück mit bestehenden Baulichkeiten erworben hat und nicht über die nötigen Unterlagen verfügt.

Es besteht für ihn jederzeit die Möglichkeit, in den bei der Stadt Wien einliegenden Akten Einsicht zu nehmen, Abschriften und Ablichtungen anzufertigen.

Wo liegen die Bauunterlagen bestehender oder bereits abgetragener Gebäude zur Einsicht auf?

Die Baueinlagen liegen in den Außenstellen der MA 37 auf (siehe Magistrat, MA 37).

Sind die Baupläne allgemein zugänglich?

Das Recht zur Einsichtnahme bzw. Ablichtung hat nur der Hausbesitzer (Hausverwalter) oder ein von ihm Bevollmächtigter. Ferner besteht dieses Recht anläßlich der Verfassung von Bauplänen bezüglich der berührten Nachbarliegenschaften im notwendigen Umfang.

Welche Gebühr ist für die Einsichtnahme zu entrichten?

Das Ansuchen um die Bewilligung der Einsichtnahme ist mit 100 S zu stempeln, die Verwaltungsabgabe beträgt 20 S. Insgesamt sind also 120 S zu entrichten.

Wie hoch ist die Gebühr für das Recht, eine Plankopie anfertigen zu dürfen?

Außer dem Bundesstempel von 100 S ist eine Verwaltungsabgabe von 20 S + 100 S zu entrichten, insgesamt also 220 S.

Worin besteht der Unterschied zwischen Einsichtnahme und Ablichtung?

Bei einer Einsichtnahme dürfen lediglich Notizen aus den in der Baueinlage befindlichen Bescheiden gemacht und unmaßstäbliche Strichskizzen der Baupläne angefertigt werden; das Merkmal der Ablichtung ist, daß ein Plan oder auch nur ein Teil eines Planes nach Auflegen eines transparenten Papieres nachgezeichnet oder eine Fotokopie bestellt wird.

Was kostet die Anfertigung einer Fotokopie?

Für eine Xeroxkopie werden 2,50 S berechnet; für Kopien über Mikrofilm sind 12,50 S je Negativ (Mikrofilm) zu bezahlen. Für Rückstrahlungen auf Papier über Mikrofilm sind für die Formate A 0/66,80 S, A 1/38,10 S, A 2/22,10 S und A 3/12,50 S zu bezahlen.

Für Lichtpausen werden für die Formate A 0/13,70 S, A 1/9 S, A 2/5 S, A 3/3,40 S und A 4/2,70 S eingehoben; für Pausen auf maßhaltiger Lichtpausfolie sind es für die Formate A 0/174,20 S, A 1/91,60 S, A 2/54,40 S, A 3/40 S und A 4/33,30 S.

Größere Pläne werden als Vielfaches des Normformates A 4 ausgewertet. Die Verwaltungsabgabe von 20 S + 100 S und der 100-S-Bundesstempel sind auch in diesem Fall zu entrichten.

Wann sind die Gebühren fällig?

Sämtliche Gebühren sind im vorhinein zu entrichten; auch die Kosten für die Anfertigung von Fotokopien.

Stadtkarte Wien 1 : 2000 und Behelfskarte von Wien

Das gesamte Wiener Stadtgebiet ist auf 416 Stadtkartenblättern dargestellt. Darin sind nicht nur alle topografischen Einzelheiten des Stadtgebietes mit großer Genauigkeit, sondern auch sämtliche rechtskräftigen Bebauungsbestimmungen dargestellt. Die Blätter der neuen Stadtkarte 1 : 2000, welche von hoher Präzision ist und die außer der Situation auch die Angabe des ,,Regulierungsplanes" enthält, werden für die Situation zum Blattpreis von 25 S und für die Situation mit der Regulierung zum Blattpreis von 40 S in der MA 20 an Interessenten abgegeben.

Die Behelfskarte ist eine Darstellung der Verhältnisse in der Natur (Situation) und vornehmlich für Planungsarbeiten geeignet. Die Behelfskarte wurde in den Maßstäben 1 : 10.000 (23 Blätter) und 1 : 5000 (92 Blätter) aufgelegt. Sie kann ebenfalls in der MA 20 zum Blattpreis von 15 S erworben werden.

Wo ist etwas über Baugrundverhältnisse in Wien (guter oder schlechter Baugrund) zu erfahren?

In der MA 29 wird der Baugrundkataster der Stadt Wien von der Gruppe Grundbau geführt (12, Niederhofstraße 23, 2. Stock, Tür 238, Tel. 83 66 16*, 397).

Eine Sammlung von Bohr-, Brunnen- und Schachtprofilen ermöglicht eine Beurteilung des Baugrundes in Wien; weiters sind Hinweise auf Besonderheiten des Baugrundes zu erhalten. Insbesondere gibt es Aufzeichnungen über alte Baureste (z. B. Stadtmauern) und übermächtige Anschüttungen, wie über verfüllte Ziegelgruben, Donauarme usw. Überdies können Ergebnisse bodenphysikalischer Untersuchungen und Analysen des Grundwasserchemismus eingesehen werden. Die Benützung erfolgt nur im Wege der Einsichtnahme; es dürfen auch selbstangefertigte Kopien hergestellt werden.

Für die Einsichtnahme in den Baugrundkataster wird aufgrund des Beschlusses des Gemeinderates vom 9. Dezember 1975, Pr. Z. 3951, ein Entgelt erhoben. Das Entgelt beträgt 85 S je Benützung von Aufzeichnungen, welche die gleiche Baugrundkatasterzahl tragen, oder für jede Benützung einer in den Lageplänen unmittelbar aufscheinenden Eintragung ohne Baugrundkatasterzahl. Das Entgelt ist noch vor der Einsichtnahme in Bargeld zu begleichen. Von der Entrichtung sind Personen und Firmen ausgenommen, welche Aufzeichnungen für den Baugrundkataster in wesentlichem Umfang freiwillig zur Verfügung stellen.

BESTATTUNGS- UND FRIEDHOFSWESEN

(Städtische Bestattung, MA 43)

Die Bestattung der Toten erfolgt in Wien durch das der Stadt Wien gehörige Unternehmen „Städtische Bestattung", das es sich zur Aufgabe gemacht hat, den Hinterbliebenen in den schweren Tagen nach dem Tode eines Angehörigen mit Rat und Hilfe zur Seite zu stehen.

Wenn in einer Familie ein Todesfall eintritt, wende man sich unverzüglich an die Städtische Bestattung, wo geschulte und erfahrene Beamte zur Verfügung stehen. Die Städtische Bestattung übernimmt alle im Zusammenhang mit der Totenbestattung stehenden Leistungen, wie Erd- und Feuerbestattung, Aufbahrungen in besonders hiefür eingerichteten Räumen auf den Wiener Friedhöfen, Beistellung von Särgen oder Urnen, Trauerfeiern, Vermittlung von Aufträgen für Parten und Danksagungen, Traueranzeigen in den Tageszeitungen, musikalische und gesangliche Leistungen bei Trauerfeiern, Anmeldung bei den Religionsgesellschaften usw., Überführungen im In- und Ausland, Exhumierungen, Begräbnisbestellungen bei Lebzeiten und alle mit der Bestattungsdurchführung verbundenen Besorgungen.

Was ist bei einem Todesfall zu veranlassen?

Todesfall im Wohnhaus

Bei Eintritt eines Sterbefalles ist unverzüglich folgendes zu veranlassen:

1. Vom behandelnden Arzt den „Ärztlichen Behandlungsschein" besorgen;
2. den Todesfall der Städtischen Bestattung (siehe Magistrat, Geschäftsgruppe Verkehr und Energie) bekanntgeben;
3. den Todesfall zwecks Vornahme der Totenbeschau unverzüglich anzeigen.

   Die Anzeige wird entgegengenommen:

   a) beim Bezirksgesundheitsamt Montag bis Freitag von 8 bis 15.30 Uhr (siehe Magistrat, MA 15); Montag bis Freitag in der Zeit von 15.30 bis 16 Uhr wird die Anzeige beim zuständigen Totenbeschauarzt entgegengenommen; welcher Totenbeschauarzt Dienst hat, ist aus einer Hinweistafel am magistratischen Bezirksamt zu entnehmen;

   b) beim Zentralen Totenbeschaudienst, Tel. 55 55 66, Samstag, Sonn- und Feiertag sowie am 24. und 31. Dezember von 8 bis 16 Uhr.

   Am Karfreitag und am 2. November (Allerseelen) ist die Anzeige beim Bezirksgesundheitsamt bzw. Totenbeschauarzt vorzunehmen.

   Die Anzeige des Todesfalles und die Totenbeschau sind gesetzlich vorgeschrieben. Die Todesfallanzeige hat in der Regel mündlich zu erfolgen; dabei sollen der „Ärztliche Behandlungsschein" und womöglich Personaldokumente des Verstorbenen vorgewiesen werden. Die Städtische Bestattung ist bereit, Todesfallanzeigen entgegenzunehmen und an die zuständige Stelle telefonisch weiterzuleiten.

   Die Totenbeschau wird noch am gleichen Tag der Todesfallanzeige vorgenommen. Es ist dafür zu sorgen, daß der Totenbeschauarzt freien Zutritt zum Verstorbenen hat. Vor der Totenbeschau darf an dem Verstorbenen keine Änderung, insbesondere keine Umkleidung, vorgenommen werden. Für den Totenbeschauarzt sind der „Ärztliche Behandlungsschein" und die Personaldokumente des Verstorbenen bereitzuhalten. Der Totenbeschauarzt nimmt den „Ärztlichen Behandlungsschein" an sich und stellt nach der Totenbeschau die „Todesbescheinigung" und den „Leichenbegleitschein" aus.

   Von der erfolgten Totenbeschau ist die Städtische Bestattung durch die Hinterbliebenen sofort zu verständigen, worauf die Abholung des Verstorbenen vorgenommen wird. Bei der Abholung ist der „Leichenbegleitschein" zu übergeben. Nach den geltenden Bestimmungen muß die Abholung noch am Tag der Totenbeschau durchgeführt werden.
4. Nach der Totenbeschau, spätestens aber an dem dem Sterbetag folgenden Werktag, ist bei dem für den Sterbeort zuständigen Standesamt (siehe Magistrat, MA 61) die Eintragung im Sterbebuch vornehmen zu lassen. Bei Totgeburten mit einer Körperlänge von weniger als 35 cm ist zwar die Totenbeschau, nicht aber die Anmeldung beim Standesamt erforderlich. Für die Durchführung der Bestattung genügt in diesen Fällen der vom Totenbeschauarzt ausgestellte „Leichenbegleitschein", der der Städtischen Bestattung zu übergeben ist.

   Die Anzeige beim Standesamt hat werktags, Montag bis Freitag, in der Zeit von 7.30 bis 14.30 Uhr zu erfolgen. Zur Anzeige beim Standesamt sind in folgender Reihenfolge verpflichtet:

   a) der Ehegatte, sonst der nächste Familienangehörige,
   b) derjenige, in dessen Wohnung sich der Sterbefall ereignet hat,
   c) jede Person, die bei dem Tod zugegen war oder von dem Sterbefall aus eigener Wissenschaft unterrichtet ist.

   Dem Standesamt ist die vom Totenbeschauarzt ausgestellte „Todesbescheinigung" zu übergeben. Ferner sollen folgende Personaldokumente des Verstorbenen (soweit vorhanden) vorgelegt werden: Geburtsurkunde, Staatsbürgerschaftsnachweis oder Heimatschein (Heimatrollenauszug), Heiratsurkunde, Meldezettel. Bei Verwitweten oder Geschiedenen außerdem: Sterbeurkunde des Ehegatten (der Ehegattin), Scheidungsurteil.

   Der Anmeldende muß sich mit einem Personalausweis (möglichst mit Lichtbild) ausweisen. Er soll dem Standesamt über die Person des Verstorbenen folgende Angaben machen: Beruf, Religion, Familienstand, Kinder (Namen und Alter), Pensionsbezug.

   Nach Eintragung des Sterbefalles folgt der Standesbeamte eine „Mitteilung an die Magistratsabteilung 43 – Städtische Friedhöfe" („Bescheinigung über die Eintragung eines Sterbefalles") sowie die „Sterbeurkunde" und einen „Auszug aus dem Sterbebuch" aus. Für die Behebung des Krankenkassensterbegeldes, Geltendmachung von Versicherungsansprüchen usw. wird je ein „Auszug aus dem Sterbebuch" benötigt. Es empfiehlt sich, eine entsprechende Anzahl solcher „Auszüge aus dem Sterbebuch" ausstellen zu lassen.
5. Die vom Standesamt ausgefertigte „Mitteilung an die Magistratsabteilung 43 – Städtische Friedhöfe" („Bescheinigung über die Eintragung eines Sterbefalles") muß sofort der Anmeldestelle der Städtischen Bestattung übergeben werden, da ohne dieses Dokument die Durchführung der Bestattung oder Überführung unzulässig ist.

Todesfall im Krankenhaus

1. Nach Erhalt der Todesnachricht den Todesfall der Städtischen Bestattung (siehe Magistrat, Geschäftsgrup-

pe Verkehr und Energie) bekanntgeben. Falls die Verwaltung des Krankenhauses innerhalb von 48 Stunden von der Städtischen Bestattung keine Verfügung über den Verstorbenen erhält, erfolgt die Bestattung von Amts wegen.

2. Kleider für den Verstorbenen müssen in der Totenkammer des Krankenhauses innerhalb von 24 Stunden nach Erhalt der Todesnachricht abgegeben werden. Im Krankenhaus vorhandene Kleider des Verstorbenen werden von der Verwaltung des Krankenhauses nur an die nächsten Angehörigen (Eltern, Kinder, Gatte, Geschwister) ausgefolgt. Schmuck, Bargeld usw. verbleibt bis zur Verlassenschaftsabhandlung im Depot des Krankenhauses.
3. Die Anzeige des Sterbefalles bei dem für den Sterbeort zuständigen Standesamt (siehe Magistrat, MA 61) erfolgt durch die Krankenanstalt. Die Städtische Bestattung gibt bekannt, wann die Hinterbliebenen wegen allfälliger Ergänzung dieser Anzeige beim Standesamt vorsprechen müssen. Die Vorsprache beim Standesamt hat werktags, Montag bis Freitag, in der Zeit von 7.30 bis 14.30 Uhr zu erfolgen. Bei dieser Vorsprache sollen dem Standesamt folgende Personaldokumente des Verstorbenen (soweit vorhanden) vorgelegt werden: Geburtsurkunde, Staatsbürgerschaftsnachweis oder Heimatschein (Heimatrollenauszug), Heiratsurkunde, Meldezettel. Bei Verwitweten oder Geschiedenen außerdem: Sterbeurkunde des Ehegatten (der Ehegattin), Scheidungsurteil.

   Dem Standesamt sollen über die Person des Verstorbenen folgende Angaben gemacht werden: Beruf, Religion, Familienstand, Kinder (Namen und Alter), Pensionsbezug.

   Nach Eintragung des Sterbefalles folgt der Standesbeamte eine „Mitteilung an die Magistratsabteilung 43 – Städtische Friedhöfe" („Bescheinigung über die Eintragung eines Sterbefalles") sowie die „Sterbeurkunde" und einen „Auszug aus dem Sterbebuch" aus. Für die Behebung des Krankenkassensterbegeldes, Geltendmachung von Versicherungsansprüchen usw. wird je ein „Auszug aus dem Sterbebuch" benötigt. Es empfiehlt sich, eine entsprechende Anzahl solcher „Auszüge aus dem Sterbebuch" ausstellen zu lassen.
4. Die vom Standesamt ausgefertigte „Mitteilung an die Magistratsabteilung 43 – Städtische Friedhöfe" („Bescheinigung über die Eintragung eines Sterbefalles") muß sofort der Anmeldestelle der Städtischen Bestattung übergeben werden, da ohne dieses Dokument die Durchführung der Bestattung oder Überführung unzulässig ist.

Anmeldung bei der Städtischen Bestattung

Die Anmeldung kann in jeder Anmeldestelle (siehe Magistrat, Geschäftsgruppe Verkehr und Energie) erfolgen.

Die Städtische Bestattung steht für die Anmeldung eines Todesfalles auch am Wochenende und an Feiertagen in der Filiale, 4, Goldeggasse 19, von 7.30 bis 15.30 Uhr zur Verfügung.

Zur Anmeldung des Sterbefalles empfiehlt sich die Mitnahme von Dokumenten über einen etwa bestehenden Sterbegeldanspruch gegen Versicherungsanstalten, Krankenkassen usw., damit den Hinterbliebenen die mit der Flüssigmachung dieser Beträge verbundenen Wege nach Möglichkeit erspart werden können. Solche Dokumente sind: Ablebensversicherungspolizzen und Zusatzversicherungspolizzen sowie die zugehörigen Zahlungsabschnitte der letzten drei Monate, Arbeits- und Lohnbestätigung, ausgestellt vom Dienstgeber, Pensionsbescheid und letzter Postzahlungsabschnitt bzw. Kontoauszug, Mitgliedskarte der Krankenfürsorgeanstalt der Bediensteten der Stadt Wien (KFA) usw.

Bestattungskosten sind im allgemeinen vor Durchführung der Bestattungsfeier zu erlegen. Die Städtische Bestattung verfügt jedoch über eine eigene Kreditstelle, die in der Zentrale des Unternehmens ihren Sitz hat. Hier werden bei Vorliegen der für die Kreditgewährung üblichen Voraussetzungen die Bestattungskosten gestundet bzw. Ratenvereinbarungen getroffen.

Besuch der Friedhöfe

Besuchszeiten

Die Friedhöfe sind in den Monaten

Jänner, Februar, November und Dezember von 8 bis 17 Uhr,

März, April, September und Oktober von 7 bis 18 Uhr,

in den übrigen Monaten von 7 bis 19 Uhr geöffnet.

Ordnungsbestimmungen

Das Verhalten während des Aufenthaltes ist dem Ernst, der Weihe und der Widmung des Friedhofs entsprechend anzupassen. Insbesondere ist untersagt, Friedhofsanlagen, Gräber oder Grabmäler zu verunreinigen oder zu beschädigen, Pflanzen und Erdmaterial von fremden Anlagen zu entfernen, im Friedhof zu lärmen, zu betteln, Waren zum Verkauf anzubieten, zu werben oder Reklame zu entfalten.

Abfälle aller Art, wie z. B. Unkraut, alte Kränze, Blumenspenden oder überschüssige Erde, sind in Abfallbehälter oder auf Ablagerungsplätze zu schaffen.

Die Mitnahme von Tieren ist nur dann zulässig, wenn diese für gewerbliche Arbeiten benötigt werden und ihre Verwendung von der Friedhofsverwaltung zugelassen worden ist.

Die Verwendung von Kinderwagen und Invalidenfahrzeugen für Einzelpersonen ist zulässig. Für Fahrzeuge der Gewerbetreibenden gilt eine Sonderregelung. Im Wiener Zentralfriedhof können Personenkraftwagen einfahren, wenn ein Einfahrtsschein gelöst und ein Entgelt für die Einfahrt bezahlt wird. Es dürfen jedoch nur die bezeichneten Straßen benützt werden. Die Höchstgeschwindigkeit beträgt 20 Stundenkilometer.

Friedhofstarife

Für Entgelte wird grundsätzlich die Vorauszahlung vereinbart. Streichungen, Ermäßigungen, Stundungen oder Teilzahlungen sind nicht vorgesehen.

1. Grabstellenentgelte:

Die Höhe der Entgelte richtet sich nach dem Friedhof und nach der jeweiligen Lage einer Grabstelle.

Hauptfriedhöfe:

Familiengrab in laufender Reihe
für vier Leichen auf zehn Jahre 340 S

Familiengrab in ausgesuchter Lage für vier Leichen auf zehn Jahre 700 bis 2.160 S

Wahlfriedhöfe:

Familiengrab in ausgesuchter Lage
für vier Leichen auf zehn Jahre 1.400 bis 4.320 S

In einzelnen Friedhöfen kann ein Familiengrab schon bei Lebzeiten, also ohne Bestattung eines Verstorbenen, erworben werden. In diesem Fall erhöhen sich die Entgelte um 100%.

Entgelt für ein Urnengrab:

1 m² für acht Aschenkapseln
auf zehn Jahre 340 bis 2.160 S

2. Arbeitsentgelte:
Beisetzung einer Leiche 2.200 bis 3.845 S
Beisetzung einer Aschenkapsel 705 bis 2.070 S
Enterdigung einer Leiche 2.155 bis 3.760 S
Enterdigung einer Aschenkapsel 225 bis 1.945 S
Einäscherung einer Leiche 560 S

Erlöschen des Benützungsrechtes an Grabstellen

Das Benützungsrecht erlischt nach Ablauf der Zeitdauer, für welche die Grabstelle erworben worden ist. Diese Zeitspanne ist auf der Quittung über den Erwerb der Grabstelle angegeben. Innerhalb eines Jahres nach dem Erlöschen des Benützungsrechtes wird das Benützungsrecht über Verlangen um jeweils zehn Jahre erneuert, wenn die Grabausgestaltung zu diesem Zeitpunkt der Friedhofsordnung entspricht.

Erhaltung der Grabstellen

Die Grabstellen müssen stets in gutem und gepflegtem Zustand erhalten werden. Wird dieser Verpflichtung trotz schriftlicher Aufforderung durch die MA 43 nicht entsprochen, erlischt das Benützungsrecht. Der Benützungsberechtigte kann nach Einholung der Zustimmung der MA 43 Gedenkzeichen entfernen. Die MA 43 ist berechtigt, Gedenkzeichen nach dem Erlöschen des Benützungsrechtes zu entfernen und darüber frei zu verfügen, wenn der Benützungsberechtigte sich nicht verpflichtet hat, innerhalb einer angemessenen Frist die Gedenkzeichen selbst zu entfernen.

Die Stadt Wien haftet nicht für den Bestand der auf den Grabstellen befindlichen Gedenkzeichen, Bepflanzung und sonstigen Grabausstattung.

Auskünfte

1. **Über Lage oder Laufzeit** eines Grabes (nur bei Angabe des Namens und der Sterbedaten eines darin beerdigten Verstorbenen) bei der Verwaltung des betreffenden Friedhofes.
2. **Grabrechtsfragen** bei der MA 43, 1, Werdertorgasse 6, Tel. 63 66 76.
3. **Herstellung von Fundamenten, Grabausmauerungen, Grüften und sonstige technische Angelegenheiten,** wie unter Punkt 2.

Einzahlung von Entgelten

Bei Erwerb einer Grabstelle, Verlängerung oder Erneuerung des Benützungsrechtes sind die Entgelte für die Wiener Friedhöfe in der Tarifstelle der MA 43, 1, Werdertorgasse 6, Tel. 63 66 76, einzuzahlen.

Bei Erwerb einer Grabstelle, Verlängerung oder Erneuerung des Benützungsrechtes anläßlich einer Bestattungsdurchführung übernimmt die Städtische Bestattung die Einzahlung der Entgelte.

Grabausstattung

Ausschmückung

Die Ausschmückung von Grabstellen kann den örtlichen Filialen der Städtischen Friedhofsgärtnerei bzw. den Friedhofsmeistern (Kontrahenten) oder anderen Privatgärtnern übertragen werden; im Friedhof Baumgarten besorgen die Grabausschmückung nur private Gärtner.

Gedenkzeichen

Die Städtische Steinmetzwerkstätte, 11, Simmeringer Hauptstraße 339, gegenüber dem 2. Tor des Wiener Zentralfriedhofes (Tel. 76 62 59) nimmt Bestellungen auf Grabsteine, Einfassungen, Grabdeckplatten, Gruftbeläge und alle sonstigen Grabausstattungsgegenstände entgegen.

Fundamente

Im Wiener und Stammersdorfer Zentralfriedhof, im Südwestfriedhof und in den Friedhöfen Hietzing, Baumgarten, Ottakring, Hernals und Neustift sowie im Urnenhain der Simmeringer Feuerhalle können Fundamente für Grabsteine und Grabeinfassungen nur bei den jeweiligen Verwaltungen bestellt werden. In allen übrigen städtischen Friedhöfen können sie von jedem befugten Baugewerbetreibenden ausgeführt werden.

Einteilung der Friedhöfe

1. Hauptfriedhöfe

In den Hauptfriedhöfen sind sämtliche Grabstellentypen vorhanden.

Alle Hauptfriedhöfe haben bestimmte Zuweisungsbereiche, das heißt, daß für die aus dem Zuweisungsbereich stammenden Verstorbenen in dem betreffenden Hauptfriedhof Grabstellen zu den einfachen Entgelten abgegeben werden.

Wiener Zentralfriedhof

Der Zuweisungsbereich umfaßt die Bezirke 1 bis 23.

Stammersdorfer Zentralfriedhof

Der Zuweisungsbereich umfaßt den 20. und 21. Bezirk.

Asperner Zentralfriedhof

Der Zuweisungsbereich umfaßt den 22. Bezirk.

Liesinger Zentralfriedhof

Der Zuweisungsbereich umfaßt den 23. Bezirk.

2. Wahlfriedhöfe

In den übrigen Friedhöfen gibt es nur Grabstellen in ausgesuchter Lage, die für Verstorbene, die innerhalb eines bestimmten Stadtgebietes (Zone) gewohnt haben, zu den hiefür bestimmten Entgelten, die außerhalb davon gewohnt haben, zu erhöhten Entgelten überlassen werden. Auch die Hauptfriedhöfe gelten dann als Wahlfriedhöfe mit doppelten Entgelten, wenn dort Verstorbene bestattet werden sollen, die nicht aus dem Zuweisungsbereich des Hauptfriedhofes stammen.

Wahl des Friedhofes und der Grabstelle

Wegen der Auswahl des Friedhofes bzw. der Grabstelle in dem gewünschten Friedhof wende man sich am zweckmäßigsten direkt an die MA 43, 1, Werdertorgasse 6, Tel. 63 66 76, bzw. an die Verwaltung des betreffenden Friedhofes. Es empfiehlt sich unbedingt, die gewählte Grabstelle vor dem endgültigen Erwerb selbst zu besichtigen.

Bestattungsmöglichkeiten

Erdbestattung

Für die Erdbestattung stehen zur Verfügung:

Einfache Gräber für einen Verstorbenen, Laufzeit zehn Jahre, ohne Möglichkeit der Laufzeitverlängerung.

Familiengräber in laufender Reihe und in ausgesuchter Lage für vier Verstorbene; Laufzeit zehn Jahre, jeweils um weitere zehn Jahre verlängerbar.

Gruftartige Gräber mit Steindeckel für vier Verstorbene; Laufzeit 20 Jahre, jeweils um zehn Jahre verlängerbar.

Grabkammern, das sind ausgemauerte gruftartige Gräber für vier Verstorbene; Laufzeit 60 Jahre, jeweils um zehn Jahre verlängerbar.

Grüfte für sechs oder neun Verstorbene mit den gleichen Rechten, wie sie für Grabkammern gelten.

Feuerbestattung

Die Einäscherung von Verstorbenen findet in der Simmeringer Feuerhalle, gegenüber dem 2. Tor des Wiener Zentralfriedhofes sowie in der Stammersdorfer Feuerhalle statt.

Für die Urnenbestattung stehen **Urnengräber** für acht Aschenurnen in laufender Reihe oder in ausgesuchter Lage, Laufzeit zehn Jahre, zur Verfügung.

Die Bestattung von Urnen ist ferner in Nischen von hiezu bestimmten „Urnenmauern", in Nischen von Grabsteinen sowie in Erdgräbern, in denen bereits Erdbestattungen stattgefunden haben, zulässig.

Urnenhaine befinden sich in der Simmeringer Feuerhalle, im Südwestfriedhof, im Stammersdorfer Zentralfriedhof und in den Friedhöfen Meidling, Ober-St.-Veit, Baumgarten, Hütteldorf, Hernals, Ottakring, Dornbach, Pötzleinsdorf, Neustift, Grinzing, Sievering, Großjedlersdorf, Jedlesee, Kagran, Aspern, Mauer, Liesing, Atzgersdorf, Erlaa und Inzersdorf.

Grabrechtsangelegenheiten

Benützungsrecht

Das Recht an einer Grabstelle ist ein privatrechtliches Benützungsrecht eigener Art. Als Benützungsberechtigter gilt der Erleger des ersten Grabstellenentgeltes. Das Benützungsrecht umfaßt das Recht zur Beisetzung der zulässigen Anzahl von Särgen und Aschenkapseln, zur gärtnerischen Ausgestaltung und schließlich das Recht zur Aufstellung eines Gedenkzeichens am Kopfende der Grabstelle. Alle sonstigen Vorhaben bedürfen einer besonderen Vereinbarung mit der MA 43.

Das Benützungsrecht geht im Erbweg über. Es kann durch Rechtsgeschäfte auf den Todesfall oder unter Lebenden nicht übertragen werden.

BIBLIOTHEK DER STADT UND DES LANDES WIEN

(MA 9)

Die Stadt Wien unterhielt bereits zu Beginn des 15. Jahrhunderts eine Bibliothek im Turm des damaligen Rathauses. Diese Bibliothek war Amtsbibliothek und öffentliche, wissenschaftliche Bibliothek der Stadt. Gesammelt wurden Manuskripte und Druckwerke sowie Musikalien für die Kantorei von St. Stephan.

Der umfangreiche Bestand dieser Ratsbibliothek wurde 1780 über Betreiben Gerhard van Swietens an die Hofbibliothek verkauft.

In der Folge unterhielt der Magistrat lediglich eine Amtsbibliothek für den eigenen Bedarf. 1856 wurde jedoch über Antrag des späteren Bürgermeisters Dr. Zelinka unter Bürgermeister Freiherr von Seiller beschlossen, neuerlich eine Bibliothek einzurichten, die nicht nur den juridischen Bedarf der Gemeindeverwaltung decken, sondern auch das für Wien relevante Schrifttum sammeln sollte. Dadurch wurde neben der seit dem Ausgang des Mittelalters kontinuierlich bestehenden Amtsbibliothek auch wieder eine wissenschaftliche Bibliothek geschaffen, die planmäßig ausgebaut die drittgrößte wissenschaftliche Bibliothek Wiens ist. Vom Neubeginn an bis heute wird dem Erwerb der älteren Wiener Literatur besonderes Augenmerk gewidmet, und die vorhandenen Bestände werden gezielt ergänzt. Mit der Übergabe des Nachlasses Franz Grillparzers 1878 und der Schenkung eines Beethoven-Autographes durch die Brüder Artaria 1897 wurde überdies der Grundstein für eine umfangreiche Handschriften- und Musiksammlung gelegt, sodaß die „neue" Wiener Stadtbibliothek, deren Bezeichnung der verfassungsrechtlichen Stellung Wiens entsprechend 1976 auf Wiener Stadt- und Landesbibliothek geändert wurde, wieder über die gleichen Sammlungsbereiche wie die alte Ratsbibliothek verfügt.

Was sammelt die Bibliothek und welche Dokumente und Informationen stehen zur Verfügung?

Die Bibliothek sammelt in erster Linie „Viennensia": Alte und neue, in allen Sprachen geschriebene Bücher, Manuskripte und Handschriften über Wien und seine Bewohner; Werke von Wiener Autoren und Komponisten in Originalmanuskripten und Druck; die Wiener Buchproduktion. Darüber hinaus sammelt sie Austriaca mit den Schwerpunkten Literatur und Geschichte, Juridica in ihrer Eigenschaft als Amtsbibliothek sowie kommunalwissenschaftliche Literatur und Statistiken. Sie nimmt jährlich ungefähr 25.000 Dokumente neu in ihre Bestände auf und besitzt rund 450.000 Druckschriften, 210.000 Handschriften, über 15.000 Musikhandschriften sowie mehr als 60.000 Notendrucke. Alle diese Dokumente sind in Regalen, teilweise in Stahlschränken mit einer Gesamtlänge von über 20 km untergebracht.

Unter diesen Dokumenten befinden sich:

Bücher und Zeitschriften: Sie bilden den Hauptteil der Sammlung und enthalten Werke seit Erfindung der Buchdruckerkunst.

Zeitungen und Zeitschriften: Alle Wiener Publikationen einschließlich der Vereins- und Firmenzeitschriften.

Publikationen von Gesellschaften und Vereinen: Jahresberichte, Statuten, Veröffentlichungen öffentlicher und privater Institutionen.

Amtsdrucksachen: Publikationen (Gesetze, Protokolle, Amtsblätter usw.) von Bund und Gemeinde Wien.

Theaterzettel, Ausstellungskataloge: Theaterzettel und Programme der Wiener Theater und von Musik- und sonstigen Veranstaltungen sowie Kataloge der Wiener Museen und Galerien.

Plakate: Alle Wiener Plakate aus dem wirtschaftlichen, kulturellen und politischen Bereich sowie zu Veranstaltungen.

Manuskripte: Nachlässe zahlreicher Persönlichkeiten, wie Anzengruber, Braun, Ebner-Eschenbach, Grillparzer, Kienzl, Kraus, Lueger, Nestroy, Raimund, Saar, Strauß, Wurzbach . . .

Musikhandschriften und Musikdrucke: Nachlässe und größere Bestände von Schubert, Strauß (Sohn) – (größte Schubert- und Strauß-Sammlung der Welt) –, Kienzl, Bittner, Křenek . . . Umfangreichste Sammlung der Wiener Volks- und Unterhaltungsmusik des 19. und 20. Jahrhunderts usw.

Tondokumente: Stimmenporträts österreichischer Dichter, Mitschnitte von Rundfunksendungen.

Mikrofilme: Die Bibliothek sammelt sowohl Originalmikrofilme als auch Mikrofilmaufnahmen von bereits vorhandenen Beständen; die besonders wichtigen sowie in ihrer Erhaltung gefährdeten werden von ihr selbst verfilmt.

Spezialsammlungen: Die Bibliothek besitzt zahlreiche Spezialsammlungen, die im einzelnen hier nicht angeführt werden können. Wenn bei der Literatursuche Probleme auftreten oder Literatur aus ganz speziellen Bereichen gewünscht wird, empfiehlt sich eine Rückfrage bei der Bibliothek, ob sie eine einschlägige Sammlung besitzt. Wenn sie nicht selbst weiterhelfen kann, wissen ihre Mitarbeiter, wo man „fündig" werden könnte.

Biographiensammlung: Sammlung von biographischen Daten bedeutender Wiener Persönlichkeiten.

Zeitungsindex: Sammlung von Meldungen in Wiener Zeitungen seit dem Jahr 1900 über Wien und seine Bewohner unter Angabe der Fundstelle in den Zeitungen.

Wie benützt man die Bibliothek?

Jedermann kann die öffentlichen Einrichtungen der Bibliothek kostenlos benützen. Lediglich für Vervielfältigungen und Reproduktionen werden Entgelte berechnet.

Voraussetzung für die Benützung ist der Besitz einer Leserkarte, die gegen Vorlage eines gültigen Lichtbildausweises kostenlos ausgestellt wird. Sie gilt dann für alle weiteren Besuche.

Die gesammelten Werke sind durch Kataloge erschlossen, über deren Benützung die Bibliothekare gerne Auskunft erteilen. Die gewünschten Werke stehen 15 bis 30 Minuten nach der Bestellung zur Verfügung.

Die Bibliothek ist eine Präsenzbibliothek, d. h. die Werke dürfen nur in den Lesesälen benützt werden. Ausgenommen sind Entlehnungen zum dienstlichen Gebrauch. Die Bibliothek stellt ihre Sammlungen zur Information und zur wissenschaftlichen Arbeit zur Verfügung, nicht jedoch zur Unterhaltung. Diese Aufgabe erfüllen die Städtischen Büchereien.

Wo erhält der Benützer Auskunft?

Folgende Stellen stehen dem Benützer für Auskünfte zur Verfügung:

Katalogzimmer der Druckschriftensammlung: Ausstellung der Leserkarte für erstmalige Benützer. Ein Mitarbeiter ist bei der Handhabung der aufgestellten Kataloge behilflich und erteilt Auskünfte über Sondersammlungen.

Lesesaal der Druckschriftensammlung: Die Benützer erhalten hier Auskünfte über die Handapparate, Kopiermöglichkeiten und Entgelte für Kopien.

Lesesaal der Handschriftensammlung: Informationen über den Handschriftenbestand.

Lesesaal der Musiksammlung: Informationen über die vorhandenen Musikhandschriften und Musikdrucke.

Selbstverständlich stehen alle Mitarbeiter der Bibliothek zu Auskünften gerne bereit. Sie können jedoch dem Benützer die Suche nach Literatur und sonstigen Informationen nicht vollständig abnehmen.

Wann ist die Bibliothek geöffnet?

Der Lesesaal der Druckschriftensammlung ist von Montag bis Donnerstag von 9 bis 18.30 Uhr, an Freitagen von 9 bis 16.30 Uhr geöffnet. Alle übrigen Sammlungen und Referate sowie die Wechselausstellungen im Bibliotheksgang sind Montag bis Freitag von 9 bis 15 Uhr zugänglich. Die ersten drei Wochen im August bleibt die gesamte Bibliothek wegen notwendiger Revisions- und Reinigungsarbeiten geschlossen.

Welche Ausstellungen veranstaltet die Bibliothek?

Im Bibliotheksgang finden jährlich drei Ausstellungen statt, die auf Sammlungsschwerpunkte der Bibliothek hinweisen oder Ereignisse dokumentieren. Über deren Themen und Inhalt informieren die Tageszeitungen. Fallweise veranstaltet die Bibliothek auch Großausstellungen zu bestimmten Anlässen. Nähere Informationen sind im Sekretariat der Bibliothek erhältlich.

BILDUNG UND AUSSERSCHULISCHE JUGENDBETREUUNG

(MA 13)

Landesjugendreferat

Das Landesjugendreferat Wien ist mit der außerschulischen Jugendarbeit beauftragt und daher für den Freizeitbereich von Kindern und Jugendlichen (von sechs bis 19 Jahren) zuständig.

In Zusammenarbeit mit Schule, Elternhaus und Jugendorganisationen werden Aktionen und Veranstaltungen durchgeführt. Einrichtungen, die der Förderung der musischen und sportlichen Anlagen, der Weckung von Kreativität und Fantasie, der Kommunikation und einer Persönlichkeitsentwicklung der Kinder und Jugendlichen dienen sollen, wie Jugendleiterschule und Medienzentrum, werden geschaffen und betreut.

Um dieses Ziel zu erreichen, führt das Landesjugendreferat Wien u. a. folgende Aktionen und Veranstaltungen durch:

Redewettbewerb mit der Österreichischen Liga der Vereinten Nationen

Bezirksjugendsingen im Rahmen der Wiener Festwochen, Landessingen (jedes dritte Jahr)

Dichterlesungen an Wiener Pflichtschulen

„Maifest“ auf dem Rathausplatz und im Rathaus

„Volkstanzfest vor dem Schloß Belvedere“ und Volkstanzkurse

Medienerziehung, Schulung der Lehrer und Jugendleiter, Führung eines Medienzentrums, Symposien

Filmdiskussionen

„Wiener Ferienspiel“ für alle Wiener Schulkinder

„pop-odrom“, ein Bandwettbewerb in den Gruppen Rock, Jazz und Folk

Schikurse während der Weihnachts- und Semesterferien

„Wiener Ferien Club“, Freizeitangebote für junge Leute ab 15 Jahren

„Schultheater-Festival“, für Spielgruppen an Wiener Schulen

Internationale Jugendtheatertage in Wien

Internationale Jugendkontakte

„Treffpunkt Schule“, Spielnachmittage in sieben „offenen Schulen“

„Schülerclubs“ in Volksschulen mit schulfreiem Samstag (auch für türkische Kinder)

„Familiensonntag“, einmal monatlich Freizeitangebot für Familien

Kurse in Modellbau, Zeichnen und Malen usw.

Freizeitaktionen während der Semesterferienwoche

Sportaktionen in Zusammenarbeit mit der MA 51, z. B. „Fahrt zum Spiel“, „Jugendskikurse“, „Eislaufaktionen“ usw.

weiters betreut das Landesjugendreferat Wien in Zusammenarbeit mit dem Verein „Wiener Jugendkreis“ das Medienzentrum sowie die „Wiener Jugendleiterschule“ und fördert den Verein „Jugendzentren der Stadt Wien“, der derzeit folgende Jugendzentren betreibt:

Jugendzentrum Leopoldstadt
2, Wehlistraße 178, Tel. 26 61 64

Kulturelles Jugendzentrum Erdberg
3, Gestettengasse 12–14, Tel. 73 47 26

Haus der Jugend am Matzleinsdorfer Platz
5, Grünwaldgasse 4, Tel. 54 13 68

Haus der Wiener Jugend
8, Zeltgasse 7, Tel. 42 14 35

Musisches Zentrum
8, Zeltgasse 7, Tel. 42 14 35

Jugendzentrum Alsergrund
9, Marktgasse 35, Tel. 31 42 70

Club „Bassena“
9, Marktgasse 35

Club „Bassena“
10, Per-Albin-Hansson-Siedlung Ost, Ada-Christen-Gasse Nr. 2/A/2/16, Tel. 68 53 57

Jugendzentrum Neilreichgasse
10, Neilreichgasse 73

Jugendzentrum Wendstattgasse
10, Wendstattgasse 3, Tel. 68 16 58

Jugendzentrum Hoefftgasse
11, Hoefftgasse 7, Tel. 76 13 75

Jugendzentrum Kaiserebersdorf
11, Kaiserebersdorfer Straße 67, Tel. 76 63 73

Jugendzentrum Simmering
11, Pantucekgasse 13, Tel. 76 13 88

Jugendzentrum Aichholzgasse
12, Aichholzgasse 52

Jugendzentrum Meidling
12, Am Schöpfwerk, Tel. 67 86 96

12er Bassena
12, Am Schöpfwerk 29/14, Tel. 67 94 80

Jugendzentrum Hietzing
13, Eduard-Klein-Gasse 2, Tel. 82 12 05

Jugendzentrum Fünfhaus
15, Goldschlagstraße 26, Tel. 92 21 36

Jugendzentrum Rudolfsheim
15, Hollergasse 22–26, Tel. 85 81 13

Jugendzentrum Ottakring
16, Ottakringer Straße 200, Tel. 46 53 98

Jugendzentrum Währing
18, Weimarer Straße 8–10, Tel. 43 99 39

Jugendzentrum Strebersdorf
21, Dr.-Albert-Geßmann-Gasse 38, Tel. 39 14 37

Jugendzentrum Marco-Polo-Platz
21, Marco-Polo-Platz, Tel. 39 65 51

Jugendzentrum Großfeldsiedlung
21, Meistergasse 3, Tel. 38 71 19

Jugendzentrum Floridsdorf
21, Prager Straße 20, Tel. 30 13 04

Jugendzentrum Prinzgasse
22, Breitenlee, Prinzgasse 3, Tel. 22 61 46

Jugendzentrum Donaustadt
22, Kagran, Bernoullistraße 1, Tel. 23 31 49

Jugendzentrum Rennbahnweg
22, Kagran, Lieblgasse 3, Tel. 23 61 08

Jugendzentrum Alt-Erlaa
23, Anton-Baumgartner-Straße 44, Tel. 67 71 14

Das Landesjugendreferat Wien organisiert die Jungbürgerfeiern (Jungbürgerbuch), führt die Subventionierung der Wiener Jugendorganisationen, von Kinder- und Jugendtheatern sowie verschiedenen Jugendgruppen durch, unterstützt diese Institutionen durch Verleih von Filmgeräten und Filmen und stellt Diskussionsleiter zur Verfügung.

Städtische Büchereien

Zentrale: Haus des Buches, 8, Skodagasse 20, Tel. 42 61 63

Die Wiener Städtischen Büchereien sind öffentliche Leihbüchereien, die bestrebt sind, jedem Wiener den Lesestoff, den er benötigt oder der ihm Freude und Entspannung bringt, zu günstigen Bedingungen zur Verfügung zu stellen. Das Angebot an Büchern und Zeitschriften reicht vom Bilderbuch für das Vorschulkind über alle Gattungen der Unterhaltungsliteratur bis zum Sachbuch der einzelnen Wissenschaftsdisziplinen. In den Städtischen Büchereien werden damit jedem Interessierten Mittel zur Selbstbildung, Information, Unterhaltung und Entspannung angeboten. Die Benützung ist für Kinder und Jugendliche gratis, für Erwachsene beträgt die Gebühr 4 S pro Buch bei drei Wochen Entlehnfrist. Es gibt in Wien ein Netz von 56 Städtischen Büchereien, sodaß jeder Wiener seine Bücherei in einer zumutbaren Entfernung findet. In den dünn besiedelten Außenbezirken, wo eine eigene Zweigstelle nicht mehr rentabel geführt werden kann, bringen Bücherbusse die Bücher regelmäßig als mobile Büchereien zu den Interessenten und in die dort befindlichen Schulen. In der Zentrale der Städtischen Büchereien gibt es das besonders reichhaltige Buchangebot der Hauptbücherei mit ca. 70.000 Bänden und eine Musikbücherei, in der an Abhörtischen Musik nach Wunsch gratis gehört werden kann. Seit Oktober 1977 werden dort auch Musikkassetten verliehen. (Das Verzeichnis der Büchereistellen siehe Magistrat, MA 13.)

In der Kinderklinik des Allgemeinen Krankenhauses wird eine Patientenbücherei geführt, von der in Zusammenarbeit mit den Ärzten die Patienten bibliotherapeutisch betreut werden.

Seit 1982 werden im Rahmen eines „Hausbesuchsdienstes" auch ältere und behinderte Personen mit Lesestoff versorgt.

Musiklehranstalten der Stadt Wien

Die Stadt Wien hat mit der Errichtung der Musiklehranstalten eine Bildungseinrichtung geschaffen, die vom elementaren Musikunterricht bis zur Ausbildung hochqualifizierter Berufsmusiker reicht.

Die breite Basis des Bildungsangebotes stellt die Kindersingschule dar, in der in dreijährigen Kursen im Rahmen Städtischer Volksschulen Gesang und Blockflöte unterrichtet wird.

Hier wird die Grundlage für eine lebenslange innige Beziehung zur Musik gelegt, auf der nicht nur ein weiterführendes Fachstudium aufbauen kann, sondern mit der auch ein wesentlicher Beitrag zur Heranbildung eines fachkundigen musikverständigen Publikums geleistet wird. Damit wird in beiden Richtungen der Ruf Wiens als Stätte der Musik gesichert, der nur in einer Atmosphäre eines breitgestreuten Musikverständnisses gedeihen kann.

17 Bezirksmusikschulen bieten die Möglichkeit eines Übertritts in das Konservatorium der Stadt Wien und damit die Voraussetzung für ein Berufsstudium, das sowohl zu einer Fachreife- bzw. Diplomprüfung als auch zur Staatlichen Lehrbefähigung als Musikerzieher führen kann. (Das Verzeichnis der Musikschulen siehe Magistrat, MA 13.)

Als neue Initiativen sind die Bildung einer Jugendblasmusikkapelle, die Professionalisierung der Tanzausbildung sowie die Gründung eines Seminars für Schrammelmusik zu nennen.

Seit dem Studienjahr 1978/79 besteht als 18. Musikschule die „Internationale Schule für Musik", die den Kindern der in Wien ansässigen Diplomaten und UNO-Angestellten zur Verfügung steht.

Seit 1982 besteht auch für Erwachsene die Möglichkeit, an zwei Musikschulen (10, Per-Albin-Hansson-Siedlung Ost, und 16, Thaliastraße) am Musikunterricht teilzunehmen.

Institutionen der Erwachsenenbildung

Die Institutionen der Erwachsenenbildung in Wien bieten ein umfassendes Lernangebot in allen Wissensgebieten mit modernen, audiovisuell unterstützten Lehrmethoden an.

Folgende Einrichtungen der allgemeinbildenden Erwachsenenbildung stehen u. a. zur Verfügung:

Wiener Volkshochschulen:

Volksbildungshaus Wiener Urania, 1, Uraniastraße 1, Tel. 72 61 91*

Volkshochschule Margareten, 5, Stöbergasse 11–15, Tel. 55 31 82*

Volkshochschule Wien-West, 7, Zollergasse 41, Tel. 93 05 55

Volkshochschule Wien-Nordwest, 9, Galileigasse 8, Tel. 34 52 43

Volkshochschule Favoriten, 10, Arthaberplatz 18, Tel. 64 32 43, 64 31 14

Volkshochschule Simmering, 11, Drischützgasse 1, Tel. 74 26 404

Volkshochschule Hietzing, 13, Hofwiesengasse 48, Tel. 84 55 24

Volkshochschule Penzing, 14, Lortzinggasse 2, Tel. 95 75 82, 92 78 482

Volkshochschule Ottakring, 16, Ludo-Hartmann-Platz 7, Tel. 92 45 95*, 92 45 99*

Volkshochschule Brigittenau, 20, Raffaelgasse 13, Tel. 33 82 69, 33 21 95

Volkshochschule Wien-Nord, 21, Angerer Straße 14, Tel. 38 32 36*

Volkshochschule Liesing, 23, Liesinger Platz 3, Tel. 86 43 30, 86 43 40

Bildungszentrum Aktiv, 15, Schwendergasse 41, Tel. 85 51 34

Künstlerische Volkshochschule, 9, Lazarettgasse 27, Tel. 42 43 29, 43 57 922

Gesellschaft der Kunstfreunde, 8, Neudeggergasse 8, Tel. 42 31 25

Planetarium, 2, Oswald-Thomas-Platz 1, Tel. 24 94 32

Urania-Sternwarte, 1, Uraniastraße 1, Tel. 72 61 91*

Die Wiener Volkshochschulen bieten in zahlreichen Arbeitsstellen Weiterbildung auf allen Wissensgebieten, in Fremdsprachen, künstlerischen Fertigkeiten und berufsförderndem Allgemeinwissen. Die Kurse beginnen jeweils im September und im Februar, Auskünfte erteilt der Verband Wiener Volksbildung, 2, Ferdinandstraße 16–18, Tel. 26 25 46.

Bildungswerke:

Katholisches Bildungswerk der Erzdiözese Wien, 1, Stephansplatz 6, Tel. 53 25 61*, 320

Evangelisches Bildungswerk, 5, Hamburger Straße 3, Tel. 56 37 99

Auskünfte über Fragen der Erwachsenenbildung erteilt das Volksbildungsreferat der MA 13, 8, Friedrich-Schmidt-Platz 5, Tel. 42 8 00*, 2729.

Landesbildstelle Wien

7, Zieglergasse 49, Tel. 93 32 24

Medien-Verleihstellen:
Mitte, 7, Zieglergasse 49
Nordost, 21, Angerer Straße 14
Südost, 3, Reisnerstraße 43
Südwest, 14, Hickelgasse 5

Der Landesbildstelle obliegt die Versorgung der Wiener Pflichtschulen mit audiovisuellen Medien und Geräten, die technische Betreuung dieser Geräte, die Beschaffung und Selbstproduktion von Unterrichtsfilmen, Diaserien und anderer audiovisueller Lehrmittel sowie die audio-visuelle umfassende Fachberatung; weiters die Beschaffung audiovisueller Medien und Geräte für Dienststellen und Institutionen des Magistrats sowie die fotografische und filmische Dokumentation wichtiger Ereignisse der Wiener Stadtverwaltung.

In den angeführten Medien-Verleihstellen können von den Wiener Bildungseinrichtungen Filme und audiovisuelle Lehrmittel – vor allem für den Unterrichtsgebrauch – entlehnt werden. Die Entlehnung an Wiener Pflichtschulen erfolgt kostenlos. Die Entlehnung von Filmen und Filmprojektoren an Privatpersonen und Privateinrichtungen ist an den Nachweis der Befähigung, Filmprojektoren ordnungsgemäß bedienen zu können, gebunden. Dieser Nachweis kann bei allen Landesbildstellen sowie bei der Bundesstaatlichen Hauptstelle für Lichtbild und Bildungsfilm erworben werden.

Im Fotoarchiv der Landesbildstelle, in dem Fotos von Wiener Persönlichkeiten, Gebäuden, wichtigen Ereignissen sowie Flugbilder vorhanden sind, kann man gegen Leistung einer entsprechenden Gebühr Kopien dieser Archivstücke erwerben.

Die Landesbildstelle dient unter Bedachtnahme auf die Gegebenheiten und Erfordernisse der Gegenwart mit ihren Facheinrichtungen als audiovisuelle Servicestelle allen Bildungseinrichungen, Dienststellen und Institutionen des Wiener Magistrats.

Modeschule der Stadt Wien

12, Hetzendorfer Straße 79, Tel. 84 27 95

Die Wiener Modeschule im Schloß Hetzendorf hat die Aufgabe, den Nachwuchs für die kreativen Modeberufe auszubilden. Sie vermittelt eine gründliche technisch-gewerbliche Fachbildung, die mit allgemeinbildendem Unterricht und einer modisch-künstlerischen Schulung verbunden ist. Die Absolventen können die Berufe des Modezeichners, der Modelldirektrice, des Modellisten und Einkäufers für die Modebranche ausüben oder nach einer Praxiszeit die Meisterprüfung ablegen und selbständige Unternehmer werden.

Um Aufnahme können sich Mädchen und Burschen nach erfolgreicher Absolvierung der achten Schulstufe bewerben. Bei der Aufnahmsprüfung werden die modisch-künstlerische Begabung, das Geschick für Handwerksarbeit und das Intelligenzniveau als Voraussetzung für das fünfjährige Studium getestet. Die erste Klasse gilt als neuntes Pflichtschuljahr. Für Maturanten verkürzt sich die Studienzeit um ein Jahr.

Den Studierenden stehen fünf Fachabteilungen mit Lehrwerkstätten zur Wahl: „Modeentwurf und Damenkleidermachen", „Modell-Modisterei", „Modell-Lederwaren", „Strick- und Wirkmode" und „Textilentwurf und -druck". Die Ausbildung umfaßt auch die Teilnahme an Ausstellungen und Wettbewerben sowie die Mitarbeit an der Kollektionsgestaltung für Modeschauen von internationalem Ruf. Neben einer jährlichen Leistungsausstellung werden Modeschauen auch in den Bundesländern und im Ausland durchgeführt.

Studium: kostenlos
Materialkosten: jährlich ca. 4.000 S
Werkstättenbeitrag ab drittem Studienjahr jährlich 500 S

Konservatorium der Stadt Wien

Das Studium am Konservatorium der Stadt Wien ist ein berufsbildendes Fachstudium.

Aufnahmebedingung ist der Nachweis der Musikalität und die Eignung für das gewählte Studienfach im Rahmen einer Aufnahmsprüfung. Als Alterslimit gilt für Neueintretende lediglich das mit der Ausbildungsstufe korrespondierende Alter.

Zur Wahl stehen folgende Abteilungen:

I – Musiktheorie, Komposition, Dirigieren
II – Tasteninstrumente
III – Saiteninstrumente
IV – Blasinstrumente und Schlagwerk
V – Gesang
VI – Musikerziehung
VII – Konzert
VIII – Oper
IX – Unterhaltungsmusik
X – Jazz
XI – Tanzpädagogik
XII – Ballett

Das Studium schließt mit einer Reifeprüfung bzw. darüber hinaus mit einer Diplomprüfung ab, die sowohl für die Laufbahn als Solist als auch Orchestermitglied oder Chorsänger qualifiziert.

Schüler, die eine pädagogische Laufbahn anstreben, können die Staatliche Lehrbefähigungsprüfung ablegen, die zum Instrumentalunterricht an Allgemeinbildenden Höheren Schulen sowie zum Gesangs- oder Instrumentalunterricht an Musikschulen, Pädagogischen Akademien, musisch-pädagogischen Gymnasien usw. und als Lehrer im freien Beruf berechtigt.

Da die Stadt Wien für alle Ausgaben des Konservatoriums voll aufkommt, sind ordentliche Schüler, d. h. solche, die außer dem jeweiligen Hauptfach die theoretischen Ergänzungsfächer und als Nebenfach Klavier belegen, von Studiengebühren gänzlich befreit. Außerordentliche Schüler zahlen je nach Fach durchschnittlich 800 S pro Schuljahr.

Die Fachbibliothek des Konservatoriums steht unentgeltlich zur Verfügung. Aus dem Instrumentenarchiv können von Musikschülern nach Maßgabe des Fundus Leihinstrumente gegen eine geringe Leihgebühr entlehnt werden.

Die Anmeldungen sind jeweils in der ersten Septemberwoche für den Schulbeginn, in der letzten Jännerwoche für das Sommersemester möglich.

DAMPFKESSELÜBERWACHUNG

(MD–BD)

Pflichten der Benützer von Hochdruckkesseln, Dampfgefäßen und Druckbehältern

Dem zuständigen Überwachungsorgan, das ist entweder der Dampfkesselprüfungskommissär des Bundeslandes Wien (1, Rathaus) oder der Dampfkesselinspektor des Technischen Überwachungs-Vereines (1, Krugerstraße Nr. 16), muß schriftlich angezeigt werden:

1. die Aufstellung und die Absicht der Benützung einer Dampfkesselanlage, eines Dampfgefäßes oder eines Druckbehälters, damit vorher die Erprobung oder Betriebsprüfung vorgenommen werden kann;
2. die Bereitstellung eines Kessels, eines Dampfgefäßes oder eines Druckbehälters zu den wiederkehrenden Untersuchungen (alle drei Jahre innere Untersuchung und alle sechs Jahre zusätzlich Druckprobe);
3. alle Veränderungen und größeren Ausbesserungen;
4. die beabsichtigte Änderung der Ausrüstung, z. B. Feuerungsanlage, Sicherheitsventile oder Speisevorrichtung;
5. der Standortwechsel oder die Außerbetriebnahme eines Kessels, eines Dampfgefäßes oder eines Druckbehälters;
6. der Verkauf eines Kessels, eines Dampfgefäßes oder eines Druckbehälters unter Angabe des Käufers.

Wartung von Dampfkesseln und Wärmekraftmaschinen

Zur selbständigen Wartung (Bedienung) von konventionell beheizten Dampfkesseln (nicht nuklear beheizten Dampfkesseln) sowie zur selbständigen Wartung (Bedienung, Führung) von Wärmekraftmaschinen dürfen nur solche Personen (Betriebswärter) zugelassen werden, die

1. mindestens 18 Jahre alt sind;
2. nüchternes und verläßliches Verhalten aufweisen und die erforderliche Vertrauenswürdigkeit besitzen;
3. sich die erforderlichen Kenntnisse und Fertigkeiten angeeignet haben;
4. ihre Befähigung durch das Zeugnis über die mit Erfolg abgelegte fachtechnische Prüfung nachweisen.

Für die Abnahme dieser Prüfung sind die Dampfkesselprüfungskommissäre des Bundeslandes Wien und die Dampfkesselinspektoren des Technischen Überwachungs-Vereines zuständig.

Um zur Prüfung als Betriebswärter zugelassen zu werden, muß der Bewerber nachweisen, daß er die erforderlichen Kenntnisse und Fertigkeiten beim Betrieb eines Dampfkessels oder jener Gattung von Wärmekraftmaschinen, für deren Wartung er die Berechtigung anstrebt, sich durch eine in der Regel nicht unter neun Monate dauernde praktische Verwendung unter Aufsicht eines geprüften Betriebswärters angeeignet hat.

Befreit von der Ablegung der Prüfung sind Personen für die Wartung von

1. Niederdruckdampfkesseln, das sind Dampfkessel mit einem Betriebsdruck bis 0,5 bar;
2. Dampfkesseln bis 1 bar und Heißwasserkesseln bis 120° C, sofern der Rauminhalt 50 m^3 nicht überschreitet;
3. Zwergkesseln, das sind Dampfentwickler, bei denen das Produkt aus dem Betriebsdruck in bar und dem gesamten Rauminhalt in Liter die Zahl 20 nicht überschreitet;
4. Dampfkesseln, bei denen der zulässige Betriebsdruck 6 bar und das Produkt aus dem zulässigen Betriebsdruck und dem Wasserinhalt in Liter die Zahl 600 nicht übersteigt (z. B. ein Kessel mit einem Betriebsdruck von 4 bar und einem Inhalt von 150 Liter);
5. elektrisch beheizten Dampfkesseln;
6. ortsfeste Dampfkraftmaschinen mit einer Dauerleistung bis 150 kW;
7. ortsfeste Verbrennungskraftmaschinen bis 370 kW.

DATENSCHUTZ

(MA 62)

Das Datenschutzgesetz räumt jedermann verfassungsmäßig das Recht auf Geheimhaltung der ihn betreffenden personenbezogenen Daten ein und gewährt außerdem zur Verfolgung dieses Grundrechtes Auskunfts-, Berichtigungs- und Löschungsrechte. Daher müssen dem Betroffenen auf schriftlichen Antrag beim Auftraggeber in allgemein verständlicher Form die zu seiner Person gespeicherten Daten, deren Herkunft und die Rechtsgrundlage schriftlich mitgeteilt werden. Unbeschadet der Einsichtsmöglichkeiten in das Datenverarbeitungsregister des Österreichischen Statistischen Zentralamtes kann bei dieser Dienststelle die Erteilung von Auskünften verlangt werden. Die Auskunftserteilung ist grundsätzlich kostenpflichtig. Kosten können auch fallweise nachgesehen oder ermäßigt werden. Von vornherein form- und kostenlos ist die in der Wiener Datenschutzverordnung vorgesehene Beratung aus dem im Amtsblatt der Stadt Wien veröffentlichten Verarbeitungsverzeichnis.

Wie erfolgt der Anschluß von Anlagen an das Netz der Elektrizitätswerke?

1. Anschluß eines neu erbauten oder Verstärkung des Hausanschlusses eines bereits bestehenden Hauses

Der Bauherr (Anschlußwerber) hat in seinem eigenen Interesse, womöglich noch vor der Planung der Anlage, spätestens jedoch vor Inangriffnahme der Bauarbeiten, das Einvernehmen mit der zuständigen technischen Abnehmergruppe bzw. für in Überlandgebieten gelegene Anlagen bei der zuständigen Betriebsstelle der WStW-EW herzustellen und die dort erhältliche Anfragekarte sowie eine Bedarfsanmeldung mit den notwendigen Angaben auszufüllen.

Bei Neuanschluß eines Hauses wird sodann von den WStW-EW ein unverbindlicher Kostenvoranschlag für die durch den Neuanschluß bedingten Herstellungen (Kabelverlegungen, Transformatorenbeistellungen usw.) und den vom Anschlußwerber an die WStW-EW hiefür zu bezahlenden Baukostenzuschuß erstellt; bei gegebener technischer Notwendigkeit wird dem Anschlußwerber außerdem die Bedingung gestellt, einen für die Unterbringung einer Abspanneranlage geeigneten Raum den WStW-EW kostenlos zur Verfügung zu stellen.

Bei Erweiterung eines schon bestehenden Anschlusses können den Bewerbern hiefür je nach dem Umfang des zusätzlichen Energiebedarfes und der hiefür erforderlichen technischen Maßnahmen Anschlußbedingungen vorgenannter Art (Baukostenzuschuß, Raumbeistellung) von den WStW-EW gestellt werden.

Vor Durchführung der Anschlußarbeiten hat der Anschlußwerber eine diesbezügliche schriftliche Vereinbarung verbindlich zu unterzeichnen und den darin vorgeschriebenen Baukostenzuschuß zu erlegen.

2. Anschluß einer Abnehmeranlage in einem bereits bestehenden Objekt

a) Elektrizitätszähler noch nicht vorhanden

Der Inhaber (Mieter) der Räumlichkeiten, die von den WStW-EW versorgt werden sollen, hat hiezu einen behördlich konzessionierten Elektrotechniker zu beauftragen. Dieser stellt das Einvernehmen mit der zuständigen technischen Abnehmergruppe bzw. für im Überlandgebiet gelegene Anlagen bei der zuständigen Betriebsstelle der WStW-EW her und füllt die dort erhaltene Anfragekarte sowie eine Bedarfsanmeldung mit den notwendigen Angaben aus. Sodann wird von den WStW-EW ein Kostenvoranschlag für die durch den Neuanschluß bedingten Herstellungen (Kabelverlegung, Transformatorenbeistellung usw.) und den vom Anschlußwerber an die WStW-EW hiefür zu bezahlenden Baukostenzuschuß erstellt; bei gegebener technischer Notwendigkeit wird dem Anschlußwerber außerdem die Bedingung gestellt, einen für die Unterbringung einer Abspanneranlage geeigneten Raum den WStW-EW kostenlos zur Verfügung zu stellen.

Vor Durchführung der Anschlußarbeiten hat der Anschlußwerber eine diesbezügliche schriftliche Vereinbarung verbindlich zu unterzeichnen und den darin vorgeschriebenen Baukostenzuschuß zu erlegen. Der Elektrotechniker führt nun die notwendigen Installationsarbeiten entsprechend den Wünschen und Zwecken des Auftraggebers unter Einhaltung der bestehenden Sicherheitsvorschriften und Anschlußbedingungen aus und überprüft gegebenenfalls die vorhandenen Installationen auf ihren vorschriftsmäßigen Zustand. Danach hat der Elektrotechniker mit einem von ihm beschafften vorgeschriebenen Anmeldeformular die Anlage bei der für den betreffenden Bezirk zuständigen technischen Abteilung (im Überlandgebiet bei der zuständigen Betriebsstelle) der WStW-EW zum Anschluß anzumelden und den vom Stromabnehmer gewünschten Tarif bekanntzugeben.

Die WStW-EW lassen daraufhin nach Bezahlung eines allfälligen Baukostenzuschußpauschales für das vorgelagerte Hochspannungsnetz bzw. eines Baukostenzuschusses für Anschluß von Sauna, Nachtspeicherofen, Direktheizung usw. durch ihre Organe die Montage der Meßeinrichtung vornehmen.

b) Elektrizitätszähler bereits vorhanden

Ist hingegen in der Anlage bereits ein Elektrizitätszähler vorhanden, so hat der neue Anlageninhaber bei Übernahme der Räumlichkeiten sofort die Anmeldung bei der für den betreffenden Stadtbezirk zuständigen Abnehmerverrechnungsgruppe bzw. für in Überlandgebieten gelegene Anlagen bei der zuständigen Betriebsstelle der WStW-EW vorzunehmen (telefonisch, schriftlich oder durch persönliche Vorsprache) und den von ihm gewünschten Tarif bekanntzugeben sowie eine Bedarfsanmeldung auszufüllen. Sodann wird seitens der WStW-EW ein Kostenvoranschlag für die durch den Neuanschluß bedingten Herstellungen (Kabelverlegungen, Transformatorenbeistellung usw.) und dem vom Anschlußwerber an die WStW-EW hiefür zu bezahlenden Baukostenzuschuß erstellt. Bei gegebener technischer Notwendigkeit wird dem Anschlußwerber außerdem die Bedingung gestellt, einen für die Unterbringung einer Abspanneranlage geeigneten Raum den WStW-EW kostenlos zur Verfügung zu stellen. Vor Durchführung der Umschreibung der Anlage hat der Anschlußwerber eine diesbezügliche schriftliche Vereinbarung verbindlich zu unterzeichnen und den darin vorgeschriebenen Baukostenzuschuß zu erlegen. Die Übernahme der Anlage sowie die getroffene Tarifwahl sind den WStW-EW von neuen Abnehmern schriftlich zu bestätigen. Ist der neue Abnehmer (Anlageninhaber) der Rechtsnachfolger des früheren, so übernimmt er mit dessen Rechten auch dessen Verpflichtungen.

Erweiterungen von bereits in Benützung befindlichen Abnehmeranlagen (zusätzliche Installationen bzw. Änderungen des Anschlußwertes) sind vor Durchführung den WStW-EW anzumelden.

Was versteht man unter Anschlußwert einer Stromverbrauchseinrichtung?

Der Anschlußwert einer Stromverbrauchseinrichtung ist die zu deren Betrieb benötigte elektrische Nennleistung, die bei motorischen Geräten (Staubsauger, Bodenbürste usw.) und Wärmegeräten (Kochplatte, Bügeleisen usw.) auf dem Leistungsschild, bei Glühlampen auf dem Gewindesockel oder dem Glaskolben, in Watt (W) angegeben ist. An diesen Stellen ist auch die Spannung in Volt (V) angegeben, für die das betreffende Gerät bzw. die Lampe gebaut ist (siehe „Was versteht man unter Spannung?"), ferner, und zwar bei motorischen Geräten, bei Rundfunkgeräten und bei manchen Wärmegeräten, auch die Stromart (vgl. den Abschnitt „Welche Stromarten gibt es?"), an die das Gerät angeschlossen werden darf. Da sich (mit der später angeführten Einschränkung) die von einem Gerät aufgenommene Leistung (W) als Produkt der Betriebsspannung (V) mal der entsprechenden Stromstärke in Ampere (Amp. A) ergibt, kann letztere, sofern auf dem Leistungsschild nicht angegeben, durch Division der Leistung durch die Spannung ermittelt werden (Watt : Volt = Ampere). Ein Vergleich dieses Ergebnisses mit der auf dem Leistungsschild des Elektrizitätszählers angegebenen Stromstärke (A) zeigt, ob der Anschluß eines Gerätes oder der gleichzeitige Anschluß mehrerer Geräte (deren Leistungen bzw. Stromaufnahmen dann zu addieren sind) mit Rücksicht auf die Belastbarkeit des Zählers vorgenommen werden darf. Die entsprechende Überlegung gilt auch bezüglich der Belastbarkeit der vorgeschalteten Sicherungen (vgl. Abschnitt „Wozu dienen Sicherungen?“).

Für größere Stromverbrauchseinrichtungen (Motoren, Heizungseinrichtungen u. dgl.) wird die Leistung (= Anschlußwert) fallweise in Kilowatt (kW) angegeben, wobei 1000 W = 1 kW.

Die oben angegebene einfache Berechnung: Volt + Ampere = Watt gilt bei Wechselstrom jedoch nur für Glühlampen und gewöhnliche Wärmegeräte. Für andere Geräte (z. B. Motoren) wird die Stromaufnahme in Ampere oder eine für ihre Berechnung geeignete andere Angabe zusätzlich auf dem Leistungsschild eingestempelt.

Was ist eine Kilowattstunde?

Kilowattstunde (kWh) ist die Maßeinheit für die dem Stromverbraucher gelieferte elektrische Arbeit, mit anderen Worten, für den vom Elektrizitätszähler gemessenen und angezeigten Verbrauch an elektrischer Energie. Wie unter „Was versteht man unter Anschlußwert einer Stromverbrauchseinrichtung?“ erläutert ist, wird dieser Anschlußwert, d. h. die zum Betrieb einer Lampe oder eines Elektrogerätes benötigte elektrische Leistung, in Watt (W) bzw. in der größeren Einheit von 1000 W = 1 kW (Kilowatt) angegeben. Wird die Leistung von 1 kW während der Zeitdauer einer Stunde (abgekürzt h aus dem lateinischen hora = Stunde) aus der elektrischen Leitung entnommen, so wird 1 kW × 1 h = 1 kWh verbraucht und in Licht bzw. Wärme oder mechanische Arbeit umgewandelt.

Die so vom Stromverbraucher mit jeweils einem bestimmten Leistungsbedarf der in Betrieb befindlichen Lampen und Geräte verbrauchte elektrische Energie muß gleichzeitig und im gleichen Ausmaß im Kraftwerk durch die Stromerzeuger bzw. durch die von deren Antriebsmaschinen aufzubringende Arbeit gedeckt werden. Eine Lampe von 100 W = 0.1 kW verbraucht demnach in einer Stunde 0.1 kW × 1 h = 0.1 kWh, in 20 Stunden 0.1 kW × 20 h = 2 kWh.

Was versteht man unter Spannung?

Die Spannung des elektrischen Stromes ist z. B. mit dem Druck des Wassers in einer Rohrleitung vergleichbar; sie wird in Volt (V) angegeben. Im Wiener Stromversorgungsgebiet beträgt die normale Netzspannung (siehe auch „Welche Stromarten gibt es?“) bei Drehstrom 220 Volt (für Licht und die meisten Geräte) bzw. 380 Volt (vor allem für größere Motoren).

Lampen und Geräte jeder Art dürfen nur an jene Spannung (gegebenenfalls auch Stromart, siehe „Welche Stromarten gibt es?“) angeschlossen werden, für die sie gebaut sind. Diese Spannung ist auf der Lampe bzw. dem Leistungsschild des Gerätes angegeben (siehe auch „Was versteht man unter Anschlußwert einer Stromverbrauchseinrichtung?“). Nichtbeachtung dieser Spannung führt, oft sofort, zur Zerstörung der betreffenden Lampen bzw. Geräte und verursacht vielfach weitere Schäden und Gefahren.

Welche Stromarten gibt es?

In Wien wird an die Verbraucher je nach Maßgabe der örtlichen Netzverhältnisse Drehstrom 220 V bzw. 380 V abgegeben. Abnehmeranlagen mit kleinerem Anschlußwert (Licht, kleinere Geräte) werden nur an zwei Leitungen des Drehstromsystems, solche mit größerem Anschlußwert an alle Leitungen desselben angeschlossen.

Wozu dienen Sicherungen?

Sicherungen sind Einrichtungen zum Schutz elektrischer Installationen und Stromverbrauchseinrichtungen. Ihre Wirkungsweise beruht darauf, daß ein dünner, für eine bestimmte Höchststromstärke bemessener Draht, der in einer quarzsandgefüllten Porzellanpatrone eingebettet ist, bei Überlastung durchschmilzt. Dadurch wird der an diese Sicherung angeschlossene Teil der Installation abgeschaltet, wodurch Schäden an diesem Installationsteil und den daran angeschlossenen Stromverbrauchseinrichtungen verhindert werden. Um Schäden jeder Art, vor allem Brandschäden, an Installationen und Geräten sicher zu vermeiden, muß die Sicherung so bemessen werden, daß sie bewußt den schwächsten Teil der Verbraucheranlage bildet; die Festsetzung ihrer Stärke ist daher Sache des Fachmannes. Es dürfen ausschließlich nur die jeweils von ihm vorgesehenen Sicherungspatronen verwendet werden, die immer in Vorrat zu halten sind. Statt Sicherungen können auch Leitungsschutzschalter verwendet werden.

Notbehelfe irgendwelcher Art („geflickte Sicherungen“) gefährden nicht nur die elektrischen Einrichtungen, sie können auch Brände und Unfälle verursachen, weshalb solche Notbehelfe verboten sind.

Wie erfolgt die Zählerablesung?

Der an der Anzeigeeinrichtung eines Elektrizitätszählers ersichtliche Zählerstand ändert sich fortlaufend entsprechend dem Verbrauch in der Abnehmeranlage. Der in kWh (siehe „Was ist eine Kilowattstunde?“) gemessene Stromverbrauch der Anlage innerhalb eines beliebigen Zeitabschnittes wird als Differenz der am Beginn und am Ende dieses Zeitabschnittes abgelesenen Zählerstände ermittelt. Durch Multiplikation dieses in kWh ermittelten Verbrauches mit dem laut Tarif für 1 kWh zu zahlenden Arbeitspreis ergeben sich die Verbrauchskosten der Abnehmeranlage für diesen Zeitabschnitt.

Die von den WStW-EW verwendeten Zähler besitzen ein Fenster, in dem Ziffern zu sehen sind.

Stehen die Ziffern so, daß in einem Feld zwei Ziffern, jede aber nur zum Teil, sichtbar sind, so ist (immer von rechts nach links gelesen) in jedem Feld die niedrigere Ziffer abzulesen.

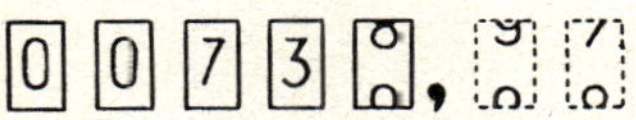

Da an der Hundertstelstelle, zweites Feld rechts vom Dezimalstrich, die zum Teil noch sichtbare 7 kleiner ist als die schon zum Teil sichtbare 8, an der Zehntelstelle analog die 9 kleiner als die 0 (die ja 10 Zehntel entspricht) und an der Einerstelle (links vom Dezimalstrich) analog die 8

kleiner ist als die erst zum Teil sichtbare 9, ist somit abzulesen: 0738.97 kWh.

Im allgemeinen genügt es jedoch, die der Angabe von ganzen kWh entsprechenden Ziffern abzulesen (739 kWh im Beispiel), wobei die letzte Stelle unter der Ziffer 5 der nächsten Stelle ab- und über der Ziffer 5 der nächsten Stelle aufzurunden ist.

Inwieweit besteht Tarifwahl?

Soweit mit Rücksicht auf die Bestimmungen der „Allgemeinen Tarife der WStW-EW" dem Abnehmer die Wahl des für ihn günstigsten unter mehreren Tarifen freisteht, erteilen die zuständigen Bezirksgruppen im Direktionsgebäude, die Beratungsstelle, 6, Mariahilfer Straße 41–43, bzw. die Betriebsstellen im Überlandgebiet diesbezügliche Auskünfte und Ratschläge.

Jeder Abnehmer hat grundsätzlich den Tarif selbst zu wählen (Tarifwahlblatt bzw. Tarifwahlkarte). Er ist an den gewählten Tarif erstmalig bis zum Ablauf des laufenden Verrechnungsjahres des Elektrizitätsversorgungsunternehmens (EVU) gebunden. Die Bindung gilt jeweils für ein weiteres Verrechnungsjahr, wenn der Abnehmer nicht bis längstens einen Monat nach der Vorlage der Jahresabrechnung das EVU schriftlich von einer anderen Tarifwahl in Kenntnis setzt.

Neue Abnehmer oder Nachfolger in bestehenden Anlagen wählen einen der angeführten Tarife mittels eines Tarifwahlblattes bzw. einer Tarifwahlkarte, welche bei den einzelnen Abnehmergruppen in der Direktion der Wiener Stadtwerke-Elektrizitätswerke, bei der Beratungsstelle sowie den Betriebsstellen erhältlich sind.

Was versteht man unter Grundpreis, Meßpreis und Arbeitspreis?

Diese Teilung des Entgeltes für den Strombezug erklärt sich aus folgendem:

Elektrizität läßt sich wirtschaftlich nur in sehr bescheidenem Maße speichern; es muß sich vielmehr in jedem Augenblick ihre Erzeugung dem jeweiligen Verbrauch anpassen.

Die Kraftwerke mit allen ihren vielfältigen Nebeneinrichtungen, die Umspann- und Unterwerke usw. müssen daher auch bei geringem Bedarf voll betriebsbereit gehalten werden. Dadurch entstehen dauernd, unabhängig vom jeweiligen Bedarf des Versorgungsgebietes, nicht unerhebliche, praktisch gleichbleibende feste Kosten, die den größten Teil der Gesamtkosten der Stromerzeugung ausmachen. Zu diesen festen Kosten gehören u. a. die Aufwendungen für Personal, Instandhaltung, Steuern, Versicherungen u. dgl., weiters die Zahlung des Leistungspreises für Fremdstrombezug, ferner der Aufwand für die Verzinsung und Tilgung des immer sehr bedeutenden Anlagenkapitals bzw. für die Erneuerung der Einrichtungen.

Der andere, wesentlich geringere Teil dieser Erzeugungskosten ist vom wechselnden Ausmaß der Energielieferung, also der Zahl der von den Abnehmern verbrauchten bzw. im Kraftwerk erzeugten kWh, abhängig und daher durch den Verbrauch von Brennstoff, Schmiermitteln usw. sowie durch die beträchtlichen Kosten der Fortleitung und Verteilung der elektrischen Energie bedingt (bewegliche Kosten).

Dementsprechend ist es durchaus begründet und daher auch vertretbar, daß wenigstens ein Teil der festen Kosten als fixer Teil des Stromentgeltes, also als Grundpreis, dem Stromverbraucher angelastet wird. Der Arbeitspreis hingegen berücksichtigt neben dem auf die abgegebene kWh bezogenen Rest der festen Kosten naturgemäß die beweglichen Kosten. Der Meßpreis ist das Entgelt für die jeweils notwendige Meßeinrichtung.

Wie erfolgt die Gas- und Stromverrechnung?

Die Durchführung der Jahresabrechnung geht so vor sich, daß zunächst der Jahresverbrauch des vergangenen Abrechnungszeitraumes vom Zähler des Kunden der Wiener Stadtwerke abgelesen wird. Der Vorjahrsverbrauch bildet (neben dem Grundpreis, dem Meßpreis, der Zählergebühr sowie einem geschätzten durchschnittlichen Verbrauchsanstieg) die Grundlage für die Ermittlung des zu erwartenden Gesamtrechnungsbetrages für den voraussichtlichen Gas- und Stromverbrauch der folgenden zwölf Monate.

Dieser Gesamtrechnungsbetrag ist in fünf gleich hohen Teilbeträgen vom Kunden zu bezahlen, wobei bei der einmal jährlichen Endabrechnung die durch den tatsächlich erfolgten Gas- und Stromverbrauch sich ergebenden Mehr- oder Minderzahlungen berücksichtigt werden.

Es ist im Interesse aller Kunden, bei einer Änderung des Verbrauches bzw. des Anschlußwertes – Erhöhung oder Verminderung – eine Berichtigung des Teilrechnungsbetrages zu beantragen.

Anläßlich der Endabrechnung wird auch die vom Kunden zu leistende Anzahlung für die Vorauslieferung von Strom und Gas in der Höhe eines durchschnittlichen Monatsverbrauches für die abgelaufene Jahresperiode rückverrechnet und für die folgende Jahresperiode neu vorgeschrieben.

Diese Art der Verbrauchsabrechnung bringt besonders den Kunden eine Reihe von Vorteilen. Zufolge der fünfmal jährlich zu entrichtenden gleich hohen Teilbeträge wird die bisher besonders in den Wintermonaten fühlbare starke finanzielle Belastung vermieden und damit eine gleichmäßige Verteilung der Gas- und Strombezugskosten auf das ganze Jahr erzielt.

Die Möglichkeit, die jeweiligen Teilrechnungsbeträge in Form eines Einzugsauftrages bei dem entsprechenden Geldinstitut der Kunden bargeldlos zu begleichen, wirkt sich besonders für berufstätige Kunden vorteilhaft aus.

Durch diese Form der Jahresablesung ist die Zugänglichkeit zum Zähler nur noch einmal jährlich erforderlich.

Weiters kann, da die Teilbeträge im vorhinein bekannt sind, im Bedarfsfall leichter als bisher am Inkassotag die Begleichung durch einen Nachbarn, Angestellten, Portier usw. durchgeführt werden.

Wann muß man den Energiebezug abmelden?

Bei Abmeldung des Strom- und Gasbezuges infolge Übersiedlung, Todesfall, Geschäftsauflösung usw. ist eine schriftliche Mitteilung an die Gas- und Stromverrechnung zu richten. Im Normalfall wird die Abmeldung auch telefonisch zur Kenntnis genommen. Insbesondere wird um die Bekanntgabe der neuen Wohnadresse gebeten. Sollte hingegen die Abmontierung eines Meßgerätes gewünscht werden, so ist dies bei der zuständigen Bezirksstelle der Gas- und Stromverrechnung persönlich oder schriftlich zu beantragen. Ist dem Vormieter der Nachfolger bereits bekannt, so wird gebeten, diesen vom Abrechnungstermin zwecks Unterfertigung des Gas- und Stromlieferungsvertrages zu unterrichten.

Was ist für die Sicherheit des Verbrauchers besonders wichtig?

Klopfen Sie, bitte, nicht am Zähler herum, wenn er einmal nicht funktionieren sollte; ihn so zu behandeln, nützt nichts. Es ist viel ratsamer, auch zur Schonung Ihrer Brieftasche, die WStW-EW sofort zu verständigen.

Schaltern und Steckdosen tut es nicht gut, wenn sie als Kleiderhaken benützt werden; manchmal rächen sie sich dafür zu Ihrem Ärger!

Verdrehen, Verknoten und Knicken von Anschlußschnüren, auch ihre Benützung zum Herausziehen des Steckers aus der Steckdose (anstatt hiezu den Stecker selbst anzufassen), gibt zwar begründeten Anlaß zu Neuanschaffungen, aber auch zu Kurzschlüssen! Ebenso ist es keineswegs ratsam, die Anschlußschnur nach dem Bügeln um das noch heiße Bügeleisen zu wickeln.

Bei eingeschalteten Heizkissen einzuschlafen ist ebensowenig zu empfehlen, als sich mit der ganzen Körperschwere auf das Heizkissen zu legen oder es unbeaufsichtigt zum Aufwärmen des Bettes zu verwenden.

Das Bügeleisen bei wenn auch noch so kurzer Unterbrechung des Bügelns nicht auszuschalten, das Bügeleisen oder Glühlampen zum Anwärmen des Bettes, die elektrische Heizsonne zum raschen Trocknen leichter Stoffe zu benützen: lohnt sich das im Hinblick auf die damit verbundene Brandgefahr?

Kochplatten eignen sich nicht zur Raumbeheizung; sie werden bei solcher Fehlverwendung zwar rasch glühend, dadurch aber sehr bald schadhaft.

Elektrische Kochtöpfe (Teekocher, Kaffeekannen) sollen nicht ohne Inhalt eingeschaltet werden und bleiben; andererseits sollen sie beim Reinigen nicht ins Wasser getaucht werden. Letzteres gilt auch für Kochplatten, deren Oberfläche aber trotzdem immer peinlich sauber zu halten ist, weil deren Verschmutzung verlängerte Kochdauer und damit erhöhten Stromverbrauch bedingt.

Tauchsieder sollen vor dem Einschalten bis nach dem Ausschalten ins Wasser getaucht sein, ohne daß jedoch der Schnuranschluß benetzt wird.

Sparen wollen am falschen Platz bedeutet es, schadhaft gewordene Elektrogeräte, Schalter, Leitungen usw. nicht vom Fachmann reparieren zu lassen, desgleichen mit der fachgerechten Erneuerung abgenützter Kohlenbürsten am Motor des Staubsaugers, der Bodenbürste, des Ventilators usw. solange zu säumen, bis weitaus kostspieligere Schäden am Motor eingetreten sind.

Zu schwache oder nicht blendungsfreie Beleuchtung ist der größte Feind der Augen; Augenschäden, Kopfschmerzen, Unlustgefühle und nicht zuletzt schlechte Arbeitsergebnisse sind die Folgen. Doch nützt auch starke Beleuchtung dann nichts, wenn dort, wo Licht hinfallen soll, Schatten ist.

Zur Beratung in allen Fragen der Elektrizitätsanwendung stehen den Abnehmern der WStW-EW die zuständigen technischen Abnehmergruppen, 9, Mariannengasse 4, die Beratungsstelle, 6, Mariahilfer Straße 41–43, 1. Stock, sowie die Betriebsstellen in Baden, Klosterneuburg, Liesing, Mödling, Purkersdorf, Schwechat und Stammersdorf zur Verfügung.

Terminplan für die Ablesung und das Inkasso der Jahresabrechnung sowie der Teilbeträge

Bezirke	Ablesung 5. Teilbetrag	Jahresabrechnung 1. Teilbetrag	2. Teilbetrag	3. Teilbetrag	4. Teilbetrag
5, 6, 15	Jänner	März	Mai	September	November
2, 3	Februar	April	Juni	Oktober	Dezember
10, 11	März	Mai	September	November	Jänner
17, 18, 19	April	Juni	Oktober	Dezember	Februar
14, 16	Mai	September	November	Jänner	März
12, 13, 23	Juni	Oktober	Dezember	Februar	April
22, NÖ 1. Teil	September	November	Jänner	März	Mai
21, NÖ 2. Teil	Oktober	Dezember	Februar	April	Juni
1, 4, 7, 8	November	Jänner	März	Mai	September
9, 20	Dezember	Februar	April	Juni	Oktober

Tarife für Haushaltabnehmer

(Stand: 1. April 1983)

a) Tarife

Tarif I für Haushaltsstromverbrauch (H-Tarif)

Arbeitspreis		137,4 g/kWh
Jahresgrundpreis: für 1 Tarifraum	66,— S	(5,50 S/Monat)
für 2 Tarifräume	127,20 S	(10,60 S/Monat)
für 3 Tarifräume	255,60 S	(21,30 S/Monat)
für 4 Tarifräume	384,— S	(32,— S/Monat)
für 5 Tarifräume	512,40 S	(42,70 S/Monat)
für jeden weiteren Tarifraum	158,40 S	(13,20 S/Monat)
Jahresmeßpreis derzeit für den 2-Leiter-Zähler	96,— S	(8,— S/Monat)
3- oder 4-Leiter-Zähler	300,— S	(25,— S/Monat)

Als Tarifraum gilt unabhängig davon, ob in dem betreffenden Raum eine Elektroinstallation vorhanden ist oder nicht:
a) jeder bewohnbare Raum über 8,8 m^2 Grundfläche,
b) eine Grundfläche von je angefangenen weiteren 30 m^2 in einem Raum mit mehr als 30 m^2.

Tarif IV – Kleinstabnehmer-Tarif (K-Tarif)

Arbeitspreis		513,– g/kWh
Jahresmeßpreis derzeit für den 2-Leiter-Zähler	96,— S	(8,— S/Monat)
3- oder 4-Leiter-Zähler	300,— S	(25,— S/Monat)

Tarif V – Tarif für elektrische Raumheizung (R-Tarif)

1. Für elektrische Direktheizung		
Arbeitspreis		137,4 g/kWh
Jahresgrundpreis je angefangene 0,5 kW des Anschlußwertes	100,80 S	(8,40 S/Monat)
2. Für Speicherheizgeräte		
Arbeitspreis		85,7 g/kWh
Jahresgrundpreis je angefangene 0,5 kW des Anschlußwertes	21,60 S	(1,80 S/Monat)
Jahresmeßpreis derzeit für den 2-Leiter-Zähler	96,— S	(8,— S/Monat)
3- oder 4-Leiter-Zähler	300,— S	(25,— S/Monat)
Steuergerät (bzw. Schaltbefehl)	156,— S	(13,— S/Monat)
3. Versuchstarif für Wärmepumpen		
Arbeitspreis		137,4 g/kWh
Jahresgrundpreis je angefangene 0,5 kW des Anschlußwertes (bis 2,5 kW grundpreisfrei)	100,80 S	(8,40 S/Monat)

Tarif VI – Versuchstarif Heißwasserspeicher in Verbindung mit Sonnenkollektoren und/oder Wärmepumpen zur Brauchwasserbereitung

Arbeitspreis		137,4 g/kWh
Jahresgrundpreis je angefangene 0,5 kW des Anschlußwertes (bis 2,5 kW grundpreisfrei)	100,80 S	(8,40 S/Monat)

Tarif VII – Schwachlasttarif/Nachtstromtarif (S/N-Tarif)

Arbeitspreis		85,7 g/kWh
Jahresmeßpreis derzeit für den 2-Leiter-Zähler	96,— S	(8,— S/Monat)
3- oder 4-Leiter-Zähler	300,— S	(25,— S/Monat)
Steuergerät (bzw. Schaltbefehl)	156,— S	(13,— S/Monat)

b) Schwimmbeckenheizungen, Dachrinnenheizungen u. ä.

Zusätzlicher Jahresgrundpreis je angefangene 0,5 kW des Anschlußwertes	344,40 S	(28,70 S/Monat)

c) Grundpreisfreistellung

Es erfolgt eine Grundpreisfreistellung für die unter Tarif V/1 und b) genannten Stromverbrauchseinrichtungen, wenn eine Sperrschalteinrichtung (z. B. TFR-Empfänger) eingebaut wird.

Jahresmeßpreis hiefür	156,— S	(13,— S/Monat)

d) Kosten für bestimmte Nebenleistungen

Mahnung oder Wiedervorlage von Rechnungen inkl. Porto	24,78 S
Wiederinbetriebsetzung stillgelegter Anlagen	125,66 S
Neuerliche Anlagenüberprüfung nach Mängeln	125,66 S
Prüfung erweiterter oder abgeänderter Anlagen	125,66 S
Änderung von Meßeinrichtungen	125,66 S
Für jede Aus- oder Einschaltung	62,83 S
Zwischenablesungen oder Plombierungen	62,83 S
Ein- oder Ausschaltung von Saisonanlagen	62,83 S
Für Abnehmerummeldungen	62,83 S

Zu allen Preisen kommt bei den Abrechnungen noch die Umsatzsteuer gemäß Bundesgesetz 1972, BGBl. Nr. 223, in der geltenden Fassung hinzu.

Verbrauch elektrischer Haushaltsgeräte

Geräte	Anschlußwert in Watt	Benützungsdauer in Stunden für den Verbrauch einer kWh
Glühlampen	25	40
	40	25
	60	16½
	100	10
Rasierapparat	6	167
Ventilator	20	50
Heizmatte	40	25
Heizkissen	60	16½
Radioapparat (Transistor)	20	50
Kaffeemühle	80	12½
Handrührgerät	120	8½
Fernsehapparat	140	7
Bodenbürste	350	2¾
Brotröster	450	2¼
Haartrockner	450	2¼
Staubsauger	500	2
Rührgerät	500	2
Tauchsieder	700	1¼
Heizgerät	1000	1
Einzelkochplatte	1200	¾
Doppelkochplatte	2000	½
Heizgerät	2000	½
Stereoanlage	60	16½

ferner wird verbraucht für:

10 l Heißwasser 85° C	1 kWh
Elektrokochen pro Person und Tag etwa	1 kWh
Kühlschrank pro Tag	0,6–2 kWh
4 kg Wäsche in einer Waschmaschine waschen etwa	3,5 kWh
Geschirrspülmaschine (10–12 Maßgedecke) 1 komplettes Spülprogramm etwa	2,5 kWh
4 kg Wäsche mit der Bügelmaschine bügeln etwa	1 kWh
1 kg Wäsche mit Thermostatbügeleisen bügeln	1 kWh

FEUERWEHR UND KATASTROPHENSCHUTZ WIEN

(MA 68)

Welche Hilfeleistungen der Feuerwehr der Stadt Wien sind unentgeltlich?

Die Feuerwehr leistet bei öffentlichen Notständen innerhalb Wiens im allgemeinen kostenlos Hilfe. Ein öffentlicher Notstand in diesem Sinne liegt dann vor, wenn dem einzelnen oder der Allgemeinheit augenblicklich schwerwiegende Gefahr für Leben, körperliche Sicherheit, Freiheit von Menschen oder für wertvolle Sachgüter drohen, die mit anderen zur Verfügung stehenden Mitteln nicht abgewendet werden können.

Solche öffentliche Notstände sind: Brände, drohende oder vermutete Brandgefahr, Ausströmen von Giftgasen, Entwicklung feuer- oder explosionsgefährlicher Dämpfe, Explosionen, Einsturz von Gebäuden, Gerüsten, Elementarereignisse, wie Hochwasser, Sturm, außergewöhnliche Niederschläge. In diesen Fällen – die Aufzählung ist selbstverständlich nicht vollständig – erfolgt die Hilfe der Feuerwehr kostenlos. Voraussetzung ist aber, daß die Feuerwehraktion nicht durch vorsätzliches oder grob fahrlässiges Verhalten verursacht wurde. Ein Beispiel für ein vorsätzlich schuldhaftes Verhalten ist Brandlegung, etwa zum Zweck des Versicherungsbetruges. Ein grob fahrlässiges Verhalten (sogenannte auffallende Sorglosigkeit) liegt z. B. dann vor, wenn ein Brand in einer gewerblichen Betriebsanlage verursacht wurde, weil rechtskräftige Betriebsbedingungen nicht beachtet wurden.

Bei Verkehrsunfällen leistet die Feuerwehr kostenlos Hilfe.

Versperrte Räume werden von der Feuerwehr kostenlos geöffnet, wenn dies zur Behebung eines feuer- oder explosionsgefährlichen oder sicherheitsgefährdenden Zustandes notwendig ist. Dies trifft z. B. zu, wenn in dem versperrten Raum ein Gasgerät, ein Petroleumofen in Betrieb, ein elektrisches Bügeleisen eingeschaltet, ein Kind oder eine hilfsbedürftige erwachsene Person eingeschlossen ist. Das Schließen offengelassener Wasserläufe in versperrten Räumen ist unter allen Umständen kostenersatzpflichtig.

Bei mißbräuchlichem Herbeirufen der Feuerwehr können dem Täter die Kosten der Ausrückung auferlegt werden. Der Tatbestand des mißbräuchlichen Herbeirufens der Feuerwehr ist außer bei Mystifikationen auch dann gegeben, wenn die Ausfahrt der Feuerwehr durch bewußt unrichtige Angaben zu dem Zweck bewirkt wird, eine nicht in den Wirkungskreis der Feuerwehr fallende oder gebührenpflichtige Leistung kostenlos zu erreichen.

Für dringende Hilfeleistungen, die nicht der Behebung eines öffentlichen Notstandes dienen, sowie für die Beistellung von Personal, Fahrzeugen, Geräten, Ausrüstungsgegenständen der Feuerwehr der Stadt Wien sind die festgesetzten Gebühren zu entrichten oder Kosten zu ersetzen. Dies gilt insbesondere für das Entfernen falsch geparkter Pkw und das Abschleppen solcher Fahrzeuge auf einen Lagerplatz der Stadt Wien. Aber auch Hilfeansuchen, die erkennen lassen, daß der Anforderer lediglich die Kosten für einen konzessionierten Gewerbetreibenden sparen möchte (z. B. loser Verputz, lose Rauchfangaufsätze), sind je nach Maßgabe der Erfordernisse zur Aufrechterhaltung der Schlagkraft bzw. der Dringlichkeit entweder kostenpflichtig oder werden überhaupt abgelehnt. Schriftliche Ansuchen um gebührenpflichtige Hilfeleistungen oder Beistellungen sind stempelpflichtig.

Wie verhält man sich bei einem Brand?

Das Verhalten bei Entstehung oder Entdeckung eines Brandes ist für das Ausmaß des Schadens von wesentlicher Bedeutung. Je früher die Feuerwehr mit der Brandbekämpfung einsetzen kann, umso geringer wird der Schaden sein. Jedermann, der einen Brand wahrnimmt, muß daher auf raschestem Wege die Feuerwehr verständigen (Tel. 122). In Objekten, die eine Brandmeldeanlage mit direkter Verbindung zur Feuerwehrzentrale besitzen, ist der Brandmelder zu betätigen. Nach erfolgter Verständigung der Feuerwehr sind die Löschkräfte in der Nähe des Brandobjektes – falls es sich um eine größere Betriebsanlage handelt, beim Einfahrtstor – zu erwarten und zur Brandstelle zu weisen.

Wenn – unabhängig von der sofortigen Verständigung der Feuerwehr – die Möglichkeit besteht, erste Löschversuche vorzunehmen, ist zu beachten, daß

1. Löschwasser nicht in Rauch und Flammen, sondern direkt auf die brennenden Gegenstände geschleudert werden soll;
2. zum Löschen brennender Flüssigkeiten kein Wasser, sondern feiner Sand oder ein für Flüssigkeitsbrände geeigneter Handfeuerlöscher (für Brandklasse B) zu verwenden ist;
3. leicht brennbare Gegenstände aus der Nähe des Brandes entfernt oder, wenn dies nicht möglich ist, mit Wasser bespritzt werden müssen.

Sind die ersten Löschversuche erfolglos, muß getrachtet werden, dem Feuer durch rasches Schließen von Türen und Fenstern die Luftzufuhr abzusperren.

Stiegenhäuser und Fluchtwege für Menschen sind vor Verqualmung durch Schließen der einmündenden Türen und Öffnen der Fenster ins Freie zu schützen.

Menschen, die infolge verqualmter Fluchtwege nicht mehr ins Freie gelangen können, sollen sich – die Türen hinter sich schließend – in die nächstgelegenen Räume begeben, dort die Fenster öffnen und sich der Feuerwehr durch Zuruf bemerkbar machen. Bei Nacht sind die Räume zu beleuchten.

Bei Wohnungsbränden sollen nach Möglichkeit in der über der brennenden Wohnung gelegenen Wohnung die Vorhänge vor den Fenstern abgenommen und leicht brennbare Gegenstände aus der Fensternähe entfernt werden, ebenso auf Balkonen.

Die Gefahr einer schlagartigen Brandausbreitung bei Zimmerbränden ist vor allem in neueren Wohnhausanlagen sehr gering. Es besteht somit in diesen Fällen keinerlei Grund zur Panik.

Abschließend soll noch erwähnt werden, daß die Tätigkeit der Löschmannschaft selbstverständlich nicht durch Neugierige behindert werden darf und die Anordnungen zur Freihaltung des erforderlichen Platzes beachtet werden müssen.

Was darf auf Dachböden gelagert werden?

Auf Dachböden dürfen leicht entzündliche, zündschlagfähige oder schwer löschbare Stoffe, insbesondere brennbare Flüssigkeiten, Brennstoffe, Reisig, Heu, Stroh, Seegras, brennbares Verpackungsmaterial oder brennbare Abfälle, nicht gelagert werden. Von diesem Verbot ist unter bestimmten Voraussetzungen die Lagerung von Erntegütern in landwirtschaftlichen Betrieben ausgenommen. Alle auf Dachböden gelagerten Gegenstände müssen leicht zugänglich sein, Rauchfänge und Dachbodenfenster müssen von jeder Lagerung frei bleiben.

Im Sinne dieser Vorschrift dürfen also in Dachböden Möbel, unter Ausschluß von Polstermöbeln, die mit Seegras, Afrik oder dgl. gefüllt sind, sowie Kisten, Koffer u. ä. gelagert werden, wenn sie in einer dem Bodenausmaß angemessenen Menge geordnet und übersichtlich untergebracht werden. In den Möbelstücken, Kisten und Koffern dürfen auch Schriften, Bücher, Kleider, Wäsche u. dgl. verwahrt werden.

Wie müssen Dachbodenabteile beschaffen sein?

Dachbodenabteile müssen so beschaffen sein, daß die in ihnen untergebrachten Gegenstände auch dann als zugänglich anzusehen sind, wenn die Abteile versperrt sind. Dies trifft dann zu, wenn

1. die Dachbodenabteile so angeordnet und bemessen sind, daß in allen allgemein zugänglichen Teilen des Dachbodens Verkehrswege von mindestens 1 m Breite freibleiben;
2. die Abteile durch Lattenwände mit möglichst großem Lattenabstand unter Ausschluß von Drahtgitter gebildet sind, wobei die Höhe der Lattenwände 2 m nicht überschreiten soll und an den Wänden Stacheldraht oder ähnliche Hindernisse unter keinen Umständen angebracht werden dürfen.

Überdies müssen Dachfenster und Rauchfänge außerhalb der Abteile bleiben und dürfen die Dachbodenabteile nicht an Rauchfängen anliegen.

Das Herstellen von Dachbodenabteilen bedarf der Zustimmung des Hauseigentümers und muß vor Inangriffnahme der Arbeit der zuständigen Baubehörde angezeigt werden.

Wie vermeidet man Brände durch elektrische Anlagen?

Alle Arbeiten an elektrischen Anlagen und Geräten dürfen nur von einem Elektrofachmann ausgeführt werden.

Zur Vermeidung von Feuer und sonstigen Gefahren sind die elektrischen Anlagen in ordnungsgemäßem Zustand zu erhalten. Es empfiehlt sich, die Anlagen in regelmäßigen Zeiträumen durch einen Sachverständigen überprüfen zu lassen. Festgestellte Mängel sind durch einen Elektrofachmann beseitigen zu lassen.

Das Verwenden geflickter oder überbrückter Sicherungen ist verboten. Sicherungen in richtig bemessener Stärke sind stets erreichbar und in genügender Zahl vorrätig zu halten. Löst eine Sicherung, z. B. ein Selbstschalter, wiederholt aus, so ist ein Elektrofachmann zuzuziehen und zunächst der Fehler zu beheben. Besonders wichtig ist die Kennzeichnung der einzelnen Stromkreise, damit im Fehlerfall bzw. im Brandfall die betroffenen Räume oder Gebäude rasch spannungslos gemacht werden können.

Werden an elektrischen Anlagen ungewöhnliche Erscheinungen, wie z. B. Lichtbögen, Funken, brenzlicher Geruch, auffallende Geräusche, festgestellt, so sind die elektrischen Anlagen sofort abzuschalten. Ein Elektrofachmann ist beizuziehen, der den Mangel beseitigt. Erst dann darf die Anlage wieder unter Spannung gesetzt werden.

Alle ortsveränderlichen Geräte, insbesondere Elektrowärmegeräte, wie z. B. Bügeleisen, Heizkissen, Elektrokocher, Tauchsieder, Heizgeräte, sind so aufzustellen und zu betreiben, daß sie keinen Brand verursachen können. Sie sind nach Gebrauch vom Netz zu trennen. Sind elektrische Heizgeräte längere Zeit nicht betrieben worden, so sind sie vor ihrer Inbetriebnahme gründlich von Staubablagerungen zu reinigen.

Bewegliche Leitungen für ortsveränderliche Elektrogeräte sind besonders pfleglich zu behandeln, bei Benützung so zu verlegen und nach Gebrauch so aufzubewahren, daß sie nicht geknickt oder verletzt werden. Sie sind zu schützen, z. B. vor Betreten, besonders jedoch vor Überfahren. Beschädigte bewegliche Leitungen, vor allem Anschluß- und Einführungsstellen, dürfen nicht weiter benützt werden. Insbesondere ist bei mehrtägiger Abwesenheit (Urlaub) zu empfehlen: Fernsehapparate, Kühlschränke, Barbeleuchtungen sowie überhaupt sämtliche E-Geräte vom Netz trennen bzw. die betreffenden Sicherungen abheben.

Was muß beachtet werden, wenn Gegenstände offen verbrannt werden sollen?

Das offene Verbrennen von Gegenständen oder Stoffen mit erheblicher Entwicklung von Flammen oder Rauch ist nur mit behördlicher Bewilligung (Ansuchen bei der MA 36) zulässig.

Sollte eine Bewilligung zum offenen Verbrennen aufgrund besonders günstiger örtlicher Gegebenheiten erteilt werden, ist sie an die Einhaltung nachstehender Auflagen gebunden:

1. Das Verwenden brennbarer Flüssigkeiten zum Anfachen von Feuer ist verboten;
2. das Feuer muß in sicherer Entfernung von Baulichkeiten sowie brennbaren Lagerungen angelegt und ständig durch eine erwachsene, dazu befähigte Person überwacht werden;
3. das offene Verbrennen von Gegenständen darf nicht bei starkem Wind vorgenommen werden;
4. bei Auftreten eines die Umgebung gefährdenden Funkenfluges ist das Feuer sofort zu löschen;
5. nach dem Verbrennen sind alle glimmenden Reste abzulöschen. Hiefür sind vor dem Anlegen des Feuers entsprechende Vorkehrungen zu treffen, insbesondere Löschmittel bereitzustellen;
6. das Verbrennen darf nur in Teilmengen erfolgen;
7. der Zeitpunkt des Verbrennens ist zeitgerecht der MA 68 (Tel. 63 66 71) anzuzeigen.

Keiner Bewilligung bedarf das Verbrennen pflanzlicher Abfälle in geringen Mengen (max. ½ m^3) auf landwirtschaftlich oder gärtnerisch genutzten Flächen bei Tageslicht, wenn die nötigen Sicherungsvorkehrungen getroffen werden und für die Umgebung keine Gefährdung oder unzumutbare Belästigung entsteht. Das Absengen von Bodenflächen ist grundsätzlich verboten.

Was soll man über den Rauchfangkehrer wissen?

Das Reinigen der Rauchfänge von den Ablagerungen Ruß, Pech, Asche u. dgl. darf nur von befugten Rauchfangkehrern besorgt werden. Am Kehrtag haben die Wohnparteien im Haus anwesend zu sein und dem Rauchfangkehrer Zutritt in die Wohnungen zu gestatten, damit er die Ablagerungen bei den Putztürchen entnehmen kann.

Das Wegtragen der entfernten Ablagerungen aus den einzelnen Wohnungen oder Geschäftslokalen ist nicht Pflicht des Rauchfangkehrers, sondern obliegt den Mietern, das Wegschaffen der Ablagerungen aus allen übrigen Räumen des Hauses dem Hauseigentümer, der auch dafür zu sorgen hat, daß die Ablagerungen bis zu ihrer Abfuhr gefahrlos verwahrt werden.

Das Reinigen der eisernen Öfen und kleinen verschiebbaren Herde sowie der Kachelöfen kann der Wohnungsmieter selbst ausführen oder ausführen lassen.

Der Hauseigentümer sowie die Mieter haben dafür zu sorgen, daß dem Rauchfangkehrer an den verlautbarten Kehrtagen (Anschlag im Haus) wie auch anläßlich der jährlichen Überprüfung sämtliche Kehrgegenstände und Rauchfangputztürchen leicht und gefahrlos zugänglich sind und daß die Kehrung sowie die Entnahme der Ablagerungen ungehindert vorgenommen werden können. Die Rauchfangputztürchen dürfen (z. B. durch Möbel) nicht verstellt werden.

Kann die Kehrung an den verlautbarten Kehrtagen durch Verschulden des Hauseigentümers oder einer Mietpartei nicht vorgenommen werden, so hat der Schuldtragende die Kehrung unverzüglich auf seine Kosten zu veranlassen.

Werden Feuerungsanlagen oder Teile davon wenig benützt oder beansprucht, können auf Ansuchen des Hauseigentümers oder des Benützers für diese Anlagen oder Teile hievon mit Bescheid Ausnahmen von den gesetzlichen Überprüfungs- und Reinigungsfristen gestattet werden.

Feuerungsanlagen, bei denen keine Feuerstätte an die Rauchgas- bzw. Abgasanlage angeschlossen ist, deren Anschlußstellen sicher verschlossen und die nachweislich unbenützt sind, unterliegen nicht der Überprüfungs- und Reinigungspflicht.

Die Tatsache der Nichtbenützung ist dem für das Haus bestellten Rauchfangkehrer bekanntzugeben und von diesem und dem Benützer unter Beisetzung des Datums schriftlich zu bestätigen. Ohne diese Bestätigung gilt die Feuerungsanlage weiterhin als benützt. Vor Wiederbenützung der Feuerungsanlage ist über die Rauch- bzw. Abgasanlage vom Rauchfangkehrer ein positiver Befund zu erwirken.

Vor der Herstellung neuer Einmündungen in Rauch- oder Abgasfängen, der Änderung der Brennstoffart oder einer wesentlichen Änderung der Heizleistung der angeschlossenen Feuerstätte ist unbeschadet erforderlicher Bewilligungen nach anderen gesetzlichen Bestimmungen vom bestellten Rauchfangkehrer ein positiver Befund einzuholen.

Was hat bei der Aufstellung eines Ofens zu geschehen?

Derjenige, der eine neue Einmündung in einen Rauchfang oder in eine ähnliche Abgasleitung einer Feuerstätte herstellen will, hat dem für das Haus bestellten Rauchfangkehrer vorher davon Mitteilung zu machen.

Was ist bei der Aufstellung eines Ölofens zu beachten?

Vor Aufstellung eines Ölofens ist unbedingt der zuständige Rauchfangkehrer zu Rate zu ziehen (es muß die Eignung des Rauchfanges festgestellt werden). Die Aufstellung sollte nach Möglichkeit nur von einem Fachkundigen vorgenommen werden. Zumindest wäre nach den Richtlinien der Österreichischen Brandverhütungsstellen – Merkblatt BV/106 – Zentralstelle für Brandverhütung, 3, Schwarzenbergplatz 7/4, vorzugehen.

Ohne Genehmigung dürfen Ölöfen für Einzelheizung nur dann verwendet werden, wenn sie in allen Teilen nach den Erfahrungen der technischen Wissenschaft hergestellt sind, d. h. mit einem Geräteschild mit dem Namen des Herstellers, der Typenbezeichnung, der Fabriksnummer, der Nennleistung in kcal/h (kW), einem Brenner, der sich gefahrlos zünden und leicht reinigen läßt, einer Regeleinrichtung, einer Überlaufsicherung, einem Zugbegrenzer sowie einer Tropftasse unterhalb der ölführenden Teile des Ölofens versehen sind. Zur Inbetriebsetzung dürfen nur die von der Erzeugerfirma angegebenen Heizölsorten sowie die in der Betriebsanleitung angeführten Zündmittel verwendet werden. Die Benützung von Spiritus, Benzin, Benzol u. dgl. ist höchst gefährlich und streng verboten! Bei Betriebsunterbrechung darf erst nach Abkühlen wieder gezündet werden.

In Wohnungen dürfen in freistehenden Behältern höchstens 300 l oder in Kanistern 60 l Heizöl gelagert werden, wenn ein Ausfließen und Überlaufen in andere Bestandsobjekte oder Wohnungen wirksam verhindert wird.

Behälter mit einem Inhalt bis 300 l sind in einem waagrechten Abstand von mindestens 2 m von der Feuerstätte unterzubringen und gegen gefahrbringende Erwärmung entsprechend zu sichern.

Der Seitenabstand kann bis auf 1 m verringert werden, wenn gegen Strahlungswärme eine Dämmwand aus nicht brennbaren Baustoffen zwischen Wärmeerzeugern bzw. ihren Rauchrohren und den Behältern errichtet wird.

Empfohlen wird, vor Anschaffung eines Ölofens den zu seinem Anschluß vorgesehenen Rauchfang vom zuständigen Rauchfangkehrermeister auf seinen baulichen Zustand und seine Eignung zum Ölofenanschluß, Ölheizgeräte vor jeder Heizperiode durch einen Fachkundigen, überprüfen zu lassen.

Außerdem empfiehlt es sich, bei der Verwendung von Ölheizgeräten einen Pulverlöscher, geeignet für die Brandklasse B mit einem Mindestfüllgewicht von 6 kg (P 6), in der Wohnung bereitzuhalten.

Wie heizt man richtig?

Ofen und Rauchfanganlage bilden eine Einheit. Auch der modernste Ofen kann nicht gut funktionieren, wenn er an einen baulich mangelhaften, versotteten (nasses Mauerwerk) oder für diesen Ofen ungeeigneten Rauchfang angeschlossen ist. Deshalb ist vor dem Aufstellen eines neuen Ofens der Rauchfangkehrer zu fragen, ob der vorhandene Rauchfang zum Anschluß geeignet ist.

Auch später, während der Heizperiode, ist auf die richtige Funktion des Rauchfanges zu achten. Damit der richtige Zug entsteht und aufrechterhalten wird, ist zu beachten:

1. Den Ofen nur mit dem Brennmaterial heizen, für das er vorgesehen ist;
2. bei der Bedienung nach der Heizanleitung des Ofenherstellers vorgehen;
3. zu Beginn der Heizperiode vorerst wenig Brennmaterial auf einmal, dafür aber ungedrosselt brennen lassen. Dadurch wird das Mauerwerk des Rauchfanges erwärmt und der richtige „Auftrieb" hergestellt;
4. Brennmaterialien nicht mischen! Jeder Brennstoff braucht eine andere Luftmenge, um einwandfrei abzubrennen. Daher bei festen Brennstoffen im Dauerbrand: entweder nur Holz, nur Kohlen, nur Briketts oder nur Koks!
5. die Wohnung nicht völlig gegen Zugluft abdichten; der Ofen braucht Verbrennungsluft;
6. mit dem Brennmaterial (auch flüssigem oder Gas) nicht zu sehr sparen, der Rauchfang funktioniert so besser. Zu frühes Drosseln lohnt nicht, weil der Rauchfang darunter leidet und dann – früher oder später – kostspielig repariert werden muß;
7. am Anfang und am Ende der Heizperiode starkes Drosseln überhaupt meiden – es besteht Lebensgefahr durch eindringende Rauchgase!

Weitere Auskünfte erteilt das Referat für Feuerstätten und Rauchfänge, 1, Am Hof 9, Tel. 63 66 71*, 299, an jedem Dienstag.

Was hat bei Rauchgasbeschwerden zu geschehen?

Der zuständige Rauchfangkehrer ist sofort zu benachrichtigen. Ist dieser nicht erreichbar oder muß Vergiftungsgefahr befürchtet werden, ist die Feuerwehr der Stadt Wien (Tel. 122) zu verständigen.

Bei Stadtgasgeruch (Vergiftungsgefahr) sind die Wiener Stadtwerke – Gaswerke (Tel. 43 09*, 113–119) oder die Feuerwehr sogleich zu benachrichtigen.

FÖRDERUNGSAKTIONEN DER STADT WIEN

(MA 5, 50)

Wiener Strukturverbesserungsaktion

Maßnahmen, die sehr entscheidenden Einfluß auf die Investitionstätigkeit in Wien genommen haben, waren die seinerzeitige Industrieansiedlungsaktion und die Großhandelsaktion. Diese Aktionen, die ursprünglich Zinsenzuschußaktionen darstellten, waren im Jahr 1975 auf die Gewährung einmaliger Baukostenzuschüsse umgestellt worden. Die Stadt Wien hat diese beiden Aktionen Ende 1976 zur „Wiener Strukturverbesserungsaktion" zusammengefaßt und folgende Schwerpunkte gesetzt:

Schaffung neuer Arbeitsplätze, Rationalisierung ohne Verringerung der Zahl der qualifizierten Arbeitsplätze oder Sicherung bestehender Arbeitsplätze, Schaffung von Forschungs- und Entwicklungseinrichtungen, Verbesserung der Umweltsituation am alten Betriebsstandort oder Berücksichtigung sonstiger wesentlicher öffentlicher Interessen, insbesondere der Freimachung von Betriebsflächen am alten Standort für Zwecke kommunaler Versorgungseinrichtungen.

Die Baukostenzuschüsse betragen für die Errichtung neuer Betriebsobjekte an einem neuen Standort für Produktions- und Forschungszwecke 10%, für Großhandelszwecke 7%, an einem bestehenden Standort bzw. für den Ankauf und die Adaptierung von Altobjekten für Produktions- und Forschungszwecke 7%, für Großhandelszwecke 5% der Bemessungsgrundlage.

An Eigenmitteln fordert die Stadt Wien bei neuen Betriebsobjekten für Produktions- und Forschungszwecke mindestens 20%, bei den übrigen Vorhaben mindestens 30% der förderbaren Baukosten. Der Rest kann anderweitig finanziert werden. Die Antragstellung beim Wiener Wirtschaftsförderungsfonds muß unbedingt **vor** Baubeginn erfolgen.

Gemeinsame Kreditaktion für die Wiener Klein- und Mittelbetriebe

Diese Aktion wird unter Beteiligung des Bundesministeriums für Handel, Gewerbe und Industrie, der Kammer der gewerblichen Wirtschaft für Wien und der Stadt Wien durchgeführt. Der Bund, die Kammer und die Stadt Wien stellen je ein Drittel der erforderlichen Kreditmittel zur Verfügung. Die Kredithöhe beträgt maximal 50.000 S, die Verzinsung 4%. Die Kredite werden für Investitionen oder für Betriebsmittelverstärkung gewährt.

Wiener Kleinbetriebezuschußaktion für Neugründungen und Modernisierungen (Kleinbetriebezuschußaktion)

Diese Aktion der Stadt Wien ermöglicht direkte Barzuschüsse zu Investitionen von Kleinunternehmungen. Kleinbetriebe im Sinne dieser Aktion sind solche, deren Umsatz 14 Mio S pro Jahr, die Bilanzsumme 4 Mio S bzw. die Beschäftigtenzahl 40 nicht überschreitet. (Die Überschreitung e i n e s dieser drei Grenzwerte wird toleriert.)

Durch die Schaffung einer Positivliste – die hier aus Platzgründen nicht abgedruckt, aber beim Kreditverein der Zentralsparkasse, Wien, oder bei anderen Kreditinstituten eingesehen werden kann –, in der alle förderbaren Branchen konkret angeführt sind, wird eine Konzentration der Förderung erreicht.

Die Förderung ist mehrstufig aufgebaut, wobei neben einer allgemeinen Investitionsförderung, die sich auf 10% der für die Bemessung maßgeblichen Investitionskosten (d. s. maximal 2 Mio S) beläuft, bei Neugründungen eines Betriebes, sofern der Betrieb nicht durch die gemeinsame Existenzgründungsaktion gefördert wird, zusätzlich eine Neugründungsförderung in der Höhe von 5% der Investitionskosten gewährt werden kann. Neben diesen beiden Förderungen können im Rahmen der Schwerpunktförderung Nahversorgung zusätzliche Prämien in der Höhe von 3% bzw. 5% oder 10% der geförderten Investitionskosten in Anspruch genommen werden.

Gemeinsame Existenzgründungsaktion (Bürges und Stadt Wien)

Gefördert werden Neugründungen sowie Betriebsübernahmen von Klein- und Mittelbetrieben der gewerblichen Wirtschaft durch österreichische Staatsbürger, die das 45. Lebensjahr noch nicht vollendet haben und bis zur Gründung oder Übernahme des Gewerbebetriebes nicht selbständig tätig waren.

Die Förderung der Investitionen und Kosten für die Übernahme von Räumlichkeiten und Maschinen (bis insgesamt maximal 4 Mio S) erfolgt durch Gewährung einmaliger, nicht rückzahlbarer Zuschüsse in der Höhe von 15% des vom Förderungswerber für die Realisierung seines Vorhabens aufgenommenen Bankkredites oder – bei Vorhaben, die ohne Aufnahme eines Bankkredites finanziert werden – von 15% der nachgewiesenen Kosten. Die Kreditkosten für den Bankkredit dürfen derzeit 11% nicht übersteigen.

Darüber hinaus besteht noch die Möglichkeit einer Bürgschaftsübernahme für den Bankkredit durch die Bürges bzw. die Wiener Kreditbürgschaftsgesellschaft.

Aktion zur Förderung von wassersparenden Investitionen

Physische oder juristische Personen, die eine aufrechte Gewerbeberechtigung in Wien ausüben, können im Rahmen dieser Aktion in den Jahren 1982 bis 1984 eine Förderung für Investitionen, die entweder den Wasserbedarf oder den Abwasseranfall senken, erlangen. Die Förderung besteht in einer Investitionsprämie in der Höhe von 30% der förderbaren Investitionen, wobei die Prämie mit 1 Mio S pro Betrieb limitiert ist. Für das Jahr 1985 sind punktuelle Förderungsmaßnahmen in besonderen Problemfällen vorgesehen.

Die Antragstellung beim Wiener Wirtschaftsförderungsfonds muß unbedingt **vor** Inangriffnahme der Durchführung der Investitionen erfolgen.

Aktion Baurechtsgründe

Zur Förderung von kleinen und mittleren Betrieben unterhält die Stadt Wien eine Aktion, in deren Rahmen Liegenschaften im Baurecht zu günstigen Konditionen zur Verfügung gestellt werden und die zu einem für den Betrieb günstigen Zeitpunkt von diesem erworben werden können. Im Rahmen dieser Aktion werden voll aufgeschlossene Liegenschaften nach Beratung im Wirtschaftsbeirat für Wien den aus gesamtwirtschaftlicher Sicht am meisten förderungswürdigen Betrieben zur Verfügung gestellt. Die Gewährung der Vergünstigungen ist von der korrekten Durchführung des Investitionsvorhabens und der Einhaltung der Vertragsbestimmungen abhängig.

Die Ermäßigung kann beim Bauzins bis zu 90%, beim Kaufpreis bis zu 60% betragen.

Refundierung von Anliegerleistungen

Diese Aktion, in deren Rahmen Unternehmen der gewerblichen Wirtschaft, die aus Anlaß von Betriebsneuansiedlungen oder Betriebsverlagerungen in Wien Betriebsobjekte für Produktions- und Forschungszwecke mit einem Investitionsvolumen von mindestens 2,5 Mio S errichten, gefördert werden können, ist als Ausgleich für jene Unternehmungen gedacht, die durch eine ungünstige Form oder Situierung des Grundstückes besonders betroffen sind. Bei der Berechnung der Höhe des Betrages, der im Rahmen der Aktion refundiert wird, wird von einer „Normbelastung" je m^2 Grundfläche ausgegangen. Bis zu der durch die Normbelastung festgelegten Grenze sind die Anliegerleistungen (Anliegerbeitrag, Gehsteigherstellung und Kanaleinmündungsgebühr) als zumutbar zu bezeichnen; der die Normbelastung überschreitende Teil der jeweiligen Gebühr kann refundiert werden.

Sonderprogramm zur Förderung zusätzlicher Lehrstellen in Wien

Die Stadt Wien, das Landesarbeitsamt Wien, die Kammer der gewerblichen Wirtschaft für Wien und die Kammer für Arbeiter und Angestellte für Wien haben ein gemeinsames Sonderprogramm zur Förderung zusätzlicher Lehrstellen in Wien für die Jahre 1982 bis 1984 ausgearbeitet.

Im Rahmen dieses Sonderprogrammes werden an Wiener Betriebe für die Einrichtung zusätzlicher Lehrstellen für Jugendliche im ersten Lehrjahr Beihilfen in der Höhe von 1.000 S monatlich pro Lehrling gewährt, wobei pro Betrieb maximal zehn Lehrstellen in einem Ausbildungsjahr gefördert werden.

Mit der Abwicklung dieser Aktion wurde der Wiener Wirtschaftsförderungsfonds beauftragt.

Wiener Fremdenverkehrskreditaktion 1970

Die Stadt Wien und die Kammer der gewerblichen Wirtschaft für Wien haben gemeinsam diese Kreditaktion zur Leistungssteigerung, Modernisierung und Rationalisierung von Wiener Beherbergungsbetrieben, Heilbade- und Kuranstalten sowie Privatbädern geschaffen. Derartige Kredite können bei der Zentralsparkasse und Kommerzialbank, Wien, und der Ersten österreichischen Spar-Casse angesprochen werden. Die Stadt Wien und die Kammer Wien gewähren zu den Sparkassenkrediten Zinsenzuschüsse von insgesamt 3,5% p. a., 30% des gesamten Investitionsvorhabens müssen durch Eigenmittel finanziert werden. Die maximale Kredithöhe beträgt 3,5 Mio S, die Laufzeit höchstens zehn Jahre.

Aktion zur Förderung von betrieblichen Infrastrukturinvestitionen von Wiener Beherbergungsbetrieben (Hotelmodernisierungsaktion)

Die Stadt Wien gewährt im Interesse der Verbesserung der Ausstattung sowie zur Erhöhung der Sicherheit der Wiener Beherbergungsbetriebe einmalige Investitionszuschüsse. Beim Neubau eines Beherbergungsbetriebes muß es sich um einen Betrieb der Kategorie B mit mindestens 150 Betten handeln. Für bestehende Beherbergungsbetriebe werden einmalige nicht rückzuerstattende Investitionszuschüsse, und zwar für die Installation von Abwassersträngen 40% dieser Investition, maximal jedoch 600 S/Bett, Verstärkung von Steigleitungen für Gas, Wasser und Heizung 40% dieser Investition, maximal 300 S/Bett, Verstärkung von Stromleitungen 40% dieser Investition, maximal 120 S/Bett, Herstellung von Aufzügen 25% dieser Investition, maximal 4.500 S/Bett, Errichtung eines Fernschreibers 20% dieser Investition, maximal 1.000 S/Bett und Installation einer neuen Telefonanlage 15% dieser Investition, maximal 1.500 S/Bett gewährt. Der Gesamtzuschuß für Modernisierungsinvestitionen ist pro Betrieb mit 1 Mio S limitiert. Für die Durchführung von Brandschutzinvestitionen (z. B. feuerhemmende Türen, Wand- und Bodenbeläge, Brandmauern, Fluchtleitern, Sprinkleranlagen, Brandmeldeanlagen usw.) werden Investitionszuschüsse in Höhe von 35% dieser Investitionen, maximal jedoch 500.000 S pro Betrieb gewährt. Für die Errichtung von Beherbergungsbetrieben gewährt die Stadt Wien einen einmaligen nicht rückzuerstattenden Baukostenzuschuß im Ausmaß von 7% der förderbaren Baukosten, maximal jedoch 5 Mio S pro Vorhaben bzw. 23.000 S/Bett. Der Förderungsantrag ist mit den erforderlichen Unterlagen beim Wiener Wirtschaftsförderungsfonds einzureichen.

Ärztekreditaktion

Um die ausreichende Versorgung der Wiener Bevölkerung durch praktische Ärzte sicherzustellen, wird die erstmalige Niederlassung von praktischen Ärzten unter Berücksichtigung des örtlichen Bedarfes in Form zinsgünstiger Kredite bis zu einer maximalen Höhe von 300.000 S, welche bei der Zentralsparkasse und Kommerzialbank, Wien, der Ersten österreichischen Spar-Casse, der Creditanstalt-Bankverein, der Österreichischen Länderbank und der Bank für Arbeit und Wirtschaft angesprochen werden können, gefördert. Die Verzinsung dieser Kredite beträgt 4% p. a., die Laufzeit zehn Jahre (davon zwei Jahre rückzahlungsfrei). Der Abschluß eines Vertrages mit der Wiener Gebietskrankenkasse ist u. a. eine wesentliche Voraussetzung für die Gewährung eines solchen Kredites.

Kreditaktion zur Renovierung und Modernisierung von Wiener Kinos

Im Rahmen dieser Aktion werden Kredite von maximal 1 Mio S zu derzeit 12% und einer fünfjährigen Laufzeit gewährt. Der Gesamtrahmen beträgt 50 Mio S. Die Stadt Wien haftet bis zur Höhe dieses Betrages und verzichtet auf die Vergnügungssteuer für einen Teil der Kinoeinnahmen, um die Rückzahlung der Kredite zu erleichtern.

Wiener Garagenförderungsaktion

Im Rahmen dieser Aktion wird die Errichtung von Garagen für die Wohnbevölkerung im dichtverbauten Stadtgebiet und von gewerblichen Garagen im Einzugsbereich von Geschäftsstraßen durch die Gewährung von Darlehen der Stadt Wien zu Sonderkonditionen gefördert. Die Darlehenshöhe beträgt 30% der Projektkosten.

Anträge um Förderung im Rahmen der Wiener Garagenförderungsaktion sind an den Wiener Wirtschaftsförderungsfonds zu richten.

U-Bahn-Aktion

Es handelt sich bei dieser Aktion um eine gemeinsame Hilfsaktion der Stadt Wien und der Kammer der gewerblichen Wirtschaft für Wien für die durch den U-Bahn-Bau in ihrer Existenz bedrohten Gewerbebetriebe. Die Hilfsmaßnahmen umfassen:

1. Gewährung von Zinszuschüssen zu Bankkrediten;
2. Übernahme der teilweisen oder gänzlichen Bürgschaft für Kredite;
3. Gewährung von Bargeldzuwendungen, wenn der Betrieb noch während der Bauzeit und für immer eingestellt werden muß;
4. kostenlose Betriebsberatung.

Die Förderungshöhe beträgt mindestens 5.000 S und maximal 2 Mio S und wird in jedem Einzelfall gemeinsam von der Stadt Wien und der Kammer festgelegt.

Aktion „Einkauf in Wien"

Durch diese neue von der Stadt Wien gemeinsam mit der Wiener Handelskammer ins Leben gerufene Förderungsaktion soll die Position Wiens im Wettbewerb um die Kaufkraft gestärkt werden. Es soll ein weiterer Kaufkraftabfluß verhindert, bereits abgewanderte Kaufkraft zurückgewonnen und zusätzliche Kaufkraft an Wien gebunden werden.

Im Zusammenhang mit dieser Förderungsaktion wird auch ein Marketing-Management, vergleichbar mit dem Management eines Shopping-Centers, eingerichtet werden. Aufgabe dieses Marketing-Managements ist es, sowohl die Wien-weiten Aktivitäten und Aktionen im Detail durchzuplanen und deren Durchführung in die Wege zu leiten und zu überwachen als auch bei der Organisation und Durchführung örtlicher Marketing-Maßnahmen Hilfestellung zu geben.

Mit der Aktion „Einkauf in Wien" werden sowohl Aktivitäten von lokalen Kaufleutevereinigungen durch Zuschüsse als auch die vom Marketing-Management zu setzenden Vorhaben gefördert.

Die Abwicklung dieser Förderungsaktion erfolgt über den Wiener Wirtschaftsförderungsfonds (1, Ebendorferstraße 2, 2. Stock, Tel. 43 50*, 460).

Förderungsaktion zum Ausbau von Dachböden für Wohnzwecke

Zur Förderung des Ausbaues von Dachböden zwecks Schaffung von Wohnungen leistet die Stadt Wien unter bestimmten Voraussetzungen nicht rückzahlbare Baukostenzuschüsse. Außerdem kann die Stadt Wien für Kredite, die von Kreditinstituten oder anderen Unternehmen nach den in dieser Aktion festgelegten Bedingungen gewährt werden, die Haftung gemäß 1357 ABGB übernehmen.

Die Förderung stellt eine freiwillige Maßnahme der Stadt Wien dar. Ein Rechtsanspruch auf diese Förderung besteht nicht. Anträge um Förderung sind an die MA 50, 1, Doblhoffgasse 6, zu richten.

Zinsenfreie Darlehen zur Herstellung von Kanalanschlüssen

Im Rahmen dieser Aktion gewährt die Stadt Wien zur Vermeidung sozialer Härtefälle unverzinsliche Darlehen für die Herstellungskosten von baubehördlich vorgeschriebenen Kanalanschlüssen von Häusern mit mehreren Mietern und Eigenheimen an das öffentliche Kanalnetz.

Die Laufzeit beträgt in der Regel fünf Jahre.

Fonds zur Beratung und Betreuung von Zuwanderern nach Wien (Wiener Zuwanderer-Fonds)

Geschäftsstelle: 2, Schiffamtsgasse 14, Tel. 35 65 08*.

Bürozeiten: Montag bis Donnerstag von 7.30 bis 11.30 Uhr und von 12 bis 16 Uhr, Freitag von 7.30 bis 11.30 Uhr und von 12 bis 13.30 Uhr.

Informationszentrum: 10, Hofherrgasse 1, Tel. 64 21 51, 64 82 17.

Öffnungszeiten: Montag bis Donnerstag von 7.30 bis 16 Uhr, Freitag von 7.30 bis 13.30 Uhr.

Der Wiener Zuwanderer-Fonds wurde im Jahr 1972 gegründet. In ihm sind die Stadt Wien und die Sozialpartner vertreten. Ziel des Fonds ist es, die Zuwanderer aus dem In- und Ausland nach Wien zu fördern. Dies geschieht durch breit gestreute Information ebenso wie durch mehrfach gestaffelte Wohnraum-Beschaffungsprogramme.

In den österreichischen Bundesländern wird mit eigenen Publikationen für den Arbeitsmarkt und Lebensraum Wien geworben. Wohnplätze, Startwohnungen und Apartmenthäuser erleichtern den Österreichern aus den Bundesländern die Arbeitsaufnahme und die Integration in die Bundeshauptstadt.

Für ausländische Arbeitnehmer gibt es nicht nur eine Reihe von Beratungsstellen, sondern auch tägliche Hörfunksendungen und telefonische Nachrichtendienste in serbokroatischer und türkischer Sprache.

Der Wiener Zuwanderer-Fonds ist auch Medieninhaber des Pressedienstes „MIGRA".

FORSTWIRTSCHAFT, LANDWIRTSCHAFT, JAGD UND FISCHEREI, NATURSCHUTZ

(MA 22, 49, 58)

Welche Bedeutung hat der Wald für den Großstädter?

Die Pflege und Erhaltung des Waldes ist für die Landeskultur im allgemeinen und für die Großstadt im besonderen lebenswichtig. Der Wald bildet nicht nur ein Luftreservoir zur Erneuerung bzw. Verbesserung der durch den Staub und die Abgase der Großstadt verpesteten Luft, er dient auch als Ausflugsgebiet für die erholungsbedürftige Großstadtbevölkerung. Seine wasserrückhaltende Kraft verhindert weitgehend Überschwemmungen bei länger anhaltenden Niederschlägen; die Filterwirkung eines gesunden Waldbodens garantiert eine kontinuierliche Schüttung geringen Temperaturschwankungen unterworfenen und hygienisch einwandfreien Quellwassers. Gerade letzterer Umstand ist für die Stadt Wien von besonderer Bedeutung, kommt doch der größte Teil des weltbekannten Wiener Trinkwassers aus den stadteigenen Quellenschutzgebieten, zu denen auch im Wiener Bereich mit Wald bestockte Erholungsgebiete hinzukommen.

In Erkenntnis der Wohlfahrtswirkungen des Waldes führt die Stadt Wien auch innerhalb bereits verbauten Gebietes Neuaufforstungen (Laaer Berg) durch. Da sich der Großteil der Wälder Wiens im Landschaftsschutzgebiet

(Wald- und Wiesengürtel) befindet und zahlreiche Einzelnaturdenkmäler aufweist, finden auch unter diesem Gesichtspunkt Erhaltungsarbeiten statt.

Was ist zum Schutz des Waldes zu beachten?

Zum Schutz des Waldes gegen Übergriffe werden gemäß den forstrechtlichen Bestimmungen Forstschutzorgane bestellt, die von der Behörde als solche vereidigt sind und denen die Rechte und Pflichten von öffentlichen Wacheorganen zukommen. In Ausübung ihres Dienstes haben sie gesetzwidrige Handlungen gegen das Waldeigentum zu verhindern bzw. zur Anzeige zu bringen. Solche sind z. B. Anhacken, Anplätzen, Ringeln von Bäumen, Abhauen, Abschneiden von Wipfeln, Ästen und Zweigen, Ausgraben von Bäumen und Sträuchern, Abstellen von Fahrzeugen im Wald, Beschädigungen von Saaten und Kulturen, Ablagern von Mist und Unrat in den Wäldern, Anzünden von Feuern, Holzdiebstähle usw. Lediglich einzelne kleine Zweige dürfen ohne wesentliche Beschädigung der Pflanze abgerissen werden. Übertretungen der forstrechtlichen Bestimmungen können von der Verwaltungsbehörde je nach den Umständen mit Strafen bis zu 60.000 S oder Arrest bis zu vier Wochen belegt werden. Die Forstschutzorgane haben bei kleineren Übertretungen (Forstfrevel) die Befugnis, ähnlich wie die Polizei, Strafmandate zu erteilen. Die Forstschutzorgane dürfen in Ausübung ihres Dienstes gegebenenfalls auch von ihren Waffen Gebrauch machen und Gesetzesübertreter zum Zweck ihrer Vorführung vor die Behörde auch festnehmen. Im Landschaftsschutzgebiet sorgen auch Naturwachtorgane für die Einhaltung der gesetzlichen Bestimmungen.

Wie verhält man sich bei Waldbränden?

Grundsätzlich ist jedermann verpflichtet, ein im Wald oder in dessen Gefährdungsbereich unbeaufsichtigt oder verlassen angetroffenes Feuer oder auch ein Schadensfeuer nach Kräften zu löschen bzw. auf schnellstem Wege der Polizeidienststelle oder dem Gemeindeamt zu melden. Zur Löschung eines Waldbrandes ist jedermann verpflichtet.

Wer erteilt Auskünfte in Forstangelegenheiten?

Innerhalb der Landesgrenzen von Wien befinden sich 7.596 ha Wald, das sind 18,5% der Landesfläche.

Als Forstbehörden fungieren in Wien in der Bezirksverwaltungsinstanz die zuständigen magistratischen Bezirksämter, in deren Amtsbereich die Forste gelegen sind, in der Instanz des Landeshauptmannes ist die MA 58, 1, Volksgartenstraße 3, 2. Stock (Tel. 42 8 00*, 4212), als Forstbehörde zuständig. Die Wahrung aller Naturschutzbelange obliegt der MA 22, 1, Ebendorferstraße 4, 5. Stock (Tel. 42 8 00*, 2007, 2016 oder 2018).

Den Forstbehörden stehen als forstfachliche Organe die Bezirksforstinspektion und die Landesforstinspektion Wien zur Seite, die ihren Sitz im Amtsgebäude der MA 49, 1, Volksgartenstraße 3, Tel. 42 8 00*, 4118, haben. Diesen Dienststellen obliegt die staatliche Forstaufsicht über alle innerhalb des Bundeslandes Wien gelegenen Forste, wie z. B. Überprüfung der Zulässigkeit von Schlägerungen, Rodungen von Waldböden, Überwachung des Vollzuges der forstgesetzlichen Bestimmungen, Begutachtung von Wirtschaftsplänen, Anordnung und Überwachung von Maßnahmen zur Bekämpfung forstlicher, tierischer und pflanzlicher Schädlinge, forstfachliche Beratung der Waldbesitzer usw.

Die MA 49, 1, Volksgartenstraße 3, Tel. 42 8 00*, 4111, verwaltet den gesamten im Eigentum der Stadt Wien stehenden Forstbesitz, der ein Ausmaß von rund 40.000 ha umfaßt. Der MA 49 unterstehen im Wienerwaldbereich die städtische Forstverwaltung Lainz (13, Lainzer Tiergarten, Hermesvilla, Tel. 84 13 15), die Forstverwaltung Lobau (Groß-Enzersdorf, Elisabethstraße 17, Tel. 0 22 49/ 2353), ferner die Quellenschutzforste der 1. Wiener Hochquellenwasserleitung, und zwar die städtischen Forstverwaltungen Hirschwang, Naßwald und Stixenstein, Niederösterreich, schließlich im Bereich der 2. Wiener Hochquellenwasserleitung die städtische Forstverwaltung Wildalpen, Steiermark. Der Forstverwaltung Hirschwang ist ein modern eingerichtetes Sägewerk als forstlicher Nebenbetrieb angeschlossen, in welchem der Großteil der aus den Quellenschutzforsten der 1. Wiener Hochquellenwasserleitung anfallenden Rundhölzer eingeschnitten wird.

Die im Rahmen dieser Bewirtschaftung sich ergebenden Holzverkäufe (Schnittholz, Rundholz, Faserholz, Grubenholz, Brennholz usw.) größeren Umfangs werden zentral durch die MA 49 bearbeitet, der auch die Verwaltung der Jagd- und Fischereieigenreviere wie auch jene der Gemeindejagdgebiete und Fischereipachtreviere im Land Wien obliegt.

Landwirtschaftsbetrieb der Stadt Wien

Der Landwirtschaftsbetrieb der Stadt Wien blickt bereits auf eine recht bewegte Vergangenheit zurück.

Im Jahr 1919 gründete die Stadt Wien im Verein mit der damaligen amtlichen Übernahmsstelle für Vieh und Fleisch sowie der Habsburg-Lothringischen Vermögensverwaltung (später Kriegsgeschädigten-Fonds) die Land- und Forstwirtschaftliche Betriebsgesellschaft m. b. H., an welcher die drei genannten Gesellschafter zu je einem Drittel beteiligt waren. Im Jahr 1926 erwarb die Stadt Wien den Anteil der amtlichen Übernahmsstelle für Vieh und Fleisch zur Gänze und den des Kriegsgeschädigten-Fonds zum größeren Teil, so daß sie 90% der Anteile in ihrem Besitz vereinigte. Nach Auflösung des Kriegsgeschädigten-Fonds kaufte die Gemeinde Wien im Jahr 1941 vom Rechtsnachfolger des Ersteren, dem Deutschen Reich (Reichsdomänenverwaltung), die restlichen 10% der Anteile und wurde damit Alleininhaberin der Gesellschaft. Nach Ausscheiden der Forstverwaltung Lobau und des Nebenbetriebes Säge- und Sperrholzwerk Orth an der Donau entschloß sich die Gemeindeverwaltung im Jahr 1942, von der bisherigen Gesellschaftsform abzugehen und den nunmehr rein landwirtschaftlichen Betrieb in ein städtisches Unternehmen mit der Bezeichnung „Landwirtschaftsbetrieb der Stadt Wien“ umzuwandeln.

In dieser Form blieb es bis 30. November 1973, als der Gemeinderat das Unternehmen auflöste und es der MA 49 als Landwirtschaftsreferat angliederte. Von der Zentrale mit dem Sitz in 3, Vordere Zollamtsstraße 11 (Tel. 72 24 99, 73 22 87), wurden die stadteigenen Höfe Lobau, Laxenburg, Wallhof, Vösendorf, Lindenhof in Eggenburg sowie die Weingüter Cobenzl und Magdalenenhof, ferner die von der Republik Österreich, Bundesministerium für Land- und Forstwirtschaft, gepachteten ehemaligen Fondsgüter Eßling, Rutzendorf, Orth und Schloßhof und schließlich der gesamte Streubesitz der Stadt Wien, soweit er landwirtschaftlich nutzbar ist, verwaltet. Die reine landwirtschaftliche Nutzfläche betrug rund 3.000 ha.

Hatte das seinerzeitige Unternehmen, mit ca. 15.000 ha ungleich größer als heute, vor rund 60 Jahren in der Notzeit nach dem Ersten Weltkrieg vornehmlich die Aufgabe, zur Linderung des Lebensmittelmangels beizutragen, besteht diese heute in der Hauptsache darin, den landwirtschaftlichen Grundbesitz der Stadt sozusagen kostendeckend zu konservieren, um im Bedarfsfall der Stadt Gründe, für welchen Zweck auch immer, jederzeit zur Verfügung stellen zu können. Sollte sich, was nicht zu erwarten, immerhin aber denkbar ist, jemals wieder eine Versorgungskrise abzeichnen, würde auch die heutige Fläche noch ausreichen, städtische Anstalten mit Grundnahrungsmitteln eigener Erzeugung zu beliefern.

Im Februar 1979 wurde der Landwirtschaftsbetrieb eine selbständige Magistratsabteilung, die MA 47, und der Geschäftsgruppe Vermögensverwaltung, städtische Dienstleistungen, Konsumentenschutz zugeordnet. Das Aufgabengebiet erfuhr eine Erweiterung und umfaßt neben der Erzeugung landwirtschaftlicher Produkte die Verwaltung stadteigener landwirtschaftlicher Grundflächen, Landschaftspflege, Erholungsflächenbetreuung und Arbeit an einem Forschungsprojekt nach der biologischen Landbaumethode.

Um die Grünflächenmaßnahmen besser koordinieren zu können, wurde mit Beschluß des Gemeinderates vom 10. Juni 1983 die MA 47 wieder in die MA 49 eingegliedert.

Nach Ablauf des Pachtvertrages mit der Republik Österreich erfolgte mit 31. Dezember 1980 die Rückgabe der Domänen Rutzendorf, Orth und Schloßhof an das Bundesministerium für Land- und Forstwirtschaft, da eine Verlängerung des Pachtvertrages durch den Einspruch der Grundverkehrskommission versagt wurde. Somit reduziert sich die landwirtschaftliche Bewirtschaftungsfläche per 1. Jänner 1981 um 900 ha.

Wer darf in Wien jagen?

Jeder der im Besitz einer gültigen Wiener Jagdkarte ist und dem von einem Jagdpächter oder -eigentümer die Erlaubnis hiezu erteilt wurde, sofern er nicht selbst Jagdpächter oder Eigenjagdbesitzer ist.

Die Jahresjagdkarte erhält er über Ansuchen bei dem zuständigen magistratischen Bezirksamt.

Die Jahresjagdkarte gilt nur für das jeweilige Kalenderjahr.

Wie komme ich zu einer Jagdkarte?

Die Jahresjagdkarten für das ganze Gebiet der Stadt Wien werden von dem magistratischen Bezirksamt ausgestellt, in dessen Amtsgebiet der Antragsteller seinen Wohnsitz hat. Für Personen, die in Wien keinen Wohnsitz haben, ist das MBA 1/8 zuständig.

Voraussetzungen für die Ausstellung einer Jahresjagdkarte sind:

1. der Nachweis einer Jagdhaftpflichtversicherung und
2. der Nachweis der jagdlichen Eignung des Bewerbers.

Beide Nachweise werden durch eine entsprechende Bescheinigung des Wiener Landesjagdverbandes, 2, Taborstraße 39, erbracht. Für das Bundesland Niederösterreich werden Jagdkarten an in Wien wohnhafte Personen von der Bezirkshauptmannschaft Wien-Umgebung, 9, Alserbachstraße 41, ausgestellt.

Die Jagdgastkarten mit Gültigkeit für ein bestimmtes Jagdgebiet werden von den Jagdausübungsberechtigten für acht aufeinanderfolgende Tage an Personen ausgestellt, die eine gültige Jagdkarte, gleichgültig welchen Bundeslandes, besitzen. An Personen, die ihren ordentlichen Wohnsitz im Ausland haben, im Besitz einer gültigen ausländischen Jagdkarte oder einer Bescheinigung, die gleichartige Rechte vermittelt, sind und die eine ausreichende Haftpflichtversicherung abgeschlossen haben, kann ebenfalls eine Jagdgastkarte ausgegeben werden.

Was ist zum Schutz des Wildes zu beachten?

Jeder Hundehalter hat seinen Hund so zu halten, daß er dem Wildstand keinen Schaden zufügen kann. Erforderlichenfalls muß der Hund im oder beim Haus entsprechend verwahrt, außerhalb des Hauses an der Leine geführt werden. Alleinjagende Hunde können von jedem Jagdaufsichtsorgan und Jagdausübungsberechtigten in ihrem Wirkungsbereich erschossen werden. Jede Beunruhigung und Verfolgung von Wild, wie auch das Fangen und Aneignen von Wild (Wilddiebstahl!), sowie das Aufstellen von Fallen – ausgenommen durch den Jagdausübungsberechtigten im Rahmen der jagdgesetzlichen Bestimmungen – sind verboten.

Zur Überwachung der Einhaltung der jagdrechtlichen Vorschriften sind für jedes Jagdgebiet beeidete Jagdaufseher bestellt, die als öffentliche Wache gelten. Sie sind mit einem Dienstabzeichen, welches das von einem Hirschgeweih umrahmte Wappen der Stadt Wien zeigt, sowie mit einem Dienstausweis versehen.

Wer erteilt Auskünfte über Jagdangelegenheiten?

Das Wiener Jagdgebiet umfaßt 22 Eigenjagdgebiete und 15 Gemeindejagden. Als Bezirksjagdbehörde fungiert das magistratische Bezirksamt, in dessen Sprengel sich ein Jagdgebiet befindet, Landesjagdbehörde ist die MA 58, 1, Volksgartenstraße 3. Die fachliche Beratung des Wiener Magistrats wird durch den Landesjagdbeirat durchgeführt. Jeder Bezirk hat einen Bezirksjagdbeirat. Sämtliche Jagdkartenbesitzer in Wien gehören dem Wiener Landesjagdverband, 2, Taborstraße 39, an. Auskünfte in Jagdangelegenheiten für Wien erteilen die MA 49 und 58.

Wer darf in Wien fischen?

Personen, die im Gebiet der Stadt Wien die Fischerei ausüben wollen, benötigen hiezu:

1. Eine Fischereilizenz. Diese wird vom Eigentümer, Pächter oder Bewirtschafter eines Wiener Fischereirevieres oder eines Wiener Fischwassers, das nicht in die Revierbildung einbezogen ist, ausgestellt;
2. eine gültige Fischerkarte. Diese wird vom Wiener Fischereiausschuß, 3, Am Modenapark 1–2, 3. Stock, jeden Montag, Mittwoch und Freitag in der Zeit von 8 bis 12 Uhr ausgegeben. Für das Bundesland Niederösterreich werden die Fischerkarten an die in Wien wohnhaften Personen von der Bezirkshauptmannschaft Wien-Umgebung, 9, Alserbachstraße 41, von Montag bis Freitag von 8 bis 12 Uhr ausgegeben. Es gibt einjährige und dreijährige Fischerkarten, die für die betreffenden Kalenderjahre gültig sind.

Personen, die um Ausstellung einer Fischerkarte beim Wiener Fischereiausschuß ansuchen, haben entweder eine Fischerkarte vom Vorjahr oder eine Fischereilizenz für ein Wiener Fischereirevier bzw. Wiener Fischerwasser vorzuweisen, die von dem betreffenden Fischereiausübungsberechtigten gefertigt sein muß. Personen unter 14 Jahren darf keine Fischerkarte ausgestellt werden. Jugendliche zwischen 14 und 18 Jahren haben die schriftliche Zustimmung des gesetzlichen Vertreters (Vater oder Vormund) zur Ausübung der Fischerei beizubringen.

Welche Hilfsmittel dürfen zum Fischfang nicht verwendet werden?

Sprengstoffe, Gifte, Betäubungsmittel sowie elektrischer Strom dürfen zum Fischfang nicht verwendet werden. Auch das Fischen mit Schlingen, Legschnüren und mit

Licht sowie das Prellen, Stechen und Beschießen der Fische (Harpunen!) ist verboten. Desgleichen dürfen in fließenden Gewässern keine stehenden Fangvorrichungen (Fischwehren) angebracht werden.

Zur Überwachung der Einhaltung der fischereirechtlichen Vorschriften, zu welchen außer den genannten Verboten insbesondere auch die Bestimmungen über die Schonzeiten und Brittelmaße (Körperlänge) der Fische zählen, sind für jedes Fischereirevier Fischereiaufseher bestellt, die als öffentliche Wache gelten. Sie sind mit einem Dienstabzeichen mit der Aufschrift „Beeidete Wache" und einem Dienstausweis versehen.

Was bezweckt der Naturschutz?

Das Naturschutzgesetz und die Naturschutzverordnungen, LGBl. für Wien Nr. 1/1955, 5/1955, 6/1956 und 13/1957, haben die öffentliche Obsorge für die Erhaltung der heimatlichen Natur in allen ihren Erscheinungsformen zum Ziel.

Insbesondere werden geschützt:

1. Einzelschöpfungen der Natur als Naturdenkmäler (Naturdenkmalschutz);
2. wildwachsende Pflanzen und freilebende Tiere bestimmter Arten (Schutz des Pflanzen- und Tierreiches);
3. räumlich abgegrenzte Naturgebiete als Naturschutzgebiete (Naturgebietsschutz);
4. die Landschaft als bildhafte Gesamterscheinung der Natur (Landschaftsschutz).

Gegenwärtig verfügt Wien über 439 Naturdenkmäler (derzeit 359 Einzelnaturdenkmäler, 52 Naturdenkmalgruppen und 28 flächige Naturdenkmäler), die wegen ihrer Eigenart bzw. Seltenheit oder wegen ihres kulturellen bzw. wissenschaftlichen Wertes oder wegen des besonderen Gepräges, das sie dem Landschaftsbild verleihen, mit Bescheid zu Naturdenkmälern erklärt wurden. Neben Bäumen, Baum- oder Gehölzgruppen zählen dazu Standorte seltener Pflanzen (z. B. Orchideen, Schneerosen), geologische Aufschlüsse (z. B. Vulkangestein, neolithischer Feuer- und Hornsteinbergbau), Teiche, Quellen, Weiher und Relikte bereits seltener autochtoner Waldgesellschaften. Die Wiener Naturdenkmäler sind durch rotweiße Metallplaketten mit dem Wiener Wappen sowie der Artbezeichnung, in besonderen Fällen auch durch Tafeln oder Pultsteine mit erläuterndem Text, gekennzeichnet.

19 Pflanzenarten sind gänzlich und 34 Pflanzenarten teilweise geschützt. Gänzlich geschützt sind u. a. Aurikel, Diptam, Küchenschelle, Ragwurz, Seidelbast, Steinröserl und Waldhyazinthe. Der Handel mit vollkommen oder teilweise geschützten Pflanzen ist grundsätzlich verboten; teilweise geschützte Pflanzen können fallweise für den Handel freigegeben werden. Außerhalb von Pflanzenschutzgebieten ist das Pflücken von Pflanzen, die nicht gänzlich geschützt sind, für den persönlichen Bedarf nur in einer Menge gestattet, die leicht von Daumen und Zeigefinger einer Hand umfaßt werden kann (Handstrauß).

Ohne Genehmigung der Naturschutzbehörde ist in der freien Natur verboten:

1. Einzelgehölze oder Hecken zu roden, zu schlägern, kahlzuschneiden oder abzubrennen;
2. Rasenflächen, Rohr- und Schilfbestände abzubrennen.

Das Entfernen oder Zerstören von Brutstätten oder Nestern aller freilebenden geschützten Tiere, auch wenn sie keine Jungtiere enthalten, ist untersagt

Ähnliche Schutzbestimmungen gelten auch für die gänzlich und teilweise geschützten Tiere. Zu den gänzlich geschützten Tierarten gehören u. a. alle einheimischen, nicht jagdbaren freilebenden Vogelarten mit Ausnahme von Feld- und Haussperling sowie der verwilderten Haustaube, ferner einzelne Säugetiere (Fledermäuse, Igel, Spitzmäuse), Reptilien, Amphibien, Insekten; teilweise geschützt sind die Weinbergschnecken und die Rote Waldameise.

Wien besitzt zwei große Naturschutzgebiete. Den Lainzer Tiergarten mit ca. 2.300 ha und die 1978 zum Naturschutzgebiet erklärte Lobau mit ca. 2.000 ha Fläche. Im Westen und Nordwesten der Lobau schließen ca. 460 ha Landschaftsschutzgebiete an.

Durch Verordnung der Wiener Landesregierung vom 2. Mai 1979, LGBl. für Wien Nr. 17, wurden Teile des Praters zum Landschaftsschutzgebiet erklärt. Durch die Mauerbachverordnung, LGBl. für Wien Nr. 16/1982, wurden der Mauerbach und Teile seines Umlandes zum geschützten Landschaftsteil erklärt. Endlich unterliegen auch Grün- und Parkanlagen, die zu Parkschutzgebieten gehören, nicht nur den Bestimmungen der Bauordnung, sondern gelten gleichzeitig auch als Landschaftsschutzgebiete im Sinne des Naturschutzgesetzes.

Vorhaben, deren Durchführung schädigende Rückwirkungen auf das Landschaftsbild oder auf das innere Gefüge des Landschaftshaushaltes (Klima, Bodenbildung, Grundwasserführung, Pflanzenkleid, Tierleben) zur Folge haben, können auch außerhalb der geschützten Flächen vom Magistrat untersagt werden.

Wer beschäftigt sich mit Naturschutz?

In erster Linie ist die MA 22, 1, Ebendorferstraße 4, 5. Stock (Tel. 42 8 00*, 2007, 2016, 2018 oder 2063), als Naturschutzbehörde mit Angelegenheiten des Naturschutzes befaßt. Die Organe des öffentlichen Sicherheitsdienstes sowie Marktaufsichts-, Forst-, Jagd- und Fischereiorgane haben bei der Vollziehung des Naturschutzgesetzes mitzuwirken. Zu ihrer Unterstützung können mit den einschlägigen Bestimmungen vertraute Personen als ehrenamtliche Naturschutzorgane herangezogen werden, die nach Prüfung und Bestellung, wenn sie in Ausübung ihres Dienstes handeln und das vorgeschriebene Dienstabzeichen tragen, als öffentliche Wache anzusehen sind.

Das Naturschutzgesetz sieht für Übertretungen Geldstrafen bis zu 30.000 S oder Arreststrafen bis zu drei Monaten vor, die bei erschwerenden Umständen nebeneinander verhängt werden können.

Was ist der Zweck des Wiener Baumschutzgesetzes?

Durch dieses Gesetz sollen im Gebiet der Stadt Wien alle Laub- und Nadelbäume mit einem Stammumfang von mindestens 40 cm, gemessen in 1 m Höhe vom Beginn der Wurzelverzweigung, einschließlich ihres Kronen- und Wurzelbereiches geschützt werden, um für die Wiener Bevölkerung eine gesunde Umwelt zu erhalten. Dabei ist es belanglos, ob sich die Bäume auf öffentlichem oder privatem Grund befinden. Der Grundeigentümer ist daher prinzipiell verpflichtet, den Baumbestand zu erhalten.

Was verbietet das Gesetz?

Es ist verboten, Bäume durch chemische, mechanische oder andere Einwirkungen zu schädigen, im Wuchs zu hemmen oder zum Absterben zu bringen. Weiters Bäume, die vom Gesetz geschützt sind, zu fällen, auszugraben, auszuhauen oder sonstwie zu entfernen.

Nicht verboten ist jedoch das Schneiden (Stutzen) von Bäumen, welches ohne Gefährdung ihres Bestandes lediglich Verschönerungs-, Veredelungs- oder Pflegezwecken dient.

Auf welche Bäume findet dieses Gesetz keine Anwendung?

Das Baumschutzgesetz findet keine Anwendung auf

1. Bäume, die in Baumschulen, Gärtnereien oder sonstigen landwirtschaftlichen Betriebsstätten produktions- oder nutzungsbedingt entfernt werden müssen;
2. Bäume in Wäldern im Sinne des Forstgesetzes;
3. Obstbäume;
4. Bäume in Kleingartenanlagen;
5. Bäume, die auf Grund behördlicher Anordnungen (Wasserrechtsgesetz, Kulturpflanzenschutzgesetz) entfernt werden müssen.

Was ist zu tun, wenn ein geschützter Baum entfernt werden muß?

Vor allem ist um die behördliche Bewilligung beim zuständigen magistratischen Bezirksamt anzusuchen. Dem Ansuchen sind Pläne oder Skizzen, aus denen der gesamte Baumbestand und der Standort der zu entfernenden Bäume hervorgeht, in vierfacher Ausfertigung anzuschließen. Die Behörde kann unter bestimmten, im Gesetz genannten Voraussetzungen die Bewilligung erteilen. Grundsätzlich muß als angemessener Ausgleich für die durch die Bewilligung erfolgte Verminderung des Baumbestandes pro angefangenen 15 cm Stammumfang ein Ersatzbaum mittlerer Baumschulqualität mit einem Stammumfang von 8 bis 15 cm gepflanzt werden. Es muß daher bereits das Ansuchen um Bewilligung der Entfernung von Bäumen Angaben über entsprechende Ersatzpflanzungen enthalten.

Wem obliegt die Ersatzpflanzung und wo ist sie vorzunehmen?

Primär ist der Inhaber der Bewilligung zur Entfernung der Bäume zur Ersatzpflanzung verpflichtet. Soweit es die örtlichen Verhältnisse zulassen, hat die Ersatzpflanzung auf derselben Liegenschaft oder im Umkreis von höchstens 300 m vom Standort des zu entfernenden Baumes auf eigenem oder fremdem Grund in der Art und Weise zu erfolgen, wie es im Bescheid vorgeschrieben wird. Ist eine Ersatzpflanzung auf fremdem Grund geplant, muß der Grundeigentümer vorher zustimmen.

Was geschieht, wenn die Ersatzpflanzung nicht oder nicht vollständig vorgenommen werden kann?

In einem solchen Fall tritt der Magistrat in die Verpflichtung der Ersatzpflanzung ein, welche in erster Linie auf öffentlichem Gut oder sonstigen im Eigentum der Gebietskörperschaften stehenden Grundflächen im Umkreis von höchstens 300 m vom Standort des zu entfernenden Baumes, ansonsten möglichst im verbauten Gebiet, erfüllt werden soll.

Zur Deckung der der Stadt Wien aus diesen Ersatzpflanzungen erwachsenden Kosten oder auch zur Beschaffung der hiefür geeigneten Grundflächen ist vom Bewilligungsinhaber eine Ausgleichsabgabe zu entrichten, die pro Ersatzbaum 8.000 S beträgt.

Auskünfte in allen Angelegenheiten des Wiener Baumschutzgesetzes erteilen die zuständigen magistratischen Bezirksämter und die MA 58, 1, Volksgartenstraße 3 (Tel. 42 8 00*, 4219).

GARTENWESEN UND AMTLICHER PFLANZENSCHUTZDIENST

(MA 42)

Was ist zu tun, wenn durch zu groß gewordene Alleebäume Wohnungen oder Geschäftslokale verdunkelt werden?

Für die Pflege aller städtischen Gärten und Baumpflanzungen ist die MA 42, 3, Am Heumarkt 2b, Tel. 72 21 71 zuständig.

Wo erhalten Gartenbesitzer Auskunft über Krankheiten und Schädlinge, die in ihrem Garten auftreten?

Bei Vorlage einer frischen Pflanzenprobe erteilt solche Auskünfte der amtliche Pflanzenschutzdienst der MA 42, 3, Am Heumarkt 2b, Tel. 72 21 71, der die Pflanzen untersucht und die Gartenbesitzer über Art und Bekämpfbarkeit der Krankheit oder des Schädlings aufklärt.

Wohin wendet man sich bei Verwahrlosung des Nachbargartens?

Wenn ein Nachbargarten sehr verwahrlost ist und die Gefahr besteht, daß tierische und pflanzliche Schädlinge die eigenen Pflanzenkulturen oder die der Nachbarn schädigen können, wenn Schädlinge in Massen auftreten, z. B. San-José-Schildlaus, wende man sich an die MA 42, 3, Am Heumarkt 2b, Tel. 72 21 71, die im Land Wien auch den amtlichen Pflanzenschutzdienst besorgt, Schädlingsbekämpfungsmaßnahmen anordnet, die Durchführung der Pflanzenschutzgesetze überwacht sowie über die offiziell anerkannten Spritzmittel und deren Verwendung Auskunft gibt.

Was hat der Absender von Obst, Pflanzen, Pflanzenteilen usw. bei Sendungen in das Ausland zu tun?

Für die Ausfuhr von Obst, Pflanzen, Pflanzenteilen usw. ist ein Pflanzenschutzzeugnis erforderlich, welches der amtliche Pflanzenschutzdienst der MA 42, 3, Am Heumarkt 2b, Tel. 72 21 71, bei Erfüllung der gesetzlichen Vorschriften ausstellt.

Was hat der Empfänger ausländischer Sendungen von Obst, Pflanzen und Pflanzenteilen usw. zu tun?

Sendungen von Obst, Pflanzen, Pflanzenteilen usw. aus dem Ausland dürfen erst nach einer Beschau freigegeben werden, die der amtliche Pflanzenschutzdienst der MA 42, 3, Am Heumarkt 2b, Tel. 72 21 71, über Antrag des Empfängers vornimmt.

Wo befinden sich Dienst- bzw. Geschäftsstellen der Gaswerke?

Direktion: 8, Josefstädter Straße 10–12, Tel. 43 09, für die Bezirke 1, 3, 4, 6, 7, 8, 9, 10, 11, 16, 17, 18, 19 sowie für die Gemeinden Schwechat und Klosterneuburg.

Geschäftsstelle Meidling: 12, Theresienbadgasse 3, Tel. 83 35 41, für die Bezirke 5, 12, 13, 14, 15, 23 sowie Purkersdorf.

Geschäftsstelle Brigittenau: 20, Denisgasse 39, Tel. 33 35 21, für die Bezirke 2, 20, 21, 22 sowie die Gemeinden Bisamberg, Gerasdorf, Großenzersdorf und Langenzersdorf.

Außenstelle Mödling: Mödling, Hauptstraße 68, Tel. 902*, 42 03, 0 22 36*, 42 03, für die Gemeinden Biedermannsdorf, Breitenfurt, Brunn am Gebirge, Gießhübl, Gumpoldskirchen, Guntramsdorf, Hennersdorf, Hinterbrühl, Kaltenleutgeben, Laxenburg, Maria Enzersdorf, Mödling, Perchtoldsdorf, Traiskirchen, Vösendorf und Wiener Neudorf.

Gebrechenbehebungsdienst: 8, Josefstädter Straße 10–12, Tel. 43 09*, 516, 517, 518, 519 (0 bis 24 Uhr), für das gesamte Versorgungsgebiet.

Was sind die „Allgemeinen Bedingungen für den Gasbezug"?

Die Lieferung von Gas erfolgt nach vorheriger Gasbezugsanmeldung auf Grund der „Allgemeinen Bedingungen für den Gasbezug aus den Wiener Stadtwerken-Gaswerke" nach Maßgabe der bestehenden Gaserzeugungs- und -verteilungsanlagen.

Das Gas darf nur für den eigenen Bedarf des Abnehmers verwendet werden. Die Versorgung Dritter, mit Ausnahme von Untermietern, ist nur mit schriftlicher Zustimmung der Gaswerke gestattet.

Die Lieferbereitschaft begründet keinen klagbaren Anspruch.

Der Gasabnehmer hat keinen Anspruch auf Entschädigung, wenn die Gaswerke aus irgendeinem Grund an der Lieferung des Gases verhindert sind oder eine Störung in der Gaslieferung eintritt. Bei Störungen in der Gaslieferung wird eine rasche Behebung zugesichert.

Die Gaswerke übernehmen für den Zustand der Gaszuleitungen und der Gasverteil- und -benützungsanlagen in den Räumlichkeiten der Gasabnehmer keine Haftung, sind aber über Wunsch bereit, die Gasanlagen unentgeltlich zu überprüfen und bei beabsichtigten Gaseinrichtungen beratend mitzuwirken.

Den mit einer amtlichen Dienstlegitimation (mit Lichtbild) versehenen Angestellten der Gaswerke muß jederzeit der ungehinderte Zutritt zu den Gaszählern und allen Gasverbrauchseinrichtungen gestattet werden.

Wie wird eine Gaszuleitung bestellt?

Die Herstellung, Änderung und Instandsetzung von Hausanschlußleitungen (Abzweigungen vom Straßenhauptrohr) führen ausschließlich die Gaswerke, und zwar über schriftliche Bestellung und auf Kosten des Bestellers, aus.

Von der zuständigen Geschäftsstelle (siehe vorstehend) kann zunächst mündlich, schriftlich oder fernmündlich ein unverbindlicher schriftlicher Kostenvoranschlag verlangt werden. Die Herstellungskosten einer Gaszuleitung richten sich nach dem Querschnitt und der Länge der Zuleitung sowie nach der Art der Straßendecke und den Verkehrsverhältnissen. Die Kosten erhöhen sich, wenn die Zuleitung in zwei Abschnitten bzw. verkehrsbedingt in den Nachtstunden hergestellt werden muß. Bei Erstellung des Kostenvoranschlages müssen die ungünstigsten Verhältnisse angenommen werden. Mit der Bestellung soll nicht bis zum Winter gewartet werden, da bei gefrorenem Boden ein Frostzuschlag verrechnet werden müßte. Die Bestellung erfolgt in der zuständigen Geschäftsstelle. Da die Gasleitung Eigentum des Liegenschaftsbesitzers (z. B. der Hausinhabung) bleibt, kann die Bestellung für die Neuherstellung, Auswechslung oder Trennung der Leitung nur durch die Hausinhabung bzw. deren bevollmächtigten Stellvertreter (Hausverwaltungen usw.) erfolgen. Dies gilt auch für den Fall einer Beschädigung der Leitung durch Fremdeinwirkung. Bei jeder Bestellung – ausgenommen bei Reparatur – ist eine Anzahlung zu leisten. Nach dem Gesetz vom 5. März 1980, LGBl. für Wien Nr. 23, ist der Liegenschaftseigentümer verpflichtet, die Gasanlage in gutem Zustand zu erhalten bzw. in angemessener Frist in entsprechendem Zustand zu versetzen.

Um Schwierigkeiten bei der Finanzierung von Reparaturarbeiten an schadhaften Gasanlagen (Hauszu- und -verteilungsleitungen) zu überbrücken, wurde durch eine Sonderkreditaktion der Zentralsparkasse und Kommerzialbank, Wien, eine Geldbeschaffung in kürzester Zeit möglich.

Wie wird die Aufstellung eines Gaszählers bestellt?

Die Zählung der abgegebenen Gasmenge erfolgt durch amtlich geeichte Gaszähler; die Anzeigen des Gaszählers werden der Verrechnung zugrunde gelegt.

Die Bestimmung der Größe, der Art und des Aufstellungsortes des Gaszählers ist den Gaswerken vorbehalten. Die Gaszähler einschließlich der Verbindungsstücke, soweit diese von den Gaswerken beigestellt werden, bleiben ihr Eigentum und werden von ihnen gewartet. Als teilweises Entgelt für die Beistellung und Wartung des Gaszählers sowie für die Kosten der Gasverrechnung wird eine nach dem Anschlußwert der Gaszähler abgestufte Gaszählergebühr in nachstehender Höhe eingehoben (Stand 1. Juni 1981):

Type	NB 1,5	NB 2 u. 5 G4 u. 6	NB7	NB 10 u. 15 G10 u. 16	NB 30 G25
Schilling Monat	4,20	8,20	12,40	29,90	49,60

(ohne Umsatzsteuer)

Diese Gaszählergebühr wird gemeinsam mit den für die verbrauchten Gasmengen fälligen Beträgen im Rahmen des Jahresinkassos verrechnet.

Die Aufstellung eines Gaszählers wird in der zuständigen Geschäftsstelle bestellt, wobei eine Gebühr je nach Größe der Nennbelastung des Gaszählers zu entrichten ist. Vorher ist vom Eigentümer bzw. Benützer der Gasanlage über den Installateur, der die Gasanlage hergestellt hat, eine amtliche Überprüfung (Kommissionierung) zu beantragen. Umfaßt die Gasanlage auch Gasgeräte, die an einen Kamin angeschlossen werden müssen (Warmwassergeräte, Kessel, Einzelheizöfen – mit Ausnahme der sogenannten ,,Außenwandgeräte"), so ist spätestens mit der Bestellung des Gaszählers ein gültiger Kaminbefund auf dem Überprüfungsbefund abzugeben. Ein Überprüfungsbefund ist jedoch im Zusammenhang mit jeder Kommissionierung und jedem Gerätetausch erforderlich.

Was kostet das Erdgas?

1 m^3 Erdgas entspricht 11,1648 kWh. Der Preis für eine Kilowattstunde (kWh) beträgt 50,44 g (ohne Umsatzsteuer) für Haushalte und für Raumheizung (Stand 1. Juni 1981).

Über Ansuchen des Abnehmers kann hingegen der Gaspreis für gewerbliche und industrielle Verwendung auf 48,52 g/kWh (ohne Umsatzsteuer) ermäßigt werden.

Wenn ein gewerblicher oder industrieller Betrieb Gas nicht nur für den Produktionsprozeß, sondern auch zur Raumheizung benützt, so werden die für die erstgenannte Verwendung verbrauchten Gasmengen mit 48,52 g (ohne Umsatzsteuer), die für die Raumheizung verbrauchten Gasmengen mit 50,44 g (ohne Umsatzsteuer) in Rechnung gestellt (Stand 1. Juni 1981).

Wo erfolgt die Beratung über die Einrichtung von Gasheizungsanlagen?

Eine fachkundige Beratung über die Einrichtung von Gasheizungsanlagen wird in den zuständigen Geschäftsstellen sowie in der Informationsstelle, 6, Mariahilfer Straße 63, Tel. 57 96 01, erteilt. Wärmebedarfsberechnungen für Objekte, die zentral beheizt werden sollen, erfolgen kostenlos in der Informationsstelle Mariahilfer Straße an Hand von mitgebrachten Bauplänen. Gleichzeitig ist in dieser Informationsstelle Montag bis Donnerstag von 8 bis 17.30 Uhr, Freitag von 8 bis 15.15 Uhr (Juli bis August Montag bis Freitag von 8 bis 15.15 Uhr) eine Heizgas-Geräteausstellung mit spezieller Heizungsberatung eingerichtet.

Vor der Ausführung einer Gasheizungsanlage ist vom Installateur oder der Heizungsfirma ein Antrag auf Anschlußgenehmigung bei den Wiener Stadtwerken-Gaswerke einzureichen.

Wo erhält der Gasabnehmer Auskünfte bezüglich Gasrechnungen?

Allgemeine Auskünfte über Gasrechnungen erteilt die Strom- und Gasverrechnung der Wiener Stadtwerke in der Direktion der Elektrizitätswerke, 9, Mariannengasse 4, Tel. 43 80, bzw. Wiener Stadtwerke-Gaswerke, Abteilung Großkonsumabrechnung, 8, Josefstädter Straße 10–12, Tel. 43 09. System der Gasverrechnung siehe „Elektrizitätswerke".

Wie erfolgt die Abmeldung des Gasbezuges?

Im Normalfall (z. B. bei Wohnungswechsel) genügt eine rechtzeitige Vereinbarung (auch telefonisch) wegen der Schlußstandablese mit der verrechnenden Stelle (Strom- und Gasverrechnung der Wiener Stadtwerke in der Direktion der Elektrizitätswerke, 9, Mariannengasse 4, Tel. 43 80, bzw. Wiener Stadtwerke-Gaswerke, Abteilung Großkonsumabrechnung, 8, Josefstädter Straße 10–12, Tel. 43 09).

Soll der Gaszähler demontiert werden, so ist dies bei der zuständigen Geschäftsstelle der Wiener Stadtwerke-Gaswerke persönlich oder schriftlich zu beantragen.

Wie komme ich zu einem preiswerten Gasgerät?

Vor Ankauf eines neuen Gasgerätes können die Ausstellungen der Wiener Stadtwerke-Gaswerke, 6, Mariahilfer Straße 63, und 12, Theresienbadgasse 3, besichtigt werden.

Nach Wahl des zusagenden Gasgerätes kann dieses bei einem konzessionierten Installateur über die „Gasgemeinschaft Wien" bestellt werden. Die Gasgemeinschaft Wien ist eine Vereinigung, der die Wiener Stadtwerke-Gaswerke, konzessionierte Installateure Wiens und österreichische Gasgeräteerzeuger angehören. Sie bezweckt die Herstellung von Gasanlagen in den Wiener Häusern und die Belieferung der Wiener Haushalte mit guten und preiswerten inländischen Gasgeräten zu günstigen Teilzahlungsbedingungen. In Wien dürfen nur Gasgeräte und -feuerstätten mit Prüfmarke der ÖVGW (Österreichische Vereinigung für das Gas- und Wasserfach) verwendet werden.

Wie kann ich mir zu günstigen Bedingungen ein Badezimmer bzw. eine Einzelraumheizung oder Etagenheizung einrichten?

Die Finanzierung durch die Gasgemeinschaft Wien ermöglicht es jedem Konsumenten im Versorgungsgebiet der Wiener Stadtwerke-Gaswerke, sich die nötigen Einrichtungen und die Installation eines Badezimmers, einer Etagenheizung oder einer Einzelraumheizung zu günstigen Teilzahlungsbedingungen anzuschaffen.

Ebenso werden Gas-Haussteigleitungen zu denselben günstigen Bedingungen durch die Gasgemeinschaft Wien finanziert. 20% des gesamten Betrages sind bei der Bestellung zu erlegen.

Nähere Auskünfte erteilt die ,,Gasgemeinschaft Wien", 6, Mariahilfer Straße 63, 1. Stock, Tel. 57 96 02.

Was mache ich, wenn mein Gasgerät nicht richtig funktioniert?

Falls kein Installateur erreichbar ist, kann die Direktion der Wiener Stadtwerke-Gaswerke, Tel. 43 09, Gebrechenbehebungsdienst, angerufen und der kostenlose Besuch eines Monteurs verlangt werden. Kleinere Mängel wird dieser selbst beheben (z. B. durch Einbau eines Gaszählerfilters), bei größeren Reparaturen allerdings erfolgt die Verweisung an einen konzessionierten Installateur. Ein guter Rat: Nicht selbst Schäden reparieren, da dadurch der Schaden möglicherweise noch vergrößert werden kann; aber auch nicht an Pfuscher wenden, denn Pfuscherarbeiten kommen gewöhnlich teurer als die Arbeit des Fachmannes und stellen ein hohes Sicherheitsrisiko dar!

Die wichtigste Grundlage für eine Gerätefunktion ist jedoch eine regelmäßige Gerätewartung durch einen Fachmann.

Wie verhält man sich bei Gasgebrechen?

Tritt Gasgeruch auf, so ist folgendes zu beachten:

1. Sämtliche Gashähne, soweit sie gefahrlos erreichbar sind, schließen.
2. Offene Flammen sofort löschen. Elektrische Schalter und Klingeln nicht betätigen. Zugehörige Sicherungen nur dann herausschrauben, wenn sie sich außerhalb des gaserfüllten Raumes befinden. Gas-Luft-Gemische stellen eine Explosionsgefahr dar!
3. Durch Öffnen der Fenster und Türen Durchzug herstellen, um die Räume gründlich zu lüften.
4. Sofortige telefonische Meldung an die Wiener Stadtwerke-Gaswerke, 8, Josefstädter Straße 10–12, Tel. 43 09*, 516, 517, 518, 519, Gebrechenbehebungsdienst (0 bis 24 Uhr).

GEMEINDEVERMITTLUNGSÄMTER

(MA 62)

Wegen Geldforderungen, sonstiger Ansprüche auf bewegliche Sachen, bei Streitigkeiten über Liegenschaftsgrenzen, über Servituten sowie in Besitzstreitigkeiten empfiehlt es sich, vor Anrufung des Gerichtes bei dem Gemeindevermittlungsamt, in dessen Sprengel ein Streitteil seinen Wohnsitz hat, die Vornahme eines Vergleichsversuches zu beantragen. Die Gemeindevermittlungsämter sind in Wien in jedem Gemeindebezirk bei der Bezirksvorstehung eingerichtet. Auf Grund eines solchen Antrages wird der Gegner für einen bestimmten Tag zum Gemeindevermittlungsamt vorgeladen. Die Vertrauensleute dieses Amtes werden sich bemühen, zwischen den beiden Streitteilen einen Vergleich herbeizuführen. Wenn eine Einigung zustande kommt, wird der Inhalt des Vergleiches schriftlich niedergelegt und auf Verlangen den Parteien eine Amtsurkunde darüber ausgefertigt. Von besonderer Bedeutung ist, daß diese Urkunde die Wirkung eines gerichtlichen Vergleiches hat, so daß die gerichtliche Zwangsvollstrekkung durchgeführt werden kann, wenn eine Partei die übernommenen Verpflichtungen nicht einhält. Aber auch dann, wenn sich die Parteien schon außergerichtlich geeinigt haben, können sie Geld ersparen, wenn sie derartige Einigungen als Vergleich in das Amtsbuch des Gemeindevermittlungsamtes eintragen lassen. Auch in diesen Fällen wird den Parteien, die den Vergleich vor dem Gemeindevermittlungsamt abschließen, eine Amtsurkunde ausgefertigt, die, wie oben dargelegt, die Wirkung eines gerichtlichen Vergleiches hat.

In Ehrenbeleidigungsangelegenheiten ist die Vornahme eines Sühneversuches durch das Gemeindevermittlungsamt gesetzlich vorgeschrieben. Der Beleidigte wird sich daher zweckmäßigerweise noch vor der Einbringung der Ehrenbeleidigungsklage an das Gemeindevermittlungsamt wenden, in dessen Sprengel der Beleidiger seinen Wohnsitz hat, und die Anberaumung einer Sühneverhandlung beantragen. Auch in diesen Fällen werden die Vertrauensleute des Amtes bestrebt sein, dem Beleidigten Genugtuung zu verschaffen, indem sie den Beleidiger je nach der Sachlage zur Abgabe einer mündlichen, schriftlichen oder öffentlichen Ehrenerklärung, unter Umständen auch zur Leistung einer Geldbuße für einen wohltätigen Zweck, veranlassen werden. Sollte der Sühneversuch jedoch erfolglos bleiben, erhält der Beleidigte darüber eine Bescheinigung, welche er der Ehrenbeleidigungsklage beilegen muß.

Da das Einschreiten der Gemeindevermittlungsämter mit keinen Kosten verbunden ist, können auf diese Weise in vielen Fällen die nicht unbedeutenden, mit gerichtlichen Verfahren zusammenhängenden Kosten erspart werden.

GESUNDHEITSWESEN

(MA 14, 15, 17)

An wen wendet man sich bei einer Geruchs- oder Lärmbelästigung durch einen gewerblichen Betrieb?

Hiefür ist das magistratische Bezirksamt zuständig. Sanitäre Übelstände anderer Art, die als solche empfunden werden, sind gleichfalls dem zuständigen magistratischen Bezirksamt bekanntzugeben.

An wen wendet man sich bei Rattenplage?

Bei Rattenplage wende man sich an das zuständige magistratische Bezirksamt; Namen und Anschriften der Eigentümer oder des Verwalters des Hauses bzw. Grundstückes sind anzugeben.

Wer nimmt Schädlingsbekämpfungen vor?

Bei Schädlingsbefall (Wanzen, Flöhe usw.) wende man sich an behördlich konzessionierte Schädlingsvertilger, deren Anschrift bei der entsprechenden Innung erfragt werden kann (Tel. 72 56 11*, 364). Entlausungen werden im Bedarfsfall auch von der Desinfektionsanstalt der Stadt Wien, 3, Arsenalstraße 7, entgeltlich vorgenommen.

Wer führt die Rattenbekämpfung durch?

Aufgrund der Verordnung vom 12. August 1964 in der Fassung der Verordnung vom 18. Dezember 1969 werden mit Bescheid des Magistrats der Stadt Wien gewerbeberechtigte Schädlingsbekämpfer mit der Durchführung der Rattenbekämpfung betraut.

Jeder Eigentümer (Nutznießer, Pächter, Mieter) ist aufgrund dieser Verordnung des Wiener Magistrats verpflichtet, den Angestellten des Schädlingsbekämpfungsunternehmens (den einzelnen Firmen wurden Rayons zugewiesen) das Betreten aller in Betracht kommenden Grundstücke, Häuser und Räume zu gestatten und die Nachschau sowie die Rattenbekämpfung (Köderauslegung) durch diese Personen zu dulden.

Wer dieser Verpflichtung nicht nachkommt, gewärtigt Bestrafung durch das zuständige magistratische Bezirksamt.

Die Nachschau erfolgt sechsmal, in bestimmten, aus der Verordnung ersichtlichen Randgebieten dreimal jährlich.

Ergibt die Nachschau Rattenbefall oder die Gefahr eines solchen, müssen Bekämpfungsmaßnahmen (Auslegung von Rattenködern) so lange und so oft als notwendig durchgeführt werden!

Die Kosten der regelmäßigen Nachschau und Rattenbekämpfung sind vom Eigentümer (Pächter, Nutznießer) des Grundstückes zu tragen. Sie werden pro Viertelstunde berechnet und sind amtlich festgelegt. Bei Häusern mit vermieteten Wohnungen gehören diese Kosten zu den Betriebskosten.

Wer erteilt Auskünfte in Vergiftungsfällen?

Seit November 1973 ist an der I. Medizinischen Universitätsklinik (Vorstand Univ.-Prof. Dr. Deutsch) eine „Vergiftungsinformationszentrale“ errichtet, die Auskünfte über Gegenmaßnahmen bei Vergiftungen erteilt. Diese Auskunftsstelle ist durchlaufend von einem entsprechend ausgebildeten Arzt besetzt. Telefonisch erreichbar ist diese „Vergiftungsinformation“ unter 48 00* (Allgemeines Krankenhaus), 2222, 43 68 98 oder in besonders dringenden Fällen unter der sogenannten Alarmnummer 43 43 43.

Wie werden giftige und gifthältige Stoffe vernichtet?

Bei der MA 22 ist eine Koordinationsstelle zur Beratung über die Vernichtung von giftigen und gifthältigen Stoffen und Abfällen eingerichtet. Diese Stelle erteilt jegliche Auskünfte und ist unter Tel. 74 36 31 während der Dienststunden erreichbar.

Was hat man bei Verdacht auf Gesundheitsschädigung durch bakteriell verunreinigte Lebensmittel zu tun?

Da Erkrankungen durch bakteriell verunreinigte Lebensmittel lebensgefährlich sein können, ist zunächst für sofortige ärztliche Behandlung des Erkrankten zu sorgen. Dann ist sofort das zuständige Bezirksgesundheitsamt mündlich oder telefonisch zu verständigen. Reste von Lebensmitteln, Erbrochenes u. dgl. sind für eine allfällige Untersuchung sicherzustellen (siehe auch „Lebensmittel- und Marktwesen – Wer nimmt Beschwerden über Qualitätsmängel bei Lebensmitteln und bei Verdacht der Gesundheitsschädlichkeit oder der Verdorbenheit entgegen?“ und „Veterinärwesen – Was hat man bei Verdacht auf bakterielle Lebensmittelvergiftungen zu tun?“).

Wo werden Schutzimpfungen durchgeführt?

Schutzimpfungen können von jedem praxisberechtigten Arzt vorgenommen werden. Die meisten Schutzimpfungen können jedoch ohne Formalitäten in den Bezirksgesundheitsämtern vorgenommen werden, und zwar jeden Dienstag und Freitag von 9 bis 11 Uhr, während aller Ferien nur einmal wöchentlich.

Auch in den Mutterberatungsstellen können vorschulpflichtige Kinder geimpft werden.

Ein wesentlicher Teil des Impfprogramms findet in den Schulen statt; die verschiedenen Schutzimpfungen werden hier von den Schulärzten planmäßig vorgenommen.

Für Auslandsreisende besteht im Gesundheitsamt, 1, Schottenring 24, 2. Stock, Tür 215, eine Impfstelle, die Montag bis Freitag von 8 bis 12 Uhr geöffnet ist.

Nähere Einzelheiten über die verschiedenen Schutzimpfungen siehe die Tabelle „Das Wichtigste über Schutzimpfungen!“

Wie erhält man einen Gesundheitspaß und eine Notfallskarte?

Bei plötzlichen Erkrankungen und bei Unfällen kann es von größter Bedeutung, ja sogar lebensrettend sein, daß der Arzt sofort über die wichtigsten medizinischen Daten des Patienten unterrichtet ist. Zu diesem Zweck wird in Wien an allen geburtshilflichen Stationen bzw. von den freipraktizierenden Hebammen den Eltern ein Gesundheitspaß für das Neugeborene übergeben, worin zunächst Blutgruppe, Rhesusfaktor, Geburtsgewicht usw., später aber auch Impfungen, Seruminjektionen, Kinderkrankheiten, Stoffwechselkrankheiten und andere medizinisch notwendige Informationen vom Arzt eingetragen werden. Der Gesundheitspaß ist auch in den städtischen Mutterberatungsstellen, Kindergärten und Bezirksgesundheitsämtern kostenlos erhältlich und soll von den Eltern sorgfältig aufbewahrt werden.

Für Erwachsene werden in allen Bezirksgesundheitsämtern kostenlos sogenannte Notfallskarten (in handlichem Führerscheinformat) ausgegeben, die dem gleichen Zweck dienen und es dem Arzt ermöglichen, bei Unfällen sowie bei plötzlichen Erkrankungen mit Bewußtlosigkeit rasche und wirksame Hilfe zu leisten, ohne Schaden anzurichten. Es wird allen Wienerinnen und Wienern empfohlen, sich solche Karten zu besorgen, die nötigen Eintragungen — Impfzustand (insbesondere bezüglich Tetanus), Allergiehinweise, Blutgruppe, Unverträglichkeit bestimmter Medikamente, Diabetes usw. – durch den Hausarzt vornehmen zu lassen und die Karte ständig bei sich zu tragen. Auf die Möglichkeit, sich die Blutgruppe kostenlos bei Blutspendeaktionen bestimmen zu lassen, wird aufmerksam gemacht.

Wie erhält man einen Mutter-Kind-Paß?

Schwangere und Ärzte erhalten den vom Bundesministerium für Gesundheit und Umweltschutz herausgegebenen Mutter-Kind-Paß in jedem Bezirksgesundheitsamt oder im Gesundheitsamt, 1, Gonzagagasse 23, 2. Stock, Tür 244 (siehe auch „Steuern, Abgaben und Gebühren – Geburtenbeihilfe“).

Welche Hilfen bestehen für Risikokinder?

Kinder, deren psychologische oder motorische Entwicklung abweichend von der Norm erscheint, werden nach Anmeldung zur Diagnosestellung und fallweise auch zur Therapie angenommen. Die Anmeldung kann durch den Arzt oder die Eltern des Kindes erfolgen:

Entwicklungsdiagnostik und Sondermutterberatung,
18, Währinger Gürtel 141, Tel. 34 42 70,

Spezialambulanz für Entwicklungsdiagnostik und cerebrale Bewegungsstörungen,
10, Gellertgasse 42–48, Tel. 64 35 84.

Gehörtestungen bei Kindern

Bei Vorschulkindern werden ab dem fünften Lebensjahr außer in Kindergärten auch 1, Gonzagagasse 23, und 18, Währinger Gürtel 141, jeden Montag von 8 bis 11 Uhr kostenlose Untersuchungen des Gehörs durchgeführt. Bei Schulkindern werden diese Untersuchungen vom Schulärztlichen Dienst veranlaßt.

Sehtests bei Kleinkindern

Das Gesundheitsamt führt in allen Wiener Kindergärten Sehtests für Kinder ab dem vollendeten dritten Lebensjahr durch. Für Kinder, die keinen Kindergarten besuchen, besteht ebenfalls die Möglichkeit, eine Testung auf Augenfehler im Gesundheitsamt kostenlos durchführen zu lassen (1, Gonzagagasse 23, Montag von 8 bis 11 Uhr).

Über welche Jugendzahnkliniken verfügt die Stadt Wien?

Für Kinder und Jugendliche werden konservierende und chirurgische Zahnbehandlungen in den Jugendzahnkliniken kostenlos durchgeführt:

9, Salzergasse 28, Tel. 31 53 34*, Montag bis Freitag von 8 bis 15 Uhr, Donnerstag von 7.30 bis 18 Uhr, kieferorthopädische Beratung Donnerstag von 13 bis 14 Uhr

10, Erlachgasse 100, Tel. 62 48 435, Montag bis Freitag von 8 bis 16 Uhr

15, Geyschlägergasse 2–12, Tel. 92 79 183, Montag bis Freitag von 12.30 bis 15.30 Uhr

21, Franz-Jonas-Platz 8, Tel. 38 15 04*, 395, Montag und Freitag von 8 bis 11 Uhr für vorschulpflichtige Kinder und Montag bis Freitag von 13 bis 15 Uhr für Schulkinder bis 18 Jahre

Wo und wie kann man sich auf Tuberkulose untersuchen lassen?

Auf Tuberkulose kann sich jeder ohne irgendwelche Formalitäten in der für seinen Wohnbezirk zuständigen städtischen Tuberkulose-Fürsorgestelle untersuchen lassen. Er wird dort von einem Facharzt untersucht und über seinen Gesundheitszustand unterrichtet. Diese Klarheit zu schaffen, ob man gesund oder krank, vielleicht sogar infektiös erkrankt ist, liegt in jedermanns eigenem Interesse, vor allem aber im Interesse seiner Familie und seiner Mitmenschen.

In den Tuberkulosefürsorgestellen der Stadt Wien werden alle Personen kostenlos untersucht, auch dann, wenn sie Mitglied einer Krankenkasse oder bemittelt sind.

Tuberkulosekranke und auch Krankheitsverdächtige sind nach den Bestimmungen des Tuberkulosegesetzes verpflichtet, den Einladungen zu ärztlichen Aussprachen und Untersuchungen Folge zu leisten. (Tbc-Fürsorgestellen siehe Magistrat, MA 15.)

Röntgenreihenuntersuchungen

Für Röntgenuntersuchungen größerer Personengruppen (ab 100 Personen), wie Betriebsuntersuchungen, steht ein fahrbares Schirmbildgerät zur Verfügung. Mit diesem können an Ort und Stelle bis zu 400 Personen in einem halben Tag untersucht werden. Für solche Untersuchungen ist ein Kostenbeitrag zu leisten. Nähere Informationen erteilt das Gesundheitsamt (Tel. 66 14*, 551, 556).

Wer kann Tuberkulosehilfe in Anspruch nehmen?

Tuberkulosekranken kann entsprechend den Bestimmungen des Tuberkulosegesetzes Tuberkulosehilfe gewährt werden. Der Antrag ist in der zuständigen Tuberkulosefürsorgestelle des Wohnbezirkes einzureichen. Dort werden auch die näheren Auskünfte erteilt (siehe Magistrat, MA 15). Die wirtschaftliche Tuberkulosehilfe kann jenen Patienten verweigert werden, die den der Heilung und Besserung ihres Leidens dienenden Anordnungen der Amtsärzte nicht nachkommen.

Wie kommt man in eine Heilstätte für Tuberkulosekranke?

Jeder Kranke, der eine Heilstättenbehandlung anstrebt, wende sich an die für seinen Wohnbezirk zuständige Tbc-Fürsorgestelle (siehe Magistrat, MA 15). Dort wird er ärztlich untersucht und seine Einweisung veranlaßt.

An wen wendet man sich bei Anzeichen einer Geschlechtskrankheit?

Bei den allerersten Anzeichen einer Geschlechtskrankheit, so geringfügig sie auch sein mögen, wende man sich sofort an einen Arzt bzw. Facharzt oder an die städtische „Geschlechtskrankenberatungsstelle“, 1, Neutorgasse 20 (Ecke Schottenring), wo täglich von 8 bis 11 Uhr ohne irgendwelche Formalitäten kostenlose Beratung und Behandlung durch Fachärzte stattfindet.

Welche Möglichkeiten der Gesundenuntersuchung bietet die Stadt Wien?

Die Stadt Wien verfügt über eine Reihe von Gesundenuntersuchungsstellen, und zwar:

3, Hainburger Straße 57, Montag bis Freitag

9, Lazarettgasse 14, I. Medizinische Universitätsklinik, Ambulanz, Dienstag und Donnerstag

10, Per-Albin-Hansson-Siedlung Ost, Ada-Christen-Gasse Nr. 2/C, Montag, Dienstag, Mittwoch und Donnerstag

13, Hietzinger Kai 1–3, Montag und Dienstag; Donnerstag 16 Uhr Abendambulanz

15, Sorbaitgasse 3, Montag bis Freitag

16, Montleartstraße 37, Wilhelminenspital, 1. Medizinische Abteilung, Pavillon 23, Montag, Dienstag, Mittwoch und Donnerstag, Montag ab 16 Uhr findet die Abendambulanz für Frauen und Männer statt.

Außerdem besteht eine spezielle **Brustambulanz** in der Gesundenuntersuchungsstelle, 15, Sorbaitgasse 3 (Montag von 10 bis 11 Uhr), gegen telefonische Voranmeldung in der Zentrale der Gesundenuntersuchungsstellen, 1, Schottenring 24, Tel. 66 14*, 574. Seit Juli 1980 besteht in dieser Gesundenuntersuchungsstelle jeden Dienstag und Mittwoch ab 13.30 Uhr eine Vorsorgeambulanz für Herz- und Kreislauferkrankungen; Zuweisungen erfolgen im Rahmen der Vorsorgeuntersuchungen durch die Fachärzte für innere Medizin.

Die Anmeldung für die Gesundenuntersuchung erfolgt von Montag bis Freitag in der Zeit von 8 bis 11 Uhr persönlich in der Zentrale, 1, Schottenring 24, Parterre, Tür E 52, mit den Markierungsbögen der Krankenkassen und dem letzten Befundschein der Gesundenuntersuchung bzw. mit einem Personalausweis. Anmeldungen können auch direkt in den Gesundenuntersuchungsstellen im 3., 10. und 15. Bezirk Montag bis Freitag von 8 bis 15 Uhr und im Wilhelminenspital von 8 bis 10 Uhr erfolgen.

Da eine beginnende Krebserkrankung vollkommen beschwerdefrei verläuft, ist eine frühzeitige Erkennung derselben nur durch eine jährliche Vorsorgeuntersuchung bei sich völlig gesund fühlenden Personen möglich. Bei diesen Untersuchungen können auch vorkrebsige Erkrankungen, welche unbehandelt später zu einem Krebsleiden führen könnten, aber auch andere chronische Krankheiten aufgedeckt und einer frühzeitigen Behandlung zugeführt werden.

Die **Beratungsstelle für Raucher** soll entwöhnungswilligen Rauchern und Raucherinnen Rat und Hilfe geben. Die Anmeldung hiezu muß, ebenso wie zur Gesundenuntersuchung, persönlich Montag bis Freitag von 8 bis 11 Uhr im Gesundheitsamt der Stadt Wien, 1, Schottenring 24, Parterre, Tür E 52, erfolgen. Die Raucherberatungsstelle selbst befindet sich in

1, Zelinkagasse 5, Tel. 66 14*, 661, 563, 564, Montag und Donnerstag von 16 bis 18 Uhr.

Weitere Raucherberatungsstellen (telefonische Anmeldung) befinden sich in

5, Margaretengürtel 96, Tel. 55 11 07, Mittwoch von 15 bis 18 Uhr

11, Simmeringer Hauptstraße 93–95, Tel. 74 17 85, Mittwoch von 15.30 bis 18 Uhr

16, Kreitnergasse 43, Tel. 92 56 83, Dienstag von 16 bis 18 Uhr

20, Pappenheimgasse 48–52, Tel. 33 93 26, Montag von 15 bis 18 Uhr

21, Am Spitz 1, Tel. 38 15 04*, 391, 392, 38 72 92, Donnerstag von 15 bis 18 Uhr.

In den Räumen der Raucherberatungsstelle, 1, Zelinkagasse 5, Tel. 66 14*, 661, 563, 564, befindet sich eine **Ernährungsberatung** (Montag, Dienstag und Donnerstag von 16 bis 18 Uhr, telefonische Voranmeldung 66 14*, 574 oder 661).

Worauf soll man vor einer Reise in tropische Länder achten?

Tropenreisen werden immer häufiger, erfordern jedoch gewisse gesundheitliche Vorsichtsmaßnahmen. Wer einen Tropenaufenthalt von mehr als einen Monat plant, sollte sich auf Tropentauglichkeit ärztlich untersuchen lassen.

Eine solche Untersuchungsstelle besteht im Gesundheitsamt der Stadt Wien, 1, Schottenring 24, 2. Stock, Tür 215, und kann gegen telefonische Voranmeldung entgeltlich (66 14*, 548 oder 675) in Anspruch genommen werden. Hier werden auch Ratschläge für kürzere Aufenthalte erteilt und Merkblätter mit den wichtigsten Verhaltensmaßnahmen ausgegeben. So erfährt man alles Wissenswerte über die notwendigen Medikamente in den Tropen sowie über die vor Antritt der Reise durchzuführenden Schutzimpfungen (siehe auch „Wo werden Schutzimpfungen durchgeführt?“).

Wo können Diabetiker Beratung erhalten?

Diabetiker und ihre Angehörigen können die Beratungsstelle des Österreichischen Diabetikerverbandes in Anspruch nehmen. Sie befindet sich im Amtshaus 1, Schottenring 22–24 (Eingang Zelinkagasse 5, Parterre, Tür E 53 A), und ist Dienstag von 16 bis 18 Uhr geöffnet.

Wie verhält man sich bei Verdacht einer Geisteskrankheit?

Zentrale des Kuratoriums für psychosoziale Dienste,
1, Gonzagagasse 15, Tel. 63 37 71
(Chefarzt Dr. Rudas)

Wenn das Verhalten eines Mitmenschen den Verdacht erweckt, daß es sich um Anzeichen einer Geisteskrankheit handelt, ist zunächst die Frage von Bedeutung, ob und von wem er betreut wird. Viele Geisteskranke finden sich durchaus zurecht und sind von ihren Angehörigen leicht zu beraten. Die Anweisungen des behandelnden Arztes sind natürlich genau zu beachten; die Einnahme vorgeschriebener Medikamente muß eventuell von den Angehörigen überwacht werden.

Geisteskranke, die aus einer psychiatrischen Station wieder nach Hause entlassen sind, sollen die Mithilfe der Beratungsstellen des Gesundheitsamtes der Stadt Wien (Beratungsstellen des Kuratoriums für psychosoziale Dienste) ansprechen, um wieder richtigen Anschluß im sozialen Leben zu finden und Rückfällen vorzubeugen.

Die Beratungsstellen befinden sich in:

2, Kleine Sperlgasse 2b (Psychosoziale Station), Tel. 24 75 81, Dienstag und Donnerstag von 15 bis 19 Uhr

3, Hainburger Straße 68–70, Tel. 75 61 16, Dienstag und Freitag von 15 bis 19 Uhr

8, Wickenburggasse 15, Tel. 43 99 22, 43 26 00, Dienstag und Freitag von 15 bis 19 Uhr

10, Sahulkastraße 3–5/9, Tel. 61 15 47, Montag bis Freitag von 9 bis 16 Uhr

12, Längenfeldgasse 20, Tel. 83 76 15, Montag und Dienstag von 9 bis 19 Uhr

21, Schöpfleuthnergasse 20 (Psychosoziale Station), Tel. 30 16 25

22, Kagran, Steigenteschgasse 142, Tel. 23 12 32, Montag, Dienstag und Donnerstag von 15 bis 20 Uhr

In den Beratungsstellen findet auch eine Beratung für Angehörige statt, die insbesondere dann in Anspruch genommen werden soll, wenn sich bei der häuslichen Pflege Schwierigkeiten ergeben. Auch Betriebe, die ehemals Geisteskranke eingestellt haben, können sich zu ihrer Beratung der Mithilfe des Kuratoriums für psychosoziale Dienste bedienen.

Für Alterspatienten, die psychische Schwierigkeiten haben, steht das Kuratorium für psychosoziale Dienste zur Beratung ihrer Probleme zur Verfügung. Auch dieses kann selbstverständlich von Angehörigen oder der mit der Pflege solcher Patienten befaßten Personen zur Beratung herangezogen werden.

Nur bei Gefahr im Verzug, insbesondere bei Verdacht der Selbst- oder Gemeingefährlichkeit, ist im Wege der Polizei (Wachzimmer oder Kommissariat) der zuständige Polizeiarzt zu verständigen, dessen Entscheidung es obliegt, ob die Einweisung in eine geschlossene Anstalt zur Beobachtung des Geisteszustandes erforderlich ist.

Was ist bei Drogenabhängigkeit oder Sucht zu veranlassen?

Für Personen, die in Abhängigkeit von einem Suchtmittel (z. B. Haschisch, Opiate usw.) geraten sind, bestehen Beratungsmöglichkeiten in der Zentralstelle für Suchtkrankenhilfe des Kuratoriums für psychosoziale Dienste, 9, Borschkegasse 1.

Diese Beratungsstelle ist auch für Angehörige und Freunde der Betroffenen, die dem abhängig Gewordenen aus seiner Situation helfen wollen, zugänglich. Die Beurteilung obliegt dem Referat Psychohygiene.

Für stationäre Entziehungskuren steht die Drogenstation des Genesungsheimes Kalksburg in Mödling, Husarentempelgasse 3, zur Verfügung (Aufnahme über die Ambulanz der Psychiatrischen Universitätsklinik, 9, Spitalgasse 23). Überdies besteht im Rahmen der Caritas eine Beratungsstelle für drogengefährdete Jugendliche unter fachlicher Leitung in 17, Schellhammergasse 3 (Montag bis Freitag von 19 bis 22 Uhr), im Rahmen eines Klubs.

Was kann bei Trunksucht unternommen werden?

Alkoholismus ist ein Symptom einer ihm zugrunde liegenden seelischen, geistigen, körperlichen oder sozialen Krankheit. Wenn ein Mensch immer wieder in alkoholisiertem Zustand angetroffen wird oder während desselben selbst- und gemeingefährlich ist, ist die Krankheit schon weit fortgeschritten und bedarf ärztlicher oder fürsorgerischer Betreuung.

Man kann Alkoholismus daran erkennen, daß ein Mensch genötigt ist, eine bestimmte Menge Alkohol zu sich zu nehmen. Dazu werden viele Gründe angeführt, die das Trinkenmüssen erklären sollen. Es ist krankhaft, wenn immer häufiger oder regelmäßig eine immer größere Menge Alkohol konsumiert werden muß oder wenn nach einer bestimmten Menge das Trinken nicht mehr beendet werden kann.

Es soll nicht zugewartet werden, bis das Stadium des chronischen Alkoholismus erreicht ist. Dieses ist an körperlichen, geistigen und seelischen Störungen zu erkennen, welche auch nach jahrelanger Behandlung oder Internierung nicht in jedem Fall völlig behoben werden können.

Es empfiehlt sich, dem Kranken zur freiwilligen Vorsprache bei einer der Beratungsstellen des Kuratoriums für psychosoziale Dienste (siehe „Wie verhält man sich bei

Verdacht einer Geisteskrankheit?") – die allgemeinen Sprechstunden sind außer Mittwoch und Samstag von 15 bis 19 Uhr (alle Beratungsstellen) – zu raten. Die Beratungen sind unentgeltlich.

Es bestehen weitere Beratungsstellen für Alkoholkranke:

Arbeiter-Abstinentenbund, 15, Hackengasse 13, Tel. 92 33 67

Beratungsdienst der Caritas Wien, 5, Wiedner Hauptstraße 105, Tel. 55 43 76, Montag und Freitag von 16 bis 19 Uhr, Dienstag von 17 bis 20 Uhr

Anton-Proksch-Institut (Stiftung Genesungsheim Kalksburg), 23, Mackgasse 7–9, Tel. 88 41 37, 88 41 38, Montag, Mittwoch und Samstag von 16 bis 20 Uhr

Beratungsstelle des Genesungsheimes Kalksburg für Alkoholabhängige, 3, Hainburger Straße 68–70, Tel. 72 29 552, Montag, Mittwoch und Donnerstag von 16 bis 19 Uhr

In allen diesen Beratungsstellen werden ausschließlich freiwillige Patienten beraten, behandelt und fürsorgerisch betreut. Die Aufnahme in das Genesungsheim Kalksburg erfolgt ausschließlich freiwillig über die Beratungsstellen des Kuratoriums (siehe oben) oder über die Ambulanz der Psychiatrischen Universitätsklinik, 9, Spitalgasse 23.

Für solche Kranke, die selbst- oder gemeingefährlich sind, die dem Unterhalt der Familie nicht nachkommen, deren Alkoholismus weit fortgeschritten ist oder bei denen der Verdacht einer alkoholischen Geistesstörung besteht, ist der Polizeiarzt am Polizeikommissariat des Wohnbezirkes zuständig.

Auf Antrag der Angehörigen kann beim zuständigen Bezirksgericht die Einleitung eines Entmündigungsverfahrens beantragt und über die Bundespolizeidirektion kann ein Gasthausverbot erwirkt werden.

Wie kommt man zu einem Spitalsbett?

Für die Aufnahme in ein öffentliches Krankenhaus stellt der behandelnde Arzt einen „Spitalszettel" aus.

Die Sicherung des Spitalsbettes und die Beistellung eines Krankenwagens für nicht gehfähige Patienten besorgt die nächste Polizeiwachstube. Die Spitalseinweisung ist vorzuweisen.

Gehfähige Patienten können sich um ein freies Spitalsbett direkt an die Aufnahmekanzlei bzw. Ambulanz eines öffentlichen Krankenhauses wenden.

Über die Notwendigkeit der Aufnahme entscheidet allein die Krankenanstalt.

Zur Spitalsaufnahme sind folgende Dokumente mitzubringen: Meldezettel, Nachweis der Staatszugehörigkeit, Geburts-(Tauf-)Schein, Trauschein. Selbstzahlende Patienten haben die Pflegegebühren für einen bestimmten Zeitraum im voraus zu erlegen. Krankenversicherte Patienten bringen ihre Mitgliedskarte und nach Möglichkeit auch einen Kostenverpflichtungsschein ihrer Krankenkasse mit.

An wen wendet man sich in Spitalsangelegenheiten?

Der Spitalsombudsmann nimmt Verbesserungsvorschläge und Beschwerden in Spitalsangelegenheiten für die Wiener Kranken- und Pflegeanstalten entgegen und überprüft jeden einzelnen Beschwerdefall und jede Anregung. Telefonisch erreichbar unter 63 21 37, Montag von 13 bis 15.30 Uhr und Donnerstag von 9 bis 12 Uhr. Persönliche Vorsprachen jeden Donnerstag von 9 bis 12 Uhr, 1, Schottenring 24, 3. Stock, Tür 348. Briefe sind an dieselbe Adresse zu richten.

In welchen Fällen interveniert der Rettungsdienst der Stadt Wien?

Die „Rettung" interveniert bei allen Unfällen und Vergiftungen sowie bei plötzlichen lebensbedrohlichen Erkrankungen außerhalb der Wohnung. Befindet sich der Patient in der eigenen Wohnung, so obliegt bei Erkrankungen die dringliche ärztliche Hilfe grundsätzlich dem praktischen Arzt. (An allen Tagen der Woche von 19 Uhr abends bis 7 Uhr früh sowie an Samstagen, Sonn- und Feiertagen auch tagsüber kann der ärztliche Notdienst in Anspruch genommen werden, Tel. 55 00.)

Der Interventionsbereich der Rettung erstreckt sich über alle 23 Wiener Bezirke.

Die Rettung kann von jedermann über Tel. 144 in Anspruch genommen werden.

Hiebei beachten: Kurze, aber klare Angaben am Telefon, Bekanntgabe der eigenen Telefonnummer, Erwarten des Ambulanzwagens am Interventionsort oder – wenn nötig – an einer vereinbarten Stelle, von der die Einweisung zum Interventionsort erfolgt!

In welchen Fällen kann der Krankenbeförderungsdienst der Stadt Wien in Anspruch genommen werden?

Der Krankenbeförderungsdienst, auch kurz „Sanität" genannt, führt die Transporte Kranker in die Spitäler, Heimtransporte aus den Spitälern sowie Verlegungen in andere Anstalten durch.

Voraussetzung für die Inanspruchnahme der Sanität zum Transport eines Patienten in das Krankenhaus ist die vorherige Sicherstellung eines Spitalsbettes und die ärztlich bestätigte Notwendigkeit des Transportes mittels Sanitätswagens. (Die Sicherstellung des Spitalsbettes kann durch den behandelnden Arzt oder mit dem von ihm ausgestellten Spitalszettel durch die Polizei über die Bettenzentrale erfolgen.) Die Anforderung des Krankenbeförderungsdienstes erfolgt durch die Polizei.

Für Heimtransporte ist die anstaltsärztliche Bestätigung, daß der Patient liegend mittels Sanitätswagens transportiert werden muß, nötig!

Bei Anforderung beachten: Angaben, ob Infektionskrankheit, Diagnose; Personaldokumente, Nachweise über Krankenkassenzugehörigkeit, Rentenbescheide usw. bereithalten!

Während welcher Tages- und Nachtzeiten kann man in einer öffentlichen Apotheke Wiens Arzneimittel kaufen?

In Wien sind die öffentlichen Apotheken von Montag bis Freitag von 8 bis 12 Uhr und von 14 bis 18 Uhr sowie an Samstagen von 8 bis 12 Uhr geöffnet. Außerhalb dieser Betriebszeiten können Arzneimittel in den im Bereitschaftsdienst stehenden Apotheken bezogen werden, die aus der in der Nähe der Eingangstür jeder Apotheke angebrachten Aufschriftstafel zu ersehen sind.

Wie spreche ich eine Verdienstentgangsvergütung bei Maßnahmen nach dem Epidemiegesetz an?

Der Dienstgeber hat dem Betreffenden den „gebührenden Vergütungsbetrag" auszuzahlen und kann seinen Anspruch beim Bund im Wege der MA 14 geltend machen.

Das Wichtigste über Schutzimpfungen

Schutzimpfung gegen	Wird empfohlen für	Zahl der Teilimpfungen	Wird durchgeführt in folgenden städtischen Dienststellen	Impfzeiten	Anmerkung
Tuberkulose (BCG-Impfung)	Neugeborene, Kinder, Jugendliche, Krankenpflegepersonal, ansteckungsgefährdete Personen	1	Geburtshilfliche Krankenanstalten, Schulen (3. und 4. Volksschulklasse) Tuberkulosereferat des Gesundheitsamtes, 1, Zelinkagasse 5, 2. Stock, Tür 249, Tel. 66 14*, 553	Montag bis Freitag 8 bis 12 Uhr	Außer bei Neugeborenen wird vor der Impfung eine Tuberkulinprobe durchgeführt; bei positivem Ausfall derselben erübrigt sich die Impfung
Poliomyelitis (Kinderlähmung) A) **Schluck**impfung	Kinder (ab 4. Lebensmonat), Jugendliche, Erwachsene	3	Bezirksgesundheitsämter, Mutterberatungsstellen, Kindergärten, Schulen		Die Schluckimpfung darf nur während der öffentlich angekündigten Impftermine durchgeführt werden; Auffrischungsimpfung alle zehn Jahre.
B) Impfung nach **Salk** (Injektion)	Kinder und Jugendliche, falls Schluckimpfung aus Termingründen nicht möglich	3–4	Bezirksgesundheitsämter	Dienstag und Freitag 9 bis 11 Uhr	Nach Voranmeldung
Diphtherie – Tetanus – Pertussis (Keuchhusten)	Kinder ab 3. Lebensmonat bis zur Vollendung des 1. Lebensjahres. Im 2. Lebensjahr Diphtherie-Tetanus	3 1	Bezirksgesundheitsämter Mutterberatungsstellen	Dienstag und Freitag 9 bis 11 Uhr, jeweilige Beratungszeiten	Auffrischungsimpfung alle zehn Jahre oder nach Verletzungen
Diphtherie – Tetanus	Kinder ab 2. Lebensjahr	3	Bezirksgesundheitsämter Mutterberatungsstellen, Schulen	Dienstag und Freitag 9 bis 11 Uhr	Auffrischungsimpfung alle zehn Jahre oder nach Verletzungen
Tetanus (Wundstarrkrampf)	Jugendliche, Erwachsene, insbesondere Arbeiter, Sportler, Gärtner, Soldaten, Kraftfahrer usw.	3	Bezirksgesundheitsämter Impfstelle für Auslandsreisende	Dienstag und Freitag 9 bis 11 Uhr Montag bis Freitag 8 bis 12 Uhr	Auffrischungsimpfung alle zehn Jahre oder nach Verletzungen
Röteln	Frauen im Wochenbett 13- bis 14jährige Mädchen Risikogruppen (Lehrerinnen, Kindergärtnerinnen usw.), sofern ihr Rötelantikörpertiter 1 : 16 oder weniger beträgt	1	Geburtshilfliche Abteilungen Schulen, Universitäts-Kinderklinik, 9, Lazarettgasse 14	Mittwoch 14 bis 16 Uhr	Darf keinesfalls während einer Schwangerschaft erfolgen
Masern und Mumps	ab dem vollendeten 14. Lebensmonat	1	Bezirksgesundheitsämter	Dienstag und Freitag 9 bis 11 Uhr	Schluckimpfung auf ärztliche Verschreibung

Schutz-impfung gegen	Wird empfohlen für	Zahl der Teil-impfun-gen	Wird durchgeführt in folgenden städtischen Dienst-stellen	Impf-zeiten	Anmerkung
FSME („Zeckenkrankheit“)	gefährdete Berufe, Reisende in Zeckengefahrengebiete (Kinder erst ab dem vollendeten 3. Lebensjahr)	3	Bezirksgesundheitsämter Impfstelle für Auslandsreisende	Dienstag und Freitag 9 bis 11 Uhr Montag bis Freitag 8 bis 12 Uhr	Auffrischungsimpfung alle drei Jahre. Ist der Zeckenbiß bereits erfolgt, so kann FSME-Immunglobulin verabreicht werden, Auskunft: Tel. 66 14*, 526
Typhus – Paratyphus	Auslandsreisende in Gefahrengebiete	3	Impfstelle für Auslandsreisende	Montag bis Freitag 8 bis 12 Uhr	Neuerdings ist auch eine Schluckimpfung auf ärztliche Verschreibung verfügbar
Cholera	Auslandsreisende in Gefahrengebiete	2	Impfstelle für Auslandsreisende	Montag bis Freitag 8 bis 12 Uhr	
Gelbfieber	Auslandsreisende in Gefahrengebiete	1	Impfstelle für Auslandsreisende	Montag bis Freitag 8 bis 12 Uhr	
andere Infektionskrankheiten (gegen Voranmeldung)	Auslandsreisende in Gefahrengebiete				

Impftermine an sämtlichen Bezirksgesundheitsämtern während aller Schulferien nur einmal wöchentlich.

GEWERBEWESEN

(MA 63, MBÄ)

Was ist ein Gewerbe?

Gewerbe ist jede gesetzlich nicht verbotene Tätigkeit, die selbständig, regelmäßig und in der Absicht betrieben wird, einen Ertrag oder sonstigen wirtschaftlichen Vorteil zu erzielen, und die von der Anwendung der Gewerbeordnung 1973 nicht ausgeschlossen ist.

Auf welche Tätigkeiten ist die Gewerbeordnung 1973 nicht anzuwenden?

Alle dem Erwerb dienenden Tätigkeiten, die im § 2 GewO 1973 aufgezählt sind, z. B. die Land- und Forstwirtschaft und ihre Nebengewerbe, der Bergbau, die literarische Tätigkeit, die häusliche Nebenbeschäftigung, die zur Berufsausübung zählenden Tätigkeiten der Rechtsanwälte, Notare, Ziviltechniker, Wirtschaftstreuhänder, Ärzte, Dentisten, Hebammen, die Ausübung der Erwerbszweige des Privatunterrichtes und der Erziehung, der Betrieb von Bank- und Versicherungsgeschäften, der Betrieb von Unterhaltungsunternehmen (Theater, Kino usw.).

Wie teilt man die Gewerbe ein?

Die GewO 1973 teilt die Gewerbe in freie und gebundene Gewerbe, Handwerke und konzessionierte Gewerbe ein. Eine besondere Art der Gewerbeausübung stellt der Industriebetrieb dar, der insbesondere durch hohen Kapitaleinsatz und organisatorische Trennung in eine technische und kaufmännische Führung gekennzeichnet ist.

Wie wird das Recht zur Ausübung eines Gewerbes begründet?

Bei den freien und gebundenen Gewerben und bei den Handwerken durch die vorschriftsmäßige Anmeldung des Gewerbes bei der Gewerbebehörde, das ist in Wien beim magistratischen Bezirksamt des Gewerbestandortes. Bei den konzessionierten Gewerben durch Erteilung der Konzession, um die beim magistratischen Bezirksamt – bei manchen konzessionierten Gewerben beim Landeshauptmann (MA 63) oder beim Bundesministerium für Handel, Gewerbe und Industrie – anzusuchen ist.

Wer kann ein Gewerbe anmelden bzw. um die Erteilung einer Konzession ansuchen?

Derjenige, der die von der GewO 1973 aufgestellten allgemeinen und besonderen Voraussetzungen erfüllt. Zu den allgemeinen Voraussetzungen, die ohne Rücksicht auf die Art des angestrebten Gewerbes, also von jedem Gewerbeanwärter erfüllt werden müssen, zählen:

1. die Eigenberechtigung, die grundsätzlich mit der Vollendung des 19. Lebensjahres, also mit der Volljährigkeit, eintritt;
2. die Freiheit von Ausschließungsgründen, die dann vorliegt, wenn der Gewerbeanwärter nicht wegen gewisser, durch die Strafgerichte zu ahndender Delikte verurteilt wurde (vorsätzliche strafbare Handlungen, die mit mehr als einjähriger Freiheitsstrafe bedroht sind oder sonstige strafbare Handlungen, die aus Gewinnsucht begangen wurden oder gegen die öffentliche Sittlichkeit verstoßen; Finanzvergehen) und über sein Vermögen nicht schon einmal der Konkurs oder zweimal das Ausgleichsverfahren eröffnet worden ist. Bei Vorliegen solcher Ausschließungsgründe hat die Gewerbebehörde den Anmelder zwingend von der Ausübung des Gewerbes auszuschließen;
3. die österreichische Staatsbürgerschaft.
   Angehörige eines Staates, mit dem ein Gegenseitigkeitsverhältnis besteht (derzeit z. B. mit der Bundesrepublik Deutschland, Italien, Belgien, den Niederlanden und den USA) oder solche, die vom Landeshauptmann (MA 63) die Gleichstellung mit Inländern erhalten haben, sind den österreichischen Staatsbürgern in dieser Hinsicht gleichgestellt. Für die Ausübung von Waffengewerben ist eine solche Gleichstellung mit Inländern nicht möglich.

Den besonderen Voraussetzungen hat der Gewerbeanwärter je nach der Art des Gewerbes zu entsprechen; sie betreffen vor allem den Befähigungsnachweis, das ist der Nachweis, daß der Einschreiter die fachlichen einschließlich der kaufmännischen Kenntnisse, Fähigkeiten und Erfahrungen besitzt, um die dem betreffenden Gewerbe eigentümlichen Tätigkeiten selbständig ausführen zu können. Die Befähigung für ein gebundenes Gewerbe ist durch Belege der folgenden Art nachzuweisen:

Zeugnis über eine erfolgreich abgelegte Lehrabschlußprüfung oder Nachweis einer schulmäßigen Ausbildung; Zeugnis über eine fachliche Tätigkeit; Zeugnis über eine erfolgreich abgelegte Prüfung; Zeugnis über den erfolgreichen Besuch einer Schule; Zeugnis über den erfolgreichen Besuch eines Lehrganges. Der Befähigungsnachweis für ein Handwerk ist durch die Vorlage des Zeugnisses über die erfolgreich abgelegte Meisterprüfung zu erbringen.

Gewerbeberechtigungen für konzessionierte Gewerbe, bei denen der Befähigungsnachweis sehr unterschiedlich gestaltet ist, können nur dann erteilt werden, wenn bei Erfüllung der allgemeinen Voraussetzungen für die Ausübung von Gewerben gegen den Bewerber keine Tatsachen vorliegen, die es zweifelhaft machen, ob er die für die Ausübung des Gewerbes erforderliche Zuverlässigkeit besitzt. Auf den Bedarf nach der beabsichtigten Gewerbeausübung ist nur bei Erteilung einer Konzession für die Ausübung des Rauchfangkehrer-, Bestatter- oder eines Verkehrsgewerbes Rücksicht zu nehmen. Die Voraussetzungen für die Ausübung von Gewerben sind von der Behörde in bestimmten Fällen nachzusehen, und zwar ist eine Nachsicht unter bestimmten Bedingungen sowohl vom Ausschluß von der Gewerbeausübung als auch vom Befähigungsnachweis zu erteilen. Zuständig für die Nachsichtserteilung ist nach der Art der zu erteilenden Nachsicht entweder die Gewerbebehörde erster Instanz (in Wien die magistratischen Bezirksämter), der Landeshauptmann (in Wien die MA 63) oder der Bundesminister für Handel, Gewerbe und Industrie.

Anträge betreffend Mietwagengewerbe mit Personenkraftwagen, Taxigewerbe, Hotelwagengewerbe oder Fiakergewerbe sind beim MBA 1/8, 1, Wipplingerstraße 8, einzubringen, für alle anderen Konzessionen nach dem Gelegenheitsverkehrsgesetz bei der MA 63, 1, Wipplingerstraße 8.

Welche Personen können ein Gewerbe anmelden?

Juristische Personen (wie die Gebietskörperschaften Bund, Länder und Gemeinden; die Kapitalgesellschaften Aktiengesellschaft und Gesellschaft m. b. H.; Vereine usw.) und Personengesellschaften des Handelsrechtes (offene Handelsgesellschaft und Kommanditgesellschaft) können ein Gewerbe ausüben, müssen jedoch einen Geschäftsführer bestellt oder die Ausübung einem Pächter übertragen haben.

Welche Angaben hat die Gewerbeanmeldung bzw. das Konzessionsansuchen zu enthalten?

Die mündlich oder schriftlich zu erstattende Anmeldung hat die genaue Bezeichnung des Gewerbes und des für die Ausübung in Aussicht genommenen Standortes zu enthalten. Der Anmeldung sind die Urkunden über Vor- und Familiennamen, Wohnung, Alter und Staatsangehörigkeit (Geburtsurkunde, Meldezettel, Staatsbürgerschaftsnachweis) und – soweit ein Befähigungsnachweis für das Gewerbe vorgeschrieben ist – die entsprechenden Zeugnisse oder der Bescheid über die erteilte Nachsicht anzuschließen.

Darf ein Gewerbetreibender auch Tätigkeiten anderer Gewerbe ausüben?

Die zur Ausübung von Handwerken befugten Gewerbetreibenden dürfen auch Leistungen verwandter Handwerke erbringen, sofern hiedurch der sich aus der Gewerbeberechtigung ergebende Charakter des Gesamtbetriebes gewahrt bleibt.

Allen Gewerbetreibenden steht außerdem das Recht zu, ihre Betriebseinrichtungen, sonstigen mechanischen Einrichtungen, Betriebsmittel, sonstigen Betriebsbehelfe und Betriebsgebäude instandzuhalten und instandzusetzen. Soweit es aus Gründen der Sicherheit notwendig ist, haben sie sich bei Ausübung dieser Rechte entsprechend ausgebildeter und erfahrener Fachkräfte zu bedienen. Darüber hinaus stehen sowohl den Erzeugern und Dienstleistungsgewerbetreibenden als auch den Händlern in der Gewerbeordnung erschöpfend aufgezählte spezifische Rechte zu. Dazu gehört insbesondere für die Erzeuger das Recht, Arbeiten, die im zulässigen Umfang ihrer Gewerbeausübung liegen, zu planen sowie alle jene Vorarbeiten und Vollendungsarbeiten vorzunehmen, die dazu dienen, ihre Erzeugnisse absatzfähig zu machen. Daneben steht ihnen auch das Recht zu, die dem marktmäßigen Verkauf ihrer Erzeugnisse dienenden Verpackungen herzustellen und zu bedrucken sowie neben den Waren eigener Erzeugung auch fremde Erzeugnisse gleicher Art und entsprechendes Zubehör zu verkaufen. Den Händlern steht insbesondere das Recht zum Verkauf gebrauchter Waren, zum Vermieten von Waren und zur Vermittlung des Kaufes und Verkaufes von Waren, jedoch ohne ständig damit betraut zu sein, zu. Außerdem dürfen sie die Waren an die Bedürfnisse des Marktes anpassen, die gelieferten Waren an Ort und Stelle montieren und die regelmäßige Wartung (Service) der verkauften Waren vornehmen. In diesem Zusammenhang steht ihnen auch der Austausch schadhaft gewordener Bestandteile zu. Desgleichen sind die Händler berechtigt, Bestellungen auf Waren, zu deren Verkauf sie befugt sind, zu übernehmen und diese Waren auch durch befugte selbständige Erzeuger herstellen zu lassen. Sie sind auch berechtigt, zu diesem Zweck Maß zu nehmen. Den Dienstleistungsgewerbetreibenden stehen die den Erzeugern eingeräumten Rechte sinngemäß zu, wenn der Charakter des Betriebes als Dienstleistungsbetrieb gewahrt bleibt.

Wer ist zur Führung eines Nebenbetriebes berechtigt?

Gewerbetreibende, die Handwerke, gebundene oder konzessionierte Gewerbe ausüben, dürfen gewerbliche Tätigkeiten, die den Gegenstand eines gebundenen Gewerbes oder eines Handwerkes bilden und im wirtschaftlichen und fachlichen Zusammenhang mit der Tätigkeit des Hauptbetriebes stehen, ausführen, wenn sie dabei eine Person, die den Befähigungsnachweis für das betreffende Gewerbe erbringt, hauptberuflich beschäftigen. Die Führung eines solchen Nebenbetriebes bedarf in jeder Betriebsstätte einer Bewilligung durch die Gewerbebehörde. Nicht als Nebenbetrieb darf das Gewerbe der Spediteure geführt werden.

Was versteht man unter einer weiteren Betriebsstätte?

Unter einer weiteren Betriebsstätte ist jede standortgebundene Einrichtung zu verstehen, die zur regelmäßigen Entfaltung einer gewerblichen Tätigkeit in einem anderen Standort als dem, auf den die Gewerbeanmeldung oder die Konzession lautet, bestimmt ist. Eine weitere Betriebsstätte liegt nicht vor, wenn es sich um eine Tätigkeit von nicht mehr als drei Tagen handelt. Wird eine solche Tätigkeit jedoch mehr als einmal innerhalb eines Zeitraumes von vier Monaten ausgeübt, liegt ein nicht zulässiges Feilbieten im Umherziehen vor.

Wann darf ein Gewerbe in einer weiteren Betriebsstätte ausgeübt werden?

Ein Gewerbe darf in einer weiteren Betriebsstätte innerhalb wie außerhalb der Standortgemeinde dann ausgeübt werden, wenn die Ausübung im Standort der weiteren Betriebsstätte nach den in Betracht kommenden Rechtsvorschriften zulässig ist und der Gewerbeinhaber hievon bei der Behörde die Anzeige erstattet hat bzw. bei konzessionierten Gewerben die Bewilligung der Behörde erhalten hat. Für die Ausübung des Gewerbes in der weiteren Betriebsstätte kann vom Gewerbetreibenden ein Filialgeschäftsführer bestellt werden, der dann der Behörde gegenüber für die Einhaltung der gewerberechtlichen Vorschriften in der weiteren Betriebsstätte verantwortlich ist.

Dürfen außerhalb von Betriebsstätten gewerbliche Tätigkeiten verrichtet werden?

Gewerbetreibende dürfen insbesondere im Rahmen ihres Gewerbes Waren, Roh- und Hilfsstoffe sowie Betriebsmittel überall einkaufen und einsammeln, Waren auf Bestellung überall hinliefern, bestellte Arbeiten überall verrichten, Tätigkeiten des Gewerbes, die ihrer Natur nach nur außerhalb von Betriebsstätten vorgenommen werden können, überall verrichten, auf Märkten Waren verkaufen und Bestellungen entgegennehmen, auf Messen Waren verkaufen, Bestellungen entgegennehmen und Kostproben verabreichen oder ausschenken, unentgeltlich Kostproben in den zum Verkauf bestimmten Räumen eines anderen Gewerbetreibenden verabreichen oder ausschenken, sofern letzterer zum Verkauf der betreffenden Waren berechtigt ist, und bei Festen, sportlichen Veranstaltungen oder sonstigen Anlässen, die mit größeren Ansammlungen von Menschen verbunden sind, den Kleinverkauf von Lebens- und Genußmitteln und sonstigen Waren, die zu diesen Gelegenheiten üblicherweise angeboten werden, vorübergehend ausüben, jedoch nicht im Umherziehen von Ort zu Ort oder von Haus zu Haus.

Was versteht man unter der Verlegung des Betriebes?

Unter der Verlegung des Betriebes ist die Änderung des Standortes der Gewerbeausübung sowohl innerhalb als auch außerhalb der Standortgemeinde zu verstehen. Sie ist bei Anmeldungsgewerben der Gewerbebehörde (in Wien dem magistratischen Bezirksamt des neuen Standortes) anzuzeigen, bei konzessionierten Gewerben ist um die Bewilligung der Verlegung anzusuchen.

Ist der Standort des Gewerbes und der weiteren Betriebsstätten zu kennzeichnen?

Die Gewerbetreibenden sind verpflichtet, ihre Betriebsstätten mit einer äußeren Geschäftsbezeichnung zu versehen. Die äußere Geschäftsbezeichnung hat zumindest den Namen des Gewerbetreibenden und einen im Rahmen der Gewerbeberechtigung gehaltenen unmißverständlichen Hinweis auf den Gegenstand des Gewerbes in gut sichtbarer Schrift zu enthalten.

Muß das Gewerbe vom Gewerbeinhaber persönlich ausgeübt werden?

Gewerbeinhabern steht es frei, für die Ausübung seines Gewerbes einen Geschäftsführer zu bestellen, der der Behörde gegenüber für die Einhaltung der gewerberechtlichen Vorschriften verantwortlich ist. Er kann jedoch auch die Ausübung des Gewerbes einem Pächter übertragen, der es auf eigene Rechnung und im eigenen Namen ausübt. Geschäftsführer und Pächter müssen den für die Ausübung des Gewerbes vorgeschriebenen persönlichen Voraussetzungen entsprechen. Der Geschäftsführer muß außerdem seinen Wohnsitz im Inland haben und in der Lage sein, sich im Betrieb entsprechend zu betätigen. Der Gewerbeinhaber hat die Bestellung des Geschäftsführers oder die Übertragung der Ausübung des Gewerbes an den Pächter beim magistratischen Bezirksamt anzuzeigen, bei konzessionierten Gewerben hat er dafür die Bewilligung der Behörde einzuholen.

Was sind Fortbetriebsrechte?

Darunter versteht man das Recht der Verlassenschaft nach dem Gewerbeinhaber, des überlebenden Ehegatten, der Kinder und Wahlkinder, des Masseverwalters, des gerichtlich bestellten Zwangsverwalters oder Zwangspächters, einen Gewerbebetrieb auf Grund der von einer anderen Person erstatteten Gewerbeanmeldung oder der dieser erteilten Konzession fortzuführen. Der Fortbetrieb ist von den Fortbetriebsberechtigten dem magistratischen Bezirksamt anzuzeigen. Die Fortbetriebsberechtigten haben ohne unnötigen Aufschub einen Geschäftsführer zu bestellen, wenn sie die für die Ausübung des betreffenden

Gewerbes vorgeschriebenen persönlichen Voraussetzungen nicht nachweisen. Die zur Nachsichtserteilung zuständige Gewerbebehörde kann jedoch auf deren Antrag die Bestellung eines Geschäftsführers nachsehen, wenn mit der Ausübung des Gewerbes ohne Geschäftsführer keine Gefahren für das Leben oder die Gesundheit der Menschen verbunden sind.

Wann liegt eine genehmigungspflichtige gewerbliche Betriebsanlage vor?

Eine gewerbliche Betriebsanlage darf nur mit Genehmigung der Behörde errichtet oder betrieben werden, wenn sie wegen der Verwendung von Maschinen und Geräten, wegen ihrer Betriebsweise, wegen ihrer Ausstattung oder sonst geeignet ist, das Leben oder die Gesundheit des Gewerbetreibenden, der mittätigen Familienangehörigen, der Nachbarn oder der Kunden, die die Betriebsanlage aufsuchen, oder das Eigentum oder sonst dingliche Rechte der Nachbarn zu gefährden, die Nachbarn durch Geruch, Lärm, Rauch, Staub, Erschütterung oder in anderer Weise zu belästigen, die Religionsausübung in Kirchen, den Unterricht in Schulen, den Betrieb von Kranken- und Kuranstalten oder die Verwendung oder den Betrieb anderer öffentlichen Interessen dienender benachbarter Anlagen oder Einrichtungen zu beeinträchtigen, die Sicherheit, Leichtigkeit und Flüssigkeit des Verkehrs an oder auf Straßen mit öffentlichem Verkehr wesentlich zu beeinträchtigen oder eine nachteilige Einwirkung auf die Beschaffenheit der Gewässer herbeizuführen. Die Genehmigungspflicht besteht auch dann, wenn die Gefährdungen, Belästigungen, Beeinträchtigungen oder nachteiligen Einwirkungen nicht durch die Inhaber der Anlage oder seine Erfüllungsgehilfen, sondern durch Personen bewirkt werden, die die Anlage der Art des Betriebes gemäß in Anspruch nehmen. Um die Genehmigung der Betriebsanlage hat der Unternehmer des Gewerbebetriebes anzusuchen. Vor der Genehmigung der Betriebsanlage darf mit der Errichtung oder mit dem Betrieb derselben nicht begonnen werden. Ein Wechsel in der Person des Gewerbeinhabers bedingt keine neue Genehmigung der Betriebsanlage. Die von der Behörde für den Betrieb der genehmigten Anlage vorgeschriebenen Auflagen gelten auch für den neuen Gewerbeinhaber. Wird eine genehmigte Anlage so geändert, daß sich neue oder größere Gefährdungen, Belästigungen, Beeinträchtigungen oder nachteilige Einwirkungen ergeben können, so bedarf auch die Änderung der Anlage einer Genehmigung.

Wann endet eine Gewerbeberechtigung?

Eine Gewerbeberechtigung endet in folgenden Fällen:

1. Tod der natürlichen Person, im Falle von Fortbetrieben erst mit der Endigung des Fortbetriebsrechtes;
2. Untergang der juristischen Person;
3. Änderung des Wirkungsbereiches der juristischen Person;
4. Versagung der Eintragung einer Personengesellschaft des Handelsrechtes in das Handelsregister oder, wenn die Personengesellschaft der Gewerbebehörde nicht innerhalb der gesetzten Frist die Eintragung in das Handelsregister nachgewiesen hat, mit Fristablauf;
5. Ausschluß von der Ausübung des Gewerbes;
6. Zurücklegung der Gewerbeberechtigung;
7. Entziehung der Gewerbeberechtigung durch die Behörde;
8. Urteil eines Gerichtes;
9. Zeitablauf oder mit Eintritt einer auflösenden Bedingung.

Was versteht man unter dem Ruhen der Gewerbeberechtigung?

Hier handelt es sich um die Nichtausübung der Gewerbeberechtigung. Das Ruhen und die Wiederaufnahme der Gewerbeausübung ist vom Gewerbetreibenden binnen drei Wochen der Landeskammer der gewerblichen Wirtschaft anzuzeigen. Diese Anzeige bewirkt nicht wie die bei der Gewerbebehörde zu erklärende Zurücklegung des Gewerbes den gänzlichen und unwiderruflichen Verzicht auf das Gewerberecht.

Was geschieht bei Übertretung gewerbegesetzlicher Vorschriften?

Verstöße gegen gewerberechtliche Vorschriften, die von der GewO 1973 für strafbar erklärt wurden, bilden Verwaltungsübertretungen und werden mit Geldstrafen bis zu 30.000 S oder mit Arreststrafen bis zu sechs Wochen geahndet. Wenn ein Gewerbeinhaber mindestens dreimal wegen Übertretung von gewerberechtlichen Vorschriften, die die Ausübung seines Gewerbes regeln, bestraft worden und ein weiteres vorschriftswidriges Verhalten zu befürchten ist, hat die Behörde seine Gewerbeberechtigung zu entziehen.

Ist die gewerbliche Sonntagsarbeit gestattet?

An Sonntagen hat grundsätzlich alle gewerbliche Arbeit zu ruhen. Die Nichteinhaltung der Sonntagsruhevorschriften wird nach den Strafbestimmungen der GewO 1973 geahndet.

Gibt es Ausnahmen vom Sonntagsruhegebot?

Es bestehen folgende Ausnahmen vom Sonntagsruhegebot:

1. Auf Grund des Sonntagsruhegesetzes sind die an Gewerbelokalen und Werksvorrichtungen vorzunehmenden Säuberungs- und Instandhaltungsarbeiten, die ohne wesentliche Störung des Betriebes oder ohne Gefahr für Leben und Gesundheit der Arbeiter an Wochentagen nicht verrichtet werden können, die erforderliche Bewachung der Betriebsanlagen, die Arbeiten zur Vornahme der Inventur, und zwar einmal im Jahr, unaufschiebbare Arbeiten vorübergehender Natur, welche entweder aus öffentlichen, insbesondere aus sicherheitspolizeilichen Rücksichten oder in Notfällen vorgenommen werden müssen und schließlich die persönlichen Arbeiten des Gewerbeinhabers, insoweit dieselben ohne Verwendung eines Hilfsarbeiters und nicht öffentlich verrichtet werden, erlaubt;
2. durch Verordnungen wurde darüber hinaus bei einzelnen Kategorien von Gewerben, bei denen ihrer Natur nach eine Unterbrechung des Betriebes oder ein Aufschub der betreffenden Arbeit untunlich (z. B. bei Hochöfen) oder bei denen der Betrieb an Sonntagen im Hinblick auf die täglichen oder an Sonntagen – allenfalls auch nur in bestimmten Gebieten – besonders hervortretende Bedürfnisse der Bevölkerung (z. B. Gastgewerbe, Schwimmbäder, Kleinverkauf gewisser Waren im Prater und im Ausflugsgebiet) oder des öffentlichen Verkehrs (z. B. Taxi) erforderlich ist, die Sonntagsarbeit gestattet.

Müssen an Sonntagen die Geschäftsräume geschlossen sein?

In den Stunden, während welcher die Sonntagsarbeit für den Handelsbetrieb nicht gestattet ist, müssen die Geschäftsräumlichkeiten geschlossen gehalten werden. Auch jene Inhaber von Handelsgewerben, die keine Dienstnehmer beschäftigen, dürfen den Geschäftsbetrieb nicht ausüben und müssen die Geschäftsräumlichkeiten geschlossen halten.

Welche Regelung gilt an gesetzlichen Feiertagen?

Nach dem Feiertagsruhegesetz gelten die Vorschriften über die Sonntagsruhe sinngemäß für die gesetzlichen Feiertage, das sind: 1. und 6. Jänner, Ostermontag, 1. Mai, Christi-Himmelfahrt, Pfingstmontag, Fronleichnam, 15. August, 26. Oktober, 1. November, 8., 25. und 26. Dezember.

Für welche Gewerbebetriebe gilt das Ladenschlußgesetz?

Die Bestimmungen des Ladenschlußgesetzes gelten für alle ständigen und nichtständigen für den Kleinverkauf von Waren bestimmten Betriebseinrichtungen (Läden und sonstige Verkaufsstellen); der Geltungsbereich dieses Gesetzes erfaßt daher z. B. nicht die Geschäfte der Friseure und Mietwaschküchen.

Hingegen gelten als Betriebseinrichtungen im Sinne des Ladenschlußgesetzes auch alle Einrichtungen und Veranstaltungen (Werbevorführungen) von gewerblichen Unternehmungen, bei denen Warenbestellungen im Kleinverkauf entgegengenommen werden.

Ausgenommen sind: die Warenabgabe aus Automaten, der Warenverkauf im Rahmen eines Gastgewerbes, der Marktverkehr, Marketendereien im Kasernenbereich und Tankstellen.

Für welche Tage gilt das Ladenschlußgesetz?

Das in Rede stehende Gesetz gilt nur für Werktage.

Wie sind die Geschäftszeiten geregelt?

Nach der auf Grund des Ladenschlußgesetzes ergangenen Wiener Ladenschlußverordnung dürfen die Verkaufsstellen für den Kleinverkauf von Lebensmitteln von Montag bis Freitag in der Zeit von 7 bis 18.30 Uhr, an Samstagen in der Zeit von 6.30 bis 14 Uhr und die Geschäfte für den Kleinverkauf von anderen Waren als Lebensmitteln von Montag bis Freitag in der Zeit von 8 bis 18 Uhr und an Samstagen in der Zeit von 8 bis 13 Uhr offengehalten werden. Den Einkaufsbedürfnissen der Bevölkerung Rechnung tragend, ist auf Grund von Sonderbestimmungen das längere Offenhalten von Süßwarenfachgeschäften, Blumengeschäften, Verkaufsstellen auf Bahnhöfen usw. gestattet.

Besteht eine Offenhaltepflicht?

Die Gewerbetreibenden sind nach dem Ladenschlußgesetz zum Offenhalten ihrer Verkaufsstellen während der zulässigen Geschäftszeiten nicht verpflichtet; sie müssen aber bei Eintritt des Ladenschlusses die Geschäfte schließen und während der ganzen Ladenschlußzeit geschlossen halten.

Ist die Nichteinhaltung der Ladenschlußbestimmungen strafbar?

Wer entgegen den Ladenschlußvorschriften seine Verkaufsstelle nicht geschlossen hält, Waren verkauft oder Bestellungen entgegennimmt, ist nach den Bestimmungen der GewO 1973 zu bestrafen. Kunden, die zu Beginn der Ladenschlußzeit im Geschäft anwesend sind, dürfen noch bedient werden.

GLÜCKSSPIELBEWILLIGUNGEN

(MA 62)

Das Bundesgesetz vom 27. Juni 1962, BGBl. Nr. 169, zuletzt geändert durch BGBl. Nr. 98/1979, regelt das Glücksspielwesen. Dem Bund kommt grundsätzlich das Recht zur Durchführung von Glücksspielen zu (Glücksspielmonopol). In bestimmten Fällen kann dieses Recht auf Einzelpersonen oder juristische Personen übertragen werden. Von den in Betracht kommenden Ausspielungen werden hier die sogenannten Glückshäfen und Juxausspielungen behandelt.

Was ist ein Glückshafen?

Glückshafen ist eine Ausspielung, bei welcher die Spieler durch Ziehung die auf ihre Loszettel (Spielanteile) entfallenden Treffer oder Nieten ermitteln oder zur Ermittlung beitragen. Die Anzahl der Treffer muß mindestens 1% der aufgelegten Loszettel betragen.

Was ist eine Juxausspielung?

Juxausspielungen sind solche Ausspielungen, bei denen auf jeden Spielanteil ein Treffer entfällt und die Spieler durch Ziehung die auf ihren Loszettel entfallenden Treffer ermitteln. Der Gesamtwert der Treffer muß mindestens 25% des Spielkapitals (Anzahl × Preis der Loszettel) betragen.

Wer erteilt Bewilligungen?

Um die Bewilligung ist mindestens zwei Wochen vor dem Termin beim Magistrat der Stadt Wien, MA 62, 8, Lerchenfelder Straße 4, einzureichen. Für die Abfassung des Ansuchens können bei dieser Dienststelle Formulare verlangt werden. Das Ansuchen und die Bewilligung sind im bestimmten Ausmaß gebühren- und verwaltungsabgabepflichtig.

Welche Glücksspielapparate und Glücksspielautomaten sind erlaubt?

Ausspielungen mittels eines Glücksspielapparates und Glücksspiele, die nicht in Form einer Ausspielung durchgeführt werden, dürfen, soweit sie dem Glücksspielmonopol unterliegen, nur in einer Spielbank durchgeführt werden. Ausspielungen mittels eines Glücksspielautomaten, wenn der Einwurf den Betrag oder Gegenwert von 5 S und der Gewinn den Betrag oder den Gegenwert von 100 S nicht übersteigen, unterliegen nicht dem Glücksspielmonopol; doch ist in Wien der entgeltliche Betrieb von Spielapparaten unter Erbringung oder Inaussichtstellung von Geld- und Warenleistungen nach § 30 Abs. 1 Z. 1 des Wiener Veranstaltungsgesetzes in der Fassung LGBl. für Wien Nr. 22/1976 verboten. Davon ist nur der Betrieb von Unterhaltungsspielapparaten auf Grund bestehender, von der MA 7 erteilter Konzessionen ausgenommen.

GRUNDSTÜCKSANGELEGENHEITEN

(MA 69)

Was mache ich, wenn ich der Stadt Wien einen Grund verkaufen will?

Zuständig für die Grunderwerbungen der Stadt Wien ist die MA 69, 8, Lerchenfelder Straße 4, 4. Stock. Liegenschaften können der Stadt Wien schriftlich oder mündlich angeboten werden. Zur raschen Behandlung eines Anbotes ist die Angabe der Grundbuchs-Einlagezahl, der Katastralgemeinde des Grundbuches und die Grundstücksbezeichnung sowie auch die Bekanntgabe der Nutzungsverhältnisse (z. B. Eigennutzung, Vermietung oder Verpachtung) erforderlich. Auch der erwartete Kaufpreis soll nach Möglichkeit angegeben werden.

Alle Eingaben und Ansuchen an die MA 69 betreffend Grundstücksangelegenheiten sind stempelfrei.

Wie ist die weitere Vorgangsweise?

Ergibt die Prüfung des Anbotes, daß für die Stadt Wien Interesse an dieser Liegenschaft besteht, werden die Kaufverhandlungen aufgenommen und stellt, kann volle Übereinstimmung über den abzuschließenden Kaufvertrag erzielt werden, die MA 69 an den zuständigen Gemeinderatsausschuß bzw. an den Gemeinderat den Antrag auf Genehmigung des Vertrages. Mit der Verständigung des Vertragspartners über die Genehmigung wird dann der Vertrag für beide Teile rechtsverbindlich. Vor der Genehmigung durch die zuständige Körperschaft tritt eine Bindung der Stadt Wien nicht ein.

Was geschieht nach der Genehmigung des Vertrages?

Nach der Vertragsgenehmigung wird – wenn nichts anderes vereinbart wurde – von der Magistratsdirektion – Zivil- und Strafrechtsangelegenheiten, 1, Rathaus, 4. Stiege, Hochparterre, Tür 110, die Kaufvertragsurkunde errichtet und die grundbücherliche Durchführung des Rechtsgeschäftes veranlaßt.

Was mache ich, wenn ich von der Stadt Wien ein Grundstück mieten oder pachten will?

Zuständig für die Vermietung und Verpachtung von unbebauten Grundstücken – ausgenommen landwirtschaftlich nutzbare Äcker –, die der Stadt Wien gehören, ist die MA 69, 8, Lerchenfelder Straße 4.

Wer sich für ein bestimmtes Grundstück interessiert, kann sein Ansuchen unter näherer Bezeichnung der gewünschten Fläche (z. B. EZ., Adresse, Grundstücksnummer, Katastralgemeinde, Ausmaß) und Bekanntgabe der angestrebten Nutzung schriftlich oder mündlich einbringen.

Wie ist die weitere Vorgangsweise?

Ergibt die Prüfung des Ansuchens, daß die Stadt Wien die angestrebte Fläche nicht selbst benötigt, so erhält der Bewerber einen unverbindlichen Vertragsentwurf mit dem Ersuchen, diesen zu unterschreiben und an die MA 69 rückzusenden. Nach Rücklangen werden die Vertragsbedingungen dem nach der Wiener Stadtverfassung jeweils zuständigen Organ zur Genehmigung vorgelegt. Vor der Genehmigung tritt eine Bindung der Stadt Wien nicht ein.

Wird die Genehmigung erteilt, so wird der Bewerber hievon schriftlich verständigt.

Wann hat die MA 69 bei Grundabteilungen mitzuwirken?

Falls im Zuge einer Grundabteilung (Bauplatzschaffung oder bewilligungspflichtige Bauführung) dem Abteilungswerber von der Baubehörde der Erwerb von Grundflächen, die im Eigentum der Stadt Wien stehen oder im öffentlichen Gut verbüchert sind, vorgeschrieben wird, so sind die entsprechenden Kaufverhandlungen mit der MA 69 zu führen. Erforderlich ist ein Ansuchen um Verkauf dieser Flächen und die Beilage von drei Gleichstücken des Abteilungsplanes. Alle Eingaben und Beilagen an die MA 69 sind stempelfrei.

Auch diese Transaktionen bedürfen zu ihrer Rechtswirksamkeit der Genehmigung durch die nach der Verfassung der Bundeshauptstadt Wien zuständigen Organe, das sind die Gemeinderatsausschüsse, der Stadtsenat und der Gemeinderat.

Wo erfolgt die technische Beratung von Kleingärtnern?

Wenn der Inhaber einer Siedlerstelle oder eines Kleingartenloses ein Bauvorhaben ausführen will, kann er bezüglich der Bauberatung bei der MA 69 – Kleingartenangelegenheiten, 8, Lerchenfelder Straße 4, 5. Stock, Dienstag und Donnerstag in der Zeit von 8 bis 12 Uhr vorsprechen.

KANALISATION

(MA 30)

Wem gehört der auf Straßengrund liegende Teil eines Hauskanals?

Die Hauskanäle bilden einschließlich der Einmündung in den öffentlichen Straßenkanal einen Bestandteil des Hauses. Ihre Instandhaltung obliegt daher dem Hauseigentümer. Er hat sich hiezu eines konzessionierten Baugewerbetreibenden zu bedienen. Die Baupläne der Hauskanalanlagen liegen bei den betreffenden Außendienststellen der MA 37 auf (siehe Magistrat, MA 37).

Wie verhält man sich bei Abort- oder Hauskanalverstopfungen?

Abort- und Hauskanalverstopfungen können für ganz Wien telefonisch der zentralen Funkleitstelle der MA 30 bekanntgegeben werden: Von Montag bis Freitag in der Zeit von 7 bis 17 Uhr unter Tel. 57 75 75*, 455, in der übrigen Zeit sowie an Sonn- und Feiertagen unter Tel. 57 75 75*, 462 und 485. Die Funkleitstelle der MA 30 in 6, Grabnergasse 2 bzw. 6, hat Tag- und Nachtbetrieb.

Die Gebührenverrechnung erfolgt auf Grund von Arbeitsbestätigungen. Diesbezügliche Auskünfte erteilt die MA 30, 6, Grabnergasse 4–6, Tel. 57 75 75*, 453. Die aufgelaufene Gebühr ist mit Erlagschein an die zuständige Stadtkasse einzuzahlen.

Wie verhält man sich, wenn man durch Abwasser von Industrie- und Gewerbebetrieben gestört wird?

Es genügt, telefonisch die Funkleitstelle der MA 30, 57 75 75*, 455, Montag bis Freitag von 7 bis 17 Uhr, zu allen übrigen Zeiten 57 75 75*, 462, anzurufen. Außerdem kann, ohne jeden Bundesstempel, darüber eine Anzeige in schriftlicher Form an die MA 30, 6, Grabnergasse 4–6, gemacht werden. Diese Anzeigen werden dann durch das Referat Chemie der MA 30 weiterverfolgt.

Wie bestellt man die Räumung von Senk- und Sickergruben und von Hauskläranlagen?

Senkgruben-, Sickergruben- und Hauskläranlagen-Räumungen sind für die Bezirke

1, 2, 3, 11 in 3, Nottendorfergasse 15–17, Tel. 72 57 62
4, 5, 6, 10, 12, 23 in 10, Windtenstraße 1, Tel. 62 02 24
7, 13, 16 in 14, Hackinger Straße 3, Tel. 94 32 62
8, 9, 17, 18, 19, 20 in 19, Boschstraße 40–44, Tel. 37 43 00
21 in 21, Floridsdorfer Hauptstraße 1a, Tel. 38 14 96
22 in 22, Stadlau, Waldrebengasse 3, Tel. 22 16 97,

von Montag bis Freitag in der Zeit von 7 bis 16 Uhr anzumelden, ausgenommen, wenn einer dieser Tage ein Feiertag ist. Schriftliche Anmeldungen sind mit einem 100-S-Bundesstempel zu versehen. Die Verrechnung erfolgt wie bei Verstopfungen.

Kann eine Senkgrube durch den Hauseigentümer oder Benützer selbst geräumt werden?

Um die Selbsträumung einer Senkgrube, sofern dies gesetzlich zulässig ist, kann bei der MA 30, 6, Grabnergasse 4–6, angesucht werden. Das Gesuch ist mit einem 100-S-Bundesstempel und mit 250-S-Verwaltungsabgabemarken zu versehen.

Kann ein Abscheider durch den Benützer selbst geräumt werden?

Um die Selbsträumung eines Abscheiders, sofern dies gesetzlich zulässig ist, kann bei der MA 30, 6, Grabnergasse 4–6, angesucht werden. Das Gesuch ist mit einem 100-S-Bundesstempel und mit 250-S-Verwaltungsabgabemarken zu versehen.

Wie verhält man sich im Falle von Gebrechen an den Hauskanalanlagen bzw. bei Kellerüberflutungen?

Gebrechen an Hauskanalanlagen (Rohrbrüche, Rohrundichtheit, Rattenwühlungen und sonstige Kanalgebrechen) können beim zuständigen Bezirksbetriebslokal, beim Bereitschaftsdienst oder schriftlich in gleicher Weise wie Hauskanalverstopfungen angezeigt werden. Sie werden an die zuständige Baupolizeiabteilung zur Ausstellung eines befristeten Instandsetzungsauftrages weitergeleitet.

In besonderen Fällen kann die Gruppe Baupolizei der MA 30, 6, Grabnergasse 4–6, Tel. 57 75 75*, 427, 428, 429 und 476, während der Amtsstunden Auskunft geben.

Bei Kellerüberflutungen kann eine Untersuchung Aufschluß geben, ob die Überflutung durch Bauschäden im Kanal verursacht wurde. Hauskanaluntersuchungen werden über schriftliches Ansuchen des Hauseigentümers oder dessen Bevollmächtigten durchgeführt. Ansuchen sind mit einem 100-S-Bundesstempel zu versehen. Außerdem ist ein 100-S-Bundesstempel für den Zustandsbericht beizulegen. Die Gebührenverrechnung erfolgt auf Grund von Arbeitsbestätigungen.

Wer bemißt die Gebühr für die Benützung und Räumung von Unratsanlagen und wer schreibt sie vor?

Die Gebühr für die Benützung und Räumung von Unratsanlagen, die nicht nur die Kosten der Räumung der schliefbaren Hauskanalanlagen, sondern auch jene der Straßenkanäle decken soll, wird durch die MA 4, Ref. 5, 1, Rathaus, 8. Stiege, 2. Stock, Tel. 42 8 00*, 2447, festgesetzt und mit Erlagschein durch die zuständige Stadtkasse vorgeschrieben. Ansuchen um Abschreibung der Gebühr für die Benützung und Räumung von Unratsanlagen (z. B. im Falle von Demolierungen) sind gleichfalls an die MA 4, Ref. 5, zu richten. In der jährlichen Gebühr für die Benützung und Räumung von Unratsanlagen ist die Räumung von Rohr-Hauskanälen und Regenwasserabläufen nicht inbegriffen. Diese ist in gleicher Weise wie die Behebung von Verstopfungen zu bestellen und zu vergüten.

Wer erteilt die Baubewilligung zum Neu- oder Umbau einer Hauskanalanlage?

Die Baubewilligung erteilt die MA 37, 20, Dresdner Straße 73–79, Tel. 35 66 11. Die für den Entwurf einer Hauskanalanlage erforderlichen Unterlagen können, soweit sie das öffentliche Kanalnetz betreffen, vom Bauherrn oder Bauunternehmer in der MA 30, 6, Grabnergasse 4–6, 2. Stock, Tür 471, von Montag bis Freitag in der Zeit von 8 bis 13 Uhr eingesehen werden. Telefonische Auskünfte werden nicht erteilt.

Die technische Begutachtung größerer Entwürfe für Hauskanalanlagen erfolgt in der selben Abteilung, Gruppe für baupolizeiliche Angelegenheiten:

1., 4., 6., 7., 8., 9., 10., 11. und 19. Bezirk, 2. Stock, Tür 478
2., 3., 5., 12., 15., 16., 17., 18. und 20. Bezirk, 2. Stock, Tür 452a
13., 21. und 22. Bezirk, 2. Stock, Tür 477
14. und 23. Bezirk, 2. Stock, Tür 479

Sprechtage: Dienstag und Donnerstag von 8 bis 12.30 Uhr.

Wer schreibt die Kanaleinmündungsgebühr vor?

Die Kanaleinmündungsgebühr bzw. eine allfällige Ergänzungsgebühr wird durch die zuständige Baupolizeiabteilung festgesetzt, die auch über die Höhe und Einzahlungsart Auskunft erteilt. Die Vormerkung über bezahlte bzw. vorgeschriebene Kanaleinmündungsgebühren führt die MA 6, Buchhaltungsabteilung VIII, 6, Grabnergasse 4–6, Tel. 57 75 75*, 338. Diesbezügliche Auskünfte sind dort einzuholen.

Welche Stoffe dürfen in Kanäle nicht hineingeschüttet werden?

Feuergefährliche, explosive, heiße, stark säure-, fett- oder ölhältige, schädliche oder widerliche Dämpfe entwickelnde Flüssigkeiten, feste Stoffe, wie Asche u. dgl., auch im zerkleinerten Zustand, sowie Abluft und Gase, dürfen in Kanäle nicht hineingeschüttet bzw. hineingeleitet werden, weil sie den Bestand und den Betrieb der Kanalisationsanlagen gefährden.

Darf ein Privater Schnee in das städtische Kanalnetz einleeren?

Die Bewilligung zum Einleeren von Schnee in das städtische Kanalnetz kann in besonderen berücksichtigungswürdigen Fällen über mündliches oder schriftliches, mit einem 100-S-Bundesstempel und mit 60-S-Verwaltungsabgabemarken gestempeltes Ansuchen bei der MA 30 unentgeltlich erteilt werden. Eigenmächtiger Schnee-Einwurf ist verboten.

Wer stellt Kanal- und Senkgrubenbefunde aus?

Für baubehördliche Zwecke eines Bauwerbers, Haus- bzw. Liegenschaftseigentümers werden Befunde über Hauskanalanlagen, Senk- und Sickergruben von der MA 30, Gruppe für baupolizeiliche Angelegenheiten, 6, Grabnergasse 4–6, ausgestellt:

1., 4., 6., 7., 8., 9., 10., 11. und 19. Bezirk, 2. Stock, Tür 478
2., 3., 5., 12., 15., 16., 17., 18. und 20. Bezirk, 2. Stock, Tür 452a
13., 21. und 22. Bezirk, 2. Stock, Tür 477
14. und 23. Bezirk, 2. Stock, Tür 479

Ein mit einem 100-S-Bundesstempel versehenes Ansuchen ist beizubringen, auf das Verwaltungsabgabemarken im Betrag von 250 S für Hauskanäle, von 150 S für Senk- oder Sickergruben bzw. 250 S für Senk- und Sickergruben aufzukleben sind. Außerdem ist ein nicht aufgeklebter 100-S-Bundesstempel beizulegen, der für die Befundausfertigung dient.

KRAFTFAHRWESEN UND STRASSENVERKEHR

(MA 35, 46, 70)

Wo erhält man Auskunft über den Umbau sowie die Einzelgenehmigung von Fahrzeugen?

Auskunft über die technischen Vorschriften, die beim Umbau von Fahrzeugen sowie bei der Einzelgenehmigung von selbstimportierten oder selbstgebauten Fahrzeugen (z. B. Bootsanhänger) einzuhalten sind, erhält man bei der MA 46, 12, Niederhofstraße 23, oder direkt in der Landesfahrzeugprüfstelle, 3, Schlechtastraße 4.

Wie bewirbt man sich um einen Führerschein?

Die Anmeldung zum Erwerb eines Führerscheines erfolgt mittels eines Formblattes, das bei allen Bezirkspolizeikommissariaten und auch beim Verkehrsamt der Bundespolizeidirektion Wien, 9, Türkenstraße 22a, erhältlich ist. Dem Ansuchen sind 100-S-Bundesstempel, zwei Paßbilder, ein Personalausweis, die Geburtsurkunde und der Meldezettel des Führerscheinwerbers anzuschließen. Die Einreichung muß beim Polizeikommissariat des Wohnsitzes erfolgen; sie kann auch durch einen Bevollmächtigten (z. B. durch die Fahrschule) vorgenommen werden. Bei Vorliegen des Mindestalters von 18 Jahren (für Kleinkrafträder 16 Jahren) und der erforderlichen Verkehrszuverlässigkeit (siehe Punkt Führerscheinentzug) wird nach amtsärztlicher Untersuchung hinsichtlich der körperlichen und geistigen Eignung und bestandener Lenkerprüfung der Führerschein vom Verkehrsamt der Bundespolizeidirektion Wien ausgestellt.

Aus welchen Gründen kann der Führerschein entzogen werden?

Der Führerschein kann wegen Verlustes der körperlichen oder geistigen Eignung, wegen Krankheit oder Invalidität entzogen werden. Weitaus häufiger erfolgt jedoch der Führerscheinentzug, weil die Verkehrszulässigkeit nicht mehr gegeben ist. Die Dauer der Entziehung richtet sich nach der Schwere der begangenen Rechtsverletzung. Solche Entziehungsgründe sind z. B. alkoholisiertes Lenken, Fahrerflucht, strafgerichtliche Verurteilungen größeren Ausmaßes oder zu wiederholten Malen, vor allem Gefährdung der körperlichen Sicherheit, Sittlichkeitsdelikte, zahlreiche oder besonders schwere Verwaltungsstrafen in Verkehrssachen usw. Der Führerscheinentzug wird vom Verkehrsamt der Bundespolizeidirektion Wien ausgesprochen. Gegen dessen Bescheid kann an den Landeshauptmann (MA 70) und bei einer Entziehung über fünf Jahre an das Bundesministerium für Verkehr berufen werden.

Wie bewirbt man sich um eine Fahrschullehrer- oder eine Fahrlehrer-Berechtigung?

Dem Ansuchen an die MA 70, 9, Viriotgasse 8, sind die Personaldokumente und die erforderlichen Verwendungszeugnisse (dreijähriger Besitz des Führerscheines und insgesamt dreijährige Fahrpraxis für die im Ansuchen angestrebten Führerscheingruppen), bei Fahrschullehrer-Ansuchen überdies der Nachweis der gesetzlich geforderten besonderen schulmäßigen Ausbildung, anzuschließen. Nach bestandener Prüfung und bei Vorhandensein der Vertrauenswürdigkeit wird die Bewilligung zur Ausübung der Lehrtätigkeit als Fahrschul- oder Fahrlehrer in entsprechendem Umfang erteilt. Der mit einem Lichtbild versehene Fahrlehrerausweis wird erst nach Eingehen eines Dienstverhältnisses mit einer Fahrschule auf deren Ansuchen ausgestellt.

Wie bewirbt man sich um die kraftfahrrechtliche Ermächtigung als Prüfstelle für die wiederkehrende Begutachtung?

Zur Reparatur von Kraftfahrzeugen berechtigte Gewerbetreibende können sich dann, wenn ihre Werkstätte über eine entsprechende technische Ausstattung, unter anderem über einen Bremsprüfstand oder ein Bremsmeßverzögerungsgerät mit Schreiber sowie einen Infrarot-Abgastester verfügt, unter Bekanntgabe der für die Begutachtung verantwortlichen geeigneten Personen (Kraftfahrzeugmechanikermeister, Kraftfahrzeugmechanikergeselle mit nachgewiesener dreijähriger Praxis, Gerichtssachverständiger für das Kraftfahrzeugwesen oder dgl.) bei der MA 46, 12, Niederhofstraße 23, um die Ermächtigung zur wiederkehrenden Begutachtung von Krafträdern (darunter fallen auch die Motorfahrräder), von Personenkraftwagen, außer solchen zur entgeltlichen Personenbeförderung, von Kombinationskraftwagen, außer solchen zur entgeltlichen Personenbeförderung, oder zur Beförderung gefährlicher Güter und von leichten Anhängern bewerben.

Diesem Ansuchen sind die Konzessionsurkunde bzw. der Gewerbeschein, bei protokollierten Firmen ein Handelsregisterauszug und die Zeugnisse der für die Begutachtung verantwortlichen Personen beizulegen. Die als Nachweis für die vorgenommene Begutachtung bzw. zur Feststellung des nächsten Begutachtungstermines vorgesehenen Begutachtungsplaketten sind beim Verkehrsamt der Bundespolizeidirektion Wien und die Begutachtungsformblätter bei der Österreichischen Staatsdruckerei zu beziehen.

Wer ist für die Erlassung von Verkehrsverboten oder Verkehrsbeschränkungen zuständig?

Die MA 46, 12, Niederhofstraße 23, Tel. 83 66 16, erläßt auf Grund des Ergebnisses eines behördlichen Ermittlungsverfahrens die notwendigen Verordnungen (z. B. Einbahnstraßen, Halte- oder Parkverbote, Ladezonen).

Wer ist für die Anbringung und Instandhaltung von Einrichtungen zur Regelung und Sicherung des Verkehrs zuständig?

Einrichtungen zur Kennzeichnung dauernder Verkehrsverbote oder Verkehrsbeschränkungen werden von der MA 46 angebracht (Tel. 83 66 16).

Einrichtungen zur Regelung und Sicherung des Verkehrs aus Anlaß von Arbeiten auf oder neben der Straße oder von Veranstaltungen sind vom Bauführer bzw. Veranstalter auf Grund einer bei der MA 46 einzuholenden Bewilligung anzubringen und zu erhalten.

Für geringfügige Arbeiten auf oder neben der Straße und zur Entgegennahme von Mitteilungen über Beschädigungen von Verkehrsleiteinrichtungen ist die Verkehrspermanenzstelle der MA 46 in der Zeit von 7 bis 18 Uhr unter Tel. 83 66 16*, 431, 432 oder 292, zuständig; diese Verkehrspermanenzstelle erteilt auch Auskünfte über das Verkehrsgeschehen und bewilligt vorübergehende Halteverbote für Übersiedlungen.

Wo sind Ausnahmen von Verkehrsbeschränkungen zu beantragen?

Anträge auf Ausnahmen von Verkehrsbeschränkungen jeder Art sind bei der MA 46, 12, Niederhofstraße 23 (schriftlich mit 100-S-Bundesstempel versehen), einzubringen.

Wann ist eine Gebrauchserlaubnis für die Benützung von Verkehrsflächen zu besonderen Zwecken einzuholen?

Für den Gebrauch von öffentlichen Verkehrsflächen samt den dazugehörigen Anlagen einschließlich des Untergrundes und des darüber befindlichen Luftraumes zu verkehrsfremden Zwecken, z. B. zu gewerblichen Tätigkeiten oder zur Werbung, ist eine Erlaubnis zu erwirken.

Ansuchen sind bei der MA 35 – G (Gebrauchserlaubnisse), 20, Dresdner Straße 73–79, einzubringen. Soweit durch den angestrebten Gebrauch das Privatrecht eines Dritten berührt wird, ist dessen Zustimmung anläßlich des Antrages nachzuweisen.

Für die erteilte Erlaubnis ist eine Gebrauchsabgabe zu entrichten. Die Höhe dieser Abgabe richtet sich nach dem einen Bestandteil des Gebrauchsabgabegesetzes bildenden Tarif.

KULTURAMT

(MA 7)

Studienförderung

Welche Arten von Beihilfen und Stipendien gibt es?

Im Rahmen des Stipendienwerkes der Stadt Wien können aus den vom Gemeinderat hiefür jeweils genehmigten Budgetmitteln Schülerbeihilfen, Studienbeihilfen, Abschlußstipendien für Dissertanten und Habilitanten, Arbeitsstipendien für Wissenschaftler und Künstler, Auslandsstipendien, Anerkennungsstipendien und Stiftungsstipendien gewährt werden. Eingereicht wird beim Kulturamt der Stadt Wien – MA 7, 8, Friedrich-Schmidt-Platz 5, 3. Stock, Tür 316/317, wo auch die hiefür erforderlichen Formulare erhältlich sind.

Wer erhält eine Schulbeihilfe, unter welchen Voraussetzungen und in welcher Höhe?

Für Schüler(innen) an den von der Stadt Wien geführten Schulen und Lehranstalten, die auf Grund des Schülerbeihilfengesetzes des Bundes keinen Anspruch auf eine staatliche Schulbeihilfe haben und von keiner anderen Dienststelle des Magistrats ein monatliches Taschengeld beziehen sowie für Schüler(innen) der öffentlichen und mit dem Öffentlichkeitsrecht ausgestatteten privaten allgemeinbildenden und berufsbildenden mittleren und höheren Schulen ab der neunten Schulstufe sowie des Bundesgymnasiums und des Bundesrealgymnasiums für Berufstätige, 15, Henriettenplatz 6, außerdem der Handelsakademie für Berufstätige und Handelsschule für Berufstätige, 4, Plößlgasse 13 (ausgenommen der privaten Maturaschulen und privaten Handelsschulen), kann eine Schulbeihilfe gewährt werden. Bei der Vergabe von Schulbeihilfen wird neben dem Lernerfolg (Notendurchschnitt 2,8) auch das elterliche Einkommen nach dem jeweils geltenden Einkommensteuergesetz (das Jahresnettofamilieneinkommen darf 100.000 S nicht übersteigen) berücksichtigt. Die Höhe der Schulbeihilfen reicht von 1.300 bis 8.200 S.

Wer erhält eine Studienbeihilfe, unter welchen Voraussetzungen und in welcher Höhe?

Die allgemeinen Voraussetzungen für die Gewährung von Studienbeihilfen sind:

1. Es darf kein Anspruch auf Ausbildungsbeiträge, Studienbeihilfen oder Stipendien vom Bund (Studienbeihilfekommission des Bundes) bestehen;
2. österreichische Staatsbürgerschaft des Bewerbers;
3. Wohnort Wien;
4. Bedürftigkeit;
5. günstiger Studienerfolg (Notendurchschnitt 2,8).

Für die Beurteilung der Bedürftigkeit sind die Einkommen des Studenten, die Einkünfte seiner Eltern bzw. der für ihn unterhaltspflichtigen Personen im abgelaufenen Kalenderjahr heranzuziehen. Die Höhe der möglichen Studienbeihilfe resultiert aus der Berechnung des Jahresnettofamilieneinkommens und kann bis zu 40.000 S betragen.

Als Nachweis eines normal verlaufenen positiven Studienfortganges gelten Prüfungszeugnisse über die bisherigen Studiensemester innerhalb der von der österreichischen Hochschülerschaft für die einzelnen Fakultäten und Fachrichtungen auf Grund der tatsächlichen Verhältnisse angegebenen Studienzeiten.

Anträge auf Gewährung von Schulbeihilfen und Studienbeihilfen können bis zum 15. Mai des laufenden Studienjahres eingebracht werden.

Welche Arten von Arbeitsstipendien für Künstler gibt es und was ist für den Erhalt eines Arbeitsstipendiums erforderlich?

Das Kulturamt der Stadt Wien vergibt jährlich eine begrenzte Anzahl von Arbeitsstipendien für Literaten, Komponisten, Maler und Grafiker sowie Bildhauer und angewandte Künstler. Die Höchstgrenze beträgt 25.000 S. Der Bewerber hat nachstehende Voraussetzungen zu erfüllen:

1. Österreichische Staatsbürgerschaft;
2. Arbeitsstätte und Wohnsitz in Wien;
3. Altersgrenze 40 Jahre;
4. er soll bereits:
   a) eigene Werke bei einem renommierten Verlag bzw. in angesehenen Literaturzeitschriften veröffentlicht haben,
   b) mindestens ein eigenes Werk bei einem Musikverlag veröffentlicht haben,
   c) in der Öffentlichkeit durch Ausstellungen Erfolge erzielt haben oder durch künstlerische Arbeiten seine Würdigkeit belegen (Finanzierung von Ausstellungen oder Druckkosten von Katalogen können nicht unterstützt werden);

5. das Arbeitsstipendium soll für die Fertigstellung eines konkreten, bereits begonnenen literarischen, kompositorischen bzw. künstlerischen Werkes oder für künstlerische Experimente, die zu einem Ergebnis führen, gewidmet sein.

Einsendetermine sind der 28. Februar und der 31. August des laufenden Kalenderjahres. Über die Vergabe von Arbeitsstipendien entscheidet der zuständige amtsführende Stadtrat. Er bedient sich dabei einer Jury von fachlich qualifizierten, magistratsunabhängigen Persönlichkeiten.

Wer erhält ein Wissenschafts- bzw. ein Forschungsstipendium?

Das Kulturamt der Stadt Wien vergibt jährlich ca. 40 Wissenschaftsstipendien in der Höhe von 10.000 bis 25.000 S zur Fertigstellung bzw. Durchführung von wissenschaftlichen Arbeiten bzw. Forschungsvorhaben. Für die Bewerbungen – diese können laufend gestellt werden – sind nachstehende Voraussetzungen erforderlich:

1. Österreichische Staatsbürgerschaft;
2. Arbeitsstätte und Wohnsitz in Wien;
3. Altersgrenze 40 Jahre;
4. abgeschlossene Hochschulbildung;
5. die Bewerber müssen über die dem betreffenden Thema entsprechende wissenschaftliche Qualifikation verfügen;
6. das Bewerbungsprojekt muß klar als aktuelles wissenschaftliches Vorhaben erkennbar sein;
7. Angabe von Referenzen durch Nennung von anerkannten Fachleuten (z. B. Universitätsprofessoren), Beigabe von mindestens einer schriftlichen Referenz.

Verwaltungs-, Druck- und Reisevorhaben sowie Ankauf von Geräten können finanziell nicht unterstützt werden. Arbeiten, die schon von anderer Seite überwiegend gefördert werden, dürfen nur in besonderen Ausnahmefällen eine Förderung erfahren. Innerhalb dreier Jahre kann nur e i n Wissenschaftsstipendium genehmigt werden. Vor der Antragstellung ist eine Aussprache mit dem Fachreferenten erforderlich (Auskunft Tel. 42 8 00*, 2719).

Preise der Stadt Wien für Kunst, Wissenschaft und Volksbildung

Die Stadt Wien stiftet jährlich bis zu zwölf Würdigungspreise für hervorragende Leistungen auf den Gebieten Literatur, Publizistik, Musik (Komposition), Bildende Kunst, Geistes- und Sozialwissenschaften, Naturwissenschaften und Technische Wissenschaften, Medizinische Wissenschaften sowie Volksbildung. Die Würdigungspreise sind mit je 75.000 S dotiert.

Die Würdigungspreise werden vom Bürgermeister der Stadt Wien auf Grund des Vorschlages von Preisrichterkollegien verliehen, in denen der jeweilige amtsführende Stadtrat für Kultur und Bürgerdienst den Vorsitz führt. Die Preise werden als Würdigung für ein Lebenswerk verliehen, das geeignet ist, die Bedeutung Wiens und Österreichs als Pflegestätten der Kunst, Wissenschaft und Volksbildung hervorzuheben. Die Ausschreibung der Würdigungspreise erfolgt zu Beginn eines jeden Jahres im Amtsblatt der Stadt Wien.

Bewerbungen sind jeweils bis 15. März an das Kulturamt der Stadt Wien, 8, Friedrich-Schmidt-Platz 5, zu richten.

Förderungspreise der Stadt Wien für Kunst, Wissenschaft und Volksbildung

Die Stadt Wien vergibt jährlich bis zu zwölf Förderungspreise an begabte junge Künstler, Wissenschaftler und Volksbildner, deren bisherige Leistungen in ihren Fachbereichen anerkennungswürdig sind und auf eine vielversprechende Weiterentwicklung schließen lassen; sie müssen österreichische Staatsbürger sein, in Wien wohnen, ihren Beruf in der Bundeshauptstadt ausüben und dürfen ferner das 40. Lebensjahr noch nicht vollendet haben. Die Förderungspreise sind mit je 40.000 S dotiert.

Die Förderungspreise werden vom amtsführenden Stadtrat für Kultur und Sport auf Grund des Vorschlages von Preisrichterkollegien zuerkannt. Die Ausschreibung der Förderungspreise erfolgt in der Mitte des Monats Juni eines jeden Jahres im Amtsblatt der Stadt Wien. Merkblätter zur Ausschreibung werden an alle einschlägigen Künstlervereinigungen, an die Direktionen aller wissenschaftlichen Universitäten und künstlerischen Hochschulen sowie an alle Verbände und Einrichtungen der Volks- und Erwachsenenbildung in der Bundeshauptstadt zugeschickt. Die Bewerbungen sind jeweils bis 31. August an das Kulturamt der Stadt Wien, 8, Friedrich-Schmidt-Platz 5, zu richten (Auskunft Tel. 42 8 00*, 2719).

Elias-Canetti-Stipendien der Stadt Wien

Die Stadt Wien stiftet zu Ehren des Nobelpreisträgers für Literatur, Elias Canetti, Jahresstipendien für begabte Wiener Autoren in der Höhe von monatlich 10.000 S bis zu einem Jahresgesamtbetrag von 360 000 S.

Das Elias-Canetti-Stipendium der Stadt Wien wird zur Förderung größerer literarischer Projekte auf die Dauer von jeweils einem Jahr, mit der Möglichkeit der Verlängerung bis zu einer Höchstdauer von drei Jahren, erstmals im Jahr 1982 vergeben. 1983 und 1984 wird jeweils ein weiteres Stipendium gestiftet, danach fortlaufend im Turnus jeweils freiwerdender Jahresstipendien. Das Stipendium wird vom amtsführenden Stadtrat für Kultur und Sport aufgrund des Vorschlages der für die Vergabe der Preise der Stadt Wien für Literatur und Publizistik im Verleihungsjahr vom Bürgermeister der Stadt Wien bestellten Jury zuerkannt.

Das Elias-Canetti-Stipendium kann an Autoren verliehen werden, die sich persönlich beworben haben, ihren Wohnsitz in Wien haben oder dieser Stadt besonders nahestehen. Der Bewerbung ist ein Lebenslauf mit Beschreibung des künstlerischen Werdeganges und die Darlegung jenes literarischen Werkes, für das ein Stipendium gewährt werden soll, beizulegen. Die Ausschreibung erfolgt im Herbst eines jeden Jahres im Amtsblatt der Stadt Wien. Die Bewerbungen sind jeweils bis 30. November d. J. an das Kulturamt der Stadt Wien, 1, Friedrich-Schmidt-Platz 5, zu richten (Auskunft: Tel. 42 8 00*, 2719).

Fremdenverkehr

Das Kulturamt der Stadt Wien ist mit den behördlichen Agenden des Fremdenverkehrs betraut und betreut die Fremdenführerprüfungen.

Um dem Bedürfnis der ausländischen Gäste nach besonders preiswerten Quartieren entgegenzukommen und um vor allem dem Trend „Zurück zur Natur“ gerecht zu werden, hat die Stadt Wien im Westen und Süden der Stadt Campingplätze angelegt, die sich lebhafter Frequenz erfreuen.

Für die jüngeren Besucher, insbesondere Schulreisegruppen, steht das Jugendgästehaus Hütteldorf zur Verfügung.

Das internationale Studentenheim der Stadt Wien wird während der Ferienzeit als Hotel der Kategorie B geführt und dient somit einerseits dem Fremdenverkehr und ermöglicht andererseits, durch diese Erträge die Miete für die Studenten während des Studienjahres niedriger zu halten.

Jugendgästehaus der Stadt Wien, 13, Schloßberggasse 8, Tel. 82 15 01

Städtischer Campingplatz Wien-West I, 14, Hüttelbergstraße 40, Tel. 94 14 49

Städtischer Campingplatz Wien-West II, 14, Hüttelbergstraße 80, Tel. 94 23 14

Städtischer Campingplatz Wien-Süd, 23, Atzgersdorf, Gerbergasse 2, Tel. 86 92 18

Internationales Studentenheim der Stadt Wien, 19, Gymnasiumstraße 85, Zufahrt Vegagasse 20, Tel. 34 76 31

Förderung der Altstadterhaltung

Aus den Erträgnissen des durch Landesgesetz im Jahr 1972 geschaffenen Zuschlags zu den Fernsehgebühren („Kulturschilling") werden vornehmlich Zuschüsse zur Durchführung von Restaurierungsarbeiten an Altstadtobjekten vergeben. Die Objekte müssen innerhalb der vom Gemeinderat ausgewiesenen „Schutzzonen" liegen oder sonst von besonderer Bedeutung für das Stadtbild sein (z. B. unter Denkmalschutz stehen). Gefördert wird die Erhaltung des äußeren Erscheinungsbildes, d. h. Fassaden, Dächer, Durchfahrten, Höfe. Der Zuschuß soll ein Beitrag zu jenen Mehrkosten sein, die dem Eigentümer durch den Besitz eines für das Stadtbild bedeutenden Gebäudes bei Restaurierungen entstehen, und wird von Fall zu Fall je nach den notwendigen Arbeiten und der sozialen Lage des Bewerbers bemessen. Die Einreichung erfolgt beim Kulturamt der Stadt Wien (MA 7, 8, Friedrich-Schmidt-Platz Nr. 5, Referat für Stadtbild- und Denkmalpflege).

LEBENSMITTEL- UND MARKTWESEN

(MA 59)

Das Marktamt der Stadt Wien befindet sich in 3, Am Modenapark 1–2, Tel. 72 36 31 und 73 41 19 (Journaldienst). Die Marktamtsabteilungen, als solche werden die Außenstellen des Marktamtes in den Bezirken bezeichnet, sind auf größeren Märkten oder in den magistratischen Bezirksämtern eingerichtet (siehe Magistrat, MA 59).

Wie verhält man sich bei Verdacht auf überhöhte Preise oder mangelhafte Preisauszeichnung?

Für Lebensmittel bestehen nur noch zum Teil amtlich festgesetzte Höchstpreise (z. B. für Mehl, Schwarzbrot, Zucker, Vollmilch und für verschiedene Rind- und Selchfleischarten sowie für insgesamt 14 Wurstsorten). Aber auch der freien Preiserstellung sind durch das Preisgesetz Grenzen gesetzt. So ist eine erhebliche Überschreitung des im ordentlichen Geschäftsverkehr jeweils üblichen Preises für Bedarfsgegenstände oder Bedarfsleistungen gleicher Art und Beschaffenheit unzulässig.

Die in Geschäftslokalen zum Verkauf an Letztverbraucher feilgehaltenen und die in Schaufenstern (Schaukästen) sichtbar ausgestellten Waren müssen mit Preisschildern versehen sein. Die Preise für Waren, die zum baldigen Verkauf bestimmt sind, können auch in Preisverzeichnissen, die an leicht sichtbarer Stelle angebracht sein müssen, oder in zur Einsichtnahme aufgelegten Preislisten ausgewiesen werden. In Gastgewerbebetrieben aber müssen die Preise für die jeweils angebotenen Speisen und Getränke in Preisverzeichnissen (Speise- und Getränkekarten, in kleineren Betrieben genügen auch gut sichtbar angebrachte Preislisten) enthalten sein. Speise- und Getränkekarten sind jedem Gast vor Entgegennahme von Bestellungen vorzulegen. Außerdem sind die Preisverzeichnisse jener Betriebe, in denen regelmäßig warme Speisen verkauft werden, zusätzlich außen neben der Eingangstür gut lesbar anzubringen. Weiters sind auch bestimmte Dienstleistungsunternehmen (z. B. Badeanstalten, Friseure, Kosmetiker, Putzereien und Wäschereien, Schuhmacher, Uhrmacher, Installateure, Transport- und Garagierungsunternehmen, Kfz-Mechaniker und -Elektriker, Tankstellen, Radio- und Fernsehtechniker, Fliesenleger, Theater, Kinos und Vergnügungsstätten) verpflichtet, die für ihre wesentlichen Dienstleistungen geforderten Preise in Form von an leicht sichtbarer Stelle anzubringenden Preisverzeichnissen ersichtlich zu machen.

Bei Verdacht einer überhöhten Preisforderung oder bei Feststellung einer unterlassenen oder mangelhaften Preisauszeichnung wende sich der Verbraucher an die Marktamtsabteilung des Bezirkes.

Wo kann man sich über Preise und Zufuhren von Lebensmitteln informieren?

Das Marktamt erhebt wöchentlich die Preise für Fleisch, Fleischwaren, Eier und Viktualien und veröffentlicht diese in einem Wochenausweis. Ergänzend dazu werden monatlich auch die Preise der anderen wichtigen Lebensmittel festgestellt und in einem Monatsausweis veröffentlicht. Diese Marktamtsausweise können in der Kanzlei des Marktamtes in 3, Am Modenapark 1–2, Tel. 72 36 31*, 254, sowohl in Einzelexemplaren als auch im Abonnement erworben werden.

Wer nimmt Beschwerden über Qualitätsmängel bei Lebensmitteln und bei Verdacht der Gesundheitsschädlichkeit oder der Verdorbenheit entgegen?

Man wende sich ehestens an die zuständige Marktamtsabteilung, welche die Begutachtung der Ware und die Überprüfung des Falles durchführt.

Sofern eine ernstliche Störung der Gesundheit auftritt, die auf den Genuß eines nicht mehr einwandfreien Lebensmittels zurückgeführt wird, nehme man sofort ärztliche Hilfe in Anspruch. Bei Verdacht auf bakterielle Lebensmittelvergiftung ist außerdem das zuständige Bezirksgesundheitsamt zu verständigen. Etwa noch vorhandene Speisenreste sind aufzubewahren. Möglichst bald ist sodann die zuständige Marktamtsabteilung zu verständigen, damit eine Überprüfung des Speisenrestes bzw. des im Bezugsgeschäft vorhandenen Vorrates an der betreffenden

Ware durchgeführt wird, um den Fall klarzustellen und den weiteren Verkauf dieses Lebensmittels zu verhindern (siehe auch „Gesundheitswesen – Was hat man bei Verdacht auf Gesundheitsschädigung durch bakteriell verunreinigte Lebensmittel zu tun?“ und „Veterinärwesen – Was hat man bei Verdacht auf bakterielle Lebensmittelvergiftungen zu tun?“).

Wo besteht die Möglichkeit der Pilzberatung und Pilzbeschau?

Es wird empfohlen, nur solche Pilze zu sammeln und zu essen, die man sicher als Speisepilze erkannt hat und die von einwandfreier Qualität sind. Ist man nicht sicher, einen Speisepilz gefunden zu haben, so besteht die Möglichkeit, den Fund in einer der Marktamtsabteilungen oder direkt in der Marktamtsdirektion kostenlos begutachten zu lassen. Zur exakten Pilzbestimmung sind nur ganze, unverletzte Exemplare geeignet. In der Direktion des Marktamtes, 3, Am Modenapark 1–2, 2. Stock, ist eine ständige Pilzausstellung eingerichtet, die Montag bis Freitag (werktags) von 8 bis 18 Uhr frei zugänglich ist und die anhand von Modellen die wichtigsten genußtauglichen sowie giftigen Pilze zeigt.

Auf Märkten sowie im gewerblichen Geschäftsverkehr überhaupt dürfen nur Pilze in den Handel gelangen, die in der Speisepilz-Verordnung, BGBl. Nr. 250/1979, namentlich angeführt sind. Die Überwachung auf Einhaltung dieser Bestimmung sowie die Kontrolle der Qualität der angebotenen Pilze obliegt den Organen des Marktamtes.

Müssen eine Waage bzw. ein Metermaß geeicht sein?

Nach dem Maß- und Eichgesetz, BGBl. Nr. 152/1950, in der Fassung des Bundesgesetzes vom 20. März 1973, BGBl. Nr. 174/1973, sind alle Meßgeräte (Maße, Meßwerkzeuge, Waagen, Gewichte, Abfüllmaschinen, Fässer, Personenwaagen, Fieberthermometer), wenn sie im öffentlichen Verkehr verwendet oder bereitgehalten werden, zu eichen und zeitgerecht nachzueichen. Von einer Verwendung spricht man nicht nur, wenn die Meßgeräte für den An- und Verkauf verwendet werden, sondern auch dann, wenn sie zur Überprüfung der Lieferungen, zur Bestimmung des Arbeitslohnes, zur Kontrolle von Arbeitsleistungen und zur Messung von Sachentschädigungen gebraucht werden. Bereitgehalten ist ein Meßgerät dann, wenn die äußeren Umstände erkennen lassen, daß es ohne besondere Vorbereitung in Gebrauch genommen werden kann (überzählige Waagen in Verkaufslokalen!).

Die MA 59 verlautbart alljährlich in der Tagespresse und in den Fachzeitschriften, welche Meßgeräte nachzueichen sind, um Beanstandungen der Handels- und Gewerbetreibenden wegen Nichtbeachtung der Eichvorschriften zu vermeiden.

In dieser alljährlichen Verlautbarung wird u. a. bezüglich der Nacheichpflicht ausgeführt:

Der Nacheichung unterliegen alle eichpflichtigen Gegenstände mit Ausnahme von Meßgeräten, die nur aus Glas, Porzellan oder Steingut bestehen sowie Flüssigkeitsmaße aus Metall bis zu 2 Liter Inhalt und emaillierte Flüssigkeitsmaße.

Die Nacheichfrist beträgt grundsätzlich zwei Jahre. Es gibt aber auch längere Nacheichfristen.

Die eichamtliche Überprüfung erfolgt in Wien beim Eichamt Wien, 20, Gasteigergasse 2–4. Feststehende oder schwer transportierbare Eichobjekte können nach Anmeldung beim Eichamt (Tel. 33 55 01*, 223) auf dem Verwendungsplatz nachgeeicht werden. Auskünfte, insbesondere über Nacheichfristen, erteilt auch jede Marktamtsabteilung.

Wie erfolgt die Zuweisung von Verkaufsplätzen auf Märkten?

Ständige Lebensmittelmärkte

Stabile oder transportable Marktstände werden meistens durch Rechtsgeschäfte unter Lebenden mit Zustimmung des Marktamtes weitergegeben. Die Zuweisung der Marktplätze für diese Marktstände oder – bei den in den letzten Jahren errichteten Märkten – die Marktplatzvergabe in Form eines Bestandvertrages erfolgt durch die MA 59, 3, Am Modenapark 1–2, 2. Stock, über Vorschlag der jeweils örtlich zuständigen Marktamtsabteilung nach den Bestimmungen der Marktordnung für die Stadt Wien für bestimmte oder unbestimmte Zeit. Die marktamtliche Zuweisung oder der Bestandvertrag bilden die Grundlage für die Erlangung einer entsprechenden Gewerbeberechtigung. Interessenten für einen Marktstand wird empfohlen, vorerst mit der zuständigen Marktamtsabteilung Rücksprache zu nehmen, da man hier mit den örtlichen Verhältnissen vertraut ist und den Bewerber um einen Marktstand rechtzeitig beraten und unter Umständen vor Schaden bewahren kann.

Landparteienplätze

Auf größeren Märkten bestehen Landparteienplätze, die von landwirtschaftlichen Produzenten und Marktfahrern bezogen werden können. Die landwirtschaftlichen Produzenten müssen zum Nachweis ihrer Produzenteneigenschaft ein Produzentenvormerkbuch vorweisen, welches gegen Ersatz der Selbstkosten von jener Marktamtsabteilung ausgestellt wird, in deren Bereich sich der landwirtschaftliche Betrieb befindet bzw. – wenn es sich um einen außerhalb Wiens gelegenen Betrieb handelt – von jener Marktamtsabteilung, in deren Bereich der Landparteienplatz liegt, welchen die zukünftige Marktpartei beziehen möchte.

Temporäre Märkte

Diese in unterversorgten Stadtrandgebieten errichteten Märkte (derzeit fünf Märkte: 10, Per-Albin-Hansson-Siedlung Ost; 22, Hirschstetten, Quadenstraße; 22, Kagran, Bernoullistraße; 22, Kagran, Rennbahnweg; 23, Liesing) können von landwirtschaftlichen Produzenten, Marktfahrern und Lebensmittelkleinhändlern bzw. -erzeugern bezogen werden. Nähere Auskünfte erteilt die zuständige Marktamtsabteilung.

Flohmarkt

Den Flohmarkt, der jeden Samstag, ausgenommen an Feiertagen, in der Zeit von 8 bis 18 Uhr im 6. Bezirk auf dem oberen Naschmarkt bei der U-Bahn-Station Kettenbrückengasse abgehalten wird, können sowohl Gewerbetreibende als auch Amateure beziehen. Die Dauerplätze für Gewerbetreibende werden von der MA 59, 3, Am Modenapark 1–2, 2. Stock, zugewiesen. Die Tagesplätze für Amateure werden durch die Marktamtsabteilung für den 4., 5., 6., 7. Bezirk in einem Marktstand neben dem Amtsgebäude (gegenüber der U-Bahn-Station Kettenbrükkengasse) jeweils am vorangehenden Dienstag, Mittwoch und Donnerstag von 12 bis 15 Uhr gegen Vorweis eines amtlichen Lichtbildausweises und des Meldezettels vergeben. Diese Tagesplätze dürfen einem Bewerber nur dreimal je Kalenderjahr zugewiesen werden. Marktgegenstände des Flohmarktes sind handgefertigte kunstgewerbliche Gegenstände, Kunstgegenstände geringeren Wertes, gebrauchte Bücher, Schriften, Fotos, Altwaren kleineren Ausmaßes, gebrauchte Textilien und Schuhe sowie alte Münzen und Medaillen.

Verkaufsstände aus besonderen Anlässen

Auskünfte über die Aufstellungsmöglichkeiten aus besonderen Anlässen (z. B. Fastenmarkt, Kirchweihmärkte, Allerheiligenmarkt, Christkindlmarkt, Christbaummarkt usw.) erteilen die örtlich zuständigen Marktamtsabteilungen, welche nach Prüfung der Verhältnisse auch die Marktplätze zuweisen, die Einhebung der Marktgebühren besorgen und den Marktverkehr auf solchen Gelegenheitsmärkten überwachen. Diese Märkte können ebenfalls von Marktfahrern und Gewerbetreibenden, Allerheiligen- und Christbaummärkte auch von landwirtschaftlichen Produzenten bezogen werden.

Für die Vergabe von Marktplätzen auf allen angeführten Märkten werden amtlich festgesetzte Marktgebühren bzw. vertraglich vereinbarte Bestandzinse eingehoben. Die Verkaufszeiten und die Marktgegenstände, welche auf den einzelnen Märkten verkauft werden dürfen, sind durch die Marktordnung geregelt.

Wie bekommt man eine Bewilligung (Gebrauchserlaubnis) zur Aufstellung eines transportablen Straßenstandes?

Ansuchen um die Bewilligung (Gebrauchserlaubnis) zur Aufstellung eines transportablen Straßenstandes, ausgenommen Zeitungsverkaufsständen, sind an die MA 59, 3, Am Modenapark 1–2, mit möglichst genauer Angabe des gewünschten Standortes (Planskizze) zu richten. An der gleichen Stelle oder telefonisch unter der Nummer 72 36 31*, 251 und 252, werden auch Auskünfte über die zulässigen Standtypen und die Voraussetzungen für eine Gebrauchserlaubnis erteilt.

Wann und wie lange dürfen Geschäfte offenhalten?

Lebensmittelkleinhandelsgeschäfte dürfen (werktags) Montag bis Freitag von 7 bis 18.30 Uhr und an Samstagen von 6.30 bis 14 Uhr, Kleinhandelsgeschäfte mit anderen Waren als Lebensmittel (werktags) Montag bis Freitag von 8 bis 18 Uhr, an Samstagen von 8 bis 13 Uhr offenhalten. Innerhalb dieser genannten Zeitspannen bleibt es dem einzelnen Gewerbetreibenden überlassen, seine Offenhaltezeit selbst zu bestimmen. Die Ladenschlußzeiten für einige Gewerbezweige sind abweichend davon geregelt. Auskünfte darüber erteilen die MA 59, 3, Am Modenapark 1–2, Tel. 72 36 31*, 251, sowie alle Marktamtsabteilungen.

Wo befinden sich städtische Brückenwaagen?

Städtische Brückenwaagen befinden sich in

11, Simmeringer Markt
Tragkraft: 25 t, Ausmaß: 8,00 × 2,80 m

12, Meidlinger Markt
Tragkraft: 25 t, Ausmaß: 8,00 × 2,80 m

15, Meiselmarkt
Tragkraft: 25 t, Ausmaß: 8,00 × 2,75 m

23, Großmarkt Wien-Inzersdorf, Laxenburger Straße 365
Tragkraft: 50 t, Ausmaß: 2 × 2 Waagtische je 10,00 × 3,00 m

Welche Aufgaben kommen dem Marktamt bei Gewerberechtsüberschreitungen und unbefugtem Gewerbebetrieb zu?

Dem Marktamt obliegt auch die Ausübung der gewerbepolizeilichen Überwachung und Überprüfung von Unternehmen im Sinne der Gewerbeordnung. Beschwerden sind an das örtlich in Frage kommende magistratische Bezirksamt oder an die zuständige Marktamtsabteilung zu richten.

Wo kann sich der Verbraucher beim Lebensmitteleinkauf beraten lassen?

Groß- und Einzelverbraucher erhalten für den Lebensmitteleinkauf über jeweils günstige Kaufgelegenheiten, über die Preislage oder über die Verwendungsmöglichkeiten noch nicht allgemein bekannter Waren bei den Marktamtsabteilungen oder in der MA 59 (beim Referat Konsumentenberatung), 3, Am Modenapark 1–2 (Tel. 72 36 31*, 252), Auskunft.

Warum besuchen die Wiener Hausfrauen gerne die Märkte?

Märkte werden vor allem besucht, weil

1. die Auswahl an Lebensmitteln, besonders an Gemüse und Obst, groß ist;
2. durch die freie Auslegung der Waren den Käufern ohne jeglichen Kaufzwang die Besichtigung sowie der Qualitäts- und Preisvergleich möglich ist;
3. sich infolge des gehäuften gleichzeitigen Angebotes gleichartiger Waren eine für den Verbraucher günstige Preisbildung ergibt;
4. die dort gegebene ständige lebensmittel- und preispolizeiliche Kontrolle durch das Marktamt den Verbraucher wirksamer vor Schädigung zu wahren vermag;
5. das vielfältige Angebot eine raschere Erledigung des Einkaufes ermöglicht und daher Zeit sparen hilft.

LEHRLINGE

Bürokaufmannslehrlinge

Beim Magistrat der Stadt Wien werden alljährlich Bürokaufmannslehrlinge, bekannter unter dem Ausdruck „Rathauslehrlinge", aufgenommen.

Rathauslehrling bedeutet nicht, nur im Rathaus tätig zu sein und zu lernen, sondern in den städtischen Dienststellen, die über das ganze Stadtgebiet verteilt sind, mitzuarbeiten.

Die Ausbildung als Bürokaufmannslehrling dauert drei Jahre. Der Lehrvertrag wird in der Kammer der gewerblichen Wirtschaft protokolliert. Neben der praktischen Ausbildung in mehreren Dienststellen ist die Kaufmännische Berufsschule zweimal wöchentlich je einen halben Tag zu besuchen.

Nach dem ordnungsgemäßen Abschluß der Lehre ist eine Anstellung als Kanzleibeamter bei der Stadt Wien möglich. Jeder Lehrling kann auch die Lehrabschlußprüfung (§ 21 Berufsausbildungsgesetz) ablegen.

Wer die gesetzliche Schulpflicht erfüllt hat und Interesse für diese Ausbildung und die für diesen Beruf erforderliche geistige und körperliche Eignung hat, kann Bürokaufmannslehrling werden. Der Antrag auf Aufnahme als Bürokaufmannslehrling kann schon während des neunten Schuljahres nach Erhalt des positiven Semesterzeugnisses, etwa ab Februar, gestellt werden und ist an die MA 2, Personalamt, Aufnahmedienst, zu richten.

Dem Aufnahmeansuchen mit Lebenslauf ist das Abschlußzeugnis des achten Schuljahres sowie das Halbjahrszeugnis des neunten Schuljahres anzuschließen. Mitte Mai wird bei einem schriftlichen Test die Eignung des Bewerbers festgestellt und die Aufnahme, die im August stattfindet, in die Wege geleitet.

Bautechnische Zeichnerlehrlinge

In den Bauabteilungen des Magistrats der Stadt Wien werden auch alljährlich einige bautechnische Zeichnerlehrlinge aufgenommen.

Die Ausbildung dauert drei Jahre. Der Lehrvertrag wird in der Kammer der gewerblichen Wirtschaft protokolliert.

Neben der praktischen Ausbildung in mehreren Dienststellen ist einmal wöchentlich einen ganzen Tag die Berufsschule für Baugewerbe zu besuchen.

Nach dem ordnungsgemäßen Abschluß der Lehre erfolgt die Anstellung als technischer Zeichner oder als Beamter des technischen Dienstes bei der Stadt Wien. Jeder Lehrling kann auch die Lehrabschlußprüfung (§ 21 Berufsausbildungsgesetz) ablegen.

Hinsichtlich der Aufnahme gelten die oben für die Bürokaufmannslehrlinge angeführten Bedingungen sinngemäß.

LIEGENSCHAFTSERWERB DURCH AUSLÄNDER

(MA 62)

Nach dem Ausländergrunderwerbsgesetz vom 16. Juni 1967, LGBl. für Wien Nr. 33, können Ausländer das Eigentum und bestimmte andere Rechte an Wiener Grundstücken in der Regel nur mit behördlicher Genehmigung erwerben.

Wer gilt als Ausländer?

Ausländer im Sinne des Gesetzes sind alle natürlichen Personen, die nicht österreichische Staatsbürger sind, sowie Gesellschaften, die ihren Sitz im Ausland haben. Gesellschaften mit dem Sitz im Inland gelten dann als Ausländer, wenn an ihnen Nichtösterreicher oder ausländische Gesellschaften überwiegend beteiligt sind. Die Bestimmungen über die Genehmigung finden keine Anwendung, wenn zwischenstaatliche Verträge entgegenstehen oder wenn fremde Staaten bzw. bestimmte internationale Organisationen als Erwerber auftreten. Auch der Erwerb einer Liegenschaft im Erbweg bedarf keiner Genehmigung.

Auf welche Rechte bezieht sich das Gesetz?

Grundsätzlich ist der Erwerb des Eigentums, des Miteigentums (auch Eigentumswohnungen), eines Baurechtes oder einer persönlichen Dienstbarkeit an die behördliche Genehmigung gebunden, desgleichen der Erwerb von Miet- und Pachtrechten, die im Grundbuch eingetragen werden sollen. Andere Miet- und Pachtverträge sind nicht genehmigungspflichtig.

Wer entscheidet über Genehmigungsansuchen?

Die Genehmigung erteilt nach Anhörung der zuständigen gesetzlichen Interessenvertretung die Wiener Landesregierung. Das Ansuchen ist beim Amt der Wiener Landesregierung, MA 62, 8, Lerchenfelder Straße 4, einzubringen, wobei der Antragsteller seine Staatsbürgerschaft und die Geburtsdaten anzugeben und eine Begründung des Erwerbes beizufügen hat. Im Falle von Gegenseitigkeit mit dem Heimatstaat des Antragstellers aufgrund zwischenstaatlicher Verträge ist die Staatsbürgerschaft nachzuweisen.

Unter welchen Voraussetzungen wird die Genehmigung erteilt?

Ein Anspruch auf Genehmigung besteht grundsätzlich nur dann, wenn am Zustandekommen des Rechtsgeschäftes ein volkswirtschaftliches oder soziales Interesse besteht. Aber selbst bei Vorliegen eines solchen Interesses muß die Genehmigung versagt werden, wenn andere öffentliche Interessen, z. B. solche militärischer oder sicherheitspolizeilicher Natur, entgegenstehen. Die Durchführung des Rechtsgeschäftes im Grundbuch ist nur zulässig, wenn der Erwerber den Bescheid über die Genehmigung vorlegt.

Welche Strafen sieht das Ausländergrunderwerbsgesetz vor?

Wer eine Genehmigung durch bewußt falsche Angaben oder durch Verschweigung von Tatsachen erschleicht oder wer eine Verabredung zur Umgehung des Gesetzes trifft, begeht eine Verwaltungsübertretung, die mit Geldstrafen bis 300.000 S geahndet werden kann. Der gleichen Strafe unterliegen vorsätzliche falsche Angaben über die Beteiligung von Ausländern an einer inländischen Gesellschaft.

MUSEEN DER STADT WIEN

(MA 10)

Was sind die Museen der Stadt Wien und was sieht man dort?

Das Historische Museum der Stadt Wien, das sich seit 1959 im neuerbauten Haus auf dem Karlsplatz befindet, zählt zu den bedeutendsten Stadtmuseen Europas. Die nach modernen Grundsätzen aufgestellte Schausammlung bietet einen Überblick über den Werdegang Wiens, von der frühesten Besiedlung des heimischen Bodens in vorgeschichtlicher Zeit über das römische Vindobona und die aufstrebende mittelalterliche Stadt bis zur Entstehung der heutigen Großstadt. In enger Verflechtung mit der geschichtlichen Dokumentation wird die Kunst und Kultur Wiens in einer Vielfalt verschiedenartiger Objekte dargestellt und anschaulich gemacht. Zu den größten Schätzen des Museums gehören die steinernen Bildwerke und Glasgemälde aus St. Stephan und die Bestände aus dem Städtischen Zeughaus; eine Sehenswürdigkeit besonderer Art ist die mitten im Museum völlig unverändert wiedererstandene Wohnung Franz Grillparzers.

Jeder Wiener kennt das Historische Museum, zumindest von außen, aber wahrscheinlich kennt so mancher nicht die zum Historischen Museum gehörenden Musiker-Gedenkstätten der Stadt Wien. Unter diesem Sammelbegriff verbergen sich weltberühmte Sehenswürdigkeiten: die Mozart-Erinnerungsräume in Mozarts Wohnhaus, 1, Domgasse 5, das Johann-Strauß-Museum in der Johann-Strauß-Wohnung, 2, Praterstraße 54, das Haydn-Museum mit Brahms-Gedenkraum in Haydns Wohnhaus, 6, Haydngasse 19, die Beethoven-Erinnerungsräume in Beethovens Wohnhaus, 1, Mölker Bastei 8, das Schubert-Museum in Schuberts Geburtshaus, 9, Nußdorfer Straße 54, dessen Generalinstandsetzung den alten Bauzustand wiederherstellte, und schließlich das ergreifend schlichte Sterbezimmer Franz Schuberts im Haus 4, Kettenbrückengasse 6. Die kleinen Museen, die in diesen denkwürdigen Räumen eingerichtet wurden, sind eigentlich Dependancen des Hauptmuseums, ihr Eigendasein entspricht der hohen Bedeutung der Musik innerhalb der Kulturgeschichte Wiens. Dazu gehören auch die beiden, der biografischen Dokumentation gewidmeten Beethoven-Gedenkstätten in den Wohnhäusern 19, Probusgasse 6, und 19, Döblinger Hauptstraße 92.

Ähnlich verhält es sich mit den Gedenkräumen in der Villa Wertheimstein, am Rand des schönen Wertheimsteinparks, 19, Döblinger Hauptstraße 96, wenngleich die Bedeutung dieser Gedächtnisstätte mehr lokaler Art ist. Der im ursprünglichen Zustand erhaltene Salon der Villa, ein typisches Interieur aus der zweiten Hälfte des 19. Jahrhunderts, war zu seiner Zeit ein Treffpunkt berühmter Gelehrter und Künstler. Daneben sind für die Dichter Eduard von Bauernfeld und Ferdinand von Saar, die zu den ständigen Gästen der Villa gehörten, Gedenkzimmer eingerichtet.

Auch die museal ausgestatteten Ausgrabungsstätten „Römische Ruinen unter dem Hohen Markt" und „Römische Baureste" (in der Feuerwehrzentrale Am Hof) sind Dependancen des Historischen Museums. Hingegen sind – im Verband des Historischen Museums – das Uhrenmuseum, 1, Schulhof 2, und das Pratermuseum, das sich im neuen Planetariumsgebäude am Eingang zum Volksprater befindet, echte Spezialsammlungen, die aber auch für ein breites Publikum von besonderem Interesse sind. Beide Museen sind aus Privatsammlungen hervorgegangen. Das Uhrenmuseum, eine der bedeutendsten Sammlungen dieser Art, gibt in der neuen systematischen Aufstellung einen Überblick über die geschichtliche Entwicklung der Uhr. Weniger methodisch geht es im Pratermuseum zu, wo in einer Fülle von buntestem Allerlei verklungene Pratertage wieder lebendig werden; ein Besuch dieser reizenden Sammlung ist ebenso vergnüglich wie lokalgeschichtlich aufschlußreich. 1979 wurde auch die aus der Mitte des 13. Jahrhunderts stammende Virgilkapelle im Verkehrsbauwerk am Stephansplatz dem Publikum zugänglich gemacht. In diesem Museum ist auch eine Sammlung von Fundkeramik zu sehen. In einem der Stadtbahnpavillons am Karlsplatz finden Ausstellungen statt, die dem Werk Otto Wagners gewidmet sind. Auch die Hermesvilla im Lainzer Tiergarten wird seither von der MA 10 verwaltet. Jedes Jahr findet dort eine Sonderausstellung statt. Die historisch interessanten Wohnräume von Kaiser Franz Joseph und Kaiserin Elisabeth werden nach und nach ihr ursprüngliches Mobilar und Aussehen erhalten. Im Haus 1, Tuchlauben 19, können die ältesten profanen Wandmalereien Wiens, die Neidhart-Fresken um 1400, die anläßlich des Umbaues einer Wohnung entdeckt worden sind, besichtigt werden.

Alle Museen der Stadt Wien sind ganzjährig geöffnet, Besuchszeiten siehe Magistrat, MA 10. In allen Museen bzw. Gedenkstätten der Stadt Wien wird freier Eintritt gewährt.

Welche Sonderausstellungen führt das Historische Museum der Stadt Wien durch?

Alljährlich werden im Museum auf dem Karlsplatz Sonderausstellungen in den dafür bestimmten Räumen veranstaltet. Sie bleiben im allgemeinen durch drei Monate geöffnet. Es wird entweder ein aktuelles Thema behandelt oder ein in der Schausammlung nur in großen Zügen behandelter Geschichtsabschnitt breit dokumentiert. Dadurch werden Teile der für kulturgeschichtliche Museen unerläßlichen Studiensammlung der Öffentlichkeit wenigstens kurzfristig zugänglich gemacht. Obwohl der Themenkreis der Ausstellungen nach Art und Zweck des Museums begrenzt ist, ist die Themenzahl praktisch unerschöpflich. So wird es immer etwas Neues im Historischen Museum der Stadt Wien zu sehen geben. Die Ausstellungen, zu denen ausführlich kommentierende, illustrierte Kataloge erscheinen, werden durch Plakate und in Presse, Rundfunk und Fernsehen angekündigt. Ein gesonderter Eintrittspreis wird nicht eingehoben.

Wie kommt man zu einer Führung im Historischen Museum?

Das Historische Museum der Stadt Wien verlautbart allmonatlich sein Führungsprogramm. Dieses sieht in der Hauptsache Führungen an Samstagen sowie Sonn- und Feiertagen vor. Es wird von Fachbeamten des Museums in leicht faßlicher Weise durch die gesamte Schausammlung geführt, auch durch einzelne Abteilungen, wobei auf die Dinge genauer eingegangen werden kann, und natürlich auch durch die Sonderausstellungen. Ferner finden Führungen statt in den beiden Ausgrabungsstätten und im Uhrenmuseum. Außer Programm werden nach entsprechender Vereinbarung für geschlossene Gruppen auch Sonderführungen veranstaltet. Diese können telefonisch (42 8 04/46) angemeldet werden. Alle Führungen sind kostenlos.

Was sind die Studiensammlungen des Historischen Museums?

Freilich kann in den Schauräumen nur ein Teil der vorhandenen Bestände ausgestellt werden, nicht nur aus Platzmangel, sondern auch um das besonders Wichtige nicht in der Fülle des weniger Wichtigen untergehen zu lassen. Der andere Teil der Bestände findet seinen Platz in den Depots, die somit die Studiensammlung umfassen, zum Unterschied von der Schausammlung.

Hier ist an erster Stelle die Grafiksammlung des Historischen Museums der Stadt Wien zu nennen, die nach verschiedenen sachlichen Gesichtspunkten geordnet in Mappen und Kassetten aufbewahrt wird. Der Schwerpunkt dieser großen, sehr wertvollen Sammlung von Zeichnungen, Aquarellen, Druckgrafik und Fotografien liegt im 19. Jahrhundert. In der Sekundär-Galerie des Museums befinden sich noch einige tausend Ölgemälde, die zum Teil von erster Qualität sind. Die Hauptmasse der Zeughausbestände ist in der Waffenkammer übersichtlich aufgestellt. Im Lapidarium des Museums befinden sich noch viele Funde aus der römischen Zeit, ferner Plastiken, steinerne Hauszeichen, Epitaphe u. dgl. Schließlich beherbergen die Depots des Museums noch kostbare Miniaturen, eine große Münzensammlung, zahlreiche Totenmasken sowie eine Unzahl von kunsthandwerklichen Erzeugnissen und kulturgeschichtlich wichtigen Objekten. Auch das Uhrenmuseum hat nur einen Teil seiner Bestände ausgestellt; in seinem Depot finden sich zahlreiche, oft sehr wertvolle Stücke. Das Depot des Pratermuseums enthält u. a. interessante Archivalien zur Geschichte des Volkspraters. Schließlich sind die Modesammlungen des Historischen Museums der Stadt Wien, Schloß Hetzendorf, 12, Hetzendorfer Straße 79, zu nennen. Dort befindet sich eine reichhaltige Sammlung von Bekleidungsstücken aus verflossenen Zeiten und eine ansehnliche Fachbibliothek. Eine dauernde Ausstellung ist aber dort aus Platzmangel leider nicht möglich. Die Modesammlungen im Schloß Hetzendorf sind zur Gänze deponiert und daher ausschließlich als Studiensammlung zu betrachten.

Die Studiensammlungen können aus naheliegenden Gründen nicht allgemein zugänglich sein. Eine Ausnahme bildet nur die Grafiksammlung, für die den wissenschaftlich Interessierten der Studiensaal des Museums zur Verfügung steht.

Hier soll noch auf die „Wiener Bezirksmuseen" hingewiesen werden, die – von eigenen Museumsvereinen getragen – sich in allen Gemeindebezirken Wiens gebildet haben. Dem Historischen Museum der Stadt Wien obliegt die fachliche Aufsicht über die an sich selbständigen Bezirksmuseen, die der intensiven Pflege der heimatlichen Bezirksgeschichte gewidmet sind.

Welche Wünsche kann das Historische Museum der Stadt Wien noch erfüllen?

Es bleibt die erste und wichtigste Aufgabe eines Museums, das Vergängliche, soweit es für die Nachwelt auch nur von einigem Interesse sein kann, zu bewahren. Wenn daher Kunstwerke oder irgendwelche andere geschichtlich oder kulturgeschichtlich bemerkenswerte Objekte, die in irgendeinem Zusammenhang mit Wiens Geschichte stehen, in Gefahr geraten, vernichtet oder verschleudert zu werden, so möge die Direktion des Historischen Museums schriftlich oder mündlich unverzüglich verständigt werden. Auch wenn es sich herausstellen sollte, daß der Gegenstand nicht bewahrenswert ist, schadet ein blinder Alarm nichts, wohl aber können im gegenteiligen Fall der Allgemeinheit unersetzliche Werte verlorengehen. Dies ist eine Bitte, die sich an jeden, der Wien liebt, richtet.

Das Historische Museum erteilt im Rahmen seiner Möglichkeiten Auskünfte, aber es darf weder Expertisen ausstellen noch Schätzungsgutachten abgeben. Das Historische Museum will jede einschlägige Forschungsarbeit gerne mit Rat und Tat unterstützen, aber es kann unmöglich die Arbeit selbst liefern. Das Historische Museum beteiligt sich gerne an den volksbildenden Aufgaben von Presse, Film, Rundfunk und Fernsehen, indem es die entsprechenden Teile seiner Sammlungen zugänglich macht, aber es kann nicht als Requisitenkammer benützt werden. In den Schauräumen des Museums darf fotografiert werden, aber nur ohne Gebrauch von Stativ und Blitzlicht; ferner ist die Verwendung dieser Aufnahmen für die Reproduktion im Druck grundsätzlich untersagt. Hiefür werden Fotos von allen Objekten gegen Kostenersatz jedermann überlassen. Reproduktionsgenehmigungen werden gegen begründetes, schriftliches Ersuchen in großzügiger Weise erteilt, für wissenschaftliche Zwecke kostenlos, ansonsten gegen Vorschreibung einer angemessenen Gebühr. In jedem Fall wird eine kurze schriftliche Anfrage an das Historische Museum rasch Klarheit schaffen.

MUSTERSCHUTZ

Was ist ein Muster?

Muster oder Modell ist ein Vorbild, das sich auf die Form eines Industrieerzeugnisses bezieht und zur Übertragung auf ein solches Erzeugnis geeignet ist.

Welche Rechte ergeben sich aus einem Muster?

Der Musterinhaber ist allein berechtigt, das Muster auf Industrieerzeugnisse anzuwenden; er kann dieses Recht auch ganz oder teilweise an andere übertragen.

Wie wird der Musterschutz erworben?

Der Musterschutz wird durch Hinterlegung des Musters in zwei Stücken bei der Kammer der gewerblichen Wirtschaft, in deren Bezirk der Hinterleger seinen Wohnsitz oder seine Niederlassung hat, erworben. Das Muster wird in ein Register eingetragen.

Wie lange gilt der Musterschutz?

Der Musterschutz gilt höchstens drei Jahre vom Zeitpunkt der Registrierung des Musters. Eine Verlängerung ist nicht möglich.

Wann ist die Registrierung ungültig?

Die Registrierung ist nichtig und ohne Wirkung, wenn bewiesen wird:

1. daß nach dem Muster verfertigte Industrieerzeugnisse schon vor der Hinterlegung des Musters im In- oder Ausland im Verkehr waren;
2. daß das Muster schon früher in einem veröffentlichten Druckwerk erschienen ist;
3. daß das Muster schon früher auf den Namen eines anderen im Inland registriert worden ist;
4. daß der Hinterleger das Muster widerrechtlich an sich gebracht hat.

Über die Ungültigkeit der Hinterlegung entscheidet das magistratische Bezirksamt.

Sind Eingriffe in das Musterrecht verfolgbar?

Jeder Eingriff in das Musterrecht durch unbefugte Übertragung oder Nachbildung eines geschützten Musters oder durch den Verschleiß der nach dem Muster verfertigten Waren begründet für den Verletzten das Recht, auf die Einstellung der Eingriffe zu dringen. Auch kann er die Unbrauchbarmachung der zur Nachbildung dienlichen Werkzeuge und Hilfsmittel verlangen. Diesbezügliche Anträge sind beim zuständigen magistratischen Bezirksamt einzubringen.

Wurde der Eingriff wissentlich begangen, so ist der Schuldige mit Geld oder Arrest zu bestrafen, jedoch nur dann, wenn der Verletzte binnen sechs Wochen von dem Zeitpunkt an, in dem er von der Übertretung und der Person des Täters Kenntnis erlangt hat, bei der zuständigen Behörde (magistratisches Bezirksamt) einen Strafantrag stellt.

Schadenersatzansprüche sind bei Gericht geltend zu machen.

OPFERFÜRSORGE

(MA 12)

Wer ist anspruchsberechtigt und begünstigt im Rahmen der Opferfürsorge?

Als Opfer im Sinne des Opferfürsorgegesetzes 1947 gelten Personen, die infolge ihres Kampfes um ein freies, demokratisches Österreich oder infolge politischer oder rassischer Verfolgung in der Zeit vom 6. März 1933 bis zum 9. Mai 1945 gewisse Schädigungen erlitten haben. Als Schädigungen sind anzusehen der Tod, schwere Gesundheitsschädigung, Haft von mindestens drei Monaten, Verlust oder Minderung des Einkommens in der Dauer von mindestens dreieinhalb Jahren, Abbruch oder Unterbrechung des Studiums oder einer Berufsausbildung in der Dauer von mindestens dreieinhalb Jahren, Emigration in der Dauer von mindestens dreieinhalb Jahren, Leben im Verborgenen im Mindestausmaß von sechs Monaten (ab dem sechsten Lebensjahr), Tragen des Judensterns in der Dauer von mindestens sechs Monaten oder eine Freiheitsbeschränkung von mindestens sechsmonatiger Dauer in Deutschland oder den von Deutschland besetzten Gebieten. Je nach der Art und der Schwere der Schädigung erhalten die Opfer selbst oder ihre Hinterbliebenen einen Opferausweis oder eine Amtsbescheinigung.

Die Inhaber von Opferausweisen und Amtsbescheinigungen erhalten Begünstigungen

1. auf dem Gebiet der Renten- und Unfallversicherung;
2. bei Gründung, Wiederaufrichtung oder Stützung der wirtschaftlichen Existenz;
3. bei Vergebung von Geschäftsstellen der Klassenlotterie, Lottokollekturen und Tabakverschleißgeschäften;
4. bei Vergebung und Zuweisung von Wohnungen, Siedlerstellen und Kleingärten;
5. auf den Gebieten der Steuer- und Gebührenpflicht;
6. durch Nachlaß und Ermäßigung von Studien- und Prüfungsgeldern;

ferner Entschädigungen für

1. erlittene Haft;
2. entstandene Haft- und Gerichtskosten;
3. politische Maßregelungen im öffentlichen Dienst;
4. erlittene Freiheitsbeschränkungen und Berufsschäden (Internierungen, Konfinierungen, Zwangsaufenthalte in einem Getto, Leben im Verborgenen, Judensterntragen, Einkommensminderungen um mindestens 50% von mindestens 3½ Jahren, Abbruch bzw. eine mindestens 3½jährige Unterbrechung der Berufsausbildung).

Deine Meinung – meine Meinung. Eine Frage, über die man endlos diskutieren kann. Aber Geschmack ist keine Frage.

Die Anatol-Virginette ist eine moderne, leichte Cigarre auf Basis der seit 1846 erzeugten österreichischen Spezialität – der Virginier, es gibt sie in zwei Geschmacksrichtungen:
Sumatra – hell und mild,
Virginia – dunkel und würzig.

Anatol – ein individueller Rauchgenuß

Die Inhaber von Amtsbescheinigungen bzw. deren Hinterbliebene haben überdies Anspruch auf

1. Rentenfürsorge- und Witwen- und Waisenbeihilfen, Sterbegeld;
2. Heilfürsorge.

Schriftliche Anträge um Anerkennung als Opfer sind bei der MA 12, 1, Schottenring 24, einzubringen.

Wo erhalten begünstigte Personen Aushilfen?

Da die Geltungsdauer des Opferfürsorgeabgabegesetzes mit 31. Dezember 1981 erloschen ist, werden die an Kriegsversehrte bzw. ihre Hinterbliebenen bisher gegebenen Geldaushilfen durch eine Subvention der Stadt Wien an den Kriegsopferverband und die für Opfer politischer Verfolgung und des Kampfes um ein freies, demokratisches Österreich und deren Hinterbliebene sowie die für die Zivilinvaliden in Frage kommenden Geldaushilfen aus Budgetmitteln des Sozialamtes gewährt.

Diese Aushilfen stellen keine regelmäßigen Leistungen dar, sie können nur in besonderen Notstandsfällen in Anspruch genommen werden.

Kriegsversehrte bzw. ihre Hinterbliebenen richten ihre diesbezüglichen Ansuchen zweckmäßigerweise an den Kriegsopferverband, 8, Lange Gasse 53, der mit der Ausgabe von finanziellen Unterstützungen betraut ist. Eine Mitgliedschaft bei diesem Verband ist hiezu nicht nötig. Solche Ansuchen können aber auch bei der Behindertenhilfe der MA 12, 1, Schottenring 24, 1. Stock, Tür 113, eingebracht werden.

Opfer politischer Verfolgung und des Kampfes um ein freies, demokratisches Österreich und deren Hinterbliebene richten entsprechende Ansuchen an die MA 12, Referat Opferfürsorge, 1, Schottenring 24.

Für Zivilinvalide ist in der gleichen Sache das Referat Behindertenhilfe der MA 12, 1, Schottenring 24, 1. Stock, Tür 113, zuständig.

PRÄSENZDIENER UND ZIVILDIENSTLEISTENDE

(MA 62)

Wehr- und Zivildienstpflichtige haben neben anderem auch Anspruch auf Familienunterhalt und Wohnkostenbeihilfe nach den entsprechenden Vorschriften des Heeresgebührengesetzes. Zivildienstpflichtigen gebührt darüber hinaus auch die Vergütung der Kosten für die Benützung der eigenen Wohnung. Die Anträge sind beim zuständigen magistratischen Bezirksamt einzureichen. Mit dem Antrag auf Familienunterhalt sind ein Einkommensnachweis sowie sämtliche den Wehr- oder Zivildienstpflichtigen bzw. dessen Familienangehörige betreffende Personaldokumente, mit dem Antrag auf Wohnkostenbeihilfe auch noch ein Nachweis über die Höhe der Wohnkosten (z. B. Mietzinsbestätigung) vorzulegen. Gegebenenfalls haben Zivildienstpflichtige auch die Familienbeihilfekarte beizubringen. Die Antragsformulare sind ebenfalls beim zuständigen magistratischen Bezirksamt erhältlich.

REITSPORT IM PRATER

(MA 62)

Die Ausübung des Reitsportes in den allgemein zugänglichen Gebieten des Praters ist seit 1. Mai 1977 außerhalb von Straßen mit öffentlichem Verkehr im Sinne der Straßenverkehrsordnung 1960 nur auf den beschilderten Reit- und Zureitwegen gestattet. Die Pferde sind dabei mit einer beiderseits am Kopfgestell angebrachten Nummer zu kennzeichnen. Die Nummer wird vom MBA 2 zugewiesen (Amtsblatt der Stadt Wien vom 28. April 1977, Heft 18).

SCHIFFAHRT

(MA 45, 58)

Wer darf Motorboot fahren?

Zur selbständigen Führung von Wasserfahrzeugen mit Motoren von einer Leistung über 3,68 kW (früher 5 PS) auf der Donau und den österreichischen Seen mit Ausnahme des Bodensees ist ein Schiffsführerpatent notwendig.

Wie und wo bekommt man ein Schiffsführerpatent?

Das Schiffsführerpatent erhält man über Ansuchen bei den Ämtern der Landesregierungen (in Wien: MA 58, 1, Volksgartenstraße 3, in Niederösterreich: Landesamt III/1, 4, Operngasse 21, und in Oberösterreich: Verkehrsreferat, Linz, Landhaus).

Voraussetzung ist die Vollendung des 18. Lebensjahres.

Dem Ansuchen sind die Personaldokumente sowie der Nachweis einer insgesamt mindestens sechsmonatigen zufriedenstellenden Betätigung im praktischen Schiffsdienst auf Motorschiffen auf der Donau bzw. auf den österreichischen Seen oder das Zeugnis über den Besuch einer Schiffsführerschule sowie zwei Lichtbilder anzuschließen.

Bei Vorhandensein der persönlichen Verläßlichkeit und der körperlichen und geistigen Eignung wird die bescheidmäßige Zulassung zur Schiffsführerprüfung ausgesprochen. Nach bestandener Prüfung wird das Schiffsführerpatent ausgestellt.

Wann darf ein Motorboot in Verkehr gesetzt werden?

Motorboote dürfen auf österreichischen Binnengewässern nur in Verkehr gesetzt werden, sofern sie sich in einem die volle Verkehrssicherheit gewährleistenden Zustand befinden.

Darüber hinaus wird gefordert:

1. Jedes Motorboot muß gemäß der Verordnung betreffend die Einführung des Nummernzwanges für Motorfahrzeuge auf den österreichischen Binnengewässern, BGBl. Nr. 352/1927, in der Fassung des Bundesgesetzes BGBl. Nr. 535/1978, mit einem Kennzeichen versehen sein, welches aus einem großen lateinischen Buchstaben und aus einer danebengestellten Ordnungszahl in arabischen Ziffern besteht. Der Buchstabe bezeichnet das Bundesland, in dem das Kennzeichen zugeteilt wurde, die Ordnungszahl bezeichnet die Nummer, unter der das Boot bei der Schiffahrtsbehörde erster Instanz, in deren Bereich der Standort des Fahrzeuges gelegen ist, vorgemerkt ist. Motorboote mit dem Standort Wien erhalten den Kennzeichenbuchstaben „A".
2. Motorboote, deren Motoren eine Leistung über 14,71 kW (früher 20 PS) besitzen, müssen gemäß der Schiffspatentverordnung, BGBl. Nr. 120/1936, in der Fassung des Bundesgesetzes BGBl. Nr. 535/1978, mittels Bescheid zum Verkehr zugelassen sein und ein Schiffspatent besitzen.

Die Kennzeichenzuweisung bzw. Ausstellung der Schiffspapiere erfolgt über Antrag durch die MA 58. Erforderlich ist der Nachweis des rechtmäßigen Eigentums des Fahrzeuges.

Was ist bei Feststellung der Motorleistung zu beachten?

Für die Beurteilung der Motorleistung eines Motorschiffes ist ausschließlich die typenmäßige kW-Zahl maßgebend. Eine von wem immer bestätigte Motordrosselung bleibt bei der Beurteilung der Voraussetzungen für die Ausstellung eines Schiffspatentes (über 14,71 kW, früher 20 PS) oder die Notwendigkeit des Besitzes eines Schiffsführerpatentes (über 3,68 kW, früher 5 PS) außer Betracht.

Wo dürfen Schiffe verheftet werden oder anlegen?

Außer in Notfällen dürfen Schiffe nur an den hiefür bestimmten und von der Schiffahrtsbehörde genehmigten Länden und Landungsplätzen verheftet werden. Auch das Anlegen außerhalb der hiefür bestimmten Uferstrecken ist anderen als dem Sport dienenden oder den Uferbewohnern gehörenden Ruderschiffen nur mit besonderer schiffahrtsbehördlicher Bewilligung gestattet.

Welche Sondervorschriften bestehen für die Befahrung des Wiener Donaukanals durch Sportboote?

Die Überleitung des Donauverkehrs auf den Wiener Donaukanal ist nicht ohne weiteres möglich, da das enge Fahrwasser, die scharfen Krümmungen und die verhältnismäßig starke Strömung einer freizügigen Ausübung der Schiffahrt, wie sie auf dem Donaustrom möglich ist, hindernd im Wege stehen.

Diesen Schwierigkeiten wird durch eine Sonderregelung der Schiffahrt im Donaukanal in der „Wasserstraßen-Verkehrsordnung" aus dem Jahr 1971 Rechnung getragen. Nach diesen Vorschriften ist Sportmotorbooten das Befahren des Donaukanals verboten. Nicht durch Maschinenkraft angetriebene Sportboote dürfen den Donaukanal befahren. Es ist jedoch zu beachten, daß bei unsichtigem Wetter die gesamte Schiffahrt auf dem Donaukanal verboten ist.

Die Durchfahrt durch die Schleuse Nußdorf ist Sportbooten, die über Land getragen werden können, auch dann nicht gestattet, wenn das Nußdorfer Wehr geschlossen ist. Diese Boote haben vielmehr bei geschlossenem Wehr die Umsetzanlage am rechten Kanalufer zu benützen.

Die unmittelbare schiffahrtspolizeiliche Aufsicht im Wiener Donaukanal wird von den Stromaufsichten „Nußdorf" und „Praterkai" besorgt, die mit je einem Strommeister als Schiffahrtspolizeiorgan besetzt sind.

Dürfen Sportboote in öffentlichen Häfen fahren?

Sportboote dürfen öffentliche Häfen nur insoweit befahren, als dies zum Anlaufen oder Verlassen ihres Liegeplatzes erforderlich ist.

Welche Vorschriften bestehen für das Befahren der „Neuen Donau"?

Das Befahren des Entlastungsgerinnes, der sogenannten „Neuen Donau", mit Sportmotorbooten ist verboten.

Vom 1. April bis 31. Oktober jeden Jahres ist die Benützung von Mehrrumpf-Segelfahrzeugen (Katamarane, Trimarane) sowie von Segelfahrzeugen mit einer Länge von mehr als 7 m über allem verboten. Dieses Verbot gilt unter anderem nicht für Mehrrumpf-Segelfahrzeuge, wenn ihr Bootskörper aus Gummi hergestellt und nicht länger als 7 m ist.

Ein eigener Bereich ist dem Leistungssport vorbehalten. Stromabwärts der Steinspornbrücke ist die rechtsufrige Hälfte der „Neuen Donau" auf einer Länge von 2,7 km im Zeitraum vom 1. April bis 31. Oktober in der Zeit zwischen 18 und 10 Uhr Sommerzeit (17 und 9 Uhr Normalzeit), in der übrigen Zeit des Jahres ohne stundenmäßige Beschränkung, ausschließlich der Benützung durch Rennruderboote vorbehalten.

Auf der übrigen „Neuen Donau" ist das Fahren mit Segel- und Ruderbooten sowie mit Segelbrettern erlaubt. Lediglich im Bereich 50 m stromabwärts des Absturzbauwerkes (Strom-km 1923, 500) sowie jeweils 100 m stromauf- und stromabwärts des Wehres I (Strom-km 1926, 100) ist die Ausübung der Sportschiffahrt und die Benützung von Segelbrettern (Schwimmkörpern) verboten. Diese Verbote gelten außerdem zu Zeiten eines Hochwassers, das ist bei einem Wasserstand der Donau von mehr als 550 cm, gemessen am Pegel Wien Reichsbrücke, für die gesamte „Neue Donau".

SCHULWESEN

(MA 56)

Welche gesetzlichen Grundlagen gibt es für das Schulwesen?

Der Wiener Landtag hat am 30. Juni 1976 das Gesetz über die äußere Organisation der öffentlichen Pflichtschulen und der öffentlichen Schülerheime im Land Wien und über die Zusammensetzung des Kollegiums des Stadtschulrates für Wien (Wiener Schulgesetz) beschlossen. Dieses Gesetz wurde im LGBl. für Wien Nr. 20/1976 verlautbart. Eine Novelle hiezu wurde am 2. April 1979 beschlossen und im LGBl. für Wien Nr. 16 kundgemacht; eine zweite Novelle beschloß der Wiener Landtag am 2. Juli 1981 (LGBl. für Wien Nr. 26). Neben den darin enthaltenen Bestimmungen, die im wesentlichen für die Wiener Schulorganisation von Bedeutung sind, müssen noch das Schulunterrichtsgesetz, BGBl. Nr. 139/1974, in der Fassung der Bundesgesetze BGBl. Nr. 231/1977, 143/1980 und 367/1982 sowie das Schulpflichtgesetz, BGBl. Nr. 241/1962, in der Fassung der Bundesgesetze BGBl. Nr. 322/1975 und 366/1982, erwähnt werden.

Mit dem Wiener Schulgesetz wurde die gesamte Materie der Wiener Schulorganisation in einem Gesetz zusammengefaßt. Das Gesetz enthält alle Wien betreffenden Regelungen über Aufbau, Organisationsformen, Klassenschülerzahlen, Errichtung, Erhaltung, Auflassung und Sprengel sowie über die Schulzeit der Pflichtschulen. Darüber hinaus ist darin auch die Zusammensetzung des Kollegiums des Stadtschulrates für Wien geregelt.

Neben der Zusammenfassung der geltenden Rechtslage bringt jedoch das Wiener Schulgesetz auch inhaltlich Neuerungen, die durch die 5. Schulorganisationsgesetz-Novelle, BGBl. Nr. 323/1975, ausgelöst wurden.

Die wichtigsten Neuerungen seien in der Folge kurz dargestellt:

Wie ist das Schulwesen in Wien organisiert?

Volksschulen

Volksschulen werden in Wien nur als vierklassige Volksschulen für die erste bis vierte Schulstufe geführt. Die Volksschule ist die Schule der Sechs- bis Neunjährigen.

Mit 210 öffentlichen Volksschulen im Schuljahr 1982/83 erreicht Wien einen hohen Versorgungsgrad, sodaß jeder Schulpflichtige eine Volksschule bei einem ihm zumutbaren Schulweg erreichen kann.

Schulen der Zehn- bis Vierzehnjährigen

Nach Abschluß der Volksschule stehen dem Schüler grundsätzlich zwei Schultypen zur Verfügung: die Hauptschule und die allgemeinbildende höhere Schule.

Die Hauptschule schließt an die vierte Schulstufe der Volksschule an und vermittelt in einem vierjährigen Bildungsgang den Schülern eine über das Lehrziel der Volksschule hinausreichende Allgemeinbildung. Sie befähigt sie für das praktische Leben und für den Eintritt in berufsbildende Schulen und soll überdies geeigneten Schülern den Übertritt in allgemeinbildende höhere Schulen ermöglichen.

Die allgemeinbildenden höheren Schulen schließen an die vierte Schulstufe der Volksschule an und umfassen acht Schulstufen. Sie gliedern sich in eine vierjährige Unterstufe und eine vierjährige Oberstufe.

Sonderschulen

Schulpflichtige Kinder, die infolge physischer oder psychischer Behinderung dem Unterricht in der Volks- oder Hauptschule nicht zu folgen vermögen, aber dennoch bildungsfähig sind, haben ihre allgemeine Schulpflicht in einer ihrer Eigenart und Bildungsfähigkeit entsprechenden Sonderschule zu erfüllen.

Sehr zu Unrecht hat die Sonderschule in den Augen der Bevölkerung eine Abwertung erfahren, die sie nicht verdient. Sie ist eine Bildungseinrichtung, die auf die speziellen Bedürfnisse der Schüler in weit größerem Maß Rücksicht nehmen kann, als dies in den allgemeinen Volks- und Hauptschulen möglich ist. Das weit ausgebaute Wiener Sonderschulwesen umfaßt neben der Allgemeinen Sonderschule auch Spezialeinrichtungen, wie die Sonderschulen für schwerstbehinderte Kinder, für körperbehinderte Kinder, für schwerhörige Kinder, für sehbehinderte Kinder und für sprachgestörte Kinder, die Sondererziehungsschule und die Heilstättensonderschule.

Ganztagsschulen

Die vorläufig nur als Schulversuch geführten Ganztagsschulen stellen keine eigene Schultype dar; es handelt sich bei ihnen um Volksschulen, Hauptschulen oder Sonderschulen mit Ganztagsbetrieb. Mit der Einrichtung dieses Schulversuches im Herbst 1974 setzt die Stadt Wien einen neuen Akzent im Schulwesen. Im Schuljahr 1982/83 werden folgende Schulen als Ganztagsschulen geführt:

Volksschulen:
2, Aspernallee 5
7, Zieglergasse 21–23
10, Carl-Prohaska-Platz 1
12, Am Schöpfwerk 27
15, Reichsapfelgasse 30–34
20, Spielmanngasse 1
21, Dopschstraße 25
21, Irenäusgasse 2
23, Wohnpark Alt-Erlaa

Hauptschulen:
11, Hasenleitengasse 7
14, Hochsatzengasse 22–24
16, Roterdstraße 1
22, Kagran, Anton-Sattler-Gasse 93a (auch Integrierte Gesamtschule)

Unter Ausnützung der in der Ganztagsschule gegebenen günstigeren Möglichkeiten der Stundenplangestaltung werden in Verbindung mit einem sinnvollen Wechsel von Unterrichts-, Lern- und Übungszeit einerseits und Freizeit andererseits durch effektivere Lernorganisation Unterrichts- und Arbeitsformen entwickelt, die insgesamt eine Verbesserung der gesamten schulischen Bildungsarbeit bewirken und zu einer Steigerung der Bildungserfolge führen sollen. Eine tägliche Lern- und Übungsstunde gibt dem Schüler die Möglichkeit des individuellen Lernens und der Festigung des erarbeiteten Lehrstoffes unter der pädagogischen Leitung von Lehrern und Erziehern. Ein umfangreiches und vielfältiges Freizeitkursangebot bietet dem Schüler Möglichkeiten eines sinnvollen Freizeiterlebens. Dabei werden möglichst viele Bereiche der Persönlichkeit angesprochen, um Gelegenheit zum aktiven Tun und schöpferischen Gestalten sowie zu gesundheitsfördernder körperlicher Betätigung angeboten.

Die Schulzeit beginnt in der Regel um 8 Uhr und endet für Volksschüler um 15.30 Uhr, für Hauptschüler um 17.30 Uhr. Für Volksschüler besteht die Möglichkeit des Verbleibens an der Ganztagsschule unter Aufsicht von Lehrern oder Erziehern bis 17.30 Uhr.

Polytechnischer Lehrgang

Der Polytechnische Lehrgang hat im neunten Schuljahr der allgemeinen Schulpflicht jenen Schülern, die weder eine mittlere oder höhere Schule besuchen noch in der Volks-, Haupt- oder Sonderschule verblieben sind, die allgemeine Grundbildung im Hinblick auf das praktische Leben und die künftige Berufswelt zu festigen sowie durch eine entsprechende Berufsorientierung die Berufsentscheidung vorzubereiten. Der Polytechnische Lehrgang umfaßt ein Schuljahr und ist in Wien, abgesehen von einigen an Sonderschulen angeschlossenen Klassen, eine selbständige Schule.

Berufsschulen

Die Berufsschule hat die Aufgabe, in einem berufsbegleitenden, fachlich einschlägigen Unterricht den berufsschulpflichtigen Personen (Lehrlingen) die grundlegenden theoretischen Kenntnisse zu vermitteln, ihre betriebliche Ausbildung zu fördern und zu ergänzen sowie ihre Allgemeinbildung zu erweitern. Die Berufsschule umfaßt so viele Schulstufen (Schuljahre) wie es der Dauer des Lehrverhältnisses entspricht.

Berufsbildende mittlere und höhere Schulen

Die berufsbildenden mittleren Schulen haben die Aufgabe, den Schülern jenes fachlich grundlegende Wissen und Können zu vermitteln, das unmittelbar zur Ausübung eines Berufes auf gewerblichem, technischem, kunstgewerblichem, kaufmännischem, wirtschaftlich-frauenberuflichem oder sozialem Gebiet befähigt. Zugleich haben sie die erworbene Allgemeinbildung in einer der künftigen Berufstätigkeit des Schülers angemessenen Weise zu erweitern und zu vertiefen. Die berufsbildenden mittleren Schulen schließen an die achte Schulstufe an und umfassen je nach ihrer Art ein bis vier Schulstufen.

Berufsbildende mittlere Schulen sind:

1. gewerbliche, technische und kunstgewerbliche Fachschulen,
2. Handelsschulen,
3. Fachschulen für wirtschaftliche Frauenberufe,
4. Fachschulen für Sozialberufe.

Die berufsbildenden höheren Schulen haben die Aufgabe, den Schülern eine höhere allgemeine und fachliche Bildung zu vermitteln, die sie zur Ausübung eines gehobenen Berufes auf technischem, gewerblichem, kaufmännischem oder wirtschaftlich-frauenberuflichem Gebiet befähigt und ihnen das Studium der gleichen oder einer verwandten Fachrichtung an einer Hochschule ermöglicht. Die berufsbildenden höheren Schulen schließen an die achte Schulstufe an und umfassen fünf Schulstufen. Die Ausbildung wird durch die Reifeprüfung abgeschlossen.

Berufsbildende höhere Schulen sind:

1. höhere technische und gewerbliche Lehranstalten,
2. Handelsakademien,
3. höhere Lehranstalten für wirtschaftliche Frauenberufe.

Voraussetzung für die Aufnahme in eine berufsbildende höhere Schule ist die erfolgreiche Erfüllung der ersten acht Jahre der allgemeinen Pflichtschule sowie die erfolgreiche Ablegung einer Aufnahmsprüfung, durch welche die geistige und körperliche Eignung des Schülers für die betreffende Fachrichtung festzustellen ist.

Welche Vorschriften bestehen für die Schulpflicht?

Für alle Kinder (auch Kinder von Ausländern), die sich in Österreich dauernd aufhalten, besteht allgemeine Schulpflicht. Die allgemeine Schulpflicht beginnt mit dem auf die Vollendung des sechsten Lebensjahres folgenden 1. September und dauert neun Schuljahre. Die allgemeine Schulpflicht wird durch den Besuch von allgemeinbildenden Pflichtschulen erfüllt, wobei es gleichgültig ist, ob es sich um öffentliche Pflichtschulen oder private Pflichtschulen mit Öffentlichkeitsrecht handelt:

In den ersten vier Schuljahren der allgemeinen Schulpflicht durch den Besuch einer Volksschule, im 5. bis 8. Schuljahr der allgemeinen Schulpflicht durch den Besuch einer Hauptschule, im neunten Schuljahr der allgemeinen Schulpflicht durch den Besuch eines Polytechnischen Lehrganges oder durch den Weiterbesuch einer Hauptschule, in allen Schuljahren erforderlichenfalls durch den Besuch einer Sonderschule.

Ab dem fünften Schuljahr kann die allgemeine Schulpflicht auch durch den Besuch einer allgemeinbildenden höheren Schule (Gymnasium, Realgymnasium und Wirtschaftskundliches Realgymnasium für Mädchen) erfüllt werden. Nach Beendigung der Hauptschule kann die Schulpflicht im neunten Schuljahr an Stelle des Polytechnischen Lehrganges auch durch den Besuch einer Handelsschule, einer Fachschule, einer Handelsakademie oder einer sonstigen berufsbildenden mittleren oder höheren Schule erfüllt werden. Berufsbildende mittlere Schulen sind z. B. die beiden Fachschulen der Stadt Wien für wirtschaftliche Frauenberufe, 9, Hahngasse 35, und 12, Dörfelstraße 1. An diesen beiden Schulen werden eine einjährige Haushaltungsschule und eine dreijährige Fachschule geführt. Durch den Besuch beider Schultypen wird die allgemeine Schulpflicht im neunten Schuljahr erfüllt.

Schließlich steht den Schülern, die innerhalb der acht Jahre das Lehrziel der Hauptschule nicht erreicht haben, das Recht zu, an Stelle des Polytechnischen Lehrganges die Hauptschule ein Jahr weiter zu besuchen.

Alle Lehrlinge im Sinne des Berufsausbildungsgesetzes, BGBl. Nr. 142/1969, sowie Personen, die in einem Lehrberuf in besonders selbständigen Ausbildungseinrichtungen ausgebildet werden, haben die Berufsschule zu besuchen. Die Berufsschulpflicht beginnt mit dem Eintritt in ein Lehrverhältnis oder in ein Ausbildungsverhältnis gemäß § 30 des Berufsausbildungsgesetzes und dauert bis zu dessen Ende, längstens aber bis zum erfolgreichen Abschluß der letzten lehrplanmäßig vorgesehenen Schulstufe.

Berufsschüler, deren Lehrverhältnis oder Ausbildungsverhältnis während eines Schuljahres geendet hat, können bis zum Ende dieses Schuljahres die Berufsschule weiter besuchen.

Welche Neuerungen bringt die 7. Schulorganisationsgesetz-Novelle?

Am 30. Juni 1982 beschloß der Nationalrat die 7. Schulorganisations-Novelle – SchOG-Novelle, BGBl. Nr. 365/1982. Betroffen von der Novelle sind vor allem die Schüler zwischen sechs und 14 Jahren, also die Bereiche von der Vor- und Volksschule bis zur Hauptschule, wo es einschneidende Reformen gibt. Wesentliche Veränderungen finden sich aber auch im Bereich der Berufsschulen, der Polytechnischen Lehrgänge und der Sonderschulen. Im folgenden sollen die wesentlichen Neuerungen der Novelle dargestellt werden:

Die Vorschulklassen

Wichtigstes Ziel dieses pädagogischen Novums, das nach zehn Jahren Erprobung als Schulversuch mit 1. September 1983 in das Regelschulwesen übernommen wird: Schulpflichtige, aber noch nicht schulreife Kinder, sollen spielerisch, ohne Leistungsdruck, auf das Schulleben vorbereitet, der oft schwere Übergang vom Elternhaus ins Klassenzimmer erleichtert werden. Für sie ist der Besuch der Vorschule verbindlich. Aufgenommen werden auf Wunsch der Eltern aber auch jene Buben und Mädchen, die erst zwischen dem 1. September und 31. Dezember das sechste Lebensjahr vollendet haben (Dispenskinder), deren vorzeitige Aufnahme vom Schulleiter jedoch widerrufen wurde.

Im Vorschul-Lehrplan stehen lediglich „verbindliche Übungen". Das heißt, die Kinder müssen zwar am Unterricht teilnehmen, erhalten am Ende des Jahres aber kein Zeugnis, sondern eine Besuchsbestätigung. Die Palette der „verbindlichen Übungen" ist breit gestreut: Religion, Lesen, Schreiben, Sprechen, Sachunterricht (hier soll das Kind seine Umwelt kennenlernen, etwas über den Wohnort erfahren), Rechnen, Musik und Singen, Bildnerische Erziehung, Turnen und nicht zuletzt auch Verkehrserziehung.

Fremdsprache und Verkehrserziehung an der Volksschule

Eine bedeutende Neuerung, die die 7. SchOG-Novelle an den Volksschulen bringt, ist der verpflichtende Fremdsprachenunterricht in der dritten und vierten Klasse (bisher nur als Schulversuch). Das heißt, jedes österreichische Kind wird in Zukunft schon von klein auf Englisch lernen – bei besonderem Bedarf sollen auch andere Sprachen angeboten werden. Zweite Neuerung: die Verkehrserziehung (bisher nur als Unterrichtsprinzip verankert). Die beiden Reformen werden mit dem Schuljahr 1983/84 in Kraft treten.

Sowohl der Fremdsprachenunterricht als auch die Verkehrserziehung werden zu „verbindlichen Übungen" erklärt. Das bedeutet, daß die Schüler zwar verpflichtet sind, an diesem Unterricht teilzunehmen, daß es aber keine Noten gibt.

Für den Großteil der Volksschulen ist die erfolgte gesetzliche Regelung eigentlich kein Novum mehr. Seit 1971/72 läuft der Schulversuch „Fremdsprachliche Vorschulung", an dem bisher bereits über 80% aller Volksschüler teilgenommen haben. In Wien wurden mit diesem Schulversuch schon alle Volksschulen erfaßt.

Auch die Verkehrserziehung hat es bisher gegeben, nur ist sie jetzt klar fixiert und verpflichtend.

Die neue Hauptschule

Kernstück des Reformpaketes ist die neue, verbesserte Hauptschule, die ab 1. September 1985, beginnend mit den ersten Klassen, realisiert werden wird. Die Neuerungen gegenüber der jetzigen Hauptschule:

Der erste und zweite Klassenzug werden aufgelassen, statt dessen kommt die Einführung von drei, mindestens aber zwei Leistungsgruppen in Deutsch, Mathematik und im Fremdsprachenunterricht (meist Englisch). Das bedeutet in der Praxis, daß die Stammklasse in den drei Gegenständen in zwei oder drei Gruppen aufgeteilt und in verschiedenen Räumen unterrichtet wird. Ziel dieser Differenzierung: Der Stoff wird dem Vermögen und Können der einzelnen Gruppen entsprechend vorgetragen, bei den schwächeren Schülern öfter wiederholt, bei den besseren wird zusätzlicher Lernstoff angeboten.

Die neue Regelung bringt aber noch einen weiteren Vorteil. Nach dem Wegfall des zweiten Klassenzuges der Hauptschule werden erstmals in der österreichischen Schulgeschichte alle Schüler einen Englischunterricht erhalten.

Abgesehen von den drei Hauptgegenständen bleiben die Schüler in allen übrigen Fächern im Klassenverband und werden gemeinsam unterrichtet.

Bis 1985 sind jedoch noch umfangreiche Vorbereitungen zu treffen:

Es müssen die Lehrpläne erstellt werden. Schwierig deshalb, weil eine gemeinsame Stoffplanung erfolgen muß, die dann, sinnvoll für jede Leistungsgruppe abgestuft, unterschiedliches Stoffangebot enthalten wird. An der Hauptschule wird es künftig eine neue Funktion geben, und zwar die des Fachkoordinators. Das ist ein Lehrer, der über die Leistungsgruppen hinaus den Lehrstoff für jede Schulstufe „koordiniert". Im Lehrplan wird man auch Richtlinien über die Einstufung und Umstufung der Schüler in verschiedenen Leistungsgruppen festsetzen müssen.

Auswirkungen haben die Neuerungen auch auf die Lehreraus- und -fortbildung. Die Pädagogen werden in Studium und Seminaren auf die künftigen Aufgaben in der Neuen Hauptschule vorbereitet.

Kräftig intensiviert wird an der künftigen Hauptschule auch der Förderunterricht. Diese schulische Nachhilfe, die bisher lediglich als Unterstützung bei Lernschwächen fungierte und verhindern sollte, daß der Schüler in seinen Leistungen absinkt, erhält in Zukunft eine neue Funktion. Sie wird auch dort eingesetzt, wo die Möglichkeit eines Aufsteigens in eine höhere Leistungsgruppe besteht.

Wann aber kann der Schüler, wenn er begabt ist, in eine AHS übertreten?

Laut Gesetz ist ein Übertritt dann problemlos, wenn der Schüler in der ersten Leistungsgruppe sitzt und ein positives Zeugnis hat (in Deutsch, Mathematik und Fremdsprache positiv, in den übrigen Gegenständen nicht schlechter als „befriedigend"). Die Schüler, die in den Gegenständen Englisch, Deutsch und Mathematik die zweite Leistungsgruppe besuchen, müssen dort zumindest die Note „gut" erhalten und dürfen in den anderen Gegenständen keine schlechtere Note als „befriedigend" haben. Werden diese Voraussetzungen nicht erfüllt, kann der Schüler trotzdem ins Gymnasium wechseln, muß aber eine Aufnahmsprüfung machen.

Eine weitere wichtige Neuerung der 7. SchOG-Novelle ist die Senkung der Klassenschülerhöchstzahlen. Ab 1. September 1985 gilt folgende Regelung: An der Hauptschule darf die Zahl der Schüler pro Klasse 20 nicht unter- und 33 nicht überschreiten. Bisher war die Höchstgrenze mit 36 festgesetzt.

Die Sonderschulen

Für die Sonderschulen sieht die 7. SchOG-Novelle folgende Neuerungen vor:

Ab dem Schuljahr 1983/84 soll es Kindern der Sonderschule möglich sein, in Deutsch oder Mathematik den Unterricht in der nächsthöheren oder nächstniedrigeren Schulstufe zu besuchen. Damit soll den Schülern, die meist in einem der beiden Gegenstände versagen, das Wiederholen der ganzen Schulstufe erspart werden.

Zweiter Schwerpunkt ist ab 1983/84 die Einführung eines speziellen Förderunterrichtes, der auf den Übertritt in eine allgemeine Schule vorbereitet. Diese Kurse sollen dem Sonderschulkind nach einer Vorbereitungsphase den Übertritt an eine allgemeine Volks- oder Hauptschule ermöglichen.

Spezielle Fördermaßnahmen sowohl im fachbezogenen wie im therapeutisch-funktionellen Bereich für sozialmotorisch-, kognitiv- und sprachgestörte Kinder werden ab 1983/84 vermehrt eingesetzt.

Weiters ist ab 1983/84 an den Sonderschulen für Sinnes- und Körperbehinderte (also Schwerhörige, Seh- und Körperbehinderte) die Führung einer Vorschulstufe sowie eines Polytechnischen Lehrganges möglich.

Und schließlich eine der wichtigsten Neuerungen, die die 7. SchOG-Novelle bringt: die Senkung der Klassenschülerhöchstzahlen an den Sonderschulen auf maximal 16 (jetzt 18) ab dem Schuljahr 1985/86.

Fremdsprachen am Polytechnischen Lehrgang

Auch für den Polytechnischen Lehrgang bringt die 7. SchOG-Novelle eine einschneidende Veränderung: Haben sie derzeit „neun Pflichtgegenstände", wird es ab 1989 einer mehr sein – die lebende Fremdsprache. In den meisten Fällen werden die Schüler dann Englisch lernen, aber auch Französisch ist möglich. Der ab 1989 obligatorische Fremdsprachenunterricht wird in zwei bis drei Leistungsgruppen erfolgen.

Leistungsgruppen an Berufsschulen

Ab dem Schuljahr 1984/85 gibt es eine wichtige Zäsur auch für die Berufsschulen: Und zwar die Einführung von zwei Leistungsgruppen sowie Förderunterricht nicht nur für abstiegsgefährdete, sondern auch „aufstiegsträchtige" Schüler.

Beim Leistungsgruppensystem werden, wie auch in anderen Schultypen, Schüler ihrer Begabung nach zusammengefaßt. Die besseren kommen in die erste Leistungsgruppe und erhalten über den normalen Lehrplan hinaus zusätzliche Lernangebote, etwa im Pflichtgegenstand Rechnungswesen auch noch die Einführung in die Grundlagen der EDV. Es gibt auch die Möglichkeit, neue Gebiete dazuzunehmen, wenn die besseren Schüler der ersten Leistungsgruppe mit dem Stoff des Lehrplanes früher „durch" sind (etwa eine Fremdsprache, Sozialkunde oder Arbeitsrecht).

In der zweiten Leistungsgruppe sitzen die durchschnittlich und weniger begabten Burschen und Mädchen. Für sie gilt weiterhin der bisherige Lehrplan der Berufsschule.

In den Zeugnissen der Berufsschüler scheint nicht auf, welche Leistungsgruppe ein Schüler besucht hat. Zusätzlich erworbene Qualifikationen werden allerdings bestätigt.

Die 7. SchOG-Novelle sieht für die Berufsschulen noch eine weitere Neuerung vor: Der Turnunterricht – bisher Freigegenstand mit Note – wird an den Berufsschulen zur unverbindlichen Übung. Er ist nicht verpflichtend und wird auch nicht benotet. Turnen an Berufsschulen kann in bestimmten Fällen koedukativ geführt werden.

Welche Fachschulen der Stadt Wien gibt es?

Fachschule der Stadt Wien für Mode und Bekleidungstechnik, 15, Siebeneichengasse 17, Tel. 83 54 30

Die Fachschule bildet junge Mädchen in einem vierjährigen Bildungsgang zur Kleidermachergehilfin aus. In der Ausbildung nimmt die Arbeit in der Werkstätte einschließlich der Fachkunde und der Modetechnik breiten Raum ein. Der Lehrplan umfaßt darüber hinaus Schnittzeichnen und Modellarbeit, Entwurf- und Modezeichnen, Materialienkunde und Textilchemie. Neben allgemeinbildenden Gegenständen werden die Mädchen auch in kaufmännischen Gegenständen auf ihr künftiges Berufsleben vorbereitet. Das Ziel der Schule ist eine gründliche praktische und theoretische Ausbildung für eine Reihe von Berufen.

Das Zeugnis über die mit Erfolg absolvierte Schule ersetzt die Lehrzeit und die Lehrabschlußprüfung in den Lehrberufen Bürokaufmann, Damenkleidermacher, Einzelhandelskaufmann, Großhandelskaufmann, Herrenkleidermacher und Industriekaufleute. Nach einjähriger Praxis berechtigt das Zeugnis weiters zur Zulassung zur Meisterprüfung für das Damenkleidermacher- und Herrenkleidermachergewerbe. Für den Antritt der anderen Gewerbe gelten ebenfalls eine Reihe von Begünstigungen.

Aufnahmsvoraussetzung ist die Absolvierung von acht Pflichtschuljahren. Durch den Besuch der Schule wird die Schulpflicht im neunten Schuljahr erfüllt.

Fachschulen der Stadt Wien für wirtschaftliche Frauenberufe,
9, Hahngasse 35, Tel. 34 92 96
12, Dörfelstraße 1, Tel. 83 62 52

Die beiden Fachschulen bieten Mädchen eine fundierte praktische und theoretische Ausbildung für ihre Tätigkeit als Hausfrau im eigenen Haushalt, für hauswirtschaftliche Frauenberufe in großen Familienhaushalten sowie in Anstalts- und Fremdenverkehrsbetrieben.

An beiden Schulen werden eine einjährige Haushaltungsschule und eine dreijährige Fachschule für wirtschaftliche Frauenberufe geführt.

Die Schulen bieten eine gediegene praxisbezogene Ausbildung in Weißnähen, Kleidermachen und Hauswirtschaft. Dazu kommen allgemeinbildende und kaufmännische Fächer, sodaß die Schule auch eine gute Berufsvorbildung für eine Reihe von Berufen ist. Das Zeugnis der dreijährigen Fachschule für wirtschaftliche Frauenberufe ersetzt die Lehrzeit und die Lehrabschlußprüfung in den Lehrberufen Bürokaufmann, Einzelhandelskaufmann, Großhandelskaufmann, Hotel- und Gastgewerbeassistent und Industriekaufmann.

Aufnahmevoraussetzung ist die Absolvierung von acht Pflichtschuljahren. Durch den Besuch dieser Schulen wird die Schulpflicht im neunten Schuljahr erfüllt.

Für den Besuch der Fachschulen der Stadt Wien ist kein Schulgeld zu entrichten. Alle näheren Auskünfte erteilen die Schuldirektionen.

Welche Aufgabe hat die Uhrmacherlehrwerkstätte der Stadt Wien?

Die Uhrmacherlehrwerkstätte im 1. Zentralberufsschulgebäude, 6, Mollardgasse 87, wurde im Jahr 1903 von der damaligen Uhrmachergenossenschaft gegründet und wird seit 1925 von der Stadt Wien geführt.

Die Uhrmacherlehrwerkstätte der Stadt Wien wurde vom Bundesministerium für Handel, Gewerbe und Industrie als besondere selbständige Ausbildungseinrichtung im Sinne des Berufsausbildungsgesetzes BGBl. Nr. 142/1969 anerkannt.

Ihr Besuch ersetzt die Lehrzeit für das Uhrmachergewerbe. Nach Ablauf der Ausbildungszeit haben die Absolventen das Recht, bei der Kammer der gewerblichen Wirtschaft die Gesellenprüfung abzulegen. Die Ausbildungszeit dauert dreieinhalb Jahre und ist ebenso lang wie die Lehrzeit im Uhrmachergewerbe. Nach Ablegung der Gesellenprüfung und zweieinhalbjähriger Tätigkeit als Geselle kann die Meisterprüfung abgelegt und das Uhrmacherhandwerk selbständig ausgeübt werden. Nähere Auskünfte über die Aufnahme in die Uhrmacherlehrwerkstätte werden in der MA 56, 6, Mollardgasse 87, erteilt.

SOZIALHILFE FÜR JUGEND, FAMILIE UND ALTER

(MA 11, 12, 15)

Wo erfolgt die Beratung für Schwangere?

Je früher Schwangere ärztliche Beratung aufsuchen, desto erfolgreicher können Ärzte raten und helfen. Der regelmäßige Besuch der Beratungsstelle oder der Ordination eines Gynäkologen soll spätestens im dritten Schwangerschaftsmonat einsetzen.

In den Schwangerenberatungsstellen der Stadt Wien erfolgt die Untersuchung und Beratung durch Fachärzte. Es werden dort alle notwendigen Untersuchungen einschließlich der Blutuntersuchungen vorgenommen. Es ist sehr wichtig, während der Schwangerschaft ständig unter ärztlicher Beratung zu stehen, denn nur dann kann bei dem geringsten Anzeichen einer gesundheitlichen Gefährdung rechtzeitig die entsprechende Behandlung einsetzen. Auch die im Mutter-Kind-Paß vorgesehenen Untersuchungen werden dort vorgenommen.

Die Schwangerenberatungsstellen der Stadt Wien befinden sich in:

10, Kundratstraße 3 (Franz-Josef-Spital)
13, Wolkersbergenstraße 1 (Krankenhaus Lainz)
15, Huglgasse 1–3 (Elisabeth-Spital)
16, Montleartstraße 37 (Wilhelminenspital)

Wer erteilt Auskünfte für Schwangere?

Auskünfte und Ratschläge werden auch in den Wiener Entbindungsanstalten und in den gynäkologischen Abteilungen der Krankenhäuser gegeben (telefonische oder persönliche Voranmeldung wegen der Dienststunden und der eventuellen Bedingungen notwendig!):

Rudolfstiftung, 3, Juchgasse 25

I. und II. Universitäts-Frauenklinik des Allgemeinen Krankenhauses, 9, Spitalgasse 23

Sanatorium Hera, 9, Löblichgasse 14

Krankenanstalt Goldenes Kreuz, 9, Lazarettgasse 16

Franz-Josef-Spital, 10, Kundratstraße 3

Krankenhaus Lainz, 13, Wolkersbergenstraße 1

St.-Josef-Krankenhaus, 13, Auhofstraße 189

Hanusch-Krankenhaus, 14, Heinrich-Collin-Straße 30

Elisabeth-Spital, 15, Huglgasse 1–3

Wilhelminenspital, 16, Montleartstraße 37

Krankenanstalt des Göttlichen Heilandes, 17, Dornbacher Straße 20–26

Ignaz Semmelweis-Frauenklinik, 18, Bastiengasse 36–38

Rudolfinerhaus, 19, Billrothstraße 78

In welchen Krankenhäusern wird Schwangerenturnen veranstaltet?

Wenn der behandelnde Arzt nicht anders entscheidet, sollen Frauen in der Schwangerschaft ein Schwangerenturnen besuchen.

Schwangerenturnen wird an folgenden Krankenhäusern veranstaltet:

Rudolfsstiftung, 3, Juchgasse 25

I. und II. Universitäts-Frauenklinik des Allgemeinen Krankenhauses, 9, Spitalgasse 23

Sanatorium Hera, 9, Löblichgasse 14

Franz-Josef-Spital, 10, Kundratstraße 3

Krankenhaus Lainz, 13, Wolkersbergenstraße 1

St.-Josef-Krankenhaus, 13, Auhofstraße 189

Hanusch-Krankenhaus, 14, Heinrich-Collin-Straße 30

Elisabeth-Spital, 15, Huglgasse 1–3

Wilhelminenspital, 16, Montleartstraße 37

Ignaz Semmelweis-Frauenklinik, 18, Bastiengasse 36–38

21, Freytaggasse 32
(Anmeldung beim Jugendamt für den 21. Bezirk)

Wer kann Elternschulen besuchen?

In den Elternschulen haben Mütter und Väter Gelegenheit, sich über alle mit der Geburt eines Kindes zusammenhängenden Fragen sowie über Säuglingspflege und die Entwicklung des Kindes zu informieren. Sie können auch individuelle Fragen stellen sowie Wickeln und Baden des Säuglings praktisch üben.

Die Kurse dauern sechs bis sieben Wochen und sind unentgeltlich. Sie werden von Gynäkologen, Kinderfachärzten, Psychologen, Sozialarbeitern, Referenten der Kammer für Arbeiter und Angestellte und teilweise von Konsumentenberatern abgehalten.

Die Elternschulen siehe Magistrat, MA 11.

Wie erfolgt die Mutterberatung?

In den Mutterberatungsstellen werden gesunde Säuglinge und Kleinkinder bis zu sechs Jahren betreut. Die Kinder werden dort gewogen, vom Arzt untersucht und geimpft. Die im Mutter-Kind-Paß vorgesehenen Untersuchungen werden durchgeführt. Die Mütter werden in allen Fragen der Pflege, Ernährung und Erziehung des Kindes beraten. Der Rachitis der Kinder wird durch Verabreichung von Vitamin-D-Präparaten vorgebeugt.

Die Mutterberatungsstellen siehe Magistrat, MA 11.

Entwicklungsdiagnostik und Sondermutterberatung, 18, Währinger Gürtel 141, Tel. 34 42 70

Spezialambulanz für Entwicklungsdiagnostik und cerebrale Bewegungsstörungen, 10, Gellertgasse 42–48, Tel. 64 35 84

Wie hilft die Stadt Wien den Müttern?

Jede Frau, die in Wien ihren gewöhnlichen Aufenthalt hat und sich vor der Geburt des Kindes bei dem nach ihrem Aufenthalt zuständigen Bezirksjugendamt unter Vorlage des Meldezettels sowie des Mutter-Kind-Passes mit den Ergebnissen der ersten und zweiten Untersuchung anmeldet, erhält nach Entbindung eines lebenden Kindes, nach freier Wahl, eine Säuglingsausstattung oder eine Ausstattung für Kleinkinder unentgeltlich beigestellt. Die Anmeldung kann von Montag bis Freitag in der Zeit von 8 bis 15 Uhr im Jugendamt des Wohnbezirkes durchgeführt werden.

Eine zukünftige Wahlmutter hat mit der Übernahme eines Kindes in unentgeltliche Pflege vor Vollendung des 18. Lebensmonates Anspruch auf Säuglingsausstattung oder Ausstattung für Kleinkinder; mit diesem Zeitpunkt erlischt ein allfälliger Anspruch der leiblichen Mutter.

Die Säuglingsausstattung besteht aus 15 Windeln, 5 Strickwindeln, 3 Hemdchen, 3 Jäckchen, 1 Strampelsack, 1 Frottee-Strampelanzug, 1 Latzhose, 1 Macco-Hemdchen,

1 Decke, 1 Häubchen, 1 Windelhöschen, 1 Flaschensauger, 1 Spielzeugkalender und Pflegemittel, alles verpackt in einer Plastiktasche.

Die Ausstattung für Kleinkinder enthält 5 Windeln, 2 Strickwindeln, 2 Windelhöschen, 1 Strumpfhose, 1 Latzhose, 1 Frottee-Pulli, 1 Frottee-Nachthemd, 1 Overall, 1 Wäschegarnitur, 1 Badetuch, 1 Waschhandschuh, 1 Spielzeugkalender und 1 Kinderspielzeug.

Obdachlose Schwangere und Mütter können vor und nach ihrer Entbindung im Zentralkinderheim der Stadt Wien, falls sie noch minderjährig sind, auch im Mutter-und Kind-Heim, 11, Pleischlgasse 2, für einige Zeit wohnen. In Krisensituationen können Müttern mit Säuglingen auch andere Wohnmöglichkeiten angeboten werden. Die Aufnahme erfolgt über das Bezirksjugendamt des letzten Aufenthaltes in Wien.

Wo werden Informationskurse für Wöchnerinnen abgehalten?

An allen Entbindungsabteilungen Wiens werden Wöchnerinnen vom Kinderarzt und der Kinderschwester über die wichtigsten Belange des Säuglings unterrichtet. Eine Sozialarbeiterin spricht über mögliche Hilfen. Diese Kurzinformationen ersetzen nicht die so wichtige Elternschule.

Welche Sozialhilfeleistungen sind für werdende Mütter und Wöchnerinnen vorgesehen?

Werdende Mütter und Wöchnerinnen, denen kein Anspruch auf Zuerkennung der Wochenhilfe durch eine Krankenkasse zusteht, wenden sich, wenn sie die sozialhilferechtliche Wochenhilfe anstreben, an das Jugendamt ihres Wohnbezirkes. Vorzuweisen sind Personaldokumente, Meldezettel, Einkommensnachweise der Haushaltsangehörigen sowie eine Bestätigung über den voraussichtlichen Tag der Entbindung. Das Bezirksjugendamt nimmt das Ansuchen entgegen und leitet den Akt an das zuständige Sozialreferat. Von der Erledigung wird die Gesuchstellerin schriftlich in Kenntnis gesetzt.

Für wen sind Säuglingskrippen, Kleinkinderkrippen, Kindergärten und Horte vorgesehen?

In den Säuglingskrippen werden Kinder im Alter von acht Wochen bis zu einem Jahr, in Kleinkinderkrippen Kinder vom ersten bis zum dritten Lebensjahr, in Kindergärten Kinder ab dem dritten Lebensjahr bis zum Schulalter betreut. Für behinderte Kleinkinder werden Sondergruppen geführt.

In den Hort- und Tagesheimschulhortgruppen werden Schulkinder betreut, die unter fachkundiger Anleitung ihre Schulaufgaben erledigen und ihre Freizeit sinnvoll gestalten können.

Die Anmeldung erfolgt bei dem für den Wohnort des Kindes zuständigen Bezirksjugendamt. Auskünfte erteilen die Leiter der Kindertagesheime.

Welche Kinder können in den Erholungsheimen der Stadt Wien aufgenommen werden?

In den Kindererholungsheimen der Stadt Wien werden erholungsbedürftige Kinder im Alter von drei bis 15 Jahren aufgenommen. Einige dieser Heime sind während des ganzen Jahres in Betrieb.

Die Anmeldung der Kinder erfolgt im Bezirksjugendamt des Wohnsitzes. Voraussetzung für die Aufnahme von Kindern ist die durchgeführte Tetanus-Schutzimpfung.

Grundsätzlich wird der volle Ersatz der Fahrtkosten und der Pflegegebühren durch Einhebung entsprechender Beiträge der Eltern oder sonstigen Leistungsverpflichteten (Krankenkassen u. a.) angestrebt. Die Bezirksjugendämter gewähren Ermäßigungen, die bis zu Freiplätzen reichen können.

In den Kindererholungsheimen der Stadt Wien finden im Rahmen der Schullandheimaktion auch ganze Schulklassen in geschlossenen Turnussen Aufnahme. In einer idealen Verbindung von naturnahem Unterricht und Erholung finden Kinder und Lehrkräfte zu einer fruchtbaren Gemeinschaft zusammen. Bei Vorliegen sozialer Bedürftigkeit gewähren die Bezirksjugendämter den Kindern der Schulklassen Ermäßigungen und in besonderen Fällen auch Freiplätze.

Was bietet das Kindertelefon?

Das Kindertelefon – 31 66 66 – steht Kindern, Eltern sowie allen an Kinderproblemen Beteiligten als Notruf rund um die Uhr zur Verfügung. Für Anfragen und Aussprachen wird Montag bis Freitag von 12 bis 18 Uhr empfohlen.

Ein Mitarbeiter des Jugendamtes nimmt die Anrufe entgegen, beantwortet Fragen und geht auf Wünsche und Problemstellungen der Kinder ein, allenfalls informiert er über weiterführende Hilfen oder geeignete Kontaktstellen.

Welche Hilfen bestehen für erziehungsproblematische und gefährdete Kinder und Jugendliche?

Bei Erziehungsproblemen und in Fragen der Gefährdung von Kindern und Jugendlichen stehen die Bezirksjugendämter und spezielle Beratungsstellen mit Rat und Hilfe zur Verfügung. In den Bezirksjugendämtern beraten und betreuen Sozialarbeiter Familien mit Kindern, die Fragen oder Probleme haben (Sprechstunden Montag, Dienstag, Donnerstag, Freitag von 8 bis 10 Uhr, allgemeine Auskünfte Montag bis Freitag von 8 bis 15 Uhr). In den ambulanten Erziehungsberatungsstellen der Bezirksjugendämter stehen Psychologen zur Verfügung. Der Psychologische Dienst bietet außerdem stationäre Beobachtungsmöglichkeiten an.

Neben ambulanter Beratung und Hilfestellung können spezielle Einrichtungen empfohlen und für die Unterbringung in geeigneten Therapie- oder Erziehungseinrichtungen gesorgt werden, wenn dies zur Lösung der Probleme erforderlich ist.

Die Kinder- und Jugendpsychologischen Beratungsstellen stehen unentgeltlich zur Verfügung. Sie garantieren dem Ratsuchenden Vertraulichkeit und Unverbindlichkeit der Inanspruchnahme. Sie übernehmen auch längerdauernde ambulante Betreuungen.

Die Anschriften und Beratungszeiten siehe Magistrat, MA 11.

Psychologische Beratungsstelle für Scheidungsfragen

17, Leopold-Ernst-Gasse 22, Tel. 42 44 49,
Donnerstag von 16 bis 19 Uhr

Diese Stelle versucht bei den schwierigen Situationen, die sich für Familienmitglieder durch eine Ehescheidung ergeben, beratend und helfend einzugreifen.

Telefonische Erziehungsauskunft

Für dringende Fälle steht den Ratsuchenden die telefonische Erziehungsauskunft zur Verfügung. Montag bis Freitag von 8 bis 11 Uhr gibt eine Psychologin unter der Nummer 63 35 33 Auskunft. In allen Erziehungsbelangen werden Informationen über einschlägige Beratungsstellen und Institutionen, nach Möglichkeit aber auch konkrete Kurzberatungen geboten.

Institute für Erziehungshilfe

5, Siebenbrunnenfeldgasse 7, Tel. 55 13 20, 55 27 51
10, Sahulkastraße 5, Stiege 35, Tel. 61 16 74
14, Mühlbergstraße 7, Tel. 97 15 70, 97 22 34 („Stadt des Kindes")
19, Heiligenstädter Straße 82/14, Tel. 36 12 35, 36 31 12
21, Patrizigasse 2, Tel. 38 63 28, 38 62 55

Die Institute befassen sich mit der diagnostischen Abklärung von Leistungs- und Verhaltensstörungen bei Kindern bis zu 14 Jahren. Der diagnostische Teil umfaßt Verhaltensbeobachtung, psychologische Testung, Exploration und fakultativ organische Untersuchungen. Die Therapien erfolgen nach tiefenpsychologischen Methoden, wobei auch mit den Eltern Gespräche geführt werden. Bei entsprechenden Störungen sind auch Legastheniekerkurse und Sprachheilbehandlungen möglich. Die Betreuung ist kostenlos.

Sonderpädagogische Ambulanzen für behinderte Kleinkinder

3, Stadtpark, Tel. 73 61 47
10, Lippmanngasse 3, Tel. 68 14 164
12, Endergasse 1, Tel. 85 21 17
14, Auer-Welsbach-Park, Tel. 83 92 03 (Spielzeugberatung für behinderte Kinder)
16, Rosenackerstraße 5, Tel. 46 36 56
21, Franklinstraße 28, Tel. 38 41 10

Eltern behinderter Kleinkinder können sich an die Sonderpädagogischen Ambulanzen des Jugendamtes wenden. Fachleute gehen dort auf ihre Probleme ein und bieten kostenlos Hilfen an.

Institute für Sozialtherapie

2, Im Werd 19, Tel. 33 42 66, 35 63 71, Anmeldung Montag von 10 bis 19 Uhr

Dieses Institut betreut verhaltensschwierige Kinder und deren Bezugspersonen, insbesondere aus dem 2. Bezirk.

9, Lustkandlgasse 50, Tel. 34 65 35, 234, Anmeldung Montag von 10 bis 19 Uhr

Dieses Institut betreut verhaltensschwierige Kinder und deren Bezugspersonen, insbesondere aus den umliegenden Bezirken.

10, Puchsbaumgasse 30–36, Tel. 62 83 245, Anmeldung Montag von 10 bis 19 Uhr

Dieses Institut bietet tiefenpsychologisch orientierte Lebenshilfe, insbesondere für Jugendliche mit sozialen Schwierigkeiten.

Sozialpädagogische Beratungsstellen

3, Rochusgasse 8, Tel. 73 54 98, 75 31 53
10, Zohmanngasse 28, Tel. 62 62 02

Dieser Beratungsstelle ist außerdem eine Kriseninterventionsstation für Jugendliche angeschlossen.

12, Zanaschkagasse 14/43, Tel. 67 50 802
14, Mühlbergstraße 7, Tel. 97 15 06/65
17, Rötzergasse 29, Tel. 46 86 69 („Komm")

Diese Stelle hat als Schwerpunkt Krisenintervention bei Kindesmißhandlungen und nimmt vertraulich und unbürokratisch Meldungen entgegen.

20, Wasnergasse 33, Tel. 35 55 30
21, Walter-Schwarzacher-Gasse 5/68/5, Tel. 30 66 51
22, Kagran, Rennbahnweg 27/24/1, Tel. 23 43 31
22, Leopoldau, Kurt-Ohnsorg-Weg 1/28/1, Tel. 23 95 37
23, Erlaa, Erlaaer Straße 131, Tel. 67 21 61

Lernhilfen sowie Angebote für interessante Freizeitgestaltung und Beratung der Eltern dienen dazu, Schulkinder aus dem Bezirk bei schwierigen sozialen Verhältnissen wirksam ambulant zu betreuen, um Konflikte in Schule und Elternhaus zu bessern und eventuell sonst notwendigen Heimunterbringungen vorzubeugen.

In allen Beratungsstellen besteht eine Übernachtungsmöglichkeit für Kinder.

Geöffnet Montag bis Freitag von 10 bis 19 Uhr.

Was versteht man unter „Streetwork"?

Sozialarbeiter besuchen regelmäßig Lokale, Diskotheken, Spielhallen usw., wo gefährdete Jugendliche verkehren. Sie nehmen mit den Jugendlichen Kontakt auf und bieten Hilfen an. Es bestehen folgende Stützpunkte:

3, Rochusgasse 8, Tel. 72 44 70, Montag bis Freitag von 14 bis 18 Uhr, Schwerpunkt Drogen,

7, Burggasse 20, Tel. 96 37 51, Montag bis Freitag von 14 bis 18 Uhr, Schwerpunkt Delinquenz.

Was ist die Aufgabe der Jugendinformationszentren?

Einen für Österreich ganz neuen Weg in der Jugendarbeit ging das Jugendamt der Stadt Wien mit den Jugendinformations- und Beratungszentren, kurz „info-centers" genannt; solche bestehen in 6, Damböckgasse 1, Tel. 57 72 21, und in 21, Prager Straße 20, Tel. 30 33 89. Sie sind Montag bis Freitag von 12 bis 19 Uhr geöffnet und bieten allen jungen Leuten im Alter von etwa 15 bis 25 Jahren kostenlose Beratung auf allen Gebieten, die sie bewegen. Diese Beratung erstreckt sich von der Information über Sport und andere Freizeitmöglichkeiten bis zu Gesprächen mit einem Psychiater über höchst persönliche Probleme. Das „info-center" gleicht äußerlich mehr einem Klub als einer amtlichen Einrichtung: neben dem großen Raum mit bequemen Fauteuils, in dem Jugendzeitschriften aufliegen und musikalische Untermalung geboten wird, gibt es auch ein Aussprachezimmer, in dem sich der Ratsuchende mit dem Fachmann unter vier Augen unterhalten kann. Als Mitarbeiter stehen Sozialpädagogen, Sozialarbeiter, Jugendrechtler, Jugendpsychologen und ein Jugendpsychiater zur Verfügung. Fragen im psychischen Bereich (z. B. Gefühl der Einsamkeit und Isolation, Minderwertigkeitsgefühl, Aggression, Depression usw.), im sozialen Bereich (z. B. Konflikte mit Eltern, Freunden und Vorgesetzten, Schulprobleme usw.) und auf juristischem Gebiet (z. B. Arbeitsrecht, Eherecht, Strafrecht) werden ohne Zeitdruck mit dem anonym bleibenden Besucher erörtert.

Welche Rechtshilfe wird für Kinder und Jugendliche gewährt?

Die Bezirksjugendämter geben Auskunft in allen Rechtsfragen, die Kinder und Jugendliche betreffen. Sie führen Amtsvormundschaften über unehelich geborene Kinder und Waisen und vertreten diese Mündel in allen rechtlichen Angelegenheiten gegenüber Behörden und

Personen, sie sorgen insbesondere für die Feststellung der Vaterschaft zu unehelich geborenen Kindern und für die Geltendmachung der Unterhaltsansprüche. Sie können auch durch die zuständigen Pflegschaftsgerichte zum besonderen Sachwalter bestellt werden zwecks Durchsetzung von Unterhaltsansprüchen für uneheliche Kinder – wenn die Mutter oder ein Anderer Vormund ist – und für eheliche Kinder, wenn die Ehe geschieden wurde oder sonst zerrüttet ist. Überdies sind sie kraft Gesetzes besonderer Sachwalter zur Durchsetzung der Unterhaltsansprüche für Kinder, denen durch Gerichtsbeschluß Unterhaltsvorschuß gewährt wird.

Welche Möglichkeiten bestehen für Adoptiveltern?

Die Adoptionsstelle des Jugendamtes der Stadt Wien, 1, Neutorgasse 15, 2. Stock, Tel. 66 14*, 451, 454, 455, vermittelt Kinder, die zur Adoption freigegeben wurden, an geeignete Adoptiveltern. Die Adoptionsstelle nimmt Bewerbungen für ein Adoptivkind entgegen und erteilt entsprechende Auskünfte.

Eltern, die bereits ein Kind adoptiert haben, können sich bei Problemen auch an die Beratungsstelle für Adoptiveltern in 3, Baumgasse 12, Tel. 73 63 38, wenden. Eine Psychologin und eine Sozialarbeiterin stehen jeweils am Montag von 16.30 bis 19.30 Uhr für Gespräche zur Verfügung.

Welche Unterstützung bekommen Pflegefamilien?

Wer ein Pflegekind aufnehmen will, muß sich zunächst an das zuständige Bezirksjugendamt wenden. Dort erteilen Sozialarbeiter nähere Auskünfte. Die Sozialarbeiter müssen auch überprüfen, ob die im Gesetz vorgesehenen Voraussetzungen zur Übernahme eines Pflegekindes gegeben sind (gute Erziehungsfähigkeiten, guter Gesundheitszustand, entsprechender Wohnraum, keine bedenklichen Vorstrafen).

Pflegefamilien erhalten Pflegegeld, durch das die Unterhaltskosten des Kindes gedeckt werden. Dazu dient weiters auch die Familienbeihilfe, auf die in der Regel Anspruch besteht. Pflegeeltern können ihre Pflegekinder bei der eigenen Krankenkasse anmelden und auf diese Weise im Krankheitsfall leicht die Krankenscheine beschaffen. Zum Erfahrungsaustausch und zur Fortbildung dienen „Pflegeeltern-Runden" und Seminare, an denen Pflegeeltern teilnehmen können, wenn sie es wünschen. Treten irgendwelche Probleme auf, bieten Sozialarbeiter des Jugendamtes Hilfen an. Pflegeeltern erhalten auch schriftliche Informationen, die „Pflegeelternbriefe". Selbstverständlich stehen alle Dienste der Stadt Wien für Familien besonders auch den Pflegefamilien zur Verfügung.

In Wien bestehen auch zwei Pflegefamilienvereine, die sich mit den Kinderfreunden und dem Katholischen Familienverband zu einer Arbeitsgemeinschaft zusammengeschlossen haben. Die Vereine vertreten Pflegeelterninteressen, halten Veranstaltungen für Pflegefamilien ab und bieten Beratung an.

Damit spezielle Probleme besser gelöst werden können, hat das Jugendamt eine eigene Beratungsstelle für Pflegefamilien in 9, Lustkandlgasse 50, eingerichtet, in der erfahrene Sozialarbeiter, Psychologen und Psychiater jeweils Donnerstag von 15.30 bis 18.30 Uhr zur Verfügung stehen, um Rat und Hilfe zu geben. Um telefonische Anmeldung unter 34 65 35*, 240 oder 243, wird ersucht.

Wie hilft die Stadt Wien der berufstätigen Jugend?

Das Referat Jugendberufshilfe des Jugendamtes der Stadt Wien, 1, Neutorgasse 15, 2. Stock, Tel. 66 14*, 458, 459, 456, berät und betreut berufstätige Jugendliche, wie Lehrlinge oder jugendliche Arbeiter und deren Eltern, bei Schwierigkeiten in der Lehr- bzw. Arbeitsstelle.

Die Jugendlichen können sich auch bei familiären Schwierigkeiten oder bei Partnerproblemen an das Referat und die in den Berufsschulen tätigen Sozialarbeiter wenden.

In Berufsausbildung stehende Jugendliche können bei Bedürftigkeit Lehrlingsbeihilfen und Berufskleidung erhalten. Die Anmeldung erfolgt in den Bezirksjugendämtern.

Was wird in der Ehe- und Familienberatung geboten?

In den Ehe- und Familienberatungsstellen der Stadt Wien in 1, Neutorgasse 15, 2. Stock, und 12, Schönbrunner Straße 259, 1. Stock, stehen Gynäkologen, Juristen, Psychologen, Psychiater und Sozialarbeiter zur Verfügung, um bei Ehe-, Partnerschafts- und Familienangelegenheiten, bei Fragen der Ehescheidung und der Familienplanung zu beraten. Vollste Diskretion und Anonymität wird zugesichert. Die Beratungen erfolgen völlig kostenlos und finden in der Beratungsstelle 1, Neutorgasse 15, jeden Montag und Donnerstag, in der Beratungsstelle 12, Schönbrunner Straße 259, jeden Mittwoch von 16 bis 18.30 Uhr statt. Es besteht die Möglichkeit einer telefonischen Voranmeldung unter Tel. 63 89 96 (jeden Montag und Donnerstag von 16 bis 18 Uhr).

Für Beratung und Hilfe in Angelegenheiten der Familienplanung, wie Geburtenregelung und Schwangerschaftsunterbrechungen, und damit zusammenhängenden Fragen stehen Gynäkologen und Sozialarbeiter außerdem in folgenden Einrichtungen der Stadt Wien zur Verfügung:

Elisabethspital, 15, Huglgasse 1–3, Tel. 95 65 51*, 265, Montag von 13 bis 15.30 Uhr

Wilhelminenspital, 16, Montleartstraße 37, Tel. 95 25 11*, 2207, Dienstag und Donnerstag von 13.30 bis 15.30 Uhr

18, Währinger Gürtel 141, Tel. 34 65 61,
Montag, Mittwoch, Freitag von 8 bis 12 Uhr, Dienstag von 17 bis 19 Uhr für Jugendliche

Krankenhaus Floridsdorf, 21, Hinaysgasse 1, Tel. 38 16 14*, 280, Dienstag von 16 bis 18 Uhr, Mittwoch von 13 bis 15 Uhr

Die Beratungen und Untersuchungen in den Familienplanungsstellen erfolgen völlig kostenlos; es ist kein Krankenschein erforderlich.

Welche Funktion hat das Institut für Familientherapie?

Das Institut für Familientherapie, 2, Praterstraße 40, Tel. 24 74 33, bietet in jenen familiären Problemsituationen, bei denen auch mehrmalige Beratungen nicht ausreichen, durch Psychiater, Psychologen und Sozialarbeiter eingehende therapeutische Hilfen.

Wie erfolgt die spezielle Individualhilfe und Erwachsenenbetreuung?

Diplomierte Sozialarbeiter befassen sich in eingehenden Gesprächen mit den Klienten und deren individuellen Problemen und suchen gemeinsam Lösungsmöglichkeiten. Hilfestellung wird mit dem Ziel der Rehabilitation und Resozialisierung angeboten.

Sozialarbeiter stehen im „Verbindungsdienst" zu den Krankenanstalten (inkl. den psychiatrischen und neurologischen), zu den Pflegeheimen der Stadt Wien und zum Behindertenzentrum den Patienten und deren Angehörigen zur Verfügung, um ihnen bei der Bewältigung der durch die Erkrankung entstandenen Probleme sowie bei der beruflichen und sozialen Rehabilitation zu helfen.

Auch die Betreuung der in Wien ansässigen Flüchtlinge wurde von Sozialarbeitern übernommen.

Sozialarbeiter können in den Außenstellen der MA 12 erreicht werden:

Außenstelle I: 8, Lerchenfelder Straße 4, 1. Stock, Tel. 42 76 11*, 317, 318 (Bezirke 1, 2, 6, 7, 8, 9)

Außenstelle II: 12, Schönbrunner Straße 259, 1. Stock, Tür 102, Tel. 83 16 01*, 333 (Bezirke 12, 13, 23)

Außenstelle III: 15, Camillo-Sitte-Gasse 6–8, 2. Stock, Tür 6, Tel. 95 69 71 (Bezirke 14, 15, 16, 17, 18, 19)

Außenstelle IV: 21, Holzmeistergasse 14, Tel. 38 15 11*, 41 (Bezirke 20, 21, 22)

Außenstelle V: 10, Per-Albin-Hansson-Siedlung Ost, Ada-Christen-Gasse 2/D/3, Ebene, Tel. 68 55 71 (10. Bezirk)

Außenstelle VI: 3, Am Modenapark 1–2, 5. Stock, Tel. 72 36 11*, 411 (Bezirke 3, 4, 5, 11)

Was wird im Rahmen der Sozialberatung geboten?

Die MA 12 hat in den Wiener Bezirken Sozialberatungsstellen eingerichtet.

Die Wiener Sozialberatung steht jedermann kostenlos, streng diskret und unverbindlich offen, der in persönlichen oder familiären Angelegenheiten Auskünfte, Rat oder Hilfe sucht. Die Beratung erfolgt auf Wunsch auch ohne Namensnennung. Keine andere Stelle erfährt, was dem Sozialberater oder Juristen anvertraut wird – ganz egal, was es ist.

Die Anschriften und Beratungszeiten siehe Magistrat, MA 12.

Was ist der Zweck des Notrufes für Soziales und Gesundheit?

In der MA 12 ist ein „Sozialer Notruf" installiert, ein von der Rathausvermittlung unabhängiger Telefonanschluß. Durch die Wahl der Rufnummer

63 77 77

ist der Hilfesuchende direkt mit dem diensthabenden Sozialberater verbunden.

Diese Einrichtung steht der Wiener Bevölkerung, im besonderen alten, gebrechlichen Menschen für dringende Auskünfte oder für die Vermittlung dringender Hilfeleistungen täglich, auch an Samstagen, Sonn- und Feiertagen von 8 bis 20 Uhr zur Verfügung. Außerhalb der Dienststunden getätigte Anrufe werden auf Tonband gespeichert und am darauffolgenden Werktag beantwortet.

Wer hat Anspruch auf Hilfe zur Sicherung des Lebensbedarfes?

Anspruch auf Hilfe zur Sicherung des Lebensbedarfes hat, wer den Lebensbedarf für sich und die mit ihm in Familiengemeinschaft lebenden unterhaltsberechtigten Angehörigen nicht oder nicht ausreichend aus eigenen Kräften und Mitteln beschaffen kann und ihn auch nicht von anderen Personen oder Einrichtungen erhält.

Zum Lebensbedarf gehören: der Lebensunterhalt, insbesondere Unterkunft, Nahrung, Bekleidung; Körperpflege, Hausrat, Beheizung und andere persönliche Bedürfnisse, inklusive der Pflege der Beziehungen zur Umwelt und die Teilnahme am kulturellen Leben in angemessenem Ausmaß; Krankenhilfe, Hilfe für werdende Mütter und Wöchnerinnen; Hilfe zur Erziehung und Erwerbsbefähigung.

Wie erlangt man eine Geldleistung?

Man wendet sich mit allen Personaldokumenten und dem Meldezettel (Meldeabschnitt) an das Sozialreferat des Wohnbezirkes, wo über den Antrag entschieden wird. Kann über einen Antrag nicht sofort entschieden werden (weil Erhebungen notwendig sind), gibt das Sozialreferat in dringenden Fällen eine vorläufige Sofortleistung.

Anträge für Personen mit minderjährigen Kindern sollen beim Bezirksjugendamt des Wohnbezirkes gestellt werden.

Wie bekommt man eine Dauerleistung der Sozialhilfe?

Anspruchsberechtigte Personen, die nachweisbar zumindest auf die Dauer von sechs Monaten arbeitsunfähig sind, können sich um eine Dauerleistung bewerben. Der Nachweis der Arbeitsunfähigkeit entfällt bei Frauen, wenn sie das 60., bei Männern, wenn sie das 65. Lebensjahr überschritten haben.

Der Hilfesuchende begibt sich mit allen Personaldokumenten, dem Meldezettel (Meldeabschnitt) und allen Nachweisen, die über Familien-, Wohnungs- und Einkommensverhältnisse Aufschluß geben, in das Sozialreferat seines Wohnbezirkes und bringt dort sein Ansuchen vor. Dieses Amt überprüft die Angaben über die wirtschaftlichen und Familienverhältnisse und trifft seine Entscheidung. Von der Erledigung erhält der Bewerber um eine Dauerleistung einen schriftlichen Bescheid. Ist in der Zwischenzeit bis zur Erledigung Hilfe erforderlich, gibt das Sozialreferat einmalige Aushilfen.

Wie erhält man Hilfe in besonderen Lebenslagen?

Hilfe in besonderen Lebenslagen kann Personen zuerkannt werden, die aufgrund ihrer besonderen persönlichen, familiären oder wirtschaftlichen Verhältnisse oder infolge außergewöhnlicher Ereignisse einer sozialen Gefährdung ausgesetzt sind und der Hilfe der Gemeinschaft bedürfen, um in die Gesellschaft und das Erwerbsleben eingegliedert zu werden. Die Hilfe in besonderen Lebenslagen besteht in Hilfen zum Aufbau und zur Sicherung der wirtschaftlichen Lebensgrundlage und wirtschaftlichen Hilfen zur Überbrückung außergewöhnlicher Notstände. Die Hilfe in besonderen Lebenslagen kann unabhängig von einem Anspruch auf Hilfe zur Sicherung des Lebensbedarfes zuerkannt werden. Die Hilfe in besonderen Lebenslagen erbringt der Sozialhilfeträger als Träger von Privatrechten. Auf die Leistungen besteht kein Rechtsanspruch.

Der Hilfesuchende begibt sich mit allen Personaldokumenten, dem Meldezettel (Meldeabschnitt) und allen Nachweisen, die über seine Familien-, Wohnungs- und Einkommensverhältnisse sowie über die die soziale Gefährdung bedingenden außergewöhnlichen Ereignisse Aufschluß geben, in das Sozialreferat seines Wohnbezirkes und bringt dort sein Ansuchen vor. Das Amt überprüft die vorgelegten Unterlagen und trifft sodann seine Entscheidung. Von der Erledigung erhält der Hilfesuchende eine schriftliche Mitteilung. Hilfe in besonderen Lebenslagen kann in Form von Geldleistungen, Sachleistungen oder persönlicher Hilfe erbracht werden.

Wer bekommt kostenlos ärztliche Hilfe, Arzneien, Heil- und Hilfsmittel, Heilbäder und Strahlentherapie?

Wer krankenversichert ist, wendet sich an seine Krankenkasse. Nur für jene unbemittelten Personen, die keine Krankenkassenleistungen beanspruchen können, übernimmt die Sozialhilfe die Kosten für ärztliche Behandlung, Arzneien, Heil- und Hilfsmittel.

Wer also kein Krankenkassenmitglied und auch nicht familienversichert ist, wendet sich, wenn er Heilbehandlung benötigt, an das Sozialreferat seines Wohnbezirkes. Hier erhält er einen Krankenschein, der für das laufende Kalendervierteljahr gilt. Mit diesem Schein kann er sich in die unentgeltliche Behandlung eines praktischen Arztes nach freier Wahl begeben, der ihn an einen Facharzt nach freier Wahl oder an ein Ambulatorium überweisen kann.

Werden vom Arzt Medikamente verordnet, können diese aus einer Apotheke nach freier Wahl auf Kosten des Sozialhilfeträgers bezogen werden. Gewisse Spezialitäten bedürfen allerdings vor ihrer Abgabe der Genehmigung durch den Amtsarzt des Bezirksgesundheitsamtes.

Hält der behandelnde Arzt ein Hilfsmittel für notwendig (z. B. Einlagen, orthopädische Schuhe, Prothesen, Stützapparat usw.), fertigt er einen Verordnungsschein für Heil- und Hilfsmittel aus, der – nach Einholung eines Kostenvoranschlages – bei dem nach dem Wohnort des Patienten zuständigen Sozialreferat einzureichen ist. Dauerkrankenhilfeempfänger mit Ausweis können kleine Heilbehelfe (Brillen, Bandagen) ohne Genehmigung direkt bei Optikern und Bandagisten beziehen. Nach Genehmigung kann der Heilbehelf bei einem der zugelassenen Vertragslieferanten nach freier Wahl auf Rechnung des Sozialhilfeträgers bezogen werden.

Sind zur Durchführung der Heilbehandlung physikalische Leistungen (Höhensonne, Kurzwellen, Bestrahlungen mit Sollux- oder Profunduslampen, Galvanisationen usw.) oder Heilbäder (Schwefelbäder, Moorbäder, Schlammpakkungen u. ä.) oder Röntgenleistungen erforderlich, stellt der behandelnde Arzt einen für diese Zwecke vorgesehenen Verordnungsschein aus. Der Genehmigung durch den Amtsarzt des Gesundheitsamtes bedürfen nur die Verordnungen für Mammographie und Tomographie.

Wer bekommt kostenlose Zahnbehandlung?

Wer unbemittelt ist und eine Zahnbehandlung benötigt, ohne Anspruch auf Kassenleistungen zu haben, beantragt beim Sozialreferat seines Wohnbezirkes die Ausstellung eines Zahnbehandlungsscheines. Mit diesem Schein kann er sich in unentgeltliche Behandlung eines Zahnarztes oder Dentisten nach freier Wahl begeben.

Welche Leistungen sind im Rahmen der Behindertenhilfe vorgesehen?

Personen, die infolge eines Leidens oder Gebrechens daran gehindert sind, eine ihren Fähigkeiten entsprechende Schulbildung, Erziehung oder Berufsausbildung zu erlangen oder beizubehalten, können Behindertenhilfe bekommen, sofern sie österreichische Staatsbürger sind, ihren Wohnsitz in Wien und nicht auf Grund anderer Rechtsvorschriften die Möglichkeit haben, eine solche Leistung zu bekommen. Die Leiden bzw. Gebrechen, die zu einer solchen Hilfe führen, können Fehlformen und Funktionsstörungen jeglicher Art sein, auch psychische Erkrankungen und Anfallsleiden zählen dazu.

Als Hilfeleistungen kommen in Betracht: Eingliederungshilfe, Hilfe zur Unterbringung, geschützte Arbeit, Beschäftigungstherapie, Übernahme von Fahrt- und Transportkosten und persönliche Hilfe. Dauernd bettlägerige Personen bzw. solche, die ununterbrochene, nachhaltige Pflege durch eine andere Person benötigen, können ein monatliches Pflegegeld erhalten, sofern sie das 15. Lebensjahr vollendet haben.

Anträge sind in der MA 12, Referat Behindertenhilfe, 1, Schottenring 24, 1. Stock, Tür 113, Tel. 66 14*, 222, 296, oder 1. Stock, Tür 112 (Pflegegeld), Tel. 66 14*, 258, 628, vom Behinderten selbst oder einem hiezu von ihm schriftlich Bevollmächtigten zu stellen.

Für Auskünfte und individuelle Beratungen dient die Montag und Donnerstag jeweils von 15 bis 18.30 Uhr geöffnete Beratungsstelle für Behinderte, 1, Gonzagagasse 21, Parterre, Tür E 30 C, Tel. 66 14*, 624.

Außerdem kümmert sich das Referat Körperbehindertenbetreuung und orthopädische Angelegenheiten im Gesundheitsamt der Stadt Wien, 1, Zelinkagasse 5, Parterre, Tür E 30 C, Tel. 66 14*, 680, um alle Körperbehinderten, läßt sie durch ihre Fachärzte untersuchen, ist ihnen bei der Aufnahme in Spitäler und Heilstätten behilflich und unterstützt sie bei der Versorgung mit orthopädischen Heilbehelfen (Prothesen, Stützmiedern, Stützapparaten, orthopädischen Einlagen und orthopädischen Schuhen).

Überdies sorgt die Ärztliche Körperbehindertenbetreuung durch ständige fachärztliche Überwachung aller Kinder in den städtischen Schulen vorbeugend gegen jede Gefahr der Entwicklung von Behinderungen, z. B. einer Rückgratverkrümmung durch schlechte Haltung der Kinder (Sonderturnen).

Untersuchungen nur gegen Voranmeldung. Ein(e) Sozialarbeiter(in) steht für ein Gespräch täglich von Montag bis Freitag in der Zeit von 7.30 Uhr bis 15.30 Uhr zur Verfügung.

Für wen werden Berufseingliederungs- und Beschäftigungstherapiekurse geführt?

Für Behinderte aller Altersstufen, insbesondere aber für Jugendliche, werden Berufseingliederungs- und Beschäftigungstherapiekurse geführt (Kurszeit Montag bis Donnerstag von 8 bis 15.30 Uhr, Freitag von 8 bis 15 Uhr).

Die Kursteilnehmer werden je nach der Schwere ihrer Behinderung bzw. nach ihren Fähigkeiten erprobt, trainiert und für verschiedene Arbeiten angelernt. Ziel der Kurse ist es, die Behinderten ganz oder zumindest teilweise ins Erwerbsleben einzugliedern. Kann dieses Ziel nicht erreicht werden, soll die Beschäftigung mit produktiver Arbeit im Rahmen der Kurse den Behinderten einen sinnvollen Lebensinhalt geben.

Die Aufnahme in die Kurse ist vom Ergebnis einer eingehenden allgemein ärztlichen und fachärztlichen Untersuchung abhängig. Ungestempelte Aufnahmeansuchen können jederzeit schriftlich an die Behindertenhilfe der Stadt Wien, Berufseingliederungs- und Beschäftigungstherapiekurse, 16, Seeböckgasse 12–14, Tel. 46 52 44, gerichtet werden.

Wer kann Fahrbegünstigungen für Behinderte in Anspruch nehmen?

Anträge auf Gewährung von Fahrbegünstigungen für die Benützung der Straßen-, Stadt-, Schnell- und U-Bahn sind in der MA 12, 1, Gonzagagasse 21, Parterre, Tür E 30 E, Tel. 66 14*, 224, 232, einzubringen.

Die Voraussetzungen für eine Verleihung sind:

1. schwere Gehbehinderung;
2. wirtschaftlich beengte Lage;

3. ein nachgewiesen erhöhter und dauernder Bedarf. (Als solcher wird anerkannt: Aufsuchen eines entfernt gelegenen Arbeitsplatzes oder der ständige, wöchentlich mehrmals notwendige Besuch eines entfernt gelegenen Spitalambulatoriums bzw. Facharztes oder einer Kuranstalt.) Blinde erhalten die Fahrbegünstigung ohne den Nachweis der Fahrtnotwendigkeit und der schweren Gehbehinderung, die übrigen Verleihungsbestimmungen gelten sinngemäß wie für die anderen Bewerber. Die Verleihung ist bei Blinden an keine Einkommensgrenze gebunden.

Zur Ausgabe gelangen – je nach der Lage des Falles – Frei-Netzkarten für den Hilfsbedürftigen, wenn nötig, auch für eine Begleitperson; ermäßigte Netzkarten, für die der Beteilte einen monatlichen Beitrag von derzeit 200 S durch Aufkleben einer Wertmarke auf die Fahrlegitimation beizutragen hat.

Alle diese Fahrbegünstigungen werden für einen längeren Zeitraum, gewöhnlich für einige Monate, vergeben. Sie gelten für die Straßen-, Stadt-, Schnell- und U-Bahn sowie für Autobuslinien, die frühere Straßenbahnlinien ersetzen. In die Begünstigung eingeschlossen ist auch die Benützung der innerstädtischen Autobusse.

Welche Ausflugsaktionen für Behinderte gibt es?

Mit Hilfe des Wiener Roten Kreuzes wird Rollstuhlfahrern ermöglicht, in der Zeit vom April bis Oktober Ausflüge in die nähere Umgebung Wiens zu machen. Zwei eigens dafür adaptierte Fahrzeuge mit Begleitpersonal können je sechs Behinderte mit ihrem Rollstuhl befördern. Die Teilnahme ist kostenlos, für die entstehenden Kosten kommt das Sozialamt auf. Anmeldungen für die Tagesausflüge nimmt der Landesverband Wien vom Roten Kreuz, 5, Am Hundsturm 18, unter Tel. 55 46 46 jeweils Montag bis Donnerstag von 7.30 bis 16.30 Uhr sowie Freitag von 7.30 bis 13.30 Uhr entgegen.

Wie kommt man in ein Pflegeheim?

Voraussetzung für die Aufnahme in ein Pflegeheim ist vor allem ein höherer Grad von Pflegebedürftigkeit. Nicht aufgenommen werden Infektions- und Geisteskranke.

Der Antrag ist beim Sozialreferat des Wohnbezirkes (des Aufzunehmenden) zu stellen. In besonders dringenden Fällen kann die Antragstellung auch in der MA 12 – Aufnahmestelle erfolgen. Erforderlich sind:

1. Ein ärztlicher Antrag (jeder praktische Arzt hat die erforderlichen Formulare);
2. falls der Aufzunehmende nicht selbst beim Amt erscheinen kann, seine Erklärung, daß er mit einer Einweisung in ein Pflegeheim einverstanden ist; kann er diese Erklärung nicht selbst unterschreiben, muß seine Bereitschaft zum Pflegeheimeintritt von zwei Zeugen bestätigt sein; im Falle seiner Entmündigung hat der Kurator das Einverständnis zu geben;
3. Personaldokumente und Meldezettel (Meldeabschnitt);
4. Einkommensnachweise des Einzuweisenden bzw. seiner unterhaltspflichtigen Angehörigen;
5. Belege über ein allfälliges Vermögen.

Bei Lebensgefahr kann von den unter Punkt 4 und 5 angeführten Erfordernissen vorerst Abstand genommen werden.

Grundsätzlich wird der Pflegling einen Tag vor der Aufnahme verständigt. Die Abholung selbst erfolgt mit dem Sanitätswagen.

Was ist der Sozialpaß?

Jeder Wiener, der Leistungen des Sozialamtes in Anspruch nimmt, kann einen Sozialpaß erhalten. Dieser ersetzt den bisherigen Pensionistenausweis, gilt darüber hinaus im Bedarfsfall als Besucherkarte für die Pensionistenklubs der Stadt Wien sowie als Ausweis für Bezieher von Dauersozialhilfe und Krankenhilfe.

Der Inhaber muß künftig sein Einkommen nur anläßlich der Ausstellung des Sozialpasses bzw. bei einer Einkommensänderung, wie z. B. bei Zuerkennung des Hilflosenzuschusses, nachweisen. Die jährliche Erhöhung der Pensionen und der Dauersozialhilfeleistungen kann dabei außer Betracht bleiben, da die Richtsätze mit dem Valorisierungsfaktor der Sozialversicherung erhöht werden. Bei der Feststellung des Einkommens werden alle Bezüge außer der Blindenbeihilfe angerechnet, es wird aber die gesamte Miete (Grundzins zuzüglich Betriebskosten, vermindert um eine allfällige Wohn- oder Mietzinsbeihilfe) in Abzug gebracht. Für die Inanspruchnahme von Sozialleistungen, insbesondere der sozialen Dienste, gilt der Sozialpaß als Einkommensnachweis.

Der Antrag auf Ausstellung eines Sozialpasses ist im Sozialreferat des Wohnbezirkes (mit Lichtbild, Einkommensnachweis und Bestätigung über die Höhe der Miete sowie einer allfälligen Wohn- oder Mietzinsbeihilfe) zu stellen.

Der Sozialpaß ist kostenlos und berechtigt, sofern er vom Sozialreferat mit einem „P“ gekennzeichnet ist (Stufe A der Sozialpaßtabelle), zur verbilligten Straßenbahnfahrt (Einzelfahrschein oder Monatskarte), zum ermäßigten Besuch der städtischen Bäder, des Tiergartens Schönbrunn an allen Werktagen von Montag bis Freitag und zum kostenlosen Besuch des Hauses des Meeres, 6, Esterházypark, an allen Tagen der Woche.

Der Sozialpaß, gekennzeichnet mit „PII“ (Stufe B1 der Sozialpaßtabelle), berechtigt nur zum Bezug einer verbilligten Monatskarte.

Welche sozialen Dienste gibt es?

Hauskrankenpflege

Hauskrankenpflege umfaßt die fachliche Krankenpflege, im unbedingt notwendigen Ausmaß auch Heimhilfe bzw. Familienhilfe. Sie wird je nach Bedarf bei vorübergehender Erkrankung einer Person gewährt, wenn die Aufnahme derselben in ein Krankenhaus nicht unbedingt erforderlich ist. Voraussetzung ist, daß keine nahen Angehörigen vorhanden sind, welchen eine Pflegeleistung zuzumuten ist.

Hauskrankenpflege wird allgemein auf die Dauer der jeweiligen Erfordernisse gewährt.

Die erkrankte Person oder nahe Angehörige wenden sich an das Sozialreferat oder telefonisch an den sozialen Stützpunkt ihres Wohnbezirkes (siehe „Heimhilfe“). Vorzulegen sind die Einkommensnachweise und Zinsbelege des Antragstellers (bzw. der Sozialpaß). In nachweisbar dringlichen Fällen können die Einkommensnachweise bzw. der Sozialpaß nachgebracht werden (Die Beibringung des Einkommensnachweises entfällt bei Personen, die bereit und imstande sind, die vollen Kosten zu tragen.) Betreute Personen, die hiezu nicht imstande sind, haben zu den Kosten der Hauskrankenpflege einen Beitrag zu leisten, der nach sozialhilferechtlichen Grundsätzen berechnet wird.

In den Fällen der Hauskrankenpflege wird eine Krankenschwester des Vereins „Wiener Sozialdienste“ beigestellt, die die Pflege leistet.

Personen, die für die Kosten einer Hauskrankenpflege selbst aufkommen, wenden sich direkt an den Verein „Wiener Sozialdienste", 15, Camillo-Sitte-Gasse 6–8, Tel. 95 25 96. Eine Pflegestunde kostet 142,30 S zuzüglich 8% Umsatzsteuer (Stand 1982).

Mobile Krankenschwestern

Auskunft: Zentrale der Mobilen Krankenschwestern, 1, Neutorgasse 15, Parterre, Tel. 66 14*, 677, 678.

Für Kranke, die in häuslicher ärztlicher Behandlung stehen, gibt es auch die Möglichkeit, vom Gesundheitsamt kostenlos über Anforderung des Arztes eine „Mobile Krankenschwester" zu ihrer Unterstützung beigestellt zu bekommen.

Heimhilfe

Voraussetzung für die Bewilligung einer Heimhilfe ist, daß die den Haushalt führende Person, obwohl nicht einer Krankenpflege bedürftig, doch an der Führung der Wirtschaft gehindert ist, und sich niemand in der Wohnung befindet, der diese Arbeit übernehmen könnte. Heimhilfe umfaßt die Körperpflege und Haushaltsführung, und zwar: Einkaufen, Kochen, Betten machen und andere laufende häusliche Arbeiten.

Sie wird gewährt bei bloßer Pflegebedürftigkeit alter und behinderter Personen, die keiner Krankenpflege bedürfen, wenn dadurch eine Unterbringung in einer Anstalt vermieden werden kann. Heimhilfe für pflegebedürftige Personen wird im allgemeinen nur im Ausmaß von zwei Stunden täglich bzw. bis drei Stunden (dreimal wöchentlich) jedoch ohne Beschränkung der Dauer gewährt.

Die Beitragsleistung zu den Kosten der Heimhilfe erfolgt in gleicher Weise wie in den Fällen der Hauskrankenpflege. 1 Stunde kostet 114 S zuzüglich 8% Umsatzsteuer (Stand 1982).

Auch die übrigen Erfordernisse (Einkommensnachweise und Zinsbelege bzw. Sozialpaß) sind die gleichen wie bei Hauskrankenpflege. Die Anträge sind beim zuständigen Sozialreferat oder dem sozialen Stützpunkt für den Wohnbezirk zu stellen.

Soziale Stützpunkte:

1, Schottenring 25, 1. Stock, Tel. 31 16 16*, 60, 62
(für den 1., 7., 8., 9. Bezirk)

2, Engerthstraße 150, Stiege 13, Parterre, Tel. 26 73 72, 26 77 52
(für den 2., 20., 21., 22. Bezirk)

3, Würtzlerstraße 25, 1. Stock, Tel. 72 65 43
(für den 3., 11. Bezirk)

4, Rainergasse 6–8, Tel. 65 72 09, 65 06 10
(für den 4., 5., 6. Bezirk)

10, Laxenburger Straße 90, Stiege 11, Parterre, Tel. 62 62 84
(für den 10. Bezirk)

12, Am Schöpfwerk 29, Stiege 6, Parterre, Tel. 67 93 31, 67 93 32
(für den 12., 13., 23. Bezirk)

14, Dreyhausenstraße 29, Parterre, Tür 15, Tel. 94 55 97
(für den 14., 15., 16. Bezirk)

18, Türkenschanzplatz 2, Parterre, Tel. 47 74 72
(für den 17., 18., 19. Bezirk)

Familienhilfe

Die Familienhilfe bezweckt die Erhaltung der Familieneinheit, wenn durch den zeitweisen Ausfall der Mutter (Erkrankung, Anstaltsaufenthalt, Entbindung usw.) ansonsten eine Heimunterbringung der Kinder notwendig wäre.

Die Dauer der Familienhilfe richtet sich nach der jeweiligen Situation. Die tägliche Einsatzdauer kann bis zu acht Stunden betragen (jedoch niemals nachts).

Essenszustelldienst

Anmeldung zum Essensbezug: MA 12, 1, Schottenring 24, Tel. 66 14*, 252, über die sozialen Stützpunkte sowie das Sozialreferat des Wohnbezirkes.

Den Essenszustelldienst können behinderte, insbesondere alte und gebrechliche Personen in Anspruch nehmen, die nicht in der Lage sind, eine Mahlzeit selbst zuzubereiten oder die dazu nötigen Einkäufe zu machen, und denen auch keine Hilfe durch Dritte (Angehörige) zur Verfügung steht. Diesen Personen wird täglich von Montag bis Freitag, auf Wunsch auch Samstag und Sonntag, eine fertige Mittagsmahlzeit in die Wohnung zugestellt. Der Essensempfänger hat nur die Kosten der Mahlzeit, d. s. derzeit 38 S, und zwar wöchentlich im voraus, d. s. 190 S, für das Samstag- und Sonntagmenü je 41 S zu bezahlen, während die Zustellkosten zur Gänze von der Stadt Wien getragen werden. Für Essensempfänger, die eine Diätkost benötigen, ist der Bezug eines Diabetiker-Menüs für Zuckerkranke oder einer Diät für Magen-, Galle- und Leberleidende (Schonkost ohne Schweinefleisch, fett- und salzarm) möglich. Eine Diät-Mahlzeit kostet derzeit 42 S, d. s. pro Woche 210 S, Samstag und Sonntag ebenfalls je 42 S (Preise Stand 1982). Essensbezieher mit geringem Einkommen haben die Möglichkeit, um Ermäßigung des Essenspreises anzusuchen. Die dafür notwendigen Anträge werden von den Essenszustellern abgegeben und sind mit dem letzten Pensionsabschnitt an das zuständige Sozialreferat einzusenden.

Wohnungsreinigungsdienst

Personen, die nicht mehr in der Lage sind, selbst oder mit Hilfe von Angehörigen eine gründliche Wohnungsreinigung durchzuführen, steht ein Wohnungsreinigungsdienst zur Verfügung. Die Anmeldung erfolgt in den Sozialreferaten, in den sozialen Stützpunkten (siehe „Heimhilfe") und beim Notruf für Soziales und Gesundheit, Tel. 63 77 77. Für diesen Dienst ist ein Beitrag zu leisten, der nach sozialhilferechtlichen Grundsätzen berechnet wird.

Wäschepflegedienst

Der Wäschepflegedienst umfaßt das Abholen, Zustellen und allfällige Ausbesserungsarbeiten an der Wäsche. Die Betreuten haben die Kosten der Wäscherei zu tragen, für die Zustellung und Ausbesserung der Wäsche ist ein Beitrag zu leisten, der nach sozialhilferechtlichen Grundsätzen berechnet wird. Die Anmeldung erfolgt bei den in der Rubrik „Essenszustelldienst" angeführten Stellen.

Besuchsdienst

Der Besuchsdienst kann von Personen in Anspruch genommen werden, die aufgrund ihres Alters oder einer Behinderung menschliche Kontakte entbehren müssen. Die Besucher kommen ein- bis dreimal wöchentlich und stehen für Unterhaltung, Spaziergänge sowie Arztbesuche und Behördenwege zur Verfügung. Der Besuch ist kostenlos und dauert ca. zwei Stunden. Die Anmeldung erfolgt in den sozialen Stützpunkten (siehe „Heimhilfe").

Reparaturdienst

Der Reparaturdienst wird vom Verein Wiener Volkshilfe im Auftrag der Stadt Wien besorgt. Es werden notwendige Instandsetzungsarbeiten in der Wohnung durchgeführt, deren Ausübung nicht an eine Konzession gebunden ist. Für diesen Dienst ist ein Beitrag zu leisten, der nach sozialhilferechtlichen Grundsätzen berechnet wird. Die Anmeldung erfolgt beim Verein in 10, Senefeldergasse 11, Tel. 62 92 31/26.

Seniorenwochen

Die Stadt Wien veranstaltet jedes Jahr im Herbst eine Seniorenwoche, in deren Rahmen den Senioren Wiens neben einem Unterhaltungsprogramm spezielle Informationen über das Angebot der sozialen Hilfen der Stadtverwaltung sowie Hinweise für eine problemlose Lebensführung im Alter geboten werden.

Weihnachtspakete

Sämtliche Dauersozialhilfebezieher und alle Empfänger einer wirtschaftlichen Tbc-Hilfe erhalten von der Stadt Wien jedes Jahr ein Lebensmittelpaket als Weihnachtsgeschenk überreicht, dessen Inhalt je nach Normal-, Diät- und Diabetikerkost verschieden ist.

Pensionistenklubs

Die von der Stadt Wien geführten Pensionistenklubs sind während der Wintermonate (4. Oktober bis April) im wahrsten Sinne des Wortes eine „Heimstätte" für unsere alten Mitbürger. Sie sind von Montag bis Freitag von 13 bis 18 Uhr geöffnet. Die alten Leute finden in gemütlichen, warmen Räumen nicht nur das beliebte Schalerl Kaffee und des öfteren eine gute Mehlspeise, sondern auch Zerstreuung, geselligen Anschluß und fürsorgerische Betreuung. Es stehen den Besuchern Tageszeitungen, Bücher, Zeitschriften, Radioapparate und diverse Spiele zur Verfügung; Lichtbildervorträge, Verkehrserziehungsvorträge, Filmvorführungen und künstlerische Veranstaltungen bringen Abwechslung in die Pensionistenklubs. Außerdem erhalten die Besucher zweimal monatlich neben der täglichen Jause ein vollständiges Mittagessen. Diese Einrichtungen erfreuen sich immer größerer Beliebtheit (im Betriebsjahr 1982/83 179 Klubs). Die Anmeldungen erfolgen im Sozialreferat des Wohnbezirkes oder im Klub selbst. Aufgenommen werden Sozialhilfebezieher und Pensionisten mit kleineren Pensionen, nach Maßgabe der freien Plätze auch Personen mit höherem Einkommen.

Landaufenthaltsaktion

Von der Stadt Wien wird in der Zeit von Mai bis September die Landaufenthaltsaktion durchgeführt. Teilnahmeberechtigt sind alle Dauersozialhilfeempfänger, Pensionistenklubbesucher und nach Maßgabe freier Plätze auch andere Pensionisten. Die Urlauber sind in Vertragspensionen der Stadt Wien im Burgenland, in Niederösterreich, in Oberösterreich und in der Steiermark untergebracht. Den Gästen werden drei Mahlzeiten geboten. Für Schonkost steht eine eigene Pension in Niederösterreich zur Verfügung. Jeder Pension ist eine Betreuerin zugeteilt, die sich um das Wohl der Urlauber, insbesondere um ärztliche Hilfe, kümmert, die Qualität und Menge der Mahlzeiten überprüft sowie Unzukömmlichkeiten abstellt.

Für den 14tägigen Urlaub ist ein dem Einkommen des Teilnehmers entsprechender Kostenbeitrag zu leisten.

Mütterurlaub

Alleinstehende Mütter, die Dauersozialhilfe beziehen, haben in den Sommermonaten die Möglichkeit, entweder gemeinsam mit ihren Kindern oder alleine einen 14tägigen Erholungsaufenthalt in einer Vertragspension der Stadt Wien zu verbringen. Im letzteren Fall werden die Kinder in einem Heim des Wiener Jugendhilfswerkes untergebracht.

Für diesen Urlaub ist von den Müttern ein geringer Kostenbeitrag zu leisten.

Fahrt ins Grüne

Erstmalig im Jahr 1973 wurde in den Monaten Juli und August von der Stadt Wien die Aktion „Fahrt ins Grüne" durchgeführt. Diese Aktion im Rahmen der sozialen Dienste verfolgt den Zweck, älteren Mitbürgern der Bezirke 1, 4, 5, 6, 7, 8 und 9 täglich von Montag bis Freitag Halbtagsfahrten (13.30 bis 18 Uhr) per Autobus zu am Stadtrand gelegenen Erholungsstätten zu ermöglichen, damit sie dort in frischer Luft Erholung und Entspannung genießen. Die Kosten dieser der Gesundheit und dem Wohlergehen der älteren Mitbürger gewidmeten Aktion trägt die Stadt Wien.

Die Abfahrt der Autobusse erfolgt für den 4., 5., 7. und 9. Bezirk vor den magistratischen Bezirksämtern, für den 6. Bezirk vor dem Amtshaus in der Amerlingstraße, für den 8. Bezirk vor dem Amtshaus am Schlesingerplatz und für den 1. Bezirk Ecke Schwertgasse/Wipplingerstraße.

Ausflugsaktion

In der Zeit von April bis Oktober wird die Ausflugsaktion durchgeführt. Teilnahmeberechtigt sind hier alle Dauersozialhilfeempfänger, Pensionistenklubbesucher und Pfleglinge der Wiener Pflegeheime. Die Aktion umfaßt vier kleine bzw. zwei größere Ausflugsfahrten. Geboten wird ein komplettes Mittagessen und eine Jause. Die Fahrten werden mit modernen Autobussen durchgeführt.

Wer erhält Blindenbeihilfe?

Personen, die blind oder schwerst sehbehindert sind, haben Anspruch auf eine Blindenbeihilfe, wenn sie die österreichische Staatsbürgerschaft besitzen oder aufgrund von Staatsverträgen bezüglich der Hilfe für Blinde oder Sehbehinderte österreichischen Staatsbürgern gleichzustellen sind, das 15. Lebensjahr vollendet und in Wien ihren Wohnsitz haben. Ein Anspruch auf Blindenbeihilfe besteht jedoch nicht, wenn der Blinde oder schwerst Sehbehinderte aus dem Grund der Blindheit bzw. der Sehbehinderung als Selbstgeschädigter einen gleichen Anspruch nach dem Kriegsopferversorgungsgesetz, dem Heeresversorgungsgesetz oder dem Opferfürsorgegesetz hat.

Die Blindenbeihilfe wird ferner nicht ausbezahlt, und sie wird eingestellt, wenn sich der Blinde oder schwerst Sehbehinderte auf Kosten des Sozialhilfeträgers in einer Heil- und Pflegeanstalt oder in einer Anstalt des Sozialhilfeträgers befindet.

Der Antrag auf Gewährung der Blindenbeihilfe ist bei der MA 12, 1, Gonzagagasse 21, Parterre, Tür E 30 A und E 30 B, Tel. 66 14*, 285, 622, einzubringen. Es sind dort die Voraussetzungen der Anspruchsberechtigung nachzuweisen. Die Blindenbeihilfe gebührt von dem auf die Antragstellung folgenden Monat an und wird in den Monaten Juni und Dezember in doppelter Höhe ausbezahlt.

Wie erhält man einen Nachweis über die Familien- und Einkommensverhältnisse zur Erlangung von Begünstigungen (früher Mittellosigkeitszeugnis)?

Der Bewerber behebt im Sozialreferat seines Wohnbezirkes den entsprechenden Vordruck und füllt ihn wahrheitsgetreu mit deutlicher Schrift aus. Unter Vorlage von Personaldokumenten, Einkommensnachweisen sowie einer Bestätigung über die Höhe des Mietzinses wird die

Richtigkeit der Angaben durch das Amt geprüft und das Zeugnis bzw. die Bestätigung, wenn die Voraussetzungen erfüllt sind, an den Bewerber ausgehändigt.

Armenrechtszeugnisse werden nicht mehr ausgegeben. Wer kein entsprechendes Einkommen bezieht, kann bei Gericht einen Antrag auf Verfahrenshilfe stellen.

Eine Stempelgebühr ist für die Ausfertigung solcher Zeugnisse nicht zu entrichten.

Welche Aufgaben haben Pensionistenheime?

Geschäftsstelle des Fonds „Kuratorium Wiener Pensionistenheime“: 9, Seegasse 9, Tel. 31 25 49*

Der Fonds „Kuratorium Wiener Pensionistenheime“ hat sich die Aufgabe gestellt, Pensionistenheime zu errichten und zu führen, in die rüstige alte Menschen österreichischer Staatsbürgerschaft, die das 60. Lebensjahr überschritten haben und die seit mindestens zwei Jahren ihren ordentlichen Wohnsitz in Wien haben, aufgenommen werden können. Da die Pensionistenheime als Wohnheime geführt werden und nicht als Pflegeheime oder Altersspitäler, können dauernd pflegebedürftige Personen nicht aufgenommen werden.

Der Fonds hat derzeit 16 Pensionistenheime mit 4.588 Heimplätzen (3.254 Einzelappartements, 834 Doppelappartements und 500 Plätze mit besonderer Betreuung) in Betrieb, und zwar:

Pensionistenheim „Augarten“, 2, Rauscherstraße 16, Tel. 35 36 82*

Pensionistenheim „Erdberg“ (Maria-Jacobi-Heim), 3, Würtzlerstraße 25, Tel. 73 13 44*

Pensionistenheim „Roßau“, 9, Seegasse 11, Tel. 31 25 49*

Pensionistenheim „Laaer Berg“, 10, Per-Albin-Hansson-Siedlung Ost, Ada-Christen-Gasse 3, Tel. 68 13 14*

Pensionistenheim „Haidehof“, 11, Rzehakgasse 4, Tel. 76 31 03*

Pensionistenheim „Föhrenhof“, 13, Dr.-Schober-Straße 3, Tel. 84 23 39*

Pensionistenheim „Rosenberg“, 13, Rosenhügelstraße 192, Tel. 88 63 81*

Pensionistenheim „Penzing“, 14, Dreyhausenstraße 29, Tel. 94 51 16*

Pensionistenheim „Schmelz“, 15, Ibsenstraße 1, Tel. 92 22 67*

Pensionistenheim „Liebhartstal“, 16, Thaliastraße 157, Tel. 92 41 45*

Pensionistenheim „Alszeile“, 17, Alszeile 73, Tel. 45 46 11*

Pensionistenheim „An der Türkenschanze“, 18, Türkenschanzplatz 2, Tel. 47 15 26*

Pensionistenheim „Döbling“, 19, Pfarrwiesengasse 23, Tel. 32 42 11*

Pensionistenheim „Leopoldau“, 21, Großfeldsiedlung, Kürschnergasse 10, Tel. 38 72 04*

Pensionistenheim „Sonnenhof“, 22, Stadlau, Viktor-Kaplan-Straße 6–8, Tel. 22 13 38

Pensionistenheim „Atzgersdorf“, 23, Gatterederstraße 12, Tel. 88 25 20*

Um den Heimbetrieb kennenzulernen, können Pensionisten nach Voranmeldung einen Monat in einem Pensionistenheim probewohnen.

Urlaub im Pensionistenheim ist in solchen Fällen möglich, in denen Angehörige einen Pensionisten in der Zeit, in der sie selber Urlaub machen, im Pensionistenheim versorgt wissen wollen.

Um z. B. alleinstehenden Personen nach einem Krankenhausaufenthalt eine entsprechende Betreuung zu ermöglichen oder um den Angehörigen vom Pflegebedürftigen einen Urlaub zu ermöglichen, ist eine vorübergehende Aufnahme in eine Abteilung für besondere Betreuung eines Pensionistenheimes für pflegebedürftige mobilisierbare Pensionisten (im Rahmen der Sozialindikation) möglich.

Vormerkungen bzw. Anmeldungen für ein Wiener Pensionistenheim können nur in der Geschäftsstelle des Fonds in der Zeit von Montag bis Freitag zwischen 8 und 11 Uhr erfolgen. Folgende Unterlagen sind erforderlich: Staatsbürgerschaftsnachweis, Meldezettel, letzter Pensionsabschnitt (ohne Sonderzahlung).

Wer kann eine Mietbeihilfe erhalten?

Referat Mietbeihilfe des Sozialamtes (MA 12): 1, Schottenring 24, 1. Stock, Tür 150, 184, 186, 187, 188, Tel. 66 14*, 234, 237, 267, 268, 275, 295, 297. Parteienverkehr: Montag bis Freitag von 8 bis 12 Uhr

Wenn der Hauptmietzins nach § 7 Mietengesetz (altes Mietenrecht) oder § 2 des Zinsstoppgesetzes erhöht wurde und die Entscheidung der Schlichtungsstelle oder des Gerichtes vor dem 31. Juli 1974 erfolgte, kann beim Referat für Mietbeihilfe des Sozialamtes eine Mietbeihilfe beantragt werden. Die Höhe der Mietbeihilfe richtet sich nach dem Ausmaß des gesamten Mietzinses und dem Einkommen.

Wurde der Hauptmietzins nach dem 1. August 1974 auf mehr als das Vierfache pro Friedenskrone nach § 7 Mietengesetz (altes Mietenrecht) bzw. auf mehr als das Viereinhalbfache pro Quadratmeter der Nutzfläche nach den §§ 18 und 19 des Mietrechtsgesetzes (neues Mietenrecht) erhöht, kann ein Antrag auf Beihilfe beim Wohnsitzfinanzamt und beim Sozialreferat des Wohnbezirkes gestellt werden. Vor der Antragstellung muß sich der Mieter von der Schlichtungsstelle des magistratischen Bezirksamtes, von der MA 50 – Zentrale Schlichtungsstelle oder vom Gericht, je nachdem, welche Stelle die rechtskräftige Entscheidung über die Mietzinserhöhung getroffen hat, eine Bescheinigung über die Entscheidung besorgen. Die Höhe der Mietzinsbeihilfe des Finanzamtes richtet sich ausschließlich nach dem Einkommen und dem Ausmaß der Erhöhung des Hauptmietzinses, die Höhe der Mietbeihilfe des Sozialamtes richtet sich neben der Höhe des Einkommens auch nach der gesamten Miete (inklusive Betriebskosten). Es ist daher zur Beihilfe des Finanzamtes eine zusätzliche Beihilfe des Sozialamtes möglich.

Sofern ein Erhaltungsbeitrag nach § 45 des Mietrechtsgesetzes eingehoben wird, kann beim Wohnsitzfinanzamt ein Antrag auf Mietzinsbeihilfe gestellt werden (ausgenommen Wohnungen ohne Wasser und/oder WC, sogenannte Kategorie D). Die Höhe der Mietzinsbeihilfe des Finanzamtes richtet sich ausschließlich nach der Höhe des Einkommens und der Höhe des Erhaltungsbeitrages. Auch in diesem Fall ist zusätzlich eine Mietbeihilfe des Sozialamtes möglich, da dieses die gesamten Mietaufwendungen (inklusive Betriebskosten) berücksichtigt.

Für die Antragstellung beim Wohnsitzfinanzamt und beim Sozialreferat des Wohnbezirkes bzw. beim Referat für Mietbeihilfe des Sozialamtes ist eine Bescheinigung des Vermieters über die Einhebung eines Erhaltungsbeitrages notwendig.

Auch in allen sonstigen sozialen Härtefällen wegen höherer Mietaufwendungen kann beim Sozialreferat des Wohnbezirkes bzw. beim Referat Mietbeihilfe des Sozialamtes (MA 12) ein Antrag auf Mietbeihilfe gestellt werden. Die Höhe der Mietbeihilfe richtet sich nach dem

Einkommen des Hilfesuchenden und der Höhe seines gesamten Mietzinses (inklusive Betriebskosten)

Die Sozialreferate und das Referat Mietbeihilfe des Sozialamtes sind auch bei der Antragstellung auf Mietzinsbeihilfen des Finanzamtes behilflich. Auch die Leistung eines Vorschusses auf die beim Finanzamt beantragte Mietzinsbeihilfe ist möglich.

Die Anschriften der Sozialreferate siehe Magistrat, MA 12.

Personen, die in einer aus Mitteln des Wohnbauförderungsgesetzes 1968, des Wohnungsverbesserungsgesetzes oder des Wiener Wohnbaufonds geförderten Wohnung bzw. in einer nach dem Wohnungsverbesserungsgesetz 1969 verbesserten Wohnung wohnen, siehe „Wohnungswesen – Wohnbeihilfe".

Welche Aufgaben hat das Kuratorium für psychosoziale Dienste in Wien?

Geschäftsstelle des Kuratoriums für psychosoziale Dienste: 1, Gonzagagasse 15, Tel. 63 37 71

Diesem Kuratorium wurde die Beratung und Betreuung psychisch behinderter Menschen entsprechend den im Zielplan „Psychiatrische und psychosoziale Versorgung in Wien" enthaltenen Grundsätzen übertragen. In dem Bestreben, möglichst viele Menschen mit seelischen Problemen bzw. seelischen Erkrankungen außerhalb psychiatrischer Krankenanstalten zu behandeln, wurden von diesem Kuratorium entsprechende beratende und helfende Einrichtungen geschaffen. In jeder jeweils mehrere Bezirke umfassenden Versorgungsregion stehen eine Psychosoziale Station sowie Übergangs- und Wohnheime zur Verfügung. Derzeit werden folgende Psychosoziale Stationen betrieben:

2, Kleine Sperlgasse 2b, Tel. 24 75 31
3, Hainburger Straße 68–70, Tel. 75 61 15
8, Wickenburggasse 15, Tel. 43 26 00, 43 99 22
10, Sahulkastraße 3/P, Tel. 61 15 47
17, Hernalser Hauptstraße 17, Tel. 48 25 84
21, Schöpfleuthnergasse 20, Tel. 30 16 25
23, Wiener Flur, Akaziengasse 44–46, Tel. 67 91 00

In einer Psychosozialen Station werden folgende Beratungs- und Betreuungsmöglichkeiten angeboten: Psychiatrische Ambulanz, Tagesklinik (Tagesspital), Sozialberatung und Beratung bei seelischen Krisensituationen, Beschäftigungs- und Bewegungstherapie, Familienberatung, Beratung bei Alkoholproblemen bzw. Alkoholkrankheit, Angehörigenberatung, Selbsthilfe in Gruppen, Patienten-Club usw. Die Psychosozialen Stationen stehen den Bewohnern der jeweils zugehörigen Bezirke für eine Betreuung sowohl vor einem Krankenhausaufenthalt als auch nach einem Krankenhausaufenthalt und auch unabhängig von einem solchen offen. Für die Behandlung und Beratung, die völlig freiwillig ist und auf Wunsch auch unter Wahrung der Anonymität erfolgt, stehen Ärzte, Psychologen, diplomierte Sozialarbeiter und andere Fachkräfte zur Verfügung.

Um dem eingangs geschilderten Personenkreis auch während der Nachtstunden bzw. an Wochenenden und Feiertagen die Möglichkeit zu geben, die ambulanten Einrichtungen dieses Kuratoriums in Anspruch nehmen zu können, wurde ein psychosozialer Notdienst rund um die Uhr geschaffen. Dieser Notdienst wird von einem Team, das aus mindestens einem Psychiater sowie Therapeuten und Sozialarbeitern besteht, geleistet und erlaubt eine fachlich kompetente psychiatrische bzw. psychosoziale Sofortintervention. Dieser psychosoziale Notdienst ist unter Tel. 31 84 19, 31 84 20 (9, Fuchsthallergasse 18) erreichbar.

SOZIALVERSICHERUNG

(MA 14)

Allgemeine Sozialversicherung

Die Allgemeine Sozialversicherung der unselbständig Erwerbstätigen wird durch das Allgemeine Sozialversicherungsgesetz (ASVG), BGBl. Nr. 189/1955, in der jeweils geltenden Fassung geregelt. Sie umfaßt als Vollversicherung die Kranken-, Unfall- und Pensionsversicherung sowie als Teilversicherung auch einzelne der genannten Versicherungszweige für sich allein. Zur Vollversicherungspflicht tritt in der Regel auch Arbeitslosenversicherungspflicht nach den Bestimmungen des Arbeitslosenversicherungsgesetzes 1977 (AlVG), BGBl. Nr. 609/1977.

Versicherungspflicht

Der Vollversicherung unterliegen alle Dienstnehmer und Lehrlinge einschließlich der Heimarbeiter sowie bestimmte Gruppen von Schülern und Personen, die eine Ausbildung im Rahmen der Berufsfürsorge erhalten. Ebenso sind bestimmte Gruppen von selbständig Erwerbstätigen, die den Dienstnehmern gleichgestellt werden, wie z. B. Hebammen, hauptberuflich tätige Lehrer und Erzieher sowie Musiker, wenn sie in keinem Dienstverhältnis stehen, selbst keine Angestellten beschäftigen und wenn die Beschäftigung ihren Hauptberuf und die Hauptquelle ihrer Einnahmen bildet, vollversichert. Wenn das Entgelt (Einkommen) aus der Beschäftigung bei für kürzere Zeit als eine Woche vereinbarten Dienstverhältnissen höchstens 153 S täglich, bei für mindestens eine Woche oder auf unbestimmte Zeit vereinbarten Dienstverhältnissen höchstens 459 S wöchentlich oder höchstens 1.995 S monatlich beträgt, liegt Geringfügigkeit der Beschäftigung vor, und es besteht nur Teilversicherungspflicht in der Unfallversicherung. Handelt es sich jedoch um eine Beschäftigung als Lehrling oder als Hausbesorger, so gilt eine solche nicht als geringfügig, wenngleich die angeführten Entgeltgrenzen nicht erreicht werden. Ebenso gilt eine Beschäftigung dann nicht als geringfügig, wenn ein die obigen Ansätze übersteigendes Entgelt nur deshalb nicht erreicht wird, weil im Betrieb wegen Arbeitsmangels Kurzarbeit eingeführt wurde oder weil die Beschäftigung im Laufe des betreffenden Monats oder der betreffenden Woche begonnen hat, geendet hat oder unterbrochen wurde.

Die im Betrieb als Dienstnehmer oder Lehrlinge beschäftigten Angehörigen des Dienstgebers sind wie betriebsfremde Personen vollversichert, es sei denn, daß es sich um den land-(forst-)wirtschaftlichen Betrieb eines selbständigen Landwirtes handelt und die Beschäftigung hauptberuflich ausgeübt wird. In einem solchen Fall sind die Kinder, Enkel, Wahlkinder, Stiefkinder und Schwiegerkinder des Dienstgebers von der Vollversicherung des ASVG ausgenommen, unterliegen dann jedoch der Unfallversicherungspflicht sowie der Versicherungspflicht in der Bauernkrankenversicherung und Bauernpensionsversicherung.

Dienstnehmer und Heimarbeiter sind arbeitslosenversicherungspflichtig, wenn sie krankenversicherungspflichtig sind, Lehrlinge sind erst im letzten Lehrjahr arbeitslosenversicherungspflichtig.

Freiwillige Versicherung

Personen, die keiner gesetzlichen Krankenversicherung unterliegen oder die aus einer Pensionsversicherung ausgeschieden sind, können sich in der Kranken- bzw. Pensionsversicherung freiwillig versichern. Wird ein Antrag auf freiwillige Selbstversicherung in der Krankenversicherung innerhalb von sechs Wochen nach dem Ausscheiden aus einer vorangegangenen Pflichtversicherung gestellt, so beginnt die Selbstversicherung unmittelbar im Anschluß an die Pflichtversicherung, in allen anderen Fällen erst mit dem auf die Antragstellung folgenden Tag. Im Gegensatz zur freiwilligen Weiterversicherung in der Pensionsversicherung sind für die Selbstversicherung in der Krankenversicherung vorangegangene Versicherungszeiten nicht erforderlich.

Das Recht auf Weiterversicherung in der Pensionsversicherung muß bis zum Ende des sechsten auf das Ausscheiden aus der Pflichtversicherung folgenden Monates geltend gemacht werden. Die Weiterversicherung in der Pensionsversicherung ist zulässig, wenn der Antragsteller in den letzten zwölf Monaten vor dem Ausscheiden aus der Pflichtversicherung mindestens sechs oder in den letzten 36 Monaten mindestens zwölf oder in den letzten fünf Jahren jährlich mindestens drei Versicherungsmonate einer gesetzlichen Pensionsversicherung aufweist. Hat der Antragsteller insgesamt jedoch mindestens 120 Versicherungsmonate in einer gesetzlichen Pensionsversicherung erworben, so kann er sich jederzeit und ohne Bindung an eine Antragsfrist weiterversichern.

Personen, die die Voraussetzungen für eine freiwillige Weiterversicherung in der Pensionsversicherung nicht erfüllen und sich der Erziehung und Pflege eines Kindes widmen, können, sofern sie durch die Pflege und Erziehung des im gemeinsamen Haushalt lebenden Kindes in ihrer Arbeitskraft überwiegend beansprucht werden und sie den Wohnsitz im Inland haben, bis zur Vollendung des dritten Lebensjahres des Kindes eine Selbstversicherung abschließen. Zu einer solchen Selbstversicherung sind nacheinander die leiblichen Eltern, die Wahleltern oder die Stiefeltern – für ein und dasselbe Kind jeweils nur eine Person – berechtigt. Die entsprechenden Anträge auf Selbstversicherung sind bei der Pensionsversicherungsanstalt einzubringen, in deren Versicherung der Antragsteller zuletzt nach dem ASVG Versicherungszeiten als Arbeiter oder Angestellter erworben hat.

Eine freiwillige Weiterversicherung ist bei gleichzeitigem Bestehen einer gesetzlichen Pflichtversicherung im gleichen Versicherungszweig grundsätzlich ausgeschlossen.

Sozialversicherungsbeiträge

Die Bemessung der Sozialversicherungsbeiträge erfolgt vom Entgelt (einschließlich der Sachbezüge), auf das der Dienstnehmer Anspruch hat oder das er darüber hinaus vom Dienstgeber oder einem Dritten erhält, d. h. es unterliegen also auch vom Dienstgeber über den Anspruch hinaus freiwillig gewährte Zuwendungen ebenso wie z. B. Trinkgelder der Beitragspflicht. Beitragsfrei hingegen sind z. B. Aufwandsentschädigungen und Spesenersätze, die Abfertigung, Wohnungsbeihilfe, Familienbeihilfe u. dgl. Eine Aufzählung der beitragsfreien Entgeltteile findet sich im § 49 Abs. 3 ASVG.

Die Bemessung der Beiträge ist durch eine Höchstbeitragsgrundlage begrenzt. Diese ist jeweils in der Krankenversicherung und in der Arbeitslosenversicherung sowie in der Unfall- und Pensionsversicherung gleich hoch, wobei in der Unfall- und Pensionsversicherung die Höchstbeitragsgrundlage jährlich neu bemessen wird. Die Höchstbeitragsgrundlage in der Kranken- und Arbeitslosenversicherung beträgt ⅚ hievon.

Für Sonderzahlungen, wie z. B. ein 13. und 14. Monatsgehalt, Urlaubs- und Weihnachtsgeld, sind ebenfalls Sozialversicherungsbeiträge zu entrichten, jedoch nur bis zum Zweifachen der jeweiligen monatlichen Höchstbeitragsgrundlage im Jahr, wobei für die Arbeitslosenversicherung nur das Einfache heranzuziehen ist.

Die Beitragssätze betragen in der Krankenversicherung 5% für Angestellte, 7,5% für Arbeiter, in der Arbeitslosenversicherung 3% für Arbeiter und Angestellte, in der Unfallversicherung 1,5% sowie in der Pensionsversicherung 21,1%. Von den Beiträgen entfallen bis auf die Unfallversicherungsbeiträge, die der Dienstgeber zur Gänze allein zu tragen hat, jeweils die Hälfte auf den Dienstgeber und den Dienstnehmer (in der Pensionsversicherung entfallen auf den Versicherten 9,75% und auf den Dienstgeber 11,35%). Für Arbeiter, die im Erkrankungsfall Anspruch auf Weiterzahlung der Bezüge (Entgeltfortzahlungsgesetz) haben, sowie für Heimarbeiter ermäßigt sich der Krankenversicherungsbeitrag auf 6,3%.

Leistungen

Aus der Krankenversicherung gebühren als wichtigste Sachleistungen Krankenbehandlung einschließlich allfällig notwendiger Anstaltspflege, Heilmittel und Heilbehelfe, Zahnbehandlung und Zahnersatz, Hilfe bei körperlichen Gebrechen sowie vorbeugende Jugendlichen- und Gesundenuntersuchungen. Als Barleistungen sind Krankengeld, gegebenenfalls an dessen Stelle Familien- oder Taggeld, Wochengeld, Entbindungsbeitrag und Bestattungskostenbeitrag vorgesehen.

Aus der Pensionsversicherung gebührt eine Alterspension, wenn die versicherte Person

1. das 65. Lebensjahr (Männer) bzw. das 60. Lebensjahr (Frauen) vollendet hat,
2. am nächsten Monatsersten nach der Vollendung dieses Alters oder – falls der Pensionsantrag später gestellt wird – nach der Stellung des Antrages nicht eine pensionsversicherungspflichtige Beschäftigung ausübt, aus der ein Entgelt von mehr als 3.028 S im Monat gebührt, und
3. 180 anrechenbare Versicherungsmonate, hievon zwölf in den letzten 36 Monaten, aufzuweisen hat.

Die vorzeitige Alterspension bei Arbeitslosigkeit gebührt, wenn der Versicherte nach Vollendung des 60. Lebensjahres (die Versicherte nach Vollendung des 55. Lebensjahres) innerhalb der letzten 15 Monate vor dem Stichtag (das ist der dem Pensionsantrag folgende Monatserste) mindestens 52 Wochen eine Geldleistung aus der Arbeitslosenversicherung bezogen hat, für die weitere Dauer der Arbeitslosigkeit. Für diesen Anspruch ist ebenfalls erforderlich, daß mindestens 180 Versicherungsmonate, hievon zwölf in den letzten 36 Monaten, nachgewiesen werden.

Die vorzeitige Alterspension bei langer Versicherungsdauer (Frühpension) gebührt männlichen Versicherten, wenn sie das 60. Lebensjahr erreicht haben bzw. weiblichen Versicherten bei Erreichung des 55. Lebensjahres.

Voraussetzung für den Anfall dieser Pension ist, daß außer der Erfüllung der Wartezeit von 180 Monaten insgesamt mindestens 420 für die Bemessung der Leistung anrechenbare Versicherungsmonate erworben sind, hievon innerhalb der letzten 36 Monate vor dem Stichtag 24 Pflichtbeitragsmonate der Pensionsversicherung. Ferner darf der Versicherte am Stichtag weder selbständig noch unselbständig erwerbstätig sein.

Übt ein Alterspensionist wieder eine pensionsversicherungspflichtige Beschäftigung aus, so gebührt ihm (für höchstens 36 Monate) nach Erwerbung von je zwölf Beitragsmonaten ein Zuschlag zur Alterspension. Dieser beträgt für je zwölf Beitragsmonate 1,5 % des vierzehnten Teiles der Summe der auf diese Monate entfallenden Beiträge.

Anspruch auf eine erhöhte Alterspension hat derjenige, der trotz Berechtigung die Alterspension noch nicht beansprucht. Die Erhöhung beträgt für je weitere zwölf Versicherungsmonate, abgestuft nach dem Lebensalter (61. Lebensjahr bis ab 71. Lebensjahr), 2 bis 5 % der Alterspension.

Wegen Berufsunfähigkeit eines Angestellten oder Invalidität eines Arbeiters gebührt eine Pension, wenn

1. die Berufsunfähigkeit (Invalidität) entweder dauernd oder zwar vorübergehend, aber länger als 26 Wochen anhaltend ist und
2. 60 anrechenbare Versicherungsmonate, hievon zwölf in den letzten 36 Monaten, vorliegen.

Bei Personen, die nach dem 31. Dezember 1955 erst nach Vollendung des 50. Lebensjahres erstmalig pensionsversicherungspflichtig werden, sind als Wartezeit für die Berufsunfähigkeits- bzw. Invaliditätspension 96 Monate erforderlich.

Die Witwe eines Versicherten, der Witwer einer Versicherten sowie die Waisen bis zum 18. Lebensjahr – bei längerer beruflicher Ausbildung, z. B. Studium, auch länger – erhalten eine Pension, wenn der Verstorbene 60 (eventuell 96) anrechenbare Versicherungsmonate, hievon zwölf in den letzten 36 Monaten, erworben hatte. Eine solche Pension gebührt auch insbesondere dann, wenn der Verstorbene bereits selbst Pensionist war.

Die für sämtliche Arten von Pensionsansprüchen erforderliche Dritteldeckung, das ist das Erfordernis, daß in den letzten 36 Monaten zwölf Versicherungsmonate vorliegen müssen, entfällt, wenn die Zeit zwischen dem 1. Jänner 1939 oder vom späteren erstmaligen Eintritt in die Versicherung an bis zum Stichtag zu zwei Dritteln durch Versicherungsmonate gedeckt ist.

Wenn das Gesamteinkommen des Pensionsberechtigten einschließlich des Einkommens des Ehegatten nicht die Höhe des Richtsatzes erreicht, erhält er zur Pension eine Ausgleichszulage. Die Ausgleichszulage ist gleich dem Unterschied zwischen dem Gesamteinkommen einschließlich der Pension und dem Richtsatz. Die Höhe des Richtsatzes wird auf Grund der Pensionsanpassung (§ 293 ASVG) jährlich neu festgesetzt.

Pensionsbezieher, die auf Grund körperlicher oder geistiger Gebrechen der ständigen Wartung und Hilfe bedürfen, haben Anspruch auf einen Hilflosenzuschuß.

Die Bezieher von Pensionen aus der Pensionsversicherung sind krankenversichert, wenn und solange sie sich ständig im Inland aufhalten. Die Beiträge zu dieser Krankenversicherung werden überwiegend von den Pensionsversicherungsträgern geleistet, von den Pensionen selbst wird nur ein geringfügiger Anteil einbehalten.

Leistungen aus der Pensionsversicherung gebühren grundsätzlich nur über Antrag. Zur Antragstellung ist das hiefür aufliegende Formblatt zu verwenden, und es sind die entsprechenden Unterlagen und Urkunden beizuschließen. Der Antrag auf eine Pension ist grundsätzlich beim zuständigen Versicherungsträger zu stellen, kann jedoch, insbesondere in den Fällen, in denen der Versicherte etwa wegen der weiten Entfernung seines Wohnsitzes oder wegen körperlicher Gebrechen nicht ohne weiteres in der Lage ist, den Versicherungsträger selbst aufzusuchen, auch bei jedem anderen Versicherungsträger oder überhaupt bei jeder anderen Behörde, wie z. B. Bezirksverwaltungsbehörde, Gemeindeamt usw., eingebracht werden. Der Antrag wird dann von diesen Stellen an den zuständigen Versicherungsträger weitergeleitet, wobei als Tag der Antragstellung nicht erst das Einlangen beim zuständigen Versicherungsträger, sondern bereits der Zeitpunkt der Einbringung bei der betreffenden Behörde gilt.

Auf Leistungen aus der Unfallversicherung besteht Anspruch, wenn der Versicherte einen Arbeitsunfall oder eine Berufskrankheit erleidet. Als hauptsächliche Leistungen aus der Unfallversicherung gebühren als Sachleistung die Unfallheilbehandlung sowie als Barleistung die Versehrtenrente. Wird durch den Arbeitsunfall oder die Berufskrankheit der Tod des Versicherten verursacht, so gebühren neben einem Sterbegeld, Witwen- und Waisenrenten in bestimmten Fällen auch Eltern- und Geschwisterrenten. Für die Dauer der Unfallheilbehandlung kann auch eine besondere Unterstützung gewährt werden, bei Anstaltspflege gebührt Familien- und Taggeld. Ist nach einem Arbeitsunfall mit Dauerfolgen die Wiedergewinnung oder Erhöhung der Erwerbsfähigkeit im ursprünglichen oder einem zumutbaren neuen Beruf möglich, so werden Berufsfürsorgeleistungen (berufliche Ausbildungen sowie Hilfe zur Erlangung einer Arbeitsstelle oder einer anderen Erwerbsmöglichkeit) gewährt. Für die Dauer der Einarbeitung in einem neuen Beruf können Zuschüsse gewährt werden.

Aus der Arbeitslosenversicherung gebühren nach einer bestimmten Anwartschaft bei Arbeitslosigkeit das Arbeitslosengeld und die Notstandshilfe. Dienstnehmerinnen, die einen Karenzurlaub im Sinne des Mutterschutzgesetzes in Anspruch nehmen, erhalten Karenzurlaubsgeld. Für alleinstehende Mütter gebührt unter bestimmten Voraussetzungen eine Sondernotstandshilfe.

Für Versicherte oder Bezieher einer Pension aus dem Versicherungsfall der geminderten Arbeitsfähigkeit, die an einer körperlichen oder geistigen Behinderung leiden, werden von den Pensionsversicherungsträgern und vom Unfallversicherungsträger überdies Leistungen zur Rehabilitation gewährt. Diese umfassen neben medizinischen Hilfen auch solche beruflicher und sozialer Art, wie Gewährung einer beruflichen Ausbildung, Hilfe zur Erlangung einer Arbeitsstelle, Gewährung von Übergangsgeld, Beitrag zu den Kosten des Unterhaltes des Versicherten und seiner Angehörigen während beruflicher Ausbildungsmaßnahmen.

Rechtsmittelverfahren

Im Bereich der Sozialversicherung ist grundsätzlich zwischen zwei Arten von Rechtsmittelverfahren zu unterscheiden, nämlich dem Verfahren in Verwaltungssachen und dem Verfahren in Leistungssachen, wobei als Verfahren in Verwaltungssachen jedes Verfahren gilt, bei dem es nicht um die Feststellung des Bestandes oder Umfanges einer Versicherungsleistung geht. Das Verfahren in Verwaltungssachen ist ein normales Verwaltungsverfahren mit Instanzenzug bis zum Landeshauptmann bzw. zum Bundesministerium für soziale Verwaltung, während das Verfahren in Leistungssachen ein gerichtliches Verfahren ist. Hat nun ein Versicherungsträger von Amts wegen oder über Antrag eines Versicherten oder seines Dienstgebers einen Bescheid erlassen, bei dem es sich um eine Angelegenheit des Verwaltungsverfahrens handelt (z. B. wenn die Versicherungspflicht oder die Versicherungsberechtigung einer Person strittig ist, wenn ein Dienstgeber für Beitragsschuldigkeiten haftbar gemacht wird, wenn die Beitragspflicht von Bezügen festgestellt wird oder der Versicherungsträger dem Dienstgeber Beiträge zur Nachzahlung vorschreibt usw.), so kann gegen einen solchen Bescheid binnen einem Monat nach der Zustellung ein Einspruch eingebracht werden. Der Einspruch ist schriftlich bei dem Versicherungsträger einzubringen, der den Bescheid erlassen hat. Eine unmittelbare Einbringung des Einspruches beim Landeshauptmann ist unzulässig und kann zu einer Versäumnis der Einspruchsfrist führen. Wurde der Einspruch ordnungsgemäß beim Versicherungsträger eingebracht, so wird er von diesem unter Anschluß der Akten und einer Stellungnahme zum Einspruchsvorbringen dem Landeshauptmann (Amt der Landesregierung) zur Entscheidung vorgelegt. Einsprüche haben grundsätzlich keine aufschiebende Wirkung, d. h. der Bescheid des Versicherungsträgers kann auch dann sofort vollstreckt werden, wenn er angefochten wurde. In besonderen Fällen kann der Landeshauptmann dem Einspruch jedoch aufschiebende Wirkung zuerkennen, und zwar dann, wenn durch eine vorzeitige Vollstreckung ein nicht wiedergutzumachender Schaden entstünde. Ein Antrag auf aufschiebende Wirkung ist gleichzeitig mit dem Einspruch einzubringen. Eine nachträgliche Einbringung ist nur innerhalb der Einspruchsfrist möglich.

Hat nun der Landeshauptmann auf Grund eines Einspruches über die Versicherungspflicht einer Person oder deren Berechtigung zur freiwilligen Weiterversicherung entschieden, so kann der Bescheid des Landeshauptmannes binnen zwei Wochen nach der Zustellung durch eine schriftlich beim Amt der Landesregierung einzubringende Berufung angefochten werden. Über die Berufung entscheidet als letzte Instanz das Bundesministerium für soziale Verwaltung. In allen anderen Angelegenheiten, z. B. Beitragspflicht, endet der Instanzenzug bereits beim Landeshauptmann, und es ist eine Berufung unzulässig.

Was die Kosten des Verfahrens in Verwaltungssachen betrifft, so ist das Verfahren von sämtlichen Gebühren und Abgaben befreit, und es trägt jede am Verfahren beteiligte Partei ihre Kosten selbst. Eine Verpflichtung zum Kostenersatz erfolgt nur dann, wenn eine Partei durch mutwillige Verschleppung des Verfahrens infolge irreführender Angaben oder ungerechtfertigter Aussageverweigerung zusätzliche Kosten verursacht. Wird der Bescheid eines Landeshauptmannes oder des Bundesministeriums für soziale Verwaltung infolge Erschöpfung des Instanzenzuges durch Beschwerde an den Verwaltungsgerichtshof angefochten, so ist die unterlegene Partei verpflichtet, der obsiegenden Partei auch deren Kosten zu ersetzen.

Gegen Bescheide der Versicherungsträger in einer Leistungssache (z. B. Krankengeld, Pension) findet ein Rechtsmittelverfahren im eigentlichen Sinne nicht statt. Solche Bescheide können binnen drei Monaten durch Klage an das zuständige Schiedsgericht der Sozialversicherung angefochten werden, wobei sie dann in dem Umfang, in dem die Klage erhoben wurde, automatisch außer Kraft treten und die Zuständigkeit zur Entscheidung an die gerichtlichen Instanzen übergeht.

Die Klage muß eine gedrängte Darstellung des Streitfalles, die Angabe der Beweismittel und ein bestimmtes Entscheidungsbegehren enthalten. Der Bescheid des Versicherungsträgers ist in Ur- oder Abschrift anzuschließen. Die Klage ist in zweifacher Ausfertigung beim zuständigen Schiedsgericht der Sozialversicherung oder beim Versicherungsträger selbst einzubringen. Beim Schiedsgericht kann die Klage auch mündlich zu Protokoll gegeben werden. Über die Klage entscheidet das Schiedsgericht in Form eines Urteiles oder Beschlusses. Gegen ein solches Urteil kann in der Unfall- und Pensionsversicherung in bestimmten Fällen, jedoch nur unter der Voraussetzung der Aktenwidrigkeit oder der unrichtigen rechtlichen Beurteilung, eine Berufung an das Oberlandesgericht Wien eingebracht werden.

Im Verfahren vor den Schiedsgerichten oder dem Oberlandesgericht Wien hat der Versicherungsträger dem Kläger jedenfalls die Zeugen-, Sachverständigen- und Beisitzergebühren, die Barauslagen (z. B. das Fahrgeld) sowie den Verdienstentgang zu ersetzen, und zwar auch dann, wenn der Kläger unterliegt. Die übrigen Auslagen des Klägers, z. B. Barauslagen bei Erhebung der Klage (Anwaltskosten), sind vom Kläger selbst zu tragen, können jedoch nach Billigkeit auch dem Versicherungsträger zum Ersatz auferlegt werden.

Ansprüche auf Arbeitslosengeld und Notstandshilfe sowie Karenzurlaubsgeld sind beim zuständigen Arbeitsamt geltend zu machen. Wird der Anspruch nicht anerkannt, so kann der Anspruchswerber gegen den ablehnenden schriftlichen Bescheid binnen zwei Wochen eine Berufung beim Arbeitsamt einbringen. Über diese Berufung entscheidet das Landesarbeitsamt.

Stempelgebühren und sonstige Abgaben

Alle Eingaben, wie Einsprüche, Klagen, sowie Vollmachten in Sozialversicherungsangelegenheiten sind stempel- und gebührenfrei, soweit und solange sie nur für Zwecke der Sozialversicherung verwendet werden. Wird davon jedoch auch ein anderer Gebrauch gemacht, so sind die in Betracht kommenden Abgaben nachträglich zu entrichten. Ausgenommen von der Gebührenfreiheit ist das Exekutionsverfahren zur Eintreibung nicht rechtzeitig entrichteter Beiträge.

Sozialversicherung der Gewerbetreibenden

Die Sozialversicherung der in der gewerblichen Wirtschaft selbständig erwerbstätigen Personen umfaßt die Krankenversicherung, Pensionsversicherung und Unfallversicherung. Wesentlichste Rechtsquelle bezüglich der Kranken- und Pensionsversicherung ist nunmehr das Gewerbliche Sozialversicherungsgesetz-GSVG, BGBl. Nr. 560/1978. Die Durchführung der Versicherung obliegt der Sozialversicherungsanstalt der gewerblichen Wirtschaft.

Krankenversicherung

Diese Krankenversicherung (früher Meisterkrankenversicherung) umfaßt den Großteil aller selbständig Erwerbstätigen bzw. Gewerbetreibenden. Versicherungspflichtig sind vor allem die Mitglieder der Kammern der gewerblichen Wirtschaft; die Gesellschafter einer offenen Handelsgesellschaft und die persönlich haftenden Gesellschafter einer Kommanditgesellschaft, sofern diese Gesellschaften Mitglieder einer der Kammern der gewerblichen Wirtschaft sind; die zu Geschäftsführern bestellten Gesellschafter einer Gesellschaft mit beschränkter Haftung, sofern diese Gesellschaften Mitglieder einer der bezeichneten Kammern sind; die Bezieher einer Pension aus der gewerblichen Sozialversicherung; die ordentlichen Kammerangehörigen einer Ärztekammer, sofern sie freiberuflich tätig sind; die Mitglieder der Rechtsanwaltskammern; die Mitglieder der Österreichischen Apothekerkammer in der Abteilung für selbständige Apotheken; die Mitglieder der Ingenieurkammern; die Mitglieder der Kammer der Wirtschaftstreuhänder.

Ausgenommen von der Pflichtversicherung sind Personen, die einen Gewerbebetrieb als Deszendentenbetrieb weiterführen oder die auf Grund eines Pensionsbezuges aus einer ASVG-Pensionsversicherung nach dem ASVG krankenversichert sind.

Personen, die auf Grund einer Erwerbstätigkeit nach dem ASVG oder in der Beamtenkrankenversicherung pflichtversichert sind, können für die Dauer einer solchen Erwerbstätigkeit das Ruhen der Selbständigen-Krankenversicherung beantragen.

Als Leistungen aus der Selbständigen-Krankenversicherung gebühren Krankenbehandlung bzw. ärztliche Hilfe, allenfalls notwendige Anstaltspflege, Heilmittel und Heilbehelfe, Zahnbehandlung und Zahnersatz, Hilfe bei körperlichen Gebrechen und Gesundenuntersuchungen. Bei Todesfall gebührt ein Bestattungskostenbeitrag. Die Leistungen werden, abgesehen vom Bestattungskostenbeitrag, bis zu einer bestimmten Einkommensgrenze des Versicherten als Sachleistungen, darüber hinaus aber nur mehr als Barleistungen in Form eines Kostenersatzes auf Grund der vorgelegten Rechnungen gewährt. Hiebei werden bis höchstens 80 v. H. der Kosten vergütet. Bei Gewährung von Sachleistungen besteht eine Kostenbeteiligung des Versicherten von 20 v. H., die nachträglich eingehoben wird. Die für die Gewährung von Sachleistungen und Barleistungen maßgeblichen Einkommensgrenzen werden im jeweiligen Gesamtvertrag zwischen den Versicherungsträgern und den Ärzten festgelegt.

Anspruch auf Leistungen für Familienangehörige des Versicherten besteht nur dann, wenn diese im Rahmen der Familienversicherung mitversichert werden. Für eine solche Mitversicherung sind zusätzliche Beiträge zu entrichten. Kinder, Enkel, Wahlkinder, Stief- und Pflegekinder sind auch ohne Bestand einer Familienversicherung anspruchsberechtigt.

Das GSVG sieht auch die Möglichkeit einer Zusatzversicherung vor, bei deren Abschluß dann neben den allgemeinen Leistungen auch Krankengeld, Taggeld und Wochengeld gebührt.

Pensionsversicherung

Die Pensionsversicherung umfaßt gleichfalls im wesentlichen die Mitglieder der Kammern der gewerblichen Wirtschaft; die Gesellschafter einer offenen Handelsgesellschaft und die persönlich haftenden Gesellschafter einer Kommanditgesellschaft, sofern diese Gesellschaften Mitglieder einer der bezeichneten Kammern sind; die zu Geschäftsführern bestellten Gesellschafter einer Gesellschaft mit beschränkter Haftung, sofern diese Gesellschaften Mitglieder einer der Kammern der gewerblichen Wirtschaft sind; die ordentlichen Kammerangehörigen einer Ärztekammer, sofern sie freiberuflich tätig sind; die Mitglieder der Rechtsanwaltskammern; die Mitglieder der Österreichischen Apothekerkammer in der Abteilung für selbständige Apotheker; die Mitglieder der Ingenieurkammern; die Mitglieder der Kammer der Wirtschaftstreuhänder, die freiberuflichen Journalisten und die freiberuflich tätigen bildenden Künstler.

Als Versicherungsbeitrag sind 11 v. H. der Einkünfte aus der versicherungspflichtigen Tätigkeit (nicht auch aus sonstigen Einkünften) zu leisten. Mindestbeitragsgrundlage sind 6.217 S. Die Höchstbeitragsgrundlage beträgt derzeit 25.200 S monatlich und wird jährlich neu festgesetzt. Die Leistungen entsprechen im Prinzip jenen der Pensionsversicherungen nach dem ASVG.

Unfallversicherung

Unfallversicherungspflichtig sind die Mitglieder der Kammern der gewerblichen Wirtschaft; die ordentlichen Kammerangehörigen einer Ärztekammer, sofern sie freiberuflich tätig sind; die Mitglieder der Rechtsanwaltskammern; die Mitglieder der Österreichischen Apothekerkammer in der Abteilung für selbständige Apotheker; die Mitglieder der Ingenieurkammern, die Mitglieder der Kammer der Wirtschaftstreuhänder; die Mitglieder der Tierärztekammer und die freiberuflich tätigen bildenden Künstler, die überdies auch noch in der Krankenversicherung nach dem ASVG pflichtversichert sind.

Sozialversicherung der Bauern

Die Sozialversicherung der in der Land- und Forstwirtschaft selbständig Erwerbstätigen umfaßt ebenfalls drei Versicherungszweige, nämlich Kranken-, Pensions- und Unfallversicherung. Rechtsquelle ist hier vor allem das Bauern-Sozialversicherungsgesetz-BSVG, BGBl. Nr. 559/1978. Die Durchführung der Versicherung erfolgt einheitlich durch die Sozialversicherungsanstalt der Bauern.

Krankenversicherung

Versicherungspflichtig in der Krankenversicherung sind Personen, die auf ihre Rechnung und Gefahr einen land(forst)wirtschaftlichen Betrieb im Sinne der Bestimmungen des Landarbeitsgesetzes führen oder auf deren Rechnung und Gefahr ein solcher Betrieb geführt wird; der Versicherungspflicht unterliegen ferner die Kinder, Enkel, Wahl- und Stiefkinder sowie die Schwiegerkinder einer der bezeichneten Personen, sofern sie hauptberuflich in diesem Betrieb beschäftigt sind.

Die Höhe der Versicherungsbeiträge hängt vom Einheitswert des Betriebes ab.

Als Leistungen werden Krankenbehandlung, Heilmittel, Heilbehelfe, Krankenpflege, Zahnbehandlung, Mutterschaftsleistungen und vorbeugende Jugendlichen- und Gesundenuntersuchungen gewährt. Als einzige Barleistung gebührt im Todesfall des Versicherten Bestattungskostenbeitrag.

Pensionsversicherung

Der Versicherungspflicht in der Pensionsversicherung unterliegt im wesentlichen der gleiche Personenkreis wie bei der Bauern-Krankenversicherung, ausgenommen sind Personen, die auf Grund anderer gesetzlicher Vorschriften in einer anderweitigen Pensionsversicherung pflichtversichert sind, öffentlich Bedienstete, die Anspruch auf Ruhegenuß haben, Bezieher einer anderweitigen Alters- oder Erwerbsunfähigkeitspension oder eines Ruhegenusses, die mittätigen Ehegattinnen von Versicherten unter bestimmten Voraussetzungen sowie Jagd- und Fischereipächter.

Die Beiträge richten sich nach dem Einheitswert des Betriebes und sind nach Versicherungsklassen gestaffelt. Die Beiträge für die ebenfalls versicherten Angehörigen eines Betriebsführers sind bis zu einem Einheitswert von 35.000 S gleich hoch wie die des Betriebsführers, in den höheren Versicherungsklassen jedoch niedriger. Versicherungsträger ist die Sozialversicherungsanstalt der Bauern.

Die Leistungen entsprechen im Prinzip denen des ASVG, vorzeitige Alterspensionen sind jedoch nicht vorgesehen. Für das Verfahren in Verwaltungs- und Leistungssachen gelten im wesentlichen die Verfahrensvorschriften des ASVG.

Unfallversicherung

Die Versicherung umfaßt im wesentlichen jenen Personenkreis, der auch in der Krankenversicherung und in der Pensionsversicherung pflichtversichert ist.

Beamten-Kranken- und Unfallversicherung

Die Kranken- und Unfallversicherung der öffentlich-rechtlichen Bediensteten wird durch das Beamten-Kranken- und Unfallversicherungsgesetz (B-KUVG), BGBl. Nr. 200/1967, geregelt (soweit nicht einzelne Gebietskörperschaften durch eigene Krankenfürsorgeeinrichtungen diesbezüglich vorgesorgt haben), welches an die Stelle des früheren Bundesangestellten-Krankenversicherungsgesetzes getreten ist. Der Versicherungspflicht unterliegen im wesentlichen die in einem öffentlich-rechtlichen Dienstverhältnis zum Bund, einem Bundesland, Gemeindeverband oder einer Gemeinde stehenden Beamten, die unkündbaren Dienstnehmer eines von diesen Körperschaften geführten Betriebes (öffentlichen Fonds, Anstalten, Stiftungen), ferner die Mitglieder der Bundesregierung, der Landesregierungen, der gesetzgebenden Körperschaften, des Verfassungsgerichtshofes, des Rechnungshofes usw., sofern diese Personen nicht der Pflichtversicherung nach dem ASVG unterliegen oder sofern ihnen nicht im Erkrankungsfall bzw. bei Dienstunfällen und Berufskrankheiten zumindest gleichwertige Leistungen auf Grund anderweitiger gesetzlicher Regelungen zustehen. Diese Ausnahme erstreckt sich je nach der Gleichwertigkeit der anderweitigen Leistungsansprüche entweder auf die Unfall- oder die Krankenversicherung oder beide zugleich.

Die Krankenversicherung umfaßt die Versicherungsfälle der Krankheit, der Mutterschaft und des Todes, die Unfallversicherung Berufskrankheiten, Dienstunfälle sowie durch Berufskrankheit oder Dienstunfall verursachte Todesfälle.

An Leistungen werden aus der Krankenversicherung Krankenbehandlung, Heilmittel und Heilbehelfe, Zahnbehandlung und Zahnersatz, Anstaltspflege, Hebammenbeistand, ärztlicher Beistand und Gesundenuntersuchungen als Sachleistungen, Wochengeld, Entbindungsbeitrag und Sterbegeld als Barleistungen gewährt. Aus der Unfallversicherung gebühren Unfallheilbehandlung, Körperersatzstücke und orthopädische Behelfe als Sachleistungen, Versehrtenrente, Versehrtengeld, Witwen-(Witwer-)Beihilfe, Sterbegeld und Hinterbliebenenrenten als Barleistungen.

SPORTAKTIONEN DER STADT WIEN

(MA 51)

Warum werden die Jugendsportaktionen durchgeführt?

Durch diese außerschulischen Sportangebote wird der direkte Kontakt zur Wiener Jugend gesucht. Die Aktionen sind als Anreiz zu mehr sportlicher Betätigung konzipiert und sollen eine Einführung in verschiedene Sportarten bilden. Sie werden von der MA 51 in Zusammenarbeit mit dem Wiener Jugendkreis und verschiedenen Fachverbänden durchgeführt.

Welche Ziele werden mit den Jugendsportaktionen angestrebt?

In erster Linie wird mit den Aktionen der Versuch unternommen, den Teilnehmern Grundkenntnisse über die einzelnen Sparten zu vermitteln. In zweiter Linie wird durch die Durchführung von körperlichen Übungen in einer größeren Gemeinschaft das Interesse am leistungsbezogenen Sport bzw. am Wettkampf (Leistungsvergleich mit anderen) gefördert. Die Bemühungen der MA 51 sollen ein Bindeglied zwischen dem Gelegenheitssportler und dem Bewegungsenthusiasten, der sich regelmäßig sportlichen Belastungen unterzieht, schaffen.

Wie erfolgte die Auswahl der Sportsparten?

Ausgangspunkt für die getroffene Auswahl war die Überlegung, einen Überblick über die Grundformen der menschlichen Bewegung zu liefern. So wurde zuerst an die Bewegungsformen Lauf, Sprung und Wurf gedacht. Diese Pfeiler der sportlichen Betätigung wurden in weiterer Folge durch die Einbeziehung der Ballsportarten ergänzt. Es ergab sich die Notwendigkeit, auch den Wintersport in das Betreuungsprogramm einzubeziehen. Schließlich wurde das Programm durch den Wassersport vervollständigt.

Warum wird in erster Linie Sport für Kinder und Jugendliche angeboten?

Die Erfahrung zeigte, daß viele Erwachsene schwer zu eigener sportlicher Betätigung zu motivieren sind. Man muß daher in erster Linie die Kinder und Jugendlichen anregen, um diesem Trend entgegenzuwirken. In zweiter Linie lassen sich durch begeisterte Kinder dann wieder die Eltern zum Mitmachen anregen.

Übersicht der Jugendsportaktionen

Sportaktion	Zeitraum	Anzahl der Anlagen	Altersgruppen	Anmeldung	Kosten	Sportarten	Trainer beigestellt	Zeit	Auskunft 42 8 00*
Sportplatz der offenen Tür	Mai–September	16	6–15 J.	ohne	kostenlos	LA, Fußball, Ballspiele	ja	Montag bis Freitag von 14 bis 17 Uhr[1])	Kl. 4188
Fahrt zum Schnee	Jänner–März	Schigebiete in NÖ	8–16 J.	mit	60 S pro Sonntag	Alpiner Schilauf	ja	Sonntag von 7.30 bis 18 Uhr	Kl. 2799
Jugendeislaufen	November–April	1	3–15 J.	mit	50 S für gesamten Kurs	Eislauf-Grundkurs, Eishockey	ja	1 × pro Woche 70 Minuten	Kl. 4188
Talent-Leistungsschwimmen	November–April	4	7–12 J. nur für Schwimmer	mit	50 S für gesamten Kurs	Schwimmen	ja	Montag von 14 bis 15.30 Uhr oder von 15.30 bis 17 Uhr	Kl. 4189
Spielschwimmen	November–April	3	4–7 J. für Nichtschwimmer	mit	50 S für gesamten Kurs	Schwimmen	ja	Montag von 14 bis 15.30 Uhr oder von 15.30 bis 17 Uhr	Kl. 4189
Tischtennis	Juli–August	7	6–15 J.	ohne	kostenlos	Tischtennis	ja	Montag bis Freitag von 14 bis 17 Uhr	Kl. 4188
Tennis	Juli–August	2 1 3	8–15 J. 6–15 J. ab 15 J.	ohne ohne mit	kostenlos	Tennis-Grundkurs	ja	1 × pro Woche Montag bis Freitag von 14 bis 17 Uhr	Kl. 4188
Windsurfen	Juli–August	1	ab 15 J.	mit	telefonische Anfrage	Surfen	ja	verschiedene Kurszeiten	Kl. 2799
Talent-Turnen, Rhythmische Sportgymnastik	ganzjährig	5	ab 10 J.	mit	kostenlos	Geräteturnen, Gymnastik	ja	verschiedene Kurszeiten	Kl. 4187 Vormittag
Fit-Marsch	26. Oktober	10	Jedermann	ohne	kostenlos	Wandern	nein	9 bis 13 Uhr	Kl. 2733
Semesterferien Bäder	Semesterferien	9	6–15 J.	ohne	kostenlos	Schwimmen	nein (Aufsicht)	Montag bis Freitag von 9 bis 13 Uhr, 2 Stunden Badezeit	Kl. 4189
Semesterferien Sporthallen	Semesterferien	5	6–15 J.	ohne	kostenlos	Ballspiele, Turnen	ja	Montag bis Freitag von 8 bis 12 Uhr	Kl. 4189
Semesterferien Eislaufen	Semesterferien	1	6–15 J.	ohne	kostenlos	Eislaufen	nein	Montag bis Freitag von 8 bis 13 Uhr	Kl. 4189
Semesterferien Fahrt zum Schnee	Semesterferien	Schigebiete in NÖ	8–16 J.	mit	60 S pro Tag	alpiner Schilauf	ja	Montag bis Freitag von 7.30 bis 18 Uhr	Kl. 2799
Schilanglauf	nach Schneelage	1	Jedermann	ohne	Geräteverleihkosten, sonst kostenlos	Schiwandern	gegen Voranmeldung	nach Schneelage	Kl. 4189
Vom Hallenspaß ins kühle Naß	ganzjährig	1	ab 18 J.	mit	telefonische Anfrage	Gymnastik, Schwimmen, Sauna	ja	verschiedene Kurszeiten	Kl. 2797

[1]) Auf 6 Anlagen auch von 9 bis 12 Uhr

STAATSBÜRGERSCHAFTS- UND PERSONENSTANDS-ANGELEGENHEITEN

(MA 61)

Wie bekommt man einen Staatsbürgerschaftsnachweis?

Zur Ausstellung des Staatsbürgerschaftsnachweises ist jene Gemeinde bzw. jener Gemeindeverband (Staatsbürgerschaftsverband) zuständig, in deren Bereich die Person, auf die sich der Staatsbürgerschaftsnachweis bezieht, ihren ordentlichen Wohnsitz hat. Für in Wien wohnhafte Personen und für verstorbene Personen, die im Zeitpunkt ihres Todes den ordentlichen Wohnsitz in Wien hatten, wird der Staatsbürgerschaftsnachweis von der MA 61, 1, Rathaus, 8. Stiege, Parterre (Parteienverkehr Montag bis Freitag von 8 bis 12 Uhr), ausgestellt. Für im Ausland lebende Personen wird der Staatsbürgerschaftsnachweis von jenem österreichischen Berufskonsulat, wo jedoch ein solches nicht besteht, von jener österreichischen diplomatischen Vertretungsbehörde ausgestellt, in deren Bereich diese Person ihren ordentlichen Wohnsitz hat. Die vor dem Inkrafttreten des Staatsbürgerschaftsgesetzes 1965, demnach vor dem 1. Juli 1966, ausgestellten Staatsbürgerschaftsnachweise sind weiterhin gültig.

Zur Ausstellung des Staatsbürgerschaftsnachweises sind folgende Dokumente vorzulegen:

Personaldokumente (wie Geburts-, Heiratsurkunde), Meldenachweis, gegebenenfalls Nachweis über den Erwerb akademischer Grade und bei Beantragung und Behebung durch eine Mittelsperson eine Vollmacht; weiters wären womöglich alte Staatsbürgerschaftsnachweise, Auszüge aus der Heimatrolle, Heimatscheine, Einbürgerungsurkunden und -bescheide sowie Bescheinigungen und Bescheide über den Erwerb der Staatsbürgerschaft durch Erklärung, und zwar sowohl eigene wie auch solche des Ehemannes, des ehelichen Vaters oder der unehelichen Mutter, mitzubringen.

Was ist der Auszug aus der Heimatrolle?

Personen, die am 13. März 1938 in einer österreichischen Gemeinde heimatberechtigt waren, können die Ausstellung eines Auszuges aus der Heimatrolle bei ihrer früheren Heimatgemeinde beantragen. Der Auszug aus der Heimatrolle wird jedoch nicht als Nachweis über den Besitz der Staatsbürgerschaft anerkannt.

Für die Ausstellung des Heimatrollenauszuges sind die gleichen Dokumente wie für die Ausstellung eines Staatsbürgerschaftsnachweises (siehe „Wie bekommt man einen Staatsbürgerschaftsnachweis?") erforderlich.

Wie bekommt man als Ausländer die österreichische Staatsbürgerschaft?

Das Gesuch um die Verleihung der österreichischen Staatsbürgerschaft ist schriftlich abzufassen und vom eigenberechtigten Bewerber persönlich zu unterfertigen. Ist der Bewerber nicht eigenberechtigt, so ist das Ansuchen für ihn entweder von seinem gesetzlichen Vertreter persönlich oder mit dessen schriftlicher Zustimmung von ihm selbst oder einer dritten Person zu unterfertigen. In bestimmten Fällen kann die fehlende Zustimmung des gesetzlichen Vertreters durch das Gericht ersetzt werden. Soll sich die Einbürgerung auf Rechtsnachfolger (Gattin, Kinder, allenfalls auch Enkel) erstrecken, dann ist das nur möglich, wenn die Erstreckung von diesen Personen schriftlich beantragt wird. Für die Unterfertigung der Erstreckungsanträge gilt das gleiche, was zuvor über die Unterfertigung des Einbürgerungsansuchens ausgeführt worden ist. Anträge auf Erstreckung der Einbürgerung sind dem Einbürgerungsansuchen anzuschließen und mit diesem zugleich einzureichen; sie können aber auch nachgereicht werden, solange das Einbürgerungsverfahren noch nicht abgeschlossen ist.

Zunächst ist die Verleihung der Staatsbürgerschaft von einer Anzahl allgemeiner Voraussetzungen abhängig, wie z. B. einer bejahenden Einstellung zur Republik Österreich, der Unbescholtenheit, dem Nichtbestehen von Aufenthaltsverboten, der Sicherung des Lebensunterhaltes u. a. Weiters ist die Dauer des der Einbürgerung unmittelbar vorangehenden, ununterbrochenen ordentlichen Wohnsitzes in Österreich von großer Bedeutung. Im allgemeinen wird die Einbürgerung erst möglich sein, wenn der Bewerber einen mindestens zehnjährigen ordentlichen Wohnsitz in Österreich aufweist. Hat ein Fremder zwar noch nicht seit zehn, aber mindestens seit vier Jahren seinen Wohnsitz in Österreich, kann ihm die Staatsbürgerschaft nach Anhörung des Bundesministeriums für Inneres nur verliehen werden, wenn hiefür ein besonders berücksichtigungswürdiger Grund vorliegt, wie z. B. engste familiäre Bindungen zu österreichischen Staatsbürgern oder die Eigenschaft als Konventionsflüchtling. An Personen, die noch keinen vierjährigen ordentlichen Wohnsitz in Österreich aufweisen, kann die österreichische Staatsbürgerschaft nur dann verliehen werden, wenn die Bundesregierung bestätigt, daß die Verleihung wegen der von diesen Personen bereits erbrachten oder von ihnen noch zu erwartenden außerordentlichen Leistungen im Interesse der Republik Österreich liegt oder wenn es sich um einen Minderjährigen handelt und ein besonders berücksichtigungswürdiger Grund für die Verleihung vorliegt. In allen bisher angeführten Einbürgerungsfällen haben die Bewerber keinen Anspruch auf die Verleihung der Staatsbürgerschaft. Diese Einbürgerungen liegen vielmehr im freien Ermessen der Behörde, wobei sich diese von Rücksichten auf das allgemeine Wohl, die öffentlichen Interessen und das Gesamtverhalten der Bewerber leiten zu lassen hat.

Ein Anspruch auf die Verleihung der österreichischen Staatsbürgerschaft ist jedoch bei Erfüllung der allgemeinen und überdies auch noch bestimmter zusätzlicher spezieller Einbürgerungsvoraussetzungen in folgenden Fällen gegeben:

1. wenn der Bewerber einen der Verleihung der Staatsbürgerschaft unmittelbar vorangehenden ununterbrochenen 30jährigen ordentlichen Wohnsitz in Österreich aufweist;
2. wenn die Bewerberin die österreichische Staatsbürgerschaft durch einen der folgenden Umstände verloren hat und binnen zwei Jahren nach Auflösung des Ehebandes um die Wiedererlangung der österreichischen Staatsbürgerschaft ansucht:
   a) Verehelichung mit einem Ausländer,
   b) Erwerb derselben fremden Staatsangehörigkeit gleichzeitig mit dem Ehegatten oder
   c) Erwerb der fremden Staatsangehörigkeit des Ehemannes während der Ehe;
3. wenn der Bewerber die österreichische Staatsbürgerschaft durch Erwerb einer fremden Staatsangehörigkeit während der Zeit, in der er noch nicht eigenberechtigt

war, verloren hat, sofern er binnen zwei Jahren nach Erlangung der Eigenberechtigung um die Wiedererlangung der österreichischen Staatsbürgerschaft ansucht;
4. wenn der Bewerber minderjährig und ledig ist, ein Elternteil die österreichische Staatsbürgerschaft bereits besitzt und er diesem Elternteil – wäre dieser Ausländer – im Falle der Verleihung der Staatsbürgerschaft folgen könnte;
5. wenn der Bewerber schon früher einmal durch mindestens zehn Jahre ununterbrochen die österreichische Staatsbürgerschaft besessen hat, sofern er einen mindestens einjährigen ununterbrochenen, der Einbürgerung unmittelbar vorangehenden Wohnsitz in Österreich aufweist;
6. wenn der Bewerber in Österreich geboren, seit Geburt staatenlos ist und einen ordentlichen Wohnsitz von mindestens zehn Jahren in Österreich aufweist, wobei ununterbrochen mindestens fünf Jahre unmittelbar vor der Verleihung der Staatsbürgerschaft liegen müssen. In diesem Fall kann die Verleihung innerhalb einer Frist beantragt werden, die mit der Vollendung des 18. Lebensjahres beginnt und spätestens zwei Jahre nach dem Eintritt der Volljährigkeit endet.

Kraft Gesetzes erwirbt ein Fremder – bei Erfüllung der allgemeinen Einbürgerungsvoraussetzungen – die österreichische Staatsbürgerschaft, wenn er sie durch mindestens zehn Jahre ununterbrochen besessen hat und Österreich aus rassischen oder politischen Gründen verlassen mußte, während seines Aufenthaltes im Ausland eine fremde Staatsangehörigkeit durch Einbürgerung erworben hat, zum zeitlich unbeschränkten Aufenthalt im Bundesgebiet berechtigt ist, seinen ordentlichen Wohnsitz im Gebiet der Republik Österreich begründet und dies der zuständigen Behörde (Amt der Landesregierung) anzeigt.

Ansuchen um die Verleihung der Staatsbürgerschaft können von in Wien wohnhaften Personen bei der MA 61 eingereicht werden, wo für diesen Zweck auch ein Formular zur Verfügung steht. Für die Einbürgerungsansuchen im Ausland wohnhafter Bewerber ist das Amt der Wiener Landesregierung (MA 61) nur dann zuständig, wenn der Bewerber in Wien oder im Ausland geboren ist, sonst das Amt der Landesregierung, in dessen Bereich der Bewerber geboren ist.

Über die Möglichkeit des Erwerbes der Staatsbürgerschaft für Ausländerinnen, die mit Österreichern verheiratet sind, siehe „Welchen Einfluß hat die Eheschließung auf die österreichische Staatsbürgerschaft?“.

Nähere Auskünfte erteilt die MA 61.

Kann man die österreichische Staatsbürgerschaft beibehalten, wenn man eine fremde Staatsangehörigkeit erwirbt?

Die Bewilligung hiefür ist möglich, wenn die Beibehaltung der österreichischen Staatsbürgerschaft wegen der vom Bewerber bereits erbrachten oder von ihm zu erwartenden Leistungen oder aus einem besonders berücksichtigungswürdigen Grund im Interesse der Republik Österreich liegt und wenn der fremde Staat, dessen Staatsangehörigkeit er anstrebt, der Beibehaltung zustimmt, sofern eine solche Zustimmung in zwischenstaatlichen Verträgen vorgesehen ist (derzeit besteht ein Vertrag mit den Staaten BRD, Dänemark, Frankreich, Italien, Luxemburg, Norwegen und Schweden). Die Bewilligung kann nur wirksam werden, wenn der diesbezügliche schriftliche Bescheid vor dem Erwerb der fremden Staatsangehörigkeit zugestellt wird.

Ansuchen um Bewilligung der Beibehaltung der Staatsbürgerschaft können in Wien wohnhafte Personen schriftlich bei der MA 61 einreichen. Für die Beibehaltungsansuchen der im Ausland wohnhaften Bewerber ist das Amt der Wiener Landesregierung (MA 61) nur dann zuständig, wenn der Bewerber in Wien oder im Ausland geboren ist, sonst das Amt der Landesregierung, in dessen Bereich der Bewerber geboren ist.

Nähere Auskünfte erteilt die MA 61.

Kann man auf die österreichische Staatsbürgerschaft verzichten?

Ein österreichischer Staatsbürger kann auf die österreichische Staatsbürgerschaft verzichten, wenn er eine fremde Staatsangehörigkeit besitzt und bestimmte weitere gesetzliche Bedingungen erfüllt. Die schriftlichen Verzichtserklärungen können in Wien wohnhafte Personen bei der MA 61 einreichen. Für die Verzichtserklärungen im Ausland wohnhafter Personen ist das Amt der Wiener Landesregierung (MA 61) nur dann zuständig, wenn der Verzichtende in Wien oder im Ausland geboren ist, sonst das Amt der Landesregierung, in dessen Bereich der Verzichtende geboren ist.

Nähere Auskünfte erteilt die MA 61.

Wann benötigt man eine Bescheinigung über das Ausscheiden aus dem Staatsverband?

Strebt ein Staatsbürger eine fremde Staatsangehörigkeit an und ist ihm die Beibehaltung der Staatsbürgerschaft nicht bewilligt worden, so hat ihm die Behörde auf seinen Antrag zu bescheinigen, daß er im Falle des Erwerbes der fremden Staatsangehörigkeit aus dem österreichischen Staatsverband ausscheidet.

Anträge auf Ausstellung solcher Bescheinigungen sind von in Wien wohnhaften Personen bei der MA 61, 1, Rathaus, 8. Stiege, Parterre (Parteienverkehr Montag bis Freitag von 8 bis 12 Uhr), einzubringen. Für die Anträge der im Ausland lebenden Bewerber sind die österreichischen Berufskonsulate, wo jedoch solche nicht bestehen, die österreichischen diplomatischen Vertretungsbehörden zuständig, in deren Bereichen diese Personen ihren ordentlichen Wohnsitz haben

Nähere Auskünfte erteilt die MA 61.

Was ist zu tun, um heiraten zu können?

Für das Aufgebot ist jenes Standesamt zuständig, in dessen Bezirk einer der beiden Verlobten Wohnsitz oder gewöhnlichen Aufenthalt hat. Wenn keiner der beiden Verlobten Wohnsitz oder gewöhnlichen Aufenthalt im Inland hat, ist das Standesamt Wien-Innere Stadt zuständig. Bei der Bestellung des Aufgebotes sind von beiden Verlobten vorzuweisen:
1. die beglaubigten Abschriften aus dem Geburtenbuch des Standesamtes,
2. die Heiratsurkunden der Eltern, bei unehelich Geborenen die Geburtsurkunden der Mütter,
3. die Staatsbürgerschaftsnachweise,
4. die Meldezettel,
5. Lichtbildausweise.

Eheunmündig sind männliche Personen vor Vollendung des 19. und weibliche Personen vor Vollendung des 16. Lebensjahres. Für die Eheschließung benötigen daher:
Männliche Personen (zwischen dem vollendeten 18. und 19. Lebensjahr)
1. eine mit der Rechtskraftbestätigung versehene Ehemündigkeitserklärung des Vormundschaftsgerichtes;

2. entweder die Einwilligung des gesetzlichen Vertreters (ein Elternteil bzw. Vormund) und desjenigen, dem Pflege und Erziehung der betreffenden Person zustehen, oder eine mit der Rechtskraftbestätigung versehene Volljährigkeitserklärung des Vormundschaftsgerichtes.

Weibliche Personen

1. Zwischen dem vollendeten 15. und 16. Lebensjahr
   a) eine mit der Rechtskraftbestätigung versehene Ehemündigkeitserklärung des Vormundschaftsgerichtes und
   b) die Einwilligung des gesetzlichen Vertreters (ein Elternteil bzw. Vormund) und desjenigen, dem Pflege und Erziehung der betreffenden Person zustehen;
2. zwischen dem vollendeten 16. und 19. Lebensjahr nur die Einwilligung des gesetzlichen Vertreters (ein Elternteil bzw. Vormund) und desjenigen, dem Pflege und Erziehung der betreffenden Person zustehen;
3. zwischen dem vollendeten 18. und 19. Lebensjahr die Einwilligung des gesetzlichen Vertreters (ein Elternteil bzw. Vormund) und desjenigen, dem Pflege und Erziehung der betreffenden Person zustehen, oder eine mit der Rechtskraftbestätigung versehene Volljährigkeitserklärung des Vormundschaftsgerichtes.

Unter gewissen Umständen kann die verweigerte Zustimmung des gesetzlichen Vertreters oder desjenigen, dem Pflege und Erziehung der betreffenden Person zustehen, zur Eingehung der Ehe durch Beschluß des Vormundschaftsgerichtes ersetzt werden.

Nähere Auskünfte erteilt das Standesamt.

Bereits verheiratet gewesene Personen müssen die Nachweise über Eingehung und Auflösung ihrer Vorehen erbringen. Es sind dies Heiratsurkunden und Sterbeurkunden bzw. die mit der Rechtskraftbestätigung versehenen Urteile über Scheidung oder sonstige Auflösung der früheren Ehen.

Frauen, deren Vorehe noch nicht mindestens zehn Monate aufgelöst ist, bedürfen der Befreiung vom Eheverbot der Wartezeit. Auskunft darüber erteilt das Standesamt.

Ausländer müssen ein Ehefähigkeitszeugnis, das ist ein Zeugnis der zuständigen inneren Behörde ihres Heimatstaates oder der Vertretungsbehörde dieses Staates in Österreich darüber beibringen, daß der beabsichtigten Ehe ein in den Gesetzen des Heimatstaates begründetes Ehehindernis nicht entgegensteht. Kann das Ehefähigkeitszeugnis nicht beigebracht werden, darf das Standesamt die Trauung nur aufgrund einer Befreiung von der Beibringung des ausländischen Ehefähigkeitszeugnisses durch den Oberlandesgerichtspräsidenten vornehmen. Dies gilt auch für Staatenlose. Nähere Auskunft erteilt das Standesamt.

Können Eheleute den gemeinsamen Familiennamen wählen?

Österreichische Ehegatten führen den gleichen Familiennamen, der grundsätzlich jener des Mannes ist, es sei denn, die Verlobten bestimmen beim Standesamt vor der Eheschließung den Familiennamen der Frau als gemeinsamen Familiennamen (auf dieses Recht werden die Verlobten anläßlich der Aufgebotsbestellung beim Standesamt hingewiesen). Ist der gemeinsame Familienname derjenige des Mannes, hat jedoch die Frau das höchstpersönliche Recht, diesem Namen ihren bisherigen Familiennamen unter Setzung eines Bindestriches nachzustellen, und sie kann diesen Doppelnamen insbesondere auch im Verkehr mit Behörden führen und verlangen, daß sie in Urkunden aller Art damit bezeichnet wird. Dies gilt jedoch nicht für die Führung der Personenstandsbücher und die Ausstellung von Personenstandsurkunden durch das Standesamt. Ein Familienname, der von einer früheren geschiedenen oder aufgehobenen Ehe abgeleitet wird, darf nicht als gemeinsamer Familienname geführt, bestimmt oder von der Frau dem gemeinsamen Familiennamen nachgestellt werden.

Welchen Einfluß hat die Eheschließung auf die österreichische Staatsbürgerschaft?

Die österreichische Staatsbürgerschaft wird seit dem 1. Juli 1966 durch Eheschließung weder erworben noch verloren. Eine Österreicherin, die einen Ausländer heiratet, verliert daher dadurch nicht die österreichische Staatsbürgerschaft, selbst wenn sie durch die Heirat die Staatsangehörigkeit ihres Mannes erwirbt. Ebensowenig erwirbt eine Fremde durch Heirat mit einem österreichischen Staatsbürger die österreichische Staatsbürgerschaft. Sie kann aber durch Abgabe einer Staatsbürgerschaftserklärung österreichische Staatsbürgerin werden. Solche Staatsbürgerschaftserklärungen sind schriftlich bei der MA 61, 1, Rathaus, 8. Stiege, Parterre (Parteienverkehr Montag bis Freitag von 8 bis 12 Uhr), abzugeben. Ein entsprechendes Formular steht bei dieser Dienststelle zur Verfügung. Dies gilt für in Wien wohnhafte Frauen, außerdem aber auch für Frauen, die zwar nicht in Wien wohnen, jedoch in Wien geheiratet haben, wenn sie noch am Tag der Eheschließung die Staatsbürgerschaftserklärung abgeben. Wenn die Ausländerin, die diese Erklärung abgibt, noch nicht eigenberechtigt ist, bedarf sie der Zustimmung ihres gesetzlichen Vertreters oder allenfalls des Gerichtes.

Bei der Abgabe dieser Erklärung sind folgende Dokumente persönlich vorzulegen:

Personaldokumente (wie Geburts-, Heiratsurkunde), Meldenachweis, Nachweis über die bisherige Staatsangehörigkeit, Staatsbürgerschaftsnachweis des Gatten, gegebenenfalls Nachweis über den Erwerb akademischer Grade und Nachweis über die Zustimmung des gesetzlichen Vertreters oder des Gerichtes.

Nähere Auskünfte erteilt die MA 61.

Wie bekommt man eine Geburts-, Heirats- oder Sterbeurkunde?

Geburts-, Heirats- und Sterbeurkunden, ebenso beglaubigte Abschriften aus dem Geburten-, Familien- oder Sterbebuch, stellt jenes Standesamt aus, in dessen Amtsbezirk sich die Geburt oder der Sterbefall ereignet hat bzw. vor dem die Ehe geschlossen wurde (Standesämter und ihre Amtsbezirke siehe Magistrat, MA 61). Diese Personenstandsurkunden und beglaubigten Abschriften können aber nur von den Personen verlangt werden, auf die sich die Eintragung bezieht, sowie von deren Ehegatten, Vorfahren und Abkömmlingen (Eltern, Großeltern bzw. Kinder, Enkelkinder usw.); andere Personen erhalten diese Urkunden nur, wenn sie hiefür dem Standesamt ein berechtigtes Interesse glaubhaft machen können.

Über die Anzeige eines Sterbefalles beim Standesamt und die anschließende Ausstellung von Sterbeurkunden bzw. Abschriften aus dem Sterbebuch siehe „Bestattungs- und Friedhofswesen".

Kann man seinen Namen ändern lassen?

Familien- und Vornamen von österreichischen Staatsbürgern und Staatenlosen mit Wohnsitz oder gewöhnlichem Aufenthalt in Österreich können aus wichtigen

Gründen geändert werden, Familiennamen besonders dann, wenn sie zum Beispiel anstößig oder lächerlich wirken oder das wirtschaftliche Fortkommen des Antragstellers untragbar gefährden. Ein wichtiger Grund ergibt sich auch, wenn für ein Pflege- oder ein Stiefkind der Familienname des Pflege- oder des Stiefvaters erbeten wird.

Ansuchen um Namensänderung sind schriftlich abzufassen, ausführlich zu begründen und persönlich zu unterfertigen. Allenfalls können derartige Anträge bei der Behörde auch niederschriftlich aufgenommen werden. Ist der Namensänderungswerber nicht eigenberechtigt, ist das Ansuchen von seinem gesetzlichen Vertreter (ein Elternteil mit Zustimmung des anderen Elternteiles bzw. Vormund mit Einwilligung des Vormundschaftsgerichtes) einzubringen.

Ansuchen um Änderung des Familiennamens sind von in Wien wohnhaften Namensänderungswerbern bei der MA 61, 1, Rathaus, 8. Stiege, Hochparterre (Parteienverkehr Montag bis Freitag von 8 bis 12 Uhr), einzubringen, Ansuchen um Änderung des Vornamens bei der Bundespolizeidirektion Wien, Administrationsbüro, 1, Schottenring 7–9.

Nähere Auskünfte erteilt die MA 61.

STATISTISCHES AMT DER STADT WIEN

(MA 66)

Die Statistik soll die für das Studium von Entwicklungstendenzen und zur Fundierung von Entscheidungen notwendigen Daten in entsprechender Gliederung zur Verfügung stellen. Das Statistische Amt der Stadt Wien führt zur Erreichung dieses Ziels eigene Erhebungen durch, sammelt das von der städtischen Verwaltung, der Bundesstatistik und zahlreichen anderen Quellen zur Verfügung gestellte Zahlenmaterial, wertet es aus und bringt es in übersichtlicher Form in Publikationen zur Darstellung.

Die umfangreichste und ausführlichste dieser Veröffentlichungen ist das jährlich erscheinende „Statistische Jahrbuch der Stadt Wien". Es enthält in tabellarischer und grafischer Darstellung statistische Unterlagen über meteorologische und geografische Verhältnisse, Bevölkerungsstand, -struktur und -bewegung, Gesundheits- und Sozialwesen, Industrie, Gewerbe und Handel, Verkehr, Fremdenverkehr, Wohnungswesen, kommunale Einrichtungen, Beschäftigung und Arbeitsmarkt, Preise, Lebenshaltung und Löhne, Unterricht und Kultur, Kultuswesen, Sport, Verwaltung und Rechtswesen sowie Finanzen und Steuern. Ebenfalls jährlich, nur in geringerem Umfang, prägnant und kurz gefaßt, daher früher im Jahr, erscheint das „Statistische Taschenbuch der Stadt Wien". Die „Mitteilungen aus Statistik und Verwaltung der Stadt Wien" erscheinen vierteljährlich und enthalten neben Monatsübersichten nach dem neuesten Stand auch interessante statistische Ergebnisse und Untersuchungen, in ausführlicher Form dargestellt und kommentiert. Auch der jährliche Bericht über die Tätigkeit der Wiener Stadtverwaltung, Betriebe und städtischen Unternehmungen „Die Verwaltung der Stadt Wien" wird vom Statistischen Amt herausgegeben. Außerdem werden noch fallweise Sonderhefte und Faltinformationen veröffentlicht, die jeweils ein besonderes Thema behandeln. In den letzten Jahren ist die zahlenmäßige Darstellung der Bedeutung Wiens in bezug auf seine Stadtregion, die Ostregion und Österreich, aber auch im Vergleich mit anderen Städten, zu einem zentralen Aufgabenbereich des Statistischen Amtes geworden. Die wichtigsten Daten erscheinen in Form von Faltbroschüren.

Daten, die den Publikationen nicht zu entnehmen sind, können von Wissenschaftlern, Wirtschaftsexperten, Sozial- und Kommunalpolitikern, Studenten und anderen Interessenten aus dem im Archiv des Statistischen Amtes der Stadt Wien aufbewahrten Material ersehen werden. Durch den Anschluß an das Integrierte Statistische Informationssystem des Österreichischen Statistischen Zentralamtes (ISIS) steht überdies ein sachlich und regional tiefgegliedertes statistisches Datenmaterial für ganz Österreich zur Verfügung.

Bei periodisch wiederkehrenden Zählungen oder auch bei einmaligen Erhebungen obliegt dem Statistischen Amt neben der Vorbereitung und Organisation der Durchführung vor allem die zahlenmäßige Auswertung und Darstellung für das Wiener Stadtgebiet. Hiezu gehören die Volks-, Häuser-, Wohnungs- und Arbeitsstättenzählung, agrarstatistische Erhebungen, Verkehrszählungen und der Mikrozensus, bei dem vierteljährlich von über 100 Interviewern 3.500 Haushalte befragt werden.

Als wertvoller und unentbehrlicher Arbeitsbehelf steht eine Fachbibliothek zur Verfügung, die sich vorwiegend aus statistischen, wirtschafts- und kommunalpolitischen Werken zusammensetzt und durch regen Publikationsaustausch mit verwandten Institutionen des In- und Auslandes ständig bereichert wird. Die Bestände der Bibliothek sind nicht nur für den internen Amtsgebrauch wichtig und für sämtliche Stellen des Magistrats zugänglich, sondern können auch von anderen Behörden, Instituten, Studierenden und fachlich Interessierten benützt werden.

STEUERN, ABGABEN UND GEBÜHREN

(MA 4, 6)

Abgabe auf unvermietete Wohnungen

Für Wohnungen, die länger als sechs Monate nach der Räumung durch ihren früheren Inhaber oder Mieter unvermietet sind, hat der Eigentümer des Gebäudes oder der Bauberechtigte eine Abgabe zu leisten. Wurden Maßnahmen zur Standardverbesserung der Wohnung nach der Räumung in Angriff genommen, entsteht die Abgabepflicht erst nach 18 Monaten.

Der Ertrag dieser Abgabe wird zur Finanzierung von Maßnahmen zur Stadterneuerung verwendet.

Welche Wohnungen sind von der Abgabe befreit?

Für Wohnungen, die der Hauseigentümer zur Deckung seines Wohnbedarfs selbst benützt, für Eigentumswohnungen, für Dienstwohnungen bzw. für Werks- und Naturalwohnungen von Gebietskörperschaften sowie für Wohnungen, die laut behördlicher Anordnung nicht vermietbar sind, ist keine Abgabe zu leisten. Weiters von der Abgabepflicht ausgenommen sind Wohnungen in Wohnhäusern mit nicht mehr als zwei Wohnungen und alle Wohnhäuser im Eigentum oder in der Benützung fremder Staaten, internationaler Organisationen oder exterritorialer Personen. Wohnungen in Heimen für Lehrlinge, Schüler und Studenten sowie für ledige und betagte Menschen, weiters in Personalwohnheimen von Krankenanstalten unterliegen gleichfalls nicht der Abgabe. Bei richtliniengemäß der Stadt Wien zur Vergabe angebotenen Wohnungen besteht Abgabenfreiheit bis zum Verzicht der Stadt Wien und der nachfolgenden Wiedervermietung; die Abgabepflicht tritt in diesem Fall erst dann wieder ein, wenn die inzwischen wiedervermietet gewesene Wohnung länger als sechs bzw. 18 Monate leersteht.

Wie hoch ist die Abgabe?

Das Ausmaß der Abgabe beträgt monatlich zwischen 16,50 S und 66 S je m^2 der Wohnungsfläche und richtet sich nach dem Ausstattungsgrad der Wohnung entsprechend den Wohnungskategorien im Mietrechtsgesetz.

Wann ist die Abgabe zu entrichten und zu erklären?

Die im vorangegangenen Kalenderviertel entstandene Abgabenschuld ist jeweils bis zum 15. Februar, 15. Mai, 16. August und 15. November zu entrichten. Bis zum 31. März ist für jeden Einheitswert eine Erklärung abzugeben, ob und in welchem Ausmaß im vorangegangenen Kalenderjahr eine Abgabenschuld entstanden ist; bei Eigentumswechsel ist diese Erklärung vom Voreigentümer auch während des Jahres binnen Monatsfrist einzureichen.

Die Liegenschaftseigentümer bzw. deren Verwalter sind außerdem verpflichtet, alle Änderungen im Liegenschaftsbestand binnen einem Monat dem Magistrat anzuzeigen.

Wie wird die Abgabe bemessen und entrichtet?

Bemessungsstelle ist die MA 4, Ref. 4, 1, Ebendorferstraße 2, 3. Stock (Tel. 43 50*, 404, 405, 406, 407, 408, 409). Die Abgabe ist an die nach dem Standort der Liegenschaft zuständige Stadtkasse zu entrichten. Dort ist auch die Erklärung einzubringen.

Ankündigungsabgabe

Von öffentlichen Ankündigungen innerhalb des Gebietes der Stadt Wien, die durch Druck, Schrift, Bild oder Ton an öffentlichen Verkehrsanlagen oder in öffentlichen Räumen angebracht, ausgestellt oder vorgenommen werden, ist eine Abgabe zu entrichten. Unter Ankündigungen sind auch alle fremden Ankündigungen durch Hörfunk und Fernsehen, die von Studios im Gebiet der Stadt Wien ihren Ausgang nehmen, zu verstehen.

Was sind öffentliche Verkehrsanlagen oder Räume?

Unter öffentlichen Verkehrsanlagen versteht man sowohl Verkehrs- oder Erholungsflächen als auch Eisenbahnen und Flußläufe. Erfolgt die Ankündigung auf Privatliegenschaften oder in Privaträumen, dann werden sie als öffentlich angesehen, wenn sie von öffentlichen Verkehrsanlagen aus wahrgenommen werden. Ebenso müssen Privaträume öffentlichen Räumen gleichgehalten werden, wenn sie dem allgemeinen Zutritt, auch gegen Entgelt oder nur vorübergehend, offenstehen. Genauso gelten die in Wien verkehrenden öffentlichen Verkehrsmittel als öffentliche Räume.

Welche Ankündigungen sind von der Abgabe befreit?

Ankündigungen, die von Ämtern des Bundes, der Stadt Wien, des Landes Niederösterreich sowie von gesetzlich anerkannten Kirchen und Religionsgesellschaften in Besorgung ihrer Aufgaben veranlaßt werden; ferner Ankündigungen von Wahlen sowie die Ankündigungen politischen Inhaltes der politischen Parteien.

Weiters sind von der Abgabe befreit: Ankündigungen des Geschäftsbetriebes des Ankündigenden vor oder in seinen Geschäftsräumen, an seinen Waren oder Betriebsmitteln oder an dem Gebäude, in dem sich sein Geschäftslokal befindet, sofern sie nur diesen Geschäftsbetrieb betreffen; alle Ankündigungen, die von den öffentlichen Verkehrsunternehmungen zur Belehrung des Publikums über ihre Verkehrs- und Beförderungsverhältnisse sowie ihre Verkehrsbedingungen erlassen werden und der Aushang von Tages- und politischen oder wirtschaftlichen Wochenzeitungen an öffentlichen Anschlagtafeln.

Überdies sind Ankündigungen, die ausschließlich oder vorwiegend und ohne Erwerbsabsichten wissenschaftlichen, gemeinnützigen oder Bildungszwecken dienen, über Ansuchen von der Abgabe zu befreien.

Wie hoch ist das Ausmaß der Abgabe?

Für Ankündigungen, für die ein Entgelt zu leisten ist, beträgt die Abgabe 10 v. H. des vereinnahmten Entgeltes unter Ausschluß der Abgabe und der Umsatzsteuer, die nicht zur Bemessungsgrundlage gehören. Wird aber die Ankündigung durch einen Vermittler besorgt, so gilt als Bemessungsgrundlage der vom Vermittler zu entrichtenden Abgabe das vom Ankündigenden an ihn zu leistende Entgelt, wobei jenes Entgelt, das dieser an den die Ankündigung unmittelbar besorgenden Unternehmer zu leisten hat, aus der Bemessungsgrundlage ausscheidet.

Wenn für eine Ankündigung kein Entgelt gefordert wird, ist die Bemessungsgrundlage vom Magistrat durch Vergleich mit Entgelten für ähnliche Ankündigungen festzusetzen.

Wer ist Abgabepflichtiger?

Wird die Ankündigung durch einen Vermittler besorgt, so hat dieser die Abgabe zu entrichten. Er kann jedoch die

Abgabe vom Ankündigenden einziehen. Dieser haftet mit dem Vermittler zur ungeteilten Hand für die Abgabe.

Wird eine Ankündigung ohne Vermittler durchgeführt, so hat der Ankündigende die Abgabe zu entrichten.

Wird die Ankündigung durch den Rundfunk vorgenommen, so hat der Inhaber des Rundfunkunternehmens für die Abgabe aufzukommen. Er kann sie jedoch vom Ankündigenden einziehen. Dieser haftet mit dem Inhaber des Rundfunkunternehmens zur ungeteilten Hand für die Abgabe.

Wann ist die Abgabe zu erklären und zu entrichten?

Alle Personen, die Ankündigungen gegen Entgelt besorgen, haben dies erstmals innerhalb einer Woche dem Magistrat anzuzeigen und in der Folge für jeden Monat bis spätestens 10. des darauffolgenden Monats eine Abgabenerklärung vorzulegen und die Abgabe zu entrichten.

Will der Ankündigende die Ankündigung selbst vornehmen, so muß er die Abgabe vorher entrichten.

Bei Ankündigungen durch an Kraftfahrzeuge angebrachte Plakate (auch Angebote zum Autoverkauf) sind besondere Zahlscheine aufgelegt, die zur Vereinfachung der Abrechnung und Einzahlung bereits alle für die Selbstbemessung der Ankündigungsabgabe erforderlichen Angaben vorsehen. Diese Zahlscheine sind bei allen magistratischen Bezirksämtern (Einlaufstelle) sowie in der Stadtinformation (Rathaus) und in der Außenstelle Karlsplatz erhältlich.

Wie wird die Abgabe bemessen und entrichtet?

Bemessungsstelle ist die MA 4, Ref. 4, 1, Ebendorferstraße 2 (Tel. 43 50*, 416, 417 und 404 bis 409). Die Abgabe ist an die MA 6, Abgabenhauptverrechnung, 1, Volksgartenstraße 3 (Tel. 42 8 00*, 2633), zu entrichten. Dort ist auch die Abgabenerklärung einzubringen.

Anzeigenabgabe

Für Anzeigen (Inserate), welche in die in Wien erscheinenden Druckwerke gegen Entgelt aufgenommen oder mit solchen ausgesendet oder verbreitet werden, ist eine Abgabe zu leisten.

Wann erscheint ein Druckwerk in Wien?

Als Erscheinungsort muß Wien dann angesehen werden, wenn die Verbreitung des Druckwerkes erstmalig von hier aus erfolgt. Hat der Unternehmer, der die Verbreitung des Druckwerkes besorgt, seinen Standort in Wien bzw. übt er die verwaltende Tätigkeit überwiegend in Wien aus, so ist Wien ebenfalls Erscheinungsort.

Welche Anzeigen sind von der Abgabe befreit?

Anzeigen, die von Ämtern des Bundes oder der Stadt Wien in amtlichen Blättern erlassen werden, ferner Anzeigen im Kleinen Anzeiger der Zeitungen, die lediglich Arbeits- oder Stellengesuche betreffen, jedoch nur unter der Voraussetzung, daß seitens des abgabepflichtigen Unternehmers von dem, der die Anzeige veranlaßt, nachweisbar um die Abgabe verminderte Tarife eingehoben werden, wenn die Tarife schon unter Einrechnung der Abgabe festgesetzt sind.

Weiters sind eigenwerbende Anzeigen der Verlage in von diesen veröffentlichten Zeitungen und Zeitschriften bei Anzeigentauschgeschäften und bei gegenseitigen Anzeigengeschäften befreit, soferne infolge Rabattgewährung ein gegenüber dem jeweiligen Verlagstarif vermindertes Entgelt vereinnahmt wird.

Wer ist abgabepflichtig?

Zur Entrichtung der Abgabe ist der Eigentümer des Unternehmens, das die Veröffentlichung oder Verbreitung der Anzeige besorgt, bzw. der Verleger oder Herausgeber des Druckwerkes verpflichtet. Sind dies verschiedene Personen, so ist jene abgabepflichtig, der die Zahlung des Entgeltes für die Veröffentlichung oder Verbreitung der Anzeige geleistet wird, während die übrigen zur ungeteilten Hand für die Entrichtung der Abgabe haften. Wird die Anzeige durch einen Vermittler veröffentlicht oder verbreitet, so ist dieser der Abgabepflichtige. Der Abgabepflichtige ist berechtigt, den Abgabebetrag von dem, der die Anzeige veranlaßt, einzuziehen.

Wie hoch ist die Abgabe?

Die Abgabe beträgt 10 v. H. des Entgeltes, das für die Vornahme bzw. Verbreitung der Anzeige geleistet werden mußte, unter Ausschluß der Abgabe und der Umsatzsteuer, die nicht zur Bemessungsgrundlage gehören.

Wann ist die Abgabe zu erklären und zu entrichten?

Der Abgabepflichtige hat erstmals innerhalb einer Woche von der Tatsache der Abgabepflicht dem Magistrat Mitteilung zu machen und in der Folge für jeden Monat bis längstens 14. des darauffolgenden Monats eine Abrechnung über die für die Vornahme bzw. Verbreitung von Anzeigen vereinnahmten Entgelte vorzulegen und auch innerhalb dieser Zeit die Abgabe zu entrichten.

Wie wird die Abgabe bemessen und entrichtet?

Bemessungsstelle ist die MA 4, Ref. 4, 1, Ebendorferstraße 2, 3. Stock (Tel. 43 50*, 416, 417). Die Abgabe ist an die MA 6, Abgabenhauptverrechnung, 1, Volksgartenstraße 3 (Tel. 42 8 00*, 2633), zu entrichten. Dort ist auch die Abgabenerklärung einzubringen.

Ausgleichsabgabe nach dem Wiener Baumschutzgesetz

Das Wiener Baumschutzgesetz dient zur Erhaltung des Baumbestandes in Wien. Wird die Entfernung von Bäumen bewilligt, müssen für die gefällten Bäume neue als Ersatz gepflanzt werden.

Wann ist eine Ausgleichsabgabe zu entrichten?

Können Ersatzpflanzungen nicht oder nicht zur Gänze durchgeführt werden, ist eine Ausgleichsabgabe zu entrichten. Abgabepflichtig ist der Bewilligungsträger, der um die Genehmigung der Entfernung der Bäume angesucht hat.

Was ist der Zweck der Ausgleichsabgabe?

Die Erträgnisse der Ausgleichsabgabe werden zur Anpflanzung von Bäumen durch den Magistrat verwendet.

Wie hoch ist die Ausgleichsabgabe?

Die Höhe der Ausgleichsabgabe richtet sich nach der Anzahl der Ersatzpflanzungen, die nicht durchgeführt werden konnten. Für jede nicht durchgeführte Ersatzpflanzung sind 8.000 S zu entrichten.

Wie wird die Abgabe bemessen und entrichtet?

Die Ausgleichsabgabe wird auf Grund der im rechtskräftigen Bescheid des magistratischen Bezirksamtes enthaltenen Feststellung, wie weit der Verpflichtung zur Ersatzpflanzung nicht entsprochen werden kann, mit gesondertem Bescheid der MA 4, Ref. 5, 1, Ebendorferstraße 2, 5. Stock, Tür 506 (Tel. 43 50*, 331), festgesetzt. Die

Abgabe ist an die MA 6, Abgabenhauptverrechnung, 1, Volksgartenstraße 3 (Tel. 42 8 00*, 2633), zu entrichten.

Unter welchen Voraussetzungen kann die Ausgleichsabgabe rückerstattet werden?

Erlischt die Bewilligung nach dem Baumschutzgesetz durch ausdrücklichen Verzicht, so kann bis zum Ablauf des auf den Verzicht folgenden Kalenderjahres die Rückerstattung beantragt werden. Der Anspruch muß bei der MA 4, Ref. 5, geltend gemacht werden.

Ausgleichsabgabe nach dem Wiener Garagengesetz

Bei Neu- und Zubauten sowie bei Widmungsänderungen sind in Ansehung des künftigen Bedarfes Anlagen zum Einstellen von Kraftfahrzeugen zu schaffen. Die Anzahl der zu errichtenden Stellplätze (Pflichtstellplätze) ist vom vorgesehenen Verwendungszweck und vom Ausmaß des Bauvorhabens abhängig.

Wann ist eine Ausgleichsabgabe zu entrichten?

Wird ein Bauvorhaben (eine Widmungsänderung) bewilligt, ohne daß die Verpflichtung zur Schaffung von Einstellplätzen oder Garagen überhaupt oder voll erfüllt wird, so ist an die Stadt Wien eine Ausgleichsabgabe zu entrichten. Abgabepflichtig ist der Bauwerber. Der Einheitssatz der Ausgleichsabgabe beträgt derzeit je Stellplatz 50.000 S.

Wie wird die Abgabe bemessen und entrichtet?

Die Ausgleichsabgabe wird auf Grund der im Baubescheid enthaltenen Feststellung, um wieviel die Zahl der vorgesehenen Stellplätze hinter dem gesetzlich geforderten Ausmaß zurückbleibt, mit gesondertem Bescheid von der MA 4, Ref. 1, 1, Ebendorferstraße 2, 3. Stock, Tür 303 (Tel. 43 50*, 429, 430), vorgeschrieben. Die Abgabe ist an die MA 6, Abgabenhauptverrechnung, 1, Volksgartenstraße 3 (Tel. 42 8 00*, 2633), zu entrichten.

Unter welchen Voraussetzungen kann die entrichtete Ausgleichsabgabe erstattet werden?

Erlischt die Baubewilligung durch Verzicht oder durch Zeitablauf, so steht ein Anspruch auf Erstattung des entrichteten Abgabebetrages zu. Dieser Anspruch muß jedoch spätestens bis zum Ablauf des Kalenderjahres, das auf das Erlöschen der Baubewilligung folgt, bei der MA 4, Ref. 1, geltend gemacht werden. Desgleichen besteht ein Erstattungsanspruch innerhalb einer Frist von fünf Jahren nach Rechtskraft der Baubewilligung bzw. drei Jahren nach Rechtskraft der Benützungsbewilligung, wenn fehlende Stellplätze nachträglich geschaffen werden.

Dienstgeberabgabe

Für das Bestehen eines Dienstverhältnisses in Wien ist vom Dienstgeber eine Abgabe zu entrichten, die zur Errichtung einer Untergrundbahn verwendet wird. Ein Dienstverhältnis liegt vor, wenn der Dienstnehmer dem Dienstgeber (öffentlich-rechtliche Körperschaft, Unternehmer, Haushaltsvorstand) seine Arbeitskraft schuldet. Dies ist der Fall, wenn die tätige Person in der Ausübung ihres geschäftlichen Willens unter der Leitung des Dienstgebers steht oder im geschäftlichen Organismus des Dienstgebers dessen Weisung zu folgen verpflichtet ist.

Wann besteht ein Dienstverhältnis in Wien?

Ein Dienstverhältnis besteht dann in Wien, wenn der Beschäftigungsort des Dienstnehmers in Wien liegt. Erfolgt eine Beschäftigung abwechselnd an verschiedenen Orten, aber von einer festen Arbeitsstätte aus, so gilt diese als Beschäftigungsort. Bei Beschäftigungen ohne feste Arbeitsstätte gilt der Wohnsitz des Dienstnehmers als Beschäftigungsort. Hausgehilfen, die beim Dienstgeber wohnen, haben dort ihren Beschäftigungsort. Hat der Dienstgeber mehrere Wohnsitze, so ist jener maßgebend, an dem er den überwiegenden Teil des Jahres verbringt.

Welche Dienstgeber bzw. welche Dienstverhältnisse sind von der Abgabe befreit?

Von der Abgabe sind befreit: Gebietskörperschaften mit Ausnahme der von ihnen verwalteten Betriebe, Unternehmungen, Anstalten, Stiftungen und Fonds; ferner die Österreichischen Bundesbahnen und die Post- und Telegrafenanstalt; Dienstverhältnisse, bei denen der Dienstnehmer das 55. Lebensjahr überschritten hat; Dienstverhältnisse im Sinne des Behindertengesetzes, des Opferfürsorgegesetzes und des Invalideneinstellungsgesetzes; Lehrverhältnisse im Sinne des Berufsausbildungsgesetzes; Dienstverhältnisse mit einer wöchentlich zu leistenden Arbeitszeit von höchstens zehn Stunden; Dienstverhältnisse mit Hausbesorgern; Dienstverhältnisse während der Dauer des Beschäftigungsverbotes für werdende Mütter und nach der Entbindung sowie während des anschließenden Karenzurlaubes; Dienstverhältnisse während der Zeit, in der der Dienstnehmer den ordentlichen oder außerordentlichen Präsenzdienst leistet.

Wie hoch ist die Abgabe?

Die Abgabe beträgt für jeden Dienstnehmer und für jede angefangene Woche eines bestehenden Dienstverhältnisses 10 S.

Wann ist die Abgabe zu erklären und zu entrichten?

Die Abgabe ist für jeden Monat bis zum 10. des folgenden Monats zu entrichten. Für jedes Kalenderjahr ist bis zum 10. Februar des nächstfolgenden Jahres eine Erklärung abzugeben.

Weiters besteht die Möglichkeit, diesen Abrechnungs- und Zahlungsvorgang durch Pauschalierung sowie Bewilligung monatlicher Akontozahlungen für die Dauer des gleichbleibenden Beschäftigtenstandes zu vereinfachen, wenn dadurch ohne wesentliche Veränderung der Abgabenhöhe die Bemessung und Einhebung der Abgabe vereinfacht wird.

Wann wird die Abgabe rückerstattet?

Über Antrag wird Abgabepflichtigen die geleistete Dienstgeberabgabe rückerstattet, wenn die Summe der von ihnen aus Dienstverhältnissen geleisteten Entgelte (Arbeitslöhne) in jenem Kalenderjahr, für das die Rückerstattung begehrt wird, monatlich 3.000 S nicht erreicht und das steuerpflichtige Einkommen des Abgabepflichtigen im gleichen Zeitraum (Kalenderjahr) 30.000 S nicht überstiegen hat. Dieser Betrag erhöht sich für den Ehegatten um 20% und für jede weitere Person, für die der Abgabepflichtige kraft Gesetzes zu einer Unterhaltsleistung verpflichtet ist, um je weitere 10%.

Der Antrag auf Rückerstattung für ein Kalenderjahr ist bis zum Ablauf des nächstfolgenden Jahres einzubringen.

Wie wird die Abgabe bemessen und entrichtet?

Bemessungsstelle ist die MA 4, Ref. 4, 1, Ebendorferstraße 2, 3. Stock (Tel. 43 50*, 404, 405, 406, 407, 408, 409). Die Abgabe ist an die nach dem Standort (Wohnsitz) des Dienstgebers zuständige Stadtkasse zu entrichten. Dort ist auch die Abgabenerklärung einzubringen.

Gebrauchsabgabe

Für den Gebrauch von öffentlichem Gemeindegrund, der als Verkehrsfläche dem öffentlichen Verkehr dient, samt den dazugehörigen Anlagen und Grünstreifen einschließlich seines Untergrundes und des darüber befindlichen Luftraumes ist vorher eine Gebrauchserlaubnis zu erwirken, wenn der Gebrauch über die widmungsmäßigen Zwecke dieser Fläche hinausgehen soll.

Wie hoch ist die Abgabe und wie ist die Fälligkeit geregelt?

Die Höhe der Abgabe ist aus dem dem Gebrauchsabgabegesetz angeschlossenen Tarif zu entnehmen. Der Tarif unterscheidet zwischen einmaligen Abgaben, Jahresabgaben und Selbstbemessungsabgaben. Die einmaligen Abgaben sind mit Ablauf eines Monats nach Bekanntgabe des Abgabenbescheides, solche für Baustofflagerungen jedoch mit Ablauf eines Monats nach Beginn der genehmigten Gebrauchnahme fällig. Die Jahresabgaben sind bis 2. Jänner jeden Jahres im vorhinein und die Selbstbemessungsabgaben für jeden Kalendermonat bis zum 15. des darauffolgenden Monats zu entrichten.

Wie wird die Abgabe bemessen und entrichtet?

Eine Gebrauchserlaubnis wird nur auf Antrag von der MA 35-G, 20, Dresdner Straße 73–79 (Tel. 35 66 11*, 408), erteilt. Diese ist auch die Bemessungsstelle für die Gebrauchsabgabe. Die jährlichen und einmaligen Gebrauchsabgaben sind mit dem den Bescheiden nachfolgenden Zahlschein der Lastschrift zu entrichten. Der Zahlschein ist elektronisch erstellt und vollcodiert. Bei Selbstbemessungsabgaben sind die Abgabenerklärungen unter Verwendung der zugesandten Vordrucke innerhalb der gleichen Frist wie die Zahlung bei der MA 6 – Abgabenhauptverrechnung, 1, Volksgartenstraße 3 (Tel. 42 8 00*, 2633), abzugeben. Der Abgabenpflichtige erhält auch elektronisch erstellte Zahlscheine, mit der die Selbstbemessungsabgabe zu entrichten ist.

Gebühren für die Benützung und Räumung von Unratsanlagen

A. ABWASSERGEBÜHR

Der an einen Straßenkanal angeschlossene Grundbesitz innerhalb der Stadt Wien unterliegt der Abwassergebühr.

Wann beginnt oder endet die Gebührenpflicht?

Die Gebührenpflicht beginnt mit Ablauf des Kalenderviertels, in dem der Grundbesitz an einem öffentlichen Kanal angeschlossen wurde. Die Gebührenpflicht endet mit Ablauf des Kalenderviertels, in dem der Kanalanschluß beseitigt wurde.

Wonach richtet sich die Höhe der Gebühr?

Die Höhe der Gebühr richtet sich nach der auf der Liegenschaft bezogenen Wassermenge. Es werden nicht nur die aus der städtischen Wasserleitung bezogenen Wassermengen, sondern auch die aus Brunnen gewonnenen Mengen zur Berechnung herangezogen.

Welche Ermäßigungen der Abwassergebühr gibt es?

1. Für Eigenheime, Kleinhäuser, Reihenhäuser, Sommerhäuser und Kleingärten kann ein pauschaler Abzug für das zur Bewässerung von Grünflächen verwendete Wasser beantragt werden.
2. Werden mehr als 200 m³ des bezogenen Wassers nachweislich nicht in den Kanal eingeleitet, kann bis zum Ende des folgenden Kalenderjahres für diese Wassermengen die Rückerstattung der Gebühr beantragt werden.

Wie wird die Gebühr bemessen und entrichtet?

Bemessungsstelle ist die MA 4, Ref. 6, 6, Grabnergasse 6 (Tel. 57 75 75*, 225). Die Gebührenbescheide werden von der EDV-Anlage ausgedruckt. Die Gebühren sind an die für die Liegenschaft örtlich zuständige Stadtkasse zu entrichten. Verfügt der Abgabepflichtige über ein Konto bei einem Geldinstitut, so kann die Gebühr auch im Lastschrifteinzugsverfahren durch Abbuchung von seinem Konto entrichtet werden.

B. SENKGRUBENRÄUMUNG UND SONSTIGE ARBEITSLEISTUNG

Für die Räumung von Senk- und Sickergruben, Hauskläranlagen und Abscheidern aller Art wird eine Gebühr je nach Menge des Aushubs vorgeschrieben.

Für besondere Arbeitsleistungen, wie die Behebung von Verstopfungen, sind Gebühren nach Maßgabe der aufgewendeten Arbeitsstunden und der eingesetzten Geräte zu bezahlen.

Wann entsteht die Gebührenpflicht?

Die Gebührenpflicht entsteht mit der Vornahme der Arbeitsleistung.

Wer ist Gebührenschuldner?

Wird die Räumung bei der MA 30 beantragt, ist der Antragsteller Gebührenschuldner. Muß im öffentlichen Interesse die Arbeitsleistung vorgenommen werden, so ist der Schuldner der Grundsteuer für den Grundbesitz, auf dem die Arbeitsleistung vorgenommen wurde, Gebührenschuldner.

Wie wird die Gebühr bemessen und entrichtet?

Die Gebühren werden von der MA 30 vorgeschrieben. Sie sind bei der für die Liegenschaft örtlich zuständigen Stadtkasse einzubezahlen.

Getränke- und Gefrorenessteuer

Die entgeltliche Abgabe von Getränken mit Ausnahme von Milch an den Letztverbraucher (Konsumenten) unterliegt der Getränkesteuer. Die entgeltliche Abgabe von Gefrorenem an Verbraucher im Gebiet der Stadt Wien unterliegt der Gefrorenessteuer.

Wie hoch ist die Getränkesteuer?

Die Getränkesteuer beträgt 10 v. H. des Entgeltes, das dem Verbraucher für das Getränk ausschließlich der Getränkesteuer, der Umsatzsteuer, der Abgabe von alkoholischen Getränken und des Bedienungsgeldes in Rechnung gestellt wird (Kleinhandelspreis).

Wie hoch ist die Gefrorenessteuer?

Die Gefrorenessteuer beträgt 10 v. H. des Entgeltes für das Gefrorene einschließlich üblicher Beigaben (z. B. Waffeln), die nicht gesondert in Rechnung gestellt werden. Ein allfälliges Bedienungsgeld sowie die Umsatzsteuer gehören nicht zur Bemessungsgrundlage der Steuer.

Wer ist steuerpflichtig?

Steuerpflichtig ist, wer steuerpflichtige Getränke oder wer Gefrorenes entgeltlich abgibt.

Wie wird die Steuer bemessen, abgerechnet und entrichtet?

Der Steuerpflichtige hat bis zum zehnten Tag eines jeden Monats die Steuer für die im Vormonat abgegebenen Getränke und das im Vormonat abgegebene Gefrorene – im allgemeinen bei der für seinen Betrieb örtlich zuständigen Stadtkasse – zu entrichten und bis zum 10. Februar jedes Jahres für die im Vorjahr entstandene Steuerschuld bei dieser Stadtkasse eine Steuererklärung einzureichen. Nach Beendigung der Betriebsführung hat der Steuerpflichtige für die Steuerschuld, für die eine Erklärung noch nicht einzureichen war (Rumpfjahr), bis zum zehnten Tag des auf den letzten Betriebsmonat folgenden zweitnächsten Kalendermonats eine Steuererklärung bei der Stadtkasse einzureichen.

Befindet sich jedoch der Betrieb des Abgabepflichtigen außerhalb Wiens, sind die monatlichen Steuerbeträge an die MA 6, Abgabenhauptverrechnung, 1, Volksgartenstraße 3 (Tel. 42 8 00*, 2659), zu entrichten, bei der auch die Jahressteuer-Erklärung bzw. nach Betriebsende die Rumpfjahres-Erklärung einzubringen ist.

Unternehmer, die neu in die Steuerpflicht treten, haben ihren Betrieb binnen drei Tagen nach Eröffnung dem Magistrat (der örtlich zuständigen Stadtkasse) anzuzeigen.

Bemessungsstelle ist die MA 4, Ref. 7, 1, Ebendorferstraße 2, 4. Stock, Tür 424.

Grundbesitzabgaben

Unter den von der Stadt Wien zur Vorschreibung und Einhebung gelangenden Grundbesitzabgaben versteht man die Grundsteuer und die Müllabfuhrabgabe.

A. GRUNDSTEUER

Die Grundsteuer ist eine Sach- und Realsteuer, der der inländische Grundbesitz unterliegt. Steuerschuldner ist der Eigentümer oder, wenn der Steuergegenstand ein grundstücksgleiches Recht ist (z. B. Baurecht), der Berechtigte. Ebenso sind Gebäude auf fremdem Grund und Boden (Superädifikate) selbständige Steuergegenstände und damit grundsteuerpflichtig. Gehört ein Steuergegenstand mehreren, so sind sie Gesamtschuldner, d. h. sie haften gemäß § 891 ABGB zur ungeteilten Hand. Diese Umstände werden vom Finanzamt nach den Vorschriften des Bewertungsgesetzes festgestellt. Für die Grundsteuer haftet auf dem Steuergegenstand ein gesetzliches Pfandrecht.

Wie wird die Grundsteuer festgesetzt?

Maßgebend für die Festsetzung der Grundsteuer ist der Einheitswert, der für den Steuergegenstand nach den Vorschriften des Bewertungsgesetzes von den Behörden der Abgabenverwaltung des Bundes (Lagefinanzamt) festgestellt wurde. Das Finanzamt setzt durch Anwendung einer Steuermeßzahl auf den Einheitswert den Steuermeßbetrag fest. Die Steuermeßzahl beträgt:

1. bei land- und forstwirtschaftlichen Betrieben für die ersten angefangenen oder vollen 50.000 S des Einheitswertes 1,6 v. T., für den Rest des Einheitswertes 2 v. T.;
2. bei Einfamilienhäusern für die ersten angefangenen oder vollen 50.000 S des Einheitswertes 0,5 v. T., für die weiteren angefangenen oder vollen 100.000 S des Einheitswertes 1 v. T. und für den Rest des Einheitswertes 2 v. T.;
3. bei Mietwohn- und gemischtgenutzten Grundstücken für die ersten angefangenen oder vollen 50.000 S des Einheitswertes 1 v. T., für die weiteren angefangenen oder vollen 50.000 S des Einheitswertes 1,5 v. T. und für den Rest des Einheitswertes 2 v. T.;
4. bei den übrigen Grundstücken für die ersten angefangenen oder vollen 50.000 S des Einheitswertes 1 v. T., für den Rest des Einheitswertes 2 v. T.

Der Steuermeßbetrag bildet die Bemessungsgrundlage für die Grundsteuer. Durch Anwendung von Hebesätzen wird der Jahresbetrag der Grundsteuer von der Stadt Wien errechnet und bescheidmäßig vorgeschrieben. In Wien beträgt der Hebesatz für das land- und forstwirtschaftliche Vermögen 500 v. H. und für das Grundvermögen 420 v. H. Der Grundsteuerbescheid ist ein Dauerbescheid und gilt bis zur Erlassung eines neuen Bescheides weiter.

Wie wirkt sich der Eigentumswechsel auf die Steuerpflicht aus?

Bei Eigentumswechsel (z. B. Verkauf, Schenkung, Erbweg) wirkt der Grundsteuerbescheid auch gegen den Rechtsnachfolger, auf den der Steuergegenstand nach dem Feststellungszeitpunkt übergegangen ist oder übergeht. Die Steuerpflicht geht erst mit dem der Änderung folgenden Kalenderjahr auf ihn über. Für das laufende Kalenderjahr bleibt daher der bisherige Eigentümer unbeschadet entgegenstehender privatrechtlicher Vereinbarungen steuerpflichtig. Der Eigentumswechsel ist grundsätzlich beim Finanzamt und nicht beim Magistrat der Stadt Wien zu melden.

Wann wird die Grundsteuer fällig?

Die Grundsteuer wird am 15. Februar, 15. Mai, 15. August und 15. November zu je einem Viertel ihres Jahresbetrages fällig. Liegt der Jahresbetrag unter 400 S, so ist die Abgabe bis 15. Mai zu entrichten. Nachzahlungen für vorangegangene Fälligkeitszeitpunkte sind innerhalb eines Monats nach Zustellung des Steuerbescheides zu leisten.

Wie kann die Steuerpflicht oder die Höhe der Bewertung angefochten werden?

Im Hinblick darauf, daß die Bewertung durch die Abgabenbehörden des Bundes (Finanzämter) erfolgt, sind Einwendungen, die sich gegen die Steuerpflicht oder die Höhe des Einheitswertes und Steuermeßbetrages richten, nicht erst gegen den von der Stadt Wien erlassenen Grundsteuerbescheid, sondern schon gegen den Einheitswert- und Grundsteuermeßbescheid des Finanzamtes zu richten. Der Grundsteuerbescheid kann hingegen mit einer solchen Begründung nicht angefochten werden.

Wie kann eine zeitliche Grundsteuerbefreiung erlangt werden?

In Wien werden für folgende Baulichkeiten, die unter bestimmten Voraussetzungen errichtet wurden, zeitlich begrenzte Befreiungen von der Grundsteuer gewährt:

1. wiederhergestellte Wohnhäuser, die durch Kriegseinwirkung zerstört oder beschädigt waren;
2. Wohnhäuser, die an Stelle des Wiederaufbaues eines durch Kriegseinwirkung zerstörten oder beschädigten Wohnhauses an einem anderen Ort errichtet worden sind, und für die eine Hilfe aus dem Wohnhaus-Wiederaufbaufonds gewährt worden ist;
3. Klein- und Mittelwohnungen, die durch Neu-, Zu-, Um-, Auf- und Einbauten neu geschaffen wurden;
4. Klein- und Mittelwohnungen, die durch Umbau von Baulichkeiten errichtet worden sind, deren Erhaltung auf Grund landesgesetzlicher Bestimmungen zur Wahrung des Stadtbildes in Altstadtkernen oder auf Grund des Denkmalschutzgesetzes vorgeschrieben ist;
5. Baulichkeiten, deren Errichtung nach dem Wohnbauförderungsgesetz 1954 gefördert worden ist;
6. Baulichkeiten, deren Errichtung nach dem Wohnbauförderungsgesetz 1968 gefördert worden ist;

7. Heime für Ledige, Schüler, Studenten, Lehrlinge und jugendliche Arbeitnehmer sowie für betagte Menschen, wenn die Heime durch Neu-, Zu-, Um-, Auf- und Einbauten errichtet wurden.

Die Befreiung dauert bei rechtzeitigem Ansuchen 20 Jahre, gerechnet vom Beginn des Kalenderjahres an, das der Bauvollendung folgt. Das Ansuchen ist in der MA 4, Ref. 5, 1, Ebendorferstraße 2, 4. Stock, Tür 407A, einzubringen; dem Ansuchen sind die Baubewilligung samt Plänen, die Benützungsbewilligung und die Bezeichnung der Räume, für die die Befreiung beantragt wird, unter Anführung der topografischen Nummern und Angabe der Nutzfläche beizuschließen.

Die MA 4, Ref. 5, setzt das Ausmaß der Befreiung in einem Hundertsatz fest und berücksichtigt diesen Hundertsatz bei der Bemessung der Grundsteuer.

Wie wird die Grundsteuer bemessen und entrichtet?

Die Grundsteuerbescheide werden von der EDV-Anlage ausgedruckt. Die für die Liegenschaft zuständige Stadtkasse hält den gespeicherten Datenbestand auf dem aktuellen Stand. Adreßänderungen, Änderungen des Zustellungsbevollmächtigten, Namensänderung durch Eheschließung usw. sind daher der für die Liegenschaft zuständigen Stadtkasse bekanntzugeben. Anfragen in rechtlicher Hinsicht sind an die MA 4, Ref. 5, 1, Ebendorferstraße 2, 4. Stock, Tür 405 (Tel. 43 50*, 380), zu richten.

Die Grundsteuer ist zu den Fälligkeitsterminen an die zuständige Stadtkasse bargeldlos zu überweisen. Zur Erleichterung der bargeldlosen Überweisung werden vierteljährlich elektronisch erstellte Lastschriftanzeigen mit einem Zahlschein als Allonge übermittelt. Ferner kann die Entrichtung der Grundbesitzabgaben mittels Bankeinzuges erfolgen.

B. MÜLLABFUHRABGABE

Die Abgabe wird für die Bereitstellung der Einrichtungen der öffentlichen Müllabfuhr bzw. deren Benützung eingehoben. Die Abgabepflicht besteht ohne Rücksicht darauf, ob die öffentliche Müllabfuhr tatsächlich benützt wird oder nicht. Abgabeschuldner ist der Eigentümer der Liegenschaft.

Wie erfolgt die Abfuhr des Mülls?

Die Stadt Wien stellt derzeit zur Aufnahme des anfallenden Mülls folgende Arten von Sammelgefäßen bei:

Kleingefäße mit 50 l Inhalt, Normalgefäße mit 110 l Inhalt und Großgefäße mit 220 l, 770 l und 1.100 l Inhalt. Die Art und Zahl der Sammelgefäße wird jeweils nach den sanitären und betriebsmäßigen Erfordernissen bescheidmäßig festgesetzt. Ein Rechtsanspruch auf eine bestimmte Art von Sammelgefäßen besteht nicht. Der Inhalt der Sammelgefäße wird in der Regel jährlich 52mal eingesammelt. Eine Ausnahme bilden z. B. die in Kleingartenanlagen gelegenen Kleingartenflächen (Lose), die im Sinne des Wiener Kleingartengesetzes benützt werden. Für diese kann beantragt werden, der Jahresvorschreibung eine 30malige Einsammlung zugrundezulegen.

Wie wird die Höhe der Abgabe errechnet?

Die als Jahresabgabe zu erhebende Abgabe ist durch Multiplikation der Zahl der für die Liegenschaft festgesetzten Sammelgefäße mit der Zahl der jährlichen Einsammlungen und mit dem Grundbetrag zu errechnen. Der Grundbetrag ist derzeit für Kleingefäße mit 50 l Inhalt mit 13 S, für Normalgefäße mit 110 l Inhalt mit 20 S, für Großgefäße mit 220 l Inhalt mit 40 S und für Großgefäße mit 1.100 l Inhalt mit 200 S festgesetzt. Die jährliche Abgabe wird durch schriftlichen Bescheid festgelegt und wirkt auch gegen alle späteren Liegenschaftseigentümer. Die Müllabfuhrabgabe wird wie die Grundsteuer zu je einem Viertel am 15. Februar, 15. Mai, 15. August und 15. November ihres Jahresbetrages fällig. In der Abgabe ist die Umsatzsteuer in Höhe von 8% bereits enthalten.

Die Vorgangsweise bei Änderung der Zahl der Sammelgefäße siehe „Der Amtsschimmel hilft!“, Abschnitt Straßenreinigung, Müll-(Hauskehricht-)Abfuhr und Fuhrpark.

Wie wird die Abgabe bemessen und entrichtet?

Die Feststellungs- und Abgabenbescheide werden von der EDV-Anlage ausgedruckt. Die für die Liegenschaft zuständige Stadtkasse hält den gespeicherten Datenbestand auf dem aktuellen Stand. Adreßänderungen, Änderungen des Zustellungsbevollmächtigten, Namensänderung durch Eheschließung usw. sind daher der für die Liegenschaft zuständigen Stadtkasse bekanntzugeben. Anfragen in rechtlicher Hinsicht sind an die MA 4, Ref. 5, 1, Ebendorferstraße 2, 4. Stock, Tür 405 (Tel. 43 50*, 380), zu richten.

Die Müllabfuhrabgabe ist zu den Fälligkeitsterminen an die örtlich zuständige Stadtkasse zu entrichten.

Hundeabgabe

Für das Halten von Hunden im Gebiet der Stadt Wien wird eine Abgabe eingehoben.

Ab wann ist für das Halten eines Hundes die Hundeabgabe zu entrichten?

Die Abgabepflicht entsteht, sobald der Hund das Alter von drei Monaten erreicht bzw. sobald er in das Gebiet der Stadt Wien gebracht wird.

Wann und wo hat die Anmeldung des Hundes zu erfolgen?

Die Anmeldung hat innerhalb von 14 Tagen nach Eintreten der Abgabepflicht bei der Stadtkasse jenes Bezirkes, in dem der Hund gehalten wird, zu erfolgen.

Wie hoch ist die Abgabe und welche Begünstigungen sind vorgesehen?

Die Höhe der Abgabe richtet sich nach der Anzahl der im selben Haushalt oder Betrieb gehaltenen Hunde. Wird im selben Haushalt oder Betrieb nur ein Hund gehalten, so beträgt die Abgabe für diesen Hund pro Kalenderjahr 400 S. Werden im selben Haushalt oder Betrieb mehrere Hunde gehalten, so beträgt die Abgabe für den zweiten und jeden weiteren Hund pro Kalenderjahr 600 S. Blinde und Invalide, die den Hund infolge ihres Gebrechens unbedingt benötigen, sind von der Hundeabgabe befreit; allerdings erstreckt sich diese Befreiung nur auf einen Hund. Für je einen Wachhund in einem land- oder forstwirtschaftlichen Betrieb wird eine um 200 S ermäßigte Hundemarke ausgegeben. Bei der Berechnung der Abgabenhöhe werden solche Hunde nicht mitgezählt, für die eine Befreiung in Anspruch genommen wird, wohl aber solche, für die der Abgabepflichtige eine Ermäßigung erwirkt. Bei einem Wechsel des Hundehalters während des Abgabejahres entsteht für den Nachfolger die Abgabepflicht neu, er ist jedoch berechtigt, eine von seinem Vorgänger an die Stadt Wien bereits geleistete Abgabe mit höchstens dem Betrag, den er selbst zu leisten hätte, in Anrechnung zu bringen. Wenn ein Hund nachweislich verendet oder getötet wird, so kann der Halter an Stelle dieses Hundes einen anderen Hund halten, ohne daß für diesen im selben Kalenderjahr noch einmal die Abgabe zu leisten ist. Keinen Ermäßigungs- oder Befreiungsgrund bildet es, wenn der Hund nicht das ganze Jahr gehalten wurde. Weist der Abgabepflichtige nach, daß ein Hund zum überwiegenden Teil des Abgabenjahres außerhalb des Gebietes der Stadt Wien gehalten und für diesen Hund an eine andere österreichische Gemeinde eine Hundeabgabe entrichtet wurde, so ist über Antrag die an die Stadt Wien entrichtete Hundeabgabe zu erstatten. Dieser Antrag ist bis spätestens 31. Jänner des nächstfolgenden Kalenderjahres einzubringen.

Wann und wo ist ein Befreiungs- oder Ermäßigungsgrund geltend zu machen?

Innerhalb der Anmeldungsfrist bei der zuständigen Stadtkasse.

Wie ist die Abgabe zu entrichten und wie kommt der Hundehalter in den Besitz der Marke?

Die Abgabe ist an die nach dem Wohnort zuständige Stadtkasse bargeldlos zu entrichten. Zu diesem Zweck wird dem Hundehalter bei der Anmeldung des Hundes ein Zahlschein ausgefolgt. Ebenso wird jährlich immer im Dezember für das folgende Jahr ein elektronisch erstellter, vollcodierter Zahlschein zugeschickt. Nach Einlangen der Zahlung erhält der Hundehalter die Hundemarke per Post übermittelt.

Wann ist die Abgabe zu entrichten?

Die Hundeabgabe ist spätestens bis Ende April des laufenden Jahres zu entrichten.

Welche Pflichten hat der Hundehalter nach dem Hundeabgabegesetz?

Neben der Pflicht zur An- bzw. Abmeldung des Hundes hat der Hundehalter dafür Sorge zu tragen, daß der Hund außerhalb des Hauses die Marke sichtbar trägt.

Lohnsummensteuer

Jeder Gewerbetreibende hat für seine in Wien beschäftigten Arbeitnehmer die Lohnsummensteuer in der Höhe von 2% der in einem Monat bezahlten Lohnsumme (Löhne und Gehälter) zu entrichten. Abgabepflichtiger Gewerbetreibender ist jeder, der vom Finanzamt zur Gewerbesteuer veranlagt wird.

Was versteht man unter Lohnsumme?

Die Lohnsumme ist die Summe der Vergütungen, die der Arbeitgeber an die Arbeitnehmer in einer Betriebsstätte gezahlt hat. Als solche Vergütungen gelten grundsätzlich alle Arbeitslöhne, soweit sie nicht von der Lohnsteuer befreit sind (z. B. sonstige Bezüge bis 8.500 S pro Kalenderjahr sowie bestimmte Zulagen und Zuschläge – dazu gehören Schmutz-, Erschwernis- und Gefahrenzulagen, in Überstundenentlohnungen enthaltene Zuschläge für Mehrarbeit und Zuschläge für Sonntags-, Feiertags- und Nachtarbeit –, soweit sie den Freibetrag von 5.070 S monatlich oder 1.170 S wöchentlich bzw. 195 S täglich nicht übersteigen). Es gehören daher alle Bruttoentgelte oder Sachleistungen im Ausmaß, in dem sie Arbeitslohn darstellen, zur Lohnsumme.

Was gehört nicht zur Lohnsumme?

Lehrlingsentschädigungen zählen nicht zur Lohnsumme. Ebenso gehören Bezüge von Arbeitnehmern, die als begünstigte Personen nach den Bestimmungen des Invalideneinstellungsgesetzes beschäftigt werden, nicht zur Lohnsumme. Auch Entschädigungen als Ersatz für entgangene oder entgehende Einnahmen oder Kurzarbeiterunterstützungen gelten nicht als Lohnsumme.

Muß für jede Lohnsumme Lohnsummensteuer entrichtet werden?

Übersteigt die Lohnsumme des gesamten Betriebes im Kalendermonat nicht 15.000 S, so bleiben 10.000 S steuerfrei.

Wann ist die Lohnsummensteuer zu entrichten und zu erklären?

Die Lohnsummensteuer für einen Kalendermonat ist bis zum 15. des darauffolgenden Monats zu entrichten. Überdies muß für jedes abgelaufene Kalenderjahr bis Ende Februar des darauffolgenden Kalenderjahres eine Erklärung über die Berechnungsgrundlage abgegeben werden. Diese Erklärung ist nach Kalendermonaten aufzugliedern.

Wie wird die Abgabe bemessen und entrichtet?

Bemessungsstelle ist die MA 4, Ref. 4, 1, Ebendorferstraße 2, 3. Stock (Tel. 43 50*, 404, 405, 406, 407, 408, 409). Die Lohnsummensteuer ist bei der Stadtkasse des Bezirkes, in dem sich das Unternehmen befindet, zu entrichten. Dort ist auch die Lohnsummensteuererklärung abzugeben.

Ortstaxe

Wer im Gebiet der Stadt Wien in einem Beherbergungsbetrieb gegen Entgelt Aufenthalt nimmt, hat die Ortstaxe zu entrichten. Zum Entgelt zählt nicht die Umsatzsteuer. Zum Entgelt zählen weiters nicht das Bedienungsgeld, ein allfälliger Heizzuschlag und das Entgelt für Frühstück, wenn diese in den vom Magistrat vidierten Zimmerpreistabellen gesondert ausgewiesen werden, jedoch nur bis zum ortsüblichen Ausmaß.

Wer ist von der Entrichtung der Ortstaxe befreit?

Minderjährige, die sich in Wien zum Schulbesuch oder zur Berufsausbildung oder in Jugendherbergen aufhalten, Studierende an Wiener Hoch- und Fachschulen sowie Personen, die für eine Beherbergung je Tag kein höheres Entgelt als 20 S zu entrichten haben. Ferner werden über Ansuchen diejenigen Personen, die im selben Beherbergungsbetrieb mehr als drei Monate ununterbrochen Aufenthalt nehmen und je Tag kein höheres Entgelt als 29 S zu leisten haben, von der Ortstaxe befreit. Die Befreiung wird frühestens ab dem vierten Aufenthaltsmonat, bei später einlangenden Ansuchen jedoch erst ab dem Einlangen des Ansuchens beim Magistrat wirksam.

Wie hoch ist die Ortstaxe?

Die Ortstaxe beträgt je Person und Beherbergung für höchstens 24 Stunden bei einem Beherbergungsentgelt

bis zu	50 S				2 S
über	50 S	bis	zu	100 S	3 S
über	100 S	bis	zu	150 S	4 S
über	150 S	bis	zu	300 S	6 S
über	300 S	bis	zu	400 S	8 S
über	400 S	bis	zu	500 S	9 S
über	500 S	bis	zu	600 S	10 S
über	600 S	bis	zu	700 S	12 S
über	700 S	bis	zu	800 S	13 S
über	800 S	bis	zu	900 S	14 S
über	900 S	bis	zu	1.000 S	15 S
über	1.000 S				18 S.

Wie, bis zu welchem Termin und an wen wird die Ortstaxe abgeführt?

Die Inhaber der Beherbergungsbetriebe haben die Ortstaxe von den Beherbergten einzuheben und dem Magistrat bis zum 14. des der Beherbergung nächstfolgenden Monats eine Abgabenerklärung einzureichen und die Abgabe zu entrichten. Die Erklärung sowie die Zahlung sind an die Abgabenhauptverrechnung, 1, Volksgartenstraße 3 (Tel. 42 8 00*, 2633), zu richten. Bemessungsstelle ist die MA 4, Ref. 1, 1, Ebendorferstraße 2, 3. Stock, Tür 303 (Tel. 43 50*, 429, 430).

Parkometerabgabe

Die Parkometerabgabe hat den Zweck, die Nachfrage nach den knappen Parkplätzen durch ein geringes Entgelt zu steuern.

Wann ist die Parkometerabgabe zu entrichten?

Wird ein mehrspuriges Fahrzeug in einer Kurzparkzone abgestellt, ist Parkometerabgabe zu bezahlen. Der Begriff „Abstellen" umfaßt sowohl das Halten als auch das Parken.

Wie hoch ist die Parkometerabgabe?

Die Abgabe beträgt für eine Parkzeit von einer halben Stunde 4 S, für eine Parkzeit von einer Stunde 8 S und für eine Parkzeit von 1½ Stunden 12 S.

Wie wird die Parkometerabgabe entrichtet?

Zu Beginn des Abstellens des Fahrzeuges ist ein Parkschein zu entwerten. Die Parkscheine für halbstündiges, einstündiges und eineinhalbstündiges Parken sind bei Sparkassen und anderen Kreditinstituten, Trafiken, Tankstellen und den Vorverkaufsstellen der Wiener Stadtwerke-Verkehrsbetriebe erhältlich.

Wie wird der Parkschein richtig entwertet?

Die Entwertung des Parkscheines hat durch deutlich sichtbares und haltbares Ankreuzen des Beginnes der Abstellzeit zu erfolgen, wobei angefangene Viertelstunden unberücksichtigt gelassen werden können. Bei Verwendung mehrerer Parkscheine sind auf jedem Parkschein übereinstimmend die gleichen, der Ankunftszeit entsprechenden Daten anzukreuzen.

Wo ist der Parkschein anzubringen?

Der Parkschein ist bei mehrspurigen Kraftfahrzeugen mit Windschutzscheibe hinter dieser und durch diese gut erkennbar, bei anderen mehrspurigen Fahrzeugen an einer sonst geeigneten Stelle gut wahrnehmbar anzubringen.

Wer ist von der Parkometerabgabe befreit?

Die Abgabe ist nicht zu entrichten für

1. Fahrzeuge, die für den Bund, eine andere Gebietskörperschaft oder die Österreichischen Bundesbahnen zugelassen sind, ausgenommen Personenkraftwagen;
2. Einsatzfahrzeuge;
3. Fahrzeuge, die von Ärzten bei einer Fahrt zur Leistung ärztlicher Hilfe von ihnen selbst gelenkt werden und die beim Abstellen mit einer Tafel „Arzt im Dienst" gekennzeichnet sind;
4. Taxis, die zum Zweck der Kundenaufnahme oder der Abfertigung anhalten;
5. Fahrzeuge, die von körperbehinderten Personen benützt werden, die gemäß § 2 Abs. 2 des Kraftfahrzeugsteuergesetzes von der Entrichtung der Kraftfahrzeugsteuer befreit sind, sowie Fahrzeuge, mit denen Inhaber eines Ausweises gemäß § 29 Abs. 4 der Straßenverkehrsordnung 1960 befördert bzw. vom Inhaber eines solchen Ausweises gelenkt werden.

Wer ist in Angelegenheiten der Parkometerabgabe zuständig?

Die MA 4, Ref. 5, 1, Ebendorferstraße 2, 5. Stück, Tür 506 (Tel. 43 50*, 331), erteilt Auskünfte über die Parkometerabgabe, stellt Bescheinigungen über die Befreiung aus und führt bei Nichteinhaltung der Bestimmungen des Parkometergesetzes Strafverfahren durch.

Sportgroschen

Bei den im Gebiet der Stadt Wien gegen Entgelt zugänglichen Sportveranstaltungen wird der Sportgroschen eingehoben.

Wie hoch ist die Abgabe und wie ist die Fälligkeit geregelt?

Der Sportgroschen beträgt 10 v. H. des Entgeltes für die Teilnahme an der Veranstaltung ausschließlich der Umsatzsteuer. Die Abgabe ist so wie die Vergnügungssteuer und zum selben Termin, jedoch gesondert, beim Magistrat anzumelden, abzurechnen und zu entrichten (siehe unter „Vergnügungssteuer".

Wer ist abgabepflichtig?

Abgabepflichtig ist der Veranstalter.

Vergnügungssteuer

Filmvorführungen, großflächige Projektionen durch Fernsehempfangsanlagen, Erwerbszwecken dienende Vorführungen von Licht- und Schattenbildern, Theatervorstellungen und Tanzvorführungen, Konzerte und sonstige musikalische Darbietungen, Ausstellungen, Tanzbelustigungen, Varieté- und Kabarettveranstaltungen, bunte Abende, Modeschauen, Stripteasevorführungen, Shows und gemischte Vorführungen aller Art ungeachtet der musikalischen oder darstellerischen Gestaltung dieser Vorführungen, Kunstlaufvorführungen auf Eis- oder Rollbahnen, Kartenspiele aller Art in Spielbanken, Puppenspiele und Marionettentheater, sportliche Wettkämpfe und Vorführungen in Form von Motorsportveranstaltungen, Berufsboxen und Berufsringen, Ausspielungen unter Verwendung von Losen (Tombolen usw.), pratermäßige Volksbelustigungen, das Halten von Schau-, Scherz-, Spiel-, Geschicklichkeits- und ähnlichen Apparaten, Guckkasten, Fußballtischen, Kinderreit- und -schaukelapparaten und anderen für vorschulpflichtige Kinder bestimmten Apparaten und von Musikautomaten und Magnettonfilmapparaten an öffentlichen Orten unterliegen der Vergnügungssteuer. Diese Aufzählung ist nur beispielsweise zu verstehen und schließt nicht aus, daß andere Veranstaltungsarten ebenfalls der Vergnügungssteuer unterliegen können. Für die Steuerpflicht des Veranstalters ist es unerheblich, ob für die Teilnahme an den Veranstaltungen ein Entgelt verlangt wird oder nicht.

Wo und wann sind die Veranstaltungen anzumelden?

Der Unternehmer hat die Veranstaltung oder das Halten eines Apparates spätestens drei Werktage vor der Veranstaltung, und zwar für Einzelveranstaltungen (mit Ausnahme von Sportveranstaltungen und Veranstaltungen in Kinos, Theatern, Konzerthäusern und Praterbetrieben) bei der MA 4, Ref. 7, Außenstelle, 1, Volksgartenstraße 3 (Tel. 42 8 00*, 2449, 2455), anzumelden. Täglich oder sonst regelmäßig wiederkehrende Veranstaltungen sowie Einzelveranstaltungen im Rahmen der Dauerveranstaltungen und Sportveranstaltungen, Kinos, Theater, Konzertdirektionen und Praterbetriebe sowie das Halten eines Apparates sind bei der MA 4, Ref. 7, 1, Ebendorferstraße 2, 4. Stock, anzumelden.

Von der Vergnügungssteuer befreit, jedoch anmeldepflichtig sind:

Dem Unterricht an öffentlichen oder erlaubten privaten Unterrichtsanstalten dienende oder mit Genehmigung der Schulbehörde für ihre Schüler und deren Angehörige im Schulgebäude stattfindende Veranstaltungen bzw. solche Veranstaltungen, deren Reinertrag ausschließlich schulischen Zwecken zugute kommt; Volkshochschulkurse; Veranstaltungen ohne Tanzbelustigungen und Filmvorführungen bzw. großflächige Projektionen durch Fernsehempfangsanlagen mit fortlaufender Spielhandlung, deren Reinertrag ausschließlich und unmittelbar für vorher anzugebende mildtätige Zwecke verwendet wird, unter bestimmten Voraussetzungen; besonders zur außerschulischen Jugenderziehung geeignete Veranstaltungen für vorschulpflichtige Kinder oder Minderjährige unter bestimmten Voraussetzungen; Veranstaltungen von Jugendorganisationen, deren Betätigung auf dem Gebiet der außerschulischen Jugenderziehung vom Magistrat anerkannt wurde; nach den Anordnungen der militärischen Behörden dienstlichen Zwecken des Bundesheeres dienende Veranstaltungen; Veranstaltungen von Organen gesetzlich anerkannter Kirchen oder Religionsgesellschaften, die Zwecken dieser Kirchen oder Religionsgesellschaften dienen; ausschließlich für Kinder unter 15 Jahren veranstaltete sportliche Veranstaltungen; sportliche Veranstaltungen von Amateursportvereinen unter ausschließlicher sportlicher Mitwirkung ihrer Mitglieder; Vorträge, Vorlesungen, Deklamationen und Rezitationen; Puppen- und Marionettentheatervorführungen für Kinder unter bestimmten Voraussetzungen; Tanzperfektionen in Tanzschulen unter bestimmten Voraussetzungen; Billard- und Schachkämpfe und Billard- und Schachspiele mit Wetteinsätzen der Zuschauer; sportliche Wettkämpfe und Vorführungen (ausgenommen: Motorsportveranstaltungen, Berufsboxen und Berufsringen); Theatervorstellungen und Tanzvorführungen (Ballette) ausschließlich vor Stuhlreihen bei Ausschluß der Verabfolgung von Speisen und Getränken und des Rauchens seitens der Besucher während der Veranstaltung; Konzerte und sonstige musikalische Darbietungen (ausgenommen solche in Barbetrieben und Nachtlokalen) ausschließlich vor Stuhlreihen bei Ausschluß der Verabfolgung von Speisen und Getränken und des Rauchens seitens der Besucher während der Veranstaltung; Ausstellungen der Museen; Ausstellungen der darstellenden Kunst (Malerei, Graphik, Bildhauerei); Zirkusvorstellungen und Tierschauen; Kabarettvorstellungen ausschließlich vor Stuhlreihen bei Ausschluß der Verabfolgung von Speisen und Getränken und des Rauchens seitens der Besucher während der Veranstaltung unter bestimmten Voraussetzungen; Kartenspiele außerhalb von Spielbanken; fallweise Veranstaltungen von Konzerten und sonstigen musikalischen Darbietungen, von Tanzbelustigungen, Masken- und Kostümfesten in Buschenschenken und Gastgewerbebetrieben (ausgenommen Bars und Nachtlokale) bis zu einer Fläche der Gasträume bzw. der räumlich abgegrenzten der Veranstaltung dienenden Betriebsteile von 300 m² unter bestimmten Voraussetzungen und täglich oder sonst regelmäßig wiederkehrende Veranstaltungen von Konzerten und sonstigen musikalischen Darbietungen in den genannten Betrieben unter den genannten Voraussetzungen, sofern mindestens eine und nicht mehr als vier Personen musizieren; fallweise Schallplatten- und Tonbandmusik zur Ergänzung des Rundfunkempfanges in Gastgewerbebetrieben; das Halten von Backgroundgeräten, mit denen insbesondere eine individuelle Wahlmöglichkeit einzelner Musikstücke ausgeschlossen ist; internationale Warenmessen; unentgeltliche Verkaufsausstellungen unter bestimmten Voraussetzungen; Veranstaltungen innerhalb eines Pflegeheimes oder Wohnheimes im Sinne des Wiener Sozialhilfegesetzes; Veranstaltungen innerhalb einer Krankenanstalt (ausgenommen die selbständigen Ambulatorien) unter bestimmten Voraussetzungen; sportliche Vergnügungen durch eigene sportliche Betätigung; Schwimmen und Turnen (ausgenommen entgeltliche Vorführungen); Vorführungen von Bildstreifen vor Stuhlreihen unter Ausschluß der Verabfolgung von Speisen und Getränken und des Rauchens seitens der Besucher während der Veranstaltung. Von der Vergnügungssteuer teilweise befreit sind die Vorführungen von Bildstreifen mit einem mehr als 1.600 m langen und von einer österreichischen Filmbegutachtungsstelle prädikatisierten Hauptfilm.

Von der Vergnügungssteuer befreit und nicht anmeldepflichtig sind:

Unentgeltliche Veranstaltungen einzelner Personen in privaten Wohnräumen ohne entgeltliche Verabreichung von Speisen und Getränken (Vereinsräume gelten nicht als private Wohnräume); Theatervorstellungen und Tanzvorführungen (Ballette) der vom Bund, einem Land oder einer Gemeinde erhaltenen und betriebenen Theater; das Halten von Rundfunk- und Fernsehempfangsanlagen (ausgenommen großflächige Projektionen durch Fernsehempfangsanlagen); unentgeltliche musikalische Darbietungen auf veranstaltungsrechtlich bestimmten öffentlichen Musizierplätzen.

Ob die Voraussetzungen für die Befreiung von der Vergnügungssteuer gegeben sind, ist bei der Anmeldestelle zu erfragen.

Wie hoch ist die Vergnügungssteuer?

Art und Höhe der Steuer richtet sich nach der Art der Veranstaltung oder Art des Apparates. Anläßlich der Anmeldung ist eine Sicherheit in der voraussichtlichen Höhe der Steuer zu leisten.

Wer ist steuerpflichtig?

Steuerpflichtig ist der Unternehmer der Veranstaltung. Unternehmer der Veranstaltung ist jeder, in dessen Namen oder auf dessen Rechnung die Veranstaltung durchgeführt wird.

Wann ist die Abrechnung und Entrichtung der Vergnügungssteuer fällig?

Der Unternehmer hat die Abrechnung bei einmaligen Veranstaltungen binnen zwei Wochen nach der Veranstaltung unter Anschluß der nicht verwendeten Karten, bei täglich oder sonst regelmäßig wiederkehrenden Veranstaltungen längstens am Zehnten des Folgemonats für den unmittelbar vorangehenden Kalendermonat dem Magistrat vorzulegen und die darin ausgewiesene Steuer zu entrichten. Für das Halten von Apparaten und Musikautomaten ist die Vergnügungssteuer erstmals bei der Anmeldung und in der Folge jeweils spätestens bis zum Letzten eines Monats für den Folgemonat mit dem gesetzlich festgesetzten Pauschsteuerbetrag zu entrichten. Die Verpflichtung zur Entrichtung der Vergnügungssteuer endet erst mit Ablauf des Kalendermonats, in dem die Abmeldung des Apparates erfolgt oder die Abgabenbehörde sonst davon Kenntnis erlangt, daß der Apparat von dem Steuerpflichtigen nicht mehr gehalten wird.

Wie wird die Vergnügungssteuer bemessen und entrichtet?

Bemessungsstelle ist die jeweilige Anmeldestelle. Einreichungsstelle für die Steuererklärungen ist für Dauerveranstaltungen die MA 6, Abgabenhauptverrechnung, für alle anderen Veranstaltungen die jeweilige Anmeldestelle. Abrechnungen für Besucher- und Zählkarten sind gleichfalls bei der Abgabenhauptverrechnung einzubringen. Die Vergnügungssteuer ist an die Abgabenhauptverrechnung, 1, Volksgartenstraße 3 (Tel. 42 8 00*, 2632, 2646, 2656), zu entrichten.

Wassergebühren

Für die Abgabe von Wasser aus städtischen Wasserversorgungsanlagen und für die Beistellung und laufende Instandhaltung der Wasserzähler sind Wasserbezugsgebühren und Wasserzählergebühren zu entrichten. Abgabepflichtig ist jeder Wasserabnehmer, der über eine selbständige Abzweigleitung Wasser aus der städtischen Wasserleitung entnimmt. Es sind dies:

1. der Hauseigentümer für die über den Wasserzähler seines Hauses bezogene Wassermenge;
2. der Bauherr für Bauzwecke;
3. der Nutzungsberechtigte von unbebauten Grundstücken;
4. der Betriebsinhaber;
5. der sonstige Wasserverbraucher.

Mehrere Miteigentümer haften zur ungeteilten Hand. Wasserverbraucher, die im Vergleich zu den übrigen an denselben Wasserzähler angeschlossenen Wasserverbrauchern übermäßig große Wassermengen beziehen, können zur Anmeldung eines eigenen Wasserzählers verhalten werden.

Wie hoch ist die Gebühr?

Die Höhe der Wasserbezugsgebühr richtet sich nach der Menge des Wasserverbrauches.

Für jeden Kubikmeter abgegebenen Wassers ist eine Wasserbezugsgebühr von 9,80 S zu entrichten.

Die Höhe der Wasserzählergebühr richtet sich nach der Anschlußgröße des Wasserzählers (lichter Durchmesser des Anschlußrohres) und beträgt zwischen 240 S und 2.880 S jährlich. In den Wassergebühren ist die Umsatzsteuer in Höhe von 8% bereits enthalten.

Wann werden die Wasserbezugsgebühren und die Wasserzählergebühren fällig?

Die Wasserbezugsgebühr wird nach erfolgter Ablesung des Wasserzählers jährlich ermittelt und bescheidmäßig vorgeschrieben. Der Bescheid enthält die Angaben über den Wasserverbrauch und die für den Verbrauchszeitraum vorgeschriebenen Teilzahlungen. Die in der jährlichen Abrechnung eventuell ausgewiesene Nachzahlung ist bis zum 15. des der Zustellung des Wassergebührenbescheides folgenden Monats zu entrichten. Bis zu dieser Abrechnung sind vierteljährliche Teilzahlungen zum 15. Jänner, 15. April, 15. Juli und 15. Oktober zu leisten. Die Wasserzählergebühr ist eine Jahresgebühr, die zu je einem Viertel des Jahresbetrages zugleich mit der vorgeschriebenen Wasserbezugsgebühr fällig wird.

Wie wird die Gebühr bemessen und entrichtet?

Bemessungsstelle ist die MA 4, Ref. 6, 6, Grabnergasse 6 (Tel. 57 75 75*, 225). Die Gebühren sind an die zuständige Stadtkasse zu entrichten. Verfügt der Abgabepflichtige über ein Konto bei einem Geldinstitut, so kann die Gebühr auch im Lastschrifteinzugsverfahren durch Abbuchung von seinem Konto entrichtet werden.

Weitere Ausführungen über die Zuleitung und Abgabe von Wasser siehe „Wasserversorgung".

Allgemeines

Wo erhält der Abgabepflichtige Auskunft über die Höhe und Fälligkeit der von ihm zu entrichtenden städtischen Abgaben?

Im allgemeinen erhält der Abgabepflichtige Auskunft über die von ihm zu entrichtenden städtischen Abgaben bei den Stadtkassen bzw. bei der Abgabenhauptverrechnung. Die Zuständigkeit der einzelnen Stadtkassen oder der Abgabenhauptverrechnung ist aus den Bemessungsbescheiden zu ersehen oder richtet sich nach dem Wohnort oder Betriebsort des Abgabepflichtigen sowie bei Grundbesitz nach der Lage desselben. Die Stadtkassen bzw. Abgabenhauptverrechnung siehe Magistrat, MA 6.

Wer erhält Auskunft über den Kontenstand eines Abgabepflichtigen?

Nur die Abgabepflichtigen selbst oder die mit einer rechtsgültigen Vollmacht sich ausweisenden Personen sowie die Verpächter getränkesteuerpflichtiger Betriebe, sofern dies im Pachtvertrag vorgesehen ist, erhalten Auskunft über den Kontenstand.

Wie sind die städtischen Abgaben zu bezahlen?

Zur Vereinfachung der Verwaltung wurde in den Stadtkassen der bargeldlose Zahlungsverkehr eingeführt. Dies wird insbesondere durch Verwendung von einheitlichen Zahlscheinen ermöglicht. Mit den Zahlscheinen kann bei sämtlichen österreichischen Kreditinstituten (Sparkassen, Banken, Landeshypothekenanstalten, Raiffeisenkassen und Volksbanken) sowie bei allen Postämtern einbezahlt werden. Dadurch bieten sich den Steuerpflichtigen eine Vielzahl von Einzahlungsmöglichkeiten. Die Zahlscheine sind in der Abgabenhauptverrechnung und in den Stadtkassen erhältlich und werden bei allen elektronisch verrechneten Abgaben automatisch zugesandt. Für alle jene, die ein Girokonto bei einem Kreditinstitut führen, besteht die Möglichkeit, mittels des Zahlscheines eine Überweisung bargeldlos über das Konto durchzuführen. Bei Überweisungen ist zu beachten, daß Abgaben erst am Tag der Gutschrift auf ein Konto der empfangsberechtigten Kasse als entrichtet gelten. Der Überweisungsauftrag soll daher eine angemessene Zeit vor dem Zahlungstermin erteilt werden, damit die Gutschrift bis zum Fälligkeitstag erfolgen kann und die im Überweisungsverkehr einen Säumniszuschlag ausschließende Nachfrist von zwei Werktagen nicht überschritten wird.

Die dritte Möglichkeit, Abgaben zu entrichten, ist der Bankeinzugsverkehr. Der Abgabepflichtige kann die Grundbesitzabgaben und die Wasserbezugsgebühren über sein Geldinstitut einziehen lassen. Er erlangt dadurch folgende Vorteile:

keine Evidenthaltung der Zahlungstermine,
Abbuchung in genauer Höhe zum Fälligkeitstag,
Wege zum Geldinstitut und Wartezeiten entfallen.

Die einmalige Erteilung eines „Abbuchungsauftrages für Lastschriften" an das Geldinstitut genügt.

Es liegt im Interesse der Steuerpflichtigen, die Fälligkeitstermine einzuhalten, um den Anfall von Nebengebühren (Säumniszuschlag, Mahngebühr) zu vermeiden.

Was ist bei der Ausfüllung der Zahlscheine oder Erlagscheine zu beachten?

Um ohne schriftliche Rückfrage von Seite der Abgabenhauptverrechnung oder der Stadtkassen den eingezahlten

Betrag der Verrechnung zuführen zu können und um den zahlenden Abgabepflichtigen selbst Ärger und Zeit zu ersparen, ist es notwendig, auf dem Einzahlungsbeleg den Widmungszweck, das ist die Steuerart, Kontonummer und Fälligkeit (Gebührenzeitraum), anzugeben. Weiters sind der Name und die Anschrift des Einzahlers anzuführen. Gelangen vorcodierte Zahlscheine zur Aussendung, so sollen nur diese zur Einzahlung verwendet werden. Die Einzahlung von mehreren Abgaben unterschiedlicher Art mit einem einzigen Einzahlungsbeleg führt zu unerwünschten Fehlbuchungen und ist daher zu vermeiden.

Lohnsteuer

Wie und wo bekommt man eine Lohnsteuerkarte?

Jeder Arbeitnehmer wird im eigenen Interesse zum Beginn eines neuen Lohnsteuerkartenzeitraumes oder bei Antritt eines neuen Arbeitsplatzes dem Arbeitgeber seine Lohnsteuerkarte übergeben. Er würde sonst erhebliche Nachteile beim Lohnsteuerabzug zu tragen haben. Legt ein Arbeitnehmer seine Lohnsteuerkarte nicht vor oder verzögert die Rückgabe, so hat der Arbeitgeber zur Berechnung der Lohnsteuer dem tatsächlichen Arbeitslohn einen Zuschlag von monatlich 2.860 S oder wöchentlich 660 S oder täglich 110 S hinzuzurechnen und dürfen Absetzbeträge nicht angewendet werden.

Die Lohnsteuerkarten werden auf Grund der zur Personenstandsaufnahme abgegebenen Haushaltslisten für alle Arbeitnehmer, die in Wien ihren ordentlichen Wohnsitz haben, für drei Jahre ausgestellt. Alle Arbeitnehmer, die keine Lohnsteuerkarte erhalten haben, und solche, die im Laufe des Jahres ihren ersten Arbeitsplatz antreten, müssen die Ausstellung einer Lohnsteuerkarte beantragen, um steuerliche Nachteile zu vermeiden. Für die Ausstellung sind in Wien die magistratischen Bezirksämter zuständig, und zwar jeweils jenes Bezirksamt, in dessen Amtsbereich der Arbeitnehmer im Zeitpunkt der letzten Personenstandsaufnahme (10. Oktober 1982) seinen Wohnsitz hatte.

Arbeitnehmer, die aus mehreren Dienstverhältnissen Arbeitslohn beziehen, benötigen für jedes Dienstverhältnis eine eigene Lohnsteuerkarte. Auch die Ausstellung dieser weiteren Lohnsteuerkarten ist beim zuständigen magistratischen Bezirksamt zu beantragen, soweit sie nicht bereits auf Grund der Personenstandsaufnahme ausgefertigt wurden.

Der Antrag auf Ausstellung einer Lohnsteuerkarte kann sowohl mündlich als auch schriftlich gestellt werden. Wird er mündlich eingebracht, so ist es zweckmäßig, folgende Personalpapiere mitzubringen: die Meldezettel der Ehegatten, die Heiratsurkunde und gegebenenfalls die Lohnsteuerkarte des Ehegatten.

Welche Ereignisse können eine Änderung der Lohnsteuerkarte bewirken?

Da die Lohnsteuerkarten auf Grund der Haushaltslisten zur Personenstandsaufnahme ausgestellt werden, richten sich die darin enthaltenen Angaben nach den Familienverhältnissen am 10. Oktober des Jahres, in dem die Personenstandsaufnahme stattfand (Stichtag der Personenstandsaufnahme). Änderungen der Familienverhältnisse nach dem 10. Oktober 1982 müssen daher auch in die Lohnsteuerkarte eingetragen sein. Solche Eintragungen sind vom Arbeitnehmer, sofern nur die Änderung seines Familienstandes (Verehelichung, Auflösung des Eheverbandes) ohne Auswirkungen auf den Vermerk von Kindern auf der Lohnsteuerkarte vorzunehmen ist, beim magistratischen Bezirksamt seines Wohnbezirkes, in allen anderen Fällen jedoch beim Wohnsitzfinanzamt zu beantragen.

Als Ereignisfälle für Änderungen auf der Lohnsteuerkarte durch das Finanzamt, die dort vom Arbeitnehmer in seinem Interesse zu beantragen sind, gelten, wenn

1. dem Arbeitnehmer zu seinem Haushalt nach dem Stichtag der Personenstandsaufnahme Kinder hinzukommen, für die ihm oder dem anderen nicht dauernd getrennt lebenden Ehegatten Familienbeihilfe auf Grund des Familienlastenausgleichsgesetzes 1967 oder eine gleichartige ausländische Beihilfe im Sinne des § 4 dieses Gesetzes gewährt wird;
2. die aus der Berufs- bzw. Erwerbstätigkeit des anderen im gemeinsamen Haushalt lebenden unbeschränkt steuerpflichtigen Ehegatten zukommenden Bezüge oder dessen sonstige Einkünfte über 10.000 S jährlich (zuzüglich des Werbungskostenpauschbetrages von 4.914 S), was für den Anspruch des Alleinverdienerabsetzbetrages bisher hemmend war, nicht mehr bestehen oder in einem darunter liegenden Jahresbetrag zufließen, wodurch die Voraussetzung für den Alleinverdienerabsetzbetrag eintritt und dieser auf der Lohnsteuerkarte zu bescheinigen ist;
3. die Voraussetzungen für den Alleinerhalterabsetzbetrag eintreten. Den Absetzbetrag erhalten ledige, verwitwete, geschiedene oder dauernd getrennt lebende Alleinerhalter mit Kindervermerk auf der Lohnsteuerkarte, die nicht dauernd in eheähnlicher Gemeinschaft (Lebensgemeinschaft) leben. Sie dürfen für sich aber keine Unterhaltsleistungen/Witwenpension oder nur solche bis 10.000 S jährlich erhalten. Unterhaltsleistungen für Kinder sind nicht zu berücksichtigen. Wenn sie Witwenpension über 10.000 S beziehen, aber daneben keine anderen Einkünfte oder nur solche bis 10.000 S (14.914 S bei Lohneinkünften) jährlich erhalten, steht der Absetzbetrag ebenfalls zu.

Eine Verpflichtung des Arbeitnehmers, beim Finanzamt die Berichtigung der Lohnsteuerkarte zu beantragen, besteht in den Fällen, wenn

1. der Anspruch auf Familienbeihilfe für Kinder wegfällt und damit die Voraussetzung zum Vermerk der Kinder auf der Lohnsteuerkarte des Arbeitnehmers und ebenso des im gemeinsamen Haushalt lebenden Ehegatten, sofern auch dieser lohnsteuerpflichtige Einkünfte hat und die Kinder auf der Lohnsteuerkarte vermerkt sind;
2. der Alleinverdienerabsetzbetrag eingetragen ist, die Voraussetzungen hiefür aber weggefallen sind, da z. B. dem anderen Ehegatten nunmehr Einkünfte über 10.000 S jährlich (zuzüglich des Werbekostenpauschbetrages von 4.914 S) zufließen oder es ist eingetreten, daß die Ehegatten dauernd getrennt leben bzw. die Ehe getrennt wurde;
3. der Alleinerhalterabsetzbetrag eingetragen ist und eine der Voraussetzungen wegfällt, z. B. Verehelichung, Lebensgemeinschaft, Unterhaltsleistung für den Anspruchsberechtigten bzw. Witwenpension über 10.000 S jährlich.

Der Arbeitnehmer hat den Antrag auf Berichtigung der Lohnsteuerkarte spätestens einen Monat nach Eintritt des Ereignisses beim Wohnsitzfinanzamt zu stellen.

Beim Wohnsitzfinanzamt kann die Ergänzung der Lohnsteuerkarte durch Eintragung eines Absetzbetrages bzw. von Freibeträgen für folgende Zwecke beantragt werden:

1. Werbungskosten, sofern sie den Jahrespauschbetrag von 4.914 S übersteigen (zu den Werbungskosten gehören hauptsächlich die Beiträge an Berufsverbände, die notwendigen Ausgaben für Fahrten zwischen Wohnung und Arbeitsstätte, die Ausgaben für Werkzeuge und Berufskleidung). Aufwendungen für Fahrten zwischen

Wohnung und Arbeitsstätte mit eigenem Kraftfahrzeug werden über Antrag beim Dienstgeber durch diesen in Form eines Pauschbetrages berücksichtigt. Neben diesen Ausgaben gibt es aber noch erhöhte Werbungskosten für Reisende, besondere Werbungskosten für bestimmte Berufsgruppen und Aufwendungen zur Beseitigung von Schäden aus Naturkatastrophen, worüber das zuständige Finanzamt genaue Auskunft gibt;

2. Sonderausgaben (z. B. Renten und dauernde Lasten, Beiträge und Versicherungsprämien zu einer freiwilligen Kranken-, Unfall- und Pensionsversicherung, Lebensversicherung und zu freiwilligen Witwen-, Waisen-, Versorgungs- und Sterbekassen, Beiträge zur Schaffung von Wohnraum, Beiträge für die Errichtung von Eigentumswohnungen und Eigenheimen und Darlehensrückzahlungen in Verbindung mit der Schaffung von Wohnraum), sofern diese Aufwendungen das Sonderausgabenpauschale von 3.276 S jährlich übersteigen. Die Gewährung des Absetzbetrages für Sonderausgaben ist an Jahreshöchstbeträge gebunden, die je nach Zweckbindung der Aufwendungen und dem Familienstand unterschiedlich hoch bestimmt sind;
3. außergewöhnliche Belastungen (hiefür kommen hauptsächlich Aufwendungen für mittellose Angehörige, körperlich und geistig behinderte Kinder und Aufwendungen für Spital, Heilbehelfe und Kurbehelfe in Betracht);
4. Freibetrag für Opfer der politischen Verfolgung (der Steuerpflichtige ist Inhaber eines Opferausweises oder einer Amtsbescheinigung);
5. Freibetrag für Körperbehinderte (Kriegsbeschädigung, Arbeitsunfall, Behinderung als Folge von Krankheit und als Opfer von Verbrechen).

Für alle Eintragungen von Freibeträgen auf der Lohnsteuerkarte ist unbedingt notwendig, daß der entsprechende Antrag bis spätestens 31. Jänner des Jahres, das dem Jahr folgt, in dem diese Ausgaben entstanden sind, gestellt wird. Der Antrag kann auch schriftlich beim Wohnsitzfinanzamt eingebracht werden. Neben der Lohnsteuerkarte sind auch die erforderlichen Unterlagen beizufügen, worüber die Auskunft des Finanzamtes einzuholen ist.

Jahresausgleich

Was muß der Lohnsteuerpflichtige über den Jahresausgleich auf Antrag wissen?

Durch den Jahresausgleich wird die einbehaltene Lohnsteuer, die im Verlauf eines Jahres verschieden hoch sein kann, so berechnet, als ob in allen Lohnzahlungszeiträumen ein gleich hoher Arbeitslohn zugeflossen wäre. Dadurch kann eine Milderung der Progression der Lohnsteuer herbeigeführt werden.

Der Jahresausgleich kann vom Arbeitnehmer beantragt werden, wenn er in einem Kalenderjahr

1. Arbeitslöhne bezogen hat, die in den einzelnen Lohnzahlungszeiträumen nicht gleich hoch waren;
2. neben den laufenden Bezügen sonstige, insbesondere einmalige Bezüge erhalten hat;
3. nicht ständig beschäftigt war;
4. Freibeträge auf der Lohnsteuerkarte eingetragen hat, ohne daß dies vom Arbeitgeber beim Lohnsteuerabzug berücksichtigt wurde;
5. Anspruch auf den Alleinverdienerabsetzbetrag gehabt hat, dieser jedoch auf der Lohnsteuerkarte nicht eingetragen ist, oder im Laufe des Jahres rückwirkend gestrichen wurde (z. B. anläßlich der Ausschreibung einer Lohnsteuerkarte für die Ehegattin).

Der Jahresausgleich ist vom Arbeitgeber durchzuführen, wenn der Arbeitnehmer das ganze Jahr über nur bei einem Arbeitgeber beschäftigt war. War der Arbeitnehmer nicht ständig beschäftigt oder stand er in mehreren Arbeitsverhältnissen, dann ist für den Jahresausgleich das Wohnsitzfinanzamt zuständig. Wird der Jahresausgleich wegen des Alleinverdienerabsetzbetrages beantragt, ist hiefür ebenfalls das Wohnsitzfinanzamt zuständig.

Der Antrag auf den Jahresausgleich muß bis spätestens 31. März des folgenden Jahres gestellt werden. Nach diesem Zeitpunkt wird der Jahresausgleich wegen Fristversäumnis nicht mehr vorgenommen.

Hausstandsgründung

Wer hat Anspruch auf den Erstattungsbetrag?

Hausstandsgründung ist ein Sonderfall der außergewöhnlichen Belastung. Steuerpflichtige, die erstmals eine Ehe schließen, haben Anspruch auf einen einmaligen Erstattungsbetrag von 7.500 S (für beide Ehegatten zusammen daher 15.000 S), wenn folgende Voraussetzungen gegeben sind:

1. es muß sich um die erste Ehe handeln;
2. die unbeschränkte Steuerpflicht muß bestehen;
3. ein inländischer Wohnsitz muß vorliegen;
4. der Mittelpunkt der Lebensinteressen muß im Inland liegen.

Der Antrag auf diesen Abgeltungsbetrag ist innerhalb von zwölf Monaten nach der Verehelichung beim zuständigen Wohnsitzfinanzamt zu stellen.

Hat ein verheirateter Steuerpflichtiger bereits einmal einen Hausstand, gleichgültig ob im Inland oder im Ausland, gegründet, dann kann er nach einer Scheidung seiner Ehe nicht noch einmal Kosten für eine Hausstandsgründung geltend machen.

Wenn sich der Steuerpflichtige erstmals allein eine Wohnung einrichtet, kann ein steuerlicher Absetzbetrag in Anspruch genommen werden. Dem ledigen Steuerpflichtigen kann ein Freibetrag von 2 500 S jährlich durch fünf Jahre oder im ersten Kalenderjahr einmal der fünffache Betrag, also 12.500 S, über Antrag zuerkannt werden. Ein Nachweis der angeschaffenen Gegenstände ist grundsätzlich nicht erforderlich.

Familienbeihilfe

Wer hat Anspruch auf Familienbeihilfe?

Personen österreichischer Staatsbürgerschaft, Staatenlose und Flüchtlinge diesen gleichgestellt, weiters Ausländer nach einem fünfjährigen ständigen Aufenthalt im Inland, die im Bundesgebiet einen Wohnsitz oder gewöhnlichen Aufenthalt haben, sowie ausländischen Arbeitnehmern dann, wenn sie im Inland bei einem Dienstgeber beschäftigt sind nach dreimonatiger bewilligter Beschäftigungsdauer, gebührt Familienbeihilfe für

1. minderjährige Kinder (bis zur Vollendung des 19. Lebensjahres);
2. volljährige Kinder, die das 27. Lebensjahr noch nicht vollendet haben und die für einen Beruf ausgebildet oder in einem erlernten Beruf in einer Fachschule fortgebildet werden, wenn ihnen durch den Schulbesuch die Ausübung ihres Berufes nicht möglich ist;
3. volljährige Kinder, die wegen einer vor Vollendung des 21. Lebensjahres oder während einer späteren Berufsausbildung, jedoch spätestens vor Vollendung des 27. Lebensjahres, eingetretenen körperlichen oder geistigen Behinderung voraussichtlich dauernd außerstande sind, sich selbst den Unterhalt zu verschaffen.

Anspruch auf Familienbeihilfe für ein unter 1. bis 3. genanntes Kind hat eine Person jedoch nur dann, wenn das Kind zu ihrem Haushalt gehört und die Unterhaltskosten von ihr überwiegend getragen werden. Für die Elternteile besteht ein Wahlrecht bezüglich der Familienbeihilfe für haushaltszugehörige Kinder; begehren beide Elternteile die Familienbeihilfe, ist sie dem Elternteil zu gewähren, der das Kind überwiegend pflegt.

Unter denselben Voraussetzungen, nach denen für Kinder Familienbeihilfe gewährt wird, haben Vollwaisen einen selbständigen Beihilfenanspruch.

Wodurch wird der Anspruch auf Familienbeihilfe ausgeschlossen?

Kein Beihilfenanspruch besteht für

1. Kinder, die das 18. Lebensjahr vollendet haben und selbst Einkünfte in einem monatlich 2.500 S übersteigenden Betrag beziehen, wobei Lehrlingsentschädigungen und steuerfreie Einkünfte nicht einzubeziehen sind. Vom Bruttoeinkommen aus unselbständiger Erwerbstätigkeit ist außerdem der Werbungskostenpauschbetrag von 4.914 S jährlich für die Beurteilung, ob die Grenze der eigenen Einkünfte des Kindes überschritten wird, in Abzug zu bringen;
2. Kinder eines ausländischen Arbeitnehmers, wenn dessen Beschäftigung nicht länger als drei Monate dauert und außerdem, wenn gegen die Vorschriften über die Beschäftigung ausländischer Arbeitnehmer verstoßen wurde;
3. die Kinder ausländischer Arbeitnehmer, die sich ständig im Ausland aufhalten, kann die Familienbeihilfe nach Maßgabe zwischenstaatlicher Abkommen gewährt werden.

Wie hoch ist die Familienbeihilfe?

Der einer Person zustehende Betrag an Familienbeihilfe bestimmt sich nach der Anzahl und dem Lebensalter der Kinder, für die ihr Familienbeihilfe gewährt wird.

Die Familienbeihilfe beträgt für jedes Kind monatlich 1.000 S. Dieser Betrag erhöht sich ab Beginn des Jahres, in dem das Kind das zehnte Lebensjahr vollendet, um monatlich 200 S.

Die Familienbeihilfe einer Vollwaise beträgt monatlich 1.000 S; ab dem Jahr, in dem das zehnte Lebensjahr vollendet wird, um monatlich 200 S mehr. Für jedes Kind, das erheblich behindert ist, erhöht sich die Familienbeihilfe monatlich um 1.200 S. Die Familienbeihilfe wird in zwölf gleichhohen Monatsbeträgen zur Auszahlung gebracht.

Wie wird der Anspruch auf Familienbeihilfe geltend gemacht?

Familienbeihilfe wird grundsätzlich nur auf Antrag gewährt. Der Antrag ist beim Finanzamt des Wohnsitzes einzubringen.

Der Anspruch auf Familienbeihilfe wird durch die Familienbeihilfenkarte bescheinigt, die dem Dienstgeber bzw. der bezugsauszahlenden Stelle zu übergeben oder dem Finanzamt zu überlassen ist. Die Dienstgeber und die Bezüge auszahlenden Stellen haben die Familienbeihilfe gemeinsam mit den Bezügen anzuweisen; Anspruchsberechtigte, die die Familienbeihilfenkarte dem Finanzamt zu überlassen haben (Selbständige), erhalten die Familienbeihilfe im Wege der Österreichischen Postsparkassen ausgezahlt oder auf Antrag auf ihrem Abgabenkonto gutgeschrieben. Ein Anspruchsberechtigter kann zugunsten eines anderen Anspruchsberechtigten auf die Familienbeihilfe verzichten, wenn dieser die Familienbeihilfe begehrt; der Verzicht kann widerrufen werden.

Welche Umstände sind zu melden?

Der Anspruch auf Familienbeihilfe erlischt mit Ablauf des Monats, in dem eine Anspruchsvoraussetzung wegfällt oder ein Ausschließungsgrund eintritt. Personen, denen Familienbeihilfe gewährt oder an Stelle des Anspruchsberechtigten ausgezahlt wird, sind verpflichtet, alle Tatsachen zu melden, welche ein Erlöschen des Anspruches bewirken. Ferner sind Änderungen des Namens und der Anschrift ihrer Person oder der Kinder, für die ihnen Familienbeihilfe gewährt wird, zu melden. Die Meldung hat binnen 14 Tagen beim Finanzamt zu erfolgen. Zu Unrecht bezogene Familienbeihilfen sind zurückzuzahlen.

Geburtenbeihilfe

Wer hat Anspruch auf Geburtenbeihilfe?

Anspruch auf Geburtenbeihilfe hat eine Mutter für jedes von ihr geborene Kind, wenn sie im Bundesgebiet ihren Wohnsitz hat. Bei Müttern, die die österreichische Staatsbürgerschaft nicht besitzen, ist der Anspruch dann gegeben, wenn sie sich unmittelbar vor der Geburt des Kindes mindestens drei Jahre ständig im Bundesgebiet aufgehalten haben oder das Kind die österreichische Staatsbürgerschaft besitzt. Das Kind selbst hat Anspruch auf den ersten Teil der Geburtenbeihilfe, wenn die Mutter die Anspruchsvoraussetzungen erfüllt hat, jedoch noch vor Antragstellung gestorben ist, und sich das Kind im Inland aufhält.

Anspruch auf den zweiten und den dritten Teil der Geburtenbeihilfe haben a) die Mutter, b) die Wahlmutter, c) die Pflegemutter, d) eine sonstige Person, bei der sich das Kind ständig in unentgeltlicher Pflege befindet, wenn das Kind im Zeitpunkt der Vollendung des ersten bzw. des zweiten Lebensjahres bei ihr haushaltszugehörig ist, bei sonst gleichen Voraussetzungen wie für den ersten Teil der Geburtenbeihilfe.

Wie hoch ist die Geburtenbeihilfe?

Die Geburtenbeihilfe beträgt für jedes lebend- oder totgeborene Kind 2.000 S. Die Geburtenbeihilfe beträgt jedoch 8.000 S für jedes Kind, wenn sich die Mutter während der Schwangerschaft bestimmten ärztlichen Untersuchungen nach dem Mutter-Kind-Paß unterzogen hat, das Kind die erste Lebenswoche vollendet hat und ärztlich untersucht wurde.

Die Geburtenbeihilfe erhöht sich um 8.000 S, wenn das Kind das erste Lebensjahr und weiters um 3.000 S, wenn das Kind das zweite Lebensjahr vollendet hat und den ärztlichen Untersuchungen unterzogen wurde, die im Mutter-Kind-Paß bestimmt sind.

Den Mutter-Kind-Paß bekommt jede werdende Mutter kostenlos bei allen Gesundheitsämtern und zum Teil auch bei den Fachambulatorien der Krankenkassen, bei den praktischen Ärzten sowie bei Schwangeren- und Mutterberatungsstellen.

In Wien wird der Mutter-Kind-Paß auch bei der MA 15, Gesundheitsamt, 1, Gonzagagasse 23, 2. Stock, Tür 216, und in jedem Bezirksgesundheitsamt ausgegeben.

Wie wird der Anspruch auf Geburtenbeihilfe geltend gemacht?

Geburtenbeihilfe wird grundsätzlich nur auf Antrag gewährt. Der Antrag ist beim Finanzamt des Wohnsitzes innerhalb von zwei Jahren nach Geburt des Kindes einzubringen. Als Nachweis für die Geburt des Kindes ist die Geburtsurkunde, für die Totgeburt die Sterbeurkunde beizubringen. Die im Mutter-Kind-Paß bestimmten ärztlichen Untersuchungen sind durch ärztliche Bestätigung nachzuweisen. Die aus Anlaß der Vollendung des ersten und des zweiten Lebensjahres des Kindes vorgesehene Erhöhung der Geburtenbeihilfe ist jeweils gesondert innerhalb von zwei Jahren zu beantragen. Die Geburtenbeihilfe wird in der Regel im Wege der Österreichischen Postsparkasse ausgezahlt. Erhält die anspruchsberechtigte Mutter jedoch Dienstbezüge oder einen Ruhe- und Versorgungsgenuß vom Bund, von einem Bundesland oder von einer Gemeinde mit über 2.000 Einwohnern, ferner von den Österreichischen Bundesbahnen oder der Post- und Telegrafenanstalt, dann erfolgt die Auszahlung von der bezugsliquidierenden Stelle auf Grund eines entsprechenden Bescheides des Finanzamtes. Eine zu Unrecht bezogene Geburtenbeihilfe ist zurückzuzahlen.

STRASSENREINIGUNG, MÜLL-(HAUSKEHRICHT-)ABFUHR UND FUHRPARK

(MA 48)

Wer ist zur Reinigung der Straßen verpflichtet?

Der städtischen Straßenreinigung obliegt die Reinigung der Fahrbahn einschließlich beider Rinnsale, während die Liegenschaftseigentümer bzw. deren Vertreter (Hauswarte) für die Reinigung der Gehsteige zu sorgen haben. Hiebei ist es verboten, den Schmutz von den Gehsteigen in das Rinnsal zu kehren. Der Kehricht ist auf andere, geeignetere Weise zu beseitigen, wie etwa dadurch, daß er in die Hausmüllgefäße eingebracht wird. Das Hinauskehren des Waschwassers auf den Gehsteig beim Reinigen von Hausfluren oder von sonstigen ebenerdigen Räumlichkeiten ist nur dann gestattet, wenn dies auf andere Weise nicht bewerkstelligt werden kann. Hiebei ist auf die Passanten Rücksicht zu nehmen und das Wasser vom Gehsteig unverzüglich wieder abzukehren sowie das Rinnsal zu reinigen (StVO 1960, Kundmachung des Wiener Magistrats vom 3. Juni 1966).

Wer ist zur winterlichen Betreuung der Gehwege und Gehsteige verpflichtet?

Grundsätzlich der anrainende Liegenschaftseigentümer bzw. dessen Vertreter (Hauswart). Diese Verpflichtung gilt jedoch nur bis zu zwei Drittel der Gehsteigbreite, mindestens aber bis 1,5 m, wenn es sich nicht um Haltestellen- oder Kreuzungsbereiche handelt (Verordnungen des Magistrats der Stadt Wien vom 16. November 1962, MA 70-II/195/62, und vom 14. Oktober 1965, MA 70-II/81/65). Der städtischen Straßenreinigung obliegt nur die Betreuung der Übergänge über die Fahrbahn. Die Verpflichtung der Liegenschaftseigentümer zur winterlichen Betreuung der Gehsteige besteht nur im Ortsgebiet in der Zeit von 6 bis 22 Uhr (StVO 1960, § 2 Abs. 1 Z. 15 und § 93 Abs. 1). In diesem Zusammenhang wird auf die Verordnung des Magistrats der Stadt Wien (MA 22-671/75), betreffend das Verbot bzw. die Einschränkung der Verwendung von Auftausalzen, hingewiesen.

Dürfen die Müllgefäße der Straßenreinigung durch Private benützt werden?

Die an bestimmten Stellen in den Straßen aufgestellten Müllgefäße dienen nur den Organen der Straßenreinigung zur Einbringung des von den Fahrbahnen eingesammelten Kehrichts. Eine Benützung dieser Gefäße durch Private ist verboten. Weiters ist auch das Ablagern von Hausmüll in die öffentlichen Abfallsammelkörbe verboten. Hiefür sind die in den Liegenschaften bereitgestellten Sammelgefäße für den Hausmüll zu verwenden (Müllabfuhrgesetz 1965). Es dürfen daher die öffentlichen Sammelkörbe nur für kleinere, im Freien anfallende Abfälle, wie Papier und Speiserückstände, benützt werden. Das Wegwerfen von Papier (Zeitungsblättern, Ankündigungszetteln, Fahrscheinen, Papierabfällen u. dgl.) auf öffentliche Verkehrsflächen und allgemein zugängliche Grundstücke ist verboten. Diejenigen, die dabei betreten werden, haben mit Organstrafmandaten von seiten der Polizei zu rechnen.

Wie kann man Sperrmüll und Gerümpel loswerden?

Das Ablagern von Müll, Schutt und sonstigen Abfällen aller Art auf öffentlichen Straßen und Flächen, Gräben, Flußufern sowie auf fremden Privatgrundstücken ist nach der Kundmachung des Magistrats vom 3. Juni 1966 verboten. Gröbere Übertretungen dieser Bestimmungen werden mit Geldstrafen bis zu 2.000 S oder Arrest bis zu zwei Wochen geahndet.

Kleinere Mengen Gerümpel (kein Bauschutt) bis zum Inhalt eines Autokofferraumes sowie bis zu vier Autoreifen (nicht von Gewerbebetrieben) werden bei folgenden Ablagerungsstätten der MA 48 von Montag bis Freitag von 7 bis 15 Uhr und Samstag von 7 bis 11.30 Uhr (werktags) kostenlos übernommen:

2, Dresdner Straße 119
2, Stoffellagasse 7a
10, Sonnleithnergasse 30
11, Simmeringer Hauptstraße 32
14, Zehetnergasse 7
16, Flötzersteig 12 – Müllverbrennungsanlage (Maximallänge 70 cm)
16, Kendlerstraße 47
19, Grinzinger Straße 151
19, Krottenbachstraße 6 (Zufahrt Leidesdorfgasse)
21, Fultonstraße 10
22, Breitenlee, Breitenleer Straße 268
23, Inzersdorf, Südrandstraße – Heizwerkstraße (Blumental).

Größere Mengen werden auf den städtischen Planierungen gegen Gebühr entgegengenommen. Auskünfte über Planierungen: MA 48, 5, Einsiedlergasse 2, Montag bis Freitag von 7 bis 15.30 Uhr, Tel. 55 16 11*, 315 oder 270.

Abholungen ab Haustor bzw. Gehsteig kosten 140 S pro Kubikmeter; für Abholungen vom Dachboden, Keller oder von der Wohnung müssen die Kosten gesondert vereinbart werden. Bestellungen: MA 48, Montag bis Freitag von 6 bis 10 Uhr, Tel. 55 16 11*, 288.

Wo und wie melde ich den Bedarf eines Müllgefäßes an?

Ein Ansuchen um erstmalige Beistellung von Müllgefäßen und Einbeziehung von Liegenschaften in die regelmäßige Müllabfuhr der Stadt Wien kann nur durch den Hauseigentümer oder dessen bevollmächtigten Vertreter (Hausverwalter) schriftlich unter Angabe von Anschrift, Grundbucheinlagezahl und Zahl der Mieteinheiten (Wohnungen, Geschäftslokale, Werkstätten u. a.) des Hauses bei der MA 48, 5, Einsiedlergasse 2, stempelfrei eingebracht werden.

Die leihweise Beistellung der Gefäße und Auf- oder Anhängevorrichtungen sowie deren Aufstellung erfolgt kostenlos durch die Stadt Wien.

Werden jedoch die Richtlinien zur Planung von Aufstellplätzen für Müllgefäße (MA 48/M 1-35/76 vom 26. November 1976) nicht eingehalten, so werden die Kosten für die Auf- oder Anhängevorrichtungen dem Hausbesitzer bzw. der Hausverwaltung in Rechnung gestellt.

Wo, wie und wann beantrage ich eine Veränderung der Zahl der vorhandenen Gefäße?

Wenn die vorhandenen Gefäße nicht ausreichen, kann jederzeit ein schriftliches Ansuchen um Vermehrung der Müllgefäße eingebracht werden.

In begründeten Fällen kann auch ein Antrag auf Verminderung der Zahl der Müllgefäße eingebracht werden; solchen Ansuchen wird allerdings nur dann entsprochen, wenn vom sanitären Standpunkt keine Bedenken dagegen bestehen.

Die beiden vorstehend angeführten Ansuchen können ebenfalls nur vom Hauseigentümer oder dessen bevollmächtigten Vertreter schriftlich eingebracht werden und sind mit einem 100-S-Bundesstempel und einer 60-S-Verwaltungsabgabemarke zu versehen; letztere ist bei den Stadtkassen in den magistratischen Bezirksämtern und bei der Betriebskasse der MA 48 erhältlich.

Die Anzahl der Einsammlungen der Müllgefäße wurde im Müllabfuhrgesetz 1965, LGBl. für Wien Nr. 19, für ganz Wien mit 52 (jede Woche einmal) festgesetzt. Gemäß § 8 Abs. 4 des obzitierten Gesetzes wird für die in Kleingartenanlagen gelegenen Kleingartenflächen (Lose), die im Sinne des Wiener Kleingartengesetzes benützt werden, über Antrag die Zahl der Einsammlungen mit 30mal je Kalenderjahr festgesetzt. Der Antrag bedarf der Bestätigung durch den Kleingartenverein oder dessen Verband auf die Richtigkeit der angegebenen Benützung im Sinne des Wiener Kleingartengesetzes.

Was darf ich nicht in die Müllgefäße einleeren:

Erde, Schlamm, Flüssigkeiten, landwirtschaftliche Abfälle, Fäkalien, Stallmist, Kadaver, Benzin- und Ölrückstände, heiße Asche oder Schlacke, weiters Abfälle, welche die zur Abfuhr verwendeten Einrichtungen beschädigen oder die mit der Abfuhr betrauten Organe gefährden können, wie z. B. explosive Gegenstände, ätzende Substanzen, Farb- und Karbidrückstände.

Eine Bitte:

Schont die Müllgefäße!

Haltet die Straßen rein!

Was geschieht mit Altöl und sonstigen Kohlenwasserstoffen?

Altöl, Benzinrückstände, Lösungsmittel sowie Lack- und Farbreste werden von der Firma EBS (vorm. BIA) Entsorgungsbetriebe Simmering Ges. m. b. H. u. CO KG., 11, Heidequerstraße, Tel. 76 16 10, übernommen.

Wer entfernt unbrauchbar gewordene Kraftfahrzeuge (Wracks) von öffentlichen Straßen und Plätzen?

Besitzer von Fahrzeugwracks oder von Fahrzeugen, die unbrauchbar geworden sind, können durch Abtretung ihres Fahrzeuges an die MA 48 aller Sorgen wegen der Abschleppung des Fahrzeuges ledig sein. In jedem Polizeiwachzimmer, auf jedem magistratischen Bezirksamt und bei den Dienststellen der Kraftfahrorganisationen (ARBÖ, ÖAMTC) erhält man eine vorgedruckte Erklärung, die nur auszufüllen und mittels eines der Erklärung beiliegenden Kuverts portofrei der MA 48 einzusenden ist. Wem der Weg zu einer der angeführten Stellen zu weit ist, der kann auch telefonisch bei der MA 48 (Tel. 55 16 11*, 214) einen solchen Vordruck anfordern und erhält diesen dann ehestens zugesandt. Wichtig ist aber, daß die MA 48 nur solche Fahrzeuge abschleppen darf, die ordnungsgemäß bei der Zulassungsbehörde (Polizei) abgemeldet wurden und für die ein Besitznachweis (Typenschein, Einzelgenehmigung) beigeschlossen ist. Wer seinen Typenschein oder die Einzelgenehmigung aus irgendeinem Grund wieder benötigt (z. B. wenn man den Fahrzeugmotor ausbaut, um ihn weiter zu verwenden), kann das Dokument, nach Eintragung eines amtlichen Vermerkes durch die MA 48, wieder erhalten. Die MA 48 wird dann binnen weniger Tage für die kostenlose Abschleppung des unbrauchbar gewordenen Fahrzeuges Sorge tragen.

Eine weitere Vereinfachung stellt ein im Verkehrsamt der Bundespolizeidirektion Wien, 9, Türkenstraße 22a, aufgestellter ,,Wrackbriefkasten" dar. Dort sind alle erforderlichen Unterlagen vorhanden, um in den Genuß der Vorteile der kostenlosen Abschleppaktion zu kommen. Die ausgefüllten Erklärungen können in den ,,Wrackbriefkasten" eingeworfen werden und werden auf kürzestem Weg in die MA 48 gebracht.

Wer sein Fahrzeug abmeldet und es dann der MA 48 überläßt, muß unbedingt bei jener Versicherungsgesellschaft, bei der er haftpflichtversichert ist, den Versicherungsvertrag kündigen, weil er sonst trotz Abmeldung des Fahrzeuges weiterhin seine Versicherungsprämie zu bezahlen hätte.

STRASSENVERWALTUNG UND STRASSENBELEUCHTUNG

(MA 28, 33, 64)

Welche Vorschriften bestehen über die Gehsteigherstellung?

Jeder Eigentümer eines Neu-, Zu- oder Umbaues im Bauland oder einer fundierten Einfriedung an einer Baulinie ist verpflichtet, wenn der Bebauungsplan im Querschnitt der Verkehrsfläche nichts anderes bestimmt, in der vollen Länge des Bauplatzes oder Bauloses nach den Angaben der Behörde einen Gehsteig herzustellen. Als Gehsteig gelten auch Verkehrsflächen oder Teile einer solchen, die vorwiegend dem Fußgängerverkehr vorbehalten sind und deswegen entweder nicht befahrbar ausgestaltet oder von einem etwaigen Fahrstreifen baulich nicht getrennt bzw. durch Randsteine gegen andere Teile der Verkehrsfläche nicht abgegrenzt sind. Bei der Herstellung einer nicht fundierten Einfriedung an der Baulinie bzw. wenn öffentliche Interessen dies erfordern, ist nach den gleichen Grundsätzen ein Gehsteig in vorläufiger Bauart herzustellen. Unter bestimmten Voraussetzungen hat die Behörde jedoch von der Verpflichtung zur Herstellung eines Gehsteiges abzusehen bzw. über Ansuchen die Herstellung des Gehsteiges zu stunden, wenn nicht öffentliche Interessen die Herstellung eines Gehsteiges verlangen. Die Herstellung des Gehsteiges hat bis zur Erteilung der Benützungsbewilligung bzw. in den Fällen, in denen auf die Erteilung einer Benützungsbewilligung verzichtet worden ist oder eine solche nicht vorgesehen ist, bis zur Beendigung der Bauführung zu erfolgen.

Vor Ausführung des Gehsteiges ist um Bekanntgabe der Höhenlage, Breite und Bauart und um die Aussteckung der Höhenlage anzusuchen (100-S-Bundesstempel). Diese Ansuchen sind an die MA 37, 20, Dresdner Straße 73–79, zu richten.

Gehsteigauf- und -überfahrten zur Einfahrt bzw. Ausfahrt aus einer Liegenschaft dürfen nur mit Bewilligung der Behörde hergestellt werden. Um diese Bewilligung ist bei der MA 28 anzusuchen. Das Ansuchen ist mit 100-S-Bundesstempel und 120-S-Verwaltungsabgabemarken (40 S für die Auffahrt und 80 S für die Überfahrt) zu belegen.

Für die Gehsteigherstellung ist auch eine Aufgrabungsbewilligung erforderlich, um die bei der MA 28 anzusuchen ist. Nach Fertigstellung des Gehsteiges ist um die Feststellung der vorschriftsmäßigen Herstellung bei der MA 28, 17, Lienfeldergasse 96, anzusuchen (100-S-Bundesstempel und 80-S-Verwaltungsabgabemarken), wobei von der Behörde die Haftungszeit festgesetzt wird.

Bei Portalentfernungen ist die freiwerdende Gehsteigfläche mit dem gleichen Belag, den der Gehsteig aufweist, zu versehen, also in den meisten Fällen 2 cm Gußasphalt auf 10 cm Unterlagsbeton und 10 cm mechanisch-stabilisierte Kiestragschichte.

Wann wird ein Gehsteig in die Erhaltung der Stadt Wien übernommen?

Granitpflaster- und Klinkergehsteige, die vor Ende des Jahres 1929 ordnungsgemäß hergestellt wurden, gelten als generell in die Erhaltung der Stadt Wien übernommen.

Andere Gehsteige, die noch nicht ausdrücklich in die Erhaltung der Stadt Wien übernommen wurden, es wäre denn, daß sie schon vor 1883 hergestellt worden sind, stehen in der Erhaltungspflicht des Liegenschaftseigentümers, der für die Instandhaltung zivil- und strafrechtlich verantwortlich ist. Solche noch nicht übernommenen Gehsteige können nach Ablauf der Haftungszeit, im allgemeinen drei Jahre nach dem Bau, nur dann über ausdrückliches schriftliches Ansuchen (100-S-Bundesstempel und 80-S-Verwaltungsabgabemarken) in die Erhaltung der Stadt Wien übernommen werden, wenn sie sich in gutem, ordnungsgemäßem, den Vorschriften entsprechendem Zustand befinden. Ansuchen sind an die MA 28, 17, Lienfeldergasse 96, zu richten. Auf schriftliches Ansuchen (zweimal 100-S-Bundesstempel, 30-S-Verwaltungsabgabemarken) werden von der MA 28 auch Bestätigungen ausgestellt, ob der Gehsteig in die Erhaltung der Stadt Wien übernommen wurde. Gehsteigauf- und -überfahrten werden nicht in die Erhaltung der Stadt Wien übernommen.

Unter welchen Bedingungen kann in öffentlichen Straßen oder Plätzen aufgegraben werden?

Jede Aufgrabung in einer öffentlichen Straße oder einem öffentlichen Platz (Gehsteig oder Fahrbahn) bedarf der vorherigen Bewilligung der MA 28, 17, Lienfeldergasse 96, die nur unter bestimmten technischen Bedingungen erteilt werden kann. Es ist daher bei notwendigen Aufgrabungen, wie für Hauskanalanschlüsse, Einwurfschächte, Ölabfüll- und sonstige private Leitungen und Gehsteigherstellung, rechtzeitig bei der MA 28 um die Aufgrabungsbewilligung anzusuchen. Um Neuanschlüsse an das Gas-, Wasser-, Strom- und Fernsprechnetz ist vorher bei den Wiener Stadtwerken bzw. den Wasserwerken oder der Post- und Telegraphenverwaltung anzusuchen.

Wer behebt Straßen-(Fahrbahn- und Gehsteig-)Schäden?

Für die Behebung von Straßenschäden ist die MA 28, 17, Lienfeldergasse 96, Tel. 46 15 91, zuständig, die jede Mitteilung (schriftlich oder telefonisch) über schadhafte Fahrbahn- oder Gehsteig-Stellen entgegennimmt (Journaldienst). Außerhalb der Dienststunden sind telefonische Mitteilungen an den Permanenzingenieur, Tel. 42 8 00*, 2941, oder 63 66 71*, 398, zu richten.

Was ist zu tun, wenn in irgendeiner Gegend Straßenlampen nicht brennen?

Auf keinen Fall schimpfen und alles auf sich beruhen lassen, sondern den Störungsfall mit genauer Zeit- und Ortsangabe (z. B. seit gestern, dem 23. März, ist die elektrische Straßenlampe vor dem Haus, 16, Friedmanngasse 27, finster) so rasch als möglich melden, entweder:

1. einem Rayonssicherheitswachebeamten mit dem Ersuchen, die Meldung an die zuständige Stelle (Wiener Stadtwerke-Elektrizitätswerke, Betrieb und Erhaltung der öffentlichen Beleuchtung) weiterzugeben,
2. telefonisch unter 33 35 73 an die Wiener Stadtwerke-Elektrizitätswerke, Abteilung B5 (Betrieb und Erhaltung der öffentlichen Beleuchtung), oder
3. unter 43 89 89 an die Stadtinformation täglich von 0 bis 24 Uhr.

Je schneller die richtige Meldung an die richtige Stelle kommt, desto rascher kann die Störung behoben werden.

Was soll man bei einer Störung einer öffentlichen Uhr tun?

Den Störungsfall mit genauer Zeit- und Ortsangabe (z. B. die öffentliche Uhr auf dem Lichtmast Margaretenplatz steht seit heute früh 8.20 Uhr und ihre Zifferblätter waren gestern abends nicht beleuchtet) auf kürzestem Weg (am besten telefonisch)

1. unter 78 26 29*, 24, an die MA 33, 3, Senngasse 2, Montag bis Freitag von 7.30 bis 15.30 Uhr oder
2. unter 43 89 89 an die Stadtinformation täglich von 0 bis 24 Uhr

melden.

Je früher die Meldung einlangt, umso schneller kann die Störung behoben werden.

Ist eine kurzfristige Behebung der Störung nicht möglich, so wird dies dadurch kenntlich gemacht, daß die Uhr außer Betrieb genommen und von Hand aus auf 12 Uhr gestellt wird.

VERANSTALTUNGSWESEN

(MA 7)

Wann kommt das Wiener Veranstaltungsgesetz zur Anwendung?

Das Wiener Veranstaltungsgesetz, welches mit Ausnahme des Kino- und Messewesens das gesamte Veranstaltungswesen zusammenfassend neu regelt, gilt für Theateraufführungen jeder Art und für öffentliche Schaustellungen, Darbietungen und Belustigungen. Die Bestimmungen dieses Gesetzes traten im Jahr 1971 an Stelle der früheren Vorschriften des Wiener Theatergesetzes, des Wiener Ausstellungsgesetzes und der auf diese Gesetze gestützten Verordnungen. Novellierungen erfolgten 1976 und 1981. Die technischen Bestimmungen wurden im Jahr 1978 durch das Wiener Veranstaltungsstättengesetz neu geregelt, das besondere Vorschriften über die Lage, Beschaffenheit, Einrichtung und Betrieb von Veranstaltungsstätten, wie Volltheater, Saaltheater, Zirkusanlagen, Volksvergnügungsstätten und sonstige Anlagen, enthält.

Das Wiener Veranstaltungsgesetz statuiert ausdrücklich, daß die erwähnten Veranstaltungen immer dann als öffentlich zu gelten haben, wenn sie allgemein zugänglich sind. Nicht allgemein zugängliche Veranstaltungen gelten dann als öffentlich, wenn an ihnen mehr als 20 Personen teilnehmen können; sie sind jedoch nicht öffentlich, wenn es sich um Familienfeiern oder um solche häusliche Veranstaltungen handelt, die in bestimmungsgemäßer Verwendung einer privaten Wohnung stattfinden.

Nach den Bestimmungen des Veranstaltungsgesetzes werden die danach zu beurteilenden Veranstaltungen in drei Gruppen eingeteilt, und zwar

1. in weder anmeldepflichtige noch konzessionspflichtige Veranstaltungen, d. h. in Veranstaltungen, welche abgehalten werden dürfen, ohne daß sie der Behörde zur Kenntnis gebracht werden müssen;
2. in anmeldepflichtige Veranstaltungen, für deren Durchführung keine Bewilligung, sondern lediglich eine rechtswirksame Anmeldung erforderlich ist;
3. in konzessionspflichtige Veranstaltungen, welche nur auf Grund einer vorherigen Bewilligung durchgeführt werden dürfen.

Die unter Punkt 1 und 2 fallenden Veranstaltungen sind im Gesetz taxativ aufgezählt.

Demnach bedürfen weder einer Anmeldung noch einer Bewilligung:

1. Veranstaltungen zum Empfang von Hörfunk- und Fernsehübertragungen;
2. der Betrieb von Musikautomaten;
3. Schallplatten- und Tonbandaufführungen;
4. andere musikalische Darbietungen, wenn sie in Gastgewerbebetrieben, Buschenschenken oder unentgeltlich auf den durch Verordnung des Magistrats bestimmten öffentlichen Musizierplätzen im Freien durchgeführt werden;
5. sportliche Veranstaltungen mit Ausnahme des Betriebes von Sportstätten und der Berufssportveranstaltungen von Boxern, Ringern und ähnlichen Kampfsportlern;
6. Feuerwerke, wenn für die Verwendung der pyrotechnischen Gegenstände eine Bewilligung nach dem Pyrotechnikgesetz 1974 vorliegt.

Die Gruppe der anmeldepflichtigen Veranstaltungen umfaßt folgende Veranstaltungen:

1. Vorträge, Vorlesungen und musikalische Darbietungen, insbesondere Konzerte, Akademien, Instrumental- und Gesangsvorträge, wenn sie nicht nach den vorstehenden Punkten 1 bis 4 ohnedies anmeldefrei sind;
2. theater- und varieteartige Veranstaltungen folgender Art:
   a) Theateraufführungen und Varietévorführungen, wenn die Veranstaltungsstätte einen Fassungsraum von weniger als 50 Personen besitzt und keine ihrer Natur nach wilden Raub- oder Großtiere verwendet werden,
   b) Theateraufführungen und Varietévorführungen ohne Erwerbscharakter durch Dilettanten, ausgenommen Stripteasevorführungen,
   c) fallweise Theateraufführungen und Varietévorführungen ohne Erwerbscharakter als zusätzlicher Teil einer sonst nicht unter das Veranstaltungsgesetz fallenden Veranstaltung,
   d) Marionetten-, Puppen- und Schattenspiele,
   e) Vorführungen von Zauberkunststücken ohne bühnenmäßige Ausstattung,
   f) Tanzvorführungen ohne bühnenmäßige Ausstattung oder szenischen Aufwand, ausgenommen Stripteasevorführungen;
3. Tanzunterhaltungen und Feste:
   a) Bälle, Redouten, Kostümfeste, Kränzchen, Parties und sonstiger Publikumstanz, wenn der Tanz in der Zeit vom 1. Jänner bis zum Sonntag vor Ostern in einer Veranstaltungsstätte durchgeführt wird, die für diese Veranstaltungsart bereits bescheidmäßig für geeignet befunden wurde, oder wenn in der gleichen Veranstaltungsstätte nicht an mehr als an sechs Tagen eines Kalendermonats Publikumstanzveranstaltungen durchgeführt werden,
   b) Wohltätigkeitsfeste unter Ausschluß von konzessionspflichtigen Theateraufführungen, Zirkusvorführungen und Tierschauen,
   c) Umzüge zu Vergnügungszwecken und Eisfeste,

d) jahreszeitlich bedingte oder im Zusammenhang mit Volksbräuchen stattfindende Feste;
4. Kinderunterhaltungsapparate;
5. pratermäßige Volksvergnügungen;
6. Betrieb von Eislauf- und Tennisplätzen sowie anderen Sportstätten;
7. Ausstellungen, ausgenommen Tierschauen;
8. Modeschauen mit künstlerischem Beiprogramm und alle anderen Modeschauen, die keine gewerblichen Vorführungen sind.

Einer Konzession bedürfen alle bisher nicht bezeichneten sonstigen Veranstaltungen, d. h. insbesondere Theater- und Varietéaufführungen, sofern sie nicht bloß der Anmeldepflicht unterliegen, ferner Veranstaltungen, wie Zirkusse, Tierschauen, Publikumstanz und Unterhaltungsspielapparate.

Wie kommt man zu einer Konzession oder Anmeldebescheinigung?

Die für die Anmeldung und Konzessionserteilung zuständige MA 7 nimmt Anmeldungen täglich von 8 bis 13 Uhr in ihrer Anmeldestelle, 1, Volksgartenstraße 1–3, 3. Stock, Tür 412, entgegen, während Ansuchen um Erteilung einer Konzession in den Amtsräumen, 8, Friedrich-Schmidt-Platz 5, 3. Stock, bzw. in der Kanzlei im 2. Stock einzureichen sind.

Nach der gesetzlichen Bestimmung muß die Anmeldung für eine Veranstaltung grundsätzlich spätestens eine Woche vor dem Tag der Veranstaltung bei der Behörde einlangen und ist nur in wenigen Ausnahmefällen noch bis zu dem der Veranstaltung vorangehenden Tag möglich.

Vor Erteilung einer Konzession bzw. Ausstellung einer Bescheinigung über eine rechtswirksame Anmeldung für eine dem Veranstaltungsgesetz unterliegende Veranstaltung muß die Veranstaltungsstätte in bau- und feuerpolizeilicher sowie betriebstechnischer Hinsicht entweder als geeignet angesehen werden können (falls die Nichteignung noch nicht festgestellt und die Eignungsfeststellung nicht zwingend vorgeschrieben ist, überdies kein Auftrag zur Erwirkung der Eignungsfeststellung erteilt wurde; ferner bei Bundesgebäuden für Theateraufführungen, in denen Private fallweise als Veranstalter auftreten) oder die Eignung bescheidmäßig festgestellt sein.

Zwingend erforderlich ist die Eignungsfeststellung jedenfalls bei konzessionspflichtigen und gewissen anmeldepflichtigen Theateraufführungen und Varietévorführungen, bei Zirkussen, Tierschauen, Feuerwerken, Schießbuden, gewissen pratermäßigen Volksvergnügungen, bei Ausstellungen, Marionetten-, Puppen- und Schattenspielen, Vorführungen von Zauberkunststücken ohne bühnenmäßige Ausstattung und Wohltätigkeitsfesten sowie bei Veranstaltungen, falls die Teilnehmerzahl 100 oder mehr Personen umfaßt, und zwar bei Vorlesungen, Vorträgen, musikalischen Darbietungen, Tanzvorführungen ohne bühnenmäßige Ausstattung und szenischen Aufwand, ferner bei fallweisen und bloß anmeldepflichtigen Tanzunterhaltungen und Publikumstanzunterhaltungen, Eisfesten, beim Betrieb von Sportstätten, bei Sportveranstaltungen und Modeschauen mit künstlerischem Beiprogramm.

Wann ist eine Konzession nach dem Wiener Kinogesetz erforderlich?

Nach dem Wiener Kinogesetz 1955 in der Fassung der letzten Wiener Kinogesetznovelle 1980 ist für die öffentliche Aufführung von Filmen eine behördliche Bewilligung (Konzession) erforderlich. Einer behördlichen Bewilligung bedarf auch die öffentliche Aufführung anderer, durch Projektion oder auf ähnliche Weise erzeugter Bilder, die Aufführung von Stehbildern und von Schmalfilmen bis 10 mm Breite jedoch nur, wenn sie im Rahmen eines Erwerbsunternehmens stattfindet, desgleichen die Aufführung von Video- oder Fernsehaufzeichnungen (Kassetten). Die Ansuchen sind ebenfalls bei der MA 7, 8, Friedrich-Schmidt-Platz 5, einzureichen.

Vor Erteilung der behördlichen Bewilligung zur Aufführung von Filmen, Stehbildern u. dgl. ist die Betriebsstätte gleichfalls von der Behörde zu genehmigen.

Wer genehmigt Veranstaltungsstätten?

Die Eignungsfeststellung (Genehmigung) der Veranstaltungs-(Betriebs-)Stätte in bau- und feuerpolizeilicher sowie betriebstechnischer Hinsicht erfolgt durch die MA 35 – Gruppe V (Technische Theater- und Kinopolizei, technische Sicherheitseinrichtungen bei Menschenansammlungen), 17, Kalvarienberggasse 33, 2. Stock. Diesbezüglichen Ansuchen an diese Abteilung sind Skizzen und Pläne im Maßstab 1 : 100 und auch Beschreibungen in drei bzw. (bei Kinos) vier Gleichschriften anzuschließen.

VERKEHRSBETRIEBE

Was umfaßt das Netz der Verkehrsbetriebe?

Das Verkehrsnetz der Wiener Stadtwerke-Verkehrsbetriebe umfaßt (ohne fallweise Einlage- und Verstärkungslinien)
34 Straßenbahnlinien, und zwar
21 Radiallinien
6 Rundlinien
7 Durchgangslinien,
Gesamtbetriebslänge ca. 250 km.

2 Stadtbahnlinien,
Gesamtbetriebslänge ca. 17 km.

3 U-Bahn-Linien,
Gesamtbetriebslänge ca. 30 km.

52 Autobuslinien,
Gesamtbetriebslänge ca. 310 km.

29 Linien, die in Tarifgemeinschaft mit den Wiener Verkehrsbetrieben geführt werden.

Wofür gelten die Tarifbestimmungen?

Die Tarifbestimmungen gelten für die Straßenbahn-, Stadtbahn-, U-Bahn- und Autobuslinien der Wiener Stadtwerke-Verkehrsbetriebe.

Sie gelten ferner auf den in die Tarifgemeinschaft mit den Wiener Stadtwerken-Verkehrsbetriebe einbezogenen Strecken der Wiener Schnellbahn der ÖBB und auf den in die Tarifgemeinschaft einbezogenen Kraftfahrlinien der öffentlichen und privaten Autobusunternehmen. Sie regeln den Einheitstarif, den Gelegenheitsverkehr und die Gebühren.

Welche Tarife gibt es?

I. EINHEITSTARIF

A. ALLGEMEINES

Der Einheitstarif gilt auf allen Straßenbahn-, Stadtbahn-, U-Bahn- und Autobuslinien, ferner auf den in die Tarifgemeinschaft einbezogenen Strecken der Wiener Schnellbahn der ÖBB und auf den in die Tarifgemeinschaft einbezogenen Kraftfahrlinien der öffentlichen und privaten Autobusunternehmen.

Die Linien der Wiener Stadtwerke-Verkehrsbetriebe sind in Kurzstrecken eingeteilt.

B. FAHRKARTEN

Alle Fahrkarten gelten für eine Fahrt ohne Fahrtunterbrechung auf der für die Erreichung des Fahrzieles zeitmäßig kürzesten Fahrstrecke.

Alle Fahrkarten mit Ausnahme des 4-Kurzstrecken-Fahrscheines sind unübertragbar, sobald mit ihnen eine Fahrt angetreten worden ist.

1. Fahrscheine

gelten für eine Fahrt mit oder ohne Umsteigen an allen Tagen von Betriebsbeginn bis Betriebsschluß.
Fahrscheine kosten pro Stück
für Erwachsene . . . . 10,50 S
für Kinder . . . . 5 S

Bei Verkauf eines Fahrscheines durch einen Schaffner oder einen Fahrscheinverkaufsautomaten wird ein Einzelausgabezuschlag eingehoben.
Dieser beträgt:
für Erwachsene . . . . 4,50 S
für Kinder . . . . 1 S
daraus ergibt sich ein Fahrpreis
für Erwachsene . . . . 15 S
für Kinder . . . . 6 S

2. Bestimmungen für Fahrkarten ohne Einzelausgabezuschlag

a) Fahrkarten ohne Einzelausgabezuschlag sind nur im Vorverkauf, das sind die Abteilung für Tarifangelegenheiten, Kartenausgabe und Fahrbegünstigungen, 6, Rahlgasse 3, und die betriebseigenen Vorverkaufsstellen, in Blöcken zu 5 Stück oder einem Vielfachen davon, 4-Kurzstrecken-Fahrscheine jedoch auch einzeln, zu den angekündigten Verkaufszeiten erhältlich. Darüber hinaus werden sie auch bei privaten Verkaufsstellen zu den gleichen Bedingungen verkauft.
b) Nicht benützte Fahrkarten werden, sofern nicht anläßlich von Tarifänderungen eine andere Vorgangsweise festgelegt wird, weder zurückgekauft noch umgetauscht.
c) Bei Fahrpreisänderungen endet die Benützbarkeit mit dem Inkrafttreten der neuen Fahrpreise. Die bisherigen Fahrkarten gelten in Verbindung mit den allenfalls ausgegebenen entsprechenden Ergänzungsfahrscheinen auf die Dauer der Gültigkeit der Ergänzungsfahrscheine.

3. Kindertarif

Der Kindertarif gilt für Kinder bis zum vollendeten 15. Lebensjahr; bei weiterhin nachgewiesenem Schulbesuch bis Ende des Unterrichtsjahres, in dem das 15. Lebensjahr vollendet wird, ausgenommen Schüler berufsbildender Pflichtschulen. Bei Inanspruchnahme von Fahrscheinen für Kinder hat das Kind bis zum vollendeten 15. Lebensjahr auf Verlangen sein Alter mit einem Lichtbildausweis, aus dem sein Geburtsdatum hervorgeht, nachzuweisen. Über das 15. Lebensjahr hinaus werden nur der von den Wiener Stadtwerken-Verkehrsbetriebe ausgestellte Kinderausweis mit Lichtbild und die Schülerkarte zum Schülertarif II anerkannt.

Antragsformulare für die Ausstellung von Kinderausweisen sind im Vorverkauf (Abteilung für Tarifangelegenheiten, Kartenausgabe und Fahrbegünstigungen, 6, Rahlgasse 3, und betriebseigene Vorverkaufsstellen) zum Preis von 30 S (Ausfertigungsgebühr) erhältlich.

Für die Ausstellung eines Kinderausweises sind eine Geburtsurkunde, ein Lichtbildausweis und bei Verlängerung über das vollendete 15. Lebensjahr eine Schulbesuchsbestätigung auf dem Antragsformular erforderlich.

Kinder bis zum vollendeten 6. Lebensjahr werden unentgeltlich befördert. Ebenso werden Kinder bis zum vollendeten 15. Lebensjahr an Sonn- und Feiertagen sowie in den für die Wiener Schulen laut Schulzeitgesetz festgelegten Ferien unentgeltlich befördert.

Bei Inanspruchnahme der unentgeltlichen Beförderung hat das Kind auf Verlangen sein Alter mit einem Lichtbildausweis, aus dem sein Geburtsdatum hervorgeht, nachzuweisen.

4. Pensionistentarif

Fahrausweise zum Pensionistentarif gelten nur in Verbindung mit dem Sozialpaß der Stadt Wien, und zwar

Pensionistentarif I mit dem Vermerk „P" im Sozialpaß und

Pensionistentarif II mit dem Vermerk „P II" im Sozialpaß,

der den Beziehern von Renten oder Pensionen und deren Ehegatten vom Magistrat der Stadt Wien entsprechend den Bestimmungen für den Sozialpaß ausgestellt wird.

Pensionistenfahrscheine werden nur für den Pensionistentarif I ausgegeben und gelten für eine Fahrt mit oder ohne Umsteigen an Werktagen von Montag bis Freitag von 8 Uhr – maßgebend hiefür ist nicht die Entwertung, sondern die Uhrzeit – bis Betriebsschluß, an Samstagen, Sonn- und Feiertagen ganztägig.

Sie kosten pro Stück . . . . 6,40 S

5. 4-Kurzstrecken-Fahrscheine

gelten an Werktagen von Montag bis Freitag von 8 Uhr – maßgebend hiefür ist nicht die Entwertung, sondern die Uhrzeit – bis Betriebsschluß, an Samstagen, Sonn- und Feiertagen ganztägig für 4-Kurzstrecken-Fahrten, die nicht an den Tag und die Person gebunden sind. Auf der Schnellbahn der ÖBB und den Autobuslinien in Tarifgemeinschaft sind sie nicht gültig. Auf schaffnerlosen Beiwagen sind sie ungültig, wenn auf diesen Wagen der entsprechende Hinweis angebracht ist.

Sie kosten pro Stück . . . . 20,60 S

C. ZEITKARTEN

1. Allgemeines

a) An Zeitkarten werden ausgegeben:
   - Netzkarten
     - Netzkarte „3-Tage-Wien",
     - Wochen-, Monats- und Halbjahreskarte,
     - Wochenkarte für Lehrlinge,
     - Monatskarte für Pensionisten,
     - Jahreskarte
     - Jahreskarte für Lehrlinge,
     - Nachmittags-Bildungskarte,
     - Schülerkarte zum Schülertarif IV;
   - Streckenkarten
     - Schülerkarte zum Schülertarif I,
     - Schülerkarte zum Schülertarif II,
     - Schülerkarte zum Schülertarif III.

b) Zeitkarten sind unübertragbar.

c) Zeitkarten und Wertmarken für Zeitkarten sind im Vorverkauf erhältlich. Wertmarken für Wochen- und Monatskarten werden auch durch private Verkaufsstellen verkauft. Der Verkauf sämtlicher Wertmarken mit einmonatiger Gültigkeit findet außer in der Abteilung für Tarifangelegenheiten, Kartenausgabe und Fahrbegünstigungen, 6, Rahlgasse 3, in der Zeit vom 20. eines jeden Monats bis einschließlich 5. des darauffolgenden Monats statt.

d) Fällt bei Monats- und Halbjahreswertmarken der letzte Tag der Gültigkeit auf einen Samstag, Sonn- oder Feiertag, so gilt als letzter Gültigkeitstag der darauffolgende Werktag.

e) Monats- und Halbjahreskarten können beim Kauf der Wertmarken im Vorverkauf gegen Verlust versichert werden.

2. Netzkarten „3-Tage-Wien"

berechtigen zu beliebig vielen Fahrten an drei aufeinanderfolgenden Kalendertagen beginnend mit dem Tag der Entwertung. Vor Antritt der Fahrt hat der Benützer Vor- und Zuname an der dafür vorgesehenen Stelle einzutragen.

3. Wochen-, Monats- und Halbjahreskarten, Wochenkarten für Lehrlinge, Monatskarten für Pensionisten

berechtigen zu beliebig vielen Fahrten an allen Tagen grundsätzlich von Betriebsbeginn bis Betriebsschluß während des auf der Wertmarke ersichtlichen Gültigkeitszeitraumes.

Wochenwertmarken gelten von Montag bis Sonntag innerhalb einer Kalenderwoche;

Monatswertmarken zum Pensionistentarif gelten an Werktagen von Montag bis Freitag erst ab 8 Uhr;

Halbjahreswertmarken gelten an allen Tagen innerhalb von sechs Kalendermonaten.

a) Auf der Netzkarte sind Name und Anschrift des Benützers einzutragen, weiters ist auf der vorgesehenen Stelle der Netzkarte ein Lichtbild fest anzubringen, das den Benützer zweifelsfrei erkennen läßt.

b) Vor Antritt der ersten Fahrt hat der Benützer die Wertmarke auf die dafür vorgesehene Stelle der Netzkarte voll aufzukleben und die Nummer der Netzkarte auf der Wertmarke einzutragen.

c) Wochenkarten für Lehrlinge gelten nur in Verbindung mit einem von der Direktion der Berufsschule oder der Abteilung für Tarifangelegenheiten, Kartenausgabe und Fahrbegünstigungen, 6, Rahlgasse 3, für das laufende Unterrichtsjahr ausgestellten Berufsschulausweis. Diese Ausweise müssen mit einem Lichtbild versehen sein, das den Inhaber des Ausweises leicht und zweifelsfrei erkennen läßt.

d) Zeitkarten zum Pensionistentarif I oder II gelten entsprechend I/B/4 nur in Verbindung mit dem Sozialpaß der Stadt Wien.

4. Jahreskarten, Jahreskarten für Lehrlinge

berechtigen zu beliebig vielen Fahrten an allen Tagen von Betriebsbeginn bis Betriebsschluß bis zu dem auf der Wertmarke ersichtlichen Gültigkeitszeitpunkt.

a) Jahreskarten und Jahreskarten für Lehrlinge, für die der Fahrpreis im vorhinein erlegt wird, sind jederzeit in der Abteilung für Tarifangelegenheiten, Kartenausgabe und Fahrbegünstigungen, 6, Rahlgasse 3, erhältlich, wobei bei Kauf ab dem 25. eines Monats der Fahrpreis erst ab dem folgenden Monatsersten berechnet wird.

b) Der Benützer einer Jahreskarte oder einer Jahreskarte für Lehrlinge, der sich verpflichtet oder für den sich ein Dritter verpflichtet, für die Bezahlung des Fahrpreises in zehn gleichen aufeinanderfolgenden Beträgen einen Abbuchungsauftrag für Lastschriften von einem Giro- oder Gehaltskonto einer Bank oder Sparkasse mit dem Sitz in Österreich zugunsten der Wiener Stadtwerke-Verkehrsbetriebe zu erteilen, erhält die Jahreskarte bzw. die Wertmarke auf dem Postweg zugestellt (Jahresabonnement).

   Die Bestellung eines Jahresabonnements kann bei jeder betriebseigenen Vorverkaufsstelle spätestens bis zum 5. eines jeden Monats und in der Abteilung für Tarifangelegenheiten, Kartenausgabe und Fahrbegünstigungen, 6, Rahlgasse 3, spätestens bis zum 10. eines jeden Monats vor dem ersten Gültigkeitsmonat des Jahresabonnements eingebracht werden.

   Die Bestellung hat zu enthalten:
   - Name und Anschrift des Benützers,
   - Lichtbild des Benützers,
   - Unterschrift des Benützers,
   - Name und Anschrift des Kontoinhabers,
   - Kreditinstitut,
   - Kontonummer und
   - Einzugsermächtigung durch Unterschrift des Kontoinhabers.

Alle Änderungen der bei der Bestellung angegebenen Daten sind umgehend der Abteilung für Tarifangelegenheiten, Kartenausgabe und Fahrbegünstigungen, 6, Rahlgasse 3, mitzuteilen.
Die Abbuchung der Beträge erfolgt jeweils mit dem 15. eines jeden Monats im voraus. Wird eine Jahreskarte im Abonnement nicht einen Monat vor Ablauf der Gültigkeit gekündigt, gilt die Verpflichtung für weitere zwölf Monate als verlängert, und es wird dem Benützer eine neue Wertmarke zugestellt. Darauf wird der Benützer vor Ablauf der Gültigkeitsdauer schriftlich von den Wiener Stadtwerken-Verkehrsbetriebe besonders hingewiesen. Hinsichtlich des Aufklebens der Wertmarke gilt die Bestimmung von I/C/3/b.
Ein Widerruf des Abbuchungsauftrages sowie eine Auflassung des Kontos ohne vorhergehende Kündigung des Abonnements berechtigen die Wiener Stadtwerke-Verkehrsbetriebe, den Vertrag mit sofortiger Wirkung aufzulösen und die Karte zurückzufordern.

c) Jahreskarten und Jahreskarten für Lehrlinge können weder auf eine andere Person umgeschrieben werden noch besteht eine Möglichkeit, mit der Abbuchung von Beträgen auszusetzen. Ein Rückkauf von Jahreskarten im Sinne der Bestimmungen des Rückkaufes von Wertmarken I/C/13 ist ausgeschlossen.

d) Jahreskarten und Jahreskarten für Lehrlinge können jederzeit ohne Angabe von Gründen unter gleichzeitiger Rückgabe der Karten in den ersten zehn Monaten vom Benützer in der Abteilung für Tarifangelegenheiten, Kartenausgabe und Fahrbegünstigungen, 6, Rahlgasse 3, gekündigt werden. In diesem Fall gelten für die Anrechnung vor der Kündigung gelegenen Zeiten die Bestimmungen von I/C/13/d für Halbjahreswertmarken. Eine Kündigung im 11. oder 12. Monat der Benützung ist ohne Auswirkung auf das laufende Abonnement.

e) Jahreskarten für Lehrlinge können nur in der Abteilung für Tarifangelegenheiten, Kartenausgabe und Fahrbegünstigungen, 6, Rahlgasse 3, bestellt werden, wobei zusätzlich ein Nachweis über ein bestehendes Lehrverhältnis beizubringen ist. Nach Ablauf der Gültigkeit ist eine Verlängerung nur bei neuerlicher Erbringung des Nachweises eines Lehrverhältnisses möglich.
Im Fall der Kündigung gilt für die Anrechnung der vor der Kündigung gelegenen Zeiten pro Monat der zehnte Teil des Preises einer Jahreskarte für Lehrlinge.

5. Nachmittags-Bildungskarten

berechtigen zu beliebig vielen Fahrten an Werktagen ab 14 Uhr, an Sonn- und Feiertagen sowie in den für die Wiener Schulen laut Schulzeitgesetz festgelegten Ferien – ausgenommen Hauptferien – von Betriebsbeginn bis Betriebsschluß während des auf der Monatswertmarke ersichtlichen Gültigkeitszeitraumes. Für die Zeit der Hauptferien werden keine Nachmittags-Bildungskarten ausgegeben. Außerdem erhalten Hochschüler keine entsprechenden Monatswertmarken für die Monate Februar und September.

Nachmittags-Bildungskarten werden für Schüler nach den Bestimmungen für Schülerkarten bis Ende des Unterrichts- bzw. Studienjahres, in dem sie das 27. Lebensjahr vollenden, ausgegeben. Sie werden von der Abteilung für Tarifangelegenheiten, Kartenausgabe und Fahrbegünstigungen, 6, Rahlgasse 3, aufgrund von Schulbesuchsbestätigungen bis zum Ende des Unterrichtsjahres bzw. aufgrund der Inskriptionsbestätigung bis Ende des Winter- bzw. Sommersemesters im laufenden Studienjahr ausgestellt. Für die Ausstellung der Karte ist ein Lichtbild erforderlich.

Für Schüler, die eine Schülerkarte zum Schülertarif II oder III besitzen, wird hinsichtlich der Nachmittags-Bildungskarte auf I/C/6/f verwiesen.

6. Schülerkarten,

die als Streckenkarten ausgestellt werden (Schülertarif I, II und III), berechtigen zu beliebig vielen Fahrten an den bestimmten Werktagen auf der vorgeschriebenen Strecke zwischen Wohnsitz und Schule (Universität, jedoch ohne Institute und sonstige Unterrichtsanstalten) von Betriebsbeginn bis Betriebsschluß während des auf der Monatswertmarke ersichtlichen Gültigkeitszeitraumes, Schülerkarten hingegen, die als Netzkarten ausgestellt werden (Schülertarif IV), berechtigen zu beliebig vielen Fahrten an allen Tagen von Betriebsbeginn bis Betriebsschluß während des auf der Monatswertmarke ersichtlichen Gültigkeitszeitraumes. Wertmarken für Schülerfreikarten werden auch für einen längeren Zeitraum als für einen Monat ausgegeben.

a) Anspruchsberechtigung
Schüler der öffentlichen oder mit Öffentlichkeitsrecht ausgestatteten Schulen erhalten bis Ende des Unterrichtsjahres bzw. ordentliche Hörer von Universitäten bis Ende des Sommersemesters im Studienjahr, in dem sie das 30. Lebensjahr vollenden, Schülerkarten. Für Abendschulen, Abendkurse oder kurzfristige Kurse und für die Zeit der Hauptferien werden keine Schülerkarten ausgegeben.
Es erhalten Schüler berufsbildender Pflichtschulen
Schülerkarten zum Schülertarif I,
Schüler der allgemeinbildenden Pflichtschulen, der berufsbildenden mittleren und höheren Schulen und der allgemeinbildenden höheren Schulen bis Ende des Unterrichtsjahres, in dem sie das 15. Lebensjahr vollenden,
Schülerkarten zum Schülertarif II,
sowie Schüler der gleichen Schultypen wie unter Schülertarif II, jedoch ab dem Unterrichtsjahr nach vollendetem 15. Lebensjahr und Schüler der Lehranstalten für gehobene Sozialberufe, der Berufspädagogischen Lehranstalten und ordentliche Hörer der Universitäten
Schülerkarten zum Schülertarif III und IV.

b) Findet der lehrplanmäßige Unterricht nur während eines Teiles des Gültigkeitsmonats statt, so gilt die Schülerkarte nur für diesen Teil der Laufzeit, entsprechend dem dann geänderten Aufdruck auf der Wertmarke. Ein Preisnachlaß für die allenfalls verkürzte Gültigkeitsdauer wird nicht gewährt.

c) Sämtliche Schülerkarten werden von der Abteilung für Tarifangelegenheiten, Kartenausgabe und Fahrbegünstigungen, 6, Rahlgasse 3, aufgrund von Schulbesuchsbestätigungen bis Ende des Unterrichtsjahres bzw. aufgrund des Inskriptionsnachweises bis Ende des Winter- bzw. Sommersemesters im laufenden Studienjahr ausgegeben.
Bei Einreichung ist ein Lichtbild, das den Schüler, für welchen die Schülerkarte ausgefertigt werden soll, leicht und unzweifelhaft erkennen läßt, erforderlich.

d) Antragsformulare für die Ausstellung von Schülerkarten sind im Vorverkauf zum Preis von 30 S (Ausfertigungsgebühr) erhältlich.

e) Bei der Ausstellung einer Schülerkarte (Schülerfreikarte) ist ebenso wie bei der Neuausstellung der Schülerkarte aufgrund einer Änderung des Namens oder der Anschrift des Schülers oder eines allfälligen Schulwechsels die Ausfertigungsgebühr von 30 S zu entrichten.

f) Schüler können den Geltungsbereich ihrer Streckenkarte auf eine Netzkarte erweitern, und zwar bei Schülerkarten zum Schülertarif I durch Aufkleben einer Monats-Zusatzwertmarke und bei Schülerkarten zum Schülertarif II und III durch Aufkleben der Monatswertmarke für eine Nachmittags-Bildungskarte. Die Karten berechtigen sodann zu Fahrten gemäß den Bestimmungen des Schülertarifes IV während des auf den zusätzlichen Monatswertmarken ersichtlichen Gültigkeitszeitraumes.

g) Schüler mit Schülerkarten zum Schülertarif I können den Gültigkeitsbereich ihrer Streckenkarte auf eine Jahreskarte durch Aufkleben einer Jahres-Zusatzwertmarke, deren Gültigkeit jeweils mit Ende des Schuljahres (31. August) beschränkt ist, erweitern. Für das Wirksamwerden des Preisvorteiles einer Jahreskarte ist ein Zeitraum vom Beginn bis Ende der Gültigkeit von vollen zwölf Monaten erforderlich. Tritt der Gültigkeitsbeginn so spät ein, daß ein Zeitraum von zwölf Monaten nicht erreicht werden kann, ist mit Beginn des neuen Schuljahres, spätestens bis zum 10. August, die Beibringung einer neuen Schulbestätigung für die Ausstellung einer Schülerkarte und die neuerliche Bestellung einer Jahreszusatzwertmarke erforderlich. Ungeachtet der neuen Bestellung werden die zehn gleichen aufeinanderfolgenden Beträge von der Erstausstellung an berechnet. Die Bestellung der Jahresumsatzwertmarken erfolgt nach den Bestimmungen über Jahreskarten (I/C/4) ausschließlich in der Abteilung für Tarifangelegenheiten, Kartenausgabe und Fahrbegünstigungen, 6, Rahlgasse 3.
Im übrigen gelten die Bestimmungen über Jahreskarten (I/C/4).

7. Die Preise für Zeitkarten betragen

Netzkarte „3-Tage-Wien“	66 S
Wochenwertmarke	85 S
Monatswertmarke	320 S
Halbjahreswertmarke	1.760 S
Wochenwertmarke für Lehrlinge	43 S
Monatswertmarke zum Pensionistentarif I	125 S
Monatswertmarke zum Pensionistentarif II	160 S
Jahreswertmarke	3.200 S
Jahreswertmarke für Lehrlinge	1.820 S
Monatswertmarke für Nachmittags-Bildungskarte	50 S
Monats-Zusatzwertmarke für Schülerkarte zum Schülertarif I	125 S
Jahres-Zusatzwertmarke für Schülerkarte zum Schülertarif I	1.250 S
Monatswertmarke zum Schülertarif I	57 S
Monatswertmarke zum Schülertarif II	255 S
Monatswertmarke zum Schülertarif III	270 S
Monatswertmarke zum Schülertarif IV	320 S

8. Verlängerung der Gültigkeit

Um die Gültigkeit einer Zeitkarte – ausgenommen einer Netzkarte „3-Tage-Wien“, einer Jahreskarte und einer Jahreskarte für Lehrlinge – zu verlängern, genügt es, eine dieser Zeitkarte entsprechende Wertmarke zu kaufen, auf die dafür vorgesehene Stelle der Netzkarte voll aufzukleben und die Nummer der Netzkarte auf der Wertmarke einzutragen.

Die Verlängerung der Gültigkeit einer Nachmittags-Bildungskarte und Schülerkarte über das Unterrichtsjahr (Studienjahr) hinaus ist nur über Antrag laut I/C/5 bzw. I/C/6/c möglich.

9. Vorweispflicht

Zeitkarten sind – ebenso wie ein allfälliger Nachweis der Berechtigung zur Inanspruchnahme – unaufgefordert den Bediensteten der Wiener Stadtwerke-Verkehrsbetriebe bzw. den Bediensteten der in die Tarifgemeinschaft einbezogenen Verkehrsunternehmen vorzuweisen.

10. Ersatzleistung

Für abhanden gekommene Zeitkarten und Wertmarken (ausgenommen Jahreskarten, Jahreskarten für Lehrlinge und Schülerkarten) leisten die Wiener Stadtwerke-Verkehrsbetriebe keinen Ersatz. Ersatz für abhanden gekommene Jahres- und Schülerkarten wird nur gegen Vorlage einer behördlichen Verlustanzeige und Erlag der Ausfertigungsgebühr geleistet.

11. Kündigung

Die Wiener Stadtwerke-Verkehrsbetriebe behalten sich das Recht vor, die Zeitkarten durch Verlautbarung in der „Wiener Zeitung“ innerhalb der gesetzlichen Verlautbarungsfrist für Tarifmaßnahmen zu kündigen; sie zahlen in diesem Fall den Zeitkartenbesitzern über Verlangen und gegen Rückstellung der Zeitkarte innerhalb einer von den Wiener Stadtwerken-Verkehrsbetriebe zu bestimmenden angemessenen Frist den der restlichen Laufzeit der gekündigten Zeitkarte entsprechenden Teilbetrag vom Kartenpreis zurück.

12. Rückkauf von Netzkarten „3-Tage-Wien“

Nicht benützte Netzkarten „3-Tage-Wien“ werden, sofern nicht anläßlich von Tarifänderungen eine andere Vorgangsweise festgelegt wird, weder zurückgekauft noch umgetauscht.

13. Rückkauf von Wertmarken ausgenommen Jahreswertmarken

a) Wertmarken werden bis vor Beginn der Gültigkeit zum vollen Preis zurückgekauft.
b) Wertmarken, deren Gültigkeit bereits begonnen hat, werden zurückgekauft, wobei für jeden Gültigkeitstag einschließlich des Tages der Rückgabe der unter d) festgesetzte Satz je Kategorie in Abzug gebracht wird.
c) Wertmarken, deren Gültigkeit bereits begonnen hat oder schon abgelaufen ist, werden bei Nachweis von Unfall, Krankheit oder Tod zurückgekauft. Hiebei wird für jeden Gültigkeitstag, für den dieser Nachweis nicht erbracht werden kann, der unter d) festgesetzte Satz je Kategorie in Abzug gebracht.
d) Sätze je Kategorie für den Abzug

Wochenwertmarke	3 Fahrscheine à 10,50 S
Monatswertmarke	3 Fahrscheine à 10,50 S
Halbjahreswertmarke pro abgelaufenem Monat	1 Monatswertmarke à 320 S
darüber pro abgelaufenem Tag	3 Fahrscheine à 10,50 S
Wochenwertmarke für Lehrlinge	3 Fahrscheine à 10,50 S
Monatswertmarke zum Pensionistentarif I oder II	3 Fahrscheine à 6,40 S
Monatswertmarke für Nachmittags-Bildungskarte	2 Fahrscheine à 5 S
Monats-Zusatzwertmarke für Schülerkarte zum Schülertarif I	3 Fahrscheine à 10,50 S
Monatswertmarke zum Schülertarif I	2 Fahrscheine à 10,50 S
Monatswertmarke zum Schülertarif II	3 Fahrscheine à 5 S

Monatswertmarke zum
Schülertarif III . . . . 3 Fahrscheine à 10,50 S

Monatswertmarke zum
Schülertarif IV . . . . 3 Fahrscheine à 10,50 S

e) Der Rückkauf von Wertmarken
kann in der Abteilung für Tarifangelegenheiten, Kartenausgabe und Fahrbegünstigungen, 6, Rahlgasse 3, und in der Dienststelle für Kunden- und Informationsdienst, 4, Favoritenstraße 9–11, erfolgen. Wird eine Zeitkarte mit Wertmarke auf dem Postweg zum Rückkauf eingereicht, so wird das Datum des Poststempels als Rückgabetag anerkannt.

D. UNGÜLTIGE FAHRAUSWEISE

Ein Fahrausweis ist ungültig,

- wenn er gefälscht oder verfälscht wurde,
- wenn er wegen seines Zustandes auf seine Gültigkeit nicht überprüft werden kann,
- wenn er nur in Verbindung mit einem Ausweis gültig ist und der betroffene Ausweis nicht vorgewiesen wird bzw. ungültig ist,
- wenn er zu Zeiten auf Strecken oder von Personen benützt wird, für die er nicht gilt, oder
- wenn er auf sonstige Weise den Tarifbestimmungen nicht entspricht.

In den genannten Fällen sind Bedienstete der Wiener Stadtwerke-Verkehrsbetriebe sowie Bedienstete der in die Tarifgemeinschaft einbezogenen Verkehrsunternehmen berechtigt, den Fahrausweis abzunehmen. Ebenso hat ein Nichtbeachten der für die Aufrechterhaltung von Sicherheit und Ordnung ergehenden Anordnungen der Bediensteten der Wiener Stadtwerke-Verkehrsbetriebe die Abnahme des Fahrausweises zur Folge. Der Fahrausweis verliert dadurch seine Gültigkeit und wird eingezogen.

E. BEFÖRDERUNG VON HANDGEPÄCK

Nach Maßgabe der Beförderungsbedingungen kann Handgepäck unentgeltlich mitgeführt werden.

F. BEFÖRDERUNG VON HUNDEN

1. Bei der Beförderung eines Hundes hat der Fahrgast, der den Hund mit sich führt, den jeweils für die Fahrstrecke entsprechenden Fahrpreis eines Fahrscheines zu 10,50 S oder 15 S oder des entsprechenden Anteiles eines 4-Kurzstrecken-Fahrscheines zu entrichten.
2. Bei der Beförderung eines Hundes mit einer Netzkarte „3-Tage-Wien" entfällt die Eintragung laut I/C/2.
3. Die Beförderung eines Hundes ist auch mit Wochen-, Monats- oder Halbjahreskarten gestattet. Dabei muß der Fahrgast entweder
   - auf seiner Zeitkarte unterhalb des Lichtbildes eine Wertmarke der selben Preislage aufkleben oder
   - auf eine eigene Grundkarte für den Hund (ohne Lichtbild) die entsprechende Wochen-, Monats- oder Halbjahreswertmarke aufkleben.

   Im übrigen gelten für die Beförderung von Hunden mit Zeitkarten die Bestimmungen der Abschnitte I/C/1 bis I/C/3/b sowie I/C/7 bis I/C/12. Ein Rückkauf von Wertmarken für Hunde ist grundsätzlich ausgeschlossen.
4. Hunde in geschlossenen Behältnissen werden unentgeltlich befördert.

G. WIENER SCHNELLBAHN DER ÖSTERREICHISCHEN BUNDESBAHNEN

1. Allgemeines

Die in die Tarifgemeinschaft einbezogenen Strecken der Österreichischen Bundesbahnen umfassen die Strecken Liesing bis Süßenbrunn, Floridsdorf bis Strebersdorf und Südbahnhof bis Hirschstetten-Aspern.

Als Schnellbahnzüge gelten als solche besonders gekennzeichnete Züge auf den genannten Strecken. Wenn als Schnellbahnzüge gekennzeichnete Züge auf anderen Strecken verkehren, kommen bei ihrer Benützung die Tarife gemäß dem Personen- und Reisegepäcktarif der Österreichischen Bundesbahnen zur Anwendung.

2. Gültigkeit der Fahrausweise

Alle zum Umsteigen berechtigenden Fahrausweise der Wiener Stadtwerke-Verkehrsbetriebe gelten ebenso wie die Bestimmungen über den Kindertarif auch im Bereich der Wiener Schnellbahn.

3. Fahrkartenausgabe

In Nummer 175 des österreichischen Tarifverzeichnisses, herausgegeben von der Generaldirektion der Österreichischen Bundesbahnen, „Personen- und Gepäcktarif – Österreichische Bundesbahnen – Wiener Stadtwerke-Verkehrsbetriebe", sind jene ÖBB-Bahnhöfe genannt, in denen besonders gekennzeichnete Fahrscheine der Wiener Stadtwerke-Verkehrsbetriebe ausgegeben werden.

Fahrscheine kosten einschließlich Einzelausgabezuschlag pro Stück
für Erwachsene . . . . 15 S
für Kinder . . . . 6 S

H. KRAFTFAHRLINIEN DER ÖFFENTLICHEN UND PRIVATEN AUTOBUSUNTERNEHMEN

1. Allgemeines

Die in die Tarifgemeinschaft einbezogenen Kraftfahrlinien der öffentlichen und privaten Autobusunternehmen sind mit Liniensignalen (mit Zusatzbuchstaben „B") und durch Tafeln besonders gekennzeichnet.

2. Fahrausweise

Alle Personen, die im Besitz eines innerhalb des Einheitstarifes zum Umsteigen berechtigenden Fahrausweises der Wiener Stadtwerke-Verkehrsbetriebe sind, werden unter Berücksichtigung der Bestimmungen über den Kindertarif ohne Lösen einer zusätzlichen Fahrkarte auf den in die Tarifgemeinschaft einbezogenen Kraftfahrlinien der öffentlichen und privaten Autobusunternehmen befördert. Das gleiche gilt für die Beförderung von Hunden und Handgepäck.

Von den Lenkern der öffentlichen und privaten Autobusunternehmen werden auf diesen Linien keine Fahrkarten der Wiener Stadtwerke-Verkehrsbetriebe ausgegeben.

3. Kahlenbergerdorf – Besonderer Tarif

Personen, die im Einzugsbereich der Heiligenstädter Straße zwischen Burgstall und Donauwarte wohnen und dort polizeilich gemeldet sind, ferner solche, die im Gemeindegebiet von Wien wohnen und im Einzugsbereich der Heiligenstädter Straße zwischen Burgstall und Donauwarte ständig beschäftigt sind, erhalten in der Abteilung für Tarifangelegenheiten, Kartenausgabe und Fahrbegünstigungen, 6, Rahlgasse 3, oder an der Vorverkaufsstelle der Wiener Stadtwerke-Verkehrsbetriebe im Bahnhof Heiligenstadt der Wiener Stadtbahn (U-Bahn) gegen Vorweis eines polizeilichen Meldezettels bzw. einer vom

Dienstgeber ausgestellten Bestätigung und Beibringung eines Lichtbildes eine auf Namen lautende Erkennungskarte mit sechsmonatiger Gültigkeit.

Gegen Vorweis dieser Erkennungskarte können Autobuslinien der Firmen Dr. Richard, Verkehrsbetriebe KG, und Franz Zuklin & Co., Reisebüro und Autobusunternehmen, mit Fahrausweisen des Einheitstarifes, ausgenommen 4-Kurzstrecken-Fahrscheine und Schülerkarten zum Schülertarif II, III und IV, unter Berücksichtigung der Bestimmungen über den Kindertarif, zwischen Bahnhof Heiligenstadt der Wiener Stadtbahn (U-Bahn) und Donauwarte benützt werden. Führt ein Fahrgast einen Hund mit sich, so gelten für die Beförderung gleichfalls die auf diesen Linien zulässigen Fahrausweise des Einheitstarifes.

Auf diesen Autobuslinien der Firmen Dr. Richard, Verkehrsbetrieb KG, und Franz Zuklin & Co., Reisebüro und Autobusunternehmen, werden keine Fahrkarten der Wiener Stadtwerke-Verkehrsbetriebe ausgegeben.

II. GELEGENHEITSVERKEHR (SONDERWAGEN)

Zur fallweisen Beförderung von Personen oder Gütern können Sonderwagen bestellt werden.

1. Der Sonderwagentarif für die Personenbeförderung mit Straßenbahnwagen oder Autobussen setzt sich aus einem Kilometerentgelt, den Personalkosten und allfälligen Regiezuschlägen zusammen.
2. Der Sonderwagentarif für die Güterbeförderung mit Lasttrieb- und Lastbeiwagen der Straßenbahn oder der Stadtbahn setzt sich aus einem Kilometerentgelt, den Personalkosten und allfälligen Regiezuschlägen zusammen.
3. Es wird jedenfalls ein Mindestentgelt verrechnet. Wenn eine Sonderwagenbestellung bis 24 Stunden vor Fahrbeginn abgesagt wird, wird nichts verrechnet; erfolgt die Absage später, so ist eine Absageentschädigung in der Höhe des Mindestentgeltes zu entrichten, sofern sich nicht aus besonderen Umständen ein höherer Betrag ergibt.
4. Zu den nach den Punkten 1, 2 und 3 verrechneten Tarifen wird noch die jeweils gültige Umsatzsteuer in Rechnung gestellt.
5. Bei Sonderwagenbestellungen, die vorwiegend anderen Zwecken als der Personen- oder Güterbeförderung dienen, wird mit dem Auftraggeber eine Sondervereinbarung getroffen.
6. Nähere Auskünfte über die Bestellung, Bedingungen und Tarife für Sonderwagen der Straßenbahn oder der Stadtbahn werden
   a) zur Personenbeförderung vom Fahrplanbüro,
   b) zur Güterbeförderung von der Betriebsüberwachung,
   beide in 4, Favoritenstraße 9–11, erteilt.
7. Für Sonderautobusse zur Personenbeförderung werden derartige Auskünfte von der Abteilung für den Autobusbetrieb in 4, Favoritenstraße 9–11, erteilt.

Mitnahme von Handgepäck

1. Der Benützer ist berechtigt, leicht tragbare Gegenstände (Handgepäck) in die Anlagen und Beförderungsmittel der Wiener Stadtwerke-Verkehrsbetriebe mitzunehmen. Sie sind so abzustellen, daß durch sie keine Gefährdung, Störung oder Belästigung entstehen kann.
   Von der Mitnahme in Anlagen oder Beförderungsmitteln sind jedenfalls ausgeschlossen:
   a) Gefährliche Gegenstände, insbesondere geladene Schußwaffen, explosionsfähige, leicht entzündbare, ätzende sowie übelriechende Stoffe;
   b) nicht zusammenklappbare Fahrräder;
   c) Gegenstände, die geeignet sind, Schaden zu verursachen oder den Benützern lästig zu fallen.
2. Rucksäcke u. dergl. (ausgenommen Schultaschen) sind vor dem Einsteigen in die Beförderungsmittel vom Rücken abzunehmen.
3. Anlagen und Beförderungsmittel der Wiener Stadtwerke-Verkehrsbetriebe dürfen mit nicht zusammengeklappten Kinderwagen und Rollstühlen nur nach Maßgabe der technischen Voraussetzungen benützt werden. Die Benützung ist nur in den besonders gekennzeichneten Beförderungsmitteln zulässig, wobei pro Wagen jeweils nur ein Kinderwagen oder Rollstuhl befördert werden darf. Jeder Kinderwagen oder Rollstuhl muß von mindestens einer erwachsenen Person, die für die Sicherung insbesondere mittels der vorhandenen Befestigungseinrichtungen im Wageninneren zu sorgen hat, begleitet werden. Zur Hilfestellung zum Ein- und Aussteigen der behinderten Personen sowie zum Ein- und Ausladen der Kinderwagen oder Rollstühle sind Bedienstete der Wiener Stadtwerke-Verkehrsbetriebe nicht verpflichtet.
4. Über die Zulässigkeit der Mitnahme im Sinne der Bestimmungen der Punkte 1, 2 und 3 hat im Zweifel ein Bediensteter der Wiener Stadtwerke-Verkehrsbetriebe zu entscheiden.
5. Die Bediensteten der Wiener Stadtwerke-Verkehrsbetriebe sind berechtigt, sich von der Beschaffenheit der Gepäckstücke zu überzeugen, wenn der begründete Verdacht besteht, daß ein Ausschließungsgrund vorliegt. Bei Vorliegen eines Ausschließungsgrundes wird der Benützer von der Fahrt ausgeschlossen. Eine Erstattung des Fahrpreises findet nicht statt.
6. Der Benützer ist verpflichtet, alle Gegenstände, die er mit sich führt oder an sich trägt, selbst zu beaufsichtigen.

Mitnahme von lebenden Tieren

1. Der Benützer ist berechtigt, kleine lebende Tiere, soferne es nicht gefährliche Tiere sind, in die Anlagen und Beförderungsmittel mitzunehmen, wenn diese in geschlossenen Behältnissen untergebracht sind. Diese Behältnisse müssen so beschaffen sein, daß eine Verletzung und Verunreinigung von Personen sowie eine Beschädigung von Anlagen und Beförderungsmitteln ausgeschlossen sind.
2. Hunde, abgesehen von Punkt 1, dürfen nur mit angelegten bißsicheren Maulkörben in Anlagen und Beförderungsmitteln mitgenommen werden, wenn sie entweder getragen oder am Boden kurz an der Leine gehalten werden.

Wo erhält man Auskünfte und Informationen?

Auskünfte (Tel. 65 9 30)

über Linienführung
Fahrtzeiten
Fahrtziele
gibt: die Kundendienststelle, Klappe 2361;
über Intervallzeiten
gibt: die Verkehrsabteilung, Klappe 2411;
über Gültigkeit und Preis von Fahrscheinen
Fahrausweisen
Beförderungsbedingungen
geben: die Abteilung für Tarifangelegenheiten, Kartenausgabe und Fahrbegünstigungen, Klappe 938, und die Kundendienststelle, Klappe 2362;
über allgemeine Betriebsangelegenheiten
gibt: die Betriebsabteilung, Klappe 2215;
über Wagentechnische Angelegenheiten
gibt: die Wagentechnische Abteilung, Klappe 3211.

Kunden- und Informationsdienst der Verkehrsbetriebe:

Zentrum Kagran (U-Bahn, Nähe Donauzentrum), Montag bis Freitag von 10 bis 18 Uhr, Samstag von 8.30 bis 16 Uhr;

Praterstern (U-Bahn), Tel. 24 93 02, Montag bis Freitag von 10 bis 18 Uhr, Samstag von 8.30 bis 16 Uhr;

Stephansplatz (U-Bahn), Tel. 52 42 27, Montag bis Freitag von 8 bis 18 Uhr, Samstag, Sonn- und Feiertag von 8.30 bis 16 Uhr;

Karlsplatz (U-Bahn), Tel. 57 31 86, 65 9 30*, 2362, Montag bis Freitag von 7 bis 18 Uhr, Samstag, Sonn- und Feiertag von 8.30 bis 16 Uhr.

Anliegen allgemeiner Art sind schriftlich an die Kundendienststelle, 4, Favoritenstraße 9–11, 2. Stock, Tür 455, zu richten und, wenn sie durch die Post zugestellt werden, auf alle Fälle mit einfachem Porto zu frankieren. Für unrichtig markierte Fahrscheine wird nur dann eine Vergütung geleistet, wenn der Ersatzfahrschein vorgelegt wird. Der Beschwerdeführer erhält bei berechtigten Fahrscheinreklamationen das ausgelegte Porto rückerstattet.

Was geschieht mit Fundgegenständen?

Wer im Bereich einer Anlage oder eines Beförderungsmittels der Wiener Stadtwerke-Verkehrsbetriebe einen verlorenen oder vergessenen Gegenstand entdeckt, ist berechtigt, diesen Gegenstand den Wiener Stadtwerken-Verkehrsbetriebe zu übergeben. Diese sind verpflichtet, über Verlangen die Übernahme zu bescheinigen. Wird der Gegenstand dem Bediensteten der Wiener Stadtwerke-Verkehrsbetriebe nicht übergeben, so sind diese berechtigt, Name und Anschrift des Finders festzustellen.

Der Angestellte, dem ein Fundgegenstand übergeben wird, hat die Übernahme des Fundes zu bestätigen sowie den Namen und die Adresse des Finders aufzunehmen und diesen zu befragen, ob er Anspruch auf Finderlohn erhebt oder nicht und wie hoch er den Fundgegenstand bewertet. Wird die Angabe des Namens und der Anschrift verweigert, bedeutet dies Verzicht auf die Finderrechte (Finderlohn, Fundgegenstand bzw. Erlös).

Für vergessene Fundgegenstände besteht kein Anspruch auf Finderlohn.

Die Angestellten sind berechtigt, Fundgegenstände auszufolgen, wenn der Verlustträger einerseits durch genaue Beschreibung des Fundgegenstandes, andererseits bezüglich seiner Anschrift sich hinreichend ausweisen kann.

Die Wiener Stadtwerke-Verkehrsbetriebe übergeben den Gegenstand, dessen Wert mehr als 50 S beträgt, der unbedenklich erscheint und nicht verderblich ist, nach 48 Stunden (Sonn- und Feiertage nicht eingerechnet) dem Fundamt der Bundespolizeidirektion Wien, 9, Wasagasse Nr. 22. ,,Kleinstfunde" im Wert bis zu 50 S werden nach einer Woche dauernden Aufbewahrung in den Verkehrskanzleien von den Findern (Privatfindern oder Angestellten) durch drei Jahre hindurch verwahrt. Sie erwerben nach einem Jahr das Recht, den Fundgegenstand zu gebrauchen und nach weiteren zwei Jahren das Eigentumsrecht.

Leicht verderbliche Fundgegenstände werden am Tag des Fundes knapp vor Betriebsschluß bestmöglich veräußert. Der bei der Veräußerung erzielte Erlös wird wie ein gefundener Geldbetrag behandelt.

U-Bahn, Stadtbahn, Schnellbahn, Straßenbahn und Autobus

1 = Pro Linie: Gesamtstrecke (bei Radiallinien zuerst stadtauswärts), darunter Teilstrecken in gleicher Fahrtrichtung; hierauf Gesamtstrecke retour und Teilstrecken retour
U = U-Bahn
S = Schnellbahn
Stb = Stadtbahn
Bhf. = Betriebsbahnhof der Straßenbahn
. . . – = Gleicher Streckenbeginn wie in Zeile darüber
– . . . = Gleiches Streckenende wie in Zeile darüber
2 = Fahrzeit
3 = Erster Zug bzw. Wagen
4 = Letzter Zug bzw. Wagen
MF = Montag bis Freitag (ausgenommen Feiertage)
MS = Montag bis Samstag (ausgenommen Feiertage)
Sa = Samstag (ausgenommen Feiertage)
So = Sonntag
SS = Samstag und Sonntag

Betriebsbeginn und Betriebsschluß

Linien und Zeiten ohne zusätzliche Anmerkungen gelten täglich

1	2	3	4
U-BAHN			
U1			
Zentrum Kagran–Reumannplatz	18	5.00	0.08
Reumannplatz–Zentrum Kagran	18	5.12	0.05
U2			
Karlsplatz–Schottenring	8	5.25	23.40
Schottenring–Karlsplatz	8	5.13	23.29
U4			
Heiligenstadt–Hütteldorf	27	5.13	23.32
Hütteldorf–Heiligenstadt	27	5.03	23.33
Friedensbrücke–Hütteldorf	24	4.48	
STADTBAHN			
G			
Heiligenstadt **U**–Meidling Hauptstraße **U**	20	5.20	20.10
Meidling Hauptstraße **U**–Heiligenstadt **U**	20	5.23	19.43
Währinger Straße-Volksoper– . . .	6	5.07	
GD			
Friedensbrücke **U**–Meidling Hauptstraße **U**	21	5.14	23.39
Alser Straße– . . .	11	5.02	
Friedensbrücke **U**–Währinger Straße-Volksoper	7		23.49
Meidling Hauptstraße **U**–Friedensbrücke **U**	21	5.18	23.23
Währinger Straße-Volksoper– . . .	7	5.02	
Meidling Hauptstraße **U**–Alser Straße	11		0.05

1	2	3	4
SCHNELLBAHN			
Liesing–Meidling–Floridsdorf	32	MS 4.36 So 5.29	23.29
Meidling–Floridsdorf–Süßenbrunn (–Gänserndorf)	33	5.00	23.30
Wien Mitte/Landstraße **U** –Süßenbrunn	21	4.42	23.42
Meidling–Floridsdorf–Strebersdorf (–Stockerau)	31	4.45	23.45
Meidling–Floridsdorf	23	4.45	0.30
Süßenbrunn–Floridsdorf–Meidling (von Gänserndorf)	33	4.52	23.52
Strebersdorf–Floridsdorf–Meidling (von Stockerau)	31	5.09	23.09
Strebersdorf–Wien Mitte/Landstraße **U** (von Stockerau)	19	5.09	0.09
Floridsdorf–Meidling–Liesing	33	5.02	23.02
Floridsdorf–Meidling	23	4.47	0.02
Floridsdorf–Wien Mitte/Landstraße **U**	10	4.47	0.17
Südbahnhof–Hirschstetten, Aspern	18	MS 5.25 So 5.55	20.55
Südbahnhof–Stadlau	14		20.05
Hirschstetten, Aspern–Südbahnhof	18	MS 5.47 So 5.53	21.17
Stadlau–Südbahnhof	13	MF 5.33	

1	2	3	4
STRASSENBAHN			
D (Börse–Schwarzenbergplatz: nicht an So)			
Nußdorf–Südbahnhof **S**	43	MS 5.29	MS 21.30
Althanstraße– . . .	28	MS 5.11	
Nußdorf–Schottenring, Börse	MS 23 So 21	5.24	23.45
Althanstraße– . . .	8	So 5.11	
Schwarzenbergplatz–Südbahnhof **S**	8	So 5.31	23.45
Nußdorf–Währinger Gürtel Bhf.	14		0.30
Südbahnhof **S**–Nußdorf	43	MS 5.08	MS 22.17
Währinger Gürtel Bhf.– . . .	15	5.09	
Schottenring, Börse– . . .	MS 23 So 21	MS 5.47 So 5.28	0.09
Südbahnhof **S**–Schwarzenbergplatz	8	So 5.22	23.36
J			
Ottakringer Straße–Stadionbrücke	44	5.02	22.50
Radetzkystraße– . . .	14		23.26
Stadionbrücke–Ottakringer Straße	42	5.03	22.50
. . . –Hauptallee	20	4.52	
. . . –Radetzkystraße	12		23.11
N			
Floridsdorfer Brücke, Friedrich-Engels-Platz–Prater, Hauptallee	27	5.02	23.15
Höchstädtplatz–Schwedenplatz **U**	16	5.05	
Floridsdorfer Brücke, Friedrich-Engels-Platz–Schwedenplatz **U**	15		23.48
Prater Hauptallee–Floridsdorfer Brücke, Friedrich-Engels-Platz	26	5.28	23.44
Schwedenplatz **U**–Floridsdorfer Brücke, Friedrich-Engels-Platz	14	5.21	
Schwedenplatz **U**–Bhf. Brigittenau	12		0.03
O			
Praterstern **SU**–Raxstraße	35	5.37	23.06
Raxstraße–Praterstern **SU**	32	5.04	23.29
Gudrunstraße–Matthäusgasse	19	5.00	
Südtiroler Platz **SU**–Raxstraße	MS 13	5.23	
Gudrunstraße–Elderschplatz*	34	5.15	
Elderschplatz–Raxstraße*	41	5.50	
Matthäusgasse–Raxstraße	28	5.20	
Raxstraße–Matthäusgasse	25		23.44
Praterstern **SU**–Bhf. Favoriten	27		0.02
Matthäusgasse–Bhf. Favoriten	22		0.11

* Bei starkem Verkehr Verlängerung bis Elderschplatz

1	2	3	4
T			
Schottentor **U**–St. Marx	28	5.24	
Schottenring, Börse–St. Marx	31	5.42	23.57
Weiskirchnerstraße–St. Marx	13	5.17	
St. Marx–Schottenring, Börse	32	5.11	23.27

STRASSENBAHN, AUTOBUS

Linien mit A oder B: Autobus.
Andere: Straßenbahn.

1	2	3	4
1			
Stadlauer Brücke **S**–Ring–Kai		5.14	22.07
Praterstern **SU**–Stadlauer Brücke **S**	15	4.56	
Elderschplatz–Ring–Kai		5.08	
Schwedenplatz **U**–Stadlauer Brücke **S**	26	5.17	
Praterstern **SU**–Elderschplatz	7		23.59
Elderschplatz–Praterstern **SU**	5		0.06
Schottentor **U**–Ring–Kai	38	5.24	
Stadlauer Brücke **S**–Ring–Kai–Elderschplatz			22.52
1A			
Schottentor **U**–Landstraße **U** (Wien Mitte **S**)	14	MS 6.12	MF 19.42 Sa 13.54
Landstraße **U** (Wien Mitte **S**)–Schottentor **U**	15	MS 6.30	MF 20.00 Sa 14.12
2			
Schottentor **U**–Schwedenplatz **U**	17	5.18	0.11
Schwedenplatz **U**–Neuwaldegg	32	5.35	0.05
Schottentor **U**–. . .	26	5.25	0.12
Neuwaldegg–Ring–Kai		5.15	23.25
Hernals, Wattgasse–Ring–Kai		5.02	
. . .–Neuwaldegg	9	5.04	
Bellariastraße–Ring–Schwedenplatz **U**		5.21	0.14
Neuwaldegg–Ring–Kai–Hernals, Wattgasse			23.48
Schwedenplatz **U**–Hernals, Wattgasse	22		0.28
Neuwaldegg–. . .	9		0.37
2A			
Schwedenplatz **U**–Dr.-Karl-Renner-Ring	10	MF 6.45	MF 20.11
Dr.-Karl-Renner-Ring–Schwedenplatz **U**	8	MF 6.31	MF 19.58

1	2	3	4
3A			
Schottenring **U**–Burgring	13	MS 6.45	MF 19.47 Sa 14.18
Burgring–Schottenring **U**	16	MS 6.24	MF 19.19 Sa 13.53
4A			
Karlsplatz **U**–Rotundenbrücke, Marxergasse	12	5.25	23.15
Rotundenbrücke, Marxergasse–Karlsplatz **U**	12	5.39	22.59
5			
Praterstern **SU**–Westbahnhof **Stb**	36	5.17	20.01
. . .–Josefstädter Straße **Stb**	25		23.00
Wallensteinplatz–Westbahnhof **Stb**	27	5.11	
Westbahnhof **Stb**–Praterstern **SU**	36	5.07	20.29
Josefstädter Straße **Stb**–. . .	27		22.30
Klosterneuburger Straße–Praterstern **SU**	10	5 05	
Josefstädter Straße **Stb**–Wallensteinplatz	18		23.30
6			
Westbahnhof **Stb**–Simmeringer Hauptstraße	33		23.04
Favoriten, Leebgasse–. . .	17	4.57	
Burggasse/Stadthalle **Stb**–. . .	35	5.15	
Westbahnhof **Stb**–Favoriten Bhf.	18		23.39
Simmeringer Hauptstraße–Westbahnhof **Stb**	31	5.18	23.04
Favoriten, Leebgasse–Burggasse/Stadthalle **Stb**	19	4.54	
Reumannplatz **U**–Westbahnhof **Stb**	19	MF 5.09	
Gräßlplatz–. . . (nur ein Zug)	26	MS 5.16	
Simmeringer Hauptstraße–Favoriten Bhf.	15		23.34
6A (an MS Rundlinie)			
Simmeringer Hauptstraße, Krausegasse–Simmeringer Lände–Haidestraße–Simmeringer Hauptstraße	20	MF 5.25 Sa 5.28	MF 22.28 Sa 20.58
. . .–Simmeringer Lände	8	So 5.28	So 20.58
Simmeringer Lände–Simmeringer Hauptstraße, Krausegasse	8	So 5.36	So 21.06
7A			
Meidling **S**–Reumannplatz **U**	20	5.21	23.14
Reumannplatz **U**–Meidling **S**	20	5.33	23.38
Laxenburger Straße–Meidling **S**	15	5.03	
Meidling **S**–Laxenburger Straße	14		23.59

1	2	3	4
8			
Liechtenwerder Platz–Meidling **S**	39	5.26	23.58
Währinger Gürtel Bhf.–. . .	37	4.44	
Gumpendorfer Straße **Stb**–. . .	12	4.45	
Meidling **S**–Liechtenwerder Platz	40	4.57	0.07
. . .–Westbahnhof **Stb**	15		0.36
9			
Gersthof–Westbahnhof **Stb**	28	5.31	22.31
Währing, Kreuzgasse, Bhf.–. . .	24	MS 5.01	
Westbahnhof **Stb**–Gersthof	MS 27 S 24	MS 5.36 S 6.03	23.06
Johann-Nepomuk-Berger-Platz–. . .	13	MS 5.22	
10			
Dornbach–Hietzing **U**	25	5.16	22.41
Ottakring Bhf.–. . .	17	5.02	
Dornbach–Ottakring Bhf.	9		23.34
Hietzing **U**–Dornbach	26	5.22	23.09
Ottakring Bhf.–. . .	8	5.04	
10A			
Elderschplatz–Dornbach	52	MF 5.30 SS 5.35	21.55
. . .–Saarplatz	26		23.25
Traisengasse **S**–Dornbach	41	5.25	
Saarplatz–. . .	21	4.56	
Traisengasse **S**–Heiligenstadt **Stb U**	15	4.55	
Dornbach–Elderschplatz	52	5.20	22.40
Saarplatz–. . .	30	5.00	
11A			
Elderschplatz–Griegstraße	19	5.23	23.20
Walcherstraße–. . .	14	4.52	
Elderschplatz–Reichsbrücke	5		23.51
Griegstraße–Elderschplatz	20	5.09	23.27
Reichsbrücke–. . .	5	5.15	
Griegstraße–Reichsbrücke	15		23.42
13A			
Alser Straße–Südbahnhof **S**	28	5.35	23.57
Pilgramgasse **U**–. . .	13	5.28	
Südbahnhof **S**–Alser Straße	28	5.08	23.30
14A			
Mariahilfer Straße, Amerlingstraße–Reumannplatz **U**	20	5.20	23.15
Reumannplatz **U**–Mariahilfer Straße, Amerlingstraße	22	5.01	22.57

1	2	3	4
15A			
Schönbrunn **U**–Simmeringer Hauptstraße	38	5.32	23.06
Simmeringer Hauptstraße–Schönbrunn **U**	41	5.22	23.12
Laxenburger Straße– . . .	25	5.03	
. . . –Meidling Hauptstraße **U Stb**	21	4.46	
Meidling Hauptstraße **U Stb**–Simmeringer Hauptstraße	34	5.06	
Laxenburger Straße–Simmeringer Hauptstraße	17	5.03	
Simmeringer Hauptstraße–Laxenburger Straße	19		23.42
Schönbrunn **U**– . . .	22		23.51
16A			
Hetzendorf **S**–Purkytgasse	12	MF 4.56 Sa 5.26	MF 19.36 Sa 13.36
Purkytgasse–Hetzendorf **S**	12	MF 5.02 Sa 5.24	MF 19.34 Sa 13.34
Rothenburgstraße–Zanaschkagasse	5	MF 20.06 Sa 14.06 So 5.31	23.21
Zanaschkagasse–Rothenburgstraße	5	MF 19.56 Sa 13.56 So 5.26	23.11
17A			
Wienerfeld–Unterlaa	15	4.50	20.27
Rothneusiedl– . . .	12		22.31
Unterlaa–Wienerfeld	16	5.05	20.25
. . . –Rothneusiedl	11		22.42
18			
Burggasse/Stadthalle **Stb**–Stadionbrücke	35	5.22	0.24
Währinger Gürtel Bhf.– . . . (nur ein Zug)	52	MS 4.52	
Gumpendorfer Straße **Stb**– . . .	27	5.11	
Stadionbrücke–Burggasse/Stadthalle **Stb**	36	5.02	23.45
18A			
Stadionbrücke–Erzherzog-Karl-Straße **S**	18	5.23	23.14
Praterbrücke– . . .	9	5.02	
Erzherzog-Karl-Straße **S**–Stadionbrücke	16	5.14	23.37
20B			
Franz-Jonas-Platz **S**–Alte Donau (TGM)		MS 5.40	MS 19.50
Alte Donau (TGM)–Franz-Jonas-Platz **S**		MS 6.05	MS 20.05
22A			
Kagraner Platz–Aspern	13	4.52	22.13 Sa 14.28
Aspern–Kagraner Platz	12	5.06	22.31 Sa 14.46
An Sonn- und Feiertagen kein Betrieb **U**			

1	2	3	4
23A			
Zentrum Kagran **U**–Hirschstetten am Heidjöchl	16	4.45	0.10
Hirschstetten am Heidjöchl–Zentrum Kagran **U**	16	5.02	23.54
24A			
Zentrum Kagran **U**–Invalidensiedlung	23	MS 4.55 So 5.50	23.35
. . .–Neueßling	19	MS 4.51	
Invalidensiedlung–Zentrum Kagran **U**	23	MS 5.20 So 6.15	24.00
Neueßling–Zentrum Kagran **U**	19	MS 5.11	
25			
Zentrum Kagran **U**–Leopoldau **S**	12	4.55	0.26
Leopoldau **S**–Zentrum Kagran **U**	13	4.50	0.43
25A			
Zentrum Kagran **U**–Süßenbrunn **S**	27	4.47	21.55
Süßenbrunn **S**–Zentrum Kagran **U**	27	5.14	23.14
26			
Stadlau–Franz-Jonas-Platz **S**	31	4.53	23.14
. . .–Zentrum Kagran **U**	13		0.12
Franz-Jonas-Platz **S**–Stadlau	31	5.00	0.10
26A			
Zentrum Kagran **U**–Großenzersdorf	28	4.51	23.58
. . .–Englisch-Feld-Gasse	23	4.43	
Großenzersdorf–Zentrum Kagran **U**	26	5.22	0.29
Englisch-Feld-Gasse–. . .	23	5.10	
Aspern–. . .	14	5.04	
27A			
Zentrum Kagran **U**–Rennbahnweg	21	5.36	18.06 Sa 13.06
Leopoldauer Platz–. . .	10		20.17
Rennbahnweg–Zentrum Kagran **U**	21	5.59	18.14 Sa 13.29
. . .–Leopoldauer Platz	11		20.29
An Sonn- und Feiertagen kein Betrieb			
28A (nur in der verkehrsstarken Zeit nach Bedarf)			
Franz-Jonas-Platz–Richard-Neutra-Gasse–	18		
Großfeldsiedlung und zurück	16		
Nur an Werktagen, außer Samstag, in den Früh- und Abendspitzenzeiten			
29A			
Franz-Jonas-Platz **S**–Großfeldsiedlung	25	5.12	0.12
Großfeldsiedlung–Franz-Jonas-Platz **S**	23	5.06	23.40

1	2	3	4
30A			
Großjedlersdorf–Nordrandsiedlung, Leopoldau **S**	20	MS 4.59 So 6.31	22.31
. . . –Gerasdorfer Straße, Illgasse	13	MS 4.54	
Nordrandsiedlung, Leopoldau **S**–Großjedlersdorf	20	MS 5.19 So 7.04	23.04
Gerasdorfer Straße, Illgasse– . . .	13	MS 5.07	
31			
Schottenring **U**–Stammersdorf	39	5.22	0.07
Floridsdorf, Peitlgasse– . . .	13	4.56	
Wallensteinplatz– . . .	29	5.12	
Stammersdorf–Schottenring **U**	39	5.09	23.28
Floridsdorf, Peitlgasse– . . .	24	4.55	
Großjedlersdorf– . . .	29	5.05	
Stammersdorf–Floridsdorf **S**	17		23.57
. . .–Floridsdorf, Peitlgasse	13		0.42
31/5 (MF nach Bedarf)			
Franz-Jonas-Platz, Floridsdorf **S**–Josefstädter Straße **Stb**	33	4.56	
31A			
Zentrum Kagran **U**–Ödenburger Straße	22	4.43	22.43
Ödenburger Straße–Zentrum Kagran **U**	21	5.07	23.07
31B (MF)			
Stammersdorf, Bahnhofplatz–Stammersdorf, Zentralfriedhof	4	8 00	18.00*
Stammersdorf, Zentralfriedhof–Stammersdorf, Bahnhofplatz	4	8.10	18.10
* vom 3. November bis 31. März letzter Wagen eine Stunde früher			
32			
Schottenring **U**–Strebersdorf	42	5.38	0.01
Floridsdorf **S**–. . .	15	4.59	
Strebersdorf–Schottenring **U**	39	5.14	23.26
. . .–Floridsdorf **S**	12		0.36
Floridsdorf, Peitlgasse–Schottenring **U**	24	5.13	
32A (MS)			
Strebersdorf–Großjedlersdorf	9	MS 6.13	MF 19.13 Sa 13.00
Großjedlersdorf–Strebersdorf	8	MS 6.05	MF 19.05 Sa 12.46

1	2	3	4
33B			
Franz-Jonas-Platz **S**–I. G. Strebersdorf	15	MS 5.00 So 7.00	21.00
I. G. Strebersdorf–Franz-Jonas-Platz **S**	16	MF 5.18 Sa 4.45 So 7.20	21.18 21.15 21.20
34A			
Nußdorfer Straße **Stb**–Floridsdorf **S**	17	5.00	22.45
Floridsdorf **S**–Nußdorfer Straße **Stb**	20	5.20	23.00
35A			
Floridsdorfer Brücke–Salmannsdorf	32	5.20	23.22
. . . –Nußdorfer Straße **Stb**	10	5.10	
. . . –Glanzing	22		0.09
Nußdorfer Straße **Stb**–Glanzing	12		0.22
Salmannsdorf–Floridsdorfer Brücke	28	5.17	23.40
Nußdorfer Straße **Stb**– . . .	8	5.00	
Glanzing– . . .	22	MF 5.15	
Salmannsdorf–Nußdorfer Straße **Stb**	16		23.55
37			
Schottentor **U**–Hohe Warte	20	5.45	23.30
Währinger Gürtel–. . .	11	5.07	
Hohe Warte–Schottentor **U**	21	5.24	23.10
. . . –Währinger Gürtel	11		23.52
37A			
Heiligenstadt **U**–Grinzing	9	6.46	20.16 Sa 12.46
Grinzing–Heiligenstadt **U**	9	6.34	20.04 Sa 13.04
38			
Schottentor **U**–Grinzing	22 21	MS 5.22 So 5.31	0.12
Währinger Gürtel– . . .	12	4.56	
Grinzing–Schottentor **U**	22	5.08	23.48
. . . –Währinger Gürtel Bhf.	11		0.33
Währinger Gürtel–Schottentor **U**	11	MS 5.10	
38A			
Heiligenstadt **U**–Kahlenberg	28	MS 6.31 So 7.31	20.01*
Kahlenberg–Heiligenstadt **U**	28	MS 7.00 So 8.00	20.30*
* im Sommer bei Bedarf längere Betriebsdauer			
39A			
Heiligenstadt **U**–Sievering	17	5.34	23.25
Sievering–Heiligenstadt **U**	14	5.25	23.10

1	2	3	4
40			
Schottentor **U**–Gersthof, Herbeckstraße	20	5.48	23.37
Gersthof– . . .	5	5.22	
Gersthof, Herbeckstraße–Schottentor **U**	21	5.28	23.18
. . . –Gersthof	5		23.55
40A			
Börse, Schottentor **U**–Döblinger Friedhof	21	6.12	23.30
Währinger Gürtel– . . .	11	6.01	
Währinger Straße, Volksoper **Stb**– . . .	12		23.55
Döblinger Friedhof–Börse, Schottentor **U**	20	5.50	23.08
. . . –Währinger Straße, Volksoper **Stb**	11		23.44
41			
Schottentor **U**–Pötzleinsdorf	22	5.31	0.12
Pötzleinsdorf–Schottentor **U**	23	5.16	23.49
Gersthof– . . .	15	5.16	
Pötzleinsdorf–Gersthof	6		0.31
41A			
Pötzleinsdorf–Neustifter Friedhof	7	6.20	19.00
Neustifter Friedhof–Pötzleinsdorf	5	6.30	19.10
42			
Schottentor **U**–Antonigasse, Währing, Kreuzgasse Bhf.	17	5.17	23.23*
Antonigasse–Schottentor **U**	17	5.01	23.08
* nur bis Bahnhof Währing			
42B			
Hernals, Wattgasse–Schafberg	15	MS 6.15 So 7.00*	20.00**
Schafberg–Hernals, Wattgasse	15	MS 6.30 So 7.15*	20.15**
* Anfang Oktober bis Ende Mai eine Stunde später			
** Anfang Oktober bis Ende Mai 45 Minuten früher			
43B			
Neuwaldegg–Siedlung Waldandacht	15	MS 6.00 So 8.00	20.00
Siedlung Waldandacht–Neuwaldegg	15	MS 6.15 So 8.30	MS 20.15 So 20.30
44			
Schottentor **U**–Dornbach	23	5.25	23.15
Johann-Nepomuk-Berger-Platz– . . .	10	MS 5.09	
Dornbach–Schottentor **U**	22	MS 5.22 So 5.34	22.55
Hernals, Wattgasse– . . .	17	5.06	

1	2	3	4
44B (vom 1. November bis 31. März nur bis Trenkgasse)			
Hernalser Hauptstraße, Güpferlingstraße–Mitterberg	9	MF 5.30 Sa 6.00 So 7.30	20.00
Mitterberg–Hernalser Hauptstraße, Güpferlingstraße	9	MF 5.45 Sa 6.15 So 7.45	20.15
45B			
Thaliastraße–Scheibenwiese	5	MF 6.05 Sa 6.35 So 7.50	20.20
Scheibenwiese–Thaliastraße	5	MF 6.10 Sa 6.40 So 7.55	20.25
46			
Dr.-Karl-Renner-Ring–Joachimsthalerplatz	19	5.26	0.16
Joachimsthalerplatz–Dr.-Karl-Renner-Ring	20	5.07	23.56
46B			
Thaliastraße–Schloß Wilhelminenberg via Wilhelminenstraße	10	MF 5.45 SS 6.15	21.45
via Johann-Staud-Straße	10	MF 5.55 SS 6.25	21.55
Schloß Wilhelminenberg–Thaliastraße via Wilhelminenstraße	10	MF 5.55 SS 6.25	MF 22.00 SS 21.55
via Johann-Staud-Straße	10	MF 6.05 SS 6.35	22.10
48A			
Dr.-Karl-Renner-Ring–Sanatoriumstraße	27	5.26	23.38
Joachimsthalerplatz– . . .	8	5.10	
Sanatoriumstraße–Dr.-Karl-Renner-Ring	27	5.20	23.09
Joachimsthalerplatz– . . .	18	5.06	
Sanatoriumstraße–Gutraterplatz	7		0.06
49			
Dr.-Karl-Renner-Ring–Hütteldorf	33	5.27	0.16
Breitensee Bhf.– . . .	13	5.11	
Urban-Loritz-Platz **Stb**– . . .	22	5.17	
Hütteldorf–Dr.-Karl-Renner-Ring	34	5.26	23.43
Baumgarten– . . .	28	MF 5.29	
Breitensee Bhf.–Urban-Loritz-Platz **Stb**	8	5.06	
. . . –Dr.-Karl-Renner-Ring	19	5.08	
Hütteldorf–Breitensee Bhf.	13		0.47

1	2	3	4
49B			
Hütteldorf **U**–Wolfersberg–Bierhäuselberg–Hütteldorf **U**	17	5.55	23.30
Hütteldorf **U**–Wolfersberg–Hainbach, Steinbachstraße	22	MS 5.55 So 6.35	23.30
Hainbach, Steinbachstraße–Wolfersberg–Hütteldorf **U**	22	4.40	22.29
Bierhäuselberggasse/Mondweg– . . .	9		23.39
50B			
Hütteldorf **U**–Weidlingau	15	MS 4.30 So 6.05	23.05
Weidlingau–Hütteldorf **U**	10	MS 4.45 So 6.20	23.20
52			
Burgring–Baumgarten	32	5.26	22.23
Rudolfsheim– . . .	15	5.18	23.30
Baumgarten–Burgring	33	5.33	21.53
Rudolfsheim– . . .	17	5.06	
Baumgarten–Rudolfsheim	14		23.44
52B			
Hütteldorf **U**–Siedlung Jägerwald	10	MS 4.50 So 6.15	23.05
Siedlung Jägerwald–Hütteldorf **U**	10	MS 5.00 So 6.30	23.15
53B			
Unter-St.-Veit–Hackinger Kai	10	5.42	20.06
. . . –Ober-St.-Veit	3	5.30	23.27
Hackinger Kai–Unter-St.-Veit	10	5.53	20.17
Ober-St.-Veit– . . .	3	5.48	23.37
54B			
Hietzing **U**, Kennedybrücke–Stock im Weg*	12	5.30	20.30
Stock im Weg–Hietzing **U**, Kennedybrücke*	12	5.43	20.43
* Hietzing **U**–Unter-St.-Veit nicht im Einheitstarif			
55B			
Unter-St.-Veit–Jagdschloßgasse	10	5.30	20.18
. . .–Gemeindeberg	6		23.27
. . .–Lainzer Tiergarten*	10	5.30	19.30
Jagdschloßgasse–Unter-St.-Veit	10	6.05	20.29
Gemeindeberg–. . .	6		23.34
Lainzer Tiergarten–. . .	10	5.41	19.41
* Alle 2 Stunden in den Monaten April bis Oktober			

1	2	3	4
56B			
Hietzing **U**–Mauer via Speising	22	MS 5.15 So 7.15	23.20
via Rosenhügel	22	MS 5.00 So 7.00	23.45
. . . –Montecuccoliplatz	5	MS 5.00 So 7.00	MS 0.25 So 0.25
. . . –ORF-Zentrum Küniglberg	10	MF 6.05	MF 0.25
Mauer–Hietzing **U** via Speising	22	MS 5.20 So 7.40	0.00
via Rosenhügel	22	MS 5.35 So 7.35	23.40
Montecuccoliplatz– . . .	5	MS 4.55 So 7.10	0.20
ORF-Zentrum Küniglberg– . . .	10	MF 4.50	MF 21.32
57A			
Babenbergerstraße–Rudolfsheim	18	6.00	23.00
Rudolfsheim–Babenbergerstraße	18	5.40	22.40
58			
Burgring–Unter-St.-Veit	30	5.45	0.16
Rudolfsheim– . . .	12	5.18	
Unter-St.-Veit–Burgring	32	5.32	23.46
Rudolfsheim– . . .	17	5.28	
Unter-St.-Veit–Rudolfsheim	12		0.42
59A			
Opernring–Meidling **S**	20	5.45	0.11
Meidling **S**–Opernring	20	5.25	23.51
60			
Hietzing **U**–Rodaun	26	5.24	23.53
Speising Bhf.–Mauer	12	4.57	
. . . –Rodaun	16	5.01	
Hietzing **U**–Speising Bhf.	12		0.38
Rodaun–Hietzing **U**	27	5.20	0.10
Speising Bhf.– . . .	12	5.02	
Mauer– . . .	19	5.10	
Rodaun–Speising Bhf.	17		0.18
60/62 (nach Bedarf)			
Hietzing **U**–Lainz, Wolkersbergenstraße	18		
60A (Rundkurs)			
Liesing **S**–Maurer Berg via Atzgersdorf	20	MS 5.08 So 6.08	22.40
. . . via Rodauner Straße	11	MS 5.16 So 6.03	23.03
Maurer Berg–Liesing **S** via Atzgersdorf	20	MS 5.30 So 6.30	23.02
. . . via Rodauner Straße	11	MS 5.27 So 6.14	23.14

1	2	3	4
60B (vom 1. November bis Palmsonntag Sonntag erst ab 12 Uhr)			
Wolkersbergenstraße–Lainzer Tiergarten	10	MS 5.35 So 7.50	20.50
Lainzer Tiergarten–Wolkersbergenstraße	10	MS 5.50 So 8.00	21.00
61A			
Liesing **S**–Siebenhirten, Triester Straße	15	MF 5.33 Sa 5.48	20.48
Siebenhirten, Triester Straße–Liesing **S**	14	MS 5.06	20.04
Liesing **S**–Kalksburg	14	MS 5.20 So 5.48	20.18
Kalksburg–Liesing **S**	14	MS 5.34 So 6.04	20.34
62			
Kärntner Ring, Oper–Lainz, Wolkersbergenstraße	46	5.31	23.38
Meidling **S**– . . .	22	5.13	
Kärntner Ring, Oper–Speising, Fehlingergasse	36		0.11
Lainz, Wolkersbergenstraße–Kärntner Ring, Oper	44	5.14	23.29
Speising Bhf.– . . .	39	4.52	
Lainz, Wolkersbergenstraße–Meidling **S**	20		23.59
62B			
Meidling **S**–Liesing **S**	18	MF 5.00 Sa 5.30 So 6.00	0.00
Liesing **S**–Meidling **S**	18	MF 4.30 Sa 5.00 So 5.25	23.30
63A			
Meidling Hauptstraße **U Stb**–Südwestfriedhof	17	5.20	23.16
Südwestfriedhof–Meidling Hauptstraße **U Stb**	17	5.37	23.37
Tivoli– . . .	12	5.32	
64			
Westbahnhof **Stb**–Siebenhirten	33	5.36	22.59
Marx-Meidlinger-Straße– . . .	20	5.09	
Westbahnhof **Stb**–Favoriten Bhf.	16		23.44
Siebenhirten–Westbahnhof **Stb**	31	5.18	23.10
. . .–Favoriten Bhf.	31		23.32

1	2	3	4
64A (* MF werden in der Früh- und Nachmittagsfrequenz Busse über Atzgersdorf–Perfektastraße bzw. Neu-Erlaa–Perfektastraße geführt)			
Meidling Hauptstraße **Stb U**–Liesing **S**			
via Siebenhirten	33	4.50	23.08
via Atzgersdorf	30	MF 4.55 SS 5.00	23.23
Liesing **S**–Meidling Hauptstraße **Stb U**			
via Siebenhirten	33	MF 5.13 SS 5.30	23.51
via Atzgersdorf	30	5.20	23.40
Liesing **S**–Denjakgasse–Meidling Hauptstraße **Stb U**			
via Siebenhirten	34	5.02	
Atzgersdorf–Meidling Hauptstraße **Stb U***	20	5.05	23.48
Neu-Erlaa–. . .*	26	5.15	0.04
Siebenhirten–. . .	27	5.08	
65			
Kärntner Ring, Oper–Stefan-Fadinger-Platz	20	5.31	0.11
Stefan-Fadinger-Platz–Kärntner Ring, Oper	20	5.12	23.51
. . . –Favoriten Bhf.	7		0.30
65A			
Stefan-Fadinger-Platz–Inzersdorf, Industriegebiet Zetschegasse	13	5.08	23.52
Inzersdorf, Industriegebiet Zetschegasse–Stefan-Fadinger-Platz	14	5.06	23.36
66A			
Reumannplatz **U**–Liesing **S**	36	5.19	21.56
Sahulkastraße–Inzersdorf, Purkytgasse	14	4.50	
Raxstraße, Rudolfshügelgasse–Inzersdorf, Purkytgasse	15	5.06	
. . . –Wohnpark Alt-Erlaa	18	5.13	
Reumannplatz **U**–Wohnpark Alt-Erlaa	22		23.26
Liesing **S**–Reumannplatz **U**	38	5.55	22.33
Inzersdorf, Purkytgasse– . . .	21	5.04	
Wohnpark Alt-Erlaa– . . .	24	5.33	23.53
67			
Frödenplatz–Kurzentrum Oberlaa	27	5.03	23.35
Reumannplatz **U**–. . .	15	5.08	23.48
. . .–Rothneusiedl	11	4.54	
. . .–Per-Albin-Hansson-Siedlung Ost	12	5.00	0.32

1	2	3	4
. . .–Frödenplatz	16	5.18	0.28
Bhf. Favoriten– . . .	15	4.46	
Kurzentrum			
Oberlaa–. . .	30	5.27	0.12
Rothneusiedl–. . .	26	5.07	
Per-Albin-Hansson-Siedlung			
Ost–Reumannplatz **U**	12		0.43
Frödenplatz–. . .	12		0.19
. . .–Bhf. Favoriten	12		0.43
67A (Sonn- und Feiertag kein Betrieb)			
Reumannplatz **U**–Inzersdorf, Großmarkt	16	MF 5.25 Sa 5.50	18.07 8.10
Inzersdorf, Großmarkt–Reumannplatz **U**	19	MF 5.42 Sa 6.08	MF 18.25 Sa 8.32
Sahulkastraße–Wienerfeld	4	4.49	
Wienerfeld–Raxstraße, Rudolfshügelgasse	6	4.56	
. . . –Reumannplatz **U**	10	4.57	
68A			
Reumannplatz **U**–Laaer Berg	12	5.11	0.30
Laaer Berg–Reumannplatz **U**	11	4.56	0.14
69A (MS)			
Südbahnhof **S**–Gräßlplatz	8	MS 5.10	MF 22.00 Sa 14.00
Gräßlplatz–Südbahnhof **S**	5	MS 5.21	MF 22.11 Sa 14.11
71			
Schwarzenbergplatz–Zentralfriedhof	30	5.24	23.45
Simmering Bhf.– . . .	8	5.07	
Schwarzenbergplatz–Simmering Bhf.	21		0.09
Zentralfriedhof–Schwarzenbergplatz	29	5.16	23.38
Simmering Bhf.– . . .	21	5.01	
Zentralfriedhof–Simmering Bhf.	7		0.13
71A			
Zentralfriedhof–Schwechat	6	5.00	0.00
Schwechat–Zentralfriedhof	6	5.06	0.05
72A			
Zentralfriedhof–Kaiserebersdorf	7	MS 5.08 So 5.18	23.45
Kaiserebersdorf–Zentralfriedhof	9	5.06	23.51

1	2	3	4
73A			
Simmeringer Hauptstraße **S**–Pantucekgasse	9	5.04	23.38
Pantucekgasse–Simmeringer Hauptstraße **S**	9	MF 5.06 SS 5.13	23.47
79B			
Stadionbrücke–Speicher Albern	24 23	MS 5.20 So 7.00	MS 20.00 So 19.00
. . . –Kaiserebersdorf	16	MS 5.20	MS 20.00
Speicher Albern–Stadionbrücke	23	MS 6.10 So 7.30	MS 20.30 So 19.30
Kaiserebersdorf– . . .	16	MS 5.34	MS 20.38
80A			
Praterstern **SU**–Lusthaus	21	MF 5.28 Sa 6.48 So 5.28	22.28
. . . –Simmeringer Lände via Haidestraße	23	MF 5.18	MF 20.43
. . . –Stadionbrücke	12	MF 4.50 SS 5.18	23.08
Stadionbrücke–Lusthaus	9	Sa 5.40	
. . . –Simmeringer Lände via Haidestraße	11	SS 5.45	SS 20.55
Lusthaus–Praterstern **SU**	19	MF 5.50 Sa 7.10 So 5.50	22.20
Simmeringer Lände–Praterstern **SU**	19	MF 5.41	MF 21.04
Simmeringer Lände. E-Werk–Praterstern **SU**	16	MF 5.36	
Stadionbrücke– . . .	10	MF 5.05 SS 5.30	23.30
Lusthaus–Stadionbrücke	9		22.50
Simmeringer Lände– . . .	9	SS 5.56	SS 21.04
80B (MF)			
Stadionbrücke–Handelskai–Speicher Albern	24	MS 5.45	MS 18.30
Speicher Albern–Handelskai–Stadionbrücke	24	MS 6.18	MS 19.03
90A			
Kaisermühlen **U** V.I.C.–Schüttauplatz	5	4.55	23.54
Schüttauplatz–Kaisermühlen **U** V.I.C.	6	4.55	23.59
91A			
Kaisermühlen **U** V.I.C.–Ölhafen Neue Donau		MF 6.35 SS 7.00	MF 17.00 SS 19.30
Ölhafen Neue Donau–Kaisermühlen **U** V.I.C.		MF 7.20 SS 7.25	MF 17.45 SS 19.55

(Während der Sommermonate Samstag und Sonntag längere Betriebszeiten)

1	2	3	4
92A			
Zentrum Kagran **U**–Schilfweg–Wulzendorf		MF 5.30 Sa 6.30	MF 20.00 Sa 14.00
Wulzendorf–Hardeggasse–Zentrum Kagran **U**		MF 4.48 Sa 5.58	MF 19.28 Sa 13.58
(An Werktagen nach den angegebenen Zeiten bis 23 Uhr sowie an Sonn- und Feiertagen ganztägig ab Kaisermühlen V.I.C.)			
93A			
Zentrum Kagran **U**–Asperner Stadtrandsiedlung		MF 4.55 Sa 6.10 So 6.25	20.10
Asperner Stadtrandsiedlung–Zentrum Kagran **U**		MF 5.22 Sa 6.37 So 5.55	20.37
94A			
Zentrum Kagran **U**–Erzherzog-Karl-Straße **S**		MF 4.50 SS 6.15	23.00
Erzherzog-Karl-Straße **S**–Zentrum Kagran **U**		MF 5.00 SS 6.00	20.00

1	2	3	4
95B			
Erzherzog-Karl-Straße–Breitenleer Stadtrandsiedlung		MF 5.35	23.35
Breitenleer Stadtrandsiedlung–Erzherzog-Karl-Straße		MF 5.57 SS 5.47	23.47
99B			
Eßling–Wegmayersiedlung–Eßling		MF 4.50 SS 7.00	22.00
Eßling–Schafflerhof–Eßling		MF 4.40 SS 7.15	MF 21.30 SS 22.15
BADNER BAHN			
Wien, Oper– Baden, Josefsplatz	70	MF 5.45 Sa 6.00 So 7.00	22.20
Wien, Wolfganggasse– . . .	50	MS 5.20	
Baden, Josefsplatz – Wien, Oper	70	MS 5.00 So 6.00	20.50
. . . –Wien, Wolfganggasse	50		22.10

VETERINÄRWESEN

(MA 60)

Wer ist berechtigt, eine Hausschlachtung bzw. Fleischausschrotung durchzuführen und was ist dabei zu beachten?

Kleintiere, wie Kaninchen, Hühner, Enten, Gänse u. dgl., können ohne weiteres von der Hausfrau oder einer Hilfskraft geschlachtet bzw. gestochen werden (wobei allerdings die Bestimmungen der Verordnung über das Schlachten und Töten von Tieren zum Wiener Tierschutzgesetz zu beachten sind). Anders ist es mit der Schlachtung und Fleischausschrotung größerer Tiere, deren Fleisch nicht nur im Haus verwendet, sondern auch gegen Entgelt abgegeben werden soll. Es ist dies ein Recht des Fleischergewerbes, das durch eine besondere Ausnahmebestimmung der Gewerbeordnung unter bestimmten Voraussetzungen auch den Landwirten zukommt. Es gilt diese Ausnahme ebenso für Personen, die, ohne berufsmäßig Landwirte zu sein, außerhalb eines eigentlichen landwirtschaftlichen Betriebes in ihrer Hauswirtschaft Schweine gehalten, dieselben aufgezogen haben. Werden in solchen Fällen die Tiere infolge Notstandes oder auch zum Zweck einer besseren Verwertung des Tieres im Haus geschlachtet, sodann das gewonnene Frischfleisch stückweise im Gehöft gegen Entgelt abgegeben, so kann hiebei von einem unbefugten Gewerbebetrieb nicht die Rede sein. Für alle Hausschlachtungen gilt, daß sie nur vereinzelt, nicht regelmäßig, d. h. nicht gewerbsmäßig, dem Umfang der Landwirtschaft bzw. Tierhaltung in der Hauswirtschaft entsprechend, erfolgen dürfen. Die Verwendung fleischergewerblich ausgebildeter Arbeitskräfte ist, ebenso wie das Schlachten in eigenen Betriebsanlagen oder die Abgabe von Frischfleisch außerhalb des landwirtschaftlichen Betriebes (Gehöftes), verboten, da in diesen Fällen der Tatbestand des unbefugten Gewerbebetriebes gegeben wäre. Wie steht es nun hiebei mit der Beschaupflicht? Dies ist durch den § 13 des Tierseuchengesetzes und den § 1 der Vieh- und Fleischbeschauverordnung geregelt. Danach unterliegt alles Schlachtvieh (Einhufer, Rinder) und in gewerblichen Schlachtlokalitäten auch alles Stechvieh (Schweine, Kälber, Schafe und Ziegen) der Vieh- und Fleischbeschau. Alle Notschlachtungen – sowohl bei Schlacht- als auch bei Stechvieh – unterliegen ausnahmslos der Beschaupflicht. Wird das Fleisch aus einer Hausschlachtung von Stechvieh vom Erzeuger zerteilt und direkt an den unmittelbaren Verbraucher entgeltlich abgegeben (Ausschrotung), dann entfällt die Beschaupflicht. Diese ist aber vorhanden, wenn Fleisch – wenn auch nur teilweise – an gewerbliche Betriebe verkauft werden soll. Im Hinblick auf die gesundheitlichen Gefahren durch den Genuß unbeschauten Fleisches, das von anscheinend gesunden Tieren stammt (z. B. Finnenbefall), wird auch in den Fällen, in denen die Beschaupflicht von Stechvieh nicht obligatorisch ist, die Beschau dringend angeraten. Die Vornahme der Vieh- und Fleischbeschau ist bei den Veterinäramtsabteilungen der magistratischen Bezirksämter anzumelden.

Welche Begleitpapiere braucht man für Hunde oder Katzen, die zu Tierausstellungen gebracht werden?

Angaben über die veterinärpolizeilichen Erfordernisse für Hunde oder Katzen, die an Tierausstellungen, Tierschauen u. dgl. teilnehmen, sind in der Regel in den jeweiligen Ausschreibungen der Ausstellungsleitung enthalten.

Für Wien ist derzeit seitens der Behörde der Nachweis einer gültigen Wutschutzimpfung vorgeschrieben. Diese Impfung muß mindestens 30 Tage vor Ausstellungsbeginn erfolgt sein und darf nicht länger als ein Jahr zurückliegen.

Was hat man zu tun, wenn man mit einem Hund in das Ausland fahren will?

Man erkundigt sich vorerst bei der Vertretung (Gesandtschaft, Botschaft oder Konsulat) des Landes, in welches der Hund gebracht werden soll, welche Bedingungen bei der Einfuhr zu erfüllen sind: ob das Ursprungs- und Gesundheitszeugnis bezüglich seiner Echtheit z. B. von der Gesandtschaft beglaubigt werden muß; ob eine Schutzimpfung gegen die Wutkrankheit erforderlich ist.

Das Ursprungszeugnis wird, falls es die Seuchenverhältnisse erlauben, bei der Veterinäramtsabteilung des für den Wohnort des Hundebesitzers zuständigen magistratischen Bezirksamtes zwischen 8 und 9 Uhr bzw. zwischen 14 und 15 Uhr ausgestellt. Der Hund (mit Hundemarke) ist zur amtstierärztlichen Untersuchung unbedingt mitzunehmen.

In Wien werden Schutzimpfungen gegen die Wutkrankheit bei Hunden und Katzen von jedem zur tierärztlichen Praxis zugelassenen Privattierarzt durchgeführt. Vor allem ist vom Tierbesitzer dabei zu beachten, daß nach den Bestimmungen der Einfuhrländer die Impfung mindestens 30 Tage vor dem Grenzübertritt vorgenommen werden muß.

Für die Einfuhr von Hunden oder Hauskatzen nach Österreich – so auch nach vorübergehender Ausfuhr, etwa im Reiseverkehr – ist der Nachweis einer Schutzimpfung gegen die Wutkrankheit nötig. Diese Impfung muß ebenfalls zumindest 30 Tage vor dem Grenzübertritt erfolgt und darf nicht älter als ein Jahr sein.

Wer beseitigt verendete Tiere?

Verendete Tiere werden kostenlos von der Tierkörperverwertungsanstalt abgeholt. Der Tierbesitzer hat verendete Tiere ehestmöglich mündlich oder telefonisch beim magistratischen Bezirksamt, beim Amtstierarzt oder im nächsten Sicherheitswachzimmer anzumelden. Eigenmächtiges Eingraben von Tierleichen ist verboten. Einzelne kleinere Tiere, wie Hühner, Meerschweinchen u. dgl., können, wenn sie nicht unter Seuchengefahr gestorben sind, verbrannt werden.

Was müssen die Tierbesitzer von der Anzeige der Tierseuchen wissen?

Der Tierbesitzer hat den Verdacht auf eine Tierseuche unverzüglich, d. h. so rasch wie möglich, dem Amtstierarzt, dem magistratischen Bezirksamt oder der nächsten Polizeidienststelle mitzuteilen.

Die Anzeichen anzeigepflichtiger Tierseuchen sind in der Belehrung über Tierseuchen zu § 17 des Tierseuchengesetzes beschrieben.

Die Symptome der einzelnen Tierseuchen soll der Tierhalter kennen, um rechtzeitig den Ausbruch der Seuche festzustellen oder wenigstens Verdacht zu schöpfen. Er wird sich dadurch vor Schaden, vor einer Bestrafung und vor dem Verlust einer staatlichen Entschädigung wegen Unterlassung der rechtzeitigen Anzeige bewahren.

Auskünfte über die Erscheinungen bei Tierseuchen geben die Amtstierärzte, die praktischen Tierärzte und die Landwirtschaftskammer.

Wann ist ein Tierpaß erforderlich?

Für Haustiere, die zu den Wiederkäuern, Einhufern oder Schweinen gehören, sind Tierpässe beizubringen, wenn die Tiere

1. auf einen Markt, eine Auktion eine Ausstellung oder eine Tierschau
2. anläßlich des Wechsels des ständigen Aufenthaltsortes in eine andere Gemeinde gebracht
3. mittels Eisenbahn, Schiffen, Kraftfahrzeugen (Anhängern) oder Luftfahrzeugen über den Bereich einer Ortsgemeinde hinaus befördert
4. ohne einen ständigen Aufenthaltsort zu haben, von Ort zu Ort getrieben

werden.

Der Begriff „Gemeinde" im Sinne dieser Bestimmungen umfaßt in Wien das gesamte Gemeindegebiet, sodaß das Verbringen von Tieren von einem Wiener Gemeindebezirk in einen anderen ohne Beibringung eines Tierpasses erfolgen kann.

Anmeldungen für Tierpaßausstellungen sind in den Veterinäramtsabteilungen der magistratischen Bezirksämter schriftlich oder zwischen 8 und 9 Uhr bzw. 14 und 15 Uhr telefonisch oder mündlich zu machen.

Sollen Haustiere, die zur Gattung der Wiederkäuer, Einhufer und Schweine gehören, aus dem Wiener Stadtgebiet zur direkten Schlachtung in den Markt- und Schlachtbetrieb St. Marx gebracht werden, ist dies beim zuständigen Amtstierarzt wegen Ausstellung eines Abtriebscheines anzumelden.

Wie erfolgt eine Überprüfung des nach Wien eingebrachten Fleisches?

Alles Fleisch, das in das Gebiet der Stadt Wien eingeführt wird und zum gewerbsmäßigen Verkauf oder zur gewerbsmäßigen Verarbeitung bestimmt ist, unterliegt der amtstierärztlichen Überbeschau. Dies bezieht sich aber nicht nur auf das Fleisch selbst, sondern auch auf die daraus hergestellten Fleischwaren (Würste u. dgl.) sowie auf alle bei der Schlachtung gewonnenen und zum menschlichen Genuß geeigneten Produkte (Fett, Innereien, Därme u. dgl.).

Die Betriebe, die Fleisch- und Fleischwaren verarbeiten oder verkaufen (Fleischer, Gaststätten, Lebensmittelgeschäfte u. dgl.), haben die Verpflichtung, diese Waren bei ihrer Einbringung nach Wien sofort zur Überbeschau zu bringen. Die Überbeschau wird im Markt- und Schlachtbetrieb St. Marx, am Fleischdetailmarkt Wien 3, auf den Landparteienplätzen der Wiener Märkte – für das dort zu verkaufende Fleisch – und fallweise in genehmigten Betrieben (für die Waren dieser Betriebe) durch die zuständigen Veterinäramtsabteilungen der magistratischen Bezirksämter (MA 60) vorgenommen.

Was soll die Hausfrau bei verdorbenen Fleischwaren beachten?

Stellt die Hausfrau bei Aufbewahrung von Fleisch oder Fleischwaren Zeichen von Verderbnis, z. B. abweichenden Geruch und Geschmack oder abweichende Farbe, fest, so muß von dem Genuß solcher Ware ernstlich abgeraten werden. Will sie aber über die Genußtauglichkeit Gewißheit haben, dann kann sie sich an den Amtstierarzt des zuständigen magistratischen Bezirksamtes wenden, der ihr über die Verwendungsfähigkeit solchen Fleisches fachmännischen Rat erteilt. Ebenso kann sie auch dort Fleisch und Fleischwaren, die sie eben gekauft hat, auf ihre Genußfähigkeit und ihre Qualität beurteilen lassen. Bei berechtigter Beschwerde wird er veranlassen, daß ihr für die beanstandete Ware Ersatz gegeben wird, darüber hinaus aber wird er Vorsorge treffen, daß solche Ware aus dem Verkehr gezogen wird und damit andere Käufer vor Schaden bewahrt werden. Gleiches gilt für Geflügel, Wildbret und Fische sowie deren Zubereitungen. Werden beim Zerteilen Veränderungen, wie Knötchen, Geschwüre, parasitäre Gebilde, Verfärbungen, Geruchsabweichungen usw., gesehen, liegt es im Interesse des Konsumenten, den fachlichen Rat der Amtstierärzte über die Genußtauglichkeit dieser Waren einzuholen.

Was hat man bei Verdacht auf bakterielle Lebensmittelvergiftungen zu tun?

Unter einer bakteriellen Lebensmittelvergiftung versteht man eine unter Vergiftungserscheinungen beim Menschen auftretende Krankheit, die durch den Genuß bakterienhaltiger Lebensmittel entsteht und als Einzel- oder Massenerkrankung oder in ausgedehnten Epidemien vorkommt. Als Ursache kommen Lebensmittel tierischer und pflanzlicher Herkunft in frischem, zubereitetem und konserviertem Zustand in Betracht. Krankmachend wirkt das von den Bakterien gebildete Gift.

Wenige Stunden nach der Mahlzeit, in der Regel zwei bis acht Stunden, seltener erst nach einigen Tagen, stellen sich die ersten Krankheitserscheinungen ein. Diese beginnen mit allgemeiner Mattigkeit, Leibschmerzen, Aufstoßen, Kollern im Leib, Übelkeit und Erbrechen. Sehr bald folgen auch Durchfälle mit dünnen bis wässerigen Stühlen. Zuweilen treten Kopfschmerzen, Afterzwang und Wadenkrämpfe auf. Die Temperatur ist meistens nur wenig erhöht. In schweren Fällen kommen auch nervöse Symptome, wie Benommenheit, Störungen der Augenbewegungen und Akkomodation, bei Kindern auch Krämpfe, vor. Bei schwerem Verlauf kann die Erkrankung in ein bis vier Tagen unter Kreislaufschwäche zum Tod führen. Todesfälle sind aber selten. Der Verlauf ist in der Mehrzahl der Fälle leicht, Heilung erfolgt nach wenigen Tagen. Von den Patienten werden die Bakterien mit dem Stuhl und Urin ausgeschieden. Im allgemeinen hört die Ausscheidung mit der Genesung oder einige Tage danach auf. Die Ausscheidung der Keime kann aber auch Wochen und Monate, ja sogar jahrelang andauern. Solche Personen werden als Bakterienausscheider bzw. Dauerausscheider bezeichnet. Diese können die Quelle neuer Erkrankungen werden, indem sie unter Außerachtlassung der hygienischen Vorsichtsmaßnahmen Lebensmittel mit ihren Ausscheidungen verunreinigen.

Lebensmittelvergiftungen, die nach Genuß von Fleisch oder Fleischwaren entstehen, werden Fleischvergiftungen genannt. Der allergrößte Teil der Fleischvergiftungen wird durch den Genuß von rohem oder unvollkommen durchgebratenem oder nicht völlig durchgekochtem Fleisch verursacht. Dabei hängt die Schwere der Erkrankung in erster Linie von der Menge der aufgenommenen Bakterien und deren Giftgehalt ab. Bei höheren Außentemperaturen findet eine starke Vermehrung und Anreicherung der etwa vorhandenen Keime statt. Bei Kühlhaustemperaturen von nur wenigen Graden über dem Gefrierpunkt wird das Bakterienwachstum wohl verzögert, nicht aber aufgehoben. Es bleibt daher Fleisch im Kühlraum nur kurze Zeit frisch, nach einer mehrwöchigen Lagerung ist es nicht mehr unbedenklich. Bereits zerteiltes Fleisch soll rasch verbraucht werden. Besondere Vorsicht ist bei faschiertem Fleisch geboten. Dieses darf nur einige Stunden im Kühlschrank vorrätig gehalten werden und ist bis spätestens abends zuzubereiten und zu braten.

Schließlich sei noch auf die bakteriellen Lebensmittelvergiftungen hingewiesen, die nach dem Genuß von rohen Enten- und Hühnereiern oder mit solchen zubereiteten Speisen, wie Mayonnaisen, Salate, Puddings, Mehlspeisen und auch Faschiertem, zurückzuführen sind. In letzter Zeit hat auch aus dem Ausland eingeführtes Trockeneipulver Anlaß zu Beanstandungen gegeben.

Wenn Gesundheitsschädigungen durch Lebensmittel auftreten, ist sofort das zuständige Bezirksgesundheitsamt zu benachrichtigen. Dieses nimmt gemeinsam mit dem Marktamt nach erfolgter Meldung an Ort und Stelle die Ermittlung über den Verlauf und die Ursache der Erkrankung auf. Es werden Untersuchungen von Stuhlproben der Patienten und von Proben verdächtiger Lebensmittel veranlaßt. Handelt es sich bei solchen um Fleisch, Fleischwaren oder Eier, so sind diese Ermittlungen gemeinsam mit dem Amtstierarzt vorzunehmen, der seine Nachforschungen auch auf etwaige verdächtige Erkrankungen der Schlachttiere und des Geflügels ausdehnen muß.

Um Lebensmittelschädigungen zu vermeiden, sind zahlreiche gesetzliche Vorschriften erlassen worden. Aber auch die Beachtung der allgemeinen Hygiene in den Betrieben sowie beim Verbraucher ist zur Verhütung von Lebensmittelvergiftungen unbedingt notwendig (siehe auch „Gesundheitswesen – Was hat man bei Verdacht auf Gesundheitsschädigung durch bakteriell verunreinigte Lebensmittel zu tun?“ und „Lebensmittel- und Marktwesen – Wer nimmt Beschwerden über Qualitätsmängel bei Lebensmitteln und bei Verdacht der Gesundheitsschädlichkeit oder der Verdorbenheit entgegen?“).

Welche Vorschriften bestehen über die Körung und Haltung von Vatertieren zur Zucht?

Seit 1. Jänner 1964 dürfen nur nach den Bestimmungen des Wiener Tierzuchtförderungsgesetzes gekörte Vatertiere zur Zucht verwendet werden.

Vatertiere im Sinne dieses Gesetzes sind Hengste, Stiere, Eber, Schaf- und Ziegenböcke, die zur Zucht verwendet werden, sowie Zuchthähne von Haushuhnrassen in bestimmten Betrieben.

Anträge auf Körungen von Vatertieren sind von deren Haltern schriftlich beim Kammeramt der Wiener Landwirtschaftskammer, 6, Gumpendorfer Straße 15, einzubringen und müssen eine Beschreibung des Vatertieres, dessen Standort, die angestrebte Zuchtverwendung und Abstammungs- und Leistungsnachweise enthalten.

Unter welcher Voraussetzung dürfen Kraftfahrzeuge (Anhänger) zu Tiertransporten verwendet werden?

Kraftfahrzeuge (Anhänger), die zu Transporten von Wiederkäuern, Einhufern, Schweinen oder Geflügel verwendet werden sollen, müssen vorher beim zuständigen magistratischen Bezirksamt zwecks Überprüfung, ob das

Fahrzeug für Tiertransporte geeignet ist, angemeldet werden. Die Fahrzeuge (Anhänger) müssen undurchlässige Böden aufweisen und so beschaffen sein, daß das Herausfallen von Streu und Exkrementen und das Abfließen von Harn und Sekreten nach Möglichkeit hintangehalten wird.

Bei erfolgter Genehmigung wird für das Fahrzeug (Anhänger) ein Kontrollbuch ausgestellt, das bei Transporten stets mitgeführt werden muß; vom Transportführer sind die einzelnen Tiertransporte jeweils in das Kontrollbuch einzutragen.

Wann müssen Kraftfahrzeuge desinfiziert werden?

Nach jedem Tiertransport sind die verwendeten Kraftfahrzeuge bzw. ihre Anhänger, bevor sie zu anderen Fahrten benützt werden, unter amtlicher Aufsicht zu reinigen und zu desinfizieren, z. B. auch alle jene Fahrzeuge, auf denen lebende Schweine in Fleischerbetriebe zur Schlachtung geführt werden. In Wien steht für diese Reinigung und Desinfektion die Wagendesinfektionshalle auf dem Zentralviehmarkt zur Verfügung. Die Verwendung nichtdesinfizierter Kraftwagen bzw. Anhänger wird nach dem Tierseuchengesetz bestraft. Denn werden auf nicht vorschriftsmäßig gereinigte und desinfizierte Wagen nach Beförderung lebender Tiere andere Güter verladen, so werden diese mit verschiedenen, darunter auch gesundheitsschädigenden Keimen verunreinigt und können so zum Ausbruch einer Krankheit bei Menschen oder Tieren führen.

Was hat der Tierbesitzer bei Erkrankungen des Geflügels oder der Schweine zu tun?

Vor allem soll nicht zugewartet werden, auch wenn angenommen wird, daß es sich nur um eine Magen-Darm-Störung, Erkältung, Vergiftung oder sonstige nicht anzeigepflichtige Krankheit handelt. Der Tierbesitzer soll zunächst den praktischen Tierarzt zu Rate ziehen. Bei unvorhergesehenen Todesfällen oder bei Verenden nach kurzer Krankheitsdauer ist dies dem Amtstierarzt unverzüglich anzuzeigen. Der Amtstierarzt veranlaßt die Abholung der Tierleichen oder bei Seuchenverdacht die Durchführung der Obduktion in der Tierärztlichen Hochschule. Beim Geflügel kommen zur Zeit an seuchenhaften Erkrankungen vor allem Geflügelpest und auch ansteckende Hühnerlähmung, bakterielle Kückenruhr und Hühnertyphus sowie Geflügelcholera vor. Unter den Schweinen tritt am häufigsten Rotlauf, seltener Schweinepest und vereinzelt ansteckende Schweinelähmung auf. Wie kann nun der Tierbesitzer dem Auftreten der Seuchen in seinem Tierbestand vorbeugen?

1. Neu angekaufte Tiere sind 14 bis 40 Tage getrennt vom alten Bestand zu halten.
2. Die Futteraufnahme und die Abgänge der Tiere sind zu beobachten.
3. Von den erprobten Schutzimpfungen gegen Geflügelpest und Rotlauf der Schweine soll unbedingt Gebrauch gemacht werden.
4. An die Hühner sollen nie rohe Eierschalen und Geflügelschlachtabfälle wegen Gefahr der Einschleppung von Geflügelseuchen verfüttert werden.
5. Bruteier, Eintagskücken und Zuchtgeflügel dürfen nur aus kontrollierten Betrieben gekauft werden. Auskünfte hierüber sind von den Amtstierärzten zu erhalten.
6. An Schweine soll Küchentrank nur nach zweistündigem Kochen verabreicht werden.

Schließlich soll sich der Tierbesitzer in allen Fragen der Seuchenvorbeugung, der Tierzucht, der Impfung und der Tierhaltung an den Amtstierarzt wenden, der in den magistratischen Bezirksämtern zwischen 8 und 9 Uhr und 14 bis 15 Uhr zu erreichen ist.

Welche Vorschriften bestehen bezüglich der Trichinenschau?

Auf Grund des Fleischbeschau-Übergangsgesetzes 1971 (BGBl. Nr. 331 vom 24. Juni 1971) ist die Untersuchung auf Trichinen bei geschlachteten Schweinen, die der Beschau unterliegen, ab 1. Jänner 1972 obligatorisch durchzuführen; sie bildet einen Bestandteil der Beschau.

Welche Aufgaben hat die Städtische Freibank?

Die Wiener Freibank ist eine Verkaufsstelle ausschließlich für minderwertiges und bedingt taugliches Fleisch. Letzteres muß, bevor es zum Verkauf gelangt, durch Sterilisieren, und zwar durch Kochen oder Dämpfen, für den menschlichen Genuß brauchbar gemacht werden. Freibankwaren sind nicht gesundheitsschädlich, wohl aber im Nahrungs- und Genußwert herabgesetzt.

Der Fleischverkehr wird daselbst durch die Freibankordnung geregelt. An Fleischer, Selcher, Wirte u. dgl. sowie Wiederverkäufer darf kein Fleisch verabfolgt werden.

Die Freibank ist ein Teil des Schlachthofes St. Marx; sie steht unter der veterinärbehördlichen Aufsicht des Magistrats. Sie soll einerseits dem Tierbesitzer den bestmöglichen reellen Erlös bieten, andererseits den Käufer hinsichtlich Kaufpreis und Qualität der Ware vor Übervorteilung schützen.

Wie verhält man sich bei Bißverletzungen?

Bei Bißverletzungen ist folgendes zu beachten:

1. Hunde und Katzen, aber auch andere Tiere, die Menschen gebissen oder sonstwie in beiß- oder angriffslustiger Art verletzt haben, dürfen nicht getötet werden, sondern müssen sicher verwahrt und tierärztlich beobachtet werden, da sie von vornherein als wutverdächtig anzusehen sind.
2. Die Dauer der ausbruchsicheren Verwahrung (Kontumazierung) und tierärztlichen Beobachtung solcher Tiere beträgt zehn Tage.
3. Tierärztliche Beobachtung:
   a) Die erste Untersuchung des betreffenden Tieres durch einen Tierarzt muß sofort nach der Verletzung erfolgen.
   b) Die zweite tierärztliche Untersuchung muß zehn Tage nach der Biß- oder sonstigen Verletzung stattfinden.

   Erst wenn das fragliche Tier bei der tierärztlichen Untersuchung am zehnten Tag nach der von ihm gesetzten Verletzung noch gesund befunden wurde, ist anzunehmen, daß die betreffende Person nicht mit dem Erreger der Wutkrankheit (Tollwut, Lyssa) angesteckt wurde.
4. Bis zum Abschluß der Untersuchungen ist das Tier kontumaziert, das ist seuchensicher, verwahrt zu halten:
   a) Das Tier ist so zu verwahren, daß es weder ausbrechen noch Personen oder Tiere verletzen kann.
   b) Wird ein Hund vorübergehend außer Haus gebracht, so ist er mit einem Maulkorb zu versehen und an der Leine zu führen.
   c) Die Tötung, der Abverkauf oder jede sonstige Veräußerung des kontumazierten Tieres ist verboten.
   d) Jede Erkrankung oder Veränderung im normalen Benehmen sowie ein etwa erfolgtes plötzliches Verenden (auch infolge äußerer Gewaltanwendung) des Tieres ist dem Untersuchungstierarzt sofort mitzutei-

len. Als besonders auffallend ist zu beachten: Scheues Benehmen, verminderte oder aufgehobene Freßlust, Beißsucht, starrer Blick, Fressen von Holz, Stroh u. dgl., Lähmungen (besonders Unterkiefer und Hinterhand!)

Wo sind Anzeigen in Tierschutzangelegenheiten zu erstatten?

Anzeigen in Tierschutzangelegenheiten sind in Wien an die Dienststellen der Polizei oder an das zuständige magistratische Bezirksamt zu richten.

Wie wird die Tuberkulose und Brucellose bei Haustieren bekämpft?

Die Bekämpfung der Tuberkulose der Rinder und Ziegen und der Brucellose (Abortus Bang) der Rinder ist gesetzlich angeordnet, demnach werden alle Rinder- und Ziegenbestände dem Bekämpfungsverfahren unterzogen. Nach Ausmerzung der mittels Tuberkulinisierung bzw. Blutuntersuchung als Reagenten festgestellten Tiere erfolgt nach zweimaliger negativer Untersuchung über Antrag des Tierhalters die Anerkennung der Tuberkulose- bzw. Brucellosefreiheit des Bestandes. In periodischen Abständen werden weiterhin Bestandsuntersuchungen vorgenommen. Zur Erhaltung der Seuchenfreiheit ist es vor allem notwendig, daß alle neueingestellten Rinder und Ziegen ebenfalls aus tuberkulose- und brucellosefreien Beständen stammen. Der Nachweis dafür ist durch vorschriftsmäßige und gültige Zeugnisse zu erbringen. Für genaue Auskünfte und Beratungen stehen die Dienststellen des Veterinäramtes der Stadt Wien zur Verfügung.

Ist der Besitz und die Haltung von bestimmten Tieren verboten?

Gemäß Magistratskundmachung vom 14. September 1964 ist der Besitz und die Haltung von lebenden echten Raubsäugetieren (ausgenommen Hauskatze und Haushund), Krokodilen, Großechsen und Schlangen verboten.

Diese Kundmachung findet keine Anwendung auf:

1. Hochschulen und deren Einrichtungen;
2. Erzeuger von Heilmitteln, soferne die Tiere zur Gewinnung von Heilmitteln dienen;
3. befugte Tierhändler;
4. öffentliche Tiergärten, Tierschauen, Zirkusse und Tierschutzhäuser;
5. Tiertransporte in ausbruchssicheren Käfigen bzw. Behältnissen.

Die Bundespolizeidirektion Wien kann auf Antrag den Besitz und die Haltung obgenannter Tiere bewilligen, wenn deren sichere Verwahrung gewährleistet erscheint.

Jeder Verkauf eines solchen Tieres an andere als in oben angeführten Punkten 1 bis 4 aufgezählten Personen oder Einrichtungen ist dem Magistrat binnen drei Tagen anzuzeigen.

Welche Aufgaben hat die Lebensmitteluntersuchungsanstalt der Stadt Wien?

Ein wesentlicher Bestandteil des von den MA 59 und 60 repräsentierten „Konsumentenschutzes" in der Geschäftsgruppe „Personal, Rechtsangelegenheiten und Konsumentenschutz" ist die Lebensmitteluntersuchungsanstalt der Stadt Wien. Ihr Wirkungskreis geht weit über die vom Namen umfaßte Tätigkeit hinaus; er erstreckt sich grundsätzlich auf

1. alle veterinäramtlichen Untersuchungen für die Veterinärämter in den Bezirken und auf den Markt- und Schlachtbetrieb in St. Marx, das sind alle bakteriologischen, pathologisch-anatomischen, serologischen und histologischen sowie chemischen Untersuchungen, die für die Fleischbeschau, Überbeschau, Auslandsfleischuntersuchung, Tierseuchenbekämpfung u. dgl. in Wien durchzuführen und im Fleischbeschauübergangsgesetz und Tierseuchengesetz geregelt sind;
2. Lebensmitteluntersuchungen und Begutachtungen von Lebensmittelproben, vorwiegend Lebensmittel tierischer Herkunft, die das Marktamt oder das Veterinäramt der Stadt Wien einsenden bzw. Privatpersonen zur Untersuchung bringen, nach dem Lebensmittelgesetz;
3. sonstige Untersuchungen und Begutachtungen für andere Dienststellen des Magistrats der Stadt Wien, des Bundes oder für Private, auf die Fortbildung der Amtstierärzte und Lebensmittelpolizeiorgane sowie auf die Verbreitung von einschlägigen wissenschaftlichen Arbeiten.

Die Anstalt ist den Bundesanstalten für Lebensmitteluntersuchung gleichgestellt, und sie ist an den Bundesgebührentarif gebunden.

Ziel der veterinärmedizinischen Untersuchungen, es handelt sich meist um bakteriologische Untersuchungen von Fleisch, ist es vor allem, sogenannte Fleischvergifter – Salmonellen – anläßlich der Fleischbeschau festzustellen. Natürlich werden auch Erreger von Tierseuchen sowie andere menschenpathogene Keime und Verderbniserreger bei dieser Gelegenheit nachgewiesen, und es läßt sich mit dieser auch in den anderen Kulturstaaten gebräuchlichen Untersuchungsmethode gesundheitsschädliches und verdorbenes Fleisch, soweit die Ursache bakterieller Natur ist, erkennen.

Zur Aufrechterhaltung der Versorgung der Bevölkerung müssen steigende Mengen von Fleisch, vor allem von Gefrierfleisch, als Verarbeitungsfleisch, vielfach aus fernen Ländern, über deren hygienische Bedingungen wir nicht ausreichend informiert sind, importiert werden. Auch dieses Fleisch wird im Rahmen der Ein- und Durchfuhrverordnung von der Anstalt untersucht.

Diese Untersuchungen haben den Zweck, den Menschen vor gesundheitlicher Gefährdung im Lebensmittelverkehr und den inländischen Tierbestand vor der Einschleppung von Seuchenerregern zu schützen. In der gewissenhaften Durchführung dieser Auslandsfleischuntersuchung besitzt Wien als Großverbrauchs- und Lebensmittelzentrum eine besondere Verpflichtung, der sich das Veterinäramt und die Untersuchungsanstalt stets bewußt waren. Die ständige Beschäftigung mit dem Salmonellennachweis hat auch bewirkt, daß die Lebensmitteluntersuchungsanstalt der Stadt Wien in der Salmonellendiagnostik die größten Erfahrungen auf diesem Fachgebiet und international einen hervorragenden Ruf besitzt.

Außer diesen genannten bakteriologischen Untersuchungen hat die Lebensmitteluntersuchungsanstalt noch eine Reihe anderer Untersuchungen für veterinäramtliche Zwecke u. a. auch auf Antibiotika und Chemotherapeutika im Fleisch durchzuführen.

Bei den Lebensmitteluntersuchungen nach dem Lebensmittelgesetz 1975 handelt es sich um Untersuchungen und Begutachtungen vom Rang gerichtsmedizinischer oder gerichtschemischer Untersuchungen, daher ist es eine außerordentlich verantwortungsvolle und heikle Arbeit. Von der einwandfreien Arbeit der Untersuchungsanstalt ist die Effektivität der Lebensmittelkontrolle des Marktamtes und des Veterinäramtes der Stadt Wien in weitestgehendem Maß abhängig.

Alle Proben werden den notwendigen Untersuchungen auf ihre stoffliche Zusammensetzung unterzogen. Bei zahlreichen Proben kommen noch bakteriologische und histologische Gewebeuntersuchungen sowie serologische oder enzymatische Untersuchungen dazu. Sämtliche Proben werden dokumentarisch festgehalten. Auch komplizierte Untersuchungsverfahren zum Nachweis von Pflanzenschutzmitteln, wie DDT, Schwermetalle (z. B. Quecksilber oder Blei) u. a., werden in Fleisch und anderen Lebensmitteln durchgeführt. Untersucht werden hauptsächlich Proben von Fleisch, Fleischwaren, Fleischkonserven, Gasthausspeisen, Geflügel, Wild, Fische, einschließlich Zubereitungen und Konserven, Schmalz und tierisches Rohfett, Brot, Backwaren, Pflanzenfette, Obst und Gemüse, Mayonnaisen und Eiprodukte. Gegenwärtig beläuft sich die untersuchte und begutachtete Probenzahl auf ca. 6.000 Proben, von denen rund 3.500 Proben vom Marktamt zur Untersuchung gebracht werden.

Um diese Untersuchungsaufgaben bewältigen zu können, ist eine ständige Beobachtung der Lebensmittelproduktion im Inland und der Importe notwendig und laufend eine komplizierte Forschung zur Ausarbeitung von Nachweismethoden für die sich ständig ändernden Verfälschungsverfahren Voraussetzung. Die derzeitige Anstalt ist vornehmlich auf die Untersuchung tierischer Lebensmittel ausgerichtet. Aufgrund eines Gemeinderatsbeschlusses wurde das Statut der Anstalt auf die Untersuchung aller Lebensmittel erweitert.

Es ist ein erklärtes Ziel der Anstaltsleitung, die vorhandene, durch Personal und Einrichtung bestimmte Untersuchungskapazität so einzusetzen, daß damit der größtmögliche Verbraucherschutz erreicht wird. Es ist selbstverständlich, daß ein präventiver Verbraucherschutz weitaus wirkungsvoller als eine bloß nachlaufende Strafjustiz ist, weil er eine viel größere Breitenwirkung besitzt. Auch das neue Lebensmittelgesetz 1975 fußt schließlich auf dieser Erkenntnis. Da unverhältnismäßig häufig Unkenntnis und Nachlässigkeit Ursache von Lebensmittelbeanstandungen sind, ist es ganz selbstverständlich, daß die Anstaltsleitung die Information und die Präventivkontrolle forciert. Privatproben werden als Beschwerden von Privaten, vornehmlich aber von der Fleischwarenindustrie, zur Untersuchung gebracht, wobei es sich um Gegenproben oder Betriebskontrollproben handelt. In zunehmendem Maß senden aber auch Importfirmen und Handelsketten Warenproben zur Untersuchung, wobei es den Firmen vor allem auf rasche Lieferung des Gutachtens und einwandfreie, sichere Begutachtung ankommt. Besonders begrüßt wird auch, daß in den Befunden Fotos jeder Ware enthalten sind.

Eine echte Präventivmaßnahme im Rahmen der Versorgung der Patienten in den Spitälern der Stadt Wien ist eine Vorbegutachtung von Fleischwaren, die der MA 17 für die Spitäler der Stadt Wien angeboten werden. Nicht zuletzt ist das neue Gütesiegel der Stadt Wien für Fleischwaren eine präventive Verbraucherschutzmaßnahme. Die Betriebe werden viermal jährlich vom Veterinäramt einer Hygienekontrolle unterworfen und viermal werden vom Marktamt Proben gezogen, die von der Lebensmitteluntersuchungsanstalt der Stadt Wien untersucht werden. Der Käufer hat bei mit dem Gütesiegel der Stadt Wien ausgezeichneten Produkten die Gewähr einer optimalen Kontrolle der Hygiene im Erzeugungsbetrieb und der Warenbeschaffenheit.

Die Anstalt ist außerdem in der Aus- und Fortbildung der Amtstierärzte, Amtsärzte und Lebensmittelinspektoren sowohl für den Bereich der Stadt Wien als auch für die Bundesländer tätig.

WÄHLEREVIDENZ

(MA 62)

Die Wählerevidenz wird mittels elektronischer Datenverarbeitungsanlage geführt. Sie bildet die Grundlage für das Wählerverzeichnis bei den Nationalrats- und Gemeinderatswahlen sowie bei der Wahl des Bundespräsidenten. Auch die für die Durchführung von Volksbegehren und Volksabstimmungen erforderlichen Stimmlisten werden auf Grund der Wählerevidenz hergestellt.

Für jeden Wahlberechtigten werden Vor- und Familienname und das Geburtsdatum in einer Personendatei gespeichert. Eine Adreßdatei erlaubt die Gliederung der Gesamtevidenz in Wahlsprengel und die Zuordnung jeder Person zur Adresse ihres ordentlichen Wohnsitzes.

Voraussetzung für die Aufnahme in die Wählerevidenz ist der Besitz des Wahlrechtes zum Nationalrat. Dieses Wahlrecht haben alle österreichischen Staatsbürger, die am Stichtag der Wahl das 19. Lebensjahr vollendet haben. Vom Wahlrecht ausgeschlossen sind jedoch Personen, die von einem Gericht wegen bestimmter strafbarer Handlungen verurteilt worden sind. Der Wahlausschluß endet in der Regel fünf Jahre nach dem Ende der Strafe. Auch Entmündigte sind vom Wahlrecht ausgeschlossen.

Die Wählerevidenz wird vom Magistrat ständig auf dem laufenden gehalten. Zu diesem Zweck müssen wahlberechtigte Personen bei Übersiedlungen anläßlich der polizeilichen Anmeldung auch einen zusätzlichen Meldezettel ausfüllen, der von der Meldebehörde an die MA 62 weitergeleitet wird. Bei Übersiedlungen von einer Gemeinde in eine andere besteht überdies eine Verständigungspflicht der Gemeinden untereinander, da jeder Wahlberechtigte nur einmal in den Wählerevidenzen eingetragen sein darf. Die Namen jener Personen, die das Wahlalter erreicht haben und damit im folgenden Jahr das Wahlrecht erlangen, werden von der Bundespolizeibehörde dem Magistrat mitgeteilt. Andere Veränderungen in der Wählerevidenz werden auf Grund amtlicher Mitteilungen der Gerichte und der Standesämter durchgeführt.

In der Wählerevidenz kann jedermann, der sich von ihrer Richtigkeit und Vollständigkeit überzeugen will, Einsicht nehmen. Österreichische Staatsbürger können auch im Wege eines Einspruches die Aufnahme eines Wahlberechtigten oder die Streichung eines nicht Wahlberechtigten begehren. Hat der Einspruch die Aufnahme eines Wahlberechtigten in die Wählerevidenz zum Gegenstand, so ist außer den notwendigen Belegen auch ein von dem Betroffenen eigenhändig gefertigtes Wähleranlageblatt anzuschließen. Über die Einsprüche entscheiden die nach der Nationalrats-Wahlordnung im Amt befindlichen Bezirkswahlbehörden.

In die Wiener Wählerevidenz kann bei der MA 62, 8, Lerchenfelder Straße 4 täglich außer Samstag und Sonntag von 8 bis 12 Uhr Einsicht genommen, und es können auch mündliche oder schriftliche Einsprüche gegen die Wählerevidenz eingebracht werden.

WASSERRECHT

(MA 45, 58)

Welche Vorschriften bestehen zum Schutz der Wasserbeschaffenheit?

Alle Gewässer sind so rein zu halten, daß die Gesundheit von Menschen und Tieren nicht gefährdet ist, Grund- und Quellwasser als Trinkwasser verwendet, Tagwässer zum Gemeingebrauch sowie zu gewerblichen Zwecken benutzt, Fischwässer erhalten sowie Beeinträchtigungen des Landschaftsbildes und sonstige fühlbare Schädigungen vermieden werden können.

Die Einleitung von Abwässern in Gewässer (einschließlich des Grundwassers) ist nur auf Grund einer wasserrechtlichen Bewilligung (für Wien ist die MA 58 zuständig) zulässig. Eine Bewilligung hiezu kann nur erteilt werden, wenn die Abwässer einer geeigneten Reinigung unterzogen werden.

Auch sonstige Maßnahmen, welche die Beeinträchtigung eines Gewässers zur Folge haben können, bedürfen einer wasserrechtlichen Bewilligung. Hiezu zählen insbesondere die Ausbeutung von Sand- und Schottergruben, das Anlegen von Müll- und Schuttablagerungsplätzen sowie Sonderabfalldeponien.

Was ist bei der Lagerung und Leitung wassergefährdender Stoffe zu beachten?

Die Lagerung und Leitung von Brenn- und Kraftstoffen auf Mineralölbasis einschließlich von Rohöl ist nur auf Grund einer wasserrechtlichen Bewilligung zulässig, es sei denn, daß die Anlagen zur Lagerung und Leitung dieser Stoffe nach den gewerberechtlichen Vorschriften genehmigungspflichtig sind oder dem Bergrecht oder dem Schifffahrtsrecht unterliegen und das Vorhaben außerhalb wasserrechtlich besonders geschützter Gebiete geplant ist. Ausgenommen von der Bewilligungspflicht sind überdies Brenn- und Kraftstoffe mit einem Stockpunkt von + 25° Celsius und darüber sowie alle übrigen Brenn- und Kraftstoffe, wenn die in Betracht kommende Menge 1.000 l nicht übersteigt. Für wasserrechtlich besonders geschützte Gebiete kann jedoch auch hinsichtlich dieser Stoffe eine Genehmigungspflicht vorgesehen werden. Auskunft über derartige Gebiete erteilt für Wien die MA 58.

Wie erfolgt die Behebung von Hochwasserschäden an privaten Liegenschaften?

Nach dem Wasserrechtsgesetz hat der Eigentümer von durch Hochwasser bedrohten oder beschädigten Liegenschaften für deren Schutz oder Instandsetzung selbst aufzukommen.

Wenn ein Eigentümer einen auf seinem Grund entstandenen Hochwasserschaden nicht beheben läßt, kann der Nachbar zum Schutz seiner dadurch bedrohten Liegenschaft behördliche Hilfe in Anspruch nehmen, und zwar in Wien bei der MA 58, 1, Volksgartenstraße 3, 2. Stock.

Mit Bescheid kann der Eigentümer der beschädigten Liegenschaft gezwungen werden, die Ausführung der nötigen Schutzmaßnahmen auf Kosten derjenigen, von deren Liegenschaften die Gefahr abgewendet werden soll, entweder selbst vorzunehmen oder deren Vornahme zu gestatten und hiezu nach dem dabei erreichten eigenen Vorteil beizutragen.

Wer erteilt Auskunft über Grundwasserstände?

Die MA 45 unterhält in Wien ein ausgedehntes Netz von Grundwasserbeobachtungsstellen. Aus den langjährigen Beobachtungsdaten sind exakte Aussagen über die Grundwasserverhältnisse im Einflußbereich der Beobachtungsstellen möglich.

Die von der Abteilung gesammelten Beobachtungsergebnisse stehen der Öffentlichkeit bei der MA 45, 12, Niederhofstraße 23, 2. Stock, zur Verfügung. Grundwasserdaten können weiters bei der MA 29 – Baugrundkataster, 12, Niederhofstraße 23, 2. Stock, erhoben werden.

WASSERVERSORGUNG

(MA 31)

Welche gesetzliche Grundlagen gibt es für die Wasserversorgung?

Die Wasserversorgung von Wien ist landesgesetzlich geregelt. Die bezüglichen Bestimmungen findet man

1. im Gesetz über die Zuleitung und Abgabe von Wasser (Wasserversorgungsgesetz 1960), LGBl. für Wien Nr. 10/1960, in der Fassung der LGBl. für Wien Nr. 13/1961, 21/1962, 18/1969, 3/1974, 16/1974, 5/1976 und 7/1977;
2. in der Verordnung zur Durchführung des Wasserversorgungsgesetzes, LGBl. für Wien Nr. 20/1960;
3. in der Wassergebührenordnung 1982, Amtsblatt der Stadt Wien Heft 51/1981;
4. in der Kundmachung vom 29. März 1974, betreffend Gebühren gemäß § 20 Abs. 5 des Wasserversorgungsgesetzes 1960, Amtsblatt der Stadt Wien Heft 17/1974, in der Fassung Amtsblatt der Stadt Wien Heft 48/1978;
5. in der Verordnung über Verwaltungsabgaben, Kommissionsgebühren und Überwachungsabgaben, LGBl. für Wien Nr. 11/1982;
6. in der Verordnung, womit bestimmte Ö-Normen für verbindlich erklärt werden, LGBl. für Wien Nr. 23/1960, 14/1963 und 16/1964.

Zum Schutz der Wasserversorgungsanlagen der Stadt Wien besteht eine Kundmachung des Wiener Magistrats vom 13. Juni 1952, M.Abt. 58-1127/52, bzw. vom 13. Juli 1964, M.Abt. 58-1024/64.

Wie vermeidet man einen Wassermehrverbrauch?

Wasser ist ein kostbares Gut, das nicht in unbeschränkter Menge vorhanden ist. Im Interesse aller liegt es daher, mit diesem Gut sparsamst umzugehen und jede Wasserverschwendung zu vermeiden.

Die Verluste durch undichte Auslaufventile und besonders durch Abortspüler übersteigen oft den nützlichen Verbrauch, da sie Tag und Nacht bestehen, während sich der normale Verbrauch nur auf wenige Stunden beschränkt. Dieser nutzlose Mehrverbrauch muß außerdem bezahlt werden.

Jeder Wasserabnehmer soll daher im eigenen Interesse Undichtheiten sofort beheben lassen.

Durch Beobachtung des Wasserzählers, besonders des Nachtverbrauches, läßt sich leicht erkennen, ob Undichtheiten bestehen.

Der Wasserabnehmer hat die Innenanlage in Abständen von mindestens drei Monaten auf ihre Dichtheit zu überprüfen. Diese Überprüfung kann erfolgen durch:

1. Überwachung des durchschnittlichen Tagesverbrauches durch monatliche Ablesung des Wasserzählers;
2. Sperre aller Entnahmestellen der Innenanlage, verbunden mit der Kontrolle des Wasserzählers;
3. Überprüfung der Dichtheit der Innenanlage durch einen hiezu nach den gewerberechtlichen Vorschriften befugten Gewerbetreibenden.

Der Nachweis der Dichtheit der Innenanlage gilt als erbracht, wenn der ermittelte durchschnittliche Tagesverbrauch von dem zuletzt festgestellten nicht abweicht bzw. die Abweichung des durchschnittlichen Tagesverbrauches mit Sicherheit auf ein geändertes Verbrauchsgeschehen zurückgeführt werden kann. Ferner gilt der Nachweis der Dichtheit als erbracht, wenn bei Sperre aller Entnahmestellen der Wasserzähler keinen Verbrauch anzeigt oder wenn der mit der Überprüfung der Innenanlage beauftragte Gewerbetreibende ihre Dichtheit bescheinigt.

Undichtheiten müssen unverzüglich von einem Installateur behoben werden, wie es das Wasserversorgungsgesetz vorschreibt.

Die regelmäßige und ungestörte Versorgung mit gutem und gesundem Trinkwasser ist ein Lebensinteresse der Großstadt. Unsere Wasserleitung ist daher ein lebenswichtiges Organ. Dieses muß mit der gleichen Sorgfalt gepflegt und betreut werden, wie alles übrige, von dem unser Leben abhängt.

Was macht man bei Wasserleitungsgebrechen?

Wahrgenommene Gebrechen an den öffentlichen Wasserleitungseinrichtungen (Straßenrohrsträngen, Auslaufbrunnen, Hydranten usw.) sind unverzüglich den Wasserwerken, 6, Grabnergasse 4–6, Tel. 57 75 75, anzuzeigen.

Das gleiche gilt auch bei Gebrechen an der Abzweigleitung, das ist die Leitung vom Straßenrohrstrang bis zum Wasserzähler, oder am Wasserzähler.

Die eigenmächtige Behebung von Gebrechen an der Abzweigleitung oder am Wasserzähler durch den Wasserabnehmer ist untersagt.

Der Wasserleitungsbereitschaftsdienst ist bei Tag und Nacht unter Tel. 57 75 75 erreichbar. Die Feuerwehr ist in solchen Fällen nicht zu alarmieren. Bei Gebrechen an der Innenanlage ist die Berufung eines Installateurs zu veranlassen und die Wasserleitungsbereitschaft nur dann anzurufen, wenn die Leitung aus irgendwelchen Gründen nicht abgesperrt werden kann und Gefahr im Verzuge ist. Für die im Interesse des Wasserabnehmers erfolgte Inanspruchnahme des Wasserleitungsbereitschaftsdienstes, soweit es sich nicht um Gebrechen an den im Eigentum der Stadt Wien stehenden Wasserversorgungsanlagen handelt, sind die jeweils festgesetzten Gebühren zu entrichten.

Bei Gebrechen und Undichtheiten an der Innenanlage, d. s. alle Wasserleitungsanlagen nach dem Wasserzähler, ist bis zu deren Behebung das der Gebrechensstelle nächstliegende Absperrventil vom Wasserabnehmer zu schließen, wobei die von der Absperrung betroffenen Wasserverbraucher nach Möglichkeit rechtzeitig vorher zu verständigen sind. Die Lage der Absperrvorrichtungen ist durch den Wasserabnehmer festzustellen und zu kennzeichnen. Gebrechen an der Innenanlage sind sowohl vom Wasserabnehmer als auch von den einzelnen Wasserverbrauchern (Mieter, Pächter usw.) hinsichtlich der innerhalb ihrer gemieteten Räume befindlichen Wasserversorgungsanlagen (Auslaufhähne, Klosettspülungen usw.) unverzüglich beheben zu lassen. Bei nicht rechtzeitiger Behebung derartiger Gebrechen kann gegen den Schuldtragenden die Strafamtshandlung eingeleitet werden.

Die Feststellung nicht sichtbarer Gebrechen an der Innenanlage ist durch Beobachtung des Wasserzählers in einer Zeit, in der keine Wasserentnahme stattfindet (Nachtzeit), möglich.

Die Behebung jeglichen Gebrechens an der Innenanlage, d. s. alle Wasserleitungsteile nach dem Wasserzähler, darf nur durch einen befugten Installateur erfolgen.

Für Kanal- und Abortverstopfungen, schadhafte Dachrinnen, eindringendes Regen- und Schmelzwasser sind die Wasserwerke überhaupt nicht zuständig; in solchen Fällen ist eine Verständigung derselben zwecklos und nur mit Kosten verbunden. Derartige Anzeigen sind an die zentrale Funkleitstelle der MA 30 zu richten. Diese hält Permanenzdienst und ist an Werktagen in der Zeit von 7 bis 17 Uhr sowie an Samstagen in der Zeit von 7 bis 11 Uhr unter Tel. 57 75 75*, 455, in der übrigen Zeit unter Tel. Nr. 57 75 75*, 262, erreichbar.

Besteht ein Anspruch auf Wasserlieferung?

Jeder an die städtischen Wasserleitungen angeschlossene Wasserabnehmer hat nach Maßgabe der allgemeinen örtlichen Versorgungsanlage Anspruch auf die Belieferung mit gesundheitlich einwandfreiem Wasser. Ein Anspruch auf eine bestimmte Wasserbeschaffenheit oder einen bestimmten Betriebsdruck besteht nicht. Ein Wasseranschluß ist nur dann möglich, wenn bis zu dem zu versorgenden Grundstück ein öffentlicher Rohrstrang verlegt ist.

Wie erfolgt die Anmeldung eines Wasseranschlusses?

Bei Anmeldung eines Wasseranschlusses ist vom Wasserabnehmer (Hauseigentümer, Bauherr, Nutzungsberechtigter, Betriebsinhaber und sonstiger Wasserverbraucher) ein bei den Wasserwerken erhältliches Anmeldeformular auszufüllen und gleichzeitig eine Vorauszahlung in der Höhe der voraussichtlichen Kosten zu erlegen. Hiebei sind auch die für den Wasserbezug maßgebenden Unterlagen (Grundbuchsauszug bzw. Grundbesitzbogen, Zustimmung des Haus- bzw. Grundeigentümers, Baubewilligung) zur Einsicht vorzulegen.

Änderungen in der Person des Wasserabnehmers sowie das Ende des Wasserbezuges sind der MA 4, Ref. 6, Wassergebühren, 6, Grabnergasse 4–6, binnen zwei Wochen schriftlich anzuzeigen.

Die Herstellung der Abzweigleitung erfolgt durch die Stadt Wien auf Kosten des Wasserabnehmers.

Die Kosten der Instandhaltung von Abzweigungen trägt die Stadt Wien, sofern das Gebrechen nicht vom Wasserabnehmer verschuldet wurde.

Der Wasserabnehmer hat außerdem die Kosten einer von ihm veranlaßten Änderung einer Abzweigleitung zu tragen.

Der Wasserzähler wird von der Stadt Wien beigestellt, verbleibt in deren Eigentum und wird von ihr instandgehalten. Die Behebung von Schäden an Wasserzählern, die nicht auf mangelhaftes Material, normale Abnützung, höhere Gewalt, auf Verschulden Dritter oder Verschulden der Organe des Magistrats zurückzuführen sind, erfolgt auf Kosten des Wasserabnehmers.

Der Wasserzähler kann jederzeit ausgewechselt werden. Sofern die Auswechslung auf Verlangen des Wasserabnehmers außerhalb der normalen Arbeitszeit erfolgt, hat dieser die hiefür auflaufenden Mehrkosten zu tragen.

Alle nach dem Wasserzähler anzuschließenden Rohrleitungen und Wasserleitungseinrichtungen dürfen nur von befugten Installateuren nach vorher eingeholter Genehmigung der Wasserwerke nach den hiefür bestehenden Vorschriften (Durchführungsverordnung zum Wasserversorgungsgesetz) ausgeführt werden.

Wie schütze ich Wasserleitungseinrichtungen gegen Frost?

Zur Verhinderung des Einfrierens der Wasserleitungseinrichtungen sind die Kelleröffnungen geschlossen zu halten. Die freiliegenden Wasserleitungsteile, wie Hauswechsel, Wasserzähler usw., sind in geeigneter und ausreichender Weise vor Frost zu schützen. Dies geschieht durch Umhüllung der betreffenden Wasserleitungsteile mit Stoffresten oder dgl.; Wasserzähler und Hauswechsel können auch in einem mit Sägespänen, Holzwolle oder ähnlichem Material ausgefüllten und mit einem leicht abnehmbaren Deckel versehenen Holzkasten untergebracht werden. Die zu diesem Zweck angebrachten Umhüllungen müssen derart beschaffen sein, daß sie vom Ableseorgan ohne Zeitverlust und ohne Anwendung von Gewalt entfernt werden können. Bei andauernder Kälte empfiehlt es sich, um ein Einfrieren der Stockwerksleitungen zu vermeiden, auch die Haustore und Gangfenster geschlossen zu halten und jene Leitungen, die der Frosteinwirkung ausgesetzt sind, während der Nachtzeit im Einvernehmen mit den Hausparteien abzusperren und zu entleeren, unter Umständen sogar tagsüber nur zeitweise in Betrieb zu nehmen und hierauf selbstverständlich wieder zu entleeren. Bei der Entleerung bzw. Füllung der Leitungen ist die höchstgelegene Wasserentnahmestelle jedes Steigstranges so lange geöffnet zu halten, bis die Leitung vollständig entleert ist bzw. bei Füllung, bis Wasser aus dieser austritt, sodann aber wieder zu schließen.

Keinesfalls darf man zur Verhinderung von Frostschäden die Wasserleitungsauslässe, Auslaufhähne, Klosette usw. rinnen lassen, weil dadurch bekanntlich große Wassermengen ungenützt verlorengehen. Außerdem besteht die Gefahr, daß hiedurch die Ablaufleitungen vereisen und gänzlich einfrieren.

Für jene Wasserabnehmer, welche ihre Gartengrundstücke nur in der schönen Jahreszeit nutzen, besteht die Möglichkeit, den Wasserzähler über die Wintermonate gegen Entrichtung der vorgesehenen Gebühren ausbauen zu lassen und somit die Frostbeschädigung des Wasserzählers überhaupt zu verhindern.

Die gewissenhafte Befolgung der angeführten Hinweise gibt die beste Gewähr für das einwandfreie Funktionieren der Wasserleitungseinrichtungen auch bei strengstem Frost.

Wer hat Zutritt zu den Wasserversorgungsanlagen?

Den mit Ausweiskarten versehenen behördlichen Organen ist der Zutritt zu allen Wasserversorgungsanlagen in Grundstücken, Gebäuden oder Teilen von solchen (Wohnungen, Geschäftslokale, Betriebe, Kellerabteilungen u. dgl.) vom Verfügungsberechtigten zu gestatten, der auch zum Öffnen verschlossener Türen und zu solchen Hilfeleistungen verpflichtet ist, die er ohne nennenswerten Einsatz seiner Arbeitskraft besorgen kann (Abheben und Auflegen von Schachtdeckeln u. dgl.); allenfalls vorhandenes Grundwasser ist aus dem Wasserzählerschacht zu entfernen.

Wie erhält man den Hauswechsel gebrauchsfähig?

Der Hauswechsel ist durch den Wasserabnehmer öfter vorsichtig zu schließen und wieder zu öffnen, um ihn gebrauchsfähig zu erhalten, wobei alle von der Absperrung betroffenen Wasserverbraucher vorher zu verständigen sind. Die Wasserzählerableseorgane sind nicht befugt, den Hauswechsel zu betätigen.

Was ist zum Schutz des Wasserzählers zu beachten?

Der Aufstellungsplatz des Wasserzählers ist stets in gutem Zustand zu erhalten und die jederzeitige leichte Zugänglichkeit des Wasserzählers zu gewährleisten. Der Wasserzähler ist gegen Frost, von außen eindringendes Wasser und sonstige Beschädigung zu schützen. Die zu diesem Zweck angebrachten Umhüllungen müssen derart beschaffen sein, daß sie von den Ableseorganen ohne Zeitverlust und ohne Anwendung von Gewalt entfernt werden können.

Ist die Stadt Wien für Störungen, Unterbrechungen, Betriebsdruck, Wasserbeschaffenheit haftbar?

Die Stadt Wien haftet nicht für Schäden, die durch Veränderungen der Druckverhältnisse oder der Wasserbeschaffenheit oder durch Störung oder Unterbrechung der Wasserversorgung eintreten.

Kann der Wasserzufluß vorübergehend abgesperrt werden?

Bei einer aus Betriebsrücksichten notwendigen Absperrung des Wasserzuflusses ist der Wasserabnehmer verpflichtet, unverzüglich sämtliche von der Absperrung betroffenen Wasserverbraucher in Kenntnis zu setzen.

Wohin sind Anfragen in Wassergebührenangelegenheiten zu richten?

Anfragen über die Höhe der Gebühren (Gebührenbemessung) sind an die MA 4, Ref. 6 (Wassergebühren), 6, Grabnergasse 4–6, zu richten. Dabei ist die im Gebührenbescheid links oben angeführte Kontonummer anzugeben.

In Fragen der Entrichtung der Gebühr (Einzahlung, Rückstände, Guthaben) gibt die zuständige Stadtkasse Auskunft.

Welche Vorschriften bestehen zum Schutz der öffentlichen Wasserleitungseinrichtungen?

Jede vorsätzliche Beschädigung, jede eigenmächtige Betätigung von städtischen Wasserversorgungsanlagen und jede unbefugte Entnahme von Wasser aus öffentlichen Auslaufbrunnen zu anderen als zu Trink- und Haushaltszwecken ist untersagt.

Verboten ist ferner jedes eigenmächtige Hantieren an den öffentlichen Feuerhydranten, wie das Abschrauben der Kappen und die Entnahme von Wasser, sowie die eigenmächtige Betätigung der Unterflurhydranten, Wasserleitungsschieber und sonstigen Einrichtungen der Wasserleitung sowie deren Beschädigung.

Dergleichen ist jede Verunreinigung der öffentlichen Auslaufbrunnen und deren Umgebung mit schmutzigem Wasser, Futterrückständen u. dgl., Verstopfung der Wasserläufe, die Entnahme von Wasser mit verunreinigten Gefäßen sowie die Aufstellung von Wassergefäßen bei Brunnen, insoweit hiedurch der Verkehr gehindert wird, untersagt. Ebenso ist die Beschädigung von öffentlichen Auslaufbrunnen verboten.

Schläuche aus Blech oder anderen Stoffen und Holzrinnen dürfen an den Auslauföffnungen der Brunnen nur während der Dauer des Füllens größerer Gefäße angebracht werden und sind hierauf sofort zu entfernen. Es ist nicht gestattet, die an den Auslauföffnungen der Brunnen angebrachten Selbstschlußhähne oder Druckhebel an den Ständern festzubinden.

Kann man die Wasserleitungsanlage als elektrische Erdung verwenden?

Das bisher verwendete System der Schutzerdung von elektrischen Geräten, Betriebsmitteln usw. ist nicht mehr im üblichen Ausmaß wirksam. Die Zunahme des elektrischen Konsums und der nicht in allen Gebietsteilen Wiens gleiche Erdungsübergangswiderstand von einigen Ohm lassen es fragwürdig erscheinen, Geräte, die mit mehr als 6 Ampere abgesichert sind, an die Wasserleitung zu erden.

Zufolge der technischen Entwicklung ist bei der Verlegung von Wasserleitungsrohren in zunehmendem Maß der Einsatz von schlecht oder nicht leitenden Werkstoffen erforderlich. Bei Abänderungen der Wasserleitungsinnenanlage unter Verwendung von nicht leitenden Werkstoffen verliert die Wasserleitungsanlage ihre Eigenschaft als Schutzerdung im Sinne der Vorschriften für Elektrotechnik. In diesem Fall ist es im Interesse der körperlichen Sicherheit notwendig, die für die in Verwendung stehenden Elektrogeräte, wie Elektroherde, Elektrospeicher, Waschmaschinen, Elektroöfen, Staubsauger, Mixer u. dgl., bisher vorgesehenen Schutzmaßnahmen durch einen befugten Fachmann dahin überprüfen zu lassen, ob sie den Vorschriften für Elektrotechnik noch entsprechen. Im gegebenen Fall sind geeignete Maßnahmen zu treffen und die Mieter des betreffenden Hauses in Kenntnis zu setzen.

Nach den Bestimmungen des Elektrotechnikgesetzes (BGBl. Nr. 57/1965) hat derjenige, der elektrische Anlagen bzw. elektrische Betriebsmittel errichtet, herstellt, instandhält oder betreibt, für die Instandhaltung der erforderlichen Schutz- und Sicherheitsvorkehrungen Sorge zu tragen.

WIRTSCHAFTSFÖRDERUNG DURCH INSTITUTIONEN

(MA 4, 5)

Wiener Kreditbürgschaftsgesellschaft m. b. H.

3, Am Modenapark 2, Tel. 72 52 59

Wiener Unternehmungen, denen es für eine Kreditaufnahme lediglich an entsprechenden Sicherheiten in dem von den Kreditunternehmungen geforderten Ausmaß ermangelt, die also sonst kreditfähig und kreditwürdig wären, können die fehlenden Sicherheiten durch eine Bürgschaft der Wiener Kreditbürgschaftsgesellschaft, an der die Stadt Wien, die Kammer der gewerblichen Wirtschaft für Wien und Kreditinstitute beteiligt sind, ersetzen. Die Mittel hiefür stellt die Stadt Wien zur Verfügung. Voraussetzung ist, daß die Kredite zur Finanzierung von Investitionen dienen, die eine Anpassung oder Umstellung der Produktionsstruktur, die Verbesserung der Regionalstruktur sowie die Rationalisierung oder eine Erweiterung des Unternehmens herbeiführen sollen. Forschungs- und Entwicklungsvorhaben werden ebenso gefördert wie Betriebsverlagerungen und Betriebsneugründungen in Wien sowie Betriebsmittelanschlußkredite. Die Kredithöhe kann zwischen 200.000 und 5 Mio S, die Laufzeit bei maximal zehn Jahren liegen. Verbürgt werden bis zu 80% des Gesamtkredits.

Kapital-Beteiligungs-Aktiengesellschaft

3, Am Modenapark 2, Tel. 73 26 25

Die Geschäftstätigkeit dieser Gesellschaft, an der die Stadt Wien, die Kammer der gewerblichen Wirtschaft für Wien, Kreditinstitute und Versicherungen beteiligt sind, liegt vor allem in der Verbesserung der Eigenkapitalausstattung von Betrieben unter Beistellung von Risikokapital. Dieses Kapital soll vor allem zur Finanzierung von Investitionen zur Strukturänderung von Unternehmen und zur Neugründung von Unternehmen verwendet werden. Dabei sollen Beteiligungen an inländischen Unternehmungen der Industrie, des Gewerbes, des Verkehrs, des Handels und des Fremdenverkehrs übernommen werden. Ebenso ist die Übernahme von Beteiligungen an ausländischen Unternehmungen zum Zweck der Exportförderung unter Sicherstellung der Versorgung inländischer Unternehmungen mit Rohstoffen und Vorprodukten vorgesehen.

Wiener Betriebsansiedlung und Wiener Verkehrsverein Gesellschaft m. b. H.

1, Johannesgasse 23, Tel. 52 86 71

Dieser Gesellschaft obliegt die Verwaltung bereits bestehender Industrieansiedlungsgebiete zur Wahrnehmung der zentralen Aufgaben, wie Energie- und Wärmeversorgung.

INNOVA Wiener Innovationsgesellschaft m. b. H.

3, Beatrixgasse 1, Tel. 75 66 86

Zielsetzung dieser Gesellschaft, an der die Stadt Wien neben Banken und Interessenvertretungen maßgeblich beteiligt ist, ist die Förderung solcher Vorhaben, die der

Entwicklung und Anwendung neuer Technologien, neuer Produkte und neuer Verfahren dienen, mit denen dem Wandel der Nachfragestruktur oder den Anforderungen nach höheren Qualitäten entsprochen oder eine Senkung der Produktionskosten erreicht werden kann, also der Entwicklung und Anwendung insbesondere von

1. Produkten und Verfahren mit hoher Wertschöpfung;
2. technischen Neuerungen bei Produkten und Produktionsverfahren, die auf neuen technologischen Erkenntnissen beruhen, insbesondere auch, wenn sie eine Verbesserung der Arbeitsplatzsituation bewirken, den Energieverbrauch senken, die Abhängigkeit von der Versorgung mit knappen Rohstoffen verringern oder den Austausch von Rohstoffen gegen geringwertige Rohmaterialien, insbesondere Abfallstoffe, ermöglichen;
3. zahlungsbilanzwirksamen Produkten, das sind solche, die entweder günstige Exportvoraussetzungen haben oder Importe substituieren können.

Exportförderung und Exportberatung Ges. m. b. H.

1, Wipplingerstraße 4, Tel. 63 52 42, 63 52 43

Diese Gesellschaft wurde mit der Zielsetzung gegründet, kleinere und mittlere Betriebe des Handels und Gewerbes sowie der Industrie in die Lage zu versetzen, österreichische Güter und Dienstleistungen zu exportieren oder ihre Exporttätigkeit zu verstärken.

Die Förderung umfaßt sowohl die Beratung und Unterstützung dieser Unternehmungen in allen Fragen, die sich aus der Exporttätigkeit ergeben, als auch die Gewährung von zinsbegünstigten Krediten, für welche die Stadt Wien die erforderlichen Mittel in Form niedrig verzinster Einlagen zur Verfügung stellt bzw. für die sie auch die Ausfallshaftung bis zu 90% der Kreditsumme übernimmt.

Exportgeschäfte sind dann förderbar, wenn mindestens 30% des Fakturenwertes Wiener Wertschöpfung sind und der Exporteur mindestens 50% seiner Lohnsummensteuer in Wien entrichtet.

Wiener Wirtschaftsförderungsfonds

1, Ebendorferstraße 2, Tel. 43 50*, 460

Diese Einrichtung bietet den Wiener Wirtschaftstreibenden ein Full-Service (Beratung, Bereitstellung von Betriebsgrundstücken, Förderungsmittel und sonstige Dienstleistungen). In diesen Aufgabenbereich gehören insbesondere der Erwerb von bebauten und unbebauten Grundstücken, die Verwaltung von städtischen Betriebsbaugründen, die Bereitstellung von aufgeschlossenen, baureifen Betriebsbaugründen für gesamtwirtschaftlich förderungswürdige Industrie-, Gewerbe- und Großhandelsbetriebe, die Abwicklung von Wirtschaftsförderungsmaßnahmen, die Betreuung von an- und umgesiedelten Betrieben bei der Realisierung ihrer Betriebsbauprojekte und die Beratung von Wirtschaftstreibenden.

Fonds zur Förderung der Wiener Bekleidungsindustrie

3, Schwarzenbergplatz 4, Tel. 72 12 96

Der Fonds wurde von der Stadt Wien und der Kammer der gewerblichen Wirtschaft für Wien zur Förderung der Wiener Bekleidungsindustrie durch Entwicklung einer eigenständigen, kreativen Wiener Mode geschaffen. Dieses Ziel soll durch Förderung des Stilisten-Nachwuchses erreicht werden, wofür als Förderungsmaßnahmen die Ausbildung und Fortbildung von Fachkräften, die Erstellung von Modekollektionen, die Durchführung von Wettbewerben und Modeschauen, die Verwendung der prämiierten Modelle in der Wiener Bekleidungsindustrie und die Werbung für die Wiener Mode zur Verfügung stehen. Weiters hat sich der Fonds die Marktforschung und die Schaffung eines Markenzeichens für die Wiener Mode zur Aufgabe gestellt.

WOHNUNGSWESEN

(MA 50, 52)

Wie bewerbe ich mich um eine Gemeindewohnung?

Ansuchen um die Vermietung einer Gemeindewohnung sind mittels eines bei allen Außenstellen kostenlos erhältlichen Vordruckes, dem sogenannten Wohnungswerber-Aufnahmeblatt, bei der für den Wohnbezirk des Bewerbers zuständigen Außenstelle der MA 50 einzubringen. Das in allen Teilen genau auszufüllende Wohnungswerber-Aufnahmeblatt ist zweckmäßigerweise vom Antragsteller unter gleichzeitiger Vorlage aller Personaldokumente (d. s. Geburtsurkunde, Heiratsurkunde, Staatsbürgerschaftsurkunde oder Staatsbürgerschaftsnachweis, Meldezettel und Einkommensnachweis) aller mitziehenden Personen, womöglich persönlich (eventuell durch einen mit Vollmacht ausgestatteten Vertreter), zu überreichen.

Die Außenstellen, die die gemachten Angaben auf Grund der vorgelegten Dokumente usw. überprüfen und später auch eine Erhebung der Wohnverhältnisse des Einreichers an Ort und Stelle durchführen, siehe Magistrat, MA 50.

Sie haben nur jeden Dienstag und Freitag in der Zeit zwischen 8 und 13 Uhr und Donnerstag von 15.30 bis 17.30 Uhr allgemeinen Parteienverkehr und stehen in dieser Zeit auch für telefonische Auskünfte zur Verfügung.

Auskünfte können auch persönlich oder telefonisch (Tel. 42 8 00*, 3346, 3347, 3348 und 3349) an jedem Werktag (außer Samstag) in der Zeit von 8 bis 13 Uhr und Donnerstag von 15.30 bis 17.30 Uhr bei der Zentralen Auskunftsstelle der MA 50, 1, Doblhoffgasse 6, eingeholt werden.

In Wien sind konstant rund 20.000 Wohnungssuchende vorgemerkt. Die große Zahl der Gründerzeit-Wohnungen, die den qualitativen Anforderungen von heute nicht mehr entsprechen, verhindert trotz der Bautätigkeit der Stadt Wien ein weiteres Absinken der Vorgemerkten. Es ist daher mit Ausnahme der Notstandsfälle noch immer mit längeren Wartezeiten zu rechnen.

Der Wohnbedarf eines Bewerbers wird im wesentlichen nach Richtlinien, die sich die Verwaltung der Stadt Wien selbst auferlegt hat, beurteilt.

Welche finanziellen und persönlichen Bedingungen muß ein Bewerber für eine Gemeindewohnung erfüllen?

Eigenberechtigte Personen, welche die österreichische Staatsbürgerschaft besitzen – Volksdeutsche, die staatenlos sind oder deren Staatsangehörigkeit ungeklärt ist, sind den österreichischen Staatsbürgern gleichgestellt – und deren jährliches Nettoeinkommen 60% des gemäß § 8 Abs. 3 Wohnbauförderungsgesetz 1968 in der jeweils geltenden Fassung festgelegten Jahreseinkommens (Familieneinkommen) nicht übersteigt, können sich bei Vorliegen einer dringenden Wohnbedürftigkeit um eine Gemeindewohnung bewerben. Ab Mitte des Jahres 1976 sind bei Zuteilung einer neugeschaffenen Gemeindewohnung 5% der Gesamtbaukosten als Baukostenbeitrag (Mietzinsvorauszahlung) zu entrichten. Mietzinsvorauszahlungen sind auch für freiwerdende Wohnungen der Stadt Wien zu leisten, wenn sie im Rahmen der Wohnbauförderung 1954 oder nach dem 7. November 1958 mit besserer Ausstattung errichtet wurden. Außerdem muß der in Aussicht genommene Benützer sich verpflichten, im Zeitpunkt der Überlassung der geförderten Wohnung bestehende Miet- oder sonstige Rechte an einer anderen Wohnung nachweislich aufzugeben.

Bei geringem Einkommen besteht die Möglichkeit, unter Berücksichtigung der Familien- und Vermögensverhältnisse ein zinsenloses Eigenmittelersatzdarlehen nach dem Wohnbauförderungsgesetz 1968 zu beanspruchen.

Wohnbeihilfen

Wohnbeihilfen sind laufende Zuschüsse für Wohnungsinhaber, die die ständigen Wohnkosten (Miete, Baurate, Nutzungsentgelt, Rückzahlungsrate des Eigenmittelersatzdarlehens oder Rückzahlungsrate des Verbesserungskredites) auf Grund ihres geringen Einkommens aus eigenem nicht tragen können.

Die Gewährung einer Wohnbeihilfe kann nur in der Höhe erfolgen, die sich aus dem Unterschied zwischen zumutbarem und anrechenbarem Wohnungsaufwand ergibt. Sie darf die Höhe des zu leistenden Annuitätendienstes bzw. des Hauptmietzinses nicht übersteigen. Die Bewilligung ist von der Haushaltsgröße, dem Familieneinkommen und einer angemessenen Nutzfläche abhängig. Die Wohnbeihilfe gibt es nur für jene Personen, die Hauptmieter, Eigentümer oder Nutzungsberechtigte einer aus Mitteln des Wohnbauförderungsgesetzes 1968, des Wohnungsverbesserungsgesetzes, des Wiener Wohnbaufonds oder des Bundes-Wohn- und Siedlungsfonds geförderten bzw. einer nach dem Wohnungsverbesserungsgesetz 1969 verbesserten Wohnung sind.

Der Antrag auf Gewährung einer Wohnbeihilfe ist unter Verwendung des hiefür aufgelegten Formblattes und unter Anschluß der in diesem Formblatt angeführten Nachweise über die Voraussetzungen an die MA 50, Referat Stundung, 1, Doblhoffgasse 6, Parterre (Parteienverkehr Montag bis Freitag von 8 bis 13 Uhr, Tel. 42 8 00*, 3301, 3302, 3307, 3382, 3383, 3335), zu richten. Er darf frühestens drei Monate vor Bezugsfertigstellung der Baulichkeit eingebracht werden. Die Beratungsstelle für Wohnbeihilfenwerber befindet sich ebenfalls in 1, Doblhoffgasse 6, Parterre, geöffnet Montag bis Freitag von 8 bis 13 Uhr. Im Zuge der Dezentralisierung wurden Außenstellen in 21, Am Spitz 1, Tel. 38 15 04*, 355, 356, in 22, Kagran, Schrödingerplatz 1, Tel. 23 65 29*, 264, 265, und in 12, Am Schöpfwerk 31, Tel. 67 99 21, eröffnet. Ebenso wie in der Zentrale werden auch hier von Montag bis Freitag von 8 bis 13 Uhr Anträge auf Gewährung einer Wohnbeihilfe entgegengenommen bzw. Auskünfte erteilt.

Mietzinsbeihilfen

Zugleich mit der Novelle zum Mietengesetz, BGBl. Nr. 409/1974, wurde durch eine Novelle zum Einkommensteuergesetz der 106a eingeführt. Nach dieser Bestimmung gewährt das örtlich zuständige Finanzamt eine Mietzinsbeihilfe, auf die ein gesetzlicher Anspruch besteht, unter folgenden Voraussetzungen:

Ab 1. Jänner 1982 gibt es Mietzinsbeihilfen

1. bei Erhöhungen des Hauptmietzinses gemäß § 7 des Mietengesetzes bzw. § 2 des Zinsstoppgesetzes bei einer Erhöhung auf mehr als 4 S pro Krone und Jahr bzw. mehr als 4 S pro Schilling Stoppzins pro Jahr;
2. bei einer Erhöhung gemäß §§ 18 und 19 Mietrechtsgesetz (MRG), gemäß § 14 Abs. 2 des Wohnungsgemeinnützigkeitsgesetzes und Einhebung eines Erhaltungsbeitrages gemäß § 45 des Mietrechtsgesetzes, sofern der eingehobene Monatsbetrag 4,50 S pro m^2 übersteigt.

Die Mietzinsbeihilfe wird aber nur Mietern gewährt, deren jährliches Einkommen für eine Person 85.000 S (durch 14 geteilt, da fast alle Einkommensbezieher 14 Monatsbezüge haben), für zwei Personen 105.000 S und für jede weitere Person 6.500 S nicht übersteigt.

Von der zuständigen Schlichtungsstelle, bzw. wenn das Gericht entschieden hat, von diesem, ist die Bescheinigung über die Erhöhung auszustellen, während bei Vorschreibung des Erhaltungsbeitrages nur mit der Bestätigung (Vorschreibung) durch den Hauseigentümer beim Finanzamt des Wohnbezirkes vorzusprechen ist. In den anderen Fällen ist die Bescheinigung der Schlichtungsstelle bzw. des Gerichtes dem Finanzamt vorzulegen. Die Einkommensnachweise sind immer mitzubringen.

Für die Behandlung von Anträgen auf Gewährung der Mietzinsbeihilfe ist die MA 12, Referat Soziale Mietzinsbeihilfen, 1, Schottenring 24 (Parteienverkehr Montag bis Freitag von 8 bis 13 Uhr, Tel. 66 14*, 244), zuständig (siehe „Sozialhilfe für Jugend, Familie und Alter – Wer kann eine Mietzinsbeihilfe erhalten?“).

Was haben besonders Mieter von Gemeindewohnungen zu beachten?

Mietvertrag

Die Städtische Wohnhäuserverwaltung (MA 52) schließt mit den Personen, die vom Wohnungsamt (MA 50) eine Zuweisung für eine städtische Wohnung erhalten haben, einen Mietvertrag ab.

Als Bestandteil dieses Vertrages gilt auch die

Hausordnung

Sie ist in jedem städtischen Wohnhaus angeschlagen. Die Nichtbeachtung der Hausordnung kann ebenso wie die Verletzung des Mietvertrages zur Auflösung des Mietverhältnisses führen.

Pflege der neuerrichteten Wohnung

Die bei Neubauten unvermeidliche Mauerfeuchtigkeit soll durch Heizen (Ausheizen der Wohnung) und gründliches Lüften beseitigt werden, weil sonst die im Raum befindlichen Holzfußböden und Möbel das Wasser aufnehmen und Schaden erleiden.

Zentralheizung

Viele städtische Wohnungen haben Zentralheizung. Die Heizungskosten werden entweder mit der monatlichen Miete in Form einer Vorauszahlung oder direkt durch die Heizbetriebe Wien Ges. m. b. H. zur Vorschreibung gebracht. Einmal jährlich wird der Wärmeverbrauch auf

Grund der auf den Heizkörpern montierten Meßgeräte festgestellt. Auf Grund dieser abgelesenen Werte werden die tatsächlichen Heizungskosten ermittelt. Manche Mieter sind dann unangenehm überrascht, wenn sie zur Leistung von hohen Nachzahlungen aufgefordert werden. Diese Mieter haben übersehen, daß auch bei der Bedienung der Radiatoren gewisse Grundregeln des ökonomischen Heizens beachtet werden sollen:

1. Die Radiatoren sollen gedrosselt werden, wenn die gewünschte Raumtemperatur erreicht ist;
2. kurzzeitiges Vollüften vermeidet ein Auskühlen der Wände und kostet weniger Wärme.

Maschinelle Waschkücheneinrichtungen

Die Stadt Wien stattet die Waschküchen nur mehr mit vollautomatischen Waschmaschinen aus. Diese Waschmaschinen erledigen das eingestellte Waschprogramm ohne zusätzliche Steuerung. Allerdings ist jede komplizierte mechanische Einrichtung gegen Bedienungsfehler anfällig. Daher sollen nur Personen, die mit der Bedienung der Maschinen vollkommen vertraut sind, diese Einrichtungen benützen. Die Städtische Wohnhäuserverwaltung sorgt durch die Abhaltung von Waschvorträgen dafür, daß die Mieter mit der Bedienung der Maschinen vertraut werden.

Spielplätze

Auf den Spielplätzen der städtischen Wohnhausanlagen sind Turn- und Spielgeräte aufgestellt. Obwohl diese Geräte so konstruiert sind, daß bei widmungsgemäßem Gebrauch eine Gefährdung der Kinder nicht eintreten kann, obliegt es den Eltern zu entscheiden, ob ihre Kinder die notwendige Gewandtheit haben, um diese Geräte gefahrlos benützen zu können.

Die Benützung der Spielgeräte erfolgt auf Gefahr und Verantwortung der Eltern. Außerdem werden überall dort, wo es nach den örtlichen Gegebenheiten möglich ist, Grünflächen als Spielwiesen freigegeben und als solche gekennzeichnet.

Autoabstellplätze

Auf Grund des Wiener Garagengesetzes wird bei jeder Wohnhausanlage die vorgesehene Zahl von Autoabstellplätzen geschaffen. Es gibt Autoabstellplätze im Freien, in ein- oder mehrgeschossigen offenen Parkdecks oder in Tiefgaragen. Die Abstellplätze werden den Mietern gegen Entrichtung eines monatlichen Entgeltes zur Verfügung gestellt.

Veränderung in der Wohnung

Für bauliche Maßnahmen in der Wohnung oder solche, die die äußere Gesamterscheinung eines Hauses verändern (z. B. Fenster, Loggien u. dgl.), muß der Mieter die Zustimmung der Hausverwaltung einholen. Sind die geplanten Maßnahmen so umfangreich, daß die Raumeinteilung abgeändert, Wände durchbrochen oder beseitigt werden sollen, so ist außer der Zustimmung des Hauseigentümers auch noch die Genehmigung der Baupolizei erforderlich. In diesen Fällen dürfen bauliche Veränderungen trotz des Einverständnisses der Hausverwaltung dann nicht durchgeführt werden, wenn die Bewilligung der Baupolizei nicht erreicht oder darum gar nicht angesucht wird.

Kündigung des Mietverhältnisses

Seitens der Wohnhäuserverwaltung wird ein Mieter nur aus wichtigen, im Mietengesetz angeführten Gründen gerichtlich aufgekündigt werden. Solche wichtigen Kündigungsgründe sind z. B. die Nichtbezahlung des Mietzinses, das grob ungehörige Verhalten des Mieters oder seiner Angehörigen gegen die übrigen Bewohner des Hauses, der erheblich nachteilige Gebrauch der Bestandssache (gemeint ist damit die grobe Vernachlässigung der Wohnung).

Der Mieter kann sein Mietverhältnis jedoch ohne Angabe von Gründen jederzeit aufkündigen. In beiden Fällen ist die vereinbarte Kündigungsfrist einzuhalten.

Beschwerden

Beschwerden können mündlich oder schriftlich beim zuständigen Hausinspektor sowie bei der MA 52 vorgebracht werden. Sowohl die Hausinspektoren als auch die Zentrale der MA 52 nehmen Anliegen an jedem Donnerstag bis 17.30 Uhr zur Kenntnis. Die Beschwerdeführer müssen sich jedoch darüber im klaren sein, daß gewissen Beschwerden auf jeden Fall der Erfolg versagt bleiben wird. Es ist z. B. nur schwer möglich, Beschwerden, die sich gegen den zumutbaren Lärm der im Hof oder auf der Straße spielenden Kinder oder gegen Straßenlärm überhaupt richten, zu entsprechen. In Extremfällen wird die Hausverwaltung selbstverständlich eingreifen.

An die Städtische Wohnhäuserverwaltung Beschwerden heranzutragen, deren Erledigung in die Kompetenz der Bundespolizeibehörden fällt, ist zwecklos. Dazu gehören z. B. alle die im Einführungsgesetz zum Verwaltungsverfahrensgesetz aufgezählten Tatbestände (Störung der Ordnung, Erregung ungebührlichen Lärms) sowie alle mit dem Betrieb von Kraftfahrzeugen zusammenhängenden Angelegenheiten.

Welche Aufgaben hat das Wohnungsberatungszentrum?

Die Gemeinde Wien hat in 1, Doblhoffgasse 6, das „Wohnungsberatungszentrum" (W.B.Z.) eingerichtet. Außenstellen des W.B.Z. bestehen in 21, Am Spitz 1 (Amtshaus), und in 22, Kagran, Schrödingerplatz 1 (Amtshaus).

Aufgabe des W.B.Z. ist es, der wohnungssuchenden Bevölkerung einen Überblick über den öffentlich geförderten Wohnungsmarkt zu geben. Die im W.B.Z. aufliegenden Programme befassen sich grundsätzlich nur mit bereits förderungsmäßig zugesicherten und in Bau befindlichen Projekten. Der Wohnungssuchende erhält hier alle Angaben, wie Örtlichkeit, Beschaffenheit, Bezugstermin, Höhe der Eigenmittelaufbringung sowie die monatlichen Belastungen.

Die im W.B.Z. aufliegenden Bauvorhaben beinhalten jene Wohnungen, die entsprechend den Förderungsbestimmungen der Wiener Landesregierung der MA 50 zur Verfügung gestellt werden müssen.

Ferner hat die Stadt Wien im Rahmen des W.B.Z. auch eine Kreditberatungsstelle eingerichtet, die dem Wohnungsinteressenten alle Möglichkeiten der Finanzierung seiner gewünschten Wohnung aufzeigt. Es besteht sogar die Möglichkeit, bei der Kreditberatungsstelle (Betreuung erfolgt durch die „Z") um die zinsenlosen Kredite im Rahmen der Wohnbauförderung einzureichen.

Die Dienststunden im W.B.Z. sind Montag bis Freitag von 8 bis 13 Uhr und in den Außenstellen abwechselnd jeden zweiten Donnerstag von 15.30 bis 18 Uhr.

Wann besteht ein Anspruch auf Rückzahlung von Finanzierungsbeiträgen (Eigenmitteln)?

Gibt ein Mieter oder Nutzungsberechtigter einer gemeinnützigen Bauvereinigung eine Wohnung, für die er anläßlich des Bezuges neben dem Mietzins oder Nutzungsentgelt Eigenmittel (Grund- und Baukostenanteile) geleistet hat, auf, hat er gemäß § 17 des Wohnungsgemeinnützigkeitsgesetzes 1979 Anspruch auf Rückzahlung eines Betrages, der sich wie folgt errechnet:

Die ursprünglich geleisteten Eigenmittel werden um 2 v. H. pro Jahr vermindert (Abschreibung, in der Praxis auch als „Verwohnung" bezeichnet) und der verminderte Betrag sodann nach dem Verbraucherpreisindex 1976 bzw. den entsprechenden vorangegangenen Indizes (Kleinhandelspreise 1938, Verbraucherpreise 1958 bzw. 1966) aufgewertet.

Der ausscheidende Mieter oder Nutzungsberechtigte hat zunächst gegenüber der Bauvereinigung binnen acht Wochen nach Räumung der Wohnung Anspruch auf Auszahlung des abgewerteten Betrages. Gleichzeitig darf binnen drei Monaten nach Räumung ein neuer Miet- oder Nutzungsvertrag nur unter der Voraussetzung abgeschlossen werden, daß vom neuen Mieter der aufgewertete Betrag bezahlt wird. Kommt es innerhalb der ersten drei Monate zu keinem Vertragsabschluß, hat der Ausscheidende für weitere drei Monate die Möglichkeit, selbst zu diesen Bedingungen einen neuen Mieter zu suchen und diesen der Bauvereinigung vorzuschlagen. Die Bauvereinigung kann den Vorgeschlagenen nur aus triftigen Gründen oder dann ablehnen, falls sie mit einer anderen Person einen Vertrag abschließt.

Zur Feststellung des zurückzuzahlenden Betrages kann im Streitfall ein Antrag bei der MA 50 – Zentrale Schlichtungsstelle, 8, Buchfeldgasse 6, 2. Stock, eingebracht werden.

Welche Förderungen sieht das Wohnbauförderungsgesetz 1968 vor?

Nach dem Wohnbauförderungsgesetz 1968 in der geltenden Fassung besteht die Förderung in Gewährung eines mit 0,5% verzinslichen Darlehens mit ca. 50jähriger Laufzeit im Ausmaß von 60% (bei Eigentumswohnungen) sowie 65% bzw. 70% (bei Miet- und Genossenschaftswohnungen).

Gleichzeitig wird für das zur Ausfinanzierung des geförderten Objektes aufgenommene Baudarlehen (30% bzw. 25%) ein Annuitätenzuschuß gewährt. Für die Errichtung von Eigenheimen wird das Landesdarlehen mit einem Fixbetrag von 265.000 S pro Wohneinheit und zusätzlich 20.000 S für jedes im Haushalt lebende Kind gewährt.

10 bzw. 5% der Gesamtbaukosten, wofür bei zu niedrigem Einkommen ein zinsenfreies Eigenmittelersatzdarlehen angesprochen werden kann, sowie allfällige Grundkostenanteile hat der Förderungswerber selbst zu tragen.

Gefördert wird die Errichtung von Eigenheimen und von Wohnungen bis zu einem Gesamtausmaß von grundsätzlich 130 m² Wohnnutzfläche durch Neubau, Auf-, Zu- oder Einbauten in bestehenden Baulichkeiten und Umbau in verbesserungswürdigen bzw. denkmalgeschützten Baulichkeiten.

Die gleichen Förderungsmaßnahmen gelten nach dem Wohnbauförderungsgesetz 1968 auch für „Verbesserungen größeren Umfanges" in verbesserungswürdigen Baulichkeiten. Voraussetzungen sind hiefür, daß die Baugenehmigung vor dem 1. Juli 1948 (1. Jänner 1968 bzw. 1. Jänner 1974 bei energiesparenden Maßnahmen) erteilt wurde, mindestens zwei Drittel der Gesamtnutzfläche Wohnzwekken dienen und mindestens die Hälfte der darin befindlichen Wohnungen nicht größer als jeweils 150 m² sind. Arbeiten, die der ordnungsgemäßen Erhaltung der Baulichkeiten dienen, können im Rahmen der Wohnbauförderung nicht finanziert werden.

Als Verbesserungen größeren Umfanges sind solche zu verstehen, deren veranschlagte Gesamtkosten je m² mindestens 25%, jedoch nicht mehr als 80% der zur Errichtung von Neubauwohnungen notwendigen angemessenen Gesamtbaukosten betragen.

Als Verbesserungsmaßnahmen gelten die Errichtung, Ausgestaltung und Umgestaltung von Gemeinschaftsanlagen, wie zentrale Waschküchen, Zentralheizungen, Personenaufzüge, der Anschluß an zentrale Wärmeversorgungsanlagen, die Errichtung oder Umgestaltung von Wasser-, Licht- und Gasleitungen und Beheizungsanlagen, die Vereinigung, Teilung sowie Änderung der Grundrißgestaltung von Wohnungen sowie Arbeiten, die der Erhöhung des Schall- und Wärmeschutzes dienen.

Mit dem Bau und mit den Verbesserungsarbeiten darf nicht vor schriftlicher Darlehenszusicherung begonnen werden.

Bei geringem Einkommen können Wohnbeihilfen in Anspruch genommen werden.

Darlehenswerber können Gemeinden, gemeinnützige Bauvereinigungen, andere juristische Personen und natürliche Personen sein, sofern sie hinsichtlich der Liegenschaft oder Baulichkeit Eigentümer, Wohnungseigentümer oder Bauberechtigte sind.

Die MA 50 ist Geschäftsstelle des Landeswohnbauförderungsbeirates für Wien.

Genaue Informationen erhält man bei der MA 50, 1, Doblhoffgasse 6, 1. Stock, Tel. 42 8 00*, 3387, 3392, 3395, 3396, 3398, 3399, 3319, 3390. Antragsformulare sind in der vorgenannten Dienststelle oder in der Drucksortenstelle des Rathauses, 7. Stiege, Hochparterre, erhältlich.

Was ist Gegenstand der Förderungsaktion zum Ausbau von Dachböden für Wohnzwecke?

Die Stadt Wien fördert den Ausbau von Dachböden zur Schaffung von Wohnungen durch Gewährung von nicht rückzahlbaren Baukostenzuschüssen in der Höhe von maximal 20% der angemessenen Baukosten und durch Übernahme der Bürgschaft für die zur Finanzierung des Bauvorhabens bei Kreditinstituten aufzunehmenden Darlehen. Förderungswerber im Rahmen dieser mit Gemeinderatsbeschluß vom 16. Dezember 1976, Pr. Z. 4426, geschaffenen Aktion können physische eigenberechtigte Personen österreichischer Staatsbürgerschaft und juristische Personen mit Sitz im Inland sein, die hinsichtlich der zu errichtenden Wohnung das Miet- oder Nutzungsrecht bzw. Wohnungseigentum erwerben. Besteht die Möglichkeit der Inanspruchnahme einer anderen öffentlichen Förderungsaktion (insbesondere Wohnbauförderung 1968), so findet diese Förderung keine Anwendung. Merkblätter, Antragsformulare und nähere Auskünfte sind in der MA 50, 1, Doblhoffgasse 6, erhältlich.

Wie erfolgt die Mietzinsbildung auf dem privaten Wohnungsmarkt?

Bei Inanspruchnahme des privaten Wohnungsmarktes ist zu beachten, daß mit dem Inkrafttreten des Mietrechtsänderungsgesetzes (1. Jänner 1968) Vereinbarungen zwischen dem Hauseigentümer und dem Hauptmieter über die Höhe des Mietzinses zulässig sind (freie Mietzinsbildung). Ausgenommen hievon sind nur die mit Hilfe des Wohnhaus-Wiederaufbaufonds wiederhergestellten Mietwohnungen und sonstige Wohnungen mit gebundenen Mietzinsen (z. B. mit Hilfe der Wohnbauförderung 1954, Wohnbauförderung 1968 oder des Bundes-Wohn- und Siedlungsfonds errichtete Mietwohnungen).

Eine freie Mietzinsvereinbarung bei Neuvermietungen ist ab 1. August 1974 aber nur möglich, wenn Wasserentnahme und Abort in der Wohnung sind. Bei Nichtzutreffen ist im Fall einer Neuvermietung nach dem 1. August 1974 nur die Vereinbarung eines Hauptmietzinses von höchstens 4 S pro m^2 zulässig.

Für solche schlecht ausgestatteten Wohnungen (sogenannten Substandardwohnungen), die am 1. August 1974 vermietet sind, friert der Hauptmietzins in der am 1. August 1974 zulässigen Höhe ein, bzw. kann er bei Vorhandensein einer Indexklausel nur bis höchstens 4 S pro m^2 erhöht werden.

Wo erhält man Auskünfte in Mietrechtsangelegenheiten?

Diese Auskünfte erhält man in der MA 50, 8, Buchfeldgasse 6, 2. Stock, Parteienverkehr Dienstag und Freitag von 8 bis 12 Uhr, Tel. 43 89 61*, 21, 22, 29, 30, 31.

Wie tausche ich meine Wohnung (Privat- oder Gemeindewohnung)?

Nach der derzeitigen Rechtslage ist ein Wohnungstausch nicht nur mit Zustimmung des Vermieters möglich. Stimmt dieser dem vom Hauptmieter, der die Wohnung vor mehr als fünf Jahren gemietet hat, aus wichtigen, besonders sozialen, gesundheitlichen oder beruflichen Gründen mit einem Dritten geschlossenen Vertrag über den Tausch ihrer im selben Gemeindegebiet befindlichen Mietwohnung zur angemessenen Befriedigung des beiderseitigen Wohnbedürfnisses nicht zu, obwohl ihm der Eintritt des Dritten in das Mietverhältnis nach Lage der Verhältnisse zugemutet werden kann, so hat das Gericht (die Gemeinde) auf Antrag des Hauptmieters die zum Eintritt des Dritten in den Mietvertrag erforderliche Zustimmung des Vermieters zu ersetzen, sofern gegen den Hauptmieter zum Zeitpunkt der Antragstellung weder eine gerichtliche Kündigung noch eine Klage auf Räumung der Wohnung anhängig ist.

Mieter von Gemeindewohnungen können bei Vorliegen von wichtigen Gründen die Wohnungen tauschen, die Tauschpartner haben ein beim Hausinspektor aufliegendes Formular auszufüllen und es zur Genehmigung der MA 52 einzusenden.

Bei einem Tausch von Privatwohnungen darf nicht übersehen werden, daß der bisher bezahlte Hauptmietzins bis auf die Kategorieobergrenzen gemäß § 16 Abs. 2 des Mietrechtsgesetzes angehoben werden kann.

Hinsichtlich der eventuell bestehenden Verpflichtung zur Entrichtung eines Baukostenbeitrages für die Tauschwohnung wird das Zentralreferat der MA 52 in jedem konkreten Fall Auskunft geben.

Wie finde ich einen Tauschpartner?

Für alle jene Parteien, die aus irgendeinem Grund ihre Wohnung zu tauschen wünschen und noch keinen Tauschpartner haben, gibt die Stadt Wien als Beiblatt zum Amtsblatt „Stadt Wien" den „Amtlichen Wohnungstauschanzeiger" heraus, der das Auffinden geeigneter Partner ermöglicht.

Die Einrichtung des „Amtlichen Wohnungstauschanzeigers", der sich seit Jahren bei der Bevölkerung bestens bewährt hat, bietet hiezu die aussichtsreichsten Möglichkeiten. Jeder Interessent erwirbt schon durch eine einzige Einschaltung Anspruch auf dreimalige Aufnahme seines Angebotes im Abstand von sechs Wochen, also insgesamt während eines Zeitraumes von viereinhalb Monaten. Hiezu kommt noch die Zusendung der drei aufeinanderfolgenden Nummern des ,,Amtlichen Wohnungstauschanzeigers". Das Tauschangebot ist daher nicht auf eine einzige Einschaltung beschränkt, und es können innerhalb jener langen Zeitspanne mehrere Tauschwohnungen ausfindig gemacht werden. Auch kann der Leser des „Amtlichen Wohnungstauschanzeigers" alle Möglichkeiten in Erwägung ziehen, die sich ihm bieten, wie z. B.: Tausch von einer Wohnung auf zwei Kleinwohnungen und umgekehrt, Tausch von Dienstwohnungen, Eigentumswohnungen und Wohnungen in Siedlungshäusern in Wien, von und nach den Bundesländern, Ringtausch, wenn mehrere Wohnungsinhaber untereinander tauschen usw.

Viele Tauschwerber sind der irrigen Meinung, daß eine Einschaltung erfolglos bleiben muß, da doch nach ihrer Ansicht alle Bewerber, die im Tauschanzeiger aufscheinen, eine größere oder bessere Wohnung haben wollen. Tatsache ist, daß in den meisten Fällen jene Tauschwerber, die eine kleinere Wohnung anstreben, meistens ältere Leute, den Betrag für die Einschaltung nicht oder nur sehr schwer aufbringen können oder Angst vor dem Zulauf der Tauschlustigen haben, die auf Grund des Tauschangebotes die Wohnung besichtigen wollen. Sie lassen daher ihre Tauschabsicht nicht im Tauschanzeiger veröffentlichen und beschränken sich darauf, nur die Zeitung zu kaufen, um sich so die Wohnung auszuwählen, die sie anstreben. Dasselbe trifft beim Tausch Privatwohnungen gegen Hauswartwohnungen und umgekehrt zu.

Für jeden, der eine Veränderung seiner Wohnverhältnisse herbeiführen will, erscheint eine Einschaltung im ,,Amtlichen Wohnungstauschanzeiger" überaus zweckmäßig, um breiteren Interessentenkreisen bekanntzuwerden und auf diese Weise zu einer rascheren Lösung seines Wohnungsproblems zu gelangen.

Wie soll eine Tauschanzeige beschaffen sein?

Der „Amtliche Wohnungstauschanzeiger" enthält Einschaltungen von Personen, die ihre Wohnung innerhalb von Wien, aber auch von Wien in die Bundesländer und umgekehrt, tauschen wollen.

Die Einschaltungen sind übersichtlich nach den einzelnen Bezirken und innerhalb der Bezirke nach Wohnungsgrößen geordnet. Die Rubriken „Hauswartwohnung für Mietwohnung", „Mietwohnung für Hauswartwohnung", „Tauschangebote von Wien in die Bundesländer" und „Tauschangebote aus den Bundesländern nach Wien" sollen das rasche Auffinden des geeigneten Tauschpartners ermöglichen.

In der ersten Spalte wird die angebotene Wohnung angeführt. Das wichtigste Gebot bei der Einschaltung ist die wahrheitsgetreue Angabe aller Tatsachen, die das vorhandene Tauschobjekt betreffen. Der Interessent soll sich auf Grund des Tauschangebotes bereits ein ungefähres Bild über Zustand, Größe und Beschaffenheit der angezeigten Tauschwohnung machen können. Es wird dadurch vermieden, daß die Tauschwerber unnötig Zeit und Fahrtspesen für die Besichtigung der Tauschwohnung vergeuden. Der Leser soll aus der Anzeige schon entscheiden können, ob eine genaue Erkundigung und Besichtigung der Tauschwohnung überhaupt auf Grund der eigenen Wünsche in Frage kommt. Entspricht die angekündigte Wohnung den Vorstellungen des Interessenten, so soll dieser auf einfachste Art mit dem Tauschwerber in Verbindung treten können. Postlagernde Zuschriften und die Möglichkeit einer Besichtigung nach schriftlicher Verständigung soll daher nur in jenen Fällen angewendet werden, wo wirklich zwingende Notwendigkeiten eine solche verzögernde Fühlungnahme rechtfertigen. Das wird beispielsweise dann der Fall sein, wenn der Hauptmieter infolge seiner unregelmäßigen Berufsausübung nicht angeben kann, wann er in seiner Wohnung anzutreffen ist.

Die Tauschanzeige soll daher außer dem Namen und der Anschrift des Hauptmieters noch folgende Hinweise enthalten:

1. Größe der Tauschwohnung.
2. Angabe der Nebenräume:
   Z. B. Vorzimmer, Badezimmer, Badenische, Kammer, Abstellraum, Erker, Balkon, Loggia usw.
3. Lage der Tauschwohnung:
   Gassenseitig, kein Gegenüber, freie Aussicht und Bezeichnung des Stockwerkes.
4. Beschaffenheit der Tauschwohnung:
   Parkettboden, gekachelte Kochnische, Terrazzoboden, Warmwasserspeicher, Telefonanschluß, Kachelofen, elektrischer Herd usw.
5. Gemeindebau, Gemeindealtbau, Gemeindesiedlung, Privathaus.
6. Besichtigungsmöglichkeit:
   Angabe der Besichtigungszeit, telefonische Verständigung, schriftliche Verständigung, postlagernde Zuschriften.
7. Angabe des Gesamtzinses:
   Um sich über die finanzielle Frage der Zinsleistung ein richtiges Bild machen zu können, soll nicht der Grundzins, sondern die Gesamtleistung angegeben werden, das ist Grundzins plus öffentliche Abgaben plus Betriebskosten. Das Reinigungsgeld ist in diesen Betrag nicht einzurechnen.
8. Sonstige Angaben:
   Nur wenn sie mit der Wohnung in sinngemäßer Verbindung stehen, z. B. Siedlungshaus mit Obstgarten, 200 m^2, Zentralwaschküche, Bad im Haus, Nähe Westbahnhof, Nähe Schönbrunn usw. . . .

Alle anderen Einschaltungswünsche, die nicht mit der Deklaration der Wohnung in Einklang stehen, wie insbesondere „Wertausgleich", „Ablöse und Übersiedlungskosten werden ersetzt", können nicht berücksichtigt werden. Auch die Ankündigung, daß Gas und elektrisches Licht installiert sei, wird nur bei Wohnungen, die sich in den Bundesländern befinden, Berechtigung haben, da in Wien kaum eine Wohnung ohne diese Voraussetzung tauschfähig sein wird.

In der zweiten Spalte soll die gewünschte Tauschwohnung aufscheinen. Hier soll die Wohnungsgröße, der gewünschte Bezirk und die Stockhöhe der angestrebten Tauschwohnung angegeben werden. Im Gegensatz zur linken Rubrik, die präzise Angaben enthalten soll, wird die gewünschte Wohnung weniger detailliert anzuführen sein, es sollen jedoch die unbedingten Erfordernisse, um derentwillen ein Tausch angestrebt wird, hervorgehoben werden.

Erst durch die Ankündigung des Tauschwunsches besteht die Möglichkeit, daß ein Interessent dem Tauschangebot nähertreten kann. Je mehr Angebote und Zuschriften auf Grund der Veröffentlichung einlangen, desto größer wird die Auswahl der in Frage kommenden Tauschwohnungen sein und desto vollkommener wird sich die Vorstellung der zu erwerbenden Tauschwohnung realisieren lassen. Gerade aber für eine Wohnungsvergrößerung ist die Einschaltung unerläßlich, da diese ja die Auswahl für jene Hauptmieter bedeutet, die eine Wohnungsverkleinerung vornehmen wollen.

Änderungen des Wortlautes einer Tauschanzeige innerhalb einer dreimaligen Einschaltung können aus drucktechnischen Gründen nicht vorgenommen werden.

Wie treten die Tauschpartner in Verbindung?

Findet der Tauschwillige im „Amtlichen Wohnungstauschanzeiger" ein Tauschansuchen, das seinen Wünschen entspricht, dann soll er sich sofort mit dem Tauschwerber in Verbindung setzen, dessen Wohnung besichtigen sowie ihm Gelegenheit geben, auch seine eigene Wohnung in Augenschein zu nehmen. Eine genaue Prüfung der zum Tausch vorgesehenen Wohnung vermeidet nachträgliche Enttäuschungen.

Mitunter können nicht alle Wünsche in bezug auf Größe, Beschaffenheit u. a. der gewünschten Wohnung durch den Tausch von zwei Wohnungen erfüllt werden. Da ergibt sich aber die Möglichkeit, durch einen Ringtausch, bei dem mehrere Tauschwerber in Erscheinung treten, das Tauschvorhaben einer befriedigenden Lösung zuzuführen.

Für die Einschaltung, die in drei fortlaufend erscheinenden Nummern im „Amtlichen Wohnungstauschanzeiger" erfolgt, und die Zusendung dieser drei Nummern ist eine Gebühr von 62,50 S zu erlegen. Dieser Betrag kann auch mittels eines Zahlscheines der Zentralsparkasse und Kommerzialbank, Wien, mit Kontonummer 696 202 605 überwiesen werden. In der Rubrik „Empfänger" ist einzusetzen: Stadt Wien – Pressedienst, Rathaus. In der Rubrik „Verwendungszweck" ist einzusetzen: MA 50, Amtlicher Wohnungstauschanzeiger.

Wo kann der Wohnungstauschanzeiger bezogen werden?

Der „Amtliche Wohnungstauschanzeiger" ist im Wohnungstauschreferat der MA 50, 1, Rathausstraße 2, 1. Stock, Tür 166, in den Bezirksstellen des Wohnungsamtes und in den Trafiken zum Preis von 3 S erhältlich. Um den Tauschwerbern die Beschaffung des „Amtlichen Wohnungstauschanzeigers" zu erleichtern und gleichzeitig den Interessenten die regelmäßige Zustellung zu gewährleisten, ist der Bezug auch im Abonnement möglich. Nach Erlag oder Überweisung von 9 S plus 13,50 S Postgebühr = 22,50 S mittels eines Zahlscheines der Zentralsparkasse und Kommerzialbank, Wien, mit Kontonummer 696 202 605 werden die jeweils laufende Nummer und die zwei folgenden Nummern des „Amtlichen Wohnungstauschanzeigers" durch Postzustellung den Abonnenten übermittelt. Hiedurch wird insbesondere den Tauschinteressenten außerhalb Wiens die rechtzeitige Zustellung gewährleistet.

Wo kann die Einschaltung in den „Amtlichen Wohnungstauschanzeiger" vorgenommen werden?

Die Einschaltung in den „Amtlichen Wohnungstauschanzeiger" kann Montag bis Freitag von 8 bis 12 Uhr im Wohnungstauschreferat, MA 50, 1, Rathausstraße 2, 1. Stock, Tür 166, oder telefonisch unter Tel. 42 8 00*, 850, veranlaßt werden. Überdies werden Tauschanzeigen auch in den Außenstellen des Wohnungsamtes in den Bezirken (Dienstag und Freitag von 8 bis 13 Uhr) entgegengenommen.

Wer kann eine Wiederaufbauwohnung mieten?

Wohnungen, die unter Zuhilfenahme von Mitteln des Wohnhaus-Wiederaufbaufonds im wesentlich gleichen Umfang wie vor der Kriegseinwirkung wiederhergestellt wurden, können nur von demjenigen gemietet werden, der im Zeitpunkt der Kriegseinwirkung deren Hauptmieter war. Ist er seither verstorben, so geht das Anrecht auf die Miete (sog. Optionsrecht) auf die nach dem Mietengesetz eintrittsberechtigten Personen über; hiezu zählen sein überlebender Ehegatte, seine Verwandten in gerader Linie einschließlich der Wahlkinder oder seine Geschwister, vorausgesetzt jedoch, daß diese Personen schon zum

Zeitpunkt der Kriegseinwirkung mit ihm im gemeinsamen Haushalt in der Wohnung gewohnt haben. Wurde jedoch die Wohnung nicht im wesentlich gleichen Umfang wiederhergestellt oder durch Aufstockung des Hauses neu geschaffen, so wird nur derjenige Mieter der Wohnung, dem sie von der Gemeinde (in Wien MA 50) rechtskräftig zugewiesen wurde. Hiefür kommt in erster Linie nur in Betracht, wer seine Wohnung durch Kriegseinwirkung verloren hat, es sei denn, daß er bereits Mieter (Inhaber) einer Wohnung oder Inhaber eines Eigenheimes oder einer Eigentumswohnung ist, die unter Berücksichtigung der allgemeinen Wohnverhältnisse des Familienstandes, der beruflichen und sonstigen besonderen persönlichen Verhältnisse seiner Person und der zu seinem Hausstand gehörigen Personen entspricht. Wenn aber kein sogenannter Ausgebombter die Wohnung annimmt, hat die Gemeinde dem Hauseigentümer unverzüglich nach Ablauf der Zuweisungsfrist nachweislich mitzuteilen, daß sie die Wohnung nicht zuweisen kann. Der Hauseigentümer hat hierauf das Recht, die Wohnung einem nach den Bestimmungen des § 1 Abs. 1 lit. a, b und c bzw. § 1 Abs. 2 lit. a und b des Neuvermietungsgesetzes – NVG, BGBl. Nr. 225/1956, vorgemerkten Wohnungssuchenden (also einem wegen Obdachlosigkeit oder wegen drohender Obdachlosigkeit, wegen Überbelages, wegen Gesundheitsschädlichkeit Vorgemerkten oder bei Ehepaaren nach mindestens einjähriger Dauer der Ehe, wenn die Ehepartner keinen gemeinsamen Haushalt führen können), binnen drei Wochen nach Erhalt der Mitteilung zu vermieten. Kann auch der Hauseigentümer die Wohnung innerhalb dieser Frist nicht vermieten, kann die Gemeinde sie einem vorgemerkten Wohnungssuchenden binnen längstens drei weiteren Wochen nach Erstattung eines sog. Fünfervorschlages (§ 6 Abs. 4 und 5 NVG) zuweisen. Wenn auch dies nicht möglich ist, kann der Hauseigentümer nach Ablauf dieser Frist über die Wohnung frei verfügen (§ 8 NVG).

Unrechtmäßige Bezieher einer mit Fondsmitteln wiederaufgebauten Wohnung müssen, abgesehen von dem verlorengegangenen Geldaufwand für gegebenenfalls durchgeführte Investitionen, nicht nur mit der zwangsweisen Räumung ohne Beistellung eines Ersatzquartiers, sondern auch, neben dem Hauseigentümer, mit einer empfindlichen Bestrafung rechnen.

Wer kann die Förderungsaktion für Reparaturdarlehen in Anspruch nehmen?

Das Bundesgesetz vom 31. März 1982 zur Förderung der Erhaltung und Verbesserung von Wohnhäusern sowie der Stadterneuerung fördert die Gewährung von Reparaturdarlehen für Wohnhäuser mit mindestens drei Wohnungen, die unter Mieterschutz stehen und die aufgrund einer vor dem 8. Mai 1945 erteilten Baubewilligung errichtet wurden.

Die Förderung besteht in der Gewährung von Zinsen- und Annuitätenzuschüssen zu Reparaturdarlehen mit einer Höchstlaufzeit von zwölf Jahren und einer Verzinsung von 8,5%.

Das Kapital zur Gewährung der gegenständlichen Darlehen wird durch den Abschluß von Versicherungen nach dem Kapitalversicherungs-Förderungsgesetz aufgebracht. Als Anlaufstelle für die Banken fungiert die Kontrollbank.

Während der Bauzeit (maximal jedoch für zwei Jahre) werden die Bauzinsen zur Gänze vom Land getragen. Durch die Gewährung von Annuitätenzuschüssen wird die Annuität auf die Höhe einer Annuität für ein Darlehen mit einem Zinssatz von 6 v. H. ermäßigt.

Genaue Informationen erhält man bei der MA 50, 1, Rathausstraße 2, 1. Stock, Tel. 42 8 00*, 3319, 3387, 3392, 3395, 3396, 3398, 3399. Antragsformulare samt Hinweisblatt sind in der vorgenannten Dienststelle erhältlich.

Welche Förderungsmaßnahmen gibt es nach dem Wohnungsverbesserungsgesetz?

Auf Grund des Bundesgesetzes vom 22. Oktober 1969, BGBl. Nr. 426, zuletzt novelliert im BGBl. Nr. 315/1981, werden durch das Land Wien Verbesserungen an „verbesserungswürdigen" Wohnhäusern und in Klein- und Mittelwohnungen, sofern die baubehördliche Baubewilligung grundsätzlich vor dem 1. Juli 1948 (allenfalls 1. Jänner 1968) erteilt wurde, gefördert. Als Förderungswerber können der Eigentümer (bzw. Miteigentümer), der Wohnungseigentümer, der Bauberechtigte und der Mieter auftreten. Voraussetzung für die Gewährung von Förderungsmaßnahmen ist, daß sich die Baulichkeit in einem guten Zustand befindet und daß es sich um Klein- bzw. Mittelwohnungen bis zu einem Höchstausmaß von 150 m² handelt. Ferner muß die Baulichkeit ganzjährig bewohnbar und auch tatsächlich bewohnt sein.

Als Verbesserungen werden insbesondere die Errichtung oder die Ausgestaltung sowie Umgestaltung von Gemeinschaftsanlagen (z. B. Zentralheizungen, Personenaufzüge, zentrale Waschküchen, Anschluß an zentrale Wärmeversorgungsanlagen usw.), ferner in Einzelwohnungen die Errichtung oder die Umgestaltung von Wasserleitungs-, Lichtleitungs-, Gasleitungs-, Beheizungs- und sanitären Anlagen in normaler Ausstattung sowie Arbeiten, die der Erhöhung des Schall- und Wärmeschutzes oder der Verminderung des Energieverbrauches und des Energieverlustes von Zentralheizungs- und Warmwasseranlagen dienen, angesehen. Als Verbesserungen gelten auch die Vereinigung zweier oder mehrerer Kleinwohnungen zu einer normal ausgestatteten Klein- oder Mittelwohnung und die Teilung von Wohnungen in normal ausgestattete Klein- oder Mittelwohnungen sowie Änderung der Grundrißgestaltung zur Schaffung von Klein- oder Mittelwohnungen in normaler Ausstattung, desgleichen Maßnahmen, die den Wohnbedürfnissen von Behinderten und alten Menschen dienen. Die Förderung von energiesparenden Maßnahmen ist an Objekten mit einer behördlichen Baubewilligung vor dem 1. Jänner 1974 zulässig, die Förderung des Anschlusses von Zentralheizungsanlagen an Fernwärme auch in noch jüngeren Objekten.

Nicht gefördert werden Arbeiten zur Instandhaltung von Baulichkeiten. Vor Zusicherung der Förderungsmaßnahmen bzw. vor ausdrücklicher Erlaubnis durch die Fondsverwaltung darf mit den Verbesserungsarbeiten nicht begonnen werden.

Dem Wohnungsinhaber darf zur Verbesserung seiner Wohnung eine Förderung nur gewährt werden, wenn das jährliche Familieneinkommen bei einer Haushaltsgröße von

einer Person	273.000 S,
zwei Personen	409.500 S,
drei Personen	464.100 S,
vier Personen	518.700 S,
mehr als vier Personen	546.000 S

nicht übersteigt.

Die Förderung besteht in der Gewährung von Annuitätenzuschüssen durch das Land Wien zur Tilgung von Darlehen, die bei Kreditunternehmen und Bausparkassen aufgenommen wurden. Der jährliche Zinsfuß darf nicht höher als 2 v. H. über der im Zeitpunkt der Zusicherung bestehenden Nominalverzinsung der dem Zeitpunkt der Zusicherung unmittelbar vorangegangenen zur Zeichnung aufgelegten öffentlichen Anleihe liegen, die Dauer der Laufzeit nicht mehr als zwölf und nicht weniger als zehn

Jahre betragen. Die Zuschußleistung des Landes beträgt 40 v. H. der Annuität.

Liegen die Gesamtbaukosten der Verbesserung je m^2 unter 25 v. H. der für die Neuerrichtung einer Wohnung festgesetzten angemessenen Gesamtbaukosten oder kann der Eigentümer eine der allgemeinen Voraussetzungen des Wohnbauförderungsgesetzes 1968 nicht erfüllen, so besteht wie für Mieter die Möglichkeit einer Förderung nach dem Wohnungsverbesserungsgesetz. In keinem Fall dürfen die Kosten das Limit von 80 v. H. der festgesetzten angemessenen Gesamtbaukosten für die Neuerrichtung einer Wohnung überschreiten.

Auskünfte über Verbesserungsfragen erteilt die MA 50, 1, Rathausstraße 4, bei der auch Anträge um Wohnungsverbesserung eingebracht werden können sowie Antragsformulare und Merkblätter erhältlich sind.

Welche Aufgaben hat die Zentrale Schlichtungsstelle bei der MA 50?

Die Zentrale Schlichtungsstelle, 8, Buchfeldgasse 6, 2. Stock, Parteienverkehr Dienstag und Freitag von 8 bis 12 Uhr, Tel. 43 89 61*, 21, 22, 23, 24, 29, 30, 31, ist zuständig für die:

I. Festsetzung oder Feststellung der Miteigentumsanteile zur Begründung von Wohnungseigentum, und zwar:

1. **Festsetzung der Mindestanteile in Form von Nutzwerten** gemäß § 5 des Wohnungseigentumsgesetzes 1975 – WEG 1975, BGBl. Nr. 417/1975, sofern an keinem auf der Liegenschaft befindlichen selbständigen Objekt vor dem 1. September 1975 (§ 29 Abs. 1 Z. 1 WEG 1975) das Wohnungseigentum erworben (grundbücherlich einverleibt) worden ist.

Für die Erledigung solcher Ansuchen sind folgende Unterlagen erforderlich:

Rechtliche Unterlagen:

Ein Ansuchen um die Festsetzung der Nutzwerte für alle Objekte auf der Liegenschaft mit Angabe der Anschrift (Straße, Hausnummer), Einlagezahl und Katastralgemeinde, da Wohnungseigentum begründet werden soll. Auch die Anschrift (sowie die Tel. Nr.) des Einschreiters wäre anzuführen.

Im Antrag wäre auch anzuführen, ob das Haus schon errichtet wurde oder nicht (§ 4 Abs. 1 WEG 1975).

Bei den sonstigen selbständigen Räumlichkeiten ist außer der bauplanmäßigen Widmung deren spezifischer Verwendungszweck (Büro, Espresso, Werkstätte, Kindergärten usw.) bekanntzugeben.

Das Ansuchen und die Beilagen sind gemäß § 36 Abs. 5 des Mietengesetzes gebührenfrei.

Im Antrag sind auch jene Teile der Liegenschaft, die in Form eines Zuschlages einzelnen Objekten zufallen sollen (§ 1 Abs. 2 WEG 1975: offene Balkone, Terrassen, Keller- oder Dachbodenräume, Hausgärten, Abstellplätze für höchstens zwei Kraftfahrzeuge je selbständige Wohnung oder sonstige selbständige Räumlichkeit der Liegenschaft), anzuführen und zuzuordnen.

Beizulegen sind:

a) Ein Grundbuchsauszug (nicht älter als drei Monate).

b) Eine Liste, auf neutralem Papier, in der enthalten sind: der Liegenschaftseigentümer, die Mit- bzw. Wohnungseigentümer sowie die Wohnungseigentumsbewerber (im Streitfalle unter Nachweis der Rechtsstellung durch Vorlage der schriftlichen Zusage des Wohnungseigentums an einem Objekt der Liegenschaft), nach Stiegen (Trakten, Hausteilen) und Türnummern geordnet mit Vor- und Zunamen jeder Partei (bei Ehegatten, die gemeinsam Wohnungseigentum begründen wollen, beide Vornamen bei einer Türnummer), sowie die Anschrift jeder Partei. Bitte auch bei jeder Partei deren Rechtsstellung anzuführen: Liegenschaftseigentümer = LE, Miteigentümer = ME, Wohnungseigentümer = WE, Wohnungseigentumsbewerber = WEB. Bei noch nicht vergebenen Objekten dazuschreiben: noch nicht vergeben.

c) Allenfalls Vollmachten der Parteien für einen Vertreter. Diese Vollmachten müssen (gemäß § 10 AVG 1950) auf eine natürliche eigenberechtigte Person und dürfen nicht auf eine juristische Person lauten. Bei außerhalb Wiens wohnenden Parteien, die gemäß § 19 AVG 1950 nicht zu einer notwendigen Verhandlung geladen werden dürfen, empfiehlt sich zur Verwaltungsvereinfachung dringend, einen in Wien wohnenden Vertreter zu bestellen.
Diese Vollmachten können auch nur Spezialvollmachten für die Vertretung vor der Zentralen Schlichtungsstelle sein und sind dann gemäß § 36 Abs. 5 Mietengesetz gebührenfrei.
Es kann auch eine Sammelvollmacht vorgelegt werden mit etwa folgendem Wortlaut:

Spezialvollmacht

für Herrn, Frau .... , per Anschrift .... zur Vertretung vor der Zentralen Schlichtungsstelle – Magistrat der Stadt Wien MA 50 – in Wien 8, Buchfeldgasse 6, 2. Stock, in Angelegenheit Nutzwertfestsetzung gemäß § 5 des Wohnungseigentumsgesetzes 1975 für das Haus Wien ...., EZ ...., Kat.-Gem. ...., wobei ich jedoch bei der mündlichen Verhandlung bei der Zentralen Schlichtungsstelle anwesend sein möchte und vom Machthaber zu verständigen bin.
Wien, den ....

Stiege 1

Tür Nr. 1 (sonst Räumlichk.)	Herbert Maier ME Unterschrift
Tür Nr. 2 Hauswartwohnung	
Tür Nr. 3 Wohnung	Walter Müller WE Unterschrift
Tür Nr. 4 Wohnung	Rudolf Egert WEB Unterschrift
Tür Nr. 5 (sonst. Räumlichk.)	Inge Buchner WE Unterschrift
Tür Nr. 6 (sonst. Räumlichk.)	noch nicht vergeben Unterschrift

Technische Unterlagen:

Die MA 40 benötigt diese für die Nutzwertfestsetzung, sie sind aber mit dem Antrag bei der Zentralen Schlichtungsstelle einzureichen.
Für technische Auskünfte stehen die zuständigen Referenten der MA 40, 8, Lerchenfelder Straße 4, Tür 612–617, Tel. 42 76 11*, 423, 429, 430, 431, 432, zur Verfügung. Referatsleiter: 42 76 11*, 428 (Tür 612).

dA) Eine Parie genehmigte Baupläne (Maßstab 1 : 100) mit Lageplan (mit Nordpfeil), Schnitten und Ansichten.
Alle Pläne müssen baubehördlich genehmigt oder aber beglaubigt sein, d. h. sie müssen außer Stampiglie und Unterschrift eines Zivilingenieurs bzw. Zivilarchitekten zusätzlich eine Beglaubigungsklausel tragen (z. B.: „Dieser Plan stimmt mit dem am . . . baubehördlich genehmigt überein"). Sie müssen überdies dem letzten Stand der Planung bzw. dem Bestand entsprechen und vollständig kotiert sein, wobei die einzelnen Koten – auch bei Lichtpausen oder Fotokopien – deutlich lesbar sein sollen. Soferne in den Plänen die Türnummern und Abgrenzungen der Bestandobjekte nicht gut sichtbar oder unrichtig sind (eine Änderung der baube-

hördlich genehmigten Pläne, die Urkunden sind, ist unzulässig), wären zusätzliche Planskizzen mit den erforderlichen Eintragungen (zweifach) vorzulegen.

B) Wenn andere Teile der Liegenschaft einer selbständigen Wohnung oder einer sonstigen selbständigen Räumlichkeit zugeschlagen werden sollen (§ 5 Abs. 1 WEG 1975), die nicht im baubehördlich genehmigten Plan enthalten sind (z. B. Hausgärten, zusätzliche Abstellplätze u. ä. m.), sind hiefür entsprechende Pläne, aus denen Lage, Umfang und Ausmaß dieser Liegenschaftsteile hervorgehen, vorzulegen; in besonderen Fällen sind diese Pläne über Aufforderung durch Geometerpläne zu ergänzen oder zu ersetzen.

e) Rechtskräftige Baubewilligungs-, alle Abänderungs- und Benützungsbewilligungsbescheide (alle mit Rechtskraftbestätigung).

fA) Nutzflächenaufstellung (§ 6 WEG 1975) dreifach
Diese Aufstellung ist von einem für Hochbau zuständigen Ziviltechniker oder einem für dieses Fach allgemein beeideten gerichtlichen Sachverständigen gemäß § 26 Abs. 2 Z. 9 lit. b WEG 1975 zu erstellen bzw. zu bestätigen und mit dem Datum zu versehen.
Es sind jeweils Länge und Breite sowie Produkt jedes einzelnen Raumes sowie die Gesamtfläche jedes einzelnen Objektes auszuweisen.
Die Nutzflächenberechnung ist nach jenen Plänen zu erstellen, die den in der § 12-Bescheinigung angeführten Bescheiden der Baubehörde zugrundeliegen.
Auf der Nutzflächenaufstellung ist ausdrücklich zu vermerken, auf Grund welcher baubehördlich genehmigten Pläne (Zahl und Datum der jeweiligen baubehördlichen Genehmigung(en) sind anzuführen) sie erstellt wurden, oder ob die Nutzflächenaufstellung auf Grund von den Plänen abweichenden Naturmaßen gemäß § 6 Abs. 2 WEG 1975 erstellt wurde.

B) Die Flächen der im § 1 Abs. 2 WEG 1975 genannten Liegenschaftsteile (offene Balkone, Terrassen, Keller- oder Dachbodenräume, Hausgärten, Abstellplätze für höchstens zwei Kraftfahrzeuge je selbständige Wohnung oder sonstige selbständige Räumlichkeit der Liegenschaft) soferne sie sich aus den genehmigten oder anderen Plänen (Punkt dA und B) ergeben, sind ebenfalls in der unter d genannten Weise anzuführen; dabei ist gleichzeitig auch anzugeben, welchen selbständigen Objekten diese Teile zugeordnet werden sollen.

g) Baubeschreibung (dreifach)
Sie hat für diesen Zweck vor allem Angaben über die Lage des Hauses in bezug auf seine Umgebung (Garten- bzw. Parklage, Straßenhöfe, Verwertung der umliegenden Freiflächen usw.)
die Ausstattung des Hauses (Anzahl und Höhe der Geschosse, Art und Ausgestaltung des Daches, Art, Zahl und Lage der Objekte, vorhandene Aufzüge – für welche Geschosse, Sammelheizung, zentrale Warmwasserbereitung, Müllabwurfschächte usw.) sowie
die Ausstattung der einzelnen Objekte (bei Wohnungen z. B. Balkone, Terrassen, Bad, WC im Wohnungsverband, Art der Beheizung, Fußböden, Verfliesung, Beleuchtung, Gas- und Stromanschluß usw.)
die Verwendung und Ausgestaltung der unbebauten Flächen der Liegenschaft
zu enthalten.
In der Baubeschreibung soll auch auf besondere Vor- und Nachteile der Verwertbarkeit von Flächen oder Objekten aufmerksam gemacht werden sowie die Ausstattung der Zugehörs bekanntgegeben werden (z. B. Dachboden ist als Wohnraum adaptiert).
Außerdem ist anzugeben, ob eine Hauswartwohnung vorgesehen ist (Tür Nr. anführen!).

h) Bescheinigung nach § 12 Abs. 2 Z. 2 WEG 1975.
Die Bescheinigung wird von der Baubehörde (MA 37) ausgestellt. Einem solchen Ansuchen ist ein Grundbuchsauszug neuesten Standes anzuschließen.

2. Festsetzung oder Feststellung der Eigentumsanteile in Form von Mietwerten 1914 (also in Kronen) gemäß § 2 des Wohnungseigentumsgesetzes – WEG, BGBl. Nr. 149/1948, sofern an mindestens einem selbständigen Objekt vor dem 1. September 1975 (§ 29 Abs. 1 Z. 1 WEG 1975) Wohnungseigentum erworben (grundbücherlich einverleibt) worden ist.
Für die Erledigung solcher Ansuchen sind folgende Unterlagen erforderlich:

Rechtliche Unterlagen:
Ein Ansuchen um die Festsetzung von Jahresmietwerten für 1914 für alle Objekte auf der Liegenschaft mit Angabe von Einlagezahl und Anschrift (Straße, Hausnummer) mit dem Hinweis, daß Wohnungseigentum begründet werden soll. Auch die Anschrift des Einschreiters ist anzuführen.

Beizulegen sind:
Ein Grundbuchsauszug, der nicht älter als drei Monate ist, und die Vollmachten sämtlicher Liegenschaftseigentümer.
Das Ansuchen und die Beilagen sind gemäß § 36 Abs. 5 Mietengesetz gebührenfrei (Vollmachten nur dann, wenn es sich um Spezialvollmachten für das Verfahren vor der Schlichtungsstelle handelt).

Technische Unterlagen:

a) Bescheinigung der Baupolizei (MA 37) nach § 5 Abs. 2 lit. a Wohnungseigentumsgesetz über die Anzahl der selbständigen Objekte, die geändert wurden. Zur Erlangung der Bescheinigung siehe oben I/1/h.

b) Baubehördlich genehmigte Konsenspläne oder beglaubigte Kopien derselben mit Eintragung der Türnummern und der Abgrenzungen der Mietobjekte, die geändert wurden. Unter diesen Plänen soll sich nötigenfalls auch ein Schnitt befinden, der die Höhenlage der Geschosse angibt.

c) Eine detaillierte Flächenberechnung der Flächenmaße der geänderten Objekte in dreifacher Ausfertigung. Diese Aufstellung ist von einem für Hochbau zuständigen Ziviltechniker oder einem für dieses Fach allgemein beeideten gerichtlichen Sachverständigen gemäß § 26 Abs. 2 Z. 9 lit. b WEG 1975 zu erstellen bzw. zu bestätigen und mit dem Datum zu versehen. Es sind jeweils Länge und Breite sowie Produkt jedes einzelnen Raumes sowie die Gesamtfläche jedes einzelnen Objektes auszuweisen. Die Nutzflächenberechnung ist nach jenen Plänen zu erstellen, die den in der § 5-Bescheinigung angeführten Bescheiden der Baubehörde zugrundeliegen. Auf der Nutzflächenaufstellung ist ausdrücklich zu vermerken, auf Grund welcher baubehördlich genehmigten Pläne (Zahl und Datum der jeweiligen baubehördlichen Genehmigung(en) sind anzuführen) sie erstellt wurden oder ob die Nutzflächenaufstellung auf Grund von den Plänen abweichenden Naturmaßen gemäß § 6 Abs. 2 WEG 1975 erstellt wurde.

d) Eine kurze Baubeschreibung der geänderten Objekte, insbesondere mit Hinweis auf die Ausstattung des Hauses und der Wohnungen (Sammelheizung, Aufzüge), in dreifacher Ausfertigung.

e) Zur Begründung von Wohnungseigentum im Sinne des § 1 Abs. 2 des Wohnungseigentumsgesetzes an Keller- und Bodenräumen, Hausgärten, Garagen, Einstellplätzen im Hof u. a. m., zusammen mit dem Wohnungseigentum an selbständigen Objekten im Sinne des § 1 Abs. 1 Wohnungseigentumsgesetz (also zusätzlich mit einer Wohnung oder einem Geschäftsobjekt usw.), ist ein Bau- bzw. Lageplan (letzterer in zweifacher Ausfertigung) mit einer Flächenberechnung in zweifacher Ausfertigung und allenfalls mit den erforderlichen Baubewilligungen (z. B. bei Einstellplätzen im Hof, gewissen Verwendungszwecken des Dachbodens usw.) beizubringen[1]).

II. Erledigung von Anträgen nach § 2 des Zinsstoppgesetzes (Bundesgesetz vom 29. Juni 1954, BGBl. Nr. 132/1954 – gilt gemäß § 48 MRG-Übergangsbestimmungen nur mehr für Anträge, die vor dem 1. Jänner 1982 gestellt wurden) auf Mietzinserhöhung im Sinne des § 7 des Mietengesetzes wegen Durchführung von unbedingt notwendigen Erhaltungsarbeiten für Mietobjekte, welche gemäß § 1 Abs. 2 des Mietengesetzes von dessen Bestimmungen ausgenommen sind, aber den bis 30. Juni 1954 in Geltung gestandenen preisrechtlichen Vorschriften unterlagen.

Die Zentrale Schlichtungsstelle ist auch für Mietzinserhöhungen in Häusern zuständig, in welchen sich sowohl Mietobjekte befinden, deren Mietzinsbildung dem Zinsstoppgesetz unterliegt, als auch Mietobjekte, deren Mietzinsbildung den Bestimmungen des Mietengesetzes unterliegt (Mischobjekte).

Diesen Anträgen sind bei Ansuchen um Grundsatzentscheidung nach § 28 Abs. 2 des Mietengesetzes folgende Unterlagen beizulegen bzw. Angaben zu machen (§ 27 Abs. 2 des Mietengesetzes):

1. Kostenvoranschläge in dreifacher Ausfertigung, von denen sowohl der Hauseigentümer als auch die Mieter je eine im Sinne der Streichungen und Anmerkungen durch die technische Fachabteilung (MA 25) geänderte Ausfertigung der Kostenvoranschläge vor der Verhandlung erhalten und sich bis zur Verhandlung mit den Professionisten besprechen können und dann in der Lage sind, bei der mündlichen Verhandlung die entsprechende Stellungnahme (bei den Mietern allenfalls verbindliche Gegenkostenvoranschläge) abzugeben;

2. eine Aufstellung über die Jahresmietzinse für 1914 (bei Bauten, bei denen die behördliche Baubewilligung vor dem 28. Jänner 1917 erteilt wurde), ansonsten eine Liste über die am 1. Juni 1954 bezahlten sog. Stoppzinse bzw. der Jahresmietwerte 1914, sofern sie im Sinne des § 19 Abs. 2 Z. 15 des Mietengesetzes vergleichsweise errechnet wurden, der einzelnen Mietgegenstände unter Angabe ihrer topografischen Bezeichnung (Türnummern) und des Vor- und Zunamens der Mieter sowie die Nutzfläche des Hauses, nach den einzelnen Bestandsobjekten gegliedert (in Anwendung des § 2 Abs. 2 Z. 7 des Mietengesetzes);

3. ein Nachweis (mit zweifacher Aufstellung) darüber, daß die Auslagen für das Haus auch unter Heranziehung der in den letzten sieben Jahren, jedoch erst ab 1. August 1969, nicht zu den im § 6 Abs. 1 des Mietengesetzes genannten Zwecken verwendeten Teile der Hauptmietzinse samt dem verrechnungspflichtigen Teil frei vereinbarter Hauptmietzinse (Art. II Z. 2 des Mietrechtsänderungsgesetzes, BGBl. Nr. 281/1967) nicht gedeckt sind (die sog. Mietzinsabrechnung der letzten sieben Jahre bzw. ab 1. August 1969, zurückgerechnet von dem Tag der Einreichung um die erste Grundsatzentscheidung bei der Schlichtungsstelle);

4. eine Berechnung der Beträge, auf welche die Hauptmietzinse unter Berücksichtigung der Deckung der Kosten der Erhaltungsarbeit zuzüglich einer angemessenen Verzinsung des aufgewendeten eigenen oder fremden Kapitals innerhalb eines Zeitraumes von längstens zehn Jahren zu erhöhen sind;
5. die Höhe der letzten jährlichen Betriebskosten, Grundsteuer und Verwaltungskosten;
6. allfälliger Jahresbetrag von 13 g pro Krone und Jahr gemäß § 9 des Wohnhaus-Wiederaufbaugesetzes;
7. allfälliger Jahresbetrag für die Vermögenssteuer vom Haus;
8. Verrechnung von 25% der Einnahmen aus der Vermietung von Reklameflächen am Haus u. ä. m.

Ferner ist nunmehr seit 1. August 1974 eine vorläufige Mietzinserhöhung zulässig, wenn sich der Vermieter nach der Grundsatzentscheidung oder anläßlich dieser verpflichtet, die Erhaltungsarbeiten innerhalb einer angemessenen Frist in Angriff zu nehmen und durchzuführen.

Diese vorläufige Mietzinserhöhung soll die relativ hohen Zwischenzinsen zum Nachteil der Mieter verhindern.

Hält der Vermieter in der Folge, nachdem eine vorläufige Mietzinserhöhung bewilligt wurde, seine Zusage nicht ein, so hat er diese Beträge samt gesetzlichen Zinsen zurückzuerstatten.

Bei Ansuchen um Endentscheidung nach § 28 Abs. 3 Mietengesetz sind folgende Unterlagen beizulegen bzw. Angaben zu machen (gilt nur mehr für Anträge, die bis 31. Dezember 1982 gestellt werden, wenn schon eine rechtskräftige Grundsatzentscheidung vorhanden ist):

1. Durchschläge (nicht quittierte Originalrechnungen) der Rechnungen in einfacher Ausfertigung;
2. die gleichen Unterlagen wie bei den Anträgen auf Grundsatzentscheidung unter lit. b;
3. wenn in der Grundsatzentscheidung die Mietzinsabrechnung für sieben Jahre, zurückgerechnet vom Tag der ersten Einreichung bei der Schlichtungsstelle, durchgeführt wurde, ist die Mietzinsabrechnung bis zum Tag der tatsächlichen Erhöhung der Mietzinse zu ergänzen; wenn die Mietzinsabrechnung anläßlich der Grundsatzentscheidung unterblieb (sei es, weil das Ausmaß der Reparaturen jedenfalls eine Mietzinserhöhung auch ohne Mietzinsabrechnung rechtfertigte, sei es aber auch, weil die Mietzinsabrechnung der Endentscheidung vorbehalten wurde) oder wenn die Mietzinsabrechnung seinerzeit nur vorbehaltlich der Überprüfung bei der Endentscheidung anerkannt wurde, ist sie für den gesamten Zeitraum (sieben Jahre zurück vom Tag der Einreichung der Grundsatzentscheidung bei der Schlichtungsstelle bis zum Tag der tatsächlichen Mietzinserhöhung) vorzulegen;
4. eine Berechnung wie unter Punkt 4 bei den Ansuchen um Grundsatzentscheidung;
5. die Höhe der letzten jährlichen Betriebskosten, Grundsteuer und Verwaltungskosten;
6. allfälliger Jahresbetrag von 13 g pro Krone und Jahr gemäß § 9 des Wohnhaus-Wiederaufbaugesetzes;
7. allfälliger Jahresbetrag für die Vermögenssteuer vom Haus;
8. Verrechnung von 25% der Einnahmen aus der Vermietung von Reklameflächen am Haus u. ä. m.

III. Anträge gemäß § 22 Abs. 4 Pkt. 10 des Wohnungsgemeinnützigkeitsgesetzes – WGG BGBl. Nr. 139/1979:
1. Feststellung der Zulässigkeit des von der Bauvereinigung für eine Miet- oder Nutzungswohnung verlangten Mietzinses (Nutzungsentgeltes).
2. Anträge auf Erhöhung des Mietzinses (Nutzungsentgeltes) für ordnungsgemäße Erhaltungsarbeiten.

[1]) Wenn Wohnungseigentum am Zubehör (§ 1 Abs. 2 Wohnungseigentumsgesetz) nicht begründet werden soll, entfallen die Unterlagen nach Abs. 5.

3. Überprüfung des Preises für den Verkauf von Eigentumswohnungen (Eigenheimen).
4. Entscheidung über Anträge betreffend die Verpflichtung der Genossenschaft zur jährlichen Rechnungslegung und Einsichtsgewährung.
5. Überprüfung der Höhe der an den ausscheidenden Mieter oder Nutzungsberechtigten von der Genossenschaft zurückzuzahlenden Eigenmittelanteile.
6. Entscheidungen über den Wohnungstausch gemäß § 13 MRG.

Anträge nach Pkt. 1 und 3 können nur innerhalb von drei Jahren nach Erteilung der baubehördlichen Benützungsbewilligung, bei allfälligem früheren Beziehen der Baulichkeit ab diesem Zeitpunkt gestellt werden.

Gemäß der Übergangsbestimmung des § 39 Abs. 8 Z. 3 WGG gilt der § 22 jedoch nicht für Anträge, die auf eine Überprüfung der Endabrechnung der gesamten Baukosten oder des Saldos, der zum 31. Dezember 1978 auszuweisen ist, gerichtet sind; diesbezügliche Einwendungen können nicht nach den Bestimmungen dieses Bundesgesetzes, sondern nur auf Grund der bisherigen gesetzlichen Bestimmungen oder vertraglicher Vereinbarung erhoben werden.

Weiters ist zu Anträgen nach Pkt. 1 und 3, womit die Überprüfung der Zulässigkeit des Entgeltes oder Preises mit der Behauptung begehrt wird, zu bemerken, daß im Verfahren nach Vorlage der Endabrechnung über die gesamten Baukosten durch die belangte Bauvereinigung dem Antragsteller durch die Schlichtungsstelle (Gericht) aufzutragen ist, binnen sechs Monaten die behaupteten Berechnungsfehler kurz und vollständig anzugeben. Über einen pauschalen Antrag auf Überprüfung kann daher nicht entschieden werden.

IV. Überprüfung der Mietzinse gemäß § 32 des Wohnbauförderungsgesetzes 1968, und zwar sowohl für die Überprüfung der Höhe des Hauptmietzinses, der Betriebskosten und der allfälligen öffentlichen Angaben.

V. Überprüfung der laufenden Leistungen für die Wohnungsverbesserung gemäß § 6 Abs. 6 Z. 2 des Wohnungsverbesserungsgesetzes.

VI. Mit 1. Jänner 1982 ist das **Mietrechtsgesetz** (MRG), BGBl. Nr. 520/1981, in Kraft getreten. Die MA 50 – Zentrale Schlichtungsstelle hat über folgende Anträge zu entscheiden:

1. Anerkennung als Hauptmieter gemäß § 2 Abs. 3 und § 37 Abs. 1 Z. 1 MRG, soweit es sich um Mietverhältnisse in Häusern handelt, für welche die Baubewilligung nach dem 27. Jänner 1917 erteilt wurde.
   Dem Antrag in dreifacher Ausfertigung ist das Original oder eine Ablichtung des Miet-(Untermiet-)Vertrages beizulegen sowie anzugeben, wer derzeit der Vermieter ist (Name, Anschrift und Telefonnummer) und welche Rechtsstellung er hat (Alleineigentümer, Mehrheitseigentümer, Wohnungseigentümer, Hausverwalter usw.), sofern dies bekannt ist.
2. Antrag auf Erlassung eines Auftrages zur Durchführung von Erhaltungs- oder Verbesserungsarbeiten gemäß §§ 3, 4 und 6 sowie § 37 Abs. 1 Z. 2 MRG für Häuser mit Baubewilligung nach dem 27. Jänner 1917.
   Der Antrag ist in dreifacher Ausfertigung einzubringen und hat den oder die Antragsgegner (mit Name, Anschrift und Telefonnummer) anzuführen, sofern sie bekannt sind.
   Von den antragstellenden Mietern sind die geforderten Arbeiten anzuführen und gleichzeitig ist der Antrag auf Erlassung eines Auftrages durch die Schlichtungsstelle zu stellen.
   Der Antrag auf Durchführung von den im § 4 MRG genannten Verbesserungen kann nur bis zu einer Höhe der vorhandenen Mietzinsreserve aufrecht erledigt werden.
   Der Antrag auf Durchführung von ordnungsgemäßen Erhaltungsarbeiten kann auch zu einer Erhöhung der Hauptmietzinse führen.
   Vom Vermieter ist in einem solchen Verfahren sowohl eine Mieterliste mit den Vor- und Zunamen der Mieter, Stiege und Türnummer des Objektes, der Widmung (Wohnung, Geschäftslokal, Werkstätte usw.), der Nutzfläche, bei Wohnungen mit Angabe der Kategorie, des derzeitigen monatlichen Hauptmietzinses und der allfälligen Differenz zum Erhaltungsbeitrag gemäß § 45 MRG als auch eine Mietzinsabrechnung, beginnend mit 1. Jänner 1975, vorzulegen.
3. Antrag auf Feststellung der Wiederherstellungspflicht (etwa nach Brandschaden) gemäß § 7 und § 37 Abs. 1 Z. 4 MRG, sofern die Versicherungssumme ausreicht.
   Der Antrag ist dreifach einzubringen, und es sind die Antragsgegner mit Name, Anschrift und Telefonnummer oder ihr Vertreter anzuführen. Es ist der Schaden bekanntzugeben (z. B. Brand- oder Wasserschaden) und die Deckung des Schadens aus der vorhandenen Versicherung zu behaupten.
4. Duldung von Erhaltungs- und Verbesserungsarbeiten durch den Mieter sowie Festsetzung einer Entschädigung bei wesentlichen Beeinträchtigungen der Mietrechte durch solche Arbeiten für Häuser mit Baubewilligung nach dem 27. Jänner 1917.
   Der Antrag ist dreifach einzubringen. Es ist der Antragsgegner mit Name, Anschrift und Telefonnummer anzugeben, wenn dies möglich ist. Ferner ist bei einem Antrag des Vermieters oder eines anderen Mieters auf Duldung von Arbeiten anzuführen, um welche Arbeiten es sich handelt und welcher oder welche Mieter die Duldung verweigern. Bei einem Antrag des Mieters auf Entschädigung ist vom Mieter der von ihm geforderte Entschädigungsbetrag der Höhe nach anzuführen.
5. Ersatz der Zustimmung des Vermieters zum Wohnungstausch gemäß § 13 und § 37 Abs. 1 Z. 7 MRG.
   Der Antrag auf Ersatz der Zustimmung des Vermieters zum Wohnungstausch durch Entscheidung der Zentralen Schlichtungsstelle ist dreifach einzubringen.
   Im Antrag sind die beiden Vermieter, der Tauschwerber bzw. deren Vertreter (Immobilienverwalter) mit Name, Anschrift und Telefonnummer anzuführen und bekanntzugeben, welcher Vermieter (oder ob beide Vermieter) die Zustimmung zum Wohnungstausch verweigert.
   Jeder der beiden Tauschwerber hat die im Gesetz genannten wichtigen, sozialen, gesundheitlichen oder beruflichen Gründe anzuführen, die für den Wohnungstausch sprechen.
   Bei jedem der beiden Tauschwerber müssen solche Gründe vorliegen.
6. Festsetzung des angemessenen Mietzinses bei Veräußerung von Unternehmen gemäß § 12 Abs. 3 und § 37 Abs. 1 Z. 8 MRG.
   Eine Festsetzung des angemessenen Mietzinses kann nur erfolgen, wenn die Unternehmungsveräußerung nach dem 1. Jänner 1982 stattfand.
   Dann hat der Unternehmenswerber auch das Mietrecht mit übernommen.
   Der Antrag ist in dreifacher Ausfertigung einzubringen und hat Name, Anschrift und Telefonnummer des Vermieters zu enthalten. Es ist eine Ablichtung des Kaufvertrages und eine Skizze des Geschäftsobjektes, allenfalls mit Fotos über die Beschaffenheit und den

Zustand, vorzulegen. Behauptete Nachteile (kein Wasser, kein WC im Objekt, keine Nebenräume, schlechte Belichtung, Belüftung usw.) sind anzugeben. Die Forderung des Vermieters über die Höhe des Mietzinses nach Übergang der Mietrechte und die Höhe des Mietzinses des bisherigen Mieters ist bekanntzugeben.

7. Festsetzung des angemessenen oder begehrten Mietzinses gemäß § 16 und § 37 Abs. 1 Z. 8 MRG für Häuser mit Baubewilligung nach dem 27. Jänner 1917.
Der Antrag ist dreifach einzubringen und der Antragsgegner mit Name, Anschrift und Telefonnummer anzuführen. Es ist der Mietvertrag im Original oder in Ablichtung vorzulegen.
Die Angemessenheit des Mietzinses bei Objekten, deren Mietzinsbildung unter § 16 Abs. 1 MRG fällt, kann nur für Mietverträge, die nach dem 1. Jänner 1982 abgeschlossen wurden, überprüft werden. In allen anderen Fällen gelten die Übergangsbestimmungen der §§ 43 bis 45 MRG.
Der Kategoriemietzins gemäß § 16 Abs. 2 MRG für Wohnungen der Kategorien A (mit Bad, Zentralheizung, Wasser und WC innen und mindestens 30 m² Nutzfläche), B (mit Bad, Wasser und WC innen, die zumindestens aus einem Zimmer, Küche oder Kochnische und Vorraum besteht), C (mit Wasserentnahmestelle und WC in der Wohnung) und D (Wasserentnahmestelle oder WC oder beides außerhalb des Wohnungsverbandes) kann nur bei Mietverträgen über Wohnungen, die nach dem 1. Jänner 1982 geschlossen wurden, überprüft werden.

8. Überprüfung von Mietverträgen, die vor dem 1. Jänner 1982 abgeschlossen wurden. Der Antrag ist dreifach einzubringen und der Antragsgegner ist mit Vor- und Zuname und Telefonnummer bekanntzugeben.

Feststellung, daß eine Mietzinsvereinbarung nach den bisherigen Vorschriften ungültig war für Häuser mit Baubewilligung nach dem 27. Jänner 1917 gemäß § 43 Abs. 2 und § 37 Abs. 1 Z. 8 MRG.
Dies träfe zu, wenn etwa für eine Wohnung, bei der Wasserentnahmestelle oder WC außerhalb des Wohnungsverbandes liegen, ein Mietzins von mehr als 4 S pro m² und Monat vereinbart wurde (siehe § 16 des außer Kraft getretenen Mietengesetzes).

Feststellung, daß der Kategoriemietzins für eine Wohnung um mehr als 50% überschritten wird, gemäß § 44 und § 37 Abs. 1 Z. 8 MRG für Häuser mit Baubewilligung nach dem 27. Jänner 1917.
Der Antrag ist dreifach einzubringen, und der Antragsgegner ist mit Name, Anschrift und Telefonnummer anzuführen.
Im Antrag ist bekanntzugeben, unter welche Kategorie die Wohnung bei Vertragsabschluß gefallen ist, und das Original oder eine Ablichtung des Mietvertrages ist beizulegen.

Feststellung der Höhe des Hauptmietzinses bei einem Eintritt in das Mietrecht nach dem Tod des Hauptmieters gemäß § 46 und § 37 Abs. 1 Z. 8 MRG für Häuser mit Baubewilligung nach dem 27. Jänner 1917.
Der Antrag ist dreifach einzubringen und es sind Name, Anschrift und Telefonnummer des Antragsgegners (Vermieters) anzuführen. Der Mietvertrag ist, wenn möglich, im Original oder in Ablichtung beizulegen. Dann ist im Antrag noch auszuführen, wodurch man sich beschwert fühlt (etwa unrichtige Nutzfläche, zu hohe Kategorie der Wohnung, zu hoch angenommener Mietzins, Nichtberücksichtigung der Minderjährigkeit der Eintretenden usw.).

Anrechnung von Dienstleistungen auf den Hauptmietzins gemäß § 28 und § 37 Abs. 1 Z. 8 MRG.
Der Antrag ist dreifach einzubringen und es sind Name, Anschrift und Telefonnummer des Antragsgegners (Vermieters) anzuführen. Ferner ist anzugeben, wodurch man sich beschwert fühlt (etwa durch Erweiterung des Arbeitsausmaßes, durch Begehren auf häufigere Arbeitsleistung als vertraglich vereinbart usw.). Der Mietvertrag ist im Original oder in Ablichtung beizulegen.

9. Anträge auf Mietzinsanhebung und Mietzinserhöhung gemäß §§ 18 und 19 sowie § 38 Abs. 1 Z. 10 MRG für Häuser mit Baubewilligung nach dem 27. Jänner 1917.
Bei diesen Anträgen in dreifacher Ausfertigung hat der Vermieter eine Mieterliste in zweifacher Ausfertigung auf neutralem Papier vorzulegen (damit sie für die Entscheidung abgelichtet werden kann), in der die Stiege, die Türnummer, Vor- und Zuname des Mieters oder der Mieter, die Widmung (wegen der Mietzinsbeihilfe), die Kategorie der Wohnungen bzw. der Ausnahmen gemäß § 16 Abs. 1 MRG, die Nutzfläche und der derzeit eingehobene monatliche Mietzins sowie der Erhaltungsbeitrag bzw. der Mietzins gemäß § 16 Abs. 2 oder § 16 Abs. 1 MRG angeführt sind. Ferner sind Kostenvoranschläge (bzw. Rechnungen) in dreifacher Ausfertigung vorzulegen sowie eine Mietzinsabrechnung, beginnend mit 1. Jänner 1975, in der die Einnahmen und Ausgaben nach Kalenderjahren angeführt sind (ohne Betriebskosten und Hausbesorgerkosten, jedoch unter Anrechnung der vom Vermieter getragenen Umsatzsteuer bis 31. Dezember 1981 und der an den Hausbesorger bezahlten Entgeltanteile, die bis 31. Dezember 1981 nicht Betriebskostenanteile waren, wie Mindestlohntarifentgelte und sonstige Entgelte gemäß § 12 des Hausbesorgergesetzes). Es sind der Pauschalbetrag für laufende Ausgaben und die geforderte Erhöhung (nach eigenverantwortlicher Durchrechnung) bei Annahme eines Höchstaufteilungszeitraumes von zehn Jahren (sowie einer allfälligen Kreditzusage eines Kreditunternehmens über das Reparaturdarlehen) zu beantragen.

10. Überprüfung der Höhe des Erhaltungsbeitrages gemäß § 45 und § 37 Abs. 1 Z. 13 MRG für Häuser mit Baubewilligung nach dem 27. Jänner 1917.
Der Antrag ist dreifach einzubringen und der Antragsgegner (Vermieter) ist mit Name, Anschrift und Telefonnummer anzuführen.
Im Antrag ist anzuführen, warum die Höhe des vom Vermieter vorgeschriebenen Erhaltungsbeitrages bekämpft wird (etwa weil die Nutzfläche bzw. die Wohnungskategorie falsch angegeben sind, weil der angemessene Zins vom Vermieter zu hoch geschätzt wurde oder weil unzulässigerweise die Flächen von Balkonen und Terrassen einbezogen wurden usw.).
Das Schreiben des Vermieters, in dem dieser den Erhaltungsbeitrag begehrt, ist anzuschließen (im Original oder in Ablichtung).

CHRONIK DER STADT WIEN

1982

4. Jänner
Auszeichnung: Senatsrat Dipl.-Ing. Dr. Paul Schütz – Berufstitel „Professor".

5. Jänner
Premiere: Volkstheater/Außenbezirke – „Die letzten Masken" und „Die große Szene" von Schnitzler.

6. Jänner
Premiere: Burgtheater – „Der Widerspenstigen Zähmung" von Shakespeare.

11. Jänner
Bestellung: a. o. Univ.-Prof. Dr. Alfred Priesching – Vorstand der 2. Chirurgischen Abteilung im Krankenhaus Lainz.

12. Jänner
Ausstellungen: Museum moderner Kunst im Palais Liechtenstein – „Peter Paul Atzwanger, Fotografien"; „Christian Bisutti, Fotoreportagen".

13. Jänner
Tagesgeschehen: Eröffnung der neuen Fernwärmehauptleitung von der Inneren Stadt nach Kagran.
Premiere: Stadthalle – „Holiday on Ice".

18. Jänner
Todesfall: o. Univ.-Prof. Dr. Karl Chiari, Orthopäde (70 Jahre).

19. Jänner
Angelobung: Prof. Elisabeth Menhart (ÖVP) – Bezirksvorsteher-Stellvertreter des 7. Bezirkes.
Ausstellung: Secession – „Künstler im Weinviertel".
Auszeichnung: Gertrude Schneeweis, Oberschwester an der II. Chirurgischen Universitätsklinik im Allgemeinen Krankenhaus – Silbernes Verdienstzeichen der Republik Österreich.

20. Jänner
Bestellungen: Univ.-Doz. Dr. Leopold Peschl – Vorstand der Medizinischen Abteilung im Krankenhaus Floridsdorf; Primarius Dr. Christian Armbruster – ärztlicher Leiter des Krankenhauses Floridsdorf; Primarius Dr. Viktor Wlk – ärztlicher Leiter des Pflegeheimes im Sozialmedizinischen Zentrum-Ost.

21. Jänner
Bestellung: Obermagistratsrat Dr. Gerhard Roth – Leiter des Magistratischen Bezirksamtes für den 15. Bezirk.

22. Jänner
Ausstellung: Lyon – „Wien-Ausstellung".
Auszeichnung: Dr. Charles Mérieux, Präsident, Honorargeneralkonsul – Goldenes Ehrenzeichen für Verdienste um das Land Wien.

24. Jänner
Todesfall: Prof. Maximilian Florian, Maler (80 Jahre).

26. Jänner
Ausstellungen: Rathaus, Volkshalle – „Graphische Kunst aus der dritten Welt"; Messegelände – „Austrian Travel Business '82".

27. Jänner
Premiere: Volkstheater – „Die Bürger" von Turrini.
Sondermarken: „Alpine Skiweltmeisterschaften 1982 Schladming-Haus"; Serie „Schönes Österreich" (Weißensee).

29. Jänner
Auszeichnung: Obermedizinalrat Dr. Otto Suhsmann – Silbernes Ehrenzeichen für Verdienste um das Land Wien.
Bestellung: Senatsrat Dipl.-Ing. Wolfgang Rindt – Leiter der Magistratsabteilung 25 – Technisch-wirtschaftliche Prüfstelle für Wohnhäuser, besondere Angelegenheiten der Stadterneuerung.

1. Februar
Ausstellung: Wiener Stadt- und Landesbibliothek – „Feuerwerke und Spektakel im alten Wien".

3. Februar
Premiere: Volkstheater/Außenbezirke – „Zwei ahnungslose Engel" von Ebermayer.

4. Februar
Premiere: Theater in der Josefstadt – „Liebelei" von Schnitzler.

5. Februar

Auszeichnungen: Romuald Pekny, Schauspieler, Elisabeth Orth, Schauspielerin, Erwin Piplits, Regisseur, Pantelis Dessyllas, Bühnenbildner – Josef-Kainz-Medaille der Stadt Wien 1981; Wilfried Baasner, Schauspieler, Birgit Doll, Schauspielerin, Kitty Buchhammer, Regisseur, Xenia Hausner, Bühnenbildner – Förderungspreis zur Josef-Kainz-Medaille der Stadt Wien 1981.
Premiere: Akademietheater – „Im Dickicht der Städte" von Brecht.

6. Februar
Ausstellung: Österreichisches Circus- und Clown-Museum – „Circusbauten – Circuszelte".
Sport: Claudia Kristofics-Binder – Goldmedaille bei den Europameisterschaften im Eiskunstlauf in Lyon.

7. Februar
Premiere: Staatsoper – „Macbeth" von Verdi.

9. Februar
Ausstellung: Niederösterreichisches Landesmuseum – „Willy Puchner, Fotos".
Premiere: Raimundtheater – „Ein Walzertraum" von Straus.

10. Februar
Ausstellungen: Museum moderner Kunst/Museum des 20. Jahrhunderts – „Karl Prantl, Skulpturen"; Zentralsparkasse, Kassensaal – „75 Jahre Z – ein gutes Stück Wien".

11. Februar
Ausstellung: Historisches Museum der Stadt Wien – „Evangelisch in Wien – 200 Jahre evangelische Gemeinden".
Auszeichnung: Oberamtsrat i. R. Norbert Bock – Silbernes Ehrenzeichen für Verdienste um das Land Wien.

12. Februar
Ausstellung: Künstlerhaus – „Otto Modersohn".

13. Februar
Ausstellung: Messegelände – „o. f. m. – Österreichische Ferienmesse".

14. Februar
Tagung: 12. Arbeitstagung für Leukozytenkultur.
Todesfall: Rudolf Köppl, Bezirksvorsteher a. D. (69 Jahre).

15. Februar
Auszeichnungen: Erik Engel, Amtsdirektor – Silbernes Ehrenzeichen für Verdienste um das Land Wien; Irene Engel – Silbernes Verdienstzeichen des Landes Wien; Karl Ferbar, Stationsleiter, Reinhard Schweda – Einsatzmedaille des Landes Wien.
Premiere: Theater an der Wien – „Tanz 82", Ballettfestival.

18. Februar
Ausstellungen: Rathaus, Volkshalle – „Das andere Palma de Mallorca"; Albertina – „Prince de Ligne und seine Zeit"; Österreichisches Theatermuseum – „Björn Wiinblad, Bühnenbilder und Design".

19. Februar
Tagesgeschehen: 23, Wohnpark Alt-Erlaa – Eröffnung eines Jugendzentrums.
Ausstellung: Museum moderner Kunst/Museum des 20. Jahrhunderts – „Oskar Kokoschka".
Auszeichnungen: Abgeordnete zum Wiener Landtag Eveline Andrlik, Josef Arthold, Herbert Dinhof, Erik Hanke, Otto Hirsch, Erika Krenn, Dr. Peter Mayr, Leopold Mayrhofer, Rudolf Pöder, Franz Rosenberger, Friederike Seidl, Elisabeth Schindler, Leopold Schneider, Leopold Traindl, Dkfm. Dr. Heinz Wöber, Abgeordnete zum Wiener Landtag a. D. Franziska Fohler, Bezirksvorsteher Anton Deistler, Dkfm. Hans Hemmelmayer, Johann Lackner – Goldenes Ehrenzeichen für Verdienste um das Land Wien; Bezirksvorsteher Wolfgang Schmied, Bezirksvorsteher-Stellvertreter Emmerich Fasching, Karl Heinz Hasibar, Rudolf Kafel, Dkfm. Dr. Hans Strobl, Kommerzialrat Dr. Theodor Seykora – Silbernes Ehrenzeichen für Verdienste um das Land Wien; Karl Brunner, Betriebsratsobmann, Kommerzialrat Kammerrat Ing. Erich Engelmaier, Kommerzialrat Walter Eremit, Innungsmeister, Kommerzialrat Kammerrat a. D. Gustav Juda, Kommerzialrat Karl Knapp, Kommerzialrat Kammerrat Johann Kuntner, Innungsmeister, Kommerzialrat Kammerrat a. D. Franz Langer, Kommerzialrat Kammerrat a. D. Dkfm. Dr. Willi Maiwald, Innungsmeister, Matthias Pfisterer, Kommerzialrat Dipl.-Ing. Rudolf Quester, Innungsmeister, Kommerzialrat Kammerrat a. D. Bruno Schiller, Innungsmeister, Kommerzialrat Alexander Veletzky, Innungsmeister – Goldenes Verdienstzeichen des Landes Wien; Bezirksvorsteher-Stellvertreter Peter Eremias, Alfred Hummel, Leopold Prucha – Silbernes Verdienstzeichen des Landes Wien.

21. Februar
Premiere: Volkstheater – „Kabale und Liebe" von Schiller.

22. Februar
Premiere: Kammerspiele – „Kybernetische Hochzeit" von Ingrisch.
Todesfall: Hofrat Dr. Anton Bucher, Primarius, Leitender Chefarzt der Wiener Gebietskrankenkasse (60 Jahre).

24. Februar
Auszeichnungen: Maria Veronika Rekker, Obfrau der Bezirksgruppe Favoriten des Österreichischen Pensionisten- und Rentnerbundes – Goldenes Verdienstzeichen der Republik Österreich; Claudia Kristofics-Binder – Sportehrenzeichen der Stadt Wien.

25. Februar
Tagesgeschehen: 10, Sahulkastraße 5 – Eröffnung eines Instituts für Erziehungshilfe.
Todesfall: Prof. Bruno Seidlhofer, Pianist (77 Jahre).

2. März
Ausstellung: Wiener Stadt- und Landesarchiv – „Die wissenschaftliche Tätigkeit des Archivs".
Auszeichnungen: Prof. Dr. Wilfried Scheib, Generalsekretär des Internationalen Musikzentrums Wien, Erich Sokol, Grafiker – Ehrenmedaille der Bundeshauptstadt Wien in Gold; Obersenatsrat i. R. Dr. Hans Jerusalem, ehem. Direktor der Wiener Stadtwerke – Städtische Bestattung, Dipl.-Ing. Arnold Popper, Direktor der Wiener Stadtwerke – Elektrizitätswerke i. R., Obersenatsrat i. R. Dipl.-Ing. Ludwig Seitl – Großes Silbernes Ehrenzeichen für Verdienste um das Land Wien; Primarius Dr. Heinz Peter Slatin, Bundeschefarzt des Roten Kreuzes – Goldenes Ehrenzeichen für Verdienste um das Land Wien.

3. März
Premieren: Burgtheater – „Dantons Tod" von Büchner; Volkstheater/Außenbezirke – „Woyzeck" von Büchner.

5. März
Premiere: Volksoper – „Kiss me, Kate" von Porter.

6. März
Ausstellung: Messegelände – „Möbel '82".

7. März
Tagung: 20. Weltkongreß des Verbandes der Köche.

8. März
Bestellung: Senatsrat Dr. Richard Schwarz – Leiter des Magistratischen Bezirksamtes für den 23. Bezirk.

10. März
Tagesgeschehen: Eröffnung der Wiener Internationalen Frühjahrsmesse 1982.
Ausstellung: Dorotheum – Ausstellung des Wiener Stadt- und Landesarchivs „275 Jahre Dorotheum".

11. März

Tagesgeschehen: Oberst Muammar Al-Gaddafi, Führer der großen Al-Fatah-Revolution der Sozialistischen Libyschen Arabischen Volks-Dschamahirija – Besuch im Rathaus.
Ausstellungen: Österreichisches Museum für angewandte Kunst – „Wettbewerb: Moderne Lampenformen"; Museum moderner Kunst im Palais Liechtenstein – „Alberto Burri"; Secession – „Wien in Mode – Internationales Modefestival"; Messepalast – „Lederwaren exquisit".

12. März
Tagesgeschehen: 3, Landstraßer Hauptstraße 147 – Enthüllung einer Gedenktafel am ehemaligen Wohnhaus des jetzigen Bürgermeisters von Jerusalem Teddy Kollek.
Ausstellung: Niederösterreichisches Landesmuseum – „Kurt Werner – Aquagraphie".
Auszeichnungen: Prof. Dr. Helmut Zilk, amtsführender Stadtrat – Goldene Ehrennadel der Universität Wien; a. o. Univ.-Prof. Dr. Felix Czeike, Direktor des Wiener Stadt- und Landesarchivs, Hofrat Mag. Dr. Franz Patzer, Direktor der Wiener Stadt- und Landesbibliothek, Hofrat Dr. Robert Waißenberger, Direktor der Museen der Stadt Wien – Richard-Meister-Medaille der Universität Wien.
Sondermarken: „275 Jahre Dorotheum"; „25 Jahre österreichische Wasserrettung".

13. März
Ausstellung: Messepalast – „Österreichische Schuhmusterschau".
Sport: Edith Simon – Zwei Goldmedaillen bei den Judo-Europameisterschaften in Oslo; Dr. Gerda Winkelbauer – Bronzemedaille bei den Judo-Europameisterschaften in Oslo; Claudia Kristofics-Binder – Bronzemedaille bei den Weltmeisterschaften im Eiskunstlauf in Kopenhagen.
Todesfall: Karl Maisel, Bundesminister a. D. (92 Jahre).

16. März
Geld: 500-S-Münze „1.500. Todesjahr von St. Severin".

18. März
Ausstellung: Österreichisches Museum für angewandte Kunst – „Jugendstilbestecke".
Premiere: Volksoper – „Die Regimentstochter" von Donizetti.

19. März
Ausstellung: Niederösterreichisches Landesmuseum – „Loatwagen und Busserlzug: Das Kamptal".
Bestellung: Dipl.-Ing. Helmut Kastl – Direktor der Wiener Stadtwerke – Elektrizitätswerke.

22. März
Premiere: Staatsoper – „Rienzi" von Wagner (konzertante Aufführung).
Todesfall: Vera Balser-Eberle, Burgschauspielerin (85 Jahre).

23. März
Ausstellung: Künstlerhaus – „Paul Meissner, Personalausstellung".

Auszeichnungen: Lukas Resetarits, Kabarettist, Schauspieler, Werner Schneyder, Kabarettist, Schauspieler, Schriftsteller – Johann-Nestroy-Ring der Stadt Wien 1981; Prof. Stella Kadmon, Direktor des Theaters der Courage, Dr. Rudolf Spitz – Goldenes Verdienstzeichen des Landes Wien.

24. März
Auszeichnungen: Hofrat Prof. Dr. Walter Koschatzky, Direktor der Albertina, Prof. Herbert Stepan, akad. Maler – Ehrenmedaille der Bundeshauptstadt Wien in Gold; Sektionschef Dr. Franz Sailler – Großes Silbernes Ehrenzeichen für Verdienste um das Land Wien; Kommerzialrat Ladislaus Simacek, Kommerzialrat Dkfm. Leonhard Specht – Goldenes Verdienstzeichen des Landes Wien; Leopold Fischer, Max Zeidler – Silbernes Verdienstzeichen des Landes Wien.

26. März
Auszeichnung: Serge Sabarsky, Galeriebesitzer – Goldenes Ehrenzeichen für Verdienste um das Land Wien.
Sport: Stadthalle – Internationales Hallen-Reit- und Springturnier.

29. März
Auszeichnungen: Oberamtsrat i. R. Gustav Krammer – Silbernes Ehrenzeichen für Verdienste um das Land Wien; Leopold Pichler, Inspektor, Robert Stummer, Inspektor – Rettungsmedaille des Landes Wien.
Premiere: Volkstheater – „Fink und Fliederbusch“ von Schnitzler.
Todesfall: Fatty George, Kapellmeister und Komponist (55 Jahre).

30. März
Ausstellung: Secession – „Sammlung Viktor Matejka“.
Todesfall: o. Univ.-Prof. Dr. Herbert Reisner, Präsident der Gesellschaft österreichischer Nervenärzte, ehem. Vorstand der Neurologischen Universitätsklinik Wien (70 Jahre).

31. März
Auszeichnungen: Direktor Edmund Endlicher, Mitbegründer des „Wiener Komitees für internationale Schulverständigung und Schüleraustausch“, Maria Krtausch, Vorstandsmitglied der Wiener Volkshilfe – Professor-Dr.-Julius-Tandler-Medaille der Stadt Wien in Silber; Prof. Dr. Kurt Wagner, Präsident der Notariatskammer für Wien, Niederösterreich und Burgenland – Großes Silbernes Ehrenzeichen für Verdienste um das Land Wien; Erich Kabesch, Abgeordneter zum Nationalrat a. D. – Goldenes Ehrenzeichen für Verdienste um das Land Wien; Dr. Kurt Fürst, Notarenrichter – Silbernes Ehrenzeichen für Verdienste um das Land Wien; Prof. Mag. Dr. Arthur Janowetz, Präsident des Österreichischen Diabetikerverbandes, Obermedizinalrat Dr. Alfred Leimer, Bezirksärztevertreter, Direktor Norbert Schweitzer, Kammerrat a. D. der Österreichischen Dentistenkammer, Humbert Spitzer, Obmann des Wiener Taubstummen-Fürsorgeverbandes – Goldenes Verdienstzeichen des Landes Wien; Elfriede Schönhofer, Oberrettungsrat Kurt Winkler – Silbernes Verdienstzeichen des Landes Wien; Erika Lachout – Ehrenzeichen für Verdienste im Wiener Feuerwehr- und Rettungswesen in Bronze.

1. April
Auszeichnungen: Oberst Friedrich Wirth, Oberrat Dr. Ernst Zaruba – Silbernes Ehrenzeichen für Verdienste um das Land Wien; Rat Dr. Walter Neumayr, Oberstleutnant Josef Schuster – Goldenes Verdienstzeichen des Landes Wien; Bezirksinspektor Rudolf Gruber, Maximilian Kraft, Gruppeninspektor Walter Spindelberger, Bezirksinspektor Johannes Sturm, Bezirksinspektor i. R. Johann Trimmel – Silbernes Verdienstzeichen des Landes Wien.
Premiere: Volkstheater/Außenbezirke – „Umsonst“ von Nestroy.

2. April
Ausstellung: Messepalast – „Hobby ’82“.
Auszeichnung: Prof. Heikki Siren, finnischer Architekt – Goldenes Ehrenzeichen für Verdienste um das Land Wien.

3. April
Ausstellung: Hermesvilla – „Ver Sacrum – die Zeitschrift der Wiener Secession“.
Premiere: Akademietheater – „Das Fossil“ von Sternheim.

4. April
Ausstellung: Messegelände – „Internationale Modewoche“.

5. April
Ausstellung: Wiener Stadt- und Landesarchiv – „90 Jahre Vororte bei Wien“.

6. April
Ausstellung: Wagner-Pavillon am Karlsplatz – „Otto Wagner und seine Villenwohnungen“.
Todesfall: Prof. Alexander Steinbrecher, Komponist und Kapellmeister (72 Jahre).

7. April
Premiere: Burgtheater – „Der Talisman“ von Nestroy.

8. April
Premiere: Theater in der Josefstadt – „Nachtasyl“ von Gorki.

10. April
Premiere: Raimundtheater – „Die Blume von Hawaii“ von Abraham.

14. April
Ausstellungen: Akademie der bildenden Künste – „Clemens Holzmeister“; Österreichisches Circus- und Clown-Museum – „Rastelli – Wunder der tanzenden Bälle“; Bezirksmuseum Simmering – „Heimatkunde – Bezirksgeschichte“.
Auszeichnungen: Ernst Outolny, Abgeordneter zum Wiener Landtag, Bezirksvorsteher-Stellvertreter Karl Schmiedbauer – Goldenes Ehrenzeichen für Verdienste um das Land Wien.
Sondermarke: „Großausstellung Enns – St. Severin und das Ende der Römerzeit“.

15. April
Ausstellungen: Messegelände – „Fachmesse für Papier-, Büro- und Schreibwaren“; „Spiel ’82“.

16. April
Tagesgeschehen: 16, Funkengerngasse 13 – Enthüllung einer Gedenktafel für den Volksbildner und Sozialphilosophen Prof. Dr. Karl Lugmayer.
Ausstellungen: Museum moderner Kunst/Museum des 20. Jahrhunderts – „Kunstmesse Wien“; Bezirksmuseum Hietzing – „Malerfamilie von Zülow, Grafiken, Malereien, Drucke und Fresken“; Bezirksmuseum Döbling – „Gottfried Martin, Zeichnungen, Aquarelle und Ölbilder“.

17. April
Tagesgeschehen: 15, Clementinengasse 11–17 – Benennung der städtischen Wohnhausanlage in „Karl-Czernetz-Hof“.

19. April
Ausstellungen: Akademie der Wissenschaften – „Laser und ihre Anwendung in Wissenschaft und Technik“; Zentralsparkasse, Kassenhalle – „Die verlorenen Österreicher 1918–1938?“.
Auszeichnung: em. o. Hochschulprofessor Dr. DDr. h. c. Michael Zacherl – Ehrenmedaille der Bundeshauptstadt Wien in Gold.

20. April
Ausstellungen: Stadthalle – „Senior aktuell“; Bezirksvorstehung für den 20. Bezirk – „Stadtteilplanung Brigittenau“.
Tagung: Internationaler Lärmkongreß.

21. April
Tagesgeschehen: Dr. Michael Graff, Generalsekretär der Österreichischen Volkspartei – Antrittsbesuch beim Bürgermeister; 19, Grinzinger Straße 54 – Benennung der städtischen Wohnhausanlage in „Anton-Proksch-Hof".
Ausstellung: Messegelände – „aqua-therm international '82".
Todesfall: Kammersänger Rudolf Christ (66 Jahre).

22. April
Ausstellungen: Museum für Völkerkunde – „El Dorado – Gold aus Kolumbien"; Niederösterreichisches Landesmuseum – „Hermann Härtel, Flugobjekte".
Sondermarken: „Internationaler Kneipp-Kongreß Wien 1982"; „500 Jahre Druck in Österreich".

23. April
Ausstellung: Künstlerhaus – „Literatur für junge Leser".
Auszeichnungen: Wolf Harranth (Kleinkinderbuch), Verlag für Jugend und Volk, Lene Mayer-Skumanz (Kinderbuch), Christine Nöstlinger (Jugendbuch), Christine Oppermann-Dimow (Illustration) – Kinder- und Jugendbuchpreis der Stadt Wien 1982; „Historischer Atlas von Wien" (Projektteam Dipl.-Ing. Dr. Renate Banik-Schweitzer, Dr. Gerhard Meissl, Dr. Ferdinand Opll, Erich Kopecky und Hans-Michael Putz) – Förderungspreis aus dem Dr.-Adolf-Schärf-Fonds.

25. April
Ausstellung: Bezirksmuseum Alsergrund – „Joseph Haydn in Wort und Bild".
Premieren: Staatsoper – „Die verkaufte Braut" von Smetana; Volkstheater – „Einer flog über das Kuckucksnest" von Wassermann.

26. April

Tagesgeschehen: General Prem Tinsulanonda, Premier- und Verteidigungsminister von Thailand – Besuch im Rathaus.
Auszeichnungen: Franz Blauensteiner, Horst Chmela, Sänger, Komponist, Autor, Kommerzialrat Kurt Sturm – Goldenes Verdienstzeichen des Landes Wien.

27. April
Ausstellung: Bezirksmuseum Währing – „H. W. Herrgöth, Ölbilder, Aquarelle und Zeichnungen".
Geld: 20-S-Münze „Joseph Haydn 1732 1982".
Tagung: 75. Fachtagung des Arbeitskreises „Sicherheitstechnik 1982".

28. April
Auszeichnungen: o. Univ.-Prof. Dr. Erich Zöllner – Ehrenmedaille der Bundeshauptstadt Wien in Gold; wirkl. Hofrat i. R. Univ.-Prof. Dr. Rupert Feuchtmüller – Goldenes Ehrenzeichen für Verdienste um das Land Wien.
Sport: Stadion – Fußballänderspiel Österreich–ČSSR 2 : 1.
Tagung: 12. Bundeskonferenz der Exekutive.

29. April
Auszeichnungen: Heinz Nittel, amtsführender Stadtrat (†) – Bürger der Stadt Wien (posthum); a. o. Univ.-Prof. Dr. Josef Artner, ehem. Vorstand der Gynäkologisch-geburtshilflichen Abteilung des Krankenhauses Lainz, a. o. Univ.-Prof. Dr. Paul Krepler, ehem. ärztlicher Leiter des St.-Anna-Kinderspitals, Univ.-Prof. Dr. Rudolf Wenger, ehem. Vorstand der 2. Medizinischen Abteilung in der Krankenanstalt Rudolfstiftung – Goldenes Ehrenzeichen für Verdienste um das Land Wien; „Tagebuch der Straße" (herausgegeben von der Wiener Stadt- und Landesbibliothek) – Staatspreis als schönstes Buch Österreichs 1981 in der Gruppe „Allgemeine Literatur und Sachbücher".

30. April
Tagesgeschehen: 21, Marco-Polo-Platz – Benennung der städtischen Wohnhausanlage in „Heinz-Nittel-Hof".
Auszeichnungen: em. o. Univ.-Prof. Dr. Richard Pittioni, Urgeschichtler, Hofrat Dr. Peter Pötschner, Landeskonservator für Wien, Prof. Erik Wickenburg, Präsident des Österreichischen PEN-Clubs – Ehrenmedaille der Bundeshauptstadt Wien in Gold.

2. Mai
Tagesgeschehen: 7, Weghuberpark – Enthüllung eines Anton-Wildgans-Denkmals; 20, Handelskai 126 – Großbrand einer Lagerhalle.

3. Mai
Tagesgeschehen: Krankenhaus Lainz, Sonderabteilung für Strahlentherapie – Inbetriebnahme Österreichs größter und modernster Strahlenbettabteilung.
Auszeichnungen: Prof. Wilhelm Jaruska, Grafiker, Prof. Eduard Macku, Prof. Ernst Paar, Maler, Grafiker – Ehrenmedaille der Bundeshauptstadt Wien in Silber; Dr. Gerd Kaminski – Goldenes Verdienstzeichen des Landes Wien.

5. Mai
Ausstellung: Historisches Museum der Stadt Wien – „Ernst Křenek – Leben und Werk".
Auszeichnungen: Dr. Erwin Thalhammer, Präsident des Bundesdenkmalamtes – Großes Silbernes Ehrenzeichen für Verdienste um das Land Wien; Maria Kuhn, Abgeordnete zum Wiener Landtag – Goldenes Verdienstzeichen des Landes Wien.

6. Mai
Ausstellung: Messegelände – „Fachmesse für Installations-Elektro-Technik"

7. Mai
Ausstellung: Albertina – „500 Jahre Kunst der Radierung".
Auszeichnungen: Oberschulrat Friedrich Martin Krämer, Sonderschuldirektor – Otto-Glöckel-Medaille der Stadt Wien; Hofrat Mag. Eva Schlösinger, Landesschulinspektor – Goldenes Ehrenzeichen für Verdienste um das Land Wien; Oberamtsrat i. R. Walter Derka, Schulrat Margaretha Wuchte, Volksschuldirektor i. R. – Silbernes Ehrenzeichen für Verdienste um das Land Wien.
Geld: 500-S-Münze „500 Jahre Druck in Österreich".

8. Mai
Tagesgeschehen: Eröffnung der Wiener Festwochen.
Ausstellungen: Österreichische Nationalbibliothek – „1482–1982. 500 Jahre Druck in Österreich“; Technisches Museum – „500 Jahre Drucktechnik in Österreich“.

9. Mai
Auszeichnung: Israel Singer – Goldenes Verdienstzeichen des Landes Wien.
Premieren: Burgtheater – „Das Sparschwein“ von Labiche; Prater, Jesuitenwiese – „Festival der Clowns“.

10. Mai
Tagesgeschehen: Beginn des für acht Tage angesetzten Volksbegehrens, betreffend die Einsparung des zusätzlichen Konferenzzentrums bei der UNO-City.
Auszeichnung: Kammerrat Olga Hoppel, Zentralbetriebsratsobmann der WIGAST – Goldenes Verdienstzeichen des Landes Wien.

11. Mai
Tagesgeschehen: Mowaffak Allaf, Generaldirektor für den Wiener Sitz der Vereinten Nationen und Stellvertretender UNO-Generalsekretär – Besuch im Rathaus.
Ausstellung: Secession – „20 Mitglieder der Wiener Secession“.
Premiere: Kammerspiele – „Blaubarts achte Frau“ von Savoir.

12. Mai
Tagesgeschehen: Durch ein technisches Gebrechen im Umspannwerk Bisamberg fällt in ganz Wien von 12.01 bis 12.30 Uhr der Strom aus.
Ausstellungen: Künstlerhaus – „Helmut Wittmann und Michael Schmiedl, bemalte Hydranten“; Messegelände – „ifabo '82“, Internationale Fachmesse für Büroorganisation.
Auszeichnung: Kommerzialrat Friedrich Klein – Goldenes Verdienstzeichen des Landes Wien.
Tagung: 5. Kongreß der Europäischen Vereinigung für Urologie.

13. Mai
Tagesgeschehen: 18, Türkenschanzpark – Enthüllung eines Arthur-Schnitzler-Denkmals.
Ausstellungen: Historisches Museum der Stadt Wien – „Wien zur Zeit Joseph Haydns“; Museum moderner Kunst/Museum des 20. Jahrhunderts – „Paris 1960–1980“; Museum moderner Kunst im Palais Liechtenstein – „Nouveau Realisme, eine Bewegung aus Paris“.
Auszeichnungen: Stationsführer Franz Dirnwöber, Sanitätsgehilfe Anton Dworacek, Otto Haupt, Lenker, Alois Hofbauer, Lenker, Medizinalrat Dr. Heinrich Thomas Northoff, Rettungsarzt, Sanitätsgehilfe Walter Schimek, Herbert Tuna, Protokollführer, Betriebsoberinspektor Erich Wittmann, Sanitätsgehilfe Alois Wolf – Ehrenzeichen für Verdienste im Wiener Feuerwehr- und Rettungswesen in Bronze; Modeschule Hetzendorf – Dritter Preis des Internationalen Sportmodeinstitutes, München.
Tagung: Landeshauptmännerkonferenz.

14. Mai
Ausstellungen: Künstlerhaus – „Von Greco bis Goya“; Bezirksmuseum Simmering – „Graf Zeppelin und seine Zeit“; Bezirksmuseum Penzing – „Penzinger Heimatkunde und Bezirksgeschichte“; Bezirksmuseum Döbling – „Prof. Hubert Wilfan, Plastiken und Pastelle“.
Premiere: Theater an der Wien – „Orlando Paladino“ von Haydn.
Sondermarken: „5. Kongreß der Europäischen Vereinigung für Urologie in Wien“; „Landesausstellung – 800 Jahre Franz von Assisi – Franziskanische Kunst und Kultur des Mittelalters“; „Landesausstellung – Joseph Haydn in seiner Zeit“.
Tagung: 4. Österreichischer Tierärztetag.

15. Mai
Tagesgeschehen: Friedensmarsch.
Auszeichnung: Opern-Show von Otto Schenk – Silberne Rose von Montreux.
Premieren: Akademietheater – „Amphitryon“ von Kleist; Theater an der Wien – „Die Feuersbrunst“ von Haydn.

17. Mai
Tagesgeschehen: Ende des Volksbegehrens; Beteiligung in Wien: 18,6% – 213.648 Personen.
Auszeichnung: Dipl.-Ing. Roland Wagner, Architekt – Goldenes Verdienstzeichen des Landes Wien.
Tagung: 12. Internationaler Kongreß der Gerichtsmediziner.

18. Mai
Ausstellung: Österreichisches Museum für Volkskunde – „Vereine als Kulturträger“.
Premiere: Theater an der Wien – Gastspiel des Ballett Györ.

19. Mai
Sport: Stadion – Sportpressefest und Fußballänderspiel Österreich–Dänemark 1 : 0.

20. Mai
Tagesgeschehen: Eröffnung des 21 km langen Stadtradweges entlang des Donaukanals.
Ausstellungen: Österreichisches Museum für angewandte Kunst – „Künstlerpostkarten der Wiener Werkstätten“; Bezirksmuseum Mariahilf – „Haydn in Mariahilf 1797–1809“.

21. Mai
Premiere: Theater in der Josefstadt – „Die Dame ist nicht fürs Feuer“ von Fry.

23. Mai
Tagesgeschehen: 10. Bezirk – Eröffnung des „Laaer Waldes“, ein 350.000 m^2 großes Aufforstungsgebiet auf der Kuppe des Laaer Berges; 22, Asperner Heldenplatz 9 – Enthüllung eines Gedenksteines vor dem Museum „Aspern 1809“.
Todesfall: Karl Fochler, Schauspieler (84 Jahre).

24. Mai
Ausstellungen: Akademie der bildenden Künste – „August Strindberg“; Bezirksmuseum Hernals – „Hans Alexander Brunner, Malerei und Grafik“.
Sport: Gabriele Berghofer, Brigitte Rajchl, Gabriele Eichstill, Doris Campell, Hans-Ewald Grill, Willy Hohm, Edith Hölzl, Maria Kriegl – Versehrtensportler, die bei der Zweiten Ski-Weltmeisterschaft in der Schweiz Titel und Plazierungen errungen haben.
Tagung: 14. Internationaler Kongreß für Gemeinwirtschaft.

25. Mai
Ausstellungen: Österreichisches Museum für angewandte Kunst – „Arleen Fisch, USA, Schmuck“; Bezirksmuseum Rudolfsheim-Fünfhaus – „Philatelie in Rudolfsheim-Fünfhaus“; Bezirksmuseum Währing – „Währing im Kartenbild und in alten Ansichten“.
Auszeichnungen: a. o. Univ.-Prof. Dr. Jörg Böhler, Leiter des Unfallkrankenhauses Lorenz Böhler, o. Univ.-Prof. Dr. Dr. h. c. Erwin Deutsch, Vorstand der I. Medizinischen Universitätsklinik Wien – Goldenes Ehrenzeichen für Verdienste um das Land Wien.
Sondermarke: „25. Weltmilchtag“.

26. Mai
Ausstellung: Niederösterreichisches Landesmuseum – „Sonnwend- und Frühsommerbräuche“.

27. Mai
Auszeichnungen: Karl Paryla, Schauspieler – Ehrenmedaille der Bundeshauptstadt Wien in Gold; Sektionschef Mag. Herbert Wild – Großes Silbernes Ehrenzeichen für Verdienste um das Land Wien; Ministerialrat Dipl.-Ing. Hermann Köpplinger, Hofrat Dr. Ernst Pollak, Ministerialrat Dr. Kurt Uhlik – Goldenes Ehrenzeichen für Verdienste um das Land Wien.

28. Mai
Ausstellung: Österreichisches Barockmuseum im Unteren Belvedere – „Franz Xaver Messerschmidt“.
Sondermarke: „800 Jahre Gföhl im Waldviertel“.

29. Mai
Todesfall: Romy Schneider, Filmschauspielerin (43 Jahre, gestorben in Paris).

30. Mai
Tagesgeschehen: Eröffnung des ersten Abschnitts des Mittelteils der Donauinsel.
Premiere: Theater an der Wien – Gastspiel des Piccolo Teatro di Milano.

31. Mai
Tagung: Tagung der Internationalen Föderation für Kurzschrift und Maschinschreiben.

1. Juni
Ausstellung: Wiener Stadt- und Landesbibliothek – „Alte und neue Reiseführer“.

2. Juni
Auszeichnung: Adele Lang, ehem. Oberschwester der Urologischen Universitätsklinik im Allgemeinen Krankenhaus – Goldenes Verdienstzeichen der Republik Österreich.
Sport: Start der Österreich-Rundfahrt der Radamateure.

3. Juni
Ausstellungen: Bezirksmuseum Neubau – „Die Seiden- und Bandweberei am Schottenfeld und Neubau“; Niederösterreichisches Landesmuseum – „Ludwig Merwart (1913–1979), Gemälde und Grafiken“.

4. Juni
Tagesgeschehen: Rathaus – Concordiaball.
Premiere: Volkstheater – „Cyrano de Bergerac“ von Rostand.

5. Juni
Tagesgeschehen: 18, Peter-Jordan-Straße 81 – Benennung der städtischen Wohnhausanlage in „Am Sandberg“.
Premieren: Volksoper – „West Side Story“ von Bernstein; Theater an der Wien – Gastspiel der Münchner Kammerspiele; Raimundtheater – „Tanz ins Glück“ von Stolz.

7. Juni
Auszeichnungen: Barbara Coudenhove-Kalergi (Publizistik), Prof. Dr. Fritz Habeck (Literatur), Hochschulprofessor Mag. Heinrich Gattermeyer (Musik) – Preise der Stadt Wien 1982.
Premiere: Kammerspiele – „Duett für eine Stimme“ von Kempinski.

8. Juni
Angelobung: Dipl.-Ing. Manfred Nehrer, Architekt – Präsident der Ingenieurkammer für Wien, Niederösterreich und Burgenland.
Premiere: Theater an der Wien – Gastspiel des Manhattan Theatre Clubs.

9. Juni
Ausstellung: Künstlerhaus – „Alois Heidel, Plastiken“.

10. Juni
Premiere: Theater in der Josefstadt – „Spätsommer“ von Osborn.
Sport: Helmut Wechselberger (Österreich) – Sieger der Österreich-Rundfahrt der Radamateure.
Tagung: 23. Jahrestagung der Österreichischen Gesellschaft für Chirurgie.
Todesfall: Hofrat Josef Spindler, Direktor des Rechnungsamtes (62 Jahre).

11. Juni
Premiere: Staatsoper – „Und so weiter“ von Strawinski, „Der Golem“ von Burt und „Sinfonie in D“ von Haydn, Ballett.
Sondermarken: Serie „Sport“; „900 Jahre Langenlois“.

12. Juni
Tagesgeschehen: Drittes Österreichisches Blasmusikfest.
Auszeichnung: Univ.-Doz. Dr. Friedrich Weyermüller, Präsident des Österreichischen und des Internationalen Blasmusikverbandes – Goldenes Verdienstzeichen des Landes Wien.
Premiere: Burgtheater – „Der neue Menoza“ von Lenz.

14. Juni
Tagesgeschehen: Ing. Fritz Hofmann, amtsführender Stadtrat – Wahl zum Präsidenten der Arbeitsgemeinschaft der österreichischen Gemeinwirtschaft.
Auszeichnungen: Dr. Norbert Kraus, Geschäftsführer des Fachverbandes der Fahrzeugindustrie Österreichs – Goldenes Ehrenzeichen für Verdienste um das Land Wien; „Zisch dir dein Keli“ und „Amnesty International“ – beste Plakate des Jahres 1981.
Tagung: Europäische Konferenz der CEPT.

15. Juni
Angelobung: Günther Reviczky (SPÖ) – Bezirksvorsteher des 3. Bezirkes.
Auszeichnungen: Anna Blaha, Ordensschwester – Professor-Dr.-Julius-Tandler-Medaille der Stadt Wien in Silber; Wilhelm Bühringer – Silbernes Verdienstzeichen des Landes Wien.
Premiere: Theater an der Wien – Gastspiel des japanischen No-Theaters.

16. Juni
Auszeichnung: Oberamtsrat i. R. Bruno Piffel, Bezirksvorsteher-Stellvertreter a. D., Bezirksrat a. D. – Silbernes Ehrenzeichen für Verdienste um das Land Wien.
Tagungen: Werbewirtschaftliche Tagung; Internationale Schweißtechnische Tagung.

17. Juni

Tagesgeschehen: François Mitterrand, Präsident der Französischen Republik – Besuch im Rathaus; Olavi Dahl, Vizebürgermeister von Helsinki – Besuch im Rathaus.
Ausstellungen: Österreichisches Theatermuseum – „Black America on Stage"; Modeschule – „Hülle in Fülle 82".

18. Juni
Sondermarke: „8 Jahrhunderte Weiz".
Todesfall: Curd Jürgens, Schauspieler (66 Jahre).

19. Juni
Auszeichnung: Hermann Dobler, Pater, Geistlicher Rat – Goldenes Verdienstzeichen des Landes Wien.
Premiere: Akademietheater – „Jagdszenen aus Niederbayern" von Sperr.

20. Juni
Ausstellung: Naturhistorisches Museum – „Guppy-Schau".

21. Juni
Tagesgeschehen: 21, Franz-Jonas-Platz – Enthüllung einer Gedenktafel für den verstorbenen Bundespräsidenten Franz Jonas.
Premiere: Theater an der Wien – „Samy Molcho, Pantomimen-Gala".

23. Juni
Auszeichnung: Senatsrat Dr. Marianne Estl – Goldenes Ehrenzeichen für Verdienste um das Land Wien.

24. Juni
Tagung: Tagung der Europäischen Krankenschwestern und Pfleger.
Todesfall: Prof. Willy Fränzl, Ballettmeister (84 Jahre).

25. Juni
Auszeichnungen: Eduard Angeli, akad. Maler (Malerei), Gerda Fassel, akad. Bildhauerin (Bildhauerei), Gertrude Fröhlich, akad. Malerin (angewandte Kunst), Univ.-Prof. Dipl.-Ing. Robert Krier, Architekt (Architektur) – Preise der Stadt Wien 1982; Kommerzialrat Dr. Karl Reisinger, Generaldirektor der Wiener Stadtwerke – Großes Goldenes Ehrenzeichen für Verdienste um das Land Wien; Dr. Kurt Lukner, Präsident der Post- und Telegraphendirektion für Wien, Niederösterreich und Burgenland – Großes Silbernes Ehrenzeichen für Verdienste um das Land Wien; Oberamtsrat Wolfgang Solt – Berufstitel „Regierungsrat"; Kleingartenverein „Rosental" in Penzing – Goldene Rose der „Grünen Internationalen" (Vereinigung von Kleingartenverbänden westeuropäischer Staaten).

26. Juni
Premiere: Theater an der Wien – „Magie '82".

28. Juni
Tagung: 22. Weltkongreß für Sportmedizin.

29. Juni
Ausstellung: Technisches Museum – „150 Jahre Pferdeeisenbahn Linz–Budweis".

30. Juni

Auszeichnungen: Hofrat Prof. Dr. Egon Seefehlner, Direktor der Wiener Staatsoper – Ehrenring der Stadt Wien; Max Böhm, Schauspieler – Ehrenmedaille der Bundeshauptstadt Wien in Gold.

1. Juli
Tagesgeschehen: Eröffnung des „Musikalischen Sommers 1982".
Ausstellungen: Künstlerhaus – „Spitzensport mit spitzer Feder"; Wiener Stadt- und Landesarchiv – „Joseph Haydn in Wien".
Sondermarken: Serie „Schönes Österreich" (Friedenskirchlein am Stoderzinken in der Steiermark, Riezlern im Kleinen Walsertal).

2. Juli
Tagesgeschehen: 11. Internationales Jugendmusikfest.
Tagung: Sokolkongreß.

3. Juli
Tagesgeschehen: 75 Jahre Gänsehäufel; Stadion – Konzert der Rolling Stones.

6. Juli
Ausstellung: Wiener Stadt- und Landesarchiv – „Wiener Sagen und Legenden".
Auszeichnungen: Univ.-Prof. Dr. Karl Stadler (Geistes- und Sozialwissenschaften), Univ.-Prof. Dr. Otto Hittmair (technische Wissenschaften), Univ.-Prof. Dr. Hans Strotzka (medizinische Wissenschaften), Univ.-Prof. Dr. Kurt Schubert (Volksbildung) – Preise der Stadt Wien 1982.
Geld: 500-S-Münze „825 Jahre Mariazell".

7. Juli
Todesfall: Kammerschauspieler Hofrat Hermann Thimig (92 Jahre).

9. Juli
Todesfall: Relly Gmeiner, Schauspielerin (65 Jahre).

10. Juli
Todesfall: Maria Jeritza, Opernsängerin (94 Jahre, gestorben in New Jersey).

11. Juli
Todesfall: Max Lustig, Conférencier (76 Jahre).

12. Juli
Auszeichnung: Oberamtsrat i. R. Hans Novak – Österreichisches Ehrenzeichen für Wissenschaft und Kunst.
Todesfall: Peter Frick, Kabarettist (47 Jahre).

13. Juli
Tagesgeschehen: Inbetriebnahme des ersten Intensivbetten-Transporters in Österreich.

14. Juli
Auszeichnung: Dipl.-Ing. Herbert Kaupa – Silbernes Ehrenzeichen für Verdienste um das Land Wien.
Todesfall: Prof. Heinrich Schnitzler, Regisseur (79 Jahre).

19. Juli
Ausstellung: Westbahnhof – Ausstellung des Wiener Stadt- und Landesarchivs „90 Jahre Vororte bei Wien".

20. Juli
Ausstellung: Niederösterreichisches Landesmuseum – „Heimische Pilze", Aquarelle von Monica Höller.

21. Juli
Tagesgeschehen: Wilhelminenspital – Eröffnung eines neuen Personalwohnhauses.

22. Juli
Sondermarken: „75 Jahre Postbus"; „2. UNO-Weltraumkonferenz".

24. Juli
Ausstellung: Künstlerhaus – „4. Freie Kunstausstellung".

25. Juli
Todesfall: Hofrat Prof. Adolf Rott, ehem. Direktor des Burgtheaters, Regisseur (77 Jahre).

26. Juli
Ausstellung: Wasserwerke, 6, Grabnergasse 4–6 – „Wunderwelt des Wassers".
Tagung: UNO-Weltkonferenz über Probleme des Alterns.

27. Juli
Ausstellung: Secession – „British Posters – 80 Jahre Plakatkunst in Großbritannien".
Bestellung: Univ.-Doz. Dr. Wilmos Vecsei – Vorstand der 1. Chirurgischen Abteilung des Wilhelminenspitals.

29. Juli
Auszeichnung: Dr. Lothar Metzl – Goldenes Verdienstzeichen des Landes Wien.

30. Juli
Ausstellung: Künstlerhaus – „Honoré Daumier: Bildwitz und Zeitkritik".
Sondermarken: „50. Todestag von Ignaz Seipel"; „Europa-CEPT 1982 (Pferdeeisenbahn Linz–Freistadt–Budweis)".

2. August
Tagung: 15. Internationaler Kongreß für Individualpsychologie.

3. August
Ausstellung: Österreichisches Museum für Volkskunde – „Rudolf Haybach: Bilder aus dem Lungau".

4. August
Empfang: UNO-Weltkonferenz über Probleme des Alterns.

7. August
Tagesgeschehen: Neue Donau – Inbetriebnahme eines Wasserskiliftes.
Ausstellung: Künstlerhaus – „Katalog-Flohmarkt".

9. August
Ausstellung: Messepalast – „Unispace", Weltraumausstellung.
Tagung: 2. UN-Weltraumkonferenz.

10. August
Bestellung: Dipl.-Ing. Rudolf Schlauer – Direktor der Wiener Stadtwerke – Gaswerke.

11. August

Tagesgeschehen: Perez de Cuellar, Generalsekretär der Vereinten Nationen – Besuch im Rathaus.
Bestellung: Senatsrat Dipl.-Ing. Fritz Thaller – Leiter der Magistratsabteilung 27 – Erhaltung städtischer Wohnhäuser.

12. August
Bestellung: Oberstadtbaurat Dipl.-Ing. Rudolf Schlenz – Leiter der Magistratsabteilung 26 – Gebäude des Kultur-, Schul- und Sportwesens, Amtsgebäude und verschiedene Nutzbauten.

13. August
Ausstellung: Museum moderner Kunst/Museum des 20. Jahrhunderts – „Amerikanische Impressionisten".

16. August
Auszeichnung: Kanzleioberkommissär i. R. Friedrich Krammer – Goldenes Verdienstzeichen des Landes Wien.

18. August
Auszeichnung: Dr. Walter Keil, öffentlicher Notar, Notarenrichter – Silbernes Ehrenzeichen für Verdienste um das Land Wien.

20. August
Auszeichnungen: Franz Häußler, Direktor des Theaters an der Wien, Kammerrat Hermann Winter, Zentralinspektor, Betriebsratsobmann des Theaters an der Wien – Ehrenmedaille der Bundeshauptstadt Wien in Silber; Johann Dannhauser, Karl Donatzer, Erich Grossheim, Rudolf Grötzer, Alfred Hammerschmied, Helmuth Jandl, Hermann Kiesl, Edgar Klimke, Josef Novak, Josef Pinz, Karl Prachatik, Bedienstete des Theaters an der Wien – Silbernes Verdienstzeichen des Landes Wien.
Todesfall: Ulla Jacobsson, Filmschauspielerin (53 Jahre).

22. August
Tagesgeschehen: 10, Horrplatz – Eröffnung des Horr-Stadions.

24. August
Auszeichnungen: Verleihung der Einsatzmedaille des Landes Wien an 15 Bedienstete der Bundespolizeidirektion Wien (Einsatz anläßlich der Bergung und Vernichtung hochbrisanter Chemikalien auf dem Areal des Alten Schlachthauses in St. Marx); Verleihung der Einsatzmedaille des Landes Wien an 55 Bedienstete der Bundespolizeidirektion Wien (Einsatz anläßlich des Zugsunglücks im Wiener Südbahnhof).

27. August
Auszeichnungen: Ministerialrat Dipl.-Ing. Dr. Karl Augustin, Ministerialrat i. R. Mag. Franz Neugebauer – Goldenes Ehrenzeichen für Verdienste um das Land Wien; Regierungsrat Leopold Plzak, Zentralinspektor, Regierungsrat Franz Stodola, Zentralinspektor, Regierungsrat Ing. Albrecht Szirmai, Zentralinspektor – Silbernes Ehrenzeichen für Verdienste um das Land Wien.

28. August
Sport: Alexandra Worisch/Eva Edinger – Goldmedaille im Synchronschwimmen bei den Jugend-Europameisterschaften in Innsbruck; Alexandra Worisch – Goldmedaille im Kunstschwimmen bei den Jugend-Europameisterschaften in Innsbruck; Eva Edinger – Silbermedaille im Kunstschwimmen bei den Jugend-Europameisterschaften in Innsbruck; Dr. Raimund Haberl – Goldmedaille im Leichtgewichts-Einer bei den Weltmeisterschaften im Rudern in Luzern.
Tagung: 25. Jahreskongreß der Europäischen Gesellschaft für Meinungs- und Marktforschung.

29. August
Tagesgeschehen: Eröffnung der 1. Internationalen Volkskunst-Festspiele Wien.

30. August
Tagung: 1. Österreichischer Geodätentag.

31. August
Auszeichnung: Karl Novak, Honorarvizekonsul – Goldenes Verdienstzeichen des Landes Wien.

1. September
Auszeichnung: Mag. Dr. Herbert Cerny, Oberst des Intendanzdienstes – Silbernes Ehrenzeichen für Verdienste um das Land Wien.
Bestellungen: Univ.-Prof. Dr. Heinrich Freyler – Vorstand der I. Universitäts-Augenklinik; Obermagistratsrat Dr. Peter Knöfler – Leiter des Magistratischen Bezirksamtes für den 22. Bezirk.
Sondermarke: „1. Österreichischer Geodätentag".

2. September
Ausstellungen: Museum moderner Kunst im Palais Liechtenstein – „Österreichischer Grafik-Wettbewerb"; Museum moderner Kunst/Museum des 20. Jahrhunderts – „Bill Brandt – Photographien".
Auszeichnungen: Obermedizinalrat Dr. Hans Bauer, ehem. Chefarzt der Versicherungsanstalt öffentlicher Bediensteter, em. o. Univ.-Prof. Dipl.-Ing. Dr. Friedrich Hauer – Goldenes Ehrenzeichen für Verdienste um das Land Wien; Medizinalrat Dr. Johann Lackner, Facharzt für medizinische und chemische Labordiagnostik und Präsident der Österreichischen Gesellschaft für Labormedizin, Medizinalrat Dr. Walter Pallamar, praktischer Arzt, Schularzt, Medizinalrat Dr. Teutwein Spitzauer, Radiologe – Silbernes Ehrenzeichen für Verdienste um das Land Wien; Dr. Hanna Haderer – Goldenes Verdienstzeichen des Landes Wien.
Bestellung: Obermagistratsrat Dr. Joseph Fuchs – Leiter des Magistratischen Bezirksamtes für den 6., 7. Bezirk.
Premiere: Theater in der Josefstadt – „Cristinas Heimreise" von Hofmannsthal.

3. September
Tagesgeschehen: Verlängerung der U-Bahn-Linie U1 bis zum Zentrum Kagran.
Auszeichnungen: Kommerzialrat Walter Huber, Firmeninhaber, Johan Molhoek, Finanzdirektor der Unilever Ges. m. b. H. – Goldenes Verdienstzeichen des Landes Wien.

4. September
Ausstellung: Österreichisches Circus- und Clownmuseum – „Hans Wurst und seine Nachfolger".
Premiere: Kammerspiele – „Schauen Sie sich das an" von Böhm/Weigel.

5. September
Tagungen: 9. Internationaler Kongreß für Neuropathologie; Internationaler Haydn-Kongreß.
Todesfall: Robert Uhlir, Abgeordneter zum Nationalrat a. D., Präsident des Pensionistenverbandes Österreichs (83 Jahre).

7. September
Auszeichnungen: Verleihung der Einsatzmedaille des Landes Wien an elf Personen (anläßlich des Sturmeinsatzes 1981); Überreichung von Ehrenzeichen für Verdienste um die Befreiung der Republik Österreich von der nationalsozialistischen Gewaltherrschaft an 46 Personen.

8. September
Bestellung: Dipl.-Ing. Walter Lemmerer – Technischer Vizedirektor der Wiener Stadtwerke – Elektrizitätswerke.

9. September
Ausstellung: Messepalast – „Juwelia '82".
Bestellung: Dipl.-Ing. Rudolf Schlauer – Direktor der Wiener Stadtwerke – Gaswerke.
Premiere: Volkstheater – „Die Affaire Dreyfus" von Rehfisch.
Sondermarken: Serie „Schützt gefährdete Tiere".

10. September
Ausstellung: Niederösterreichisches Landesmuseum – „Geschützte und bedrohte Tier- und Pflanzenarten".

11. September
Tagesgeschehen: Eröffnung der Wiener Internationalen Herbstmesse 1982.
Ausstellungen: Messegelände – „Agraria Wien"; „elektrofunk-hifi"; „Bauen – Wohnen – Heizen".

12. September
Tagesgeschehen: 1, Grashofgasse – Brand in der Diskothek Sowieso, 3 Tote.

16. September
Ausstellungen: Österreichisches Museum für angewandte Kunst – „Arzberg 1382: Eine Form, die Geschichte macht"; Museum moderner Kunst im Palais Liechtenstein – „Georg Jung – Sala Terrena"; Secession – „Mode- und Literatur-Festival"; Messegelände – „Lederwaren exquisit".

17. September
Ausstellung: Albertina – „Masterpieces of Graphic Art".

18. September
Ausstellung: Messepalast – „Österreichische Schuhmusterschau".

19. September
Tagesgeschehen: Wiener Stadthalle – Eröffnung der Seniorenwoche.
Ausstellung: Bezirksmuseum Landstraße – „Politische Propaganda in der Zwischenkriegszeit".

22. September
Sport: Gerhard-Hanappi-Stadion – Fußballänderspiel Österreich–Albanien 5 : 0.

23. September
Ausstellung: Messegelände – „Nutzfahrzeug '82".

24. September
Tagesgeschehen: 15, Robert-Hamerling-Gasse 28 – Enthüllung einer Gedenktafel am Geburtshaus des Arbeiterdichters Alfons Petzold.
Ausstellung: Niederösterreichisches Landesmuseum – „Diethelm Hofer, Schnecken und Muscheln".
Auszeichnungen: Ilse Eich-Aichinger, Schriftstellerin, Prof. Edwin Hartl, Schriftsteller, Kammerschauspielerin Aglaja Steinboeck-Schmid – Ehrenmedaille der Bundeshauptstadt Wien in Silber; Oberrat Mag. Alois Bauer, Stadthauptmann – Silbernes Ehrenzeichen für Verdienste um das Land Wien; Prof. Dr. Herbert Kleinlercher – Goldenes Verdienstzeichen des Landes Wien.

25. September
Tagesgeschehen: Rathaus – Tag der offenen Tür.
Ausstellung: Künstlerhaus – „Ferne Völker – frühe Zeiten, Kunstschätze aus 4 Kontinenten".

26. September
Premiere: Volkstheater – „Il Campiello" von Goldoni.

28. September
Auszeichnung: Friedrich Mayer, Vizepräsident des Internationalen Kulturzentrums in Wien – Goldenes Verdienstzeichen des Landes Wien.

29. September
Auszeichnungen: Marta Renzhofer, Hauptschullehrer – Otto-Glöckel-Medaille der Stadt Wien; Obermedizinalrat Primarius Dr. Anton Rot, a. o. Univ.-Prof. Dr. Karl Steinbereithner – Goldenes Ehrenzeichen für Verdienste um das Land Wien; Medizinalrat Dr. Kurt Schachenhofer – Silbernes Ehrenzeichen für Verdienste um das Land Wien; Oberschulrat Rosa Gratzenberger, Berufsschuldirektor i. R., Ernst Stock, Geschäftsführer – Goldenes Verdienstzeichen des Landes Wien; Karl Heinz Wagner, Diplomgrafiker – Silbernes Verdienstzeichen des Landes Wien.

30. September
Auszeichnung: Leo Nadelmann, Präsident des Internationalen Musikzentrums Wien – Ehrenmedaille der Bundeshauptstadt Wien in Silber.

1. Oktober
Ausstellung: Messepalast – „Hobby Elektronik '82".
Geld: 500-S-Münze „Leopold Figl 80. Geburtstag".
Tagung: 33. Tagung der Vereinigung deutschsprachiger Dermatologen.

2. Oktober
Ausstellung: Bezirksmuseum Leopoldstadt – „Kunstreiter, Seiltänzer und andere Spektakel".
Premiere: Volkstheater/Außenbezirke – „Helden" von Shaw.

3. Oktober
Premiere: Burgtheater – „Egmont" von Goethe.
Todesfall: Prof. Johann Gunert, Schriftsteller (79 Jahre).

4. Oktober
Ausstellung: Wiener Stadt- und Landesarchiv – „Weinbau im alten Wien".
Sondermarke: „10 Jahre Internationales Institut für Angewandte Systemanalyse".
Tagung: 35. Österreichische betriebswirtschaftliche Woche.

5. Oktober
Ausstellung: Messegelände – „Internationale Fachmesse für Werkzeugmaschinen".
Auszeichnungen: Alexandra Worisch/Eva Edinger, Adolf Gruber, Kurt Kucera – Sportehrenzeichen der Stadt Wien.

7. Oktober
Ausstellung: Museum moderner Kunst im Palais Liechtenstein – „Ernst Friedrich, Grafik".
Auszeichnungen: Überreichung von Erinnerungsmedaillen an 354 Sportler, die in der vergangenen Saison in 37 Sparten Österreichische Staatsmeistertitel für die Bundeshauptstadt errungen haben.
Tagung: 70. Jahresweltkongreß der Zahnärzte.

8. Oktober

Ausstellungen: Österreichisches Museum für angewandte Kunst – „Meissener Porzellan – 1710 bis zur Gegenwart“; Messegelände – „Internationale Mode-Woche“.

Auszeichnungen: Oberrettungsrat Friedrich Bursa, Landesrettungskommandant-Stellvertreter, Oberrettungsrat Regierungsrat Otto Hadl – Ehrenzeichen für Verdienste im Wiener Feuerwehr- und Rettungswesen in Silber; Heinrich Castanetti, Kolonnenkommandant, Herwig Jungwirth-Weinberger, Landesrettungskommandant, Medizinalrat Dr. Josef Lenitz, Chefarzt, Heinz Moro, Abteilungskommandant – Ehrenzeichen für Verdienste im Wiener Feuerwehr- und Rettungswesen in Bronze.

Todesfall: Dr. Anna Freud, Psychoanalytikerin (87 Jahre, gestorben in London).

9. Oktober

Tagesgeschehen: 15, Johnstraße 25–27 – Benennung der städtischen Wohnhausanlage in „Franz-Kinkor-Hof“; 15, Rustengasse 9 – Benennung der städtischen Wohnhausanlage in „Anton-Matourek-Hof“; 21, Gerichtsgasse 3 – Benennung der städtischen Wohnhausanlage in „Karl-Heinz-Hof“.

Ausstellung: Museum moderner Kunst/Museum des 20. Jahrhunderts – „Attersee Werksquer“.

Auszeichnungen: Johann Hatzl, amtsführender Stadtrat, Ing. Fritz Hofmann, amtsführender Stadtrat – Goldenes Hans-Böck-Ehrenzeichen der Gewerkschaft der Bau- und Holzarbeiter.

11. Oktober

Tagesgeschehen: 22, Stadlau, Langobardenstraße 122 – Eröffnung des Pflegeheimes im Sozialmedizinischen Zentrum-Ost.

Sondermarke: „70. Jahresweltkongreß der Zahnärzte“.

12. Oktober

Tagesgeschehen: General António Ramalho Eanes, Präsident der Republik Portugal – Besuch im Rathaus; 22, Kagran, Portnergasse 38 – Eröffnung des Hallenbades Donaustadt.

Ausstellungen: Messepalast – „Wiener Internationale Dental-Ausstellung“; Secession – „Künstler, die kamen und blieben“.

Auszeichnungen: Prof. Arnulf Neuwirth, Maler – Ehrenmedaille der Bundeshauptstadt Wien in Gold; Maria Perz, Bildhauerin und Keramikerin, o. Hochschulprofessor Harald Zusanek, Schriftsteller – Ehrenmedaille der Bundeshauptstadt Wien in Silber.

13. Oktober

Sport: Stadion – Europameisterschafts-Qualifikationsspiel Österreich–Nordirland 2 : 0.

Tagung: 8. Weltkongreß der Internationalen Gesellschaft für Akupunktur.

Todesfall: Oskar Matulla, Maler (81 Jahre).

14. Oktober

Ausstellungen: Naturhistorisches Museum – „Bodenschätze aus Sibirien“; Albertina – „Gottfried Salzmann, Grafik“; Akademie der bildenden Künste – „Goethe-Ausstellung“.

Premiere: Theater in der Josefstadt – „Große Szene“ von Schnitzler und „Eins, zwei, drei“ von Molnár.

15. Oktober

Tagesgeschehen: 9, Althanstraße – Eröffnung des neuen Universitätszentrums; 22, Aspern, Großenzersdorfer Straße 59 – Eröffnung des General-Motors-Werkes.

16. Oktober

Premiere: Staatsoper – „Tannhäuser“ von Wagner.

18. Oktober

Todesfall: Univ.-Prof. DDr. Adolf Nußbaumer, Staatssekretär (51 Jahre).

19. Oktober

Auszeichnungen: Josef Apfel, a. o. Univ.-Prof. Dr. Helmut Fiehlhauer, Hans Havelka, Berthold Lang, Oberschulrat Maximilian Patat, Josef Roskosny, Mitarbeiter und Direktoren von Wiener Bezirksmuseen – Ehrenmedaille der Bundeshauptstadt Wien in Silber.

20. Oktober

Ausstellungen: Los Angeles – „Vienna – Tradition and Transition“; Bezirksmuseum Meidling – „Emil F. Bousska, ein Maler der Jahrhundertwende“.

21. Oktober

Tagesgeschehen: Museum des Theaters an der Wien – Enthüllung einer Emmerich-Kálmán- und einer Hubert-Marischka-Büste.

Ausstellung: Niederösterreichisches Landesmuseum – „Maximilian Melcher, Aquarelle“.

22. Oktober

Angelobung: Richard Helmer (ÖVP) – Abgeordneter zum Wiener Landtag.

Sondermarke: „Emmerich Kálmán 1882–1982“.

23. Oktober

Ausstellungen: Messepalast – „Internationale Modellbau-Ausstellung“; Messegelände – „Interhoga Austria, Internationale Fachmesse für Hotel-, Gastgewerbe und Großküchen“.

Premiere: Volksoper – „Die Csárdásfürstin“ von Kálmán.

24. Oktober

Ausstellungen: Österreichisches Theatermuseum – „Historische Theaterkostüme“; Bezirksmuseum Simmering – „Der Wiener Neustädter Schiffahrtskanal“.

Premiere: Akademietheater – „Die Wildente“ von Ibsen.

25. Oktober

Tagesgeschehen: Eröffnung der Brigittenauer Brücke; 21, Autokaderstraße 9 – Eröffnung des ersten Berufsrehabilitationszentrums für psychisch Kranke und Behinderte in Österreich.

Tagung: 36. Österreichischer Ärztekongreß – Van-Swieten-Tagung.
Todesfall: Prof. Karl Bruckner, Schriftsteller (76 Jahre).

26. Oktober
Ausstellung: Technisches Museum – „75 Jahre Postautobus in Österreich".
Auszeichnung: Karl Christian Weber, ehem. österreichischer Honorargeneralkonsul in San Francisco – Goldenes Ehrenzeichen für Verdienste um das Land.

27. Oktober
Ausstellungen: Künstlerhaus – „Richard Rendl, Bilder und Grafik"; Österreichische Länderbank, Kassensaal – „Johann Wolfgang Goethe"; Volksheim Großjedlersdorf – „Stadtteilplanung Großjedlersdorf".

28. Oktober
Ausstellungen: Museum moderner Kunst im Palais Liechtenstein – „Photopreis 1982"; „Isolde Joham, Gemälde"; Zentralsparkasse, Kassenhalle – „Kunst zum Kennenlernen – aus der Sammlung der Z".
Sondermarke: „100. Geburtstag von Max Mell".

29. Oktober
Tagesgeschehen: Eröffnung der „Viennale 1982"; 10, Nothnagelplatz – Eröffnung des neuen Eissportzentrums.

30. Oktober
Premiere: Burgtheater – „Amely, der Biber und der König auf dem Dach" von Dorst.

31. Oktober
Tagesgeschehen: Eröffnung der Österreichischen Buchwoche.

1. November
Ausstellungen: Museum für Völkerkunde – „Das heilige Land: Volkstrachten, Federzeichnungen von E. Degasperi und Briefmarken"; „Indianer der kanadischen Prärie"; Museum moderner Kunst/Museum des 20. Jahrhunderts – „Ursula Schulz-Dornburg, F. Rudolf Knubel, Fotos".

2. November
Tagung: 1. Internationaler Weltkongreß für Umwelt und Strahlenschutz.

3. November
Ausstellungen: Galerie Gumpendorf – „Karl Hrdlicka, Fotografien"; Bezirksmuseum Alsergrund – „Wiener Sagen und Legenden"; Galerie Alsergrund – „Alsergründiges".
Auszeichnung: Preisverleihung des „Großen österreichischen Jugendpreises der Ersten österreichischen Spar-Casse".
Premiere: Volkstheater/Außenbezirke – „Therese Raquin" von Zola.

4. November
Tagesgeschehen: Wilhelminenspital – Eröffnung der umgebauten und neu adaptierten Dermatologischen Abteilung.
Auszeichnungen: Ministerialrat Dr. Siegfried Becker, Franz Fikeis, Divisionär – Goldenes Ehrenzeichen für Verdienste um das Land Wien.

5. November
Auszeichnungen: Heinz Fischer-Karwin – Ehrenmedaille der Bundeshauptstadt Wien in Gold; Franz Schönbacher, Severin Placker, Josef Fachta, Stefan Löscher, Johannes Faber – Preise für besonders gute Beiträge bei der „4. Freien Kunstausstellung".

6. November
Todesfall: Univ.-Prof. Josef Stoitzner, akad. Maler (71 Jahre).

9. November
Auszeichnungen: Gustav Ernst, Helmut Peschina (Literatur), Thomas Daniel Schlee, a. o. Prof. Walter Veigl (Musik), Wolfgang Böhm, akad Maler, Herwig Zens, akad. Maler (bildende Kunst), Univ.-Ass. DDr. Johann Figl (Philosophie und Theologie), Oberarzt Dr. Georg Hagmüller (Medizin-Chirurgie), Univ.-Doz. Dr. Werner Jobst (klassische Archäologie), Univ.-Doz. Dr. Wolfgang Löffelhardt (allgemeine Biochemie), Dr. Wilhelm Filla, Dr. Lorenz Mikoletzky (Volksbildung) – Förderungspreise der Stadt Wien 1982; Hon. Prof. Dr. Helmut H. Haschek, Vorsitzender des Vorstandes und Generaldirektor der Österreichischen Kontrollbank AG – Goldenes Ehrenzeichen für Verdienste um das Land Wien; Dr. Rolf Madaus, Firmengesellschafter – Silbernes Ehrenzeichen für Verdienste um das Land Wien; Otto Maria Zimmermann – Goldenes Verdienstzeichen des Landes Wien.

10. November
Ausstellung: Niederösterreichisches Landesmuseum – „Theater in Niederösterreich".

11. November
Ausstellungen: Messegelände – „austro boot '82"; „austro caravan '82"; „Schule '82".
Premiere: Theater in der Josefstadt – „Heinrich IV." von Pirandello.
Sondermarken: „100 Jahre St.-Georgs-Kolleg in Istanbul"; „Tag der Briefmarke"; „Weihnachten 1982".

12. November
Bestellung: Dr. Erich Proszowski – ärztlicher Leiter im Pflegeheim St. Andrä an der Traisen.

13. November
Ausstellungen: Hofburg – „14. Wiener Kunst- und Antiquitätenmesse"; Palais Palffy – „Karl Valentin".
Auszeichnung: Betriebsinspektor Robert Grillmeier – Goldenes Verdienstzeichen der Republik Österreich.

14. November
Auszeichnung: Kurt Beck, akad. Maler (Grafik) – Preis der Stadt Wien 1982.
Tagung: Flugplankonferenz.

15. November
Ausstellungen: Wiener Stadt- und Landesbibliothek – „Alfons Petzold (1882–1923): Briefe, Manuskripte, Photographien"; Volksbildungshaus Margareten – „120 Jahre Margareten"; Donauzentrum – „Behördenzentrum Donaustadt".
Auszeichnungen: Primaria Dr. Ingrid Leodolter, Bundesminister a. D. – Großes Goldenes Ehrenzeichen für Verdienste um das Land Wien; Erich Kodon, Rudolf Leiter – Sportehrenzeichen der Stadt Wien.

16. November
Auszeichnung: „Wien sind wir alle", Film des Presse- und Informationsdienstes der Stadt Wien – Zweiter Kodak-Informationsfilm-Preis 1982.
Premiere: Volkstheater – „Richard III." von Shakespeare.

17. November

Tagesgeschehen: Dr. Gustáv Husák, Präsident der Tschechoslowakischen Sozialistischen Republik – Besuch im Rathaus.
Ausstellung: Bezirksmuseum Penzing – „90 Jahre Vororte bei Wien".
Sport: Gerhard-Hanappi-Stadion – Europameisterschafts-Qualifikationsspiel Österreich–Türkei 4 : 0.

19. November
Ausstellungen: Künstlerhaus – „4 zu 1 – Studien der Abstraktion"; Bezirksmuseum Landstraße – „Angela Biedermann, Aquarelle".
Auszeichnung: Univ.-Doz. Dr. Gerhardt Kapner, Senatsrat i. R. – Goldenes Ehrenzeichen für Verdienste um das Land Wien.

20. November
Premiere: Akademietheater – „Ärztinnen" von Hochhuth.

21. November
Ausstellung: Rathaus, Volkshalle – „Weihnachtsausstellung".

22. November
Premiere: Staatsoper – „Pique Dame" von Tschaikowsky.
Todesfall: Prof. Dr. Friedrich Sacher, Schriftsteller (84 Jahre).

23. November
Tagesgeschehen: 1, Schottenring 7–9 – Enthüllung einer Gedenktafel für die Opfer des Ringtheaterbrandes 1881.
Ausstellungen: Secession – „Gertrud Pesendorfer und Stefan Kamenyczky"; Volksheim Kaisermühlen – „Stadtteilplanung Kaisermühlen".

24. November
Ausstellung: Bezirksmuseum Josefstadt – „Heimatkunde und Bezirksgeschichte, Entwicklung – Persönlichkeiten – Publikationen".

25. November
Auszeichnung: Regierungsrat Rudolf Mrazek, Amtsdirektor – Silbernes Ehrenzeichen für Verdienste um das Land Wien.

26. November
Auszeichnung: Schulrat Dr. Ludwig Hofmann – Goldenes Verdienstzeichen des Landes Wien.

28. November
Ausstellung: Österreichisches Museum für Volkskunde – „Krippenausstellung – alte Krippenkunst aus Österreich".
Todesfall: Prof. Dr. Kurt Wanasek, Leiter des Landesjugendreferates für Wien (49 Jahre).

29. November
Tagesgeschehen: Krankenhaus Lainz, 4. Medizinische Abteilung – Inbetriebnahme Europas modernster Herzdiagnostikanlage.

1. Dezember
Ausstellungen: Österreichische Galerie im Oberen Belvedere – „Ludwig Ferdinand Schnorr von Carolsfeld: Faust und Mephisto"; Naturhistorisches Museum – „Pilze suchen ein Vergnügen, Aquarelle von Alfonso B. Madden"; Bezirksmuseum Meidling – „Elfriede Bräuer, Aquarelle".
Premiere: Volkstheater/Außenbezirke – „Der Regenmacher" von Nash.

2. Dezember
Ausstellung: Historisches Museum der Stadt Wien – „Oskar Kokoschka: Die frühen Jahre".
Auszeichnung: Dr. Dieter Hösch, Rat – Einsatzmedaille des Landes Wien.

3. Dezember
Ausstellungen: Museum moderner Kunst/Museum des 20. Jahrhunderts – „Italienische Skulptur der 70er Jahre"; Bezirksmuseum Floridsdorf – „Weihnachtsausstellung".
Premiere: Raimundtheater – „Gräfin Mariza" von Kálmán.

5. Dezember
Auszeichnung: Else Rambausek, Schauspielerin – Ehrenmedaille der Bundeshauptstadt Wien in Silber.
Premiere: Stadthalle – „Aida" von Verdi.

6. Dezember
Tagung: 14. Internationaler Gestose-Kongreß.

7. Dezember
Ausstellung: Albertina – „Briefmarke Ernst Fuchs".
Premiere: Theater an der Wien – „Anatevka" von Stein/Bock.
Todesfall: Prof. h. c. Otto Stradal, Journalist und Schriftsteller (72 Jahre).

10. Dezember
Ausstellung: Österreichisches Museum für angewandte Kunst – „Internationales Kunsthandwerk: Schweiz–Österreich".
Sondermarke: „Moderne Kunst in Österreich" („Mädchenkopf" von Prof. Ernst Fuchs).

13. Dezember
Ausstellung: Bezirksmuseum Leopoldstadt – „Edith Mewes und Elfriede Brauer-Freundlicher, Ölbilder, Aquarelle, Grafiken".
Auszeichnungen: Gustav Kral, Josef Marx, Sekretäre der Mietervereinigung Österreichs – Silbernes Verdienstzeichen des Landes Wien.

14. Dezember
Ausstellung: Niederösterreichisches Landesmuseum – „Heliane Wiesmann-Reiterer, Gemälde, Grafik".
Auszeichnungen: Prof. Kurt Rapf, Fachkonsulent in der MA 7 – Österreichisches Ehrenkreuz für Wissenschaft und Kunst I. Klasse; Überreichung der Preise der Leopold-Gratz-Stiftung für das Jahr 1982.
Premiere: Staatsoper – „Moses und Aron" von Schönberg.

15. Dezember
Ausstellungen: Museum moderner Kunst im Palais Liechtenstein – „Warlamis: Projekt Hamburg–Wien"; „Friedrich Hahn, Remakes".
Premiere: Kammerspiele – „Charleys Tante" von Thomas.

16. Dezember
Auszeichnungen: Kommerzialrat Franz Lang, Bezirksrat, Kommerzialrat Leopold Malzer – Goldenes Verdienstzeichen des Landes Wien.
Premiere: Burgtheater – „Der Marquis von Keith" von Wedekind.

17. Dezember
Tagesgeschehen: Freigabe der Flughafenautobahn für den Verkehr.
Ausstellung: Künstlerhaus – „Alfred Seidl, Keramik".
Auszeichnungen: Hans Schmid, Wienerlieder-Interpret, Divisionär Mag. Eduard Uhl, Divisionär Mag. Dr. Friedrich Ulz – Goldenes Ehrenzeichen für Verdienste um das Land Wien; Robert Hysek, Direktor – Silbernes Verdienstzeichen des Landes Wien.

18. Dezember
Premiere: Akademietheater – „In Goethes Hand" von Walser.

19. Dezember
Premiere: Volkstheater – „Der Färber und sein Zwillingsbruder" von Nestroy.

20. Dezember
Premiere: Volksoper – „Die lustigen Weiber von Windsor" von Nicolai.

21. Dezember
Auszeichnungen: Primarius Dr. Demeter Seemann, Primarius a. o. Univ.-Prof. Dr. Heribert Thaler, Primarius Univ.-Doz. Dr. Walter Weichselbaumer – Goldenes Ehrenzeichen für Verdienste um das Land Wien.

22. Dezember
Angelobung: Veterinärdirektor Dr. Walter Jurcik – Präsident der Wiener Landeskammer der Tierärzte.
Premiere: Theater in der Josefstadt – „Der Raub der Sabinerinnen" von Schönthan.

23. Dezember
Auszeichnungen: Hofrat Dipl.-Ing. Dr. Johann Bernhard, em. Univ.-Prof. Dipl.-Ing. Dr. Karl Kupsky, Architekt – Goldenes Ehrenzeichen für Verdienste um das Land Wien.

26. Dezember
Todesfall: Max Böhm, Schauspieler (67 Jahre).

Foto: Mladek

Pensionsversicherungsanstalt der Angestellten (in Arbeitsgemeinschaft)

BÜRGERMEISTER DER STADT WIEN

1282	Konrad Poll
1285	Heinrich Hansgraf
1287	Konrad Eslarn
1288 . . 1305	Konrad Poll
1305–1307	Heinrich Chrannest
1307	Dietrich von Kahlenberg
1308	Heinrich von der Neisse
1309	Niklas von Eslarn
1310	Heinrich von der Neisse
1310–1313	Niklas von Eslarn
1313–1315	Niklas Poll
1316	Hermann von Sankt Pölten
1316–1317	Niklas von Eslarn
1318	Hermann von Sankt Pölten
1319–1323	Otto Wilfleinstorfer
1324–1327	Niklas Poll
1327–1328	Stephan Chriegler
1329–1330	Heinrich Lang
1332–1333	Dietrich Urbetsch
1333–1334	Hermann Snaezl
1335–1337	Dietrich Urbetsch
1337–1338	Konrad von Eslarn
1338–1339	Berthold Poll
1340–1343	Konrad Wiltwerker
1344	Hagen von Spielberg
1345–1347	Reinprecht Zaunrüd
1348–1349	Friedrich von Tierna
1350–1351	Dietrich Flusthart
1352	Friedrich von Tierna
1353	Heinrich Würfel
1354	Dietrich Flusthart
1355	Leopold Polz
1356–1357	Heinrich Straicher
1357–1358	Haunold Schuchler d. Ä.
1358–1359	Leopold Polz
1359–1360	Heinrich Straicher
1360–1361	Haunold Schuchler d. Ä.
1362–1364	Hans von Tierna
1364	Friedrich Rüschl
1365–1366	Lukas Popfinger
1366–1367	Thomas Swembl
1368–1370	Niklas Würfel
1370–1371	Thomas Swembl
1372–1374	Ulrich Rößl
1374–1376	Jans am Kienmarkt
1376–1379	Paul Holzkäufel
1379–1381	Jans am Kienmarkt
1381–1386	Paul Holzkäufel
1386–1395	Michael Geukramer
1396	Paul Holzkäufel
1396–1397	Paul Würfel
1398	Jakob Dorn
1398–1399	Hans Rockh
1399–1400	Paul Holzkäufel
1401	Berthold Lang
1401–1402	Paul Würfel
1402–1403	Haunold Schuchler d. J.
1403–1404	Konrad Vorlauf
1404–1405	Paul Würfel
1405–1406	Rudolf Angerfelder
1406–1408	Konrad Vorlauf
1408–1409	Hans Feldsberger
1410	Paul Geier
1410–1411	Albrecht Zetter
1411–1419	Rudolf Angerfelder
1420–1421	Hans Musterer
1422	Ulrich Gundloch
1423–1425	Konrad Hölzler d. Ä.
1425–1426	Hans Scharffenberger
1427	Paul Würfel
1428–1429	Niklas Undermhimmel
1430–1433	Konrad Hölzler d. Ä
1434–1439	Hans Steger
1440–1441	Konrad Hölzler d. Ä
1442	Andre Hiltprant
1443	Hans Steger
1444–1446	Hans Haringseer
1447–1449	Hans Steger
1450–1451	Konrad Hölzler d. J.
1452	Oswald Reicholf
1453	Niklas Teschler
1454	Oswald Reicholf
1455	Konrad Hölzler d. J.
1456–1457	Niklas Teschler
1457	Thomas Schwarz
1457–1460	Jakob Starch
1461–1462	Christian Prenner
1462	Sebastian Ziegelhauser
1462–1463	Wolfgang Holzer
1463–1464	Friedrich Ebmer
1464–1466	Ulrich Metzleinstorffer
1467–1473	Andreas Schönbrucker
1473–1479	Hans Heml
1479–1484	Laurenz Haiden
1485–1486	Stefan Een
1487–1489	Leonhard Radauner
1489–1490	Laurenz Taschendorfer
1490	Stefan Een
1490–1493	Paul Keck
1494–1496	Friedrich Geldrich
1497–1499	Paul Keck
1500–1501	Wolfgang Rieder
1502	Leonhard Lackner
1503	Wolfgang Zauner
1504–1507	Paul Keck
1507	Sigmund Pernfuß
1508	Paul Keck
1509–1510	Wolfgang Rieder
1511–1512	Hans Süß
1512	Leonhard Pudmannsdorfer
1513	Hans Kuchler
1514–1515	Friedrich Piesch
1515	Dr. Johann Kaufmann
1516	Hans Süß
1516–1517	Hans Rinner
1518	Leonhard Pudmannsdorfer
1519–1520	Wolfgang Kirchhofer
1520–1521	Hans Süß
1521	Dr. Martin Siebenbürger
1522–1524	Gabriel Gutrater
1524–1526	Hans Süß
1526	Roman Staudinger
1527	Sebastian Sulzbeck
1528–1530	Wolfgang Treu
1531	Sebastian Eiseler
1532–1533	Wolfgang Treu
1534–1535	Dr. Johann Pilhamer
1536–1537	Wolfgang Treu
1538–1539	Hermes Schallautzer
1540–1541	Paul Pernfuß
1542–1546	Stephan Tenck
1547–1548	Sebastian Schrantz

1549–1550	Sebastian Hutstocker
1551–1552	Christoph Hayden
1553–1555	Sebastian Hutstocker
1556–1557	Hans Übermann
1558–1559	Georg Prantstetter
1560–1561	Thomas Siebenbürger
1562–1563	Hermann Bayr
1564–1565	Matthias Brunnhofer
1566–1567	Hans Übermann
1568–1569	Georg Prantstetter
1570–1571	Hanns vom Thau
1572–1573	Georg Prantstetter
1574–1575	Hanns vom Thau
1576–1578	Christoph Hutstocker
1578–1579	Hanns vom Thau
1580–1581	Bartholomäus Prantner
1582–1583	Hanns vom Thau
1584–1585	Bartholomäus Prantner
1586–1587	Oswald Hüttendorfer
1588–1589	Hanns vom Thau
1590–1591	Georg Fürst
1592–1595	Bartholomäus Prantner
1596–1597	Paul Steyrer
1598–1599	Oswald Hüttendorfer
1600–1601	Andreas Rieder
1602–1603	Georg Fürst
1604–1607	Augustin Haffner
1608–1609	Lukas Lausser
1610–1613	Daniel Moser
1614–1615	Veit Resch
1616–1622	Daniel Moser
1623–1625	Paul Wiedemann
1626–1637	Daniel Moser
1638–1639	Christoph Faßoldt
1640–1645	Konrad Bramber
1646–1648	Caspar Bernhard
1648–1654	Johann Georg Dietmayer
1654–1655	Dr. Thomas Wolfgang Puchenegger
1656–1659	Johann Georg Dietmayer von Dietmannsdorf
1660–1663	Johann Christoph Holzner
1664–1667	Johann Georg Dietmayer von Dietmannsdorf
1667–1669	Johann Christoph Holzner
1670–1673	Daniel Lazarus Springer
1674–1677	Dr. Peter Sebastian Fügenschuh
1678–1679	Daniel Lazarus Springer
1680–1683	Johann Andreas von Liebenberg
1683–1687	Simon Stephan Schuster
1688–1691	Daniel Fockhy
1692–1695	Johann Franz Peickhardt
1696–1699	Jakob Daniel Tepser
1700–1703	Johann Franz Peickhardt
1704–1707	Jakob Daniel Tepser
1708–1712	Johann Franz Wenighoffer
1713–1716	Johann Lorenz Trunck von Guttenberg
1717–1720	Dr. Josef Hartmann
1721–1724	Franz Josef Hauer
1725–1726	Dr. Josef Hartmann
1727–1728	Franz Josef Hauer
1729–1730	Johann Franz Purck
1731–1732	Dr. Franz Daniel Edler von Bartuska
1733–1736	Andreas Ludwig Leitgeb
1737–1740	Johann Adam von Zahlheim
1741–1744	Dr. Peter Joseph Kofler
1745–1751	Andreas Ludwig Leitgeb
1751–1764	Dr. Peter Joseph Edler von Kofler
1764	Leopold Franz Gruber
1764–1767	Dr. Josef Anton Bellesini
1767–1773	Leopold Franz Gruber
1773–1804	Josef Georg Hörl
1804–1823	Stephan Edler von Wohlleben
1823–1834	Anton Lumpert
1834–1837	Anton Joseph Edler von Leeb
1838–1848	Ignaz Czapka (1843: von Winstetten)
1851–1861	Dr. Johann Kaspar Freiherr von Seiller
1861–1868	Dr. Andreas Zelinka
1868–1878	Dr. Cajetan (Frh. v.) Felder
1878–1882	Dr. Julius Ritter von Newald
1882–1889	Eduard Uhl
1889–1894	Dr. Johann Prix
1894–1895	Dr. Raimund Grübl
1896–1897	Josef Strobach
1897–1910	Dr. Karl Lueger
1910–1912	Dr. Josef Neumayer
1912–1919	Dr. Richard Weiskirchner
1919–1923	Jakob Reumann
1923–1934	Karl Seitz
1934–1938	Richard Schmitz*)
1938–1940	Dr. Ing. Hermann Neubacher*)
1940–1943	Philipp Wilhelm Jung*)
1943–1945	Hanns Blaschke*)
1945–1951	Dr. h. c. Theodor Körner
1951–1965	Dr. h. c. Franz Jonas
1965–1970	Bruno Marek
1970–1973	Dr. h. c. Felix Slavik
1973–	Mag. iur. Leopold Gratz

*) Nicht durch demokratische Wahl, sondern durch Bestellung in dieses Amt berufen.

MAGISTRATSDIREKTOREN DER STADT WIEN

1870–1883	Wilhelm Grohmann
1884–1891	Alois Bittmann
1891–1896	Alexander Krenn
1896–1900	Viktor Tachau
1900–1903	Moritz Preyer
1903–1909	Dr. Richard Weiskirchner
1909–1914	Karl Appel
1914	Dr. Max Weiß
1914–1918	Dr. August Nüchtern
1918–1919	Karl Pawelka
1919–1934	Dr. Karl Hartl
1934–1938	Dr. Rudolf Hießmannseder
1938–1939	Dr. Rudolf Hornek
1945–1953	Dr. Viktor Kritscha
1953–1962	Dr. Walter Kinzl
1962–1975	Dr. Rudolf Ertl
1976–	Dr. Josef Bandion

EHRENBÜRGER DER STADT WIEN

Anton Friedrich Graf Mittrowsky von Mitrowitz auf Nemischl, Präsident der k. k. Studien-Hof-Kommission; ernannt am 17. Oktober 1801.
Josef Freiherr von Kielmansegg, Erbherr auf Gföhl, k. k. n.-ö. Regierungsrat; ernannt am 17. Oktober 1801.
Ferdinand Edler von Hohenberg, Direktor der Baukunstschule der k. k. Akademie der bildenden Künste; ernannt am 15. Februar 1804.
Ludwig Montoyer, k. auch k. k. Hofarchitekt; ernannt am 25. September 1805.
Rudolf Graf von Wrbna, k. auch k. k. Hofkammer- und Münz- und Bergwesen-Vizepräsident, landesfürstl. Hofkommissär; ernannt am 16. Jänner 1806.
Dr. Josef von Sonnenfels, Hofrat der vereinigten Hofkanzlei; ernannt am 11. November 1806.
Leopold Freiherr von Haan, Hofrat der k. k. vereinigten böhmischen, österreichischen und galizischen Hofkanzlei, Beisitzer der Hofkommission in Gesetzessachen; ernannt am 15. November 1809.
Augustin Reichmann von Hochkirchen, Vizepräsident der k. k. n.-ö. Landesregierung; ernannt am 2. Jänner 1810.
Ferdinand Graf Bissingen von Nippenburg, Geheimer Rat und Kämmerer, bevollmächtigter Hofkommissär in Inner-Österreich; ernannt am 2. Jänner 1810.
Ferdinand von Fechtig, Geheimer Rat, Vizepräsident der obersten Justizstelle; ernannt am 4. Mai 1810.
Philipp Graf und Herr von Edling, Geheimer Rat und Kämmerer, gew. Obersthofmeister der Erzherzogin Maria Luise, späteren Kaiserin von Frankreich; ernannt am 6. Oktober 1810.
Karl Fürst zu Schwarzenberg, k. k. General-Feldmarschall, Geheimer Rat; ernannt am 24. Oktober 1813.
Clemens Lothar Fürst von Metternich-Winneburg, Haus-, Hof- und Staatskanzler; ernannt im November 1813.
Josef Freiherr von Haggenmüller zu Grünberg, k. k. n.-ö. Regierungsrat, außerordentlicher Rat der Akademie der bildenden Künste; ernannt am 2. November 1815.
Bernhard von Anders, k. k. wirkl. Hofrat, Beisitzer der Hofkommission in Tarifsachen; ernannt am 16. Mai 1816.
Dr. Johann Christian Schiffner, Sanitätsmagister und erster Stadtphysikus; ernannt am 22. September 1834.
Anton Graf von Kolowrat-Liebsteinsky, k. k. Staats- und Konferenzminister; ernannt am 2. April 1839.
Johann Talatzko Freiherr von Gestieticz, Präsident der k. k. n.-ö. Landesregierung; ernannt am 12. Februar 1840.
Johann Josef Knolz, k. k. Regierungsrat und Landesprotomedicus; ernannt am 10. Dezember 1840.
Josef Ritter von Spaun, k. k. Hofrat und Lottogefällsdirektor; ernannt am 18. Mai 1841.
Maximilian Freiherr von Wimpffen, kommandierender General; ernannt am 8. Juli 1841.
Josef Graf Sedlnitzky, Präsident der k. k. obersten Polizei- und Zensur-Hofstelle; ernannt am 24. März 1842.
Anton Gilbert Edler von Seydel, Realitätenbesitzer; ernannt am 6. Juli 1842.
Paul Sprenger, kais. Hofbaurat; ernannt am 24. Oktober 1842.
Josef Baumgartner, k. k. Architekt der n.-ö. Provinzial-Bau-Direktion; ernannt am 24. Oktober 1842.
Franz Graf von Hartig, Sektionschef im k. k. Staats- und Konferenzrate; ernannt am 15. Dezember 1842.
Salomon Mayer Freiherr von Rothschild, k. preuß. geheimer Kommerzienrat; ernannt am 9. Februar 1843.
Bartholomäus Graf von Stürmer, Internuntius und bevollmächtigter Minister; ernannt am 14. April 1843.
Karl Graf von Inzaghi, Oberster Kanzler der k. k. vereinigten Hofkanzlei, Präsident der Studien-Hofkommission; ernannt am 20. April 1843.
Franz Freiherr von Pillersdorf, Hofkanzler der k. k. vereinigten Hofkanzlei; ernannt am 20. April 1843.
Franz Graf von Kuefstein, k. k. Kämmerer, außerordentlicher Gesandter und bevollmächtigter Minister; ernannt am 4. Juli 1843.
Georg Graf Erdödy von Monyorókerék, Geheimer Rat, Erbobergespan der Varasdiner Gespanschaft; ernannt am 7. November 1843.
Ferdinand Leopold Graf Palffy von Erdöd, k. k. Kämmerer, Erbobergespan des Preßburger Komitates; ernannt am 14. Mai 1844.
Johann Freiherr Krticzka von Jaden, Vizekanzler der k. k. vereinigten Hofkanzlei; ernannt am 30. August 1845.
Dr. Anton Winter, Justizamtmann der fürstlich Liechtensteinischen Herrschaft in Lichtenthal in Wien; ernannt am 1. Dezember 1845.
Franz Freiherr von Buffa-Castellalto und Lilienberg, Herr und Landstand in Tirol, k. k. n.-ö. Regierungsrat; ernannt am 12. August 1846.
Johann Josef Prechtl, Direktor des k. k. polytechnischen Institutes in Wien; ernannt am 9. November 1846.
Dr. Ludwig Michael von Schwanthaler, Professor der Bildhauerei an der Akademie in München; ernannt am 3. Februar 1847.
Adam Burg, k. k. n.-ö. Regierungsrat, Professor; ernannt am 20. Mai 1847.
Anselm Salomon Freiherr von Rothschild, k. preuß. geheimer Kommerzienrat; ernannt am 2. August 1847.
Adolf Fürst zu Schwarzenberg, Mitglied des n.-ö. Gewerbevereines; ernannt am 26. Februar 1848.
Josef Graf von Radetzky, k. k. Feldmarschall; ernannt am 7. August 1848.
Josef Freiherr Jellačič von Buzim, k. k. Feldzeugmeister; ernannt am 4. September 1849.
Julius Freiherr von Haynau, Feldzeugmeister; ernannt am 4. September 1849.
Franz Josef Fürst von Dietrichstein, Generalmajor und Obersthofmeister des Erzherzogs Franz von Modena; ernannt am 25. Jänner 1850.
Felix Fürst zu Schwarzenberg, k. k. Feldmarschall-Leutnant und k. k. Ministerpräsident; ernannt am 7. Jänner 1851.
Maximilian Graf O'Donnel, k. k. Oberst, Flügeladjutant Sr. Majestät des Kaisers; ernannt am 19. Februar 1853.
Heinrich Freiherr von Heß, k. k. General-Feldzeugmeister, Generalstabschef der Armee; ernannt am 18. Dezember 1855.
Karl Ferdinand Graf Buol von Schauenstein, Präsident der Ministerkonferenz und Minister des Äußeren; ernannt am 29. April 1856.
Dr. Karl Freiherr von Krauß, Präsident des k. k. Obersten Gerichtshofes; ernannt am 8. April 1859.
Ludwig Ritter von Benedek, k. k. Feldzeugmeister; ernannt am 4. November 1859.
Johann Freiherr Kempen von Fichtenstamm, k. k. Feldzeugmeister; ernannt am 4. November 1859.
Dr. Franz Freiherr von Sommaruga, Zweiter Präsident des Obersten Gerichtshofes; ernannt am 18. Juli 1860.
Dr. Anton Ritter von Schmerling, k. k. Staatsminister; ernannt am 8. März 1861.
Karl Wilhelm Fürst von Auersperg, Präsident des Herrenhauses; ernannt am 13. Februar 1862.
Dr. Franz Hein, Präsident des Abgeordnetenhauses; ernannt am 18. Februar 1862.

Franz Grillparzer, Dichter; ernannt am 5. Jänner 1864.

Anton Alexander Graf Auersperg, als Dichter *Anastasius Grün,* Mitglied des Herrenhauses; ernannt am 8. April 1864.

Ludwig Freiherr von Gablenz, k. k. Feldmarschall-Leutnant; ernannt am 22. November 1864.

Wilhelm von Tegetthoff, Vizeadmiral; ernannt am 24. Juli 1866.

Josef Fürst Colloredo-Mannsfeld, Präsident der Staatsschulden-Kontrollkommission; ernannt am 25. Jänner 1867.

Friedrich Ferdinand Freiherr von Beust, k. k. Reichskanzler; ernannt am 27. Dezember 1867.

Matthias Konstantin Reichsgraf von Wickenburg, Präsident der Stadterweiterungs-Kommission; ernannt am 18. Jänner 1870.

Georg Sigl, Fabriksbesitzer; ernannt am 11. Februar 1870.

Dr. Karl Giskra, k. k. Minister des Innern; ernannt am 20. April 1870.

Ernst Karl Heinrich Graf von Hoyos-Sprinzenstein, Geheimer Rat und Kämmerer; ernannt am 17. Oktober 1873.

Dr. Eduard Sueß, k. k. Professor an der Wiener Universität; ernannt am 17. Oktober 1873.

Dr. Karl Freiherr von Rokitansky, Präsident der kaiserlichen Akademie der Wissenschaften; ernannt am 8. Jänner 1874.

Dr. Josef Hyrtl, Professor an der Wiener Universität; ernannt am 17. März 1874.

Franz Ritter von Khunn, Gemeinderat, vormals Bürgermeister-Stellvertreter; ernannt am 4. Februar 1875.

Josef Ritter von Führich, Professor an der Akademie der bildenden Künste; ernannt am 12. Februar 1875.

Dr. Josef Klucky, Gemeinderat; ernannt am 29. August 1876.

Dr. Cajetan Felder, gewesener Bürgermeister der Stadt Wien; ernannt am 5. Juli 1878.

Heinrich Ritter von Ferstel, k. k. Oberbaurat; ernannt am 21. April 1879.

Dr. Ignaz Kuranda, Publizist, Reichsrats-Abgeordneter, ehemaliger Gemeinderat; ernannt am 22. März 1881.

Adolf Ignaz Mautner Ritter von Markhof, Brauereibesitzer und Großindustrieller, Errichter des Kronprinz Rudolf-Kinderspitals; ernannt am 24. Juni 1881.

Eduard von Bauernfeld, Dichter; ernannt am 10. Jänner 1882.

Friedrich Schmidt, k. k. Oberbaurat; ernannt am 6. September 1883.

Hans Graf Wilczek, Geheimer Rat und Herrenhausmitglied; ernannt am 14. September 1883.

Dr. Theophil Ritter von Hansen, k. k. Oberbaurat; ernannt am 21. Dezember 1883.

Dr. Rudolf Eitelberger von Edelberg, k. k. Hofrat, Direktor des österr. Museums für Kunst und Industrie; ernannt am 3. März 1885.

Dr. Anton Freiherr Hye von Glunek, Geheimer Rat, Herrenhausmitglied, gewesener Rechtslehrer; ernannt am 25. Mai 1886.

Alfred Ritter von Arneth, Geheimer Rat, Direktor des geheimen Haus-, Hof- und Staatsarchives, Herrenhausmitglied, Präsident der kaiserlichen Akademie der Wissenschaften; ernannt am 10. Juni 1887.

Dr. Leopold Hasner Ritter von Artha, Geheimer Rat, Unterrichtsminister a. D.; ernannt am 25. Juni 1889.

Ludwig Lobmeyr, Herrenhausmitglied, k. k. Kommerzialrat; ernannt am 26. Juli 1889.

Eduard Uhl, gewesener Bürgermeister der Stadt Wien; ernannt am 14. November 1889.

Nikolaus Dumba, Herrenhausmitglied und Landtagsabgeordneter; ernannt am 25. Juli 1890.

Dr. Karl Lueger, Bürgermeister der Stadt Wien; ernannt am 3. Juli 1900.

Dr. Heinrich Ritter von Wittek, Geheimer Rat und Eisenbahnminister a. D.; ernannt am 5. Mai 1905.

Alois Prinz von und zu Liechtenstein, Landmarschall von Niederösterreich; ernannt am 23. November 1906.

Dr. Richard Graf von Bienerth-Schmerling, Geheimer Rat, k. k. Ministerpräsident a. D.; ernannt am 28. März 1916.

Dr. Richard Weiskirchner, Geheimer Rat, k. k. Minister a. D., Bürgermeister der Stadt Wien; ernannt am 2. Mai 1916.

Ottokar Graf Czernin, Minister des Äußern; ernannt am 2. Mai 1918.

Jakob Reumann, Bürgermeister; ernannt am 21. Dezember 1923.

Dr. Franz Klein, Universitätsprofessor für Zivilprozeßrecht; ernannt am 11. April 1924.

Dr. Richard Strauss, Komponist; ernannt am 16. Mai 1924.

Karl Seitz, Bürgermeister; ernannt am 6. September 1929.

Leopold Kunschak, Präsident des Nationalrates; ernannt am 8. November 1946.

Dr. h. c. General a. D. Theodor Körner, Bürgermeister; ernannt am 23. April 1948;

DDr. h. c. Karl Renner, Bundespräsident; ernannt am 28. Oktober 1948.

Dr. Adolf Schärf, Vizekanzler; ernannt am 15. April 1955.

Johann Böhm, Zweiter Präsident des Nationalrates, Präsident des Gewerkschaftsbundes; ernannt am 21. November 1958.

Oskar Kokoschka, akad. Maler; ernannt am 10. Februar 1961.

DDr. h. c. Ing. Julius Raab, Bundeskanzler; ernannt am 10. März 1961.

Dr. h. c. Franz Jonas, Bürgermeister; ernannt am 21. April 1961.

DDr. Franz König, Erzbischof, Kardinal; ernannt am 25. Oktober 1968.

Bruno Marek, Komm.-Rat, Bürgermeister; ernannt am 22. Jänner 1970.

Robert Stolz, Professor, Komponist; ernannt am 9. Juli 1970.

Dr. Bruno Kreisky, Bundeskanzler; ernannt am 11. Dezember 1975.

Dr. h. c. Felix Slavik, Bürgermeister und Landeshauptmann a. D.; ernannt am 28. Februar 1977.

Anton Benya, Präsident des Nationalrates und des Österreichischen Gewerkschaftsbundes; ernannt am 29. Juni 1977.

Herbert von Karajan, Dirigent; ernannt am 24. April 1978.

Dr. Dr. h. c. Karl Böhm, Professor, Generalmusikdirektor; ernannt am 12. September 1978.

Dr. Hertha Firnberg, Bundesminister für Wissenschaft und Forschung; ernannt am 24. September 1979.

Ernst Křenek, Professor, Komponist; ernannt am 26. September 1980.

Dr. Alfred Maleta, Professor, Präsident des Nationalrates a. D.; ernannt am 27. Februar 1981.

DDr. Bruno Pittermann, Vizekanzler a. D.; ernannt am 27. Februar 1981.

Rosa Jochmann, Abgeordnete zum Nationalrat a. D.; ernannt am 23. Juni 1981.

Männer und Frauen, die sich um die Republik Österreich oder die Stadt Wien besonders verdient gemacht haben, kann der Gemeinderat zu Ehrenbürgern ernennen – § 7 der Verfassung der Bundeshauptstadt Wien.

BÜRGER DER STADT WIEN

Georg Philp, Gemeinderat; ernannt am 3. April 1919.
Heinrich Schmid, Stadtrat; ernannt am 3. April 1919.
Hans Arnold Schwer, Stadtrat; ernannt am 3. April 1919.
Johann Knoll, Stadtrat; ernannt am 15. April 1919.
Hans Schneider, Stadtrat; ernannt am 15. April 1919.
Gustav Hillinger, Stadtbuchhaltungsdirektor; ernannt am 11. Juni 1919.
Dr. Wilhelm Exner, Sektionschef; ernannt am 26. April 1920.
Carl Michael Ziehrer, Kapellmeister; ernannt am 9. Juli 1920.
Karl Kantner, freiw. Feuerwehrhauptmann; ernannt am 4. März 1921.
Dr. Johann Palisa, Hofrat, Astronom; ernannt am 4. März 1921.
Dr. Ernst Fuchs, Hofrat, Professor, Augenarzt; ernannt am 23. Juni 1921.
Edmund Hellmer, Hofrat, Professor, Bildhauer; ernannt am 30. September 1921.
Ludwig Basch, Redakteur; ernannt am 2. Dezember 1921.
Max Devrient, Burgschauspieler; ernannt am 16. Dezember 1921.
Anton Kreutzer, Gemeinderat; ernannt am 20. Jänner 1922.
Ferdinand Leißner, Bezirksrat; ernannt am 20. Jänner 1922.
Anton Amon, Schauspieler; ernannt am 7. April 1922.
Anton Hlawaček, Landschaftsmaler; ernannt am 12. Mai 1922.
Alfred Grünfeld, Pianist und Komponist; ernannt am 16. Juni 1922.
Dr. Lazar Rosenfeld, Polizei-Oberbezirksarzt; ernannt am 11. Juli 1922.
Josef Fuhrmann, freiw. Feuerwehrhauptmann; ernannt am 26. Juli 1922.
Karl Baumgartner, Burgschauspieler; ernannt am 10. Oktober 1922.
Karl Streitmann, Professor, Operettensänger; ernannt am 20. Oktober 1922.
Dr. Adam Müller-Guttenbrunn, Schriftsteller; ernannt am 17. November 1922.
Alois Rohrauer, Ehrenpräsident des Touristenvereines „Die Naturfreunde"; ernannt am 17. November 1922.
Josef Obrist, Gemeinderat; Obmann des Arbeiter-Sängerbundes; ernannt am 6. März 1923.
Viktor Keldorfer, Chormeister; ernannt am 13. April 1923.
Viktor Kutschera, Schauspieler; ernannt am 13. April 1923.
Auguste Wilbrandt-Baudius, Burgschauspielerin; ernannt am 29. Mai 1923.
Arnold Rosé, Konzertmeister; ernannt am 8. November 1923.
Dr. Rudolf Tyrolt, Schauspieler; ernannt am 22. Dezember 1923.
Dr. Robert Gersuny, Hofrat, Direktor des Rudolfinerhauses; ernannt am 25. Jänner 1924.
Dr. Sigmund Freud, Professor, Neurologe, Psychologe; ernannt am 22. April 1924.
Anton David, Gemeinderat; ernannt am 30. Mai 1924.
Eduard Zetsche, akad. Maler; ernannt am 23. Dezember 1924.
Karl Zewy, akad. Maler; ernannt am 24. April 1925.
Ludwig Wutschel, Gemeinderat; ernannt am 18. September 1925.
Georg Reimers, Burgschauspieler; ernannt am 9. Oktober 1925.
Heinrich Schoof, Professor, Lehrer und Mentor der Arbeitersänger; ernannt am 16. Oktober 1925.
Karl Führich, Professor, Ehrenchormeister, Komponist; ernannt am 20. November 1925.
Gustav Schäfer, ehem. Gemeinderat; ernannt am 23. Dezember 1925.
Dr. Friedrich Becke, Hofrat, Universitätsprofessor; ernannt am 29. Jänner 1926.
Edmund Melcher, ehem. Gemeinderat, Architekt und Stadtbaumeister; ernannt am 26. Februar 1926.
Dr. Karl Ornstein, Rechtsanwalt; ernannt am 7. Mai 1926.
Laurenz Widholz, Nationalrat; ernannt am 7. Mai 1926.
Raimund Körbler, Gemeinderat; ernannt am 10. September 1926.
Martin Spörr, Musikdirektor; ernannt am 26. November 1926.
Wenzel Jellinek, Obmann der Allg. Arbeiterkranken- und Unterstützungskasse; ernannt am 15. Dezember 1926.
Dr. Wilhelm Kienzl, Komponist; ernannt am 27. Dezember 1926.
Alexander Demetrius Goltz, Präsident der Genossenschaft der bildenden Künstler Wiens; ernannt am 11. Februar 1927.
Dr. Karl Schönherr, Dichter; ernannt am 4. März 1927.
Dr. Julius Wagner-Jauregg, Hofrat, Universitätsprofessor, Neurologe; ernannt am 27. Mai 1927.
Dr. Josef Meder, Hofrat; ernannt am 28. Juni 1927.
Hans Temple, akad. Maler; ernannt am 28. Juni 1927.
Dr. Eusebius Mandyczewski, Hofrat, Professor; ernannt am 2. August 1927.
Edmund Eysler, Operettenkomponist; ernannt am 7. Oktober 1927.
William Unger, Professor, Grafiker; ernannt am 7. Oktober 1927.
Albert Sever, Abgeordneter zum Nationalrat, Landeshauptmann a. D.; ernannt am 18. November 1927.
Albert Heine, Hofrat, Regisseur, Ehrenmitglied des Burgtheaters; ernannt am 24. Februar 1928.
Dr. Karl Glossy, Hofrat, Direktor der Städt. Sammlungen; ernannt am 9. März 1928.
Hedwig Bleibtreu, Hofschauspielerin, ernannt am 19. Oktober 1928.
Anna Kallina, Hofschauspielerin; ernannt am 19. Oktober 1928.
Rosa Mayreder, Schriftstellerin; ernannt am 19. Oktober 1928.
Willy Thaller, Burgschauspieler; ernannt am 19. Oktober 1928.
Karl Zeska, Hofschauspieler; ernannt am 19. Oktober 1928.
Johann Kremenezky, Seniorchef der Firma Kremenezky; ernannt am 8. Februar 1929.
Dr. Carl Stiaßny, Rechtsanwalt; ernannt am 8. Februar 1929.
Marianne Hainisch; ernannt am 12. April 1929.
Richard Waldemar, Schauspieler; ernannt am 31. Mai 1929.

Babette Devrient-Reinhold, Burgschauspielerin; ernannt am 22. November 1929.

Dr. Josef Redlich, Professor, Jurist; ernannt am 31. Jänner 1930.

Dr. Rudolf Beer, Theaterdirektor; ernannt am 14. März 1930.

Emil Ertl, Schriftsteller; ernannt am 14. März 1930.

Eduard Jordan, Bürgerschullehrer i. R.; ernannt am 14. März 1930.

Felix Salten, Schriftsteller; ernannt am 14. März 1930.

Franz Schalk, Professor, Direktor der Wiener Staatsoper i. R.; ernannt am 14. März 1930.

Georg Stern, Hofrat, Direktor der Länderbank i. R.; ernannt am 14. März 1930.

Dr. Richard Wettstein, Hofrat, Professor, Botaniker; ernannt am 14. März 1930.

Max Winter, Sozialpolitiker und Schriftsteller, Vizebürgermeister; ernannt am 14. März 1930.

Oskar Lehner, Kommerzialrat; ernannt am 25. April 1930.

Dr. Alfred Adler, Professor, Arzt; ernannt am 11. Juli 1930.

Dr. Michael Haberlandt, Hofrat, Professor, Ethnologe; ernannt am 3. Oktober 1930.

Hugo Darnaut, Professor, akad. Maler; ernannt am 5. Dezember 1930.

Dr. Josef Hoffmann, Professor, Architekt; ernannt am 23. Dezember 1930.

Emil Sauer, Hofrat, Professor, Geheimrat, Pianist; ernannt am 23. Dezember 1930.

Ernst Arndt, Professor, Kammerschauspieler; ernannt am 13. März 1931.

Viktor Zwilling, Fürsorgeamtsvorstand; ernannt am 15. März 1931.

Josef Jaksch, Hofrat, Vorstand des Schubertbundes; ernannt am 20. März 1931.

Michael Hackl, Leiter des Konsumvereines Niederösterreich; ernannt am 21. April 1931.

Otto Treßler, Burgschauspieler; ernannt am 8. Mai 1931.

Dr. Rudolf Larisch, Hofrat, Professor; ernannt am 10. Juli 1931.

Karl Moll, akad. Maler; ernannt am 10. Juli 1931.

Helene Richter, Schriftstellerin; ernannt am 10. Juli 1931.

Anton Hueber, Bundesrat; ernannt am 7. Oktober 1931.

Dr. Anton Eiselsberg, Univ.-Prof., Hofrat; ernannt am 26. Jänner 1932.

Dr. Markus Hajek, Univ.-Prof.; ernannt am 19. Februar 1932.

Dr. Karl Noorden, Univ.-Prof., Geheimrat; ernannt am 19. Februar 1932.

Josef Reiter, Tonkünstler; ernannt am 19. Februar 1932.

Johann Wancura, Komm.-Rat; ernannt am 19. Februar 1932.

Dr. Adolf Menzel, Hofrat; ernannt am 10. Mai 1932.

Dr. Hans Horst Meyer, Univ.-Prof.; ernannt am 3. Juni 1932.

Rudolf Slatin Pascha, Afrikaforscher; ernannt am 7. Juni 1932.

Wilhelm Johann Holczabek, Schulrat; ernannt am 1. Juli 1932.

Karl Lafite, Professor, Komponist; ernannt am 2. Oktober 1932.

Franz Cizek, Professor; ernannt am 23. November 1932.

Dr. Arnold Durig, Hofrat, Professor; ernannt am 23. November 1932.

Leopold Happisch, Obmann der Naturfreunde; ernannt am 31. März 1933.

Dr. Oswald Redlich, Hofrat, Professor, Historiker, Präsident der Akademie der Wissenschaften; ernannt am 14. Juli 1933.

Heinrich Glücksmann, Professor; ernannt am 3. November 1933.

Albert Bassermann, Schauspieler; ernannt am 7. November 1946.

Robert Stolz, Komponist; ernannt am 24. April 1947.

DDr. h. c. Joseph Marx, Hofrat, Professor, Komponist; ernannt am 19. Juni 1947.

Dr. Hans Finsterer, Professor, Chirurg; ernannt am 24. Juni 1947.

Paul Speiser, Vizebürgermeister; ernannt am 21. Juli 1947.

Conrad Lötsch, Gemeinderat; ernannt am 20. Februar 1948.

Gabriele Proft, Abgeordnete zum Nationalrat; ernannt am 18. Februar 1949.

Arnold Schönberg, Komponist; ernannt am 14. September 1949.

Dipl.-Ing. Dr. Karl Holey, Hofrat, Professor, Dombaumeister; ernannt am 17. Februar 1950.

Josef Enslein, Unterstaatssekretär a. D.; ernannt am 23. März 1950.

Hans Preyer, Bezirksvorsteher; ernannt am 27. April 1951.

Ferdinand Buchberger, Bezirksvorsteher; ernannt am 26. Oktober 1951.

Dr. Viktor Kritscha, Magistratsdirektor; ernannt am 14. Dezember 1953.

Dr. Leopold Zechner, Hofrat, Abgeordneter zum Nationalrat, 2. Präsident des Stadtschulrates; ernannt am 18. Juni 1954.

Johann Resch, Gemeinderat, amtsführender Stadtrat a. D.; ernannt am 14. November 1957.

Leopold Thaller, amtsführender Stadtrat a. D.; ernannt am 19. September 1958.

Dr. Lise Meitner, Professor, Atomphysikerin; ernannt am 24. Oktober 1958.

Karl Honay, Vizebürgermeister, posthum ernannt am 26. Juni 1959.

Karl Maisel, Bundesminister a. D.; ernannt am 11. November 1960.

Josef Afritsch, Bundesminister für Inneres; ernannt am 10. März 1961.

Karl Lakowitsch, Komm.-Rat, amtsführender Stadtrat, Landeshauptmann-Stellvertreter; ernannt am 16. Februar 1962.

Dr. Walter Kinzl, Magistratsdirektor; ernannt am 21. September 1962.

Hans Mandl, Hofrat, amtsführender Stadtrat, Vizebürgermeister; ernannt am 31. Juli 1964.

Franz Koci, amtsführender Stadtrat; ernannt am 31. Juli 1964.

Bruno Marek, Komm.-Rat, Erster Präsident des Wiener Landtages; ernannt am 29. Jänner 1965.

Dr. Max Neugebauer, Abgeordneter zum Nationalrat, amtsführender Präsident des Stadtschulrates für Wien; ernannt am 30. Juli 1965.

Franz Glaserer, Gemeinderat, amtsführender Stadtrat; ernannt am 22. November 1968.

Rudolf Sigmund, Komm.-Rat, Gemeinderat, amtsführender Stadtrat; ernannt am 22. November 1968.

Dr. Dr. h. c. mult. Clemens Holzmeister, Baurat h. c., em. Hochschulprofessor; ernannt am 14. Mai 1971.

Rosa Jochmann, Abgeordnete zum Nationalrat i. R.; ernannt am 18. Juni 1971.

Dipl.-Ing. Karl Waldbrunner, Erster Präsident des Nationalrates, Bundesminister a. D.; ernannt am 19. November 1971.

Dr. Wilhelm Stemmer, Erster Präsident des Wiener Landtages a. D.; ernannt am 27. September 1974.

Karl Mühlhauser, Komm.-Rat, Generaldirektor, Dritter Präsident des Wiener Landtages a. D.; ernannt am 27. September 1974.

Maria Jacobi, Gemeinderat, amtsführender Stadtrat a. D.; ernannt am 25. April 1975.
Fritz Wotruba, Professor, akad. Bildhauer; posthum ernannt am 17. Oktober 1975.
Otto Probst, Dritter Präsident des Nationalrates; ernannt am 16. Dezember 1976.
Dr. Heinrich Drimmel, Bundesminister a. D., Landeshauptmann-Stellvertreter und Vizebürgermeister a. D.; ernannt am 28. Februar 1977.
Alfred Porges, Komm.-Rat, Vorsitzender des Bundesrates a. D., Direktor der Wiener Messe AG a. D.; ernannt am 29. Juni 1977.
Mag. Dr. Hermann Schnell, Hofrat, Präsident des Stadtschulrates für Wien, Abgeordneter zum Nationalrat; ernannt am 21. Mai 1979.
Hans Böck, Stadtrat a. D.; ernannt am 27. Juni 1979.
Dr. Dr. h. c. Fritz Bock, Präsident, Vizekanzler a. D., Bundesminister a. D.; ernannt am 29. Oktober 1979.
Hans Bock, Präsident, Vizebürgermeister a. D.; ernannt am 19. November 1979.
Eduard Weikhart, Staatssekretär a. D.; ernannt am 30. Mai 1980.
Heinz Nittel, amtsführender Stadtrat (posthum); ernannt am 14. Mai 1981.

In Wien wohnhafte österreichische Staatsbürger können vom Gemeinderat durch Ernennung zu Bürgern ausgezeichnet werden – § 6 der Verfassung der Bundeshauptstadt Wien.

EHRENRING DER STADT WIEN

Ergänzung zu den in den Jahrgängen 80 bis 96 veröffentlichten Listen

1982

Bernstein Leonard, Dirigent und Komponist
Gold Käthe, Kammerschauspielerin
Hörbiger-Wessely Paula, Kammerschauspielerin
Seefehlner, Dr. Egon, Hofrat, Staatsoperndirektor
Weigel Hans, Autor und Publizist

EHRENMEDAILLE DER BUNDESHAUPTSTADT WIEN

Ergänzung zu den in den Jahrgängen 80 bis 96 veröffentlichten Listen

in Gold

1982

Böhm Max, Schauspieler
Fischer-Karwin Heinz
Neuwirth Arnulf, Prof.
Pittioni, Dr. Richard, em. o. Univ.-Prof.
Pötschner, Dr. Peter, Hofrat, Landeskonservator für Wien
Sokol Erich, Grafiker
Stepan Herbert, Prof., akad. Maler
Wickenburg Erik, Prof., Präsident des Österreichischen PEN-Clubs
Zacherl, Dr. DDr. h. c. Michael, em. o. Hochschulprofessor

in Silber

1982

Apfel Josef
Eich-Aichinger Ilse, Schriftstellerin
Fielhauer, Dr. Helmut Paul, a. o. Univ.-Prof.
Hartl Edwin, Prof., Schriftsteller
Häußler Franz, Direktor
Havelka Hans
Jaruska Wilhelm, Prof., Grafiker
Lang Berthold
Macku Eduard, Prof.
Nadelmann Leo, Präsident des Internationalen Musikzentrums Wien
Paar Ernst, Prof., Maler und Grafiker
Patat Maximilian, Oberschulrat
Perz Maria, Bildhauerin und Keramikerin
Rambausek Else, Schauspielerin
Roskosny Josef
Scheib, Dr. Wilfried, Prof., Generalsekretär des Internationalen Musikzentrums Wien
Steinboeck-Schmid Aglaja, Kammerschauspielerin
Walter Karl, Prof., Regierungsrat, Tonkünstler
Winter Hermann, Kammerrat, Zentralinspektor
Woess, Dr. Friedrich, o. Univ.-Prof.
Zusanek Harald, o. Hochschulprofessor

PROFESSOR-DR.-JULIUS-TANDLER-MEDAILLE DER STADT WIEN

Ergänzung zu den in den Jahrgängen 80 bis 96 veröffentlichten Listen

in Gold

1982

Danzinger Franz, Oberschulrat, Sonderschuldirektor und Heimdirektor

in Silber

1982

Blaha Anna, Ordensschwester
Endlicher Eduard, Bezirksrat
Krtausch Maria, Bezirksrat a. D.

OTTO-GLÖCKEL-MEDAILLE DER STADT WIEN

Ergänzung zu den in den Jahrgängen 91 bis 96 veröffentlichten Listen

1982

Ecker Johann, Oberschulrat, Direktor i. R.
Renzhofer Marta, Hauptschullehrer

VERDIENSTPLAKETTE DER STADT WIEN

Ergänzung zu den in den Jahrgängen 80 bis 96 veröffentlichten Listen

in Gold

1982

keine Verleihung

in Silber

1982

keine Verleihung

in Bronze

1982

keine Verleihung

JOSEF-KAINZ-MEDAILLE DER STADT WIEN

Ergänzung zu den in den Jahrgängen 80 bis 96 veröffentlichten Listen

1982

Baasner Wilfried, Schauspieler
Bill Maria, Schauspielerin
Besson Benno, Regisseur
Toffolutti Ezio, Bühnenbildner

Förderungspreise zur Josef-Kainz-Medaille der Stadt Wien

John Ottwald, Schauspieler
Brettschneider Nika, Schauspieler
Wiesner Helmut, Regisseur
Ilgisonis Lena, Bühnenbildnerin

JOHANN-NESTROY-RING DER STADT WIEN

Ergänzung zu den in den Jahrgängen 91 bis 96 veröffentlichten Listen

1982

Sowinetz Kurt, Schauspieler
Löffler Robert („Telemax“)

PREISE DER DR.-KARL-RENNER-STIFTUNG

Ergänzung zu den in den Jahrgängen 80 bis 96 veröffentlichten Listen

1982

keine Verleihung

PREISE DER STADT WIEN

Ergänzung zu den in den Jahrgängen 80 bis 96 veröffentlichten Listen

1982

Literatur: *Habeck, Dr. Fritz,* Prof.
Publizistik: *Coudenhove-Kalergi Barbara*
Musik: *Gattermeyer Heinrich,* Prof.
Malerei: *Angeli Eduard,* akad. Maler
Grafik: *Beck Kurt,* akad. Maler
Bildhauerei: *Fassel Gerda,* akad. Bildhauerin
Angewandte Kunst: *Fröhlich Gertrude,* akad. Malerin
Architektur: *Krier, Dipl.-Ing. Robert,* Univ.-Prof., Architekt
Geistes- und Sozialwissenschaften: *Stadler, Dr. Karl,* Univ.-Prof.
Naturwissenschaften und Technische Wissenschaften: *Hittmair, Dr. Otto,* Univ.-Prof.
Medizinische Wissenschaften: *Strotzka, Dr. Hans,* Univ.-Prof.
Volksbildung: *Schubert, Dr. Kurt,* Univ.-Prof.

FÖRDERUNGSPREISE DER STADT WIEN

Ergänzung zu den in den Jahrgängen 80 bis 96 veröffentlichten Listen

1982

Literatur:
Ernst Gustav
Peschina Helmut

Musik:
Schlee Thomas Daniel
Veigl Walter, a. o. Prof.

Bildende Kunst:
Böhm Wolfgang, akad. Maler
Zens Herwig, akad. Maler

Wissenschaft:
Figl, DDr. Johann, Univ.-Ass.
Hagmüller, Dr. Georg, Oberarzt
Jobst, Dr. Werner, Univ.-Doz.
Löffelhardt, Dr. Wolfgang, Univ.-Doz.

Volksbildung:
Filla, Dr. Wilhelm
Mikoletzky, Dr. Lorenz

KINDER- UND JUGENDBUCHPREIS DER STADT WIEN

Ergänzung zu den in den Jahrgängen 80 bis 96 veröffentlichten Listen

1982

Kleinkinderbuch:
Harranth Wolf („Mein Opa ist alt, und ich hab ihn sehr lieb“ – Verlag Jungbrunnen)

Kinderbuch:
„Mädchen dürfen pfeifen, Buben dürfen weinen“, Geschichten – Verlag Jugend und Volk
Mayer-Skumanz Lene („Jakob und Katharina, Geschichten zum Lesen, Spiel und Weiterdenken“ – Verlag Herder)

Jugendbuch:
Nöstlinger Christine („Das Austauschkind“ – Verlag Jugend und Volk)

Illustration:
Oppermann-Dimow Christine („Mein Opa ist alt, und ich hab ihn sehr lieb“ – Verlag Jungbrunnen)

SPORTEHRENZEICHEN DER STADT WIEN

Ergänzung zu den in den Jahrgängen 80 bis 96 veröffentlichten Listen

1982

Edinger Eva-Maria und *Worisch Alexandra*
Gruber Adolf
Kodon Erich
Kucera Kurt
Leiter Rudolf

WIENER GRABSTÄTTEN BERÜHMTER FRAUEN UND MÄNNER

Ergänzung zu den in den Jahrgängen 80 bis 96 veröffentlichten Listen

1982

Zentralfriedhof

a) Ehrengräber

Jürgens Curd, Schauspieler, gestorben 18. Juni 1982, 32 C-54
Maisel Karl, Bundesminister a. D., gestorben 13. März 1982, 14 C-39

b) Widmung von Gräbern in bevorzugter Lage

Pressler Georg (Fatty George), Kapellmeister und Komponist, gestorben 29. März 1982, 40 C-147
Stransky Ferdinand, Prof., akad. Maler, gestorben 30. Dezember 1981, 40-146

c) Inobhutnahme von Grabstellen

Bruckner Karl, Prof., Schriftsteller, gestorben 25. Oktober 1982, 40-151
Fränzl Willy, Ballettmeister, gestorben 24. Juni 1982, 46 E-4-12
Gunert Johann, Prof., Schriftsteller, gestorben 3. Oktober 1982, 40-150
Jacobsson Ulla, Schauspielerin, gestorben 20. August 1982, 40-49
Ruff, DDr. Philipp, Prof., Musikkritiker und Volksbildner, gestorben 21. November 1980, 3-13-56
Steinbrecher Alexander, Prof., Komponist und Kapellmeister, 40-148
Stoitzner Josef, Univ.-Prof., akad. Maler, gestorben 6. November 1982, 40-152
Uhlir Robert, Abgeordneter zum Nationalrat a. D., gestorben 5. September 1982, D-4-18

Friedhof Baumgarten

c) Inobhutnahme von Grabstellen

Horeischy, Dr. Kurt, Chemiker, gestorben 5. April 1945, E-1-170

Friedhof Hietzing

c) Inobhutnahme von Grabstellen

Reisner, Dr. Herbert, Univ.-Prof., Neurologe, gestorben 30. März 1982, 45–62

Friedhof Neustift a. W.

c) Inobhutnahme von Grabstellen

Nussbaumer, DDr. Adolf, Univ.-Prof., Staatssekretär, gestorben 18. Oktober 1982, B-7-9

Friedhof Pötzleinsdorf

c) Inobhutnahme von Grabstellen

Pecht, Dipl.-Ing. Dr. Aladar, Hochschulprofessor, Stadtbaudirektor i. R., gestorben 22. Mai 1961, A-3-9/10

Friedhof Sievering

c) Inobhutnahme von Grabstellen

Thimig Hermann, Hofrat, Kammerschauspieler, gestorben 7. Juli 1982, 2-13-76

Urnenhain der Feuerhalle

c) Inobhutnahme von Grabstellen

Felleis Roman, Politiker, gestorben 24. April 1945, 2-Ring-3-1-18
Leichter Dr. Käthe, Funktionärin, gestorben 17. März 1942, Mauerbogen 32

EHRENZEICHEN FÜR VERDIENSTE UM DAS BUNDESLAND WIEN

Ergänzung zu den in den Jahrgängen 82 bis 96 veröffentlichten Listen

GROSSES GOLDENES EHRENZEICHEN MIT DEM STERN

1982

keine Verleihung

GROSSES GOLDENES EHRENZEICHEN

1982

Leodolter, Dr. Ingrid, Primaria, Bundesminister a. D.
Reisinger, Dr. Karl, Kommerzialrat, Generaldirektor

GROSSES SILBERNES EHRENZEICHEN

1982

Jerusalem, Dr. Hans, Obersenatsrat i. R., Direktor i. R.
Lukner, Dr. Kurt, Präsident der Post- und Telegraphendirektion für Wien, Niederösterreich und Burgenland
Popper, Dipl.-Ing. Arnold, Direktor i. R.
Schratt, Dipl.-Ing. Hans, Sektionschef
Seitl, Dipl.-Ing. Ludwig, Obersenatsrat i. R.
Thalhammer, Dr. Erwin, Präsident des Bundesdenkmalamtes
Wagner, Dr. Kurt, Prof., Präsident der Notariatskammer für Wien, Niederösterreich und Burgenland
Widhalm, Dr. Alois, Obersenatsrat
Wild, Mag. Herbert, Sektionschef

GOLDENES EHRENZEICHEN

1982

Artner, Dr. Josef, a. o. Univ.-Prof.
Augustin, Dipl.-Ing. Dr. Karl, Ministerialrat
Bauer, Dr. Hans, Obermedizinalrat, Chefarzt i. R.
Bazata, Dr. Werner, Hofrat
Becker, Dr. Sigfried, Ministerialrat
Bernhard, Dipl.-Ing. Dr. Johann, Hofrat
Deutsch, Dr. Dr. h. c. Erwin, o. Univ.-Prof.
Estl, Dr. Marianne, Senatsrat
Fikeis Franz, Divisionär
Flöttl, Ing. Walter, Kommerzialrat, Generaldirektor
Fohler Franziska, Abgeordnete zum Wiener Landtag und Gemeinderat a. D.
Haschek, Dr. Helmut H., Hon.-Prof., Generaldirektor
Hauer, Dipl.-Ing. Dr. Friedrich, em. o. Univ.-Prof.
Kabesch Erich, Abgeordneter zum Nationalrat a. D.
Kapner, Dr. Gerhardt, Univ.-Doz., Senatsrat i. R.
Köpplinger, Dipl.-Ing. Hermann, Ministerialrat
Kraus, Dr. Norbert, Geschäftsführer
Krepler, Dr. Paul, a. o. Univ.-Prof., Primarius i. R.
Kupsky, Dipl.-Ing. Dr. Karl, em. o. Univ.-Prof., Architekt i. R.
Leonhardt, Dr. Fritz, Prof.
Neugebauer, Mag. Franz, Ministerialrat i. R.
Pollak, Dr. Ernst, Hofrat
Richard, Dkfm. Dr. Ludwig, Kommerzialrat
Rot, Dr. Anton, Obermedizinalrat, Primarius
Sabarsky Serge, Galeriebesitzer
Schlösinger, Mag. Eva, Hofrat, Landesschulinspektor
Schmid Hans, Sänger
Seemann, Dr. Demeter, Primarius
Siren Heikki, Prof., Architekt
Slatin, Dr. Heinz Peter, Primarius
Steinbereithner, Dr. Karl, a. o. Univ.-Prof.
Thaler, Dr. Heribert, a. o. Univ.-Prof., Primarius, ärztlicher Abteilungsvorstand
Uhl, Mag. Eduard, Divisionär
Uhlik, Dr. Kurt, Ministerialrat
Ulz, Mag. Dr. Friedrich, Brigadier
Walbiner, Dipl.-Ing. Karl, Ministerialrat
Weber Karl Christian, ehem. österreichischer Honorargeneralkonsul
Weichselbaumer, Dr. Walter, Univ.-Doz., Primarius
Wenger, Dr. Rudolf, Univ.-Prof., Primarius

SILBERNES EHRENZEICHEN

1982

Bauer, Mag. Alois, Oberrat, Stadthauptmann
Cerny, Mag. Dr. Herbert, Oberst
Derka Walter, Oberamtsrat i. R.
Engel Erik, Amtsdirektor, Vorsitzender der Arbeitsgemeinschaft Sonnenzug
Fürst, Dr. Kurt, öffentl. Notar, Notarenrichter
Kaupa, Dipl.-Ing. Herbert
Keil, Dr. Walter, öffentl. Notar, Notarenrichter
Klecatsky, Ing. Heinrich, Oberst
Krammer Gustav, Oberamtsrat i. R.

Krumhaar Walter, Oberbrandrat i. R.
Lackner, Dr. Johann, Medizinalrat, Facharzt
Madaus, Dr. Rolf, Firmengesellschafter
Marzin, Dr. Werner
Mrazek Rudolf, Regierungsrat, Amtsdirektor
Neugebauer, Ing. Mag. Kurt, Architekt, Kammerrat
Pallamar, Dr. Walter, Medizinalrat
Piffel Bruno, Oberamtsrat i. R.
Plzak Leopold, Regierungsrat, Zentralinspektor
Schachenhofer, Dr. Kurt, Medizinalrat, Facharzt
Schmutz Rudolf, Oberst, Leiter des Verkehrsreferates
Schüller, Ing. Fritz, Oberstudienrat, Abteilungsvorstand i. R.
Seykora Theodor, Kommerzialrat
Spitzauer, Dr. Teutwien, Medizinalrat, Facharzt
Stodola Franz, Regierungsrat, Zentralinspektor
Suhsmann, DDr. Otto, Obermedizinalrat, Facharzt
Szirmai, Ing. Albrecht, Regierungsrat, Zentralinspektor
Wirth Friedrich, Oberst
Wuchte Margaretha, Schulrat, Volksschuldirektor i. R.
Zaruba, Dr. Ernst, Oberrat

GOLDENES VERDIENSTZEICHEN

1982

Brunner Karl, Betriebsratsobmann
Dobler Hermann, Pater, Geistlicher Rat
Gratzenberger Rosa, Oberschulrat, Berufsschuldirektor i. R.
Haderer, Dr. Hanna
Hofmann, Dr. Ludwig, Schulrat
Hoppel Olga, Kammerrat, Zentralbetriebsratsobmann
Huber Walter, Kommerzialrat
Janowetz, Mag. Dr. Arthur, Prof., Präsident des Österreichischen Diabetiker-Verbandes
Kadmon Stella, Prof., Theaterdirektorin
Kaminski, Dr. Gerd
Klein Friedrich, Kommerzialrat
Kleinlercher, Dr. Herbert, Prof.
Krammer Friedrich, Kanzleioberkommissär i. R.
Krenn Otto, Kommerzialrat, Kammerrat, Bezirksrat, Abgeordneter zum Wiener Landtag und Gemeinderat a. D.
Lang Franz, Kommerzialrat, Bezirksrat
Leimer, Dr. Alfred, Obermedizinalrat
Mahler Kurt, Direktor
Malzer Leopold, Kommerzialrat
Mayer Friedrich, Vizepräsident des Internationalen Kulturzentrums Wien
Metzl, Dr. Lothar
Molhoek Johan, Finanzdirektor
Neumayr, Dr. Walter, Rat
Novak Karl, Honorarvizekonsul
Quatember Hermine, Heimdirektorin
Schuster Josef, Oberstleutnant
Schweitzer Norbert, Kammerrat a. D., Direktor
Silovsky, Ing. Wilhelm, Techn. Amtsrat
Singer Israel
Spitz, Dr. Rudolf
Spitzer Humbert, Obmann des Wiener Taubstummen-Fürsorgeverbandes
Stock Ernst, Geschäftsführer
Sturm Kurt, Kommerzialrat
Wagner, Dipl.-Ing. Roland, Architekt
Weyermüller, Dr. Friedrich, Univ.-Doz.
Zimmermann Otto Maria, Direktor

SILBERNES VERDIENSTZEICHEN

1982

Bühringer Wilhelm
Dannhauser Johann
Donatzer Karl
Engel Irene, Funktionärin der Arbeitsgemeinschaft Sonnenzug
Enzelberger, Ing. August
Fischer Leopold
Grossheim Erich
Grötzer Rudolf
Gruber Rudolf, Bezirksinspektor
Hammerschmied Alfred
Hysek Robert, Direktor
Jandl Helmuth
Kiesl Hermann
Klimke Edgar
Kraft Maximilian
Kral Gustav, Sekretär der Mietervereinigung Österreichs
Marx Josef, Sekretär der Mietervereinigung Österreichs
Novak Josef
Pinz Josef
Prachatik Karl
Schönhofer Elfriede, Landesleiterin
Schwanzer Anton, Gruppeninspektor
Spindelberger Walter, Gruppeninspektor
Strau Franz
Ströb Friedrich
Sturm Johannes, Bezirksinspektor
Trimmel Johann, Bezirksinspektor i. R.
Vogrin Josef
Wagner Karl Heinz, Diplomgrafiker
Weilguny Werner
Winkler Kurt, Oberrettungsrat
Zeidler Max

EHRENZEICHEN FÜR DIE ERRETTUNG VON MENSCHEN AUS LEBENSGEFAHR (WIENER RETTUNGSMEDAILLE)

Ergänzung zu den in den Jahrgängen 82 bis 96 veröffentlichten Listen

1982

Ernst Reinhard, Revierinspektor
Pichler Leopold, Inspektor
Schaludek Franz, Revierinspektor
Stummer Robert, Inspektor

EHRENZEICHEN FÜR VERDIENSTE IM WIENER FEUERWEHR- UND RETTUNGSWESEN

Ergänzung zu den in den Jahrgängen 80 bis 96 veröffentlichten Listen

1982

Für 40jährige Tätigkeit:
Bursa Friedrich, Oberrettungsrat
Hadl Otto, Regierungsrat, Oberrettungsrat

Für 25jährige Tätigkeit:
Castanetti Heinrich, Kolonnenkommandant
Dirnwöber Franz, Stationsführer
Dworacek Anton, Sanitätsgehilfe
Haupt Otto, Lenker
Hofbauer Alois, Lenker
Hundsamer Karl, Brandmeister-Stellvertreter
Jungwirth-Weinberger Herwig, Direktor, Landesrettungskommandant
Kneifel Anton, Oberfeuerwehrmann
Lachout Erika
Lenitz, Dr. Josef, Medizinalrat, Chefarzt
Moro Heinz, Abteilungskommandant
Nirschl Theodor, Brandmeister
Northoff, Dr. Heinrich Thomas, Medizinalrat, Rettungsarzt
Schimek Walter, Sanitätsgehilfe
Tötzl Josef, Löschmeister
Tuna Herbert, Protokollführer
Ulrich Josef, Löschmeister
Wittmann Erich, Betriebsoberinspektor
Wolf Alois, Sanitätsgehilfe

EINSATZMEDAILLE DES LANDES WIEN

Ergänzung zu den in den Jahrgängen 92 bis 96 veröffentlichten Listen

1982

Aichhorn Franz, Inspektor
Bachmann Edmund, Inspektor
Banschitz Thomas, Revierinspektor
Blach Wolfgang, Inspektor
Breitegger Peter, Inspektor
Duffek Michael, Inspektor
Ebenberger Rudolf, Inspektor
Eidler Gerhard, Inspektor
Ertl Franz, Löschmeister
Faust Peter, Inspektor
Feigl Alois, Bezirksinspektor
Fenz Michael, Inspektor
Ferbar Karl, Stationsleiter
Fiala Alois, Gruppeninspektor
Findeis Karl, Inspektor
Gruber Ernst, Inspektor
Guger Franz, Inspektor
Gürsch Horst, Feuerwehrmann
Gutschier Günther, Revierinspektor
Hager Hermann, Gruppeninspektor
Haglage Günther, Inspektor
Heckenast Josef, Revierinspektor
Hilber Ferdinand, Revierinspektor
Hlava Ulrich, Inspektor
Holzer Günther, Gruppeninspektor
Hösch, Dr. Dieter, Rat
Jarosch, Dr. Alfred, Oberrat
Kaltenböck Erich, Gruppeninspektor
Karner Johannes, Feuerwehrmann
Katzenbeisser Rudolf, Gruppeninspektor
Keller Ernst, Bezirksinspektor
Kessler Rudolf, Bezirksinspektor
Knoll Herwig, Inspektor
Köck Otto, Inspektor
Konrad Alois, Gruppeninspektor
Köppel Günter, Inspektor
Koppitsch Gerald, Revierinspektor
Kowar Helmut, Brandmeister
Kubeck Walter, Bezirksinspektor
Lang Franz, Hauptfeuerwehrmann
Lehensteiner Siegfried, Hauptbrandmeister
Liebl Franz, Brandmeister
Lischka Karl, Oberstleutnant
List Herbert, Inspektor
Mach Friedrich, Major
Männl Ignaz, Gendarmerie-Abteilungsinspektor
Matejka Anton, Bezirksinspektor
Mayer Franz, Inspektor
Meszlenyi Stefan, Inspektor
Mika Werner, Oberbrandmeister
Mischka Erich, Gruppeninspektor
Philipp Karl, Revierinspektor
Pickl Wilhelm, Bezirksinspektor
Ploberger Otto, Bezirksinspektor
Pollak Karl, Hauptbrandmeister
Preßinger Rudolf, Inspektor

Raitzl Walter, Feuerwehrmann
Reiter Otto, Bezirksinspektor
Riha Friedrich, Bezirksinspektor
Rom Viktor, Revierinspektor
Schlatte Karl, Inspektor
Schmelzenbart Willibald, Revierinspektor
Schreiner Rudolf, Major
Schwabl Peter, Bezirksinspektor
Schweda Reinhard
Sinnhuber Engelbert, Bezirksinspektor
Stammer Herbert, Gruppeninspektor
Stangl Walter, Inspektor
Stany Wilhelm, Revierinspektor
Stetina Rudolf, Abteilungsinspektor
Stockinger Franz, Major
Stoisits Michael, Bezirksinspektor
Szanwald Franz, Inspektor
Tauscher Oswald, Gruppeninspektor
Turban Horst, Brandmeister
Ucik Karl, Inspektor
Umshaus Franz, Inspektor
Wallinger Hans, Major
Willomitzer Erwin, Bezirksinspektor
Winter Manfred, Revierinspektor
Wittmann Leopold, Revierinspektor
Zach Josef, Revierinspektor
Zamar Johann, Revierinspektor
Zoubek Alfons, Major

DIE WIENER BÜRGERMEISTER 1282–1982

Lebens- und Funktionsdaten

Erarbeitet von wissenschaftlichen Beamten des Wiener Stadt- und Landesarchivs
unter Leitung von Archivdirektor ao. Univ.-Prof. Dr. Felix Czeike

Vorbemerkung

Am 22. August 1982 waren es genau 700 Jahre, daß in einer (heute vom Österreichischen Staatsarchiv verwahrten) Urkunde privatrechtlichen Inhalts ein städtischer Funktionär als „magister civium", d. h. als Bürgermeister, bezeichnet wurde. Dieser erste Amtsträger hieß Konrad Poll; er entstammte einer wohlhabenden Patrizierfamilie des 13. Jahrhunderts, die wenige Jahrzehnte zuvor aus den Rheinlanden in den niederösterreichischen Raum eingewandert war. Dieses siebenhundertjährige Jubiläum nahm das Wiener Stadt- und Landesarchiv zum Anlaß, sich mit jenen Personen, die von 1282 bis 1982 das Bürgermeisteramt bekleideten, biographisch näher zu beschäftigen, wobei es vornehmlich darum ging, Lebens- und Funktionsdaten sowie Familienverhältnisse in möglichster Vollständigkeit und Authentizität zu erfassen, um auf diese Weise eine dem neuesten Stand der Forschung entsprechende Bürgermeisterliste zu erstellen.

Im folgenden soll daher im Sinne dieser Überlegungen keine neugefaßte Geschichte des Wiener Bürgermeisteramtes geboten werden[1]), sondern vielmehr eine Sammlung von Kurzbiographien in Datenform. Für diese wurden alle in erreichbaren Archiven auffindbaren handschriftlichen – daher weitgehend unbekannten bzw. unveröffentlichten – Unterlagen ausgewertet. Die in diesem Band des „Handbuchs der Stadt Wien" beginnende Serie, die Wissenschaftlichkeit beanspruchen darf, bietet damit vollständigere und richtigere Daten als alle früheren Veröffentlichungen zu diesem Thema. Für den wissenschaftlichen Leser werden deshalb in den Anmerkungen, die jeder Kurzbiographie beigegeben sind, alle der Arbeit zugrundeliegenden Quellen zitiert.

Die vorliegende Sammlung ist eine Gemeinschaftsarbeit von wissenschaftlichen Beamten des Wiener Stadt- und Landesarchivs unter der redaktionellen Leitung des Archivdirektors, der als Basis für die weiteren Forschungen seine bei der Vorbereitung des Buches „Wien und seine Bürgermeister"[2]) erarbeitete Materialsammlung zur Verfügung stellte. Um die Arbeitsanteile der einzelnen Mitarbeiter abgrenzen zu können, sind die Kurzbiographien durch Siglen gezeichnet. Mitgearbeitet haben: Archivkommissär Dr. Margit *Altfahrt* (M. A.), Archivrat Dr. Helmut *Kretschmer* (H. K.), Archivoberkommissär Dr. Klaus *Lohrmann* (K. L.), Archivrat Dr. Wolfgang *Mayer* (W. M.) und Archivoberkommissär Dr. Ferdinand *Opll* (F. O.). Besonderer Dank gebührt einem mit dem Archiv eng verbundenen Privatforscher, Herrn Dr. Richard *Perger,* der den Bearbeitern freundlicherweise Daten aus seinem umfangreichen wissenschaftlichen Manuskript über die „Wiener Ratsbürger des 15. Jahrhunderts" überließ, die er aus zahlreichen mitteleuropäischen Archiven zusammengetragen hat.

Die Biographien sind alphabetisch nach den Namen der Bürgermeister geordnet und werden durch die üblicherweise im „Handbuch der Stadt Wien" abgedruckte chronologische Liste der Bürgermeister ergänzt. Neben der leichteren Nachschlagemöglichkeit waren zwei Gründe für dieses Ordnungsprinzip ausschlaggebend: Da die in diesem Band beginnende Dokumentation aus Umfangsrücksichten in Teilen erscheinen muß, erwies sich die alphabetische Ordnung aus arbeitsorganisatorischen Erwägungen günstiger; darüber hinaus konnte vermieden werden, daß die einzelnen Teile sich ausschließlich mit bestimmten historischen Perioden beschäftigen.

Benützungshinweise

Der Veröffentlichung liegt das nachfolgende Schema zugrunde:

A: *Stand, Beruf.* Akademischer Grad, Ritterwürde, Adelstitel usw.

B: *Amtszeit(en).* Anfang und Ende der Amtszeit(en); für die Bürgermeister des 13. bis 16. Jahrhunderts konnte zumeist nur die Erst- und Letztnennung geboten werden.

C: *Lebenszeit.* Im Regelfall wird mit * das Geburtsdatum, mit † das Sterbedatum angegeben; für die Bürgermeister des 13. bis 16. Jahrhunderts konnte zumeist nur die Erst- und Letztnennung geboten werden, beim Geburtsdatum zuweilen nur ein aus dem Lebensalter errechnetes Jahr. Ortsangaben: Geburts-(Herkunfts-) Ort bzw. wichtige Lebensstationen, Sterbeort und Begräbnisstätte.

D: *Eltern.* Lebensdaten entsprechend Pkt. C.

E: *Ehefrau(en).* Namensangabe (NN = Name unbekannt), Lebensdaten (entsprechend Pkt. C), Heiratsdatum (⚭), Eltern (entsprechend Pkt. C), frühere und spätere Ehen.

F: *Sonstige Bemerkungen* (soweit erforderlich, etwa Hinweis auf Wappen).

Die Anmerkungen (Quellen- und Literaturzitate) sind jeder Kurzbiographie unmittelbar nachgeordnet. Bewußt wurde aus Umfangsgründen davon Abstand genommen, sämtliche andere Funktionen zu erfassen, die von den Bürgermeistern vor, während oder nach ihrer Amtszeit ausgeübt wurden; weiters mußte darauf verzichtet werden, weitere genealogische Angaben (etwa über Geschwister oder Kinder) zu liefern oder Ehrungen und Ordensverleihungen aufzulisten, die den Bürgermeistern vor, während oder nach ihrer Amtszeit zuteil wurden.

[1]) Felix Czeike, Wien und seine Bürgermeister. Sieben Jahrhunderte Wiener Stadtgeschichte, Wien–München 1974; dsbe., 700 Jahre Wiener Bürgermeister, in: Wiener Geschichtsblätter, 37 (1982), 1–42. Dissertationen über Wiener Bürgermeister bzw. über Wiener Ratsbürger (unter denen sich naturgemäß auch die Bürgermeister befinden) vgl. bei den einzelnen Bürgermeisterbiographien bzw. im Verzeichnis abgekürzt zitierter Literatur.

[2]) Dieses Buch verdankte sein Erscheinen einer Initiative von Bürgermeister Felix Slavik, der dem Verf. Ende 1972 nahelegte, sich mit dem Themenkreis eingehender zu beschäftigen, und den Verlag Jugend und Volk dafür gewann, das Werk in sein Verlagsprogramm aufzunehmen.

Abkürzungsverzeichnis

(Bezieht sich nur auf den 1. Teil, Ergänzungen folgen in den nächsten Teilen)

AA	Adelsakten
Abb.	Abbildung
Austr.	Natio Austriaca
AVA	Allgemeines Verwaltungsarchiv
AZ	Alte Ziviljustiz
Bd.	Band
Bez.	Bezirk
BG	Bezirksgericht
BM	Bürgermeister
Bsp.	Bürgerspital
Bsp. Cop.	Bürgerspital, Copialbuch
Bsp. Urk.	Bürgerspital, Urkunden
cod.	codex
cod. ser. nov.	codex series nova
Db	Dienstbuch
Diöz. Arch.	Wiener Diözesanarchiv
EN	Erstnennung
Fasz.	Faszikel
fol.	Folio
Gb	Grundbuch
GM	Geburtsmatrik
HA	Hauptarchiv
HKA	Hofkammerarchiv
HM	Heiratsmatrik
Hs	Handschrift
IfÖG	Institut für österreichische Geschichtsforschung
JbLkNÖ	Jahrbuch für Landeskunde von Niederösterreich
JbVGStW	Jahrbuch des Verein(e)s für Geschichte der Stadt Wien
kais.	kaiserlich
kais. Best.	kaiserliche Bestätigung
LN	Letzte Nennung
MIÖG	Mitteilungen des Instituts für österreichische Geschichtsforschung
Mitt. VGW	Mitteilungen des Vereines für Geschichte der Stadt Wien
N	Nennung
NN	Name unbekannt (nomen nescio)
Offic.	Officiosa
OKAR	Oberkammeramtsrechnung
ÖNB	Österreichische Nationalbibliothek
o. S.	ohne Seitenangabe
ÖStA	Österreichisches Staatsarchiv
publ.	publiziert
Qu	(siehe abgekürzt zitierte Literatur)
Rhen.	Natio Rhenensis
SM	Sterbematrik
STAB	Steueranschlagbücher
TB	Testamentenbuch
TBP	Totenbeschauprotokoll
Test.	Testament
TM	Taufmatrik
Verl. Abh.	Verlassenschaftsabhandlung
WGBl	Wiener Geschichtsblätter
WStLB	Wiener Stadt- und Landesbibliothek
Wwe	Witwe
→	Verweis auf einen anderen Bürgermeister

Bestände, die ohne Archivhinweis zitiert sind, befinden sich im Wiener Stadt- und Landesarchiv

Abgekürzt zitierte Literatur

(Bezieht sich nur auf den 1. Teil, Ergänzungen folgen in den nächsten Teilen)

Adler – Monatsblatt der heraldisch-genealogischen Gesellschaft Adler.

Aschbach – Joseph Aschbach, Geschichte der Wiener Universität im ersten Jahrhundert ihres Bestehens, 2 Bde., 1965.

Beheim – Michael Beheims Buch von den Wienern 1462–1465, hg. von Theodor von Karajan, 1843.

Czeike, Bürgermeister – Felix Czeike, Wien und seine Bürgermeister. Sieben Jahrhunderte Wiener Stadtgeschichte, 1974.

Englmann, Testamente – Wilhelm Englmann, Testamente von Wiener Bürgermeistern aus dem 17. Jahrhundert, Kommunal-Kalender 1893.

Geusau, Wien – Anton Geusau, Geschichte der Haupt- und Residenzstadt Wien in Österreich, 1792 ff.

Harrer – Paul Harrer-Lucienfeld, Wien, seine Häuser, Menschen und Kultur, 1951, maschinschriftliches Manuskript im Wiener Stadt- und Landesarchiv.

Jäger, Wappenalmanach (Wappenkalender) – Hanns Jäger-Sunstenau, Österreichischer Wappenalmanach, 1969.

Kleedorfer, Ratsbürger – Elisabeth Kleedorfer, Die Wiener Ratsbürger zur Zeit Maria Theresias, 1740–1780, phil. Diss., Wien 1972.

Perger, Amtszeiten – Richard Perger, Die Amtszeiten der Wiener Bürgermeister von 1282 bis 1500, Forschungen und Beiträge zur Wiener Stadtgeschichte 9 (1981), 97–108.

Perger, Die Haiden von Guntramsdorf – Richard Perger, Die Haiden von Guntramsdorf, Jahrbuch der heraldisch-genealogischen Gesellschaft Adler, Neue Folge 7 (1970), 95 ff.

Perger, Ratsbürger – Richard Perger, Die Wiener Ratsbürger von 1396 bis 1526, unveröff. Manuskript.

Perger, Tamsweg – Richard Perger, Wiener Bürger des 15. Jahrhunderts als Förderer der Leonhardskirche in Tamsweg, JbVGStW 26 (1970), 76 ff.

Pradel, Bürgermeister – Johanne Pradel, Die Wiener Bürgermeister der ersten Hälfte des 17. Jahrhunderts, WGBl 26 (1971), 137 ff., 178 ff., 200 ff.

Qu – Quellen zur Geschichte der Stadt Wien, 3 Abteilungen, 1895 ff.

Rechnitz – Stephan Rechnitz, Friedhofs-Monographien, Bd. 1: Kirchengräber und Epitaphe (1962), Bd. 17: Niederösterreichische Friedhöfe (1961).

Sailer – Leopold Sailer, Die Wiener Ratsbürger des 14. Jahrhunderts, Studien aus dem Archiv der Stadt Wien 3/4 (1931).

Schalk, Faustrecht – Karl Schalk, Aus der Zeit des österreichischen Faustrechts 1440–1463, Abhandlungen zur Geschichte und Quellenkunde der Stadt Wien, 3, 1919.

Skoda, Ratsbürger – Erwin Skoda, Die Wiener Ratsbürger zwischen 1670 und 1705, phil. Diss., Wien 1974.

Angerfelder Rudolf
A: Kaufmann[1])
B: 23. 11. 1405 (EN)[2]), 10. 9. 1406 (LN)[3]); 8. 6. 1411 (EN)[4]), 25. 8. 1419 (LN)[5])
C: * vor 1392 (EN) Großmugl (Bez. Korneuburg)[6]), † 1419 (LN)[7])
E: 1. Anna, † 1393, Wwe nach Michael Fink[8])
2. Agnes, 1400 (EN), 1423 (LN)[9]), Vater: Michael → Geukramer, 1355–1400[10]), spätere Ehe mit Leupold Weiler, 1423[11])

[1]) Perger, Ratsbürger. – [2]) Qu II/1, Nr. 1635. – [3]) Ebda., Nr. 1666. – [4]) Qu I/1, Nr. 58. – [5]) Qu II/2, Nr. 2113. – [6]) Sailer, 202; TB 1, fol. 11v; vgl. Perger, Ratsbürger. – [7]) TB 3, fol. 15v. – [8]) Perger, Ratsbürger. – [9]) Ebda. – [10]) Ebda. – [11]) Ebda. F. O.

Bayr Hermann
B: 1562–1563[1])
C: † 1566[2])

[1]) Hs B 85/4, fol. 4. – [2]) Karl Weiß, Geschichte der Stadt Wien, 1883, 2, 636. K. L.

Bartuska Franz Daniel
A: Edler von, Dr. jur.[1])
B: 1731–1732[2])
C: * um 1680 Wien, † 3. 4. 1754 Wien (1, Wollzeile 36)[3])
D: Vater: Franz Maximilian
Mutter: Catharina, geb. Dörfler[4])
E: Elisabeth Franziska, * um 1680, † 29. 1. 1771 Wien[5]), ⚭ 23. 4. 1708 Wels, Vater: Johann Franz Heyberger, Mutter: Elisabeth, geb. Fischer[6])

[1]) Ernst Hartmann-Franzenshuld, Geschlechterbuch der Wiener Erbbürger, 1882, 64 ff. – [2]) Hs B 85/3, fol. 129, 133. – [3]) TBP 50, fol. 8; St. Stephan, HM, XXXVII, fol. 309. – [4]) Ebda., XXV, fol. 518; vgl. Anm. 1. – [5]) TBP 65, fol. 6. – [6]) Vgl. Anm. 1. H. K.

Bellesini Josef Anton
A: Dr. jur.[1])
B: 20. 11. 1764[2]) – 12. 11. 1767[3])
C: * um 1709, † 12. 11. 1767 Wien (1, Am Hof 9)[4])
D: Vater: Josef, Seidenfärber, geb. in Verona
Mutter: Theresia, geb. Malfera, † 1750[5])
E: Maria Elisabeth, * 1718 Baden[6]), † 10. 3. 1792 Wien[7]), ⚭ Mai 1784 Baden, Vater: Johann Witzler, Bürger in Baden, Mutter: Maria Anna[8])

[1]) Hs A 142, fol. 8; Geusau, Wien, Bd. 4, o. S. – [2]) Ebda. – [3]) Hs B 85/3, fol. 253, 256, 259–262; Geusau, Wien, Bd. 4, o. S. – [4]) TBP 61, fol. 71. – [5]) Verkünd- und Trauungsbuch der Dompfarre St. Stephan, tom. 53, fol. 65. – [6]) Ebda. – [7]) TBP 97, fol. 18. – [8]) Vgl. Anm. 5; Kleedorfer, Ratsbürger, 207. W. M.

Bernhard Caspar
A: Kais. Rat[1])
B: 9. 4. 1646 (EN)[2]), 22. 10. 1648[3])
C: * um 1595, † 22. 10. 1648 Wien (1, Tuchlauben 19)[4])
E: 1. Anna, † vor 11. 3. 1627[5]), Wwe nach Philipp Berner[6])
2. Barbara, † vor 28. 11. 1640[7]), Wwe nach Hanns Puecher[8])
3. Maria, Vater: Hanns Möstl[9]); spätere Ehe mit Hilarius Feichtinger, Kriegsrat und „Obrister Mustermeister“[10])

[1]) TBP 1; Pradel, Bürgermeister, 204; Englmann, Testamente, 407 ff. – [2]) Hs B 79, fol. 235; Hs B 85/4, fol. 5. – [3]) TBP 1. – [4]) Ebda. – [5]) Test. 2975/17. Jh. (publ. 11. 3. 1627). – [6]) Gb 29/27, fol. 341. – [7]) Test. 4004/17. Jh. (publ. 28. 11. 1640). – [8]) Gb 7/2, fol. 5. – [9]) Gb 1/15, fol. 247. – [10]) Gb 1/16, fol. 284. M. A.

Bramber (Pramber) Konrad
A: Stadtschreiber in Korneuburg[1]), kais. Rat[2])
B: 1640[3]) – 1645[4])
C: * etwa 21. 11. 1588[5]) Korneuburg (?)[6]), † 3. 6. 1655[7])
E: 1. Anna, † vor 19. 1. 1627[8]), ⚭ 22. 11. 1617[9]), Wwe nach Joseph Albrechtsperger[10]) und Sebastian Ruebacker[11])
2. Johanna Susanne, † vor 1662[12]), ⚭ etwa 7. 8. 1627[13]), Vater: Kayser[14])
F: Wappen im Wappenbuch[15])

[1]) St. Stephan, HM, XI, fol. 33; Pradel, Bürgermeister, 200 ff. – [2]) TBP 4. – [3]) Hs B 85/1, fol. 251v. – [4]) Karl Uhlirz, Das Wappenbuch der Stadt Wien, Sonderdruck aus MIÖG 14 (1893), 11. – [5]) Hs B 79, fol. 234v. – [6]) Rekonstruiert aus der Berufsangabe. – [7]) Vgl. Anm. 2. – [8]) Test. 2984/17. Jh. (publ. 19. 1. 1627). – [9]) St. Stephan, HM, XI, fol. 33. – [10]) Vgl. Anm. 8. – [11]) Gb 1/14, fol. 341v. – [12]) AZJ, Fasz. 2, 62/1662. – [13]) Rekonstruiert aus Hs B 79, fol. 816. – [14]) Harrer, IV, 494. – [15]) Hs A 290, fol. 39. M. A.

Brunnhofer Matthias
A: Kais. Rat[1])
B: 1564 – 1565[2])
C: 1542 (EN)[3]), † 23. 2. 1567[4])

[1]) Gb 1/11, fol. 259 f. – [2]) Ebda.; Hs B 85/4, fol. 11. – [3]) Ebda. – [4]) Ebda. K. L.

Chrannest Heinrich
B: 25. 5. 1305 (EN)[1]), 13. 1. 1307 (LN)[2])
C: 14. 4. 1288 (EN)[3]), † vor 28. 10. 1323[4])
D: Vater: Herrant (Ende 13. Jh.)[5])
Mutter: Margret[6])
E: 1. NN[7])
2. Christine, 28. 10. 1323 (EN, als Wwe)[8]), 1334 (LN)[9])

[1]) Bsp. Cop. I, Nr. XXXVII, fol. 17. – [2]) Qu I/4, Nr. 4100. – [3]) Qu I/1, Nr. 869. – [4]) Ebda., Nr. 991 (Witwennennung Christines). – [5]) Sailer, 510. – [6]) Ebda. – [7]) Ebda. – [8]) Vgl. Anm. 4. – [9]) Sailer, 510; am 6. 12. 1344 wird sie als verstorben bezeichnet. Qu I/1, Nr. 996. F. O.

Chriegler Stephan
B: 6. 12. 1323 (N)[1]); 25. 7. 1327 (EN)[2]), 6. 3. 1328 (LN)[3])
C: 14. 3. 1301 (EN)[4]), † vor dem 23. 2. 1333 (als verstorben bezeichnet)[5])
E: 1. Kunigunde, 1314 (N)[6]), Vater: Ortolf der Chraesner[7])
2. Elisabeth, 1314–1318 (N), Vater: Ulrich der Zaendel[8])

[1]) Perger, Amtszeiten, 101. – [2]) Qu I/1, Nr. 772. – [3]) Qu II/1, Nr. 107. – [4]) Ebda., Nr. 26. – [5]) Ebda., Nr. 152. – [6]) Sailer, 330. – [7]) Ebda. – [8]) Ebda. F. O.

Czapka Ignaz Mathias
A: Absolv. Jurist[1]), 1843 von Winstetten[2]), 1860 Freiherr[3])
B: 9. 7. 1838[4]) – 16. 3. 1848[5])
C: * 24. 2. 1791 Liebau/Mähren[6]), † 5. 6. 1881 Wien (1, Kohlmarkt 11)[7]), begraben am Hietzinger Friedhof
D: Vater: Johann, Schuhmacher
Mutter: Marie Victoria, Tochter des Felix König[8])
E: 1. Theresia, geb. Lilienbrunn, * um 1802, † 27. 11. 1868 (1, Kohlmarkt 11)[9])
2. NN[10])
F: 13. 4. 1835 Vbgm[11]), Wappen[12])

[1]) Allg. Literatur: Rudolf Till, Ignaz Czapka Freiherr von Winstetten, der letzte Bürgermeister des vormärzlichen Wien, JbVGStW 14 (1958), 57 ff.; Karl Weiß, Rückblicke auf die Gemeindeverwaltung der Stadt Wien in den Jahren 1838–1848, Wien 1875. – [2]) Adelsdiplom vom 27. 4. 1843, HA-Akt 2/1861. – [3]) Jäger, Wappenkalender, 26. – [4]) Wahl: 10. 1. 1838, a. h. Entschließung vom 30. 6. 1838: HA-Akt 4/1848. – [5]) Ebda. – [6]) Liebau, GM, 7, fol. 51. – [7]) TBP 360, o. fol.; Verl. Abh. BG I, IV 546/81. – [8]) Vgl. Anm. 6. – [9]) TBP 296, fol. 345. – [10]) Verl. Abh. BG I, IV 546/81. – [11]) HA-Akt Hist. 4/1848; HA-Akt, Offic. 15/35. – [12]) Jäger, Wappenkalender, 27. W. M.

Dietmayer Johann Georg
A: Baccalaureus beider Rechte[1]); von Dietmannsdorf[2])
B: 22. 10. (?) 1648[3]) – 1653[4]); 1656[5]) – 1659[6]); 1664[7]) – 12. 8. 1667[8])
C: * um 1608[9]), † 12. 8. 1667[10]), begraben in St. Stephan[11])
E: 1. Anna Rosina, † 1657[12]), ⚭ um 1638[13]), Vater: Adam Pacher[14]), Mutter: Anna, frühere Ehe mit Paul Ernst[15]), Wwe nach Dr. Sigismund Geisler[16])
2. Anna Rosina, † vor dem 22. 2. 1684[17]), spätere Ehe mit Panical[18])
F: Wappen im Wappenbuch[19])

[1]) Pradel, Bürgermeister, 200–206. – [2]) Seit 1655; Harrer, IV, 399. – [3]) TBP 8, fol. 47; Gb 1/15, fol. 45v, Todestag des Vorgängers Caspar → Bernhard. – [4]) Hs A 68, fol. 81v; HA-Akt 4/1654; in beiden Fällen ist bereits Thomas Puchenegger als Bürgermeister genannt. – [5]) OKAR 1/178, fol. 141v. – [6]) Pradel, Bürgermeister, 205. – [7]) OKAR 1/184, fol. 98; ebda. 1/185, fol. 151v. – [8]) Todestag, TBP 8, fol. 47. – [9]) Rekonstruiert aus dem TBP. – [10]) TBP 8, fol. 47; AZJ Fasz. 5, 6/1692. – [11]) Rechnitz, Kirchengräber und Epitaphe, 58. – [12]) Test. 5770/17. Jh. (publ. 11. 9. 1657). – [13]) Rekonstruiert aus den übrigen auf Anna Rosina bezüglichen Quellen. – [14]) Test. des Adam Pacher (publ. 1613), zitiert nach Adler, Monatsblatt 5/1905, 341. – [15]) Gb 29/27, fol. 347; Gb 29/28, fol. 289v – 290. – [16]) Gb 29/28, fol. 289v. – [17]) Test. 10072/17. Jh. (publ. 22. 2. 1684). – [18]) Ebda. – [19]) Hs A 290, fol. 43. M. A.

Dorn Jakob, genannt Leitner
B: 12. 1. 1398 (EN)[1]), 2. 10. 1398 (LN)[2])
C: * vor 1390 (EN) Hofkirchen an der Trattnach (Bez. Grieskirchen)[3]), † 1399 (LN)[4])
E: 1. Kristein, 1390 (N)[5])
2. Magdalen, 1399 (als verstorben bezeichnet)[6])

[1]) Qu II/1, Nr. 1378. – [2]) Ebda., Nr. 1408. – [3]) Gb 29/3, fol. 31; vgl. Perger, Ratsbürger. – [4]) TB 1, fol. 74v. – [5]) Gb 29/3, fol. 31; vgl. Perger, Ratsbürger. – [6]) TB 1, fol. 74v; vgl. Perger, Ratsbürger. F. O.

Ebmer Friedrich
A: Ritter[1]), Kramer[2])
B: 4. 5. 1463 (EN)[3]), 23. 11. 1463 (LN)[4])
C: 1426 (EN)[5]), 23. 8. 1464 (LN)[6]), † vor 1466[7]), Herkunft aus Leutershausen (Mittelfranken/Bayern)[8])
D: Vater: NN, Fragner (Kramer)[9])
E: Anna, 1437 (EN)[10]), † vor 1493[11]), Vater: Konrad Reus zu Dornbach[12]), spätere Ehe mit Andre Glogauer[13])

[1]) 1. 10. 1453 (EN), Qu II/2, Nr. 3539. – [2]) Beheim, 5, Zeile 17. – [3]) Qu II/3, Nr. 4049. – [4]) Ebda., Nr. 4069. – [5]) Die Matrikel der Universität Wien 1/1, 156, Rhen., Nr. 48. – [6]) Qu II/3, Nr. 4086. – [7]) Gb 29/22, fol. 61. – [8]) Vgl. Anm. 5; Beheim, 5, Zeilen 12 ff. – [9]) Ebda., 5, Zeile 15; 35, Zeile 32. – [10]) Gb 29/21, fol. 480. – [11]) Gb 29/22, fol. 352v. – [12]) Gb 29/21, fol. 762, 822v. – [13]) Gb 29/22, fol. 61, 131. K. L.

Een Stefan
A: Flötzer[1])
B: 2. 3. 1485 (EN)[2]), 1. 12. 1486 (LN)[3]); 27. 5. 1490 (EN)[4]), 9. 9. 1490[5])
C: 16. 4. 1469 (EN)[6]), † 1519[7]), Herkunft aus Wien[8])
D: Vater: Hans, Flötzer[9]), 31. 1. 1452, Wien (EN)[10]), † vor 1480[11])
Mutter: Anna, 1458 (N)[12])
E: 1. Eva, 1470 (EN)[13]), 1472 (LN)[14]), † vor 1474[15]), Vater: Sebastian → Ziegelhauser[16])
2. NN[17])
3. Katrei, 1496 (EN)[18]), † 1507[19]), Vater: Stefan Heuner[20])
4. Barbara, 15. 3. 1493 (EN)[21]), als Ehefrau 1511[22]), 1516 (LN)[23]), Vater: Hans Leschenprant[24]), Wwe nach Wolfgang Thunckl[25]), Hans Mayr[26]) und Jörg Zimmermann[27])

[1]) 1497; OKAR 1/54, fol. 50v, 53; 1499, ebda. 1/56, fol. 26. – [2]) Qu II/3, Nr. 5059. – [3]) Ebda., Nr. 5155, für die Jahre 1485 und 1486 als BM, ÖNB, cod. 8019, fol. 39 f. – [4]) Qu II/3, Nr. 5347. – [5]) Ebda., Nr. 5382; zur Datierung der Wahl vgl. Perger, Amtszeiten, 108, Anm. 173; ÖNB, cod. 8019, fol. 41v. – [6]) Qu I/2, Nr. 1890. – [7]) Diöz. Arch., Raitbücher der Gottsleichnamsbruderschaft zu St. Stephan 2, fol. 136. – [8]) Vgl. Punkt D, erst ab 1469 urkundlich in Wien; 1470 Bezahlung der Taxen für die Verleihung des Bürgerrechtes; OKA 1/29, fol. 24. – [9]) Gb 1/7, fol. 236; Gb 1/8, fol. 107. – [10]) Qu II/2, Nr. 3458. – [11]) Gb 1/8, fol. 107. – [12]) Gb 1/7, fol. 236. – [13]) Gb 1/34, fol. 105v. – [14]) Gb 1/7, fol. 139. – [15]) Gb 1/8, fol. 1v. – [16]) Qu I/2, Nr. 1897; Gb 1/7, fol. 139; Gb 1/34, fol. 105v. – [17]) Aufgrund der Zeitlücke 1474–1486 und dem Alter der Kinder erschlossen. – [18]) Gb 1/35, fol. 121v. – [19]) Diöz. Arch., Raitbücher der Gottsleichnamsbruderschaft zu St. Stephan 1, fol. 40. – [20]) Gb 1/8, fol. 564, 578. – [21]) Qu II/3, Nrr. 5476, 5477. – [22]) Gb 1/8, fol. 589. – [23]) Ebda., fol. 702. – [24]) Qu II/3, Nrr. 5476, 5477. – [25]) Ebda., Nr. 5476. – [26]) Qu II/4, Nr. 5555. – [27]) Gb 1/8, fol. 376, 502. K. L.

Eiseler Sebastian
A: Öler[1])
B: 1531[2])
C: 1523 (EN)[3]), † 1543[4])
E: 1. Katharina, 1523 (N)[5])
2. Dorothea, 1543 (N)[6]), † vor 1564[7])

[1]) Hs B 85/4, fol. 23. – [2]) OKAR B 1/66, fol. 31v. – [3]) Gb 1/9, fol. 55v. – [4]) Gb 1/11, fol. 49. – [5]) Vgl. Anm. 3. – [6]) Vgl. Anm. 4. – [7]) Gb 3/2, fol. 148v. K. L.

Eslarn Konrad
B: 1287[1])
C: 1286 (EN)[2]), 1294 (LN)[3])
E: NN[4])

[1]) Sailer, 275. – [2]) Ebda. – [3]) Ebda. – [4]) Sohn bezeugt, vgl. Sailer, 267 ff., 275. F. O.

Eslarn Konrad von
B: 13. 4. 1337 (EN)[1]), 1. 9. 1338 (LN)[2])
C: 13. 12. 1331 (EN)[3]), 12. 5. 1348 (LN)[4])
D: Vater: Otto, 1301–1332[5])
E: NN[6])

[1]) Qu II/5, Nr. 76. – [2]) Qu I/9, Nr. 17312. – [3]) Qu I/2, Nr. 1589. – [4]) Qu I/1, Nr. 910. – [5]) Sailer, 277. – [6]) Ebda., 503. F. O.

Eslarn Niklas von
B: 30. 3./2. 4. 1309 (N)[1]); 15. 6. 1310 (EN)[2]), 1. 4. 1313 (LN)[3]); 19. 5. 1316 (EN)[4]), 6. 1. 1317 (LN)[5])
C: 16. 5. 1288 (EN)[6]), 5. 2. 1341 (LN)[7]), 7. 9. 1341 als verstorben bezeichnet[8])
D: Vater: → Konrad, 1286–1294[9])
E: 1. NN, vor 1318[10])
2. Lucia, vor 1318, Vater: Ludwig vom Chogel, Forstmeister in Österreich[11])
3. Anna, 1358 (N)[12])

[1]) Qu I/9, Nr. 17259. – [2]) Qu I/1, Nr. 293. – [3]) Qu II/1, Nr. 54. – [4]) Qu I/1, Nr. 758. – [5]) Qu II/5, Nr. 36. – [6]) Qu I/3, N. 2873. – [7]) Qu II/1, Nr. 229. – [8]) Ebda., Nr. 240. – [9]) Sailer, 275. – [10]) Ebda., 503. – [11]) Ebda., 275. – [12]) Ebda., 267. F. O.

Faßoldt Christoph
A: Baccalaureus[1]), Superintendent des städtischen Armenhauses St. Marx[2])
B: 1638[3]) – 1639[4])
C: * etwa 20. 8. 1583[5]) Hollfeld/Bamberg[6]), † 29. 3. 1641[7]) Wien (1, Sterngasse 4)[8])
D: Vater: Peter[9])
Mutter: Veronika, geb. Weigel[10])
E: 1. Barbara, † vor 17. 7. 1632[11]), ⚭ 26. 8. 1619[12]), Vater: Hans Pauer[13])
2. Maria, † um 1638[14]), ⚭ vor 1635[15]), Vater: Benedikt Gärber[16])
3. Ursula, † vor 22. 2. 1644[17]), ⚭ 1639[18]), Vater: Dionys Discatiati[19]), Wwe nach Leopold Hacker[20])
F: Wappen im Wappenbuch[21])

[1]) HA-Akt 6/1641; Pradel, Bürgermeister, 200 ff. – [2]) Joseph Bergmann, Medaillen auf berühmte und ausgezeichnete Männer, 1857, 257. – [3]) Hs B 85/1, fol. 246, 249. – [4]) Ebda., fol. 251v. – [5]) Rekonstruiert aus Hs B 79, fol. 234. – [6]) Die Matrikel der Universität Wien, 13. 10. 1605. – [7]) AZJ, Fasz. 8, 9/1649. – [8]) Harrer, I, 571 ff. – [9]) Jäger, Wappenalmanach, 20. – [10]) Ebda. – [11]) Test. 3289/17. Jh. (publ. 17. 7. 1632). – [12]) St. Stephan, HM, XI, fol. 121. – [13]) Ebda.; Test. 3289/17. Jh. – [14]) Vgl. Anm. 9. – [15]) Rekonstruiert. – [16]) Test. 3705/17. Jh. (Katharina Hörbin). – [17]) Test. 4217/17. Jh. (publ. 22. 2. 1654). – [18]) Vgl. Anm. 9. – [19]) Test. 4217/17. Jh. – [20]) Ebda. – [21]) Hs A 290, fol. 25; vgl. Jäger, Wappenalmanach, 21. M. A.

Felder Cajetan
A: Dr. jur., Gerichtsadvokat, beeideter Dolmetsch[1]), Freiherr
B: 20. 12. 1868 – 28. 6. 1878[2])
C: * 19. 9. 1814 Wien (4, Karlgasse 6), † 30. 11. 1894 Weidling[3]), begraben auf dem Weidlinger Friedhof, Landmarschall von Niederösterreich (1880)[4])
D: Vater: Mathias, * 27. 6. 1780 Wien, † 20. 7. 1826 Wien[5])
Mutter: Antonie, * 8. 6. 1788 Lessonitz/Mähren, † 9. 5. 1822 Wien[6]), deren Eltern: Anton Zrza und Katharina, geb. Lischensky
E: Josefine, * 4. 12. 1814, † 24. 11. 1879 Wien (1, Schottenring 1)[7]), ⚭ 15. 5. 1841[8]), Vater: Dr. Johann Sowa, Mutter: Johanna, geb. Paulusch[9])

[1]) HA-Akt, 162/1874 (ed. WGBl 19/1964, 321 ff.); Cajetan Felder, Meine Erinnerungen (Nachlässe, Sch. 6–14); Felix Czeike (Hg.), Erinnerungen eines Wiener Bürgermeisters, 1964. – [2]) Wahl (vgl. GR, Sitz. prot. 20. 12. 1868); Rücktritt (vgl. GR, Sitz. prot. 28. 6. 1878); kais. Best. 23. 12. 1868, Kommunal-Kalender 1870, 162. – [3]) Vgl. Anm. 1; Rechnitz, Nö. Friedhöfe, 1, 89. – [4]) Niederösterreichischer Amtskalender 1881, 155. – [5]) TBP 158, fol. 22; Verl. Abh. 3427/1826. – [6]) TBP 150, fol. 16. – [7]) TBP 350. – [8]) Laut Heimatrolle (MA 61). – [9]) Vgl. Anm. 6. H. K.

Feldsberger (Veltsperger) Hans
A: Kaufmann[1])
B: 11. 7. 1408 (EN)[2]), 5. 9. 1409 (LN)[3])
C: 1396 (EN)[4]), 29. 7. 1415 (LN)[5]), 8. 9. 1418 als verstorben bezeichnet[6])
E: Margret, 8. 9. 1418 (EN) als Wwe, 1428 (LN)[7]), spätere Ehe mit Ulrich Schrot (1418)[8])

[1]) Perger, Ratsbürger. – [2]) Qu II/1, Nr. 1739. – [3]) Ebda., Nr 1771. – [4]) TB 1, fol. 12v; HA-Akt 41/15. Jh.; vgl. Perger, Ratsbürger. – [5]) Qu II/2, Nr. 2022. – [6]) Ebda., Nrr. 2095, 2313; vgl. Perger, Ratsbürger. – [7]) Ebda. – [8]) Ebda. F. O.

Flusthart Dietrich
B: 6. 1. 1350 (EN)[1]), 14. 8. 1351 (LN)[2]); 2. 2. 1354 (EN)[3]), 17. 11. 1354 (LN)[4])
C: 1342 (EN)[5]), † vor 1360[6])
E: 1. Mergart, vor 1349 (N)[7])
2. Elsbet, vor 1349 – 1378[8]), Vater: Dietrich → Urbetsch
F: Ältestes erhaltenes Testament eines Wiener BM vom 6. 2. 1359[9])

[1]) IfÖG, Augustiner-Urk. Nr. 48. – [2]) Qu II/1, Nr. 2115. – [3]) Qu I/3, Nr. 3122. – [4]) Qu II/5, Nr. 162. – [5]) Gb 6/3, fol. 3v. – [6]) BSp. Urk. 202. – [7]) Sailer, 290. – [8]) Ebda., 289, 427 f. – [9]) HA-Urk. 519; Abb. bei Czeike, Bürgermeister, 72. F. O.

Fockhy Daniel
A: Familie im Ritterstand seit 18. 11. 1623[1]), kais. befreiter Handelsmann in der Niederlage[2])
B: 1688[3]) – 1691[4])
C: * 8. 3. 1626[5]) Wien[6]), † 22. 3. 1695[7]) Wien (1, Judengasse 4)[8])
D: Vater: Emerich[9]), * um 1570[10]), † 27. 6. 1636[11])
Mutter: Katharina, geb. Pietsch[12]), * um 1595[13]), † 2. 3. 1656[14])
E: 1. Maria Magdalena, * um 1636[15]), † 26. 8. 1667[16]), ⚭ 11. 5. 1653[17]), Vater: Johann Laminith[18])
2. Maria Veronica, * um 1644[19]), † 30. 4. 1699[20]), ⚭ 17. 9. 1669[21]), Vater: Ostermair[22]), Wwe nach Johann Schnüring von Schnürnfels[23])
F: Wappen im Wappenbuch[24])

[1]) ÖStA-AVA, AA, Alter Ritterstand UB 3009; Otto Trautmann, Daniel Fockhy, phil. Diss. Wien 1948; Skoda, Ratsbürger; Englmann, Testamente. – [2]) St. Stephan, HM, XX, fol. 64. – [3]) Hs B 79, fol. 378v; Hs B 85/2, fol. 147. – [4]) Ebda., fol. 169v. – [5]) St. Stephan, TM, VIII, fol. 93. – [6]) Ebda. – [7]) TBP 18; Test. 9516/17. Jh. – [8]) TBP 18. – [9]) Test. 3776/17. Jh. – [10]) Trautmann, Biographie Fockhy (vgl. Anm. 1). – [11]) Test. 3776/17. Jh. – [12]) Ebda. – [13]) Rekonstruiert aus TBP 4. – [14]) Ebda. – [15]) Rekonstruiert aus TBP 8. – [16]) Ebda. – [17]) St. Stephan, HM, XX, fol. 64. – [18]) Bsp. Rechnungen 130, fol. 69. – [19]) Rekonstruiert aus TBP 19. – [20]) Ebda. – [21]) AZJ, Fasz. 49, 56/1718 (Heiratsbrief). – [22]) Ebda. – [23]) Ebda. – [24]) Hs A 290, fol. 55. M. A.

Fügenschuh Peter Sebastian
A: Dr. jur.[1])
B: 1674[2]) – 1677[3])
C: * um 1629[4]), † 7. 10. 1679[5]) Wien (1, Lugeck)[6])
D: Vater: Jacob, † vor 8. 11. 1638[7]), Stiefvater: Simon Ruckenbaum[8])
Mutter: Barbara, geb. Schwannary[9]), * um 1600[10]), † 11. 10. 1659[11])
E: Regina, † 20. 5. 1686[12]), Vater: Jacob Männinger[13]), Mutter: Katharina[14]), Wwe nach Ferdinand Metzenhofer[15])
F: Wappen im Wappenbuch[16])

[1]) TBP 14; Skoda, Ratsbürger. – [2]) Hs B 85/2, fol. 79v. – [3]) Ebda., fol. 81v. – [4]) Rekonstruiert aus TBP 14. – [5]) Ebda. – [6]) Ebda. – [7]) Test. 3712/17. Jh. (publ. 8. 11. 1638). – [8]) Gb 102/2, fol. 7v. – [9]) Test. 5900/17. Jh. – [10]) Rekonstruiert aus TBP 5. – [11]) Ebda. – [12]) TBP 16; vgl. Test. 8985/17. Jh. – [13]) Gb 1/16, fol. 264; Gb 1/15, fol. 38, 782. – [14]) Ebda. – [15]) Gb 1/16, fol. 264. – [16]) Hs A 290, fol. 51. M. A.

Fürst Georg
B: 1590[1]) – 1591[2]); 1602[3]) – 3. 8. 1603[4])
C: * 1520[5]) Wels[6]), † 3. 8. 1603[7]) Wien (1, Graben)[8])
D: Vater: Dr. jur. Johann Georg, kais. Hofrichter in Wels, Hofrichter der Herrschaft Wels[9])
E: Katharina[10])

[1]) Hs B 85/1, fol. 126; Pradel, Bürgermeister, 137–144; Jäger, Wappenalmanach, 19. – [2]) Hs B 85/1, fol. 130v. – [3]) Ebda., fol. 153v. – [4]) Ebda., fol. 156. – [5]) Fritz Dworschak, Wiener Porträtmedaillen des XVI. Jahrhunderts, Mitt. VGW 7 (1927), 102. – [6]) Rekonstruiert aus dem Beruf des Vaters, vgl. Anm. 9. – [7]) Vgl. Anm. 4. – [8]) Ebda. – [9]) Franz Karl Wissgrill, Schauplatz des landsässigen nö. Adels vom Herren- und Ritterstande, 1794, III, 143. – [10]) Gb 1/12, fol. 53. M. A.

Geier (Geyr) Paul
A: Kaufmann[1])
B: 10. 1. 1410 (EN)[2]), 12. 6. 1410 (LN)[3])
C: * vor 1397 Steyr[4]), † zwischen 8. 8. (LN)[5]) und 23. 12. 1413 (als verstorben bezeichnet)[6])
E: Anna, 1397 (N), † vor 1434, ⚭ vor 1397, Vater: Perchtold Schutzperger, Apotheker, spätere Ehe mit Wilhelm Mertinger (1414, 1428)[7])

[1]) Perger, Ratsbürger. – [2]) Qu II/1, Nr. 1786. – [3]) Ebda., Nr. 1804. – [4]) Gb 1/32, fol. 234v; vgl. Perger, Ratsbürger. – [5]) Qu II/2, Nr. 1954. – [6]) TB 2, fol. 160v–161v. – [7]) Perger, Ratsbürger. F. O.

Geldrich Friedrich
B: 17. 3. 1494 (EN)[1]), 22. 12. 1496 (LN)[2]); 16. 5. 1496 (EN)[3]), 6. 7. 1496 (LN)[4]), Verweser des BM-Amtes
C: 1486 (EN)[5]), † 15. 8. 1507, begraben in St. Stephan[6]), Herkunft aus Ravensburg (Bez. Süd-Württemberg, Baden-Württemberg, BRD)[7])
D: Vater: Konrad Geldrich, Bürger zu Ravensburg, † 1500
Mutter: Margret, Tochter des Konrad Teschler zu Ravensburg, † vor 1485[8])
E: 1. Agnes, 1490 (N)[9]), † 1495, begraben in St. Stephan[10]), Tochter des Stephan Hittendorfer und der Margret[11])
2. Veronika, 1497 (N), Tochter des Hans Leschenprant und der Magdalen, spätere Ehe Hans Tscherte[12])

[1]) Qu II/4, Nr. 5506. – [2]) Ebda., Nr. 5587. – [3]) Ebda., Nr. 5561. – [4]) Ebda., Nr. 5569. – [5]) OKAR B 1/47, fol. 5v. – [6]) ÖNB, cod. ser. nov. 12781, fol. 44. – [7]) Richard Perger, Niklas Teschler und seine Sippe, JbVGStW 23/25 (1967/69), 110 f., 181. – [8]) Ebda. und 175. – [9]) Ebda., 181. – [10]) ÖNB, cod. ser. nov. 12781, 44. – [11]) Perger, Teschler, 181. – [12]) Ebda. K. L.

Geukramer Michael
B: 8. 11. 1386 (EN)[1], 7. 10. 1395 (LN)[2]
C: 10. 4. 1356 (EN)[3]), † 1400[4])
D: Vater: Berthold, 28. 2. 1329 (EN)[5]), 15. 8. 1348 (LN)[6])
E: 1. Kathrei, ⚭ vor 10. 4. 1356[7])
2. Christine, 1377–1379[8]), Vater: Leopold → Polz, 1342 (EN), 1375 (LN)[9]), Mutter: Elisabeth[10])

[1]) Qu II/1, Nr. 1109. – [2]) Qu I/2, Nr. 1731. – [3]) Qu II/1, Nr. 478. – [4]) TB 1, fol. 148v, 149. – [5]) Qu II/1, Nr. 115. – [6]) Ebda., Nr. 323; Qu I/3, Nr. 3094. – [7]) Sailer, 292; Qu II/1, Nr. 478. – [8]) Sailer, 227. – [9]) Ebda., 228. – [10]) Ebda., 226. F. O.

Gratz Leopold
A: Mag. jur., Parlamentsrat, Bundesminister a. D.
B: 5. 7. 1973
C: * 4. 11. 1929 Wien
D: Leopold, Bankbeamter
E: Helga, * 17. 4. 1933

Gruber Leopold Franz

A: Baccalaureus beider Rechte[1])

B: 6. 6. 1764[2]), 1767 – 1773[3])

C: * um 1709, † 25. 11. 1784 Wien (1, Sterngasse 7)[4])

D: Vater: Adam Franz, Leiblakai der Kaiserin Amalie, † um 1735[5])
Mutter: Eva Justina, geb. Managetta von Lerchenau[6])

E: Marie Anna, * um 1710, † 28. 5. 1788[7]), ⚭ 10. 9. 1749[8]), Vater: Simon Stadler, bgl. Lebzelter[9]), Mutter: Gertraud, geb. Mair[10])

[1]) TBP 83, fol. 98. – [2]) Hs A 142, fol. 4. – [3]) Ebda. – [4]) Vgl. Anm. 1. – [5]) Test. 9011/18. Jh.; Philipp Georg Gudenus, Der Adel in den Matriken von Wien, 1972 bis 1974, 129; Verl. Abh. 3639/1784. – [6]) Ebda. – [7]) WStLB, Portheim-Katalog; TBP 89. – [8]) Verl. Abh. 3639/1784 (Heiratsbrief). – [9]) Harrer, I, 452; Kleedorfer, Ratsbürger, 254. – [10]) Ebda. W. M.

Grübl Raimund

A: Advokat, Dr. jur.[1])

B: 14. 3. 1894[2]) – 14. 5. 1895[3])

C: * 12. 8. 1847 Wien, † 12. 5. 1898 Wien (1, Freisingergasse 4)[4]), Grabstelle Hietzinger Friedhof, Gruftgr. XI/118

D: Mutter: Caroline[5])

[1]) TBP 569, fol. 251. – [2]) GR, Sitz. prot. 14. 3. 1894. – [3]) GR, Sitz. prot. 16. 5. 1895. – [4]) Verl. Abh. BG I/A 1, 46/98 und A 1, 76/99. – [5]) Ebda.
H. K.

Gundloch Ulrich

B: 6. 2. 1422 (EN)[1]), 22. 9. 1422 (LN)[2])

C: * vor 1404 Bamberg (Oberfranken)[3]), † 5. 1. 1430 Wien (?), Begräbnisstätte St. Stephan[4])

E: 1. Agnes, 1414 (N)[5])
2. Margret, 1416 (N), † vor 1421, Vater: Bernhard von Haunstein[6])
3. Elsbeth, 1418 (N), † vor 1440, Vater: Lienhard Haiden von Wiener Neustadt, Wwe nach Hans Weispacher, spätere Ehe mit Fritz Flugengel aus Nürnberg, 1435 (N)[7])

[1]) Qu II/2, Nr. 2188. – [2]) Ebda., Nr. 2201. – [3]) Qu II/1, Nr. 1610; Perger, Ratsbürger. – [4]) ÖNB, cod. ser. nov. 12781, fol. 39. – [5]) Perger, Ratsbürger; Bernhard von Haunstein war auch Schwiegervater des späteren Bürgermeisters Konrad → Hölzler d. Ä. – [6]) Perger, Ratsbürger. – [7]) Ebda.
F. O.

Gutrater Gabriel

A: Jurist, Licenciat der Rechte, Schreiber[1])

B: 10. 3. 1522 (EN)[2]), 2. 1. 1524 (LN)[3])

C: 1483 (EN)[4]), † 9. 2. 1527, begraben in St. Stephan[5]), 1500 Rektor der Universität[6]), Herkunft aus Laufen an der Salzach[7])

D: Vater: Gabriel der Ältere, † 1485, begraben in der Stiftskirche in Laufen[8])
Mutter: Anna[9])

E: Katrei, 1508 (N)[10]), † 1529[11]), Vater: Thomas Suffringer[12]), Wwe nach Peter Reschl (Apotheker)[13]) und Jeronim Etzlinger[14])

[1]) Universitätsarch. Wien, Akten Artistenfakultät III, fol. 318, 324, 326 f.; Matrikel der jurist. Fakultät, fol. 33, 34, 36v; Matrikel der rhein. Nation, fol. 201; Aschbach, Universität 2, 448, 457; Stadtschreiber 1506–1512, 1515–1521, ÖNB, cod. 8019, fol. 49, 50–53; Qu II/4, Nr. 5836a. – [2]) Ebda., Nr. 6249. – [3]) Ebda., Nrr. 6294–6296; Diöz. Arch., Raitbücher der Gottsleichnamsbruderschaft zu St. Stephan 2, fol. 280v; sein Nachfolger Hans → Süß übernahm zwischen dem 3. und 6. 2. 1524 das BM-Amt. – [4]) Die Matrikel der Universität Wien 2/1, 185, Rhen. Nr. 4. – [5]) ÖNB, cod. ser. nov. 12781, 36, 43; Diöz. Arch., Raitbücher 3, fol. 108, 131v. – [6]) Vgl. Anm. 1. – [7]) Vgl. Anm. 4. – [8]) Walter Hetzer, Gabriel Gutrater aus Laufen. Wiener Bürgermeister der frühen Neuzeit, Forschungen und Beiträge zur Wiener Stadtgeschichte 9 (1981), 114 ff., 119, Abb. 2. – [9]) Ebda., 116. – [10]) Diöz. Arch., Raitbücher 3, 80v. – [11]) ÖNB, cod. ser. nov. 12781, fol. 36, 43. – [12]) OKAR B 1/55, fol. 6v. – [13]) Gb 1/8, fol. 224. – [14]) OKAR B 1/55, fol. 6v; Gb 1/8, fol. 368 f.
K. L.

Haffner Augustin

A: Handelsmann[1])

B: 1604[2]) – 1607[3])

C: * um 1550[4]), † 20. 3. 1616[5])

D: Vater: Augustin, Schneidermeister[6]), † 1565[7])
Mutter: Elisabeth, geb. Stueter[8]), † 1580[9])

E: 1. Magdalena, † vor 25. 2. 1585[10])
2. Eva, † vor 3. 12. 1614[11]), ⚭ 27. 6. 1585[12]), Vater: Paul Ernst[13])

[1]) OKAR B 1/122, fol. 117v.; Pradel, Bürgermeister, 137–144. – [2]) Hs B 85/1, fol. 158v. – [3]) Ebda., fol. 168. – [4]) Rekonstruiert aus Hs B 85/1, fol. 185v. – [5]) Ebda. – [6]) Harrer, II, 141; VII, 36. – [7]) Ebda. – [8]) Ebda. – [9]) Ebda. – [10]) Test. 1241/16. Jh. (publ. 25. 2. 1585). – [11]) Test. 1322/17. Jh. (publ. 3. 12. 1614). – [12]) August von Doerr, Auszug aus den Matrikeln der k. k. Hof- und Burgpfarre in Wien, 1902, II, 45. – [13]) Ebda. M. A.

Haiden Laurenz

A: Ritter[1])

B: 31. 3. 1479 (EN)[2]), 1. 12. 1484 (LN)[3])

C: 1449 (EN)[4]), † vor 14. 2. 1486[5]), im Bürgerkrieg zwischen Kaiser Friedrich III. und seinem Bruder Erzherzog Albrecht VI. auf der Seite des Kaisers[6]), Herkunft aus Wien[7]), 1464/65 Fahrt ins Heilige Land[8])

D: Vater: Heinrich[9])
Mutter: Anna, Vater: Niklas Edelparz[10])

E: 1. Benigna, 1458 (EN)[11]), 1460 (LN)[12]), Vater: Ulrich Weihenberger[13])
2. Barbara, 1467 (EN)[14]), 1471 (LN)[15]), † vor 1483[16]), Vater: Gilg Eilinsgrab[17]), spätere Ehe mit Heinrich Hilprant und Lienhard Jüdlein zu Wiener Neustadt[18])

[1]) EN als Ritter 1472, Qu I/5, Nr. 5030, und in allen späteren Belegen. – [2]) Qu II/3, Nr. 4739. – [3]) Ebda., Nr. 5046, gesamte Amtszeit: ÖNB, cod. 8019, fol. 36v–38v. – [4]) Die Matrikel der Universität Wien 1/1, 270, Austr. Nr. 8. – [5]) Qu II/3, Nr. 5091; vermutlich in der Pfarrkirche von Guntramsdorf bestattet: Perger, Die Haiden von Guntramsdorf, 109, Anm. 112. – [6]) Beheim, 109, Zeile 20; 181, Zeile 2; Schalk, Faustrecht, 324. – [7]) Gb 1/7, fol. 374. – [8]) Perger, Die Haiden von Guntramsdorf, 108, Anm. 101. – [9]) Gb 1/7, fol. 340; Gb 29/21, fol. 678. – [10]) Vgl. Anm. 9. – [11]) Schalk, Mödlinger Grundbücher, JbLkNÖ 10 (1911), 213. – [12]) Salzburger LA, Ältestes Bruderschaftsbuch der St. Leonhardbruderschaft in Tamsweg, fol. 1. – [14]) Házi, Sopron szabad király város története 2/1, 99, Nr. 130. – [15]) Gb 1/7, fol. 347. – [16]) Gb 1/8, fol. 146v. – [17]) Vgl. Anm. 14. – [18]) Qu II/3, Nr. 4120a.
K. L.

Hansgraf Heinrich

B: 28. 6. 1285 (N)[1])

C: 1285 (EN)[2]), 31. 12. 1305 (LN)[3])

E: NN[4])

[1]) Bayer, Hauptstaatsarch. München, Regensburger Hochstiftsurkunden, vgl. Perger, Amtszeiten, 100, Anm. 35. – [2]) Ebda. – [3]) Qu I/10, Nr. 17865. – [4]) Sailer, 506.
F. O.

Haringseer Hans

A: Kaufmann („Krämer")[1])

B: 5. 2. 1444 (EN)[2]), 25. 10. 1446 (LN)[3])

C: 1424 (EN)[4]), 1457 (LN)[5])

E: 1. Anna, * vor 1424, † nach 1450, spätestens 1452, ⚭ spätestens 1426, 1444 bezeugt, Vater: Peter Weispacher, Mutter: Katharina, Wwe nach Niclas Peuerl[6])
2. Clara, 1457 (N), † vor 1461[7]), Vater: Ulrich Feustrer

[1]) Czeike, Bürgermeister, 109; ders., Hans Haringseer, Ein Wiener Bürgermeister des 15. Jh., WGBl. 11 (1956), 80–84; Perger, Ratsbürger. – [2]) Qu II/2, Nr. 2965. – [3]) Ebda., Nr. 3194. – [4]) TB 3, fol. 139 f.; Perger, Ratsbürger. – [5]) Qu II/2, Nr. 3743; 1459 als verstorben bezeichnet: Gb 1/7, fol. 238v. – [6]) Qu II/2, S. 464a; Qu I/7, Nr. 15254; Qu II/2, Nr. 2987; Gb I/7, fol. 221v; Perger, Ratsbürger. – [7]) Qu II/3, Nrr. 3969, 3982; Perger, Ratsbürger.
F. O.

Hartmann Josef

A: Dr. jur.[1])

B: 1717 – 1720, 1725 – 1726[2])

C: * um 1668 Neunkirchen bei Bregenz[3]), † 17. 5. 1732 Wien (1, Am Hof 9)[4])

E: Maria Anna, † 20. 5. 1730[5]), ⚭ 3. 12. 1712[6]), Vater: Wolfgang Bernhard von Puechenegg, Mutter: Maria Magdalena, geb. Gerstenbrand[7])

[1]) TBP 35, fol. 197. – [2]) Hs B 85/4, fol. 32; AR 8/1723; 7/1726. – [3]) St. Stephan, HM, XXXIX, fol. 307. – [4]) Vgl. Anm. 1. – [5]) TBP 33, fol. 266. – [6]) Vgl. Anm. 3. – [7]) Test. 1672/18. Jh.; Test. 9770/17. Jh.; AZJ Fasz. 58, 71/1730.
H. K.

Hauer Franz Josef
A: Ritter, Edler von[1]), kais. Rat und königl. Waldmeister[2])
B: 1721 – 1724, 1727 – 1728[3])
C: * 1678, † 5. 5. 1748 Wien (1, Kärntner Straße 4)[4])
D: Vater: Martin, kais. Diener und Hofeisler[5]), † 1693
Mutter: Anna Katharina[6]), † 1718
E: Maria Christine, * 1680, † 18. 7. 1765[7]), Vater: Johann von Ghelen, Hofbuchdrucker, Mutter: Elisabeth, geb. Fontaine[8])

[1]) Hs B 85/4, fol. 32. – [2]) STAB B 5, fol. 121. – [3]) Vgl. Anm. 1. – [4]) TBP 47, fol. 678. – [5]) Harrer, VI, 8. – [6]) Gb 1/18, fol. 349v. – [7]) TBP 59, fol. 30; Test. 12732/18. Jh. – [8]) Anton Mayer, Wiener Buchdruckergeschichte, 2, 1863, 320 ff. H. K.

Hayden Christoph
B: 1551 – 1552[1])
C: † 1558[2])
E: 1. Helena, † 1538/39, Wwe nach Hans Ottenöder
2. Katharina, † vor 1563[3])

[1]) Hs 85/4, fol. 33. – [2]) Gb 1/11, fol. 268v. – [3]) Ebda., fol. 268. K. L.

Heml Hans
A: Amtmann[1]), seit 1479 Hausgenosse[2])
B: 20. 3. 1473 (EN)[3]), 9. 3. 1479 (LN)[4])
C: 1437 (EN)[5]), 1484 (LN)[6]), † vor 1486[7]); Herkunft aus Stadlau[8])
E: 1. Helen, 1463 (EN)[9]), 1472 (LN)[10]), Wwe nach Heinrich Gries[11])
2. Barbara, 1479 (EN)[12]), spätere Ehe mit Jobst Welling[13])

[1]) Qu II/2, Nr. 3675. – [2]) Gb 1/8, fol. 84, 189 (Kauf einer Wechselbank auf der Brandstätte). – [3]) Qu II/3, Nr. 4473. – [4]) BSp Urk Nr. 748; zur Frage der letzten Nennung: Perger, Amtszeiten 107, Anm. 153. – [5]) Die Matrikel der Universität Wien 1/1, 196, Austr. Nr. 11. – [6]) ÖNB, cod. 8019, fol. 38v. – [7]) Gb 1/8, fol. 164v; Qu II/3, Nr. 5096. – [8]) Vgl. Anm. 5. – [9]) Gb 1/7, fol. 247. – [10]) Ebda., fol. 265v. – [11]) Vgl. Anm. 9. – [12]) Gb 1/8, fol. 84. – [13]) Ebda., fol. 394. K. L.

Hiltprant Andre
A: Kaufmann (Tuchhandel)[1])
B: 1. 3. 1442 (EN)[2]), 18. 12. 1442 (LN)[3])
C: * vor 1385 in Wien[4]), † zwischen 3. 2.[5]) und 9. 4. 1449[6])
D: Vater: Ulrich, Schneider, † vor 11. 12. 1385[7])
Mutter: Katrei[8])
E: 1. Barbara, 1427 (N)[9])
2. Anna, † vor 8. 6. 1440, ⚭ zwischen 21. 3. und 6. 6. 1432, Vater: Friedrich Plochl[10])
3. Juliane Enenkel von Albrechtsberg, * kaum vor 1415, † 1476, ⚭ vor 13. 10. 1441, Vater: Jörg, Mutter: Barbara, geb. Fleming, spätere Ehe mit Jörg Krempel (1450)[11])

[1]) Felix Czeike, Ratsbürger und Honoratioren im 15. Jahrhundert, JbVGStW 12 (1955/56), 121. – [2]) Qu II/2, Nr. 2860. – [3]) Qu I/7, Nr. 14942. – [4]) Richard Perger, Neues über Andre Hiltprant von Meran, Wiens Bürgermeister im Jahre 1442, JbVGStW 34 (1978), 36 f. – [5]) Ebda., 46 f., Anm. 89. – [6]) Ebda., 46 f., Anm. 90. – [7]) Ebda., 37. – [8]) Ebda. – [9]) Ebda., 43. – [10]) Ebda., 44. – [11]) Ebda., 45. F. O.

Holzer Wolfgang
A: Kaufmann[1])
B: 19. 9. 1462 (durch Wahl)[2]) – 11. 4. 1463 (Hinrichtung durch Vierteilen)[3])
C: 1442 (EN)[4]), † 11. 4. 1463[5]), Herkunft vermutlich aus Wien. Parteigänger Ulrich Eytzingers. 1456 vorübergehende Wohnsitzverlegung nach Preßburg wegen Gegensatzes zum Grafen von Cilly[6]). Im Bürgerkrieg zwischen Kaiser Friedrich III. und seinem Bruder Erzherzog Albrecht VI. war Holzer ein Anhänger Albrechts. 19. 8. 1462 oberster Hauptmann von „Genannten und Gemain"[7]). Kontaktnahme mit Kaiser Friedrich und 9. 4. 1463 mißlungener Putsch gegen Albrecht[8])
D: Vater: Hans (?)[9]), Bäcker[10]), 1436 schon als verstorben bezeichnet[11])
Mutter: Katrei[12]), 1434 (EN), 1436 (LN)[13])
E: 1. Barbara, † vor 1445, Vater: Erhard Griesser[14])
2. Margret, 1445 (EN)[15]), 1482 (LN)[16]), † vor 1486[17]), Vater: Lukas Neunburger zu Stein, Mutter: Katrei[18]), spätere Ehe mit Jakob Krakauer[19])

[1]) Schalk, Faustrecht, 442. – [2]) Ebda., 308. – [3]) Ebda., 341–368. – [4]) Gb 1/34, fol. 400. – [5]) Vgl. Anm. 3. – [6]) Schalk, Faustrecht, 421. – [7]) Ebda., 291. – [8]) Ebda., 341. – [9]) Gb 1/6, fol. 56, 175v, 379v. – [10]) Beheim, 3, Zeile 26. – [11]) Gb 1/6, fol. 46v. – [12]) Ebda., fol. 175v. – [13]) Vgl. Anm. 11. – [14]) Gb 1/34, fol. 469. – [15]) Ebda., fol. 564v. – [16]) Qu II/3, Nr. 4924. – [17]) Ebda. – [18]) Gb 1/34, fol. 465v; Gb 1/7, fol. 81v, 146v; Qu I/2, Nr. 2181. – [19]) Vgl. Anm. 16. K. L.

Holzkäuffel Paul
B: 2. 5. 1376 (EN)[1]), 15. 2. 1379 (LN)[2]); 6. 9. 1381 (EN)[3]), 13. 10. 1386 (LN)[4]); 24. 1. 1396 (EN)[5]), 31. 7. 1396 (LN)[6]); 26. 3. 1400 (EN)[7]), 7. 9. 1400 (LN)[8])
C: 6. 4. 1367 (EN)[9]), 27. 4. 1402 (LN)[10])
E: 1. Kristein (Christine), 1370 (EN), 1372 (LN), Vater: Ortolf mit der Gevatterin, Mutter: Engel[11])
2. Margret, 1377 (N), Vater: Thomas → Swembl, 1351–1392, Mutter: Kristein (Christine), 1351–1356[12])
3. Kristein (Christine), 1382 (EN), 1395 (LN), Wwe nach Berchtold Süß, genannt Altenperger[13])
4. Elsbeth, 1400 (EN), † vor 1422, Wwe nach Stefan von St. Veit und Heinrich am Steg, spätere Ehe mit Michel von Weitra[14])

[1]) Qu II/1, Nr. 879. – [2]) Ebda., Nr. 957. – [3]) Ebda., Nr. 1010. – [4]) Ebda., Nr. 1108. – [5]) Ebda., Nr. 1323. – [6]) HA-Urk. 6620. – [7]) Qu II/1, Nr. 1463; Perger, Amtszeiten, 103, Anm. 98. – [8]) Qu II/1, Nr. 1473. – [9]) Ebda., Nr. 694. – [10]) Ebda., Nr. 1509. – [11]) Perger, Ratsbürger. – [12]) Ebda.; Sailer, 525. – [13]) Vgl. Anm. 11. – [14]) Ebda. F. O.

Hölzler Konrad d. Ä.
A: 1. 1. 1438 (EN) Ritter; Kaufmann, Hausgenosse, Bergbauunternehmer[1])
B: 12. 4. 1423 (EN)[2]), 18. 12. 1424 (LN)[3]); 28. 1. 1430 (EN)[4]), 27. 8. 1433 (LN)[5]); 17. 3. 1440 (EN)[6]), 24. 11. 1441 (LN)[7])
C: * vor 1410 Matrei am Brenner (?)[8]), † 30. 5. 1442[9]), Begräbnisstätte in St. Stephan[10])
D: Vater: Mathes, 1390–1403
Mutter: Elsbeth, geb. von Narenholz[11])
E: Katrei, 1410 (EN), 1430 (LN), Vater: Bernhard von Haunstein, Mutter: Agnes, geb. Schlecht[12])

[1]) Perger, Ratsbürger. – [2]) Qu II/2, Nr. 2212. – [3]) Ebda., Nr. 2240. – [4]) Qu I/2, Nr. 1793. – [5]) Qu II/2, Nr. 2451. – [6]) Ebda., Nr. 2720. – [7]) Qu I/7, Nr. 14840. – [8]) TB 2, fol. 102 f., 106; vgl. Perger, Ratsbürger. – [9]) ÖNB, cod. ser. nov. 12781; vgl. Perger, Tamsweg, 79, Anm. 14. – [10]) Perger, Ratsbürger. – [11]) Perger, Tamsweg, 77. – [12]) Perger, Ratsbürger; zu Bernhard von Haunstein → Gundloch Ulrich. F. O.

Hölzler Konrad d. J.
A: 1. 1. 1438 (EN) Ritter, Kaufmann (Großhändler)[1])
B: 9. 2. 1450 (EN)[2]), 13. 11. 1451 (LN)[3]); 28. 2. 1455 (EN)[4]), 19. 11. 1455 (LN)[5])
C: * vor 1434 in Wien[6]), † nach 5. 5. 1478[7]), Begräbnisstätte in St. Stephan[8])
D: Vater: Konrad d. Ä.[9]) (→)
Mutter: Katrei, geb. von Haunstein, 1410 (EN), 1430 (LN)[10])
E: Margret, 1472 (EN), † vor 1506; Vater: Kienberger, spätere Ehen mit Ulrich Permann und Christoph von Topel, 1488 (EN), 1503 (LN)[11])

[1]) Czeike, Bürgermeister, 108. Perger, Ratsbürger. – [2]) Qu II/2, Nr. 3556. – [3]) Qu I/7, Nr. 15308. – [4]) Qu II/2, Nr. 3611. – [5]) Ebda., Nr. 3650. – [6]) Perger, Tamsweg, 77, 83. – [7]) Qu II/4, Nr. 5765; Perger, Tamsweg, 81, Anm. 26 f. – [8]) Perger, Tamsweg, 81. – [9]) Vgl. Anm. 8; Perger, Ratsbürger. – [10]) Ebda.; vgl. Hölzler Konrad d. Ä. – [11]) Perger, Ratsbürger. F. O.

Holzner Johann Christoph

A: Baccalaureus beider Rechte[1])
B: 1660[2]) – 1663[3]) und 1667[4]) – 1669[5])
C: * um 1616[6]) Wiener Neustadt[7]), † 13. 5. 1672[8]) Wien, Vorstadt Leopoldstadt[9])
D: Vater: Georg, Stadtrichter in Wiener Neustadt[10])
E: 1. Barbara, * um 1604[11]), † 20. 2. 1652[12]), ⚭ 23. 6. 1642[13]), Vater: Mader[14]), Wwe nach Kaspar Scherr[15])
2. Maria Barbara, * 1636[16]), † 25. 11. 1668[17]), ⚭ 26. 5. 1652[18]), Vater: Andreas Leonhard von Trunck, Syndikus und Stadtschreiber[19])
3. Anna Maria, † nach 16. 5. 1672[20]), ⚭ 17. 2. 1669[21]), Vater: Andreas Cetto, kais. Münzmeister[22]), Mutter: Maria Magdalena[23])
F: Wappen im Wappenbuch[24])

[1]) Gb 1/15, fol. 300v; Skoda, Ratsbürger. – [2]) STAB, B 2, fol. 116. – [3]) Ebda.; Hs B 79, fol. 238. – [4]) Hs B 85/4, fol. 36. – [5]) Hs B 85/1, fol. 11v. – [6]) Rekonstruiert aus TBP 9. – [7]) Rekonstruiert aus dem Beruf des Vaters. – [8]) TBP 9. – [9]) Ebda. – [10]) ÖStA-HKA Familienakt 1651, fol. 1 ff. – [11]) Rekonstruiert aus TBP 2. – [12]) TBP 2; vgl. auch Test. 6130/17. Jh. (publ. 18. 6. 1662!). – [13]) St. Stephan, HM, XVI, fol. 268v. – [14]) Test. 6130/17. Jh. – [15]) Vgl. Anm. 13. – [16]) Rekonstruiert aus TBP 8. – [17]) Ebda. – [18]) St. Stephan, HM, XIX, 363v. – [19]) Ebda. – [20]) Rekonstruiert aus Test. 6823/17. Jh. (Johann Christoph Holzner, Codizill, publ. 16. 5. 1672). – [21]) St. Stephan, HM, XXIII, fol. 402. – [22]) Ebda. – [23]) Ebda. – [24]) Hs A 290, fol. 47.
M. A.

Hörl Josef Georg

A: Hofrat, Obrist der Bürgermiliz[1])
B: 16. 2. 1773[2]) – 1804[3])
C: * 22. 8. 1722 Wien[4]), † 9. 12. 1806 Wien (1, Am Hof Nr. 9)[5])
E: Ledig[6])

[1]) TBP 120, fol. 112. – [2]) Hs A 142, fol. 9 – [3]) Kleedorfer, Ratsbürger, 281. – [4]) WStLB, Portheim-Katalog. – [5]) TBP 120, fol. 112; Verl. Abh. 4893/1806; vgl. Anm. 3. – [6]) Vgl. Anm. 5.
W. M.

Hutstocker Christoph

A: Jurist[1])
B: 1576 – 1577[2]), 1578[3])
C: 1542 (EN)[4]), † 18. 5. 1612 Wien[5]), Herkunft aus Wien[6])
D: Vater: Wolfgang[7])
E: 1. Katharina, 1541 (EN)[8]), † vor 1598[9]), ⚭ vor 1564[10]), Vater: Gilg Hubmair[11])
2. Barbara, Vater: Übermann[12]), Wwe nach Mathes Preu[13]), spätere Ehen mit Georg Hiernickel, Zehenthandler des Bistums Wien und Georg Allinger, Pfleger der Herrschaft Oberhollabrunn[14])

[1]) Matrikel der Universität Wien 3/1, 68, Austr. – [2]) Hs 85/4, fol. 37. – [3]) Qu I/1, Nr. 692; steht im Widerspruch zu Hs 85/4, wo 1578 Hans Thau als BM genannt ist. – [4]) 14. 5. 1542, vgl. Anm. 1. – [5]) Test. 1306/17. Jh. – [6]) Vgl. Anm. 1. – [7]) Gb 1/10, fol. 34; Gb 1/13, fol. 219. – [8]) Gb 1/11, fol. 253. – [9]) Johanne Pradel, Die Wiener Ratsbürger im ersten Drittel des 17. Jahrhunderts, phil. Diss., Wien 1972, 2, 301. – [10]) Ebda., fol. 254. – [11]) Vgl. Anm. 8. – [12]) Test. 1306/17. Jh. – [13]) Vgl. Anm. 9. – [14]) Vgl. Anm. 13.
K. L.

Hutstocker Sebastian

A: Kais. Rat, Oberstadtkämmerer[1])
B: 1549 – 1550[2]), 1553 – 1555[3])
C: † 1557[4]), Herkunft aus Wien[5])
D: Vater: Hans, Ratsherr, † vor 1522[6])
Mutter: Barbara, † vor 26. 1. 1536[7])
E: 1. Veronika, 1539 (N)[8])
2. Regina, 3. 1. 1559 (N)[9]), spätere Ehe mit Hermann Stopher[10])

[1]) Gb 1/11, fol. 160. – [2]) Hs 85/4, fol 37. – [3]) Ebda. – [4]) Gb 1/11, fol. 133. – [5]) Vgl. Punkt D. – [6]) Gb 1/9, fol. 63 f.; stiftete eine Kreuztragung Christi aus Sandstein am Nordtor von St. Stephan; Jäger, Wappenkalender, 16. – [7]) Gb 1/10, fol. 34. – [8]) Ebda., fol. 134. – [9]) Gb 1/11, fol. 160. – [10]) Vgl. Anm. 9.
K. L.

Hüttendorfer Oswald

B: 1586 – 1587, 1598 – 1599[1])
C: † 1601, Herkunft aus Wien[2])
D: Vater: Lorenz (II.), † nach 1565[3])
Mutter: Sophia, † 20. 12. 1573[4])
E: 1. Anna[5])
2. Elisabeth, 1592 (EN)[6]), Vater: Dr. Johann Brunner[7])

[1]) Hs 85/4, fol. 37. – [2]) St. Stephan, SM, V, fol. 220; vgl. die genealogischen Aufzeichnungen in Hs B 59. – [3]) Test. erwähnt in Gb 1/13, fol. 468v. – [4]) Johanne Pradel, Die Wiener Ratsbürger im ersten Drittel des 17. Jahrhunderts, phil. Diss., Wien 1972, 2, 304. – [5]) Vgl. Anm. 4. – [6]) Gb 1/14, fol. 98. – [7]) Ebda., fol. 97v, 98.
K. L.

KULTUR, SPORT UND FREIZEIT

Burgtheater

1, Dr.-Karl-Lueger-Ring 2
Direktion: Tel. 53 24*

Tageskasse:
1, Goethegasse 1, Tel. 53 24*

Abendkasse:
1, Dr.-Karl-Lueger-Ring 2, Tel. 53 24*

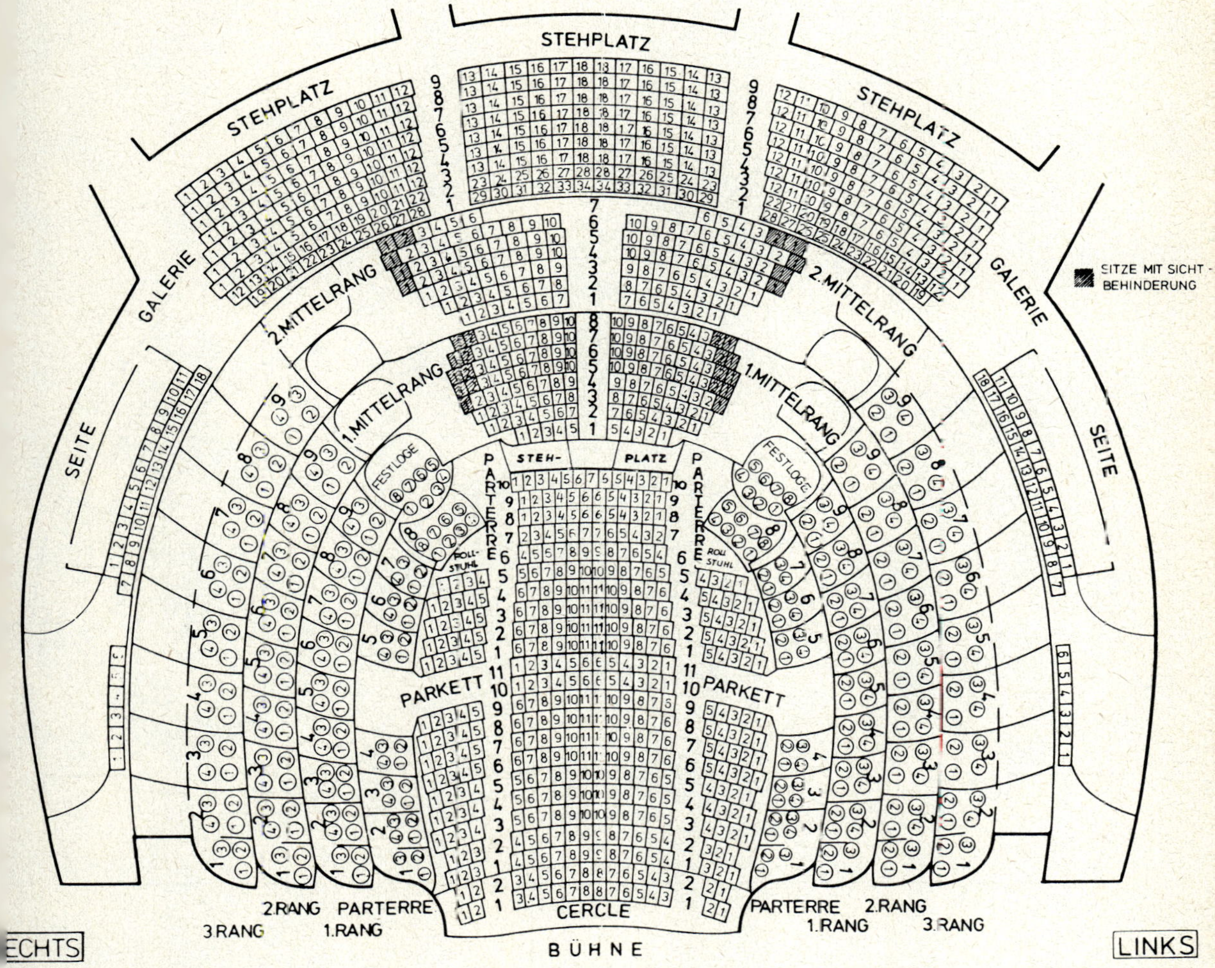

Fassungsraum: 1.511 Personen
(1.339 Sitzplätze, 172 Stehplätze, 2 Rollstuhlplätze,
2 Begleitersitze)

3. Raum, 1, Schwarzenbergplatz 1:
150 Personen

Akademietheater

3, Lisztstraße 1
Direktion: Tel. 53 24*

Tageskasse:
1, Goethegasse 1, Tel. 53 24*

Abendkasse:
3, Lisztstraße 1, Tel. 53 24*

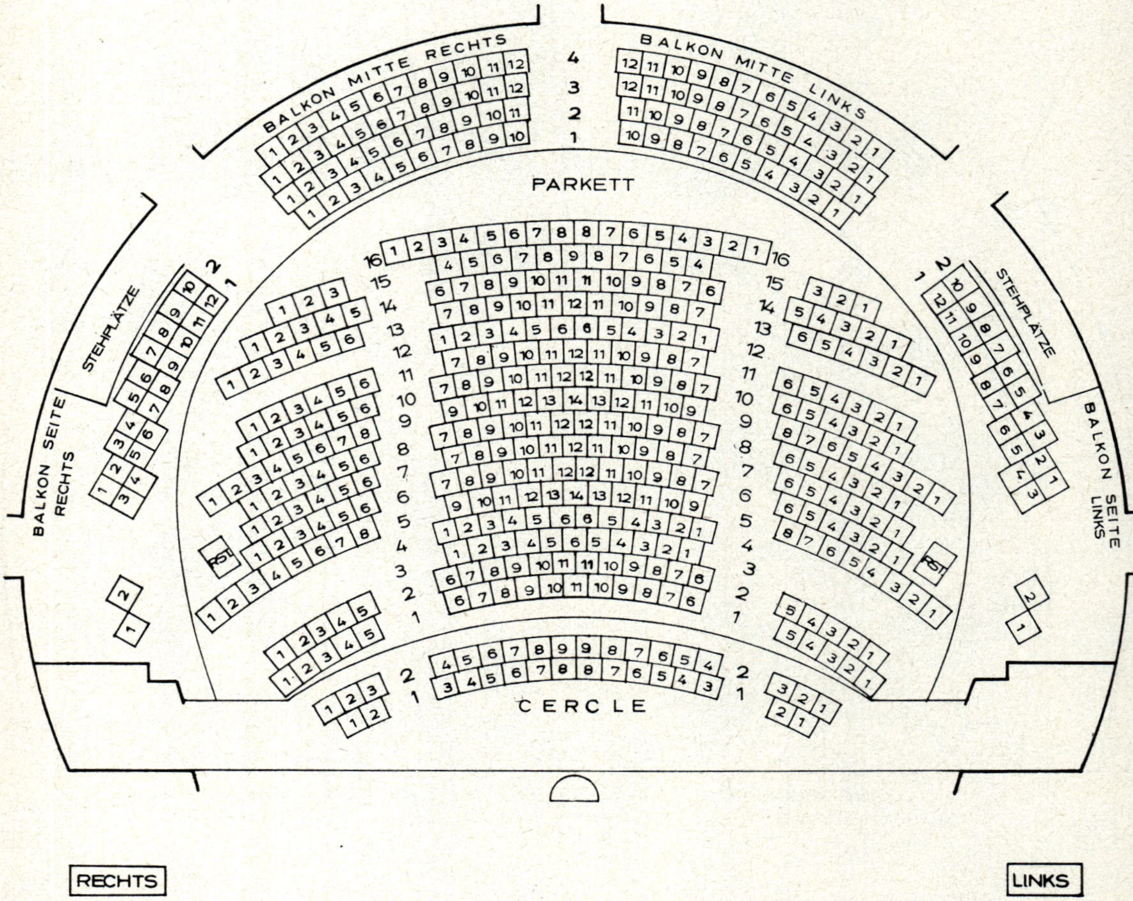

Fassungsraum: 528 Personen
(496 Sitzplätze, 32 Stehplätze, 2 Rollstuhlplätze, 2 Begleitersitze)

Staatsoper

1, Opernring 2
Direktion: Tel. 53 24*

Tageskasse:
1, Goethegasse 1, Tel. 53 24*

Abendkasse:
1, Opernring 2, Tel. 53 24*

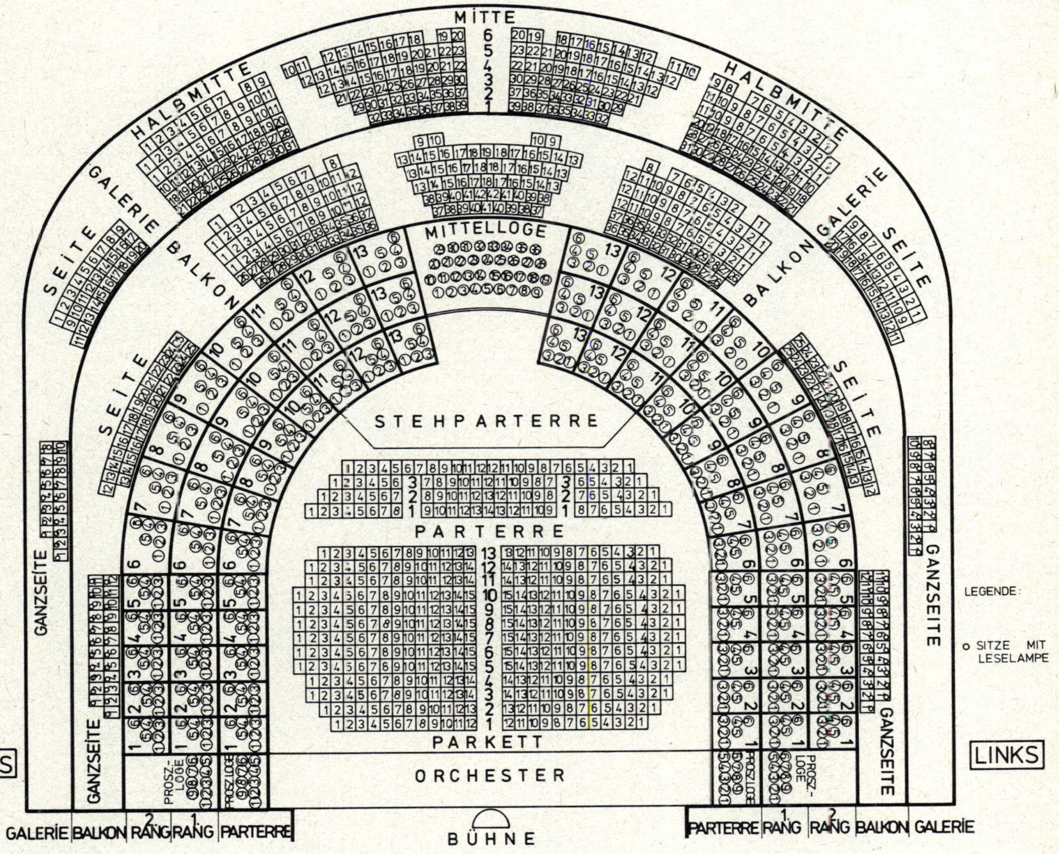

Fassungsraum: 2.209 Personen
(1.642 Sitzplätze, 567 Stehplätze)

Volksoper

9, Währinger Straße 78
Direktion: Tel. 53 24*

Tageskasse:
1, Goethegasse 1, Tel. 53 24*

Abendkasse:
9, Währinger Straße 78, Tel. 53 24*

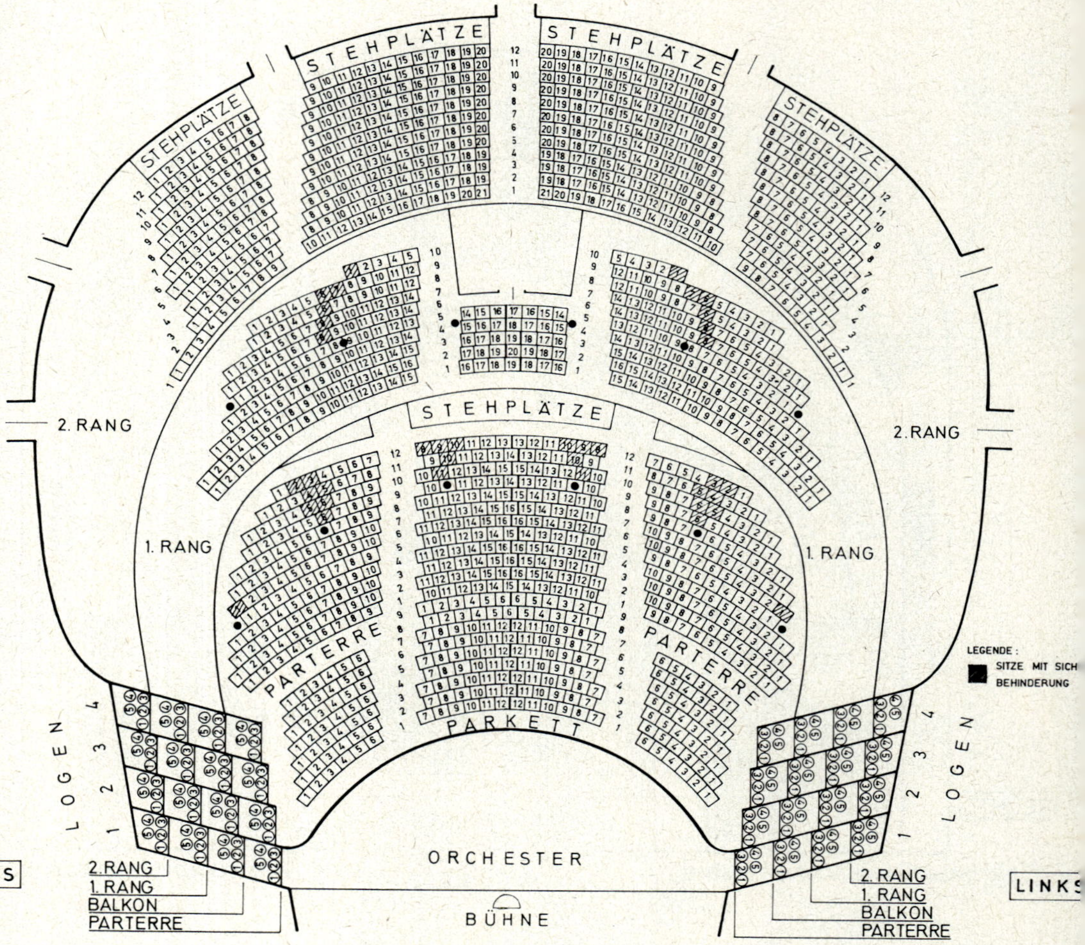

Fassungsraum: 1.589 Personen
(1.475 Sitzplätze, 114 Stehplätze)

Theater an der Wien

6, Linke Wienzeile 6
Direktion: 57 96 32*

Tageskasse: Tel. 57 96 32*, 57 71 51

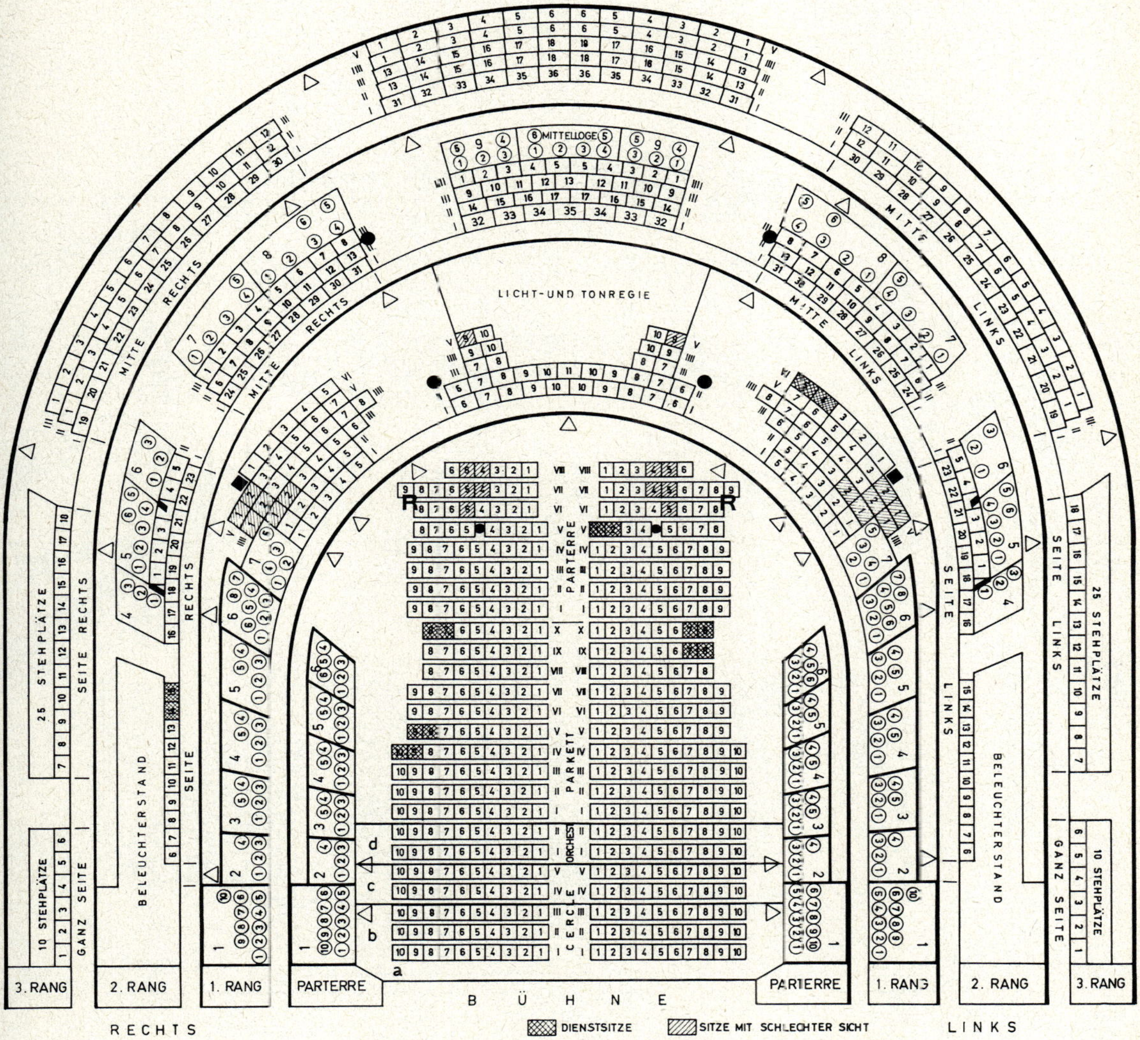

Fassungsraum:
ohne Orchesterraum: 1.073 Sitzplätze*
und 70 Stehplätze
mit kleinem Orchesterraum: 1.013 Sitzplätze*
und 70 Stehplätze
mit mittlerem Orchesterraum: 973 Sitzplätze*
und 70 Stehplätze
mit großem Orchesterraum: 933 Sitzplätze*
und 70 Stehplätze

* Bei Aufstellung für Rollstühle verringert sich die Zahl der Sitzplätze um jeweils 2 Plätze.

Theater in der Josefstadt

8, Josefstädter Straße 26
Direktion: Tel. 42 76 31

Tageskasse: Tel. 42 51 27

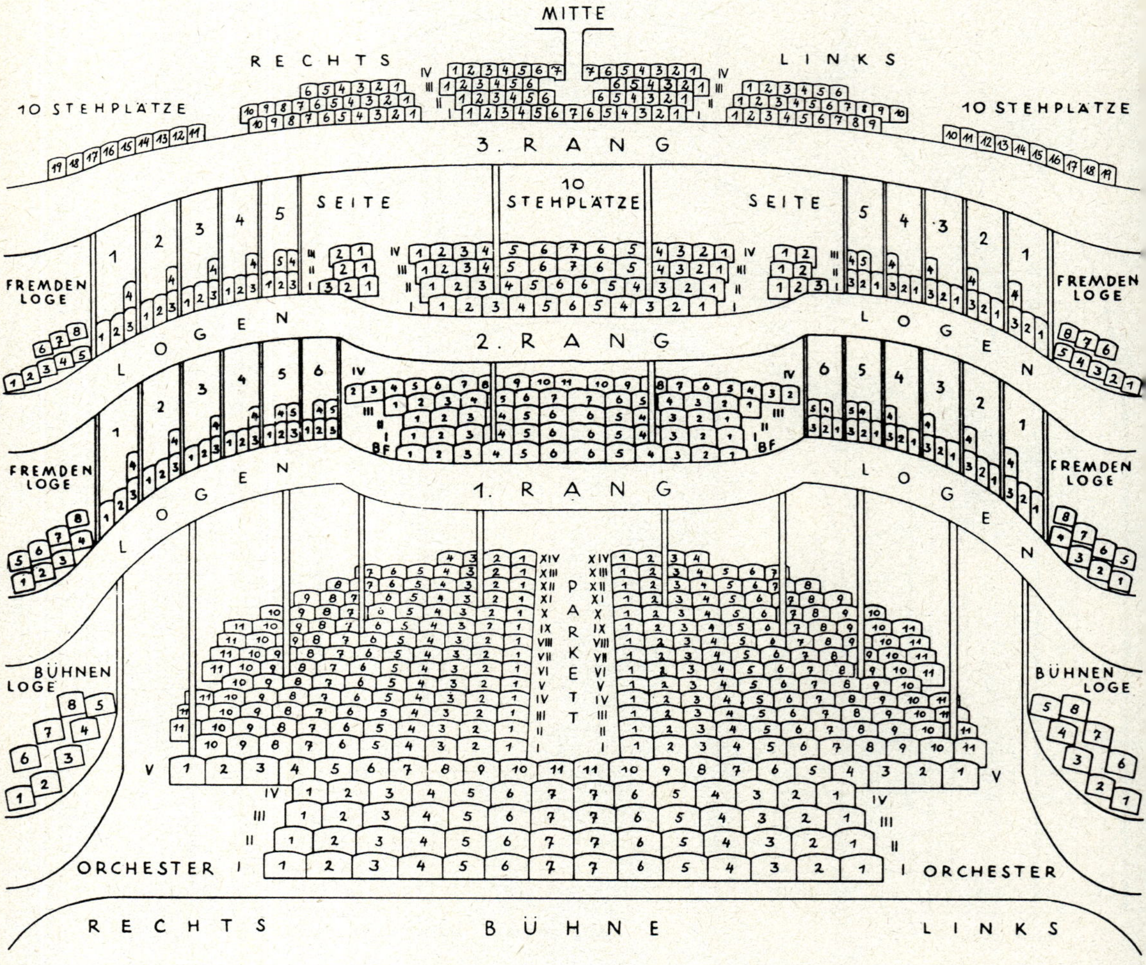

Fassungsraum: 774 Personen

Malersaal: 100 Personen

Volkstheater

7, Neustiftgasse 1
Direktion: Tel. 93 21 48, 93 35 01

Tageskasse: Tel. 93 27 76

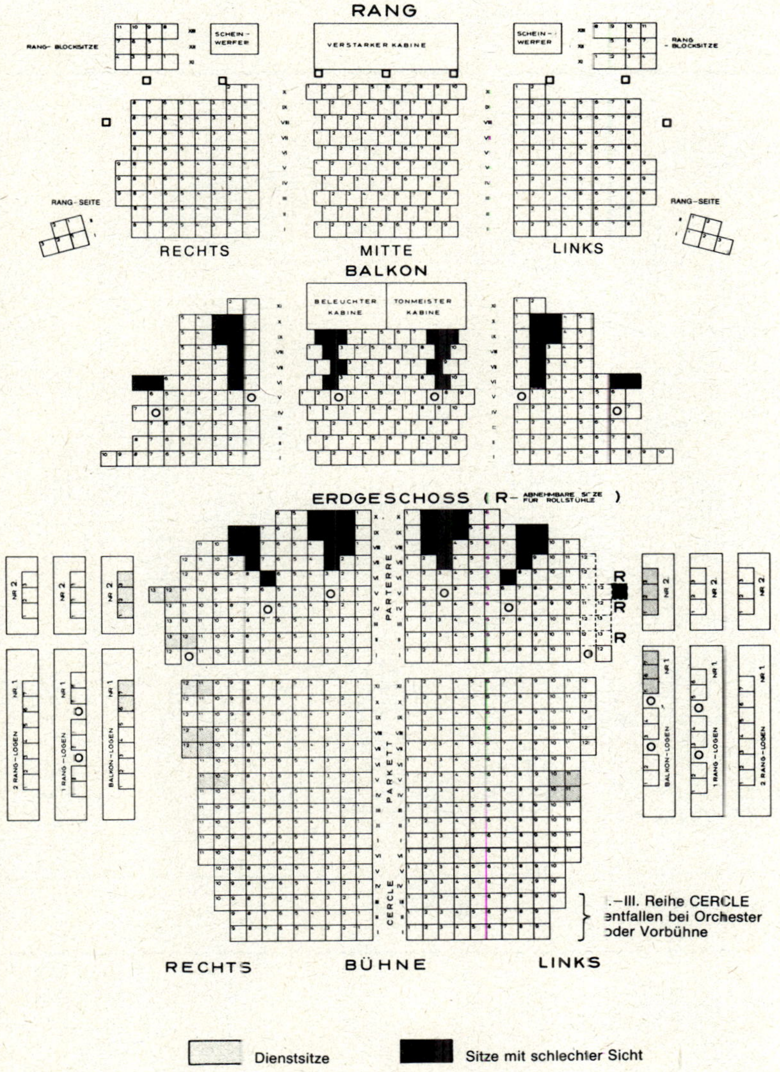

Fassungsraum:
ohne Orchesterraum: 1.148 Sitzplätze
mit Orchesterraum oder Vorbühne: 1.092 Sitzplätze
Bei Aufstellung von 3 Rollstühlen verringert sich die Gesamtzahl der Sitzplätze um 11

Wiener Kammerspiele

1, Rotenturmstraße 20
Direktion: Tel. 63 29 97

Tageskasse: Tel. 63 28 33

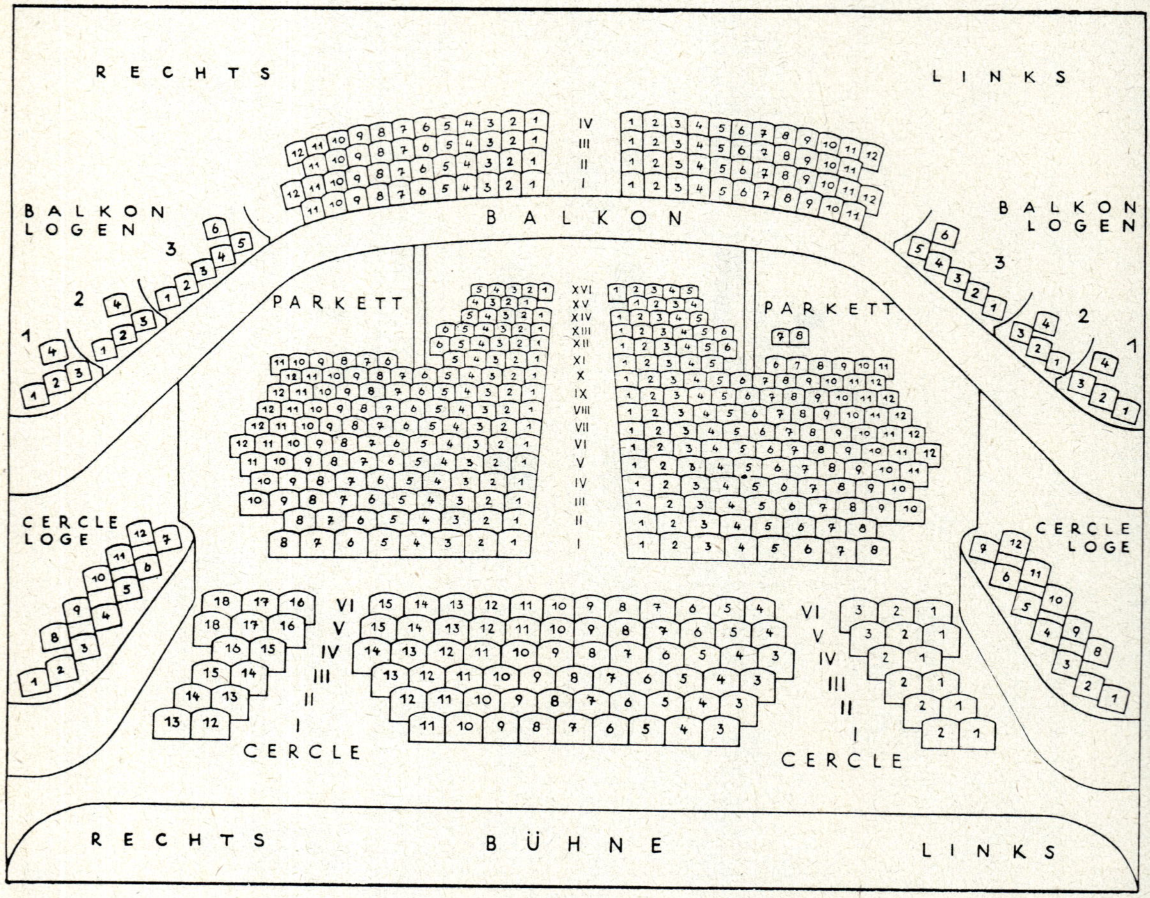

Fassungsraum: 528 Personen

Raimundtheater

6, Wallgasse 18–20
Tel. 57 66 26

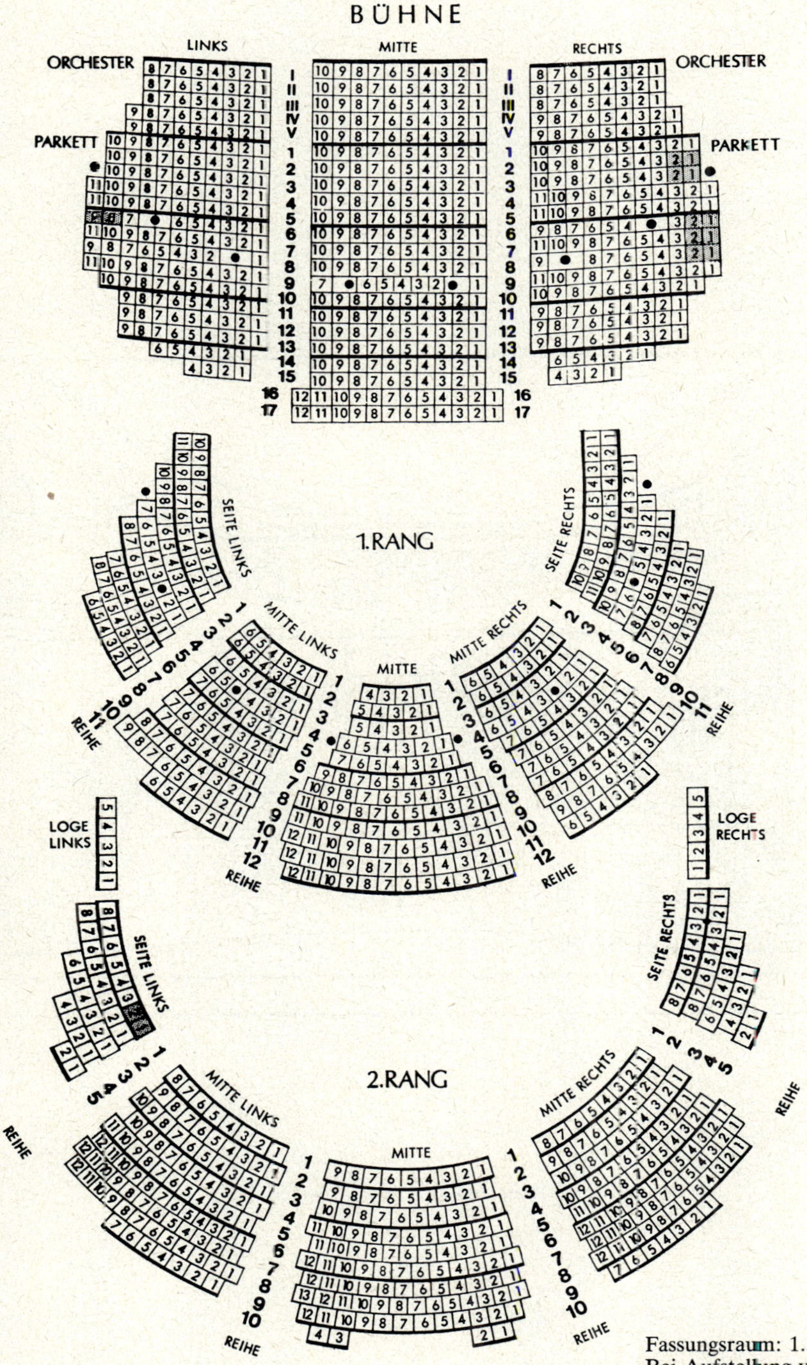

Fassungsraum: 1.334 Personen
Bei Aufstellung von 2 Rollstühlen verringert sich die Gesamtzahl der Sitzplätze um 3

Theater der Jugend – Renaissance-Theater

7, Neubaugasse 38
Tel. 93 25 46*

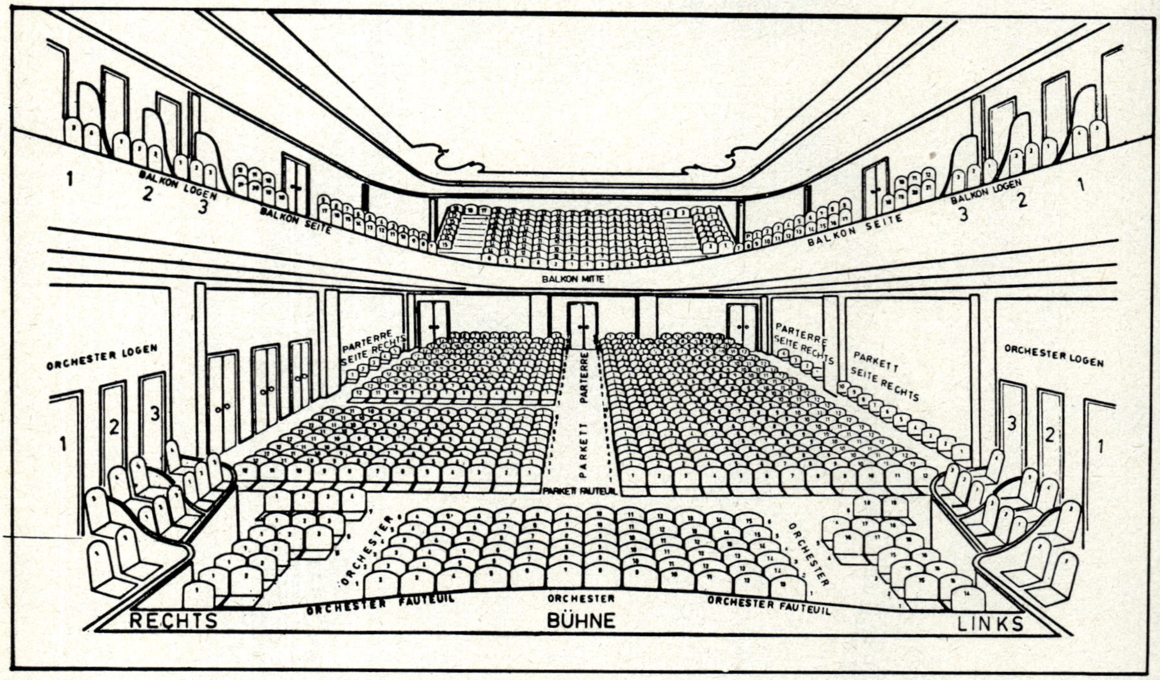

Fassungsraum: 844 Personen

Spanische Reitschule

1, Michaelerplatz, Hofburg, Kuppel
Tel. 52 18 36, 52 18 17

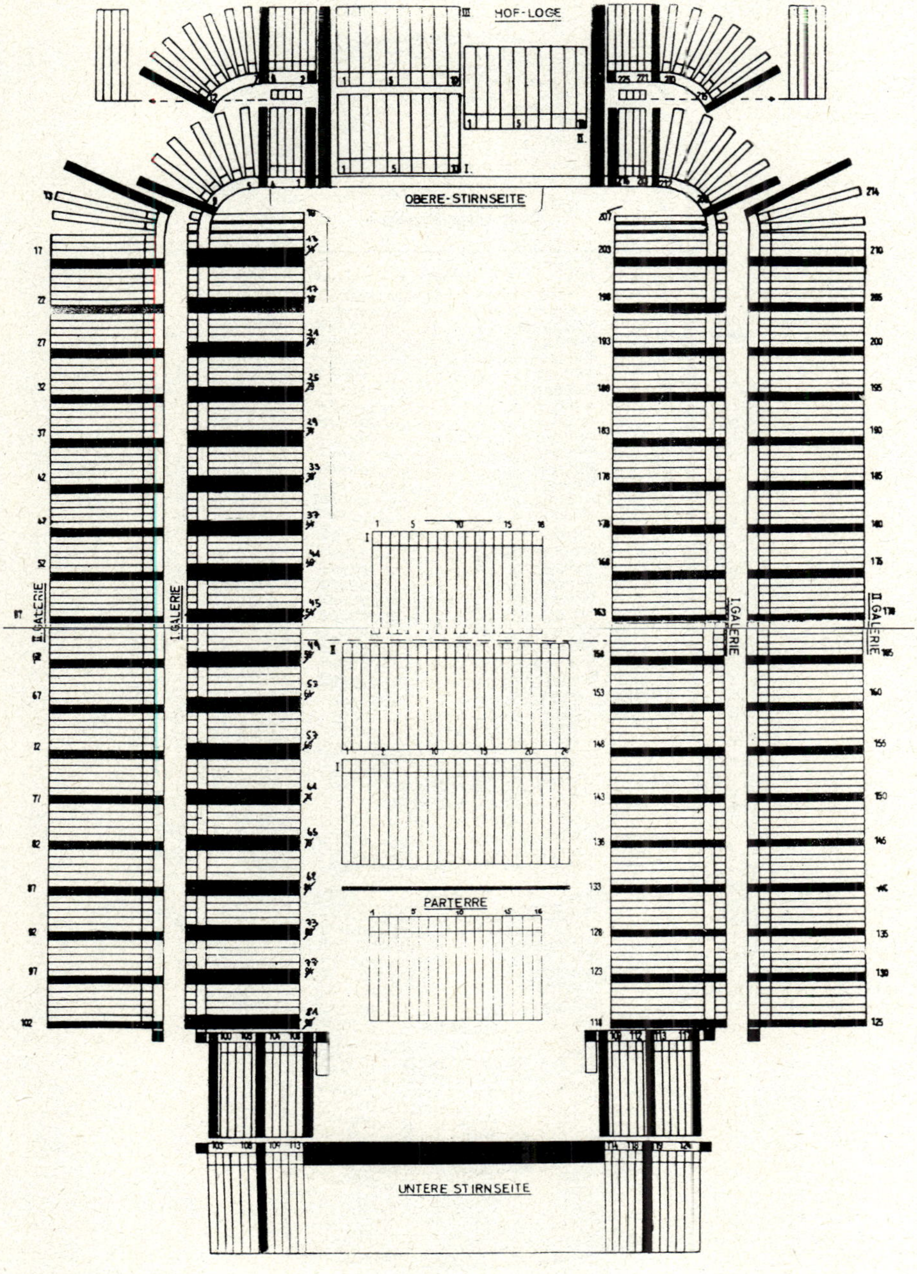

Fassungsraum: 1.062 Personen
(542 Sitzplätze, 520 Stehplätze)

Wiener Konzerthaus

(Großer Saal)

3, Lothringerstraße 20
Direktion: Tel. 72 46 86

Tageskasse: Tel. 72 12 11

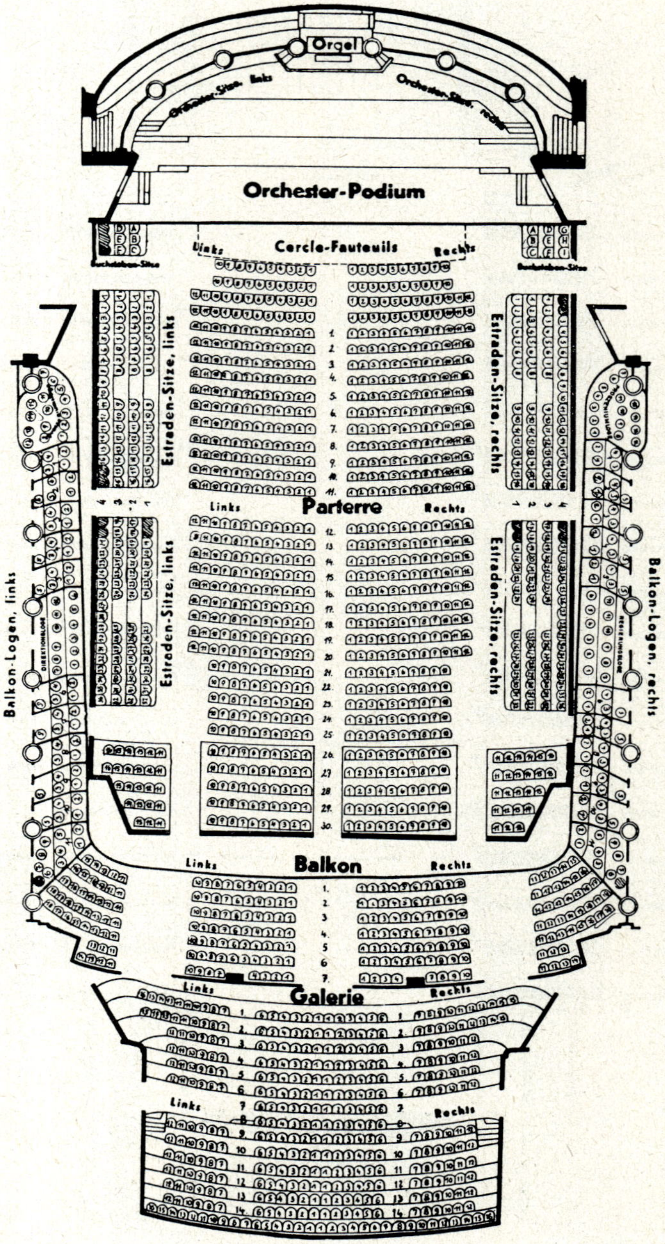

Fassungsraum: 1.840 Personen

Wiener Konzerthaus

Mittlerer (Mozart-)Saal

3, Lothringerstraße 20
Direktion: Tel. 72 46 86

Tageskasse: Tel. 72 12 11

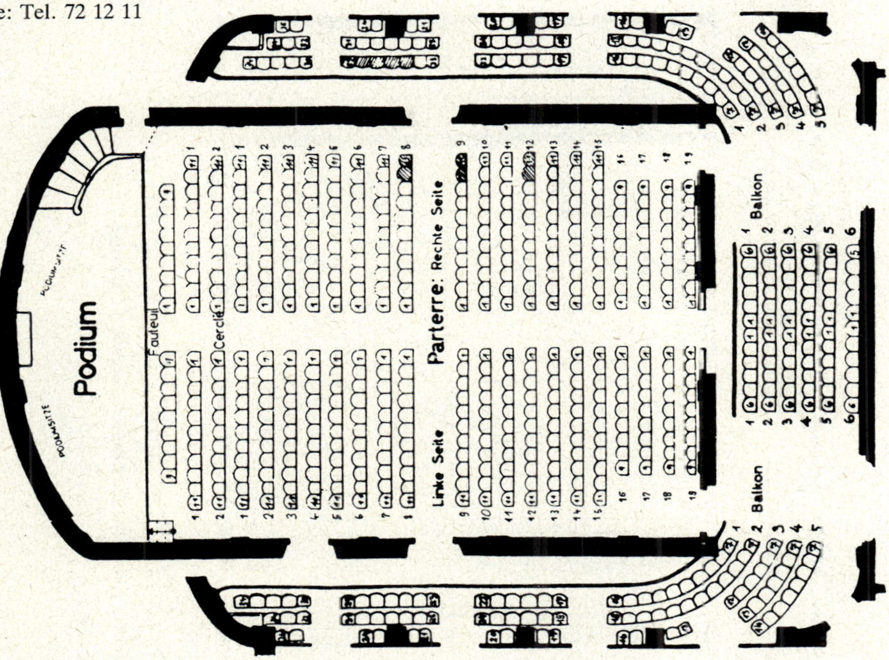

Fassungsraum: 706 Personen

Hugo-Wolf-Saal:
VT-Studio Konzerthauskeller
für 107 Personen

Kleiner (Schubert-)Saal

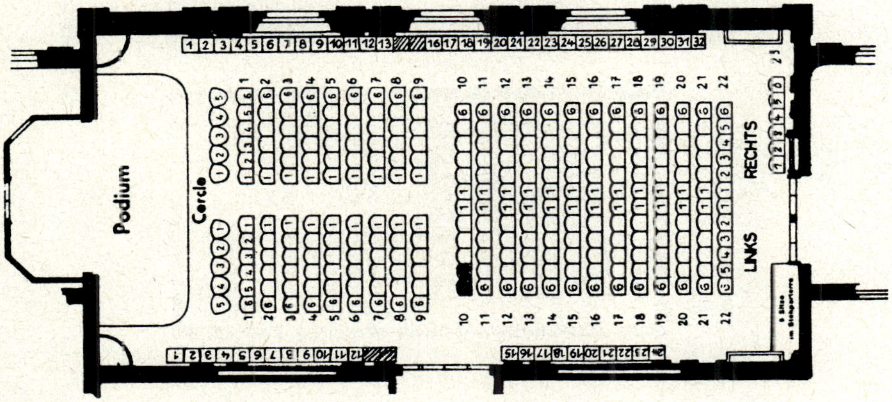

Fassungsraum: 341 Personen

Großer Musikvereinssaal

1, Bösendorferstraße 12
Direktion: Tel. 65 86 81*

Tageskasse: Tel. 65 81 90

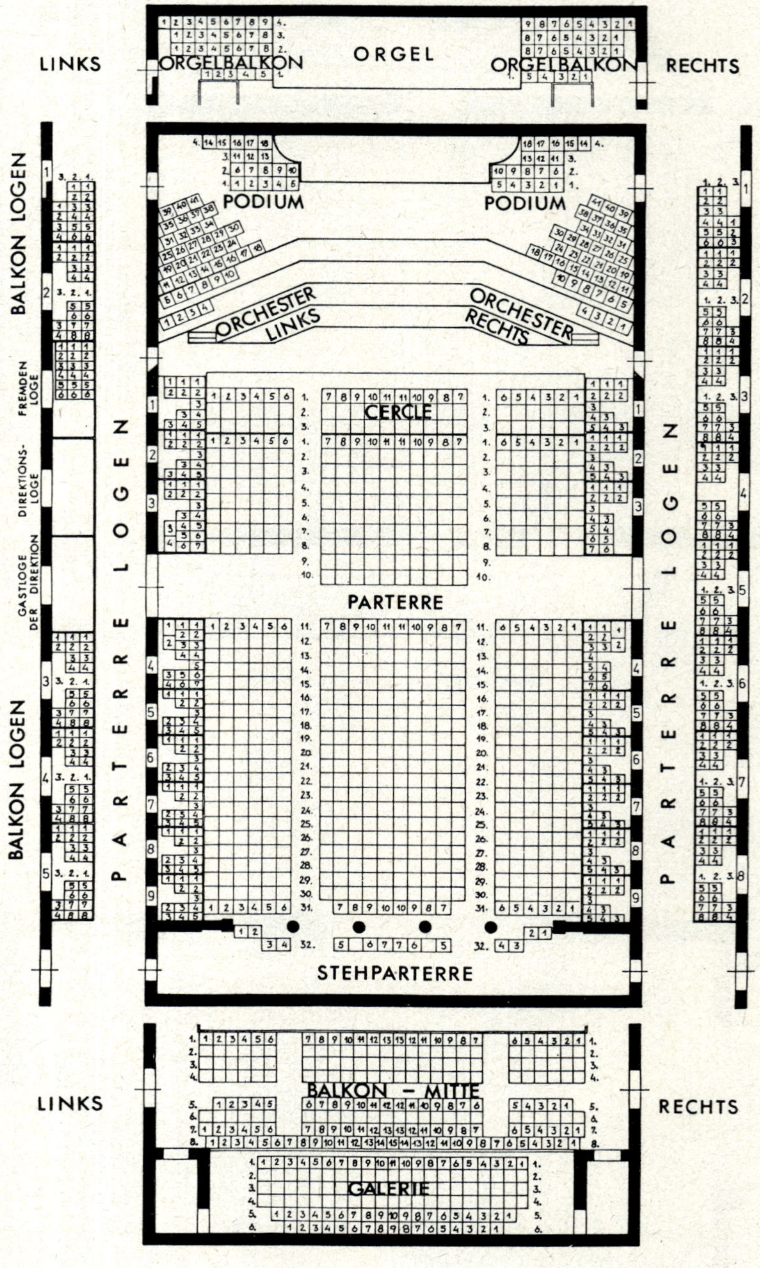

Fassungsraum: 2.042 Personen
(1.742 Sitzplätze, 300 Stehplätze)

Brahmssaal

1, Bösendorferstraße 12
Direktion: Tel. 65 86 81*

Tageskasse: Tel. 65 81 90

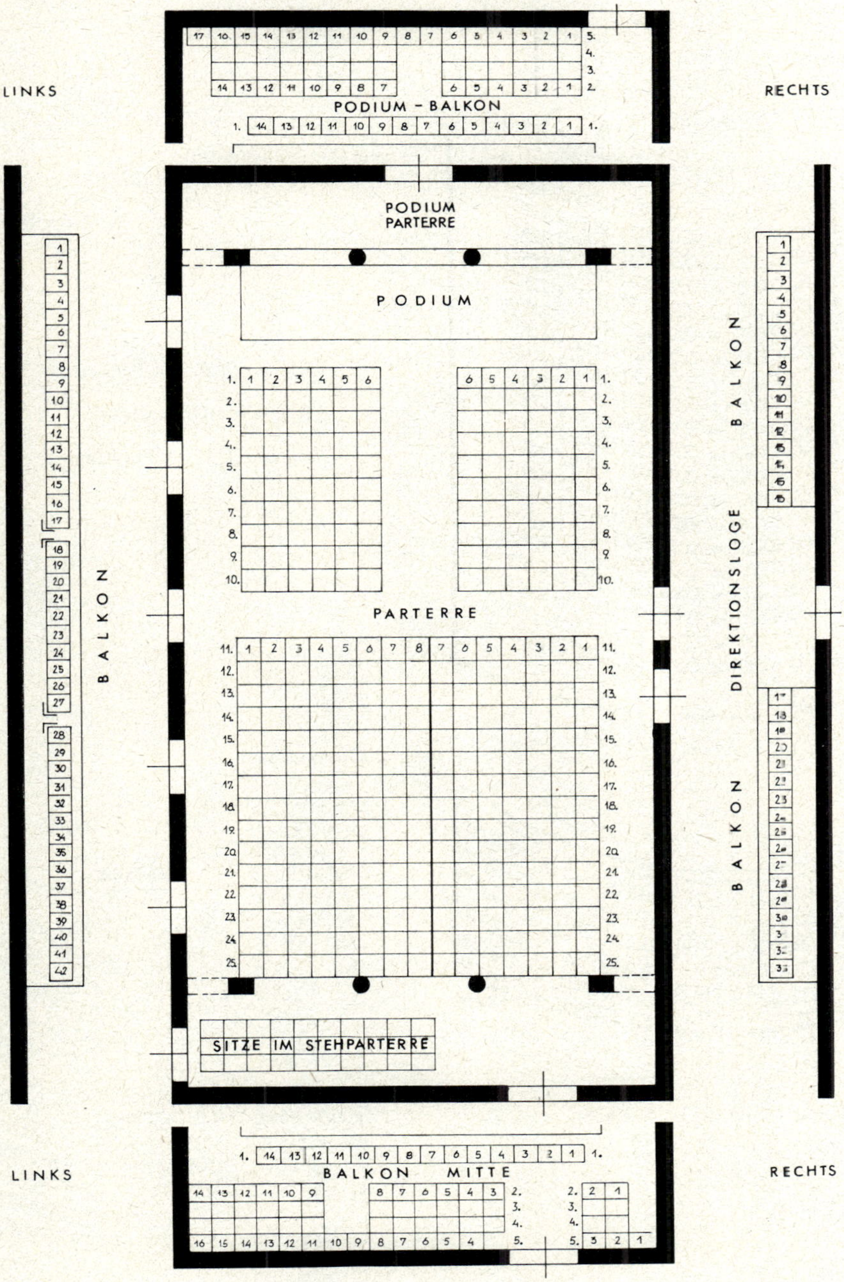

Fassungsraum: 595 Personen

Wagnersaal: 250 Personen
Kammersaal: 199 Personen

Wiener Urania

1, Uraniastraße 1
Tel. 72 61 91*

Großer Saal

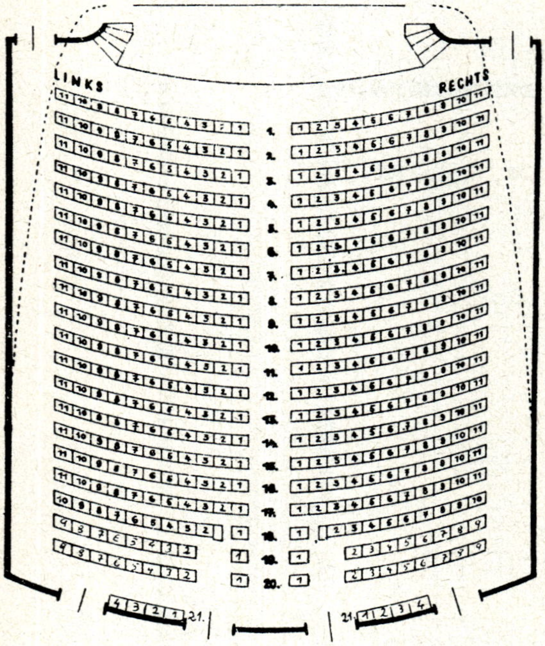

Kleiner Saal: 156 Personen

Klubsaal: 100 Personen

Kammersaal: 16 Personen

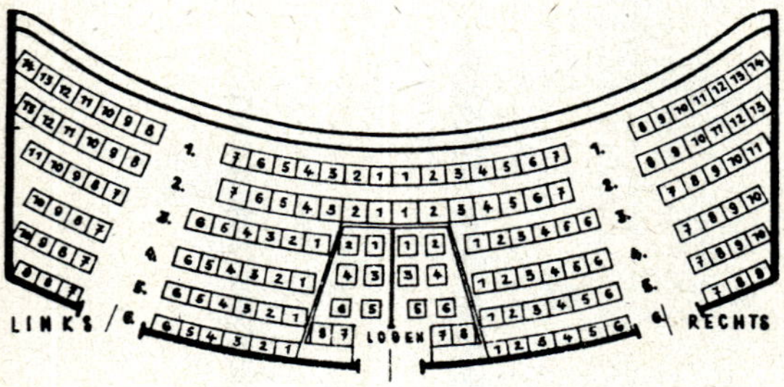

Fassungsraum: 587 Personen

Mittlerer Saal

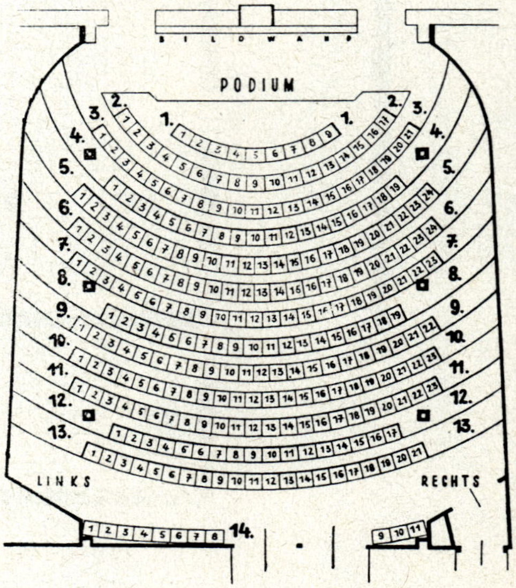

Fassungsraum: 273 Personen

Planetarium

2, Oswald-Thomas-Platz 1
Tel. 24 94 32, 26 24 91

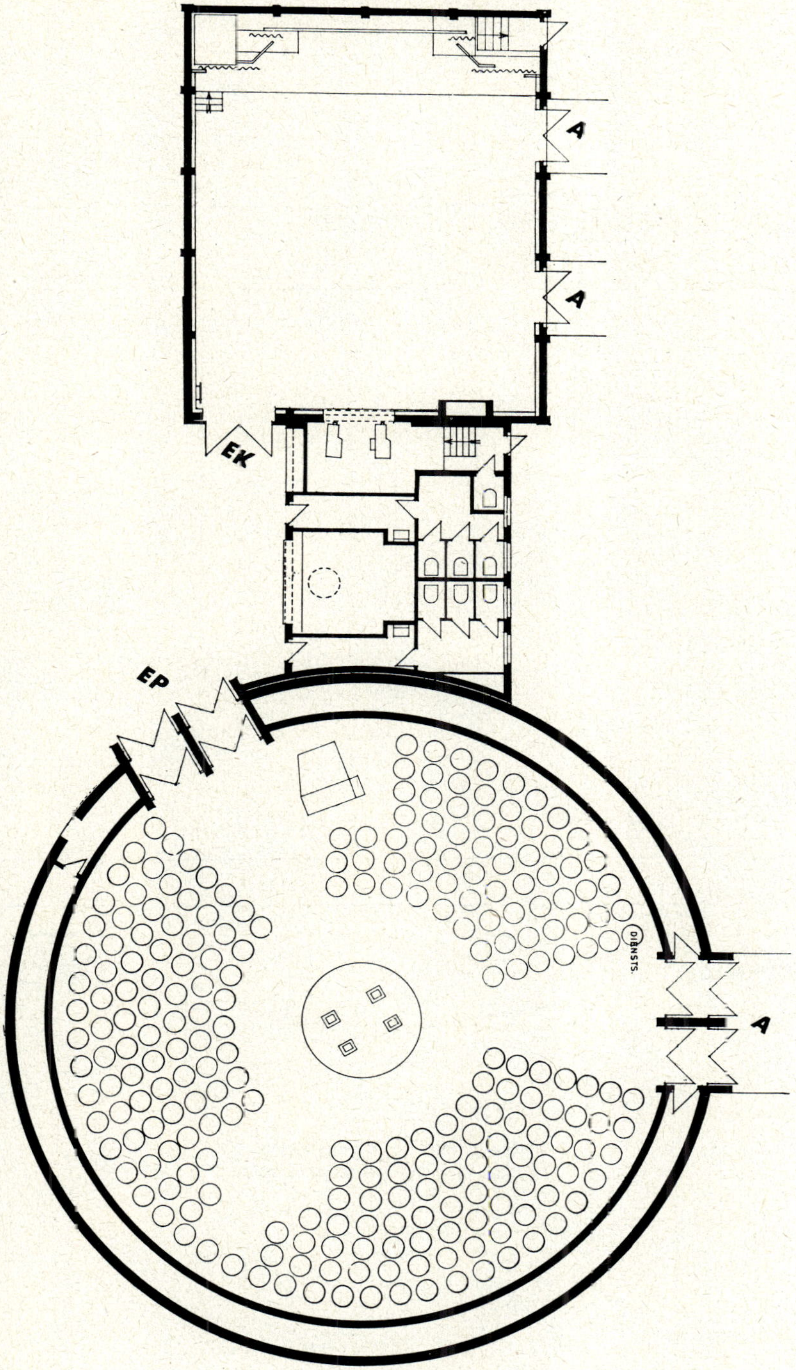

Fassungsraum Kuppelsaal: 240 Personen
Fassungsraum Vortragssaal: 186 Personen

Wiener Eislaufverein

3, Lothringerstraße 22
Tel. 73 63 53, 72 14 46

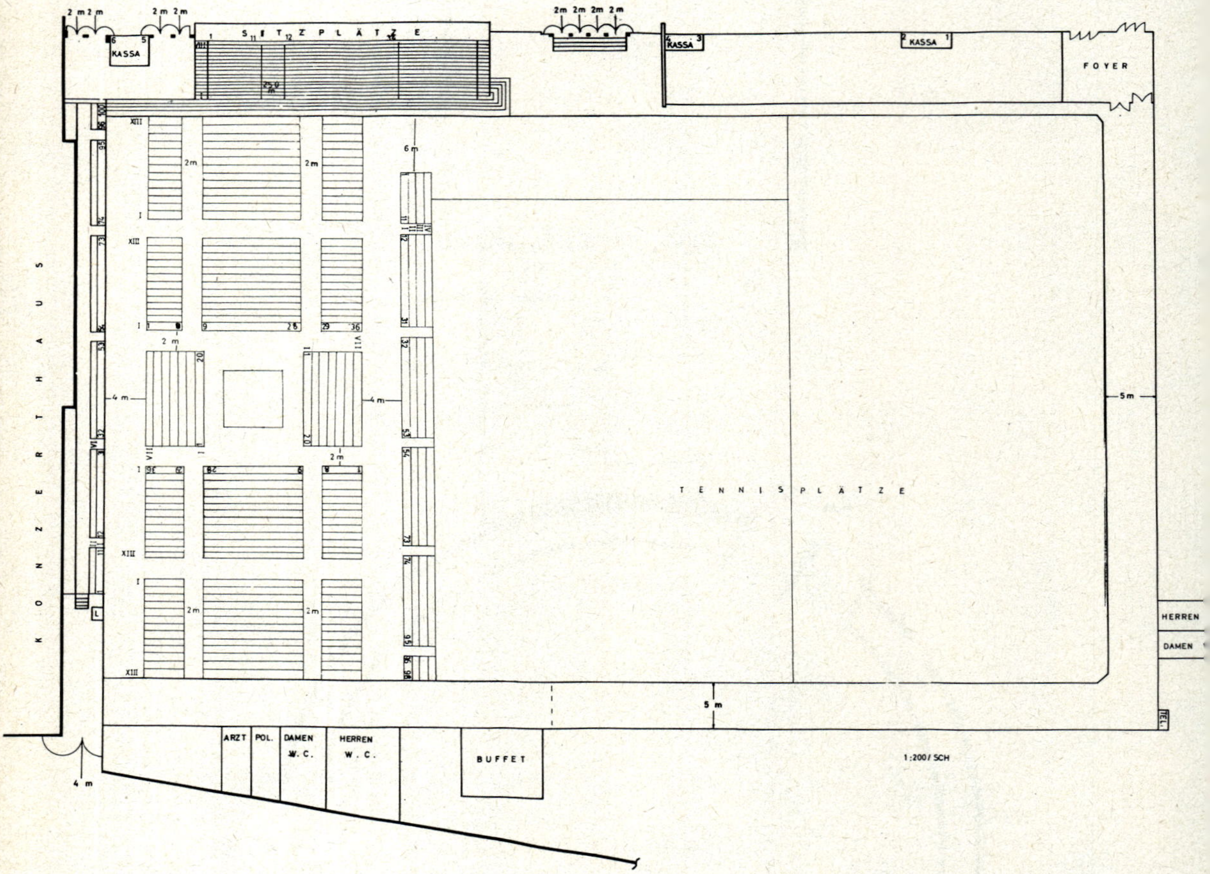

Fassungsraum: 3.012 Personen
Obiger Plan gilt bei Ringkämpfen

Wiener Stadthalle

(Halle ,,A“)

15, Vogelweidplatz 14
Tel. 95 49*

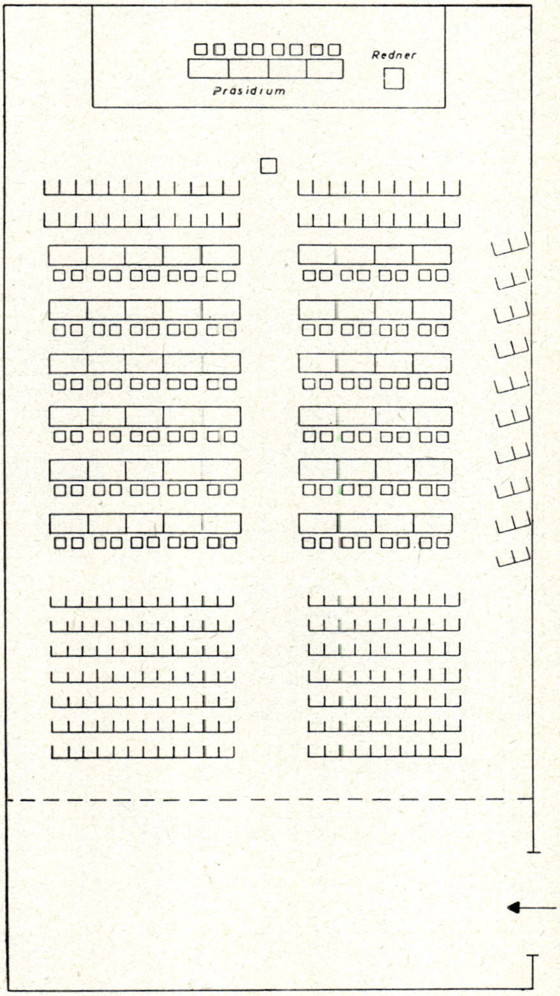

Fassungsraum: 326 Personen

Nebenstehender Plan gilt bei kleineren Kongressen, Tagungen und Vorträgen.
Da nicht alle Sitzpläne für weitere Verwendungsmöglichkeiten der Halle ,,A“ abgedruckt werden können, findet sich nachstehend eine Zusammenstellung von Varianten.

Erläuterungen

Radball, kleinere Turnveranstaltungen

Fassungsraum: zirka 200 Personen
Sektoren A bis D (an den Längs- und Querseiten) mit je 2 Sitzreihen

Vorträge

Fassungsraum: zirka 440 Personen
22 Sitzreihen

In der Wiener Stadthalle befindet sich noch eine Eistrainingshalle (sogenannte Halle ,,C“), die primär dem ganzjährigen Hallentraining der Eiskunstläufer zu dienen hat, aber auch dem eislaufsporttreibenden Publikum, Eishokkeyspielern und den Freunden des Eisschießens zur Verfügung steht.
Weiters befinden sich in der Wiener Stadthalle noch ein Hallenschwimmbad mit Sauna, eine Paddel- und Ruderhalle und eine Sportkegelhalle mit 8 vollautomatischen Kegelbahnen.

Wiener Stadthalle

(Halle „B“)

15, Vogelweidplatz 14
Tel. 95 49*

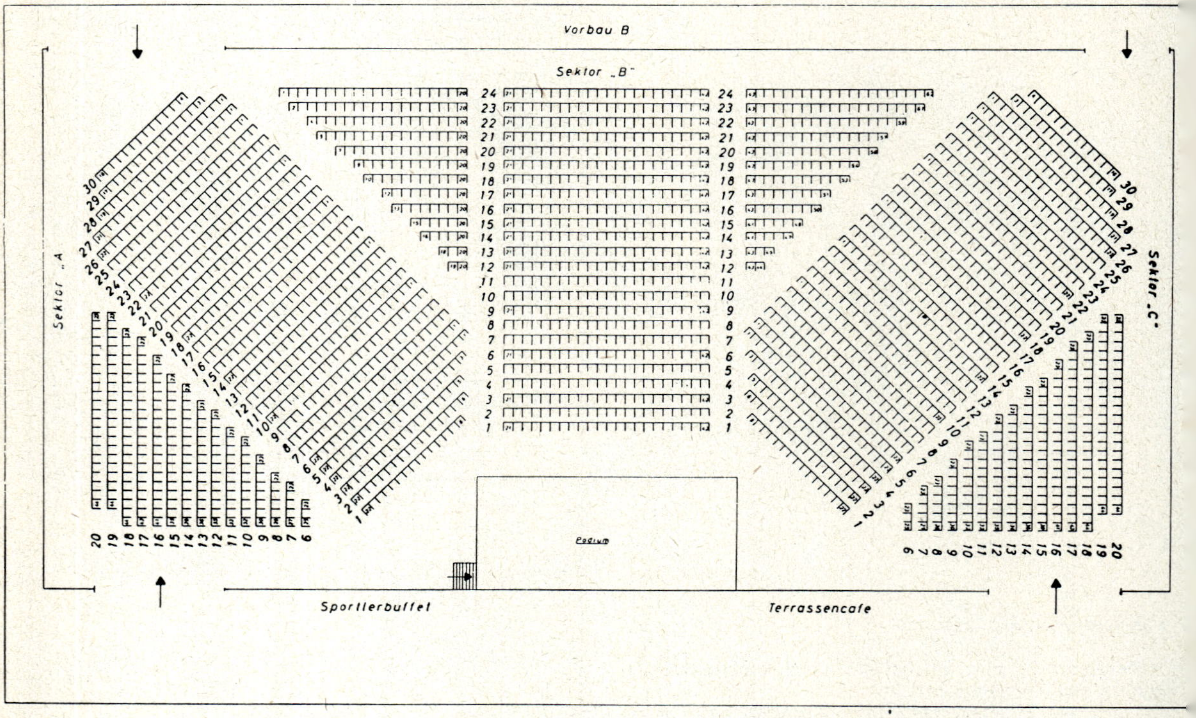

Fassungsraum: zirka 2.500 Personen

Obiger Plan gilt bei Kongressen, Tagungen und Vorträgen – Queraufstellung der Sitze.
Da nicht alle Sitzpläne für weitere Verwendungsmöglichkeiten der Halle ,,B“ abgedruckt werden können, findet sich nebenstehend eine Zusammenstellung von Varianten.

Erläuterungen zu Halle B

Basketball, Judo, Fechten
Fassungsraum: zirka 1.500 Personen
Sektoren A, B und C 3 Sitzreihen,
Sektor D 5 Sitzreihen

Boxen, Ringen
(Amateur- und kleinere Professionalkämpfe)
Fassungsraum: zirka 2.500 Personen
Sektoren A und C 12 Sitzreihen,
Sektoren B und D 9 Sitzreihen

Ehrungen, diverse Feierlichkeiten usw.
Fassungsraum: zirka 950 Personen bei Aufstellung von 115 Tischen

Handball, Volleyball
(Städte- und Länderspiele)
Fassungsraum: zirka 1.500 Personen
Sektoren A und C 7 Sitzreihen,
Sektoren B und D 5 Sitzreihen

Handball, Volleyball
(Abwicklung der Meisterschaften)
Fassungsraum: zirka 800 Personen
Sektoren B und D mit 2 bis 4 Sitzreihen

Konzerte, Vorträge, Kongresse usw.
Längsaufstellung der Sitze
Fassungsraum: zirka 2.500 Personen
58 Sitzreihen

Modeschau
Bei Queraufstellung der Sitze (Blick zum in der Hallenmitte befindlichen Laufsteg)
Fassungsraum: zirka 1.300 Personen
Rechts und links je 11 Reihen, Nord 6 Reihen
Bei Längsaufstellung der Sitze (Blick zur südseitig gelegenen Bühne)
Fassungsraum: zirka 1.900 Personen
51 Sitzreihen

Tanzen (Sporttanzen, Tanzmeisterschaften), **Turnen**
Fassungsraum: zirka 1.500 Personen
Sektoren A und C 10 Sitzreihen,
Sektoren B und D 7 Sitzreihen

Es gibt noch weitere Verwendungsmöglichkeiten, deren Aufzählung aber entbehrlich ist.

Erläuterungen zu Halle D

Boxen
Fassungsraum: zirka 16.000 Personen
Plan siehe nächste Seite (Änderung: Anstelle 1. und 2. Parkett Aufstellung der Tribüne West und 6 bis 10 Sitzreihen um den Ring)

Bühnenshow
Fassungsraum: zirka 11.000 Personen
Plan siehe nächste Seite (Änderung: Anstelle 1. und 2. Parkett Aufstellung von Tischen)

Eishockey, Fußball
Fassungsraum: zirka 10.000 Personen
Plan siehe nächste Seite (Änderung: 1. und 2. Parkett fällt weg, die Tribünen Ost, rechts und links sind verkürzt, dafür zusätzliche Aufstellung der Tribüne West)

Eisrevue
Fassungsraum: zirka 10.000 Personen
Plan siehe nächste Seite (Änderung: 1. und 2. Parkett fällt weg)

Hallenhandball, Basketball, Faustball
Fassungsraum: zirka 10.000 Personen
Plan siehe nächste Seite (Änderung: 1. und 2. Parkett fällt weg, dafür zusätzliche Aufstellung der Tribüne West)

Reiten
Fassungsraum: zirka 8.000 Personen
Plan siehe nächste Seite (Änderung: 1. und 2. Parkett fällt weg, die Tribünen Ost, rechts und links sind verkürzt)

Tennis
Fassungsraum: zirka 9.000 Personen
Plan siehe nächste Seite (Änderung: 1. und 2. Parkett fällt weg, die Tribünen Ost, rechts und links sind verkürzt, dafür zusätzliche Aufstellung der Tribüne West)

Turnen, Tanzen
Fassungsraum: zirka 8.500 Personen
Plan siehe nächste Seite (Änderung: 1. und 2. Parkett fällt weg)

Zirkus
Fassungsraum: zirka 11 000 Personen
Plan siehe nächste Seite (Änderung: 1. und 2. Parkett fällt weg, dafür zusätzliche Aufstellung der Tribüne West)

Die Tribünen sind je nach benötigter Aktionsfläche verkleinert oder vergrößert.
Die Anordnung der Sitze ist im 1. und 2. Rang bei jeder Veranstaltung die gleiche, im 2. Rang allerdings können die Sitzplätze fallweise als Stehplätze Verwendung finden.

Es gibt noch weitere Verwendungsmöglichkeiten, deren Aufzählung aber entbehrlich ist.

Wiener Stadthalle

(Halle „D“)

15, Vogelweidplatz 14
Tel. 95 49*

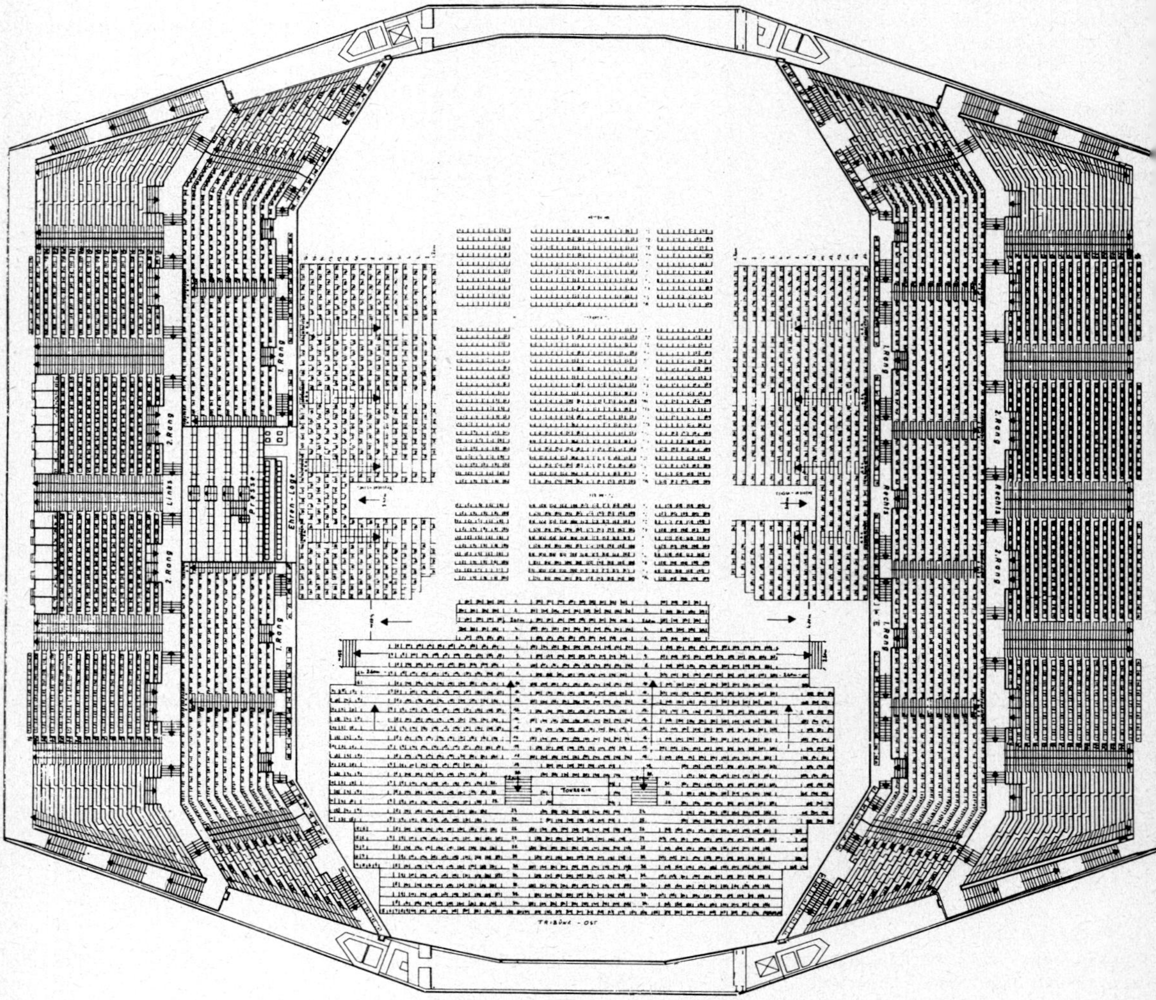

Fassungsraum: zirka 12.000 Personen

Obiger Plan gilt bei der Veranstaltung von Konzerten, Vorträgen, Kongressen und bunten Abenden.
Da nicht alle Sitzpläne für weitere Verwendungsmöglichkeiten der Halle „D“ abgedruckt werden können, findet sich auf dem Blatt vorher eine Zusammenstellung von Varianten.

Wiener Stadion

2, Prater, Meiereistraße
Tel. 26 21 01, 26 21 03

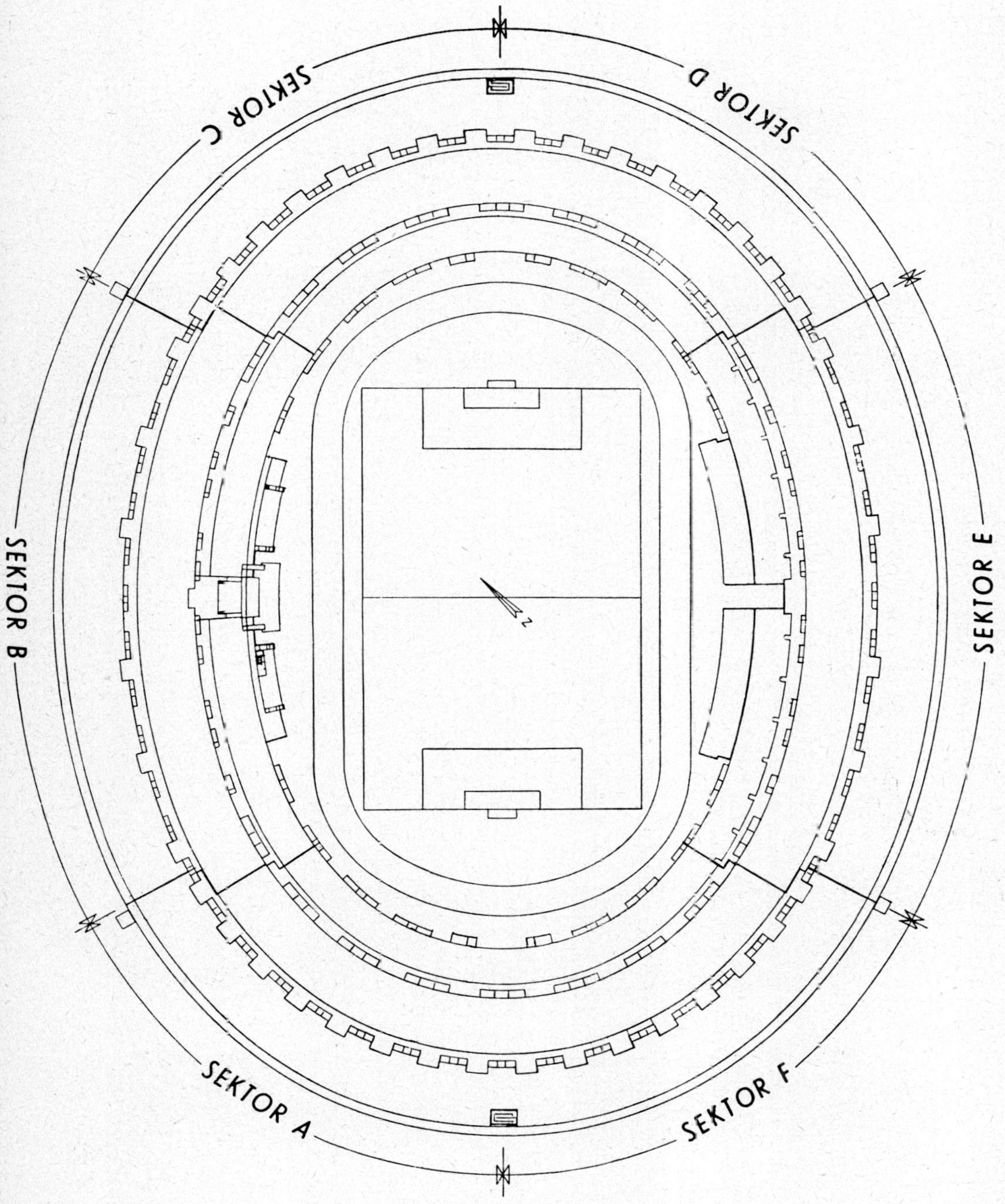

Fassungsraum: zirka 70.000 Personen
(39.000 Sitzplätze,
31.000 Stehplätze im 3. Rang der Sektoren A, C, D und F)

Sportzentrum Wien-West – Gerhard-Hanappi-Stadion

14, Keißlergasse 6
Tel. 94 55 19*

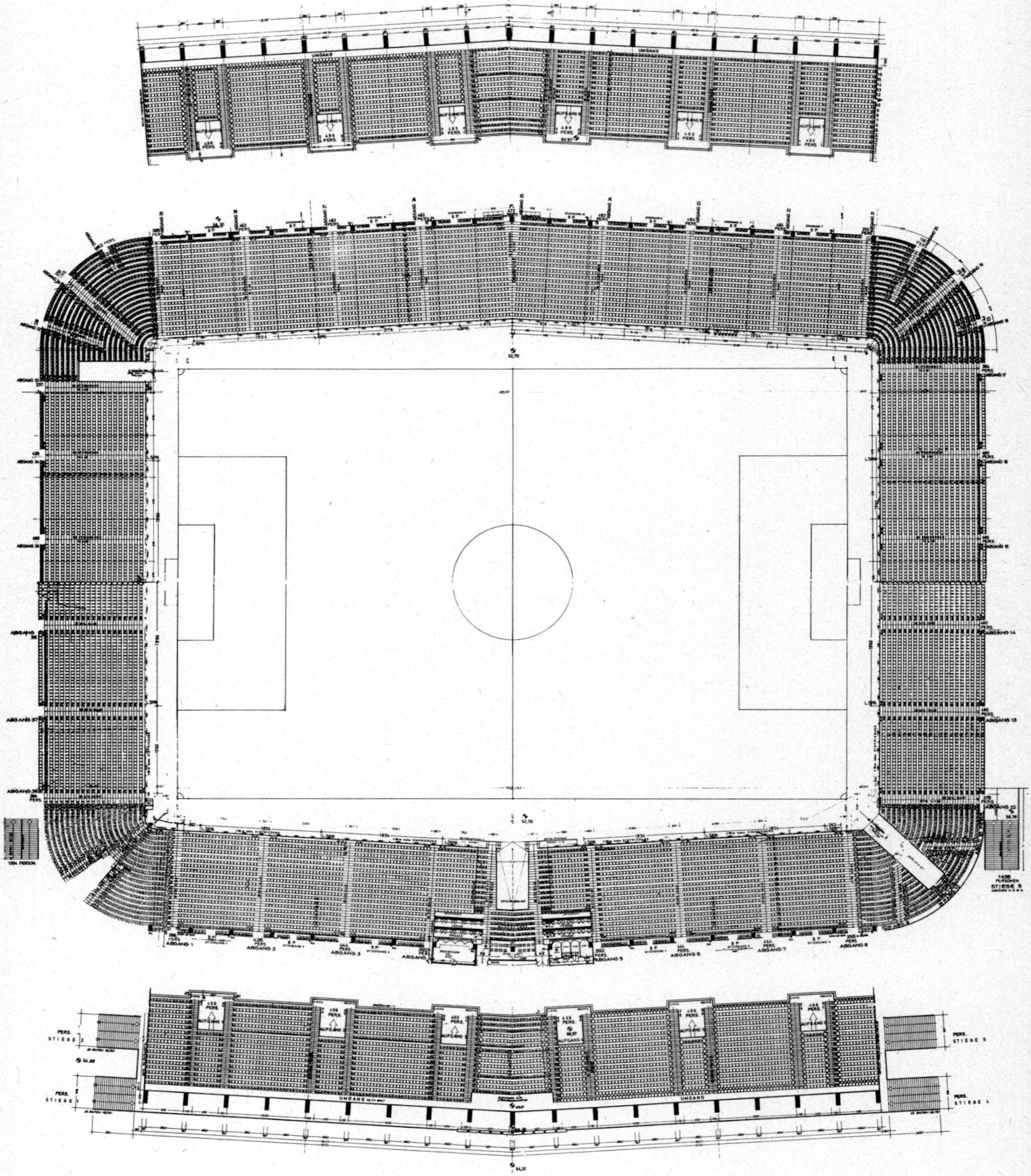

Fassungsraum: zirka 20.000 Personen

Wiener Hallenstadion

2, Engerthstraße 267–269
Tel. 24 05 31*

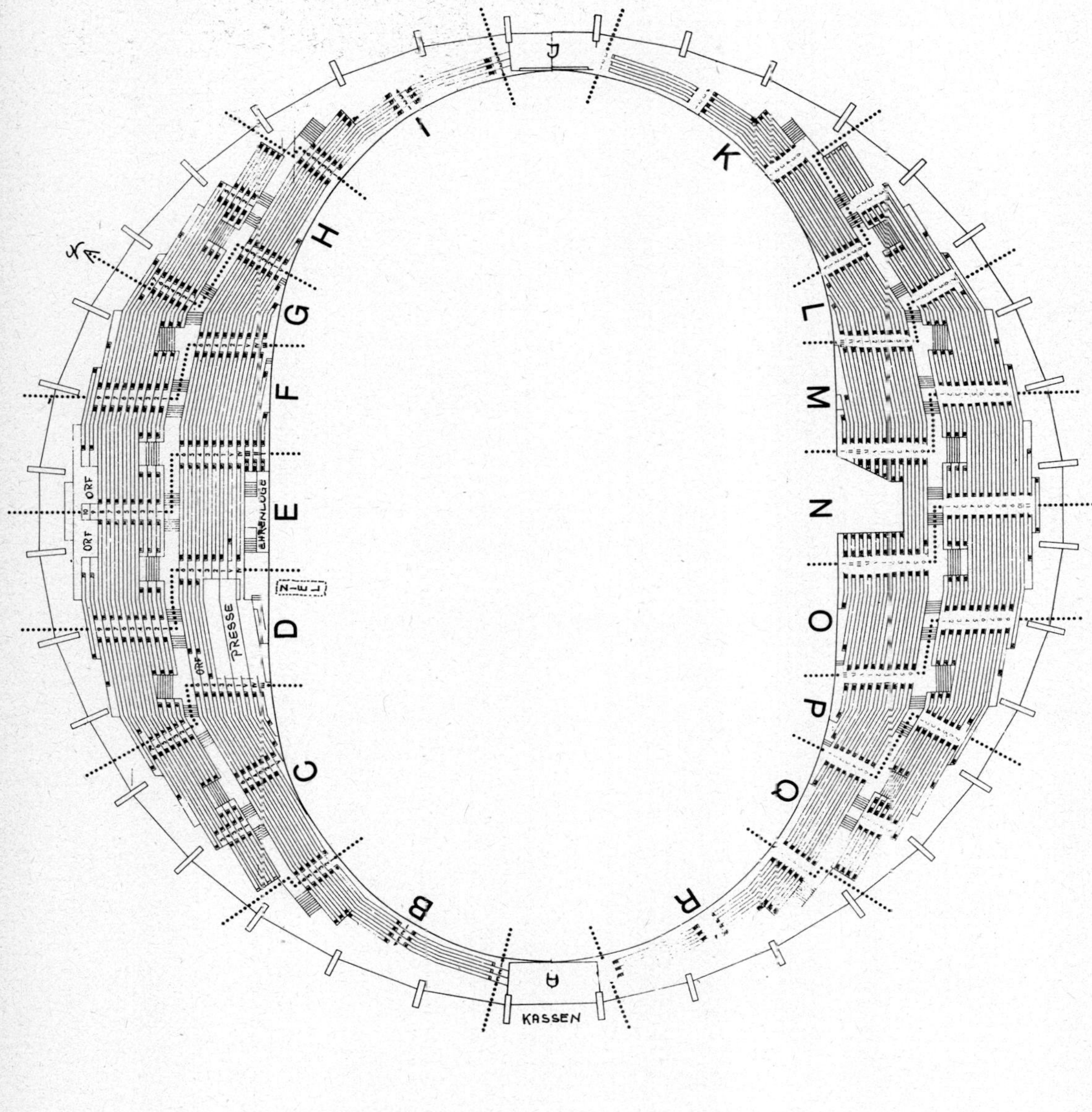

Fassungsraum: 5.479 Personen

Obiger Plan gilt bei Radrennen und Leichtathletikveranstaltungen.

Donaupark-Halle

22, Kaisermühlen, Wagramer Straße 1
Tel. 23 61 23, 23 45 96

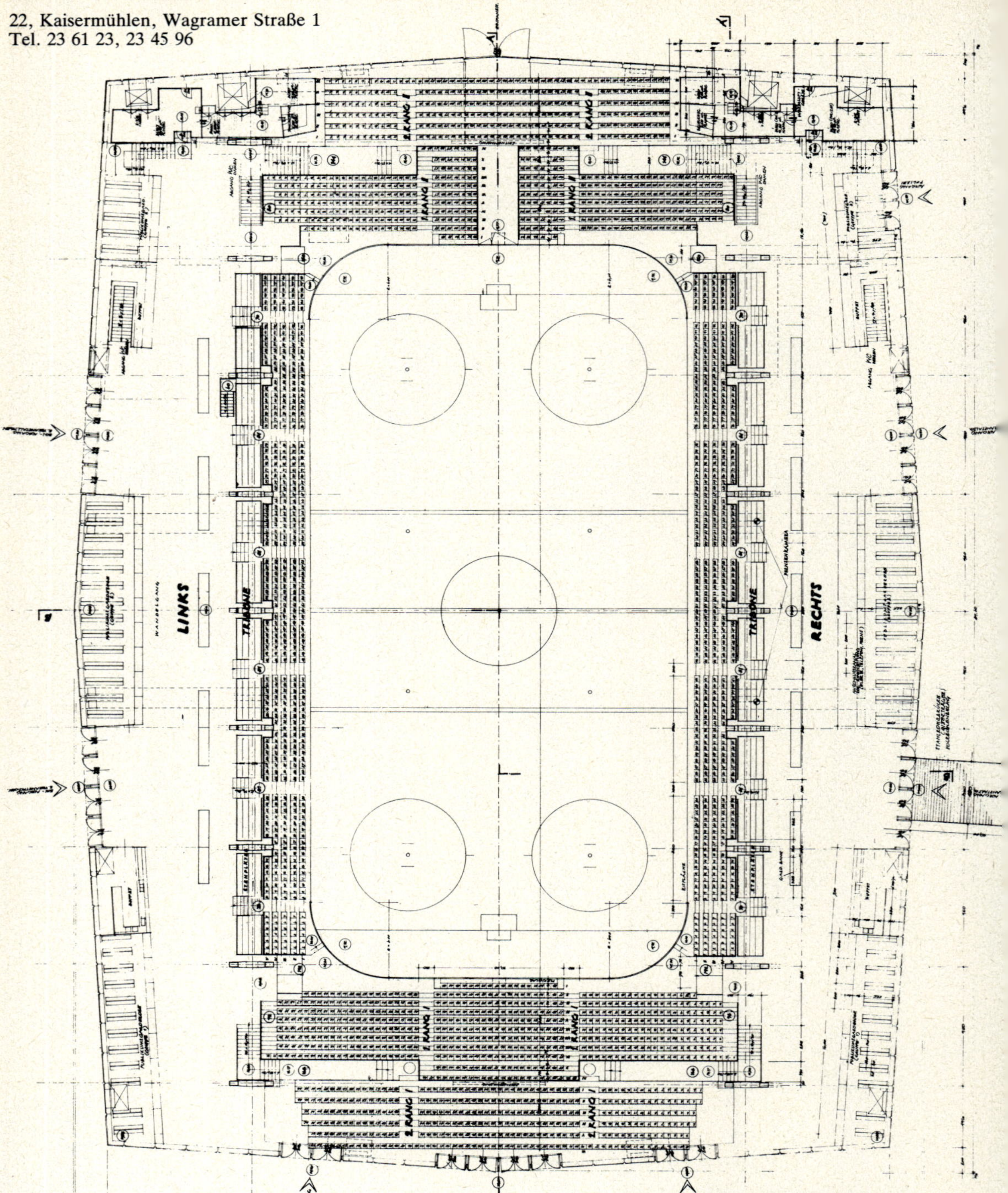

Fassungsraum: zirka 3.000 Personen
Obiger Plan gilt bei Basketball, Eishockey, Eiskunstlauf, Fechten und Handball.

Konzertveranstaltungen: 3.800 Personen

Apollo

(Kino)

6, Gumpendorfer Straße 63
Tel. 57 96 51

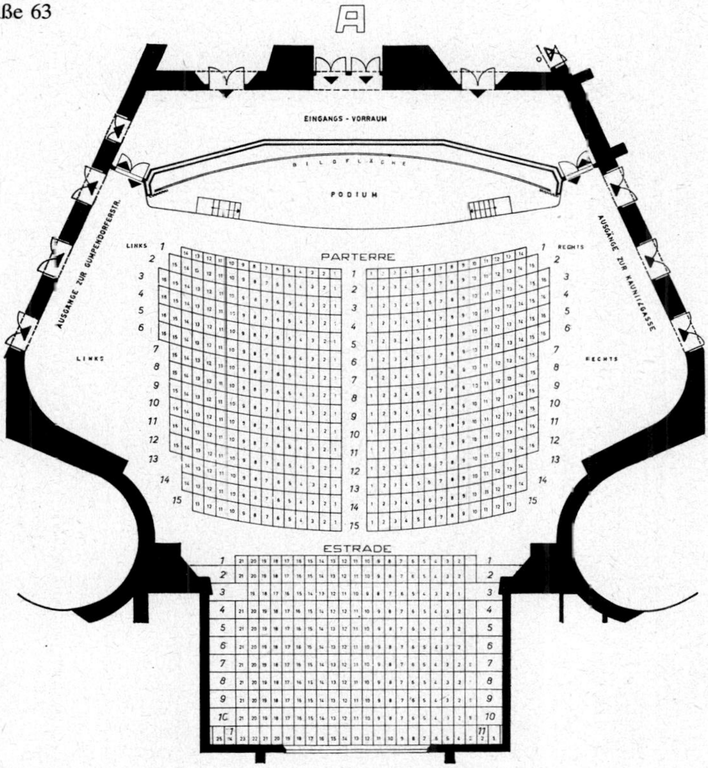

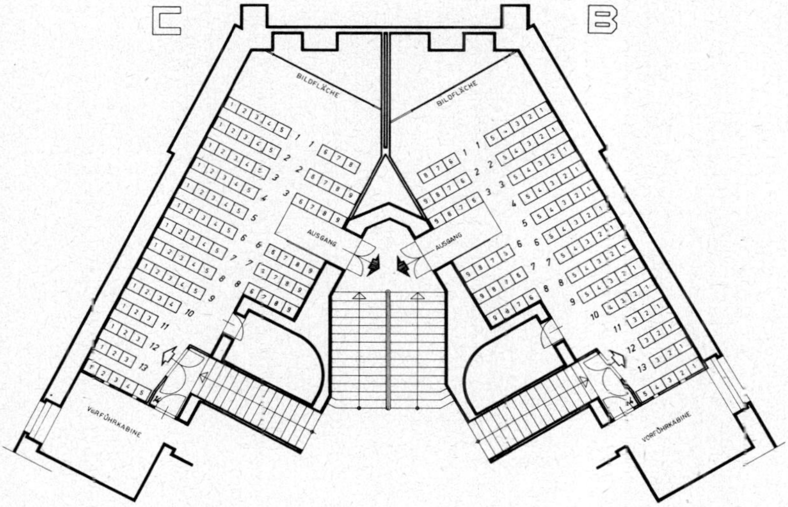

Fassungsraum: Kino A – 681 Personen
Kino B – 86 Personen
Kino C – 86 Personen

Auge-Center

9, Nußdorfer Straße 73
Tel. 34 63 44

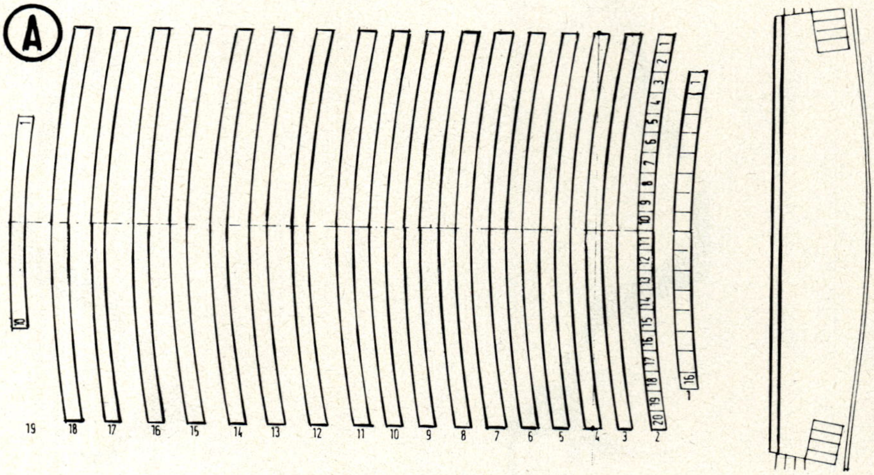

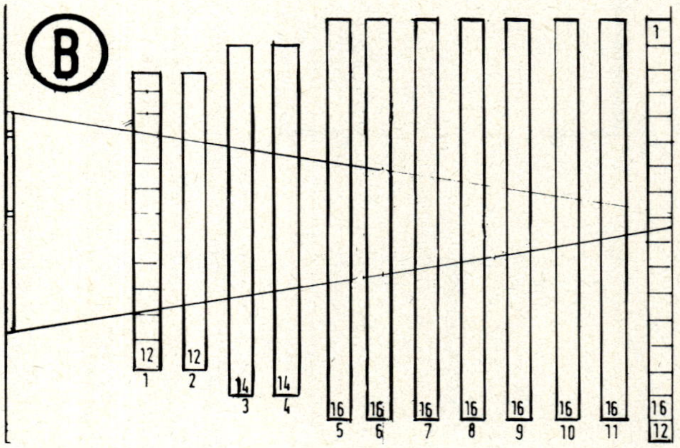

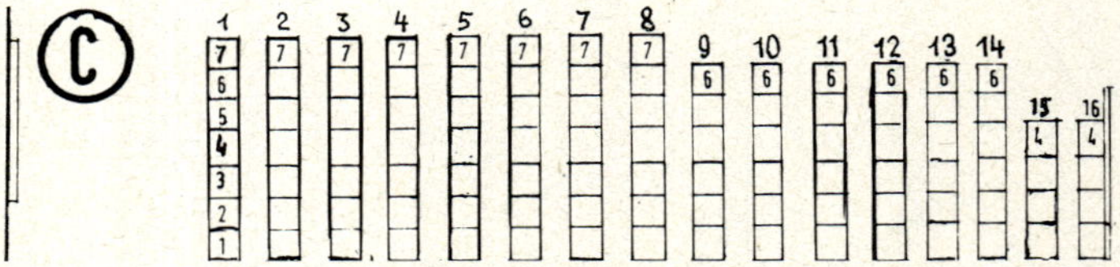

Fassungsraum: Saal A – 366 Personen
Saal B – 180 Personen
Saal C – 100 Personen

Cinecenter

1, Fleischmarkt 6
Tel. 63 24 11

KINO 1

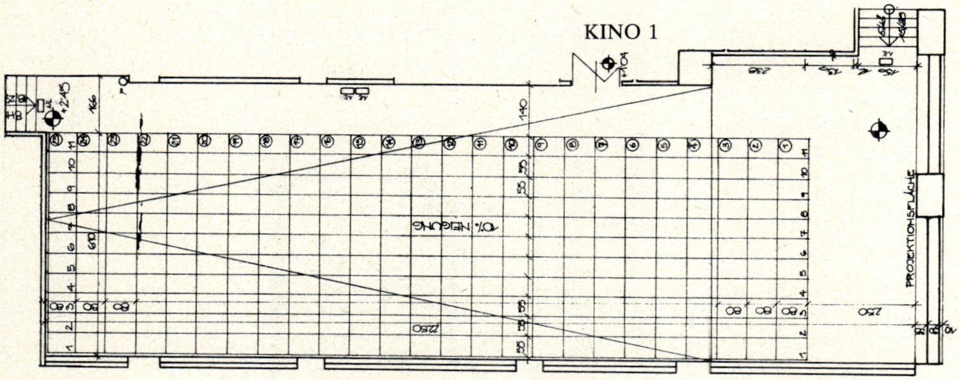

KINO 2

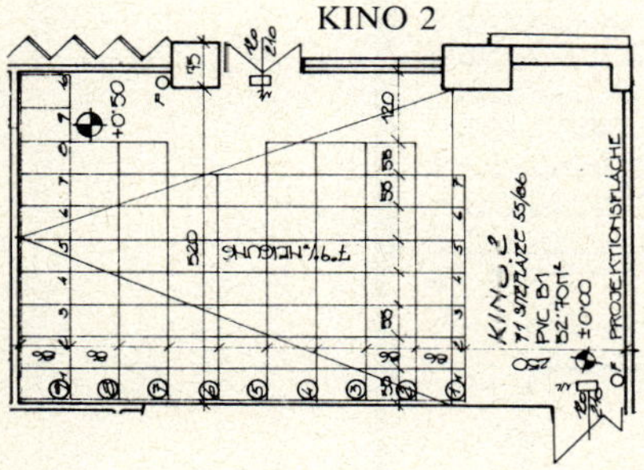

KINO 3

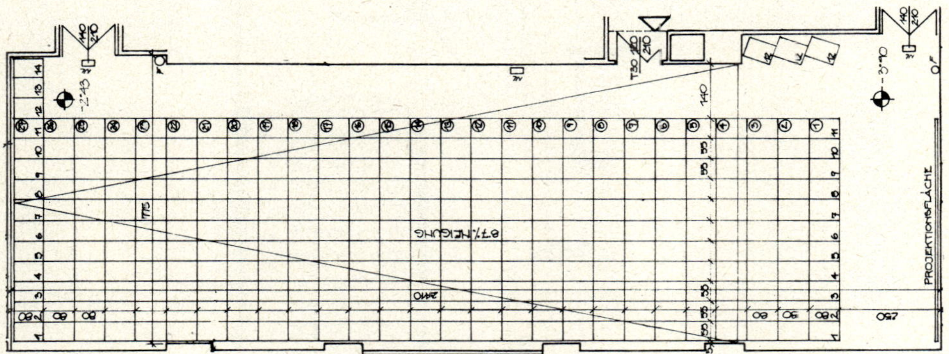

KINO 4

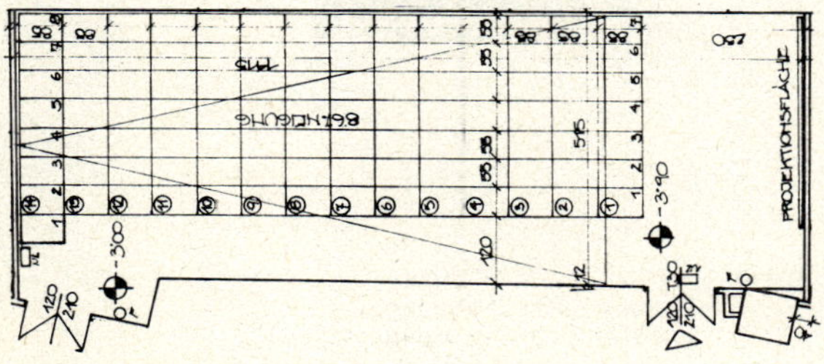

Fassungsraum: Kino 1 – 278 Personen
Kino 2 – 71 Personen
Kino 3 – 303 Personen
Kino 4 – 99 Personen

City-Center

1, Tuchlauben 13
Tel. 63 52 32

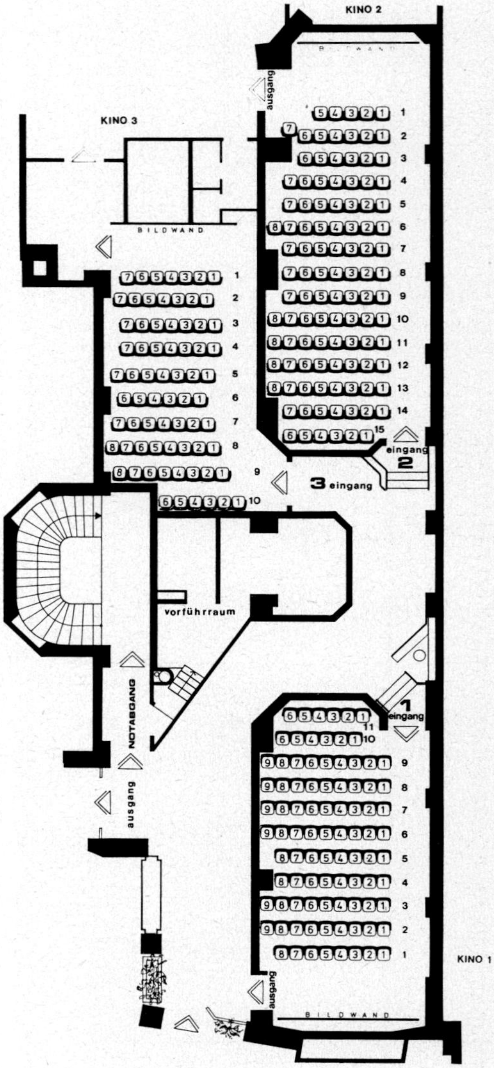

Fassungsraum: Kino 1 – 90 Personen
Kino 2 – 106 Personen
Kino 3 – 70 Personen

Edison-Center

10, Arthaberplatz 2
Tel. 64 15 89

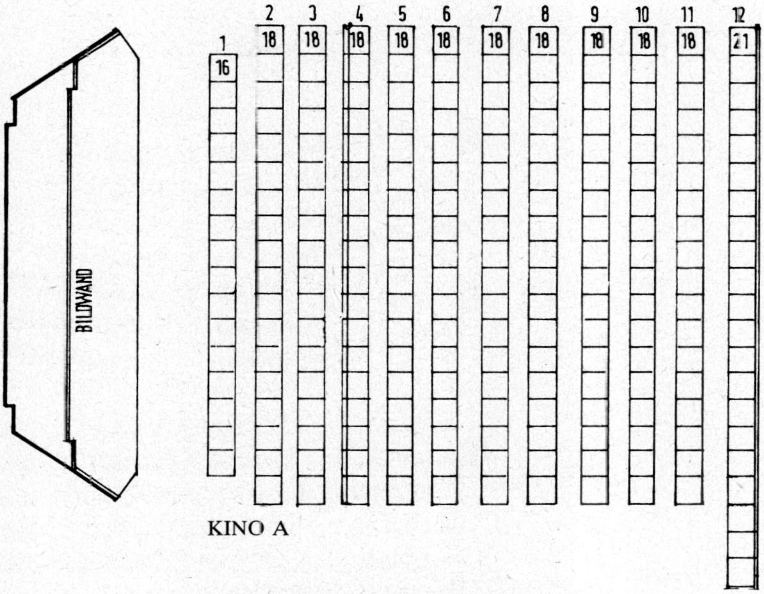

KINO A

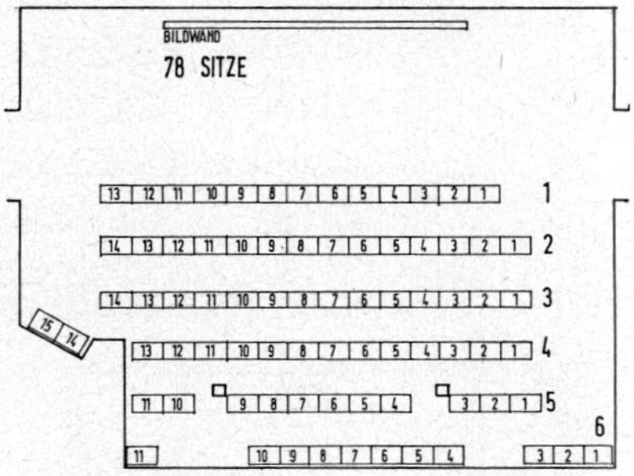

KINO B

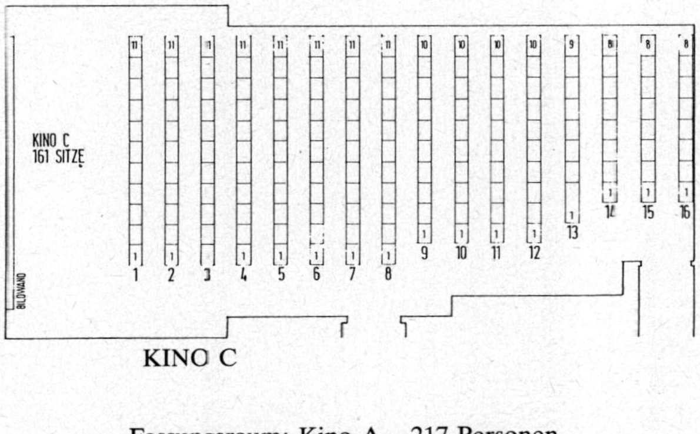

KINO C

Fassungsraum: Kino A – 217 Personen
Kino B – 78 Personen
Kino C – 161 Personen

Flotten-Center

6, Mariahilfer Straße 85–87
Tel. 56 51 52

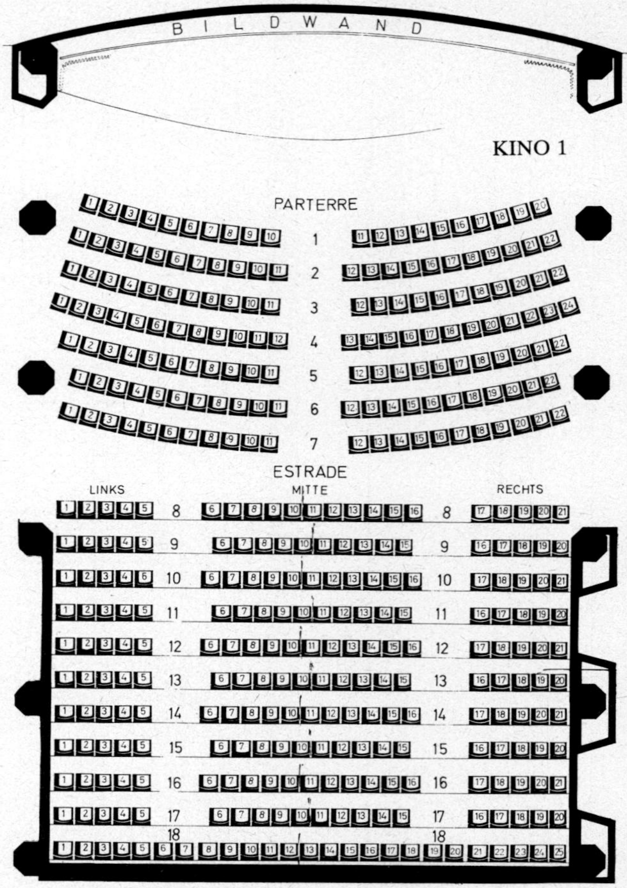

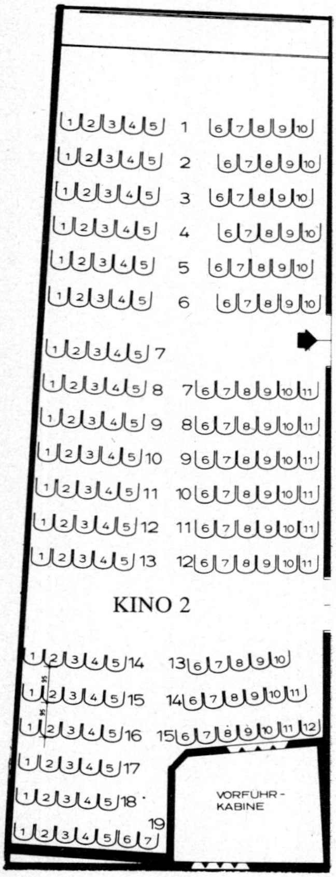

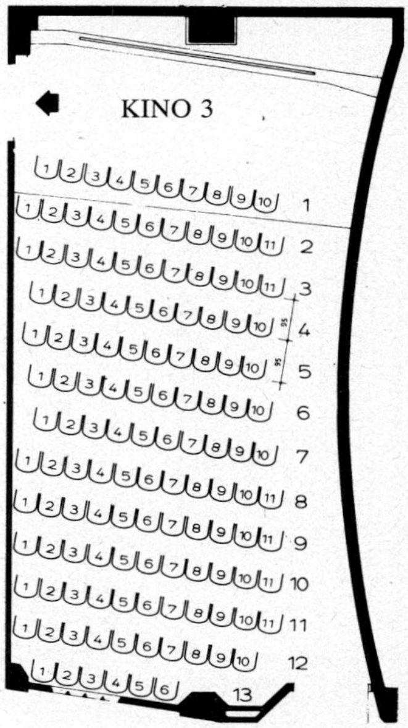

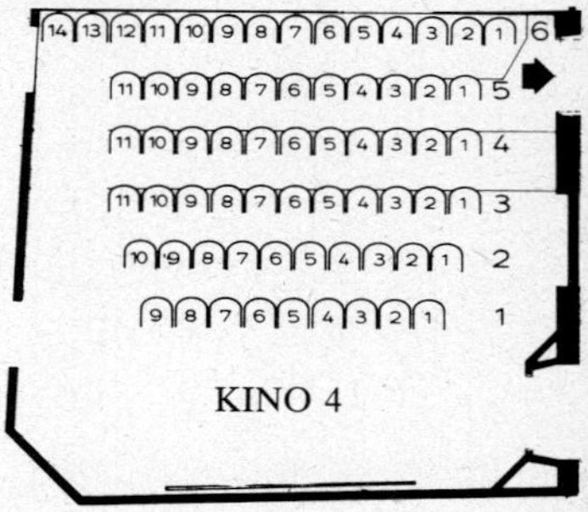

Fassungsraum: Kino 1 – 384 Personen
Kino 2 – 181 Personen
Kino 3 – 132 Personen
Kino 4 – 66 Personen

Gartenbau-Kino

1, Parkring 12
Tel. 52 23 54

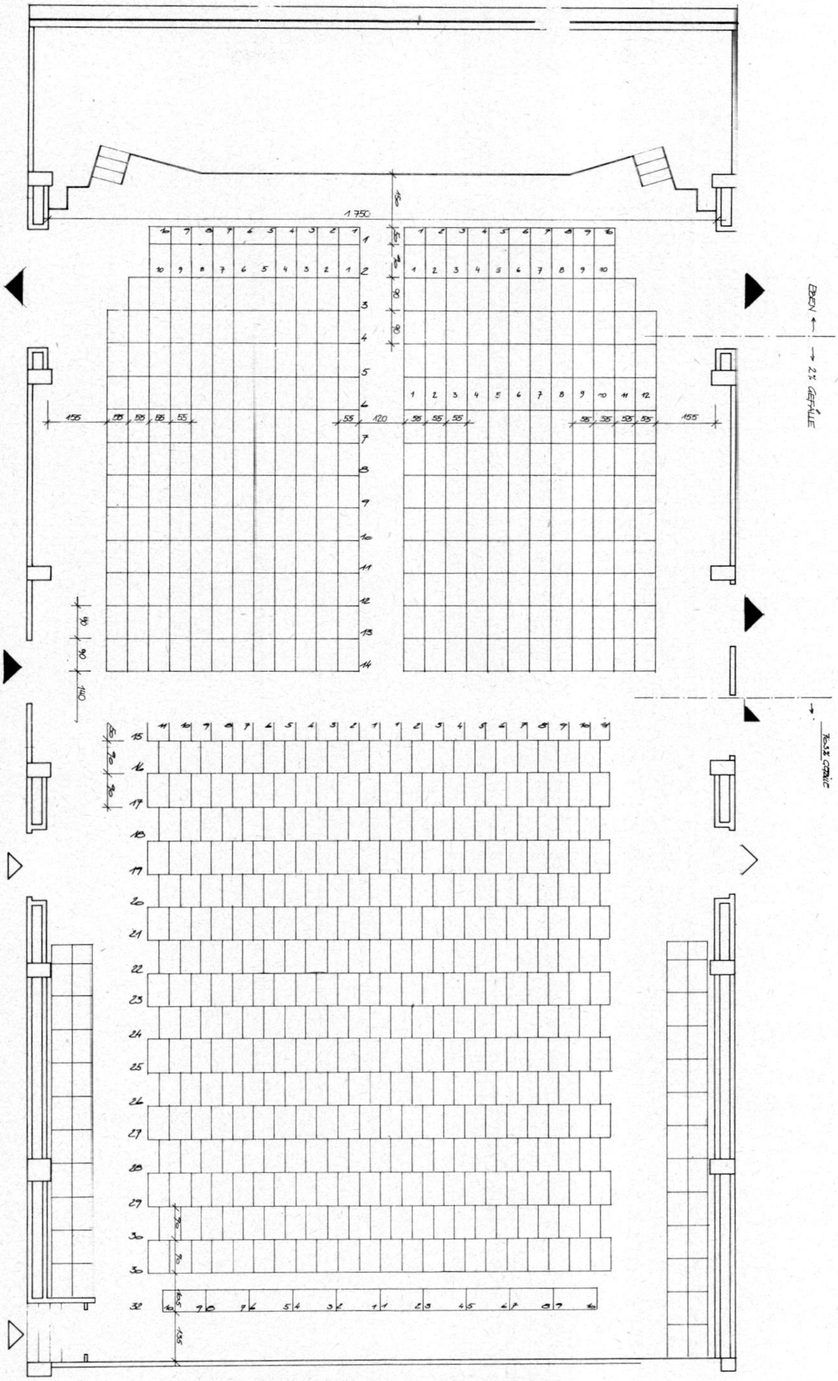

Fassungsraum: 760 Personen

Haydn-Kino

6, Mariahilfer Straße 57
Tel. 57 22 62

KINO A

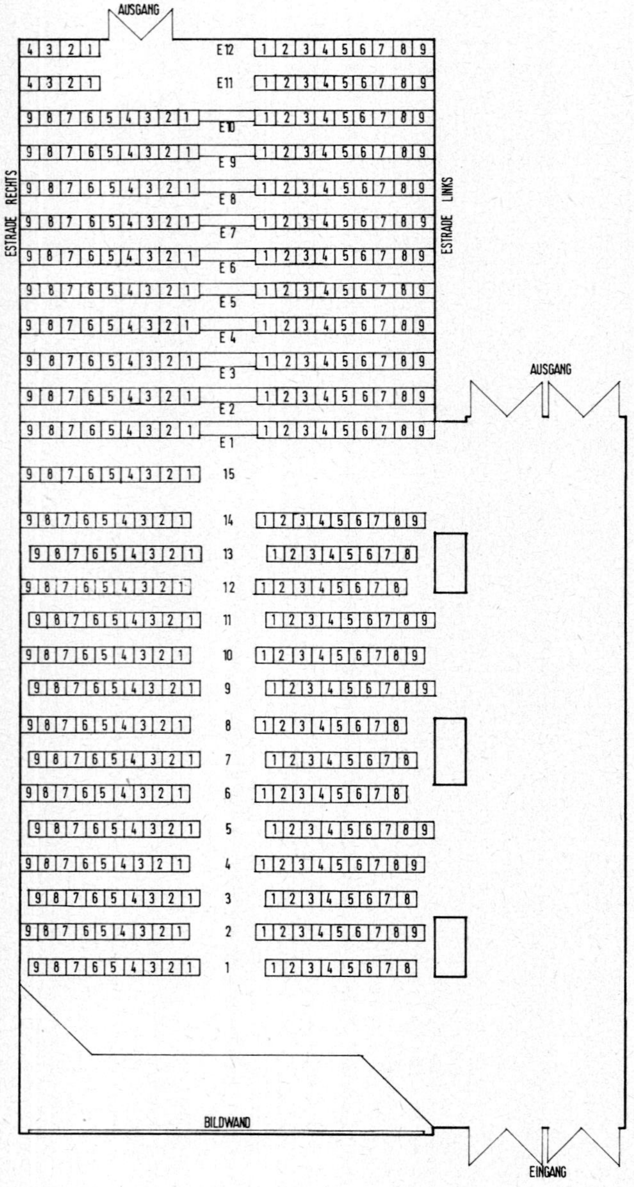

KINO B

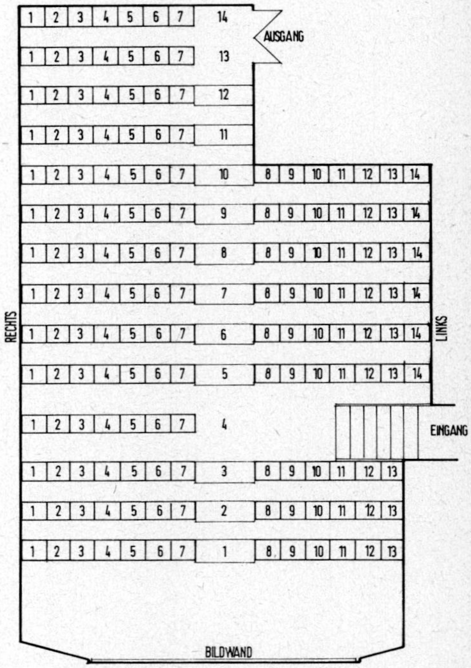

Fassungsraum: Kino A – 460 Personen
Kino B – 158 Personen

Kolosseum-Center

9, Nußdorfer Straße 4
Tel. 34 81 06

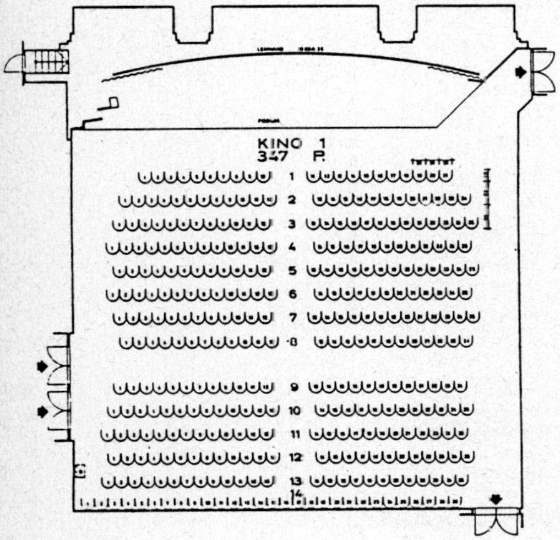

KINO 1

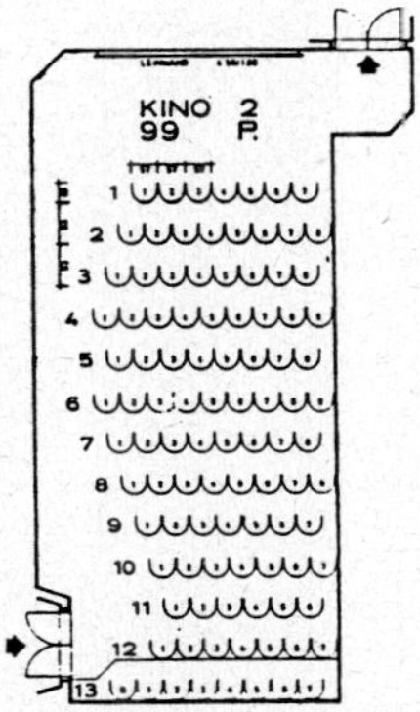

KINO 2

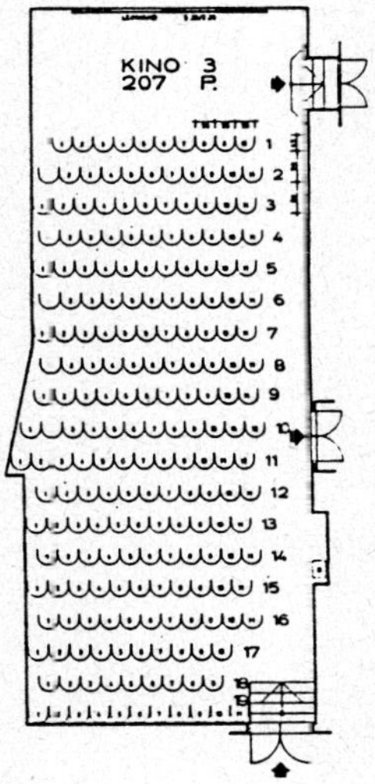

KINO 3

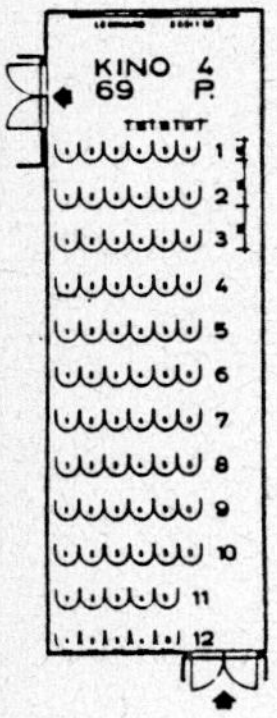

KINO 4

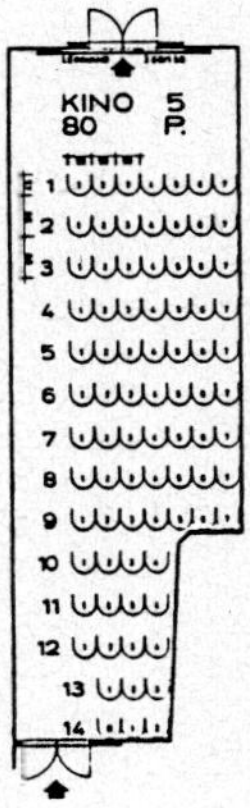

KINO 5

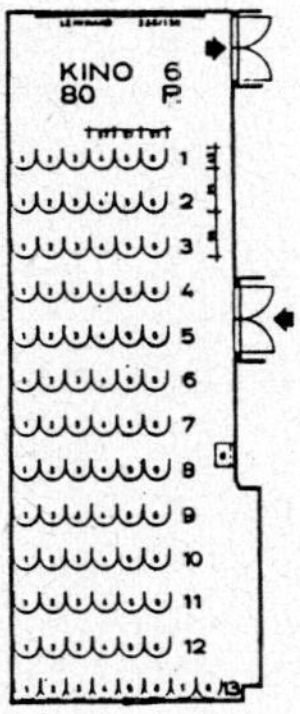

KINO 6

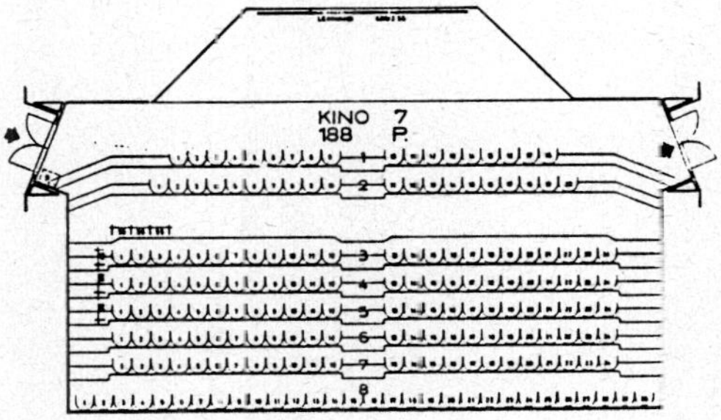

KINO 7

Fassungsraum: Kino 1 – 347 Personen
Kino 2 – 99 Personen
Kino 3 – 207 Personen
Kino 4 – 69 Personen
Kino 5 – 80 Personen
Kino 6 – 80 Personen
Kino 7 – 188 Personen

Panorama-Center

2, Praterstern 1
Tel. 24 72 42

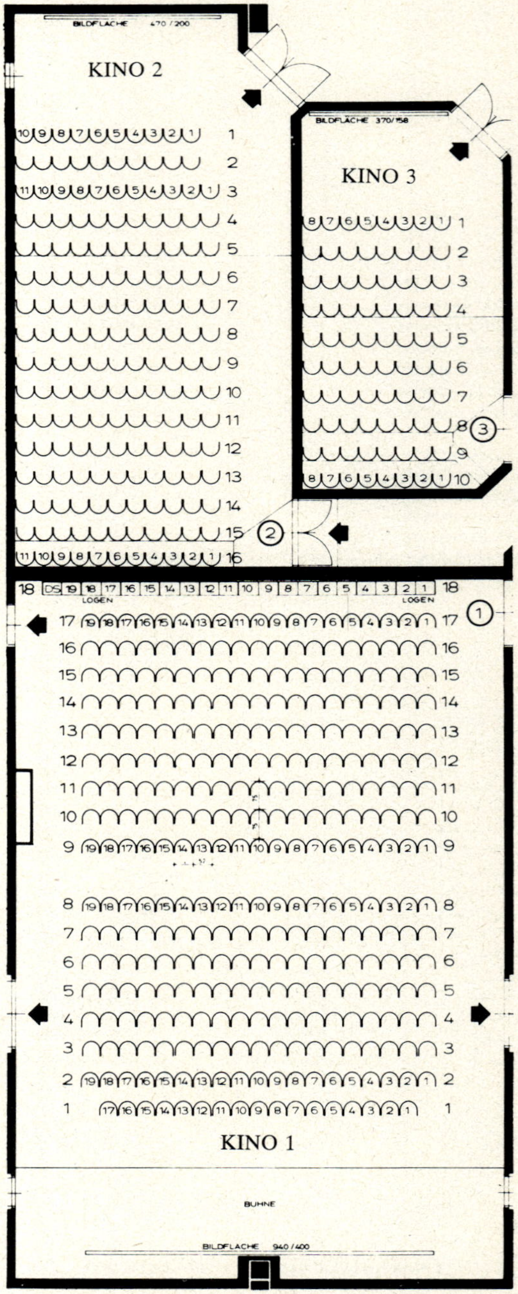

Fassungsraum: Kino 1 – 340 Personen
Kino 2 – 174 Personen
Kino 3 – 80 Personen

Weltspiegel-Kino

16, Lerchenfelder Gürtel 55
Tel. 43 13 11

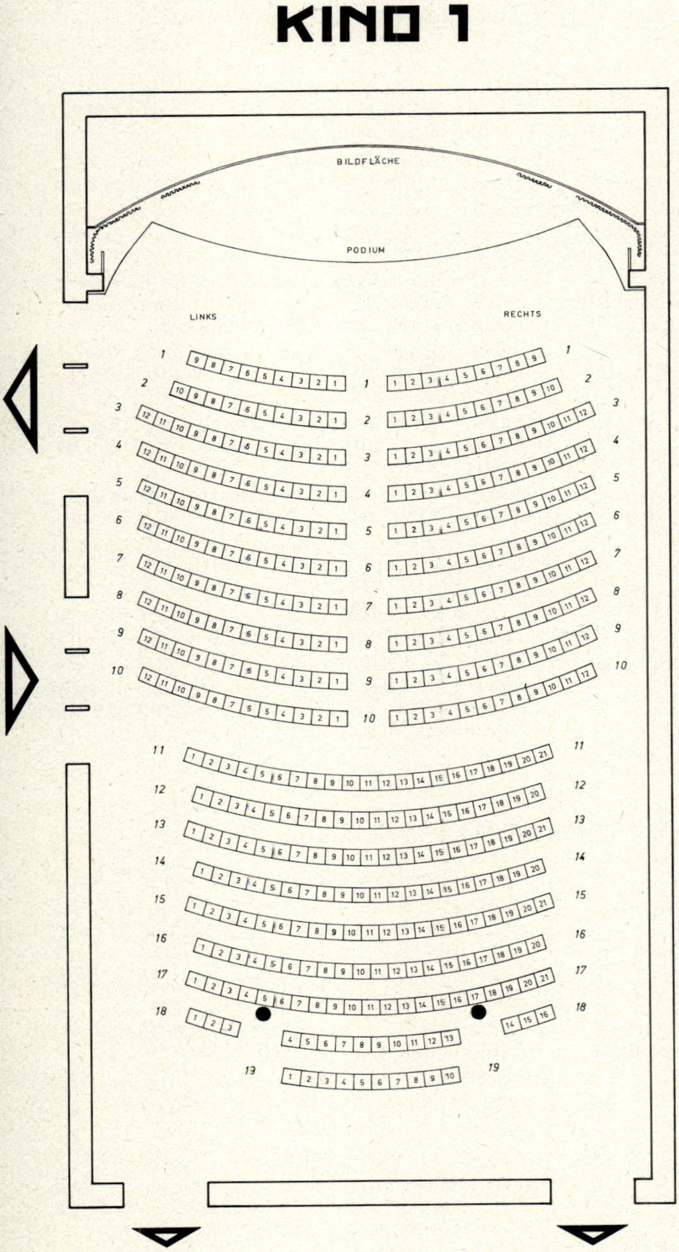

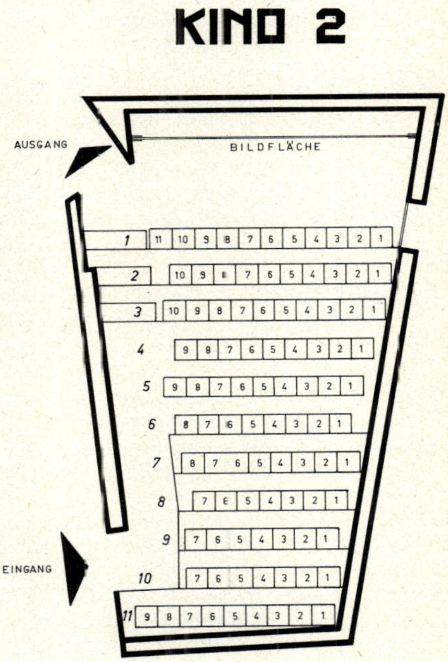

Fassungsraum: Kino 1 – 400 Personen
Kino 2 – 95 Personen

WEITERE THEATER UND KABARETTS

Ateliertheater am Naschmarkt, 6, Linke Wienzeile 4, Tel. 57 82 14, Direktion: Dr. Peter Janisch, Fassungsraum: 94 Personen

Theater beim Auersperg, 8, Auerspergstraße 17, Tel. 43 07 07, Direktion: Peter Toifl, Fassungsraum: 96 Personen

Theater Drachengasse zwei, 1, Drachengasse 2, Tel. 53 14 44, Direktion: Verein „Drachengasse zwei" – Spielraum für kulturelle Aktivitäten, Emma Werner, Fassungsraum: 82 Personen

Experiment am Liechtenwerd, 9, Liechtensteinstraße 132, Tel. 31 41 08, Direktion: Ing. Mag. Erwin Pikl, Fassungsraum: 49 Personen

Theater-Forum, 9, Porzellangasse 50, Tel. 31 54 21, Direktion: Stefan Mras, Fassungsraum: 399 Personen

Verein „Freie Bühne Wieden", 4, Wiedner Hauptstraße 60b, Tel. 56 21 22, Direktion: Topsy Küppers, Fassungsraum: 186 Personen

International Theatre, 9, Porzellangasse 8, Tel. 31 62 72, Direktion: Marilyn Wallace, Fassungsraum: 76 Personen

Intime Bühne, 1, Franz-Josefs-Kai 29, Tel. 63 24 34, Direktion: Erich Koller, Fassungsraum: 167 Personen

Theater der Jugend im Theater im Zentrum, 1, Liliengasse Nr. 3, Tel. 52 41 01, Fassungsraum: 335 Personen

Wiener Kammeroper, 1, Drachengasse 1, Büro: 1, Bäckerstraße 7, Tel. 52 69 43, Direktion: Prof. Hans Gabor, Fassungsraum: 302 Personen

„Kleine Komödie" im Theater am Kärntnertor, 1, Walfischgasse 4, Tel. 52 42 80, Direktion: Helmut Siderits, Fassungsraum: 272 Personen

Die Komödianten, Theater im Künstlerhaus, 1, Karlsplatz 5, Tel. 57 05 04, Direktion: Conny Hannes Mayer, Fassungsraum: 120 bis 150 Personen

„Zur Kulisse", 17, Rosensteingasse 39, Tel. 45 38 70, Direktion: Verein zur Förderung kultureller Aktivitäten in den Außenbezirken Wiens, Friedrich Aumayr, Fassungsraum: 200 Personen

Original Pradler Ritterspiele, 1, Biberstraße 2, Tel. 52 54 00, Direktion: Gretl Höller, Fassungsraum: 145 Personen

Schauspielhaus Wien, 9, Porzellangasse 19, Tel. 34 01 01, Direktion: Hans Gratzer, Fassungsraum: 278 Personen

Schönbrunner Schloßtheater (Max Reinhardt-Seminar), 13, Schloß Schönbrunn, Tel. 82 45 66, Kanzlei: 14, Penzinger Straße 9, Tel. 82 21 88, Fassungsraum: 485 Personen

Theater am Schwedenplatz, 1, Franz-Josefs-Kai 21, Tel. 63 20 973, Direktion: Prof. Herbert Lederer, Fassungsraum: 49 Personen

Serapions Theater, 20, Wallensteinplatz 6, Tel. 33 42 31, Direktion: Erwin Piplits, Fassungsraum: 170 Personen

Theater-Kabarett „Simpl", 1, Wollzeile 36, Tel. 52 47 42, Direktion: Dr. Martin Floßmann, Fassungsraum: 235 Personen

Son et Lumiere vor dem Schloß Belvedere, 3, Prinz-Eugen-Straße 7, Tel. 52 56 81, Direktion: Österreichisches Kulturzentrum, Dr. Hellmuth Grausam

Ensemble-Theater „Treffpunkt Petersplatz", 1, Petersplatz 1, Tel. 66 32 00, Direktion: Walter Szirba, Fassungsraum: 154 Personen

Theater „Die Tribüne" im Café Landtmann, 1, Dr.-Karl-Lueger-Ring 4, Tel. 63 84 85, Direktion: Prof. Otto Ander, Fassungsraum: 135 Personen

Stegreifbühne Tschauner, 16, Maroltingergasse 43, Tel. 92 46 05, Fassungsraum: 300 Personen

Vienna's English Theatre, 8, Josefsgasse 12, Tel. 42 12 60, Direktion: Vienna's English Theatre Ges. m. b. H., Fassungsraum: 251 Personen

VT-Studio Konzerthauskeller, 3, Lothringerstraße 20, Tel. 66 32 00, Direktion: Volkstheater Ges. m. b. H., Paul Blaha, Fassungsraum: 107 Personen

Zentrum 22 – Theater an der Donau, 22, Kagran, Steigenteschgasse 94b, Tel. 23 11 88, Direktion: Kulturverein Donaustadt, Fassungsraum: 229 Personen

KONZERT- UND VERANSTALTUNGSSÄLE

Allgemein mietbar

Ehrbar-Säle, Konservatorium für Musik und dramatische Kunst, 4, Mühlgasse 28–30, Tel. 57 57 49

Hofburg, Festsäle, Wiener Kongreßzentrum, Hofburg-Betriebsgesellschaft m. b. H., 1, Heldenplatz, Tel. 57 36 66

Konzerthaus, Großer Saal, Mozart-Saal, Schubert-Saal, Wiener Konzerthausgesellschaft, 3, Lothringerstraße Nr. 20, Tel. 72 46 86

Landesinnung Wien der Bäcker, 8, Florianigasse 13, Tel. 42 53 96

Musikverein, Großer Saal, Brahmssaal, Gesellschaft der Musikfreunde, 1, Bösendorferstraße 12, Tel. 65 86 81*

Palais Auersperg, Festsaal, Haus Arabia, 8, Auerspergstraße 1, Tel. 42 76 71

Palais Erzherzog Karl, Internationales Kulturzentrum, 1, Annagasse 20, Tel. 52 69 51

Palais Kinsky, Festsaal, Palaisverwaltung, 1, Freyung 4, Tel. 63 30 622

Palais Liechtenstein, 9, Fürstengasse 1, Tel. 34 12 59

Palais Palffy, Beethoven-Saal, Figaro-Saal, Haydn-Salon, Österreich-Haus, Österreichisches Kulturzentrum, 1, Josefsplatz 6, Tel. 52 56 81

Palais Pallavicini, Festsaal, Wiener Rennverein, 1, Josefsplatz 5, Tel. 52 25 38

Palais Rasumofsky, Festsaal, Geologische Bundesanstalt, 3, Rasumofskygasse 23, Tel. 72 56 74*

Palais Schwarzenberg, Marmor-Saal, Kuppelsaal, Verwaltung (Hotel), 3, Schwarzenbergplatz 9, Tel. 72 51 25

Porrhaus, 4, Treitlstraße 3, Tel. 57 36 84

Sofiensäle, 3, Marxergasse 17, Tel. 72 65 88, 72 21 98

Wiener Stadthalle, Halle D, Halle B, Wiener Stadthalle-Kiba Betriebs- und Veranstaltungs Ges. m. b. H., 15, Vogelweidplatz 14, Tel. 95 49*

WIG 74, Kurbetrieb Heilquelle (Thermalschwefelquelle) Oberlaa Ges. m. b. H., 10, Kurbadstraße 10, Tel. 68 16 11*

Interne Veranstaltungssäle

Albertina, Graphische Sammlung, 1, Augustinerstraße 1, Tel. 52 57 69, 52 42 32

Ärztehaus, 9, Frankgasse 8, Tel. 42 47 77

Collegium Hungaricum, Österreichisch-Ungarische Vereinigung, 2, Hollandstraße 4, Tel. 24 05 81, 24 69 832

Haydn-Haus, 6, Haydngasse 19, Tel. 56 13 07

Hochschule für Musik und darstellende Kunst in Wien, Konzertsaal, 1, Johannesgasse 8, Tel. 52 37 11

Hochschule für Musik und darstellende Kunst in Wien, Festsaal, 1, Seilerstätte 26, Tel. 52 05 05

Hochschule für Musik und darstellende Kunst in Wien, Vortragssaal, 3, Lothringerstraße 18, Tel. 56 16 85*

Konservatorium der Stadt Wien, Großer Saal, Kleiner Saal, 1, Johannesgasse 4a, Tel. 52 77 47*, 52 73 81*

Musikhaus Doblinger, Barock-Saal, Musikverlag Ludwig Doblinger, 1, Dorotheergasse 10, Tel. 52 35 04*

Österreichische Gesellschaft für Literatur, 1, Herrengasse 6, Tel. 63 81 59, 63 08 64

Österreichische Gesellschaft für Musik, 1, Hanuschgasse 3, Tel. 52 42 99, 52 31 43

Österreichischer Rundfunk, Großer Sendesaal, 4, Argentinierstraße 30a, Tel. 65 95*

Palais Lobkowitz, Eroica-Saal, 1, Lobkowitzplatz 2, Tel. 52 49 71, 52 37 05

Palais Sternberg, Italienisches Kulturinstitut, 3, Ungargasse 43, Tel. 73 34 54, 73 46 57

Planetarium, Vortragssaal, 2, Oswald-Thomas-Platz 1, Tel. 24 94 32

Schloß Schönbrunn, Große Galerie, 13, Tel. 83 36 46

Schubert-Geburtshaus, Konzertsaal, 9, Nußdorfer Straße Nr. 54, Tel. 34 59 924

Wiener Rathaus, Arkadenhof, Festsaal, Volkshalle, 1, Rathaus, Tel. 42 8 00*

Wiener Universität, Festsaal, Auditorium maximum, 1, Dr.-Karl-Lueger-Ring 1, Tel. 43 00*

Zentralsparkasse und Kommerzialbank, Wien, 3, Vordere Zollamtsstraße 13, Tel. 72 92*

(Außerdem finden in mehreren Kirchen Wiens laufend Konzerte statt. Auch die Volksheime und Häuser der Begegnung vermieten Säle für Konzerte und Veranstaltungen.)

MUSIKLEHRANSTALTEN

(siehe Magistrat, MA 13)

URAUFFÜHRUNGSKINOS

Apollo, 6, Gumpendorfer Straße 63, Tel. 57 96 51, Fassungsraum: Kino A – 631 Personen, Kino B – 86 Personen, Kino C – 86 Personen

Burg-Kino, 1, Opernring 19, Tel. 57 84 06, Fassungsraum: 361 Personen

Elite-Kino, 1, Wollzeile 36, Tel. 52 21 76, Fassungsraum: 377 Personen

Flotten-Center, 6, Mariahilfer Straße 85–87, Tel. 56 51 52, Fassungsraum: Kino 1 – 384 Personen, Kino 2 – 181 Personen, Kino 3 – 132 Personen, Kino 4 – 66 Personen

Gartenbau-Kino, 1, Parkring 12, Tel. 52 23 54, Fassungsraum: 760 Personen

Haydn-Kino, 6, Mariahilfer Straße 57, Tel. 57 22 62, Fassungsraum: Kino A – 460 Personen, Kino B – 158 Personen

Imperial-Kino, 1, Rotgasse 9, Tel. 63 32 23, Fassungsraum: 417 Personen

Kärntner-Kino, 1, Johannesgasse 3, Tel. 52 84 09, Fassungsraum: 298 Personen

Kolosseum-Center, 9, Nußdorfer Straße 4, Tel. 34 81 06, Fassungsraum: Kino 1 – 347 Personen, Kino 2 – 99 Personen, Kino 3 – 207 Personen, Kino 4 – 69 Personen, Kino 5 – 80 Personen, Kino 6 – 80 Personen, Kino 7 – 188 Personen

Kosmos-Kino, 7, Siebensterngasse 42–44, Tel. 93 12 26, Fassungsraum: 414 Personen

Kreuz-Kino, 1, Wollzeile 17, Tel. 52 67 16, Fassungsraum: 211 Personen

Kruger-Kino, 1, Krugerstraße 5, Tel. 52 87 67, Fassungsraum: 226 Personen

Künstlerhaus Filmtheater, 1, Akademiestraße 13, Tel. 65 43 28, Fassungsraum: 288 Personen

Maria Theresien-Kino, 7, Mariahilfer Straße 70, Tel. 93 64 70, Fassungsraum: 399 Personen

Metro-Kino, 1, Johannesgasse 4, Tel. 52 18 03, Fassungsraum: 223 Personen

Opern-Kino, 1, Friedrichstraße 4, Tel. 56 43 03, Fassungsraum: 350 Personen

Panorama-Center, 2, Praterstern 1, Tel. 24 72 42, Fassungsraum: Kino 1 – 340 Personen, Kino 2 – 174 Personen, Kino 3 – 80 Personen

Rondell-Kino, 1, Riemergasse 11, Tel. 52 91 10, Fassungsraum: 220 Personen

Schäffer-Lichtspiele, 6, Mariahilfer Straße 37, Tel. 57 04 14, Fassungsraum: 434 Personen

Schottenring-Kino, 1, Schottenring 5, Tel. 34 52 36, Fassungsraum: 246 Personen

Stadtkino, 3, Schwarzenbergplatz 7–8, Tel. 72 62 76, Fassungsraum: 218 Personen

Tabor-Kino, 2, Taborstraße 8a, Tel. 24 61 15, Fassungsraum: 628 Personen

Tuchlauben-Kino, 1, Tuchlauben 7, Tel. 63 22 33, Fassungsraum: 392 Personen

Urania-Kino, 1, Uraniastraße 1, Tel. 72 61 94*, Fassungsraum: Großer Saal – 587 Personen, Mittlerer Saal – 273 Personen

Votivpark-Kino, 9, Währinger Straße 12, Tel. 34 35 71, Fassungsraum: 350 Personen

Wienzeile-Kino, 6, Linke Wienzeile 4, Tel. 57 22 75, Fassungsraum: 399 Personen

VOLKSHEIME UND HÄUSER DER BEGEGNUNG

Volksheim Per-Albin-Hansson-Siedlung, 10, Stockholmer Platz 18, Tel. 68 36 77

Volksheim Heiligenstadt, 19, Heiligenstädter Straße 155, Tel. 37 31 62

Volksheim Krim, 19, Hutweidengasse 24, Tel. 36 56 06

Volksheim Großjedlersdorf, 21, Siemensstraße 17, Tel. 38 16 54

Volksheim Inzersdorf, 23, Putzendoplergasse 4, Tel. 67 92 97

Haus der Begegnung Leopoldstadt, 2, Praterstern 1, Tel. 24 26 80*

Haus der Begegnung Mariahilf, 6, Otto-Bauer-Gasse 7, Tel. 56 14 56, 56 43 65

Haus der Begegnung Per-Albin-Hansson-Siedlung Ost, 10, Ada-Christen-Gasse 2, Tel. 68 55 81*

Haus der Begegnung Simmering, 11, Lorystraße 40–42, Tel. 74 31 59

Haus der Begegnung Rudolfsheim, 15, Schwendergasse Nr. 41, Tel. 83 22 14*, 83 22 27*

Haus der Begegnung Döbling, 19, Gatterburggasse 2a, Tel. 36 46 65

Haus der Begegnung Floridsdorf, 21, Angerer Straße 14, Tel. 38 62 16, 38 32 36*

Haus der Begegnung Großfeldsiedlung, 21, Kürschnergasse 9, Tel. 38 72 59*

Haus der Begegnung Donaustadt, 22, Bernoullistraße 1, Tel. 23 32 16*, 23 31 14

Haus der Begegnung Liesing, 23, Liesinger Platz 3, Tel. 86 13 45*

MUSEEN, SAMMLUNGEN UND SONSTIGE SEHENSWÜRDIGKEITEN

Akademie der bildenden Künste, Gemäldegalerie, Kupferstichkabinett, 1, Schillerplatz 3, Tel. 57 95 16*
(Gemäldegalerie: Dienstag, Donnerstag, Freitag von 10 bis 14 Uhr, Mittwoch von 10 bis 13 Uhr und von 15 bis 18 Uhr, Samstag, Sonntag von 9 bis 13 Uhr; Kupferstichkabinett: Jänner, März bis Juni, Oktober bis Dezember Montag bis Freitag von 10 bis 12 Uhr und von 14 bis 16 Uhr, Februar, Juli bis September Montag bis Freitag von 9 bis 12 Uhr)

Albertina, Graphische Sammlung, 1, Augustinerstraße 1, Tel. 52 57 69, 52 42 32
Goethemuseum des Wiener Goethevereines
(Montag, Dienstag, Donnerstag von 10 bis 16 Uhr, Mittwoch von 10 bis 18 Uhr, Freitag von 10 bis 14 Uhr, Samstag, Sonntag von 10 bis 13 Uhr)

Alpengarten im Oberen Belvedere, 3, Landstraßer Gürtel 1, Tel. 83 36 46*, 281
(April bis September täglich von 9 bis 16.30 Uhr)

Alsergrund, Bezirksmuseum, 9, Währinger Straße 43, Tel. 42 35 75*, 229
Gedenkraum für Heimito von Doderer
(Mittwoch und Sonntag von 10 bis 12 Uhr)

Alte Backstube, Bäckerhandwerk und -brauchtum, 8, Lange Gasse 34, Tel. 43 11 01
(Dienstag bis Samstag von 12 bis 24 Uhr, Sonntag von 15 bis 24 Uhr)

Alte Schmiede, 1, Schönlaterngasse 9, Tel. 52 34 29
(Parterre: Dienstag bis Freitag von 11 bis 19 Uhr, Samstag von 10 bis 13 Uhr; 1. Stock: Montag bis Samstag von 10 bis 19 Uhr; 2. Stock: Montag bis Freitag von 10 bis 15 Uhr)

Auer-von-Welsbach-Erinnerungsraum → Technisches Museum

Bäckereimuseum, 8, Florianigasse 13, Tel. 42 53 96
(gegen vorherige Anmeldung)

Bahr-Erinnerungsraum → Österreichische Nationalbibliothek

Bahr-Mildenburg-Erinnerungsraum → Österreichische Nationalbibliothek

Barockmuseum, Österreichisches → Österreichische Galerie

Bauernfeld-Gedenkraum → Döblinger Bezirksmuseum

Beethoven-Wohnung (Pasqualati-Haus), 1, Mölker Bastei Nr. 8, Tel. 63 70 665
Stifter-Museum
(Dienstag bis Freitag von 10 bis 16 Uhr, Samstag von 14 bis 18 Uhr, Sonn- und Feiertag von 9 bis 13 Uhr)

Beethoven-Wohnung, 6, Laimgrubengasse 22
(Mai bis September Sonntag von 10 bis 12 Uhr)

Beethoven-Wohnung (Eroica-Haus), 19, Döblinger Hauptstraße 92
(Dienstag bis Freitag von 10 bis 16 Uhr, Samstag von 14 bis 18 Uhr, Sonn- und Feiertag von 9 bis 13 Uhr)

Beethoven-Wohnung (Heiligenstädter Testament), 19, Probusgasse 6, Tel. 42 8 04
(Dienstag bis Freitag von 10 bis 16 Uhr, Samstag von 14 bis 18 Uhr, Sonn- und Feiertag von 9 bis 13 Uhr)

Bergl-Zimmer → Schloß Schönbrunn

Bestattungsmuseum, Städtisches, 4, Goldeggasse 19, Tel. 65 16 31*, 227
(Montag bis Freitag von 7.30 bis 15.30 Uhr, gegen vorherige Anmeldung)

Böhmerwaldmuseum für Wien, 3, Ungargasse 3, Tel. 73 90 453
(gegen vorherige Anmeldung)

Botanischer Garten der Universität Wien, 3, Mechelgasse 2, Tel. 73 12 58
(15. April bis 15. Oktober täglich von 9 Uhr bis Einbruch der Dunkelheit)

Brahms-Gedenkraum → Haydn-Museum

Brigittenauer Bezirksmuseum, 20, Raffaelgasse 13, Tel. 33 35 11*, 204
(Sonntag von 10 bis 12 Uhr)

Bundessammlung alter Stilmöbel → Sammlungen der Bundesmobilienverwaltung

Burgkapelle, 1, Hofburg, Schweizerhof, Tel. 52 12 86
(Dienstag, Donnerstag von 14.30 bis 15.30 Uhr)

Burgtheater, 1, Dr.-Karl-Lueger-Ring 2, Tel. 53 24*, 2215
(Montag bis Freitag 10 und 14 Uhr)

Döblinger Bezirksmuseum, 19, Döblinger Hauptstraße 96, Tel. 36 10 042
Salon der Villa Wertheimstein, Saar- und Bauernfeld-Gedenkraum
Weinbaumuseum
(Samstag von 15.30 bis 18 Uhr, Sonntag von 9.30 bis 12 Uhr)

Doderer-Gedenkraum → Alsergrund, Bezirksmuseum

Dokumentationsarchiv des österreichischen Widerstands, 1, Wipplingerstraße 8, Tel. 63 07 31*, 341
Museum des österreichischen Freiheitskampfes
(Montag, Mittwoch, Donnerstag von 9 bis 17 Uhr)

Donaustädter Bezirksmuseum, 22, Kagran, Kagraner Platz Nr. 53–54

Druckschriftensammlung → Österreichische Nationalbibliothek

Eisenbahnmuseum, Österreichisches → Technisches Museum

Elektropathologische Sammlung, 15, Selzergasse 19, Tel. 92 72 72
(gegen vorherige Anmeldung)

Ephesos-Museum → Kunsthistorisches Museum

Erzbischöfliches Dom- und Diözesanmuseum, 1, Stephansplatz 6, Tel. 53 25 61*, 598
(Mittwoch bis Samstag von 10 bis 16 Uhr, Sonn- und Feiertag von 10 bis 13 Uhr)

Esperanto-Museum, Internationales → Österreichische Nationalbibliothek

Favoritner Bezirksmuseum, 10, Per-Albin-Hansson-Siedlung Ost, Ada-Christen-Gasse 2 C
(Donnerstag von 17 bis 19 Uhr, Sonntag von 9 bis 12 Uhr)

Feld- und Industriebahnmuseum, 13, Spohrstraße 20, Tel. 65 47 11/348, 95 17 454
(gegen vorherige Anmeldung)

Feuerwehr-Museum der Stadt Wien, 1, Am Hof 10, Tel. 63 66 71*
(Sonn- und Feiertag von 9 bis 12 Uhr)

Fiakermuseum, 17, Veronikagasse 12, Tel. 43 88 52
(jeden ersten Mittwoch im Monat von 10 bis 12 Uhr)

Floridsdorfer Bezirksmuseum, 21, Prager Straße 33, Tel. 30 51 94
(Dienstag und Samstag von 16 bis 18 Uhr, Sonntag von 9.30 bis 12 Uhr)

Friedhof St. Marx, 11, Leberstraße 6–8, Tel. 74 44 273
(April bis November von 7 bis 18 Uhr, Juni, Juli von 7 bis 19 Uhr, Dezember bis März von 7 Uhr bis Einbruch der Dunkelheit)

Fritz-Wotruba-Haus, 19, Felix-Mottl-Straße 10, Tel. 34 13 79, 31 25 94
(gegen vorherige Anmeldung)

Gedenkstätte für die Opfer des österreichischen Freiheitskampfes (Leopold Figl-Hof), 1, Salztorgasse 6, Tel. 63 07 31*, 332
(Montag von 14 bis 18 Uhr, Donnerstag von 8 bis 12 Uhr, Samstag von 9 bis 12 Uhr und von 14 bis 17 Uhr)

Gendarmerie-Museum, 3, Oberzellergasse 1, Tel. 73 35 81/228
(Mittwoch von 14 bis 16 Uhr)

Geymüller-Schlössel (Sammlung Dr. Sobek) → Österreichisches Museum für angewandte Kunst

Glockensammlung Pfundner, 10, Troststraße 38, Tel. 64 25 43
(gegen vorherige Anmeldung)

Gloriette → Schloß Schönbrunn

Goethemuseum → Albertina

Graphiken und Plakate, Sammlung der Graphischen Lehr- und Versuchsanstalt, 14, Leyserstraße 6, Tel. 92 26 54*, 13
(während der Schulzeit Montag bis Freitag von 8 bis 16 Uhr)

Grillparzer-Erinnerungsraum → Historisches Museum der Stadt Wien

Grillparzer-Gedenkraum → Österreichisches Staatsarchiv

Gustinus-Ambrosi-Museum → Österreichische Galerie

Handschriftensammlung → Österreichische Nationalbibliothek

Haus des Meeres, 6, Esterházypark, Tel. 57 14 17
(täglich von 9 bis 18 Uhr)

Haydn-Museum, 6, Haydngasse 19, Tel. 56 13 07
Gedenkraum für Johannes Brahms
(Dienstag bis Freitag von 10 bis 16 Uhr, Samstag von 14 bis 18 Uhr, Sonn- und Feiertag von 9 bis 13 Uhr)

Heeresgeschichtliches Museum, 3, Arsenal, Tel. 78 23 03, 78 23 04
(täglich außer Freitag von 10 bis 16 Uhr)

Hermesvilla, 13, Lainzer Tiergarten, Tel. 84 13 24
(April bis Oktober Mittwoch bis Sonntag von 10 bis 17 Uhr; November bis März Mittwoch bis Sonntag von 10 bis 16 Uhr)

Hernalser Bezirksmuseum, 17, Elterleinplatz 14
(Montag von 16 bis 20 Uhr)

Herzgruft der Habsburger, 1, Augustinerstraße 3, Tel. 52 33 38
(täglich 9.30 Uhr)

Hietzinger Bezirksmuseum, 13, Am Platz 2, Tel. 82 30 855
(Samstag von 14.30 bis 17 Uhr, Sonntag von 10 bis 12 Uhr)

Historisches Museum der Stadt Wien, 4, Karlsplatz, Tel. 42 8 04
Grillparzer-Erinnerungsraum, Loos-Erinnerungsraum
(Dienstag, Mittwoch, Freitag von 10 bis 16 Uhr, Donnerstag von 10 bis 19 Uhr, Samstag von 14 bis 18 Uhr, Sonn- und Feiertag von 9 bis 17 Uhr)
Modesammlungen im Schloß Hetzendorf, 12, Hetzendorfer Straße 79, Tel. 84 27 95
(Dienstag bis Freitag von 9 bis 15 Uhr)

Hofburg, 1, Michaelerplatz, Tel. 57 55 54*
Schauräume (Kaiserappartements, Reichskanzlei und Amalientrakt)
(Montag bis Samstag von 8.30 bis 16.30 Uhr, Sonntag von 8.30 bis 13 Uhr)

Hoftafel- und Silberkammer → Sammlungen der Bundesmobilienverwaltung

Innere Stadt, Bezirksmuseum, 1, Wipplingerstraße 8, Tel. 63 07 31*, 345
(Freitag von 15 bis 17 Uhr)

Islamisches Zentrum (Moschee), 21, Am Hubertusdamm Nr. 17–19, Tel. 30 13 89
(Montag bis Donnerstag von 9 bis 13 Uhr und von 15 bis 17 Uhr, Samstag, Sonntag nach Vereinbarung)

Johann-Strauß-Wohnung, 2, Praterstraße 54, Tel. 24 01 21
(Dienstag bis Freitag von 10 bis 16 Uhr, Samstag von 14 bis 18 Uhr, Sonn- und Feiertag von 9 bis 13 Uhr)

Josefstädter Bezirksmuseum, 8, Schmidgasse 18
(Sonn- und Feiertag von 10 bis 12 Uhr)

Jüdisches Museum, 19, Bauernfeldgasse 4, Tel. 36 16 55 (Montag bis Donnerstag von 8 bis 16 Uhr, Freitag von 8 bis 12 Uhr)

Kainz-Erinnerungsraum → Österreichische Nationalbibliothek

Kaisergruft (Kapuzinergruft), 1, Tegetthoffstraße 2, Tel. 52 68 53
(Mai bis September täglich von 9.30 bis 16 Uhr, Oktober bis April täglich von 9.30 bis 12 Uhr)

Kálmán-Erinnerungsraum → Österreichische Nationalbibliothek

Kartensammlung → Österreichische Nationalbibliothek

Kirche zur heiligsten Dreifaltigkeit, 23, Mauer, Georgsgasse, Tel. 88 17 132
(Mittwoch, Donnerstag von 13 bis 16.30 Uhr, Samstag von 13 bis 20 Uhr, Sonntag von 8.30 bis 17 Uhr)

Konventmuseum der Barmherzigen Brüder, 2, Taborstraße 16, Tel. 26 25 24
(öffentlich nicht zugänglich)

Kunsthistorisches Museum, 1, Burgring 5, Tel. 93 45 41*
Ägyptisch-Orientalische Sammlung, Antikensammlung, Sammlung für Plastik und Kunstgewerbe, Gemäldegalerie, Sekundärgalerie, Sammlung von Medaillen, Münzen und Geldzeichen
(Dienstag, Freitag von 10 bis 16 Uhr und von 19 bis 21 Uhr, Mittwoch, Donnerstag von 10 bis 16 Uhr, Samstag, Sonntag von 9 bis 21 Uhr)
Ephesos-Museum, Waffensammlung, Sammlung alter Musikinstrumente, 1, Neue Burg, Tel. 93 45 41*
(Mittwoch, Donnerstag von 10 bis 16 Uhr, Freitag von 10 bis 16 Uhr und von 19 bis 21 Uhr, Samstag, Sonntag von 9 bis 21 Uhr)
Neue Galerie in der Stallburg, 1, Reitschulgasse 2, Tel. 52 64 80
(Dienstag bis Donnerstag von 10 bis 15 Uhr, Samstag, Sonntag von 9 bis 13 Uhr)
Weltliche und Geistliche Schatzkammer, 1, Hofburg, Schweizerhof, Tel. 93 45 41*
(derzeit wegen Umbaues geschlossen, Ausstellungsstükke im Kunsthistorischen Museum zu besichtigen)
Wagenburg, 13, Schönbrunn, Tel. 82 32 44
(Mai bis September täglich von 10 bis 17 Uhr, Oktober bis April täglich von 10 bis 16 Uhr)

Kunstuhr (Ankeruhr), 1, Hoher Markt 10/11, Tel. 63 67 71
(täglich 12 Uhr Figurenparade mit Musik)

Kupferstichkabinett → Akademie der bildenden Künste

Kynologisches Museum, 7, Karl-Schweighofer-Gasse 3, Tel. 93 22 94
(öffentlich nicht zugänglich)

Landstraßer Bezirksmuseum, 3, Sechskrügelgasse 11, Tel. 72 51 71*, 215
(Mittwoch von 18 bis 20 Uhr, Sonntag von 10 bis 12 Uhr)

Lehár-Schlössel (Schikaneder-Schlössel), 19, Hackhofergasse 18, Tel. 37 18 213
(gegen vorherige Anmeldung)

Leopoldstädter Bezirksmuseum, 2, Karmelitergasse 9, Tel. 33 16 11*, 229
(Mittwoch von 17.30 bis 19 Uhr, Samstag von 14.30 bis 17 Uhr, Sonntag von 9 bis 12 Uhr)

Liesinger Bezirksmuseum, 23, Liesing, Perchtoldsdorfer Straße 2, Tel. 86 96 17*, 23
(Mittwoch und Samstag von 9 bis 12 Uhr)

Lobaumuseum, 22, Aspern, Lobau 256 (beim Forsthaus) (Sonn- und Feiertag von 13 Uhr bis Einbruch der Dunkelheit)

Loos-Erinnerungsraum → Historisches Museum der Stadt Wien

Margareten, Bezirksmuseum, 5, Schönbrunner Straße 54 (Donnerstag von 17 bis 19 Uhr, Samstag von 10 bis 12 Uhr)

Mariahilfer Bezirksmuseum, 6, Mollardgasse 8
(Sonntag von 9.30 bis 12 Uhr)

Medaillen-, Münzen- und Geldzeichen-Sammlung → Kunsthistorisches Museum

Medizinhistorisches Museum → Museum des Institutes zur Geschichte der Medizin

Meidlinger Bezirksmuseum, 12, Kobingergasse 7
(Sonntag von 10 bis 12 Uhr)

Michaelerkirche, Gruft, 1, Michaelerplatz, Tel. 52 14 90 (Montag bis Samstag 11, 15 und 16 Uhr, Sonntag 11, 14, 15 und 16 Uhr)

Modesammlungen im Schloß Hetzendorf → Historisches Museum der Stadt Wien

Mozart-Wohnung (Figaro-Haus), 1, Domgasse 5, Tel. 52 40 722
(Dienstag bis Freitag von 10 bis 16 Uhr, Samstag von 14 bis 18 Uhr, Sonn- und Feiertag von 9 bis 13 Uhr)

Museum „Aspern 1809“, 22, Asperner Heldenplatz 9, Tel. 22 82 654
(April bis Oktober Dienstag von 17 bis 18 Uhr, Sonn- und Feiertag von 9.30 bis 12 Uhr)

Museum der Mechitaristen-Congregation, 7, Mechitaristengasse 4, Tel. 93 64 17
(täglich von 8 bis 12 Uhr)

Museum der Universität Wien, 1, Postgasse 7, Tel. 53 11 61 (Montag bis Freitag von 8 bis 12 Uhr und von 13 bis 16 Uhr)

Museum des Blindenwesens, 2, Wittelsbachstraße 5, Tel. 24 45 67
(gegen vorherige Anmeldung)

Museum des Institutes für gerichtliche Medizin, 9, Sensengasse 2, Tel. 42 62 78
(öffentlich nicht zugänglich)

Museum des Institutes zur Geschichte der Medizin, 9, Währinger Straße 25, Tel. 43 21 54
Medizinhistorisches Museum, Sammlung anatomischer und geburtshilflicher Wachspräparate
(Montag bis Freitag von 9 bis 15 Uhr)

Museum des Landesgerichtes Wien, 8, Landesgerichtsstraße 11, Tel. 42 55 16
(Gefangenenhaus-Museum, öffentlich nicht zugänglich)

Museum des österreichischen Freiheitskampfes → Dokumentationsarchiv des österreichischen Widerstandes

Museum des Wiener Männergesangvereins, 1, Bösendorferstraße 12, Tel. 65 73 62
(gegen vorherige Anmeldung)

Museum für Hufbeschlag, Beschirrung und Besattlung, 3, Linke Bahngasse 11, Tel. 73 65 21*, 372
(Montag bis Freitag von 8 bis 12 Uhr und von 14 bis 16 Uhr)

Museum für Völkerkunde, 1, Neue Burg, Tel. 93 45 41* (Montag, Donnerstag, Freitag, Samstag von 10 bis 13 Uhr, Mittwoch von 10 bis 17 Uhr, Sonntag von 9 bis 13 Uhr)

Museum mittelalterlicher österreichischer Kunst → Österreichische Galerie

Museum moderner Kunst im Palais Liechtenstein, 9, Fürstengasse 1, Tel. 34 12 59, 34 63 06
(täglich außer Dienstag von 10 bis 18 Uhr)

Museum moderner Kunst/Museum des 20. Jahrhunderts, 3, Schweizer Garten, Tel. 78 25 50, 78 26 75 (täglich außer Mittwoch von 10 bis 18 Uhr)

Musikinstrumente, Sammlung alter → Kunsthistorisches Museum

Musiksammlung → Österreichische Nationalbibliothek

Musiksammlung der Gesellschaft der Musikfreunde, 1, Bösendorferstraße 12, Tel. 65 86 81 (gegen vorherige Anmeldung)

Naturhistorisches Museum, 1, Burgring 7, Tel. 93 45 41*
Mineralogisch-Petrographische Abteilung, Geologisch-Paläontologische Abteilung, Botanische Abteilung, Zoologische Abteilung, Anthropologische Abteilung, Prähistorische Abteilung
(täglich außer Dienstag von 9 bis 13 Uhr, Mai bis August Samstag, Sonntag von 9 bis 16 Uhr)

Neher-Erinnerungsraum → Österreichische Nationalbibliothek

Neidhart-Fresken, 1, Tuchlauben 19, Tel. 63 80 452 (Dienstag bis Freitag von 10 bis 16 Uhr, Samstag von 14 bis 18 Uhr, Sonn- und Feiertag von 9 bis 13 Uhr)

Neubau, Bezirksmuseum, 7, Stiftgasse 8 (Donnerstag von 18 bis 20 Uhr, Samstag von 15 bis 17 Uhr)

Neue Galerie in der Stallburg → Kunsthistorisches Museum

Niederösterreichisches Landesmuseum, 1, Herrengasse 9, Tel. 63 57 11*, 3111 (Dienstag bis Freitag von 9 bis 17 Uhr, Samstag von 9 bis 14 Uhr, Sonn- und Feiertag von 9 bis 12 Uhr)

Österreich-Abteilung → Österreichische Nationalbibliothek

Österreichische Galerie
Museum mittelalterlicher österreichischer Kunst in der Orangerie des Belvedere
Österreichisches Barockmuseum im Unteren Belvedere, 3, Rennweg 6a
Tel. 78 41 58*, 78 41 21*, 78 41 14*
Österreichische Galerie des 19. und 20. Jahrhunderts im Oberen Belvedere, 3, Prinz-Eugen-Straße 27
(Dienstag, Mittwoch, Donnerstag, Samstag von 10 bis 16 Uhr, Freitag von 10 bis 13 Uhr, Sonntag von 9 bis 12 Uhr)
Gustinus-Ambrosi-Museum, 2, Scherzergasse 1a, Tel. 33 31 94
(Freitag von 10 bis 13 Uhr, Sonntag von 9 bis 12 Uhr)

Österreichische Nationalbibliothek
1, Josefsplatz 1, Tel. 52 16 84
(Montag bis Samstag von 11 bis 12 Uhr)
Prunksaal, Handschriften- und Inkunabelsammlung, Kartensammlung mit historischer Globus-Kollektion
(Prunksaal: Juni bis Oktober von 10 bis 16 Uhr; Handschriften- und Inkunabelsammlung: Montag, Mittwoch, Freitag von 9 bis 13 Uhr, Dienstag, Donnerstag von 13 bis 18.45 Uhr; Kartensammlung: Montag, Dienstag, Mittwoch, Freitag von 8.30 bis 15.30 Uhr)
Druckschriftensammlung, Zeitschriftensaal, Porträtsammlung – Bildarchiv, 1, Neue Burg, Tel. 52 16 84/203, 208, 271
(Druckschriftensammlung und Zeitschriftensaal: Montag bis Freitag von 9 bis 19.45 Uhr, Samstag von 9 bis 13 Uhr; Porträtsammlung – Bildarchiv: Montag von 9 bis 18.45 Uhr, Dienstag, Mittwoch, Freitag von 9 bis 15.45 Uhr)
Musiksammlung, Papyrussammlung, 1, Augustinerstraße 1
(Musiksammlung: Montag, Mittwoch, Freitag von 9 bis 13 Uhr, Dienstag von 12 bis 15.45 Uhr, Donnerstag von 12 bis 18.45 Uhr; Papyrussammlung: Montag von 9 bis 18.45 Uhr, Dienstag bis Freitag von 9 bis 13 Uhr)
Theatersammlung, Österreich-Abteilung, 1, Hofburg
(Theatersammlung: Montag, Dienstag, Mittwoch, Freitag von 8.30 bis 15.30 Uhr; Österreich-Abteilung: Montag bis Freitag von 9 bis 15.30 Uhr)
Internationales Esperanto-Museum, 1, Hofburg, Tel. 52 10 415
(Montag, Mittwoch, Freitag von 9 bis 15.30 Uhr)
Gedenkräume für Anna Bahr-Mildenburg, Hermann Bahr, Josef Kainz, Emmerich Kálmán, Caspar Neher, Max Reinhardt, Hugo Thimig, Carl Michael Ziehrer, 1, Josefsplatz 1
(Montag bis Freitag von 11 bis 12 Uhr gegen vorherige Anmeldung)
Gedenkraum für Richard Teschner, 1, Hofburg, Tel. 52 16 84*, 247
(gegen vorherige Anmeldung)

Österreichisches Circus- und Clown-Museum, 2, Karmelitergasse 9, Tel. 33 16 11*, 229 (Mittwoch von 17.30 bis 19 Uhr, Samstag von 14.30 bis 17 Uhr, Sonntag von 9 bis 12 Uhr)

Österreichisches Filmmuseum, 1, Augustinerstraße 1, Tel. 52 62 06, 52 34 26 (täglich Vorführungen klassischer Filme von Oktober bis Mai)

Österreichisches Gartenbaumuseum, 10, Kurpark Oberlaa, Tel. 68 11 70 (Mai bis Oktober Montag bis Freitag von 10 bis 17 Uhr, jeden ersten Samstag im Monat von 12 bis 17 Uhr, jeden ersten Sonntag im Monat von 10 bis 17 Uhr)

Österreichisches Gesellschafts- und Wirtschaftsmuseum, 5, Vogelsanggasse 36, Tel. 55 31 05* (gegen vorherige Anmeldung)

Österreichisches Museum für angewandte Kunst, 1, Stubenring 5, Tel. 72 56 96, 72 68 39
Europäisches Kunstgewerbe vom Mittelalter bis zur Gegenwart, Kunstgewerbe des Nahen und des Fernen Ostens
(Dienstag, Mittwoch, Freitag von 10 bis 16 Uhr, Donnerstag von 10 bis 18 Uhr, Sonntag von 10 bis 13 Uhr)
Geymüller-Schlössel (Sammlung Dr. Sobek), 18, Pötzleinsdorfer Straße 102, Tel. 47 31 39
(Besichtigung nach Vereinbarung Freitag von 10 bis 16 Uhr, Führungen Sonntag 11 und 15 Uhr)

Österreichisches Museum für Volkskunde, 8, Laudongasse 15–19, Tel. 43 24 93*
Schausammlungen Österreich und Europa
(Dienstag bis Freitag von 9 bis 15 Uhr, Samstag von 9 bis 12 Uhr, Sonntag von 9 bis 13 Uhr)
Sammlung „Religiöse Volkskunst", 1, Johannesgasse 8, Tel. 52 13 37
(Mittwoch von 9 bis 15 Uhr, Sonntag von 9 bis 13 Uhr)

Österreichisches Staatsarchiv, 1, Minoritenplatz 1, Tel. 66 15*, 2516
Haus-, Hof- und Staatsarchiv
(Jänner bis Juni, September bis Dezember täglich von 9 bis 17 Uhr, Juli, August täglich von 9 bis 16 Uhr)
Allgemeines Verwaltungsarchiv, 1, Wallnerstraße 6a, Tel. 66 15*, 2885
(Montag, Dienstag, Donnerstag, Freitag von 9 bis 16 Uhr)
Finanzarchiv, Grillparzer-Gedenkraum, 1, Himmelpfortgasse 8, Tel. 52 35 11*, 470
(Finanzarchiv: Montag, Donnerstag von 8.30 bis 12.30 Uhr, Dienstag, Mittwoch von 12.30 bis 15.45 Uhr, Freitag von 8.30 bis 15.45 Uhr; Grillparzer-Gedenk-

raum: Montag von 12.30 bis 15.45 Uhr, Dienstag, Mittwoch von 8.30 bis 12.30 Uhr, Donnerstag, Freitag von 8.30 bis 15.45 Uhr)
Hofkammerarchiv, 1, Johannesgasse 6, Tel. 52 54 34 (Montag von 12.30 bis 15.45 Uhr, Dienstag, Mittwoch von 8.30 bis 12.30 Uhr, Donnerstag, Freitag von 8.30 bis 15.45 Uhr)
Kriegsarchiv, 7, Stiftgasse 2, Tel. 93 14 83, 93 27 40, 93 61 82
(Montag bis Freitag von 8.15 bis 15.45 Uhr)
Verkehrsarchiv, 3, Aspangstraße 33, Tel. 73 36 31
(Montag bis Freitag von 8.30 bis 15.30 Uhr)

Österreichisches Sprachinselmuseum, 18, Semperstraße 29, Tel. 34 60 912
(gegen vorherige Anmeldung)

Österreichisches Tabakmuseum, 7, Mariahilfer Straße 2, Tel. 96 17 16
Historische Sammlung von Tabakpfeifen, Dosen, Bildern, Dokumenten und Raucherrequisiten aller Art (Dienstag von 10 bis 19 Uhr, Mittwoch bis Freitag von 10 bis 15 Uhr, Samstag, Sonn- und Feiertag von 9 bis 13 Uhr)

Österreichisches Theatermuseum, 1, Hanuschgasse 3, Tel. 52 24 27
(Dienstag bis Samstag von 9 bis 17 Uhr, Sonntag von 9 bis 13 Uhr)

Ottakringer Bezirksmuseum, 16, Richard-Wagner-Platz 19, Tel. 92 26 96*, 206
(Sonntag von 10 bis 12 Uhr)

Otto-Wagner-Pavillon, 4, Karlsplatz
(1. April bis 31. Oktober Dienstag bis Freitag von 10 bis 16 Uhr, Samstag von 14 bis 18 Uhr, Sonn- und Feiertag von 9 bis 13 Uhr)

Palmenhaus → Schloß Schönbrunn

Papyrussammlung → Österreichische Nationalbibliothek

Parlament, 1, Dr.-Karl-Renner-Ring 3, Tel. 42 15 25*
(Montag bis Donnerstag 9, 10, 11, 13, 14 und 15 Uhr, Freitag 9, 10, 11 und 13 Uhr)

Pathologisch-anatomisches Bundesmuseum, 9, Spitalgasse 2, Tel. 43 86 72
(Donnerstag von 8 bis 11 Uhr)

Penzinger Bezirksmuseum, 14, Penzinger Straße 59
(Mittwoch von 17 bis 19 Uhr)

Pfarrmuseum, 9, Marktgasse 40, Tel. 34 73 01
(Sonntag von 10 bis 12 Uhr)

Planetarium, 2, Oswald-Thomas-Platz 1, Tel. 24 94 32
(Samstag und Feiertag 15, 17 und 19 Uhr, Sonntag 9.30, 15, 17 und 19 Uhr)

Polizeimuseum, 9, Roßauer Lände 7–9, Tel. 34 55 11
(öffentlich nicht zugänglich)

Porträtsammlung – Bildarchiv → Österreichische Nationalbibliothek

Post- und Telegraphenmuseum → Technisches Museum
Prägestempel → Sammlung historischer Prägestempel

Pratermuseum, 2, Oswald-Thomas-Platz 1, Tel. 24 94 32
(Samstag, Sonn- und Feiertag von 14 bis 19 Uhr, August geschlossen)

Privatgalerie Czernin, 8, Friedrich-Schmidt-Platz 4, Tel. 42 78 422
(gegen vorherige Anmeldung)

Rathaus, 1, Lichtenfelsgasse 2, Tel. 42 8 00*
(Montag bis Freitag 11 Uhr)

Reinhardt-Erinnerungsraum → Österreichische Nationalbibliothek

Religiöse Volkskunst, Sammlung → Österreichisches Museum für Volkskunde

Riesenrad, 2, Volksprater, Tel. 26 21 30
(März und Oktober täglich von 10 bis 22 Uhr, April bis September von 9 bis 23 Uhr)

Römische Baureste Am Hof, 1, Am Hof 9, Tel. 42 8 04
(Sonntag von 10 bis 12 Uhr)

Römische Baureste unter der St. Jakobskirche, 19, Pfarrplatz 3, Tel. 37 13 43
(Sonn- und Feiertag von 15 bis 18 Uhr)

Römische Ruinen unter dem Hohen Markt, 1, Hoher Markt 3, Tel. 42 8 04
(Dienstag bis Freitag von 10 bis 16 Uhr, Samstag von 14 bis 18 Uhr, Sonn- und Feiertag von 9 bis 13 Uhr)

Römische und mittelalterliche Baureste, Johanneskirche Unterlaa, 10, Klederinger Straße, Tel. 64 36 31*, 202, 205
(gegen vorherige Anmeldung)

Rudolfsheim-Fünfhaus, Bezirksmuseum, 15, Rosinagasse Nr. 4
(Dienstag von 16 bis 18 Uhr)

Saar-Gedenkraum → Döblinger Bezirksmuseum

Sammlung historischer Prägestempel im Hauptmünzamt, 1, Am Heumarkt 1, Tel. 73 55 25*
(öffentlich nicht zugänglich)

Sammlungen der Bundesmobilienverwaltung
Bundessammlung alter Stilmöbel, 7, Mariahilfer Straße 88, Tel. 93 42 49*, 93 42 40*, 93 52 63*
(Dienstag bis Freitag von 9 bis 12 Uhr und von 14 bis 16 Uhr, Samstag, Sonntag von 9 bis 12 Uhr)
Schausammlung der ehemaligen Hoftafel- und Silberkammer, 1, Hofburg, Tel. 52 23 45
(Dienstag, Freitag, Sonntag von 9 bis 13 Uhr)

Schatzkammer des Deutschen Ordens, 1, Singerstraße 7, Tel. 52 11 65
(täglich von 10 bis 12 Uhr, Dienstag, Mittwoch, Freitag, Samstag von 15 bis 17 Uhr)

Schatzkammer (Weltliche und Geistliche) → Kunsthistorisches Museum

Schikaneder-Schlössel → Lehár-Schlössel

Schloß Schönbrunn, 13, Schönbrunn, Tel. 83 36 46
Schauräume
(Mai bis September täglich von 9 bis 12 Uhr und von 13 bis 17 Uhr, Oktober bis April täglich von 9 bis 12 Uhr und von 13 bis 16 Uhr)
Bergl-Zimmer
(Mai bis September täglich von 9 bis 12 Uhr und von 13 bis 17 Uhr)
Gloriette
(Mai bis Oktober täglich von 8 Uhr bis Einbruch der Dunkelheit)
Tiergarten Schönbrunn, Tel. 82 12 36
(täglich von 9 Uhr bis längstens 18 Uhr)
Palmenhaus (derzeit im Sonnenuhrhaus)
(April bis September täglich von 9 bis 18 Uhr, Oktober bis März täglich von 9 bis 17 Uhr)

Schotten-Abtei, Sammlungen, 1, Freyung 6, Tel. 63 76 78
(Führungen jeden Samstag 14 Uhr)

Schubert-Museum, 9, Nußdorfer Straße 54, Tel. 34 59 924
(Dienstag bis Freitag von 10 bis 16 Uhr, Samstag von 14 bis 18 Uhr, Sonn- und Feiertag von 9 bis 13 Uhr)

Schuberts Sterbezimmer, 4, Kettenbrückengasse 6, Tel. 57 39 072
(Dienstag bis Freitag von 10 bis 16 Uhr, Samstag von 14 bis 18 Uhr, Sonn- und Feiertag von 9 bis 13 Uhr)

Sigmund-Freud-Museum, 9, Berggasse 19, Tel. 31 15 96 (Montag bis Freitag von 9 bis 13 Uhr, Samstag, Sonn- und Feiertag von 9 bis 15 Uhr)

Simmeringer Bezirksmuseum, 11, Enkplatz 2, Tel. 74 35 86*, 226 (Freitag von 9 bis 12 Uhr und von 15 bis 18 Uhr, Sonntag von 9 bis 12 Uhr)

Spanische Reitschule, 1, Hofburg, Reitschulgasse 1, Tel. 52 18 36 (Morgenarbeit: Dienstag bis Samstag von 10 bis 12 Uhr; Stallbesuch: Montag bis Samstag von 14 bis 16 Uhr, Sonn- und Feiertag von 10 bis 12 Uhr)

Staatsoper, 1, Opernring 2, Tel. 53 24*, 2415 (Juli, August 9, 10, 11, 13, 14 und 15 Uhr, übrige Zeit gegen Anmeldung)

Stadthalle, 15, Vogelweidplatz 14, Tel. 95 49* (gegen vorherige Anmeldung)

Steinhofkirche, 14, Baumgartner Höhe 1, Tel. 94 31 51*, 2397 (Samstag 15 Uhr)

Stephansdom, 1, Stephansplatz, Tel. 53 25 61*, 563 (Dom: Montag bis Samstag 10.30, 15 Uhr; Katakomben: täglich von 10 bis 11.30 Uhr und von 14 bis 16.30 Uhr; Turm: täglich von 9 bis 17 Uhr; Pummerin: täglich von 9 bis 17 Uhr)

Stifter-Museum → Beethoven-Wohnung

Technisches Museum für Industrie und Gewerbe, 14, Mariahilfer Straße 212, Tel. 85 51 38*
Auer-von-Welsbach-Erinnerungsraum
Österreichisches Eisenbahnmuseum
Post- und Telegraphenmuseum
(Dienstag bis Freitag von 9 bis 16 Uhr, Samstag, Sonntag von 9 bis 13 Uhr)

Teschner-Erinnerungsraum → Österreichische Nationalbibliothek

Theatersammlung → Österreichische Nationalbibliothek

Thimig-Erinnerungsraum → Österreichische Nationalbibliothek

Tiergarten → Schloß Schönbrunn

Tramwaymuseum, Wiener (derzeit wegen Platzmangels geschlossen)

Uhrenmuseum der Stadt Wien, 1, Schulhof 2, Tel. 63 22 65 (Dienstag bis Freitag von 10 bis 16 Uhr, Samstag von 14 bis 18 Uhr, Sonn- und Feiertag von 9 bis 13 Uhr)

UNO-City, 22, Kagran, Wagramer Straße 5, Tel. 26 31*, 4193 (täglich außer Sonntag 11 und 14 Uhr)

Urania-Sternwarte, 1, Uraniastraße 1, Tel. 72 61 91* (Mittwoch, Freitag, Samstag 20.30 Uhr an sternklaren Abenden, Sonntag 11 Uhr)

Virgilkapelle und Sammlung historischer Keramik aus Wien, 1, Stephansplatz, U-Bahn-Station, Tel. 52 20 943 (Dienstag bis Freitag von 10 bis 16 Uhr, Samstag von 14 bis 18 Uhr, Sonn- und Feiertag von 9 bis 13 Uhr)

Waffensammlung → Kunsthistorisches Museum

Wagenburg → Kunsthistorisches Museum

Währinger Bezirksmuseum, 18, Martinstraße 100 (Donnerstag von 18 bis 20 Uhr, Sonntag von 10 bis 12 Uhr)

Walter (Bruno)-Gedenkraum in der Akademie für Musik und darstellende Kunst, 3, Lothringerstraße 18, Tel. 56 16 85* (Montag bis Freitag von 9 bis 16 Uhr)

Weinbaumuseum → Döblinger Bezirksmuseum

Wertheimstein-Villa → Döblinger Bezirksmuseum

Zeitschriftensaal → Österreichische Nationalbibliothek

Zentralfriedhof, 11, Simmeringer Hauptstraße 234, Tel. 76 55 44*
Ehrengräber
(Jänner, Februar, November, Dezember von 8 bis 17 Uhr, März, April, September, Oktober von 7 bis 18 Uhr, Mai bis August von 7 bis 19 Uhr)

Ziegelmuseum 14, Hickelgasse 5 (jeden ersten und dritten Sonntag im Monat von 10 bis 12 Uhr)

Ziehrer-Erinnerungsraum → Österreichische Nationalbibliothek

GALERIEN, WEITERE AUSSTELLUNGSRÄUME USW.

Akademie der bildenden Künste, 1, Schillerplatz 3
Albertina, Graphische Sammlung, 1, Augustinerstraße 1
Altstadt-Galerie, 1, Fleischmarkt 7
Altwiener Salettl, Café-Pavillon, 19, Hartäckerstraße 80
Atelier Gerersdorfer, 7, Mariahilfer Straße 12
BAWAG Fondation, 1, Tuchlauben 5
Beethoven-Haus, 19, Probusgasse 6
Bezirksmuseum Alsergrund, 9, Währinger Straße 43
Bezirksmuseum Brigittenau, 20, Raffaelgasse 13
Bezirksmuseum Döbling, 19, Döblinger Hauptstraße 96
Bezirksmuseum Favoriten, 10, Per-Albin-Hansson-Siedlung Ost, Ada-Christen-Gasse 2 C
Bezirksmuseum Floridsdorf, 21, Prager Straße 33
Bezirksmuseum Hernals, 17, Elterleinplatz 14
Bezirksmuseum Hietzing, 13, Am Platz 2
Bezirksmuseum Josefstadt, 8, Schmidgasse 18
Bezirksmuseum Landstraße, 3, Sechskrügelgasse 11
Bezirksmuseum Leopoldstadt, 2, Karmelitergasse 9
Bezirksmuseum Liesing, 23, Liesing, Perchtoldsdorfer Straße 2
Bezirksmuseum Margareten, 5, Schönbrunner Straße 54
Bezirksmuseum Mariahilf, 6, Mollardgasse 8
Bezirksmuseum Meidling, 12, Kobingergasse 7
Bezirksmuseum Neubau, 7, Stiftgasse 8
Bezirksmuseum Ottakring, 16, Richard-Wagner-Platz 19
Bezirksmuseum Penzing, 14, Penzinger Straße 59
Bezirksmuseum Rudolfsheim-Fünfhaus, 15, Rosinagasse Nr. 4–10
Bezirksmuseum Simmering, 11, Enkplatz 2
Bezirksmuseum Währing, 18, Martinstraße 100
Creditanstalt Bankverein, Kassensaal, 1, Schottengasse 6–8
Dokumentationsarchiv des österreichischen Widerstands, 1, Wipplingerstraße 8
Erzbischöfliches Palais, 1, Wollzeile 2
Französisches Kulturinstitut, 9, Währinger Straße 30
Galerie Adil Besim, 1, Dorotheergasse 4
Galerie Alsergrund im Bezirksmuseum Alsergrund, 9, Währinger Straße 43
Galerie „Alte Schmiede“, 1, Schönlaterngasse 7a
Galerie Ariadne, 1, Bäckerstraße 6

Galerie Bartenstein, 1, Bartensteingasse 6
Galerie Basilisk, 1, Schönlaterngasse 7
Galerie Blutgasse, 1, Blutgasse 3
Galerie Christian Brandstätter, 8, Wickenburggasse 26
Galerie Contact, 1, Singerstraße 17/Grünangergasse
Galerie Curtze, 1, Grünangergasse 12
Galerie Elefant, 1, Bauernmarkt 6
Galerie Fuchs, 1, Himmelpfortgasse 13
Galerie Gabriel, 1, Seilerstätte 19
Galerie am Graben, 1, Graben 7
Galerie Gumpendorf im Bezirksmuseum Mariahilf, 6, Mollardgasse 8
Galerie Hartmann, 1, Schultergasse 4
Galerie Hassfurther, 1, Hohenstaufengasse 7
Galerie Herzog im Pferdestall, 6, Getreidemarkt 17
Galerie Hilger, 1, Dorotheergasse 5
Galerie Home, 1, Domgasse 6
Galerie Hubert Winter, 1, Seilergasse 19
Galerie Infeld, 1, Spiegelgasse 15
Galerie am Laurenzerberg, 1, Laurenzerberg 1
Galerie Modena Art, 3, Neulinggasse 25
Galerie Nebehay, 1, Annagasse 18
Galerie im Österreichischen Tabakmuseum, 7, Mariahilfer Straße 2
Galerie Peithner-Lichtenfels, 4, Preßgasse 30
Galerie Pressehaus, 19, Muthgasse 2
Galerie Prisma, 1, Franziskanerplatz 1
Galerie Schwarzer, 1, Dorotheergasse 6–8
Galerie Spectrum, 1, Mahlerstraße 1
Galerie nächst St. Stephan, 1, Grünangergasse 1
Galerie in der Staatsoper, 1, Kärntner Straße
Galerie auf der Stubenbastei, 1, Stubenbastei 1
Galerie Ulysses, 1, Opernring 21
Galerie Willy Verkauf, 1, Riemergasse 14
Galerie Wolfrum, 1, Augustinerstraße 10
Galerie Würthle, 1, Weihburggasse 9
Galerie Zacke, 1, Schulerstraße 15
Galerie ZB, Zentralbuchhandlung, 1, Schulerstraße 1–3
Galerie Zentrum, 1, Haarhof 1
Galerie 10, 1, Getreidemarkt 10
Galerie 16, 16, Ottakringer Straße 107
Gesellschaft der Musikfreunde, 1, Bösendorferstraße 12
Gesellschaft für Musiktheater, 9, Türkenstraße 19
Grüne Galerie, 1, Stadtpark
Hermesvilla, 13, Lainzer Tiergarten
Hochschule für angewandte Kunst, 1, Oskar-Kokoschka-Platz 2
Internationaler Künstlerclub, 1, Josefsplatz 6
Italienisches Kulturinstitut, 3, Ungargasse 43
Junior-Galerie, 1, Seilerstätte 22
Kammer für Arbeiter und Angestellte, 4, Prinz-Eugen-Straße 20–22
Kleine Galerie, 8, Neudeggergasse 6 und 8
Kulturverein Mölkerstiege, 1, Schottengasse 3a
Kunstboutique, 1, Franziskanerplatz 6
Künstlerhaus, Künstlerhaus-Passage, 1, Karlsplatz 5
Lobmeyr, 1, Kärntner Straße 26
Messepalast, 7, Messeplatz 1
Modern Art Galerie, 1, Köllnerhofgasse 6
Modeschule der Stadt Wien, 12, Hetzendorfer Straße 79
Neue Galerie, 1, Rotenturmstraße 27
NÖ Art-Galerie, 1, Karlsplatz 5
Österreichische Länderbank, 1, Am Hof 2, und 1, Renngasse 2
Österreichische Postsparkasse, Kassensaal, 1, Georg-Coch-Platz 2
Otto-Wagner-Pavillon, 4, Karlsplatz
Palais Auersperg, Orangerie, 8, Trautsongasse 1
Palais Palffy, 1, Josefsplatz 6
Peterskirche, 1, Petersplatz 6
Polnisches Institut, 1, Am Gestade 7
Rathaus
Arkadenhof
Schmidt-Halle, 1, Friedrich-Schmidt-Platz
Volkshalle, 1, Rathausplatz
Wiener Stadt- und Landesarchiv
Wiener Stadt- und Landesbibliothek
Secession, Wiener, 1, Friedrichstraße 12
Spanisches Kulturinstitut, 4, Goldeggasse 7
Spielkartensammlung Piatnik, 14, Hütteldorfer Straße 227
Straßenbahnremise Meidling, 12, Koppreitergasse 5
Theater am Schwedenplatz, 1, Franz-Josefs-Kai 21
Theseustempel, 1, Volksgarten
TZ-Galerie, 9, Julius-Tandler-Platz 3
Web- und Wollzentrum, 1, Krugerstraße 17
Werkstatt, 7, Apollogasse 20
Wiener Konzerthaus, Schubert-Saal, 3, Lothringerstraße 20
Wiener Stadthalle, 15, Vogelweidplatz 14
Zentralsparkasse und Kommerzialbank, Wien, Kassenhalle, 3, Vordere Zollamtsstraße 13

ARCHIVE, BIBLIOTHEKEN

Administrative Bibliothek und Österreichische Rechtsdokumentation im Bundeskanzleramt, 1, Herrengasse 23, Tel. 66 15*, 2646
(Montag bis Freitag von 8 bis 15.30 Uhr)

Archiv der Wiener Philharmoniker, 1, Bösendorferstraße Nr. 12, Tel. 65 65 25
(gegen vorherige Anmeldung)

Bibliothek der Akademie der bildenden Künste, 1, Schillerplatz 3, Tel. 57 95 16*, 166
(Montag bis Freitag von 9 bis 17 Uhr)

Bibliothek der Albertina, 1, Augustinerstraße 1, Tel. 52 57 69, 52 86 83
(Montag bis Donnerstag von 13 bis 16 Uhr)

Bibliothek der Geologischen Bundesanstalt, 3, Rasumofskygasse 23–25, Tel. 72 56 74*, 64
(Montag von 13 bis 16 Uhr, Dienstag bis Freitag von 8.30 bis 12 Uhr)

Bibliothek der Gesellschaft der Musikfreunde, 1, Bösendorferstraße 12, Tel. 65 86 81*, 44
(Montag, Mittwoch, Freitag von 9 bis 13 Uhr)

Bibliothek der Kammer der gewerblichen Wirtschaft für Wien, 1, Stubenring 8–10, Tel. 52 65 65*, 370
(Montag bis Donnerstag von 8 bis 19 Uhr, Freitag von 8 bis 16 Uhr)

Bibliothek der Österreichischen Akademie der Wissenschaften, 1, Dr.-Ignaz-Seipel-Platz 2, Tel. 52 96 81*, 257
(Montag bis Freitag von 9 bis 13 Uhr)

Bibliothek der Österreichischen Bundesbahnen, 2, Praterstern 3, Tel. 56 50*
(Montag bis Freitag von 9 bis 15 Uhr)

Bibliothek der Zentralanstalt für Meteorologie und Geodynamik, 19, Hohe Warte 38, Tel. 36 56 70*, 36 44 53*, 206
(Montag bis Freitag von 9 bis 13 Uhr)

Bibliothek des Amerika-Hauses, 1, Friedrich-Schmidt-Platz Nr. 2, Tel. 31 55 11/2540
(Montag bis Freitag von 13 bis 18 Uhr)

Bibliothek des Bundesministeriums für Finanzen, 1, Himmelpfortgasse 4–8, Tel. 52 35 11*, 246
(Montag bis Freitag von 8 bis 16 Uhr)

Bibliothek des Bundesministeriums für Unterricht und Kunst sowie des Bundesministeriums für Wissenschaft und Forschung, 1, Minoritenplatz 5, Tel. 66 21*, 4302, 4295
(Montag bis Freitag von 9 bis 15 Uhr)

Bibliothek des Französischen Kulturinstituts, 9, Währinger Straße 30, Tel. 31 65 03*, 36
(Montag bis Donnerstag von 10 bis 12 Uhr und von 14.30 bis 18.30 Uhr, Freitag von 10 bis 13 Uhr und von 14.30 bis 16 Uhr)

Bibliothek des Instituts für Geschichte der Medizin an der Universität Wien, 9, Währinger Straße 25, Tel. 43 21 54
(Montag bis Mittwoch von 8.30 bis 16.30 Uhr, Donnerstag von 8.30 bis 19.30 Uhr, Freitag von 8 bis 16 Uhr)

Bibliothek des Italienischen Kulturinstituts, 3, Ungargasse Nr. 43, Tel. 73 34 54
(Montag bis Freitag von 9 bis 12 Uhr und von 16 bis 19 Uhr)

Bibliothek des Kunsthistorischen Museums, 1, Burgring 5, Tel. 93 45 41*, 410
(Montag bis Freitag von 9 bis 12 Uhr und von 14 bis 16 Uhr)

Bibliothek des Museums für Völkerkunde, 1, Neue Burg, Tel. 93 45 41*, 533
(Montag bis Freitag von 9 bis 12 Uhr, Montag bis Donnerstag von 14 bis 16.30 Uhr)

Bibliothek des Naturhistorischen Museums, 1, Burgring 7, Tel. 93 45 41*, 239, 244, 252, 264, 281, 326
(Anthropologische Abteilung: Montag bis Donnerstag von 9 bis 12 Uhr; Botanische Abteilung: Donnerstag von 9 bis 12 Uhr; Geologisch-Paläontologische Abteilung: Montag, Mittwoch, Donnerstag von 9 bis 12 Uhr; Mineralogisch-Petrographische Abteilung: Montag bis Freitag von 9 bis 11 Uhr; Prähistorische Abteilung: Dienstag und Donnerstag von 9 bis 12 Uhr; Zoologische Abteilung: Montag bis Freitag von 9 bis 12 Uhr)

Bibliothek des Österreichischen Instituts für Raumplanung, 1, Franz-Josefs-Kai 27, Tel. 63 87 47*, 25
(Montag bis Mittwoch von 8 bis 11.30 Uhr und von 13 bis 16.15 Uhr, Freitag von 8 bis 11.30 Uhr und von 13 bis 15 Uhr)

Bibliothek des Österreichischen Lateinamerika-Instituts, 1, Schmerlingplatz 8, Tel. 93 33 15
(Montag bis Donnerstag von 14 bis 18 Uhr)

Bibliothek des Österreichischen Museums für angewandte Kunst, 1, Stubenring 5, Tel. 72 56 96, 72 68 39
(Dienstag, Mittwoch, Freitag von 10 bis 16 Uhr, Donnerstag von 10 bis 18 Uhr, Sonntag von 10 bis 13 Uhr)

Bibliothek des Österreichischen Museums für Volkskunde, 8, Laudongasse 15–19, Tel. 43 12 59, 43 24 93*, 24
(Dienstag bis Freitag von 9 bis 15 Uhr)

Bibliothek des Österreichischen Ost- und Südosteuropa-Instituts, 1, Augustinerstraße 12, Tel. 52 43 28
(Montag bis Freitag von 9 bis 17 Uhr)

Bibliothek des Österreichischen Patentamtes, 1, Kohlmarkt Nr. 8–10, Tel. 63 36 36*, 155
(Montag bis Freitag von 8 bis 14 Uhr)

Bibliothek des Österreichischen Statistischen Zentralamtes, 1, Neue Burg, Tel. 52 46 86/72
(Montag bis Donnerstag von 9 bis 15 Uhr, Freitag von 9 bis 14 Uhr)

Bibliothek des Post- und Telegraphenmuseums, 14, Mariahilfer Straße 212, Tel. 83 36 18*, 185
(Dienstag bis Freitag von 9 bis 12 Uhr)

Bibliothek des Technischen Museums für Industrie und Gewerbe, 14, Mariahilfer Straße 212, Tel. 85 51 38*, 171
(Dienstag bis Freitag von 9 bis 12 Uhr)

Bibliothek und Archive der Post- und Telegraphenverwaltung, 1, Postgasse 8, Tel. 52 66 11*, 512
(Montag bis Freitag von 9 bis 15 Uhr)

British Council Library, 1, Schenkenstraße 4, Tel. 63 26 16
(Montag bis Donnerstag von 10 bis 18 Uhr, Freitag von 10 bis 16 Uhr)

Bundesstaatliche Pädagogische Bibliothek beim Landesschulrat für Niederösterreich, 1, Herrengasse 23, Tel. 66 17 80*, 266
(Montag, Dienstag, Donnerstag, Freitag von 8 bis 16 Uhr, Mittwoch von 8 bis 18 Uhr)

Chemiebibliothek der Technischen Universität Wien, 6, Getreidemarkt 9, Tel. 57 16 51*, 232
(Montag bis Freitag von 9 bis 16 Uhr)

Dokumentationsarchiv des österreichischen Widerstands, 1, Wipplingerstraße 8, Tel. 63 07 31*, 341
(Montag, Mittwoch, Donnerstag von 9 bis 17 Uhr)

Fakultätsbibliothek für evangelische Theologie an der Universität Wien, 9, Rooseveltplatz 10/4, Tel. 43 59 81*, 26
(Montag, Freitag von 8 bis 16 Uhr, Dienstag, Mittwoch, Donnerstag von 8 bis 18 Uhr)

Fakultätsbibliothek für katholische Theologie an der Universität Wien, 1, Schottenring 21, Tel. 31 25 44*, 266
(Montag bis Freitag von 9 bis 17 Uhr)

Fakultätsbibliothek für Rechtswissenschaften an der Universität Wien, 1, Dr.-Karl-Lueger-Ring 1, Tel. 43 00*, 2258
(Montag bis Freitag von 8.30 bis 19 Uhr, Samstag von 9 bis 12 Uhr)

Französischer Leseraum, 1, Walfischgasse 1, Tel. 52 29 84
(Montag bis Donnerstag von 12 bis 18.45 Uhr, Freitag von 12 bis 16.45 Uhr)

Haus des Buches, 8, Skodagasse 20, Tel. 42 61 63*, 20
(Montag bis Mittwoch von 12.30 bis 18 Uhr, Donnerstag von 12.30 bis 18.30 Uhr, Freitag von 11 bis 14 Uhr)

Hochschulbibliothek der Hochschule für angewandte Kunst, 1, Oskar-Kokoschka-Platz 2, Tel. 72 21 91*, 458
(Montag, Mittwoch von 9 bis 19 Uhr, Dienstag, Donnerstag, Freitag von 9 bis 16 Uhr)

Hochschulbibliothek der Hochschule für Musik und darstellende Kunst in Wien, 3, Lothringerstraße 18, Tel. 56 16 85*, 32
(Montag, Mittwoch, Donnerstag, Freitag von 8.30 bis 16 Uhr, Dienstag von 9 bis 16 Uhr)

Niederösterreichische Landesbibliothek, 1, Teinfaltstraße 8, Tel. 63 57 11*, 2847
(Montag, Dienstag, Donnerstag, Freitag von 8 bis 15.30 Uhr, Mittwoch von 8 bis 19 Uhr)

Österreichische Nationalbibliothek, 1, Josefsplatz 1, Tel. 52 16 84/237, 230
(Montag bis Samstag von 11 bis 12 Uhr)
Handschriften- und Inkunabelsammlung, Kartensammlung mit historischer Globus-Kollektion
(Handschriften- und Inkunabelsammlung: Montag, Mittwoch, Freitag von 9 bis 13 Uhr, Dienstag, Donnerstag von 13 bis 18.45 Uhr; Kartensammlung: Montag, Dienstag, Mittwoch, Freitag von 8.30 bis 15.30 Uhr)

Druckschriftensammlung, Zeitschriftensaal, Porträtsammlung – Bildarchiv, 1, Neue Burg, Tel. 52 16 84/203, 208, 271

(Druckschriftensammlung und Zeitschriftensaal: Montag bis Freitag von 9 bis 19.45 Uhr, Samstag von 9 bis 13 Uhr; Porträtsammlung – Bildarchiv: Montag von 9 bis 18.45 Uhr, Dienstag, Mittwoch, Freitag von 9 bis 15.45 Uhr)

Musiksammlung, Papyrussammlung, 1, Augustinerstraße 1, Tel. 52 16 84/257, 243
(Musiksammlung: Montag, Mittwoch, Freitag von 9 bis 13 Uhr, Dienstag von 12 bis 15.45 Uhr, Donnerstag von 12 bis 18.45 Uhr; Papyrussammlung: Montag von 9 bis 18.45 Uhr, Dienstag bis Freitag von 9 bis 13 Uhr)

Theatersammlung, 1, Hofburg, Tel. 52 16 84/247, 245
(Montag, Dienstag, Mittwoch, Freitag von 8.30 bis 15.30 Uhr)
Internationales Esperanto-Museum, 1, Hofburg, Tel. 52 10 415
(Montag, Mittwoch, Freitag von 9 bis 15.30 Uhr)

Österreichische Phonothek, 1, Annagasse 20
(Montag, Dienstag, Donnerstag, Freitag von 10 bis 16 Uhr, Mittwoch von 10 bis 19 Uhr)

Österreichisches Staatsarchiv, 1, Minoritenplatz 1, Tel. 66 15*, 2516
Haus-, Hof- und Staatsarchiv
(Jänner bis Juni, September bis Dezember täglich von 9 bis 17 Uhr, Juli, August täglich von 9 bis 16 Uhr)
Allgemeines Verwaltungsarchiv, 1, Wallnerstraße 6a, Tel. 66 15*, 2885
(Montag, Dienstag, Donnerstag, Freitag von 9 bis 16 Uhr)
Finanzarchiv, 1, Himmelpfortgasse 8, Tel. 52 35 11*, 470
(Montag, Donnerstag von 8.30 bis 12.30 Uhr, Dienstag, Mittwoch von 12.30 bis 15.45 Uhr, Freitag von 8.30 bis 15.45 Uhr)
Hofkammerarchiv, 1, Johannesgasse 6, Tel. 52 54 34
(Montag von 12.30 bis 15.45 Uhr, Dienstag, Mittwoch von 8.30 bis 12.30 Uhr, Donnerstag, Freitag von 8.30 bis 15.45 Uhr)

Kriegsarchiv, 7, Stiftgasse 2, Tel. 93 14 83, 93 27 40, 93 61 82

(Montag bis Freitag von 8.15 bis 15.45 Uhr)
Verkehrsarchiv, 3, Aspangstraße 33, Tel. 73 36 31
(Montag bis Freitag von 8.30 bis 15.30 Uhr)

Pädagogische Zentralbücherei der Stadt Wien, 7, Burggasse Nr. 14–16, Tel. 93 50 363
(Montag bis Freitag von 12 bis 17.30 Uhr)

Parlamentsbibliothek, 1, Dr.-Karl-Renner-Ring 3, Tel. 42 15 25*, 285
(Montag bis Freitag von 9 bis 15.30 Uhr)

Phonogrammarchiv der Österreichischen Akademie der Wissenschaften, 1, Liebiggasse 5, Tel. 42 22 94
(Montag bis Freitag von 9 bis 11 Uhr)

Prof.-Hans-Pemmer-Bibliothek, 19, Döblinger Hauptstraße 96, Tel. 36 17 064
(Samstag von 15.30 bis 18 Uhr)

Sozialwissenschaftliche Studienbibliothek der Kammer für Arbeiter und Angestellte für Wien, 4, Prinz-Eugen-Straße 20–22, Tel. 65 37 65*
(Montag bis Freitag von 13 bis 19.30 Uhr, Samstag von 9 bis 12 Uhr)

Stadt- und Landesarchiv, Wiener, 1, Rathaus, Tel. 42 8 00*, 2707
(Montag bis Freitag von 8 bis 18 Uhr)

Stadt- und Landesbibliothek, Wiener, 1, Rathaus, Tel. 42 8 00*, 2777
(Druckschriftensammlung: Montag bis Donnerstag von 9 bis 18.30 Uhr, Freitag von 9 bis 16.30 Uhr; Handschriftensammlung, Plakatsammlung, Zeitungsindex, Gedenktage: Montag bis Freitag von 9 bis 15 Uhr)
Musiksammlung, 1, Rathausstraße 11
(Montag bis Freitag von 9 bis 15 Uhr)

Studienbibliothek der Österreichisch-Sowjetischen Gesellschaft, 1, Himmelpfortgasse 13, Tel. 52 74 96
(Montag, Mittwoch von 9 bis 17 Uhr, Dienstag, Donnerstag von 9 bis 18 Uhr, Freitag von 9 bis 13 Uhr)

Universitätsarchiv, 1, Postgasse 7, Tel. 53 11 61
(Montag bis Freitag von 8 bis 12 Uhr und von 13 bis 16 Uhr)

Universitätsbibliothek der Technischen Universität Wien, 4, Karlsplatz 13, Tel. 56 01*, 3266
(Montag bis Freitag von 9 bis 19 Uhr)
Chemiebibliothek, 6, Getreidemarkt 9, Tel. 56 01*, 4658
(Montag bis Freitag von 9 bis 16 Uhr)

Universitätsbibliothek der Universität für Bodenkultur Wien, 19, Peter-Jordan-Straße 82, Tel. 34 25 00/484
(Montag bis Donnerstag von 9 bis 17 Uhr, Freitag von 9 bis 16 Uhr)

Universitätsbibliothek der Veterinärmedizinischen Universität Wien, 3, Linke Bahngasse 11, Tel. 73 65 21*, 73 55 81*, 240
(Montag, Mittwoch von 9 bis 17 Uhr, Dienstag, Donnerstag von 9 bis 19 Uhr, Freitag von 9 bis 16 Uhr)

Universitätsbibliothek der Wirtschaftsuniversität Wien, 9, Augasse 4, Tel. 34 75 40
(Lesesaal: Montag bis Freitag von 9 bis 19 Uhr; Zeitschriftensaal: Montag bis Freitag von 9 bis 16 Uhr)

Universitätsbibliothek Wien, 1, Dr.-Karl-Lueger-Ring Nr. 1, Tel. 43 00*, 2372
(Großer Lesesaal: Montag bis Freitag von 9 bis 21.45 Uhr, Samstag von 9 bis 12.45 Uhr; Kleiner Lesesaal: Montag bis Freitag von 9 bis 19.45 Uhr, Samstag von 9 bis 12.45 Uhr; Zeitschriftensaal: Montag bis Freitag von 9 bis 17.45 Uhr)

Zentralbibliothek des Technologischen Gewerbemuseums, 20, Wexstraße 19–23, Tel. 35 35 11*, 228
(Montag von 9 bis 18 Uhr, Dienstag bis Donnerstag von 9 bis 15 Uhr, Freitag von 9 bis 13 Uhr)

Zentralbibliothek für Physik in Wien, 9, Boltzmanngasse 5, Tel. 34 11 68*, 34 26 30*, 210
(Montag bis Freitag von 8 bis 17.30 Uhr)

Zentrale Verwaltungsbibliothek und Dokumentation für Wirtschaft und Technik, 1, Stubenring 1, Tel. 75 00*, 5482
(Mai bis September: Montag bis Freitag von 7.30 bis 12 Uhr und von 14 bis 15.30 Uhr; Oktober bis April: Montag bis Freitag von 8 bis 12 Uhr und von 14 bis 16 Uhr)

STÄDTISCHE BÜCHEREIEN

(siehe Magistrat, MA 13)

SEHENSWÜRDIGKEITEN

(Auswahl historisch und künstlerisch bedeutender Bauten und Denkmäler)

1. Bezirk

Akademie der bildenden Künste, Schillerplatz 3
Akademie der Wissenschaften (ehemalige Universitätsaula), Dr.-Ignaz-Seipel-Platz 2
Albertina, Augustinerstraße 1
Alte Universität, Dr.-Ignaz-Seipel-Platz – Bäckerstraße 20
Altes Rathaus, Wipplingerstraße 8
Amalienburg, Hofburg
Andromedabrunnen, Wipplingerstraße 8 (Hof des Alten Rathauses)
Ankeruhr, Hoher Markt 10–11
Augustinerkirche, Augustinerstraße 3
Austriabrunnen, Freyung
Beethovendenkmal, Beethovenplatz
Böhmische Hofkanzlei, ehemalige (jetzt Verfassungs- und Verwaltungsgerichtshof), Wipplingerstraße 7 – Judenplatz 11
Bruckners Wohnhaus, Heßgasse 7
Bundeskanzleramt, Ballhausplatz 2
Bürgerhäuser:
- Am Gestade 3, 5 und 7 (frühneuzeitliche Häuser, 16. Jahrhundert)
- Am Hof 7 (ehemaliges Märkleinsches Haus)
- Am Hof 12 (barockes Bürgerhaus)
- Annagasse 8 (ehemaliger Deybel- oder Täuberlhof)
- Annagasse 14 (Haus ,,Zum blauen Karpfen“)
- Bäckerstraße 7 (Haus mit Renaissancehof)
- Bäckerstraße 8 (ehemaliges Palais Seilern)
- Bäckerstraße 12–16 (Bürgerhäuser des 15. bis 18. Jahrhunderts, mit später zum Teil veränderten Fassaden)
- Bauernmarkt 10 (Geburtshaus von Franz Grillparzer)
- Bräunerstraße 3 (Geburtshaus von Johann Nestroy)
- Bräunerstraße 11 (Klassizistisches Zinshaus)
- Domgasse 6 (ehemaliger Kleiner Bischofshof, Haus zum Roten Kreuz)
- Fleischmarkt 9 (Zur Mariahilf)
- Fleischmarkt 15 (Schwindhof)
- Freyung 7 (Schubladenkastenhaus)
- Griechengasse 7 und 9 (mit gotischem Wohnturm)
- Himmelpfortgasse 6 (Johann Lukas von Hildebrandt)
- Judenplatz 2 (Zum großen Jordan, Platz des ehemaligen Gettos)
- Kohlmarkt 11 (Großes Michaelerhaus)
- Kurrentgasse 2 (ehemaliger Pfarrhof der Kirche Am Hof, Stanislaus Kostka-Kapelle)
- Mölker Bastei 8 (Pasqualati-Haus, Beethoven-Wohnung, Stifter-Museum)
- Naglergasse 7–27 (zum Teil spätmittelalterliche Häuser mit einzelnen barock veränderten Fassaden)
- Neuer Markt 14 (ehemaliges Palais Rauchmiller)
- Petersplatz 6 (Pfarrhof der Peterskirche)
- Rauhensteingasse 8 (früher Kleines Kaiserhaus, Sterbehaus von Wolfgang Amadeus Mozart)
- Schönlaterngasse (revitalisierte Bürgerhäuser Nr. 2, 8 und 9)
- Schönlaterngasse 7–7a (Basiliskenhaus)
- Schreyvogelgasse 10 (Dreimäderlhaus)
- Schulerstraße 8 – Domgasse 5 (Figaro-Haus, Mozart-Wohnung)
- Schulhof 2 (Uhrenmuseum)
- Schultergasse 5 (an Stelle des Sterbehauses von Fischer von Erlach)
- Schwertgasse 3 (barockes Haus ,,Zu den 7 Schwertern“)
- Seitenstettengasse 2 (Kornhäuselturm)
- Sonnenfelsgasse 3 (sogenanntes Hildebrandthaus)
- Sonnenfelsgasse 15–19 (Häuser aus dem 16. bis 18. Jahrhundert, zum Teil noch mit Fassaden des Barock und der Renaissance)
- Sterngasse 3 (Wiener Neustädter Hof)
- Tuchlauben 5 (ehemaliger Hochholzerhof, Langenkellerhaus)
- Tuchlauben 19 (Schauraum mit mittelalterlichen Profanfresken)
- Weihburggasse 14 (Haus mit schmiedeeisernen Balkonen)

Bürgerliches Zeughaus, ehemaliges (jetzt Feuerwehrzentrale), Am Hof 10
Burggarten, Hofburg
Burgkapelle, Hofburg, Schweizerhof
Burgtheater, Dr.-Karl-Lueger-Ring 2
Burgtor und Heldenplatz, Hofburg
Churhaus, Stephansplatz 3
Deutschmeisterpalais, Parkring 8
Deutschordenskirche, Singerstraße 7
Dominikanerkirche, Postgasse 4
Donner-Brunnen, Neuer Markt
Ephesos-Museum, Neue Burg
Equitable-Palais, Stock-im-Eisen-Platz 3–4
Erzbischöfliches Palais, Rotenturmstraße 2
Erzherzog-Karl-Denkmal, Heldenplatz
Evangelische Kirche A. B., Dorotheergasse 18
Evangelische Kirche H. B., Dorotheergasse bei 16
Fähnrichshof, Blutgasse 7
Finanzministerium (ehemaliges Palais Prinz Eugen), Himmelpfortgasse 8
Franziskanerkirche, Franziskanerplatz 4
Freyung-Passage (ehemalige Österreichisch-Ungarische Bank, sog. Palais Ferstel)
Goethe-Denkmal, Opernring
Griechische Kirche Sankt Barbara, Postgasse 8
Griechische Kirche „Zur hl. Dreifaltigkeit“, Fleischmarkt 13
Griechische Kirche „Zum hl. Georg“, Hafnersteig 2
Heiligenkreuzerhof mit Kapelle, Schönlaterngasse 5 – Grashofgasse 3
Heldendenkmal, Heldenplatz
Herzgruft der Habsburger in der Augustinerkirche, Augustinerstraße
Hofburg, Michaelerplatz – Augustinerstraße – Josefsplatz – Augustinerbastei – Heldenplatz – Ballhausplatz
Hofkammerarchiv, Johannesgasse 6 – Annagasse 5
Innenministerium (ehemaliges Palais Modena), Herrengasse 7
Jesuitenkirche, Dr.-Ignaz-Seipel-Platz 1
Jesuitenkirche (ehemalige), Am Hof
Johann-Strauß-Denkmal, Stadtpark
Josefsbrunnen, Graben
Kaisergruft, Neuer Markt 2
Kapuzinerkirche, Neuer Markt 2
Katakomben, Stephansplatz
Kirche Maria am Gestade, Salvatorgasse 12

Kirche St. Peter, Petersplatz 6
Kirche zur hl. Anna, Annagasse 3b
Kremsmünster Hof, Annagasse 4
Kriegsministerium, ehemaliges (jetzt Regierungsgebäude), Stubenring 1
Kunsthistorisches Museum, Burgring 5
Künstlerhaus, Karlsplatz 5
Landhaus, Herrengasse 13
Leopoldinischer Trakt, Hofburg
Leopoldsbrunnen, Graben
Lessing-Denkmal, Judenplatz
Looshaus, Michaelerplatz 3
Malteserkirche, Kärntner Straße 37
Maria-Theresia-Denkmal, Maria-Theresien-Platz
Mariensäule, Am Hof
Melkerhof, Schottengasse 3
Michaelerkirche, Michaelerplatz
Michaelertrakt, Hofburg
Minoritenkirche, Minoritenplatz 2a
Mosesbrunnen, Franziskanerplatz
Mozart-Denkmal, Burggarten
Musikvereinsgebäude, Bösendorferstraße 12
Naturhistorisches Museum, Burgring 7
Neue Burg, Hofburg
Niederösterreichisches Landesmuseum (ehemaliges Palais Mollard-Clary), Herrengasse 7
Österreichische Nationalbibliothek (ehemalige Hofbibliothek), Josefsplatz
Österreichisches Museum für angewandte Kunst, Stubenring 5
Österreichisches Theatermuseum, Hanuschgasse 3
Palais Bartolotti-Partenfeld (ehemaliges), Graben 11
Palais Batthyány, Bankgasse 2
Palais Caprara-Geymüller (ehemaliges), Wallnerstraße 8
Palais Collalto, Am Hof 13
Palais Dietrichstein, Minoritenplatz 3
Palais Erdödy-Fürstenberg, Himmelpfortgasse 13
Palais Erzherzog Ludwig Viktor, Schwarzenbergplatz 1
Palais Esterházy, Wallnerstraße 4
Palais Fürstenberg, Grünangergasse 4
Palais Harrach (ehemaliges), Freyung 3
Palais Kinsky (ehemaliges Palais Daun), Freyung 4
Palais Koburg, Seilerstätte 1
Palais Liechtenstein, Bankgasse 2
Palais Lobkowitz (ehemaliges Palais Dietrichstein), Lobkowitzplatz 2
Palais Neupauer-Breuner, Singerstraße 16
Palais Palffy, Josefsplatz 6
Palais Pallavicini (ehemaliges Palais Fries), Josefsplatz 5
Palais Porcia (ehemaliges), Herrengasse 23
Palais Questenberg-Kaunitz (ehemaliges), Johannesgasse 5 und 5a
Palais Rottal (ehemaliges), Singerstraße 17
Palais Schönborn-Batthyány, Renngasse 4
Palais Starhemberg, ehemaliges (jetzt Unterrichtsministerium und Wissenschaftsministerium), Minoritenplatz 5
Palais Wilczek, Herrengasse 5
Parlament, Dr.-Karl-Renner-Ring 3
Pestsäule, Graben
Postsparkasse, Georg-Coch-Platz 2
Prinz-Eugen-Denkmal, Heldenplatz
Rathaus, Rathausplatz
Rathauspark, vor dem Rathaus
Reichskanzlei, Hofburg
Ruprechtskirche, Ruprechtsplatz
Salvatorkapelle, Salvatorgasse 5
Savoysches Damenstift, Johannesgasse 15
Schatzkammer, weltliche und geistliche, Hofburg, Schweizerhof
Schottenkirche, Freyung 6
Schottenkloster und Schottenhof, Freyung 6
Schweizerhof, Hofburg
Secession, Friedrichstraße 12
Spanische Reitschule, Winterreitschule, Hofburg
Staatsoper, Opernring 2
Stadtpark, Parkring
Stallburg, Hofburg
Stephansdom, Stephansplatz
„Stock im Eisen“, Kärntner Straße 2
Synagoge, Seitenstettengasse 4
Theseustempel, Volksgarten
Uhrenmuseum, Schulhof 2
Ungarische Botschaft, Bankgasse 4–6
Universität, Dr.-Karl-Lueger-Ring 1
Urania, Uraniastraße 1
Ursulinenkirche, Johannesgasse 8
Vermählungsbrunnen, Hoher Markt
Volksgarten, Hofburg
Zacherlhaus, Brandstätte 6

2. Bezirk

Augarten, Obere Augartenstraße 1
Barmherzigen-Brüder-Kirche, Taborstraße 16
Barockes Bürgerhaus, Taborstraße 23
Johann-Strauß-Wohnung, Praterstraße 54
Lusthaus, Prater
Planetarium, Oswald-Thomas-Platz 1 (Prater)
Pfarrkirche St. Johann von Nepomuk, Nepomukgasse 1
Pfarrkirche St. Josef, Karmelitergasse 10
Pfarrkirche St. Leopold, Alexander-Poch-Platz 6
Prater
Pratermuseum, Oswald-Thomas-Platz 1 (Prater)
Produktenbörse, Taborstraße 10
Riesenrad
Schützenhaus des ehemaligen Kaiserbad-Wehres, Obere Donaustraße 26
Stadion, Prater (Meiereistraße)
Tegetthoffdenkmal, Praterstern

3. Bezirk

Alpengarten im Oberen Belvedere, Landstraßer Gürtel 1
Arsenal, Arsenalstraße
Beethovenhaus, Ungargasse 5
Belvedere, Prinz-Eugen-Straße 27 – Rennweg 6
Botanischer Garten der Universität, Rennweg 14
Gardekirche, Rennweg 5a
Hauptmünzamt, Am Heumarkt 1
Heeresgeschichtliches Museum, Arsenal
Hochstrahlbrunnen, Schwarzenbergplatz
Hofmannsthals Geburtshaus, Salesianergasse 12
Karl-Borromäus-Brunnen, Karl-Borromäus-Platz
Kirche zur hl. Elisabeth, Landstraßer Hauptstraße 4a
Konzerthaus, Lothringerstraße 20
Museum moderner Kunst/Museum des 20. Jahrhunderts, Schweizer Garten
Österreichische Galerie, Oberes Belvedere, Prinz-Eugen-Straße 27
Österreichisches Barockmuseum, Unteres Belvedere, Rennweg 6a
Palais Metternich, ehemaliges (jetzt Italienische Botschaft), Rennweg 27
Palais Rasumofsky (jetzt Geologische Bundesanstalt), Rasumofskygasse 23–25
Palais Schwarzenberg, Rennweg 2
Pfarrkirche „Unter den Weißgerbern“, Kolonitzplatz 1

Rabenhof, Baumgasse 29–41
Rochuskirche, Landstraßer Hauptstraße 54
Rudolf-Steiner-Denkmal, Schweizer Garten
Russisch-orthodoxe Kirche, Jaurésgasse 2
Salesianerinnenkirche, Rennweg 10
Sofiensäle, Marxergasse 17
Staatsgründungsdenkmal, Schweizer Garten
St. Marxer Friedhof (Mozarts Begräbnisstätte), Leberstraße 6
Waisenhauskirche, Rennweg bei 91
Wittgenstein-Haus, Parkgasse 18

4. Bezirk

Französische Botschaft, Technikerstraße 2
Glucks Wohnhaus, Wiedner Hauptstraße 32
Historisches Museum der Stadt Wien, Karlsplatz
Karlskirche, Karlsplatz
Palais Schönburg-Hartenstein (Gartenpalais), Rainergasse 11
Paulanerkirche, Paulanergasse 6
Schuberts Sterbehaus, Kettenbrückengasse 6
Stadtbahnstation Karlsplatz (Otto-Wagner-Pavillons), Karlsplatz
Technische Universität Wien, Karlsplatz 13
Theresianum, Favoritenstraße 15
Zauberflöte-Brunnen, Mozartplatz

5. Bezirk

Johann-Nepomuk-Linienkapelle, Schönbrunner Straße – Sankt-Johann-Gasse
Margaretenhof, Margaretenplatz 4
Metzleinstalerhof, Margaretengürtel 90–98
Pfarrkirche Margareten zum hl. Josef, Ramperstorffergasse 65
Reumannhof, Margaretengürtel 100–110

6. Bezirk

Evangelische Kirche A. B., Gustav-Adolf-Kirche, Gumpendorfer Straße bei 129
Haus des Meeres, Flakturm, Esterházypark, Gumpendorfer Straße
Haydn-Denkmal, Mariahilfer Straße
Haydns Sterbehaus, Haydngasse 19
Jugendstilwohnhäuser von Otto Wagner, Linke Wienzeile 38 und 40 und Köstlergasse 3
Pfarrkirche Gumpendorf zum hl. Ägyd, Brückengasse 5
Pfarrkirche Mariahilf, Barnabitengasse 14
Raimunds Geburtshaus, Mariahilfer Straße 45
Theater an der Wien, Linke Wienzeile 6

7. Bezirk

Amerlings Geburtshaus, Stiftgasse 8
Bundessammlung alter Stilmöbel (ehemaliges Hofmobiliendepot), Mariahilfer Straße 88
Bürgerhäuser:
Burggasse 13 („Zum Heiligen Josef")
Sankt-Ulrichs-Platz 2 (barockes Haus)
Hofstallungen, ehemalige (jetzt Messepalast), Messeplatz 1
Lanners Geburtshaus, Mechitaristengasse 5
Lazaristen-Pfarrkirche, Kaiserstraße 7
Mechitaristenkirche und Kloster, Neustiftgasse 4 und Mechitaristengasse 2
Palais Trautson, Museumstraße 7
Pfarrkirche Altlerchenfeld zu den hl. 7 Zufluchten, Lerchenfelder Straße 111
Pfarrkirche St. Ulrich, Sankt-Ulrichs-Platz
Stiftskirche, Mariahilfer Straße 24
Volkstheater, Neustiftgasse 1
Wohnhäuser der ehemaligen barocken Vorstadt Spittelberg, Spittelberggasse

8. Bezirk

Alte Backstube, Lange Gasse 34
Beethovenhaus, Trautsongasse 2
Bürgerhaus, Lange Gasse 34 (barockes Haus „Zur heiligen Dreifaltigkeit")
Österreichisches Museum für Volkskunde (ehemaliges Palais Schönborn), Laudongasse 15–19
Palais Auersperg, Auerspergstraße 1
Pfarrkirche zur Allerheiligsten Dreifaltigkeit in der Alservorstadt, Alser Straße 17
Piaristenkirche „Maria-Treu", Jodok-Fink-Platz
Theater in der Josefstadt, Josefstädter Straße 26

9. Bezirk

Allgemeines Krankenhaus, Alser Straße 4, mit „Narrenturm" im letzten Hof
Beethovens Sterbehaus, Schwarzspanierstraße 15 (Neubau)
Chemisches Institut, Währinger Straße 10
Doderer-Gedenkraum, Währinger Straße 43 (Bezirksmuseum Alsergrund)
Josephinum, Währinger Straße 25
Palais Clam-Gallas, 9, Währinger Straße 30
Palais Liechtenstein, Fürstengasse 1 (Museum moderner Kunst)
Pfarrkirche Lichtental zu den hl. 14 Nothelfern, Marktgasse 40
Roßauer Kaserne, Schlickplatz – Roßauer Lände
Schuberts Geburtshaus, Nußdorfer Straße 54
Servitenkirche, Servitengasse 9
Sigmund-Freud-Wohnung, Berggasse 19
Strudlhof-Stiege, Strudlhofgasse
Volksoper, Währinger Straße 78
Votivkirche, Rooseveltplatz 8

10. Bezirk

Amalienbad, Reumannplatz 9
„Arbeitercottage", Kiesewettergasse
Böhmischer Prater, Laaer Wald
Evangelische Friedhofskirche, Triester Straße 1
Friedenskirche, Quellenstraße 197
George-Washington-Hof, Triester Straße 52–58
Johanneskirche, Unterlaa, Klederinger Straße
Oberlaa (Straßendorf mit alten Gehöften)
Pfarrkirche St. Anton von Padua, Antonsplatz
Pfarrkirche St. Johann Evangelist, Keplerplatz 6
Spinnerin am Kreuz, Triester Straße bei 52
Unterlaa (Straßendorf mit alten Gehöften)
Waldmüllerpark (ehemaliger Katholischer Matzleinsdorfer Friedhof) mit Grabmalhain

11. Bezirk

Friedhof der Namenlosen, Alberner Hafen
Gasbehälter, Guglgasse
Krematorium, Simmeringer Hauptstraße 337
Luegerkirche, Zentralfriedhof
Pfarrkirche Alt-Simmering zum hl. Laurenz, Simmeringer Hauptstraße 157–159
Schloß Kaiserebersdorf, Kaiserebersdorfer Straße 297
Schloß Neugebäude, Neugebäudestraße
Schloß Thürnlhof, Münnichplatz 5
Zentralfriedhof (mit Ehrengräbern)

12. Bezirk

Altmannsdorfer „Schlößl" (jetzt Dr.-Karl-Renner-Institut), Khleslplatz 12

Fuchsenfeldhof, Längenfeldgasse 68
Pfarrkirche Altmannsdorf zum hl. Oswald, Khleslplatz 10
Pfarrkirche Hetzendorf zur Königin des hochheiligen Rosenkranzes, Marschallplatz 6
Pfarrkirche Meidling zum hl. Johann von Nepomuk, Migazziplatz
Rehabilitationszentrum Meidling, Köglergasse 2a
Schloß Hetzendorf (jetzt Modeschule der Stadt Wien), Hetzendorfer Straße 79
Wohnhausanlage Am Schöpfwerk
Wohnhausanlage in der Wienerbergstraße

13. Bezirk

Faniteum, Ghelengasse
Gloriette, Schönbrunn
Hermesvilla, Lainzer Tiergarten
Hofpavillon, bei Stadtbahnstation Hietzing
Konzils-Gedächtniskirche, Lainzer Straße 138
Lainzer Tiergarten
Palmenhaus, Schönbrunn
Pfarrkirche Maria Hietzing, Am Platz 1
Schloß Ober-St.-Veit, Wolfrathplatz
Schloß Schönbrunn
Schönbrunner Park
Schönbrunner Schloßtheater
Schönbrunner Tiergarten
Werkbundsiedlung, Jagdschloßgasse

14. Bezirk

Otto-Wagner-Villen, Hüttelbergstraße 26 und 28
Palais Zichy, Beckmanngasse 10–12
Pfarrkirche Penzing zum hl. Jakob, Einwanggasse 30
Schloß Laudon, Mauerbachstraße
Schloß Miller von Aichholz, Linzer Straße 429
Stadt des Kindes, Mühlbergstraße 9
Steinhofkirche, Baumgartner Höhe 1
Technisches Museum, Mariahilfer Straße 212
Villa Windischgraetz, Linzer Straße 452
Wallfahrtskirche Mariabrunn, Hadersdorf, Hauptstraße

15. Bezirk

Pfarrkirche Fünfhaus „Maria vom Siege“, Maria-vom-Siege 3
Pfarrkirche Neu-Fünfhaus „Christus König“, Vogelweidplatz 7
Stadthalle, Vogelweidplatz 14
Zwinglikirche, Schweglerstraße 39

16. Bezirk

Biologische Station Wilhelminenberg, Savoyenstraße
„Heilig-Geist-Kirche“, Klausgasse 18
Pfarrkirche Alt-Ottakring zur Erhöhung des hl. Kreuzes, Adtlgasse 1
Schloß Wilhelminenberg, Savoyenstraße 2
Wohnhausanlage Sandleiten, Sandleitengasse 43–51

17. Bezirk

Kalvarienbergkirche, Sankt-Bartholomäus-Platz 3
Schloß Schwarzenberg, Waldegghofgasse

18. Bezirk

Geymüller-Schlössel (Sammlung Dr. Sobek), Pötzleinsdorfer Straße 102
Pfarrkirche Gersthof zum heiligen Johannes Nepomuk (ehemalige), Gersthofer Straße 129
Schloß Pötzleinsdorf, Geymüllergasse 1
Schubertpark (ehemaliger Währinger Ortsfriedhof) mit Grabmalhain, Währinger Straße – Teschnergasse
Türkenschanzpark, Türkenschanzstraße
Währinger Park (ehemaliger Allgemeiner Währinger Friedhof) mit Grabmalhain, Gymnasiumstraße – Semperstraße

19. Bezirk

Beethoven-Denkmal, Heiligenstädter Park
Beethoven-Grillparzer-Haus, Grinzinger Straße 64
Beethovenhäuser, Probusgasse 6, Pfarrplatz 2, Döblinger Hauptstraße 92 (Eroica-Haus) und Kahlenberger Straße 26
Kahlenbergerdorf
Kahlenberger Friedhof, Kahlenberg
Kahlenbergkirche, Kahlenberg
Karl-Marx-Hof, Heiligenstädter Straße 82–92
Lehár-Schikaneder-Schlössel, Hackhofergasse 18
Leopoldskirche, Leopoldsberg
Pfarrkirche Döbling zum hl. Paul, Hofzeile
Pfarrkirche Grinzing zum hl. Kreuz, Himmelstraße 25
Pfarrkirche Heiligenstadt „St. Michael“, Pfarrplatz 3
Pfarrkirche Sievering zum hl. Severin, Fröschelgasse 20
Trummelhof, Cobenzlgasse 30
Villa Wertheimstein, Döblinger Hauptstraße 96 (Bezirksmuseum Döbling)
Wertheimsteinpark, Döblinger Hauptstraße 96
Wirtschaftsuniversität Wien, Franz-Klein-Gasse 1
Zwettler Hof, Hackhofergasse 17

20. Bezirk

Brigittakapelle, Forsthausgasse
Nadelwehr (Nußdorfer Schleuse), Brigittenauer Spitz
Pfarrkirche Brigittenau zur hl. Brigitta, Brigittaplatz 3
Wohnhausanlage Friedrich-Engels-Platz
Wohnhausanlage Winarskyhof, Stromstraße 36–38

21. Bezirk

Beethoven-Gedenkstätte (ehemaliges Erdödy-Schlössel), Jeneweingasse 17
Karl-Seitz-Hof, Jedleseer Straße 64–94
Leopoldau (Dorf mit Bauernhöfen)
Pfarrkirche Floridsdorf zum hl. Leopold, Kinzerplatz 19
Pfarrkirche Jedlesee zu Maria Loretto, Lorettoplatz 1
Stammersdorf (alte Weinhauerhäuser und Keller)
Vienna Islamic Centre, Am Hubertusdamm 17–19

22. Bezirk

Aspern, historischer Ortskern (Kirche, Nepomuk- und Florianstatuen, „Löwe von Aspern“)
Breitenlee (planmäßige barocke Dorfgründung)
Donauturm, Donaupark
Lamplkreuz, Weingartenallee
Schloß Eßling und Schüttkasten (Franzosenkriege), Eßlinger Hauptstraße 81–87
Schloß Süßenbrunn, Süßenbrunner Hauptstraße
Strandbad Gänsehäufel, Kaisermühlen, Moissigasse 21
Vienna International Centre (UNO-City), Wagramer Straße 5

23. Bezirk

Erste Hochquellenleitung, Aquädukt, Mauer, Endresstraße
Hofmannsthal-Schlössel, Rodaun, Ketzergasse 471
Kirche zur heiligsten Dreifaltigkeit (Entwurf Fritz Wotruba), Mauer, Georgsgasse
Maurer Schlößl, Endresstraße 100
Pfarrkirche Kalksburg zum hl. Petrus in Ketten, Breitenfurter Straße 526
Pfarrkirche Mauer zum hl. Erhard, Mauer, Endresstraße 117
Schloß Alt-Erlaa, Erlaaer Straße 54

SPORTANLAGEN

Abkürzungen:

F	= Fußballanlage	E	= Eislaufanlage
Fa	= Faustballanlage	B	= Basketballanlage
L	= Leichtathletikanlage	V	= Volleyballanlage
H	= Handballanlage	Ho	= Hockeyanlage
T	= Tennisanlage	Ü	= Übungsanlage

Adresse Name	Art der Anlage Spielfelder	Grundeigentümer Benützer
2. Bezirk		
Augarten Bundesspielplatz Auwiese	4 F, L	Bund Bund
Augarten Bundesspielplatz Jahnwiese	F, L, B	Bund Bund
Augarten Bundesspielplatz Schloßwiese	4 Fa, L	Bund Bund
Augarten Bundesspielplatz Sportwiese	3 Fa, L	Bund Bund
Augarten Institut der Sängerknaben	L, H, B	Bund und Privat Institut der Sängerknaben
Ausstellungsstraße 42 – Nordportalstraße Tennisanlage Prater-Union	4 T	Bund Prater-Union
Freudenau, Aspernallee Wiener Fußball-Verband	F	Gemeinde und Bund Wiener Fußball-Verband, 6, Mariahilfer Straße 99 (SK Freudenau)
Hafenzufahrtsstraße 60 SC Elan	F	Gemeinde und Bund SC Elan Sektion Fußball, 1, Julius-Raab-Platz 4
Hauptallee 123a Sportanlage des Österreichischen Hockey-Verbandes	3 F, L, 9 T	Gemeinde und Bund Österreichischer Hockey-Verband, 2, Hauptallee Nr. 123a
Ichmanngasse 1 SC Finanzministerium	2 Fa, L, 9 T	Bund SC Finanzministerium, 2, Ichmanngasse 1
Krieau, Meiereistraße Vienna Cricket and Football-Club	L, 11 T	Gemeinde Vienna Cricket and Football-Club Alfred Proksch, 3, Custozzagasse 11
Meiereistraße Wiener Stadion	9 F, 2 L	Gemeinde Wiener Stadthalle-Kiba Betriebs- und Veranstaltungs- Ges. m. b. H., 15, Vogelweidplatz 14
Meiereistraße – Hauptallee Tennisanlage der Zentralsparkasse	6 T	Bund Zentralsparkasse und Kommerzialbank, Wien, 2, Meiereistraße – Hauptallee
Prater, Birkenwiese, nächst dem Gassteg Bundessportanlage	F, Fa, L, B	Bund Bund
Prater Hauptallee 5 Tennisanlage	6 T	Gemeinde Ing. Walter Paulus, 13, Bowitschgasse 3a
Prater, Stadionallee Bundessportanlage	L	Bund Bund
Rustenschacher Allee 1 Wiener Park Club	10 T	Gemeinde Wiener Park Club, 2, Rustenschacher Allee 1
Rustenschacher Allee 5 Sportanlage des STAW	2 F, H, L, 8 T	Gemeinde und Bund Sportvereinigung STAW, 9, Maria-Theresien- Straße 11
Rustenschacher Allee 7 SV Schwarz-Blau	4 T	Bund SV Schwarz-Blau, 2, Rustenschacher Allee 7
Rustenschacher Allee 9 WAC	F, L, H, 19 T	Bund Wiener Athletik SC, 2, Rustenschacher Allee 9
Spenadlwiese ASKÖ-Sportanlage	2 F, L, 6 T	Gemeinde und Bund ASKÖ – LV Wien, 5, Bacherplatz 14

Adresse Name	Art der Anlage Spielfelder	Grundeigentümer Benützer
Stadionbad Tennisanlage	7 T	Gemeinde Walter Achatzi, 2, Stadionbad
Wehlistraße Elektra-Platz	3 F, 4 T	Gemeinde Sportvereinigung der Angestellten und Bediensteten der WStW-EW (FS Elektra), 9, Mariannengasse 4
Wehlistraße 178 Städtische Schulsportanlage	V	Gemeinde Gemeinde
Wohlmuthstraße 3 AHS	Fa, L, 2 B	Bund Bund
Zirkusgasse 46–48 AHS	L, 2 B	Bund Bund
3. Bezirk		
Arsenalstraße 1 Tennisanlage Arsenal	24 T	Bund TC Volley, 3, Arsenalstraße 1
Baumgasse Sportanlage LAC	F	Gemeinde LAC, 3, Baumgasse
Boerhaavegasse 15 AHS	Fa, L, B	Bund Bund
Dietrichgasse 29a WAT-Landstraße	Fa, B	Gemeinde WAT-Landstraße, 3, Dietrichgasse 29a
Dietrichgasse 44 Pfarre Neu-Erdberg	H, B	Privat Pfarre Neu-Erdberg, 3, Dietrichgasse 44
Grasbergergasse 18 Rennweger SV	F	Gemeinde Rennweger SV, 3, Grasbergergasse 18
Hagenmüllergasse 30 AHS-Schulsportanlage	L	Bund Bund
Landstraßer Hauptstraße 65 Tennisanlage Landstraße	3 T	Privat Hans Stolberg, 3, Landstraßer Hauptstraße 65
Lothringerstraße 22 Wiener Eislaufverein	6 T	Bund Wiener Eislaufverein, 3, Lothringerstraße 22
Prinz-Eugen-Straße 25 TC-Belvedere	5 T	Privat TC-Belvedere, 3, Prinz-Eugen-Straße 25
Rennweg 31 Sacre Coeur	L, H, B	Privat Sacre Coeur, 3, Rennweg 31
Sechskrügelgasse 4 Tennisanlage	6 T	Privat Ing. Walter Paulus, 13, Bowitschgasse 3a
4. Bezirk		
Favoritenstraße 15 Theresianische Akademie	F, L, H, 2 T	Privat Theresianische Akademie, 4, Favoritenstraße 15
Theresianumgasse 16–18 Franz-Domes-Lehrlingsheim	L, T	Privat Franz-Domes-Lehrlingsheim, 4, Theresianumgasse 16–18
Waltergasse 7 AHS	L, B	Gemeinde Bund
Wiedner Gürtel 68 AHS	L, B, V	Bund Bund
5. Bezirk		
Bacherplatz Städtische Jugendsportanlage	L, H	Gemeinde Gemeinde
Reinprechtsdorfer Straße 24–26 AHS	B	Bund Bund
7. Bezirk		
Mariahilfer Straße 80 Tennisplatz Mariahilf	T	Privat Fa. Brand und Lutz, 15, Stiegergasse 18

Adresse Name	Art der Anlage Spielfelder	Grundeigentümer Benützer
8. Bezirk		
Albertgasse 18–22 AHS	L, B	Bund Bund
Hamerlingplatz 5–6 HAK und HS	L	Bund Bund
Jodok-Fink-Platz 2 AHS	L, B	Privat Bund
Lerchenfelder Straße 66–68 Tennisanlage	2 T	Privat Ing. Walter Paulus, 13, Bowitschgasse 3a
Schmidgasse 1 Städtische Jugendsportanlage	B	Gemeinde Gemeinde
9. Bezirk		
Grünentorgasse 12 Tennisanlage	3 T	Privat Ing. Walter Paulus, 13, Bowitschgasse 3a
Liechtensteinstraße 37a Französisches Lyceum	L, 2 T, B, V	Privat Französisches Lyceum, 9, Liechtensteinstraße 37a
Porzellangasse 48 Tennisplatz Porzellangasse	2 T	Privat Tennisplatz Porzellangasse, 9, Porzellangasse 48
Sensengasse 1–3 Bundessportplatz	F, L, T	Bund Bund
10. Bezirk		
Eibesbrunnergasse ASK KDAG-Phönix	F	Gemeinde ASK KDAG-Phönix, 12, Oswaldgasse 33
Ettenreichgasse 41–43 AHS	F, L, V	Bund Bund
Ettenreichgasse 45 Pädagogische Akademie des Bundes	L, 4 T	Bund Bund
Fischhofgasse Horr-Stadion	4 F	Gemeinde Wiener Fußball-Verband, 6, Mariahilfer Straße 99
Franzosenweg Rapid Oberlaa	F	Gemeinde SC Rapid Oberlaa, Johann Hotzer, 10, Per-Albin-Hansson-Straße 27/1/3
Grenzackerstraße 23 Bundesspielplatz Wienerberg	F, L, 3 H, 3 B	Bund Bundesministerium für Unterricht und Kunst – Verwaltung der Bundesspielplätze, 4, Prinz-Eugen-Straße 12
Gudrunstraße 31 Tennisanlage	15 T	Gemeinde Hanns Girg – Hanns Schermann, 10, Gudrunstraße 31
Kennergasse 3 FAV Athletik-Sportclub	2 F	Gemeinde Favoritner Athletik-Sportclub, 10, Kennergasse 3
Kundratstraße Priorat des Karmeliterklosters	F	Gemeinde Priorat des Karmeliterklosters, 10, Stefan-Fadinger-Platz 2
Kurbadstraße 14 Tennisanlage Kurzentrum Oberlaa	18 T	Gemeinde Kurbetriebs-Ges. m. b. H., 10, Kurbadstraße 14
Laaer-Berg-Straße 143 ESV Südost	2 F, L	Gemeinde Bundesbahn-Sportreferat, 15, Neubaugürtel 1/I/6
Laxenburger Straße – Heuberggstättenstraße Franz-Hölbl-Sportanlage	2 F, 6 T	Gemeinde Gemeinde
Ludwig-von-Höhnel-Gasse 17–19 Neulandschule	L, 2 H, T, 2 V	Privat Neulandschule, 10, Ludwig-von-Höhnel-Gasse 17–19
Pichelmayergasse 1 AHS	L, H, B	Bund Bund

Adresse Name	Art der Anlage Spielfelder	Grundeigentümer Benützer
Raxstraße 3 Sportvereinigung Wiener Verkehrsbetriebe	2 F, L	Gemeinde Sportvereinigung der WStW-VB, 4, Favoritenstraße Nr. 9–11
Triester Straße 106 Städtische Sportanlage	2 F, L, 5 T	Gemeinde MA 51, 1, Ebendorferstraße 4
Windtenstraße – Raxstraße ASKÖ-Sportanlage	2 F, 13 T	Gemeinde ASKÖ – LV Wien, 5, Bacherplatz 14
11. Bezirk		
Brehmstraße 16 Tennisanlage S.G.P.	2 T	Gemeinde S.G.P., 11, Brehmstraße 16
Enkplatz 1 Städtische Schulsportanlage	L, B	Gemeinde Gemeinde
Haidestraße 10 SC Mautner Markhof	2 F, 2 T	Gemeinde SC Mautner Markhof, 11, Simmeringer Hauptstraße Nr. 101
Hasenleitengasse 9 Städtische Schulsportanlage	L, V	Gemeinde Gemeinde
Hasenleitengasse 47–49 ESV Ostbahn Olympia XI	2 F, L, T	Gemeinde und ÖBB ESV Ostbahn Olympia XI, 11, Grillgasse 48
Hoefftgasse Städtische Schulsportanlage	Fa, L	Gemeinde Gemeinde
Kaiserebersdorfer Straße 126 TC Wien Süd	6 T	Privat TC Wien Süd, 11, Kaiserebersdorfer Straße 126
Kaiserebersdorfer Straße 197 Tennisanlage Kaiserebersdorf	2 T	Privat Tennisanlage Kaiserebersdorf, 11, Kaiserebersdorfer Straße 197
Leberstraße 82 Tennisanlage	11 T	Gemeinde E. Herzig, p. A. Franz Miksch, 21, Leopoldauer Platz Nr. 88
Leberstraße 84 SC Waggonfabrik Simmering	F	Gemeinde SC Waggonfabrik Simmering, 11, Simmeringer Hauptstraße 38–40
Meidlgasse 19 Tennisanlage St. Klemens	T	Privat St. Klemens, Pfarramt, 11, Meidlgasse 19
Neugebäudestraße 10a Tennisclub Neugebäude	4 T	Privat TC Neugebäude, 11, Neugebäudestraße 10a
Rzehakgasse 7–9 Städtische Schule	L	Gemeinde Gemeinde
Simmeringer Hauptstraße 207—211 Wiener Fußball-Verband	2 F, 4 T	Gemeinde Wiener Fußball-Verband, 6, Mariahilfer Straße 99
Werkstättenweg 75 Jugendsportanlage	B	Gemeinde Kinderfreunde, Gruppe Simmering
Zinnergasse – Klebindergasse SC Kaiserebersdorf	F	Gemeinde SC Kaiserebersdorf, Wolfgang Merkl, 11, Landwehrstraße 3/1/10
12. Bezirk		
Gaudenzdorfer Gürtel – Dunklergasse Städtische Jugendsportanlage	L, 4 V	Gemeinde Gemeinde
Haydnpark Städtische Jugendsportanlage	F, L	Gemeinde Gemeinde
Hervicusgasse 13–15 Union-Sportanlage	F, L, 5 T	Gemeinde FC Union XII, 12, Hervicusgasse 13–15
Hohenbergstraße 58 Tennis Tivoli	9 T	Privat Manfred Jakszus, 12, Tivoligasse 79
Johann-Hoffmann-Platz Städtische Jugendsportanlage	F, L	Gemeinde Gemeinde

Adresse Name	Art der Anlage Spielfelder	Grundeigentümer Benützer
Längenfeldgasse 13–15 Städtische Jugendsportanlage	L, H, 3 V	Gemeinde Gemeinde
Laskegasse gegenüber 39 TC Schönbrunner Allee	6 T	Bund TC Schönbrunner Allee, Mag. Herbert Kafka
Oswaldgasse 34 TC Meidling Tennisanlage	5 T	Gemeinde 1. TC Meidling, 12, Oswaldgasse 34
Rosasgasse 1—3 Bundesgymnasium	L, B	Bund Bund
Schneiderhangasse 3 ASKÖ-Sportanlage	F	Gemeinde ASKÖ – LV Wien, 5, Bacherplatz 14
13. Bezirk		
Gaßmannstraße 2 Maria-Theresien-Kaserne	F, L, 7 T	Bund Bundesministerium für Landesverteidigung, Sportabteilung, 13, Gaßmannstraße 2
Geylinggasse 24 Blau-Weiß TC	9 T	Gemeinde Blau-Weiß Tennisclub, 13, Geylinggasse 24
Grünbergstraße Bundessportanlage Schönbrunn	F, L, B	Bund Bund
Gutzkowplatz – Geylinggasse 20 Hietzinger Tennisvereinigung	8 T	Gemeinde Hietzinger Tennisvereinigung, 13, Gutzkowplatz – Geylinggasse 20
Himmelhofstraße 17–19 Bundeskonvikt	L, V	Bund Bund
Hörndlwald ASKÖ-Sportanlage	F, L	Gemeinde ASKÖ – LV Wien, 5, Bacherplatz 14
Jennerplatz 25 TC Ober-St.-Veit	8 T	Gemeinde TC Ober-St.-Veit, 13, Jennerplatz 25
Karl-Goldmark-Platz 1 Tennisanlage	5 T	Gemeinde SV der Wiener Städtischen Wechselseitigen Versicherungsanstalt, 1, Schottenring 30
Linienamtsgasse ASVÖ 13	F, L, 14 T	Gemeinde und Bund ASVÖ – LV Wien, 7, Neubaugasse 7
Schloßberggasse Schule der Dominikanerinnen	L	Privat Schule der Dominikanerinnen, 13, Schloßberggasse
Schönbrunner Schloßstraße 2 UNION 13	F, 2 Fa, L, 4 T, 2 B	Gemeinde und Bund UNION Wien, 1, Dominikanerbastei 6
14. Bezirk		
Achtundvierzigerplatz ASKÖ-Sportanlage	5 T, B	Gemeinde ASKÖ – LV Wien, 5, Bacherplatz 14
Astgasse 3 Bundesgymnasium	L, B	Bund Bund
Auer-Welsbach-Park Jugendsportanlage	5 Fa, L	Gemeinde Gemeinde
Bergmillergasse 8 Tenniscenter Allround	3 T	Gemeinde Tenniscenter Allround, 14, Bergmillergasse 8
Cumberlandstraße S. K.-Westbahn	F	Gemeinde S. K.-Westbahn, 14, Beckmanngasse 22
Hauptstraße 57 Tennisanlage Erika Pokorny	T	Privat Erika Pokorny, 14, Hauptstraße 57
Hofjägerstraße – Mühlbergstraße Stadt des Kindes	F, L, 2 T, B	Gemeinde Kuratorium Wiener Jugendheime, 1, Schottenring 24
Karl-Toldt-Weg Städtische Schulsportanlage	Fa	Gemeinde Gemeinde
Keißlergasse 6 Gerhard-Hanappi-Stadion	2 F	Gemeinde Wiener Stadthalle-Kiba Betriebs- und Veranstaltungs-Ges. m. b. H., 15, Vogelweidplatz 14

Adresse Name	Art der Anlage Spielfelder	Grundeigentümer Benützer
Kinkplatz ASKÖ-Sportanlage	F	Gemeinde ASKÖ – LV Wien, 5, Bacherplatz 14
Leyserstraße 6 Bundeslehr- und Versuchsanstalt für Graphik	L, H	Bund Bund
Linzer Straße 431 Tennisanlage Union West Wien	2 T	Bund Union West Wien
Mauerbachstraße 43 Tennisanlage Schloß Laudon	3 T	Privat Bund
Mauerbachstraße 47 Tennisanlage Schuh-Ski	5 T	Privat Schuh-Ski, 14, Mauerbachstraße 47
Mauerbachstraße 75 Tennisanlage Peter Pokorny	7 T	Privat Peter Pokorny, 14, Hauptstraße 57
Steinbruchstraße 7 SC Slovan Wien	F	Gemeinde SC Slovan Wien, 1, Drachengasse 3
Stockhammerngasse – Isbarygasse SC Rapid	F	Gemeinde und Privat SC Rapid, 7, Urban-Loritz-Platz 5
15. Bezirk		
Auf der Schmelz ASKÖ-Sportanlage	2 F, 16 T	Bund ASKÖ – LV Wien, 5, Bacherplatz 14
Gebrüder-Lang-Gasse 4 Schulbrüder	V	Privat Schulbrüder Kongregation, 21, Anton-Böck-Gasse 20
Loeschenkohlgasse 8a Städtische Jugendsportanlage	Fa	Gemeinde Gemeinde
Possingergasse 4 AHS	L, H, B	Bund Bundesrealgymnasium und Wirtschaftskundliches Bundesrealgymnasium, 15, Possingergasse 4
Possingergasse 6 Universitäts-Sportzentrum Schmelz	2 F, L, 3 T	Bund Universitäts-Sportzentrum Schmelz, 15, Possingergasse 6
16. Bezirk		
Erdbrustgasse ASKÖ-Sportanlage	2 F, L, H, 9 T	Gemeinde und Privat ASKÖ – LV Wien, 5, Bacherplatz 14
Gallitzinstraße 4 Städtische Jugendsportanlage	2 Fa, L, B	Gemeinde Gemeinde
Kendlerstraße 38 Städtische Sportanlage	2 F, L	Gemeinde Gemeinde
Kendlerstraße 42 Helfort-Platz	2 F	Gemeinde SC Helfort, 16, Kendlerstraße 42
Maroltingergasse 69–71 AHS	B	Bund Bund
Paltaufgasse 14 Sportanlage Tabakregie	F	Privat SV Tabakregie, 16, Paltaufgasse 14
Schuhmeierplatz 7 AHS	B	Bund Bund
17. Bezirk		
Andergasse 5 Tennisanlage	T	Privat Tennisclub (ABV) Allgemeine Bausparkasse der Volksbanken
Franz-Glaser-Gasse ASKÖ-Sportanlage	F, H, 2 T	Gemeinde ASKÖ – LV Wien, 5, Bacherplatz 14
Hernalser Hauptstraße 214 Wiener Sportclub	F	Gemeinde Wiener Sportclub, 17, Rötzergasse 6
Jörgerstraße 24 Tennisanlage Engelmann	6 T	Privat Engelmann, 17, Jörgerstraße 24

Adresse Name	Art der Anlage Spielfelder	Grundeigentümer Benützer
Marswiese, Neuwaldegger Straße 57a Union Katholische Jugend	F, L, H, 6 T	Privat Union Katholische Jugend, 1, Stephansplatz 6/6
Parhamerplatz 18–19 AHS	L, H, B	Bund Bund
Roggendorfgasse 2 Postsportanlage	4 F, H, L, 50 T	Bund Postsportverein Wien, 17, Roggendorfgasse 2
18. Bezirk		
Lacknergasse 89 VS, HS Herz Maria	V	Privat VS, HS Herz Maria, 18, Lacknergasse 89
Scheidlstraße Marianisten	H	Privat Marianisten, 18, Scheidlstraße 2
Schopenhauerstraße 44–46 Schulbrüder	B	Privat Schulbrüder Kongregation, 21, Anton-Böck-Gasse 20
Starkfriedgasse 15–17 Internationales Studentenheim	T	Privat Internationales Studentenheim, 18, Starkfriedgasse Nr. 15–17
Sternwartestraße – Gustav-Tschermak-Gasse Tennisanlage Austria Tabakwerke	5 T	Privat SV Austria Tabakwerke, Sektion Tennis, 18, Sternwartestraße
Währinger Park Städtische Jugendsportanlage	Fa, L	Gemeinde Gemeinde
19. Bezirk		
Billrothstraße 26–30 AHS	L, H, V	Bund Bund
Billrothstraße 73 AHS	F, L, B, V	Bund Bund
Döblinger Hauptstraße 48 Döblinger Tennisplätze Decombe	3 T	Privat Tennisschule Decombe, 19, Döblinger Hauptstraße 48
Erbsenbachgasse – Börnergasse Union TC Wien	4 T	Gemeinde Union TC Wien, 8, Laudongasse 58/7
Grinzinger Straße 84–88 Städtische Schule	2 B	Gemeinde Gemeinde
Grinzinger Straße 111 NAC	F, 2 T	Gemeinde Nußdorfer Athletiksport Club, 19, Grinzinger Straße Nr. 111
Gymnasiumstraße 75–83 AHS	L, H	Bund Bund
Hofzeile 22 Privatgymnasium Maria Regina	L, 2 V	Privat Maria Regina, 19, Hofzeile 22
Hohe Warte First Vienna FC	2 F, L, 15 T	Gemeinde First Vienna FC, 19, Hohe Warte
Krottenbachstraße 11–13 AHS	L, H, 2 V	Bund Bund
Krottenbachstraße 53 ASKÖ-Sportanlage	F	Gemeinde ASKÖ – LV Wien, 5, Bacherplatz 14
Leidesdorfgasse 6–10 Oberdöblinger Tennisplätze	5 T	Privat Martino Tondolo, 19, Billrothstraße 52
Osterleitengasse 14 Städtische Jugendsportanlage	2 B	Gemeinde Gemeinde
Salmannsdorfer Straße 45–47 American International School	L, 2 T, B	Privat American International School, 19, Salmannsdorfer Straße 45–47
Starkfriedgasse 20 Cottage-Tennisanlage	8 T	Gemeinde Cottage-Tennisanlage, 19, Starkfriedgasse 20
Straßergasse 37–39	L, 2 B	Bund

Adresse Name	Art der Anlage Spielfelder	Grundeigentümer Benützer
Höhere Bundeslehranstalt für wirtschaftliche Frauenberufe		Bund
Unterer Schreiberweg 85 Tennisanlage	T	Privat Privat
Unterer Schreiberweg – Muckentalerweg Tennisanlage	T	Privat Privat
20. Bezirk		
Brigittenauer Lände 236 ASKÖ-Sportanlage	F, L, 4 T	Gemeinde ASKÖ – LV Wien, 5, Bacherplatz 14
Meldemannstraße 15 Wiener Fußball-Verband	F	Gemeinde SC Semperit, 4, Wiedner Hauptstraße 63
Spielmanngasse 8 Städtische Sportanlage	2 F, L, 4 T	Gemeinde MA 51, 1, Ebendorferstraße 4
21. Bezirk		
Am Hubertusdamm WAT-Sportanlage	F, L	Gemeinde und Bund WAT-Zentrale, 5, Bacherplatz 14
An der Schanze 831 Tennisclub Eden	13 T	Gemeinde und Privat Tennisclub Eden
Anton-Böck-Gasse 20 Schulbrüder	3 F, Fa, L, 14 T, V	Privat Schulbrüder Kongregation, 21, Anton-Böck-Gasse 20
Berzeliusgasse 7 Tennisanlage	2 T	Privat Anna Strohbach, 21, Berzeliusgasse 7
Brünner Straße 57 SGP Lokomotivfabrik	2 T	Sonstige SGP Lokomotivfabrik, 21, Brünner Straße 57
Brünner Straße 238 Österreichisches Bundesheer	F, L	Bund Bund
Brünner Straße – Jedlersdorfer Straße Sportanlage Nord Wien	F	Gemeinde SC Nord Wien, 21, Jedlersdorfer Straße 166a
Christian-Bucher-Gasse ASKÖ-Sportanlage	2 F, 3 T	Gemeinde ASKÖ – LV Wien, 5, Bacherplatz 14
Fännergasse – Pichelwangergasse RAG-Platz	F	Gemeinde und Bund SC Donaustadt-RAG, 21, Fännergasse 3
Franklinstraße 21 AHS	L, H	Bund Bund
Franklinstraße 26 AHS	Fa, L, H	Bund Bund
Fultonstraße – Nordmanngasse Wiener Fußball-Verband	2 F, 10 T	Gemeinde Wiener Fußball-Verband, 6, Mariahilfer Straße 99
Grabmayrgasse 13–15 Floridsdorfer TV	4 T	Verein Floridsdorfer TV und TV 1865, 21, Grabmayrgasse Nr. 13—15
Hopfengasse 4–8 Floridsdorfer Athletik SC	2 F, L, 8 T	Gemeinde Floridsdorfer Athletiksport-Club, 21, Floridsdorfer Hauptstraße 17
Jeneweingasse 17 TC Allianz	2 T	Privat Sportclub Allianz, Sektion Tennis
Jochbergengasse UNION Landhaus	2 F, 2 T	Privat UNION Wien, 1, Dominikanerbastei 6
Julius-Ficker-Straße ASKÖ-Sportanlage	F, 5 T	Gemeinde ASKÖ-LV Wien, 5, Bacherplatz 14
Leopoldauer Straße 77–79 SC Shell	L, 5 T	Privat Sportclub Shell, 21, Pilzgasse 31
Lorettoplatz 5 Floridsdorfer TC	15 T	Gemeinde Floridsdorfer TC, 21, Lorettoplatz 5

Adresse Name	Art der Anlage Spielfelder	Grundeigentümer Benützer
Pastorstraße 29 Städtische Jugendsportanlage	L, H	Gemeinde Gemeinde
Ringelseeplatz Städtische Jugendsportanlage	Fa, L, H, B	Gemeinde Gemeinde
Siemensstraße 89 SV Pauker Wien	T	Privat SV Pauker Wien, 21, Siemensstraße 89

22. Bezirk

Aspern, Biberhaufenweg 18 Sp. Vg. Aspern-Herzer	F	Gemeinde Sportvereinigung Aspern-Herzer, Firma Otto Herzer, 22, Aspern, Zachgasse 18
Aspern, Hardeggasse 65 Schule Maria Frieden	L, B	Privat Schule Maria Frieden, 22, Aspern, Hardeggasse 65
Eßling, Kirschenallee SV Eßling	F, T	Gemeinde SV Eßling, 22, Eßlinger Hauptstraße 82
Hirschstetten, Plankenmaisstraße Städtische Jugendsportanlage	F, L	Gemeinde Gemeinde
Hirschstetten, Plankenmaisstraße 30 Schulsportanlage	L, B	Gemeinde Gemeinde
Hirschstetten, Spargelfeldstraße Wiener Fußball-Verband	2 F, L	Gemeinde Wiener Fußball-Verband, 6, Mariahilfer Straße 99
Kagran, Anton-Sattler-Gasse TV Kagran ÖTB	Fa, L, H, 4 T	Privat und Verein Turnverein Kagran
Kagran, Erzherzog-Karl-Straße 170 S. K. V. Feuerwehr	L, 3 T	Gemeinde S. K. V. Feuerwehr
Kagran, Natorpgasse 25 ASKÖ-Sportanlage	F, L	Gemeinde ASKÖ – LV Wien, 5, Bacherplatz 14
Kaisermühlen, Arbeiterstrandbadstraße 128 Sportanlage der ÖBB	4 F, L, 19 T	Gemeinde Bundesbahn-Sportreferat, 15, Neubaugürtel 1/I/6
Kaisermühlen, Dampfschiffhaufen Polizeisportanlage	F, L, H	Gemeinde Polizeisportvereinigung Wien, 1, Postgasse 7
Kaisermühlen, Eiswerkstraße 20 SV Länderbank	F, L, 3 T	Privat SV Länderbank, 1, Am Hof 2
Kaisermühlen, Gänsehäufel Tennisplatz Gänsehäufel	7 T	Gemeinde Städtisches Sommerbad
Kaisermühlen, Promenadenweg 15 ASKÖ-Sportanlage	F	Gemeinde ASKÖ – LV Wien, 5, Bacherplatz 14
Leopoldau, Aderklaaer Straße 4 Städtische Schulsportanlage	2 B	Gemeinde Gemeinde
Stadlau, Genochplatz SC Waagner-Biro	F, 3 T	Privat SC Waagner-Biro, 22, Kagran, Erzherzog-Karl-Straße Nr. 127
Stadlau, Povolnygasse 4 TC Donaustadt	2 T	Gemeinde TC Donaustadt Franz Saiko, 22, Stadlau, Povolnygasse 4
Stadlau, Smolagasse FC ÖMV Stadlau	3 F, L, H, 10 T	Gemeinde FC ÖMV Stadlau
Stadlau, Steinbrechergasse Städtische Schulsportanlage	L, B	Gemeinde Gemeinde
Stadlau, Wiedgasse 4 ESV Stadlau	2 F	Gemeinde ESV Stadlau, 22, Stadlau, Wiedgasse
Süßenbrunn, Pehamgasse SC Süßenbrunn	F	Gemeinde SC Süßenbrunn-Lohberger, 22, Süßenbrunner Platz 10

Adresse Name	Art der Anlage Spielfelder	Grundeigentümer Benützer
23. Bezirk		
Atzgersdorf, Breitenfurter Straße 239 TA Unilever	4 T	Sonstige TA Unilever, 23, Atzgersdorf, Breitenfurter Straße Nr. 239
Atzgersdorf, Brunner Straße 59 Tennisanlage Sandoz	3 T	Privat Tennisanlage Sandoz, 23, Atzgersdorf, Brunner Straße Nr. 239
Atzgersdorf, Steinergasse 12 ASKÖ-Sportanlage	2 F, L, H	Gemeinde und Privat ASKÖ – LV Wien, 5, Bacherplatz 14
Atzgersdorf, Tullnertalgasse 1–3 Tennisanlage Heinz Gruber	7 T	Gemeinde Heinz Gruber, 10, Hardtmuthgasse 121/5
Erlaa, Erlaaer Straße 56a TC Alt-Erlaa	12 T	Privat Alt-Erlaaer TC, Ing. Walter Meinharter, 18, Lazaristengasse 8
Erlaa, Meischlgasse 11 Amateur-SC Erlaa	2 F	Gemeinde Amateur-Sport-Club Erlaa, 23, Erlaa, Altmannsdorfer Straße 208
Inzersdorf, Sterngasse ASKÖ-Sportanlage	F, 4 T	Gemeinde ASKÖ – LV Wien, 5, Bacherplatz 14
Kalksburg, Mackgasse Tennisanlage	T	Sonstige Ludwig-Boltzmann-Institut, 23, Kalksburg, Mackgasse
Kalksburg, Promenadenweg 3 Jesuitenkollegium	F, 2 Fa, L, 2 T, B, V	Privat Jesuitenkollegium, 23, Kalksburg, Promenadenweg 3
Kalksburg, Zangerlestraße 1. SC Kalksburg	F, 8 T	Gemeinde 1. SC Kalksburg, Ing. Roman Kreitner, 23, Atzgersdorf, Breitenfurter Straße 506
Liesing, Franz-Heider-Gasse ATV Liesing	6 Fa	Privat und Verein ATV Liesing, Dr. Herbert Bauer, Perchtoldsdorf, Ketzergasse 329
Liesing, Schartlgasse 10 WAT-Sportanlage	F, 4 T	Gemeinde WAT-Zentrale, 5, Bacherplatz 14
Liesing, Schartlgasse 11 Tennisanlage Reifen Tree	4 T	Privat Reifen Tree, 23, Liesing, Schartlgasse 11
Liesing, Siebenhirtenstraße ASK Liesing	2 F	Gemeinde ASK Liesing, 23, Liesing, Ketzergasse 312
Mauer, Anton-Krieger-Gasse 25 AHS	L, H, 2 B, 4 V	Bund Bund
Mauer, Erhardgasse 1 UNION-Sportanlage	2 F, L, H, 9 T, B	Gemeinde UNION Wien, 1, Dominikanerbastei 6
Mauer, Franz-Asenbauer-Gasse 49 Ursulinen	L, H, B	Privat Ursulinen, 23, Mauer, Franz-Asenbauer-Gasse 49
Mauer, Kaserngasse 1 Blau-Weiß Mauer TC	5 T	Privat Blau-Weiß Mauer TC, 13, Geylinggasse 24
Rodaun, Willergasse 55 Institut Sta. Christiana	L, T	Privat Institut Sta. Christiana, 23, Rodaun, Willergasse 55
Siebenhirten, Anton-Freunschlag-Gasse SPC Siebenhirten	F	Gemeinde und Privat SPC Siebenhirten, Gasthaus Divis, 23, Siebenhirten, Ketzergasse 33

SPORTHALLEN

Adresse	Eigentümer Verwalter Pächter
2. Bezirk	
Engerthstraße 267–269 Wiener Hallenstadion	Wiener Stadthalle – Kiba Betriebs- und Veranstaltungs-Ges. m. b. H.
3. Bezirk	
Hyegasse 1 Erste Wiener Sporthalle	Union Wien
10. Bezirk	
Per-Albin-Hansson-Siedlung Ost, Wendstattgasse 5 Rundturnhalle	MA 51
11. Bezirk	
Florian-Hedorfer-Straße 24 Rundturnhalle	MA 51
13. Bezirk	
Altgasse 6 Union Sportzentrum	Union Wien
15. Bezirk	
Vogelweidplatz 14 Wiener Stadthalle, Halle A, B, C, D	Wiener Stadthalle – Kiba Betriebs- und Veranstaltungs-Ges. m. b. H.
21. Bezirk	
Großfeldsiedlung, Pastorstraße 29 Rundturnhalle	MA 51
22. Bezirk	
Kagran, Lieblgasse 4–6 Rundturnhalle	MA 51
Kagran, Steigenteschgasse 1 Rundturnhalle	MA 51
Kaisermühlen, Wagramer Straße 1 Donaupark-Halle	Wiener Stadthalle – Kiba Betriebs- und Veranstaltungs-Ges. m. b. H.
23. Bezirk	
Alt-Erlaa, Wohnpark Rundturnhalle	MA 51
Atzgersdorf, Steinergasse 25 Rundturnhalle	MA 51
Liesing, Perchtoldsdorfer Straße 1 Haus der Begegnung	MA 51

SPEZIALANLAGEN

Name Adresse	Ausmaß Einrichtung Fassungsraum	Eigentümer Verwalter Pächter
Athletic-Center, 4, Mittersteig 15	ca. 1.000 m^2 600 Personen	Gemeinde Wiener Stadthalle-Kiba Betriebs- und Veranstaltungs-Ges. m. b. H., 15, Vogelweidplatz 14, Halle: Tel. 57 97 85
Bowlinghalle (32 Bahnen), 2, Hauptallee 124	4.500 m^2	Gemeinde Brunswick Ges. m. b. H., 2, Hauptallee 124
Bowlinghalle und Kraftsportzentrum, 17, Roggendorfgasse 2		Bund Postsportverein Wien, 17, Roggendorfgasse 2
Bowlinghalle (32 Bahnen), 17, Schumanngasse 107	6.000 m^2	Bund Brunswick Ges. m. b. H., 17, Schumanngasse 107

Name Adresse	Ausmaß Einrichtung Fassungsraum	Eigentümer Verwalter Pächter
Eishalle Donaupark, 22, Kaisermühlen, Wagramer Straße 1	5.850 m² 4.000 Personen	Gemeinde Wiener Stadthalle-Kiba Betriebs- und Veranstaltungs-Ges. m. b. H., 15, Vogelweidplatz 14, Halle: Tel. 23 61 23, 23 45 96
Eishalle Stadthalle, 15, Vogelweidplatz 14		Wiener Stadthalle Wiener Stadthalle-Kiba Betriebs- und Veranstaltungs-Ges. m. b. H., 15, Vogelweidplatz 14
Eisschießanlage, 21, Oswald-Redlich-Straße – Pastorstraße	2.660 m²	Gemeinde Eisschützen Leopoldau
Eisschießanlage, 22, Kaisermühlen, Arbeiterstrandbadstraße 31b	300 m²	Bund Bundesbahn-Sportreferat, 15, Neubaugürtel 1/I/6
Eisschießanlage, 22, Kaisermühlen	300 m²	Gemeinde ASKÖ – LV Wien, 5, Bacherplatz 14, (ESV Gänsehäufel)
Fechtzentrum, 14, Hütteldorfer Straße 150–158	490 m²	Gemeinde MA 52
Fit-Parcours und Natur-Langlaufloipe, 19, Am Cobenzl 96a	Fit-Parcours 2.500 m lang Langlaufloipe 6 km lang	Gemeinde Wiener Skiverband, Nordische Sektion, 4, Prinz-Eugen-Straße 12, Sportanlage: Tel. 32 45 182
Galopprennbahn, 2, Freudenau	970.000 m² 12.000 Personen	Gemeinde Wiener Galopprennverein, 1, Josefsplatz 5, Gelände: Tel. 74 21 92
Golfplatz, Poloplatz, 2, Freudenau 65a	auf dem Gelände der Galopprennbahn	Österreichischer Golfverband, 4, Prinz-Eugen-Straße Nr. 12, Gelände: Tel. 74 17 86 (Golf-Club Wien)
Hallenstadion, 2, Engerthstraße 267–269	51.096 m²	Gemeinde Wiener Stadthalle-Kiba Betriebs- und Veranstaltungs-Ges. m. b. H., 15, Vogelweidplatz 14, Halle: Tel. 24 05 32
Kunsteisbahnanlage Engelmann, 17, Syringgasse 6–10	3.000 m² 2.500 Personen	Privat Kunsteisbahn Engelmann Verein, 17, Syringgasse Nr. 6–10
Kunsteisbahnanlage Wiener Eislaufverein, 3, Lothringerstraße 22	6.100 m² 4.000 Personen	Privat Wiener Eislaufverein, 3, Lothringerstraße 22
Kunststoff-Langlaufloipe, 10, Laxenburger Straße – Heuberggstättenstraße		Gemeinde Wiener Landes-Skiverband, Nordische Sektion, 4, Prinz-Eugen-Straße 12
Mehrzweckhalle, 10, Kurbadstraße 14	2.500 m² F Fa L H T V B Boxen	Gemeinde Kurbetrieb – Heilquelle (Thermalschwefelquelle) Oberlaa Ges. m. b. H., 10, Kurbadstraße 14
Natur-Langlaufloipe, 10, Laaer-Wald, Nähe Böhmischer Prater	4–7,5 km	Gemeinde MA 51
Natur-Langlaufloipe, 22, Steinspornbrücke	5–7,5 km	Gemeinde MA 51
Reitschule, 3, Barmherzigengasse 17	1.200 m² 200 Personen	Privat Wiener Reitinstitut, 3, Barmherzigengasse 17
Reitturnierplatz, 2, Hauptallee (Ameisenwiese)	50.000 m² 300 Personen	Gemeinde Landesfachverband für Reiten und Fahren Wien, 4, Prinz-Eugen-Straße 12
Reitturnierplatz, Reithalle, 2, Freudenau 555	97.033 m²	Gemeinde ASKÖ – LV Wien, 5, Bacherplatz 14, Gelände: Tel. 74 23 36 (Reitverein Freudenau)

Name Adresse	Ausmaß Einrichtung Fassungsraum	Eigentümer Verwalter Pächter
Reitturnierplatz, Reithalle, 22, Süßenbrunn, Weingartenallee 18	16.000 m²	Privat Union-Reit- und Fahrverein Sankt Stephan, 1, Dominikanerbastei 6
Rollschuhbahnanlage, 2, Ausstellungsstraße 40 – Perspektivstraße	4.343 m² E Rollschuh	Gemeinde SPÖ 2/Kinderfreunde (Rollschuhsportverband)
Schleppliftanlage, 14, Hagenberg, Himmelhof	37.697 m²	Gemeinde MA 51, Skianlage: Tel. 82 08 233
Skianlage „Hohe-Wand-Wiese", 14, Mauerbachstraße 172 (künstliche Erzeugung von Schnee)	41.907 m²	Gemeinde MA 51, Skianlage: Tel. 97 11 57
Skisprungschanze, 13, Hagenberg, Himmelhof	898 m²	Gemeinde Ski-Union Wien, 1, Dominikanerbastei 6
Trabrennplatz, 2, Krieau	152.300 m² 7.000 Personen	Gemeinde Wiener Trabrenn-Verein, 1, Nibelungengasse 3, Gelände: Tel. 24 13 14
Wiener Stadthalle, 15, Vogelweidplatz 14	36.280 m² F Fa L H T E B Kegelhalle Rudertrain. 23.600 Personen	Privat Wiener Stadthalle-Kiba Betriebs- und Veranstaltungs- Ges. m. b. H., 15, Vogelweidplatz 14

SPORTKEGELBAHNEN

Adresse	Art der Anlage	Eigentümer Verwalter Pächter
1. Bezirk		
Dr.-Karl-Lueger-Ring 14	3er-Asphaltbahn	SV Creditanstalt-Bankverein
Stubenring 1	3er-Asphaltbahn	SK Handelsministerium
2. Bezirk		
Engerthstraße 257	3er-Asphaltbahn	SV Lagerhaus
Praterstern Viadukt	4er-Asphaltbahn	Bundesbahn-Sportreferat
Rustenschacher Allee 5	3er-Asphaltbahn	STAW Kegelsektion
Stadionbad	2er-Asphaltbahn	Wiener Stadthalle-Kiba Betriebs- und Veranstaltungs-Ges. m. b. H.
3. Bezirk		
Göllnergasse 15	3er-Asphaltbahn	KSV Siemens
Kardinal-Nagl-Platz – Rüdengasse	2er-Asphaltbahn	Gertrude Nikola
Lothringerstraße 22	1er-Asphaltbahn	Wiener Eislaufverein
Schimmelgasse 11	2er-Asphaltbahn	Ing. Kocina
Schlachthausgasse 13	2er-Asphaltbahn	KSK „Gut Holz"
10. Bezirk		
Gudrunstraße 11	2er-Asphaltbahn	Sportverein Felten
Keplergasse 10	2er-Asphaltbahn	Polizei-Sportvereinigung
Südbahnhof, Wiedner Gürtel 1a	4er-Asphaltbahn	Postsportverein Wien
Südbahnhof, Wiedner Gürtel 1b	3er-Asphaltbahn	Bundesbahn-Sportreferat
11. Bezirk		
Grillgasse 48	2er-Asphaltbahn	ESV Ostbahn XI
Haidequerstraße 2	2er-Asphaltbahn	Sportvereinigung WStW-EW XI
Kaiserebersdorfer Straße 26	2er-Asphaltbahn	Jakob Jungschaffer
Leberstraße 82	4er-Asphaltbahn	ASKÖ Wien

Adresse	Art der Anlage	Eigentümer Verwalter Pächter
13. Bezirk		
Altgasse	2er-Asphaltbahn	Union Wien
Linienamtsgasse 8	2er-Asphaltbahn	ASVÖ Wien
14. Bezirk		
Cumberlandstraße 31	3er-Asphaltbahn	Josef Steiner
Linzer Straße 105	2er-Asphaltbahn	Hotel Sitler
Mauerbachstraße 43–45	2er-Asphaltbahn	Schloßhotel Laudon
15. Bezirk		
Langauergasse 2	6er-Asphaltbahn	Bundesbahn-Sportreferat
Possingergasse 6	2er-Asphaltbahn	Universitäts-Sportzentrum Schmelz
Vogelweidplatz 14	8er-Asphaltbahn	Wiener Stadthalle-Kiba Betriebs- und Veranstaltungs-Ges. m. b. H.
16. Bezirk		
Paltaufgasse 12	2er-Asphaltbahn	KSV Tabakregie
17. Bezirk		
Wattgasse – Remise	3er-Asphaltbahn	Sportvereinigung WStW-VB
20. Bezirk		
Brigittenauer Lände 236	4er-Asphaltbahn	ASKÖ Wien
Pasettistraße 76	2er-Asphaltbahn	Sportklub Eisfabrik
21. Bezirk		
Brünner Straße 57	3er-Asphaltbahn	KSV Lokomotivfabrik
Gaswerk Leopoldau	2er-Asphaltbahn	Sportvereinigung WStW-GW
Großfeldsiedlung EKAZENT, Restaurant Wagenradl	3er-Asphaltbahn	EKAZENT
Jedlersdorfer Straße 147	4er-Asphaltbahn	Espresso „Zum Bettelstab"
Leopoldauer Straße 79	2er-Asphaltbahn	Sportklub Shell
Rußbergstraße 2–4	8er-Asphaltbahn	Melzer Sportbahnen
Shuttleworthstraße 8	2er-Asphaltbahn	KSK Hofherr-Schrantz
Stammersdorfer Straße 42	4er-Asphaltbahn	Gertraud Christ
22. Bezirk		
Aspern, Biberhaufenweg 21	2er-Asphaltbahn	Gasthaus M. Maier
Aspern, Kolonie Lobau 105	2er-Asphaltbahn	Ingeborg Veigl
Aspern, Wimpffengasse 47	2er-Asphaltbahn	Gasthaus Kurt Mayer
Aspern, Zachgasse 4	2er-Asphaltbahn	Marie Hollmann
Breitenlee, Breitenleer Straße 102	3er-Asphaltbahn	Gasthaus Pichler
Eßling, Eßlinger Hauptstraße 82	3er-Asphaltbahn	Gasthaus Müllner
Kagran, Donaufelder Straße 263	2er-Asphaltbahn	Anna Partik
Kagran, Erzherzog-Karl-Straße 127	3er-Asphaltbahn	Waagner-Biro
Kaisermühlen, Eiswerkstraße 20	2er-Asphaltbahn	Sportklub Länderbank
Kaisermühlen, Polizeibad	4er-Asphaltbahn	Polizei-Sportvereinigung Wien
Kaisermühlen, Wagramer Straße 52	3er-Asphaltbahn	Gasthaus Watzal
Süßenbrunn, Bettelheimstraße 30	2er-Asphaltbahn	Eduard Brosch
Süßenbrunn, Süßenbrunner Platz 10	2er-Asphaltbahn	Franz Rohrer
23. Bezirk		
Atzgersdorf, Breitenfurter Straße 164	2er-Asphaltbahn	KSV Unilever
Atzgersdorf, Ziedlergasse 2	3er-Asphaltbahn	Gasthaus Hobiger
Inzersdorf, Draschestraße 85	2er-Asphaltbahn	Gasthaus Koci
Liesing, Perchtoldsdorfer Straße 1	2er-Asphaltbahn	Haus der Begegnung
Liesing, Schartlgasse 10	2er-Asphaltbahn	WAT Liesing
Siebenhirten, Ketzergasse 8	4er-Asphaltbahn	Josef Buck

SCHIESS-STÄTTEN

LG = Luftgewehr
LP = Luftpistole
KK = Kleinkaliber

Adresse	Art der Anlage	Eigentümer Verwalter Pächter
1. Bezirk		
Postgasse 7	LG LP	Polizei-Sportvereinigung (PSV), Oberschützenmeister Polizeibezirksinspektor Josef Polixmair, 21, Jedleseer Straße 79/5, Tel. 38 39 505, 38 36 31
Stubenring 1, Regierungsgebäude	LG LP	Sportklub Handelsministerium, Oberschützenmeister Johann Schaffer, 2, Rotensterngasse 35/2/10, Tel. 24 19 534
Teinfaltstraße 8	LG LP	Hütteldorfer Schützenverein, Oberschützenmeister Oberst Ing. Josef Patzer, 13, Adolfstorgasse 2c, Tel. 82 24 11
Universität	LG LP	Sportklub Außenamt (SCAA), Oberschützenmeister Ministerialrat Dr. Josef Wiesinger, 1, Ballhausplatz 2 (Bundesministerium für Auswärtige Angelegenheiten), Tel. 66 15*, 3464
3. Bezirk		
Hintere Zollamtsstraße 4	LG LP	Sportvereinigung Finanz, Sektion Sportschießen, Oberschützenmeister Karl Schorn, 12, Oswaldgasse 118, Tel. 66 23*, 2111
Landstraßer Hauptstraße	LG LP	Schützenverein Siegfried, Oberschützenmeister Günter Pollitsch, 3, Riesgasse 5/16, Tel. 72 38 592
Landstraßer Hauptstraße 9	LG LP	Wiener Schützenverein (WSV), Oberschützenmeister Ing. Karl Hayder, 19, Krottenbachstraße 94/1, Tel. 36 38 603
4. Bezirk		
Prinz-Eugen-Straße	LG	Union Süd Wien-Sportschützen, Oberschützenmeister Gottfried Bitiste, 10, Bürgergasse 1/19, Tel. 64 70 005, 52 95 25*, 3525
Prinz-Eugen-Straße 16/I	LG LP	Schwarzenberg'scher Schützenverein, Oberschützenmeister Gernot Schild, 22, Kagran, Wagramer Straße 95/5/3, Tel. 23 34 102, 73 46 99
6. Bezirk		
Nelkengasse 6a	LG LP	Sportvereinigung der WStW-GW, Oberschützenmeister Gottfried Kainz, 15, Meiselstraße 11/3/15, Tel. 83 35 41/001
8. Bezirk		
Josefstädter Straße 10–12	LG LP	Kultur- und Sportvereinigung der WStW, Oberschützenmeister Gottfried Kainz, 15, Meiselstraße 11/3/4, Tel. 83 35 41/001

Adresse	Art der Anlage	Eigentümer Verwalter Pächter
9. Bezirk		
Franz-Josefs-Bahnhof	LG LP	Eisenbahner-Schützenverein (ESV), Oberschützenmeister Albert Kittel, 9, Wilhelm-Exner-Gasse 15/31, Tel. 34 95 044
Spittelauer Lände 45	LG LP	Schützenverein Heizbetriebe Wien, Oberschützenmeister Harald Wolf, 15, Schuselkagasse 10/6, Tel. 95 27 254
10. Bezirk		
Laxenburger Straße 2	LG LP	Justiz-SV, Schieß-Sektion, Oberschützenmeister Ernst Krautsack, 10, Hardtmuthgasse 42, Tel. 64 21 21
11. Bezirk		
Simmeringer Hauptstraße 129	LG LP	Schützenverein Siegfried, Oberschützenmeister Günter Pollitsch, 3, Riesgasse 5/16, Tel. 72 38 592
14. Bezirk		
Breitenseer Straße 61 (Vega-Payer-Weyprecht-Kaserne)	LG LP	Heeressportverein Wien, Oberschützenmeister Hauptmann Wolfgang Langecker, 3, Arsenalstraße 11a/4, Tel. 65 29 185, 23 22 36
Breitenseer Straße 88 (Kleine Breitenseer Kaserne)	LG LP	Sportclub AUA, Oberschützenmeister Felix Leithner, 10, Laxenburger Straße 126/3, Tel. 67 41 08, 77 70*, 506
Linzer Straße 297 (Baumgartner Kasino)	LG LP	Ober-St.-Veiter Sportschützenverein, Oberschützenmeister Robert Weber, 13, Preindlgasse 32/4/2, Tel. 82 46 912
Lorenz-Stein-Straße 22	LG LP	Hütteldorfer Schützenverein, 13, Adolfstorgasse 2c (im Bau)
15. Bezirk		
Possingergasse 6	KK	Universitäts-Sportzentrum Schmelz, 15, Possingergasse 6, Tel. 92 26 61
16. Bezirk		
Lindauergasse 27–29/I	LG LP	Club Wiener Pistolenschützen, Oberschützenmeister Hermann Klerings, 4, Argentinierstraße 31, Tel. 65 10 064
21. Bezirk		
Donaupark (Milchbar)	LG LP	Floridsdorfer Sportschießklub, Oberschützenmeister Ernst Hoffmann, 21, Voltagasse 28–30/18/8, Tel. 38 32 60
Jedlersdorfer Straße 121	LG LP	Union Floridsdorfer Sportschützenverein (USV 21), Oberschützenmeister Franz Casagrande, 21, Leopoldauer Straße 107/7, Tel. 38 47 945, 38 35 38
22. Bezirk		
Kagran, Anton-Sattler-Gasse 96	LG LP	Turnverein Kagran, Oberschützenmeister Klaus Godey, 22, Breitenlee, Prinzgasse 1/30/8/25, Tel. 93 86 74

Adresse	Art der Anlage	Eigentümer Verwalter Pächter
Kagran, Kagraner Platz 28	LG LP	Sportvereinigung Finanz, Oberschützenmeister Wolfram Gruber, 15, Goldschlagstraße 12/22, Tel. 92 88 985, 72 61 11/853
Kaisermühlen, Donaupark, Wagramer Straße 1	LG LP	ASKÖ Wien, 5, Bacherplatz 14, Floridsdorf-Sportschützenklub, Oberschützenmeister Bababizky, 21, Jedleseer Straße 66–94/1, Tel. 43 30*, 3130
Süßenbrunn, Schießstätten	LG LP KK	Sportklub Handelsministerium, Oberschützenmeister Johann Schaffer, 2, Rotensterngasse 35/2/10, Tel. 24 19 534
23. Bezirk		
Atzgersdorf, Erlaaer Straße 3	LG LP	ASKÖ Wien, 5, Bacherplatz 14 (Schützengilde Weidmannsheil Atzgersdorf), Tel. 57 63 03

WALD- UND NATURLEHRPFADE

Adresse	Länge	Eigentümer Verwalter Pächter
2. Bezirk		
Prater, entlang Heustadelwasser ab Stadion	0,8 km	MA 42
10. Bezirk		
Laaer Wald	1,5 km	MA 49
11. Bezirk		
Neugebäude (unterhalb)	2 km	MA 49
13. Bezirk		
Lainzer Tiergarten, Lainzer Tor – Hermesvilla	1,5 km	MA 49
14. Bezirk		
Dehnepark	1 km	MA 49
Sophienalpe		Österreichische Bundesforste
16. Bezirk		
Wilhelminenberg, entlang Savoyenstraße	1 km	MA 49
18. Bezirk		
Schafberg	2,4 km	MA 49
22. Bezirk		
Donaupark, Vogellehrpfad	1 km	MA 42
Lobau, entlang Eßlinger Furt bis Lobaumuseum	2 km	MA 49
23. Bezirk		
Maurer Wald, Rundkurs	2,7 km	MA 49

WALDKINDERSPIELPLÄTZE

Naturkinderspielplätze mit Holzgeräten, sämtliche in Verwaltung der MA 49

10. Bezirk
Laaer Wald
Böhmischer Prater
Vogental

13. Bezirk
Lainzer Tiergarten
Gütenbachtor
Hackenbergwiese
Hermesvilla
Hirschgstemm
Lainzer Tor
Rohrhaus
Rohrhaus (Fort und Indianerdorf)

14. Bezirk
Dehnepark

16. Bezirk
Gallitzinberg
Steinbruchwiese

17. Bezirk
Rohrerbadgelände
Schwarzenbergpark

19. Bezirk
Cobenzl, Luegerwiese
Gspöttgraben
Jägerwiese

21. Bezirk
Bisamberg
Elisabethhöhe
Falkenberg (Abenteuer-Spielgelände)
Gamshöhe
Magdalenenhof
Schwarzlackenau

22. Bezirk
Eipeldauer Straße, bei Thonetgasse

23. Bezirk
Maurerwald
Pappelteichwiese
Schießstätte

BÄDER

Adresse	Eigentümer Verwalter Pächter
HALLENSCHWIMMBÄDER	
2. Bezirk	
Augarten (nicht öffentlich)	Institut der Sängerknaben
Ichmanngasse 1 (nicht öffentlich)	SC Finanzministerium
4. Bezirk	
Favoritenstraße 15 (nicht öffentlich)	Theresianische Akademie
5. Bezirk	
Strobachgasse 7–9 (Margaretenbad)	Privat
7. Bezirk	
Kenyongasse 4–12 (nicht öffentlich)	Lehranstalt Mater Salvatoris
14. Bezirk	
Astgasse 3 (nicht öffentlich)	Bundesgymnasium und Bundesrealgymnasium
Mühlbergstraße 7	Stadt des Kindes
15. Bezirk	
Possingergasse 6 (nicht öffentlich)	Universitäts-Sportzentrum Schmelz
Vogelweidplatz 14 (Stadthallenbad)	Wiener Stadthalle – Kiba Betriebs- und Veranstaltungs-Ges. m. b. H.

Adresse	Eigentümer Verwalter Pächter
19. Bezirk	
Hofzeile 22 (nicht öffentlich)	Privat-Gymnasium Maria Regina
Stefan-Esders-Platz 1 (nicht öffentlich)	Clara-Fey-Kinderdorf
21. Bezirk	
Anton-Böck-Gasse 20 (nicht öffentlich)	Schulbrüder

(Die städtischen Hallenschwimmbäder siehe Magistrat, MA 44)

SOMMERSCHWIMMBÄDER

2. Bezirk	
Krieau (Stadionbad)	Wiener Stadthalle – Kiba Betriebs- und Veranstaltungs-Ges. m. b. H.
13. Bezirk	
Schönbrunn (Bundessportbad)	Bund
17. Bezirk	
Promenadegasse 58 (Neuwaldegger Bad)	Privat
19. Bezirk	
Cobenzlgasse 35 (Grinzinger Bad)	Privat
Döblinger Hauptstraße 70 (Kuranstalt Döbling)	Privat
Sieveringer Straße 267 (Sieveringer Bad)	Privat
21. Bezirk	
Arbeiterstrandbadstraße (Eisenbahnerbad)	ÖBB
22. Bezirk	
An der unteren Alten Donau 51 (Naturfreundebad, nicht öffentlich)	Naturfreunde
Arbeiterstrandbadstraße (Arbeiterstrandbad)	Bund
Arbeiterstrandbadstraße (Betriebsbad Firma Julius Meinl, nicht öffentlich)	Firma Julius Meinl
Arbeiterstrandbadstraße 93 (Bundessportbad Alte Donau)	Bund
Dampfschiffhaufen (1. Wiener Donau-Schwimmklub, nicht öffentlich)	Privat
Dampfschiffhaufen (Gewerkschaftsjugend, nicht öffentlich)	ÖGB
Dampfschiffhaufen (KS-Armaturen, nicht öffentlich)	Privat
Dampfschiffhaufen (Polizei-Strandbad, nicht öffentlich)	Bundespolizeidirektion Wien
Dampfschiffhaufen (Strandbad der WStW-EW, nicht öffentlich)	WStW-EW
Dampfschiffhaufen (Strandbad Wiener Ruderklub „Pirat“, nicht öffentlich)	Privat
Dampfschiffhaufen (Straßenbahner-Bad, nicht öffentlich)	WStW-VB
Dampfschiffhaufen (Tageserholungsstätte „Junge Garde“, nicht öffentlich)	Privat
Dampfschiffhaufen 48 (Siemens-Bad, nicht öffentlich)	Firma Siemens
Smolagasse (ÖMV-Sportanlage, nicht öffentlich)	ÖMV
Strandkolonie 30–31 (Konsumbetriebsbad, nicht öffentlich)	Konsum
Wagramer Straße (Strandbad Süßenbrunn)	Privat
23. Bezirk	
Atzgersdorf, Breitenfurter Straße 164 (Betriebsbad der Firma Unilever, nicht öffentlich)	Firma Unilever
Rodaun, An der Au 2	Privat

(Die städtischen Sommerschwimmbäder siehe Magistrat, MA 44)

Adresse	Eigentümer Verwalter Pächter
THERMALBAD	
10. Bezirk	
Kurbadstraße 14 (Heilquelle Oberlaa)	Kurbetrieb-Heilquelle (Thermalschwefelquelle) Oberlaa Ges. m. b. H.

KINDERFREIBÄDER
(siehe Magistrat, MA 44)

WILDBADEPLÄTZE

Adresse	Eigentümer Verwalter Pächter
19. Bezirk	
Kuchelau, an der Innenseite des Sporns	MA 42
21. Bezirk	
An der oberen Alten Donau	MA 42
Neue Donau – Entlastungsgerinne Nord	MA 45 und MA 49
Obere Alte Donau – Angelibad	MA 42
Obere Alte Donau – Dragonerhäufel	MA 42
22. Bezirk	
Badesee Hirschstetten	MA 42
Badeteich Süßenbrunn	MA 42
Lobau – Donau-Oder-Kanal, Becken 2	MA 49
Lobau – Donau-Oder-Kanal, Becken 3	MA 49
Lobau – Panozzalacke	MA 49
Mühlwasser – Biberhaufen	MA 49
Mühlwasser – Schilfweg	MA 49
Neue Donau – Entlastungsgerinne Süd	MA 45 und MA 49
Untere Alte Donau – Kaiserwasser	MA 42
Untere Alte Donau – Rehlacke	MA 42

BOOTSHAUSANLAGEN

Adresse	Eigentümer Verwalter Pächter
19. Bezirk	
Kuchelau	ATV Döbling
Kuchelau	ATV Nußdorf-Heiligenstadt
Kuchelau	Fischerei-Verein Heiligenstadt
Kuchelau	Naturfreunde Paddelsport-Sektion
Kuchelau	Sportvereinigung Schwarz-Weiß Westbahn
Kuchelau	Turn- und Sport-Union Wien
Kuchelau	WAT-Gruppe Döbling
Kuchelau	WAT-Zentrale
Kuchelau	Wiener Paddelsport-Club
Kuchelau	Wiener Ruderverein Austria
Muthgasse 127	Akademischer Faltboot-Club
Nußdorfer Sporn	Union Paddelsport-Heim
Nußdorfer Sporn	Wiener Ruderverein Donauhort

Adresse	Eigentümer Verwalter Pächter
20. Bezirk	
Handelskai 3a	ÖAV Paddlergruppe Edelweiß
22. Bezirk	
Am Gänsehäufel	STAW Rudersektion
Am Kaisermühlendamm	Wiener Ruderklub „Pirat"
An der unteren Alten Donau 1	Wiener Regatta-Verein
An der unteren Alten Donau 3	Verwaltung der Bundesspielplätze
An der unteren Alten Donau 7	Ruderverein Elida
An der unteren Alten Donau 13	Wiener Ruderklub Donau
An der unteren Alten Donau 21	Wiener Ruderklub Argonauten
An der unteren Alten Donau 47	Ruderverein Friesen
An der unteren Alten Donau 49	1. Wiener Ruderklub Lia
Dampfschiffhaufen	Polizei-Sportvereinigung Wien
Dampfschiffhaufen	Wiener Ruderklub Donaubund

EISLAUFPLÄTZE

Adresse	Eigentümer Verwalter Pächter
2. Bezirk	
Ausstellungsstraße 40	SPÖ 2/Kinderfreunde
3. Bezirk	
Lothringerstraße 22 (Kunsteis)	Wiener Eislaufverein
10. Bezirk	
Laaer-Berg-Straße 170	Elternverein der Schule 10, Laaer-Berg-Straße 170
11. Bezirk	
Werkstättenweg 75	SPÖ 11/Kinderfreunde
13. Bezirk	
Geylinggasse 24	Blau-Weiß-Tennisclub
14. Bezirk	
Achtundvierzigerplatz	ASKÖ – LV Wien, 5, Bacherplatz 14
15. Bezirk	
Vogelweidplatz 14 Wiener Stadthalle (Kunsteis – ganzjähriger Betrieb)	Wiener Stadthalle-Kiba Betriebs- und Veranstaltungs-Ges. m. b. H.
17. Bezirk	
Syringgasse 6 (Kunsteis)	Kunsteisbahn-Engelmann-Verein
19. Bezirk	
Krottenbachstraße 53	ASKÖ – LV Wien, 5, Bacherplatz 14
Osterleitengasse 14	SPÖ 19/Kinderfreunde
22. Bezirk	
Kaisermühlen, Wagramer Straße 1 Eishalle Donaupark (Kunsteis)	Wiener Stadthalle-Kiba Betriebs- und Veranstaltungs-Ges. m. b. H.

RODELANLAGEN UND RODELSTRASSEN

RODELBAHNEN

10. Bezirk
Laaer Berg

16. Bezirk
Gallitzinberg, Steinbruchwiese (600 m)

23. Bezirk
Erlaa, Altmannsdorfer Straße 164–182

RODELHÜGEL

2. Bezirk
Prater, Jesuitenwiese

10. Bezirk
Grenzackerstraße – Anningerweg

22. Bezirk
Kaisermühlen, Donaupark
Kaisermühlen, Kaiserwasser

RODELSTRASSEN

12. Bezirk
Schwenkgasse

15. Bezirk
Eduard-Sueß-Gasse

18. Bezirk
Edmund-Weiß-Gasse – Leschetitzkygasse

(Die Benützung der Rodelstraßen ist an die jeweilige Verfügung der Verkehrsbehörden gebunden)

VERZEICHNIS VON LIEFERANTEN UND KONTRAHENTEN
DER HOHEITSVERWALTUNG, ANSTALTEN, BETRIEBE UND UNTERNEHMUNGEN DER STADT WIEN

Abbruchunternehmen

Chvostal Josef, Baugesellschaft mbH.,
1140, Linzer Straße 26, 94 45 313

Schu H. & Co., Ges. m. b. H.
1030, Esteplatz 5, 73 51 98,
73 51 99
Lagerplatz und Sägewerk: 1110,
Geringergasse 19, 76 31 68

Akustik

Dewakustik Schallisolierungen Ges. m. b. H.,
1070, Neustiftgasse 5, 96 17 91

Anstriche

Dkfm. Bruno Hochreiter,
1060 Wien, Webgasse 10,
56 21 87

Arbeitskleiderstoffe u. Futterstoffe

SEIDENWEBEREI SILZ
Aktiengesellschaft
1061 Wien, Loquaiplatz 12
Tel. 57 55 35, FS.: 1-11571

Armaturen

Hawle E. & Co.,
4840 Vöcklabruck, (0 76 72)
25 76, 25 77, 25 78
Repräsentanz Wien 57 00 123

Gratz u. Böhm Ges. m. b. H.,
Armaturenbau
2700 Wr. Neustadt,
Hauptplatz 19
0 26 22/58 52

Asphaltierungen

Guckler Raimund,
Asphaltunternehmung,
1100 Wien, Ludwig-von-Höhnel-Gasse 11–15, 68 13 01
Serie

Aufzüge

Heißenberger Johann,
1050, Fendigasse 7—9, 55 32 043,
55 11 04

Lödige A. Dipl.-Ing. GmbH.,
1224, Siegesplatz 14, 22 11 66,
22 41 56

Sowitsch Aktiengesellschaft,
1233, Forchheimergasse 34,
86 43 51-0, Telex 131466

Wertheim-Werke A. G.,
1101, Wienerbergstraße
Nr. 21—25, 64 36 11

FREISSLER
OTIS
Ges. m. b. H.
A-1232 Wien, Oberlaaer Straße 282
Tel. 67 36 36

Auto-Elektrik

Ing. Franz Reinprecht
Ges. m. b. H.
1190 Wien, Heiligenstädter Straße Nr. 44, 36 44 12, 36 44 16

Autoreparaturwerk

Rudolf Trebitsch,
Autoreparaturwerk, 1040,
Mommsengasse 26, 65 46 11 Δ

Bäckereimaschinen

Franz Krenn OHG
Bäckereimaschinenerzeugung
1140 Gusenleithnerg. 17
94 31 77, 94 13 04
2540 Bad Vöslau
Wr. Neustädter Str. 86
0 22 52/74 76

Baumeister

Berghöfer Paul KG,
Baumeister
1050, Kliebergasse 13, 55 41 82

Buchwieser Bruno, Techn. Rat,
Baumeister KG
1060, Mittelgasse 17, 57 95 95
Serie

Durst, Dipl.-Ing. Hugo,
Zivilingenieur und Baumeister,
1010, Postgasse 16, 66 17 66

GRASSI-BAU
Gesellschaft m. b. H.
1010 Wien, Am Lugeck 1
Tel. 53 21 51

Hazet Baugesellschaft m. b. H.
Wien—Vösendorf

Hörnlein, Ing. Viktor,
Hoch-, Tief- und Eisenbetonbau, 1140 Wien, Penzinger Straße 117, 82 53 92

Kraus, P. + P. Bauges. m. b .H.,
1100, Remystraße 39,
68 51 98

Laska, Ing. J.,
Architekt und Stadtbaumeister,
1222, Arminenstraße 27
Tel. 23 12 96, 23 12 97

Lorenz, Dipl.-Ing. Herbert,
Stadtbaumeister
1010, Weihburggasse 10–10,
53 13 56, 53 13 57

Mörtinger, Dipl.-Ing. & Co.,
1060, Getreidemarkt 7,
57 54 33, 57 04 16, 57 71 60

Stadtbaumeister
Dipl.-Ing. Karl Nowak
1040, Viktorgasse 20
65 31 62

Petsch, Ing. Gerhard,
1150, Braunhirschengasse 7,
83 34 18, 83 81 53

Sedlak, Ing. Wilhelm, Ges. m. b. H.,
Hoch-, Tief-, Industrie- und Gleisbau, 1100, Quellenstraße Nr. 163, 64 32 82; Bauhof: 1100 Liesingbachstraße 223, 64 81 83

Bau-, Möbel- und Portaltischlerei

Rafetseder Erwin, Tischlerei KG
1150, Goldschlagstraße 47,
92 45 15

Runa Peter,
1210, Rautenkranzgasse 26,
38 22 49

Baumschulen

Schick Ferdinand,
1225 Wien, Hirschstetten,
Tel. 22 16 36 Serie

Bau- und Kunstschlosserei

Korinek Gerhard,
1150, Märzstraße 118,
92 42 83

Lissy Anton Ges. m. b. H.,
1160, Sandleitengasse 45,
46 66 70

Bauspenglerei

Ertler Josef,
1030, Rüdengasse 19, 72 12 81/82

Bautenschutzmittel

Gegr. 1894
Avenarius
Chem. Fabrik Ges. m. b. H.
BÜRO:
1015 Wien, Burgring 1 **57 36 17**
LAGER:
1210 Wien, Strebersdorf,
Vohburggasse 4 **38 72 21**

Bau- und Lüftungsspenglerei

Larisch Othmar
1220, Hosnedlgasse 5, 23 93 94 Δ

Prager Franz KG,
1220, Faschinggasse 6, 22 23 40,
22 23 59

Bau- und Galanteriespenglerei

Franz Kabrt,
1210, Brünner Straße 45,
38 14 78

Bau- und Portalglaserei

JOSEF KAIN
Bau- und Portalglaserei
1090 Wien, Hahngasse 12
Tel. 34 72 51

Lackinger, E.
1020, Haasgasse 8, 35 21 67
1010, Weihburggasse 21,
52 64 36

Bauunternehmungen

Aktiengesellschaft für Bauwesen,
1041, Lothringerstraße 2,
65 36 26

Allgemeine Baugesellschaft - A. Porr,
Aktiengesellschaft, 1030, Rennweg 12, Filialen: Salzburg, Linz, Bruck a. d. Mur, Innsbruck

Ast Ed. Co. Baugesellschaft m. b. H.,
1061, Getreidemarkt 11,
0222/56 31 09, 56 31 00, 56 32 87

Paco-Baugesellschaft P. Auteried & Co.,
1070, Kaiserstraße 87,
93 12 08/09

Bau-Aktiengesellschaft „Negrelli“,
1131, Hietzinger Hauptstraße
Nr. 41, 82 36 31 Δ

Bayer, Ing. G. Ges. m. b. H.,
1090, Säulengasse 21, 34 53 95

Beer & Ems, Ges. für Hoch-, Tief- und Stahlbetonbau m. b. H.,
Bauunternehmung
1050, Zentagasse 47, 55 63 66,
55 61 27

Beetz Wilhelm,
Bauunternehmung,
Gesellschaft m. b. H., 1030, Erdbergstraße 17,
Tel. 72 52 32

Besenhofer Hoch- u. Tiefbau Ges. m. b. H.,
1120, Tivoligasse 22, 83 62 74

BETON- u. MONIERBAU
Ges. m. b. H.
1120 Wien, Rosenhügelstraße 10
Tel. 83 41 71–83 44 46

Bischoff & Co.,
Baugesellschaft m. b. H., 1040,
Tilgnerstraße 4, 65 34 70

Dominkovits Bau-Ges. m. b. H.
1190, Hameaustraße 28, 44 20 47

Gamper Baugesellschaft m. b. H.,
1030, Jacquingasse 15, 78 33 51

Greiner Franz Ges. m. b. H.
1170, Lascygasse 10, 46 03 66

Hinteregger G. u. Söhne Bauges. m. b. H.,
5020 Salzburg, Bergerbrauhofstraße 27,
71 1 34/35

Industriebau-Gesellschaft m. b. H.,
1040, Seisgasse 18, 65 18 81

Kapabau – Baubedarfs- u. Bauges. m. b. H.
1060, Millergasse 41,
57 14 21

Langfelder & Sohn
1070, Hermanngasse 38,
KontrahentderGemeindeWien,
93 53 47

Lator-Bau Ges. m. b. H. & Co. KG,
1222, Wagramer Straße 112,
23 21 73

Liebe, Ing. Ernst Bauges. m. b. H.,
1180, Sternwartestraße 73,
34 74 31, 34 82 78

Liebl Alfred, Baumeister,
1232, Siebenhirten, Atzlergasse Nr. 34, 67 22 27
Bauhof: 1232, Ketzergasse 77,
67 40 104

Mayreder, Ing. Kraus & Co., Bau-GmbH.,
1090, Roßauer Lände 23,
34 76 24, 34 75 72, 34 98 494

Baugesellschaft G. u. H. Menzel A. G.,
1010, Löwelstraße 6,
Tel. 63 76 61

Molzer Josef & Sohn, Stadtbaumeister,
Korneuburg, Wiener Ring 25,
0 22 62/25 95

Neue Reformbaugesellschaft m. b. H.,
1090, Mariannengasse 3,
42 15 67

Petz Alois,
Baumeister,
1090, Grundlgasse 3,
Tel. 34 01 54, 34 05 67

Rella H. & Co., Baugesellschaft
1080, Albertgasse 33, 42 35 01-09

Schindler Eva u. Karl, Ing.,
Franz Böcks Nachf.,
1120, Ruckergasse 22, 83 82 17,
85 86 41

Stockhammer und Bach,
1050, Wiedner Hauptstraße 142,
55 83 04, 55 83 05

Swietelsky Dipl.-Ing. Bauges. m. b. H. & Co., KG,
Zweigniederlassung 1010,
Tuchlauben 11,
63 94 39

Takács & Co., Bauges. m. b. H.,
1120, Schönbrunner Straße 244,
88 23 24 △

taucos-bau Ges. m. b. H.,
1140, Pachmanngasse 17–21/5,
Tel. 94 48 944

Wiener Betriebs- und Baugesellschaft m. b. H.,
1014, Wallnerstraße 4,
63 16 95—97, 63 87 04–06

Dipl.-Ing. A. Winkler & Co.,
Baugesellschaft m. b. H.,
1040, Wiedner Hauptstraße 52,
Tel. 57 74 63

Züblin Ed. AG.,
1120, Krichbaumg. 33, 83 95 27

■ Beleuchtung

Birtner Stahlbau Gesellschaft m. b. H.
1100, Leibnitzgasse 54, 64 62 38,
64 33 47

■ Beschriftungen

Cans & Co.,
1170, Comeniusgasse 7, 46 22 44,
46 24 27

■ Bestattung

Städtische Bestattung,
1041, Goldeggasse 19, 65 16 31
Telegramm: Bestattung Wien

■ Bestattungs-versicherung

Wiener Verein,
1030 Wien, Ungargasse 41,
Tel. 72 16 36

■ Bewachungsdienst

Bewachungsdienst Dr. Frisch,
1160, Wattgasse 20, 46 11 50,
46 11 57;
4020 Linz a. d. Donau, Mozartstraße Nr. 5/I, 22 2 07, 25 47 19;
8020 Graz, Stadlgasse 2, 91 24 29

Helwig & Co.,
1070, Burggasse 2, 93 72 47,
93 72 48

■ Blitzschutzanlagen

ELSONT
Blitzschutzanlagen
Ges. m. b. H.

1060 Wien, Marchettigasse 12
Tel. 57 55 88-0 und 57 63 53
Telex 07/7514

■ Bodenbeläge

Interplastic-Werk,
Gesellschaft m. b. H.,
4600 Wels, Franz-Fritsch-Straße
Nr. 11, Tel.: (0 72 42) 69 56

■ Bodenmarkierungen

Gesig Gesellschaft für Signalanlagen Ges. m. b. H.,
1160, Wattgasse 20,
45 52 06–08

Otto Richter Co.,
Ges. m. b. H., 1160, Redtenbacherg. 43, 46 21 85, 46 12 05

■ Bohr-unternehmungen

Insond Ges. m. b. H.,
Salzburg, Elisabethkai 58
(0 62 22) 71 3 71 75 1 55
Zweigniederlassung Wien:
1130, Gloriettegasse 8, 82 35 88

Ing. Alfred Vogel & Co.,
Ges. m. b. H., 1230,
Schuhfabrikgasse 18, 83 25 01

■ Briefumschläge u. Versandtaschen

Malek F. C.,
Papierverarbeitungswerk, 1071,
Neubaugasse 68, 93 47 61,
93 47 62

■ Brunnenbau

Bösenkopf Franz J.,
1030 Wien, Schnirchgasse 119,
75 12 64

■ Buchbindereien

Hermann Becker,
1080, Ledergasse 23, 42 11 05

Gerald Frauenberger,
Pöttschinger Straße 19,
7201 Neudörfl/Leitha,
Tel. 0 26 22/57 50

Buchbinderei
Paul Veith Ges. m. b. H.
Geschäftsbüchererzeugung,
Verlagsarbeiten,
1120, Hofbauergasse 1,
83 75 23

Buchbinderei
Gerhard Wursag
1090, Mariannengasse
Nr. 13 und 21, 42 43 30

■ Buchdruckereien

Gerin Paul,
1021 Wien, Zirkusgasse 13,
24 85 45

Gutenberg,
Druck- und Verlagsanstalt
Ges. m. b. H., 4010 Linz,
Anastasius-Grün-Straße 6,
Tel. (0 72 22) 55 2 11

Gutenberg,
Gesellschaft m. b. H.,
Druck- und Verlagsanstalt,
Wiener Straße 66, 2700 Wiener Neustadt, 82 61 △

Libal Franz, KG,
1100, Fernkorngasse 28—30,
64 43 95

Druckerei
LISCHKAR & CO
Gesellschaft m. b. H.
1120 Wien XII, Migazziplatz 4
83 46 28 △, 83 46 70

Schwarcz Ernst,
1090 Wien, Sensengasse 4,
42 65 24

■ Buch- und Offset-druckereien

Littera Druck,
Panek & Rauch OHG
1120, Längenfeldgasse 68,
Tel. 83 62 39, 83 19 812

Pillerdruck,
Photo – Litho, Offsetdruck,
Buchdruck, 1170 Wien,
Neustiftgasse 73,
Tel. 93 76 41–45

Werner Karl,
Buch- und Offsetdruckerei,
1071 Wien, Bandgasse 34,
93 33 63 Serie; 1070 Wien,
Lerchenfelder Str. 37,
93 81 75, 93 81 76

■ Büroartikel

Ulrich Papier-, Bürobedarfs-Handelsges. m. b. H.,
1010, Seilerstätte 30, 52 39 57

■ Büromöbel

Büroeinrichtungs-Center,
1070, Museumstraße 5,
93 45 25–28,
Telex 01/32 3 79
1010, Goldschmiedgasse 6,
63 04 51

HALI-Büromöbel,
Gesellschaft m. b. H. & Co., KG,
Bürgerstraße 2—6, 4020 Linz,
Tel. 66 32 11

HALI – Moderne Büroorganisation,
Handelsgesellschaft m. b. H.,
1070 Wien, Breite Gasse 17,
Tel. 93 06 81/82, 93 63 13

■ Chem.-techn. Produkte

Lang & Co., KG,
3001 Mauerbach bei Wien,
Herzog-Friedrich-Platz 1,
Tel. 97 15 86

■ Draht und Drahtwaren

Draht- und Drahtwarenhandelsgesellschaft,
m. b. H. Nachf. KG
1090, Berggasse 31,
34 34 99, 34 31 80

■ Düngemittel

Biomull Ges. z. Verwertung städt. Abfallstoffe GmbH.,
1110, Albener Hafenzufahrtsstraße 9, 76 23 34

■ Eisen und Metall

Austria Email Aktiengesellschaft,
1160 Wilhelminenstraße 80,
Tel. 46 26 11, 46 26 01

■ Eisen- und Stahlwerke

Schmidtstahlwerke Aktiengesellschaft
Stadtbüro:
1040, Schwindgasse 6
65 65 29, 65 85 62

VÖEST-ALPINE,
Vereinigte Österr. Eisen- u. Stahlwerke –
Alpine Montan AG
4010 Linz/Donau

■ Elektrische Anlagen und Einrichtungen

OESTERREICHISCHE BROWN BOVERI-WERKE AG,
1101 Wien, Postfach 184,
Pernerstorfergasse 94, 64 26 31

■ Elektrizitätswerke

Wiener Stadtwerke,
Generaldirektion, 1101 Wien,
Schottenring 30, Ringturm

■ Elektrizitätszähler

DANUBIA,
Zähler, Meß- u. Regelanlagen
Ges. m. b. H.
1190, Krottenbachstraße 82–88,
36 12 56

Reimer & Seidel,
Meßapparate Bau- u. Vertriebs-Ges. m. b. H. u. Co., KG
1180, Riglergasse 6,
Tel. 0 222/34 56 76

■ Elektroflaschenzüge

FREISSLER
OTIS
Ges. m. b. H.
A-1232 Wien, Oberlaaer Straße 282
Tel. 67 36 36

■ Elektrogeräte

ELEKTRA BREGENZ,
Gesellschaft m. b. H.,
1232 Wien, Zetschegasse 13,
67 45 10 Serie

■ Elektroindustrie

Austria Email-EHT
Aktienges. f. Elektro-Heizungstechnik,
1140, Breitenseer Straße 76–80

Kiepe Electric Ges. m. b. H.,
1201, Engerthstraße 59,
35 36 36 △

Österr. AEG-Telefunken Ges. m. b. H.,
1041 Wien,
Schwarzenbergplatz 11,
Tel. 65 57 11
Werk Floridsdorf:
1210 Wien, Brünner Straße 52,
Tel. 38 15 11

Siemens AG, Österreich,
Nibelungengasse 13–15,
1010 Wien

■ Elektro-installationen

Elektro-Blümel, Ing. Rudolf Blümel
1090, Clusiusgasse 6,
34 03 39, 34 75 91

ELSONT Ges. m. b. H. & Co. KG
Elektroinstallationen

1060 Wien, Marchettigasse 12
Telefon 57 63 53 und 57 55 88-0
Telex 07/7514

Fries Richard OHG,
Gesellschaft f. Elektrotechnik
1035, Löwengasse 14–18 u. 29,
72 46 96

„Jirku" Elektroinstallationen Ges. m. b. H. & Co., KG,
1160, Hasnerstraße 65 – Ganglbauergasse 25, 92 31 98

Rusker, Ing. Konrad,
1190, Pantzerg. 2, 34 81 48

■ Elektrotechnik

Knoblich Licht,
Fabrik f. Elektrotechnik
Ges. m. b. H.
1220, Puchgasse 2,
Tel. 23 35 01△
Telex 13 55 39

■ Estriche

Durament-Estrich-Baugesellschaft m. b. H.,
1100, Wien, Ettenreichgasse 38,
64 21 05

■ „ETERNIT"

ETERNIT-WERKE
LUDWIG HATSCHEK
4840 Vöcklabruck, OÖ.
Dachplatten, Wellplatten, Großtafeln, Fensterbänke, Abflußrohre, Lüftungs- und Abgasrohre, Müllabwurfanlagen, Druckrohre, Kanalrohre, Mantelrohre für Fernheizleitungen, Pflanzengefäße
1041 Wien, Prinz-Eugen-Straße 8,
65 58 77

■ Fahnen u. Fahnenstoffe

Erste österreichische Fahnenfabrik Paul Löb
1010 Wien, Am Hof 5
Tel. 02 22 – 63 25 82/83

■ Fahrkartenfabrik

E. Zawadil,
1150, Stiegergasse 15–17,
Tel. 83 11 50

■ Fassaden

Mekon Fassadenbau Ges. m. b. H. & Co. KG,
5023 Salzburg, Heuberg 107,
0 62 22/75 5 89,
8010 Graz, Kreuzgasse 30,
1220 Wien, Hosnedlgasse 9,
23 93 25

Terranova-Industrie G. m. b. H.,
1011, Schwarzenbergplatz 16,
65 86 16

■ Fenster- und Türdichtungen

Perfekta Bauelemente-Vertriebsgesellschaft m. b. H.,
1040, Schaumburgergasse 22,
Tel. 0 222/65 18 87
Ein Unternehmen der Semperitgruppe

■ Fliesen und Platten

Kerabela Fliesenverlegungsges. m. b. H.,
1160, Ottakringer Str. 147,
46 21 55, 46 78 235

Kleiss Engelbert,
1050, Schönbrunner Straße 73,
55 83 47, 55 83 49

Ruprechter Kurt,
1100, Landgutgasse 12, 62 51 92

Rudolf Vintera Ges. m. b. H.,
1080, Blindengasse 20,
Tel. 43 25 79, 43 72 79

■ Förderanlagen

Wertheim-Werke AG,
1101, Wienerbergstraße 21–25,
64 36 11

■ Folien

Interplastic-Werk, Gesellschaft m. b. H.,
4600 Wels, Franz-Fritsch-Straße Nr. 11, Tel. (0 72 42) 69 56

■ Fotowerkstätte

Lichtbildwerkstätte „Alpenland",
(vorm. Österr. Lichtbildstelle)
1010, Naglergasse 1 (Graben 20),
Tel. 63 33 79, 63 95 74

■ Friedhofsarbeiten

Ruso & Raul,
Steinmetzbetrieb Ges. m. b. H.
1020, Glockengasse 25, 26 43 73,
75 23 005

■ Funksprechsysteme

Autophon Gesellschaft m. b. H.,
1010, Rudolfsplatz 2, 66 36 36 △,
66 12 45 △

■ Fußbodenbeläge

INKU Aktiengesellschaft,
1190, Nußdorfer Platz 8,
Tel. 37 16 21, FS 4393

■ Fußbodenleger

Atelier West, E. und B. Dvorsky,
1150, Johnstraße 10, 92 44 44

■ Garageneinrichtungen

Gesig, Gesellschaft für Signalanlagen Ges. m. b. H.,
1160, Wattgasse 20, 54 52 06–08

■ Garten- und Grünflächengestalter

KOZK
Garten- u. Landschaftsgestaltung
ANTON KOZAK
STANDORT: 1190 Heiligenst. Str. 76
BÜRO: WIEN 1190 Barawitzkagasse 24
Telefon: 36 23 18 36 46 18
GARTENANLAGEN
Betriebsgeb.: 1210 Kugelfanggasse 45 – 38 62 59

Teubl, Ing. Peter, Ges. m. b. H.,
1210, Jedlersdorfer Str. 278-280

■ Gärtnereien

Städtische Friedhofsgärtnerei,
1110, Hauptstr. 234, Wiener Zentralfriedhof, II. Tor,
74 35 41 △, **74 12 16**

■ Gaswerke

Wiener Stadtwerke,
Generaldirektion, 1011 Wien,
Schottenring 30, Ringturm

■ Gemeinschaftsverpflegung

Wigast Gaststättenbetriebsges. m. b. H.,
1050, Laurenzg. 1, 55 44 40,
55 17 79 △

■ Gerüstbau

Meidlinger Gerüstbauanstalt,
A. Schreiber Co.,
1120, Tivoligasse 35, 83 23 45

■ Gewürze

Kotányi Johann,
Paprikamühle, 1190 Wien,
Heiligenstädter Straße 50–52,
36 13 50

■ Glasberatung

Beratungsbüro der österreichischen Flachglasindustrie,
Feldstraße 12, 2345 Brunn/Geb.,
Tel. (0 22 36) 36 41, 81 5 81,
81 5 82

■ Glas- und Eisenbau

Glasbausteine
LUXFER
1092 Wien
Liechtensteinstraße 22
Telefon 34 45 30
Lager:
1210 Wien
Scheydgasse 38–40
Telefon 38 76 21–24

■ Großküchenanlagen

Blumauer AG,
1010 Wien 1, Graben 19,
Tel. 63 83 12, 63 81 17

Großwäscherei

WIRL, Chem. Putzerei, Färberei und Wäscherei,
1190, Heiligenstädter Straße 89, Tel. 36 44 27, 1233, Altmannsdorfer Straße 202, Tel. 67 22 45

Gußabflußrohre

Wallner Neubert,
1052, Schönbrunner Straße 13, 57 56 11 △, FS: 01/1134

Heizbetriebe

Heizbetriebe Wien Ges. m. b. H.,
1090, Spittelauer Lände 45, 31 15 11

Heizöl

„Wihoko", Wiener Holz- und Kohlenverkauf, Ges. m. b. H.,
1010, Oppolzerg. 6, Tel. 63 37 51

Heizung

Hlobil Erwin,
1235, Breitenfurter Straße 360, Tel. 86 02 51

Integral-Montage Anlagen- und Rohrtechnik Ges. m. b. H.
1040, Große Neugasse 8, 57 96 81

Kraft Wärme,
1140, Linzer Straße 455, Tel. 27 25 11, FS 13 10 56

Loyda Installations Ges. m. b. H.,
1010, Landesgerichtsstraße 14, 42 66 92

Small,
1100, Gudrunstraße 179, 64 16 06

Tutschek Ges. m. b. H.,
1030, Trubelgasse 9, 78 55 57, 78 55 58

Hoch-, Tief- und Straßenbau

Pfeiffer & Unger,
1060, Otto Bauer-Gasse 19, 57 73 08
Schwarzdeckenanlage: Wagramer Straße 269–271, Tel. 22 15 33

Wiebau Hoch-, Tief- u. Straßenbau Ges. m. b. H.,
1060, Otto-Bauer-Gasse 2/3 57 37 26 △, 57 37 27

Hoch- und Tiefbau

Eberhardt Julius Bauges. m. b. H. & Co. KG,
1010, Rudolfsplatz 5/19, 63 15 24

Liebl Alfred, Baumeister
1232 Siebenhirten, Atzlergasse Nr. 34, 67 22 27
Bauhof: 1232, Ketzergasse 77, 67 40 104

Practicalbau Ges. m. b. H.,
1160, Wurlitzergasse 10/II, 46 90 86, 45 15 89

Uhl Johann,
Bauges. m. b. H., 2604 Theresienfeld, NÖ, Wiener Straße 6—12, 0 26 22/39 66, 59 64

„Universale" Hoch- u. Tiefbau Aktiengesellschaft,
1011 Wien, Renngasse 6, 63 06 61

Wiebau
Hoch-, Tief- und Straßenbau Ges. m. b. H., 1060, Otto-Bauer-Gasse 2/3 57 37 26 △, 57 37 27

Holz

„Wihoko", Wiener Holz- und Kohlenverkauf, Ges. m. b. H.,
1010, Oppolzergasse 6, Tel. 66 66 (Postfach 292)

Holzbearbeitungsmaschinen

Sondermaschinen für die Automation in der Holzbearbeitung Maschinenfabrik ZUCKERMANN
Komm.-Ges.
1191, Gunoldstraße 12
Tel. 31 73 11-14 Telex 7-4301

Industrieanlagen

Simmering-Graz-Pauker AG.
1071, Mariahilfer Straße 32, 93 05 21

Installationsunternehmungen

Babak H. F.,
1203, Webergasse 30, 33 45 41

Installationsunternehmen
RICHARD MARISCHKA
Gesellschaft m. b. H. & Co. KG
Gas — Wasser — Heizung
1200 Wien, Treustraße 42
Fernruf 35 55 60, 33 34 45

Tunder Walter, Installationen Ges. m. b. H.,
1150, Schweglerstr. 9, 92 42 25

Isolierungen

ALDACH-LENHARDT
Isolierungen, Asphaltierungen, Spenglerei, Stahlbau, Dachdeckerei
Dipl.-Ing. Anton Lenhardt
9, Maria-Theresien-Straße 19
Telefon 34 36 81/82 und 34 46 34 Serie

Guckler Raimund,
Asphaltunternehmung, 1100, Ludwig-von-Höhnel-Gasse 11–15, 68 13 01 Serie

HEGRO Ges. m. b. H.,
1120, Karl-Löwe-Gasse 27, 83 14 63

Dipl.-Ing. Josef Kleinmond & Co.,
1181 Wien, Währinger Straße 123, Tel. 42 11 59,
Lager: 1200 Wien, Leithastraße Nr. 5, Tel. 33 32 35

Malinek, Ing. Adolf Ges. m. b. H.,
Büro: 1100, Doerenkampgasse Nr. 7, 68 16 07 △

Vogel & Hofner Ges. m. b. H.,
1214, Leopoldauer Straße Nr. 174—176, Tel. 38 13 08

Kältemaschinenvertrieb

SÜMAK Kältemaschinenvertriebs- u. Montageges. m. b. H.,
1200, Pappenheimgasse 47, 33 33 14

Kaffee

Vereinigte Kaffee-Großröstereien
ARABIA-MIKADO
Kaffee-Vertriebsgesellschaft m. b. H.
1110 Wien, Simmeringer Lände 86
Tel. (02 22) 76 55 74

Kanalräumung

Berger Gesellschaft m. b. H.
1210, Amtsstraße 45–47, 39 13 08, 39 55 74

Anton Satorina KG,
1110, Hallergasse 47, 74 23 40

Kanal- und Bauguß

Wallner & Neubert,
1052, Schönbrunner Straße 13, 56 56 11 △, FS.: 01/1134

Karosserie- und Fahrzeugbau

Dlouhy OHG,
1160, Friedrich-Kaiser-Gasse 79, 46 15 77

Kegelbahnen

Schmid August,
1010, Schwarzenbergstraße 8, 52 76 56, Telex 01-1940

Kinotechnik

Peter Strich — Anton Zimmermann,
1070, Zieglergasse 29, 93 82 74

Klaviere

Klavierbau
JOSEF BAUMBACH
Erzeugung von neuen Klavieren — Übernahme sämtlicher Reparaturen und Stimmungen — Umtausch — Miete
Ausstellung und Betrieb:
1060, Barnabitengasse 8
1060 Mariahilfer Straße 17
Telefon 57 72 67

Klima- und Lüftungsanlagen

Etna-Werke, Ing. Karl Wentzel,
1162, Lorenz-Bayer-Platz 4, 46 15 31 Serie

Hiebl H. & Co. KG
1020, Vorgartenstraße 186, 26 23 23

Körting Gesellschaft m. b. H.
1072, Schottenfeldgasse 20, 93 46 01

Kohlenhandel

„Wihoko", Wiener Holz- und Kohlenverkauf, Ges. m. b. H.,
Oppolzergasse 6, 1011, Postfach 292

Kommunalfahrzeuge

Rosenbauer Konrad, KG,
1170, Ferchergasse 5/7, 46 43 79, 4020 Linz a. d. Donau, Raimundstraße 5

Korrosionsschutz

DENSO-CHEMIE GmbH & Co., KG
1010, Wollzeile 9, 52 24 29
DENSO-Produkte
für Korrosionsschutz und Abdichtung
für Gas-, Wasser- und Elektrizitätswirtschaft — Bergbau — chemische Industrie — Schiffbau — Metallbau — Behälterbau — Waggonbau — Motorfahrzeugbau

Krankenhauseinrichtungen

SONETT

SONETT METALLMÖBEL
Karl Fostel KG
1180 Wien, Martinstraße 10
43 47 29 Serie

Kreditinstitute

Österr. Kommunalkredit Aktiengesellschaft
zur Aufschließung von Industriegelände, 1010 Wien, Hoher Markt 8, Tel. 63 98 81

■ Kunststoff-Fenster

Actual Kunststoff-Fenster Ges. m. b. H.,
2401 Fischamend,
0 22 32/358,359

■ Kunststoffwerk

Koloseus Ges. m. b. H., Kunststoffwerk,
Haiding 24, 4631 Krenglbach,
0 72 49/84 86 91–92

■ Landwirtschaftliche Produkte

Barnet & Fischer Ges. m. b. H.,
1020, Taborstraße 11a, 24 05 85 bis 88 △ und 26 12 45, FS.: 4024,
Telegramme: Getreidebarnet
1010, Schauflergasse 6, 63 37 91

■ Lastwagen

Steyr-Daimler-Puch AG,
1010 Wien, Kärntner Ring 7

■ Lebens- und Bestattungsversicherung

Wiener Verein,
1030, Ungargasse 41,
Tel. 72 16 36

■ Leuchten

Gastol Franz Gesellschaft m. b. H. & Co., KG,
1120, Dunklerg. 4, 83 21 25,
83 01 20, 83 12 07

■ Licht- und Fotopausen

Lithoplan,
1160, Hasnerstraße 93,
92 53 61

Riedmüller Paul,
1060, Theobaldgasse 7, 57 82 65,
57 86 10

■ Luft- und Wärmetechnik

„Zenti" Zentralheizungs-Installations-Ges. m. b. H.,
1140, Hütteldorfer Str. 124,
95 25 41 △

■ Maler- und Anstreicher

Felsecker Franz,
1020, Mexikoplatz 1/IV, 24 94 67

GEORG LAMPRECHT
Gesellschaft m. b. H. & Co., KG
Maler- und Anstreicherbetrieb,
1120 Wien, Breitenfurter Straße 8–10, Tel. 83 21 74/75
Telex 01/34799

Maler Weckerle
1030, Rennweg 64, 73 47 62

VIKTOR ROISL
Gesellschaft m. b. H. & Co. KG
Malerei und Anstrich
1030 Wien, Rechte Bahngasse
Nr. 30–32

Karl Renner
1120, Rotenmühlgasse 59,
Tel. 87 13 14
1130, Tuersgasse 13, Tel. 82 02 46

Spacek Walter
1200, Hannoverg. 11, 35 76 64

Wiltschko Ges. m. b. H. & Co. KG
1100, Troststraße 77,
Tel. 64 01 04

■ Margarine

Senna-Milla, Ebhart Herout Ges. m. b. H.
1144, Stockhammergasse 19,
94 42 51

■ Meßapparate, Bau und Vertrieb

Reimer & Seidel
Meßapparate, Bau- und Vertriebsges. m. b. H. & Co. KG
1180, Riglergasse 6, 02 22/
34 56 76

■ Messen

Wiener Messe Aktiengesellschaft,
1070, Messeplatz 1, △; 93 15 24

■ Metallwaren

Moldrich Metallwaren Gesellschaft m. b. H.,
1120, Gaudenzdorfer Gürtel 73a,
83 63 43, 83 34 29

■ Metallfassaden

Ing. Grill & Grossmann
4800 Attnang-Puchheim,
Tel. 0 76 74/25 81

■ Milch- und Molkereiprodukte

Schärdinger, Oberösterreichischer Molkereiverband, reg. Gen. m. b. H.,
Zentrale: 4782 Schärding am Inn

Wiener Molkerei, reg. Gen. m. b. H.
1020, Molkereistraße 1,
24 85 51 △

■ Motoreninstandsetzung

Krause Ernst & Co.,
Zylinderschleifen, Kurbelwellenschleifen und Auswuchten
A-1181, Martinstraße
Nr. 57–61, 42 16 69

■ Nachrichtentechnik

Center Nachrichtentechnische Anlagen Gesellschaft m. b. H.
1050, Gartengasse 21, 0 222/
55 02/0

■ Nährmittel

Haas Ed., Nährmittelfabrik Ges. m. b. H.
1010, Parkring 10, 52 36 71

■ Notstromaggregate

Krause Ernst & Co.,
Dieselaggregate Ges. m. b. H.
1150 Wien, Clementineng. 9
Tel. 85 61 71 FS 134671

■ Optiker

Ecker, Komm.-Rat Franz,
1090, Nußdorfer Straße 54 und
56, 34 73 41

RUDOLF EIPELTAUER's WTW.
Lieferant aller Kassen
1010 Wien, Wipplingerstraße 29
63 73 80
2320 Schwechat,
Wiener Straße 3, 77 67 904

Kollmayer, Komm.-Rat Richard,
1210, Schloßhofer Straße 4,
37 23 69

Lang Wilhelm,
1030, Hainburger Straße 68–70,
73 77 323
1030, Erdbergstraße 84–86,
73 00 453

Podiwinsky Joh.,
1160, Ottakringer Str. 114,
46 31 57

■ Panzerkassen

Wertheim-Werke AG,
1101, Wienerbergstraße 21–25,
64 36 11

■ Papier

Patria-Papier Gesellschaft m. b. H.
1091, Berggasse 7
Postfach 100, 34 65 46
31 15 01

■ Papiergroßhandel

EUROPAPIER, Handelsges. m. b. H. & Co. KG,
1210, Autokaderstraße 88,
Tel. 38 75 11

■ Pflanzenschutzmittel

Gegr. 1894
Avenarius
Chem. Fabrik Ges. m. b. H.
BÜRO:
1015 Wien, Burgring 1 **57 36 17**
LAGER:
1210 Wien, Strebersdorf,
Vohburggasse 4 **38 72 21**

■ Plakatanschlag

GEWISTA
Werbegesellschaft m. b. H.
1031 Wien, Döblerhofstraße 6
72 66 81

■ Plandrucke

Riedmüller Paul,
1060, Theobaldgasse 7, 57 82 65,
57 86 10

■ Radiatoren

Stelrad-AGA Radiatorenwerk Ges. m. b. H.,
1100, Triester Straße 33,
62 31 51

■ Reinigungsanstalten

Hudetz L. Ges. m. b. H.,
1060, Gumpendorfer Straße 32,
56 54 415, 57 54 55

Anna Komarek Ges. n. bürg. R.,
1020, Taborstraße 104, 24 64 32

Piwetz Heinz,
1070, Neubaugasse 73, 93 51 91

PRASCH FRANZ
1010, Ballgasse 4
52 78 05/06

Simacek L. A.,
1020, Taborstraße 81,
33 71 91, 33 71 92

Gebäudereinigung Assanierung
Wilhelm Singer
1090, Sechsschimmelgasse 9
34 41 67, 34 02 91
Reinigungsarbeiten aller Art

■ Reproduktionen

C. Angerer & Göschl,
1160, Ottakringer Straße 47–49,
Tel. 43 26 29, 43 26 20,
42 31 99, Telex 75712

Schönwälder Reproduktionen,
1140 Wien, Nobilegasse 3,
92 34 93

■ Restaurants

Wigast Gaststättenbetriebsges. m. b. H.
1050, Laurenzgasse 1,
55 44 40, 55 17 79 △

■ Rohre aller Art

Wallner & Neubert,
1052, Schönbrunner Straße 13,
57 56 11 Δ
FS.: 01/1134

■ Rohre aus Grauguß und Sphäro-Guß

TIROLER RÖHREN- UND METALLWERKE,
Aktiengesellschaft, Postfach 62,
6060 Solbad Hall,
Tel. 0 52 23/77 77

■ Rohrleitungsbau

VÖEST-Alpine-Montage Ges. m. b. H.,
vorm. Rumpel Ges. m. b. H.,
1010, Seilerstätte 16, 52 15 74 Δ

■ Rohr und Bast für Handarbeiten

Dieroff Nachf. G.,
1070 Wien, Westbahnstraße 46,
93 75 58

■ Rolltreppen

FREISSLER
OTIS
Ges. m. b. H.
A-1232 Wien, Oberlaaer Straße 282
Tel. 67 36 36

Wertheim-Werke AG,
1101, Wienerbergstraße 21–25,
64 36 11

■ Sandstrahlentrostung

Meissl O. M. & Co.,
Gesellschaft m. b. H., 1030,
Marxergasse 39, 72 51 51

Österr. Rostschutzgesellschaft R. Schebesta & Co.,
1104, Fernkorngasse 88,
Tel. 64 33 70, Telex 01/2823

■ Sanitär-, Elektro- und wärmetechnische Anlagen

SEW Gesellschaft m. b. H.,
1080 Hamerlingplatz 2, 42 16 94

Wallner & Neubert,
1052, Schönbrunner Straße 13,
57 56 11 Δ
FS.: 01/1134

■ Saunabau

Josef Eller,
1100 Wien, Alxingergasse 3–7,
Tel. 64 22 38, 64 24 24

■ Schädlingsbekämpfung

PRASCH FRANZ
1010, Ballgasse 4,
52 78 05/06

■ Schall- u. Wärmedämmung

Akustik-Blasch Ges. m. b. H. & Co., KG,
2351, Wiener Neudorf
IZ-Süd Guntramsdorf, Straße
10, Objekt 42, 0 22 36/86 6 34

■ Schienenfahrzeuge

Knotz Franz KG.,
Zentrale 1023, Winterhafen,
Hellingstraße, Tel. 74 15 71

Simmering-Graz-Pauker AG.
1071, Mariahilfer Straße 32,
93 05 21

■ Schiffahrt

Pumot, Purbacher Motorschifffahrtsges. m. b. H.,
Purbach 7083, Türkenstraße 3,
0 26 83/55 90, 51 80

■ Schilder

FOIT Schilder u. Metallwarenfabrik,
1120, Anton-Scharff-Gasse 7–9,
83 86 23-0

■ Schlitzwände

Insond Ges. m. b. H.,
Salzburg, Elisabethkai 58
(0 62 22) 71 3 71, 75 1 55
Zweigniederlassung Wien:
1130, Gloriettegasse 8,
82 35 88

■ Schotterwerke

Wanko Hans,
Hartgesteinschotterwerk, 3511
Meidling im Tal, NÖ. 1031 Wien,
Sechskrügelgasse 12, 72 55 19

■ Schultafeln

Goblirsch, Heinrich & Co.,
1150 Wien, Sturzgasse 45,
92 44 25, 92 59 792

■ Schwarzdeckungen

Guckler Raimund, Asphaltunternehmung,
1010 Wien, Ludwig-von-Höhnel-Gasse 11—15,
64 12 76, 64 12 77

■ Seilerwaren

Seilerwaren-Handelsgesellschaft m. b. H.,
1040, Rechte Wienzeile 19,
57 07 96 Serie

■ Signalanlagen

Gesig, Gesellschaft für Signalanlagen Ges. m. b. H.,
1160, Wattgasse 20,
Tel. 45 52 06/45 52 06-08

■ Sitzmöbel

Gebrüder Thonet,
1014, Kohlmarkt 6, 63 77 88

■ Spanisch-Rohr für Kanalsäuberung

Dieroff Nachf., G.,
1070 Wien, Westbahnstraße 46,
93 75 58

■ Sparkassen

Zentralsparkasse und Kommerzbank Wien,
1030 Wien, Vordere Zollamtsstraße Nr. 13

■ Speisefette u. -öle

Senna-Milla, Ebhart Herout Ges. m. b. H.
1144, Stockhammergasse 19,
94 42 51

■ Spenglereien

Novotny Gottlieb Ges. m. b. H.,
1140, Märzstraße 130, 92 53 79

Schibich Hermann,
1150, Pouthongasse 19, 92 22 27,
Büro Schwechat: Karl Posch-Gasse 2a, 77 63 31

■ Spezialanstriche

Windisch Felix,
1100, Oberlaaer Straße 91
68 51 28, 68 51 46

■ Spezialtiefbau

Bauer Karl Ges. m. b. H.,
1030, Marxergasse 29,
(0 222) 73 15 65, 73 15 66

■ Spiel- u. Sportplatzanlagen

Haeseler, Dipl.-Ing. G., Kulturtechnik, Tief- und Sportstättenbau Ges. m. b. H.,
1180, Schulgasse 58, 42 35 53

■ Stadtpflastermeister

Hennig & Skok Peter GesmbH. & Co. KG,
1160, Lorenz-Mandl-Gasse 26/11
95 75 96, 92 27 244

■ Stahlbau

Balaika Johann Sohn,
1040, Schaumburgergasse 1–3,
65 11 45

FOIT Schilder u. Metallwarenfabrik Stahl- u. Alubau,
1120, Anton- Scharff-Gasse 7–9,
83 86 23-0

Stahlbau Filzamer, Komm.-Ges.,
1101 Wien, Sonnleithnergasse
Nr. 20—24
Tel. 64 36 61 Δ

Hödl Siegfried G.,
1232, Wagner-Schönkirch-Gasse 9
67 93 03-06

Horvath-Stahlbau,
1222, Wagramer Straße 127,
23 21 45

Jergitsch-Gitter und Eisenkonstruktion GmbH,
1107, Liesingbachstr. 219,
68 15 40

Metall- und Stahlbau Weng,
Stadtbüro 1010 Wien,
Schwarzenbergstraße 1–3,
52 53 48, 52 78 53

Probst Franz,
1020, Weintraubengasse 9,
24 01 67, 24 65 63

SK Stahlbau Katrycz & Co., KG,
1170 Wien, Weidmanngasse 29,
Tel. 43 43 68, 43 34 74

Sommer Johann Ges. m. b. H.,
1190, Nußdorfer Lände 13a,
36 34 58 Δ, **FS.: 07/5186**

Vucsina Erich, Stahlbau und Bauschlosserei,
1020, Blumauer Gasse 18,
24 65 45

■ Stahlrohrmöbel

SONETT

SONETT METALLMÖBEL
Karl Fostel KG
1180 Wien, Martinstraße 10
43 47 29 Serie

■ Stahlspritzarbeiten

Krause Ernst & Co.,
Aufspritzen von Eisen und Nichteisenmetallen
A-1181, Martinstraße Nr. 57–61,
42 16 69

■ Stahl- und Industrieanlagenbau

KMB Stahl- u. Industrieanlagenbau Gesellschaft m. b. H.,
1220, Gotramgasse 6, 22 61 43

■ Stahl- und Röhrengroßhandel

Waldmann M. & Bruder KG,
1040, Südtiroler Platz 10,
65 36 71

■ Steinmetzwerkstätten

Städtische Steinmetzwerkstätte
1110, Hauptstraße 339,
gegenüber dem Wiener Zentralfriedhof,
II. Tor, 74 12 01

■ Stein- und Fassadenreinigung

Gebäudereinigung
Assanierung
Wilhelm Singer
1090, Sechsschimmelgasse 9
34 41 67, 34 02 91
Reinigungsarbeiten aller Art

■ Straßenbauunternehmungen

Guckler Raimund,
Asphaltunternehmung, 1100 Wien, Ludwig-von-Höhnel-Gasse 11—15
64 12 76, 64 12 77

Kaspar Walter,
Straßenbauunternehmung, 1040, Weyringergasse 31, 65 23 14, 65 61 29; Betriebsstätte: 1230 Wien, Seybelgasse 17, 86 04 11

Stuag Straßen- u. Tiefbau-Unternehmung Aktiengesellschaft
1015, Seilerstätte 18–20, 52 76 51 Serie

Teerag-Asdag Aktiengesellschaft,
1031, Marxergasse 25, 72 61 71 Δ

■ Straßenbeleuchtung

Schmid Ing. Leopold
1170, Beheimgasse 45, 42 65 68 DW

■ Tabakwaren

Austria Tabakwerke, Aktiengesellschaft,
vormals Österreichische Tabakregie, 1090 Wien, Porzellangasse Nr. 51

■ Tauchunternehmen

Lestin & Co,
Tauch-, Bergungs- u. Sprengunternehmen Gesellschaft m. b. H. 1040, Trappelgasse 3, 65 15 96, 65 21 28

■ Technische Überwachung

Technischer Überwachungs-Verein Wien,
Hauptverwaltung: 1015, Krugerstr. Nr. 16, 52 16 07 Δ,
Drahtanschrift: TÜV, Wien

■ Telefonanlagen

ITT Austria Gesellschaft m. b. H.,
1200, Dresdner Straße 75, 33 16 16/0

■ Transportbeton

Schömer L + S Beton Ges. m. b. H.,
2345 Brunn/Geb., Industriestraße B 9
0 22 36/87 5 46 △
Betriebsleitung – Zentraldisposition
Werke: Brunn/Geb., Klosterneuburg, Wien 23.

■ Transportunternehmungen

Anton Satorina Ges. m. b. H.,
Betrieb: Wien 1110, Hallergasse Nr. 47, 74 23 40

Wanko Oskar,
1111, Simmeringer Hauptstraße Nr. 12, 74 13 71, 74 13 69, FS.: 134723

■ Verkehrsbetriebe

Wiener Stadtwerke,
Generaldirektion, 1011 Wien, Schottenring 30, Ringturm

■ Vergolder

Buhr Raimund,
1070, Neustiftg. 84, 93 68 954

■ Vermessungsinstrumente

Seit 1888 . . .
R. & A. Rost
1151 Wien, Märzstraße 7,
Tel. 92 32 31-0, 92 53 53-0
Sämtliche Reparaturen

■ Versicherungen

Wiener Städtische Versicherung,
1011, Ringturm 63 97 50
Alle Versicherungszweige

■ Vorhänge

Englisch, Ed. Aug. Nachf.,
1010, Neuer Markt 1, 52 95 21

■ Warmwasserbereitungsanlagen

Schiff & Stern, KG,
1110, 1. Haidequerstr. 3, 76 15 15 △

■ Waschmaschinen

Felber A. & Co.,
1120, Schönbrunner Straße 287, Tel. 83 26 44

■ Waschmittel

Loba-Chemie,
Dr. Paul Löw-Beer & Co.,
1191, Heiligenstädter Straße 63, 36 15 50

Persil-Gesellschaft m. b. H.,
Erdbergstraße 29, 1030 Wien, Tel.: 73 55 51, Lieferant der Gemeinde Wien

■ Wassererschließung

Latzel & Kutscha Ges. m. b. H.
1234 Wien, Anton-Freunschlag-Gasse 53—57
Tel. 0 222/67 46 77,
67 46 78 FS 01/33209

■ Zähler-, Meß- u. Regelanlagen

Danubia
Zähler-, Meß- und Regelanlagen
Gesellschaft m. b. H.,
1190, Krottenbachstraße 82—88, (0 222) 36 12 56

■ Zeitungen

Österreichische Staatsdruckerei — Wiener Zeitung,
1030 Wien, Rennweg 16, 72 61 51

■ Zentralheizungen

Ing. F. Brandmayer Ges. m. b. H. + Co., KG,
1180 Wien, Gentzgasse 57, Tel. 34 83 96

Offner, Dipl.-Ing. Alfred Gesellschaft m. b. H.
Zentralheizungen, 1070, Neustiftgasse 98, 93 37 19 Δ

■ Ziegel

Wienerberger Baustoffindustrie AG,
1102 Wien, Wienerbergstraße Nr. 11, 62 92 41

■ Zimmereien

Josef Eller
1100 Wien, Alxingergasse 3–7, Tel. 64 22 38, 64 23 24

■ Zuwandererfonds

Wiener Zuwanderer-Fonds
Zentrale: 1020, Schiffamtsgasse Nr. 14, 35 65 08
Beratungszentrum: 1100, Hofherrgasse 1, 64 21 51, 64 82 17

INSERENTEN-VERZEICHNIS

SACHREGISTER

Vorbemerkung

Das nachfolgende Sachregister enthält sowohl Geschäfte des Wiener Magistrats nach der offiziellen Geschäftseinteilung als auch andere Schlagwörter, die auf andere Stellen des Handbuches hinweisen. Die erste Kolone läßt die Dienststelle des Magistrats auffinden, die zweite Kolone jene Seite, auf der die Angelegenheit beschrieben ist.